Sumario

La elección
de un hotel, de un restaurante

Esta guía propone una selección de hoteles y restaurantes establecida para uso de los automovilistas de paso. Los establecimientos, clasificados según su confort, se citan por orden de preferencia dentro de cada categoría.

CATEGORÍAS

🏰	Gran lujo y tradición	XXXXX
🏨	Gran confort	XXXX
🏯	Muy confortable	XXX
🏢	Bastante confortable	XX
🏠	Confortable	X
🏡	Sencillo pero decoroso	
sin rest	El hotel no dispone de restaurante	sem rest
con hab	El restaurante tiene habitaciones	com qto

ATRACTIVO Y TRANQUILIDAD

Ciertos establecimientos se distinguen en la guía por los símbolos en rojo que indicamos a continuación. La estancia en estos hoteles es especialmente agradable o tranquila.
Esto puede deberse a las características del edificio, a la decoración original, al emplazamiento, a la recepción y a los servicios que ofrece, o también a la tranquilidad del lugar.

🏰 a 🏡	Hoteles agradables
XXXXX a X	Restaurantes agradables
« Parque »	Elemento particularmente agradable
🦢	Hotel muy tranquilo, o aislado y tranquilo
🦢	Hotel tranquilo
≤ mar	Vista excepcional
≤	Vista interesante o extensa

Las localidades que poseen hoteles agradables o muy tranquilos están señaladas en los mapas de las páginas 58 a 61.
Consúltenos para la preparación de sus viajes y envíenos sus impresiones a su regreso. Así nos ayudará en nuestras averiguaciones.

La instalación

Las habitaciones de los hoteles que recomendamos poseen, en general, instalaciones sanitarias completas. No obstante puede suceder que en las categorías 🏠, ⌂ y ⚘ algunas habitaciones carezcan de ellas.

30 hab **30 qto**	Número de habitaciones
🛗	Ascensor
🗏	Aire acondicionado
TV	Televisión en la habitación
☎	Teléfono en la habitación por centralita
☎	Teléfono en la habitación directo con el exterior
♿	Habitaciones de fácil acceso para minusválidos
🍽	Comidas servidas en el jardín o en la terraza
⚒ ▣	Piscina : al aire libre o cubierta
🌿	Jardín
✕ ⛳	Tenis en el hotel – Golf y número de hoyos
🏛 25/150	Salas de conferencias : capacidad de las salas
🚗	Garaje en el hotel (generalmente de pago)
℗	Aparcamiento reservado a la clientela
🐕	Prohibidos los perros (en todo o en parte del establecimiento)
Fax	Transmisión de documentos por telecopia
mayo-octubre	Período de apertura comunicado por el hotelero
temp.	Apertura probable en temporada sin precisar fechas. Sin mención, el establecimiento está abierto todo el año
✉ 28 012 ✉ 1 200	Código postal

Amigo lector

El presente volumen,
19º edición de la Guía Michelin
España Portugal,
ha sido realizado con la máxima imparcialidad.

Su selección de hoteles y restaurantes
es fruto de las investigaciones
de sus inspectores,
que completan las cartas y los comentarios
que Vds. nos envían.

Pensando siempre en su actualidad
y utilidad,
la Guía prepara ya su próxima edición.

Sólo la Guía del año merece así su confianza.

Piense en renovarla.

Buen viaje con Michelin

S0-BCW-656

La mesa

LAS ESTRELLAS

Algunos establecimientos merecen ser destacados por la calidad de su cocina. Los distinguimos con **las estrellas de buena mesa**.

Para estos restaurantes indicamos tres especialidades culinarias que pueden orientarles en su elección.

❀❀❀ **Una de las mejores mesas, justifica el viaje**

Mesa exquisita, grandes vinos, servicio impecable, marco elegante... Precio en consecuencia.

❀❀ **Mesa excelente, merece un rodeo**

Especialidades y vinos selectos... Cuente con un gasto en proporción.

❀ **Muy buena mesa en su categoria**

La estrella indica una buena etapa en su itinerario.

Pero no compare la estrella de un establecimiento de lujo, de precios altos, con la de un establecimiento más sencillo en el que, a precios razonables, se sirve también una cocina de calidad.

Consulte los mapas de las localidades que poseen establecimientos con estrella, páginas 58 a 61.

Los vinos : ver página 57

Los precios

Los precios que indicamos en esta guía nos fueron proporcionados en otoño de 1990. Pueden producirse modificaciones debidas a variaciones de los precios de bienes y servicios. El servicio está incluido. El I.V.A. se añadirá al total de la factura (6 o 12 % en España, 8 % en Portugal).

En algunas ciudades y con motivo de ciertas manifestaciones comerciales o turísticas (ferias, fiestas religiosas o patronales...), los precios indicados por los hoteleros son susceptibles de ser aumentados considerablemente.

Los hoteles y restaurantes figuran en caracteres gruesos cuando los hoteleros nos han señalado todos sus precios comprometiéndose, bajo su responsabilidad, a respetarlos ante los turistas de paso portadores de nuestra guía.

Entre en el hotel o el restaurante con su guía en la mano, demostrando, así, que ésta le conduce allí con confianza.

Los precios se indican en pesetas o en escudos.

COMIDAS

Com 1 200 Ref 1 000	**Menú a precio fijo.** Almuerzo o cena servido a las horas habituales
Carta 2 450 a 3 800 Lista 1 800 a 2 550	**Comida a la carta.** El primer precio corresponde a una comida normal comprendiendo : entrada, plato fuerte del día y postre. El 2º precio se refiere a una comida más completa (con especialidad) comprendiendo : dos platos, postre
⟷ 325	Precio del desayuno

HABITACIONES

hab. 4 500/6 700	Precio de una habitación individual / precio de una habitación doble, en temporada alta
hab ⟷ 4 800/7 000 **qto** ⟷ 4 400/6 300	Precio de la habitación con desayuno incluido

PENSIÓN

PA 2 500	Precio de la pensión alimentacia (desayuno, comida y cena) 2 500. El precio de la pensión completa por persona y por día se obtendrá añadiendo al importe de la habitación individual el de la pensión alimentacia. Conviene concretar de antemano los precios con el hotelero.

LAS ARRAS – TARJETAS DE CRÉDITO

Algunos hoteleros piden una señal al reservar. Se trata de un depósito-garantía que compromete tanto al hotelero como al cliente. Conviene precisar con detalle las cláusulas de esta garantía.

AE ⬤ **E** *VISA* | Tarjetas de crédito aceptadas por el establecimiento

Las curiosidades

GRADO DE INTERÉS

★★★	Justifica el viaje
★★	Merece un rodeo
★	Interesante

SITUACIÓN DE LAS CURIOSIDADES

Ver	En la población
Alred. **Arred.**	En los alrededores de la población
Excurs.	Excursión en la región
N, S, E, O	La curiosidad está situada al Norte, al Sur, al Este, al Oeste
①, ④	Salir por la salida ① o ④, localizada por el mismo signo en el plano
6 km	Distancia en kilómetros

Las poblaciones

2200	Código postal
✉ 7800 Beja	Código postal y Oficina de Correos distribuidora
✆ 918	Indicativo telefónico provincial (para las llamadas fuera de España, no se debe marcar el 9, tampoco el 0 para Portugal)
ℙ	Capital de Provincia
445 M 27	Mapa Michelin y coordenadas
24 000 h.	Población
alt. 175	Altitud de la localidad
🚠 3	Número de teleféricos o telecabinas
🚡 7	Número de telesquis o telesillas
AX A	Letras para localizar un emplazamiento en el plano
⛳18	Golf y número de hoyos
☀ ≤	Panorama, vista
✈	Aeropuerto
🚗 ✆ 22 98 36	Localidad con servicio Auto-Expreso. Información en el número indicado
⛴	Transportes marítimos
🛈	Información turística

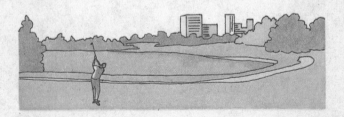

Los planos

□ ● **Hoteles**
■ ● **Restaurantes**

Curiosidades

Edificio interesante y entrada principal

Edificio religioso interesante :
  Catedral, iglesia o capilla

Características de las calles

Autopista, autovía
  acceso, completo, parcial, número

Vía importante de circulación

Sentido único – Calle impracticable

Calle peatonal – Tranvía

Pasteur 🅿 🅿 Calle comercial – Aparcamiento

Puerta – Pasaje cubierto – Túnel

Estación y línea férrea

Funicular – Teleférico, telecabina

Barcaza para coches – Puente móvil

Signos diversos

Oficina de Información de Turismo

Mezquita – Sinagoga

Torre – Ruinas – Molino de viento – Depósito de agua

Jardín, parque, bosque – Cementerio – Crucero

Estadio – Golf – Hipódromo

Piscina al aire libre, cubierta

Vista – Panorama

Monumento – Fuente – Fábrica – Centro comercial

Puerto deportivo – Faro

Aeropuerto – Boca de metro – Estación de autobuses

Transporte por barco :
  pasajeros y vehículos, pasajeros solamente

③ Referencia común a los planos y a los mapas detallados Michelin

Oficina central de lista de correos – Teléfonos

Hospital – Mercado cubierto

Edificio público localizado con letra :
  D H G   Diputación – Ayuntamiento – Gobierno civil
  J   Palacio de Justicia
  M T   Museo – Teatro
  U   Universidad, Escuela Superior
  POL   Policía (en las grandes ciudades : Jefatura)

Pida en la librería el catálogo de mapas y guías Michelin.

El coche, los neumáticos

TALLERES DE REPARACIÓN
PROVEEDORES DE NEUMÁTICOS MICHELIN

En el texto de diversas localidades y a continuación de los hoteles y restaurantes, hemos indicado los concesionarios de las principales marcas de automóviles capacitados para efectuar cualquier clase de reparación en sus propios talleres. Cuando un agente de neumáticos carezca del artículo que Vd necesite, diríjase a la División Comercial Michelin en **Madrid** o en cualquiera de sus Sucursales en las poblaciones siguientes : Albacete, Barcelona, Bilbao, Cáceres, Granada, León, Pamplona, Santiago de Compostela, Sevilla, Valencia, Valladolid, Zaragoza. En **Portugal**, diríjase a la Dirección Comercial Michelin en Lisboa o a su Sucursal en Oporto.

Las direcciones y números de teléfono de las Sucursales Michelin figuran en el texto de estas localidades.

Nuestras sucursales tienen mucho gusto en dar a nuestros clientes todos los consejos necesarios para la mejor utilización de sus neumáticos.

Ver también las páginas bordeadas de azul.

AUTOMOVIL CLUBS

RACE	Real Automóvil Club de España
RACC	Real Automóvil Club de Cataluña
RACVN	Real Automóvil Club Vasco Navarro
RACV	Real Automóvil Club de Valencia
ACP	Automóvel Clube de Portugal

Ver las direcciones y los números de teléfono en el texto de las localidades.

Amigo Leitor

Este volume constitui a 19.ª edição do Guia Michelin España Portugal.
Elaborada com a maior imparcialidade, a selecção dos hoteis e restaurantes do Guia é o produto de um estudo feito pelos seus inspectores e posteriormente completado pelas suas preciosas cartas e comentários.
Cioso de actualidade e de utilidade, o Guia prepara já a sua próxima edição.
Deste modo, apenas o Guia de cada ano merece a sua confiança.
Pense na sua renovação...

Boa viagem com Michelin

Sumário

A escolha
de um hotel, de um restaurante

A nossa classificação está estabelecida para servir os automobilistas de passagem. Em cada categoria, os estabelecimentos são classificados por ordem de preferência.

CLASSE E CONFORTO

🏨	Grande luxo e tradição	XXXXX
🏨	Grande conforto	XXXX
🏨	Muito confortável	XXX
🏨	Bastante confortável	XX
🏨	Confortável	X
🕆	Simples, mas aceitáveis	
sin rest	O hotel não tem restaurante	sem rest
con hab	O restaurante tem quartos	com qto

ATRACTIVOS

A estadia em certos hotéis torna-se por vezes particularmente agradável ou repousante.
Isto pode dar-se, por um lado pelas características do edifício, pela decoração original, pela localização, pelo acolhimento e pelos serviços prestados, e por outro lado pela tranquilidade dos locais.
Tais estabelecimentos distinguem-se no Guia pelos símbolos a vermelho que abaixo se indicam.

🏨 ... 🏨	Hotéis agradáveis
XXXXX ... X	Restaurantes agradáveis
«Parque »	Elemento particularmente agradável
🐾	Hotel muito tranquilo, ou isolado e tranquilo
🐾	Hotel tranquilo
≤ mar	Vista excepcional
≤	Vista interessante ou ampla

As localidades que possuem hotéis e restaurantes agradáveis ou muito tranquilos encontram-se nos mapas páginas 58 a 61. Consulte-as para a preparação das suas viagens e dê-nos as suas impressões no seu regresso. Assim facilitará os nossos inquéritos.

A instalação

Os quartos dos hotéis que lhe recomendamos têm em geral quarto de banho no completo.
No entanto pode acontecer que certos quartos, na categoria 🏨, 🏚 e 🏡, o não tenham.

30 hab **30 qto**	Número de quartos
🛗	Elevador
▦	Ar condicionado
TV	Televisão no quarto
☎	Telefone no quarto, através de central
☎	Telefone no quarto, directo com o exterior
♿	Quartos de fácil acesso para deficientes físicos
⛱	Refeições servidas no jardim ou no terraço
⊒ ▣	Piscina ao ar livre ou coberta
⚘	Jardim de repouso
⚟	Ténis no hotel
🏌	Golfe e número de buracos
🏛 25/150	Salas de conferências : capacidade mínima e máxima das salas
🚗	Garagem (geralmente a pagar)
Ⓟ	Parque de estacionamento reservado aos clientes
🐕‍🦺	Proibidos os cães : em todo o estabelecimento
Fax	Transmissão por telefone de documentos
mao-octubro	Período de abertura comunicado pelo hoteleiro
temp.	Abertura provável no estação, mas sem datas precisas Os estabelecimentos abertos todo o ano são os que não têm qualquer menção
✉ 28 012 ✉ 1 200	Código postal

A mesa

AS ESTRELAS

Entre os numerosos estabelecimentos recomendados neste guia, alguns merecem ser assinalados à sua atenção pela qualidade de cozinha. Nós classificamo-los por **estrelas**.

Indicamos, para esses estabelecimentos, três especialidades culinárias que poderão orientar-vos na escolha.

❁❁❁ | **Uma das melhores mesas, vale a viagem**
Óptima mesa, vinhos de marca, serviço impecável, ambiente elegante... Preços em conformidade.

❁❁ | **Uma mesa excelente, merece um desvio**
Especialidades e vinhos seleccionados ; deve estar preparado para uma despesa em concordância.

❁ | **Uma muito boa mesa na sua categoria**
A estrela marca uma boa etapa no seu itinerário.
Mas não compare a estrela dum estabelecimento de luxo com preços elevados com a estrela duma casa mais simples onde, com preços moderados, se serve também uma cozinha de qualidade.

Consulte os mapas das localidades que possuam estabelecimentos de estrelas páginas 58 a 61.

Os vinhos : ver pág. 57

Os preços

Os preços indicados neste Guia foram estabelecidos no Outono de 1990. Podem portanto ser modificados, nomeadamente se se verificarem alterações no custo de vida ou nos preços dos bens e serviços. O I.V.A. será aplicado à totalidade da factura (6 ou 12 % em Espanha, 8 % em Portugal).

Em algumas cidades, por ocasião de manifestações comerciais ou turísticas os preços pedidos pelos hoteis são passíveis de serem aumentados consideravelmente.

Os hotéis e restaurantes figuram em caracteres destacados, sempre que os hoteleiros nos deram todos os seus preços e se comprometeram sob a sua própria responsabilidade, a aplicá-los aos turistas de passagem, portadores do nosso Guia.

Entre no hotel ou no restaurante com o guia na mão e assim mostrará que ele o conduziu com confiança.

Os preços indicados em pesetas ou em escudos, incluem o serviço.

REFEIÇÕES

Com 1 200 Ref 1 000	**Preço fixo** – Preço da refeição servida às horas normais
Carta 2 450 a 3 800 Lista 1 800 a 2 550	**Refeições à lista** – O primeiro preço corresponde a uma refeição simples, mas esmerada, compreendendo : entrada, prato do dia guarnecido e sobremesa O segundo preço, refere-se a uma refeição mais completa, compreendendo : dois pratos e sobremesa.
⊊ 325	Preço do pequeno almoço

QUARTOS

hab. 4 500/6 700	Preço para um quarto de uma pessoa / preço para um quarto de duas pessoas em plena estação
hab ⊊ 4 800/7 000 **qto** ⊊ 4 400/6 300	O preço do pequeno almoço está incluído no preço do quarto

PENSÃO

PA 2 500	Preço da pensão alimentar (pequeno almoço, almoço e jantar) 2 500. Este preço deve juntar-se ao preço do quarto individual para se obter o custo de pensão completa por pessoa e por dia. É indispensável um contacto antecipado com o hotel para se obter o custo definitivo.

O SINAL – CARTÕES DE CRÉDITO

Alguns hoteleiros pedem por vezes o pagamento de um sinal. Trata-se de um depósito de garantia que compromete tanto o hoteleiro como o cliente.

AE ⓪ E VISA	Principais cartões de crédito aceites no estabelecimento

As curiosidades

INTERESSES

★★★	Vale a viagem
★★	Merece um desvio
★	Interessante

LOCALIZAÇÃO

Ver	Na cidade
Alred. Arred.	Nos arredores da cidade
Excurs.	Excursões pela região
N, S, E, O	A curiosidade está situada no Norte, no Sul, no Este, no Oeste
①, ④	Chega-se lá pela saída ① ou ④, assinalada pelo mesmo sinal sobre o plano
6 km	Distância em quilómetros

As cidades

2200	Código postal
✉ 7800 Beja	Código postal e nome do Centro de Distribuição Postal
✆ 918	Indicativo telefónico provincial (nas chamadas para Espanha interurbano deve marcar o 9, assim como o 0 para Portugal)
℗	Capital de distrito
445 M 27	Mapa Michelin e quadrícula
24 000 h.	População
alt. 175	Altitude da localidade
⛷ 3	Número de teleféricos ou telecabinas
⛷ 7	Número de teleskis e telecadeiras
AX A	Letras determinando um local no plano
⛳18	Golfe e número de buracos
☀ ≤	Panorama, vista
✈	Aeroporto
🚗 ✆ 22 98 36	Localidade com serviço de transporte de viaturas em caminho-de-ferro. Informações pelo número de telefone indicado
⛴	Transportes marítimos
🛈	Informação turística

Planos

□	●	**Hotéis**
□	●	**Restaurantes**

Curiosidades

Edifício interessante e entrada principal

Edifício religioso interessante :
Sé, igreja ou capela

Vias de circulação

Auto-estrada, estrada com faixas de rodagem separadas
acesso : completo, parcial, número

Grande via de circulação

Sentido único – Rua impraticável

Via reservada aos peões – Eléctrico

Pasteur **P** **P** Rua comercial – Parque de estacionamento

Porta – Passagem sob arco – Túnel

Estação e via férrea

Funicular – Teleférico, telecabine

Barcaça para automóveis – Ponte móvel

Diversos símbolos

🛈 Centro de Turismo

Mesquita – Sinagoga

Torre – Ruínas – Moinho de vento – Mãe de água

Jardim, parque, bosque – Cemitério – Cruzeiro

Estádio – Golfe – Hipódromo

Piscina ao ar livre, coberta

Vista – Panorama

Monumento – Fonte – Fábrica – Centro Comercial

Porto de abrigo – Farol

Aeroporto – Estação de métro – Estação de autocarros

Transporte por barco :
passageiros e automóveis, só de passageiros

③ Referência comum aos planos e aos mapas Michelin detalhados

Correio com posta-restante principal – Telefone

Hospital – Mercado coberto

Edifício público indicado por letra :

D	H G	Conselho provincial – Câmara municipal – Governo civil
J		Tribunal
M	T	Museu – Teatro
U		Universidade, grande escola
POL		Polícia (nas cidades principais : comissariado central)

Peça na sua livraria o catálogo dos mapas e guias Michelin.

O automóvel, os pneus

OFICINAS DE AUTOMÓVEIS, REPARAÇÃO E VENDA DE PNEUS MICHELIN

No texto de muitas das localidades, depois dos hotéis e restaurantes, indicámos os concessionários das principais marcas de viaturas, com possibilidades de reparar automóveis nas suas próprias oficinas. Desde que um agente de pneus não tenha o artigo de que necessita, dirija – se : em **Espanha**, à Divisão Comercial Michelin, em Madrid, ou à Sucursal da Michelin de qualquer das seguintes cidades : Albacete, Barcelona, Bilbao, Cáceres, Granada, León, Pamplona, Santiago de Compostela, Sevilla, Valencia, Valladolid, Zaragoza. Em **Portugal** : à Direcção Comercial Michelin em Lisboa ou à Sucursal do Porto.

As direcções e os números de telefones das agências Michelin figuram no texto das localidades correspondentes.

Ver também as páginas marginadas a azul.

AUTOMÓVEL CLUBES

RACE	Real Automóvil Club de España
RACC	Real Automóvil Club de Cataluña
RACVN	Real Automóvil Club Vasco Navarro
RACV	Real Automóvil Club de Valencia
ACP	Automóvel Clube de Portugal

Ver no texto da maior parte das grandes cidades, a morada e o número de telefone de cada um dos Automóvel Clubes.

Ami lecteur

Le présent volume représente la 19ᵉ édition du Guide Michelin España Portugal.

Réalisée en toute indépendance, sa sélection d'hôtels et de restaurants est le fruit des recherches de ses inspecteurs, que complètent vos précieux courriers et commentaires.

Soucieux d'actualité et de service, le Guide prépare déjà sa prochaine édition.

Seul le Guide de l'année mérite ainsi votre confiance. Pensez à le renouveler...

Bon voyage avec Michelin

Sommaire

Le choix
d'un hôtel, d'un restaurant

Ce guide vous propose une sélection d'hôtels et restaurants établie à l'usage de l'automobiliste de passage. Les établissements, classés selon leur confort, sont cités par ordre de préférence dans chaque catégorie.

CATÉGORIES

🏨	Grand luxe et tradition	XXXXX
🏨	Grand confort	XXXX
🏫	Très confortable	XXX
🏠	De bon confort	XX
🏠	Assez confortable	X
🏠	Simple mais convenable	
sin rest	L'hôtel n'a pas de restaurant	sem rest
con hab	Le restaurant possède des chambres	com qto

AGRÉMENT ET TRANQUILLITÉ

Certains établissements se distinguent dans le guide par les symboles rouges indiqués ci-après. Le séjour dans ces hôtels se révèle particulièrement agréable ou reposant.
Cela peut tenir d'une part au caractère de l'édifice, au décor original, au site, à l'accueil et aux services qui sont proposés, d'autre part à la tranquillité des lieux.

🏨 à 🏠	Hôtels agréables
XXXXX à X	Restaurants agréables
« Parque »	Élément particulièrement agréable
🦢	Hôtel très tranquille ou isolé et tranquille
🦢	Hôtel tranquille
≤ mar	Vue exceptionnelle
≤	Vue intéressante ou étendue.

Les localités possédant des établissements agréables ou très tranquilles sont repérées sur les cartes pages 58 à 61.

Consultez-les pour la préparation de vos voyages et donnez-nous vos appréciations à votre retour, vous faciliterez ainsi nos enquêtes.

L'installation

Les chambres des hôtels que nous recommandons possèdent, en général, des installations sanitaires complètes. Il est toutefois possible que dans les catégories 🏨, 🏠 et ⛲, certaines chambres en soient dépourvues.

30 hab **30 qto**	Nombre de chambres
🛗	Ascenseur
🗔	Air conditionné
📺	Télévision dans la chambre
☏	Téléphone dans la chambre relié par standard
☎	Téléphone dans la chambre, direct avec l'extérieur
♿	Chambres accessibles aux handicapés physiques
🍽	Repas servis au jardin ou en terrasse
🏊 🏊	Piscine : de plein air ou couverte
🌳	Jardin de repos
🎾 ⛳₉	Tennis à l'hôtel – Golf et nombre de trous
🏛 25/150	Salles de conférences : capacité des salles
🚗	Garage dans l'hôtel (généralement payant)
P	Parking réservé à la clientèle
🐕̸	Accès interdit aux chiens (dans tout ou partie de l'établissement)
Fax	Transmission de documents par télécopie
mayo-octubre	Période d'ouverture, communiquée par l'hôtelier
temp.	Ouverture probable en saison mais dates non précisées. En l'absence de mention, l'établissement est ouvert toute l'année.
✉ 28 012 ✉ 1 200	Code postal

La table

LES ÉTOILES

Certains établissements méritent d'être signalés à votre attention pour la qualité de leur cuisine. Nous les distinguons par **les étoiles de bonne table**.

Nous indiquons, pour ces établissements, trois spécialités culinaires qui pourront orienter votre choix.

❀❀❀ | **Une des meilleures tables, vaut le voyage**
> Table merveilleuse, grands vins, service impeccable, cadre élégant... Prix en conséquence.

❀❀ | **Table excellente, mérite un détour**
> Spécialités et vins de choix... Attendez-vous à une dépense en rapport.

❀ | **Une très bonne table dans sa catégorie**
> L'étoile marque une bonne étape sur votre itinéraire.
> Mais ne comparez pas l'étoile d'un établissement de luxe à prix élevés avec celle d'une petite maison où à prix raisonnables, on sert également une cuisine de qualité.

Consultez les cartes des localités possédant des établissements à étoiles, pages 58 à 61.

Les vins : voir p. 57

Les prix

Les prix que nous indiquons dans ce guide ont été établis en automne 1990. Ils sont susceptibles de modifications, notamment en cas de variations des prix des biens et services. Ils s'entendent services compris.

La T.V.A. (I.V.A.) sera ajoutée à la note (6 ou 12 % en Espagne, 8 % au Portugal).

Dans certaines villes, à l'occasion de manifestations commerciales ou touristiques, les prix demandés par les hôteliers risquent d'être considérablement majorés.

Les hôtels et restaurants figurent en gros caractères lorsque les hôteliers nous ont donné tous leurs prix et se sont engagés, sous leur propre responsabilité, à les appliquer aux touristes de passage porteurs de notre guide.

Entrez à l'hôtel le Guide à la main, vous montrerez ainsi qu'il vous conduit là en confiance.

Les prix sont indiqués en pesetas ou en escudos.

REPAS

Com 1 200 Ref 1 000	**Menu à prix fixe** : Prix du menu servi aux heures normales
Carta 2 450 a 3 800 Lista 1 800 a 2 550	**Repas à la carte** – Le premier prix correspond à un repas normal comprenant : hors-d'œuvre, plat garni et dessert. Le **2ᵉ** prix concerne un repas plus complet (avec spécialité) comprenant : deux plats et dessert
☕ 325	Prix du petit déjeuner

CHAMBRES

hab 4 500/6 700	Prix pour une chambre d'une personne / prix pour une chambre de deux personnes en haute saison
hab ☕ 4 800/7 000 **qto** ☕ 4 400/6 300	Prix des chambres petit déjeuner compris

PENSION

PA 2 500	Prix de la « Pensión Alimenticia » (petit déjeuner et les deux repas) 2 500, à ajouter à celui de la chambre individuelle pour obtenir le prix de la pension complète par personne et par jour. Il est indispensable de s'entendre par avance avec l'hôtelier pour conclure un arrangement définitif.

LES ARRHES – CARTES DE CRÉDIT

Certains hôteliers demandent le versement d'arrhes. Il s'agit d'un dépôt-garantie qui engage l'hôtelier comme le client. Bien faire préciser les dispositions de cette garantie.

AE ⓪ E VISA | Cartes de crédit acceptées par l'établissement

Les curiosités

INTÉRÊT

★★★	Vaut le voyage
★★	Mérite un détour
★	Intéressant

SITUATION

Ver	Dans la ville
Alred. **Arred.**	Aux environs de la ville
Excurs.	Excursions dans la région
N, S, E, O	La curiosité est située : au Nord, au Sud, à l'Est, à l'Ouest
①, ④	On s'y rend par la sortie ① ou ④ repérée par le même signe sur le plan du Guide et sur la carte
6 km	Distance en kilomètres

Les villes

2200	Numéro de code postal
✉ 7800 Beja	Numéro de code postal et nom du bureau distributeur du courrier
✆ 918	Indicatif téléphonique interprovincial (pour les appels de l'étranger vers l'Espagne, ne pas composer le 9, vers le Portugal le 0)
ℙ	Capitale de Province
445 M 27	Numéro de la Carte Michelin et carroyage
24 000 h.	Population
alt. 175	Altitude de la localité
🚠 3	Nombre de téléphériques ou télécabines
🚡 7	Nombre de remonte-pentes et télésièges
AX A	Lettres repérant un emplacement sur le plan
⛳₁₈	Golf et nombre de trous
✳ ≼	Panorama, point de vue
✈	Aéroport
🚗 ✆ 22 98 36	Localité desservie par train-auto. Renseignements au numéro de téléphone indiqué
⛴	Transports maritimes
🛈	Information touristique

28

Les plans

□　　● 　　**Hôtels**
■　　● 　　**Restaurants**

Curiosités

Bâtiment intéressant et entrée principale

Édifice religieux intéressant :
　Cathédrale, église ou chapelle

Voirie

Autoroute, route à chaussées séparées
　échangeur : complet, partiel, numéro

Grande voie de circulation

Sens unique – Rue impraticable

Rue piétonne – Tramway

Pasteur　🅿　🅿　Rue commerçante – Parc de stationnement

Porte – Passage sous voûte – Tunnel

Gare et voie ferrée

Funiculaire – Téléphérique, télécabine

Pont mobile – Bac pour autos

Signes divers

Information touristique

Mosquée – Synagogue

Tour – Ruines – Moulin à vent – Château d'eau

Jardin, parc, bois – Cimetière – Calvaire

Stade – Golf – Hippodrome

Piscine de plein air, couverte

Vue – Panorama

Monument – Fontaine – Usine – Centre commercial

Port de plaisance – Phare

Aéroport – Station de métro – gare routière

Transport par bateau :
　passagers et voitures, passagers seulement

③　Repère commun aux plans et aux cartes Michelin
　détaillées

Bureau principal de poste restante – Téléphone

Hôpital – Marché couvert

Bâtiment public repéré par une lettre :

D　H　G　　Conseil provincial – Hôtel de ville – Préfecture

J　　Palais de justice

M　T　　Musée – Théâtre

U　　Université, grande école

POL.　　Police (commissariat central)

Les plans de villes sont disposés le Nord en haut.

La voiture, les pneus

GARAGISTES, RÉPARATEURS
FOURNISSEURS DE PNEUS MICHELIN

Dans le texte de beaucoup de localités, après les hôtels et les restaurants, nous avons indiqué les concessionnaires des principales marques de voitures en mesure d'effectuer dépannage et réparations dans leurs propres ateliers. Lorsqu'un agent de pneus n'a pas l'article dont vous avez besoin, adressez-vous : en **Espagne** à la Division Commerciale Michelin à Madrid ou à la Succursale Michelin de l'une des villes suivantes : Albacete, Barcelona, Bilbao, Cáceres, Granada, León, Pamplona, Santiago de Compostela, Sevilla, Valencia, Valladolid, Zaragoza. Au **Portugal**, à la Direction Commerciale à Lisbonne ou à la Succursale de Porto.

Les adresses et les numéros de téléphone des agences Michelin figurent au texte des localités correspondantes.

Dans nos agences, nous nous faisons un plaisir de donner à nos clients tous conseils pour la meilleure utilisation de leurs pneus.

Voir aussi les pages bordées de bleu.

AUTOMOBILE CLUBS

RACE	Real Automóvil Club de España
RACC	Real Automóvil Club de Cataluña
RACVN	Real Automóvil Club Vasco Navarro
RACV	Real Automóvil Club de Valencia
ACP	Automóvel Clube de Portugal

Voir au texte de la plupart des grandes villes, l'adresse et le numéro de téléphone de ces différents Automobile Clubs.

Amico Lettore

Questo volume rappresenta la 19^{esima} edizione della Guida Michelin España Portugal.

La sua selezione di alberghi e ristoranti, realizzata in assoluta indipendenza, è il risultato delle indagini dei suoi ispettori, che completano le vostre preziose informazioni e giudizi.

Desiderosa di mantenersi sempre aggiornata per fornire un buon servizio, la Guida sta già preparando la sua prossima edizione.

Soltanto la Guida dell'anno merita perciò la vostra fiducia. Pensate a rinnovarla...

Buon viaggio con Michelin

Sommario

La scelta
di un albergo, di un ristorante

Questa guida Vi propone una selezione di alberghi e ristoranti stabilita ad uso dell'automobilista di passaggio. Gli esercizi, classificati in base al confort che offrono, vengono citati in ordine di preferenza per ogni categoria.

CATEGORIE

🏨🏨	Gran lusso e tradizione	🗙🗙🗙🗙🗙
🏨	Gran confort	🗙🗙🗙🗙
🏨	Molto confortevole	🗙🗙🗙
🏨	Di buon confort	🗙🗙
🏠	Abbastanza confortevole	🗙
⚘	Semplice, ma conveniente	
sin rest	L'albergo non ha ristorante	sem rest
con hab	Il ristorante dispone di camere	com qto

AMENITÀ E TRANQUILLITÀ

Alcuni esercizi sono evidenziati nella guida dai simboli rossi indicati qui di seguito. Il soggiorno in questi alberghi dovrebbe rivelarsi particolarmente ameno o riposante.
Ciò può dipendere sia dalle caratteristiche dell'edifico, dalle decorazioni non comuni, dalla sua posizione e dal servizio offerto, sia dalla tranquillità dei luoghi.

🏨🏨 a 🏠	Alberghi ameni
🗙🗙🗙🗙🗙 a 🗙	Ristoranti ameni
« Parque »	Un particolare piacevole
🕭	Albergo molto tranquillo o isolato e tranquillo
🕭	Albergo tranquillo
⋞ mar	Vista eccezionale
⋞	Vista interessante o estesa

Le località che possiedono degli esercizi ameni o molto tranquilli sono riportate sulle carte da pagina 58 a 61. Consultatele per la preparazione dei Vostri viaggi e, al ritorno, inviateci i Vostri pareri ; in tal modo agevolerete le nostre inchieste.

Installazioni

Le camere degli alberghi che raccomandiamo possiedono, generalmente, delle installazioni sanitarie complete. È possibile tuttavia che nelle categorie 🏨, 🏩 e 🏡 alcune camere ne siano sprovviste.

30 hab **30 qto**	Numero di camere
🛗	Ascensore
▤	Aria condizionata
TV	Televisione in camera
🕾	Telefono in camera collegato con il centralino
☎	Telefono in camera comunicante direttamente con l'esterno
♿	Camere di agevole accesso per i minorati fisici
🍽	Pasti serviti in giardino o in terrazza
⤢ 🏊	Piscina : all'aperto, coperta
🛋	Giardino da riposo
✂ 🏌	Tennis appartenente all'albergo – Golf e numero di buche
🏛 25/150	Sale per conferenze : capienza minima e massima delle sale
🚗	Garage nell'albergo (generalmente a pagamento)
Ⓟ	Parcheggio riservato alla clientela
🐕	Accesso vietato ai cani (in tutto o in parte dell'esercizio)
Fax	Trasmissione telefonica di documenti
mayo- *octubre*	Periodo di apertura, comunicato dall'albergatore
temp.	Probabile apertura in stagione, ma periodo non precisato. Gli esercizi senza tali menzioni sono aperti tutto l'anno.
✉ 28 012 ✉ 1 200	Codice postale

La tavola

LE STELLE

Alcuni esercizi meritano di essere segnalati alla Vostra attenzione per la qualità tutta particolare della loro cucina. Noi li evidenziamo con le « **stelle di ottima tavola** ».

Per questi ristoranti indichiamo tre specialità culinarie che potranno aiutarVi nella scelta.

✿✿✿ | **Una delle migliori tavole, vale il viaggio**
Tavola meravigliosa, grandi vini, servizio impeccabile, ambientazione accurata... Prezzi conformi.

✿✿ | **Tavola eccellente, merita una deviazione**
Specialità e vini scelti... AspettateVi una spesa in proporzione.

✿ | **Un'ottima tavola nella sua categoria**
La stella indica una tappa gastronomica sul Vostro itinerario.
Non mettete però a confronto la stella di un esercizio di lusso, dai prezzi elevati, con quella di un piccolo esercizio dove, a prezzi ragionevoli, viene offerta una cucina di qualità.

Consultate le carte delle località con stelle, pagine 58 a 61.

I vini : vedere p. 57

34

I prezzi

I prezzi che indichiamo in questa guida sono stati stabiliti nell' autunno 1990. Potranno pertanto subire delle variazioni in relazione ai cambiamenti dei prezzi di beni e servizi. Essi s'intendono comprensivi del servizio. L'I.V.A. sarà aggiunta al conto (6 o 12 % in Spagna, 8 % in Portogallo).

In alcune città, in occasione di manifestazioni turistiche o commerciali, i prezzi richiesti dagli albergatori possono risultar considerevolmente più alti.

Gli alberghi e i ristoranti vengono menzionati in carattere grassetto quando gli albergatori ci hanno comunicato tutti i loro prezzi e si sono impegnati, sotto la propria responsabilità, ad applicarli ai turisti di passaggio, in possesso della nostra guida.

Entrate nell'albergo o nel ristorante con la guida alla mano, dimostrando in tal modo la fiducia in chi vi ha indirizzato.

I prezzi sono indicati in pesetas, o in escudos.

PASTI

Com 1 200 Ref 1 000	**Menu a prezzo fisso** – Prezzo del menu servito ad ore normali
Carta 2 450 a 3 800 Lista 1 800 a 2 550	**Pasto alla carta** – Il primo prezzo corrisponde ad un pasto semplice comprendente : antipasto, piatto con contorno e dessert. Il secondo prezzo corrisponde ad un pasto più completo (con specialità) comprendente : due piatti e dessert.
☞ 325	Prezzo della prima colazione

CAMERE

hab 4 500/6 700	Prezzo per una camera singola / prezzo per una camera per due persone in alta stagione.
hab ☞ 4 800/7 000 **qto** ☞ 4 400/6 300	Prezzo della camera compresa la prima colazione

PENSIONE

PA 2 500	Prezzo della « Pension Alimenticia » (prima colazione più due pasti) 2 500 da sommare a quello della camera per una persona per ottenere il prezzo della pensione completa per persona e per giorno. E' tuttavia indispensabile prendere accordi preventivi con l'albergatore per stabilire le condizioni definitive.

LA CAPARRA – CARTE DI CREDITO

Alcuni albergatori chiedono il versamento di una caparra. Si tratta di un deposito-garanzia che impegna tanto l'albergatore che il cliente. Vi raccomandiamo di farVi precisare le norme riguardanti la reciproca garanzia di tale caparra.

AE ⓓ E VISA | Carte di credito accettate dall'esercizio.

Le curiosità

GRADO DI INTERESSE

★★★	Vale il viaggio
★★	Merita una deviazione
★	Interessante

UBICAZIONE

Ver	Nella città
Alred. **Arred.**	Nei dintorni della città
Excurs.	Nella regione
N, S, E, O	La curiosità è situata : a Nord, a Sud, a Est, a Ovest
①, ④	Ci si va dall'uscita ① o ④ indicata con lo stesso segno sulla pianta della guida e sulla carta stradale
6 km	Distanza chilometrica

Le città

2200	Codice di avviamento postale
✉ 7800 Beja	Numero di codice e sede dell'Ufficio Postale
✆ 918	Prefisso telefonico interprovinciale (per le chiamate dall'estero alla Spagna, non formare il 9, per il Portogallo, lo 0)
Ⓟ	Capoluogo di Provincia
445 M 27	Numero della carta Michelin e del riquadro
24 000 h.	Popolazione
alt. 175	Altitudine della località
⛷ 3	Numero di funivie o cabinovie
⛷ 7	Numero di sciovie e seggiovie
AX A	Lettere indicanti l'ubicazione sulla pianta
⛳₁₈	Golf e numero di buche
☀ ≼	Panorama, punto di vista
✈	Aeroporto
🚗 ✆ 22 98 36	Località con servizio auto su treno. Informarsi al numero di telefono indicato
⛴	Trasporti marittimi
🅱	Ufficio informazioni turistiche

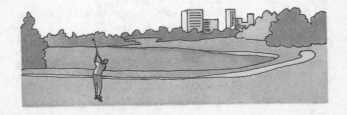

Le piante

Alberghi

Ristoranti

Curiosità

Edificio interessante ed entrata principale

Costruzione religiosa interessante :
  Cattedrale, chiesa o cappella

Viabilità

Autostrada, strada a carreggiate separate
svincolo : completo, parziale, numero

Grande via di circolazione

Senso unico – Via impraticabile

Via pedonale – Tranvia

Pasteur   Via commerciale – Parcheggio

Porta – Sottopassaggio – Galleria

Stazione e ferrovia

Funicolare – Funivia, Cabinovia

Ponte mobile – Battello per auto

Simboli vari

Ufficio informazioni turistiche

Moschea – Sinagoga

Torre – Ruderi – Mulino a vento – Torre idrica

Giardino, parco, bosco – Cimitero – Calvario

Stadio – Golf – Ippodromo

Piscina : all'aperto, coperta

Vista – Panorama

Monumento – Fontana – Fabbrica – Centro commerciale

Porto per imbarcazioni da diporto – Faro

Aeroporto – Stazione della Metropolitana – Autostazione

Trasporto con traghetto :
  passeggeri ed autovetture, solo passeggeri

Simbolo di riferimento comune alle piante ed alle carte
Michelin particolareggiate

Ufficio centrale di fermo posta e telefono

Ospedale – Mercato coperto

Edificio pubblico indicato con lettera :

D H G   Sede del Governo della Provincia – Municipio – Prefettura
J   Palazzo di Giustizia
M T   Museo – Teatro
U   Università, grande scuola
POL   Polizia (Questura, nelle grandi città)

Le piante topografiche sono orientate col Nord in alto.

L'automobile, i pneumatici

GARAGISTI RIPARATORI
RIVENDITORI DI PNEUMATICI MICHELIN

Nel testo di molte località, dopo gli alberghi ed i ristoranti, abbiamo elencato gli indirizzi dei concessionari delle principali marche di automobili, in grado di effettuare il rimorchio e di eseguire riparazioni nelle proprie officine. Se vi occorre rintracciare un rivenditore di pneumatici potete rivolgervi : in **Spagna** alla Divisione Commerciale Michelin di Madrid o alla Succursale Michelin di una delle seguenti città : Albacete, Barcelona, Bilbao, Cáceres, Granada, León, Pamplona, Santiago de Compostela, Sevilla, Valencia, Valladolid, Zaragoza. Per il **Portogallo**, potete rivolgervi alla Direzione Commerciale Michelin di Lisboa o alla Succursale di Porto.

Gli indirizzi ed i numeri telefonici delle Succursali Michelin figurano nel testo delle relative località.

Le nostre Succursali sono in grado di dare ai nostri clienti tutti i consigli relativi alla migliore utilizzazione dei pneumatici.

Vedere anche le pagine bordate di blu.

AUTOMOBILE CLUBS

RACE	Real Automóvil Club de España
RACC	Real Automóvil Club de Cataluña
RACVN	Real Automóvil Club Vasco Navarro
RACV	Real Automóvil Club de Valencia
ACP	Automóvel Clube de Portugal

Troverete l'indirizzo e il numero di telefono di questi Automobile Clubs al testo della maggior parte delle grandi città.

Lieber Leser

Der Rote Michelin-Führer España Portugal liegt nun schon in der 19. Ausgabe vor.

Er bringt eine in voller Unabhängigkeit getroffene, bewußt begrenzte Auswahl an Hotels und Restaurants. Sie basiert auf den regelmäßigen Überprüfungen durch unsere Inspektoren, komplettiert durch die zahlreichen Zuschriften und Erfahrungsberichte unserer Leser.

Wir sind stets um die Aktualität unserer Informationen bemüht und bereiten schon jetzt den Führer des nächsten Jahres vor. Nur die neueste Ausgabe ist wirklich zuverlässig – denken Sie bitte daran, wenn der nächste Rote Michelin-Führer España Portugal erscheint.

Gute Reise mit Michelin!

Inhaltsverzeichnis

Wahl
eines Hotels, eines Restaurants

Die Auswahl der in diesem Führer aufgeführten Hotels und Restaurants ist für Durchreisende gedacht. In jeder Kategorie drückt die Reihenfolge der Betriebe (sie sind nach ihrem Komfort klassifiziert) eine weitere Rangordnung aus.

KATEGORIEN

ﯨﯨﯨﯨ	Großer Luxus und Tradition	XXXXX
ﯨﯨﯨ	Großer Komfort	XXXX
ﯨﯨ	Sehr komfortabel	XXX
ﯨ	Mit gutem Komfort	XX
ﯨ	Mit ausreichendem Komfort	X
♔	Bürgerlich	
sin rest	Hotel ohne Restaurant	sem rest
con hab	Restaurant vermietet auch Zimmer	com qto

ANNEHMLICHKEITEN

Manche Häuser sind im Führer durch rote Symbole gekennzeichnet (s. unten.) Der Aufenthalt in diesen Hotels ist wegen der schönen, ruhigen Lage, der nicht alltäglichen Einrichtung und Atmosphäre und dem gebotenen Service besonders angenehm und erholsam.

ﯨﯨﯨﯨ bis ﯨ	Angenehme Hotels
XXXXX bis X	Angenehme Restaurants
« Parque »	Besondere Annehmlichkeit
⪦	Sehr ruhiges, oder abgelegenes und ruhiges Hotel
⪦	Ruhiges Hotel
⪤ mar	Reizvolle Aussicht
⪤	Interessante oder weite Sicht

Die Übersichtskarten S. 58 – S. 61, auf denen die Orte mit besonders angenehmen oder sehr ruhigen Häusern eingezeichnet sind, helfen Ihnen bei der Reisevorbereitung. Teilen Sie uns bitte nach der Reise Ihre Erfahrungen und Meinungen mit. Sie helfen uns damit, den Führer weiter zu verbessern.

Einrichtung

Die meisten der empfohlenen Hotels verfügen über Zimmer, die alle oder doch zum größten Teil mit Bad oder Dushe ausgestattet sind. In den Häusern der Kategorien 🏠, 🏠 und ♀ kann diese jedoch in einigen Zimmern fehlen.

30 hab **30 qto**	Anzahl der Zimmer
🛗	Fahrstuhl
▤	Klimaanlage
TV	Fernsehen im Zimmer
☎	Zimmertelefon mit Außenverbindung über Telefonzentrale
☎	Zimmertelefon mit direkter Außenverbindung
⅋	Für Körperbehinderte leicht zugängliche Zimmer
🏡	Garten-, Terrassenrestaurant
⤵ ▣	Freibad, Hallenbad
🚟	Liegewiese, Garten
⚒ ⏳	Hoteleigener Tennisplatz – Golfplatz und Lochzahl
🔺 25/150	Konferenzräume : Mindest- und Höchstkapazität
🚗	Hotelgarage (wird gewöhnlich berechnet)
Ⓟ	Parkplatz reserviert für Gäste
🐕	Hunde sind unerwünscht (im ganzen Haus bzw. in den Zimmern oder im Restaurant)
Fax	Telefonische Dokumentenübermittlung
mayo- octubre	Öffnungszeit, vom Hotelier mitgeteilt
temp.	Unbestimmte Öffnungszeit eines Saisonhotels. Fettgedruckte Häuser ohne Angabe von Schließungszeiten sind ganzjährig geöffnet.
✉ 28 012 ✉ 1 200	Postleitzahl

Küche

DIE STERNE

Einige Häuser verdienen wegen ihrer überdurchschnittlich guten Küche Ihre besondere Beachtung. Auf diese Häuser weisen die Sterne hin.

Bei den mit « **Stern** » ausgezeichneten Betrieben nennen wir drei kulinarische Spezialitäten, die Sie probieren sollten.

❀❀❀ | **Eine der besten Küchen : eine Reise wert**

Ein denkwürdiges Essen, edle Weine, tadelloser Service, gepflegte Atmosphäre... entsprechende Preise.

❀❀ | **Eine hervorragende Küche : verdient einen Umweg**

Ausgesuchte Menus und Weine... angemessene Preise.

❀ | **Eine sehr gute Küche : verdient Ihre besondere Beachtung**

Der Stern bedeutet eine angenehme Unterbrechung Ihrer Reise. Vergleichen Sie aber bitte nicht den Stern eines sehr teuren Luxusrestaurants mit dem Stern eines kleineren oder mittleren Hauses, wo man Ihnen zu einem annehmbaren Preis eine ebenfalls vorzügliche Mahlzeit reicht.

Siehe Karten der Orte mit « Stern » S. 58 bis S. 61.

Weine : siehe S. 57

Preise

Die in diesem Führer genannten Preise wurden uns im Herbst 1990 angegeben. Sie können sich mit den Preisen von Waren und Dienstleistungen ändern. Sie enthalten das Bedienungsgeld ; die MWSt. (I.V.A.) wird der Rechnung hinzugefügt (6 oder 12 % in Spanien, 8 % in Portugal).

In einigen Städten werden bei kommerziellen oder touristischen Veranstaltungen von den Hotels beträchtlich erhöhte Preise verlangt.

Die Namen der Hotels und Restaurants, die ihre Preise genannt haben, sind fettgedruckt. Gleichzeitig haben sich diese Häuser verpflichtet, die von den Hoteliers selbst angegebenen Preise den Benutzern des Michelin-Führers zu berechnen.

Halten Sie beim Betreten des Hotels den Führer in der Hand. Sie zeigen damit, daß Sie aufgrund dieser Empfehlung gekommen sind.

Die Preise sind in Pesetas oder Escudos angegeben.

MAHLZEITEN

Com 1 200 Ref 1 000	**Feste Menupreise** : Preis für ein Menu, das zu den normalen Tischzeiten serviert wird
Carta 2 450 a 3 800 Lista 1 800 a 2 550	**Mahlzeiten « à la carte »** – Der erste Preis entspricht einer einfachen Mahlzeit und umfaßt Vorspeise, Tagesgericht mit Beilage, Dessert. Der zweite Preis entspricht einer reichlicheren Mahlzeit (mit Spezialgericht) bestehend aus zwei Hauptgängen und Dessert
☑ 325	Preis des Frühstücks

ZIMMER

hab 4 500/6 700	Preis für ein Einzelzimmer / Preis für ein Doppelzimmer während der Hauptsaison
hab ☑ 4 800/7 000 **qto** ☑ 4 400/6 300	Zimmerpreis inkl. Frühstück

PENSION

PA 2 500	Preis der « Pensión Alimenticia » (= Frühstück und zwei Hauptmahlzeiten) 2 500. Die Addition des Einzelzimmerpreises und des Preises der « Pensión Alimenticia » ergibt den Vollpensionspreis pro Person und Tag. Es ist unerläßlich, sich im voraus mit dem Hotelier über den definitiven Endpreis zu verständigen.

ANZAHLUNG – KREDITKARTEN

Einige Hoteliers verlangen eine Anzahlung. Diese ist als
Garantie sowohl für den Hotelier als auch für den Gast
anzusehen. Es ist ratsam, sich beim Hotelier nach den
genauen Bestimmungen zu erkundigen.

AE ⓓ E *VISA* | Vom Haus akzeptierte Kreditkarten

Sehenswürdigkeiten

BEWERTUNG

★★★	Eine Reise wert
★★	Verdient einen Umweg
★	Sehenswert

LAGE

Ver	In der Stadt
Alred. **Arred.**	In der Umgebung der Stadt
Excurs.	Ausflugsziele
N, S, E, O	Im Norden (N), Süden (S), Osten (E), Westen (O) der Stadt
①, ④	Zu erreichen über die Ausfallstraße ① bzw. ④, die auf dem Stadtplan und auf der Michelin-Karte identisch gekennzeichnet sind
6 km	Entfernung in Kilometern

Städte

2200	Postleitzahl
⊠ 7800 Beja	Postleitzahl und Name des Verteilerpostamtes
✆ 918	Vorwahlnummer (bei Gesprächen vom Ausland aus wird für Spanien die 9, für Portugal die 0 weggelassen)
Ⓟ	Provinzhauptstadt
445 M 27	Nummer der Michelin-Karte und Koordinaten des Planquadrats
24 000 h.	Einwohnerzahl
alt. 175	Höhe
⛷ 3	Anzahl der Kabinenbahnen
⛷ 7	Anzahl der Schlepp- oder Sessellifts
AX A	Markierung auf dem Stadtplan
⛳₁₈	Golfplatz und Lochzahl
☀ ≤	Rundblick – Aussichtspunkt
✈	Flughafen
🚗 ✆ 22 98 36	Ladestelle für Autoreisezüge – Nähere Auskunft unter der angegebenen Telefonnummer
⛴	Autofähre
🛈	Informationsstelle

Stadtpläne

Hotels

Restaurants

Sehenswürdigkeiten

Sehenswertes Gebäude mit Haupteingang

Sehenswerter Sakralbau
  Kathedrale, Kirche oder Kapelle

Straßen

Autobahn, Schnellstraße
  Anschlußstelle : Autobahneinfahrt und/oder -ausfahrt,
    Nummer

Hauptverkehrsstraße

Einbahnstraße – nicht befahrbare Straße

Fußgängerzone – Straßenbahn

Pasteur   Einkaufsstraße – Parkplatz

Tor – Passage – Tunnel

Bahnhof und Bahnlinie

Standseilbahn – Seilschwebebahn

Bewegliche Brücke – Autofähre

Sonstige Zeichen

Informationsstelle

Moschee – Synagoge

Turm – Ruine – Windmühle – Wasserturm

Garten, Park, Wäldchen – Friedhof – Bildstock

Stadion – Golfplatz – Pferderennbahn

Freibad – Hallenbad

Aussicht – Rundblick

Denkmal – Brunnen – Fabrik – Einkaufszentrum

Jachthafen – Leuchtturm

Flughafen – U-Bahnstation – Autobusbahnhof

Schiffsverbindungen :
  Autofähre – Personenfähre

Straßenkennzeichnung (identisch auf Michelin Stadt-
plänen und -Abschnittskarten)

Hauptpostamt (postlagernde Sendungen), Telefon

Krankenhaus – Markthalle

Öffentliches Gebäude, durch einen Buchstaben
gekennzeichnet :

D   H   G   Sitz der Landesregierung – Rathaus – Präfektur

J   Gerichtsgebäude

M   T   Museum – Theater

U   Universität, Hochschule

POL.   Polizei (in größeren Städten Polizeipräsidium)

Die Stadtpläne sind eingenordet (Norden = oben).

Das Auto, die Reifen

REPARATURWERKSTÄTTEN
LIEFERANTEN VON MICHELIN-REIFEN

Bei vielen Orten haben wir nach den Hotels und Restaurants die Vertretungen der wichtigsten Automarken aufgeführt, die einen Abschleppdienst unterhalten bzw. Reparaturen in ihren eigenen Werkstätten ausführen können. Sollte ein Reifenhändler den von lhnen benötigten Artikel nicht vorrätig haben, wenden Sie sich bitte in **Spanien** an die Michelin-Hauptverwaltung in Madrid, oder an eine der Michelin-Niederlassungen in den Städten : Albacete, Barcelona, Bilbao, Cáceres, Granada, León, Pamplona, Santiago de Compostela, Sevilla, Valencia, Valladolid, Zaragoza. In **Portugal** können Sie sich an die Michelin-Hauptverwaltung in Lissabon oder an die Michelin-Niederlassung in Porto wenden.

Die Anschriften und Telefonnummern der Michelin-Niederlassungen sind jeweils bei den entsprechenden Orten vermerkt.

In unseren Depots geben wir unseren Kunden gerne Auskunft über alle Reifenfragen.

Siehe auch die blau umrandeten Seiten.

AUTOMOBIL-CLUBS

RACE	Real Automóvil Club de España
RACC	Real Automóvil Club de Cataluña
RACVN	Real Automóvil Club Vasco Navarro
RACV	Real Automóvil Club de Valencia
ACP	Automóvel Clube de Portugal

Im Ortstext der meisten großen Städte sind Adresse und Telefonnummer der einzelnen Automobil-Clubs angegeben.

Dear Reader

The present volume is the 19th edition of the Michelin Guide España Portugal.

The unbiased and independent selection of hotels and restaurants is the result of local visits and enquiries by our inspectors. In addition we receive considerable help from our readers' invaluable letters and comments.

It is our purpose to provide up-to-date information and thus render a service to our readers. The next edition is already in preparation.

Therefore, only the guide of the year merits your complete confidence, so please remember to use the latest edition.

Bon voyage!

Contents

Choosing
a hotel or restaurant

This guide offers a selection of hotels and restaurants to help the motorist on his travels. In each category establishments are listed in order of preference according to the degree of comfort they offer.

CATEGORIES

🏨	Luxury in the traditional style	𝗫𝗫𝗫𝗫𝗫
🏨	Top class comfort	𝗫𝗫𝗫𝗫
🏨	Very comfortable	𝗫𝗫𝗫
🏨	Comfortable	𝗫𝗫
🏨	Quite comfortable	𝗫
⌂	Simple comfort	
sin rest	The hotel has no restaurant	sem rest
con hab	The restaurant also offers accommodation	com qto

PEACEFUL ATMOSPHERE AND SETTING

Certain establishments are distinguished in the guide by the red symbols shown below.
Your stay in such hotels will be particularly pleasant or restful, owing to the character of the building, its decor, the setting, the welcome and services offered, or simply the peace and quiet to be enjoyed there.

🏨 to ⌂	Pleasant hotels
𝗫𝗫𝗫𝗫𝗫 to 𝗫	Pleasant restaurants
« Parque »	Particularly attractive feature
🐾	Very quiet or quiet, secluded hotel
🐾	Quiet hotel
≼ mar	Exceptional view
≼	Interesting or extensive view

The maps on pages 58 to 61 indicate places with such peaceful, pleasant hotels and restaurants.
By consulting them before setting out and sending us your comments on your return you can help us with our enquiries.

Hotel facilities

In general the hotels we recommend have full bathroom and toilet facilities in each room. However, this may not be the case for certain rooms in categories ⛪, ⛪ and ♟.

30 hab **30 qto**	Number of rooms
🛗	Lift (elevator)
▤	Air conditioning
TV	Television in room
☎	Telephone in room : outside calls connected by the operator
☎	Direct-dial phone in room
♿	Rooms accessible to disabled people
🍽	Meals served in garden or on terrace
⌇ ⌇	Outdoor or indoor swimming pool
🌳	Garden
✗ ⛳	Hotel tennis court – Golf course and number of holes
🏛 25/150	Equipped conference hall (minimum and maximum capacity)
🚗	Hotel garage (additional charge in most cases)
🅿	Car park for customers only
🐕	Dogs are not allowed in all or part of the hotel
Fax	Telephone document transmission
mayo- *octuber*	Dates when open, as indicated by the hotelier
temp.	Probably open for the season – precise dates not available. Where no date or season is shown, establishments are open all year round.
✉ 28 012 ✉ 1 200	Postal number

Cuisine

STARS

Certain establishments deserve to be brought to your attention for the particularly fine quality of their cooking. **Michelin stars** are awarded for the standard of meals served.

For each of these restaurants we indicate three culinary specialities to assist you in your choice.

✿✿✿ | **Exceptional cuisine, worth a special journey**
Superb food, fine wines, faultless service, elegant surrondings. One will pay accordingly !

✿✿ | **Excellent cooking, worth a detour**
Specialities and wines of first class quality. This will be reflected in the price.

✿ | **A very good restaurant in its category**
The star indicates a good place to stop on your journey.
But beware of comparing the star given to an expensive « de luxe » establishment to that of a simple restaurant where you can appreciate fine cuisine at a reasonable price.

Please refer to the map of star-rated restaurants on pp 58 to 61.

Wines : see page 57

Prices

Prices quoted are valid for autumn 1990. Changes may arise if goods and service costs are revised. The rates include service charge. V.A.T. (I.V.A.) will be added to the bill (6 or 12 % in Spain, 8 % in Portugal).

In some towns, when commercial or tourist events are taking place, the hotel rates are likely to be considerably higher. Hotels and restaurants in bold type have supplied details of all their rates and have assumed responsability for maintaining them for all travellers in possession of this guide.

Your recommendation is self-evident if you always walk into a hotel, Guide in hand.

Prices are given in pesetas or in escudos.

MEALS

Com 1 200 Ref 1 000	**Set meals** – Price for set meal served at normal hours
Carta 2 450 a 3 800 Lista 1 800 a 2 550	« **A la carte** » **meals** – The first figure is for a plain meal and includes hors-d'œuvre, main dish of the day with vegetables and dessert The second figure is for a fuller meal (with speciality) and includes two main courses and dessert
⊐ 325	Price of continental breakfast

ROOMS

hab 4 500/6 700	Price for a single room / price for a double in the season
hab ⊐ 4 800/7 000 **qto** ⊐ 4 400/6 300	Price includes breakfast

FULL-BOARD

PA 2 500	Price of the « Pensión Alimenticia » (breakfast and two meals) 2 500. Add the charge for the « Pensión Alimenticia » (breakfast and two meals) to the room rate to give you the price for full board per person and per day. To avoid any risk of confusion it is essential to make a firm arrangement in advance with the hotel.

DEPOSITS – CREDIT CARDS

Some hotels will require a deposit, which confirms the commitment of customer and hotelier alike. Make sure the terms of the agreement are clear.

AE ① E VISA	Credit cards accepted by the establishment

Sights

STAR-RATING

★★★	Worth a journey
★★	Worth a detour
★	Interesting

LOCATION

Ver	Sights in town
Alred. **Arred.**	On the outskirts
Excurs.	In the surrounding area
N, S, E, O	The sight lies north, south, east or west of the town
①, ④	Sign on town plan and on the Michelin road map indicating the road leading to a place of interest
6 km	Distance in kilometres

Towns

2200	Postal number
✉ 7800 Beja	Postal number and name of the post office serving the town
✆ 918	Telephone dialling code (when dialling from outside Spain omit the 9, from outside Portugal omit the first 0)
℗	Provincial capital
445 M 27	Michelin map number and co-ordinates
24 000 h.	Population
alt. 175	Altitude (in metres)
🚠 3	Number of cable-cars
⛷ 7	Number of ski and chair-lifts
AX A	Letters giving the location of a place on the town plan
⛳ 18	Golf course and number of holes
※ ≼	Panoramic view, viewpoint
🛬	Airport
🚗 ✆ 22 98 36	Place with a motorail connection; further information from telephone number listed
⛴	Shipping line
🛈	Tourist Information Centre

Town plans

□ ● **Hotels**

■ ● **Restaurants**

Sights

Place of interest and its main entrance

Interesting place of worship:
   Cathedral, church or chapel

Roads

Motorway, dual carriageway
   Interchange: complete, limited, number

Major through route

One-way street – Unsuitable for traffic

Pedestrian street – Tramway

Pasteur Ⓟ Ⓟ Shopping street – Car park

Gateway – Street passing under arch – Tunnel

Station and railway

Funicular – Cable-car

Lever bridge – Car ferry

Various signs

Tourist Information Centre

Mosque – Synagogue

Tower – Ruins – Windmill – Water tower

Garden, park, wood – Cemetery – Cross

Stadium – Golf course – Racecourse

Outdoor or indoor swimming pool

View – Panorama

Monument – Fountain – Factory – Shopping centre

Pleasure boat harbour – Lighthouse

Airport – Underground station – Coach station

Ferry services:
   passengers and cars, passengers only

③ Reference number common to town plans and Michelin maps

Main post office with poste restante and telephone

Hospital – Covered market

Public buildings located by letter:

D   H   G   Provincial Government Office – Town Hall – Prefecture

J   Law Courts

M   T   Museum – Theatre

U   University, College

POL.   Police (in large towns police headquarters)

North is at the top on all town plans.

Car, tyres

CAR DEALERS, GARAGES
AND MICHELIN TYRE SUPPLIERS

Following the lists of hotels and restaurants in many towns are to be found the names and addresses of dealers for most makes of car. These garages offer a breakdown and repair service. When a tyre dealer is unable to supply your needs, get in touch : in **Spain** with the Michelin Head Office in Madrid or with the Michelin Branch in one of the following towns : Albacete, Barcelona, Bilbao, Cáceres, Granada, León, Pamplona, Santiago de Compostela, Sevilla, Valencia, Valladolid, Zaragoza. In **Portugal** with the Michelin Head Office in Lisbon or with the Michelin Branch in Oporto.

Addresses and phone numbers of Michelin Agencies are listed in the text of the towns concerned.

The staff at our depots will be pleased to give advice on the best way to look after your tyres.

See also the pages bordered in blue.

MOTORING ORGANISATIONS

RACE	Real Automóvil Club de España
RACC	Real Automóvil Club de Cataluña
RACVN	Real Automóvil Club Vasco Navarro
RACV	Real Automóvil Club de Valencia
ACP	Automóvel Clube de Portugal

The address and telephone number of the various motoring organisations are given in the text concerning most of the large towns.

LOS VINOS – OS VINHOS – LES VINS
I VINI – WEINE – WINES

① Rias Baixas	⑦ Toro	⑬ Tarragona
② Bierzo	⑧ Rueda	⑭ La Mancha
③ Valdeorras	⑨ Calatayud	⑮ Utiel-Requena
④ Chacoli de Guetaria	⑩ Terra Alta	⑯ Almansa
⑤ Campo de Borja	⑪ Costers del Segre	⑰ Yecla
⑥ Somontano	⑫ Conca de Barbera	⑱ Condado de Huelva

FRANCE

Guetaria
Zumaya
Fuenterrabía
Oyarzun
San Sebastián
Zarautz
ergara
Vitoria
Pamplona
Monasterio de
Leyre
Tafalla
Bielsa
Arnedillo
Agüero
onasterio de
alvanera
Baños de Fitero
Villanueva de Gallego
Soria
Alfajarin

Arties
Sorpe
Cerler
Caldes de Boi

El Grado

Lérida

Barcelona

A

Piedra (Monasterio de)
Poboleda
Cambrils
Tortosa
Villarluengo

Alcocéber

Manzanera
Castellón
de la Plana
Uña
Pucol
Alarcón
Valencia
Cofrentes
El Saler
Ruidera
Alcira
Cullera
Albacete
Barraca de Aguas Vivas
Gandia
Denia
Jávea
Cocentaina
Moraira
Monnegre
Altea
Alicante
Villajoyosa
Elche
Playa de San Juan
Murcia

Palma

B

Los Belones

Imerimar

LAS BUENAS MESAS	HOTELES AGRADABLES, MUY TRANQUILOS, AISLADOS....
AS BOAS MESAS	HOTÉIS AGRADÁVEIS, MUITO TRANQUILOS, ISOLADOS....
LES BONNES TABLES	HÔTELS AGRÉABLES, TRÈS TRANQUILLES, ISOLÉS....
LE OTTIME TAVOLE	ALBERGHI AMENI, MOLTO TRANQUILLI, ISOLATI....
DIE GUTEN RESTAURANTS	ANGENEHME, SEHR RUHIGE, ABGELEGENE HOTELS....
OUTSTANDING CUISINE	PLEASANT, VERY QUIET, SECLUDED HOTELS....

59

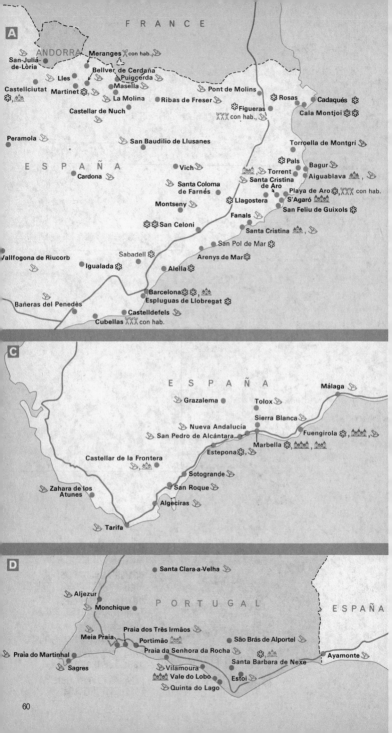

A

F R A N C E

ANDORRA

San-Juliá-de-Lòria ≋

Meranges ✕ con hab. ≋

Bellver de Cerdaña ≋
Lles ≋ Puigcerdà
Castellciutat ≋ Martinet ≋
≋, ▲▲ La Molina
Masella ❀
Castellar de Nuch ≋
Ribas de Freser ≋
Pont de Molins
❀ Rosas
Figueras ❀
✕✕✕ con hab.
Cadaqués ❀
Cala Montjoi ❀ ❀

Peramola ≋

E S P A Ñ A

Cardona ≋

Vich ≋

San Baudilio de Llusanes ≋

Torroella de Montgrí ≋
❀ Pals
Bagur ≋
Torrent ▲▲ ≋
Santa Cristina de Aro ❀
Aiguablava ▲▲ ≋,
Playa de Aro ❀ ✕✕✕ con hab.
S'Agaró ▲▲▲

Santa Coloma de Farnés ≋
Montseny ≋
Llagostera ≋
Fanals ≋
San Feliu de Guixols ❀

❀ ❀ San Celoni
Santa Cristina ▲▲, ≋
San Pol de Mar ❀
Arenys de Mar ❀
Sabadell ❀
Alella ❀

Vallfogona de Riucorb ≋
Igualada ≋

Bañeras del Penedés ≋

Barcelona ❀ ❀, ▲▲ ❀
Espluguas de Llobregat ❀

Castelldefels ≋
Cubellas ✕✕✕ con hab.

C

E S P A Ñ A

Málaga ≋

Grazalema ≋
Tolox ≋
Sierra Blanca ≋
Nueva Andalucía ≋
San Pedro de Alcántara ≋
Fuengirola ❀, ▲▲▲, ▲
Marbella ❀, ▲▲▲, ▲▲▲, ▲
Estepona ❀, ≋

Castellar de la Frontera ≋, ▲▲

Zahara de los Atunes ≋
Sotogrande ≋
San Roque ≋
Algeciras ≋

Tarifa ≋

D

Santa Clara-a-Velha ≋

Aljezur ≋

P O R T U G A L

Monchique ≋

E S P A Ñ A

Praia dos Três Irmãos ≋
Meia Praia ≋
Portimão ▲▲▲
Praia da Senhora da Rocha ≋
São Brás de Alportel ≋
Santa Barbara de Nexe ❀ ▲▲▲
Ayamonte ≋

Praia do Martinhal ≋
Sagres ≋
Vilamoura ≋
▲▲▲ Vale do Lobo
Estoi ≋
Quinta do Lago ≋

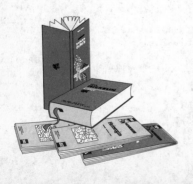

ESPAÑA

POBLACIONES
CIDADES
VILLES
CITTÀ
STÄDTE
TOWNS

ABADIANO o **ABADIÑO** 48220 Vizcaya **442** C 22 – 6 511 h. alt. 133 – ✿ 94.
♦Madrid 399 – ♦Bilbao 35 – Vitoria/Gasteiz 43.

en la carretera N 634 N : 2 km – ✉ 48220 Abadiano – ✿ 94 :

🏠 **San Blas,** Laubideta 11 ✆ 681 42 00 – 🍽 rest ☎ 🅿 🆎 ⓪ 🅴 VISA. ✸ rest
Com 750 – ⌧ 200 – **17 hab** 3000/4700 – PA 1360.

CITROEN carret. Bilbao-San Sebastián km 32   PEUGEOT-TALBOT Barrio Matiena ✆ 681 24 16
Matiena ✆ 681 11 08
FIAT Muruete carret. Durango-Matiena
✆ 681 68 50

ACANTILADO DE LOS GIGANTES Santa Cruz de Tenerife – ver Canarias (Tenerife) : Puerto
de Santiago.

ADEJE 38670 Santa Cruz de Tenerife – ver Canarias (Tenerife).

ADEMUZ 46140 Valencia **445** L 26 – 1922 h. – ✿ 974.
♦Madrid 286 – Cuenca 120 – Teruel 44 – ♦Valencia 136.

🏛 **Casa Domingo,** av. de Valencia 1 ✆ 78 20 30 – 🍽 rest 🚗. VISA. ✸
Com 950 – ⌧ 240 – **30 hab** 1620/2750 – PA 1815.

La ADRADA 05430 Ávila **442** L 16 – 1 622 h. – ✿ 91.
♦Madrid 96 – Ávila 83 – El Escorial 66 – Talavera de la Reina 52.

🏠 Mirador de Gredos, av. de Madrid ✆ 867 07 09 – 🍽 rest ☎ 🅿 – **40 hab.**

FORD carret. Higuera de las Dueñas   SEAT-AUDI-VOLKSWAGEN carret. Comarcal 501
✆ 866 07 72   km 76 ✆ 866 03 14
RENAULT carret. Madrid-Plasencia km 81,2
✆ 867 01 51

ADRALL 25797 Lérida **443** F 34 – ✿ 973.
♦Madrid 596 – ♦Lérida/Lleida 127 – Seo de Urgel 6.

🍴 **La Brasa,** carret. de Lérida 21 ✆ 38 70 57 – 🅿. 🆎 🅴 VISA. ✸
cerrado jueves, 20 junio-20 julio y 20 noviembre-10 diciembre – Com carta 2425 a 3350.

AGRAMUNT 25310 Lérida **443** G 33 – 4 562 h. alt. 337 – ✿ 973.
Ver : Iglesia (portada★).
♦Madrid 520 – ♦Barcelona 123 – ♦Lérida/Lleida 51 – Seo de Urgel 98.

🏨 **Kipps,** carret. de Tarragona ✆ 39 08 25, Fax 39 01 42, 🏊 – 📶 🍽 📺 ☎ 🅿 – 🛎 25/80.
🅴 VISA. ✸ hab
Com 1000 – ⌧ 325 – **25 hab** 3075/4400.

AGRAMUNT

FORD Clos 1 ℰ 39 02 34
GENERAL MOTORS carret. de Cervera
ℰ 39 08 63
RENAULT carret. de Tárrega KM 12,800
ℰ 39 03 34

SEAT-AUDI-VOLKSWAGEN av. Catalunya
ℰ 39 02 86

ÁGREDA 42100 Soria **442** G 24 – 3 637 h. – ✪ 976.
♦Madrid 276 – ♦Logroño 115 – ♦Pamplona 118 – Soria 50 – ♦Zaragoza 107.

🏠 **Doña Juana y Rest. Juani,** av. de Soria 16 ℰ 64 72 17 – **℗. 𝔸𝔼 ⓞ 𝑽𝑰𝑺𝑨**. ✃
Com 1300 – ☑ 450 – **38 hab** 2125/3605.

FORD Estudios ℰ 64 71 20
RENAULT Soria ℰ 64 71 05

SEAT-AUDI-VOLKSWAGEN av. Navarra 7
ℰ 64 71 97

AGUADULCE 04720 Almería **446** V 22 – ✪ 951 – Playa.
♦Madrid 560 – Almería 10 – Motril 102.

XX **El Velero,** carret. de Málaga ℰ 34 44 22, 🌧 – 🍽 **℗. E 𝑽𝑰𝑺𝑨**. ✃
cerrado jueves – Com carta 1900 a 3200.

X Casa El Valenciano 2, pl. de los Robles ℰ 34 26 74, 🌧, Pescados y mariscos.

X **Cortijo Alemán,** área Playasol ℰ 34 12 01, 🌧, Decoración rústica – 🍽. 𝔸𝔼 ⓞ E 𝑽𝑰𝑺𝑨
Com carta 1450 a 2230.

X Casa El Valenciano, paseo Marítimo 6 ℰ 34 04 56, ≤, 🌧, Pescados y mariscos – 🍽.

AGÜERO 22808 Huesca **443** E 27 – 237 h. – ✪ 974.
Alred. : Los Mallos★ (cerca de Riglos) E : 11 km.
♦Madrid 432 – Huesca 42 – Jaca 59 – ♦Pamplona 132.

🏠 **La Costera** ⤳, San Pedro ℰ 38 03 30, 🏊 – (sólo agua fría) **℗. E 𝑽𝑰𝑺𝑨**. ✃
Com 1000 – ☑ 500 – **12 hab** 3000 – PA 2500.

AGUILAR DE CAMPÓO 34800 Palencia **442** D 17 – 6 883 h. alt. 895 – ✪ 988.
🚩 pl. Mayor 32 ℰ 12 20 24.
♦Madrid 323 – Palencia 97 – ♦Santander 104.

🏨 **Valentín,** av. Generalísimo 21 ℰ 12 21 25, Fax 12 24 42 – 📶 📺 ☎ ⇔ ℗ – 🛄 25/140.
𝔸𝔼 ⓞ E 𝑽𝑰𝑺𝑨. ✃
Com 1900 – ☑ 450 – **50 hab** 5700/7400 – PA 3500.

CITROEN av. de Santander 19 ℰ 12 22 21
FIAT-LANCIA av. Palencia ℰ 12 51 21
FORD av. Palencia ℰ 12 26 29
OPEL av. Santander ℰ 12 22 65

PEUGEOT-TALBOT av. Palencia 30 ℰ 12 28 09
RENAULT av. Generalísimo 99 ℰ 12 20 30
SEAT-AUDI-VOLKSWAGEN av. Generalísimo 53
ℰ 12 21 21

AGUILAS 30880 Murcia **445** T 25 – 20 595 h. – ✪ 968 – Playa.
🚩 pl. Antonio Cortijos ℰ 41 33 03.
♦Madrid 494 – ♦Almería 132 – Cartagena 84 – Lorca 42 – ♦Murcia 104.

🏨 **Carlos III,** Rey Carlos III - 22 ℰ 41 16 50, Fax 41 16 50 – 🍽 rest 📶. 𝔸𝔼 ⓞ E 𝑽𝑰𝑺𝑨. ✃
Com 900 – ☑ 365 – **32 hab** 4320/6300 – PA 1530.

🏨 Stella Maris, playa de las Delicias ℰ 41 00 97, Fax 41 07 67, ≤, 🌧 – 🍽 rest ☎
66 hab.

🏠 **Madrid,** pl. Robles Vives 4 ℰ 41 05 00 – 🍽 rest 📶. 𝑽𝑰𝑺𝑨. ✃
Com 800 – ☑ 250 – **33 hab** 3500/5000 – PA 1850.

X Las Brisas, Explanada del Muelle ℰ 41 00 27, ≤, 🌧, Pescados y mariscos – 🍽 ℗.

en Calabardina NE : 8,5 km – ✉ 30880 Águilas – ✪ 968 :

🏠 **El Paraíso,** ℰ 41 94 44 – 🍽 rest. 𝔸𝔼 E 𝑽𝑰𝑺𝑨. ✃
cerrado noviembre – Com 900 – ☑ 200 – **39 hab** 3000/6000 – PA 1900.

X **Ruano,** urb. La Kábyla ℰ 41 07 51, 🌧 – 𝑽𝑰𝑺𝑨. ✃
cerrado martes – Com carta 2200 a 3300.

CITROEN carret. de Lorca ℰ 41 12 36
FORD Barcelona 7 ℰ 41 20 19
PEUGEOT-TALBOT carretera Calabardina
ℰ 44 65 01

RENAULT carret. de Lorca 93 ℰ 41 06 51
SEAT-AUDI-VOLKSWAGEN Barcelona 4
ℰ 41 01 75

AGUINAGA 20170 Guipúzcoa **442** C 23 – ✪ 943.
♦Madrid 489 – ♦Bilbao 93 – ♦Pamplona 92 – ♦San Sebastián/Donostia 12.

XX **Aguinaga,** carret. de Zarauz N 634, ✉ 20170 Usurbil, ℰ 36 27 37, 🌧 – 🍽 ℗ 𝔸𝔼 𝑽𝑰𝑺𝑨.
✃
cerrado miércoles y 15 diciembre- 15 enero – Com carta 2240 a 3350.

AIGUA BLAVA 17255 Gerona 443 G 39 – ver Bagur.

AINSA 22330 Huesca 443 E 30 – 1 209 h. alt. 589 – ✪ 974.
◆Madrid 510 – Huesca 120 – ◆Lérida/Lleida 136 – ◆Pamplona 204.

  🏠 **Mesón de L'Ainsa,** Sobrarbe 12 ℰ 50 00 28 – 🛗 ❷ 🖃 VISA. ℅ rest
    Com 1100 – ☷ 275 – **40 hab** 3500/3950.

  🏠 **Dos Rios** sin rest y sin ☷, av. Central 2 ℰ 50 00 43 – ⇔ 🖃 VISA. ℅
    22 hab 2500/3300.

  ✗ **Bodegas del Sobrarbe,** pl. Mayor 2 ℰ 50 02 37, « Antiguas bodegas decoradas en
    estilo medieval » – 🖃 VISA .
    15 marzo-15 octubre – Com carta 3000 a 3575.

GENERAL MOTORS av. Aragón ℰ 50 01 14   RENAULT av. de Ordesa 7 ℰ 50 01 14
PEUGEOT-TALBOT Barrio Banaston ℰ 50 02 12

AJO 39170 Cantabria 442 B 19 – ✪ 942 – Playa.
◆Madrid 416 – ◆Bilbao 86 – ◆Santander 38.

  ✗ **La Casuca,** Benedicto Ruiz ℰ 62 10 54 – ❷
    cerrado miércoles, 12 diciembre-2 febrero – Com carta 1600 a 2200.

ALAMEDA DE LA SAGRA 45240 Toledo 444 L 18 – 2 611 h. – ✪ 925.
◆Madrid 52 – Toledo 31.

  🏠 **La Maruxiña,** carret. de Ocaña NO : 0,7 km ℰ 50 01 49 – 🖃 ❷. AE VISA
    Com 750 – ☷ 175 – **35 hab** 2200/2800 – PA 1500.

ALAMEDA DEL VALLE 28749 Madrid 444 J 18 – 150 h. alt. 1 135 – ✪ 91.
◆Madrid 83 – Segovia 59.

  ✗✗ Hostal del Marqués, carret. de Navacerrada ℰ 869 12 64, 🍴 .

ALARCÓN 16213 Cuenca 444 N 23 – 271 h. alt. 845 – ✪ 966.
Ver : Emplazamiento★★.
◆Madrid 189 – ◆Albacete 94 – Cuenca 85 – ◆Valencia 163.

  🏰 **Parador Marqués de Villena** ⤴, av. Amigos del Castillo ℰ 33 13 50, Fax 33 11 07,
    « Castillo medieval sobre un peñón rocoso dominando el río Júcar » – 🛗 📺 ☎ ❷. AE
    ❶ 🖃 VISA. ℅
    Com 2900 – ☷ 950 – **11 hab** 12000 – PA 5740.

ALAS 25718 Lérida 443 E 34 – ver Seo de Urgel.

ALAYOR 07730 Baleares 443 M 42 – ver Baleares (Menorca).

ALBACETE 02000 🅿 444 O 24 P 24 – 117 126 h. alt. 686 – ✪ 967.
🖪 Virrey Morcillo 1, ✉ 02005, ℰ 21 56 11 – R.A.C.E. Feria 42, ✉ 02001, ℰ 23 84 24.
◆Madrid 249 ⑥ – ◆Córdoba 358 ④ – ◆Granada 350 ④ – ◆Murcia 147 ③ – ◆Valencia 183 ②.

Plano página siguiente

  🏨 **Los Llanos** sin rest, av. España 9, ✉ 02002, ℰ 22 37 50, Fax 23 46 07 – 🛗 🖃 📺 ☎
    ⇔ – 🔒 25/100. AE ❶ 🖃 VISA. ℅   BZ **a**
    ☷ 350 – **102 hab** 6500/9000.

  🏨 Europa, San Antonio 39, ✉ 02001, ℰ 24 15 12 –   BY **a**
    60 hab.

  🏨 **Gran Hotel** sin rest, Marqués de Molins 1, ✉ 02001, ℰ 21 37 87, Fax 24 00 63 – 🛗 🖃
    📺 ☎ – 🔒 25/60. AE ❶ 🖃 VISA. ℅   BY **r**
    ☷ 325 – **69 hab** 5360/6700.

  🏠 Albar sin rest y sin ☷, Isaac Peral 3, ✉ 02001, ℰ 21 68 61 – 🛗 📺 ☎   BY **e**
    51 hab.

  🏠 **Altozano** sin rest y sin ☷, pl. Altozano 7, ✉ 02001, ℰ 21 04 62 – 🛗 🖃 hab 📺 ☎ ⇔
    40 hab 3600/6900.   ABY **b**

  🏠 **Castilla** sin rest, paseo de la Cuba 3, ✉ 02001, ℰ 21 42 88 – 🛗 📺 ☎ ⇔ AE ❶ 🖃
    VISA   BY **t**
    ☷ 500 – **60 hab** 3500/6500.

  🏠 **Florida,** Ibañez Ibero 14, ✉ 02005, ℰ 22 70 58, Fax 22 91 15 – 🛗 🖃 rest 📺 ☎ ⇔ 🖃
    VISA ℅   AY **s**
    Com 1200 – ☷ 250 – **55 hab** 6000.

  🏠 **Albacete,** Carcelén 8, ✉ 02001, ℰ 21 81 11, Fax 21 87 25 – ☎. ❶ 🖃 VISA. ℅   BY **n**
    Com (cerrado sábado y domingo) 900 – ☷ 250 – **36 hab** 2800/4500.

4

ALBACETE

0   400 m

MADRID 249 km
CIUDAD REAL 216 km

REQUENA 104 km
N 322

N 301

CIUDAD REAL
200 km
N 430

N 332
UBEDA
209 km

ESTACIÓN

ALICANTE 168 km
VALENCIA 184 km

N 301   MURCIA 147 km

Marqués de Molins	BZ 24	Fernán Pérez de Oliva	AY 14	Pedro Simón Abril (Pas. de)	AZ 32
Mayor	BZ 28	Francisco Fontecha	BY 16	Rosario	AYZ 33
		G. Lodares (Pl. de)	AZ 17	San Antonio	BY 34
Arcángel San Gabriel	AZ 3	Granada	AY 18	San Julián	AY 35
Arquitecto Julio		Iris	AY 19	San Sebastián	AY 36
Carrilero (Av. del)	AY 4	Isabel la Católica	AY 20	Santa Quiteria	BZ 37
Batalla del Salado	BZ 5	Joaquín Quijada	AY 21	Tesifonte Gallego	AZ 38
Caba	AZ 6	Libertad (Pas. de la)	BY 22	Tinte	ABZ 39
Carretas (Pl. de las)	BZ 7	Martínez Villena	BY 26	Valencia (Puerta de)	BZ 42
Catedral (Pl. de la)	AY 8	Mayor (Pl.)	AY 29	Virgen de las Maravillas	AY 44
Comandante Padilla	AZ 9	Pedro Martínez Gutiérrez	AY 30	Zapateros	AY 46

XX **Nuestro Bar,** Alcalde Conangla 102, ⊠ 02002, ℰ 22 72 15, 🌣, Cocina manchega – 🗏.
🖭 ⊙ Ɛ 𝘝𝘐𝘚𝘈. ❀   BZ **t**
cerrado domingo noche y julio – Com carta 1800 a 3000.

XX **Alvarez,** Salamanca 12 ℰ 21 82 69 – 🗏. 🖭 Ɛ 𝘝𝘐𝘚𝘈. ❀   BY **d**
cerrado domingo y agosto – Com carta 2700 a 3600.

X **Las Rejas,** Dionisio Guardiola 9, ⊠ 02002, ℰ 22 72 42, Mesón típico – 🗏. 🖭 𝘝𝘐𝘚𝘈. ❀
cerrado domingo en julio y agosto, domingo noche resto del año y del 1 al 13 julio – Com
carta 2700 a 3800.   AZ **v**

X **Mesón El Museo,** Arcángel San Gabriel 5, ⊠ 02002, ℰ 22 52 08, Decoración regional –
🗏. 𝘝𝘐𝘚𝘈. ❀   AZ **e**
cerrado lunes – Com carta 1300 a 2350.

X **Casa Paco,** La Roda 26, ⊠ 02005, ℰ 50 06 18 – 🗏. 🖭 𝘝𝘐𝘚𝘈. ❀   AY **c**
cerrado domingo noche y del 1 al 15 agosto – Com carta 1650 a 2550.

al Sureste 5 km por ② o ③ – ⊠ 02006 Albacete – 🕿 967 :

🏨 **Parador La Mancha** 🌭, ℰ 22 94 50, Fax 22 60 92, ≤, « Conjunto de estilo regional »,
🏊, ❀ – 🗏 📺 🕿 🅿 – 🔬 25/90. 🖭 ⊙ Ɛ 𝘝𝘐𝘚𝘈. ❀
Com 2900 – 🖃 950 – **70 hab** 9000 – PA 5740.

S.A.F.E. Neumáticos MICHELIN, Sucursal, Polígono Ind. Campollano, calle C - 23,
⊠ 02080 ℰ 21 74 13 y 21 75 11 por ①, FAX 21 74 64

ALFA-ROMEO Feria 19 y 21 *&* 21 08 14
AUDI-VOLKSWAGEN poligono Industrial Campo-
lano (zona Ttes.) *&* 21 66 67
AUSTIN-ROVER carret. de Mahora, 39
& 21 51 11
BMW-GENERAL-MOTORS Alcalde Conangla 40
& 21 31 25
CITROEN Casas Ibañez 21 *&* 21 51 73
FIAT-LANCIA Comandante Molina 18 *&* 21 57 33
FORD Vereda Santa Cruz s/n *&* 21 07 48

MERCEDES-BENZ Poligono Ind. Campollano ca-
lle B nï 1 *&* 21 61 61
PEUGEOT-TALBOT carret. de Madrid 80
& 21 03 61
RENAULT Poligono Ind. Campollano calle C nï 12
& 21 60 61
RENAULT paseo de la Cuba 19 *&* 21 71 30
SEAT-AUDI-VOLKSWAGEN Hellin 17 *&* 22 22 40
VOLVO poligono Industrial Campollano calle C
20 *&* 21 67 62

ALBA DE TORMES 37800 Salamanca **441** J 13 – 4 106 h. – ✪ 923.

Ver : Iglesia de San Juan (grupo escultórico★).

◆Madrid 191 – Ávila 85 – Plasencia 123 – ◆Salamanca 19.

🏨 **Alameda,** av. Juan Pablo II *&* 30 00 31, 🛴 – 🍴 rest ☎ 🅿 ⓞ 🄴 𝘝𝘐𝘚𝘈. 🦌
 Com 650 – � 250 – **34 hab** 2200/3750 – PA 1650.

✕ **La Villa,** carret. de Peñaranda 49 *&* 30 09 85 – 🍴.

CITROEN carret. de Peñaranda 69 *&* 30 06 96
FIAT carret. de Piedrahita 16 *&* 30 00 96
PEUGEOT-TALBOT carret. de Peñaranda 47
& 30 03 98

RENAULT carret. de Valdemierque *&* 30 02 95
SEAT-TALBOT-VOLKSWAGEN carret. Alba-
Peñaranda 53 *&* 30 05 18

ALBAIDA 46860 Valencia **445** P 28 – 5 571 h. – ✪ 96.

◆Madrid 381 – ◆Albacete 132 – ◆Alicante 80 – ◆Valencia 82.

✕ **El Bessó,** av. El Romeral 6 *&* 239 02 91 – 🍴. 🄰🄴 𝗘 𝘝𝘐𝘚𝘈. 🦌
 cerrado domingo y del 7 al 31 agosto – Com carta 1500 a 2800.

ALBARRACÍN 44100 Teruel **443** K 25 – 1 068 h. alt. 1 200 – ✪ 974.

Ver : Catedral (tapices★).

◆Madrid 268 – Cuenca 105 – Teruel 38 – ◆Zaragoza 191.

🏨 **Albarracín** 🐾, Azagra *&* 71 00 11, Telex 62614, Fax 60 53 63, ≤ montaña y pueblo, 🛴
 – 📺 🏤, 🄰🄴 ⓞ 𝗘 𝘝𝘐𝘚𝘈
 Com 2580 – ⊳ 600 – **41 hab** 5350/9975 – PA 4895.

🏨 **Arabia** sin rest, Bernardo Zapater 2 *&* 71 02 12, ≤ – 📺 ☎. 𝘝𝘐𝘚𝘈. 🦌
 ⊳ 300 – **21 hab** 4500/5600 – **10 apartamentos.**

🛏 **Mesón del Gallo,** Los Puentes 1 *&* 71 00 32 –
 Com carta 1250 a 1960 – ⊳ 300 – **17 hab** 2500/4000.

🛏 **Olimpia,** San Antonio 8 *&* 71 00 83 – 𝗘 𝘝𝘐𝘚𝘈. 🦌
 Com 1000 – ⊳ 300 – **15 hab** 2600/4000.

✕ **El Portal,** Portal de Molina 14 *&* 71 02 90, Decoración castellana – 𝗘 𝘝𝘐𝘚𝘈. 🦌
 sólo viernes, sábados y domingos en noviembre, enero y febrero – Com carta 1100 a 1900.

 en la carretera de Teruel NE : 1,5 km – ✉ 44100 Albarracin – ✪ 974 :

🛏 **Montes Universales,** *&* 71 01 58 – ⇐⇒ 🅿. 𝘝𝘐𝘚𝘈
 Com 900 – ⊳ 300 – **18 hab** 2500/3500 – PA 1870.

La ALBERCA 37624 Salamanca **441** K 11 – 1 357 h. alt. 1 050 – ✪ 923.

Ver : Pueblo típico★★.

Alred. : S : Carretera de Las Batuecas★ – Peña de Francia 🌲★★ O : 15 km.

◆Madrid 299 – Béjar 54 – Ciudad Rodrigo 49 – ◆Salamanca 94.

🏨 **Las Batuecas** 🐾, carret. de las Batuecas *&* 43 70 30 – 🏤 ⇐⇒ 🅿 𝗘 𝘝𝘐𝘚𝘈. 🦌 rest
 Com 1350 – ⊳ 375 – **24 hab** 3000/5500 – PA 2475.

🏨 **París** 🐾, San Antonio *&* 43 70 56, 🍽 – 📺 ☎ 🅿. 🦌
 Com 1200 – ⊳ 250 – **10 hab** 3000/4000 – PA 2200.

ALBERIQUE o **ALBERIC** 46260 Valencia **445** O 28 – 8 836 h. alt. 28 – ✪ 96.

◆Madrid 392 – ◆Albacete 145 – ◆Alicante 126 – ◆Valencia 41.

 en la carretera N 340 S : 3 km – ✉ 46260 Alberique – ✪ 96 :

🛏 **Balcón del Júcar,** *&* 244 00 87, 🍽 – 🍴 🏤 🅿. 🄰🄴 𝗘 𝘝𝘐𝘚𝘈. 🦌
 Com 1100 – ⊳ 450 – **18 hab** 2600/4000 – PA 2650.

La ALBUFERETA (Playa de) 03000 Alicante – ver Alicante.

 Se scrivete ad un albergo all'estero,
 allegate alla vostra lettera un tagliando-risposta internazionale
 (disponibile presso gli uffici postali).

ALCALÁ DE CHIVERT 12570 Castellón 🔢🔢🔢 L 30 – 4 580 h. – ✪ 964 – Playa.

♦Madrid 471 – Castellón de la Plana 49 – Tarragona 134 – Tortosa 73 – ♦Valencia 123.

✗ **Jacinto,** carret. N 340 ♬ 41 02 86 – 🖿 🅿 🄴 𝖵𝖨𝖲𝖠. ✋
  cerrado domingo noche – Com carta 1625 a 3300.

CITROEN Barón de Alcahali ♬ 41 02 10
FORD carret. N 340 ♬ 41 02 03
RENAULT carret. N 340 ♬ 41 01 12

SEAT-AUDI-VOLKSWAGEN carret. N 340
♬ 41 01 90

ALCALÁ DE GUADAIRA 41500 Sevilla 🔢🔢🔢 T 12 – 50 935 h. – ✪ 95.

♦Madrid 529 – ♦Cádiz 117 – ♦Córdoba 131 – ♦Málaga 193 – ♦Sevilla 14.

🏛 **Oromana** ❧, av. de Portugal ♬ 470 08 04, ≼ pinares de Oromana, 🌲, « Edificio de estilo andaluz rodeado de un pinar », ⤳ – 🖿 📺 🅿 – 🐎 25/180. 🄰🄴 🄾 🄴 𝖵𝖨𝖲𝖠. ✋
  Com 2800 – ⛁ 575 – **29 hab** 7000/9000.

🏠 **Guadaira,** Mairena 8 ♬ 470 00 00 – 📺 🅿. 🄴 𝖵𝖨𝖲𝖠. ✋
  Com 1100 – ⛁ 375 – **24 hab** 4500/7000.

RENAULT av. Antonio Mairena 23 ♬ 470 19 60

SEAT-AUDI-VOLKSWAGEN Rafael Beca 9
♬ 470 35 12

ALCALÁ DE HENARES 28800 Madrid 🔢🔢🔢 K 19 – 142 862 h. alt. 588 – ✪ 91.

Ver : Antigua Universidad o Colegio de San Ildefonso (fachada plateresca★) – Capilla de San Ildefonso (mausoleo★ del Cardenal Cisneros).

🏌 Club Valdeláguila SE : 8 km ♬ 885 96 59.

🅱 Callejón de Santa María ♬ 889 26 94 – R.A.C.E. av. de Guadalajara 19-2A ♬ 881 66 35.

♦Madrid 31 – Guadalajara 25 – ♦Zaragoza 290.

🏨 **Cánovas,** Cánovas del Castillo 4, 🖂 28807, ♬ 882 47 45, Fax 882 81 67 – 🖿 📺 ☎ ⟺.
  🄰🄴 🄾 🄴 𝖵𝖨𝖲𝖠. ✋
  Com 2500 – ⛁ 700 – **21 hab.** 7500/15000 – PA 5000.

🏨 **El Bedel** sin rest, con cafetería, pl. San Diego 6, 🖂 28801, ♬ 889 37 00, Fax 889 37 12 – 🛗 📺 🕾. 🄰🄴 🄾 🄴 𝖵𝖨𝖲𝖠. ✋
  ⛁ 450 – **51 hab** 5500/7500.

🏠 **Bari,** via Complutense 112 ♬ 888 14 50 – 🛗 🖿 rest ☎ 🅿. 🄾🄴 𝖵𝖨𝖲𝖠. ✋
  Com 1700 – ⛁ 420 – **49 hab** 3900/7300.

✗✗✗ **Hostería del Estudiante,** Colegios 3, 🖂 28801, ♬ 888 03 30, Fax 888 05 27, « Decoración de estilo castellano - claustro del siglo XV » – 🖿. 🄰🄴 🄾 🄴 𝖵𝖨𝖲𝖠. ✋
  cerrado lunes y martes en julio y agosto – Com carta 3200 a 5000.

✗✗ Topeca, Mayor 5 - 1°, 🖂 28801, ♬ 888 45 25 – 🖿.

✗✗ Oliver's, paseo de la Estación 15, 🖂 28807, ♬ 888 22 75 – 🖿.

✗✗ Nuevo Oliver's, Gallegos 15, 🖂 28807, ♬ 889 81 14 – 🖿.

✗ La Cúpula, Santiago 18, 🖂 28801, ♬ 880 73 91, 🌳, « Instalado en una antigua iglesia » – 🖿.

✗ Mesón Don José, Santiago 4, 🖂 28801, ♬ 881 86 17, 🌳 – 🖿.

ALFA ROMEO carretera de Barcelona km 31,3
♬ 881 55 42
AUSTIN-ROVER carret. N II km 26,5 ♬ 888 59 47
BMW carretera de Barcelona km 32,3
♬ 882 17 35
CITROEN carret. N II km 32 ♬ 880 10 12
FIAT carretera de Barcelona km 31,6
♬ 881 40 62
FORD carret. N II km 27,2 ♬ 880 00 62
FORD carret. N II km 31,7 ♬ 889 17 46
FORD Río Salado 3 ♬ 882 98 89
GENERAL-MOTORS carret. N II km 32,5
♬ 889 45 12
LANCIA carretera de Barcelona km 32,1
♬ 889 72 11

MERCEDES carretera de Barcelona km 32,2
♬ 889 11 82
PEUGEOT-TALBOT carret. N II km 31,5
♬ 888 08 68
PEUGEOT TALBOT carret. Madrid-Barcelona km 29 ♬ 882 06 43
RENAULT Marqués de Ibarra 2 ♬ 888 19 15
RENAULT Polígono Azque-carret. Daganzo km 3,5 ♬ 889 23 89
RENAULT carret. de Pastrana km 1,2
♬ 889 78 88
RENAULT av. Juan de Austria 24 ♬ 889 49 60
SEAT-AUDI-VOLKSWAGEN via Complutense 98
♬ 888 13 10

ALCALÁ DE LA SELVA 44431 Teruel 🔢🔢🔢 K 27 – 579 h alt. 1 500 – ✪ 974.

♦Madrid 360 – Castellón de la Plana 111 – Teruel 59 – ♦Valencia 148.

  en Virgen de la Vega SE : 2 km – 🖂 44431 Virgen de la Vega – ✪ 974 – montaña.

✗ **Mesón de la Nieve** ❧, con hab, ♬ 80 10 83, ≼ valle y montañas – 🅿. ✋
  cerrado 6 septiembre-6 octubre – Com carta 1850 a 2750 – ⛁ 300 – **9 hab** 2250/5500.

ALCALÁ DE LOS GAZULES 11180 Cádiz 🔢🔢🔢 W 12 – 5 879 h. – ✪ 956.

♦Madrid 646 – Algeciras 67 – ♦Cádiz 66 – Ronda 101 – ♦Sevilla 138.

🏠 **Pizarro,** paseo de la Playa 9 ♬ 42 01 03 – 🖿 rest. 🄰🄴 𝖵𝖨𝖲𝖠. ✋
  Com 1050 – ⛁ 300 – **15 hab** 1500/3000 – PA 2300.

ALCANAR 43530 Tarragona 𝟜𝟜𝟛 K 31 – 7 973 h. alt. 72 – 🌣 977 – Playa.
♦Madrid 507 – Castellón de la Plana 85 – Tarragona 101 – Tortosa 37.

    en Cases d'Alcanar NE : 4,5 km – ✉ 43569 Cases d'Alcanar – 🌣 977 :

✗ Can Nacho, Lepanto 48 𝒫 73 73 64, 🍽.

✗ **Racó del port,** Lepanto 41 𝒫 73 70 50, 🍽, Pescados y mariscos – **E** 𝗩𝗜𝗦𝗔. ✀
   cerrado 5 noviembre-1 diciembre – Com carta 3225 a 4350.

CITROEN Balsa 19 𝒫 73 08 53
PEUGEOT-TALBOT carret. de la Estación
𝒫 73 03 25

RENAULT Ronda del Remedio 18 𝒫 73 00 68
SEAT-AUDI-VOLKSWAGEN Ronda del Remedio
43 𝒫 73 02 40

ALCANTARILLA 30820 Murcia 𝟜𝟜𝟝 S 26 – 24 406 h. – 🌣 968.
♦Madrid 397 – ♦Granada 276 – ♦Murcia 7.

    en la carretera N 340 – ✉ 30820 Alcantarilla – 🌣 968 :

🏨 **La Paz,** SO : 5 km 𝒫 80 13 37, Fax 80 13 37, ⅃ – ▤ 📺 ☎ ⟸ 🅿 – 🚗 25/500. 🆎 **E**
   𝗩𝗜𝗦𝗔. ✀
   Com 1160 – ⌷ 550 – **110 hab** 3850/5500 – PA 2850.

✗ Mesón de la Huerta, av. del Príncipe 𝒫 80 23 90, Mesón típico – ▤ 🅿.

ALFA ROMEO av. Príncipe 𝒫 80 79 54
AUDI-VOLKSWAGEN av. Príncipe 𝒫 80 60 60
CITROEN Príncipe 5 𝒫 80 18 81
FORD Mayor 106 𝒫 80 50 52

PEUGEOT-TALBOT av. Martínez Campos 31
𝒫 80 03 74
RENAULT carret. de Granada 5 𝒫 80 10 64
SEAT Mayor 139 𝒫 80 12 12

ALCANICES 49500 Zamora 𝟜𝟜𝟙 G 11 – ver aduanas, últimas páginas de la guía..

ALCAÑIZ 44600 Teruel 𝟜𝟜𝟛 I 29 – 11 639 h. alt. 338 – 🌣 974.
Ver : Colegiata (portada*).
♦Madrid 397 – Teruel 156 – Tortosa 102 – ♦Zaragoza 103.

🏰 **Parador La Concordia** 🦢, castillo de los Calatravos 𝒫 83 04 00, Fax 83 03 66, ≼ valle
   y colinas cercanas, « Edificio medieval-decoración castellana » – 🛗 ▤ 📺 ☎ 🅿. 🆎 ⓞ
   E 𝗩𝗜𝗦𝗔. ✀
   cerrado 13 diciembre-enero – Com 2900 – ⌷ 950 – **12 hab** 10500 – PA 5740.

🏰 **Calpe,** carret. de Zaragoza O : 1 km 𝒫 83 07 32, Fax 83 00 54 – 🛗 ▤ ☎ ⟸ 🅿 –
   🚗 25/350. ⓞ **E** 𝗩𝗜𝗦𝗔. ✀ rest
   cerrado domingo noche – Com 1000 – ⌷ 400 – **40 hab** 4000/7000 – PA 2200.

🏨 **Meseguer,** av. Maestrazgo 9 𝒫 83 10 02, Fax 83 01 41 – ▤ 📺 🅿. ⓞ **E** 𝗩𝗜𝗦𝗔. ✀
   Com *(cerrado domingo y festivos noche, y del 14 al 30 septiembre)* 1050 – ⌷ 400 – **24 hab**
   3200/5000.

🏨 **Senante,** carret. de Zaragoza 13 𝒫 83 05 50, Fax 83 27 27 – ▤ rest 🕿 🅿 – 🚗 25/500.
   𝗩𝗜𝗦𝗔. ✀
   Com *(cerrado domingo noche)* 880 – ⌷ 450 – **29 hab** 2470/4160 – PA 1880.

AUSTIN-MG-MORRIS-MINI-MERCEDES Ronda
Castelseros 4 𝒫 83 07 77
CITROEN carret. Zaragoza 3 𝒫 83 09 11
FORD carret. Zaragoza 7 𝒫 83 10 41
NISSAN camino av. Estanca 4 𝒫 83 07 20
OPEL carret. Zaragoza 𝒫 83 18 37

PEUGEOT-TALBOT carret. Zaragoza 51
𝒫 83 02 14
RENAULT av. Maestrazgo 𝒫 83 14 90
SEAT-AUDI-VOLKSWAGEN av. Maestrazgo 4
𝒫 83 09 86

ALCÁZAR DE SAN JUAN 13600 Ciudad Real 𝟜𝟜𝟜 N 20 – 25 185 h. alt. 651 – 🌣 926.
♦Madrid 149 – ♦Albacete 147 – Aranjuez 102 – Ciudad Real 87 – Cuenca 156 – Toledo 99.

🏨 **Ercilla Don Quijote y Rest. Sancho,** av. de Criptana 5 𝒫 54 38 00, Fax 54 63 00 – 🛗
   ▤ 📺 ☎ ⟸. 🆎 ⓞ **E** 𝗩𝗜𝗦𝗔. ✀ rest
   Com *(cerrado domingo noche y festivos noche)* carta 2700 a 5000 – ⌷ 375 – **44 hab**
   4175/6550.

🏠 Aldonza sin rest y sin ⌷, av. Álvarez Guerra 22 𝒫 54 15 54 – 🛗 🕿 – **28 hab**.

✗✗ **Casa Paco,** av. Álvarez Guerra 5 𝒫 54 10 15 – ▤. 𝗩𝗜𝗦𝗔. ✀
   cerrado lunes – Com carta 2450 a 3900.

✗ La Mancha, av. de la Constitución 𝒫 54 10 47, 🍽, Cocina regional – ▤.

    en la carretera de Herencia O : 2 km – ✉ 13600 Alcázar de San Juan – 🌣 926 :

🏨 **Barataria,** av. de Herencia 𝒫 54 06 17, Fax 54 32 32 – ▤ 📺 ☎ 🅿 – 🚗 25/500. 𝗩𝗜𝗦𝗔. ✀
   Com 1100 – ⌷ 200 – **37 hab** 3074/5300.

ALFA-ROMEO av. de Quero 50 𝒫 54 31 82
CITROEN av. Herencia 28 𝒫 54 00 37
FIAT-LANCIA av. de Cervera 19 𝒫 54 31 84
FORD carret. Córdoba-Tarragona km 186
𝒫 54 59 62
OPEL-GENERAL MOTORS carret. Córdoba-Tarra-
gona km 186 𝒫 54 50 08

PEUGEOT-TALBOT av. de Campo de Criptana 32
𝒫 54 06 26
PEUGEOT-TALBOT Carmen 3 𝒫 54 44 81
RENAULT carret. Córdoba-Tarragona km 186
𝒫 54 06 00
SEAT-AUDI-VOLSKWAGEN Ferrocarril 27
𝒫 54 31 57

Los ALCÁZARES 30710 Murcia **445** S 27 – ✪ 968 – Playa.

☑ av. de la Libertad 50, *ℰ* 57 52 79 (ext. 16).

♦Madrid 444 – ♦Alicante 85 – Cartagena 25 – ♦Murcia 54.

   🏨 **Corzo,** av. Aviación Española 8 *ℰ* 57 51 25, Telex 67364, Fax 17 14 51 – 📶 🗏 📺 🕾
     🚗. **E** *VISA*. ❄️
     Com 2500 – 🖙 750 – **48 hab** 6000/9000 – PA 4600.

ALCIRA o **ALZIRA** 46600 Valencia **445** O 28 – 37 446 h. alt. 24 – ✪ 96.

♦Madrid 387 – ♦Albacete 153 – ♦Alicante 127 – ♦Valencia 39.

   🏨 **Reconquista** sin rest, Sueca 14 *ℰ* 240 30 61, Fax 240 25 36 – 🗏 📺 🕾 🚗. **AE** ➀ **E**
     VISA. ❄️
     Com 1100 – 🖙 450 – **78 hab** 4450/6500 – PA 2650.

   🏠 **Alzira** sin rest, av. Sants Patrons 36 *ℰ* 241 11 08 – 🗏 📺 🕾. **AE** ➀ **E** *VISA*. ❄️
     🖙 440 – **19 hab** 4780/6180.

CITROEN Sagunto 30 *ℰ* 241 27 11/241 27 05
FORD av. Joanot Martorell 19-21 *ℰ* 241 21 00
GENERAL MOTORS Virgen de la Murta 8
ℰ 241 71 61
PEUGEOT-TALBOT av. Joanot Martorell 27
ℰ 241 23 51

RENAULT av. del Júcar *ℰ* 266 18 66
SEAT-AUDI-VOLKSWAGEN av. Joanot Martorell
25 *ℰ* 241 24 11

ALCOCÉBER 12579 Castellón **445** L 30 – ✪ 964 – Playa.

♦Madrid 471 – Castellón de la Plana 49 – Tarragona 139.

   en la playa – ✉ 12579 Alcocéber – ✪ 964 :

   🏠 **Aparthotel Jeremías-Romana** 🏖, S : 1,5 km *ℰ* 41 44 11, Fax 41 44 11, ≤, 🏖, ❄️ –
     📶 🕾 🚗 **P AE** ➀ **E** *VISA*. ❄️
     Com 1500 – 🖙 600 – **59 hab** 7500 – PA 3500.

   🏠 **Jeremías** 🏖, S : 1 km *ℰ* 41 44 37, Fax 41 44 11, 🏖, ❄️ – 🗏 rest **P. AE** ➀ **E** *VISA*. ❄️
     marzo-octubre – Com 1500 – 🖙 600 – **38 hab** 2200/3800 – PA 3500.

   ✗ **Can Roig,** S : 3 km *ℰ* 41 43 91, 🏖 – **AE** ➀ **E** *VISA*. ❄️
     15 marzo-15 octubre – Com *(cerrado martes)* carta 1900 a 3000.

   hacia la carretera N 340 NO : 2 km – ✉ 12579 Alcocéber – ✪ 964 :

   🏠 **Hostal D'el Tossalet,** *ℰ* 41 44 69, ≤, 🔏, ❄️ – **P**. ❄️
     junio-septiembre – Com 1100 – 🖙 200 – **16 hab** 3920 – PA 2000.

ALCORA o **L'ALCORA** 12110 Castellón de la Plana **445** L 29 – 8 020 h. alt. 279 – ✪ 964.

♦Madrid 407 – Castellón de la Plana 19 – Teruel 130 – ♦Valencia 94.

   ✗ **Sant Francesc,** av. Castelló 19 *ℰ* 36 09 24 – 🗏. **E** *VISA*. ❄️ rest
     cerrado sábado y domingo en julio y agosto – Com carta 1900 a 2800.

ALCOY o **ALCOI** 03803 Alicante **445** P 28 – 65 908 h. alt. 545 – ✪ 96.

Ver : Emplazamiento★.

Alred. : Puerto de la Carrasqueta★ S : 15 km.

♦Madrid 405 – ♦Albacete 156 – ♦Alicante 55 – ♦Murcia 136 – ♦Valencia 110.

   🏨 **Reconquista y Rest. La Terraza,** puente de San Jorge 1 *ℰ* 533 09 00, Fax 533 09 55,
     ≤ – 📶 🗏 rest 🕾 🚗 – 🔏 25/260. **AE** ➀ **E** *VISA*. ❄️ rest
     Com *(cerrado domingo)* carta 2050 a 3000 – 🖙 550 – **77 hab** 5145/7315.

   ✗ **Lolo,** Castalla 5 *ℰ* 533 69 42 – 🗏. **AE** ➀ **E** *VISA*. ❄️
     cerrado domingo noche y lunes – Com carta 1800 a 2700.

   Ver también : *Cocentaina*.

CITROEN Polígono Cotes Baixes B 1
ℰ 533 50 43
FIAT carret. de Valencia km 136
FORD av. de Elche 38 *ℰ* 554 41 55
MERCEDES-BENZ av. de Alicante 47
ℰ 554 40 55

PEUGEOT-TALBOT carret. de Valencia km 136
ℰ 559 16 16
RENAULT prolongación carret. de Alicante 68
ℰ 554 02 88

ALCOZ 31797 Navarra **442** C y D 24 – alt. 588 – ✪ 948.

♦Madrid 425 – ♦Bayonne 94 – ♦Pamplona 30.

   ✗ Anayak 🏖 con hab, San Esteban *ℰ* 30 50 05 – **P**
     10 hab.

ALCUDIA DE CARLET o **L'ALCUDIA** 46250 Valencia **445** O 28 – 10 016 h. – ✪ 96.

♦Madrid 362 – Albacete 153 – ♦Alicante 134 – ♦Valencia 33.

   ✗✗ **Galbis,** av. Antonio Almela 15 *ℰ* 254 10 93, Fax 299 65 84 – 🗏. ❄️
     cerrado domingo, festivos noche, Semana Santa y Agosto – Com carta 3400 a 4250.

FORD av. Antonio Almela 69 *ℰ* 254 05 13

SEAT-AUDI-VOLKSWAGEN av. Antonio Almela
65 *ℰ* 254 12 60

70

ALDEA o **L'ALDEA** 43896 Tarragona **443** J 31 – ⚙ 977.
♦Madrid 498 – Castellón de la Plana 118 – Tarragona 72 – Tortosa 13.

🏠 **Can Quimet,** carret. N 340 𝒫 45 00 03, Fax 45 00 03 – 🍴 rest ☎ 🚗 ⚹ 🖃 **E** 𝘝𝘐𝘚𝘈 ⚶
cerrado 22 diciembre-4 enero – Com 1200 – ☐ 450 – **25 hab** 2500/6000 – PA 2400.

ALDEANUEVA DE LA VERA 10440 Cáceres **444** L 12 – 2 558 h. – ⚙ 927.
♦Madrid 217 – Ávila 149 – ♦Cáceres 128 – Plasencia 49.

🏨 **Chiquete,** av. Extremadura 3 𝒫 56 08 62 – 🍴 rest. ⚶
Com 750 – ☐ 200 – **15 hab** 1800/3500 – PA 2000.

ALELLA 08328 Barcelona **443** H 36 – 3 386 h. – ⚙ 93.
♦Madrid 641 – ♦Barcelona 15 – Granollers 16.

🍴🍴 ❀ **Niu,** rambla Angel Guimerá 16 (interior) 𝒫 555 17 00, 🌣 – 🖃 ⚹ 🖃 **AE** ① **E** 𝘝𝘐𝘚𝘈 ⚶
Com carta 3600 a 5850
Espec. Patata rellena de foie y trufa, Ensalada de bogavante con vinagre de Módena, Filetes de lenguado con gambas y almejas al azafrán.

ALFAJARÍN 50172 Zaragoza **443** H 27 – 1 283 h. alt. 199 – ⚙ 976.
♦Madrid 342 – ♦Lérida/Lleida 129 – ♦Zaragoza 23.

por la carretera N II y carretera particular E : 3 km – ✉ 50172 Alfajarín – ⚙ 976 :

🏰 **Casino de Zaragoza** ⚐ sin rest, 𝒫 10 00 04, Fax 10 00 87, ⚒, ⚹ – 📶 🖃 📺 ☎ 🅿
– ⚖ 25/200. **AE** **E** 𝘝𝘐𝘚𝘈
☐ 800 – **37 hab** 12000/15000.

ALFARO 26540 La Rioja **442** F 24 – 8 824 h. alt. 301 – ⚙ 941.
♦Madrid 319 – ♦Logroño 78 – ♦Pamplona 81 – Soria 93 – ♦Zaragoza 102.

🏨 **Palacios,** av. de Zaragoza 6 𝒫 18 01 00, Fax 18 36 22, Museo del vino de Rioja, ⚒, ☀,
⚹ – 📶 🖃 rest ☞ 🅿 – ⚖ 25/250. **AE** ① **E** 𝘝𝘐𝘚𝘈 ⚶ rest
Com 950 – ☐ 400 – **86 hab** 3250/4575 – PA 2200.

CITROEN carret. Zaragoza 𝒫 18 00 86
FIAT carret. de Zaragoza 𝒫 18 09 25
FORD carret. de Zaragoza 98 𝒫 18 29 30
MERCEDES carret. de Zaragoza 𝒫 18 01 61
OPEL carret. de Zaragoza 𝒫 18 03 31
PEUGEOT-TALBOT carret. de Zaragoza km 70,2
𝒫 18 01 56

RENAULT carret. de Zaragoza km 69,900
𝒫 18 01 51
SEAT-AUDI-VOLKSWAGEN carret. de Zaragoza
𝒫 18 00 65

ALFAZ DEL PÍ o **ALFAS DEL PÍ** 03580 Alicante **445** Q 29 – 3 503 h. alt. 80 – ⚙ 96.
♦Madrid 468 – ♦Alicante 50 – Benidorm 7.

🏠 El Molí, Calvari 12 𝒫 588 82 44.

🏠 **Niza,** La Ferrería 15 𝒫 588 80 29 – ⚶ rest
abril-octubre – Com 900 – ☐ 250 – **24 hab** 2000/3700 – PA 1800.

en la carretera de Valencia N 332 E : 3 km – ✉ 03580 Alfaz del Pí – ⚙ 96 :

🍴 **L'Entrecot,** 𝒫 588 75 07, 🌣 – 🅿 **AE** ① **E** 𝘝𝘐𝘚𝘈
cerrado martes, sábado mediodía, del 15 al 31 mayo y del 15 al 30 noviembre – Com carta 2300 a 3500.

CITROEN Almirante Cervera s/n 𝒫 588 82 17
SEAT-AUDI-VOLKSWAGEN carret. Alicante-Valencia km 127 𝒫 588 80 13

LA ALGABA 41980 Sevilla **446** T 11 – 12 352 h. alt. 9 – ⚙ 95.
♦Madrid 560 – Huelva 61 – ♦Sevilla 11.

🏠 **Torre de los Guzmanes** sin rest, carret. comarcal 431 N : 2 km 𝒫 478 91 75, ⚒ – 🖃
📺 ☎ 🚗 🅿 – ⚖ 25/120. **AE** 𝘝𝘐𝘚𝘈 ⚶
☐ 300 – **40 hab** 12000/15000.

ALGAIDA 07210 Baleares – ver Baleares (Mallorca).

El ALGAR 30366 Murcia **445** T 27 – ⚙ 968.
♦Madrid 457 – ♦Alicante 95 – Cartagena 15 – ♦Murcia 64.

🍴🍴 **José María Los Churrascos,** av. Filipinas 13 𝒫 13 60 28, 🌣 – 🖃. **AE** ① **E** 𝘝𝘐𝘚𝘈 ⚶
cerrado martes y 20 días en noviembre – Com carta 2050 a 3100.

☞ *Pour voyager rapidement, utilisez les* **cartes Michelin ''Grandes Routes''** :
970 *Europe,* **980** *Grèce,* **984** *Allemagne,* **985** *Scandinavie-Finlande,*
986 *Grande-Bretagne-Irlande,* **987** *Allemagne-Autriche-Benelux,* **988** *Italie,*
989 *France,* **990** *Espagne-Portugal,* **991** *Yougoslavie.*

Ver : ≤★★ – **Alred. :** Carretera★ de Algeciras a Ronda por ①.

🚗 ℰ 65 49 07 – 🚢 para Tánger, Ceuta y Canarias : Cia. Trasmediterránea, Recinto del Puerto ℰ 66 38 50, Telex 78002.

🛈 Juan de la Cierva ℰ 60 09 11.

♦Madrid 681 ① – ♦Cádiz 124 ② – Jerez de la Frontera 141 ② – ♦Málaga 133 ① – Ronda 102 ①.

ALGECIRAS

Alta (Pl.)	BY 2	Conferencia (Pas. de la)	AYZ 8	Reyes Católicos	AZ 32
Emilio Santacana	BY 14	Domingo Savio	AY 9	Salvador Allende	BY 33
Monet	BZ 27	Duque de Almodovar	BZ 10	San Bernardo	BZ 34
Regino Martinez	BY 31	Fray Tomas del Valle	BY 17	Santiago Ramón y Cajal	BY 35
Tarifa	BZ 37	Fuente Nueva	AY 18	Segismundo Moret (Av.)	BZ 36
Velarde	BZ 40	Fuerzas Armadas (Av. de las)	BY 20	Teniente Miranda	BY 39
		José Antonio	BY 21	Vicente de Paul	AY 42
Cádiz (Carret. da)	BZ 3	José Santacana	BY 23	Virgen de Europa (Av.)	BY 43
Cayetano del Toro	BZ 4	Juan de la Cierva	BY 24		
Carteya	AZ 5	Marina (Av. de la)	BZ 26		
		Muñoz Cobos	BY 28		
		N.S. de la Palma (Pl.)	BY 29		
		Ramón Puyol (Av.)	AY 30		

MÁLAGA 133 km / S. ROQUE 13 km — N 340-E 15 — PLAYA EL RINCONCILLO — A — B

BAHÍA DE ALGECIRAS

CEUTA / TÁNGER — ESTACIÓN MARÍTIMA

N 340-E 5 TARIFA 22 km / CÁDIZ 124 km

🏛 **Reina Cristina** ≤, paseo de la Conferencia, ✉ 11207, ℰ 60 26 22, Telex 78057, Fax 60 33 23, 🍴, « En un parque », 🏊, 🏖, 🎾, 🎱 – 🕴 🔲 📺 ☎ 🅿 – 🔬 AZ **k**
161 hab.

🏨 **Octavio** sin rest, San Bernardo 1, ✉ 11207, ℰ 65 27 00, Fax 65 28 02 – 🕴 🔲 📺 ☎
🚗. 🆎 ⓞ 🄴 𝓥𝓘𝓢𝓐. ⚹ BZ **h**
⊒ 600 – **80 hab** 6500/10000.

🏨 **Al-Mar,** av. de la Marina 2, ✉ 11201, ℰ 65 46 61, Telex 78181, Fax 65 45 01, ≤ – 🕴 🔲
☎ 🚗. 🆎 ⓞ 🄴 𝓥𝓘𝓢𝓐. ⚹ rest BZ **v**
Com 1500 – ⊒ 900 – **192 hab** 4400/9350.

🏨 **El Estrecho** sin rest y sin ⊒, av. Virgen del Carmen 15 - 7°, ✉ 11201, ℰ 65 35 11, ≤ –
🕴 🚗. 🆎. ⚹ BY **m**
20 hab 2500/3200.

🍴 **Iris,** San Bernardo 1, ✉ 11207, ℰ 65 58 06 – 🔲. 🆎 ⓞ 🄴 𝓥𝓘𝓢𝓐. ⚹ BZ **e**
Com carta 1725 a 2950.

🍴 **Marea Baja,** Trafalgar 2, ✉ 11201, ℰ 66 36 54, Pescados y mariscos – 🔲. 🆎 ⓞ 🄴 𝓥𝓘𝓢𝓐
cerrado lunes salvo en verano – Com carta 2500 a 3050. BY **s**

🍴 **Pazo de Edelmiro,** pl. Miguel Martín 1, ✉ 11201, ℰ 66 63 55 – 🔲. 𝓥𝓘𝓢𝓐. ⚹ BZ **r**
Com carta 1950 a 2650.

en la carretera N 340 por ① – ⊠ 11370 Los Barrios – 🟢 956 :

🏨 **Alborán,** 4 km 🏠 63 28 70, Telex 78177, Fax 63 23 20 – 🛗 🗏 📺 🕿 🅿 – 🕭 25/550. 🅰🅴
E 𝘝𝘐𝘚𝘈. 🍴
⊑ 500 – **79 hab** 5000/9000 – PA 3000.

🏨 **Guadacorte** sin rest, 7,5 km 🏠 67 75 00, Telex 78279, Fax 67 78 77, 🏊, 🐎 – 🛗 📺 🕿
🅿. 🅰🅴 ① E 𝘝𝘐𝘚𝘈. 🍴 rest
⊑ 1050 – **118 hab** 6955/10950.

🏯 Encajuan, 7,5 km 🏠 67 75 00 – 🅿.

en la playa de Palmones por ① : 8 km – ⊠ 11379 Palmones – 🟢 956 :

🏠 **La Posada del Terol** 🐕 sin rest, 🏠 67 75 50, ⩽, 🏊 – 🛗 🕾
⊑ 300 – **24 hab** 4355/7985.

ALFA ROMEO carret. de Málaga (Los Pinos)
🏠 63 14 81
AUSTIN-MG-MORRIS-MINI av. Virgen del Carmen 32 🏠 66 50 50
BMW carret. Málaga (Los Pinares) 🏠 65 65 38
CITROEN carret. N 340 km 108,4 (Los Pinares) 🏠 66 35 12
FIAT carret. de Málaga 21 🏠 66 37 98
FORD carret. Málaga - Los Pinares 🏠 66 24 50
GENERAL MOTORS carret. Málaga km 109 - Los Pinos 🏠 66 91 13

LANCIA-AUTOBIANCHI avda. Virgen del Carmen
🏠 66 70 78
MERCEDES BENZ carret. de Málaga km 107
🏠 66 16 75
PEUGEOT-TALBOT urb. Dña Casilda (Las Colinas) 🏠 66 01 74
RENAULT av. Virgen del Carmen 30 🏠 66 12 00
SEAT-AUDI-VOLKSWAGEN av. Virgen del Carmen 36 🏠 66 00 08/12
VOLVO carret. Málaga km 108 🏠 63 05 52

ALGORTA o **GETXO** 48990 Vizcaya 🄼🄷🄶 B 21 – 🟢 94 – Playa.
🛝 de Neguri NO : 2 km 🏠 469 02 00.
♦Madrid 414 – ♦Bilbao 15.

🏨 **Los Tamarises,** playa de Ereaga 🏠 469 00 50, Telex 31534, Fax 469 00 58, ⩽, 🌳 – 🛗
🗏 rest 📺 🕿. 🅰🅴 ① E 𝘝𝘐𝘚𝘈. 🍴
Com ⊑ 650 – **42 hab** 8500/14500.

🏠 Igeretxe Agustín, Playa de Ereaga 🏠 460 70 00, Fax 460 85 99, ⩽ – 🛗 🗏 📺 🕿
22 hab.

🏯 **Cubita,** Puerto Viejo 🏠 469 50 28, ⩽ – 🗏. 🅰🅴 ① E 𝘝𝘐𝘚𝘈. 🍴
cerrado miércoles y agosto – Com carta 3650 a 4850.

🏯 La Ola, playa de Ereaga 🏠 469 50 00, ⩽.

en Neguri E : 2 km – ⊠ 48990 Neguri – 🟢 94 :

🏯🏯🏯 Jolastoki, av. Los Chopos 🏠 469 30 31, 🌳, 🐎 – 🗏 🅿.

CITROEN av. Algortako 71 🏠 460 00 00
LANCIA Grupo Villamonte A-6 y 7 🏠 460 61 04

PEUGEOT-TALBOT Amesti 7 🏠 469 12 46
RENAULT Kasune 27 🏠 469 32 24

ALHAMA DE ARAGÓN 50230 Zaragoza 🄸🄸🄳 I 24 – 1 472 h. alt. 634 – 🟢 976 – Balneario.
♦Madrid 206 – Soria 99 – Teruel 166 – ♦Zaragoza 115.

🏠 Baln. Termas Pallarés, General Franco 20 🏠 84 00 11, « Estanque de agua termal en un gran parque », 🏊 de agua termal, 🍴 – 🕿 🅿
143 hab.

en la carretera N II O : 1 km – ⊠ 50230 Alhama de Aragón – 🟢 976 :

🏯 Villa Robledo, 🏠 84 02 70 – 🗏 🅿.

Ver también : *Piedra (Monasterio de)* SE : 17 km.

ALHAMA DE GRANADA 18120 Granada 🄸🄸🄶 U 17 y 18 – 5 839 h. alt. 960 – 🟢 958 – Balneario.
Ver : Emplazamiento★★.
♦Madrid 483 – ♦Córdoba 158 – ♦Granada 54 – ♦Málaga 82.

🏠 **Balneario** 🐕, N : 3 km por carretera de Granada 🏠 35 00 11, En un parque, 🏊 de agua termal – 🛗 🕾 🅿. 🍴
10 junio-10 octubre – Com 2000 – ⊑ 450 – **116 hab** 2900/5400 – PA 3350.

ALICANTE 03000 🄿 🄸🄸🄵 Q 28 – 251 387 h. – 🟢 96 – Playa.
Ver : Explanada de España★ BCZ – Castillo de Santa Bárbara ⩽★ CY.
🛫 de Alicante por ② : 12 km 🏠 528 50 11 – Iberia : paseo de Soto 9, ⊠ 03001 🏠 520 60 00 BYZ.
🚉 🏠 522 50 47.
🄱 Explanada de España 2, ⊠ 03002, 🏠 521 22 85 y Portugal 17, ⊠ 03003, 🏠 522 38 02 – R.A.C.E. Orense 3, ⊠ 03003, 🏠 522 93 49.
♦Madrid 417 ③ – ♦Albacete 168 ③ – Cartagena 110 ② – ♦Murcia 81 ② – ♦Valencia (por la costa) 174 ①.

Meliá Alicante, playa de
El Postiguet, ⊠ 03001,
𝄞 520 50 00, Telex 66131, Fax
520 47 56, <, ⅃ climatizada
– 🛗 📶 🖺 ☎ 🅿 – 🔬 25/
500. 🖺 �ⁱ 🖺 📧 📧 CZ **r**
Com carta 2900 a 3900 – �ⁱ
1000 – **545 hab** 11000/13750.

Gran Sol sin rest, con cafetería, rambla Méndez Núñez
3, ⊠ 03002, 𝄞 520 30 00, Fax
521 14 39, <, – 🛗 🖺 📶
150 hab.   BZ **a**

Maya, Canónigo Manuel
Penalva, ⊠ 03013,
𝄞 526 12 11, Telex 63308, Fax
526 19 76, ⅃ – 🛗 🖺 📶 ☎
🖴 🅿 – 🔬 25/300. 🖺 ➀
🖺 📧 rest   por ➀
Com 1250 – �ⁱ 600 – **200 hab**
6950/8700.

Leuka, Segura 23, ⊠ 03004,
𝄞 520 27 44, Telex 66272, Fax
521 95 58 – 🛗 🖺 📶 ☎
🖴 ➀ 🖺 📧 📧 AY **h**
Com 1100 – �ⁱ 450 – **108 hab**
4300/7100.

Covadonga sin rest, pl. de
los Luceros 17, ⊠ 03004,
𝄞 520 28 44, Fax 521 43 97 –
🛗 🖺 📶 ☎ 🖴 🖺 ➀ 📧.
                                BY **d**
�ⁱ 400 – **83 hab** 3900/6300.

Resid. Palas sin rest, con
cafetería, pl. Ayuntamiento 6,
⊠ 03002, 𝄞 520 65 11, Fax
514 01 20 – 🛗 🖺 📶 ☎
🖴 🖺 ➀ 🖺 📧 📧 CYZ **k**
�ⁱ 465 – **53 hab** 5070/8135.

Alfa H. sin rest, Gravina 9,
⊠ 03002, 𝄞 521 07 00 – 🛗
🖺 🖴 – 🔬 25/150
46 hab.   CY **r**

La Reforma sin rest, Reyes
Católicos 7, ⊠ 03003,
𝄞 522 21 47, Fax 511 48 04 –
🛗 📶 ☎ 🖴   BZ **h**
54 hab.

Goya sin rest, Maestro
Bretón 19, ⊠ 03004,
𝄞 514 16 59 – 🛗 📶 ☎. 🖺
📧 📧   AY **b**
�ⁱ 500 – **84 hab** 4300/5750.

Maisonnave sin rest, av.
Maisonnave 5, ⊠ 03003,
𝄞 522 58 45 – 🛗 📶. 🖺 ➀
🖺 📧 📧   BZ **q**
�ⁱ 300 – **40 hab** 2400/4200.

Delfín, explanada de España
12, ⊠ 03001, 𝄞 521 49 11,
<, 🍴 – 🖺. 🖺 ➀ 🖺 📧
📧 – cerrado lunes – Com carta 1825 a 3500.   BZ **y**

Curricán, Canalejas 1, ⊠ 03001, 𝄞 514 08 18, Fax 520 84 31 – 🖺. 🖺 ➀ 🖺 📧
                                BZ **r**
cerrado domingo, lunes noche y agosto – Com carta 2850 a 4125.

Nou Manolín, Villegas 3, ⊠ 03001, 𝄞 520 03 68, Vinoteca – 🖺   BY **m**

Dársena, muelle del Puerto, ⊠ 03001, 𝄞 520 75 89, Fax 520 84 31, <, 🍴, Arroces – 🖺.
🖺 ➀ 🖺 📧 📧   BZ **e**
cerrado domingo noche y lunes – Com carta 2525 a 3500.

ALICANTE

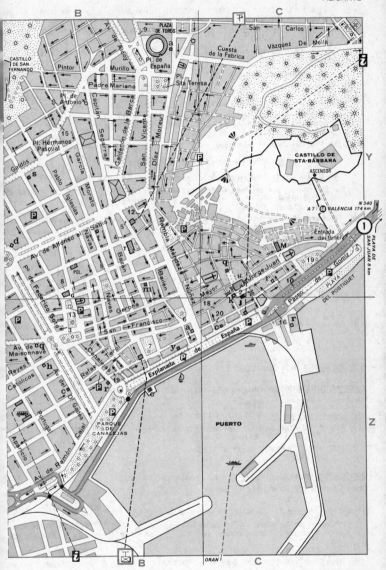

XX **Jumillano,** César Elguezábal 62, ⊠ 03001, 𝒫 521 29 64, Vinoteca – 🔲. 🄰🄴 ⓞ ᴇ 𝑉𝐼𝑆𝐴. 🛇
   cerrado domingo – Com carta 2500 a 3700.   BY **t**

XX **Machichaco,** Belando 30, ⊠ 03004, 𝒫 520 41 32, Cocina vasca – 🔲. 🄰🄴 ⓞ ᴇ 𝑉𝐼𝑆𝐴. 🛇
   cerrado lunes y del 10 al 31 agosto – Com carta 2300 a 3400.   BY **s**

XX **Quo Vadis,** pl. Santísima Faz 3, ⊠ 03002, 𝒫 521 66 60, 🍴 – 🔲. 🄰🄴 ⓞ ᴇ 𝑉𝐼𝑆𝐴. 🛇
   Com carta 2350 a 3950.   CY **q**

X **Govana,** Turina 2, ⊠ 03013, 𝒫 526 21 31 – 🔲. 🄰🄴 ᴇ 𝑉𝐼𝑆𝐴. 🛇   por ①
   cerrado domingo noche, lunes y agosto – Com carta 2350 a 2900.

X Valencia Once, Valencia 11, ⊠ 03012, 𝒫 521 13 09 – 🔲   BY **a**

✗ **China,** av. Dr. Gadea 11, ⊠ 03003, ✆ 522 15 74, Rest. chino – 🍽. 🆎 ⓪ 🇪 𝘝𝘐𝘚𝘈. ⨯
Com carta 1615 a 2080.

BZ c

✗ **El Bocaíto,** Isabel la Católica 22, ⊠ 03007, ✆ 522 72 37 – 🍽. 🆎 ⓪ 🇪 𝘝𝘐𝘚𝘈. ⨯
Com carta 2350 a 3550.

AZ d

✗ **La Goleta,** explanada de España 8, ⊠ 03002, ✆ 521 43 92, ☂ – 🍽. 🆎 ⓪ 🇪 𝘝𝘐𝘚𝘈. ⨯
Com carta 1750 a 3450.

CY c

en la carretera de Valencia – ⬧ 96

🏨 **Europa,** av. de Denia 93, por ① : 3,5 km, ⊠ 03015, ✆ 516 09 11, Fax 526 03 99, ⌁ – 🛏
🍽 📺 ☎ ⟵ ❷ – 🛗 25/30. 🆎 🇪 𝘝𝘐𝘚𝘈. ⨯ rest
Com 2300 – ⇌ 500 – **140 hab** 6000/8000.

🏨🏨🏨 **Maestral,** Andalucía 18-Vistahermosa, cruce Albufereta por ① : 3 km, ⊠ 03016,
✆ 516 46 18, « Villa rodeada de jardín » – 🍽. 🆎 ⓪ 🇪 𝘝𝘐𝘚𝘈. ⨯
cerrado domingo – Com carta 4000 a 4500.

✗✗ **La Piel del Oso,** Vistahermosa, por ① : 3,5 km, ⊠ 03016, ✆ 526 06 01 – 🍽. ❷. 🆎 ⓪
🇪 𝘝𝘐𝘚𝘈
cerrado domingo noche y lunes – Com carta 2400 a 3550.

en la playa de la Albufereta (por la costa) por ① – ⊠ 03016 Alicante – ⬧ 96 :

🏨 **Adoc** sin rest, con cafetería, 4 km ✆ 526 59 00, Fax 526 57 98, ≼, ⌁, ⬛, ⨯ – 🛗 🍽 📺
☎. 🆎 ⓪ 🇪 𝘝𝘐𝘚𝘈.
⇌ 450 – **92 hab** 5300/7000.

✗✗ **Auberge de France,** Finca Las Palmeras : 5 km ✆ 526 06 02, ☂, Cocina francesa, « En
un pinar » – 🍽 ❷. 🆎 ⓪ 🇪 𝘝𝘐𝘚𝘈
cerrado martes – Com carta 2400 a 3150.

Ver también : *Playa de San Juan* por ① : 7 km
San Juan de Alicante por ① : 9 km.

ALFA ROMEO av. de Orihuela 172 ✆ 510 34 78
AUSTIN-MG-MORRIS-MINI-ROVER Monovar 2
✆ 10 33 00
BMW carret. Alicante - Valencia km 87,3
✆ 565 73 92
CITROEN carret. Madrid km 408,5 ✆ 528 60 00
FIAT carret. Murcia-Alicante km 73 ✆ 510 18 11
FORD carret. de Murcia-Alicante km 73,6
✆ 528 71 22
FORD av. Tomás Aznar Domenech ✆ 528 11 84
GENERAL MOTORS av. Aguilera 14 ✆ 522 11 48

LANCIA av. de Orihuela 21 ✆ 528 09 12
MERCEDES-BENZ carret. Valencia km 84,500
✆ 26 65 21
PEUGEOT-TALBOT av. de Denia 81 ✆ 526 50 44
PEUGEOT-TALBOT carret. Alicante - Elche km 4,7
✆ 510 16 66
RENAULT carret. de Ocaña km 15 ✆ 528 53 57
SEAT-AUDI-VOLKSWAGEN carret. de Valencia
35 ✆ 526 65 40
SEAT-AUDI-VOLKSWAGEN av. Aguilera 4
✆ 512 17 90

ALMADRABA 17480 Gerona 𝟦𝟦𝟥 F 39 – ver Rosas.

ALMADRONES 19414 Guadalajara 𝟦𝟦𝟦 J 21 – 123 h. alt. 1 054 – ⬧ 911.
♦Madrid 100 – Guadalajara 44 – Soria 127.

en la carretera N II E : 1 km – ⊠ 19414 Almadrones – ⬧ 911

🏨 **Venta de Almadrones - km 103,** ✆ 28 50 11 – 🍽 🍴 ⟵ ❷. 🆎 🇪 𝘝𝘐𝘚𝘈. ⨯
Com 1490 – ⇌ 450 – **40 hab** 3200/3500.

✗✗ **103 - II,** ✆ 28 50 95 – 🍽 ❷. 🆎 🇪 𝘝𝘐𝘚𝘈
cerrado sábado – Com carta 1900 a 3350.

ALMAGRO 13270 Ciudad Real 𝟦𝟦𝟦 P 18 – 8 364 h. alt. 643 – ⬧ 926.
Ver : Plaza Mayor★ (Corral de Comedias★).
🅱 Carnicerías 5 ✆ 86 07 17.
♦Madrid 189 – ♦Albacete 204 – Ciudad Real 23 – ♦Córdoba 230 – Jaén 165.

🏨🏨 **Parador de Almagro** ⧉, ronda de San Francisco ✆ 86 01 00, Fax 86 01 50, Instalado
en el convento de Santa Catalina - siglo XVI, ⌁ – 🍽 📺 ☎ ❷ – 🛗 25/100. 🆎 ⓪ 🇪 𝘝𝘐𝘚𝘈.
⨯
Com 2900 – ⇌ 950 – **55 hab** 10000 – PA 5740.

🏨 **Don Diego y Rest. Sancho,** Bolaños 1 ✆ 86 12 87 – 🛗 🍽 📺 ☎ ⟵ – **31 hab**.

✗ **Mesón El Corregidor,** pl. Fray Fernando Fernández de Córdoba 2 ✆ 86 06 48, ☂,
« Antigua posada » – 🍽. 🆎 ⓪ 🇪 𝘝𝘐𝘚𝘈. ⨯
cerrado lunes y noviembre-diciembre – Com carta 2250 a 3400.

FORD Ejido San Juan ✆ 86 08 82
PEUGEOT-TALBOT Ronda de San Francisco 6
✆ 86 10 31

RENAULT Ejido San Juan 38 ✆ 86 09 11
SEAT-AUDI-VOLKSWAGEN carret. Valdepeñas
✆ 86 01 74

ALMANDOZ 31976 Navarra 𝟦𝟦𝟤 C 25 – ⬧ 948.
♦Madrid 437 – ♦Bayonne 76 – ♦Pamplona 42.

✗ Beola, ✆ 58 50 02, Decoración regional – ❷.

ALMANSA 02640 Albacete **444** P 26 – 20 377 h. – ✪ 967.

♦Madrid 325 – ♦Albacete 76 – ♦Alicante 96 – ♦Murcia 131 – ♦Valencia 111.

🏨 **Los Rosales,** carret. N 430 𝒫 34 07 50 – 🖃 rest 🅐 🅿. 🆎 E 𝘝𝘐𝘚𝘈. 🛠
  Com 1150 – ☑ 175 – **33 hab** 2240/3860 – PA 2450.

ALFA ROMEO carret. Badajoz-Valencia km 587   PEUGEOT-TALBOT carret. de Circunvalación, km
𝒫 34 39 53   584 𝒫 34 08 72
CITROEN carret. de Circunvalación, km 589   RENAULT carret. de Circunvalación, km 586
𝒫 34 17 80   𝒫 34 04 54
FIAT av. de Ayora, 33 𝒫 34 14 69   SEAT-AUDI-W carret. de Circunvalación, km 585
FORD Corredera, 100 𝒫 34 41 45   𝒫 34 08 50
MERCEDES BENZ Mendizábal, 78-A 𝒫 34 24 14

ALMAZÁN 42200 Soria **442** H 22 – 5 657 h. alt. 950 – ✪ 975.

Ver : Iglesia de San Miguel (cúpula★).

♦Madrid 191 – Aranda de Duero 107 – Soria 35 – ♦Zaragoza 179.

🏨 **Antonio,** av. de Soria 13 𝒫 30 07 11 – 🅐 🅿. 🆎 🅾 E 𝘝𝘐𝘚𝘈. 🛠
  cerrado 24 diciembre-20 enero – Com (cerrado domingo y festivos noche) 1700 – ☑ 350 –
  28 hab 1600/3200.

CITROEN av. Salazar y Torres 42 𝒫 30 01 76   RENAULT Salazar y Torres 18 𝒫 30 00 85
FORD Hurtado de Mendoza 𝒫 30 05 20   SEAT-AUDI-VOLKSWAGEN Gran Vía 36
PEUGEOT-TALBOT carret. Gómara km 0,5   𝒫 30 14 78
𝒫 30 03 10

ALMAZCARA 24170 León **441** E 10 – ✪ 987.

♦ Madrid 378 – ♦León 99 – Ponferrada 10.

🏨 **Los Rosales,** carret. N VI 𝒫 46 71 67 – 🗄 🖃 rest 🅐 🅿. 🆎 E 𝘝𝘐𝘚𝘈. 🛠
  Com 850 – ☑ 275 – **40 hab** 2700/3550.

ALMENDRALEJO 06200 Badajoz **444** P 10 – 23 628 h. alt. 336 – ✪ 924.

♦Madrid 368 – ♦Badajoz 56 – Mérida 25 – ♦Sevilla 172.

🏩 **Espronceda,** carret. de Sevilla km 312 𝒫 66 44 12, Fax 66 11 50, 🏊 – 🖃 📺 ☜ 🅿 –
  🅰 25/600. 𝘝𝘐𝘚𝘈. 🛠
  Com 1200 – ☑ 250 – **37 hab** 3000/6500 – PA 2250.

🏨 **España,** sin rest, av. San Antonio 77 𝒫 66 02 30 – 🗄 🖃 📺 ☎ – **26 hab**.

✗ **Danubio,** carret. de Sevilla km 312 𝒫 66 10 84 – 🖃 🅿. 🅾 E 𝘝𝘐𝘚𝘈
  Com carta 1050 a 2000.

ALFA ROMEO carret. de Sevilla 137 𝒫 66 37 76   RENAULT carret. de Sevilla-Gijón km 651
FORD carret. de Sevilla km 646 𝒫 66 57 11   𝒫 66 20 41
PEUGEOT-TALBOT carret. de Sevilla-Gijón km   SEAT-AUDI-VOLKSWAGEN San Blas 3
649 𝒫 66 03 79   𝒫 66 02 66

ALMERÍA 04000 ℙ **446** V 22 – 140 946 h. – ✪ 951 – Playa.

Ver : Alcazaba★ (jardines★) Y – Catedral★ Z B.

Alred. : Ruta★ de Benahadux a Tabernas por ①.

🏖 Playa Serena, Roquetas de Mar por ③ : 25 km 𝒫 32 20 55 – 🏖 Almerimar, El Ejido por ③ :
35 km 𝒫 48 09 50.

✈ de Almería por ② : 8 km 𝒫 22 19 54 – Iberia : paseo de Almería 44, 🖂 04001, 𝒫 23 00 34
Z.

🚢 𝒫 25 05 88.

⚓ para Melilla : Cía. Trasmediterránea, explanada España 2, 🖂 03002, 𝒫 520 60 11, Telex
64433 Z.

🅱 Hermanos Machado 4 - Edificio Múltiple 𝒫 23 08 58 – R.A.C.E. Altamira 4, 🖂 04005, 𝒫 22 40 85.

♦Madrid 550 ① – Cartagena 240 ① – ♦Granada 171 ① – Jaén 232 ① – Lorca 157 ① – Motril 112 ③.

Plano página siguiente

🏨 **Torreluz IV** sin rest, pl. Flores 5, 🖂 04001, 𝒫 23 47 99, Telex 75347, Fax 23 47 99,
  « Terraza con 🏊 » – 🗄 🖃 📺 ☎ ☜ – 🅰 25/170. 🆎 🅾 E 𝘝𝘐𝘚𝘈. 🛠   Y e
  ☑ 750 – **60 hab** 7580/12800.

🏨 **G. H. Almería** sin rest, av. Reina Regente 8, 🖂 04001, 𝒫 23 80 11, Telex 75343, Fax
  27 06 91, ≤, 🏊 – 🗄 🖃 📺 ☎ ☜ – 🅰 25/300. 🆎 🅾 E 𝘝𝘐𝘚𝘈. 🛠   Z c
  ☑ 825 – **117 hab** 7700/12750.

🏨 **Torreluz III** sin rest, pl. Flores 6, 🖂 04001, 𝒫 23 47 99, Telex 75347, Fax 23 47 99 – 🗄
  🖃 📺 ☎ ☜. 🆎 🅾 E 𝘝𝘐𝘚𝘈. 🛠   Y v
  ☑ 550 – **67 hab** 5630/7470.

🏨 **Costasol** sin rest, con cafetería, paseo de Almería 58, 🖂 04001, 𝒫 23 40 11, Fax 23 40 11
  – 🗄 🖃 📺 ☎. 🆎 🅾 E 𝘝𝘐𝘚𝘈. 🛠   Z e
  ☑ 550 – **55 hab** 6180/7725.

sigue →

ALMERÍA

0   500 m

GRANADA
MURCIA

Indálico sin rest, con cafetería, Dolores Sopeña 4, ⊠ 04004, 𝒢 23 11 11, Fax 23 10 28 – 🛗 ☰ 📺 ☎ ⇌. 🅰🅴 ① 🅴 𝑉𝐼𝑆𝐴 – ☲ 375 – **52 hab** 4900/6800   Y **s**

Torreluz II, pl. Flores 1, ⊠ 04001, 𝒢 23 47 99, Telex 75347, Fax 23 47 99 – 🛗 ☰ ☎ ⇌. 🅰🅴 ① 🅴 𝑉𝐼𝑆𝐴.
Com 1050 – ☲ 425 – **24 hab** 3900/5980 – PA 2400.   Y **v**

Embajador, Calzada de Castro 4, ⊠ 04006, 𝒢 25 55 11, Fax 25 93 64 – 🛗 ☰ ☎. 🅰🅴 🅴 𝑉𝐼𝑆𝐴. 🛠 rest – Com 825 – ☲ 250 – **67 hab** 3100/4900 – PA 1900   Z **b**

Nixar sin rest, Antonio Vico 24, ⊠ 04003, 𝒢 23 72 55 – ☎. 𝑉𝐼𝑆𝐴. 🛠
☲ 200 – **40 hab** 1925/3575.   Y **f**

XX **Anfora,** González Garbín 25, ⊠ 04001, 𝒢 23 13 74 – ☰. 🅰🅴 ① 🅴 𝑉𝐼𝑆𝐴
cerrado domingo – Com carta 2225 a 3100.   Y **k**

X **Pantagruel,** Martínez Campos 31, ⊠ 04002, 𝒢 24 48 14 – ☰. 🅰🅴 ① 🅴 𝑉𝐼𝑆𝐴. 🛠
cerrado domingo – Com carta 2300 a 2750.   Z **d**

X **Club de Mar,** Muelle 1, ⊠ 04002, 𝒢 23 50 48, ≤, 🍽 – 🅰🅴 ① 𝑉𝐼𝑆𝐴. 🛠
Com carta 2550 a 2900.   Z **s**

X **Imperial,** Puerta de Purchena 13, ⊠ 04001, 𝒢 23 17 40, 🍽 – ☰. 🅴 𝑉𝐼𝑆𝐴
cerrado miércoles salvo festivos – Com carta 1950 a 3800.   Y **d**

en la carretera de Málaga por ② : 2,5 km – ⊠ 04002 Almería – ✪ 951 :

Solymar, 𝒢 23 46 22, Fax 27 70 10, ≤ – 🛗 ☰ 📺 ☎ 🅿. 🅴 𝑉𝐼𝑆𝐴. 🛠 rest
Com 3000 – ☲ 800 – **15 hab** 8000/10800 – PA 6800.

ALFA-ROMEO carret. de Ronda 🏨 25 71 44
AUDI-VOLKSWAGEN carret. de Nijar - Los
Molinos 🏨 22 65 04
AUSTIN-ROVER carret. de Granada 2 - Tramo
🏨 23 22 34
B.M.W. Polígono San Silvestre 🏨 26 21 11
CITROEN carret. N 340 km 117 Los Callejones
🏨 26 01 11
FIAT San Juan Bosco, 3 🏨 25 76 33

FORD carret. N 340 km 117 (Los Callejones)
🏨 23 70 33
GENERAL MOTORS carret. N 340 km 446 paraje
San Silvestre 🏨 26 30 11
MERCEDES-BENZ Amor 1 🏨 25 71 44
PEUGEOT-TALBOT carret. de Granada 2 - Tramo
🏨 23 78 78
RENAULT carret. N 340 km 446 🏨 25 93 12
SEAT Cuesta de los Callejones 🏨 26 74 11

ALMERIMAR 04700 Almería 446 V 21 – ver El Ejido.

La ALMUNIA DE DOÑA GODINA 50100 Zaragoza 443 H 25 – 5 100 h. – ✪ 976.

◆Madrid 270 – ◆Tudela 87 – ◆Zaragoza 52.

🏠 **El Patio,** av. Generalísimo 6 🏨 60 05 63, Fax 60 10 54 – 🛗 🖿 rest ☎ 🅿. **E** 𝘷𝘪𝘴𝘢. ❀
    cerrado domingo noche – Com 1250 – ⌷ 350 – **24 hab** 3000/5000 – PA 2300.

CITROEN Mayor 84 🏨 60 02 88
FORD Av. de Zaragoza 19 🏨 60 02 41
OPEL Mayor 44 🏨 60 02 78
PEUGEOT-TALBOT Carret. Madrid 🏨 60 02 86

RENAULT Av. de Zaragoza 6 🏨 81 25 28
SEAT-AUDI-WOLKSVAGEN Av. de Zaragoza 17
🏨 81 28 40

ALMUÑÉCAR 18690 Granada 446 V 18 – 16 141 h. alt. 24 – ✪ 958 – Playa.

Alred. : Carretera en cornisa✶✶ de Almuñécar a Granada – O : Carretera✶ de la Herradura a Nerja
≤✶✶.

🖼 bajos del paseo 🏨 63 11 25.

◆Madrid 516 – ◆Almería 136 – ◆Granada 87 – ◆Málaga 85.

🏨 **Helios,** pl. de las Flores 🏨 63 44 59, Fax 63 44 69, ≾, – 🖿 🅿 – 🛗 25/200. 🖭 ⓞ **E** 𝘷𝘪𝘴𝘢.
    ❀
    Com 1300 – ⌷ 500 – **232 hab** 4900/8500.

🏠 **La Najarra,** Guadix 12 🏨 63 08 73, Fax 63 36 63, 🌤, ≾, ❀ – 🖿 rest 🚗. 🖭 ⓞ **E** 𝘷𝘪𝘴𝘢.
    ❀
    Com 850 – ⌷ 250 – **38 hab** 4500/5500 – PA 1950.

🏠 **Goya,** av. de Europa 31 🏨 63 05 50 – 🚗 🚙. **E** 𝘷𝘪𝘴𝘢. ❀
    Com 800 – ⌷ 240 – **25 hab** 2400/4000.

🏠 **Playa de San Cristóbal** sin rest, pl. San Cristóbal 5 🏨 63 11 12 – **E** 𝘷𝘪𝘴𝘢
    15 marzo- octubre – ⌷ 250 – **22 hab** 2400/3900.

🏠 **Carmen** sin rest, av. de Europa 19 🏨 63 14 13 – 🚗. 🖭 ⓞ **E** 𝘷𝘪𝘴𝘢. ❀ rest
    ⌷ 250 – **24 hab** 2250/3500.

🏠 San Sebastián sin rest, Ingenio Real 14 🏨 63 04 66 –
    20 hab.

🏡 **Tropical** sin rest, av. de Europa 39 🏨 63 34 58 – **E** 𝘷𝘪𝘴𝘢. ❀
    abril-octubre – ⌷ 240 – **11 hab** 2000/4000.

🏡 **El Puente,** av. de la Costa del Sol 14 🏨 63 01 23 – ❀
    Com 750 – ⌷ 225 – **24 hab** 1900/3000.

✕ **Chinasol Playa,** playa San Cristóbal 🏨 63 22 61, Fax 63 44 51, 🌤 – 🖿. 🖭 ⓞ **E** 𝘷𝘪𝘴𝘢
    cerrado del 4 al 30 de noviembre – Com carta 1950 a 2500.

✕ Vecchia Firenze, pl. de la Fabriquilla 🏨 63 19 04, 🌤, Rest. italiano – 🖿.

✕ **Los Geranios,** pl. de la Rosa 4 🏨 63 07 24, 🌤, Decoración típica regional – 🖭 ⓞ **E**
    𝘷𝘪𝘴𝘢
    cerrado miércoles y 10 noviembre-10 diciembre – Com carta 1125 a 2450.

✕ **La Ultima Ola,** Manila 17 🏨 63 00 18, 🌤 – 🖭 ⓞ **E** 𝘷𝘪𝘴𝘢
    cerrado lunes de octubre a diciembre y enero-15 marzo – Com carta 1775 a 2575.

  en la playa de Velilla E : 2,5 km – ✉ 18690 Velilla – ✪ 958 :

🏠 **Velilla** sin rest, Edificio Inti-Yan IV 🏨 63 07 58 – 🛗. ⓞ 𝘷𝘪𝘴𝘢. ❀
    abril-septiembre – ⌷ 200 – **28 hab** 3400/4500.

  en la playa de Cotobro O : 2,5 km – ✉ 18690 Almuñécar – ✪ 958 :

✕ Playa Cotobro, bajada del Mar 1 🏨 63 18 02, 🌤.

FORD av. Costa del Sol 8 🏨 63 13 86
RENAULT av. Costa del Sol 2 🏨 63 02 52

SEAT-AUDI-VOLKSWAGEN carret. Cádiz-Barce-
lona (barriada de la Paloma) 🏨 63 02 26

Pleasant hotels or restaurants are shown
in the Guide by a red sign.
Please send us the names
of any where you have enjoyed your stay.
Your Michelin Guide will be even better.

ALMUSAFES o **ALMUSSAFES** 46440 Valencia **445** O 28 – 5 090 h. alt. 30 – ✪ 96.
♦Madrid 402 – ♦Albacete 172 – ♦Alicante 146 – ♦Valencia 18.

   🏨 Reig, Llavradors 13 ✆ 178 02 91 – ▤ rest
     18 hab.

   XX **Casa Paco,** Ausías March 20 ✆ 178 32 40, Pescados y mariscos – ▤. 🝙 ① 🝐 VISA. ⬥
     cerrado domingo – Com carta 2250 a 3700.

ALOVERA 19208 Guadalajara **444** K 20 – 1 372 h. alt. 644 – ✪ 911.
♦Madrid 52 – Guadalajara 13 – ♦Segovia 139 – Toledo 122.

   en la carretera N II SE : 4,5 km – ⊠ 19208 Alovera – ✪ 911

   🏠 **Lux** sin rest, ✆ 27 01 61, Fax 27 04 12 – ☎ 🝐. 🝙 ① 🝐 VISA. ⬥ rest
     ⊡ 350 – **48 hab** 3800/4750.

ALP 17538 Gerona **443** E 35 – 1 369 h. alt. 1 158 – ✪ 972 – Deportes de invierno en Masella
SE : 7 km : ⩽10.
♦Madrid 644 – ♦Lérida/Lleida 175 – Puigcerdá 8.

   XX **Les Lloses,** av. Sports ✆ 89 00 96, 🌣 – ▤ 🝐. 🝙 ① 🝐 VISA. ⬥
     Com carta 2300 a 3700.

   en Masella SE : 7 km – ⊠ 17538 Masella – ✪ 972 :

   🏨 Alp H. ⬥, ✆ 89 01 01, Telex 54102, Fax 89 01 48, ⩽, 🛌, 🝅, 🝮 – 🝱 ☎ 🝐 – ⚗ –
     148 hab.

ALSASUA 31800 Navarra **442** D 23 – 7 250 h. alt. 532 – ✪ 948.
Alred. : S : carretera★★ del puerto de Urbasa – E : carretera★ del Puerto de Lizárraga (mirador★).
♦Madrid 402 – ♦Pamplona 50 – ♦San Sebastián/Donostia 71 – ♦Vitoria/Gasteiz 46.

   en la carretera de San Sebastián N I – ⊠ 31800 Alsasua – ✪ 948 :

   X **Leku-Ona,** NO : 2 km ✆ 56 24 52, « Al borde de un bosque », 🝮 – 🝐. ① VISA. ⬥
     cerrado lunes y 24 diciembre-enero – Com carta 2300 a 3650.

CITROEN carret. Pamplona ✆ 56 22 61
FIAT García Ximénez, 31 ✆ 56 32 05
FORD carret. Pamplona ✆ 56 33 00
GENERAL MOTORS-OPEL carret. Madrid-Irún
✆ 56 24 56

PEUGEOT-TALBOT carret. N I km 394 ✆ 56 26 13
RENAULT carret. Madrid-Irún km 395 ✆ 56 21 05

ALTEA 03590 Alicante **445** Q 29 – 11 108 h. – ✪ 96 – Playa.
Alred. : Recorrido★ de Altea a Calpe.
🝪 Club Don Cayo N : 4 km ✆ 584 80 46.
🝑 paseo Marítimo ✆ 584 23 01.
♦Madrid 475 – ♦Alicante 57 – Benidorm 11 – Gandía 60.

   🏠 **Altaya** sin rest, Generalísimo 115 ✆ 584 08 00 – ☎ 🝐. ① 🝐 VISA
     cerrado enero-febrero – ⊡ 300 – **24 hab** 2300/3900.

   XX **Trianón,** Sardinal 4 - Local 2 (zona del puerto) ✆ 584 22 74, Cocina francesa – ▤. 🝐 VISA
     cerrado lunes – Com carta 1925 a 2800.

   XX **Rey Mar Puerto,** av. del Puerto edificio Club Náutico ✆ 584 34 76, ⩽ – 🝐. 🝙 ① 🝐 VISA.
     ⬥
     Com carta 2670 a 3000.

   X **El Negro,** Santa Bárbara 4 (casco antiguo) ✆ 584 18 26, ⩽ bahía, 🌣, En una cueva – ①
     🝐 VISA
     cerrado lunes – Com *(sólo cena)* carta aprox. 3200.

   por la carretera de Valencia NE : 2,5 km y desvío a la izquierda : 1 km – ⊠ 03590 Altea
   – ✪ 96 :

   XXX ❀ **Monte Molar,** ✆ 584 15 81, 🌣, « Terraza » – 🝐. 🝙 ① 🝐 VISA
     cerrado miércoles salvo en temporada y noviembre-marzo – Com (sólo cena)
     carta 4100 a 5100
     Espec. Terrina de foie-gras casera, Filete de San Pedro en salsa de echalotes, Lomito de cordero en hojaldre
     con verdura de temporada..

   por la carretera de Alicante SO : 3 km y desvío a la derecha 0,7 km – ⊠ 03590 Altea –
   ✪ 96 :

   X **Rey Mar,** Partida del Planet 5 ✆ 584 30 48, ⩽, 🌣 – 🝐. 🝙 ① 🝐 VISA. ⬥
     cerrado lunes y del 1 al 20 febrero – Com carta 2475 a 3375.

FORD partida Carboneda 9 ✆ 584 11 19
MERCEDES-BENZ Partida Cap Blanch 29
✆ 584 07 32
PEUGEOT-TALBOT Partida Cap Blanch 37
✆ 584 08 97

RENAULT Olla de Altea 22 ✆ 584 10 36
SEAT-AUDI-VOLKSWAGEN Alfaz del Pí 1
✆ 584 07 95

ALTO CAMPÓO Cantabria 442 C 16 – ver Reinosa.

ALTO DE BUENAVISTA 33006 Asturias – ver Oviedo.

ALTO DE MEAGAS 20800 Guipúzcoa 442 C 23 – ver Zarauz.

ALTRÓN 25567 Lérida 443 E 33 – ver Llessuy.

ALZIRA 46600 Valencia 445 O 28 – ver Alcira.

ALLARIZ 32660 Orense 441 F 6 – 5 009 h. – 🕿 988.
◆Madrid 479 – Orense 20 – ◆Vigo 126.

en la carretera N 525 SE : 1,5 km – ⊠ 32660 Allariz – 🕿 988 :

🏠 Villa de Allariz, 𝒫 44 00 15, ≼ – 📺 🅿
   20 hab.

AMASA 20150 Guipúzcoa 442 C 23 – ver Villabona.

La AMETLLA DEL VALLES o **L'AMETLLA DEL VALLES** 08480 Barcelona 443 G 36 – 1 939 h.
alt. 312 – 🕿 93.
◆Madrid 648 – ◆Barcelona 35 – Gerona/Girona 83.

🏨 Del Vallés, carret. N 152 𝒫 843 06 00, ≼, ⌫, – 🖁 🗏 ☎ 🅿 – 🔏 – **54 hab**.
✗ **La Masía**, passeig Torregassa 77 𝒫 843 00 02, Fax 843 00 02 – 🗏 🅿. 🖭 ⓸ Ɛ 𝘝𝘐𝘚𝘈. ⁒
   cerrado martes y del 6 al 20 agosto – Com carta 2500 a 3850.

AMETLLA DE MAR o **L'AMETLLA DE MAR** 43860 Tarragona 443 J 32 – 3 750 h. alt. 20 –
🕿 977 – Playa.
◆Madrid 509 – Castellón de la Plana 132 – Tarragona 50 – Tortosa 33.

🏠 **Bon Repós,** pl. Cataluña 49 𝒫 45 60 25, ⌫, « Jardín con arbolado », ⌫ – ☜ 🅿. Ɛ
   𝘝𝘐𝘚𝘈. ⁒
   10 abril-septiembre – Com 1390 – ⌸ 350 – **38 hab** 3400/5400 – PA 2490.
✗ **El Racó del Port,** Sant Pere 12 𝒫 49 31 80, ⌫ – 🗏 🖭 Ɛ 𝘝𝘐𝘚𝘈. ⁒
   cerrado lunes abril-octubre – Com carta 2750 a 3800.
✗ **L'Alguer,** Trafalgar 21 𝒫 45 61 24, ≼, ⌫, Pescados y mariscos – 🗏. 🖭 ⓸ Ɛ 𝘝𝘐𝘚𝘈. ⁒
   cerrado diciembre – Com carta 2900 a 3700.
✗ **Cova Gran,** Mediterráneo 𝒫 45 64 09, ≼, ⌫ – 🅿. Ɛ 𝘝𝘐𝘚𝘈
   Com carta 2090 a 3530.

AMEYUGO 09219 Burgos 442 E 20 – 80h. – 🕿 947.
◆Madrid 311 – ◆Burgos 67 – ◆Logroño 60 – ◆Vitoria 44.

en el monumento al Pastor NO : 1 km – ⊠ 09219 Ameyugo (por Miranda de Ebro) –
🕿 947 :

✗ **Mesón El Pastor,** carret. N I 𝒫 35 40 79 – 🗏 🅿. 🖭 ⓸ 𝘝𝘐𝘚𝘈
   Com carta 1350 a 1950.

AMOREBIETA 48340 Vizcaya 442 C 21 – 15 575 h. alt. 70 – 🕿 94.
◆Madrid 415 – ◆Bilbao 22 – ◆San Sebastián/Donostia 79 – ◆Vitoria/Gasteiz 51.

✗✗ El Cojo, San Miguel 11 𝒫 673 00 25 – 🗏 🅿.
CITROEN Gudari 22 𝒫 673 02 09

SEAT-AUDI-VOLKSWAGEN Barrio Montorra
𝒫 673 37 76

AMPOLLA o **L'AMPOLLA** 43895 Tarragona 443 J 32 – 🕿 977.
◆Madrid 510 – Castellón de la Plana 128 – Tarragona 62 – Tortosa 24.

✗ El Molí, Castaños 4 𝒫 46 02 07, ⌫.

AMPOSTA 43870 Tarragona 443 J 31 – 14 499 h. – 🕿 977.
◆Madrid 504 – Castellón de la Plana 112 – Tarragona 78 – Tortosa 18.

🏠 **Montsiá,** av. de la Rápita 8 𝒫 70 10 27, Fax 70 10 27 – 🖁 🗏 rest ☜. 🖭 ⓸ Ɛ 𝘝𝘐𝘚𝘈.
   ⁒ rest
   Com 990 – ⌸ 330 – **51 hab** 2435/4315 – PA 2020.

AUSTIN-ROVER av. Sant Jaume 16-18
𝒫 70 34 08
CITROEN av. de la Rápita 79 𝒫 70 02 51
FIAT av. de la Rápita 124 𝒫 70 26 94
FORD av. San Jaime 𝒫 70 14 40
LANCIA Barcelona 98 𝒫 70 23 95

MERCEDES-BENZ av. de la Rápita 117
𝒫 70 18 65
OPEL av. Catalunya 𝒫 70 24 06
PEUGEOT-TALBOT av. San Jaime 12 𝒫 70 13 18
RENAULT av. de La Rápita 102 𝒫 70 08 46

AMPUERO 39840 Cantabria 442 B 19 – 3 162 h. – ✆ 942.

♦Madrid 430 – ♦ Bilbao 68 – ♦ Santander 52.

- **Casa Sarabia,** Melchor Torío 3 ✆ 62 23 65 – ▤. AE ⓓ E VISA. ✗
  Com carta 2300 a 3600.
- **La Pinta** con hab, José Antonio, 31 ✆ 62 22 98 – ▤ rest ⓟ. AE ⓓ E VISA. ✗
  Com carta 2600 a 3450 – ☐ 250 – **24 hab** 4000/4500.

AMPURIABRAVA o **EMPURIABRAVA** 17487 Gerona 443 F 39 – ✆ 972 – Playa.

ℹ Puigmal 1, ✆ 45 08 02 Fax 45 14 28 ✉ 17487.

- **Casa Blanca,** Sector Aeroclub 56 ✆ 45 03 84, Fax 45 16 81, ☂, ⛱ – ▤ ▤ ☎ ⓟ. AE ⓓ E VISA. ✗
  Com 1200 – ☐ 600 – **66 hab** 6550/9500.
- **Briaxis,** Port Principal 25 ✆ 45 15 45, Fax 67 27 71, ≤, ☂, ⛱ – ▤ ▤ ☎ ⓟ. AE ⓓ E VISA. ✗
  Com 2000 – ☐ 700 – **50 hab** 9000/9900 – PA 4000.
- **Valmar,** Puigmal 5 ✆ 45 07 63 – ▤ rest ⓟ. AE ⓓ E VISA
  Com 850 – ☐ 450 – **41 hab** 2700/5000 – PA 2150.
- **El Bruel,** Edificio Bahía II - 17 ✆ 45 10 18, ☂ – ▤. AE E VISA
  cerrado lunes noche y 10 enero-15 febrero – Com carta 1850 a 2550.

Ver también : ***Castelló de Ampurias.***

SEAT urbanización Empuriabrava Sector Aeroclub 1 ✆ 45 12 11

ANDORRA (Principado de) ★★ 443 E 34 y 35 86 ⑭ ⑮ – 50 528 h. alt. 1029 – ✆ con España 9738.

Andorra la Vieja (Andorra la Vella) Capital del Principado – alt. 1029.

Alred. : NE : Valle del Valira del Este★ – N : Valle del Valira del Nord★.

ℹ Dr. Villanova ✆ 202 14 – **A.C.A.** Babot Camp 4 ✆ 208 90.

♦Madrid 625 – ♦Barcelona 220 – Carcassonne 165 – Foix 103 – Gerona/Girona 245 – ♦Lérida/Lleida 155 – ♦Perpignan 166 – Tarragona 208 – Toulouse 185.

- **Andorra Center,** Dr. Nequi 12 ✆ 249 99, Telex 377, Fax 283 29, ⛱ climatizada – ▤ ▤ rest TV ☎ 🚗 – 🏛 25/50. AE ⓓ E VISA. ✗ rest
  Com 2500 Rest. **La Dama Blanca** carta 2915 a 3700 , rest. El Rostit (buffet) y rest. La Floresta (snack-bar) – ☐ 750 – **140 hab** 7000/9850 – PA 5000.
- **Andorra Palace,** Carrer de la Roda ✆ 210 72, Telex 208, Fax 282 45, ≤, ⛱, 🎾 – ▤ TV ☎ 🚗 ⓟ – 🏛 25/250. AE ⓓ E VISA. ✗ rest
  Com 3800 - rest. **La Truita** carta 3900 a 6100 , rest. **La Brasserie** carta 2300 a 3500 y rest. **El Jardí del Palace** carta 2250 a 3350 – ☐ 950 – **140 hab** 7000/9000 – PA 8550.
- **Andorra Park H.** ⛰, Les Canals ✆ 209 79, Telex 377, Fax 209 83, ≤, ☂, ⛱, 🌳, 🎾 – ▤ TV ☎ ⓟ. AE ⓓ E VISA. ✗
  Com 5000 – ☐ 1400 – **40 hab** 13500/16800 – PA 10000.
- **Novotel Andorra,** Prat de la Creu ✆ 611 16, Telex 208, Fax 611 20, ⛱, 🎾 – ▤ ▤ TV ☎ ♿ 🚗 ⓟ – 🏛 25/250. AE ⓓ E VISA. ✗ rest
  Com carta 3800 a 4800 – ☐ 950 – **102 hab** 9500/12000.
- **Mercure,** av. Meritxell 58 ✆ 207 73, Telex 208, Fax 285 52, ⛱, 🎾 – ▤ TV ☎ 🚗 ⓟ – 🏛 25/80. AE ⓓ E VISA. ✗ rest
  Com rest. **La Truita** carta 3900 a 6100 y rest. **La Brasserie** carta 2300 a 3350 – ☐ 950 – **70 hab** 9000/11000.
- **Eden Roc,** av. Dr Mitjavila 1 ✆ 210 00, Fax 603 19 – ▤ TV ☎ ⓟ. AE ⓓ E VISA. ✗
  Com 3200 – ☐ 850 – **56 hab** 9000/12500 – PA 6400.
- **President,** av. Santa Coloma 40 ✆ 229 22, Telex 233, Fax 614 14, ≤, ⛱ climatizada, ⛱ – ▤ ▤ rest TV ☎ 🚗 – 🏛 25/110. ⓓ E VISA. ✗ rest
  Com 2200 Brasserie La Nou y rest. Panoramic – ☐ 750 – **88 hab** 9900/12400.
- **Flora** sin rest, Antic Carrer Major 25 ✆ 215 08, Telex 209, Fax 620 85, ⛱, 🎾 – ▤ TV ☎ 🚗. AE ⓓ E VISA. ✗
  ☐ 650 – **45 hab** 5000/8000.
- **Cassany** sin rest, av. Meritxell 28 ✆ 206 36 – ▤ TV ☎. E VISA
  ☐ 750 – **54 hab** 5500/6450.
- **Sasplugas** ⛰, La Creu Grossa 15 ✆ 203 11, ≤ – ▤ TV ☎ 🚗. AE E VISA. ✗ rest
  Com 2000 – ☐ 500 – **26 hab** 4450/6800 – PA 4000.
- **Pyrénées,** av. Princep Benlloch 20 ✆ 600 06, Telex 421, Fax 202 65, ⛱, 🎾 – ▤ TV ☎ 🚗. ⓓ E VISA. ✗ rest
  Com 1900 – ☐ 550 – **74 hab** 4000/5800.
- **Florida** sin rest, Llacuna 11 ✆ 201 05, Telex 262, Fax 619 25 – ▤ TV ☎. AE ⓓ E VISA
  ☐ 450 – **52 hab** 3700/6500.
- **De L'Isard,** av. Meritxell 36 ✆ 200 96, Telex 377, Fax 283 29 – ▤ TV ☎ 🚗. AE ⓓ E VISA. ✗ rest
  Com 1775 – ☐ 500 – **55 hab** 4200/5200 – PA 3550.
- **Celler d'En Toni** con hab, Verge del Pilar 4 ✆ 212 52 – ▤ ☎. AE ⓓ E VISA. ✗
  Com carta 3100 a 4750 – ☐ 450 – **22 hab**.

AUTOBIANCHI-LANCIA   av. Santa Coloma 107
🏢 255 84
DATSUN-ROVER-LADA-SAAB-SKODA   Verge del
Pilar 12 🏢 201 44
FIAT   av. D.F. Mitjavila 5 🏢 204 71
FORD   av. Princep Benlloch 3 🏢 200 23
HONDA   av. Princep Benlloch 89 🏢 212 95

OPEL-G.M.   av. Santa Coloma 50 🏢 204 23
PEUGEOT-TALBOT   av. Tarragona 🏢 214 92
PORCHE-MITSUBISHI   av. Tarragona 4 🏢 292 35
TOYOTA   av. Dr. Villanova 🏢 223 71
SEAT   Dr. Vilanova 3-5 🏢 256 71
VAG (VOLKSWAGEN)   av. Meritxell 100 🏢 213 74

Arinsal – alt. 1445 – ⊠ La Massana – Deportes de invierno : 1 550/2 800 m. ≤15.
♦Andorra la Vieja 9.

🏨 **St. Gothard,** 🏢 360 05, Fax 370 51, ≤, ⌛, – 🛗 ☎ 🅟 – 🛁 25/150. 🆎 E 𝕍𝕀𝕊𝔸. ✁ rest
Com 1650 – ⯐ 450 – **170 hab** 4450/6900.

🏨 **Solana,** 🏢 351 27, Fax 373 95, ≤, ✁ – 🛗 ☎ ⇔. 🆎 ⓞ E 𝕍𝕀𝕊𝔸. ✁ rest
cerrado 15 octubre-15 noviembre – Com 1800 – ⯐ 650 – **45 hab** 3000/4500 – PA 3600.

🏠 **Pobladó,** 🏢 351 22, ≤
30 hab.

🏠 **Janet** sin rest, Erts S : 1,5 km 🏢 350 88 – 🅟. ✁
cerrado 15 octubre-noviembre – ⯐ 325 – **19 hab** 2750/4000.

Canillo – alt. 1531 – ⊠ Canillo.
Alred. : Iglesia de Sant Joan de Caselles (Calvario★) NE : 1 km.
♦Andorra la Vieja 11.

🏨 **Bonavida,** Plaça Major 🏢 513 00, ≤ – 🛗 ☎ ⇔. 🆎 – **40 hab** 4500/6150.
cerrado octubre-noviembre – Com 1650 – ⯐ 500 – **40 hab** 4500/6150.

🏠 **Pellissé,** Sant Joan de Caselles 🏢 512 05, ≤ – 🛗 ☜ 🅟. 🆎 E 𝕍𝕀𝕊𝔸
Com 1200 – ⯐ 500 – **38 hab** 2500/4000 – PA 2900.

Encamp – alt. 1313 – ⊠ Encamp.
Alred. : Les Bons (emplazamiento★) N : 1 km.
♦Andorra la Vieja 6.

🏨 **Coray,** Camí dels Caballers, 38 🏢 315 13, ≤, ⚓ – 🛗 ⇔ ⇔. 𝕍𝕀𝕊𝔸. ✁
cerrado del 4 al 30 noviembre – Com 1100 – ⯐ 250 – **85 hab** 4000/4200 – PA 3600.

🏠 **Univers** sin rest, René Baulard 13 🏢 310 05 – 🛗 ☎ 🅟. E 𝕍𝕀𝕊𝔸. ✁
cerrado noviembre – **36 hab** ⯐ 3400/4600.

Les Escaldes Engordany – alt. 1105 – ⊠ Andorra la Vieja.
♦Andorra la Vieja 1.

🏨 **Roc Blanc,** pl. dels Co-Princeps 5 🏢 214 86, Telex 224, Fax 602 44, ⌛ climatizada, 🏊,
✁ – 🛗 ▤ rest 📺 ☎ ⇔ 🅟 – 🛁 25/600. 🆎 ⓞ E 𝕍𝕀𝕊𝔸. ✁ rest
Com 4000 - snack-bar **L'Entrecôte** carta 2000 a 4600 y rest. **El Pi** carta 4000 a 6400 –
⯐ 1250 – **240 hab** 11300/15200 – PA 9250.

🏨 **Delfos** 🏊, av. del Fener 🏢 246 42, Telex 242, Fax 616 42 – 🛗 ▤ rest 📺 ☎ ⇔. 🆎 ⓞ
E 𝕍𝕀𝕊𝔸. ✁ rest
Com 2100 – ⯐ 600 – **200 hab** 6025/7850.

🏨 **Comptes d'Urgell,** av. Escoles 29 🏢 206 21, Telex 226, Fax 204 65 – 🛗 ☎ ⇔. 🆎 ⓞ
E 𝕍𝕀𝕊𝔸. ✁ rest
Com 2050 – ⯐ 475 – **200 hab** 4500/6550.

🏨 **Espel,** pl. Creu Blanca 1 🏢 208 55, Fax 280 56 – 🛗 📺 ☎ ⇔. ✁
noviembre-2 diciembre – Com 1400 – ⯐ 350 – **102 hab** 3500/5000 – PA 2800.

🏨 **Les Closes** sin rest, av. Carlemany 93 🏢 283 11 – 🛗 ☎ ⇔. ⓞ E 𝕍𝕀𝕊𝔸. ✁
⯐ 400 – **44 hab** 2800/5200.

🏨 **Canut,** av. Carlemany 107 🏢 219 24, Telex 398, Fax 609 96 – 🛗 📺 ☎
58 hab.

B.L.F.-CITROEN-AUSTIN-MG-MORRIS-MINI   av.
Carlemany 34 🏢 205 01
B.L.F.-JAGUAR-TRIUMPH-ROVER   av. Carlemany
34 🏢 205 01

INNOCENTI-MAZDA   av. de les Escoles 10
🏢 212 66
TOYOTA   av. Fite y Rossell 4 🏢 244 13

La Massana – alt. 1241 – ⊠ La Massana.
♦Andorra la Vieja 5.

🏨 **Rutllan,** Carret. de Arinsal 🏢 350 00, Fax 351 80, ≤, ⌛ climatizada, ⚓, ✁ – 🛗 📺 ☎
⇔. 🆎 ⓞ E 𝕍𝕀𝕊𝔸. ✁ rest
Com 3000 – ⯐ 900 – **100 hab** 6000/8000.

XX **Xopluc,** En Sisponys S : 2,5 km 🏢 356 45, Fax 353 90, ≤ – 🅟. 🆎 ⓞ E 𝕍𝕀𝕊𝔸
Com carta 3455 a 4685.

XX **La Borda de l'Avi,** carret. de Arinsal 🏢 351 54, Fax 353 90 – 🅟. 🆎 ⓞ E 𝕍𝕀𝕊𝔸. ✁
Com carta 3455 a 4685.

ANDORRA (Principado de)

Ordino – alt. 1304 – ⊠ Ordino.
♦Andorra la Vieja 7.

🏨 **Coma** ⑤, ℰ 351 16, Fax 351 16, ≤, ℥, ℅ – ⧫ 📺 ☎ ⇔ 🅿 🅔 ⓋⒾⓈⒶ. ℅
cerrado noviembre – Com 1800 – **48 hab** ⊡ 6250/7000 – PA 3750.

Pas de la Casa – alt. 2091 – ⊠ Pas de la Casa – Deportes de invierno : 2 050/2 407 m.
⥌25.

Alred. : Puerto de Envalira ⋇⋆⋆ O : 4 km.
♦Andorra la Vieja 30.

🏨 Sporting, ℰ 554 55, Telex 255, ≤ – ⧫ 📺 ☎ ⇔
temp. – **76 hab**.

🏨 **Els Isards**, Bernat III 6 ℰ 551 55, Telex 289, Fax 551 59, ≤ – ☎. 🅐🅔 ⓪ 🅔 ⓋⒾⓈⒶ. ℅
Com 2500 – ⊡ 380 – **39 hab** 6250/7800.

Santa Coloma – alt. 970 – ⊠ Andorra la Vieja.
♦Andorra la Vieja 3.

🏨 **Cerqueda** ⑤, Mossen Lluis Pujol ℰ 202 35, Fax 619 09, ≤, ℥, ℛ – ⧫ 🅿 🅐🅔 ⓪ 🅔
ⓋⒾⓈⒶ. ℅ rest
cerrado 7 enero-1 marzo – Com 1900 – ⊡ 500 – **70 hab** 3275/5750 – PA 2875.

RENAULT av. de Enclar 140 ℰ 206 72

Sant Julia de Loriá – alt. 909 – ⊠ Sant Julia de Loriá.
♦Andorra la Vieja 7.

🏨 **Pol,** Verge de Canolich 52 ℰ 411 22, Telex 272, Fax 418 52, ⧍ – ⧫ 🍽 rest 📺 ☎ 🅿 🅔
ⓋⒾⓈⒶ. ℅
Com 2200 – ⊡ 500 – **75 hab** 6100/8800 – PA 4900.

🏨 **Coma Bella** ⑤, SE : 7 km, alt. 1 300 ℰ 412 20, Fax 414 60, ≤, « En el bosque de la
Rabassa », parque – 📺 ⇔ 🅿 🅐🅔 🅔 ⓋⒾⓈⒶ
cerrado 15 noviembre-20 diciembre y del 8 al 30 enero – Com 1550 – ⊡ 450 – **28 hab**
4050/6350.

ALFA ROMEO Verge de Canolich 23 ℰ 410 44   VOLVO-FERRARI av. Verge de Canolich 59
BMW-MERCEDES Prat de la Tresa ℰ 419 64   ℰ 411 43

Soldeu – alt. 1826 – ⊠ Soldeu – Deportes de invierno : 1 700/2 560 m. ⥌ 16.
♦Andorra la Vieja 19.

🏨 **Del Tarter,** en El Tarter O : 3 km ℰ 611 65, Fax 514 74, ≤ – ⧫ ⇔ ⇔ 🅿 ⓪ 🅔 ⓋⒾⓈⒶ.
℅
cerrado 15 octubre-noviembre – Com *(cerrado martes)* 1800 – ⊡ 600 – **36 hab** 4000/5500
– PA 4000.

🏨 **Dels Clos** ⑤, En el tarter O : 3 km ℰ 515 00, Fax 515 54, ≤ – ⧫ 📺 ☎ ⇔. 🅐🅔 ⓪ 🅔
ⓋⒾⓈⒶ. ℅
cerrado 10 noviembre-15 diciembre – Com 1500 – **20 hab** 5000/6000.

🍴🍴 **Sant Pere** ⑤ con hab, en El Tarter O : 3 km ℰ 510 87, Telex 234, ≤, ⧍ – 🅿 🅐🅔 ⓪
ⓋⒾⓈⒶ. ℅ rest
Com carta 2700 a 4500 – ⊡ 600 – **6 hab** 9000.

ANDUJAR 23740 Jaén 🄰🄳🄶 R 17 – 34 946 h. alt. 212 – ✆ 953.
Ver : Iglesia de San Miguel⋆ (portada⋆) – Iglesia de Santa María (reja⋆).
Excurs. : Santuario de la Virgen de la Cabeza : carretera en cornisa ≤⋆⋆ N : 32 km.
♦Madrid 321 – ♦Córdoba 77 – Jaén 66 – Linares 41.

🏨 **Del Val,** av. Puerta de Madrid 29 ℰ 50 09 50, Fax 50 66 06, ⧍, ℥, ℛ – 🍽 📺 ⇔ 🅿.
🅐🅔 ⓪ 🅔 ⓋⒾⓈⒶ. ℅ rest
⊡ 250 – **79 hab** 3700/4550.

🏨 **Don Pedro**, Gabriel Zamora 5 ℰ 50 12 74 – ⧫ 🍽 📺 ☎ ⇔. 🅐🅔 ⓪ 🅔 ⓋⒾⓈⒶ. ℅ rest
Com 900 – ⊡ 425 – **29 hab** 2750/4700.

🏨 **La Fuente,** Vendederas 4 ℰ 50 46 29 – ⇔. ⓋⒾⓈⒶ
Com 1250 – ⊡ 250 – **19 hab** 2300/3500.

🍴 Caballo Blanco, Monjas 5 ℰ 50 02 88 – 🍽.

ALFA-ROMEO carret. de la Estación 32   OPEL carret. Madrid-Cádiz km 321 ℰ 50 18 36
ℰ 50 50 30   PEUGEOT-TALBOT carret. Madrid km 321
AUSTIN-ROVER carret. Madrid-Cádiz ℰ 50.10 47   ℰ 50 14 84
CITROEN Poligono Industrial "La Victoria"   RENAULT Poligono Industrial "La Victoria"
ℰ 50 67 00   ℰ 50 05 23
FIAT carret. Madrid-Cádiz km 324 ℰ 50 21 32   SEAT-AUDI-VOLKSWAGEN Poligono Industrial
FORD Poligono Industrial La Victoria ℰ 50 08 74   La Victoria ℰ 50 08 74

ANGUIANO 26322 La Rioja **442** F 21 – 793 h. – 🕾 941.
◆Madrid 292 – ◆Burgos 105 – ◆Logroño 48 – ◆Vitoria 106.

❌ **El Corzo** con hab, carret. de Lerma 12 🖉 37 70 85 – 🕾. 📧 ⓞ 🗲 *VISA*. 🕱 hab
   Com 1100 – 🖙 300 – **7 hab** 2750/4000.

ANTAS 04628 Almería **446** U 24 – 2 408 h. alt. 107 alt – 🕾 951.
◆Madrid 512 – ◆Almería 95 – Lorca 64.

en la carret N 340 NE : 4,5 km – – ✉ 04628 Antás – 🕾 951

🏨 Argar, 🖉 45 14 01, 🏤, 🏊, 🕱 – 🍴 📧 🕾 🅿 – **27 hab**.

ANTEQUERA 29200 Málaga **446** U 16 – 35 171 h. alt. 512 – 🕾 952.
Ver : Castillo ⩽★.
Alred. : NE : Los dólmenes★ (cuevas de Menga, Viera y del Romeral) – El Torcal★ S : 16 km –
Carretera★ de Antequera a Málaga ⩽★★.
🛈 Coso Viejo 🖉 84 21 80.
◆Madrid 521 – ◆Córdoba 125 – ◆Granada 99 – Jaén 185 – ◆Málaga 52 – ◆Sevilla 164.

🏨 **Parador de Antequera** ⏍, paseo García de Olmo 🖉 84 02 61, Fax 84 13 12, ⩽, 🏊, 🏤
   – 🍴 🕾 🅿 – 🔬 25/60. 📧 ⓞ 🗲 *VISA*. 🕱
   Com 2900 – 🖙 950 – **55 hab** 9000 – PA 5740.

   en la carretera de Málaga E : 1 km – ✉ 29200 Antequera – 🕾 952 :

❌ **Lozano** con hab, Polígono Industrial A-6 y A-7 🖉 84 51 00, 🏤 – 🍴 🅿. 📧 🗲 *VISA*. 🕱
   Com carta 1400 a 2700 – **17 hab**.

   en la carretera de Sevilla N 334 NO : 12 km – ✉ 29532 Mollina – 🕾 952 :

🏨 **Molino de Saydo**, 🖉 74 04 75, Fax 74 04 66, 🏊, 🕱 – 🕾 🚗 🅿. 📧 ⓞ 🗲 *VISA*. 🕱
   Com 1750 – 🖙 400 – **32 hab** 4500/7000 – PA 4000.

   en la carretera N 321 – ✉ 29200 Antequera – 🕾 952

🏨 La Sierra, SE : 12 km 🖉 84 54 10, ⩽ – 🍴 📺 🕾 🚗 🅿 – **32 hab**.

🏨 Las Pedrizas, SE : 15 km 🖉 75 12 50 – 📺 🚗 🅿 – **20 hab**.

ALFA ROMEO Cruz Blanca 20 🖉 84 46 43	PEUGEOT-TALBOT carret. de Córdoba 7
AUSTIN ROVER-MG Portería 48 🖉 84 15 67	🖉 84 16 85
CITROEN camino de Villalba 🖉 84 02 10	RENAULT carret. de Málaga - Polígono Industrial
FIAT Cruce El Romeral carret. Granada-Málaga	🖉 84 15 59
🖉 84 19 55	SEAT-AUDI-VOLKSWAGEN carret. de Córdoba 3
FORD carret. de Sevilla-Granada km 159	🖉 84 36 01
🖉 84 41 61	
GENERAL MOTORS carret. de Córdoba	
🖉 84 29 40	

AOIZ 31430 Navarra **442** D 25 – 168 h. – 🕾 948.
◆Madrid 413 – ◆Pamplona 28 – St-Jean-Pied-de-Port 58.

❌❌ **Beti Jai** con hab, Santa Agueda 6 🖉 33 60 52 – 🍴 rest. 📧 ⓞ 🗲 *VISA*. 🕱 rest
    cerrado del 15 al 31 agosto y lunes – Com carta 2600 a 3500 – 🖙 250 – **14 hab** 3000/4500
    – PA 4000.

ARACENA 21200 Huelva **446** S 10 – 6 328 h. alt. 682 – 🕾 955 – Balneario.
Ver : Gruta de las Maravillas★★ – Excurs. : S : Sierra de Aracena★.
◆Madrid 514 – Beja 132 – ◆Cáceres 243 – Huelva 108 – ◆Sevilla 93.

🏨 **Sierra de Aracena** sin rest, Gran Vía 21 🖉 11 07 75, Fax 11 14 52 – 📳 🕾 🚗 *VISA*. 🕱
   🖙 150 – **30 hab** 3250/4600.

❌❌ **Casas**, Colmenetas 41 🖉 11 00 44, « Decoración de estilo andaluz » – 🍴. 📧 *VISA*. 🕱
    Com carta 1600 a 3100.

❌ **Venta de Aracena**, carret. N 433 🖉 11 07 62, Decoración regional – 🅿. 🕱
   cerrado lunes – Com carta 1600 a 2500.

RENAULT carret. Sevilla-Lisboa km 54 🖉 11 02 00

ARANDA DE DUERO 09400 Burgos **442** G 18 – 27 598 h. alt. 798 – 🕾 947.
Ver : Iglesia de Santa María (fachada★).
Alred. : Peñaranda de Duero (plaza Mayor★ – Palacio de los Miranda★) NE : 18 km.
◆Madrid 156 – ◆Burgos 83 – ◆Segovia 115 – Soria 114 – ◆Valladolid 93.

🏨 **Tres Condes**, av. Castilla 66 🖉 50 24 00, Fax 50 24 04 – 🍴 rest 📺 🕾 🚗. 📧 🗲 *VISA*.
   🕱
   Com 1500 – 🖙 400 – **35 hab** 3650/5800 – PA 3000.

🏨 **Los Bronces** ⏍, carret. Madrid-Irún, Km 160 🖉 50 08 50, Fax 50 24 04 – 🕾 🚗 🅿. 📧
   ⓞ 🗲 *VISA*. 🕱 rest
   Com 1500 – 🖙 460 – **29 hab** 3650/5800 – PA 3000.

ARANDA DE DUERO

🏠 **Julia,** San Gregorio 2 🏠 50 12 00 – 🍴 🔲 rest ☎. _VISA_. ❄️
Com 1400 – ♨ 400 – **60 hab** 2365/4300 – PA 2720.

🏠 **Aranda,** San Francisco 51 🏠 50 16 00 – 🍴 🔲 rest 🔲 🍴 🚗 ⌷ **E** _VISA_. ❄️
Com 1500 – ♨ 350 – **46 hab** 2700/4500 – PA 2800.

XX **Mesón de la Villa,** plaza Mayor 3 🏠 50 10 25, Decoración castellana – 🔲. ⌷ ⓞ **E** _VISA_
❄️
cerrado lunes y del 13 al 31 octubre – Com carta 2500 a 3400.

XX **Casa Florencio,** Arias de Miranda 14 🏠 50 02 30 – 🔲. **E** _VISA_
cerrado martes noche y domingo noche – Com carta 1700 a 2310.

XX **El Ciprés,** pl. Primo de Rivera 1 🏠 50 74 14 – 🔲. ⌷ **E** _VISA_. ❄️
Com carta 1950 a 3100.

XX **Mesón El Roble,** pl. Primo de Rivera 7 🏠 50 29 02, Decoración castellana – 🔲. _VISA_. ❄️
Com carta 2300 a 3000.

X **Chef Fermín,** av. Castilla 69 🏠 50 23 58 – 🔲. ⌷ **E** _VISA_. ❄️
cerrado martes salvo festivos, vísperas y noviembre – Com carta 2350 a 2750.

en la carretera de Burgos N I N : 4,5 km – ✉ 09400 Aranda de Duero – ✆ 947 :

🏠 Montermoso, 🏠 50 15 50 – 🍴 🔲 rest 🔲 🍴 ⓟ
51 hab.

en la carretera de Valladolid N 122 O : 5,5 km – ✉ 09400 Aranda de Duero – ✆ 947 :

🏠 **El Ventorro,** 🏠 53 60 00 – ⓟ. ⌷ ⓞ **E** _VISA_. ❄️
cerrado enero – Com 1700 – ♨ 275 – **41 hab** 2500/3800.

en la carretera de Madrid N I S : 6,5 km – ✉ 09400 Aranda de Duero – ✆ 947 :

🏠 **Motel Tudanca,** 🏠 50 60 11, Fax 50 60 15 – 🔲 rest 🔲 🍴 🚗 ⓟ. ⌷ ⓞ **E** _VISA_. ❄️ rest
Com 2150 – ♨ 400 – **20 hab** 5500.

en la carretera de Soria N 122 SE : 12 km – ✉ 09491 Vadoconces – ✆ 947

🏠 **Dos Escudos,** 🏠 53 80 12 – 🔲 rest ⓟ. **E** _VISA_. ❄️
Com *(cerrado sábado en invierno)* 1250 – ♨ 350 – **17 hab** 2500/4300.

ALFA ROMEO Avila 🏠 50 06 28
AUSTIN-MG-MORRIS-MINI av. Castilla 49
🏠 50 11 34
CITROEN carret. Madrid km 161 🏠 50 38 62
FIAT av. de Burgos 13 🏠 50 71 44
FORD Polìgono Industrial av. 1 🏠 50 22 71
GENERAL MOTORS av. de Portugal - nave 100
🏠 50 90 50
MERCEDES carret. Madrid-Irún km 162
🏠 50 02 05

PEUGEOT-TALBOT carret. N I km 155 🏠 50 12 11
RENAULT carret N I km 160 🏠 50 01 43
SEAT-AUDI-VOLKSWAGEN carret. N I km 154
🏠 50 03 47
SEAT-AUDI-VOLKSWAGEN carret. N I km 163
🏠 50 20 60

ARANJUEZ 28300 Madrid 🔢 L 19 – 35 936 h. alt. 489 – ✆ 91.
Ver : Palacio Real★ : salón de porcelana★★, parterre★ – Jardín del Príncipe★ (Casa del labrador★★, Casa de Marinos★★).
🅱 pl. Santiago Rusiñol 🏠 891 04 27.
♦Madrid 47 – ♦Albacete 202 – Ciudad Real 156 – Cuenca 147 – Toledo 48.

🏠 **Isabel II** sin rest, con cafetería, Infantas 15 🏠 891 09 45 – 🍴 🔲 🔲 ☎. ⌷ ⓞ _VISA_. ❄️
♨ 430 – **25 hab** 4300/6600.

XX **Casa Pablo,** Almibar 42 🏠 891 14 51, Decoración castellana – 🔲. ❄️
cerrado del 1 al 25 agosto – Com carta 2700 a 3000.

XX **Chirón,** Real 10 🏠 891 09 41 – 🔲. ⌷ ⓞ **E** _VISA_. ❄️
cerrado domingo noche y agosto – Com carta 2950 a 3500.

X **El Faisán,** Capitán Angosto 21 🏠 892 16 83, 🍴 – 🔲. ⌷ ⓞ **E** _VISA_. ❄️
cerrado lunes – Com carta 2950 a 3800.

X **César,** Moreras 2 🏠 891 71 67 – 🔲. ⌷ **E** _VISA_. ❄️
cerrado lunes – Com carta 2500 a 4000.

CITROEN carret. Andalucía km 44 🏠 891 32 36
FORD carret. Andalucía km 44 🏠 891 15 74
GENERAL MOTORS carret. Andalucía km 44,7
🏠 891 25 75

PEUGEOT-TALBOT carret. Andalucía km 43,5
🏠 891 86 41
RENAULT carret. Andalucía km 44 🏠 891 00 10

ARÁNZAZU o **ARANTZAZU** Guipúzcoa 🔢 D 22 – alt. 800 – ✉ 20560 Oñate – ✆ 943.
Ver : Paraje★ – Carretera★ de Aránzazu a Oñate.
♦Madrid 410 – ♦San Sebastián/Donostia 83 – ♦Vitoria/Gasteiz 54.

🏠 **Hospedería** 🍴, 🏠 78 13 13, ≤ – 🍴. _VISA_. ❄️
cerrado enero-4 febrero – Com 1400 – ♨ 275 – **63 hab** 1650/2900 – PA 2975.

XX **Zelai Zabal,** carret. de Oñate : 0,6 km 🏠 78 13 06 – ⓟ. _VISA_. ❄️
cerrado domingo noche, lunes y enero-10 febrero – Com carta 2800 a 3450.

ARAPILES 37796 Salamanca **❹❶** J 13 – 602 h alt. 840 – 😊 923.
♦Madrid 214 – ♦Avila 107 – ♦Salamanca 9.

  en la carretera N 630 O : 0,5 km – ✉ 37796 Arapiles – 😊 923
  ✗ Mesón de los Arapiles, ♪ 28 87 54, 🏫 – 🅿.

ARASCUES 22193 Huesca **❹❸** F 28 – 107 h. alt. 673 – 😊 974.
♦Madrid 403 – Huesca 13 – Jaca 60.

  en la carretera N 330 E : 1,5 km – ✉ 22193 Arascués – 😊 974 :
  ✗ **Monrepos** con hab, ♪ 27 10 64, ≤, ⑃, ℀ – ▤ rest ☎ 🅿. ◭ ⑩ Ⓔ VISA ℀
     Com 1700 – ⌧ 475 – **14 hab** 2900/4900 – PA 3875.

ARAVACA 28023 Madrid **❹❹** K 18 – ver Madrid.

ARAYA o **ARAIA** 01250 Vizcaya **❹❷** D 23 – – 😊 945.
♦Madrid 408 – ♦Pamplona/Iruñea 64 – ♦San Sebastián/Donostia 84 – ♦Vitoria/Gasteiz 35.

  ✗ **Caserio Marutegui,** NO : 1,8 km ♪ 30 44 55, « Caserío típico » – 🅿. Ⓔ VISA
     cerrado domingo noche y lunes – Com carta 2800 a 3200.

ARBOLI 43365 Tarragona **❹❸** I 32 – 98 h. alt. 715 – 😊 977.
♦Madrid 538 – ♦Barcelona 142 – ♦Lérida/Lleida 86 – Tarragona 39.

  ✗ **El Pigot,** Trinquet 7 ♪ 81 60 63, Decoración regional – VISA. ℀
     cerrado martes salvo festivos y junio – Com carta 1500 a 3000.

ARBUCIAS o **ARBUCIES** 17401 Gerona **❹❸** G 37 – 4 085 h. alt. 291 – 😊 972.
🅱 pl. de la Vila 2 ♪ 86 00 01.
♦Madrid 682 – ♦Barcelona 69 – Gerona/Girona 53.

  ✗ Torres, Camprodón 14 - 1° ♪ 86 00 42, ⑃.

CITROEN Torrent del Minyo ♪ 86 02 84
FIAT-LANCIA p. Mousen Antón Serras 37
♪ 86 01 49
FORD Mossen Cintu Verdaguer 1-17 ♪ 86 07 07

GENERAL MOTORS Segismundo Folgarolas 21
♪ 86 01 43
RENAULT Verdaguer 23 ♪ 86 05 79

ARCADE 36690 Pontevedra **❹❶** E 4 – 😊 986.
♦ Madrid 612 – Orense 113 – Pontevedra 12 – ♦ Vigo 22.

  ✗ **Arcardia,** A. Castelao 11 ♪ 70 00 37, Pescados y mariscos – ▤. ◭ ⑩ Ⓔ VISA. ℀
     cerrado octubre – Com carta 1575 a 3000.

Los ARCOS 31210 Navarra **❹❷** E 23 – 1 466 h. alt. 444 – 😊 948.
Alred. : Torres del Río (iglesia del Santo Sepulcro★) SO : 7 km.
♦Madrid 360 – ♦Logroño 28 – ♦Pamplona 64 – ♦Vitoria/Gasteiz.

  ✗ **Ezequiel** con hab, av. General Mola 14 ♪ 64 02 96 – 🅿. ℀
     Com carta 1500 a 2350 – ⌧ 200 – **13 hab** 1700/3670.

CITROEN General Mola 7 ♪ 64 01 99
RENAULT av. J. Antonio Primo de Rivera 28
♪ 64 01 32

SEAT-AUDI-VOLKSWAGEN carret. de Pamplona
♪ 64 01 33

ARCOS DE JALÓN 42250 Soria **❹❷** I 23 – 2 548 h. alt. 827 – 😊 975.
Alred. : Gargantas del Jalón★ SE : 8 km.
♦Madrid 167 – Soria 93 – Teruel 185 – ♦Zaragoza 154.

  ✗ **Oasis,** carret. N II ♪ 32 00 00, 🏫 – 🅿. ◭ ⑩ Ⓔ VISA
     Com carta 1600 a 2600.

RENAULT carret. N II - km 169 ♪ 32 03 80

ARCOS DE LA FRONTERA 11630 Cádiz **❹❻** V 12 – 24 902 h. alt. 187 – 😊 956.
Ver : Emplazamiento★★ – Plaza de España ≤★ – Iglesia de Santa María (fachada occidental★).
🅱 Cuesta de Belén ♪ 70 22 64.
♦Madrid 586 – ♦Cádiz 65 – Jerez de la Frontera 32 – Ronda 86 – ♦Sevilla 91.

  🏛 **Parador Casa del Corregidor** ⌂, pl. del Cabildo ♪ 70 05 00, Fax 70 11 16, ≤,
      « Magnífica situación dominando un amplio panorama » – 🛗 ▤ 📺 ☎. ◭ ⑩ Ⓔ VISA. ℀
      Com 2900 – ⌧ 950 – **24 hab** 11000 – PA 5740.

  🏨 **Los Olivos** sin rest, San Miguel 2 ♪ 70 08 11, Fax 70 08 11 – ▤ 📺 ☎. ◭ VISA
      ⌧ 500 – **19 hab** 3500/7000.

  🏠 **El Lago,** carret. N 342 E 1 km ♪ 70 11 17 – ▤ 📺 ☎ 🅿. ◭ ⑩ VISA
      Com 1400 – ⌧ 350 – **10 hab** 4000/6900 – PA 3150.

  ✗ **El Convento** ⌂ con hab, Maldonado 2 ♪ 70 23 33 – 🐾. ◭ Ⓔ VISA. ℀
      Com carta 2000 a 2500 – ⌧ 200 – **4 hab** 3000/5000.

87

ARCOS DE LA FRONTERA

CITROEN carret. Jerez-Cartagena km 29
  🖉 70 15 69
FIAT-LANCIA av. Miguel Mancheño 34
  🖉 70 02 19
FORD Venezuela 22 🖉 70 23 23
OPEL carret. Jerez-Arcos km 30 🖉 70 16 53

PEUGEOT-TALBOT av. Duque de Arcos
  🖉 70 18 15
RENAULT av. Miguel Mancheño 32 🖉 70 14 58
SEAT-AUDI-VOLKSWAGEN av. Miguel Mancheño 34 🖉 70 15 50

ARCHENA 30600 Murcia **445** R 26 – 11 876 h. alt. 100 – ☻ 968 – Balneario.
♦Madrid 374 – ♦Albacete 127 – Lorca 76 – ♦Murcia 24.

  ☆ **La Parra,** carret. Balneario 3 🖉 67 04 44, Fax 67 10 02 – ☎. ⌘
    Com 950 – ☲ 225 – **27 hab** 2400/3500 – PA 1800.

  en el balneario O : 2 km – ✉ 30600 Archena – ☻ 968 :

  🏨 **Termas** ⌘, 🖉 67 01 00, ☴ de agua termal, ⛲, ⌘ – ▯ ▤ ☎ ⇐ ℗
    70 hab.

  🏨 **Levante** ⌘, 🖉 67 01 00, Fax 67 10 02, ☴ de agua termal, ⛲, ⌘ – ▯ ▤ rest ☎ ℗
    80 hab.

  🏨 **León** ⌘, 🖉 67 01 00, Fax 67 10 02, ☴ de agua termal, ⛲, ⌘ – ▯ ▤ ☎ ℗ ⌘
    cerrado 22 diciembre-enero – Com 1400 – ☲ 325 – **71 hab** 4700/5900 – PA 2655.

CITROEN av. Mario Ispreafico 70 🖉 67 04 26
GENERAL MOTORS av. Daniel Ayala 30
🖉 67 04 65

RENAULT Daniel Ayala 29 🖉 67 06 70

ARENAL 03738 Alicante – ver Jávea.

El ARENAL (Playa de) 07600 Baleares **443** N 38 – ver Baleares (Mallorca) : Palma de Mallorca.

ARENAS DE SAN PEDRO 05400 Ávila **442** L 14 – 6 604 h. – ☻ 918.
♦Madrid 143 – Ávila 73 – Plasencia 120 – Talavera de la Reina 46.

  ✗ **Hostería Los Galayos** con hab, pl. Condestable Dávalos 🖉 37 13 79, ☂, Bodegón
    típico – ▤ rest. *VISA*. ⌘
    Com carta 2150 a 3300 – ☲ 250 – **7 hab** 5000.

CITROEN Avda. Constitución, 1 🖉 37 01 97
FORD av. de la Constitución 🖉 37 04 00
GENERAL MOTORS-OPEL av. de Lourdes 8
🖉 37 09 50
PEUGEOT-TALBOT Pï. Pintor Martínez Vázquez,
10 🖉 37 05 70

RENAULT pl. José Antonio 6 🖉 37 01 08
SEAT-AUDI-VOLKSWAGEN La Huerta 6
🖉 37 18 42

ARENYS DE MAR 08350 Barcelona **443** H 37 – 10 088 h. – ☻ 93 – Playa.
🏌 de Llavaneras O : 8 km 🖉 792 60 50.
🛈 passeig Xifré 25 🖉 792 15 37.
♦Madrid 672 – ♦Barcelona 37 – Gerona/Girona 60.

  en la carretera N II SO : 2 km – ✉ 08350 Arenys de Mar – ☻ 93 :

  ✗✗ ☻ **Hispania,** Real 54 🖉 791 04 57 – ▤ ◐. 𝔸𝔼 Ε *VISA*
    cerrado domingo noche, martes, Semana Santa y octubre – Com carta 4500 a 6500
    Espec. Buñuelos de bacalao, Paella, Surtido de pescados y mariscos de Arenys de Mar a la parrilla.
    Ver también : *Caldetas* SO : 2 km.

RENAULT carret. N II km 656 - Pasaje Sapi
🖉 792 04 81

PEUGEOT-TALBOT Paseig de la carretera 36
🖉 792 10 16

AREO o **AREU** 25575 Lérida **443** E 33 – alt. 920 – ☻ 973.
♦Madrid 613 – ♦Lérida/Lleida 157 – Seo de Urgel 83.

  🏨 **Vall Ferrera** ⌘, 🖉 62 90 57, ≼
    temp. – **28 hab**.

ARÉVALO 05200 Ávila **442** I 15 – 6 748 h. alt. 827 – ☻ 918.
Ver : Plaza de la Villa★.
♦Madrid 121 – Ávila 55 – ♦Salamanca 95 – ♦Valladolid 78.

  🏨 **Fray Juan Gil** sin rest y sin ☲, av. de los Deportes 2 🖉 30 08 00 – ▯ 📺 ☏. ⌘
    30 hab 3600/5500.

  ✗ **El Tostón de Oro,** av. de los Deportes 2 🖉 30 07 98 – ▤. Ε *VISA*. ⌘
    cerrado 10 diciembre-10 enero – Com carta 1600 a 2300.

  ✗ **La Pinilla,** Teniente García Fanjul 1 🖉 30 00 63 – ▤. 𝔸𝔼 ◐ Ε *VISA*. ⌘
    cerrado domingo noche, festivos noche, lunes y del 15 al 31 julio – Com carta 1600 a 2350.

  ✗ Donis, pl. El Salvador 2 🖉 30 06 92 – ▤.

CITROEN av. Emilio Romero 71 *&* 30 04 57
FORD Los Lobos, 5 *&* 30 01 85
OPEL-GENERAL MOTORS av. Emilio Romero 65
& 30 00 82
PEUGEOT-TALBOT av. Emilio Romero 20
& 30 07 17

RENAULT Capitán Luis Vara 26 *&* 30 00 49
SEAT-AUDI-VOLKSWAGEN av. Emilio Romero 34
& 30 03 37

ARGENTONA 08310 Barcelona **443** H 37 – 6 515 h. alt. 75 – 🏙 93.
◆Madrid 657 – ◆Barcelona 27 – Mataró 4.

XX **El Celler d'Argentona,** Bernat de Riudemeya 6 *&* 797 02 69, Celler típico – 🍽. 🖭 ⓞ
🗉 *VISA*
cerrado domingo noche y jueves – Com carta 2975 a 4200.

en la carretera de Granollers NO : 2 km – ⊠ 08310 Argentona – 🏙 93 :

XX **"Els 4 Rellotges",** *&* 797 19 85, 🌤, Antigua masía – ⓟ. 🖭 🗉 *VISA*. 🍴
cerrado domingo noche, lunes y 7 enero-7 febrero – Com carta 3200 a 4050.

RENAULT Puig y Cadafalch 50 *&* 797 19 61

ARGOÑOS 39197 Cantabria **442** B 19 – 636 h. – 🏙 942.
◆Madrid 482 – ◆Bilbao 85 – ◆Santander 43.

🏨 **Noray,** *&* 62 61 11 – 🍽 rest 🖭 🕿 ⓟ. 🗉 *VISA*. 🍴
20 junio-septiembre – Com 1250 – 🖙 300 – **33 hab** 5300/5800 – PA 2500.

ARINSAL Andorra **443** E 34 – ver Andorra (Principado de).

ARLABÁN (Puerto de) Guipúzcoa **442** D 22 – ver Salinas de Leniz.

ARMENTIA Álava – ver Vitoria.

ARMILLA 18100 Granada **446** U 19 – 10 278 h. alt. 675 alt. – 🏙 958.
◆Madrid 435 – ◆Granada 6 – Guadix 64 – Jaén 99 – Motril 60.

🏠 **Los Galanes,** carret. de Granada NE : 1km, ⊠ 18100, *&* 57 05 12, Fax 57 05 13 – 🍽 hab.
🖭 ⓞ 🗉 *VISA*. 🍴
Com 1500 – 🖙 375 – **27 hab** 4000/5500 – PA 2900.

ARNEDILLO 26589 La Rioja **442** F 23 – 431 h. alt. 640 – 🏙 941 – Balneario.
◆Madrid 294 – Calahorra 26 – ◆Logroño 61 – Soria 68 – ◆Zaragoza 150.

🏨 **Balneario** 🔊, *&* 39 40 00, Fax 39 40 75, 🛆 de agua termal, 🐎, 🍴 – 🛗 🕿 ⓟ. 🖭 ⓞ
🗉 *VISA*. 🍴 rest
marzo-noviembre – Com 2000 – 🖙 500 – **181 hab** 5500/8000 – PA 3000.

🏨 **El Olivar** 🔊, *&* 39 41 05, Fax 39 40 75, ≤, 🌤, 🛆 – 🕿 ⓟ – 🔬 25/200. 🖭 ⓞ 🗉 *VISA*.
🍴 rest
marzo-15 diciembre – Com 1750 – 🖙 500 – **45 hab** 4400/6600 – PA 2575.

ARNEDO 26580 La Rioja **442** F 23 – 11 592 h. alt. 550 – 🏙 941.
◆Madrid 306 – Calahorra 14 – ◆Logroño 49 – Soria 80 – ◆Zaragoza 138.

🏨 **Victoria,** paseo de la Constitución 97 *&* 38 01 00, 🛆, 🍴 – 🛗 🍽 rest 🖭 ☎
48 hab.

🏨 **Virrey,** paseo de la Constitución 27 *&* 38 01 50, Fax 38 30 17 – 🛗 🍽 rest 🖭 ☎ ⓟ. 🖭
ⓞ 🗉 *VISA*. 🍴
Com 1650 – 🖙 450 – **36 hab** 3850/6600 – PA 3180.

CITROEN carret. Quel *&* 38 00 22
FORD av. Logroño 21 *&* 38 10 86
OPEL pl. de Nuestra Señora de Vico 17
& 38 13 08
PEUGEOT-TALBOT carret. de Logroño 27
& 38 06 93

RENAULT carret. de Logroño *&* 38 04 30
SEAT-AUDI-VOLKSWAGEN carret. de Logroño
& 38 08 97

ARNUERO 39194 Cantabria **442** B 19 – 1 802 h. – 🏙 942.
◆ Madrid 483 – ◆ Bilbao 85 – ◆ Santander 44.

XX Hostería de Arnuero, *&* 67 70 03, 🌤, « Casona montañesa del siglo XVII » – ⓟ
temp..

La ARQUERA Asturias – ver Llanes.

ARRECIFE 35500 Las Palmas – ver Canarias (Lanzarote).

ARROYO DE LA MIEL 29630 Málaga **446** W 16 – ver Benalmádena.

ARTÁ (Cuevas de) 07570 Baleares **443** N 40 – ver Baleares (Mallorca).

ARTEIJO 15142 La Coruña **441** C 4 – ver La Coruña.

ARTENARA 35350 Las Palmas – ver Canarias (Gran Canaria) : Las Palmas.

ARTESA DE SEGRE 25730 Lérida **443** G 33 – 3 245 h. alt. 400 – ✪ 973.
♦Madrid 519 – ♦Barcelona 141 – ♦Lérida/Lleida 50.

🏠 **Montaña,** carret. de Agramunt 84 🟊 40 01 86 – 🍽 rest 🚗 🅿 🄴 *VISA*
Com 850 – 🖙 320 – **29 hab** 1050/2950.

CITROEN carret. de Pons 🟊 40 01 48
FORD carretera de Agramunt 60 🟊 40 01 98
OPEL carretera de Agramunt 🟊 40 03 96

PEUGEOT-TALBOT carretera de Tremp 31
🟊 40 05 88
RENAULT carret. de Agramunt 82 🟊 40 05 42

ARTIES 25599 Lérida **443** D 32 – alt. 1143 – ✪ 973 – Deportes de invierno.
♦Madrid 603 – ♦Lérida/Lleida 169 – Viella 6.

🏨 **Parador Don Gaspar de Portolá,** carret. de Baqueira 🟊 64 08 01, Fax 64 10 01, ⇐ – 🛗
🍽 📺 🚗 🅿 – 🦽 25/40. 🄰🄴 🅞 🄴 *VISA*. 🛠
Com 2900 – 🖙 950 – **40 hab** 9000 – PA 5740.

🏨 **Valartiés** 🦾, Mayor 3 🟊 64 09 00, ⇐ – 🛗 🍽 📺 ☎ 🅿 🄴 *VISA*. 🛠
24 junio-12 octubre y diciembre-Semana Santa – Com (ver a continuación rest. **Casa Irene**)
– 🖙 700 – **27 hab** 4800/8000.

🏨 **Edelweiss y Rest. Montarto,** carret. de Baqueira 🟊 64 09 02, ⇐ – 🛗 📺 ☎ 🚗 🅿.
🄴 *VISA*. 🛠
cerrado del 1 al 15 mayo y del 3 al 11 noviembre – Com (cerrado martes) 1450 – 🖙 400 –
25 hab 3600/6000.

🍴 ✪ **Casa Irene** - Hotel Valartiés, Mayor 3 🟊 64 09 00 – 🍽 🅿. 🄰🄴 🅞 🄴 *VISA*. 🛠
24 junio-12 octubre y diciembre-Semana Santa – Com (cerrado lunes en invierno)
carta 3250 a 5500
Espec. Soufflé de queso, Rape con almejas y colas de cigalas (24 junio-12 octubre), Pechuga de pintada en
hojaldre con foie y morillas (diciembre-marzo)..

🍴 **Urtau,** pl. Urtau 2 🟊 64 09 26 – 🅞 🄴 *VISA*. 🛠
15 junio-15 octubre y diciembre-mayo – Com (cerrado miércoles) carta 1775 a 3450.

ARUCAS 35400 Las Palmas – ver Canarias (Gran Canaria).

El ASTILLERO 39610 Cantabria **442** B 18 – 11 524 h. – ✪ 942 – Playa.
Alred. : Peña Cabarga 🌲★★ SE : 8 km.
♦Madrid 394 – ♦Bilbao 99 – ♦Santander 10.

🏨 **Las Anclas,** San José 11 🟊 54 08 50, Fax 54 07 15 – 🛗 🍽 rest 📺 ☎. 🄰🄴 *VISA*. 🛠
Com 1450 – 🖙 400 – **58 hab** 4300/6500 – PA 2600.

ASTORGA 24700 León **441** E 11 – 14 040 h. alt. 869 – ✪ 987.
🅲 pl. de España 🟊 61 68 38.
♦Madrid 320 – ♦León 47 – Lugo 184 – Orense 232 – Ponferrada 62.

🏨 **Gaudí,** pl. Eduardo de Castro 6 🟊 61 56 54 – 🛗 🄰🄴 🅞 🄴 *VISA*. 🛠
Com 975 – 🖙 390 – **35 hab** 5000/6500 – PA 2340.

🍴 **La Peseta** con hab, pl. San Bartolomé 3 🟊 61 72 75 – 🛗 🚗. 🄴 *VISA*
Com (cerrado domingo noche excepto agosto, y 15 octubre-5 noviembre) carta 1800 a 2550
– 🖙 325 – **22 hab** 2800/4600.

en Celada de la Vega - carretera N VI SE : 3,5 km – ✉ Celada de la Vega – ✪ 987 :

🏠 **La Paz,** ✉ Carret. Madrid-La Coruña, km 322, 🟊 61 52 77, 🔟, 🛠 – 🚗 🅿. 🄰🄴 🅞 🄴
VISA. 🛠
Com 900 – 🖙 325 – **38 hab** 2800/3600 – PA 2125.

en la carretera N VI – ✉ 24700 Astorga – ✪ 987 :

🏨 **Motel de Pradorrey,** NO : 5 km 🟊 61 57 29, Telex 89658, Fax 61 92 20, En un marco
medieval – 🍽 rest 📺 🅿. 🄰🄴 🅞 🄴 *VISA*
Com 2500 – 🖙 500 – **64 hab** 5200/7800.

🍴 **Bardal,** NO : 6,5 km 🟊 61 90 66, 🍽 – 🍽 🅿. *VISA*. 🛠
cerrado lunes salvo festivos – Com carta 1750 a 3300.

ALFA ROMEO carret. Madrid-La Coruña km 326
🟊 61 80 66
AUSTIN-ROVER-MG Los Tejeros 11 🟊 61 53 98
CITROEN carret. Madrid-La Coruña km 326
🟊 61 63 81
FIAT carret. Madrid-La Coruña km 325
🟊 61 79 00
FORD carret. Madrid-La Coruña 186 🟊 61 52 59

GENERAL MOTORS-OPEL carret. Madrid-La
Coruña 98 🟊 61 74 01
PEUGEOT-TALBOT carret. Madrid-La Coruña 325
🟊 61 68 81
RENAULT carret. La Coruña 104 🟊 61 56 81
SEAT-AUDI-VOLKSWAGEN av. de Ponferrada 84
🟊 61 52 67

ASTÚN (Valle de) 22889 Huesca **443** D 28 – alt. 1 700 – ✪ 974 – Deportes de invierno : ✓4.
♦Madrid 517 – ♦Huesca 108 – ♦Oloron-Ste. Marie 59 – ♦Pamplona 147.

   🏨 **Europa** ⟆, ℰ 37 33 12, Telex 58638, Fax 37 33 12, ≤, ⚒ – 🛗 TV ☎. AE ⓪ E VISA. ⚒
      diciembre-abril y 15 junio- 15 septiembre – Com 2150 – **38 hab** ⊡ 7795/11450 – PA 4125.

AUSEJO 26513 La Rioja **442** E 23 – 702 h. – ✪ 941.
♦Madrid 326 – ♦Logroño 29 – ♦Pamplona 95 – ♦Zaragoza 148.

   🏨 **Maite,** carret. N 232 ℰ 43 00 00, ⛲ – ▤ rest ☎ ⟺ ⓟ. VISA. ⚒ rest
      Com: 1000 – ⊡ 275 – **24 hab** 2600/3800 – PA 2150.

ÁVILA 05000 🅿 **442** K 15 – 41 735 h. alt. 1131 – ✪ 918.
Ver : Murallas★★ – Catedral★★ (cabecera fortificada★, sacristía★★, obras de arte★★, sepulcro del Tostado★★) Y – Basílica de San Vicente★★ (portada occidental★★, sepulcro de los Santos Titulares★★, cimborrio★) Y **S** – Monasterio de Santo Tomás★ (mausoleo★, Claustro del Silencio★, sillería★, retablo de Santo Tomás★★) por av. del Alférez Provisional Z – Casa de los Deanes (tríptico★) Y **M** – Convento de San José o Las Madres (sepulcros★) Y **R** – Ermita de San Segundo (estatua★) Y **E**.
🛈 pl. Catedral 4, ⊠ 05001, ℰ 21 13 87 – R.A.C.E. Reina Isabel 21, ⊠ 05001, ℰ 22 42 13.
♦Madrid 107 ① – ♦Cáceres 235 ③ – ♦Salamanca 98 ④ – ♦Segovia 67 ① – ♦Valladolid 120 ①.

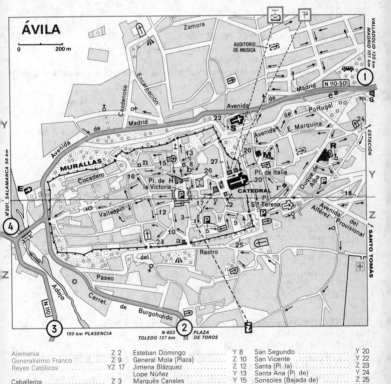

Alemania	Z 2	Esteban Domingo	Y 8	San Segundo	Y 20
Generalísimo Franco	Z 9	General Mola (Plaza)	Z 10	San Vicente	Y 22
Reyes Católicos	YZ 17	Jimena Blázquez	Z 12	Santa (Pl. la)	Z 23
		Lope Núñez	Y 15	Santa Ana (Pl. de)	Y 24
Caballeros	Z 3	Marqués Canales	Y 16	Sonsoles (Bajada de)	Z 25
Calvo Sotelo (Plaza de)	Z 4	Ramón y Cajal	Y 16	Tomás Luis de Victoria	Y 26
Cardenal Pla y Deniel	Z 5	San Pedro del Barco	YZ 18	Tostado	Y 27

   🏨 **Parador Raimundo de Borgoña** ⟆, Marqués de Canales y Chozas 16, ⊠ 05001,
      ℰ 21 13 40, Fax 22 61 66, Decoración castellana, ☞ – 🛗 TV ☎ ⟺ ⓟ – 🔬 25/80. AE
      ⓪ E VISA. ⚒   Y **n**
      Com 2900 – ⊡ 950 – **62 hab** 10000 – PA 5740.

   🏨 **G.H. Palacio de Valderrábanos,** pl. Catedral 9, ⊠ 05001, ℰ 21 10 23, Telex 23539,
      Fax 25 16 91, Decoración elegante – 🛗 ▤ TV ☎ – 🔬 25/200. AE ⓪ E VISA. ⚒ rest
      Com 2800 – ⊡ 650 – **73 hab** 7000/11000 – PA 5300.   YZ **z**

91

ÁVILA

🏛 **Don Carmelo** sin rest, paseo de Don Carmelo 30, ✉ 05001, 🖊 22 80 50, Fax 25 12 41 –
🛗 📺 🕾 ⇐ ❷ **E** *VISA*. 🦅 por ①
🖭 425 – **60 hab** 3450/5800.

🏛 **Hostería de Bracamonte** 🐾, Bracamonte 6 🖊 25 12 80, 🌿, Decoración castellana –
🕾. *VISA* Y **b**
Com 2000 – 🖭 300 – **18 hab** 5500/7000.

XX **Capacabana,** San Millán 9, ✉ 05001, 🖊 21 11 10 – 🗏. 🖭 ❶ **E** *VISA*. 🦅 Y **r**
Com carta 2300 a 3400.

XX **La Cochera,** av. de Portugal 47, ✉ 05001, 🖊 21 37 89 – 🗏. 🖭 ❶ **E** *VISA* Y **e**
Com carta 3200 a 4300.

X **Mesón El Sol y Resid. Santa Teresa** con hab, av. 18 de Julio 25, ✉ 05003,
🖊 22 02 11 – 🛗 🗏 rest. 🖭 ❶ *VISA*. 🦅 por ①
Com carta 2000 a 3325 – 🖭 350 – **15 hab** 2700/4700.

X **El Rastro,** con hab, pl. del Rastro 1, ✉ 05001, 🖊 21 12 18, Fax 25 00 00, Albergue
castellano – 🗏 rest. 🖭 ❶ **E** *VISA*. 🦅 Z **a**
Com carta 2350 a 3450 – 🖭 300 – **14 hab** 1800/3300.

CITROEN carret. de Valladolid 64 🖊 22 72 00
FIAT-LANCIA carret. de Valladolid 66 🖊 22 90 16
FORD carret. de Valladolid km 1,300 🖊 22 18 62
GENERAL MOTORS-OPEL carret. Ávila - Madrid
km 110 🖊 22 77 00
MERCEDES Polígono Industrial Las Hervencias
parcela 3 🖊 22 98 50

PEUGEOT-TALBOT carret. de Madrid km 111
🖊 22 05 00
RENAULT av. 18 de Julio 64 🖊 22 10 30
SEAT-AUDI-VOLKSWAGEN carret. de
Burgohondo 🖊 22 03 16

AVILES 33400 Asturias 🔢 B 12 – 86 584 h. alt. 13 – 🟢 985.

Alred. : Salinas ⬅★ NO : 5 km – 🍴 Ruiz Gómez 21 bajo derecha 🖊 54 43 25.

♦Madrid 466 – Ferrol 280 – Gijón 25 – ♦Oviedo 31.

🏛 **Luzana y Rest. La Serrana,** Fruta 9 🖊 56 58 40, Telex 84213, Fax 54 49 12 – 🛗 🗏 rest
🕾 ❷ – 🍴 25/100. 🖭 ❶ **E** *VISA*. 🦅
Com 1700 – 🖭 450 – **73 hab** 6500/9000.

XX **San Félix** con hab, av. Los Telares, 48 🖊 56 51 46 – 🗏 rest 🕾 ❷ – **18 hab**.

XX **Cantina Renfe,** av. de los Telares 16 🖊 56 13 45 – 🖭 ❶ **E** *VISA*. 🦅
Com carta 2150 a 4200.

XX **La Fragata,** San Francisco 18 🖊 55 19 29, Decoración neo rústica – 🖭 ❶ **E** *VISA*. 🦅
cerrado domingo noche en invierno y domingo en verano – Com carta 2550 a 4475.

XX **Entrecalles,** San Francisco, 14 🖊 55 11 30 – 🗏. 🖭 ❶ **E** *VISA*. 🦅
Com carta 2625 a 3675.

en la playa de Salinas NO : 5 km – ✉ 33400 Salinas – 🟢 985 :

🏛 **Esperanza,** Príncipe de Asturias 31 🖊 50 02 00, Fax 50 19 28 – 📺 🕾 ❷. *VISA*. 🦅 rest
cerrado 18 diciembre-10 enero – Com 1250 – 🖭 350 – **31 hab** 5000/6000 – PA 2500.

🏛 El Pinar, Pablo Laloux, 15 🖊 50 18 22, Fax 50 06 61, ⬅ – 📺 🕾 ❷ – **17 hab**.

X **Las Conchas,** Pablo Laloux - Edificio Espartal 🖊 50 14 45, ⬅, 🌿 – 🖭 ❶ **E** *VISA*. 🦅
cerrado lunes y del 1 al 28 octubre – Com carta 3200 a 4750.

X **Piemonte,** Príncipe de Asturias 71 🖊 50 00 25, 🌿 – 🖭 **E** *VISA*. 🦅
cerrado miércoles – Com carta 2325 a 4500.

ALFA-ROMEO av. de Gijón 56 🖊 54 34 99
CITROEN av. de Lugo 32-34 🖊 56 35 03
FORD av. Conde de Guadalhorce 93 🖊 56 90 80
GENERAL MOTORS av. de Lugo 26 🖊 56 67 46
LANCIA San Agustín 7 🖊 56 53 33
PEUGEOT-TALBOT av. Conde de Guadalhorce 27
🖊 56 54 40

RENAULT av. Conde de Guadalhorce 125
🖊 56 71 94
RENAULT Palacio Valdés 4 🖊 54 53 38
RENAULT La Maruca 59 🖊 56 17 82
SEAT-AUDI-VOLKSWAGEN av. Cristal 2
🖊 56 06 98

AYAMONTE 21400 Huelva 🔢 U 7 – 16 216 h. alt. 84 – 🟢 955 – Playa.

🚢 para Vila Real de Santo António (Portugal).

♦Madrid 680 – Beja 125 – Faro 53 – Huelva 52.

🏛 **Don Diego** sin rest, Ramón y Cajal 🖊 47 02 50 – 🛗 🕾 ❷. 🖭 ❶ **E** *VISA*
🖭 600 – **45 hab** 4600/7000.

🏛 Marqués de Ayamonte, sin rest y sin 🖭, Trajano 14 🖊 32 01 25 – 📶 – **30 hab**.

CITROEN Punta Umbria 2 🖊 32 10 74
FORD San Silvestre 7 🖊 32 00 51
OPEL Gibraleón 🖊 32 14 76
PEUGEOT-TALBOT Zona Industrial, Salón Sta
Gadea 🖊 32 04 82

RENAULT Zona Industrial, Salón Santa Gadea (c/
Ramón y Cajal s/n) 🖊 32 01 71

AYNA 02125 Albacete 🔢 Q 23 – 1 875 h. – 🟢 967.

♦Madrid 306 – ♦ Albacete 59 – ♦ Murcia 145 – Úbeda 189.

🏛 **Felipe II** 🐾, av. Manuel Carrera 9 🖊 29 50 83, ⬅ – ⇐ ❷. 🦅
Com 900 – 🖭 250 – **30 hab** 2000/3100 – PA 1850.

AYORA 46620 Valencia 445 O 26 – 6 083 h. – ✪ 96.
♦Madrid 341 – ♦Albacete 94 – ♦Alicante 117 – ♦Valencia 132.

🏠 **Murpimar** sin rest y sin ⌳, Virgen del Rosario 70 ℰ 219 10 33 – ✁
25 hab 1500/3000.

PEUGEOT-TALBOT av. Valencia 1 ℰ 219 12 32

AZPEITIA 20730 Guipúzcoa 442 C 23 – 12 958 h. alt. 84 – ✪ 943.
♦Madrid 427 – ♦Bilbao 74 – ♦Pamplona 92 – ♦San Sebastián/Donostia 44 – ♦Vitoria/Gasteiz 71.

🏠 **Izarra**, av. de Loyola ℰ 81 07 50, ☷ – ▤ rest ☎ **ℙ**
24 hab.

XX **Juantxo**, av. de Loyola 3 ℰ 81 43 15 – ▤. **AE ⓞ VISA**. ✁
cerrado del 3 al 27 agosto y 24 diciembre-2 enero – Com carta 2625 a 4225.

__en Loyola__ O : 1,5 km – ⌷ 20730 Loyola – ✪ 943 :

XX **Kiruri**, ℰ 81 56 08, ☷ – ▤ **ℙ VISA**. ✁
cerrado lunes noche y 20 diciembre-7 enero – Com carta 2600/4800.

CITROEN Barrio Landeta ℰ 81 23 54
GENERAL MOTORS Barrio Landeta ℰ 81 53 00
PEUGEOT-TALBOT Barrio Landeta ℰ 81 23 59
RENAULT Barrio Loyola ℰ 81 08 12

BADAJOZ 06000 ℙ 444 P 9 – 114 361 h. alt. 183 – ✪ 924.
✈ de Badajoz por ② : 16 km, ⌷ 06195, ℰ 44 00 16.
🛈 av. Ramón y Cajal 2, ⌷ 06002, ℰ 22 27 63 – R.A.C.E. pl. de la Soledad, ⌷ 06001, ℰ 22 87 57.
♦Madrid 409 ② – ♦Cáceres 91 ① – ♦Córdoba 278 ③ – ♦Lisboa 247 ④ – Mérida 62 ② – ♦Sevilla 218 ③.

BADAJOZ

93

🏨 **Gran H. Zurbarán,** paseo Castelar, ✉ 06001, 𝄞 22 37 41, Telex 28818, Fax 22 01 42, ⌥,
%% – ▮ 🗐 📺 ☎ ⇌ 🅿 – 🅰 25/500. 🆎 ⓪ 🗲 𝘝𝘐𝘚𝘈. %%
Com 2750 – ⌸ 825 – **215 hab** 7175/11900 – PA 5500.
AY k

🏨 **Río,** av. Adolfo Díaz Ambrona, ✉ 06006, 𝄞 23 76 00, Telex 28784, Fax 23 38 74, ⌥ – ▮
🗐 ☎ 🅿 – 🅰 25/600. 🆎 ⓪ 🗲 𝘝𝘐𝘚𝘈. %% rest
Com carta 2400 a 3300 – ⌸ 425 – **90 hab** 5950/7675 – PA 3040.
por ④

🏨 **Lisboa,** av. de Elvas 13, ✉ 06006, 𝄞 23 82 00, Telex 28610, Fax 23 61 74 – ▮ 🗐 📺 ☎
⇌ – 🅰 25/70. 𝘝𝘐𝘚𝘈. %% rest
Com 1000 – ⌸ 350 – **176 hab** 4800/6000 – PA 2000.
por ④

🏨 **Conde Duque** sin rest, Muñoz Torrero 27, ✉ 06001, 𝄞 22 46 41, Fax 22 00 03 – ▮ 🗐
☎. 🆎 ⓪ 🗲 𝘝𝘐𝘚𝘈. %%
⌸ 350 – **34 hab** 3350/5000.
BY r

🏨 Cervantes sin rest y sin ⌸, El Tercio 2, ✉ 06002, 𝄞 22 51 10 – ▮ ⇌
25 hab.
CZ e

✕ **El Tronco,** Muñoz Torrero 16, ✉ 06001, 𝄞 22 20 76, Mesón típico – 🗐. 🆎 ⓪ 🗲 𝘝𝘐𝘚𝘈.
cerrado domingo – Com carta 1600 a 2075.
BZ a

ALFA-ROMEO carret. de Madrid km 401
𝄞 24 22 37
AUSTIN-ROVER carret. de la Corte 1 𝄞 25 45 71
CITROEN carret. de Madrid 65 𝄞 23 70 09
FIAT-LANCIA carret. de Madrid 34 B - km 399,5
𝄞 25 12 12
FORD carret. de Madrid km 400,3 𝄞 25 30 11

MERCEDES-BENZ carret. Madrid-Lisboa km
397,3 𝄞 25 59 05
OPEL-GM carret. de Madrid 79 𝄞 25 83 61
PEUGEOT-TALBOT Antonio Masa 26 𝄞 23 64 20
RENAULT carret. de Madrid km 401 𝄞 25 04 11
SEAT-AUDI-VOLKSWAGEN carret. Madrid - Lis-
boa km 398,6 𝄞 25 00 11

BADALONA 08911 Barcelona **443** H 36 – 227 744 h. – 🟢 93 – Playa.
♦Madrid 635 – ♦Barcelona 8,5 – Mataró 19.

🏨 **Miramar** sin rest, Santa Madrona 60 𝄞 384 03 11, Fax 389 16 27, ≼ – ▮ 🗐 📺 ☎ ⇌
🗲 𝘝𝘐𝘚𝘈. %%
⌸ 450 – **42 hab** 3000/5500.

✕✕ **Obiols,** Prim 170 𝄞 384 42 78 – 🗐. 🆎 ⓪ 🗲 𝘝𝘐𝘚𝘈
cerrado lunes y del 15 al 31 agosto – Com carta 2400 a 4200.

AUSTIN ROVER Riera Matamoros 30 A
𝄞 389 31 04
CITROEN Alfonso XII-58 𝄞 388 15 66
FIAT av. President Companys 13 𝄞 384 42 62
FORD Martí Julia 𝄞 389 17 78
PEUGEOT-TALBOT av. Marqués de Montroig 125
𝄞 387 28 00
RENAULT av. Marqués de Montroig 111-123
𝄞 387 64 16

RENAULT AV: Prat de la Riva 31 𝄞 395 48 53
RENAULT Ignacio Iglesias 19 𝄞 389 14 98
SEAT-AUDI-VOLKSWAGEN Vía Augusta 10
𝄞 384 02 51
SEAT-AUDI-VOLKSWAGEN av. Alfonso XIII 43-47
𝄞 387 88 04

BAENA 14850 Córdoba **446** U 16 – 16 599 h. alt. 407 – 🟢 957.
♦Madrid 406 – ♦Córdoba 63 – ♦Granada 108 – Jaén 73 – ♦Málaga 137.

🏨 **Iponuba** sin rest, Nicolás Alcalá 7 𝄞 67 00 75 – ▮ ⇌ ⇌. %%
⌸ 175 – **39 hab** 1900/3225.

CITROEN Laureano Fernández Martos 63
𝄞 67 01 75
FIAT Laureano Fernández Martos, 42 𝄞 67 67 39
FORD Coronel Adolfo de los Ríos 22 𝄞 67 03 87
GENERAL MOTORS carret. de Cañete, 21
𝄞 67 07 62
LANCIA Laureano Fernández Martos 35
𝄞 67 02 43

PEUGEOT-TALBOT Estación 40 𝄞 67 08 60
RENAULT carret. N 432 km 338.7 ó carret. Bada-
joz Granada. 17 𝄞 67 02 38
SEAT-AUDI-VOLKSWAGEN Laureano Fernández
Martos 38 𝄞 67 03 00

BAEZA 23440 Jaén **446** S 19 – 14 799 h. alt. 760 – 🟢 953.
Ver : Centro monumental★★ : plaza de los Leones★, catedral (interior★), palacio de Jabalquinto★,
ayuntamiento★ – Iglesia de San Andrés★ (tablas góticas★).
🛈 Casa del Pópulo 𝄞 74 04 44.
♦Madrid 319 – Jaén 48 – Linares 20 – Úbeda 9.

🏨 Juanito, av. Puche Pardo 𝄞 74 00 40, Fax 74 23 24 – 🗐 ☎ ⇌
25 hab.

✕ **Sali,** pasaje Cardenal Benavides 15 𝄞 74 13 65 – 🗐. ⓪ 🗲 𝘝𝘐𝘚𝘈. %%
cerrado miércoles noche y 15 septiembre-10 octubre – Com carta 1800 a 3000.

CITROEN carret. Linares 𝄞 74 11 12

PEUGEOT carret. Linares 𝄞 74 05 00

BAGUR o **BEGUR** 17255 Gerona **443** G 39 – 2 277 h. – 🟢 972.
🛅 de Pals N : 7 km 𝄞 62 60 06.
🛈 av. Onze de Setembre 𝄞 62.34 79.
♦Madrid 739 – Gerona/Girona 46 – Palamós 17.

🏨 **Begur,** Comas y Ros 8 𝄢 62 22 07, Telex 57007, Fax 62 29 38, 🏡 – 🛏 ⊜. **E** 𝘝𝘐𝘚𝘈. 🍽 rest
　Com *(cerrado martes en invierno)* 1450 – ☯ 500 – **36 hab** 4900/6100 – PA 2900.

🏨 **Rosa** sin rest, Forgas y Puig 6 𝄢 62 30 15 – **E** 𝘝𝘐𝘚𝘈. 🍽
　15 junio-15 septiembre – ☯ 400 – **23 hab** 2250/4300.

🏨 **Plaja,** pl. Pella i Forgas 𝄢 62 21 97 – 🍽 rest. **E** 𝘝𝘐𝘚𝘈. 🍽 rest – *cerrado 10 diciembre-*
　25 enero – Com *(cerrado domingo noche)* carta 2450 a 4600 – ☯ 450 – **16 hab** 3000/4800.

✕✕ **Esquiró,** av. 11 de Setembre 21 𝄢 62 20 02 – 🍽. **AE** **①** **E** 𝘝𝘐𝘚𝘈. 🍽
　mayo-noviembre – Com carta 3025 a 4280.

✕ **Mas Comangau,** carret. de Fornells 𝄢 62 32 10, Decoración típica catalana – **℗**.

✕ **Primo Piatto,** San José 𝄢 62 35 05, 🏡, Cocina italiana – **E** 𝘝𝘐𝘚𝘈. 🍽
　junio-septiembre – Com (sólo cena) carta 3000 a 3950.

　　en la playa de Sa Riera N : 2 km – ✉ 17255 Begur – ☎ 972 :

🏨 **Sa Riera** 🦕, 𝄢 62 30 00, Fax 62 34 60, ⅃ – 🛏 ⊜ **℗**. **E** 𝘝𝘐𝘚𝘈. 🍽 rest
　15 marzo-15 octubre – Com 1300 – ☯ 450 – **41 hab** 3500/6400 – PA 2400.

　　en Aigua Blava SE : 3,5 km – ✉ 17255 Begur – ☎ 972 :

🏩 **Aigua Blava** 🦕, playa de Fornells 𝄢 62 20 58, Telex 56000, Fax 62 21 12, « Parque
　ajardinado, ≤ cala », ⅃, 🍽 – 🍽 rest ☎ ⟵ **℗** – 🛗 25/60. **AE** **E** 𝘝𝘐𝘚𝘈. 🍽
　22 marzo-21 octubre – Com 2800 – ☯ 900 – **85 hab** 6600/11100.

🏩 **Parador de Aigua Blava** 🦕, 𝄢 62 21 62, Fax 62 21 66, « Magnífica situación con ≤
　cala », ⅃ – 🛏 🍽 🖵 ☎ **℗** – 🛗 25/180. **AE** **①** **E** 𝘝𝘐𝘚𝘈. 🍽
　Com 3100 – ☯ 950 – **85 hab** 12500 – PA 6080.

🏨 **Bonaigua** 🦕 sin rest, playa de Fornells 𝄢 62 20 50, Telex 57077, Fax 62 20 54, ≤, 🍽 –
　🛏 ⊜ ⟵ **℗**. **AE** **①** **E** 𝘝𝘐𝘚𝘈 – *abril-15 octubre* – ☯ 600 – **47 hab** 5620/8480.

　　por la antigua carret. de Palafrugell y desvío a la izquierda S : 5 km – ✉ 17255 Begur
　　– ☎ 972 :

✕✕ **Jordi's** 🦕 con hab, 𝄢 30 15 70, Telex 57077, Fax 61 01 66, ≤, 🏡, « Casa de campo »,
　🔥 – **℗**. **AE** **E** 𝘝𝘐𝘚𝘈. 🍽 – *cerrado domingo noche y lunes salvo en verano* – Com
　carta 3200 a 4850 – ☯ 550 – **9 hab** 6000/9000.

El BAIELL 17534 Gerona 𝟜𝟜𝟛 F 36 – ver Ribas de Freser.

BAILÉN 23710 Jaén 𝟜𝟜𝟞 R 18 – 15 617 h. alt. 349 – ☎ 953.
♦Madrid 294 – ♦Córdoba 104 – Jaén 37 – Úbeda 40.

　　en la carretera N IV – ✉ 23710 Bailén – ☎ 953 :

🏩 **Parador de Bailén,** 𝄢 67 01 00, Fax 67 25 30, ⅃, 🔥 – 🍽 🖵 ☎ **℗**. **AE** **①** **E** 𝘝𝘐𝘚𝘈. 🍽
　Com 2900 – ☯ 950 – **86 hab** 8000 – PA 5740.

🏨 **Zodíaco,** 𝄢 67 10 62, Fax 67 19 06 – 🍽 🖵 ⊜ ⟵ **℗**. **E** 𝘝𝘐𝘚𝘈. 🍽
　Com 1350 – ☯ 375 – **52 hab** 3300/5000 – PA 3075.

🏨 **Motel Don Lope de Sosa,** 𝄢 67 00 58, Telex 28311, Fax 67 25 74 – 🍽 ⊜ **℗**. **AE** **①**
　E 𝘝𝘐𝘚𝘈. 🍽 rest – Com 1800 – ☯ 450 – **27 hab** 4000/5200.

CITROEN　carret. N IV km 294 𝄢 67 18 64
FIAT-LANCIA　carretera N IV km 295 𝄢 67 09 00
FORD　carret. N IV km 293 𝄢 67 18 59
PEUGEOT-TALBOT　carret. N IV km 294
𝄢 67 02 66

RENAULT　carret. N IV km 294 𝄢 67 18 61
SEAT-AUDI-VOLKSWAGEN　Sevilla, 25
𝄢 67 07 05

BAIONA 36300 Pontevedra 𝟜𝟜𝟙 F 3 – ver Bayona.

BAKIO 48130 Vizcaya 𝟜𝟜𝟚 B 21 – ver Baquio.

BALAGUER 25600 Lérida 𝟜𝟜𝟛 G 32 – 12 432 h. alt. 233 – ☎ 973.
♦Madrid 496 – ♦Barcelona 149 – Huesca 125 – ♦Lérida/Lleida 27.

✕✕ **Cal Morell,** passeig Estació 18 𝄢 44 80 09 – 🍽. **AE** **①** **E** 𝘝𝘐𝘚𝘈
　cerrado lunes salvo festivos y vísperas y del 15 al 30 septiembre – Com carta 3200 a 4600.

　　en la carretera C 1313 E : 2 km – ✉ 25600 Balaguer – ☎ 973

✕ **El Bosquet,** 𝄢 44 68 68, 🏡 – 🍽 **℗**. **①** 𝘝𝘐𝘚𝘈. 🍽
　cerrado martes salvo festivos, y febrero – Com carta 1800 a 3300.

ALFA ROMEO　Urgel 63 𝄢 44 50 24
AUDI-VOLKSWAGEN　carret. de Tárrega km 1,500
𝄢 44 50 91
AUSTIN-ROVER　p. Estación 51 𝄢 44 74 62
CITROEN　carretera de Tárrega km 1,500
𝄢 44 54 38
FIAT-LANCIA　Urgel 32 𝄢 44 55 19
FORD　carret. Balaguer - Tárrega km 1,5
𝄢 44 57 54

GENERAL MOTORS　Urgel 121 𝄢 44 53 60
MERCEDES　carret. Balaguer - Tárrega km 2,225
𝄢 44 70 61
PEUGEOT-TALBOT　Urgel 46 𝄢 44 55 99
RENAULT　carret Tárrega km 1.500 𝄢 44 53 67
SEAT　Urgel 63 𝄢 44 87 84

BALEARES (Islas) ★★★ 四3 – 685 088 h.

🚲 ver : Palma de Mallorca, Mahón, Ibiza.

🛳 para Baleares ver : Barcelona, Valencia. En Baleares ver : Palma de Mallorca, Mahón, Ibiza.

MALLORCA

Algaida 07210 – 2 866 h. – 🕲 971

✗ **Es 4 Vents,** carret. de Manacor 🖉 66 51 73, 🍴 – 🗏 🅿. 🖭 🗈 ᴠɪsᴀ. 🛠
cerrado jueves y 17 junio-7 julio – Com carta 1875 a 2675.

✗ **Hostal Algaida,** carret. de Manacor 🖉 66 51 09, 🍴 – 🅿
cerrado miércoles excepto festivos – Com carta 1600 a 2500.

RENAULT av. Marina 16 🖉 54 57 72   SEAT-AUDI-VOLKSWAGEN Héroes de Toledo 54
🖉 54 58 72

Artá (Cuevas de) 07570 ★★★ – Palma 78.

Hoteles y restaurantes ver : Cala Ratjada N : 11,5 km, *Son Servera* SO : 13 km.

Bañalbufar 07191 – 498 h. – 🕲 971 – Palma 23.

🏠 **Sa coma** 🍸, 🖉 61 80 34, ≤, 🍴, 🛠 – 🕿 🅿. 🛠
abril-octubre – Com (sólo cena) 1500 – 🖵 1000 – **32 hab** 4500/5800 – PA 2500.

🏠 **Mar i Vent** 🍸, Mayor 49 🖉 61 80 00, ≤ mar y montaña, 🍴, 🛠 – 🐎 ⇔ 🅿. 🛠
cerrado diciembre-enero – Com 1775 – 🖵 585 – **25 hab** 3900/4830 – PA 3550.

✗ **Son Tomás,** Baronía 17 🖉 61 81 49, ≤, 🍴 – 🖭 🗈 ᴠɪsᴀ. 🛠
cerrado 10 diciembre-10 enero – Com carta 2600 a 3100.

Bendinat (Costa de) 四3 N 37 – ⊠ 07000 Palma – 🕲 971

Ver plano de Palma Nova

🏨 **Bendinat** 🍸, 🖉 67 57 25, 🍴, « Bungalows en un jardín con árboles y terrazas junto al
mar », 🐎, 🛠 – 🐎 🅿. 🗈 ᴠɪsᴀ
Mayo-15 octubre – Com 2200 – 🖵 660 – **29 hab** 7000/8800.

Bunyola 07110 – 3 262 h. – 🕲 971 – Palma 14.

en la carretera de Sóller – ⊠ 07110 Bunyola – 🕲 971 :

✗ Ses Porxeres, NO : 3,5 km 🖉 61 37 62, Decoración rústica, Cocina catalana – 🅿.

✗ Ca'n Penasso, O : 1,5 km 🖉 61 32 12, ≤, 🍴, « Conjunto de estilo rústico regional », 🍴,
🐎, 🛠 – 🅿.

Cala de San Vincente – ⊠ 07460 Pollensa – 🕲 971 – Ver : Paraje★.
Palma 58.

🏨 **Molins** 🍸, Cala Molins 🖉 53 02 00, Fax 53 04 00, Amplias terrazas con ≤, 🍴, 🍴, 🛠
– 🛗 🕿 🅿. 🖭 ᴠɪsᴀ. 🛠
marzo-15 noviembre – Com 2500 – 🖵 980 – **100 hab** 5200/8500.

✗✗ **La Gavina,** Temporal 🖉 53 01 55, 🍴 – 🖭 🕦 🗈 ᴠɪsᴀ. 🛠
15 marzo-15 noviembre – Com *(cerrado lunes salvo en verano)* carta 2700 a 3700.

Cala d'Or – ⊠ 07660 Cala D'Or – 🕲 971.
Ver : Paraje★★.
🏌 Club de Vall d'Or N : 7 km 🖉 57 60 99.
🄱 av. Cala Llonga 10 🖉 65 74 63.
Palma 69.

🏨 Cala Esmeralda 🍸, Cala Esmeralda E : 1 km, ⊠ 07660 Cala D'Or, 🖉 65 71 11, Telex
69533, Fax 65 71 56, 🍴, 🍴, 🐎, 🛠 – 🛗 🗏 🕿 🅿 – 🛠 25/80
temp. – **151 hab**.

🏨 **Rocador,** Marqués de Comillas 3 🖉 65 70 75, Fax 65 77 51, ≤, 🍴, 🐎 – 🛗 rest 🐎. 🖭
🕦. 🛠 rest
abril-octubre – Com 1600 – 🖵 750 – **110 hab** 4200/6400 – PA 3200.

🏨 **Cala D'Or** 🍸, av. de Bélgica 33 🖉 65 72 49, Telex 69468, Fax 64 35 27, 🍴, « Terrazas
bajo los pinos », 🍴, 🐎 – 🛗 🗏 🐎. 🖭 🗈 ᴠɪsᴀ. 🛠
marzo-noviembre – Com (sólo cena) 1500 – **97 hab** 🖵 6800/12000.

🏨 **Rocador Playa,** Marqués de Comillas 1 🖉 65 70 75, Fax 65 77 51, ≤, 🍴, 🍴 – 🛗 🗏 rest
🐎 – 🛠 25/100. 🖭 🕦 ᴠɪsᴀ. 🛠 rest
abril-octubre – Com 1600 – 🖵 750 – **105 hab** 4200/6400 – PA 3200.

🏨 **Cala Gran,** av. de la playa 🖉 65 71 00, Telex 69468, Fax 64 35 27, 🍴, 🍴, 🛠 – 🛗 🗏 rest
🐎. 🖭 🗈 ᴠɪsᴀ. 🛠
20 marzo-octubre – Com 1200 – 🖵 350 – **107 hab** 4000/6000.

96

XXX **Port Petit,** av. Cala Llonga *𝄢* 64 30 39, ≤, 🍴 – 🆎 ① Ε 𝗩𝗜𝗦𝗔
mayo-octubre – Com (sólo cena) carta 3150 a 4250.

XX Sa Barraca, av. de Bélgica 4 *𝄢* 65 79 78, 🍴, Decoración regional.

XX **Cala Llonga,** av. Cala Llonga - Porto Cari *𝄢* 65 80 36, 🍴 – ▤. 🆎 ① Ε 𝗩𝗜𝗦𝗔. ⋘
cerrado 3 enero-5 febrero – Com carta 2025 a 3000.

XX **Suliar,** Port Petit *𝄢* 65 79 87, 🍴 – 🆎 ① Ε 𝗩𝗜𝗦𝗔
cerrado domingo en invierno – Com carta 1740 a 3570.

X **La Sivina,** Andrés Roig 8 *𝄢* 65 72 89, Fax 64 30 73, 🍴 – 🆎 ① Ε 𝗩𝗜𝗦𝗔
abril-octubre – Com carta 2200 a 2950.

X La Cala, av. de Bélgica 7 *𝄢* 65 70 04, 🍴
temp.

X **Ca'n Trompé,** av. de Bélgica 12 *𝄢* 65 73 41, 🍴 – ▤. Ε 𝗩𝗜𝗦𝗔. ⋘
15 febrero-noviembre – Com carta 1700 a 3040.

X **Ibiza,** Toni Costa 5 *𝄢* 65 78 15, 🍴 – 🆎 ① Ε 𝗩𝗜𝗦𝗔
abril-octubre – Com (sólo cena) carta 1870 a 3000.

en Cala Es Forti al Sur : 1,5 km – ✉ 07660 Cala d'Or – ☺ 971

🏨 **Rocamarina** ⋙, *𝄢* 65 78 32, Fax 64 31 80, 🏊, 🐎, 🎾 – 🛗 ▤ rest ☎ ℗. 𝗩𝗜𝗦𝗔. ⋘
abril-octubre – Com (sólo cena) 1700 – ☄ 650 – **207 hab** 6000/8700 – PA 3200.

▓▓ **Cala Pi** 07639 – ☺ 971.
Palma 41.

X Miquel, Torre de Cala Pi 13 *𝄢* 66 13 09, 🍴, Decoración regional.

en Es Pas de Vallgornera E : 4 km – ✉ 07630 Campos – ☺ 971 :

🏨 **Es Pas** ⋙, *𝄢* 66 17 18, 🍴, « En un pinar », 🏊, 🎾 – ℗. Ε 𝗩𝗜𝗦𝗔. ⋘ rest
abril-octubre – Com 1235 – ☄ 620 – **37 hab** 2450/3400 – PA 3090.

▓▓ **Cala Ratjada** 07590 – ☺ 971.
Alred. : Capdepera (murallas ≤★) O : 2,5 km.
🛈 Plaça dels Pins *𝄢* 56 30 33 Fax 56 52 56.
Palma 79.

🏨 **Aguait** ⋙, av. de los Pinos 61 S : 2 km *𝄢* 56 34 08, Telex 69814, Fax 56 51 06, ≤, 🏊,
🎾 – 🛗 ▤ rest ☎ ℗ 🆎 ① Ε 𝗩𝗜𝗦𝗔. ⋘
Com 1350 – ☄ 800 – **188 hab** 3700/6500 – PA 2975.

🏨 **Son Moll,** Tritón 25 *𝄢* 56 31 00, Fax 56 35 81, ≤, 🏊 – 🛗 ▤ rest ▩. ① 𝗩𝗜𝗦𝗔. ⋘
28 abril-29 octubre – Com (sólo cena) 1600 – ☄ 575 – **125 hab** 3600/6100.

🏨 ❀ **Ses Rotges,** Rafael Blanes 21 *𝄢* 56 31 08, 🍴, Cocina francesa, « Terraza rústico
regional » – ▤ hab ☎. 🆎 ① Ε 𝗩𝗜𝗦𝗔. ⋘
abril-octubre – Com *(cerrado miércoles mediodía en octubre)* carta 3800 a 5000 – ☄ 860 –
24 hab 5670/6430 – PA 4585
Espec. Ensalada de raya tibia, Ragout de lenguado con trufas, Lomo de conejo con champiñones y ciruelas
negras.

X **Lorenzo,** Leonor Servera 11 *𝄢* 56 39 39, 🍴 – 🆎 Ε 𝗩𝗜𝗦𝗔. ⋘
cerrado lunes y 28 octubre-28 diciembre – Com carta 1940 a 4090.

▓▓ **La Calobra** – ☺ 971 – Playa.
Ver : Paraje★ – Carretera de acceso★★★ – Torrente de Pareis★.
Palma 66.

🏨 **La Calobra** ⋙, ✉ 07100 apartado 35 Sóller, *𝄢* 51 70 16, ≤, 🍴 – ⋘
abril-octubre – Com *(abierto todo el año)* 1350 – ☄ 365 – **44 hab** 2100/3300 – PA 2975.

▓▓ **Capdepera** 07580 – ☺ 971.
Palma 77.

en la carretera de Son Servera S : 5 km – ✉ 07580 Capdepera – ☺ 971 :

X Porxada de sa torre, Torre de Canyamel *𝄢* 56 30 44, Decoración rústica – ℗
temp.

▓▓ **Colonia Sant Jordi** 07638 – ✉ 971 – Playa.
Palma 9.

X **Marisol,** Gabriel Roca 65 *𝄢* 65 50 70, ≤, 🍴 – 🆎 ① Ε 𝗩𝗜𝗦𝗔
cerrado diciembre-enero – Com *(noviembre y febrero sólo fines de semana)*
carta 2025 a 3525.

X La Lonja, explanada del Puerto 3 *𝄢* 65 52 27, ≤, 🍴.

BALEARES (Islas)

Deyá o **Deia** 07179 – 559 h. alt. 184 – ✪ 971.
Ver : Paraje★ – **Alred. :** Son Marroig ≤★ O : 3 km.
Palma 27.

La Residencia ⌂, finca Son Canals ℘ 63 90 11, Fax 63 93 70, ≤, « Antigua casa señorial de estilo mallorquín », ⌓, ⌗, ℀ – ▤ ☎ – ⌂ 25/50. ⌶ ⌾ ∈ 𝗩𝗜𝗦𝗔
cerrado 7 enero-17 marzo – Com (ver a continuación rest. **El Olivo**) – **49 hab** ☲ 15000/26500.

Es Moli ⌂, carret. de Valldemosa SO : 1 km ℘ 63 90 00, Telex 69007, Fax 63 90 07, ≤ valle y mar, ⌗, « Jardín escalonado », ⌓ climatizada, ℀ – ▤ ☎ ℗. ⌶ ⌾ ∈ 𝗩𝗜𝗦𝗔
℀ rest
12 abril-26 octubre – Com (sólo cena) 3300 – ☲ 1500 – **71 hab** 13000/23000.

❀ **El Olivo** - Hotel La Residencia, finca Son Canals ℘ 63 90 11, Telex 69570, Fax 63 93 70, ℗, Instalado en un antiguo molino de aceite – ℗.
cerrado 7 enero-17 marzo – Com *(cerrado martes)* (sólo cena) carta aprox. 6500
Espec. Tartar de salmón y lubina con caviar de Beluga, Rodaballo asuflado con bogavante, Perdiz con col y trufas (temporada de otoño).

Ca'n Quet, carret. de Valldemosa SO : 1,2 km ℘ 63 91 96, Telex 69007, Fax 63 93 33, ≤ montaña, ⌗, ⌓ – ℗. ⌶ ⌾ ∈ 𝗩𝗜𝗦𝗔. ℀
12 abril-26 octubre – Com *(cerrado lunes)* carta 3000 a 4100.

Drach (Cuevas del) ★★★ – Palma 63 – Porto Cristo 1.
Hoteles y restaurantes ver : Porto Cristo N : 1 km.

Escorca 07315 – 244 h. – ✪ 971 – Palma 6.

✗ Escorca, carret. C 710 O : 5 km ℘ 51 70 95, ≤, Decoración rústica – ℗.

Estellenchs 07192 – 381 h. – ✪ 971 – Palma 30.

✗ Son Llarg, Pl. Constitución 6 ℘ 61 05 64.

✗ **Montimar**, pl. Constitución 7 ℘ 61 08 41 – ∈ 𝗩𝗜𝗦𝗔. ℀
cerrado lunes y enero-febrero – Com carta 1775 a 2325.

Felanitx 07200 – 12 542 h. alt. 151 – ✪ 971 – Palma 51.

Vista Hermosa, carret. de Porto Colom SE : 6 km ℘ 82 49 60, ≤ valle, monte y mar, ⌗, ⌓ – ℗. ∈ 𝗩𝗜𝗦𝗔
14 marzo-11 noviembre – Com carta 2350 a 3100.

Formentor (Cabo de) 07470 – ✪ 971.
Ver : Carretera★★★ de Puerto de Pollensa al Cabo Formentor – Mirador d'Es Colomer★★★ – Cabo Formentor★★★ – Playa Formentor★.
Palma 78 – Puerto de Pollensa 20.

Formentor ⌂, ℘ 53 13 00, Telex 68523, Fax 53 11 55, ≤ bahía y montañas, ⌗, En un gran pinar, ⌓ climatizada, ⌗, ℀ – ▤ ☎ ℗ ⌾, – ⌂ 25/200. ⌶ ⌾ ∈ 𝗩𝗜𝗦𝗔. ℀
26 abril-octubre – Com carta 4650 a 7000 – ☲ 1800 – **127 hab** 17000/26350.

Illetas 07015 – ✪ 971

Ver plano de Palma Nova

Meliá de Mar ⌂, Paseo de Illetas 7 ℘ 40 25 11, Telex 68892, Fax 40 58 52, ≤ mar y costa, « Jardín con arbolado », ⌓, ⌧, ℀ – ▤ ▤ ☎ ℗ – ⌂ 25/220. ⌶ ⌾ ∈ 𝗩𝗜𝗦𝗔. ℀
Com 4500 – ☲ 1500 – **144 hab** 17675/21580.

Bonsol ⌂, paseo de Illetas 30 ℘ 40 21 11, Telex 692 43, Fax 40 25 59, ≤, ⌗, Decoración castellana, « Terrazas bajo los pinos », ⌓ climatizada, ⌗, ℀ – ▤ ▤ ℗ – ⌂ 25/80. ⌶ ⌾ ∈ 𝗩𝗜𝗦𝗔. ℀ rest
cerrado 7 enero-10 febrero – Com 2300 – ☲ 750 – **73 hab** 9200/13700.

G. H. Bonanza Playa ⌂, paseo de Illetas ℘ 40 11 12, Telex 68782, Fax 40 56 15, ≤ mar, ⌗, « Amplia terraza con ⌓ al borde del mar », ⌧, ℀ – ▤ ☎ ℗ – ⌂ 25/225. ⌶ ⌾ ∈ 𝗩𝗜𝗦𝗔. ℀
Com 2450 – ☲ 800 – **294 hab** 9450/16400 – PA 4200.

G.H. Albatros ⌂, paseo de Illetas 15 ℘ 40 22 11, Telex 68545, Fax 40 21 54, ≤, ⌓, ⌧, ℀ – ▤ ▤ ☎ ⌖ ℗ – ⌂ 25/150. ⌶ ⌾ ∈ 𝗩𝗜𝗦𝗔
Com 2250 – ☲ 750 – **119 hab** 8250/14000 – PA 4460.

Bonanza Park ⌂, paseo de las Adelfas ℘ 40 11 12, Telex 68782, Fax 40 56 15, ⌓, ⌗, ℀ – ▤ ☎ ⌾ ∈ 𝗩𝗜𝗦𝗔. ℀
Com 2450 – ☲ 800 – **117 hab** 8200/13900 – PA 4200.

The Anchorage Club, carret. de Illetas ℘ 40 52 12, Telex 69601, Fax 40 42 01, ⌗, « Terraza con ⌓ » – ▤.

98

Inca 07300 – 20 721 h. alt. 120 – ☎ 971.

Alred. : Selva (iglesia de San Lorenzo : Calvario★) N : 5 km.

Palma 28.

✗ **Ca'n Amer,** Pau 39 ℘ 50 12 61, Celler típico – ◻ 🄴 🆅🆂🄰
cerrado sábado noche y domingo – Com carta 2450 a 3850.

✗ **Ca'n Moreno,** Gloria 103 ℘ 50 35 20 – ◻ 🄴 🆅🆂🄰. ⛛
cerrado domingo y agosto – Com carta 1875 a 3775.

CITROEN Juan de Austria 104 ℘ 50 12 52
FORD General Luque 444 ℘ 50 21 00
MERCEDES-BENZ Cardenal Cisneros 32
℘ 50 15 20
PEUGEOT-TALBOT Andreu Caimari 66
℘ 50 15 47

RENAULT av. de Alcudia 19 ℘ 50 01 98
SEAT-AUDI-VOLKSWAGEN av. Jaime I. 143
℘ 50 16 50

Orient 07349 – ☎ 971.

Palma 25.

en la carretera de Alaró NE : 1,3 km – ✉ 07110 Bunyola – ☎ 971 :

🏨 **L'Hermitage** ⛛, ℘ 61 33 00, Fax 61 33 00, <, �, Antigua casa de campo, ☒, ☞, ⛛
– 🅃🅅 🄿 ◻ 🄾 🄴 🆅🆂🄰. ⛛
cerrado noviembre-15 diciembre – Com 3000 – **20 hab** ☲ 13000/20000.

Paguera 07160 – ☎ 971 – Playa.

Ver : Paraje★.

Alred. : Cala Fornells (paraje★) SO : 1,5 km.

Palma 22.

🏨 Villamil, av. de Paguera 66 ℘ 68 60 50, Telex 68841, Fax 68 68 15, <, 🌆, « Terraza bajo
los pinos con ☒ », 🄺, ⛛ – 🛗 ▤ 🅃🅅 ☎ – 🄰
125 hab.

🏨 G. H. Sunna Park, Gaviotas 25 ℘ 68 67 50, Telex 69531, Fax 29 37 80, ☒, 🄺 – 🛗 ▤ –
131 hab.

🏨 Bahía Club, av. de Paguera 81 ℘ 68 61 00, 🌆, ☒, 🄺 – ☎ 🄿. ⛛
cerrado noviembre- 10 enero – Com 2075 – ☲ 575 – **55 hab** 2900/4975 – PA 4015.

✗✗ La Gran Tortuga, carret. de Cala Fornells ℘ 68 60 23, 🌆, « Terrazas con ☒ y < bahía
y mar » – ◻ 🄾 🄴 🆅🆂🄰
cerrado lunes y 7 enero-2 marzo – Com carta 2420 a 3990.

en la carretera de Palma – ✉ 07160 Paguera – ☎ 971 :

🏨 Club Galatzo y Rest. Vista de Rey ⛛, E : 2 km ℘ 68 62 70, Telex 68719, Fax 68 78 52,
🌆, « Magnífica situación sobre un promontorio, < mar y colinas circundantes », ☒, 🄺,
☞, ⛛ – 🛗 ▤ ☎ 🄿 – 🄰 25/50. ◻ 🄴 🆅🆂🄰. ⛛ rest
Com *(cerrado domingo)* 2000 – **196 hab** ☲ 8100/14000 – PA 4000.

✗ La Cascada, playa de la Romana SE : 1,2 km ℘ 68 73 09, <, 🌆 – ◻ 🄴 🆅🆂🄰
Com carta 1975 a 3660.

en Cala Fornells SO : 1,5 km – ✉ 07160 Paguera – ☎ 971 :

🏨 Coronado ⛛, ℘ 68 68 00, Fax 68 74 57, < cala y mar, « Rodeado de pinos », ☒, 🄺,
☞, ⛛ – 🛗 ▤ rest 🄿. 🆅🆂🄰. ⛛
marzo-octubre – Com 1700 – ☲ 550 – **139 hab** 10000/15000.

La guida cambia, cambiate la guida ogni anno.

Palma de Mallorca 07000 🄿 – 304 422 h. – ☎ 971 – Playas : Portixol DX, ca'n Pastilla por
④ : 10 km y el Arenal por ④ : 14 km.

Ver : Catedral★★ FZ – Lonja★ EZ – Barrios antiguos: Iglesia de San Francisco★, GZ Y –
Casa de los marqueses de Sollerich (patio★) FY Z – Pueblo español★ BV A.

Alred. : Castillo de Bellver★ (⛛★★) O : 3 km BV.

🏌 de Son Vida NO : 5 km ℘ 23 76 20 BU – 🏌 Club de Bendinat, carret. de Bendinat O :
15 km, ℘ 40 52 00.

✈ de Palma de Mallorca por ④ : 11 km ℘ 26 42 12 – Iberia : passeig des Born 10, ✉
07006, ℘ 28 69 66 FYZ y Aviaco : aeropuerto, ℘ 26 50 00.

⚓ para la Península, Menorca e Ibiza : Cía. Trasmediterránea, paseo del Muelle Viejo 5,
✉ 07012, ℘ 72 67 40, Telex 69028, EZ.

🛈 av. Jaime III - 10, ✉ 07012, ℘ 71 22 16, Santo Domingo 11, ✉ 07001 ℘ 72 40 90 y en el
aeropuerto ℘ 26 08 03 – R.A.C.E. av. Marqués de la Cenia 37, ✉ 07014, ℘ 23 73 46.

Alcudia 52 ② – Paguera 22 ⑤ – Sóller 30 ① – Son Servera 64 ③.

En la ciudad :

🏨🏨 **Saratoga,** paseo Mallorca 6, ☒ 07012, ℰ 72 72 40, Fax 72 73 12, ⌿ – 🛗 🗐 ☎ 🖨 VISA. ⚙️
Com 1500 – ☲ 350 –
155 hab 7095/10670 –
PA 3000   EY **s**

🏨🏨 **Sol Jaime III** sin rest, con cafetería, paseo Mallorca 14 B, ☒ 07012, ℰ 72 59 43, Telex 68539, Fax 75 88 40 – 🛗 📺 ☎. ⒶⒺ ⓄⒹ Ⓔ VISA. ⚙️
☲ 650 – **88 hab** 7000/8600   EY **n**

🏨 **Almudaina** sin rest, con cafetería, av. Jaime III-9, ☒ 07012, ℰ 72 73·40, Fax 72 25 99 – 🛗 🗐 ☎. ⒶⒺ ⓄⒹ Ⓔ VISA. ⚙️
☲ 495 – **80 hab** 5800/8700   FY **a**

🏨 **Palladium** sin rest, con cafetería, paseo Mallorca 40, ☒ 07012, ℰ 71 28 41, Fax 71 46 65 – 🛗 📺 ☎. ⒶⒺ ⓄⒹ Ⓔ VISA. ⚙️   EY **z**
☲ 500 – **53 hab** 4950/7700.

❌❌ Honoris, Camino Viejo de Bunyola 76, ☒ 07009, ℰ 20 32 12 – 🗐
                              DU **n**

❌❌ **Gran Dragón,** Friedrich Hölderlin 5 ℰ 28 02 00, rest Chino – 🗐. ⒶⒺ ⓄⒹ Ⓔ VISA. ⚙️
Com carta 1890 a 2790
                              EY **k**

❌ ⚙️ **Xoriguer,** Fábrica 60, ☒ 07013, ℰ 28 83 32 – 🗐. ⒶⒺ ⓄⒹ Ⓔ VISA. ⚙️   CV **a**
cerrado domingo y festivos – Com carta 2950 a 4050
Espec. Pimientos de piquillo rellenos de gambas y setas. Pescado marinado con eneldo. Hígado de pato con melón y trufa.

❌ **Son Alegre,** Torrente 4 (pl. del Puente), ☒ 07014, ℰ 45 36 23 – 🗐. ⒶⒺ Ⓔ VISA. ⚙️
cerrado domingo y del 10 al 31 agosto – Com carta 2675 a 4425   CV **b**

❌ Ca'n Juanito, Aragón 11, ☒ 07005, ℰ 46 10 65 – 🗐   HY **t**

❌ Peppone, Bayarte 14, ☒ 07013, ℰ 45 42 42, Cocina italiana – 🗐   EY **d**

❌ **Asador Tierra Aranda,** Concepción 4, ☒ 07012, ℰ 71 42 56, Carnes – 🗐. ⒶⒺ VISA. ⚙️   FY **b**
cerrado domingo noche – Com carta 2550 a 4150.

❌ **Parlament,** Conquistador 11, ☒ 07001, ℰ 72 60 26 – 🗐. ⚙️   FZ **e**
cerrado domingo y agosto – Com carta 2400 a 3800.

❌ **La Lubina,** Muelle Viejo, ☒ 07012, ℰ 72 33 50, ≤, �, Pescados y mariscos – 🗐. ⒶⒺ ⓄⒹ Ⓔ VISA. ⚙️   EZ **c**
Com carta 2600 a 4150.

❌ **Caballito de Mar,** paseo de Sagrera 5, ☒ 07012, ℰ 72 10 74, � – ⒶⒺ ⓄⒹ Ⓔ VISA. ⚙️   EZ **a**
cerrado domingo – Com carta 2600 a 4150.

PALMA DE MALLORCA

Adriá Ferrán	DV 2
Andrea Doria	BV 5
Arquebisbe Aspareg	DV 9
Arquitecte Bennazar (Av. del)	CU 12
Capitán Vila	DV 15
Del Pont (Pl.)	CV 19
Espartero	CV 20
Federico Garcia Lorca	BV 21
Francesc M. de Los Herreros	DV 23
Francesc Pi i Margall	DV 25
Fray Junípero Serra	BCV 26
General Ricardo Ortega	DV 28
Jaume Balmes	CU 31
Joan Maragall	CDV 32
Joan Miró (Av.)	BVX 33
Josep Darder	DV 34
Joan Crespi	CV 35
Marqués de la Senia	BCV 38
Niceto Alcala Zamora	CV 41
Pere Garau (Pl.)	DV 43
Quetglas	CV 45
Rosselló i Caçador	CU 52
Teniente Coronel Franco (Pl.)	DV 68
Teniente Juan Llobera	CV 70
Valldemossa (Carret. de)	CU 73

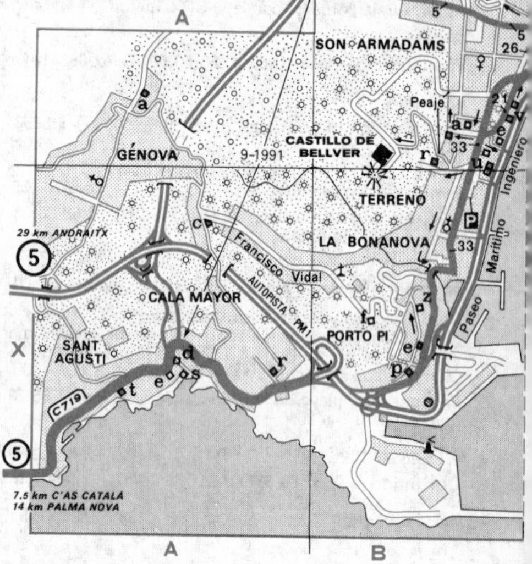

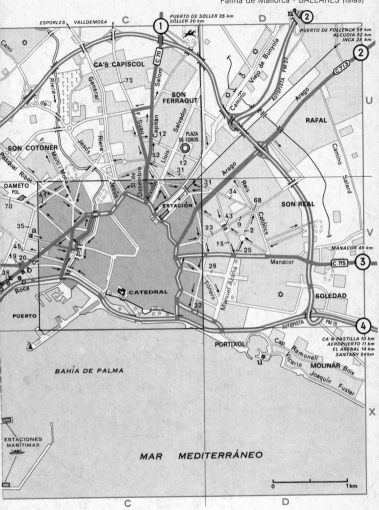

✕   Le Bistrot, Teodoro Llorente 4, ⊠ 07011, ℰ 28 71 75, Cocina francesa – ▤   EY **a**

✕   **Casa Gallega,** Pueyo 4, ⊠ 07003, ℰ 72 11 41, Cocina gallega – ▤. *VISA*. ✵   GY **a**
    Com carta 2550 a 3650.

✕   **Los Gauchos,** San Magín 78, ⊠ 07013, ℰ 28 00 23, Carnes – ▤. AE ① *VISA*. ✵
    cerrado domingo y del 15 al 31 de enero – Com carta 2170 a 2915.   EY **f**

✕   **Casa Sophie,** Apuntadores 24, ⊠ 07012, ℰ 72 60 86, Cocina francesa – ▤. AE ① E
    VISA   EZ **u**
    cerrado domingo, lunes mediodía y diciembre – Com carta 2300 a 3720.

✕   Penélope, pl. del Progreso 19, ⊠ 07013, ℰ 23 02 69 – ▤   EY **t**

✕   **Ca'n Nofre,** Manacor 27, ⊠ 07006, ℰ 46 23 59 – ▤. AE ① E *VISA*. ✵   HY **a**
    cerrado miércoles noche, jueves y febrero-4 marzo – Com carta 1600 a 2650.

✕   **Celler Payés,** Felipe Bauzá 2, ⊠ 07012, ℰ 72 60 36 – *VISA*. ✵   FZ **a**
    cerrado sábado noche, domingo, 15 días en julio y 15 días en Navidades – Com
    carta 1500 a 2500.

PALMA DE MALLORCA

Born (Pas. d'es)	FYZ	14
Rey Jaime III (Av.)	EY	
Antonio Maura (Av.)	FZ	6
Apuntadores	EZ	7
Arquitecto Reynes	GZ	10
Arxiduc Lluis Salvador	GY	11
Bolsería	GY	13
Conquistador	FZ	16
Constitucio	FZ	17
Cordelería	GYZ	18
Francesc Barcelo i Combis	HY	22
Francesc Marti i Mora	EY	24
Gabriel Alomar Villalonga (Av.)	HYZ	27
Gloria	EZ	29
Ingeniero Gabriel Roca (Pas. Marítimo)	EZ	30
José Tous Ferrer	GY	36
Morey	GZ	39
Navarra	GY	40
Padre Atanasio	GY	42
Rafael Rodríguez Mendez	EY	47
Ramón Llull	GZ	48
Rei J. Carles I (Pl.)	FY	49
Reina (Pl. de la)	FZ	50
Rubén Darío	FY	53
Ruiz de Alda	EY	54
San Cayetano	FY	56
San Francisco (Pl.)	GZ	57
Santa Catalina Thomás (Pl.)	FY	58
Santa Eulalia (Pl.)	GZ	60
Serra	GZ	63
Temple (Pl. de)	HZ	66
Zavellá	GZ	74

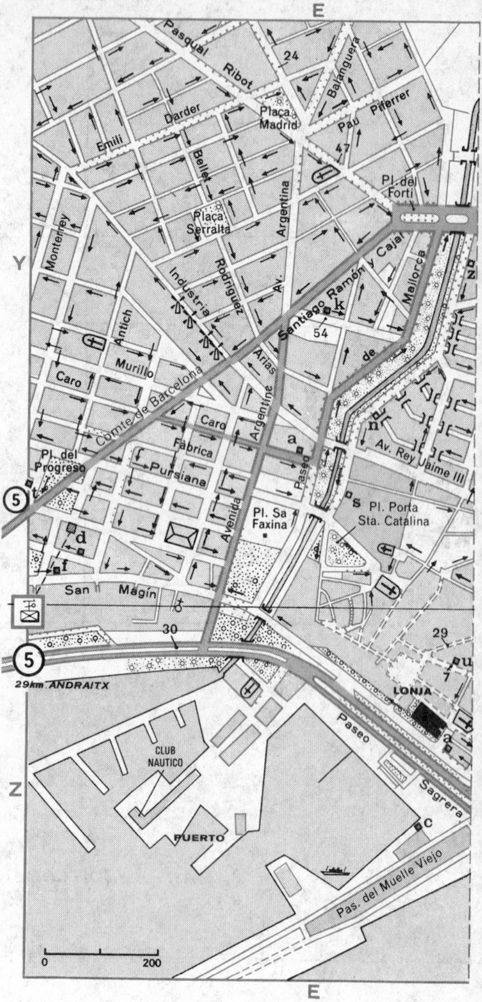

Pour un bon usage des plans de villes, voir les signes conventionnels.

Para el buen uso de los planos de ciudades, consulte los signos convencionales.

Al Oeste de la Bahía :

al borde del mar :

Meliá Victoria, av. Joan Miró 21, ✉ 07014, ☎ 23 25 42, Telex 68558, Fax 45 08 24, ≤ ciudad y bahía, ☂, ⛱, ⛱ – |ǁ ▤ TV ☎ Ⓟ – 25/120. AE ⓓ E VISA. ✕ — BV **u**
Com 4500 – ☕ 1600 – **167 hab** 19340/23510.

Sol Palas Atenea, paseo Marítimo 29, ✉ 07014, ☎ 28 14 00, Telex 69644, Fax 45 19 89, ≤, ⛱ climatizada – |ǁ ▤ TV ☎ – 25/300. AE ⓓ E VISA. ✕ — BV **e**
370 hab ☕ 12950/17400.

Sol Bellver, paseo Marítimo 11, ✉ 07014, ☎ 23 80 08, Telex 69643, Fax 28 41 82, ≤ bahía y ciudad, ⛱ – |ǁ ▤ TV ☎ – 25/150. AE ⓓ E VISA. ✕ — CV **v**
393 hab ☕ 11180/15200.

Mirador, paseo Marítimo 10, ✉ 07014, ☎ 23 20 46, Fax 23 39 15, ≤ – |ǁ ☎. AE ⓓ E VISA. ✕ — CV **x**
Com 1830 – ☕ 450 – **78 hab** 4825/7535 – PA 3490.

XXXX **Bahía Mediterráneo,** paseo Marítimo 33 - 5°, ⊠ 07014, ℰ 45 76 53, ≤ bahía, 🍴,
« Terraza » – 🍴. 🆎 ⓪ 🇪 𝗩𝗜𝗦𝗔. 🛇
Com carta 3600 a 4800.

BVX **u**

XXX **Mediterráneo 1930,** paseo Marítimo 33, ⊠ 07014, ℰ 45 88 77, 🍴 – 🍴. 🆎 🇪 𝗩𝗜𝗦𝗔
🛇
Com carta 3250 a 3800.

BVX **u**

XXX **Zarzagán,** paseo Marítimo 13, ⊠ 07014, ℰ 23 74 47, ≤ – 🍴. 🆎 ⓪ 🇪 𝗩𝗜𝗦𝗔. 🛇
cerrado sábado mediodía y domingo – Com carta 3150/4950.

BV **v**

XXX ❀ **Koldo Royo,** Paseo Marítimo 3, ⊠ 07014, ℰ 45 70 21, ≤ – 🍴. 🆎 🇪 𝗩𝗜𝗦𝗔
cerrado sábado mediodía y domingo – Com carta 4000 a 6200

CV **c**

Espec. Ensalada de raya en escabeche. Lomo de bacalao confitado con salsa vizcaína suave. Foie natural
con salsa de moscatel y pasas de corinto..

X **Es Recó d'En Xesc,** paseo Marítimo 17 (junto Auditorium), ⊠ 07014, ℰ 45 40 20 ,
🍴

BV **e**

sigue →

103

en Terreno – BVX – ✆ 971 :

🏨 **Rex** sin rest, Luis Fábregas 4, ⊠ 07014, ✆ 23 03 65, ⅄ – 🛗 ☜. 🕮 ① 🇪 𝑉𝐼𝑆𝐴. ✀
15 marzo-octubre – ☲ 300 – **72 hab** 3700/4600.
BV **a**

✗ **Mario's,** Bellver 12, ⊠ 07014, ✆ 28 18 14, 🏛 – 🕮 ① 🇪 𝑉𝐼𝑆𝐴. ✀
Com (sólo cena) carta 2100 a 3325.
BV **r**

✗ La Noria del Paleto, Luis Fábregas 7, ⊠ 07014, ✆ 28 10 01 – 🍽
BV **a**

en La Bonanova BX – ⊠ 07015 Palma – ✆ 971 :

🏰 **Valparaíso Palace** ⌂, Francisco Vidal 23, ⊠ 07015, ✆ 40 04 11, Telex 68754, Fax 40 59 04, ≤ Palma, bahía y puerto, 🏛, ⅄, 🄽, 🖈, ✗ – 🛗 🍽 📺 ☎ 🅿 – 🔬 25/250. 🕮 ① 🇪 𝑉𝐼𝑆𝐴.
Com 6250 – ☲ 2600 – **150 hab** 13550/23825.
BX **f**

🏨 **Majórica** ⌂, Garita 3, ⊠ 07015, ✆ 40 02 61, Telex 69309, Fax 40 33 58, ≤ Palma, bahía y puerto, ⅄ – 🛗 – 🔬 25/80. 🕮 ① 𝑉𝐼𝑆𝐴. ✀
Com 1750 – ☲ 600 – **153 hab** 5000/8000.
BX **z**

✗✗✗ **Samantha's,** Francisco Vidal Sureda 115 ✆ 70 00 00, Fax 70 09 99 – 🍽 🅿. 🕮 ① 🇪 𝑉𝐼𝑆𝐴.
✀ – Com carta 3200 a 5200
AX **c**

en Génova – AV – ⊠ 07015 Génova – ✆ 971 :

✗ **Son Berga,** carret. Génova km 4 ✆ 45 38 69, 🏛, Decoración típica regional – 🅿. 🕮 ①
🇪 𝑉𝐼𝑆𝐴. ✀ – *cerrado lunes* – Com carta 2160 a 3520
AV **a**

en Porto Pí - BX – ⊠ 07015 Palma – ✆ 971 :

✗✗✗ ❀ **Porto Pí,** Joan Miró 174 ✆ 40 00 87, 🏛, « Antigua villa mallorquina » – 🍽. 🕮 🇪 𝑉𝐼𝑆𝐴.
✀ – Com carta 3450 a 4850
BX **e**
Espec. Ensalada de pichón en escabeche, Ravioli de txangurro, Lubina braseada sobre salsa de vino blanco
y cebollino..

✗ **Rififi,** Joan Miró 182, ⊠ 07015, ✆ 40 20 35, Pescados y mariscos – 🍽. 🕮 ① 🇪 𝑉𝐼𝑆𝐴. ✀
cerrado martes y enero – Com carta 1750 a 3250.
BX **p**

en Cala Mayor (carretera de Andraitx) – AX – ⊠ 07015 Palma – ✆ 971 :

🏨 **Playa Cala Mayor,** Guillem Diaz Plaja 2, ⊠ 07015, ✆ 40 32 13, Telex 68755, Fax 45 39 42, ≤, ⅄ – 🛗 🍽 ☜. 🕮 ① 𝑉𝐼𝑆𝐴. ✀
Com 1500 – ☲ 500 – **143 hab** 5000/7000.
AX **s**

🏨 **Santa Ana,** Gaviota 9, ⊠ 07015, ✆ 40 15 12, Telex 68755, Fax 45 39 42, ≤, ⅄ – 🛗
🍽 rest 🅿. 🕮 ① 𝑉𝐼𝑆𝐴. ✀
Com 1600 – ☲ 400 – **200 hab** 3000/5600.
AX **e**

✗ El Padrino, Juan de Saridakis 2 ✆ 40 16 47, 🏛
AX **r**

✗ Cittadini, Joan Miró 308, ⊠ 07015, ✆ 40 39 22, 🏛 – *temp.*
AX **a**

en San Agustín (carretera de Andraitx) – AX – ⊠ 07015 San Agustín – ✆ 971 :

✗ Buona Sera, Joan Miró 299, ⊠ 07015, ✆ 40 03 22 – 🍽
AX **t**

en Son Vida NO : 6 km – BU – ⊠ 07013 Son Vida – ✆ 971 :

🏰 **Son Vida** ⌂, ⊠ 07015, ✆ 79 00 00, Telex 69300, Fax 79 00 17, 🏛, « Antiguo palacio señorial entre pinos con ≤ ciudad, bahía y montañas », ⅄, 🄽, 🖈, ✗, 🏌 – 🛗 🍽 📺 ☎
🅿 – 🔬 25/200. 🕮 ① 🇪 𝑉𝐼𝑆𝐴. ✀
Com 4600 – **165 hab** ☲ 20900/27000.

Al Este de la Bahía :

en El Molinar - Cala Portixol – DX – ⊠ 07006 Palma – ✆ 971 :

✗ **Portixol del Molinar,** Sirena 27 ✆ 27 18 00, 🏛, Pescados y mariscos, ⅄ – 🕮 ① 🇪
𝑉𝐼𝑆𝐴. ✀ – Com carta 2790 a 5080
DX **u**

en Coll d'en Rabassa por ④ : 6 km – ⊠ 07007 Palma – ✆ 971 :

✗ **Club Náutico Cala Gamba,** paseo de Cala Gamba ✆ 26 10 45, ≤, 🏛, Pescados y
mariscos – 🕮 ① 🇪 𝑉𝐼𝑆𝐴. ✀
cerrado lunes salvo festivos – Com carta 2650 a 4150.

en Playa de Palma (Ca'n Pastilla, Las Maravillas, El Arenal) por ④ : 10 y 20 km –
✆ 971 :

🏨 **Riu Bravo,** Misión de San Diego, ⊠ 07600 El Arenal, ✆ 26 63 00, Telex 68693, Fax 26 57 54, « Jardín alrededor de la ⅄ », 🄽 – 🛗 🍽 ☎ 🅿 – 🔬 25/120. 🕮 🇪 𝑉𝐼𝑆𝐴. ✀
Com 1970 – ☲ 1040 – **199 hab** 8030/12915 – PA 4230.

🏨 **Delta** ⌂, carret. de Cabo Blanco km 6,4 - Puig de Ros, ⊠ 07609 Cala Brava, ✆ 74 10 00, Telex 69196, Fax 74 10 00, 🏛, « En un pinar », ⅄ climatizada, 🄽, 🖈, ✗ – 🛗 🍽
☎ 🅿 – 🔬 25/200. 🕮 🇪 𝑉𝐼𝑆𝐴. ✀
cerrado noviembre-15 febrero – Com 2100 – ☲ 800 – **288 hab** 7000/10000.

🏨 **Garonda,** carret. El Arenal 28, ⊠ 07610 Ca'n Pastilla, ✆ 26 22 00, Telex 69920, Fax 26 21 09, ≤, ⅄ climatizada, 🖈 – 🛗 🍽 📺 ☎. 🕮 ① 🇪 𝑉𝐼𝑆𝐴. ✀
24 marzo-octubre – Com 1650 – ☲ 500 – **112 hab** 8600/12300.

Playa Golf, carret. de El Arenal 366, 07600 El Arenal, 26 26 50, Fax 49 18 52, ≤, , , – rest – 25/60. AE VISA. Com 1820 – 625 – **222 hab** 4750/7350 – PA 3625.

Ríu San Francisco, Laud 24, 07610 Ca'n Pastilla, 26 46 50, Telex 68693, Fax 26 57 54, ≤, climatizada – – 25/100. Com 1750 – 655 – **138 hab** 5900/10000 – PA 3530.

Cristóbal Colón , Parcelas, 07610 Ca'n Pastilla, 26 27 50, Telex 68751, Fax 49 22 50, climatizada, – rest . *cerrado noviembre-15 diciembre* – Com 1400 – 500 – **158 hab** 4800/6000.

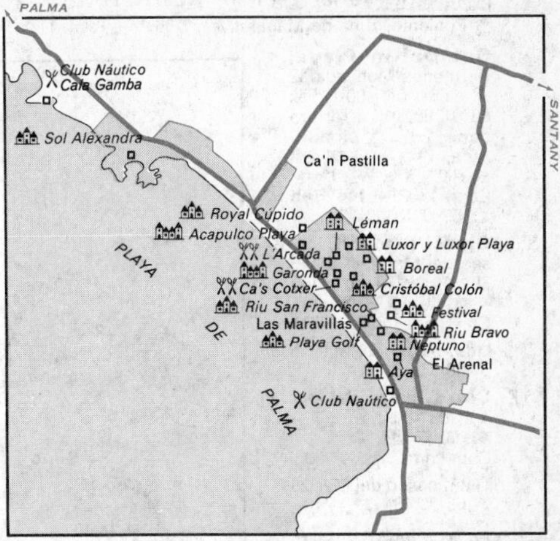

Festival, camino Las Maravillas, 07610 Ca'n Pastilla, 26 62 00, Telex 68693, Fax 26 57 54, Césped con arbolado, climatizada, – – 25/250 – **216 hab**.

Sol Alexandra, Pins 15, 07610 Ca'n Pastilla, 26 23 50, Telex 68539, Fax 29 41 03, ≤, – rest **164 hab**.

Royal Cupido, Marbella 32, 07610 Ca'n Pastilla, 26 43 00, Telex 68504, Fax 20 12 67, ≤, – rest – 25/100 **197 hab**.

Acapulco Playa, av. Nacional 21, 07610 Ca'n Pastilla, 26 18 00, Telex 69639, Fax 26 80 85, ≤, climatizada, – rest **143 hab**.

Leman, av. Son Rigo 6, 07610 Ca'n Pastilla, 26 07 12, Fax 49 25 20, ≤, climatizada, – rest – **98 hab**.

Aya, av. Nacional 60, 07600 El Arenal, 26 04 50, Fax 26 62 16, ≤, , – rest . *25 abril-25 octubre* – Com 1725 – 550 – **145 hab** 4350/6550 – PA 3400.

Neptuno, Laud 34, 07620 El Arenal, 26 00 00, ≤, – – **105 hab**.

Boreal, Mar Jónico 9, 07610 Ca'n Pastilla, 26 21 12, , , – rest . AE VISA. *cerrado noviembre-15 diciembre* – Com 900 – 320 – **64 hab** 3720/6480 – PA 2120.

Luxor, av. Son Rigo 23, 07610 Ca'n Pastilla, 26 05 12, Telex 68820, , – rest *cerrado noviembre-17 diciembre* – 320 – **46 hab** 3720/6480.

Apart. Luxor Playa, Mar Jónico, 07610 Ca'n Pastilla, 26 31 51, , – rest . *cerrado noviembre-17 diciembre* – 320 – **40 hab** 6840.

Ca's Cotxer, carret. de El Arenal 31, 07600 Ca'n Pastilla, 26 20 49 – . AE E VISA. *cerrado miércoles de noviembre a abril y 7 enero-febrero* – Com carta 2500 a 4050.

L'Arcada, av. Son Rigo 2, 07610 Ca'n Pastilla, 26 14 50, Telex 69920, Fax 26 21 09, ≤, – AE E VISA. Com carta 2000 a 3225.

Nuevo Club Naútico El Arenal, Roses, 07600 El Arenal, 26 91 67, ≤, – . AE E VISA. *cerrado lunes* – Com carta 2550 a 4150.

ALFA-ROMEO Gremio Boneteros 23 (Polígono Son Castello) 20 42 12
BMW Gran Vía Asima 4 (Polig. Son Castelló) 75 88 33
CITROEN XVI de Julio 5 (Polig. Son Castelló) 29 97 66
CITROEN Miguel Marques 3 46 35 40
FORD Gran Vía Asima 22 (Polig. Son Castelló) 20 21 12
GENERAL MOTORS-OPEL Gran Vía Asima (Polig. Son Castelló) 29 27 25
MERCEDES-BENZ Gran Vía Asima - Gremio Toneleros 34 (Polig. Son Castelló) 20 23 63
PEUGEOT-TALBOT Aragón 191 27 47 00
PEUGEOT-TALBOT Gran Vía Asima 16 (Polig. Son Castelló) 20 45 30
RENAULT Camino de Los Reyes - esquina Sigueros (Polig. Son Castelló) 29 22 00
RENAULT Aragón 209 27 46 00
SEAT-AUDI-VOLKSWAGEN General Ricardo Ortega 37 46 87 11

Palma Nova 07181 ⓐⓐⓐ N 37 – ⓢ 971 – Playa.
ⓕ Poniente, zona de Magaluf ✆ 72 36 15 – Palma 14.

ⓜ **Sol Delfín Playa,** Hermanos Moncada 32 ✆ 68 01 00, Fax 68 01 98, ≤, « Terraza con 🏊 », 🏊 climatizada, 🔲 – 🛗 🍽 rest ☎. ⓐⓔ ⓞ Ⓔ 🆅🆂🅰. 🦽
Com 1200 – **144 hab** ☲ 6960/10440.

XXX **Gran Dragón II,** paseo del Mar 2 ✆ 68 13 38, ≤, 🍴, Rest. chino – 🍽. ⓐⓔ Ⓔ 🆅🆂🅰. 🦽
Com carta 1890 a 2790.

XX Lido, paseo del Mar 26 ✆ 68 31 85 – 🍽.

XX **Ciro's,** paseo del Mar 3 ✆ 68 10 52, ≤, 🍴 – 🍽. ⓐⓔ 🆅🆂🅰. 🦽
Com carta 3250 a 3600.

X Tabú, paseo del Mar 28 ✆ 68 00 43, 🍴.

en Magaluf S : 1 km – ✉ 07182 Magaluf – ⓢ 971 :

ⓜ Atlantic, Punta Ballena 6 ✆ 68 02 08, ≤, « Gran terraza entre los pinos », 🏊 – 🛗 ☎ ⓟ *temp.* – **80 hab**.

ⓜ **Flamboyan,** Martín Ros García 16 ✆ 68 04 62, Fax 68 22 67, 🏊 – 🛗 🍽 rest ☎ ⓟ. ⓐⓔ ⓞ Ⓔ 🆅🆂🅰. 🦽
abril-octubre – Com 1000 – ☲ 500 – **123 hab** 5500/9000 – PA 2000.

por la carretera de Palma – ✉ 07011 Portals Nous – ⓢ 971 :

ⓜ **Son Caliu** 🦢, NE : 2 km Urbanización Son Caliu ✆ 68 22 00, Telex 68686, Fax 68 37 20, 🍴, « Jardín alrededor de la piscina », 🏊, 🔲, 🎾, 🦽 – 🛗 ☎ – 🅰 25/200. ⓐⓔ ⓞ Ⓔ 🆅🆂🅰. 🦽 rest
Com 2000 – ☲ 1000 – **230 hab** 6000/11000.

ⓜ **Punta Negra** 🦢, NE : 2,5 KM ✆ 68 07 62, Fax 68 39 19, ≤ bahía, 🍴, « Magnífica situación al borde de una cala », 🏊, 🎾 – 🛗 🍽 rest 📺 ☎ ⓟ. ⓐⓔ ⓞ Ⓔ 🆅🆂🅰. 🦽
Com 4500 – ☲ 2000 – **61 hab** 12000/22000 – PA 9350.

en Cala Viñas S : 3 km – ✉ 07184 Cala Viñas – ⓢ 971 :

ⓜ Cala Viñas 🦢, Sirenas ✆ 68 11 00, Telex 68724, Fax 68 37 13, ≤, 🏊 climatizada, 🔲, 🎾 – 🛗 🍽 ☎ ⓟ – 🅰
249 hab.

en Portals Vells - por la carretera del Golf Poniente SO : 8,5 km – ✉ 07184 Calviá :

X **Ca'n Pau Perdieta,** por la carretera del Golf Poniente, ✉ 07184 Calviá, ✆ 13 61 72, 🍴, Pescados y mariscos – ⓐⓔ Ⓔ 🆅🆂🅰. 🦽
cerrado lunes noche de octubre a marzo – Com carta 2075 a 4375.

Pollensa 07460 – 11 617 h. alt. 200 – ⓢ 971 – Playa en Puerto de Pollensa.
Alred. : Cuevas de Campanet★ S : 16 km.
ⓕ Club de Pollensa ✆ 53 32 16.
Palma 52.

XX **Daus,** Escalonada Calvari 10 ✆ 53 28 67 – 🍽. ⓐⓔ Ⓔ 🆅🆂🅰. 🦽
cerrado martes y 15 noviembre-15 diciembre – Com carta 3500 a 4400.

en la carretera del Puerto de Pollensa E : 2 km – ✉ 07460 Puerto de Pollensa – ⓢ 971 :

X **Ca'n Pacienci,** ✆ 53 07 87, 🍴 – ⓟ Ⓔ 🆅🆂🅰. 🦽
cerrado domingo y enero-abril – Com (sólo cena) carta 3600.

X **Garroverar,** ✆ 53 06 59, 🍴, 🏊 – ⓟ. ⓐⓔ ⓞ Ⓔ 🆅🆂🅰
cerrado miércoles y enero – Com carta 1850 a 2530.

RENAULT Cecilio Metelo 85 ✆ 53 18 05

SEAT-AUDI-VOLKSWAGEN vía Argentina 15-17 ✆ 53 07 60

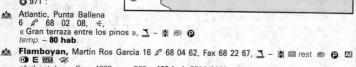

BALEARES (Islas)

Pont D'Inca 07009 Palma de Mallorca 443 N 38 – ❸ 971.

✗ **S'Altell,** av. Antonio Maura 69 (carret. de Inca C 713) 🌮 60 10 01 – ▤. 🖭 ⑩ E 🖾. ⚘
cerrado agosto – Com (sólo cena) carta 2200 a 3000.

Portals Nous 07015 – ❸ 971 – Puerto deportivo.
Ver plano de Palma Nova

XXXX ❀❀ **Tristán,** Puerto Portals 🌮 67 55 47, Telex 69804, Fax 67 54 03, ≼, 🍴 – ▤. 🖭 E 🖾.
⚘
cerrado lunes y 7 enero-15 febrero – Com (sólo cena de junio a septiembre)
carta 6000 a 8000
Espec. Savarin de salmón en vinagreta templada, Lomo de cordero en masa de sal, Higos gratinados en espuma de almendras.

Porto Colom 07670 – ❸ 971 – Playa.
Palma 63.

✗ **Celler Sa Sinia,** Pescadores 25 🌮 82 43 23 – ▤. ⑩ E 🖾. ⚘
cerrado lunes y 15 noviembre-enero – Com carta 2350 a 3550.

Porto Cristo 07680 – ❸ 971 – Playa.
Alred. : Cuevas del Drach★★★ S : 1 km – Cuevas del Hams (sala de los Anzuelos★)
O : 1,5 km.
🛈 Gual 31 A 🌮 57 01 68.
Palma 62.

✗ **Ses Comes,** av. de los Pinos 50 🌮 82 12 54 – 🖭 E 🖾
cerrado lunes y 15 noviembre-20 diciembre – Com carta 1855 a 4135.

✗ Sa Carrotja, av. Amer 45 🌮 82 15 03 – ▤.

Porto Petro 07691 – ❸ 971.
Alred. : Cala Santany (paraje★) SO : 16 km.
Palma 65.

🏠 Nereida, Patrons Martina 34 🌮 65 72 23, ≼, ⅃, ⚘
temp. – **43 hab**.

Puerto de Alcudia 07410 – ❸ 971 – Playa.
🛈 Vicealmirante Moreno 2 🌮 54 63 71.
Palma 54.

✗ **Ca'n Toni con hab,** av. Almirante Moreno 20 🌮 54 50 08, ≼, 🍴 – ▤ rest
11 hab.

Puerto de Andraitx 07157 – ❸ 971.
Alred. : Camp de Mar (paraje★) E : 5 km – Carretera★ de Puerto de Andraitx a Camp de
Mar – Recorrido en cornisa★★★ de Puerto de Andraitx a Sóller (terrazas★).
Palma 33.

🏨 **Brismar,** av. Almirante Riera Alemany 🌮 67 16 00, ≼, 🍴 – 🛗 🚗 ❷. 🖭 ⑩ E 🖾. ⚘
cerrado 15 noviembre-10 febrero – Com 1350 – ⇌ 550 – **56 hab** 3000/4100 – PA 2760.

✗ **Layn,** av. Almirante Riera Alemany 21 🌮 67 18 55, ≼, 🍴 – 🖭 E 🖾
cerrado martes y 5 noviembre-22 diciembre – Com carta 2350 a 3350.

✗ **Miramar,** av. Mateo Bosch 22 🌮 67 16 17, ≼, 🍴 – 🖭 ⑩ E 🖾
cerrado lunes y 15 diciembre-15 enero – Com carta 3200 a 4030.

✗ **Rocamar,** av. Almirante Riera Alemany 32 bis 🌮 67 12 61, ≼, 🍴, pescados y mariscos
– 🖭 E 🖾
cerrado lunes y diciembre-15 enero – Com carta 2400 a 4450.

Puerto de Pollensa 07470 – ❸ 971 – Playa.
Ver : Paraje★.
Alred. : Carretera★★★ de Puerto de Pollensa al Cabo Formentor★★★ : Mirador d'Es
Colomer★★★, Playa Formentor★.
Palma 58.

🏨 **Illa d'Or** ⚘, paseo Colón 🌮 53 11 00, Telex 69708, Fax 53 32 13, ≼, « Terraza con
árboles », ⚘ – 🛗 ▤ rest ☎ 🖭 ⑩ E 🖾. ⚘
Com 2700 – ⇌ 800 – **119 hab** 5650/10400.

🏨 **Daina,** Atilio Boveri 1 🌮 53 12 50, Fax 53 33 22, ≼, ⅃ – 🛗 ▤ rest 🚗. 🖭 ⑩ E 🖾. ⚘
abril-octubre – Com 2200 – ⇌ 600 – **60 hab** 5000/9500.

🏨 Uyal, paseo de Londres 🌮 53 15 00, Fax 53 33 32, ≼, « Terraza con árboles », ⅃, ⚘ – 🛗
▤ rest ❷
temp. – **105 hab**.

107

🏨 **Miramar,** paseo Anglada Camarasa 39 🤙 53 14 00 – 🛗 🖭 hab 🕾. AE ① E 𝕍𝕀𝕊𝔸. 🦐
abril-octubre – Com 1750 – 🗔 525 – **69 hab** 4675/6825.

🏨 **Pollentia,** paseo de Londres 🤙 53 12 00, Fax 53 12 00, ≤, « Terraza con palmeras » – 🛗
🕾. 𝕍𝕀𝕊𝔸. 🦐 rest
23 marzo-29 octubre – Com 1800 – 🗔 300 – **71 hab** 3100/5600 – PA 2500.

🏨 **Sis Pins** sin rest, paseo Anglada Camarasa 77 🤙 53 10 50, Fax 53 40 13 – 🛗 🕾 – **50 hab**

🏨 **Capri,** paseo Anglada Camarasa 69 🤙 53 16 00, Telex 69708, Fax 53 33 22, 🍴 – 🛗 🕾
temp. – **33 hab**.

🏨 **Raf** sin rest, con cafetería, paseo Saralegui 84 🤙 53 11 95 – 🛗
temp. – **40 hab**.

🏨 **Panorama,** urb. Gommar 5 🤙 53 11 92, 🏊, – ⓟ. AE ① E 𝕍𝕀𝕊𝔸. 🦐 rest
abril-octubre – Com 1100 – 🗔 600 – **40 hab** 4000/6000 – PA 2500.

🍴🍴 **Bec Fi,** paseo Anglada Camarasa 91 🤙 53 10 40, 🍴, Carnes y pescados a la parrilla – AE
E 𝕍𝕀𝕊𝔸. 🦐
cerrado lunes, diciembre y enero – Com carta 1920 a 3440.

🍴🍴 **Ca'n Pep,** Virgen del Carmen 🤙 53 00 10, 🍴, Decoración regional – 🖭 ⓟ.

🍴 **Hibiscus,** carret. de Formentor 5 🤙 53 14 84, 🍴 –.

🍴 **Lonja del Pescado,** Muelle Viejo 🤙 53 00 23, ≤, 🍴, Pescados y mariscos – 🖭. E 𝕍𝕀𝕊𝔸
cerrado miércoles salvo julio-agosto y 11 diciembre-9 febrero – Com carta 3100 a 4000.

__en la carretera de Alcudia__ S : 3 km – ✉ 07470 Puerto de Pollensa – ☎ 971 :

🍴🍴 **Ca'n Cuarassa,** 🤙 53 22 66, ≤, 🍴 –.

Puerto de Sóller 07108 – ☎ 971 – Playa.
🛈 Canónigo Oliver 🤙 63 01 01.
Palma 35.

🏨 **Edén,** Es Través 🤙 63 16 00, Fax 63 36 56, 🏊, – 🛗 🕾 ⓟ. AE ① E 𝕍𝕀𝕊𝔸. 🦐
6 abril-octubre – Com 1800 – 🗔 500 – **152 hab** 3000/4400 – PA 3485.

🏨 **Edén Park** sin rest, Lepanto 🤙 63 12 00, Fax 63 36 56 – 🛗 🕾 🚗. AE ① E 𝕍𝕀𝕊𝔸. 🦐
20 abril-15 octubre – 🗔 500 – **64 hab** 3000/4400.

🍴 **Es Canyis,** playa d'En Repic 🤙 63 14 06, 🍴 – ⓟ. AE ① E 𝕍𝕀𝕊𝔸. 🦐
marzo-15 noviembre – Com *(cerrado lunes)* carta 1900 a 2365.

San Juan (Balneario de) 07630 – 1 964 h. – ☎ 971.
Palma 50.

🍴 **El Pórtico,** carret. de Campos, cocina italo-francesa – ⓟ. E 𝕍𝕀𝕊𝔸. 🦐
marzo-15 enero – Com *(cerrado lunes y martes de noviembre-15 enero)* carta 2800 a 4000.

🍴 **Ses Roques,** carret. de Campos NE : 1 km, 🍴 – ⓟ.

San Telmo 07159 ⓬⓭⓮ N 37 – ☎ 971 – playa.
Palma 35.

🍴 **Arlequín,** Cala es Cunills 14 🤙 67 44 50, ≤, 🍴 – AE ① E 𝕍𝕀𝕊𝔸. 🦐
cerrado 15 diciembre-15 enero – Com carta 2250 a 3200.

San Salvador – alt. 509.
Ver : Monasterio★ (🌣★★).
Palma 55 – Felanitx 6.

__Hoteles y restaurantes ver : Cala d'Or__ SE : 21 km.

Santa María 07815 ⓬⓭⓮ N 38 – ☎ 971.
Palma 15.

🍴🍴 **Ca'n Tia,** Convent dels Minims 🤙 14 01 00, Fax 71 33 84, 🍴 – ⓟ. AE ① E 𝕍𝕀𝕊𝔸. 🦐
cerrado domingo noche – Com carta 3100 a 3900.

Santa Ponsa 07180 ⓬⓭⓮ N 37 – ☎ 971 – Playa.
Ver : Paraje★.
🏌 Santa Ponsa, 🤙 69 02 11.
Palma 20.

🏨 **Rey Don Jaime,** vía del Puig Mayor 4 🤙 69 00 11, Telex 68734, Fax 69 00 14, 🏊 climatizada,
🏊 – 🛗 🖭 rest 🕾 ⓟ – 🔬 25/260 – **417 hab**.

🏨 **Bahía del Sol,** vía Jaime I - 74 🤙 69 11 50, Telex 69537, Fax 69 06 50, 🏊, 🏊 – 🛗 🖭 ⓟ
– 🔬 25/80. AE ① E 𝕍𝕀𝕊𝔸. 🦐 rest
Com 1400 – 🗔 700 – **201 hab** 5000/9000.

🏨 **Casablanca,** vía Rey Sancho 6 🤙 69 03 61, ≤, 🏊 – 🕾 ⓟ. 🦐 rest
15 abril-octubre – Com 990 – 🗔 400 – **87 hab** 3550/5000 – PA 1800.

✗ Nick's, via Jaime I - 97 *✆* 69 02 67, ≤ bahía, 🍴 *–temp.*

✗ Miguel, via Jaime I - 92 *✆* 69 09 13, 🍴.

✗ **La Rotonda,** via Jaime I - 105 *✆* 69 02 19, 🍴 – **E** 𝗩𝗜𝗦𝗔
cerrado lunes y diciembre-febrero – Com carta 1550 a 2900.

✗ **Jackie's,** Puig de Galatzo 18 *✆* 69 00 67, 🍴 – **AE ⓞ E** 𝗩𝗜𝗦𝗔
cerrado diciembre-enero – Com carta 1700 a 2800.

S'Illot 07687 – 🅾 971.
Palma 66.

🏨 **Club S'Illot,** Cala Moreya *✆* 81 00 34, Fax 81 04 89, 🔲 – 🛗 ▤ rest ☎ **🅿 E** 𝗩𝗜𝗦𝗔. 🍴
cerrado 3 noviembre-22 diciembre – Com 2400 – ⌑ 1025 – **59 hab** 3675/6700 – PA 4800.

✗✗ **La Gamba de Oro,** Cami de la Mar 25 *✆* 81 04 97 – ▤. **AE ⓞ E** 𝗩𝗜𝗦𝗔. 🍴
cerrado domingo noche, lunes mediodía de octubre a febrero y del 7 al 25 enero – Com
carta 2400 a 4400.

Sóller 07100 – 9 693 h. alt. 54 – 🅾 971 – Playa en Puerto de Sóller.
Alred. : Carretera★ de Sóller a Alfabia – Recorrido en cornisa★★★ de Sóller a Puerto de
Andraitx (terrazas★).
Palma 30.

✗ **El Guía** con hab (abril-octubre), Castañer 3 *✆* 63 02 27 – **AE ⓞ E** 𝗩𝗜𝗦𝗔. 🍴
Com *(cerrado lunes de noviembre a marzo)* carta 2300 a 3400 – ⌑ 420 – **16 hab** 1600/3200.

camino de Son Puça NO : 2 km – ✉ 07100 Soller – 🅾 971

✗✗ Ca N'Ai, *✆* 63 24 94, 🍴, Casa de campo Mallorquina – 🅿.

Ver también : *Puerto de Sóller* NO : 5 km.

CITROEN Carre de Sa Mar 134 *✆* 63 07 37
PEUGEOT-TALBOT Camp Llarg 2 *✆* 63 12 43
RENAULT Isabel II - 68 *✆* 63 07 01

SEAT-AUDI-VOLKSWAGEN Poetisa Fca Alcobers
70 *✆* 63 02 35

Son Servera 07550 – 5 180 h. alt. 92 – 🅾 971 – Playa.
🛝 de Son Servera NE : 7,5 km *✆* 56 78 02.
Palma 64.

en la carretera de Capdepera NE : 3 km – ✉ 07550 Son Servera – 🅾 971 :

✗ **S'Era de Pula,** *✆* 56 79 40, 🍴, Decoración rústica regional – 🅿. **AE ⓞ E** 𝗩𝗜𝗦𝗔. 🍴
cerrado lunes y 10 enero-10 marzo – Com carta 1900 a 2900.

en Cala Millor SE : 3 km – ✉ 07560 Cala Millor – 🅾 971 :

✗✗ Son Floriana, urb. Son Floriana *✆* 58 60 75, 🍴, Decoración rústica regional – 🅿.

en Costa de los Pinos NE : 7,5 km – ✉ 07559 Costa de los Pinos – 🅾 971 :

🏨 **Eurotel Golf Punta Rotja** 🅢, *✆* 56 76 00, Telex 68666, Fax 56 77 37, ≤ mar y montaña,
🍴, « En un pinar », 🏊, 🦽, 🎾, 🛝 – 🛗 ▤ ☎ 🅿 – 🔬 25/100. **AE ⓞ E** 𝗩𝗜𝗦𝗔. 🍴 rest
26 abril-octubre – Com 2150 – ⌑ 1000 – **212 hab** 9650/11950 – PA 4000.

Valldemosa 07170 – 1 161 h. alt. 427 – 🅾 971.
Ver : Cartuja★.
🛈 Cartuja de Valldemosa *✆* 61 21 06.
Palma 17.

✗ **Ca'n Pedro,** av. Archiduque Luis Salvador *✆* 61 21 70, Mesón típico – 🍴
cerrado domingo noche y lunes – Com carta 1750 a 2850.

en la carretera de Andraitx O : 2,5 km – ✉ 07170 Valdemosa – 🅾 971 :

✗✗ **Vistamar** 🅢 con hab, *✆* 61 23 00, Fax 61 25 83, 🍴, « Conjunto de estilo mallorquín »,
🏊 – 📺 🅿. **AE E** 𝗩𝗜𝗦𝗔. 🍴
cerrado 1 noviembre-22 diciembre – Com carta 2900 a 4400 – ⌑ 1200 – **9 hab** 13500/
22000.

RENAULT carret. Valldemosa a Deya *✆* 61 24 31

MENORCA

Alayor 07730 – 5 706 h. – 🅾 971.
Mahón 12.

en la urbanización Torre Solí Nou SO : 9 km – ✉ 07730 Alayor – 🅾 971

🏨 **San Valentín** 🅢, *✆* 37 26 02, Fax 37 23 75, 🍴, 🏊, 🔲, 🦽, 🎾 – 🛗 ▤ 📺 ☎ 🅿 –
🔬 25/100. **E** 𝗩𝗜𝗦𝗔. 🍴
⌑ 850 – **214 hab** 6750/11700.

BALEARES (Islas) – Alayor

en la Playa de Son Bou SO : 8,5 km – ⊠ 07730 Playa de Son Bou – 🏦 971 :

XX **Club San Jaime,** urb. San Jaime 🖉 37 27 87, 🍴, ⏚, 🎾 – 🝙 ⓪ 𝐄 𝑉𝐼𝑆𝐴. 🛇
mayo-octubre – Com (sólo cena salvo festivos) carta 3325 a 4400.

PEUGEOT-TALBOT Balmes 8 🖉 37 14 01   RENAULT av. de la Industria 1 - Polígono Indus-
                                            trial La Trotxa 🖉 37 11 35

Ciudadela o **Ciutadella de Menorca** 07760 – 17 580 h. – 🏦 971.
Ver : Localidad★.
Mahón 44.

🏰 **Patricia,** paseo San Nicolás 90 🖉 38 55 11 – 🛗 📺 ☎ – 🕿 25/110. 🝙 ⓪ 𝐄 𝑉𝐼𝑆𝐴. 🛇
Com *(cerrado domingo en invierno)* 2300 – ☲ 650 – **44 hab** 8500/12800 – PA 4100.

XXX **Cas Quintu,** Camí de Maó 11 🖉 38 27 73, 🍴 – 🝙. 🝙 𝐄 𝑉𝐼𝑆𝐴. 🛇
cerrado lunes y 15 febrero-15 marzo – Com carta 2450 a 4000.

X **Casa Manolo,** Marina 117 🖉 38 00 03, 🍴 – 🝙. 🝙 ⓪ 𝐄 𝑉𝐼𝑆𝐴
cerrado 10 diciembre-10 enero – Com carta 3500 a 7500.

X **El Comilón,** pl. Colón 47 🖉 38 09 22, 🍴 – 𝐄 𝑉𝐼𝑆𝐴. 🛇
cerrado lunes y 24 diciembre-25 enero – Com carta 2100 a 3100.

X **Cas Quintu,** pl. Alfonso III - 4 🖉 38 10 02, 🍴 – 🝙 𝐄 𝑉𝐼𝑆𝐴
Com carta aprox. 3500.

X **El Horno,** D'es Forn 12 🖉 38 07 67 – 🝙. 🝙 ⓪ 𝐄 𝑉𝐼𝑆𝐴. 🛇
cerrado domingo mediodía y marzo-octubre – Com carta 1800 a 3350.

X Racó d'es Palau, Palau 3 🖉 38 54 02, 🍴 –
Com *(sólo cena, cafetería al mediodía).*

en la carretera del cabo d'Artruix S : 3 km – ⊠ 07760 Ciudadela – 🏦 971 :

X **Es Caliu,** ⊠ apartado 216, 🖉 38 48 95, 🍴, Carnes a la brasa, Decoración rústica – ℗.
⓪ 𝐄 𝑉𝐼𝑆𝐴. 🛇
cerrado 10 diciembre-10 enero – Com carta 1500 a 2900.

CITROEN Cruz 20 🖉 38 14 22   RENAULT Polígono Industrial Parcela 61-62
OPEL Alfonso XIII - 47 🖉 38 39 14   🖉 38 40 11
PEUGEOT-TALBOT Miguel de Cervantes 81   SEAT-AUDI-VOLKSWAGEN Cruz 42 🖉 38 13 72
🖉 38 15 74

Es Castell 07720 – 🏦 971.
Mahón 3.

🏰 **Rey Carlos III** ⤶, Carlos III - 2 🖉 36 31 00, Telex 69767, Fax 36 31 08, ≼, « Amplias
terrazas », ⏚ – 🛗 🝙 rest. 𝑉𝐼𝑆𝐴. 🛇
mayo-octubre – Com 1600 – ☲ 400 – **87 hab** 5000/7000 – PA 3000.

🏰 **Agamenón** ⤶, paraje Fontanillas 18, ⊠ apartado 18, 🖉 36 21 50, Fax 36 21 54, ≼, ⏚ –
🛗 🝙 rest ☎ ℗. 🝙 ⓪ 𝐄 𝑉𝐼𝑆𝐴
mayo-octubre – Com 2000 – ☲ 600 – **75 hab** 5200/7200 – PA 3900.

Es Migjorn Gran 07749 – 🏦 971.
Alred. : Cala de Santa Galdana (paraje★★) SO : 13 km.
Mahón 21.

en la playa de Santo Tomás S : 4,5 km – ⊠ 07749 Playa de Santo Tomás – 🏦 971 :

🏨 Sol Cóndores ⤶, 🖉 37 00 50, Telex 69047, Fax 37 00 92, ≼, ⏚ – 🛗 ☎ ℗
188 hab.

Ferrerías 07750 – 3 038 h. – 🏦 971.
Mahón 29.

en Cala Galdana SO : 7 km – ⊠ 07750 Cala Galdana – 🏦 971 :

🏨 **Cala Galdana** ⤶, 🖉 37 30 00, Telex 68893, Fax 37 30 26, ⏚, 🏖 – 🛗 🝙 rest 🐾. 🝙 ⓪
𝐄 𝑉𝐼𝑆𝐴. 🛇
30 abril-octubre – Com 2300 – ☲ 600 – **204 hab** 4500/8400 – PA 4200.

X **Benamar,** 🖉 37 30 00, Telex 68893, Fax 37 30 26, 🍴 – 🝙. 🝙 ⓪ 𝐄 𝑉𝐼𝑆𝐴. 🛇
mayo-15 octubre – Com carta 2220 a 3070.

RENAULT carret. General km 28 🖉 37 30 82

Fornells 07748 – 🏦 971.
Mahón 30.

XX Es Plá, pasaje d'Es Plá 🖉 37 66 55, ≼, 🍴 –

X **S'Ancora,** Poeta Gumersindo Riera 8 🖉 37 66 70, 🍴 – 🝙. 🝙 ⓪ 𝐄 𝑉𝐼𝑆𝐴. 🛇
Com carta 3000 a 4650.

X **Es Cranc,** Escoles 29 🖉 37 64 42 – 𝐄 𝑉𝐼𝑆𝐴. 🛇
cerrado diciembre-enero – Com carta 4075 a 6175.

Mahón 07700 – 22 926 h. – ✆ 971.

🏌 Real Club de Menorca, Urbanización Shangri-La N : 7 km ✔ 36 37 00 – 🏌 Club Son Parc, zona Son Parc N : 18 km ✔ 36 88 06.

✈ de Menorca, San Clemente SO : 5 km ✔ 36 15 77 – Aviaco : aeropuerto ✔ 36 56 73.

🚢 para la Península y Mallorca : Cía Trasmediterránea, Nuevo Muelle Comercial, ✔ 36 28 47, Telex 68888.

🛈 pl. Explanada 40, ⊠ 07703, ✔ 36 37 90 – R.A.C.E. Portal del Mar 6 A ✔ 36 28 03.

🏨 **Port Mahón,** av. Fort de l'Eau 12, ⊠ 07701, ✔ 36 26 00, Telex 69473, Fax 36 43 62, ≤, ⌛, 🌲, ≉ – ⫴ 🍴 rest ☎ – 🛦 25/50 – **74 hab**.

🏨 **Capri** sin rest, con cafetería, Miguel de Verí 20, ⊠ 07703, ✔ 36 14 00, Fax 35 08 53 – ⫴ 📺 ☎. ⬛ ⓐ Ⓔ 𝘝𝘐𝘚𝘈. ≉ ⚲ 750 – **75 hab** 6350/9500.

XX **Jágaro,** Moll de Llevant 334 (puerto), ⊠ 07701, ✔ 36 23 90, ≤, ☆ – ⬛ ⓐ Ⓔ 𝘝𝘐𝘚𝘈 Com carta 3450 a 4550.

X **Club Marítimo,** Moll de Llevant 287 (puerto), ⊠ 07701, ✔ 36 42 26, Fax 36 07 62, ≤, ☆ – ⬛ ⓐ Ⓔ 𝘝𝘐𝘚𝘈. ≉ Com carta 2750 a 3500.

X **Gregal,** Moll de Llevant 306 (puerto), ⊠ 07701, ✔ 36 66 06, ≤ – 🍽. ⬛ ⓐ Ⓔ 𝘝𝘐𝘚𝘈. ≉ Com carta 2025 a 5550.

X **El Greco,** Las Moreras 49, ⊠ 07700, ✔ 36 43 67 – ⬛ ⓐ Ⓔ 𝘝𝘐𝘚𝘈. ≉ *cerrado domingo y noviembre-10 enero* – Com carta 2000 a 2800.

X **Pilar,** Es Forn 61, ⊠ 07702, ✔ 36 68 17, ☆, Cocina menorquina Com *(sólo cena).*

en Cala Fonduco E : 1 km – ⊠ 07720 Es Castell – ✆ 971

XX **Rocamar** 🛏 con hab, ✔ 36 56 01, ≤, ☆ – ⫴ 🍴 rest. ⬛ ⓐ Ⓔ 𝘝𝘐𝘚𝘈. ≉ *cerrado domingo noche, lunes y noviembre* – Com carta 2550 a 4100 – ⚲ 450 – **22 hab** 2400/4000.

CITROEN Polígono Industrial camino Ses Rodeas 10 ✔ 36 10 62
FORD (Polígono Industrial) calle D-3 ✔ 35 04 00
MERCEDES-BENZ (Polígono Industrial) calle D-53B ✔ 36 32 11
PEUGEOT-TALBOT (Polígono Industrial) Vía Central 8 ✔ 36 05 50

RENAULT Cronista Ruidavets 1-7 ✔ 36 09 32
SEAT Loureiro Crespo 11 ✔ 85 64 90
SEAT-AUDI-VOLKSWAGEN pl. Augusto Miranda 17 ✔ 36 24 04

Mercadal 07740 – ✆ 971 – Mahón 22.

X **Ca N'Aguedet,** Lepanto 23 ✔ 37 53 91, cocina menorquina

RENAULT Musultana 20 ✔ 36 61 18

San Luis 07710 – 2 547 h. – ✆ 971 – Mahón 4.

en la carretera de Binibeca SO : 1,5 km – ⊠ 07710 San Luis – ✆ 971

X **Biniali** 🛏 con hab, carret. SÖUestrá-Binibeca 50 ✔ 36 17 24, Fax 36 70 11, ≤, ☆, Casa de campo antigua, decorada con buen gusto, ⌛ – 🕿 🅿 **9 hab**.

RENAULT San Luis 116 ✔ 36 17 83

IBIZA

Ibiza o **Eivissa** 07800 – 25 489 h. – ✆ 971.

Ver : Dalt Vila★ BZ : Museo Arqueológico★ M1, Catedral ✳★ B – La Marina : Barrio de Sa Penya★ BY.

🏌 Roca Llisa por ② : 10 km ✔ 31 37 18.

✈ de Ibiza por ③ : 9 km ✔ 30 03 00 – Iberia : av. Ignacio Wallis 8 ✔ 30 09 54 BY y Aviaco, aeropuerto ✔ 30 25 77.

🚢 para la Península y Mallorca : Cía. Trasmediterránea, av. Bartolomé Vicente Ramón ✔ 31 50 11, Telex 68866 BY.

🛈 Vara de Rey 13 ✔ 30 19 00 – R.A.C.E. Vicente Serra 8 ✔ 31 33 11.

Plano página siguiente

🏨 **Royal Plaza,** Pedro Francés 27 ✔ 31 00 00, Telex 69433, Fax 31 40 95, ⌛, – ⫴ 🍽 📺 ☎ ⇔ – 🛦 25/45. ⬛ ⓐ Ⓔ 𝘝𝘐𝘚𝘈. ≉ AY **b** Com carta 2700 a 4000 – ⚲ 750 – **117 hab** 11450/16950.

🏨 **El Corsario** 🛏, Poniente 5 ✔ 30 12 48, ≤, ☆, Conjunto de estilo ibicenco BZ **a** **14 hab**.

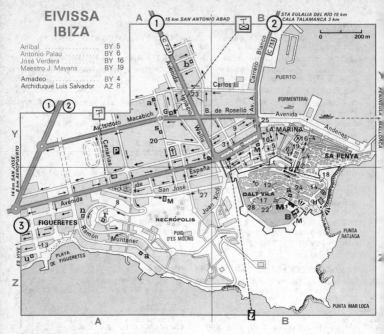

EIVISSA IBIZA

Aníbal .... BY 5
Antonio Palau .... BY 6
José Verdera .... BY 16
Maestro J. Mayans ..... BY 19

Amadeo .... BY 4
Archiduque Luis Salvador ... AZ 8

XX **S'Oficina,** av. de España 6 ℰ 30 00 16, Fax 30 58 55, 🏤, Cocina vasca – 🗐. 🖭 🅾 🖪
  <u>VISA</u>
  Com carta 3075 a 4475.   AY t

XX **El Cigarral,** Fray Vicente Nicolás 9 ℰ 31 12 46 – 🗐. 🖭 🅾 🖪 <u>VISA</u>. ⌘
  cerrado domingo noche – Com carta 2600 a 3600.   AY a

X **Sa Caldera,** Obispo Padre Huix 19 ℰ 30 64 16 – 🗐. 🖭 🅾 🖪 <u>VISA</u>. ⌘
  cerrado domingo y julio – Com carta 1720 a 3100.   AY s

en la playa de Ses Figueretas – AZ – ⊠ 07800 Ibiza – ✆ 971 :

🏨 **Los Molinos,** Ramón Muntaner 60 ℰ 30 22 50, Telex 68850, Fax 30 25 04, ≤, « Bonito
  jardín y terraza con 🏊 al borde del mar » – 🛗 🗐 📺 ☎ 🚗 – 🛆 25/150. 🖭 🅾 🖪 <u>VISA</u>.
  ⌘   AZ a
  Com (sólo cena de abril a octubre) 2500 – ⊊ 700 – **154 hab** 8150/13500 – PA 5700.

🏨 **Ibiza Playa,** Tarragona ℰ 30 48 00, Telex 69845, Fax 30 69 02, ≤, 🏊 – 🛗 🗐 rest 🏤. 🖭
  🖪 <u>VISA</u>. ⌘ rest   AZ u
  25 abril-octubre – Com (sólo cena) 1800 – ⊊ 650 – **155 hab** 5500/8100.

🏨 Cenit sin rest, Archiduque Luis Salvador ℰ 30 14 04, ≤, 🏊 – 🛗 🏤   AZ r
  temp. – **63 hab**.

🏨 Marigna, sin rest, Alsabini 18 ℰ 30 49 12 – 🏤   AZ n
  temp. – **44 hab**.

en Es Viver - AZ - SO : 2,5 km – ⊠ 07800 Es Viver – ✆ 971 :

🏨 **Torre del Mar** ⑤, ⊠ apartado 564, ℰ 30 30 50, Telex 68845, Fax 30 40 60, ≤, « Jardín
  con terraza y 🏊 al borde del mar », 🏊, ⌘ – 🛗 🗐 📺 ☎ 🅿 – 🛆 25/120. 🖭 🅾 🖪 <u>VISA</u>.
  ⌘ •
  abril-noviembre – Com 2500 – ⊊ 850 – **217 hab** 8800/15000 – PA 4970.

en la playa de Talamanca por ② : 2 km – ⊠ 07819 Talamanca – ✆ 971 :

🏨 **Argos** ⑤, ⊠ 07800, ℰ 31 21 62, Fax 31 24 13, ≤, 🏊 – 🛗 🗐 rest 🅿. 🖪 <u>VISA</u>. ⌘
  abril-octubre – Com (sólo cena) 1500 – ⊊ 600 – **106 hab** 4750/8900.

en la carretera de San Miguel por ② : 6,5 km – ⊠ 07800 Ibiza – ✆ 971 :

XX **La Masía d'En Sord,** ⊠ apartado 897, ℰ 31 02 28, 🏤, Galería de arte, « Antigua
  masía ibicenca » – 🅿. 🖭 🅾 🖪 <u>VISA</u>
  28 marzo a 15 octubre – Com (sólo cena) carta 2850 a 3700.

BMW carret. San Juan km 1,2 ☏ 31 37 20
CITROEN carret. San Antonio km 1,8 ☏ 31 30 15
FORD carret. del Aeropuerto km 2,2 ☏ 30 05 40
GENERAL MOTORS carretera San Antonio km 3,400 (junto Hipermercado) ☏ 31 23 50
MERCEDES-BENZ carret. San Antonio km 1,8 ☏ 31 31 52
PEUGEOT-TALBOT carret. aeropuerto km 3,5 ☏ 30 69 40
RENAULT carret. aeropuerto km 2,3 ☏ 30 19 76
SEAT-AUDI-VOLKSWAGEN Madrid 35 y Vicente Serra 8 ☏ 31 33 11

San Agustín 07839 – ☎ 971 – Ibiza 20.

por la carretera de San José – ✉ 07830 San José – ☎ 971 :

✕ Sa Tasca, ☏ 80 00 75, 🏖, « Rincón rústico en el campo » – Ⓟ.

San Antonio Abad 07820 – 12 331 h. – ☎ 971 – Playa – **Ver** : Bahía★.

⛴ para la Península : Cía. Flebasa, edificio Faro, ☏ 34 28 71 – ℹ Passeig de Ses Fontes ☏ 34 33 63.

Ibiza 15.

🏨 **Tropical,** Cervantes ☏ 34 00 50, 🏊 – 🛗 ▤ rest. AE ⓓ E VISA. 🐕
abril-octubre – Com 1200 – ☕ 600 – **142 hab** 3100/3300 – PA 2000.

✕ Rías Baixas, Ignacio Riquer 4 ☏ 34 04 80, Cocina gallega – ▤.

✕ Sa Prensa, General Prim 6 ☏ 34 16 70, 🏖 – ▤
temp..

✕ S'Olivar, San Mateo 9 ☏ 34 00 10, 🏖 –
temp..

en la playa :

🏨 Palmyra, av. Dr. Fleming ☏ 34 03 54, Fax 31 29 64, ≤, « Terraza con palmeras », 🏊 – 🛗 ▤ rest Ⓟ – 🏠 – **160 hab**.

en la playa de S'Estanyol SO : 2,5 km – ✉ 07820 San Antonio Abad – ☎ 971 :

🏨 Bergantín, ☏ 34 09 50, Fax 34 17 71, 🏖, 🏊 climatizada, 🎾 – 🛗 ▤ rest Ⓟ – **253 hab**.

en Punta Pinet SO : 3 km – ✉ 07820 San Antonio Abad – ☎ 971 :

🏨 **Nautilus,** ☏ 34 04 00, Telex 68856, Fax 31 29 64, ≤, 🏊 – 🛗 ▤ Ⓟ. AE ⓓ E VISA. 🐕
Com 2950 – ☕ 1075 – **168 hab** 9300/15400 – PA 5580.

en la carretera de Santa Inés N : 1 km – ✉ 07820 San Antonio Abad – ☎ 971 :

✕✕ Sa Capella, ☏ 34 00 57, « Antigua capilla » – Ⓟ – *temp.*

en Cala Gració – ✉ 07820 San Antonio Abad – ☎ 971 :

✕ **Es Pí d'Or,** carret. de Cap Negret NO : 3,5 km ☏ 34 28 72, 🏖 – AE ⓓ E VISA
cerrado lunes y domingo noche de noviembre a abril – Com carta 3000 a 3500.

CITROEN Alicante 28 ☏ 34 04 11
GENERAL MOTORS-OPEL carret. San Antonio km 14,200 ☏ 34 01 46
SEAT-AUDI-VOLKSWAGEN carret. San Antonio km 14 ☏ 34 07 19

San José 07830 – ☎ 971 – Ibiza 14.

por la carretera de Ibiza E : 2,5 km – ✉ 07830 San José – ☎ 971 :

✕ **Cana Joana,** Apartado 149 ☏ 80 01 58, ≤, 🏖, Decoración regional – Ⓟ. AE E VISA. 🐕
cerrado 16 octubre-29 diciembre, domingo noche y lunes de enero a mayo Com carta 3450 a 4250.

en la playa de Cala Tarida NO : 7 km – ✉ 07830 San José :

✕ **C'as Mila,** ≤, 🏖 – Ⓟ. AE E VISA. 🐕
mayo-octubre, fines de semana y festivos resto del año – Com carta 2775 a 3000.

San Lorenzo 07812 – ☎ 971 – Ibiza 14.

en la carretera de Ibiza S : 4 km – ✉ 07812 San Lorenzo :

✕ Can Gall, ☏ 33 29 16, 🏖, Decoración rústica, Carnes a la brasa – Ⓟ.

San Miguel 07815 – ☎ 971 – Ibiza 19.

en la urbanización Na Xamena NO : 6 km – ☎ 971

🏨 **Hacienda** 🐎, ✉ 07800 apartado 423 Ibiza, ☏ 33 30 46, Telex 69322, Fax 33 31 75, 🏖, « Edificio de estilo ibicenco con ≤ cala », 🏊, 🏊, 🎾 – 🛗 ▤ Ⓟ. AE ⓓ E VISA. 🐕 rest
marzo-octubre – Com 4750 – ☕ 1750 – **63 hab** 17000/25000 – PA 11250.

San Rafael 07816 – ☎ 971 – Ibiza 7.

✕✕ Grill San Rafael, pl. de la Iglesia ☏ 31 54 29, ≤, 🏖, Decoración regional.

Santa Eulalia del Río 07840 – 13 098 h. – ✿ 971.

🏌 Roca Llisa SO : 11,5 km ✆ 31 37 18.

🅱 Mariano Riquer Wallis ✆ 33 07 28.

Ibiza 15.

🏨🏨 **La Cala**, Huesca 1 ✆ 33 00 09, Fax 311195, ⅃ – 🛗 ▤ rest ☜. 🖭 ⓪ Ε 𝑉𝐼𝑆𝐴. ⁒
mayo-octubre – Com 1500 – ☷ 550 – **180 hab** 6400/8000.

🏨🏨 **Tres Torres** ⑃, paseo del Mar (frente Puerto Deportivo) ✆ 33 03 26, Fax 33 20 85, ≼, ⅃ climatizada – 🛗 ▤ rest ℗. 🖭 ⓪ Ε 𝑉𝐼𝑆𝐴. ⁒
mayo-octubre – Com 2000 – ☷ 600 – **112 hab** 5700/9000 – PA 3500.

🏨🏨 **San Marino** sin rest, con cafetería, Ricardo Curtoys Gotarrodona 1 ✆ 33 03 16, Fax 33 90 76, ⅃ – 🛗 ▤ 🖭 🕾 ☜. 🖭 ⓪ Ε 𝑉𝐼𝑆𝐴
☷ 650 – **44 hab** 11690/14625.

❌❌ **Doña Margarita,** paseo Marítimo ✆ 33 06 55, ≼, 🌴 – ▤. 🖭 ⓪ Ε 𝑉𝐼𝑆𝐴
cerrado 7 noviembre-7 diciembre y lunes de abril-7 noviembre – Com *(sólo almuerzo del 7 enero-marzo, salvo viernes y sábado)* carta 2600 a 3400.

❌ **Celler Ca'n Pere,** San Jaime 63 ✆ 33 00 56, 🌴, Celler típico – 🖭 ⓪ Ε 𝑉𝐼𝑆𝐴. ⁒
cerrado jueves y 10 enero-15 febrero – Com carta 2150 a 3850.

❌ **La Posada,** camino Puig de Missa ✆ 33 00 17, 🌴, Decoración rústico regional – ℗. 🖭 Ε 𝑉𝐼𝑆𝐴. ⁒
cerrado 15 enero-15 marzo – Com carta 2600 a 3450.

❌ **El Naranjo,** San José 31 ✆ 33 03 24, 🌴 – 🖭 Ε 𝑉𝐼𝑆𝐴. ⁒
cerrado lunes y enero – Com *(sólo cena)* carta 1950 a 2600.

❌ **Bahía,** Molins de Rey 2 ✆ 33 08 28, 🌴 – 🖭 ⓪ Ε 𝑉𝐼𝑆𝐴. ⁒
cerrado martes en invierno y 6 enero-10 febrero – Com carta 2000 a 3100.

carretera de Es Caná NE : 2,5 km – ✉ 07840 Santa Eulalia del Río – ✿ 971 :

❌❌ Cami del Rei, ✆ 33 04 73, 🌴, « Terraza bajo los pinos » – ℗.

en la urbanización Argamassa NE : 3,5 km – ✉ 07849 Urbanización S'Argamassa – ✿ 971 :

🏨🏨 **Sol S'Argamassa** ⑃, ✆ 33 00 51, Fax 33 00 51, ≼, ⅃, 🦩, ⁒ – 🛗 ℗. 🖭 ⓪ Ε 𝑉𝐼𝑆𝐴. ⁒
mayo-octubre – Com 2200 – ☷ 800 – **217 hab** 6240/9700.

en Ca'n Fita S : 1,5 km – ✉ 07840 Santa Eulalia del Río – ✿ 971 :

🏨🏨🏨 **Fenicia** ⑃, urbanización Siesta ✆ 33 01 01, Telex 68755, Fax 33 02 45, ≼, « Amplias terrazas rodeando la ⅃ », 🦩, ⁒ – 🛗 ℗ – 🛎 25/150. 🖭 ⓪ Ε 𝑉𝐼𝑆𝐴. ⁒
abril-octubre – Com 1500 – ☷ 400 – **191 hab** 5500/8800 – PA 2600.

por la carretera de Cala Llonga S : 4 km – ✉ 07840 Santa Eulalia del Río – ✿ 971 :

❌ **La Casita,** urb. Valverde ✆ 33 02 93, 🌴, Decoración regional – ℗. 🖭 ⓪ Ε 𝑉𝐼𝑆𝐴. ⁒
cerrado jueves salvo en verano y 15 noviembre-15 diciembre – Com *(sólo cena)* carta 2000 a 3500.

en Cala Llonga S : 5,5 km – ✉ 07840 Santa Eulalia del Río – ✿ 971 :

❌ **The Wild Asparagus,** Pueblo Espárragos ✆ 33 15 67, 🌴 – ℗. 🖭 ⓪ Ε 𝑉𝐼𝑆𝐴. ⁒
20 abril-27 octubre – Com carta 1585 a 2560.

en la carretera de Ibiza SO : 5,5 km – ✉ 07840 Santa Eulalia del Río – ✿ 971 :

🏠 La Colina ⑃, ✆ 33 08 90, 🌴, Antigua casa de campo, ⅃ – ☜ ℗
temp. – **18 hab**.

❌❌ **El Gordo,** ✆ 33 17 17, 🌴, Cocina francesa, Decoración rústica – ℗. 🖭 Ε 𝑉𝐼𝑆𝐴
Com *(sólo cena)* carta 3100 a 4150.

RENAULT carret. San Carlos km 9 ✆ 33 06 52   SEAT-AUDI-VOLKSWAGEN Camino Nuevo Iglesia ✆ 33 09 17

Santa Gertrudis 07814 – ✿ 971.

Ibiza 11.

❌❌ Ama Lur, carret. de Ibiza SE : 2,5 km ✆ 31 45 54, 🌴, Cocina vasca, « Terraza con plantas » – ℗
Com *(sólo cena).*

❌ Can Pau, carret. de Ibiza S : 2 km ✆ 31 02 71, 🌴, « Antigua casa campesina - terraza » – ℗.

FORMENTERA

Cala Saona 07860 – ✿ 971.

🏨 Cala Saona ⑃, playa, ✉ 07860 apartado 88 San Francisco, ✆ 32 20 30, Fax 32 25 09, ≼, 🌴, ⅃, ⁒ – 🛗 ▤ rest ☎ ℗
temp. – **116 hab**.

BALEARES (Islas)

Es Pujols 07871 – 🕿 971.

🛏 **Sa Volta** sin rest, con cafetería, Miramar, 94, ✉ 07860 apartado 71 San Francisco, 🎘 32 81 25 – 🕾. 🖭 ⑨ **E** 𝘝𝘐𝘚𝘈. ✂ – 🖵 525 – **18 hab** 3500/5900.

✗ **Capri,** Miramar, ✉ 07871 San Fernando, 🎘 32 83 52, 🍴 – 🖭 **E** 𝘝𝘐𝘚𝘈 ✂
abril-octubre – Com carta 2050 a 2425.

✗ **Es Funoll-Mari,** Fonoll Mari 101 🎘 32 81 84, 🍴 – 𝘝𝘐𝘚𝘈. ✂
Com carta 1775 a 2400.

en Punta Prima E : 2 km – ✉ 07713 Punta-Prima – 🕿 971 :

🏨 Club Punta Prima 🦢, 🎘 32 82 44, Fax 32 81 28, ≤ mar e isla de Ibiza, 🍴, « Bungalows rodeados de jardin », 🏊, ✗ – 🅿 – **120 hab**.

en Ses Illetas NO : 5 km – ✉ 07870 La Sabina – 🕿 971 :

✗ **Es Molí de Sal,** ≤ mar e isla de Ibiza, 🍴 – 🅿. 🖭 **E** 𝘝𝘐𝘚𝘈
mayo-16 octubre – Com carta 1750 a 2700.

Playa Mitjorn 07871 – 🕿 971.

en Es Arenals – ✉ 07860 San Francisco – 🕿 971 :

🏨 Club H. La Mola 🦢, ✉ apartado 23 San Francisco, 🎘 32 80 69, Telex 69326, ≤, 🍴, 🏊, ✗ – 🛗 🗏 🕿 – 🄰 – *temp.* – **325 hab**.

San Fernando 07871 – 🕿 971.

🛏 **Illes Pitiüses** sin rest, av. Joan Castello 🎘 32 81 89 – 𝘝𝘐𝘚𝘈. ✂
🖵 450 – **26 hab** 2000/4000.

BALMASEDA Bilbao 442 C 20 – ver Valmaseda.

BALNEARIO – ver el nombre propio del balneario.

BANYOLES 17820 Gerona 443 F 38 – ver Bañolas.

BANALBUFAR 07191 Baleares 443 M 37 – ver Baleares (Mallorca).

BAÑERAS o **BANYERES DEL PENEDES** Tarragona 443 I 34 – 1 570 h. – 🕿 977.
Madrid 558 – ◆Barcelona 69 – ◆Lérida 101 – Tarragona 37.

en la urbanización Bosques del Priorato S : 1,5 km – ✉ 43711 Banyeres del Penedes – 🕿 977

✗ **El Bosque** 🦢 con hab, 🎘 67 10 02, 🍴, « Terraza con césped arboles y 🏊 », ✗ – **E** 𝘝𝘐𝘚𝘈 – Com *(cerrado martes)* carta 2100 a 3500 – 🖵 450 – **9 hab** 4200.

La BAÑEZA 24750 León 441 F 12 – 8 501 h. alt. 771 – 🕿 987.
Madrid 297 – ◆León 48 – Ponferrada 85 – Zamora 106.

✗ **Chipén,** carret. de Madrid N VI - km 301 🎘 64 03 89 – 🅿. 𝘝𝘐𝘚𝘈
Com carta 1400 a 2050.

en la carretera de León NE : 1,5 km – ✉ 24750 La Bañeza – 🕿 987 :

🛏 **Rio Verde,** 🎘 64 17 12, ≤, 🍴, 🐎 – 🅿. 𝘝𝘐𝘚𝘈. ✂
Com 1300 – 🖵 500 – **15 hab** 4000/5000 – PA 2850.

CITROEN General Benavides 33 🎘 64 03 05
FIAT carret. Madrid-La Coruña km 302
🎘 64 31 98
FORD carret. Madrid-La Coruña km 302
🎘 64 41 51
GENERAL MOTORS-OPEL carret. Madrid-La Coruña km 304 🎘 64 14 51

PEUGEOT-TALBOT carret. Madrid-La Coruña 51
🎘 64 13 34
RENAULT carret. Madrid-La Coruña km 304
🎘 64 13 20
SEAT-AUDI-VOLKSWAGEN carret. Madrid-La Coruña km 302 🎘 64 11 54

BAÑOLAS o **BANYOLES** 17820 Gerona 443 F 38 – 12 378 h. alt. 172 – 🕿 972 – Ver : Lago★.
Madrid 729 – Figueras/Figueres 29 – Gerona/Girona 20.

🏨 Fonda Comas, Canal 19 🎘 57 01 27 – **11 hab**.

a orillas del lago :

🛏 **L'Ast** 🦢, passeig Dalmau 63 🎘 57 04 14, 🏊 – 🛵 🅿. 𝘝𝘐𝘚𝘈. ✂
Com 1000 – 🖵 350 – **32 hab** 1500/4750 – PA 2000.

CITROEN Terri 1 🎘 57 28 46
FIAT-LANCIA Carretera Girona Olot 🎘 57 03 07
FORD Barcelona 21-25 🎘 57 04 89
GENERAL MOTORS Mata 🎘 57 23 32
PEUGEOT-TALBOT carret. Gerona-Ripoll km 14,4
🎘 59 40 76

RENAULT Alfonso XII-114-116 🎘 57 22 79
SEAT-AUDI-VOLKSWAGEN Abad Benito 3
🎘 57 52 01

BAÑOS DE FITERO 31594 Navarra 442 F 24 – ver Fitero.

115

BAÑOS DE MOLGAS 32701 Orense **441** F 6 – 3 456 h. alt. 460 – **988** – Balneario.
♦Madrid 536 – Orense 36 – Ponferrada 154.

  🏠 **Balneario** ⌇, Samuel González 23 ℰ 43 02 46 – **🅟**. ⋙
     julio-septiembre – Com 1100 – ⌷ 250 – **32 hab** 2035/4400.

BAQUEIRA Lérida – ver Salardú.

BAQUIO o **BAKIO** 48130 Vizcaya **442** B 21 – 1 175 h. – **94** – Playa.
Alred. : Recorrido en cornisa★ de Baquio a Arminza ≼★ – Carretera de Baquio a Bermeo ≼★.
♦Madrid 425 – ♦Bilbao 26.

  XX **Gotzon,** carret. de Bermeo ℰ 687 30 43, 🍴 – 🅴. 🆎 🛑 🆅🆂🅰 ⋙
     cerrado lunes y noviembre- 15 diciembre – Com carta 1500 a 3700.

BARAJAS 28042 Madrid **444** K 19 – **91**.
♦Madrid 14.

  🏨 **Barajas,** av. de Logroño 305 ℰ 747 77 00, Telex 22255, Fax 747 87 17, 🍴, ⤓, 🌳 – |
     🅴 📺 ☎ **🅟** – 🔒 25/675. 🆎 🛑 🅴 🆅🆂🅰 ⋙ rest
     Com 4350 – ⌷ 1400 – **230 hab** 19200/24000.

  🏨 **Alameda,** av. de Logroño 100 ℰ 747 48 00, Telex 43809, Fax 747 89 28, ⤓, 🅇 – |🕏| 🅴
     📺 ☎ ⟵ **🅟** – 🔒 25/280. 🆎 🛑 🅴 🆅🆂🅰 ⋙ rest
     Com 3950 – ⌷ 1050 – **145 hab** 14800/18500 – PA 7600.

  X **Mesón Don Fernando,** Canal de Suez 1 ℰ 747 75 51 – 🅴. 🆎 🛑 🅴 🆅🆂🅰 ⋙
     cerrado sábado y agosto – Com carta 2300 a 4200.

    en la carretera del aeropuerto a Madrid S : 3 km – ⌧ 28042 Madrid – **91** :

  🏨 **Diana y Rest. Asador Duque de Osuna,** Galeón 27 (Alameda de Osuna) ℰ 747 13 55
     Telex 45688, Fax 747 97 97, ⤓ – |🕏| 🅴 📺 ☎ – 🔒 25/220. 🆎 🛑 🅴 🆅🆂🅰 ⋙
     Com *(cerrado domingo)* carta 3050 a 4950 – ⌷ 650 – **271 hab** 10800/13500.

CITROEN Alar del Rey ℰ 747 94 40   SEAT-AUDI-VOLKSWAGEN av. de Logroño 317
FORD av. de Logroño 116 ℰ 747 01 69   ℰ 747 12 44
RENAULT Canal de Suez 16 ℰ 747 63 34

BARBASTRO 22300 Huesca **443** F 30 – 15 182 h. alt. 215 – **974**.
Alred. : Alquézar (paraje★★) NO : 21 km.
♦Madrid 442 – Huesca 52 – ♦Lérida/Lleida 68.

  🏠 **Palafox** sin rest, Corona de Aragón 20 ℰ 31 24 61 – |🕏| ⟵. ⋙
     ⌷ 450 – **28 hab** 3700.

  XX **Flor,** Goya 3 ℰ 31 10 56 – 🅴. 🆎 🛑 🆅🆂🅰
     Com carta 1950 a 3575.

    en la carretera de Huesca N 240 O : 1 km – ⌧ 22300 Barbastro – **974** :

  🏨 **Rey Sancho Ramírez,** ℰ 31 00 50, Fax 31 00 58, ≼, ⤓, ⚒ – |🕏| 🅴 📠 ⟵ **🅟**. 🆎 🛑
     🅴 🆅🆂🅰 ⋙
     Com *(cerrado lunes)* 1700 – ⌷ 600 – **75 hab** 7000/10000 – PA 3400.

ALFA-ROMEO Cofita 1 ℰ 31 11 51   GENERAL MOTORS av. Pirineos 23 ℰ 31 04 32
CITROEN av. Pirineos 52 ℰ 31 06 88   PEUGEOT-TALBOT av. Pirineos 42 ℰ 31 13 90
FIAT-LANCIA Polígono Industrial Valle del Linca   RENAULT Saint Gaudens 15 ℰ 31 18 48
ℰ 31 01 89   SEAT-AUDI-VOLKSWAGEN Polígono Industrial
FORD carret. N 242 km 162.500 ℰ 31 13 92   Valle del Linca ℰ 31 28 12

BARBATE 11160 Cádiz **446** X 12 – 20 849 h. – **956** – Playa.
♦Madrid 677 – Algeciras 72 – ♦Cádiz 60 – ♦Córdoba 279 – ♦Sevilla 169.

  🏠 **Sevilla** sin rest, Padre López Benitez 12 ℰ 43 23 83 – ☎ ⟵. 🆎 🅴 🆅🆂🅰. ⋙
     ⌷ 200 – **19 hab** 4250/5500.

  🏠 **Beatríz,** Queipo de Llano 1 ℰ 43 20 20 – |🕏| ☎. 🆎 🛑 🅴 🆅🆂🅰. ⋙
     Com 700 – ⌷ 150 – **9 hab** 5000 – PA 1350.

  XX **Torres,** Ruiz de Alda 1 ℰ 43 09 85, ≼, Pescados y mariscos – 🆎 🛑 🅴 🆅🆂🅰 ⋙
     cerrado lunes y 15 octubre-20 noviembre – Com carta aprox. 2700.

  X **Gadir,** Padre Castrillón 15 ℰ 43 08 00, 🍴 – 🆎 🛑 🅴 🆅🆂🅰. ⋙
     abril-octubre – Com *(cerrado martes)* carta 1500 a 2700.

CITROEN av. Generalisimo 9 ℰ 43 25 02   SEAT-AUDI-VOLKSWAGEN Queipo de Llano 21
FORD Juan Carlos I ℰ 43 22 03   ℰ 43 11 78
RENAULT Cruz 16 ℰ 43 11 78

La BARCA (Playa de) 36200 Pontevedra – ver Vigo.

BARCELONA

BARCELONA 08000 [P] **443** H 36 — 1 754 900 h. — ✪ 93.

Ver : Barrio Gótico (Barri Gotic)★★ : Catedral★★ NR Museo Federico Marés (M F. Marès)★★ NR, Palau de la Generalitat★ NR — Montjuich (Montjuïc★) (≤★) : Mus Arte de Cataluña★★ (colecciones románicas y góticas★★★, museo de Cerámica★) — Museo Arqueológico★ CT **M3**, Pueblo español★, BT E, Fundación Miró★ Parque zoológico (Parc zoológic)★ KX — Tibidabo★ (❊★★) AS — Atarazanas Maritimo★★ JY **M6** — Palacio de la Virreina (colección Cambo★) LX **M7** — Museo MV **M8** — Templo Expiatorio de la Sagrada Familia★★ JU.

[18], [19] de Prat por ⑤ : 16 km ✆ 379 02 78 — [18] de Sant Cugat por ⑦ : 20 km ✆ Vallromanas por ④ : 25 km ✆ 568 03 62.

✈ de Barcelona por ⑤ : 12 km ✆ 317 10 11 — Iberia : paseo de Graciá 30, [□] HV y Aviaco : aeropuerto ✆ 379 24 58 — 🚄 ✆ 410 38 65.

🚢 para Baleares : Cía. Trasmediterránea, via Laietana 2, ⊠ 08003, ✆ MX.

🛈 Gran Via de les Corts Catalanes 658, ⊠ 08010, ✆ 301 74 43, Palacio de Congre 08004, ✆ 325 52 35 y en el aeropuerto ✆ 325 58 29 — R.A.C.C. Santaló 8, ⊠ 08

◆Madrid 627 ⑥ — ◆Bilbao 607 ⑥ — ◆Lérida/Lleida 169 ⑥ — ◆Perpignan 187 ② 388 ② — ◆Valencia 361 ⑥ — ◆Zaragoza 307 ⑥.

N 340
A 2
109 km TARRAGONA
169 km LLEIDA/LÉRI

MICHELIN
CASTELLDEFELS
C 245   Cornellá
118

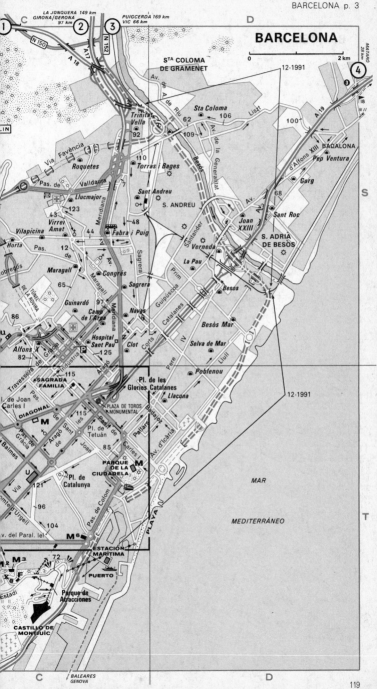

BARCELONA

0   1   2 km

12-1991

S^{TA} COLOMA
DE GRAMENET

LA JONQUERA 149 km
GIRONA/GERONA 97 km
PUIGCERDA 169 km
VIC 66 km

MATARÓ 28 km

Av. d. A. de Riu

Sta Coloma

62
106
92
109
100

Trinitat
Vella

110

Torras i Bages

Roquetes

Pas. de Valldaura

Via Favència

Llucmajor

43
123

Vilapicina

Virrei Amat

44
48

Fabra i Puig

Horta

Pas. 12 de

Maragall

65

Guinardó

97

Camp de l'Arpa

86

Hospital Sant Pau

Alfons X

82

125

115

SAGRADA FAMILIA

I. de Joan Carles I

DIAGONAL

115

85

Pl. de Tetuán

PLAZA DE TOROS MONUMENTAL

Aragó

Pl. de Catalunya

121

96

104

v. del Paral.lel

PARQUE DE LA CIUDADELA

Pas. de Colom

ESTACIÓN MARÍTIMA

72

PUERTO

Parque de Atracciones

CASTILLO DE MONTJUIC

Estad

BALEARES GENOVA

Sant Andreu

S. ANDREU

Besós

Av. de la Generalitat

Joan XXIII

68

Sant Roc

Gorg

BADALONA

Pep Ventura

d'Alfons XIII

Verneda

La Pau

S. ADRIA DE BESÓS

Santander

Besós

Sagrera

Navas

Clot

Prim

Guipúscoa

Catalanes

Besós Mar

Selva de Mar

Poblenou

Llacuna

Badajoz

Pallars

Av. d'Icaria

Pere IV

Llull

PLAYA

MEDITERRÁNEO

MAR

12-1991

Pl. de les Glories Catalanes

119

BARCELONA

0   500 m

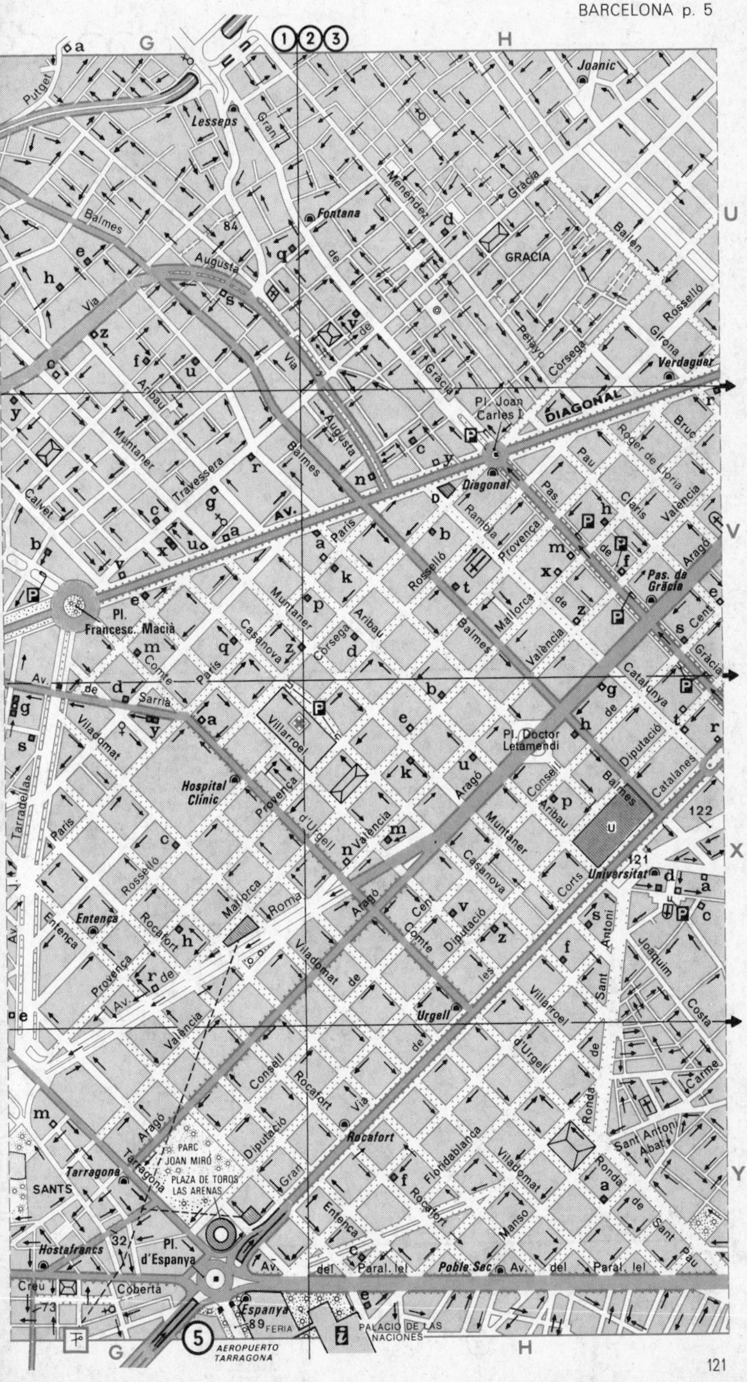

Joanic

Lesardi
Lesseps
Putget
Balmes
Fontana
Augusta
Via
GRACIA
Menéndez
Gràcia
Ballén
Rosselló
Verdaguer
Girona
Muntaner
Travessera
Balmes
AV.
Augusta
Pl. Joan
Carles I
DIAGONAL
Roger de Lloria
Bruc
Calket
Aribau
París
Rambla
Provença
Clais
València
Arago
Rosselló
Pas. de
Gràcia
Pl.
Francesc Macià
Comte
Muntaner
Casanova
Còrsega
Aribau
Balmes
Mallorca
de
València
Catalunya
Sarrià
Villarroel
Viladomat
Pl. Doctor
Letamendi
Consell
Aribau
Muntaner
Diputació
Catalanes
Hospital
Clinic
Provença
d'Urgell
València
Aragó
Casanova
Corts
Universitat
122
121
Entença
Rosselló
Rocafort
Mallorca
Roma
Aragó
Cent
Diputació
Villarroel
d'Urgell
Sant Antoni
U
Joaquim
Costa
Entença
Provença
Av.
de
Viladomat
Consell
Cent
Diputació
Sant Antoni
Carme
Urgell
Rocafort
PARC
JOAN MIRÓ
PLAZA DE TOROS
LAS ARENAS
Tarragona
SANTS
Aragó
Diputació
Via
Rocafort
Flondablanca
Viladomat
Ronda
Sant Antoni
Abad
Ronda
de
Sant
Pau
Hostafrancs
32
PL.
d'Espanya
Creu
Coberta
73
Espanya
FERIA
PALACIO DE LAS
NACIONES
Poble Sec
Av.
del
Paral.lel
AEROPUERTO
TARRAGONA
G
H
121

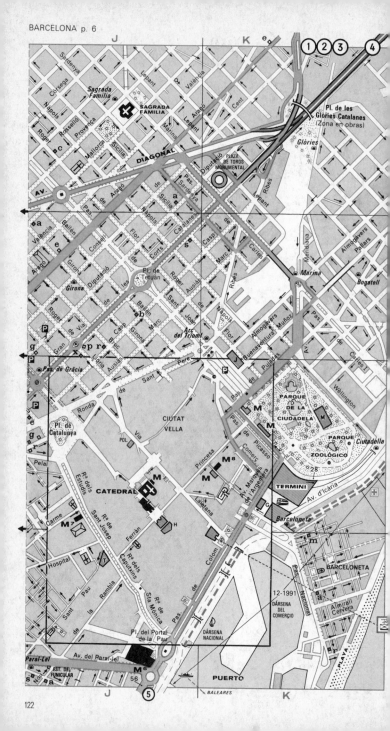

BARCELONA

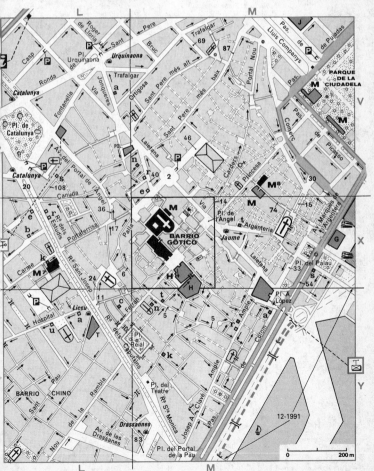

LISTA ALFABÉTICA DE HOTELES Y RESTAURANTES

*Cuando los nombres de los hoteles y restaurantes
figuran en letras gruesas,
significa que los hoteleros nos han señalado todos sus precios
comprometiéndose a aplicarlos a los turistas de paso
portadores de nuestra guía.*

*Estos precios establecidos a finales del año 1990
son, no obstante, susceptibles de variación
si el coste de la vida sufre alteraciones importantes.*

HOTELES

Y RESTAURANTES

CIUTAT VELLA Ramblas, pl. S. Jaume, vía Laietana, passeig Nacional, passeig de Colom

🏨 **Ramada Renaissance,** Ramblas 111, ⊠ 08002, 𝒫 318 62 00, Telex 54634, Fax 301 77 76
– 🛗 🧺 📺 ☎ 🚗 – 🔬 25/200. 🖭 ① ⋿ 𝘝𝘐𝘚𝘈. 🎉   LX **b**
Com 3500 – 🖙 2000 – **207 hab** 28400/35500 – PA 9000.

🏨 **Colón,** av. de la Catedral 7, ⊠ 08002, 𝒫 301 14 04, Telex 52654, Fax 317 29 15 – 🛗 🧺
📺 ☎ – 🔬 25/200. 🖭 ① ⋿ 𝘝𝘐𝘚𝘈. 🎉 rest   MV **e**
Com 3000 – 🖙 700 – **155 hab** 11000/19000 – PA 5360.

🏨 **Rivoli Rambla,** Rambla dels Estudis 128, ⊠ 08002, 𝒫 302 66 43, Telex 99222, Fax
317 50 53 – 🛗 🧺 📺 ☎ – 🔬 25/180. 🖭 ⋿ 𝘝𝘐𝘚𝘈. 🎉   LX **r**
Com 3300 – 🖙 1100 – **90 hab** 17500/21000 – PA 7000.

🏨 **Royal** sin rest, con cafetería, Rambla dels Estudis 117, ⊠ 08002, 𝒫 301 94 00, Telex
97565, Fax 317 31 79 – 🛗 🧺 📺 ☎ 🚗. 🖭 ① ⋿ 𝘝𝘐𝘚𝘈. 🎉   LX **e**
🖙 1200 – **108 hab** 17500/21800.

🏨 **Gravina** sin rest, con cafetería, Gravina 12, ⊠ 08001, 𝒫 301 68 68, Telex 99370, Fax
317 28 38 – 🛗 🧺 📺 ☎ – 🔬 25/50. 🖭 ① ⋿ 𝘝𝘐𝘚𝘈. 🎉   HX **d**
🖙 600 – **60 hab** 8900/12900.

🏨 **Montecarlo** sin rest, rambla dels Estudis 124, ⊠ 08002, 𝒫 317 58 00, Telex 93345, Fax
317 57 50 – 🛗 🧺 📺 ☎ 🚗. 🖭 ① ⋿ 𝘝𝘐𝘚𝘈   LX **r**
🖙 495 – **75 hab** 6600/9900.

🏨 **Rialto** sin rest, con cafetería, Ferrán 42, ⊠ 08003, 𝒫 318 52 12, Telex 97206, Fax 315 38 19
– 🛗 🧺 📺 ☎. 🖭 ① ⋿ 𝘝𝘐𝘚𝘈   NR **s**
🖙 600 – **129 hab** 10895/14800.

🏨 **Metropol** sin rest, Ample 31, ⊠ 08002, 𝒫 315 40 11, Fax 319 12 76 – 🛗 🧺 ☎. 🖭 ① ⋿
𝘝𝘐𝘚𝘈. 🎉 – 🖙 750 – **68 hab** 8000/10200   MY **r**

🏨 **Regencia Colón** sin rest, Sagristans 13, ⊠ 08002, 𝒫 318 98 58, Telex 98175, Fax 317 28 22
– 🛗 🧺 📺 ☎. 🖭 ① ⋿ 𝘝𝘐𝘚𝘈. 🎉   MV **r**
🖙 600 – **55 hab** 7500/11000.

🏨 **Gótico** sin rest, Jaume I-14, ⊠ 08002, 𝒫 315 22 11, Telex 97206, Fax 315 38 19 – 🧺 📺
☎. 🖭 ① ⋿ 𝘝𝘐𝘚𝘈 – 🖙 600 – **70 hab** 10230/14000   NR **a**

🏨 **Suizo,** pl. del Angel 12, ⊠ 08002, 𝒫 315 41 11, Telex 97206, Fax 315 38 19 – 🛗 🧺 📺
☎. 🖭 ① ⋿ 𝘝𝘐𝘚𝘈. 🎉 rest   NR **p**
Com 2500 – 🖙 600 – **48 hab** 10895/14800 – PA 4760.

🏨 **San Agustín,** pl. Sant Agustí 3, ⊠ 08001, 𝒫 318 17 08, Telex 98121, Fax 317 29 28 – 🛗
🧺 rest ☎. ⋿ 𝘝𝘐𝘚𝘈. 🎉   LY **u**
Com 1300 – 🖙 425 – **75 hab** 3925/6050 – PA 2550.

🏨 **Mesón Castilla** sin rest, Valldoncella 5, ⊠ 08001, 𝒫 318 21 82 – 🛗 🧺 ☎ 🚗. 🖭 ⋿
𝘝𝘐𝘚𝘈 – 🖙 450 – **56 hab** 5350/7950   HX **c**

🏨 **Lleó,** Pelai 24, ⊠ 08001, 𝒫 318 13 12, Telex 98338, Fax 412 26 57 – 🛗 🧺 hab ☎. 🖭 ⋿
𝘝𝘐𝘚𝘈. 🎉 rest – Com 1100 – 🖙 300 – **80 hab** 6000/8000   HX **a**

🏨 **Moderno,** Hospital 11, ⊠ 08001, 𝒫 301 41 54, Telex 98215 – 🛗 🧺 ☎. 🖭 ① ⋿ 𝘝𝘐𝘚𝘈. 🎉
Com (cerrado lunes) 1325 – 🖙 450 – **54 hab** 5520/9600.   LY **a**

🏨 **Cortés,** Santa Ana 25, ⊠ 08002, 𝒫 317 91 12, Telex 98215, Fax 301 31 35 – 🛗 🧺 rest ☎.
🖭 ① ⋿ 𝘝𝘐𝘚𝘈. 🎉   LV **s**
Com (cerrado domingo) 950 – 🖙 375 – **46 hab** 3840/6360.

XXX ⭐ **La Odisea,** Copons 7, ⊠ 08002, 𝒫 302 36 92 – 🧺 🖭 ① ⋿ 𝘝𝘐𝘚𝘈   MV **n**
cerrado sábado mediodía, domingo y 3 agosto-2 septiembre – Com carta 3350 a 5700
Espec. Ensalada de hígado de pato al vinagre de Módena, Bullit Bartolozzi (noviembre-abril), Lubina al vapor
con algas marinas al aceite de oliva.

XX **Agut d'Avignon,** Trinitat 3, ⊠ 08002, 𝒫 302 60 34 – 🧺. 🖭 ① ⋿ 𝘝𝘐𝘚𝘈. 🎉   MY **n**
cerrado Semana Santa – Com carta 3075 a 4600.

XX **Quo Vadis,** Carmen 7, ⊠ 08001, 𝒫 302 40 72 – 🧺. 🖭 ① ⋿ 𝘝𝘐𝘚𝘈   LX **k**
cerrado domingo y agosto – Com carta 4275 a 6475.

XX **La Bona Cuina,** Pietat, 12, ⊠ 08002, 𝒫 315 41 56, Fax 315 07 98 – 🧺. 🖭 ① ⋿ 𝘝𝘐𝘚𝘈. 🎉
cerrado martes – Com carta 2875 a 5575.   NR **t**

XX **El Gran Café,** Avinyó 9, ⊠ 08002, 𝒫 318 79 86, « Estilo 1900 » – 🧺. 🖭 ① ⋿ 𝘝𝘐𝘚𝘈. 🎉
cerrado sábado mediodía, domingo y agosto – Com carta 3500 a 4500.   MY **t**

XX **Aitor,** Carbonell 5, ⊠ 08003, 𝒫 319 94 88, Cocina vasca – 🧺. ⋿ 𝘝𝘐𝘚𝘈   KY **m**
cerrado Semana Santa, 15 agosto-15 septiembre y Navidades – Com carta 3150 a 4700.

XX **Brasserie Flo,** Junqueres 10, ⊠ 08003, 𝒫 317 80 37 – 🧺. 🖭 ⋿ 𝘝𝘐𝘚𝘈   LV **a**
Com carta 2515 a 3530.

XX **Senyor Parellada,** Argentería 37, ⊠ 08003, 𝒫 315 40 10 – 🧺. 🖭 ① ⋿ 𝘝𝘐𝘚𝘈. 🎉   MX **t**
cerrado domingo, festivos y agosto – Com carta 2600 a 2850.

XX **7 Puertas,** passeig d'Isabel II - 14, ⊠ 08003, 𝒫 319 30 33, Fax 319 46 62 – 🧺. 🖭 ① ⋿
𝘝𝘐𝘚𝘈. 🎉 – Com carta 2095 a 3000   MX **s**

✗ **La Cuineta,** Paradis, 4, ⊠ 08002, 𝒫 315 01 11, Fax 315 07 98, Rest. típico, « Instalado en una bodega del siglo XVII » – 🗐. 🖭 ⓞ 🗉 𝚅𝚂𝚊. 🛪 NR **e**
cerrado lunes – Com carta 2875 a 5575.

✗ **Mediterráneo,** passeig de Colom 4, ⊠ 08002, 𝒫 315 17 55, 😭 – 🗐. 🖭 ⓞ 🗉 𝚅𝚂𝚊. 🛪
cerrado domingo noche en invierno – Com carta aprox. 3000. MY **a**

✗ **El Túnel,** Ample 33, ⊠ 08002, 𝒫 315 27 59 – 🗐. 🖭 ⓞ 🗉 𝚅𝚂𝚊 MY **r**
cerrado domingo noche, lunes, Semana Santa y agosto – Com carta 2500 a 4200.

✗ **Can Sole,** Sant Carles 4, ⊠ 08003, 𝒫 319 50 12, Pescados y mariscos – 🗐. 🖭 ⓞ 🗉
𝚅𝚂𝚊. 🛪 KY **a**
cerrado domingo – Com carta 2250 a 3150.

✗ **Ca la María,** Tallers 76 bis, ⊠ 08001, 𝒫 318 89 93 – 🗐. 🖭 ⓞ 🗉 𝚅𝚂𝚊 HX **d**
cerrado domingo noche, lunes y agosto – Com carta 2275 a 3200.

✗ **Can Culleretes,** Quintana 5, ⊠ 08002, 𝒫 317 64 85, Rest. típico – 🗐. 🗉 𝚅𝚂𝚊 LY **c**
cerrado domingo, lunes y del 1 al 21 de julio – Com carta 1625 a 2400.

✗ **Los Caracoles,** Escudellers 14, ⊠ 08002, 𝒫 302 31 85, Fax 302 07 43, Rest. típico, Decoración rústica regional – 🗐. 🖭 ⓞ 🗉 𝚅𝚂𝚊. 🛪 MY **k**
Com carta 2000 a 3600.

SUR DIAGONAL pl. de Catalunya, Gran Vía de Les Corts Catalanes, passeig de Gràcia, Balmes, Muntaner, Aragó

🏨 **Princesa Sofía,** pl. de Pius XII 4, ⊠ 08028, 𝒫 330 71 11, Telex 51032, Fax 330 76 21, ⇐, 🏊 – 🛗 🗐 📺 ☎ ⇔ – 🚵 25/1200. 🖭 ⓞ 🗉 𝚅𝚂𝚊. 🛪 EX **x**
Com 2200 rest. **Le Gourmet** *(cerrado agosto)* carta 3600 a 4950 y rest. **L'Empordá** *(cerrado sábado, domingo y julio)* carta 3150 a 4100 – ⊆ 1600 – **496 hab** 20500/32500.

🏨 **Ritz,** Gran Vía de les Corts Catalanes 668, ⊠ 08010, 𝒫 318 52 00, Telex 52739, Fax 318 01 48, 😭 – 🚵 25/350. 🖭 ⓞ 🗉 𝚅𝚂𝚊. 🛪 JV **p**
Com carta 4400 a 6200 – ⊆ 2050 – **158 hab** 32800/41000.

🏨 **Barcelona Hilton,** av. Diagonal 589, ⊠ 08014, 𝒫 419 22 33, Telex 99623, Fax 322 52 91, 😭 – 🛗 🗐 📺 ☎ ⇔ – 🚵 25/800. 🖭 ⓞ 🗉 𝚅𝚂𝚊 FX **v**
Com 5100 – ⊆ 2000 – **290 hab** 28500/35000 – PA 10370.

🏨 **Meliá Barcelona Sarriá,** av. de Sarriá 50, ⊠ 08029, 𝒫 410 60 60, Telex 51033, Fax 321 51 79, ⇐ – 🛗 🗐 📺 ☎ ⇔ – 🚵 25/800. 🖭 ⓞ 🗉 𝚅𝚂𝚊. 🛪 FV **n**
Com 5000 – ⊆ 2000 – **290 hab** 23000/28750.

🏨 **Avenida Palace,** Gran Vía de les Corts Catalanes 605, ⊠ 08007, 𝒫 301 96 00, Telex 54734, Fax 318 12 34 – 🛗 🗐 📺 ☎ ⇔ – 🚵 25/300. 🖭 ⓞ 🗉 𝚅𝚂𝚊 HX **r**
Com 4650 – ⊆ 875 – **211 hab** 19800/24700 – PA 8025.

🏨 **Majestic,** passeig de Gràcia 70, ⊠ 08008, 𝒫 215 45 12, Telex 52211, Fax 215 77 73, 🏊 – 🛗 🗐 📺 ☎ – 🚵 25/600. 🖭 ⓞ 🗉 𝚅𝚂𝚊. 🛪 rest HV **f**
Com 3000 – ⊆ 1250 – **340 hab** 13500/22500.

🏨 **Diplomatic y Rest. La Salsa,** Pau Claris 122, ⊠ 08009, 𝒫 317 31 00, Telex 54701, Fax 318 65 31, 🏊 – 🛗 🗐 📺 ☎ ⇔ – 🚵 25/250. 🖭 ⓞ 🗉 𝚅𝚂𝚊. 🛪 HV **e**
Com *(cerrado domingo)* 5300 – ⊆ 1550 – **217 hab** 21200/26500 – PA 10300.

🏨 **Calderón,** Rambla de Catalunya 26, ⊠ 08007, 𝒫 301 00 00, Telex 99529, Fax 317 31 57, 🏊, 🏊 – 🛗 🗐 📺 ☎ ⇔ – 🚵 25/200. 🖭 ⓞ 🗉 𝚅𝚂𝚊. 🛪 HX **t**
Com carta 2100 a 4175 – ⊆ 1300 – **264 hab** 17600/22000.

🏨 **Condes de Barcelona,** Passeig de Gràcia 75, ⊠ 08008, 𝒫 487 37 37, Telex 51531, Fax 216 08 35, 🏊 – 🛗 🗐 📺 ☎ ⇔ – 🚵 25/300. 🖭 ⓞ 🗉 𝚅𝚂𝚊. 🛪 HV **m**
Com 3000 – ⊆ 1300 – **100 hab** 15500/22000.

🏨 **St. Moritz** sin rest, Diputació, 262 bis, ⊠ 08007, 𝒫 412 15 00, Fax 412 12 36 – 🛗 🗐 ☎ 🔥 ⇔ – 🚵 25/140. 🖭 ⓞ 🗉 𝚅𝚂𝚊. 🛪 JV **g**
⊆ 1100 – **92 hab** 13750/20900.

🏨 **Cristal,** Diputació 257, ⊠ 08007, 𝒫 301 66 00, Telex 54560 – 🛗 🗐 📺 ⇔ – 🚵 25/70. 🖭 ⓞ 🗉 𝚅𝚂𝚊. 🛪 HX **t**
Com 2850 – ⊆ 850 – **148 hab** 11600/17000.

🏨 **Derby** sin rest, con cafetería, Loreto 21, ⊠ 08029, 𝒫 322 32 15, Telex 97429, Fax 410 08 62 – 🛗 🗐 📺 ☎ ⇔ – 🚵 25/100. 🖭 ⓞ 🗉 𝚅𝚂𝚊 FX **e**
⊆ 1250 – **116 hab** 16300/20400.

🏨 **Gran Derby** sin rest, Loreto 28, ⊠ 08029, 𝒫 322 20 62, Telex 97429, Fax 419 68 20 – 🛗 🗐 📺 ☎ – 🚵 25/100. 🖭 ⓞ 🗉 𝚅𝚂𝚊 GX **g**
⊆ 1250 – **38 hab** 21800.

🏨 **Alexandra,** Mallorca 251, ⊠ 08008, 𝒫 487 05 05, Telex 81107, Fax 216 06 06 – 🛗 🗐 📺 ☎ – 🚵 25/100. 🖭 ⓞ 🗉 𝚅𝚂𝚊. 🛪 HV **x**
Com 3500 – ⊆ 1250 – **75 hab** 17500/21800 – PA 7010.

🏨 **Núñez Urgel,** Compte d'Urgell 232, ⊠ 08036, 𝒫 322 41 53, Fax 419 01 06 – 🛗 🗐 📺 ☎ – 🚵 25/100. 🖭 ⓞ 🗉 𝚅𝚂𝚊. 🛪 rest GX **a**
Com 4000 – ⊆ 900 – **120 hab** 12000/18000.

🏨 **Regente,** rambla de Catalunya 76, ⊠ 08008, 𝒫 215 25 70, Telex 51939, Fax 487 32 27, 🏊 – 🛗 🗐 📺 ☎ – 🚵 25/100. 🖭 ⓞ 🗉 𝚅𝚂𝚊. 🛪 HV **z**
Com 3000 – ⊆ 900 – **78 hab** 13900/20300.

Astoria sin rest, Paris 203, ✉ 08036, ☎ 209 83 11, Telex 81129, Fax 202 30 08 – ⬍ ▤ TV ☎. AE ⓓ E VISA HV **a**
☕ 950 – **114 hab** 10520/13150.

Expo H., Mallorca 1, ✉ 08014, ☎ 325 12 12, Telex 54147, Fax 325 11 44, ⛱ – ⬍ ▤ TV ☎ 🚗 – 🧑 25/800. AE ⓓ E VISA. ✻ GY **m**
Com 1925 – ☕ 900 – **432 hab** 10915/19015 – PA 3800.

Master, Valencia 105,, ✉ 08011, ☎ 323 62 15, Telex 81258, Fax 323 43 89 – ⬍ ▤ TV ☎ 🚗 – 🧑 25/170. AE ⓓ E VISA. ✻ rest HX **n**
Com 3500 – ☕ 1100 – **81 hab** 15600/19600 – PA 7500.

Numancia, Numància 74, ✉ 08029, ☎ 322 44 51, Fax 410 76 42 – ⬍ ▤ ☎ 🚗 – 🧑 25/70. AE ⓓ E VISA. ✻ FX **f**
Com 2950 – ☕ 800 – **140 hab** 10800/14900.

Dante sin rest, Mallorca 181, ✉ 08036, ☎ 323 22 54, Telex 52588, Fax 323 74 72 – ⬍ ▤ TV ☎ 🚗 – 🧑 25/100. AE ⓓ E VISA. ✻ HX **e**
☕ 950 – **81 hab** 13000/18000.

Duques de Bergara, Bergara 11, ✉ 08002, ☎ 301 51 51, Telex 81257, Fax 317 34 42 – ⬍ ▤ ☎. AE ⓓ VISA. ✻ JX **g**
Com 2100 – ☕ 1150 – **56 hab** 16900/23900 – PA 5350.

Roma, av. de Roma 31, ✉ 08029, ☎ 410 66 33, Telex 98718, Fax 410 13 52 – ⬍ ▤ TV ☎ 🚗 – 🧑 25/60. AE ⓓ E VISA. ✻ rest GX **r**
Com 1800 – ☕ 1150 – **47 hab** 12500/19000.

Alfa y Rest. Gran Mercat, passeig de la Zona Franca - calle K (entrada principal Mercabarna), ✉ 08004, ☎ 336 25 64, Telex 80820, Fax 335 55 92 – ⬍ ▤ TV ☎ Ⓟ – 🧑 25/80. AE ⓓ E VISA. ✻ rest por Pas. de la Zona Franca BT
Com 2300 – ☕ 850 – **56 hab** 8200/15000 – PA 5450.

Las Corts, Travessera de Les Corts 292, ✉ 08029, ☎ 322 08 11, Telex 59001, Fax 322 08 11 – ⬍ ▤ ☎ 🚗 – 🧑 25/80. AE ⓓ E VISA. ✻ FX **u**
Com carta 2700 a 3100 – **81 hab** 10800/14900 – PA 4200.

Euro-Park sin rest, con cafetería, Aragó 325, ✉ 08009, ☎ 257 92 05, Fax 258 99 61 – ⬍ ▤ ☎ – 🧑 25/100. AE ⓓ E VISA JV **e**
☕ 700 – **66 hab** 9000.

Taber sin rest, Aragó 256, ✉ 08007, ☎ 318 70 50, Telex 93452, Fax 318 70 12 – ⬍ ▤ TV ☎ – 🧑 25/40. AE E VISA. ✻ HX **g**
☕ 500 – **78 hab** 5700/9000.

Regina sin rest, con cafetería, Vergara 2, ✉ 08002, ☎ 301 32 32, Telex 59380, Fax 318 23 26 – ⬍ ▤ TV ☎. AE ⓓ E VISA. ✻ JX **r**
☕ 900 – **102 hab** 10180/15180.

L'Alguer sin rest, passatge Pere Rodríguez 20, ✉ 08028, ☎ 334 60 50, Fax 333 83 65 – ⬍ ☎. AE E VISA. ✻ EY **a**
☕ 400 – **33 hab** 4450/6700.

XXXX **Beltxenea,** Mallorca 275, ✉ 08008, ☎ 215 30 24, Fax 487 00 81, 🏞, « Terraza-jardín » – ▤. AE ⓓ E VISA. ✻ HV **h**
cerrado sábado mediodía y domingo – Com carta 4750 a 6200.

XXXX ✿ **La Dama,** av. Diagonal 423, ✉ 08036, ☎ 202 06 86, Fax 200 72 99 – ▤. AE ⓓ E VISA. ✻ HV **a**
Com carta 3700 a 5825
Espec. Ensalada de judias verdes y mariscos "La Dama", Manitas de cerdo deshuesadas y rellenas al perfume de trufas, Carro de pasteleria y de quesos artesanos.

XXX **Oliver y Hardy,** av. Diagonal 593, ✉ 08014, ☎ 419 31 81, 🏞 – ▤ Ⓟ. AE ⓓ E VISA FX **n**
Com carta 3500 a 5200.

XXX **Finisterre,** av. Diagonal 469, ✉ 08036, ☎ 439 55 76 – ▤. AE ⓓ E VISA. ✻ GV **e**
cerrado domingo en julio y agosto – Com carta 4550 a 5600.

XX ✿ **Jaume de Provença,** Provença 88, ✉ 08029, ☎ 430 00 29, Decoración moderna – ▤. AE ⓓ E VISA. ✻ GX **h**
cerrado domingo noche, lunes, Semana Santa y agosto-10 septiembre – Com carta 4750 a 6000
Espec. Pastel de esqueixada de bacalao, Lubina en escamas de patatas al estragón, Pastelitos crujientes de foie-gras y trufas al oloroso..

XX **Bel Air,** Córcega 286, ✉ 08008, ☎ 237 75 88, Arroces – ▤. AE ⓓ E VISA HV **b**
Com carta 4050 a 5100.

XX **Llúria,** Roger de Llúria 23, ✉ 08010, ☎ 301 74 94 – ▤. AE ⓓ E VISA. ✻ JV **x**
cerrado domingo y festivos – Com carta aprox. 4500.

XX **Koxkera,** Marqués de Sentmenat 67, ✉ 08029, ☎ 322 35 56, Cocina vasco-francesa – ▤. AE ⓓ E VISA. ✻ FX **a**
Com carta 3700 a 4900.

XX **Maitetxu,** Balmes 55, ⊠ 08007, ℘ 323 59 65, Cocina vasco-navarra – ▤. 𝗔𝗘 ⓞ 𝗘 𝗩𝗜𝗦𝗔
HX
cerrado sábado mediodía y domingo – Com carta 3250 a 3950.

XX **El Dento,** Loreto 32, ⊠ 08029, ℘ 321 67 56, Pescados y mariscos – ▤. 𝗔𝗘 ⓞ 𝗘 𝗩𝗜𝗦𝗔. ⑤
cerrado agosto – Com carta aprox. 3500.
GX

XX **Sí, Senyor,** Mallorca 199, ⊠ 08021, ℘ 253 21 49, Fax 451 10 02, Bacalao y arroces – ▤
𝗔𝗘 ⓞ 𝗘 𝗩𝗜𝗦𝗔.
HX
Com carta 3800 a 4400.

XX **La Sopeta,** Muntaner 6, ⊠ 08011, ℘ 323 56 32 – ▤. 𝗔𝗘 ⓞ 𝗘 𝗩𝗜𝗦𝗔. ⑤⑤
HX
cerrado domingo – Com carta 2080 a 4050.

XX **Soley,** Bailén 29, ⊠ 08010, ℘ 245 21 75 – ▤. 𝗔𝗘 ⓞ 𝗘 𝗩𝗜𝗦𝗔.
JV
cerrado sábado, domingo noche y agosto – Com carta 3325 a 4800.

XX **Satélite,** av. de Sarriá 10, ⊠ 08029, ℘ 321 34 31 – ▤. 𝗔𝗘 ⓞ 𝗘 𝗩𝗜𝗦𝗔. ⑤⑤
GX
cerrado sábado y domingo – Com carta aprox. 5000.

XX **Vinya Rosa - Magí,** av. de Sarriá 17, ⊠ 08029, ℘ 430 00 03 – ▤. 𝗔𝗘 ⓞ 𝗘 𝗩𝗜𝗦𝗔
GX
cerrado sábado mediodía y domingo – Com carta 3800 a 5600.

XX **Can Fayos,** Loreto 22, ⊠ 08029, ℘ 239 30 22 – ▤
GX

XX **Rías de Galicia,** Lleida 7, ⊠ 08004, ℘ 424 81 52, Fax 426 13 07, Pescados y mariscos
▤. 𝗔𝗘 ⓞ 𝗘 𝗩𝗜𝗦𝗔. ⑤⑤
HY
Com carta 3600 a 5300.

XX **Tikal,** Rambla de Cataluña 5, ⊠ 08007, ℘ 302 22 21 – ▤. 𝗔𝗘 ⓞ 𝗘 𝗩𝗜𝗦𝗔. ⑤⑤
JX
cerrado domingo – Com carta aprox. 3150.

XX **Gorría,** Diputació 421, ⊠ 08013, ℘ 245 11 64, Cocina vasco-navarra – ▤. 𝗔𝗘 ⓞ 𝗘 𝗩𝗜𝗦
⑤⑤
JU
cerrado domingo y agosto – Com carta 2475 a 4350.

XX **Lagunak,** Berlín 19, ⊠ 08014, ℘ 490 59 11, Cocina vasco-navarra – ▤ ⓟ 𝗔𝗘 ⓞ 𝗘 𝗩𝗜𝗦
⑤⑤
FX
cerrado domingo, Semana Santa, agosto y Navidad – Com carta 3500 a 4400.

XX **El Celler de Casa Jordi,** Rita Bonnat 3, ⊠ 08029, ℘ 430 10 45 – ▤. 𝗔𝗘 ⓞ 𝗘 𝗩𝗜𝗦𝗔. ⑤⑤
GX
cerrado domingo – Com carta 1975 a 3200.

XX **Hostal del Sol,** passeig de Gracia 44 - 1é, ⊠ 08007, ℘ 215 62 25 – ▤. 𝗔𝗘 ⓞ 𝗘 𝗩𝗜𝗦𝗔. ⑤
HV
Com carta 3300 a 4200.

XX **Casa Chus,** av. Diagonal 339 Bis, ⊠ 08037, ℘ 207 02 15, Pescados y mariscos – ▤. 𝗔
ⓞ 𝗘 𝗩𝗜𝗦𝗔
HU
cerrado domingo noche – Com carta 3200 a 5350.

XX **Sibarit,** Aribau 65, ⊠ 08011, ℘ 253 93 03 – ▤
HX

XX **Tramonti 1980,** av. Diagonal 501, ⊠ 08029, ℘ 410 15 35, Cocina italiana – ▤. 𝗔𝗘 ⓞ
𝗩𝗜𝗦𝗔. ⑤⑤
FV
Com carta 2750 a 5200.

XX **Alt Berlín,** Sabino Arana 54, ⊠ 08028, ℘ 339 01 66, Rest. alemán – ▤. 𝗔𝗘 ⓞ 𝗘 𝗩𝗜𝗦𝗔
EX
Com carta 3475 a 4375.

XX **Barcelona Divina,** Aribau 137, ⊠ 08036, ℘ 322 59 26 – ▤. 𝗔𝗘 ⓞ 𝗘 𝗩𝗜𝗦𝗔. ⑤⑤
HV
cerrado domingo y agosto – Com carta 3275 a 4400.

XX **Font del Gat,** passeig Santa Madrona, Montjuic, ⊠ 08004, ℘ 424 02 24, 🌲, Decoració
regional – ⓟ 𝗔𝗘 ⓞ 𝗘 𝗩𝗜𝗦𝗔. ⑤⑤
CT
Com carta 2500 a 3600.

X La Mostra, Valencia 164, ⊠ 08011, ℘ 254 92 08 – ▤
HX

X **Petit Paris,** Paris 196, ⊠ 08036, ℘ 218 26 78 – ▤. ⓞ 𝗘 𝗩𝗜𝗦𝗔
HV
Com carta 2790 a 3725.

X Casa Toni, Sepúlveda 62, ⊠ 08015, ℘ 325 26 34 – ▤
HY

X **Cal Sardineta,** Caspe 35, ⊠ 08010, ℘ 302 68 44 – ▤. 𝗔𝗘 ⓞ 𝗘 𝗩𝗜𝗦𝗔. ⑤⑤
JV
cerrado domingo, festivos y agosto – Com carta 3000 a 3925.

X **El Pescador,** Mallorca 314, ⊠ 08037, ℘ 207 10 24, Pescados y mariscos – ▤. 𝗔𝗘 ⓞ 𝗘
𝗩𝗜𝗦𝗔. ⑤⑤
JV
cerrado domingo – Com carta 2800 a 3950.

X **L'Olive,** Muntaner 171, ⊠ 08036, ℘ 322 98 47 – ▤. 𝗔𝗘 𝗘 𝗩𝗜𝗦𝗔. ⑤⑤
GV
cerrado domingo y 15 días en agosto – Com carta 2775 a 3650.

X **La Targarina,** Casanova 28, ⊠ 08011, ℘ 323 08 35 – ▤. 𝗔𝗘 ⓞ 𝗘 𝗩𝗜𝗦𝗔
HX
cerrado domingo, festivos y agosto – Com carta 3875 a 5650.

X **Casa Darío,** Consell de Cent 256, ⊠ 08011, ℘ 253 31 35 – ▤. 𝗔𝗘 ⓞ 𝗘 𝗩𝗜𝗦𝗔. ⑤⑤
HX
cerrado domingo y agosto – Com carta 3500 a 5000.

X Casa Castro, av. Infanta Carlota 11, ⊠ 08029, ℘ 410 41 44 – ▤. 𝗔𝗘 ⓞ 𝗘 𝗩𝗜𝗦𝗔. ⑤⑤
GX

X Asador Izarra, Sicilia 135, ⊠ 08013, ℘ 245 21 03 – ▤
JV

X **Santi Velasco,** av. Diputació 172, ⊠ 08011, ℘ 253 12 34 – ▤. 𝗔𝗘 ⓞ 𝗘 𝗩𝗜𝗦𝗔. ⑤⑤
HX
cerrado domingo, festivos, todo el año, en verano sábados y del 2 al 28 agosto – Com
carta 1750 a 4100.

✗ **Solera Gallega,** París 176, ⊠ 08036, ℰ 322 91 40, Pescados y mariscos – 🍽 🖭 ⓪ 🄴
🗺 🛇 GHV **p**
cerrado lunes y 15 agosto-15 septiembre – Com carta 3850 a 4100.

✗ **St. Pauli,** Muntaner 101, ⊠ 08036, ℰ 454 75 48 – 🍽 🖭 ⓪ 🄴 🗺 🛇 HX **k**
cerrado sábado mediodía, domingo y agosto – Com carta 3900 a 6000.

✗ **Els Perols de L'Empordà,** Villarroel 88, ⊠ 08011, ℰ 323 10 33, Cocina ampurdanesa –
🍽 🖭 ⓪ 🄴 🗺 HX **v**
cerrado domingo noche, lunes, Semana Santa y del 1 al 15 agosto – Com carta 2200 a
3600.

✗ **Da Peppo,** av. de Sarriá 19, ⊠ 08029, ℰ 322 51 55, Cocina italiana – 🍽 🗺 GX **y**
cerrado martes y agosto – Com carta 2100 a 2675.

✗ **Azpiolea,** Casanova 167, ⊠ 08036, ℰ 430 90 30, Cocina vasca – 🍽 ⓪ 🄴 🗺 🛇
cerrado domingo noche y agosto – Com carta 3000 a 4625. GV **q**

✗ **La Lubina,** Viladomat 257, ⊠ 08029, ℰ 430 03 33 – 🍽 🖭 ⓪ 🄴 🗺 🛇 GX **c**
cerrado domingo noche (en invierno), domingo (en verano) y agosto – Com
carta 2850 a 4050.

✗ Carles Grill, Comte d'Urgell 280, ⊠ 08029, ℰ 410 43 00, Carne de buey – 🍽 GV **m**

✗ **Elche,** Vila i Vilá 71, ⊠ 08004, ℰ 241 30 89, Arroces – 🍽 🖭 ⓪ 🄴 🗺 JY **a**
cerrado domingo noche – Com carta 2250 a 3100.

✗ **Marisqueiro Panduriño,** Floridablanca 3, ⊠ 08015, ℰ 325 70 16, Pescados y mariscos
– 🍽 🖭 ⓪ 🄴 🗺 🛇 HY **c**
cerrado martes y agosto – Com carta 3300 a 4800.

✗ **Casa Agustín,** Vergara 5, ⊠ 08002, ℰ 301 44 34 – 🍽 🖭 ⓪ 🄴 JX **g**
cerrado sábado y agosto – Com carta 1400 a 2700.

✗ **Pá i Trago,** Parlament 41, ⊠ 08015, ℰ 241 13 20, Rest. típico – 🍽 🖭 🄴 🗺 HY **a**
cerrado lunes y 24 junio-24 julio – Com carta 2400 a 3250.

✗ **La Brochette,** Balmes 122, ⊠ 08008, ℰ 215 89 44 – 🍽 🗺 🛇 HV **t**
cerrado domingo noche – Com carta 1625 a 2525.

✗ El Abrevadero, Vila i Vilá 77, ⊠ 08004, ℰ 241 38 93, Telex 99245, Fax 241 22 04, ☆ – 🍽
JY **s**

NORTE DIAGONAL vía Augusta, Capità Arenas, ronda General Mitre, passeig de la
Bonanova, av. de Pedralbes

🏨 **Presidente,** av. Diagonal 570, ⊠ 08021, ℰ 200 21 11, Telex 52180, Fax 209 51 06, ⤣ –
🛗 🍽 📺 ☎ – 🔬 25/180. 🖭 ⓪ 🄴 🗺 🛇 GV **u**
Com 3750 – 🍽 1250 – **161 hab** 22000/26000.

🏨 **Hesperia** sin rest, con cafetería, Vergós 20, ⊠ 08017, ℰ 204 55 51, Telex 98403, Fax
204 43 92 – 🛗 🍽 📺 ☎ ⟷ – 🔬 25/200. 🖭 ⓪ 🄴 🗺 🛇 EU **c**
🍽 1100 – **139 hab** 19800.

🏨 **Suite Hotel** sin rest, Muntaner 505, ⊠ 08022, ℰ 212 80 12, Telex 99077, Fax 211 23 17 –
🛗 🍽 📺 ☎ ⟷ – 🔬 25/150. 🖭 ⓪ 🗺 🛇 FU **a**
🍽 1300 – **70 hab** 29000.

🏨 **Balmoral** sin rest, vía Augusta 5, ⊠ 08006, ℰ 217 87 00, Telex 54087, Fax 415 14 21 – 🛗
🍽 📺 ☎ ⟷ – 🔬 25/100. 🖭 ⓪ 🄴 🗺 🛇 HV **n**
🍽 900 – **94 hab** 12650/19500.

🏨 **Cóndor,** vía Augusta 127, ⊠ 08006, ℰ 209 45 11, Telex 52925, Fax 202 27 13 – 🛗 🍽 📺
☎ ⟷ – 🔬 25/50. 🖭 ⓪ 🄴 🗺 🛇 GU **z**
Com carta aprox. 2500 – 🍽 1100 – **78 hab** 14000/17500.

🏨 **Arenas** sin rest, con cafetería por la noche, Capità Arenas 20, ⊠ 08034, ℰ 280 03 03,
Telex 54990, Fax 280 33 92 – 🛗 🍽 📺 ☎ – 🔬 25/50. 🖭 ⓪ 🄴 🗺 🛇 EX **r**
🍽 825 – **59 hab** 13200/16500.

🏨 **Victoria,** av. de Pedralbes 16 Bis, ⊠ 08034, ℰ 204 27 54, Telex 98302, Fax 204 27 66, ⤣
– 🛗 🍽 📺 ☎ ⟷. 🖭 ⓪ 🄴 🗺 🛇 rest EX **z**
Com 1100 – 🍽 1100 – **79 apartamentos** 16800/21000.

🏨 **Park Putxet,** Putxet 68, ⊠ 08023, ℰ 212 51 58, Telex 98718, Fax 418 51 57 – 🛗 🍽 📺
☎ ⟷ – 🔬 25/200. 🖭 ⓪ 🗺 🛇 GU **a**
Com 1650 – 🍽 900 – **125 hab** 19900 – PA 4200.

🏨 **Belagua,** vía Augusta 89, ⊠ 08006, ℰ 237 39 40, Telex 99643, Fax 415 30 62 – 🛗 🍽 📺
☎. 🖭 ⓪ 🄴 🗺 🛇 GU **s**
Com 2900 – 🍽 800 – **72 hab** 11900/14900 – PA 6600.

🏨 **Atenas,** av. Meridiana 151, ⊠ 08026, ℰ 232 20 11, Telex 98718, Fax 232 09 10, ⤣ – 🛗
🍽 ☎ – 🔬 25/40. 🖭 ⓪ 🗺 🛇 CS **z**
Com 1100 – 🍽 700 – **166 hab** 15900 – PA 2900.

🏨 **Mitre** sin rest, Bertrán 9, ⊠ 08023, ℰ 212 11 04, Telex 98671, Fax 418 94 81 – 🛗 🍽 📺
☎ ⟷. 🖭 ⓪ 🄴 🗺 FU **t**
🍽 600 – **57 hab** 10800/13500.

🏨 **Condado,** Aribau 201, ✉ 08021, ✆ 200 23 11, Telex 54546, Fax 200 25 86 – 🛗 🗏 📺 ☎
🔳 ⓘ Ε 𝚅𝙸𝚂𝘈. 🌿 rest   GV **g**
Com 1700 – 🍴 650 – **88 hab** 12800/16000 – PA 3440.

🏨 **Pedralbes** sin rest, con cafetería por la noche, Fontcuberta 4, ✉ 08034, ✆ 203 71 12
Telex 99850 – 🛗 🗏 📺 ☎ ⇌. 🔳 ⓘ Ε 𝚅𝙸𝚂𝘈. 🌿   EV **b**
🍴 700 – **28 hab** 10600/14500.

🏨 **Covadonga** sin rest, av. Diagonal 596, ✉ 08021, ✆ 209 55 11, Telex 93394, Fax 209 58 33
– 🛗 🗏 📺 ☎. 🔳 ⓘ Ε 𝚅𝙸𝚂𝘈. 🌿   GV **v**
🍴 500 – **76 hab** 6200/9800.

🏨 **Aragó,** Aragó 569 bis, ✉ 08026, ✆ 245 89 05, Telex 98718, Fax 418 51 57 – 🛗 🗏 📺 ☎
⇌. 🔳 ⓘ 𝚅𝙸𝚂𝘈. 🌿   KU **e**
Com 1210 – 🍴 700 – **73 hab** 15900 – PA 3120.

🏨 **Wilson** sin rest, av. Diagonal 568, ✉ 08021, ✆ 209 25 11, Telex 98671, Fax 200 83 70 – 🛗
🗏 📺 ☎. 🔳 ⓘ Ε 𝚅𝙸𝚂𝘈. 🌿   GV **a**
🍴 700 – **52 hab** 10800/14500.

🏨 **Bonanova Park** sin rest, Capitá Arenas, 51, ✉ 08034, ✆ 204 09 00, Telex 98671, Fax
204 50 14 – 🛗 🗏 📺 ☎. 🔳 ⓘ Ε 𝚅𝙸𝚂𝘈. 🌿   EV **r**
🍴 500 – **60 hab** 9200/11500.

🏨 **Tres Torres** sin rest, Calatrava 32, ✉ 08017, ✆ 417 73 00, Telex 54546, Fax 418 98 34 –
🛗 🗏 📺 ☎ ⇌ – 🔬 25/35. 🔳 ⓘ Ε 𝚅𝙸𝚂𝘈   EFU **n**
🍴 650 – **56 hab** 12000/16000.

🏨 **Mikado,** passeig de la Bonanova 58, ✉ 08017, ✆ 211 41 66, Telex 97636, Fax 211 42 10 –
🛗 🗏 📺 ☎ ⇌ – 🔬 25/40. 🌿   EU **s**
Com 1500 – 🍴 900 – **66 hab** 18900 – PA 3900.

🏨 **Rubens,** passeig de la Mare de Déu del Coll 10, ✉ 08023, ✆ 219 12 04, Telex 98718, Fax
219 12 69 – 🛗 🗏 📺 ☎. 🔳 ⓘ 𝚅𝙸𝚂𝘈. 🌿   BS **y**
Com 1200 – 🍴 800 – **136 hab** 15900 – PA 3200.

🏨 **Castellnou,** Castellnou 61, ✉ 08017, ✆ 203 05 50, Telex 98718, Fax 205 60 14 – 🛗 🗏
📺 ☎. 🔳 ⓘ 𝚅𝙸𝚂𝘈. 🌿   EV **a**
Com 1175 – 🍴 850 – **29 hab** 18900 – PA 3200.

🏨 **Rekor'd** sin rest, Muntaner 352, ✉ 08021, ✆ 200 19 53 – 🛗 🗏 📺 ☎. 🔳 ⓘ Ε 𝚅𝙸𝚂𝘈.
🍴 900 – **15 hab** 12600/15800.   GU **c**

🏨 **Travesera** sin rest y sin 🍴, Travessera de Dalt 121, ✉ 08024, ✆ 213 24 54 – 🛗 ☎. 🌿
23 hab 2700/4400.   CS **u**

🍴🍴🍴🍴 ✿ **Via Veneto,** Ganduxer 10, ✉ 08021, ✆ 200 72 44, Fax 201 60 95, « Estilo belle époque »
– 🗏. 🔳 ⓘ Ε 𝚅𝙸𝚂𝘈. 🌿   FV **e**
cerrado sábado mediodía, domingo y del 1 al 20 de agosto – Com carta 4040 a 5740
Espec. Ensalada de "Cap i Pota" de ternera con tomate confitado. Salmón fresco asado al aceite de nueces.
Pichón de masia asado con cebollitas doradas.

🍴🍴🍴🍴 ✿ **Reno,** Tuset 27, ✉ 08006, ✆ 200 91 29, Fax 202 23 08 – 🗏. 🔳 ⓘ Ε 𝚅𝙸𝚂𝘈. 🌿 GV **r**
cerrado sábado de julio a septiembre – Com carta 4900 a 6350
Espec. Ostras a las trufas sobre fondo de puerros (octubre-abril). Filetes de lenguado "Reno". Salteado de
solomillo al agridulce de cebolla.

🍴🍴🍴 ✿✿ **Neichel,** av. de Pedralbes 16 bis, ✉ 08034, ✆ 203 84 08, Fax 205 63 69 – 🗏. 🔳 ⓘ
Ε 𝚅𝙸𝚂𝘈   EX **z**
cerrado domingo,festivos, Semana Santa, agosto-4 septiembre y 10 días Navidad – Com
(es necesario reservar) carta 5050/6250
Espec. Ensalada de gambas a la vinagreta de algas y rovellones en escabeche. Rollitos de cigalas al vinagre
de Módena. Lomo de corderito en su costra..

🍴🍴🍴 ✿ **Botafumeiro,** Mayor de Gracia, 81, ✉ 08012, ✆ 218 42 30, Fax 415 54 04, Pescados y
mariscos – 🗏. 🔳 ⓘ Ε 𝚅𝙸𝚂𝘈. 🌿   HU **v**
cerrado domingo noche, lunes, Semana Santa y agosto – Com carta 3100 a 6200
Espec. Rodaballo asado con salsa de limón. Bogavante al vinagre de Jerez. Rollitos de lenguado con
langostinos..

🍴🍴🍴 ✿ **Eldorado Petit,** Dolors Monserdá 51, ✉ 08017, ✆ 204 51 53, Fax 280 57 02, 🌭 – 🗏.
🔳 Ε 𝚅𝙸𝚂𝘈. 🌿   EU **y**
cerrado domingo y del 5 al 21 agosto – Com carta 3700 a 6950
Espec. Un nido de judias verdes y salpicón de frutos de mar. Arroz de gambas de Palamós y erizos de mar,
Sesitos de cordero en un milhojas de patatas nuevas.

🍴🍴🍴 ✿ **Azulete,** Via Augusta 281, ✉ 08017, ✆ 203 59 43, 🌭 – 🗏 ⓘ Ε 𝚅𝙸𝚂𝘈   EV **m**
*cerrado sábado mediodía, domingo, festivos, Semana Santa, del 3 al 18 agosto y del 21 al
31 diciembre* – Com carta 4300 a 5200
Espec. Láminas de escórpora sobre ajitos tiernos rehogados. Lomo de cordero acompañado de couscous
de verduras, Buñuelos de chocolate.

🍴🍴🍴 **El Tunel de Muntaner,** Sant Màrius 22, ✉ 08022, ✆ 212 60 74 – 🗏. 🔳 ⓘ Ε 𝚅𝙸𝚂𝘈
cerrado sábado mediodía, domingo y agosto – Com carta 3800 a 4800.   FU **k**

🍴🍴🍴 **Roncesvalles,** vía Augusta 201, ✉ 08021, ✆ 209 01 25, Fax 209 12 95, 🌭 – 🗏. 🔳 ⓘ
Ε 𝚅𝙸𝚂𝘈. 🌿   FV **a**
cerrado domingo noche – Com carta 3600 a 4900.

XX **La Petite Marmite,** Madrazo 68, ⊠ 08006, ℰ 201 48 79 – 🗐. 🗚 ⓪ Ɛ 𝘝𝘐𝘚𝘈. 🕮   GU **f**
cerrado domingo, festivos, Semana Santa y Agosto – Com carta 2450 a 3275.

XX ✿ **Florián,** Bertrand i Serra 20, ⊠ 08022, ℰ 212 46 27, Fax 418 72 30 – 🗐. ⓪ Ɛ 𝘝𝘐𝘚𝘈
cerrado domingo y julio – Com carta 4800 a 5600   FU **s**
Espec. Una trufa fresca, envuelta en tocino y asada al horno. Pasta fresca marinera con almejas. Rabo de
buey al Cabernet..

XX **El Trapío,** Esperanza 25, ⊠ 08017, ℰ 211 58 17, 🎇 – 🗚 ⓪ Ɛ 𝘝𝘐𝘚𝘈. 🕮   EU **t**
cerrado domingo y lunes mediodía – Com carta 3340 a 4490.

XX **El Asador de Aranda,** av. del Tibidabo 31, ⊠ 08022, ℰ 417 01 15, 🎇, Cordero asado,
« Antiguo palacete » – Ɛ 𝘝𝘐𝘚𝘈. 🕮   BS **b**
cerrado domingo noche – Com carta 3050 A 3500.

XX La Dida, Roger de Flor 230, ⊠ 08025, ℰ 207 20 04, « Decoración regional » – 🗐   JU **c**

XX **Paradis Barcelona,** passeig Manuel Girona 7, ⊠ 08034, ℰ 203 76 37, Fax 203 61 94,
🎇, Rest. con buffet – 🗐. 🗚 ⓪ Ɛ 𝘝𝘐𝘚𝘈. 🕮   EVX **t**
cerrado domingo noche y agosto – Com carta 3425 a 4025.

XX Bel Cavalletto, Santaló 125, ⊠ 08021, ℰ 201 79 11 – 🗐   FU **q**

XX **Daxa,** Muntaner 472, ⊠ 08006, ℰ 201 60 06 – 🗐. 🗚 ⓪ Ɛ 𝘝𝘐𝘚𝘈. 🕮   FU **p**
cerrado domingo y del 5 al 28 agosto – Com carta 1875 a 3275.

XX **Casa Jordi,** passatge de Marimón 18, ⊠ 08021, ℰ 200 11 18 – 🗐. 🗚 ⓪ Ɛ 𝘝𝘐𝘚𝘈. 🕮
cerrado domingo – Com carta 3000 a 3400.   GV **x**

XX Petit President, passatge de Marimón 20, ⊠ 08021, ℰ 200 67 23 – 🗐   GV **x**

XX **La Balsa,** Infanta Isabel 4, ⊠ 08022, ℰ 211 50 48, 🎇 – 🗚 ⓪ Ɛ 𝘝𝘐𝘚𝘈   BS **k**
cerrado domingo, lunes mediodía y Semana Santa – Com (sólo cena en agosto)
carta 3600 a 4700.

XX ✿ **El Racó D'En Freixa,** Sant Elies 22, ⊠ 08006, ℰ 209 75 59 – 🗐. 🗚 Ɛ 𝘝𝘐𝘚𝘈. 🕮
cerrado festivos noche, lunes, agosto-2 septiembre y cuatro días Semana Santa – Com
carta 2425 a 4850   GU **h**
Espec. Quenelles de setas con pétalos de tomate. Atado de lenguado relleno de cigalas con salsa americana.
Milhojas de mousse al sorbete de piña..

XX **Roig Robi,** Séneca 20, ⊠ 08006, ℰ 218 92 22, 🎇, « Patio - Terraza » – 🗐. 🗚 ⓪ Ɛ 𝘝𝘐𝘚𝘈
cerrado domingo – Com carta 3550 a 4850.   HV **c**

XX **Arcs de Sant Gervasi,** Santaló 103, ⊠ 08021, ℰ 201 92 77 – 🗐. 🗚 ⓪ Ɛ 𝘝𝘐𝘚𝘈. 🕮
Com carta 2500 a 4025.   GV **y**

XX **Hostal Sant Jordi,** Travesera de Dalt 123, ⊠ 08024, ℰ 213 10 37 – 🗐. 🗚 ⓪ Ɛ 𝘝𝘐𝘚𝘈. 🕮
cerrado domingo noche y agosto – Com carta 3100 a 4350.   CS **u**

X **Durán-Durán,** Alfons XII-41, ⊠ 08006, ℰ 201 35 13 – 🗐. 🗚 ⓪ Ɛ 𝘝𝘐𝘚𝘈   GU **u**
cerrado domingo, festivos y del 15 al 31 de agosto – Com carta 2650 a 4370.

X La Senyora Grill, Bori i Fontesta 45, ⊠ 08017, ℰ 201 25 77, 🎇 – 🗐   FV **z**

X **La Masía,** Cumbre del Tibidabo, ⊠ 08023, ℰ 417 63 50, Fax 211 21 11, ≼ ciudad, mar y
montaña – 🗚 ⓪ Ɛ 𝘝𝘐𝘚𝘈. 🕮   BS **a**
cerrado lunes no festivos – Com (sólo almuerzo salvo en verano) carta 3500 a 4100.

X **Alberto,** Ganduxer 50, ⊠ 08021, ℰ 201 00 09, 🎇 – 🗐. 🗚 ⓪ Ɛ 𝘝𝘐𝘚𝘈. 🕮   FV **g**
cerrado domingo noche y del 3 al 29 agosto – Com carta 2800 a 4100.

X Peñón de Ifach, Travessera de Gracia 35, ⊠ 08021, ℰ 209 65 45 – 🗐   GV **c**

X Il Fiorino, Cornet y Más 45 ℰ 205 30 17, Cocina italiana – 🗐   EV **s**

X **Baztan,** Sant Elies 6, ⊠ 08066, ℰ 201 67 61 – 🗐. 🗚 ⓪ Ɛ 𝘝𝘐𝘚𝘈. 🕮   GU **e**
cerrado sábado mediodía, domingo y agosto – Com carta 3650 a 4050.

X La Venta, pl. Dr. Andreu, ⊠ 08022, ℰ 212 64 55, 🎇, Antiguo café   BS **d**

X **Es Plá,** Sant Gervasi de Cassoles 86, ⊠ 08022, ℰ 212 65 54, Pescados y mariscos – 🗐. 🗚
⓪ Ɛ 𝘝𝘐𝘚𝘈. 🕮   FU **u**
cerrado domingo noche y festivos noche – Com carta 3500 a 5450.

X **Sal i Pebre,** Alfambra 14, ⊠ 08034, ℰ 205 67 66 – 🗐. 🗚 ⓪ Ɛ 𝘝𝘐𝘚𝘈. 🕮   AT **t**
Com carta 2100 a 3250.

X **Julivert Meu,** Jorge Girona Salgado 12, ⊠ 08034, ℰ 204 11 96 – 🗐. 🗚 ⓪ Ɛ 𝘝𝘐𝘚𝘈. 🕮
Com carta 1500 a 2550.   AT **r**

X **El Patí Blau,** Jorge Girona Salgado 14, ⊠ 08034, ℰ 205 66 72 – 🗐. 🗚 ⓪ Ɛ 𝘝𝘐𝘚𝘈. 🕮
Com carta 1750 a 2650.   AT **r**

X Cafe de Paris, Mestre Nicolau 16, ⊠ 08021, ℰ 200 19 14, Cocina francesa – 🗐   GV **b**

X **A la Menta,** passeig Manuel Girona 50, ⊠ 08034, ℰ 204 15 49, Taberna típica – 🗐. 🗚
⓪ Ɛ 𝘝𝘐𝘚𝘈. 🕮   EV **f**
cerrado domingo en verano – Com carta 2900 a 4600.

X **L'Alberg,** Ramón y Cajal 13, ⊠ 08012, ℰ 214 10 25, Decoración rústica – 🗐. ⓪ Ɛ 𝘝𝘐𝘚𝘈
🕮   HU **d**
cerrado domingo – Com carta 1550 a 3200.

X **El Vol de Nit,** Angli 4, ⊠ 08017, ℰ 203 91 81 – 🗐. ⓪ Ɛ 𝘝𝘐𝘚𝘈   EU **b**
cerrado domingo y del 4 al 26 agosto – Com carta 2250 a 3400.

ALREDEDORES

en Cornellá de Llobregat - AT – ✉ 08940 Cornellá de Llobregat – ☎ 93

XX **Moliner,** carret. d'Esplugues 154 ☎ 375 70 53 – ▤ ⓟ. AE ⓓ E VISA. ✂ AT v
cerrado domingo y lunes noche y del 4 al 24 agosto – Com carta 3100 a 4000.

en Esplugues de Llobregat - AT – ✉ 08950 Esplugues de Llobregat – ☎ 93 :

XXX **La Masía,** av. Països Catalans 58 ☎ 371 00 09, Fax 372 84 00, ☂, « Terraza bajo los pinos » – ▤ ⓟ. AE ⓓ E VISA. ✂ AT s
Com carta 2900 a 4200.

X ✲ **Quirce,** Laureá Miró 202 ☎ 371 10 84, ☂ – ▤ ⓟ. AE E VISA. ✂ AT e
cerrado domingo noche, lunes y agosto – Com carta 3350 a 4200
Espec. Mousseline de alcachofas y zanahorias. Lubina a la crema de ciboulette.Perdiz estofada con cebolla (15 octubre-15 marzo)..

en Sant Just Desvern – ✉ 08960 Sant Just Desvern – ☎ 93

Sant Just, Frederic Mompou 1 ☎ 473 25 17, Fax 473 24 50 – |ॐ| ▤ TV ☎ – 25/450. AE ⓓ E VISA. ✂ AT a
Com 3000 – ☕ 1100 – **150 hab** 16500/19800.

en la carretera de Sant Cugat del Vallés por ⑦ : 11 km – ✉ 08190 Sant Cugat del Vallés – ☎ 93 :

X **Can Cortés,** urbanización Ciudad Condal Tibidabo ☎ 674 17 04, ≤, ☂, Enoteca de vinos y cavas catalanes, « Antigua masía », ⛱ – ⓟ. AE ⓓ E VISA. ✂
cerrado del 4 al 23 noviembre – Com *(sólo almuerzo de domingo a jueves del 12 octubre-abril)* carta 2100 a 3050.

Ver también : ***San Cugat del Vallés por ⑦ : 18 km.***

S.A.F.E. Neumáticos MICHELIN, Sucursal, MONTCADA Y REIXACH : Polígono Industrial La Ferrería 34 Bis, ✉ 08180 ☎ 575 08 88 Y 575 05 82 POR ①, FAX 564 31 51
S.A.F.E. Neumáticos MICHELIN, Sucursal, Av. Gran Vía - HOSPITALET DE LLOBREGAT, ✉ 08908 BT ☎ 335 01 50 y 336 74 61, FAX 335 77 12

AUDI-VOLKSWAGEN paseo Valle Hebrón 101 ☎ 212 33 66
ALFA-ROMEO General Mitre 112 ☎ 201 54 44
AUSTIN-ROVER Mallorca 169-171 ☎ 451 01 18
BMW San Gervasio de Cassolas 104 ☎ 212 11 50
CITROEN Badal 81-111 ☎ 331 64 00
CITROEN Guipúzcoa 177-179 ☎ 314 76 51
FORD Travessera de Gracia 17 ☎ 200 89 11
FORD Provenza 1 ☎ 321 61 50
GENERAL MOTORS-OPEL Aribau 320 ☎ 209 42 99
GENERAL-MOTORS-OPEL Padilla 318 ☎ 256 63 00
MERCEDES paseo Reina Elisenda Moncada 13 ☎ 204 83 52
MERCEDES-BENZ Comtes D'Urgell 229-233 ☎ 230 86 00
PEUGEOT-TALBOT Viladomat 165 ☎ 423 30 42
PEUGEOT-TALBOT Balmes 184-186 ☎ 217 35 12
PEUGEOT-TALBOT Polígono Industrial zona franca C/D - calle D 41 ☎ 336 31 00
PORSCHE-SAAB Rosellón 29 ☎ 410 66 41
RENAULT travesera de Les Corts 146-148 ☎ 339 90 00
RENAULT av. de la Meridiana 85-87 ☎ 245 96 08
RENAULT Corcega 293-295 ☎ 237 07 02
RENAULT paseo Maragall 272 ☎ 429 66 00
RENAULT Riera de Horta 28-32 ☎ 351 13 51
SEAT-AUDI-VOLKSWAGEN Gran Vía de las Cortes Catalanas 140 ☎ 332 11 00
VOLVO Berlín 63 ☎ 430 10 08

Un consejo Michelin :

Para que sus viajes sean un éxito, prepárelos de antemano.
*Los mapas y las guías **Michelin** le proporcionan todas las indicaciones útiles sobre : itinerarios, visitas de curiosidades, alojamiento, precios, etc...*

El BARCO DE VALDEORRAS o O BARCO 32300 Orense 441 E 9 – ☎ 988.

♦Madrid 439 – Lugo 123 – Orense 118 – Ponferrada 52.

La Gran Tortuga, Conde de Fenosa 42 ☎ 32 11 75, Fax 32 51 69 – |ॐ| ☎. AE ⓓ E VISA. ✂
Com 850 – ☕ 250 – **16 hab** 2000/4500 – PA 1950.

X **San Mauro,** pl. de la Iglesia 11 ☎ 32 01 45 – ▤ ⓟ. AE ⓓ E VISA. ✂
cerrado lunes y 15 junio-15 julio – Com carta 1600 a 2900.

ALFA-ROMEO 18 de Julio 25 ☎ 32 18 03
CITROEN Las Arenas 1 ☎ 32 03 41
FIAT-LANCIA Manuel Quiroga 50 ☎ 32 02 88
FORD carret. Vegamolinos ☎ 32 09 61
OPEL de la Ribera 5 ☎ 32 20 09
PEUGEOT-TALBOT carret. N 120 km 52 ☎ 32 35 17
RENAULT Conde Fenosa 58 ☎ 32 01 93
SEAT Penas Forcadas 12 ☎ 32 11 13
SEAT-AUDI-VOLKSWAGEN carret. N 120 km 52 ☎ 32 07 80

BARLOVENTO Santa Cruz de Tenerife – ver Canarias (La Palma).

BARRACA DE AGUAS VIVAS o **BARRACA DE AIGUES VIVES** 46792 Valencia 445 O 28 – 96.
Madrid 395 – Alcoy 79 – Alicante 137 – Valencia 47.

en la carretera de Tabernes SE : 2 km – ✉ 46792 Barraca de Aguas Vivas – 96 :

Monasterio, ☎ 297 50 11, Fax 297 52 11, ←, 🏊, 🌳, 🎾 – ▤ rest ☎ P – 25/80. AE ⓓ E VISA. ✻
Com 1300 – ☕ 300 – **30 hab** 4000/5500 – PA 2900.

La BARRANCA (Valle de) 28499 Madrid 444 J 18 – ver Navacerrada.

BARRO 33529 Asturias – ver Llanes.

BAYONA o **BAIONA** 36300 Pontevedra 441 F 3 – 9 702 h. – 986 – Playa.
Ver : Monte Real (murallas★).
Alred. : Carretera★ de Bayona a La Guardia.
Madrid 616 – Orense 117 – Pontevedra 44 – Vigo 21.

Parador Conde de Gondomar, ☎ 35 50 00, Telex 83424, Fax 35 50 76, ←, « Reproducción de un típico pazo gallego en el recinto de un antiguo castillo feudal al borde del mar », 🏊, 🌳, 🎾 – TV ☎ 🚗 P – 25/400. AE ⓓ E VISA. ✻
Com 3100 – ☕ 950 – **124 hab** 12500 – PA 6080.

Bayona sin rest, Conde 36 ☎ 35 50 87 – |≑|. ✻
junio-septiembre – ☕ 300 – **33 hab** 3800/5000.

Tres Carabelas sin rest, Ventura Misa 61 ☎ 35 51 33 – TV ☎. AE ⓓ E VISA. ✻
☕ 300 – **10 hab** 4000/5500.

Pinzón sin rest, Elduayen 21 ☎ 35 60 46, ← – AE ⓓ E VISA. ✻
☕ 325 – **18 hab** 4000/5500.

Plaza de Castro, Ventura Misa 15 ☎ 35 55 53, Pescados y mariscos.

O Moscón, Alférez Barreiro 2 ☎ 35 50 08 – AE ⓓ E VISA
Com carta 1650 a 2850.

en la carretera de La Guardia O : 8,5 km – ✉ 36300 Bayona – 986 :

La Hermida, ☎ 35 72 73, ← – P.

CITROEN carret. Gondomar - Ramallosa ☎ 36 02 41
GENERAL-MOTORS Julián Valverde 3 ☎ 35 24 72
PEUGEOT-TALBOT La Ramallosa ☎ 35 22 58
RENAULT Sabaris - Julián Valverde 2 ☎ 35 11 38
SEAT-AUDI-VOLKSWAGEN Sabaris-Puerta del Sol 46 ☎ 35 00 00

BAZA 18800 Granada 446 T 21 – 20 609 h. alt. 872 – 958.
Madrid 425 – Granada 105 – Murcia 178.

Baza sin rest y sin ☕, av. de Covadonga ☎ 70 07 50 – |≑| ☎ 🚗. ✻
26 hab 2100/4100.

Venta del sol, carret. de Murcia ☎ 70 03 00 – ☎ 🚗 P. VISA. ✻
Com 800 – ☕ 250 – **25 hab** 1900/3200.

Las Perdices, carret. de Murcia ☎ 70 13 26 – ▤. AE ⓓ E VISA. ✻
Com carta 1300 a 2100.

ALFA ROMEO prol. de Correderas ☎ 70 32 37
CITROEN carret. de Murcia 1 ☎ 70 08 53
FORD carret. de Murcia km 175 ☎ 70 14 62
PEUGEOT-TALBOT Prolongación de Correderas ☎ 70 14 91
RENAULT carret. de Murcia ☎ 70 08 95
SEAT-AUDI-VOLKSWAGEN carret. de Murcia km 176,4 ☎ 70 17 50

BEASAIN 20200 Guipúzcoa 442 C 23 – 12 112 h. alt. 157 – 943.
Madrid 428 – Pamplona 73 – San Sebastián/Donostia 45 – Vitoria/Gasteiz 71.

Rubiorena, Zaldizurreta 7 ☎ 88 57 60 – ▤.

en Olaberría - carretera N I SO : 1,5 km – ✉ 20200 Beasain – 943 :

Castillo, ☎ 88 19 58 – |≑| ▤ rest TV ☎ 🚗 P. AE ⓓ E VISA. ✻ rest
cerrado Navidad y Año Nuevo – Com *(cerrado domingo noche)* 3000 – ☕ 500 – **28 hab** 4350/6650.

ALFA ROMEO av. Navarra 53 ☎ 88 52 00
AUSTIN-ROVER-MG Barrio Salbatore ☎ 88 93 05
CITROEN Polígono Seis ☎ 88 66 22
FIAT-LANCIA Barrio de La Cadena ☎ 88 19 91
FORD carret. N I km 419 ☎ 88 74 00
GENERAL MOTORS Polígono Industrial N 6 ☎ 88 51 50
PEUGEOT-TALBOT Senpere 5 ☎ 88 87 98
PEUGEOT-TALBOT Urdaneta 74 ☎ 88 16 89
RENAULT carret. N I km 424 ☎ 88 10 73
SEAT-AUDI-VOLKSWAGEN carret. N I km 419 ☎ 88 82 54

BECERRIL DE LA SIERRA 28490 Madrid **444** J 18 – 1 403 h. alt. 1080 – ✆ 91.
♦Madrid 54 – ♦Segovia 41.

🏨 **Las Gacelas,** San Sebastián 53 ℰ 853 80 00, Fax 853 71 41, ≤, 🏤, ⊥, ☒, 🏖, ❡ – ▮
   🍴 rest ☎ ❷ – 🔥 25/100. 𝗩𝗜𝗦𝗔. ※
   Com 2000 – ☲ 400 – **46 hab** 4500/7500 – PA 4000.

🏠 **Victoria,** San Sebastián 12 ℰ 853 85 61 – 𝗩𝗜𝗦𝗔. ※
   Com 850 – ☲ 300 – **10 hab** 3200/4000 – PA 2000.

✗ **Las Terrazas** con hab, San Sebastián 3 ℰ 853 80 02, 🏤 – ❷. 𝗩𝗜𝗦𝗔. ※
   Com carta 2125 a 3250 – ☲ 175 – **6 hab** 3500.

BEGET 17867 Gerona **443** F 37 – ♦Madrid 717 – ♦ Barcelona 145 – Gerona/Girona 98.

✗ Can Joanic, Bell Aire 14, 🏤, Decoración rústica.

BEGUR 17255 Gerona **443** G 39 – ver Bagur.

BEHOBIA 20300 Guipúzcoa **442** B 24 – ver Irún.

BÉJAR 37700 Salamanca **441** K 12 – 17 008 h. alt. 938 – ✆ 923.
Alred. : Candelario : pueblo típico S : 4 km – 🛈 paseo de Cervantes 6 ℰ 40 30 05.
♦Madrid 211 – Ávila 105 – Plasencia 63 – ♦Salamanca 72.

🏨 **Colón,** Colón 42 ℰ 40 06 50, Telex 26809, Fax 21 35 00 – ▮ ☎. 𝗔𝗘 ❶ 𝗘 𝗩𝗜𝗦𝗔. ※ rest
   Com 1600 – ☲ 450 – **54 hab** 4200/6100 – PA 3100.

🏠 **Argentino,** Carret. Salamanca 22 ℰ 40 23 64 – 𝗔𝗘 ❶ 𝗘 𝗩𝗜𝗦𝗔. ※
   Com (ver rest Argentino) – ☲ 300 – **13 hab** 2500/3500.

🏠 **Blázquez-Sánchez** sin rest, Travesía Santa Ana 6 ℰ 40 24 00 – ▮ ☎. ※
   ☲ 175 – **39 hab** 2100/3850.

✗ Argentino, carret. de Salamanca 22 ℰ 40 26 92, 🏤.

✗ Tres Coronas, carret. de Salamanca 1 ℰ 40 20 23 – ▤.

CITROEN carret. de Salamanca km 320   PEUGEOT-TALBOT carret. de Salamanca 12
ℰ 40 03 03   ℰ 40 14 06
FIAT El Rebollar ℰ 40 01 26   RENAULT Obispo Zarranz 16 ℰ 40 06 61
FORD El Rebollar ℰ 40 26 02   SEAT-AUDI-VOLKSWAGEN av. del Ejército 6
GENERAL MOTORS Recreo 89 ℰ 40 33 62   ℰ 40 07 09

BELMONTE 16640 Cuenca **444** N 21 – 2 876 h. alt. 720 – ✆ 967.
♦Madrid 157 – ♦Albacete 107 – Ciudad Real 142 – Cuenca 101.

🏠 La Muralla, Isabel I de Castilla ℰ 17 07 79 – ▤ rest ❷ – **8 hab**.

Los BELONES 30385 Murcia **445** T 27 – ✆ 968.
♦Madrid 459 – ♦Alicante 102 – Cartagena 20 – ♦Murcia 69.

    por la carretera de Portman – ✉ 30385 Los Belones – ✆ 968 :

🏨 **Club H. y Rest. Las Mimosas** ⊰, La Manga Club S : 3 km ℰ 56 45 11, Telex 67798,
   Fax 56 47 50, ≤ campo de golf y Mar Menor, 🏤, ⊥ climatizada, ❡, 🐎 – ▤ ☎ ❷. 𝗔𝗘
   ❶ 𝗘 𝗩𝗜𝗦𝗔. ※
   Com 2650 – ☲ 1175 – **46 hab** 15245/19055 – PA 5500.

✗✗ La Finca, poblado de Atamaría S : 3,5 km ℰ 56 45 11 ext. 2228, 🏤, ⊥.

✗ **La Casita,** Poblado Bellaluz pl. Chica S : 4 km ℰ 56 45 11 (ext. 2225), 🏤, Decoración
   rústica – 𝗔𝗘 ❶ 𝗘 𝗩𝗜𝗦𝗔. ※
   Com (sólo cena) carta aprox. 3000.

BELLPUIG D'URGELL 25250 Lérida **443** H 33 – 3 662 h. alt. 308 – ✆ 973.
♦Madrid 502 – ♦Barcelona 127 – ♦Lérida/Lleida 33 – Tarragona 86.

🏠 Bellpuig, carret. N II ℰ 32 02 00, Telex 57739 – ▤ rest ☎ ❷ – **30 hab**.

BELLVER DE CERDAÑA o **BELLVER DE CERDANYA** 25720 Lérida **443** E 35 – 1 674 h. alt.
1061 – ✆ 973 – 🛈 pl. de Sant Roc 9 ℰ 51 02 29 – ♦Madrid 634 – ♦Lérida/Lleida 165 – Seo de Urgel 32.

🏨 **María Antonieta** ⊰, av. de la Cerdanya ℰ 51 01 25, ≤, ⊥ – ▮ ☎ 🚗. 𝗔𝗘 ❶ 𝗘 𝗩𝗜𝗦𝗔.
   ※
   Com 1850 – ☲ 500 – **54 hab** 4000/7150.

🏠 **Bellavista,** carret. de Puigcerdá 43 ℰ 51 00 00, ≤, ⊥, ❡ – ▮ ☎ ❷. 𝗘 𝗩𝗜𝗦𝗔. ※ rest
   cerrado noviembre – Com 1500 – ☲ 450 – **51 hab** 3000/5000.

    por la carretera de Alp y desvío a la derecha en Balltarga SE : 4 km – ✉ 25720 Bellver
de Cerdaña – ✆ 973 :

✗ **Mas Marti** ⊰, urb. Bades ℰ 51 00 22, Decoración rústica – ❷. ※
   Semana Santa, 20 julio-10 septiembre, Navidades y fines de semana – Com
   carta 2200 a 3350.

ENALMADENA 29639 Málaga 🗺️🗺️🗺️ W 16 – 21 866 h. – 🏧 952.

Torrequebrada 🏌️ 42 27 42.

Av. Antonio Machado km 222 🏌️ 44 24 94 Fax 44 24 94.

Madrid 579 – Algeciras 117 – ♦Málaga 24.

※ **La Rueda,** San Miguel 2 🏌️ 44 82 21, 🍴 – 🝒 ① E 📖
cerrado martes – Com carta 1550 a 2275.

en Arroyo de la Miel E : 4 km – ⊠ 29630 Arroyo de la Miel – 🏧 952 :

🏨 **Sol y Miel,** Blas Infante 14 🏌️ 44 11 14 – 🛗 🍽️ rest. 🛇
Com 975 – ⊆ 260 – **40 hab** 1800/3600.

※ **Ventorrillo de la Perra,** av. de la Constitución s/n.-carret. de Torremolinos 🏌️ 44 19 66,
🍴 – 🝒 ① E 📖 🛇
cerrado lunes – Com carta 2200 a 2945.

AT Alemania s/n 🏌️ 44 50 47   RENAULT Blas Infantes 22 🏌️ 44 15 24
RD pol. industrial El Tomillar 37 🏌️ 44 44 33
UGEOT-TALBOT avda. Inmaculada Concepción
🏌️ 44 24 91

ENALMADENA COSTA 29630 Málaga 🗺️🗺️🗺️ W 16 – 🏧 952 – Playa.

Av. Antonio Machado km 222 🏌️ 44 24 94 Fax 44 24 94.

🏨🏨 **Torrequebrada,** carret. N 340 km 220 🏌️ 44 60 00, Telex 77528, Fax 44 57 02, ≤ mar,
🍴, ⤴ climatizada, ⛱️, 🍽️ – 🛗 🍽️ 📺 ☎ 🚗 🅿 – 🛎️ 25/700. 🝒 ① E 📖. 🛇
Com 4500 Café Royal (sólo cena) carta 5200 a 7200 y rest. Pavillón (sólo almuerzo) carta
3150 a 4800 – ⊆ 1700 – **350 hab** 18000/22000 – PA 9000.

🏨🏨 **Tritón,** av. Antonio Machado 29 🏌️ 44 32 40, Telex 77061, Fax 44 26 49, ≤, « Gran jardín
tropical », ⤴ climatizada, 🍽️ – 🛗 🍽️ 📺 ☎ 🚗 🅿 – 🛎️ 25/280. 🝒 ① E 📖. 🛇
Com 3200 – ⊆ 1100 – **196 hab** 13000/17000 – PA 6350.

🏨🏨 **Riviera,** av. Antonio Machado 49, ⊠ apartado 9, 🏌️ 44 12 40, Telex 77041, Fax 44 22 30,
≤, « Terrazas escalonadas con césped », ⤴, 🍽️ – 🛗 🍽️ 🅿 – 🛎️ 25/100. 🝒 ① E 📖. 🛇
Com 2000 – ⊆ 625 – **189 hab** 8200/11800.

🏨🏨 **La Roca,** playa Santa Ana - carret. N 340 km 221,5 🏌️ 44 17 40, Telex 79340, Fax 44 32 55,
≤, 🍴, ⤴, 🍽️ – 🛗 🍽️ rest ☎. 🝒 ① 📖. 🛇 rest
Com 1500 – ⊆ 425 – **157 hab** 5100/7500.

🏨🏨 **Siroco,** av. Antonio Machado 28 🏌️ 44 30 40, Telex 77135, Fax 44 64 47, ≤, « Gran jardín
botánico », ⤴, 🍽️ – 🛗 🅿 – 🛎️ 25/50. 🝒 ① E 📖. 🛇
Com 1800 – ⊆ 470 – **261 hab** 5130/7930.

🏨 **Villasol,** av. Antonio Machado 🏌️ 44 19 96, Telex 77682, Fax 44 19 75, ≤, ⤴ – 🛗 ☎ 🅿.
🝒 ① E 📖. 🛇
cerrado noviembre-enero – Com 1585 – ⊆ 450 – **76 hab** 4410/5565 – PA 3085.

※※ **Mar de Alborán,** Av. de Alay 5 🏌️ 44 64 27, Fax 44 63 80, ≤, 🍴, Cocina vasca – 🍽️. 🝒
E 📖. 🛇
cerrado sábado mediodía, lunes y 23 diciembre-23 enero – Com carta 3500 a 4000.

※ **O. K. 2,** Terramar Alto - Edificio Delta del Sur 🏌️ 44 28 16, 🍴, Asados y carnes a la
parrilla – 🍽️. 🝒 E 📖. 🛇
cerrado martes y agosto-5 septiembre – Com carta 2150 a 3025.

※ Chef Alonso, av. Antonio Machado 222 🏌️ 44 34 35 – 🍽️.

※ **O.K.,** San Francisco 2 🏌️ 44 36 96, 🍴 – E 📖. 🛇
cerrado miércoles y 15 diciembre-enero – Com carta 1950 a 2850.

EUGEOT-TALBOT Teresa Pascual 6 🏌️ 43 12 78

BENASQUE 22440 Huesca 🗺️🗺️🗺️ E 31 – 983 h. alt. 1138 – 🏧 974 – Balneario – Deportes de
vierno en Cerler : ≰11.

Ired. : S : Valle de Benasque★ – O : Carretera del Coll de Fadas ≤★ por Castejón de Sos –
ongosto de Ventamillo★ S : 16 km.

San Pedro 🏌️ 55 12 89.

Madrid 538 – Huesca 148 – ♦Lérida/Lleida 148.

🏨 **Aneto** 🏞️, carret. Anciles 2 🏌️ 55 10 61, Fax 55 15 09, ⤴, 🎠, 🍽️ – 🛗 ☎ 🅿
temp. – **38 hab.**

🏨 **El Puente II** 🏞️ sin rest, San Pedro 🏌️ 55 12 11, ≤ – ☎ 🚗 🅿. E 📖. 🛇
⊆ 550 – **28 hab** 4000/6500.

🏨 El Pilar 🏞️, carret. de Francia 🏌️ 55 12 63, Fax 55 15 09, ≤ – 🛗 ☎ 🚗 🅿 – **51 hab.**

🏨 **Avenida** 🏞️, Av. de los Tilos 3 🏌️ 55 11 26, Fax 55 15 15 – ☎ E 📖. 🛇
cerrado 15 octubre-noviembre – Com – ⊆ 325 – **16 hab** 2900/4075 – PA 2315.

※ **La Parrilla,** carret. de Francia 🏌️ 55 11 34, 🍴 – E 📖. 🛇
cerrado del 15 al 30 septiembre – Com carta 1675 a 2450.

en Cerler SE : 6 km – ⊠ 22449 Cerler – 🏧 974 :

🏨🏨 **Monte Alba** 🏞️, alt. 1 540 🏌️ 55 11 36, Telex 57806, Fax 55 14 48, ≤ alta montaña,
⤴ climatizada, ⛱️ – 🛗 🅿
temp. – **130 hab.**

137

BENAVENTE 49600 Zamora **[441]** F 12 – 12 509 h. alt. 724 – 🕲 988.

♦Madrid 259 – ♦León 71 – Orense 242 – Palencia 108 – Ponferrada 125 – ♦Valladolid 99.

🏛 **Parador Rey Fernando II de León** 🗟, 🖉 63 03 00, Fax 63 03 03, ≤ – 🗏 📺 🚗.
⓪ 🗉 𝘝𝘐𝘚𝘈 ⁌⁌
Com 2900 – 😐 950 – **30 hab** 9000 – PA 5740.

🏛 Ría de Vigo, av. Primo de Rivera 31 🖉 63 17 30 – 🗏 rest – **27 hab**.

en la carretera N VI – ⊠ 49600 Benavente – 🕲 988 :

🏛 **Arenas,** SE : 2 km 🖉 63 03 34 – 🚗 🅿 🗉 𝘝𝘐𝘚𝘈. ⁌⁌
Com 1400 – 😐 200 – **50 hab** 3000/4950 – PA 2900.

✗ **Benavente** con hab, SE : 1,3 km 🖉 63 02 50, 🏖 – 🕾 🚗 🅿. ⁌⁌
Com carta 1025 a 2700 – 😐 350 – **8 hab** 2200.

CITROEN carret. Coruña 69 🖉 63 44 50
FIAT-LANCIA carret. de Orense km 2,6
🖉 63 01 20
FORD av. Federico Silva Muñoz 54 🖉 63 01 95
OPEL-GM av. General Primo de Rivera 84 - 98
🖉 63 15 31

PEUGEOT-TALBOT av. Federico Silva Muñoz 56
🖉 63 07 37
RENAULT av. Federico Silva Muñoz 97
🖉 63 38 56
SEAT-AUDI-VOLKSWAGEN carret. N VI km 261
🖉 63 16 80

BENDINAT (Costa de) Baleares **[443]** N 37 – ver Baleares (Mallorca).

BENICARLÓ 12580 Castellón **[445]** K 31 – 16 587 h. alt. 27 – 🕲 964 – Playa.

🛈 pl. San Andrés 🖉 47 31 80 – ♦Madrid 492 – Castellón de la Plana 69 – Tarragona 116 – Tortosa 55.

🏛 **Parador Costa del Azahar** 🗟, av. del Papa Luna 5 🖉 47 01 00, Fax 47 09 34, 🛆, 🚿
⁌⁌ – 🗏 📺 🕾 🅿 – 🔬 25/60. 🗚 ⓪ 🗉 𝘝𝘐𝘚𝘈. ⁌⁌
Com 2900 – 😐 950 – **108 hab** 10000 – PA 5740.

🏥 **Márynton,** paseo Marítimo 5 🖉 47 30 11 – 🛗 🗏 rest 📺 🕾 🚗. 🗉 𝘝𝘐𝘚𝘈.
Com *(cerrado viernes)* 1550 – 😐 375 – **26 hab** 3400/5500 – PA 3100.

✗ **El Cortijo,** av. Mendez Nuñez 85 🖉 47 00 75, Pescados y mariscos – 🗏 🅿. 🗉 𝘝𝘐𝘚𝘈. ⁌⁌
cerrado lunes – Com carta 2680 a 4425.

en la carretera N 340 – ⊠ 12580 Benicarló – 🕲 964 :

🏠 **Sol** sin rest, 🖉 47 13 49 – 🅿
😐 450 – **22 hab** 2000/3900.

CITROEN Magallanes 9 🖉 47 17 41
AUSTIN ROVER Esteban Collantes, 103
🖉 47 36 31
FIAT-LANCIA carret. Barcelona-Valencia km 138,5
🖉 47 28 15
FORD carret. N 340 km 137 🖉 47 03 39

GENERAL MOTORS Partida del Riu 🖉 47 36 80
PEUGEOT-TALBOT carret. Valencia-Barcelona km
134 🖉 47 19 50
RENAULT carret. N 340 km 135 🖉 47 11 50
SEAT-AUDI-VOLKSWAGEN av. Magallanes
🖉 47 17 08

BENICASIM 12560 Castellón **[445]** L 30 – 4 705 h. – 🕲 964 – Playa.

🛈 Médico Segarra 4 (Ayuntamiento) 🖉 30 02 81.

♦Madrid 436 – Castellón de la Plana 14 – Tarragona 165 – ♦Valencia 88.

🏥 **Avenida y Eco-Avenida,** av. de Castellón 2 🖉 30 00 47 – 🅿. 𝘝𝘐𝘚𝘈. ⁌⁌ rest
abril-septiembre – Com 950 – 😐 300 – **60 hab** 2000 a 3100 – PA 1800.

🏥 **Almadraba,** Santo Tomás 137 🖉 30 10 00 – 🛗 🅿 🗉 𝘝𝘐𝘚𝘈
Com 1000 – **61 hab** 1165/2500.

🏥 **Bosquemar,** Santo Tomás 73 🖉 30 08 63 – ⁌⁌
cerrado 10 octubre-15 noviembre – Com *(cerrado domingo)* 1000 – 😐 225 – **18 hab**
1500/2800 – PA 1800.

✗✗✗ **La Strada,** av. Castellón 45 🖉 30 02 12, 🏖 – 🗏. 🗚 ⓪ 𝘝𝘐𝘚𝘈. ⁌⁌
Com carta 3550 a 5250.

✗ **Plaza** con hab, Cristóbal Colón 3 🖉 30 00 72 – 🗏. 🗚 ⓪ 🗉 𝘝𝘐𝘚𝘈. ⁌⁌
cerrado martes y 15 diciembre-15 enero – Com carta 2300 a 3850 – 😐 300 – **7 hab** 2550.

en la zona de la playa :

🏛 **Orange,** av. Jimeno Tomás 9 🖉 39 44 00, Telex 65626, Fax 30 15 41, « 🛆 rodeada de
césped con árboles », 🛆, ⁌⁌ – 🛗 🗏 🕾 🅿 – 🔬 25/350. ⓪ 🗉 𝘝𝘐𝘚𝘈. ⁌⁌ rest
abril-octubre – Com 1950 – 😐 580 – **400 hab** 6100/7200 – PA 3750.

🏛 **Trinimar,** av. Ferrándiz Salvador 🖉 30 08 50, Fax 30 08 66, ≤, 🛆 – 🛗 🗏 rest 🅿. 🗚 🗉
𝘝𝘐𝘚𝘈
Semana Santa y junio-septiembre – Com 2000 – 😐 500 – **170 hab** 6500/7500.

🏛 **Azor,** av. Gimeno Tomás 1 🖉 39 20 00, Fax 39 23 79, ≤, « Terraza con flores », 🛆, 🚿
⁌⁌ – 🛗 🗏 🕾 🅿. ⓪ 🗉 𝘝𝘐𝘚𝘈. ⁌⁌ rest
15 mayo-15 noviembre – Com 1950 – 😐 580 – **88 hab** 6100/7200.

🏥 **Voramar,** paseo Pilar Coloma 1 🖉 30 01 50, Fax 30 05 26, ≤, « Terraza », ⁌⁌ – 🛗 🕾
🚗. 𝘝𝘐𝘚𝘈. ⁌⁌ rest
abril-octubre – Com 1400 – 😐 450 – **55 hab** 3700/6000 – PA 2500.

🏥 **Vista Alegre,** av. de Barcelona 48 🖉 30 04 00, 🛆 – 🛗 🗏 rest 🕾 🅿 🗉 𝘝𝘐𝘚𝘈. ⁌⁌ rest
marzo-octubre – Com 1200 – 😐 375 – **68 hab** 2600/4000.

🏨 **Bonaire,** Gimeno Tomás 3 ℰ 39 24 80, Fax 39 23 79, 😤, « Pequeño pinar », 🏊, 🎾 –
🖭 rest ☎ 🅿 ⚏ 🗲 VISA. 🛇 rest
15 marzo-15 noviembre – Com 1720 – ⌑ 510 – **78 hab** 4600/5800.

🏨 **Tramontana** sin rest, paseo Marítimo Bernad Artola 44 ℰ 30 03 00, ☞ – 🖬 ☜ 🅿 ⚏
⚏ 🗲 VISA. 🛇
23 marzo-octubre – ⌑ 385 – **65 hab** 2800/4400.

🏠 **Bersoca,** Gran Avenida 217 ℰ 30 12 58, 🏊 – 🖬 ☜ 🅿 ⚏ VISA. 🛇 rest
marzo-octubre – Com 1100 – ⌑ 350 – **40 hab** 2800/3500.

✕ Torreón Bernad, playa Torreón ℰ 30 03 42, 😤, Decoración neo-rústica – 🖭.

en Las Playetas NE : 2,5 km – ⊠ 12560 Benicasim – 😊 964 :

🏨 **El Cid,** ℰ 30 07 00, Fax 31 48 78, 🏊, 🎾 – 🖬 ☜ 🅿 ⚏ 🗲 VISA. 🛇
temp. – Com 1400 – ⌑ 400 – **52 hab** 4900 – PA 2700.

en el Desierto de Las Palmas NO : 8 km – ⊠ 12560 Benicasim – 😊 964 :

✕ Desierto de las Palmas, ℰ 30 09 47, ≤ montaña, valle y mar, 😤 – 🅿.

CITROEN Santo Tomás 139 ℰ 30 00 03
PEUGEOT-TALBOT Leopoldo Querol 27
ℰ 30 09 45

RENAULT Maestro Cubells 1 ℰ 30 04 49
SEAT-AUDI-VOLKSWAGEN av. Castellón
ℰ 30 04 95

BENIDORM 03500 Alicante 🔴🔴🔴 Q 29 – 25 544 h. – 😊 96 – Playa.

Ver : Promontorio del Castillo ≤★ AZ.

Alred. : Rincón de Loix ⁎⁎★★ CY.

🛈 av. Martinez Alejos 16 ℰ 585 13 11.

◆Madrid 459 ③ – ◆Alicante 44 ③ – ◆Valencia (por la costa) 136 ③.

Plano página siguiente

🏨🏨 **G. H. Delfín,** playa de Poniente, La Cala ℰ 585 34 00, Fax 585 71 54, ≤, 😤, 🏊, ☞, 🎾
– 🖬 🖭 ☎ 🅿 ⚏ 🗲 VISA. 🛇 rest   por ②
23 mayo-septiembre – Com 3585 – ⌑ 825 – **99 hab** 9450/15750.

🏨🏨 **Cimbel,** av. de Europa 1 ℰ 585 21 00, Telex 68275, Fax 586 06 61, ≤, 🏊 climatizada – 🖬
🖭 🖬 🖂 ⇔. 🛇 – BY f
Com 2800 – ⌑ 728 – **144 hab** 6440/12880 – PA 4480.

🏨🏨 **Don Pancho,** av. del Mediterráneo 39 ℰ 585 29 50, Telex 66630, Fax 586 77 79,
🏊 climatizada, 🎾 – 🖬 🖭 🖬 ☎ 🅿 – 🔬 25/330. ⚏ ⚏ 🗲 VISA   CY e
Com 2300 – ⌑ 650 – **251 hab** 8400/11500 – PA 4200.

🏨 **Agir** sin rest, con cafetería, av. del Mediterráneo 11 ℰ 585 22 54, Fax 585 89 50 – 🖬 🖭
☎ ⚏ ⚏ 🗲 VISA. 🛇   BY k
⌑ 550 – **69 hab** 4400/6900.

🏠 **Bilbaíno,** av. Virgen del Sufragio 1 ℰ 585 08 04, ≤ – 🖬 ☎. 🛇   BZ f
marzo-noviembre – Com 850 – ⌑ 300 – **38 hab** 3100/6000 – PA 1200.

✕✕✕ **Tiffany's,** av. del Mediterráneo 51 - Edificio Coblanca 3 ℰ 585 44 68 – 🖭 ⚏ ⚏ 🗲 VISA.
🛇   CY c
cerrado 7 enero-7 febrero – Com (sólo cena) carta 2900 a 3175.

✕✕✕ **Don Luis,** av. Dr. Orts Llorca - edificio Zeus ℰ 585 46 73, 😤 – 🖭 ⚏ ⚏ 🗲 VISA
🛇   BY z
Com carta 2650 a 4800.

✕✕✕ **I Fratelli,** av. Dr. Orts Llorca 21 ℰ 585 39 79, 😤 – 🖭 ⚏ ⚏ 🗲 VISA. 🛇   BY u
cerrado noviembre – Com carta 2950 a 5000.

✕✕ **La Terna,** av. L'Ametlla de Mar ℰ 586 50 30 – 🖭 ⚏ ⚏ 🗲 VISA. 🛇   CY b
Com carta 2500 a 3600.

✕✕ **El Vesubio,** av. del Mediterráneo-edificio Playmon Bacana ℰ 585 45 35, 😤 – 🖭 ⚏ ⚏
🗲 VISA. 🛇   BY c
Com carta 2100 a 3300.

✕ **La Trattoria,** av. Bilbao 3 ℰ 585 30 85, 😤 – 🖭 ⚏ 🗲 VISA. 🛇   BY e
15 marzo-25 octubre – Com carta 1800 a 3125.

✕ Don Celes, av. Juan Fuster Zaragoza - edificio Mariscal III ℰ 586 45 32, Cocina vasca
                                                                            CY d

✕ **Castañuela,** Estocolmo 7 - Rincón de Loix ℰ 585 10 09 – 🖭 ⚏ ⚏ 🗲 VISA. 🛇   CY u
Com carta aprox. 3000.

✕ **La Parrilla II,** av. L'Ametlla de Mar 18 - Rincón de Loix ℰ 586 20 99 – 🖭 ⚏ ⚏ 🗲 VISA
cerrado martes y 15 noviembre-15 diciembre – Com carta 1925 a 2850.   CY r

✕ **Pampa Grill,** Ricardo 18 ℰ 585 30 34, Decoración rústica, Carnes a la brasa – 🖭 ⚏ 🗲
VISA   AZ n
cerrado lunes y enero – Com carta 1650 a 2700.

sigue →

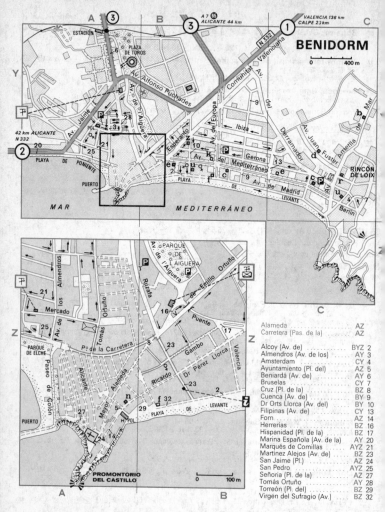

BENIDORM

en la carretera de Valencia – ⊠ 03500 Benidorm – 🕃 96 :

🟉🟉 **La Barca,** por ① : 2,3 km 𝒫 586 09 60 – 🗐 🄿 🄰🄴 🄾 🄴 ꂑꌇꌅ. 🟉
Com carta 2275 a 3200.

🟉🟉 **El Molino,** por ① : 3 km 𝒫 585 71 81, 🚼, Colección de botellas de vino – 🗐 🄿 🄰🄴 🄾
🄴 ꂑꌇꌅ
Com carta 2350 a 2650.

en Cala Finestrat por ② : 4 km – ⊠ 03500 Benidorm – 🕃 96 :

🟉 **Casa Modesto,** 𝒫 585 86 37, ⩽, 🚼, Pescados y mariscos – ꂑꌇꌅ 🟉
cerrado 15 enero-febrero – Com carta 1850 a 2850.

CITROEN carret. Valencia-Alicante km 124,7
𝒫 585 98 43
CITROEN Partida Almafra - Urb. Alfonso
𝒫 585 61 12
CITROEN La Cala 𝒫 585 07 74
FORD carret. Valencia-Alicante km 116,7
𝒫 585 35 62

GENERAL MOTORS carret. circunvalación
𝒫 585 37 81
PEUGEOT-TALBOT carret. Alicante-Valencia
𝒫 586 08 09
RENAULT carret. de circunvalación 𝒫 85 13 54

Pour visiter une ville ou une région : utilisez les guides Verts Michelin.

BENIFAYO o **BENIFAIO** 46450 Valencia **445** O 28 – 11 893 h. alt. 35 – 🟢 96.
◆Madrid 404 – ◆Albacete 170 – ◆Alicante 144 – ◆Valencia 20.

- ※ **La Caseta,** Gràcia 7 ℰ 178 22 07 – 🍴. *VISA*. 🛇
  cerrado domingo noche – Com carta 2000 a 2950.

BENIMANTELL 03516 Alicante **445** P 29 – 425 h. alt. 527 alt – 🟢 96.
◆Madrid 437 – Alcoy 32 – ◆Alicante – Gandía 85.

- ※ **Venta la Montaña,** carret. de Alcoy 9 ℰ 588 51 41, Decoración típica – 🍴. 🝙 ⓸ 🄴
  VISA
  cerrado lunes en invierno y junio – Com carta 2300 a 2500.
- ※ **L'Obrer,** carret. de Alcoy 27 ℰ 588 50 88 – 🝙 🄴 *VISA*. 🛇
  cerrado 4 junio-7 julio – Com carta 1450 a 2050.

BENIPARRELL 46469 Valencia **445** N 28 – 1 321 h. – 🟢 96.
◆Madrid 362 – ◆Valencia 11.

- 🏠 **Quiquet,** av. Levante 45-47 ℰ 120 07 50 – 🛏 🍽 rest ☎ 🄿 – 🄲 25/70. 🝙 *VISA*
  Com carta 1850 a 3150 – 🍴 400 – **34 hab** 4400/6400.

BENISA o **BENISSA** 03720 Alicante **445** P 30 – 🟢 96.
◆Madrid 458 – ◆Alicante 71 – ◆Valencia 110.

- ※ **Casa Cantó,** av. País Valenciá 265 ℰ 573 06 29 – 🍴. 🝙 ⓸ 🄴 *VISA*. 🛇
  cerrado domingo y del 8 al 31 octubre – Com carta 2800 a 3275.

  en la zona de la playa SE : 9 km – ✉ 03720 Benisa – 🟢 96

- ※※ **La Chaca,** Fenadix X-5 ℰ 574 77 06, Cocina franco-belga – 🍴. ⓸ 🄴 *VISA*. 🛇
  cerrado lunes y del 6 al 13 mayo – Com (sólo cena salvo domingo de octubre a junio)
  carta 2500 a 4150.

BENISANÓ 46181 Valencia **445** N 28 – 1 611 h. – 🟢 96.
◆Madrid 344 – Teruel 129 – ◆Valencia 24.

- ※ **Levante,** Virgen del Fundamento 15 ℰ 278 07 21, Paellas – 🍴. 🝙 🄴 *VISA*. 🛇
  cerrado martes y 18 julio-10 agosto – Com (sólo almuerzo) carta 1650 a 3250.

PEUGEOT-TALBOT carret. Valencia-Ademuz km 22,2 ℰ 278 03 04

BERGA 08600 Barcelona **443** F 35 – 14 249 h. alt. 715 – 🟢 93.
Alred. : Santuario de Queralt ✳✳✳, O : 4 km.
◆Madrid 627 – ◆Barcelona 117 – ◆Lérida/Lleida 158.

- 🏠 **Estel** sin rest, Carretera Sant Fruitós 39 ℰ 821 34 63 – ☜. 🄴 *VISA*. 🛇
  🍴 300 – **40 hab** 2100/3100.
- ※ **Sala,** passeig de la Pau 27 ℰ 821 11 85 – 🍴. 🝙 ⓸ 🄴 *VISA*
  cerrado domingo noche y lunes – Com carta 2250 a 3400.

  en la carretera C 1411 SE : 2 Km – ✉ 08600 Berga – 🟢 93

- ※※ **L'Esquirol,** Camping de Berga ℰ 821 12 50, Fax 821 12 50, 🍽, 🏊, 🎾, ※ – 🍴 🄿. 🝙
  ⓸ 🄴 *VISA*. 🛇
  cerrado martes – Com carta 2000 a 2900.

AUSTIN-ROVER-VOLVO-MG Pio Baroja 11
ℰ 822 00 90
CITROEN Compte Oliva 21-23 ℰ 821 18 47
FIAT Cervantes 33-35 ℰ 822 09 57
FORD prolongació passeig de la Pau 8
ℰ 821 11 54
GENERAL MOTORS passeig de la Pau 51
ℰ 821 27 11

LANCIA Compte Oliva 19 ℰ 821 17 96
MERCEDES-BENZ Circunvalació ℰ 821 16 50
PEUGEOT-TALBOT carret. Sant Fruitos 36
ℰ 821 00 50
RENAULT passeig de la Industria 16 ℰ 821 02 75
SEAT-AUDI-VOLKSWAGEN carret. Sant Fruitos
25 ℰ 821 01 21

BERGARA 20570 Guipúzcoa **442** C 22 – ver Vergara.

BERGONDO 15217 La Coruña **441** C 5 – 5 424 h. – 🟢 981.
◆Madrid 582 – ◆La Coruña 21 – Ferrol 30 – Lugo 78 – Santiago de Compostela 63.

- ※ **Panchón,** carret. de Betanzos-Sada ℰ 79 10 03 – 🄿. 🝙 🄴 *VISA*
  cerrado 15 septiembre-2 octubre – Com carta 1800 a 2600.

  en la carretera de Ferrol - en Fiobre NE : 2,5 km – ✉ 15165 La Coruña – 🟢 981 :

- ※※ **A Cabana,** ℰ 79 11 53, ≤ ría, 🍽 – 🄿.

CITROEN carret. N VI km 580 ℰ 78 02 31

BERIAIN 31191 Navarra **442** D 25 – ver Pamplona.

BERMEO 48370 Vizcaya **442** B 21 – 17 778 h. – ۞ 94 – Playa.

Alred. : Alto de Sollube★ SO : 5 km – Carretera de Guernica ≤★ – Carretera de Bermeo a Baqui◄
≤★ – ◆Madrid 432 – ◆Bilbao 33 – ◆San Sebastián/Donostia 98.

🏠 **Txaraca** ⑤ sin rest, Almike Anzoa 5 ℰ 688 55 58 – 🖂 ☎. 🖭 ⓪ 🗉 𝖵𝖨𝖲𝖠. ⁌
� 500 – **12 hab** 6000/8000.

ХХ **Iñaki,** Bizkaiko Jaurreria 25 ℰ 688 57 35 – ▤. 🖭 🗉 𝖵𝖨𝖲𝖠. ⁌
Com carta aprox. 5000.

Х **Pili,** parque de Ercilla 1 ℰ 688 18 50, Pescados y mariscos – ▤.

Х **Jokin,** Eupeme Deuna 13 ℰ 688 40 89, ≤ – 🖭 ⓪ 🗉 𝖵𝖨𝖲𝖠. ⁌
Com carta 2700 a 4200.

Х **Aguirre,** López de Haro 5 ℰ 688 08 30 – ▤. 🖭 ⓪ 🗉 𝖵𝖨𝖲𝖠. ⁌
cerrado marzo – Com carta 3000 a 4300.

Х Artxanda, Santa Eufemia 14 ℰ 688 09 30, 🍴 – ▤.

FORD Poligono Industrial Landabzso
ℰ 688 29 71
RENAULT Señorio de Vizcaya 8 ℰ 688 08 25

SEAT-AUDI-VOLKSWAGEN Capitán Zubiaur 39
ℰ 688 25 90

BERNUY o **BERNUI** 25567 Lérida **443** E 33 – ver Llessui.

El BERRÓN 33186 Asturias **441** B 12 – ۞ 985.
◆Madrid 444 – ◆Gijón 33 – ◆Oviedo 13 – ◆Santander 192.

🏨 **Samoa,** carret. N 634 ℰ 74 11 50, 🍴 – 🛗 🖭 ⊛ ⟵, 🗉 𝖵𝖨𝖲𝖠. ⁌
Com (cerrado miércoles) carta 1950 a 3550 – ⊒ 450 – **40 hab** 4500/6500 – PA 2400.

BESALÚ 17850 Gerona **443** F 38 – 2 087 h. – ۞ 972 – 🔁 pl. de la Libertad 1 ℰ 59 02 25.
◆Madrid 743 – Figueras/Figueres 24 – ◆Gerona/Girona 34.

Х **Cúria Real** con hab, pl. de la Llibertat 15 ℰ 59 02 63, 🍴, Instalado en un antiguo
convento – 🖭 ⓪ 🗉 𝖵𝖨𝖲𝖠. ⁌
cerrado enero – Com (cerrado martes salvo verano) carta 1300 a 2300 – ⊒ 400 – **7 hab**
2100/3300.

Х **Pont Vell,** Pont Vell 28 ℰ 59 10 27, ≤, 🍴 – 🖭 ⓪ 🗉 𝖵𝖨𝖲𝖠
Com carta 2400 a 3400.

RENAULT av. President Lluis Companys 36
ℰ 59 07 01

SEAT-AUDI-VOLKSWAGEN carret. de Olot
ℰ 59 00 79

BETANZOS 15300 La Coruña **441** C 5 – 11 385 h. alt. 24 – ۞ 981.
Ver : Iglesia de Santa Maria del Azogue★ – Iglesia de San Francisco (sepulcro★).
◆Madrid 576 – ◆La Coruña 23 – Ferrol 38 – Lugo 72 – Santiago de Compostela 64.

🏨 **Los Angeles,** Angeles 11 ℰ 77 12 13 – 🛗 ☎ 🅿 🗉 𝖵𝖨𝖲𝖠. ⁌
Com 1000 – ⊒ 325 – **36 hab** 3600/4600 – PA 1975.

Х **Casanova,** pl. García Hermanos 15 ℰ 77 06 03 – 🖭 𝖵𝖨𝖲𝖠. ⁌
cerrado del 15 al 30 octubre – Com carta 1650 a 3650.

AUSTIN-ROVER-MG Las Cascas 11 ℰ 77 12 59
CITROEN av. Fraga Iribarne ℰ 77 24 11
FIAT plazuela de la Marina 8 ℰ 77 16 92
FORD av. Fraga Iribarne 35-37 ℰ 77 16 58
GENERAL MOTORS - OPEL carret. de Castilla
114-116 ℰ 77 23 53
LANCIA Bellavista ℰ 77 14 68

PEUGEOT-TALBOT av. de La Coruña 11
ℰ 77 17 11
RENAULT carret. de Circunvalación 18
ℰ 77 04 51
SEAT-AUDI-VOLKSWAGEN Las Angustias 36
ℰ 77 15 52

BETETA 16870 Cuenca **444** K 23 – 458 h. – ۞ 966.
◆Madrid 217 – Cuenca 109 – Guadalajara 161.

🏨 **Los Tilos** ⑤, ℰ 31 80 97, ≤ – ⊛ ⟵ 🅿 🗉 𝖵𝖨𝖲𝖠
Com 1350 – ⊒ 300 – **24 hab** 2400/3400 – PA 2550.

BETRÉN 25539 Lérida **443** D 32 – ver Viella.

BIELSA 22350 Huesca **443** E 30 – 429 h. alt. 1053 – ۞ 974.
◆Madrid 544 – Huesca 154 – ◆Lérida/Lleida 170.

🏨 **Bielsa** ⑤, carret. de Ainsa ℰ 50 10 08, ≤ – 🛗 🖭 ☎ 🅿 🗉 𝖵𝖨𝖲𝖠. ⁌
marzo-octubre – Com 1450 – ⊒ 425 – **39 hab** 3200/3900 – PA 2900.

🏨 **Valle de Pineta** ⑤, Baja ℰ 50 10 10, ≤, ⌦ – 🛗 – ⊛. 🗉 𝖵𝖨𝖲𝖠
cerrado noviembre salvo puentes festivos – Com 1150 – ⊒ 350 – **28 hab** 2400/3600 – PA
2100.

en el valle de Pineta NO : 14 km – ✉ 22351 Pineta – ۞ 974 :

🏯 **Parador Monte Perdido** ⑤, alt. 1 350 ℰ 50 10 11, Fax 50 10 11, ≤, « En un magnífico
paisaje de montaña » – 🛗 🖭 ☎ 🅿 🖭 ⓪ 🗉 𝖵𝖨𝖲𝖠. ⁌
Com 2900 – ⊒ 950 – **24 hab** 9500 – PA 5740.

BIESCAS 22630 Huesca **448** E 29 – 1 279 h. alt. 860 – **☺** 974 – ◆Madrid 458 – Huesca 68 – Jaca 30.

🏠 **Casa Ruba** ⑤, Esperanza 18 𝒫 48 50 01 – 🍴 rest. **AE** **VISA**. ⑤✕
cerrado octubre-noviembre – Com 1400 – ☲ 400 – **33 hab** 2600/3800.

🏡 **La Rambla** ⑤, Rambla San Pedro 7 𝒫 48 51 77, ≤, 🍽, ⇐. **E**. ⑤✕
cerrado noviembre – Com 1250 – ☲ 425 – **28 hab** 1600/3700 – PA 2250.

BILBAO o **BILBO** 48000 ℙ Vizcaya **442** C 20 – 433 030 h. – **☺** 94.

Ver : Museo de Bellas Artes★ (sección de arte antiguo★) CY **M**.

Alred. : La Reineta ≤★ 16 km por ③.

🏌 Club de Campo de la Bilbaina – NE : 14 km por carretera a Bermeo 𝒫 674 08 58 – 🏌 de Neguri NO : 17 km 𝒫 469 02 00.

✈ de Bilbao, Sondica NO : 11 km 𝒫 453 06 40 – Iberia : Ercilla 20, ⬚ 48009, 𝒫 424 43 00 CZ y Aviaco : aeropuerto 𝒫 453 06 40 – 🚆 Abando 𝒫 423 06 17.

🚢 para Canarias : Cia. Trasmediterránea, Buenos Aires 2 bajo, ⬚ 48001, 𝒫 442 18 50, Telex 32497 DZ.

🅱 Alameda Mazarredo, ⬚ 48001, 𝒫 424 48 19 – R.A.C.V.N. Rodríguez Arias 49 bis ⬚ 48013, 𝒫 442 58 08.

◆Madrid 397 ② – ◆Barcelona 607 ② – ◆La Coruña 622 ③ – ◆Lisboa 907 ② – ◆San Sebastián/Donostia 100 ① – ◆Santander 116 ③ – Toulouse 449 ① – ◆Valencia 606 ② – ◆Zaragoza 305 ②.

Plano páginas siguientes

🏨 **López de Haro y Rest. Club Naútico**, Obispo Orueta 2 𝒫 423 55 00, Telex 34787, Fax 423 45 00 – 🛗 🍴 📺 ☎ – 🔏 25/40. **AE** **①** **E** **VISA**. ⑤✕ rest   CY **r**
Com *(cerrado domingo y festivos noche)* 9500 – ☲ 2000 – **53 hab** 18500/29500.

🏨 **G. H. Ercilla**, Ercilla 37, ⬚ 48011, 𝒫 443 88 00, Telex 32449, Fax 443 93 35 – 🛗 🍴 📺 ☎ ⇐ – 🔏 25/400. **AE** **①** **E** **VISA**   CZ **a**
Com (ver rest. **Bermeo**) – ☲ 1250 – **346 hab** 11000/20000.

🏨 **Indautxu**, pl. Bombero Etxaniz, ⬚ 48010, 𝒫 421 11 98, Fax 422 13 31 – 🛗 🍴 📺 ☎ 🚻 – 🔏 25/400. **AE** **①** **E** **VISA**. ⑤✕   CZ **b**
Com carta 3200 a 4700 – ☲ 1100 – **195 hab** 14500/19000.

🏨 **Villa de Bilbao**, Gran Via Don Diego López de Haro 87, ⬚ 48011, 𝒫 441 60 00, Telex 32164, Fax 441 65 29 – 🛗 🍴 📺 ☎ ⇐ – 🔏 25/250. **AE** **①** **E** **VISA**. ⑤✕   BY **n**
Com 3000 – ☲ 1100 – **142 hab** 16100/20100.

🏨 **Aránzazu**, Rodríguez Arias 66, ⬚ 48013, 𝒫 441 31 00, Telex 32164, Fax 441 65 29 – 🛗 🍴 📺 ☎ **①** **E** **VISA**. ⑤✕   BY **e**
Com 2000 – ☲ 900 – **171 hab** 10200/12800.

🏨 **Nervión**, paseo del Campo de Volantín 11, ⬚ 48007, 𝒫 445 47 00, Telex 31040, Fax 445 56 08 – 🛗 🍴 rest 📺 ☎ ⇐ – 🔏 25/250. **AE** **①** **E** **VISA**. ⑤✕   DY **e**
Com *(cerrado domingo)* 1100 – ☲ 725 – **351 hab** 6050/9075.

🏨 **Conde Duque** sin rest, con cafetería, Campo de Volantín 22, ⬚ 48007, 𝒫 445 60 00, Telex 31260, Fax 445 60 00 – 🛗 📺 ☎ – 🔏 25/100. **AE** **①** **E** **VISA**. ⑤✕   DY **m**
☲ 700 – **67 hab** 7500/11800.

🏠 **Vista Alegre** sin rest, Pablo Picasso 13, ⬚ 48012, 𝒫 443 14 50, Fax 443 73 98 – 📺 ☎. **VISA**. ⑤✕   CZ **t**
☲ 325 – **30 hab** 4800/6400.

🏠 **Zabálburu** sin rest, Pedro Martínez Artola 8, ⬚ 48012, 𝒫 443 71 00 – ☎. ⑤✕   CZ **c**
☲ 350 – **37 hab** 4300/6200.

🏠 **Estadio** sin rest y sin ☲, Juan Antonio Zunzunegui 10, ⬚ 48013, 𝒫 442 42 41, Fax 442 50 11 – 📺 ☎ ⇐. ⑤✕   AZ **a**
18 hab 6000/7500.

XXXXX ✿ **Zortzico**, Alameda de Mazarredo 17, ⬚ 48001, 𝒫 423 97 43, Fax 423 56 87 – 🍴. **AE** **①** **E** **VISA**. ⑤✕   CY **r**
cerrado domingo – Com carta 3200 a 5600
Espec. Foie poché sobre hoja de roble, Pichón de (Bresse) asado sobre verduritas y vinagre de Módena (octubre-marzo), Pera imperial con salsa de naranja.

XXXX **Bermeo**, Ercilla 37, ⬚ 48011, 𝒫 443 88 00, Telex 32449, Fax 443 93 35 – 🍴. **AE** **①** **E** **VISA**   CZ **a**
cerrado sábado mediodía, domingo y festivos noche – Com carta 4700 a 6500.

XXXX **Guría**, Gran Via Don Diego Lopez de Haro 66, ⬚ 48011, 𝒫 441 05 43 – 🍴. **AE** **①** **E** **VISA**   BY **s**
cerrado domingo, Semana Santa y del 1 al 15 de agosto – Com carta 5500 a 7130.

XXX **Monasterio**, pl. Circular 2-edificio RENFE, ⬚ 48001, 𝒫 424 85 36 – 🍴. **AE** **①** **E** **VISA**. ⑤✕   DZ **x**
cerrado domingo y festivos – Com carta 4800 a 6500.

XXX **Señor**, General Eguía 50, ⬚ 48013, 𝒫 441 21 01 – 🍴. **AE** **①** **E** **VISA**. ⑤✕   AZ **g**
cerrado 15 julio-15 agosto – Com carta 3425 a 5400.

XXX ✿ **Goizeko Kabi**, particular de Estraunza 4, ⬚ 48011, 𝒫 441 50 04 – 🍴. **AE** **①** **E** **VISA**   CY **a**
cerrado domingo – Com carta 5050 a 6150
Espec. Arroz con almejas, chipirones y gambas. Capricho de bacalao y buey de mar. Roseta de pichón en su jugo..

BILBAO-BILBO

XXX **Machinventa,** Ledesma 26, ⊠ 48001, 𝒫 424 84 95 – 🍽. 𝔸𝔼 ⓘ 𝔼 𝖵𝖨𝖲𝖠. 🛇
cerrado domingo – Com carta 4800 a 5500.   CZ **n**

XXX ✿ **Gorrotxa,** alameda Urquijo 30 (galería), ⊠ 48008, 𝒫 443 49 37 – 🍽. 𝔸𝔼 ⓘ 𝔼 𝖵𝖨𝖲𝖠. 🛇
cerrado domingo, Semana Santa y 29 julio-18 agosto – Com carta 5000 a 7100   CZ **r**
Espec. Musaka de berenjenas bilbotarra, Filetes de lenguado al foie y trufas. Solomillo Wellington con salsa Périgueux..

XXX **Casa Vasca,** av. Lehendakari Aguirre 13-15, ⊠ 48014, 𝒫 475 47 78, Fax 476 14 87 – 🍽
⇔. 𝔸𝔼 ⓘ 𝖵𝖨𝖲𝖠   BY **d**
cerrado festivos noche – Com carta 3450 a 4900.

XX **Victor,** pl. Nueva 2 - 1°, ⊠ 48005, 𝒫 415 16 78 – 🍽. 𝔸𝔼 ⓘ 𝔼 𝖵𝖨𝖲𝖠. 🛇
cerrado domingo y 25 julio-10 septiembre salvo Semana Grande – Com carta 3780 a 5600.   DZ **s**

XX **Begoña,** Virgen de Begoña, ⊠ 48006, 𝒫 412 72 57 – 🍽. 𝔸𝔼 ⓘ 𝔼 𝖵𝖨𝖲𝖠. 🛇
cerrado domingo y 30 julio-2 septiembre – Com carta 2850 a 5000.   AZ **x**

XX **Ariatza,** Somera 1, ⊠ 48005, 𝒫 415 96 74 – 🍽. 𝔸𝔼 ⓘ 𝔼 𝖵𝖨𝖲𝖠. 🛇
Com carta 2950 a 4400.   DZ **h**

XX **Guetaria,** Colón de Larreategui 12, ⊠ 48001, 𝒫 424 39 23 – 🍽. 𝔸𝔼 ⓘ 𝔼 𝖵𝖨𝖲𝖠. 🛇
Com carta 3500 a 4700.   CZ **v**

XX Asador Jauna, Juan Antonio Zunzunegui 7, ⊠ 48013, 𝒫 441 73 81 – 🍽   AZ **g**

X **Serantes,** Licenciado Poza 16, ⊠ 48011, 𝒫 431 21 29, Pescados y mariscos – 🍽. 𝔸𝔼 ⓘ
𝔼 𝖵𝖨𝖲𝖠. 🛇   CZ **z**
cerrado 15 julio- 15 agosto – Com carta 4500 a 5750.

X **Albatros,** San Vicente 5, ⊠ 48001, 𝒫 423 69 00 – 🍽. 𝔸𝔼 ⓘ 𝔼 𝖵𝖨𝖲𝖠. 🛇   DY **n**
cerrado domingo y agosto – Com carta 3100 a 3600.

X **Rogelio,** carret. de Basurto a Castrejana 7, ⊠ 48002, 𝒫 427 30 21 – 🍽. ⓘ 𝔼 𝖵𝖨𝖲𝖠. 🛇
cerrado domingo y 20 julio-27 agosto – Com carta 3200 a 3500.   AZ **n**

X El Asador de Aranda, Alameda Recalde 45, ⊠ 48008, 𝒫 443 06 64, Cordero asado
– 🍽   CZ **e**

X **Julio,** pl. Juan XXIII - 7, ⊠ 48006, 𝒫 446 44 02 – 🍽. 𝔸𝔼 𝔼 𝖵𝖨𝖲𝖠. 🛇   AZ **b**
cerrado martes y julio – Com carta 2650 a 3550.

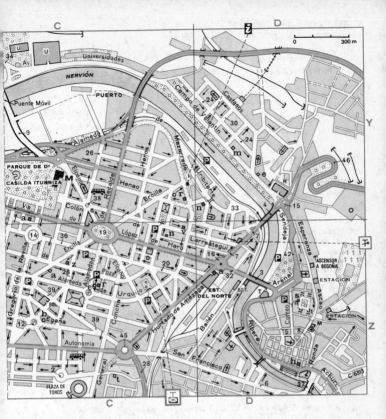

Ver también : **Algorta** NO : 15 Km
Derio NE : 11 Km
Galdácano SE : 8 Km
Santurce NO : 18 Km.

S.A.F.E. Neumáticos MICHELIN, Sucursal, Polígono Leguizamán - ECHEVARRI, por ①.
✉ 48004 AZ ☎ 440 20 00 y 440 22 00, FAX 449 97 82

ALFA-ROMEO   Ribera de Erandio 5 (Erandio)
☎ 467 60 00
ALFA ROMEO   av. San Adrián 45 ☎ 443 46 12
AUSTIN-ROVER   Ramón y Cajal 39 ☎ 475 85 90
BMW   Alameda de Urquijo 85 ☎ 441 99 00
CITROEN   pl. E. Campuzano 2 ☎ 442 01 66
FIAT   Alameda de Urquijo 85 ☎ 441 56 58
FIAT   Licenciado Poza 32 ☎ 441 55 16
FORD   Pérez Galdós 22-24 ☎ 444 43 04
LANCIA   María Díaz de Haro 40 ☎ 442 16 29
LANCIA   Autonomía 53 ☎ 427 58 20
MERCEDES-BENZ   av. Castilla 12 - Bolueta
☎ 411 38 11
OPEL-GENERAL MOTORS   Rodriguez Arias 58
☎ 441 42 72

PEUGEOT-TALBOT   General Concha 33
☎ 432 59 21
PEUGEOT-TALBOT   José M. Escuza 1
☎ 441 94 08
PORSCHE-SAAB   Pl. del Museo 5 ☎ 423 19 53
RENAULT   María Díaz de Haro 32 ☎ 441 04 50
RENAULT   Juan de Garay 21 ☎ 444 79 54
RENAULT   Jon Arrospide 20 ☎ 447 31 00
RENAULT   Autonomía 60-62 ☎ 443 61 49
SEAT-AUDI-VOLKSWAGEN   av. Ejército 29
☎ 447 48 00
SEAT-AUDI-VOLKSWAGEN   Alda. Recalde 49
☎ 443 69 00
VOLVO   av. de Enécuri 6 ☎ 447 05 99

With this guide use **Michelin Maps** :

no **990** SPAIN-PORTUGAL Main Roads (1 inch : 16 miles),

nos **441**, **442**, **443**, **444**, **445** and **446** SPAIN
(regional maps) (1 inch : 6.30 miles),

no **450** CANARY ISLANDS (Map/Guide) (1 inch : 3.15 miles),

no **437** PORTUGAL (1 inch : 6.30 miles).

BINEFAR 22500 Huesca **44** **3** G 30 – 7 786 h. alt. 286 – ✪ 974.
♦Madrid 488 – ♦Barcelona 214 – Huesca 81 – ♦Lérida/Lleida 39.

🏨 **La Paz,** av. Aragón 30 ✆ 42 86 00 – 🛗 ▤ rest ☜. *VISA*
Com *(cerrado domingo noche)* 1250 – ☲ 375 – **69 hab** 2000/3750.

🏦 **Cantábrico,** Zaragoza 1 ✆ 42 86 50, Fax 42 86 50 – 🛗 ▤ rest. ⅍ rest
Com *(cerrado domingo)* 950 – ☲ 350 – **30 hab** 1650/3000 – PA 1800.

ALFA-ROMEO Almacellas 29 ✆ 43 03 17
AUSTIN-ROVER carret. Almacellas 44
✆ 42 90 63
CITROEN av. Zaragoza 58 ✆ 42 84 60
FIAT-LANCIA Zaragoza 58 ✆ 42 90 33
FORD carret. Tarragona - San Sebastián km 131
✆ 42 96 11

GENERAL MOTORS carret. Almacellas 53
✆ 43 01 38
PEUGEOT-TALBOT carret. Almacellas 134
✆ 42 94 69
RENAULT Zaragoza 39 ✆ 42 87 99
SEAT-AUDI-VOLKSWAGEN carret. Almacellas 94
✆ 42 82 50

BLANCA (Sierra) Málaga – ver Ojén.

BLANES 17300 Gerona **44** **3** G 38 – 20 178 h. – ✪ 972 – Playa.
Ver : Jardín botánico Marimurtra★ (≤★★).
🛈 pl. Catalunya ✆ 33 03 48.
♦Madrid 691 – ♦Barcelona 61 – Gerona/Girona 43.

🏨 **Ruiz,** Raval 45 ✆ 33 03 00 – 🛗 ☜. ➊ *VISA*. ⅍ rest
junio-octubre – Com 1625 – ☲ 495 – **59 hab** 2750/4290 – PA 3190.

XX **Mont-Ferrant,** Abad Oliva 3 (urb. Mont-Ferrant al NO de la población) ✆ 33 63 23, 🏡
– ▤. ➊ **E** *VISA*. ⅍
cerrado lunes y del 1 al 20 noviembre – Com carta 2850 a 3650.

XX **Can Flores II,** explanada del puerto 3 ✆ 33 16 33, 🏡, Pescados y mariscos – ▤. **AE** **E**
VISA.
Com carta 1400 a 3275.

X **Port Blau,** Explanada del Port 18 ✆ 33 42 24, Pescados y mariscos – ▤. **AE** ➊ **E** *VISA*
⅍
cerrado domingo noche, lunes y febrero-3 marzo – Com carta 2250 a 3650.

X **Casa Patacano** con hab, paseo del Mar 12 ✆ 33 00 02, 🏡, Pescados y mariscos – 🛗
▤ rest. ➊ **E** *VISA*
cerrado del 15 al 30 noviembre y del 15 al 31 enero – Com *(cerrado lunes en invierno)*
carta 1850 a 3200 – ☲ 400 – **6 hab** 5000.

X **El Caliu,** av. Joan Carles I - 27 ✆ 33 68 19 – ▤. ➊ **E** *VISA*. ⅍
cerrado miércoles y 16 enero-15 febrero – Com *(sólo cena salvo domingo y festivos)*
carta 1225 a 2000.

X **S'Auguer,** S'Auguer 2 ✆ 33 50 75, Decoración rústica – ▤. **E** *VISA*. ⅍
Com carta 2200 a 3000.

X **Unic Parrilla,** Puerta Nueva 7 ✆ 33 00 06, Pescados y mariscos – ➊ **E** *VISA*. ⅍
cerrado martes salvo festivos y diciembre-6 enero – Com carta 1900 a 3700.

en la playa de Sabanell – ✉ 17300 Blanes – ✪ 972 :

🏨🏨 **Park H. Blanes,** ✆ 33 02 50, Telex 54136, Fax 33 71 03, ≤, « Pinar », ⽧, ⾐, ⅍ – 🛗
▤ rest ☎ ➋. **AE** ➊ **E** *VISA*. ⅍ rest
mayo-octubre – Com 1750 – ☲ 550 – **127 hab** 6525/10200 – PA 3440.

🏨 **Horitzó,** paseo Marítimo Sabanell 11 ✆ 33 04 00, Fax 33 78 63, ≤ – 🛗 ☎. **E** *VISA*. ⅍
abril-15 octubre – Com 1500 – ☲ 425 – **122 hab** 2900/5000 – PA 2800.

🏨 **Stella Maris,** Villa de Madrid 18 ✆ 33 00 92, Fax 33 57 03, ⽧ – 🛗 ▤ rest. **AE** ➊ **E** *VISA*
⅍ rest
15 marzo-octubre – Com 1100 – ☲ 630 – **90 hab** 2835/4410 – PA 2300.

CITROEN carret. acceso a la Costa Brava km 6,6
✆ 33 54 00
FIAT-LANCIA Vila de Lloret ✆ 33 66 06
GENERAL MOTORS-OPEL carret. Estació 2. Edificio Domus Aurea ✆ 33 53 53

PEUGEOT-TALBOT carret. de Lloret ✆ 33 00 67
RENAULT Juan Carlos I - 176 ✆ 33 18 88
SEAT-AUDI-VOLKSWAGEN carret. acceso Costa
Brava km 4,7 ✆ 33 50 00

BOADILLA DEL MONTE 28660 Madrid **44** **4** K 18 – 6 061 h. – ✪ 91.
🐾 Las Lomas, urb. El Bosque ✆ 616 21 70 – 🐾 Las Encinas ✆ 633 11 00.
♦Madrid 13.

XX **La Cañada,** carret. de Madrid E : 1,5 km ✆ 633 12 83, ≤, 🏡, ⅍ – ▤ ➋. *VISA*. ⅍
cerrado domingo noche, lunes noche y festivos noche – Com carta 3550 a 4500.

CITROEN José Antonio 3 ✆ 633 08 57
FORD José Antonio 29 ✆ 633 34 88
GENERAL MOTORS Mártires 7 ✆ 633 10 06
PEUGEOT-TALBOT carret. Majadahonda km 0,5
✆ 633 19 98

RENAULT Convento 5 ✆ 633 12 39
SEAT-AUDI-VOLKSWAGEN Paseo de Madrid 8 Y
12 ✆ 633 14 90

BOCEGUILLAS 40560 Segovia **442** H 19 – 590 h. – ✪ 911.
◆Madrid 119 – ◆Burgos 124 – ◆Segovia 73 – Soria 154 – ◆Valladolid 134.

🏨 **Tres Hermanos,** carret. N I 🖉 54 30 40, ☰ – ⇦ **P**. *VISA*. 🛠 rest
   Com 1750 – ☑ 375 – **30 hab** 2750/4225 – PA 3300.

PEUGEOT-TALBOT carret. Madrid - Irún km 118   SEAT-AUDI-VOLKSWAGEN carret. Madrid - Irún
🖉 54 30 41   km 116,4 🖉 54 31 69
RENAULT carret. Madrid - Irún km 118
🖉 54 30 09

BOHI o **BOI** 25528 Lérida **443** E 32 – alt. 1250 – ✪ 973 – Balneario en Caldes de Boí.
Alred. : E : Parque Nacional de Aigües Tortes★★ – Taüll (iglesia Sant Climent★ : torre★) SE :
2 km – ◆Madrid 575 – ◆Lérida/Lleida 143 – Viella 56.

🏨 Fondevila 🦢, Unica 🖉 69 60 11, < – **P**
   46 hab.

en Caldes de Boí N : 5 km – alt. 1 470 – ✉ 25528 Caldes de Boí – ✪ 973 :

🏨 **El Manantial** 🦢, 🖉 69 01 91, Fax 69 03 82, <, « Magnífico parque », ☰ de agua termal,
   ⛄, 🐎, 🎾 – 🛗 📺 ☎ ⇦ **P**. 🛠 rest
   24 junio-septiembre – Com 2550 – ☑ 610 – **119 hab** 7400/11650.

🏨 Caldas 🦢, 🖉 69 04 49, Fax 69 03 82, « Magnífico parque », ☰ de agua termal, ⛄, 🐎,
   🎾 – ⇦ **P**
   temp. – **104 hab**.

BOIRO 15930 La Coruña **441** E 3 – 16 752 h. – ✪ 981 – Playa.
◆ Madrid 660 – ◆La Coruña 112 – Pontevedra 57 – Santiago de Compostela 40.

🏨 **Jopi,** Derechos Humanos 6 🖉 84 44 70 – 🛗 📺 ⇦ **⛽ AE** *VISA*. 🛠
   Com 2000 – ☑ 400 – **25 hab** 3500/5500 – PA 3000.

AUDI-VOLKSWAGEN Cimadevila 83 🖉 84 52 41   PEUGEOT-TALBOT Cimadevila 🖉 84 52 94
AUSTIN-ROVER Cimadevila 106 🖉 84 67 02   RENAULT Carrofeito 🖉 84 42 60
CITROEN av. Barraña 5 🖉 84 63 50

Los BOLICHES Málaga **446** W 16 – ver Fuengirola.

BOLTAÑA 22340 Huesca **443** E 30 – 955 h. alt. 643 – ✪ 974.
◆Madrid 517 – Huesca 127 – ◆Lérida/Lleida 143 – ◆Pamplona 197.

🏨 **Boltaña H.** 🦢, av. de Ordesa 39 🖉 50 20 00 – ▤ rest **P**. ❶ **E** *VISA*. 🛠 rest
   junio-septiembre – Com 950 – ☑ 250 – **50 hab** 1700/3000.

BONAIGUA (Puerto de) Lérida **443** E 32 – ✉ 25587 Alto Aneu – ✪ 973 – alt. 1850.
◆Madrid 623 – ◆Andorra la Vella 126 – ◆Lérida/Lleida 186.

🍴 **Les Ares** Refugio de la Verge dels Ares, Carnes a la brasa
   cerrado martes y noviembre – Com carta 1450 a 2575.

La BONANOVA 07015 Baleares – ver Baleares (Mallorca) : Palma de Mallorca.

BOO DE GUARNIZO 39061 Cantabria **442** B 18 – ✪ 942.
◆Madrid 398 – ◆Santander 17.

🏨 **Los Angeles,** San Camilo, 1 - carret. N 634 🖉 54 04 19 – 🛗 ⇦ **P**. **AE** *VISA*. 🛠
   Com 800 – ☑ 325 – **43 hab** 4600/8300 – PA 2650.

BORLEÑA 39699 Cantabria **442** C 18 – – ✪ 942.
◆ Madrid 360 – ◆Bilbao 117 – ◆Burgos 117 – ◆Santander 35.

🍴 **Mesón de Borleña,** carret. N 623 🖉 59 41 23, 🍽 – **P**. **AE E** *VISA*. 🛠
   cerrado lunes de octubre a junio y 20 diciembre-5 enero – Com carta 1900 a 3400.

BOSOST o **BOSSOST** 25550 Lérida **443** D 32 – 731 h. alt. 710 – ✪ 973.
◆Madrid 611 – ◆Lérida/Lleida 179 – Viella 16.

🏨 **Garona,** Eduardo Aunós 1 🖉 64 82 46, < – **E** *VISA*. 🛠
   cerrado 5 noviembre-5 diciembre – Com 1300 – ☑ 400 – **22 hab** 3500 – PA 2500.

🍴 **Portalet** 🦢 con hab, San Jaime 32 🖉 64 82 00 – ▤ rest **P**. **E** *VISA*. 🛠
   Com carta 2000 a 2950 – ☑ 450 – **6 hab** 4200.

🍴 **Denia,** paseo Duque de Denia 41 🖉 64 82 40, 🍽 – **E** *VISA*. 🛠
   cerrado lunes y noviembre – Com carta 1300 a 2200.

El BOSQUE 11670 Cádiz **446** V 13 – 1 742 h. alt. 287 – ✪ 956.
🛈 av. de la Diputación ?ti 71 60 63.
◆Madrid 586 – ◆Cádiz 96 – Ronda 52 – ◆Sevilla 102.

🍴🍴 **Las Truchas** 🦢 con hab, av. Diputación 1 🖉 71 60 61, <, 🐎 – ▤ ⇦ **P**. **AE** *VISA*. 🛠
   cerrado junio – Com carta 1870 a 2575 – ☑ 320 – **24 hab** 5020 – PA 2885.

BRIVIESCA 09240 Burgos 442 E 20 – 4 855 h. alt. 725 – ✪ 947.

Ver : Iglesia de Santa Clara★ (retablo mayor★).

♦Madrid 285 – ♦Burgos 42 – ♦Vitoria/Gasteiz 78.

🏨 **El Vallés,** carret. N I 🖋 59 00 25, 🚗 – 🕭 🚘 🅿. 🖿 𝘝𝘐𝘚𝘈. ⅏ rest
cerrado 23 diciembre-22 enero – Com 2250 – 🖙 400 – **22 hab** 3900/4875 – PA 4200.

🏠 **Lagaresma,** Santa María Bajera 11 🖋 59 07 51 – 🛗 🖿 rest ☎. 🖿 𝘝𝘐𝘚𝘈
Com 945 – **30 hab** 2290/3950 – PA 1965.

✗ **El Concejo,** pl. Mayor, 14 🖋 59 16 86 – 🖿. 🖿 ⓐ ⓞ 🖿 𝘝𝘐𝘚𝘈. ⅏
Com carta 2675 a 3450.

CITROEN av. Reyes Católicos 22 🖋 59 07 94
PEUGEOT-TALBOT Las Huertas, bajo 🖋 59 08 62

SEAT-AUDI-VOLKSWAGEN carret. N I km 279
🖋 59 01 60

BRONCHALES 44367 Teruel 443 K 25 – 381 h. – ✪ 974.

♦Madrid 261 – Teruel 55 – ♦Zaragoza 184.

🏠 **Suiza** ⅏, Fombuena 8 🖋 71 41 31 – 🚗. ⅏
Com 1150 – 🖙 275 – **40 hab** 3000 – PA 2200.

BROTO 22370 Huesca 443 E 29 – 418 h. alt. 905 – ✪ 974.

♦Madrid 484 – Huesca 94 – Jaca 56.

🏠 **Latre** ⅏ sin rest, av. Ordesa 23 🖋 48 60 53, ≤ – 🅿. 𝘝𝘐𝘚𝘈. ⅏
20 marzo-20 octubre – 🖙 325 – **22 hab** 2500/4600.

El BRULL 08553 Barcelona 443 G 36 – 186 h. – ✪ 93.

♦Madrid 635 – ♦Barcelona 65 – Manresa 51.

✗ El Castell, 🖋 884 00 63, ≤ – 🅿.

BRUNETE 28690 Madrid 444 K 18 – 1 119 h. – ✪ 91.

♦Madrid 32 – Avila 92 – Talavera de la Reina 99.

por la carretera C 501 SE : 2 km – ⊠ 28690 Brunete – ✪ 91 :

✗ **El Vivero,** 🖋 815 92 22, 😧, Asados – 🖿 🅿. 🖿 𝘝𝘐𝘚𝘈. ⅏
cerrado jueves y agosto – Com carta 2200 a 2450.

PEUGEOT-TALBOT carretera San Martín de Valdeiglesias km 17 🖋 815 92 53

SEAT-AUDI-VOLKSWAGEN paseo Real San Sebastián 40 🖋 815 92 40

BUBIÓN 18412 Granada 446 V 19 – 377 h. – ✪ 958.

♦Madrid 504 – ♦Almería 151 – ♦Granada 75.

🏨 **Villa Turística de Bubión** ⅏, 🖋 76 31 11, Fax 76 31 36, ≤ – 🖿 rest 📺 ☎ 🅿 –
🖾 25/60. ⓐ ⓞ 🖿 𝘝𝘐𝘚𝘈. ⅏
Com 1800 – 🖙 500 – **43 hab** 7200/9000 – PA 3450.

✗ **Teide,** 🖋 76 30 37, 😧, Decoración típica – ⅏
cerrado martes salvo julio y agosto – Com carta 900 a 1500.

BUELNA 33598 Asturias 441 B 16 – ✪ 985.

♦Madrid 439 – Gijón 117 – ♦Oviedo 127 – ♦Santander 82.

✗✗ El Horno, carret. N 634 🖋 41 10 33, 😧, « Decoración típica regional » – 🅿.

BUEU 36939 Pontevedra 441 F 3 – 12 371 h. – ✪ 986 – Playa.

♦Madrid 621 – Pontevedra 19 – ♦Vigo 32.

✗ **Loureiro** con hab, Playa de Loureiro NE : 1 km 🖋 32 07 19, ≤ – ⓐ 🖿 𝘝𝘐𝘚𝘈. ⅏
cerrado miércoles salvo en verano y 15 octubre-10 noviembre – Com carta 1750 a 2650 –
🖙 300 – **24 hab** 3200/4500.

OPEL Trasouto 23 (La Graña) 🖋 32 26 26
PEUGEOT-TALBOT Pazos Fontenla 82
🖋 32 24 95

SEAT Carrasqueira 89 🖋 32 07 39

BUJARALOZ 50177 Zaragoza 443 H 29 – 1 210 h. alt. 245 – ✪ 976.

♦Madrid 394 – ♦Lérida/Lleida 83 – ♦Zaragoza 75.

✗ **Español** con hab, carret. N II 🖋 17 30 43 – 🖿 rest 🅿. ⓐ ⓞ 🖿 𝘝𝘐𝘚𝘈. ⅏
Com 925 – 🖙 170 – **18 hab** 1900/3450.

PEUGEOT-TALBOT Alta 58 🖋 17 30 95

SEAT carret. N II km 390 🖋 17 30 45

BUNYOLA 07110 Baleares 443 M 38 – ver Baleares (Mallorca).

◆Madrid 612 – ◆La Coruña 157 – Lugo 108.

🏠 **Canabal** 🐾 sin rest y sin 🗜️, Pascual Veiga 🖊️ 58 02 60 – 🅿️. 🕸️
  28 hab 2000/3500.

🏠 **Luzern** sin rest, con cafeteria, carret. General 225 🖊️ 58 02 66 – **E** 𝘝𝘐𝘚𝘈. 🕸️
  🗜️ 325 – **19 hab** 2500/4000.

✗ **Sargo,** Rosalía de Castro 2 🖊️ 55 51 38 – 🍽️. 𝘝𝘐𝘚𝘈. 🕸️
  Com carta 2300 a 4000.

CITROEN carret. Ribadeo-Vivero 🖊️ 58 16 53
FIAT-LANCIA av. Arcadio Pardiñas 192
🖊️ 58 18 62
FORD carret. General km 416 🖊️ 55 50 00
GENERAL MOTORS Leandro Cucurni 🖊️ 58 11 02

MERCEDES Rosalía de Castro 42 🖊️ 58 12 30
PEUGEOT-TALBOT General 🖊️ 58 02 30
SEAT-AUDI-VOLKSWAGEN Areoura - carret. Vivero-Ribadeo 🖊️ 58 07 00

EL BURGO DE OSMA 42300 Soria 🗺️🗺️🗺️ H 20 – 4 996 h. alt. 895 – 🕐 975.

Ver : Catedral★ (sepulcro de San Pedro de Osma★, museo : documentos antiguos y códices miniados★).

◆Madrid 183 – Aranda de Duero 56 – Soria 56.

🏨 **Hotel II Virrey,** Mayor 4 🖊️ 34 13 11, Fax 34 08 55, « Decoración elegante » – 🛗 🍽️ rest
  📺 ☎️ 🚗 – 🔬 25/45. 🅰️🅴 ◑ **E** 𝘝𝘐𝘚𝘈. 🕸️
  Com 1500 – 🗜️ 600 – **52 hab** 5000/8000 – PA 3300.

🏨 **Río Ucero y Rest. Puente Real,** carret. N 122 🖊️ 34 12 78 – 🍽️ rest 📺 ☎️ 🅿️ –
  🔬 25/180. 🅰️🅴 ◑ **E** 𝘝𝘐𝘚𝘈. 🕸️ rest
  Com 1500 – 🗜️ 600 – **24 hab** 6150/9100 – PA 3200.

✗✗ **Virrey Palafox** con hab, Universidad 7 - carret. N 122 🖊️ 34 02 22 – 🍽️ rest 🅿️. 🅰️🅴 ◑ **E**
  𝘝𝘐𝘚𝘈. 🕸️
  cerrado 15 diciembre-15 enero – Com (cerrado domingo noche en invierno)
  carta 2600 a 3575 – 🗜️ 270 – **20 hab** 2300/3900.

CITROEN Universidad 41 🖊️ 34 02 61
FORD Acosta 48 🖊️ 34 02 01
MERCEDES Universidad 104 🖊️ 34 08 13

PEUGEOT-TALBOT Universidad 48 🖊️ 34 01 53
SEAT-AUDI-VOLKSWAGEN Universidad 104
🖊️ 34 08 13

BURGOS 09000 🅿️ 🗺️🗺️🗺️ E 18 y 19 – 156 449 h. alt. 856 – 🕐 947.

Ver : Catedral★★★ (crucero, coro y capilla mayor★★, Capilla del Condestable★★, Girola★, Capilla de Santa Ana★) AY Museo Arqueológico★ (sepulcro★ del Infante Juan de Padilla, arqueta hispano-árabe★, frontal★) – Arco de Santa María★ AY **B** – Iglesia de San Nicolás (retablo★) AY **A**.

Alred. : Monasterio de las Huelgas Reales★ (museo de Ricas Telas★) O : 1,5 km AY – Cartuja de Miraflores★ (conjunto escultórico★, silleria★) E : 4 km BY.

🛈 pl. Alonso Martínez 7, 🖂 09003, 🖊️ 20 31 25 – R.A.C.E. San Juan 5, 🖂 09003, 🖊️ 20 91 19.

◆Madrid 239 ② – ◆Bilbao 156 ① – ◆Santander 154 ① – ◆Valladolid 125 ③ – ◆Vitoria/Gasteiz 111 ①.

Plano página siguiente

🏨 **Condestable,** Vitoria 8, 🖂 09004, 🖊️ 26 71 25, Telex 39572, Fax 20 46 45 – 🛗 📺 ☎️
  🚗 – 🔬 25/250. 🅰️🅴 ◑ **E** 𝘝𝘐𝘚𝘈   BY **n**
  Com 2500 – 🗜️ 800 – **85 hab** 7500/12500 – PA 6300.

🏨 **Almirante Bonifaz** sin rest, con cafeteria, Vitoria 22, 🖂 09004, 🖊️ 20 69 43, Telex 39430,
  Fax 20 29 19 – 🛗 📺 ☎️ – 🔬 25/200. 🅰️🅴 ◑ **E** 𝘝𝘐𝘚𝘈. 🕸️   BY **a**
  🗜️ 800 – **79 hab** 6500/12500.

🏨 **Fernán González,** Calera 17, 🖂 09002, 🖊️ 20 94 41, Telex 39602, Fax 27 41 21 – 🛗 📺
  ☎️ 🚗. 🅰️🅴 ◑ **E** 𝘝𝘐𝘚𝘈. 🕸️   AY **g**
  Com 1500 (ver rest. **Fernán González**) – 🗜️ 520 – **74 hab** 4650/7900 – PA 3500.

🏨 **Corona de Castilla,** Madrid 15, 🖂 09002, 🖊️ 26 21 42, Telex 39619, Fax 20 80 42 – 🛗
  🍽️ rest 📺 ☎️ 🚗 – 🔬 25/450. 🅰️🅴 ◑ **E** 𝘝𝘐𝘚𝘈. 🕸️   ABZ **p**
  Com 2100 – 🗜️ 600 – **52 hab** 4650/7900 – PA 4080.

🏨 **María Luisa** sin rest, av. del Cid Campeador 42 🖊️ 22 80 00, Telex 39567, Fax 22 80 80 –
  🛗 ☎️. 🅰️🅴 ◑ **E** 𝘝𝘐𝘚𝘈. 🕸️   BX **b**
  🗜️ 500 – **44 hab** 7000/8500.

🏨 **Del Cid,** pl. Santa María 10, 🖂 09003, 🖊️ 20 87 15, Fax 26 94 60, ⬅️ – 🛗 📺 ☎️ 🚗. 🅰️🅴
  ◑ **E** 𝘝𝘐𝘚𝘈. 🕸️ rest   AY **h**
  Com (ver rest. **Mesón del Cid**) – 🗜️ 700 – **29 hab** 6000/11250 – PA 6545.

🏨 **Rice,** av. de los Reyes Católicos 30, 🖂 09005, 🖊️ 22 23 00, Telex 39456, Fax 22 35 50 – 🛗
  🍽️ rest 📺 ☎️ 🅰️🅴 ◑ **E** 𝘝𝘐𝘚𝘈. 🕸️ rest   BX **m**
  Com 1500 – 🗜️ 500 – **50 hab** 4600/7800 – PA 3500.

🏨 **Cordón** sin rest, La Puebla 6, 🖂 09004, 🖊️ 26 50 00, Fax 20 02 69 – 🛗 📺 ☎️. 🅰️🅴 ◑ **E**
  𝘝𝘐𝘚𝘈   BY **e**
  🗜️ 500 – **35 hab** 4700/8000.

🏠 **Norte y Londres** sin rest, pl. de Alonso Martínez 10, 🖂 09003, 🖊️ 26 41 25 – 🛗 ☎️. 🅰️🅴
  ◑ **E** 𝘝𝘐𝘚𝘈   BX **n**
  🗜️ 450 – **50 hab** 3575/6000.

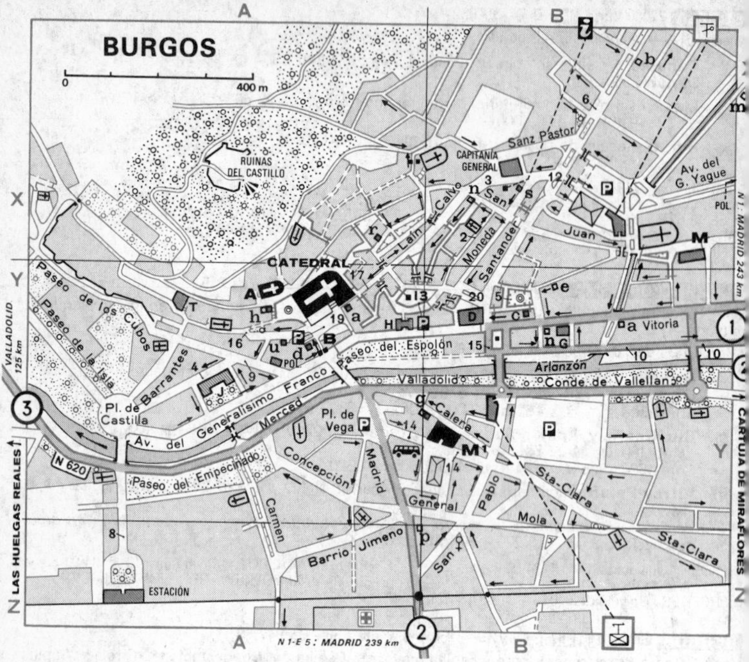

José Antonio (Pl. de) .... ABY 13
Santo Domingo (Pl. de) ..... BY 20
Vitoria .... BY

Almirante Bonifaz .... BX 2
Alonso Martínez (Pl. de) .... BX 3
Aparicio y Ruiz .... AY 4

Calvo Sotelo (Pl. de) .... BY 5
Cid Campeador (Av. del) ..... BX 6
Conde de Castro (Pl. del) ... BY 7
Conde de Guadalhorce (Av. del) .... AZ 8
Eduardo Martínez del Campo .... AY 9

Gen. Sanjurjo (Av. del) ...... BY 10
Gen. Santocildes (Pl. del) ..... BX 12
Miranda .... ABY 14
Miguel Primo de Rivera (Pl.) .. BY 15
Nuño Rasura .... AY 16
Paloma .... AY 17
Rey San Fernando (Pl. del) ... AY 19

XXX **Casa Ojeda,** Vitoria 5, ⊠ 09004, ☎ 20 90 52, Decoración castellana – ▤. AE ◑ E VISA. ✗ BY **c**
cerrado domingo noche – Com carta 2925 a 3875.

XXX **Fernán González,** Calera 19, ⊠ 09002, ☎ 20 94 41, Telex 39602, Fax 27 41 21 – ▤ 🚗. AE ◑ E VISA. ✗ BY **g**
Com carta 2750 a 3350.

XXX **Los Chapiteles,** General Santocildes 7, ⊠ 09003, ☎ 22 18 37 – ▤. AE ◑ E VISA. ✗ BX **s**
cerrado miércoles y domingo noche – Com carta 2850 a 3670.

XX **Rincón de España,** Nuño Rasura 11, ⊠ 09003, ☎ 20 59 55, 🍽 – ▤. AE ◑ E VISA. ✗ AY **u**
Com carta 2750 a 3650.

X **Mesón del Cid,** Pl. Santa María 8, ⊠ 09003, ☎ 20 59 71, Fax 26 94 60, 🍽, « Decoración castellana » – AE ◑ E VISA. ✗
cerrado domingo noche – Com carta 1850 a 4000.

X Egües, Calzadas 8, ⊠ 09004, ☎ 20 74 23 – ▤ por ①

X **Gaona,** Paloma 41, ⊠ 09003, ☎ 20 61 91, Patio con plantas – AE ◑ E VISA AY **a**
cerrado lunes salvo festivos y del 15 al 30 noviembre – Com carta 1800 a 3300.

X **Prego,** Huerto del Rey 4, ⊠ 09003, ☎ 26 04 47, Decoración rústica regional - Cocina italiana – ▤. E VISA. ✗
Com carta 1625 a 1800.

X **Mesón de los Infantes,** av. Generalísimo 2, ⊠ 09003, ☎ 20 59 82, 🍽 – AE ◑ E VISA. ✗ – Com carta 2550 a 3650 AY **d**

en la carretera de Madrid N I – ⊠ 09000 Burgos – ☎ 947 :

Landa Palace, por ② : 3,5 Km ☎ 20 63 43, Telex 39534, Fax 26 46 76, « Hotel de gran turismo instalado con originalidad y elegancia », 🏊, 🏊, 🌳 – 🛗 ▤ ☎ 🚗 Ⓟ. E VISA. ✗ rest
Com 5600 – ☕ 1100 – **42 hab** 12900/16200.

XX **La Varga** con hab, por ② : 5 Km ☎ 20 16 40, Fax 26 21 72 – TV ☎ Ⓟ. AE ◑ E VISA. ✗
Com carta 2000 a 3825 – ☕ 625 – **12 hab** 4500/5800.

ALFA-ROMEO Vitoria 258 📞 23 70 13
AUSTIN-MG-MORRIS-MINI av. Constitución
Española 5 📞 22 35 44
BMW carret. N I km 243 📞 22 02 16
CITROEN carret. N I km 234 📞 26 76 76
FIAT Alcalde Martín Cobos 📞 23 13 20
FORD carret. N I km 234 📞 20 84 42
GENERAL MOTORS carret. N I km 244
📞 22 77 67

MERCEDES-BENZ carret. Logroño km 110,3
📞 22 04 12
PEUGEOT-TALBOT carret. N I km 247 📞 22 41 51
RENAULT Alcalde Martín Cobos 📞 22 41 00
SEAT-AUDI-VOLKSWAGEN carret. Madrid km 10
📞 20 08 43
VOLVO carret. N I km 245 📞 22 66 12

BURGUETE 31640 Navarra **442** D 25 y 26 – 348 h. alt. 960 – ⑩ 948 – Deportes de invierno :
❄3.

▶Madrid 439 – Jaca 120 – ♦Pamplona 44 – St-Jean-Pied-de-Port 32.

⥂ Loizu ⤩, Unica 3 📞 76 00 08 – Ⓟ
   temp. – **22 hab**.

⥂ Burguete ⤩, Unica 51 📞 76 00 05 – Ⓟ
   temp. – **22 hab**.

BURRIANA 12530 Castellón **445** M 29 – 25 003 h. – ⑩ 964.

🇮 La Tanda 33 📞 51 15 40.

♦Madrid 410 – Castellón de la Plana 11 – ♦Valencia 62.

   en la autopista A 7 SO : 4 km – ✉ 12530 Burriana – ⑩ 964 :

🏨 **La Plana y Rest. Resmar,** 📞 51 25 50, Fax 51 50 04 – 🛎 □ 📷 Ⓟ. 🅰 Ⓒ Ⓞ Ⓔ *VISA*. ⑩
   Com 1375 – ⊔ 570 – **56 hab** 4650/7000.

   en la playa SE : 2,5 km – ✉ 12530 Burriana – ⑩ 964 :

🏨 **Aloha,** 📞 51 01 04, ⌲ – 🛎 □ 📺 📷 Ⓟ Ⓔ *VISA*. ⑩
   Com 1450 – ⊔ 450 – **30 hab** 3600/5200 – PA 2845.

ALFA ROMEO Ample 60 📞 51 01 96
AUSTIN-MG-MORRIS-MINI Rda Escalante 4
📞 51 58 16
CITROEN Menéndez y Pelayo 37 📞 51 17 93
FIAT Pintor Sorolla 4 📞 51 76 15
FORD av. Puerto 📞 51 14 68

OPEL camino Onda 43 📞 51 21 76
PEUGEOT-TALBOT-MERCEDES-BENZ carret. del
Puerto 15 📞 51 05 85
RENAULT carret. de Nules 📞 51 07 29
SEAT-AUDI-VOLKSWAGEN pl. Generalidat
Valenciana 📞 51 08 27

CABANAS 15621 La Coruña **441** B 5 – ver Puentedeume.

CABEZON DE LA SAL 39500 Cantabria **442** C 17 – 6 056 h. – ⑩ 942.

🇮 pl. Ricardo Botín 📞 70 03 32.

♦Madrid 401 – ♦Burgos 158 – ♦Oviedo 161 – Palencia 191 – ♦Santander 44.

🏨 **Conde de Lara,** carret. N 634 - barrio La Losa 📞 70 03 12 – Ⓟ 🅰 Ⓒ Ⓞ Ⓔ *VISA*. ⑩
   Com 1200 – ⊔ 450 – **22 hab** 2400/4800.

   en la carretera de Luzmela S : 3 km – ✉ 39500 Cabezón de la Sal – ⑩ 942 :

ⅩⅩ Venta Santa Lucía, 📞 70 10 61, Antigua posada – Ⓟ.

SEAT-AUDI-VOLKSWAGEN Venta Ontoria 📞 70 11 70

CABO – ver a continuación y el nombre propio del cabo.

CABO DE PALOS 30370 Murcia **445** T 27 – ⑩ 968.

♦Madrid 465 – ♦Alicante 108 – Cartagena 26 – ♦Murcia 75.

🏨 **El Cortijo** ⤩, subida al faro 📞 56 30 15, Fax 56 30 15, ⌂, « Original réplica del patio
   de los leones », ⌲ – ☎. 🅰 Ⓞ Ⓔ *VISA*. ⑩
   Com carta 2200 a 3200 – ⊔ 550 – **53 hab** 4690/6500 – PA 3695.

ⅩⅩ Miramar, paseo del Puerto 12 📞 56 30 33, ≤, ⌂ – □.

Ⅹ **La Tana,** paseo de la Barra 33 📞 56 30 03, ≤, ⌂ – Ⓔ *VISA*. ⑩
   cerrado lunes salvo julio y agosto, y 15 noviembre-15 diciembre – Com carta 1700 a 2550.

CABO ROIG (Urbanización) 03189 Alicante **445** S 27 – ver Torrevieja.

CABRA 14940 Córdoba **446** T 16 – 19 819 h. alt. 350 – ⑩ 957.

♦Madrid 432 – Antequera 66 – ♦Córdoba 75 – Granada 113 – Jaén 99.

Ⅹ **Olivia,** av. Federico García Lorca 10 📞 52 09 30 – □. Ⓞ Ⓔ *VISA*. ⑩
   cerrado lunes y 9 septiembre-4 octubre – Com carta 2100 a 3200.

CITROEN Tejedera, s/n 📞 52 11 53
FORD Poeta Lucano 📞 52 02 18
PEUGEOT-TALBOT Poeta Lucano 9 📞 52 04 14

RENAULT Polígono Vado del Moro s/n
📞 52 02 53

La CABRERA 28751 Madrid **⁴⁴⁴** J 19 – 819 h. alt. 1038 – ✪ 91.
◆Madrid 56 – ◆Burgos 191.

🏠 **Mavi,** carret. N I 𝒫 868 80 00, 🌿 – 🅿 **P**. **E** 𝚅𝙸𝚂𝙰. 🍽 rest
   Com *(cerrado lunes)* 1500 – ⊆ 300 – **42 hab** 2000/3200.

🏠 **El Cancho del Aguila,** carret. N I - N : 1 km 𝒫 868 83 74 – ▤ rest **P**
   25 hab.

CITROEN carret. N I km 56,4 𝒫 868 80 50   SEAT carretera N-I km 52,2 𝒫 868 83 29
PEUGEOT-TALBOT carretera N-I km 56
𝒫 868 81 91

CABRERA DE MAR 08349 Barcelona **⁴⁴³** H 37 – 1 695 h. alt. 125 – ✪ 93.
◆Madrid 651 – ◆Barcelona 25 – Mataró 8.

XX **Santa Marta,** Josep Doménech 35 𝒫 759 01 98, 🌿, « Terraza ≤ » – ▤ **P**. **E** 𝚅𝙸𝚂𝙰
   cerrado domingo noche, lunes, Semana Santa y tres semanas en noviembre – Com
   carta 3350 a 4300.

CABRILS 08348 Barcelona **⁴⁴³** H 37 – 1 504 h. – ✪ 93.
◆Madrid 650 – ◆Barcelona 24 – Mataró 7.

🏠 **Cabrils,** Emilia Carles 31 𝒫 753 24 56, 🌿 – **P**. **E** 𝚅𝙸𝚂𝙰
   cerrado 17 diciembre-enero – Com *(cerrado miércoles)* carta 1375 a 2950 – ⊆ 250 – **19 hab**
   1600/3300.

X **Hostal de la Plaça,** pl. de l'Església 11 𝒫 753 19 02, 🌿 – 🅰🅴 ❶ **E** 𝚅𝙸𝚂𝙰
   cerrado lunes salvo festivos y 12 septiembre-11 octubre – Com carta 1750 a 3400.

X **Splá,** Emilia Carles 18 𝒫 753 19 06 – ▤. 🍽
   cerrado martes y octubre – Com carta 2250 a 5025.

CACABELOS 24540 León **⁴⁴¹** E 9 – 4 096 h. – ✪ 987.
◆Madrid 393 – Lugo 108 – Ponferrada 14.

X **La Moncloa,** Cimadevilla 99 𝒫 54 61 01, 🌿, Rest. típico, « Conjunto rústico regional »
   – 𝚅𝙸𝚂𝙰. 🍽
   cerrado lunes – Com carta 1550 a 2350.

X Casa Gato, av. de Galicia 7 𝒫 54 70 71.

CACERES 10000 ℗ **⁴⁴⁴** N 10 – 71 852 h. alt. 439 – ✪ 927.
Ver : Cáceres Viejo★★ A (Plaza de Santa María, Palacio de los Golfines de Abajo★ V).
Alred. : Virgen de la Montaña ≤★ E : 3 km C.
🛈 pl. de España, ⊠ 10003, 𝒫 24 63 47 – R.A.C.E. pl. General Mola 37, ⊠ 10001, 𝒫 22 01 58.
◆Madrid 307 ① – ◆Coimbra 292 ③ – ◆Córdoba 325 ② – ◆Salamanca 217 ③ – ◆Sevilla 265 ②.

Plano página siguiente

🏛 **Parador de Turismo** 🦞, Ancha 6 𝒫 21 17 59, Fax 21 17 29 – ▐ ▤ 📺 ☎ **P** –
   🅰 25/30. 🅰🅴 ❶ **E** 𝚅𝙸𝚂𝙰. 🍽   n
   Com 2900 – ⊆ 950 – **27 hab** 8000/10000 – PA 5740.

🏛 **Extremadura,** av. Virgen de Guadalupe 5, ⊠ 10001, 𝒫 22 16 00, Fax 21 10 95, 🌿, 🔟,
   🌿 – ▐ ▤ ☎ ⟵, 🅰🅴 ❶ **E** 𝚅𝙸𝚂𝙰. 🍽 rest   B v
   Com 1950 – ⊆ 550 – **68 hab** 4750/7450 – PA 3780.

🏨 **Alcántara,** av. Virgen de Guadalupe 14, ⊠ 10001, 𝒫 22 89 00, Telex 28943 – ▐ ▤ 📺
   ☎ ⟵, 🅰🅴 ❶ **E** 𝚅𝙸𝚂𝙰. 🍽   B a
   Com 2100 – ⊆ 650 – **67 hab** 4750/7650.

🏠 **Ara** sin rest, Juan XXIII-3, ⊠ 10001, 𝒫 22 39 58 – ▐ 📞 ⟵. 𝚅𝙸𝚂𝙰   B s
   ⊆ 330 – **62 hab** 2575/4050.

🏠 **Almonte** sin rest, con cafetería, Gil Cordero 6, ⊠ 10001, 𝒫 24 09 26 – 📞 ⟵. 🅰🅴 𝚅𝙸𝚂𝙰
   ⊆ 200 – **90 hab** 2000/3000.   B u

🏠 **Hernán Cortés** sin rest y sin ⊆, travesía Hernán Cortés 6, ⊠ 10004, 𝒫 24 34 88 – ☎.
   𝚅𝙸𝚂𝙰. 🍽   B r
   18 hab 1880/2990.

XXX **Atrio,** av. de España 30, ⊠ 10002, 𝒫 24 29 28 – ▤. 🅰🅴 ❶ **E** 𝚅𝙸𝚂𝙰   B n
   cerrado domingo noche – Com carta 2425 a 4650.

X **El Figón de Eustaquio,** pl. San Juan 12, ⊠ 10003, 𝒫 24 81 94, Decoración rústica –
   ▤. 🅰🅴 ❶ **E** 𝚅𝙸𝚂𝙰. 🍽   A e
   Com carta 2000 a 3450.

   en la carretera de Salamanca N 630 por ③ : 2 km – ⊠ 10000 Cáceres – ✪ 927 :

XX **Alvarez,** 𝒫 22 34 50, 🌿 – ▤ **P**. 🅰🅴 ❶ **E** 𝚅𝙸𝚂𝙰. 🍽
   cerrado domingo noche – Com 1950.

CÁCERES

S.A.F.E. Neumáticos MICHELIN, Sucursal, carretera de Mérida km 215 por ②, ✉ 10080
℘ 22 55 71 y 22 55 70, FAX 22 67 92

AUSTIN-MG-MORRIS-MINI carret. de Mérida km
215 ℘ 24 59 16
FIAT-LANCIA carret. de Mérida km 215
℘ 22 20 57
FIAT Polígono de Las Capellanías, parcela 103
℘ 21 00 18
MERCEDES-BENZ carret. de Badajoz ℘ 22 90 60

OPEL carret. de Badajoz ℘ 24 22 16
PEUGEOT-TALBOT carret. de Mérida km 215
℘ 22 12 00
RENAULT carret. de Badajoz ℘ 22 52 00
SEAT-AUDI-VOLKSWAGEN Cañada Baja -
Polígono Aldea Moret ℘ 24 51 08

CADAQUÉS 17488 Gerona **443** F 39 – 1 547 h. – ☺ 972 – Playa.

🛈 Cotche 2A ℘ 25 83 15.

◆Madrid 776 – Figueras/Figueres 31 – Gerona/Girona 69.

🏨 **Playa Sol** sin rest, con cafetería, platja Pianch 3 ℘ 25 81 00, Fax 25 80 54, ≤, ⌣, 🐟, ✖
– 📳 ☎ 🚗. 🖭 ⓞ 🖪 𝖵𝖨𝖲𝖠. ✖
cerrado 7 enero-20 febrero – ⌷ 700 – **50 hab** 7900/11900.

🏨 **S'Aguarda,** carret. de Port-Lligat 28 (N : 1 km) ℘ 25 80 82, Fax 25 87 56, ≤ – 📳 🍽 rest
☎ 🅿. 🖭 ⓞ 🖪 𝖵𝖨𝖲𝖠. ✖
cerrado noviembre – Com (abril-octubre) 1350 – ⌷ 425 – **27 hab** 4000/5300.

🏠 La Marina sin rest y sin ⌷ (salvo de Semana Santa a septiembre), Riera Sant Vicent 3
℘ 25 81 99, 🍴 –
27 hab.

✖ **Es Baluard,** Riba Nemesio Llorens 2 ℘ 25 81 83, Instalado en un antiguo baluarte – 🖭 🖪
𝖵𝖨𝖲𝖠
cerrado jueves y 15 octubre-15 diciembre – Com carta 2675 a 3125.

✖ ❀ **La Galiota,** Narciso Monturiol 9 ℘ 25 81 87 – 🖭 🖪 𝖵𝖨𝖲𝖠. ✖
julio-septiembre, fines de semana y festivos fuera de temporada – Com carta 1800 a 3500
Espec. Brandada, Lubina al hinojo, Bavarois de limón..

✖ **Don Quijote,** av. Caridad Seriñana 5 ℘ 25 81 41, 🍴, Terraza cubierta de yedra – 🖭 ⓞ
🖪 𝖵𝖨𝖲𝖠. ✖
cerrado lunes y diciembre-febrero – Com carta 3000 a 3900.

Nos guides hôteliers, nos guides touristiques et nos cartes routières
sont complémentaires. Utilisez-les ensemble.

CÁDIZ 11000 🅿 **446** W 11 − 157 766 h. − ✪ 956 − Playa.

Ver : Emplazamiento★ − Paseos marítimos★ (jardines★ : parque Genovés AY, Alameda Marqués de Comillas BY, Alameda de Apodaca CY) − Catedral : tesoro (colección de orfebrería★★) CZ **B** − Museo de Bellas Artes (lienzos de Zurbarán★) CY **M** − Museo histórico (maqueta de la ciudad★) BY **M1**.

🚗 ✆ 23 11 59.

⚓ para Canarias : Cía. Trasmediterránea, av. Ramón de Carranza 26, ⊠ 11006, ✆ 28 43 11, Telex 46619 CYZ

🛈 Calderón de la Barca 1, ⊠ 11003, ✆ 21 13 13 − **R.A.C.E.** Santa Teresa 4, ⊠ 11010, ✆ 25 07 07.

♦Madrid 646 ① − Algeciras 124 ① − ♦Córdoba 239 ① − ♦Granada 306 ① − ♦Málaga 262 ① − ♦Sevilla 123 ①.

CÁDIZ

Ancha	BY 2
Columela	CYZ
Pelota	CZ 20
San Francisco	CY 22
Topete (Pl.)	BZ 28
Calderón de la Barca	BY 3
Candelarias (Pl.)	CZ 5
Compañía	BCZ 6

Duque de Nájera (Av.)	AZ 7
Fernando El Catolico	CY 14
Mentidero (Pl. del)	BY 15
Mina (Pl. de)	BCY 16
Montañés	CZ 17
Novena	BY 18
O. Félix Soto	CZ 19
San Antonio (Pl. de)	BY 21
San Juan de Dios	CZ 23
San Juan de Dios (Pl. de)	CZ 24
San Roque	CZ 25
Santo Cristo	CZ 27

🏨 **Atlántico,** Duque de Nájera 9, ⊠ 11002, ✆ 21 23 01, Telex 76316, Fax 21 45 82, ≼, 🚗, 🏖, 🎾, 🐎 − ⫟ 🖿 📺 ☎ 🚗 🅿 − 🔁 25/700. 🖭 ⓪ 🅴 𝘝𝘐𝘚𝘈. ⬧
Com 3100 − 🖃 950 − **153 hab** 11000 − PA 6080.
AY **r**

🏨 **Regio 2** sin rest, av. Andalucía 79, ⊠ 11008, ✆ 25 30 08, Fax 25 30 09 − ⫟ 🖿 ☎ 🚗 🅿. 🖭 ⓪ 🅴 𝘝𝘐𝘚𝘈. ⬧
🖃 475 − **40 hab** 3750/7000.
por ①

🏨 **Regio** sin rest, av. Ana de Viya 11 por ①, ⊠ 11009, ✆ 27 93 31 − ⫟ ☎. 🖭 ⓪ 🅴 𝘝𝘐𝘚𝘈. ⬧
🖃 400 − **40 hab** 3500/6000.
por ①

✕✕ **El Faro,** San Félix 15, ⊠ 11002, ✆ 21 10 68, Pescados y mariscos − 🖿 🅿. 🖭 ⓪ 🅴 𝘝𝘐𝘚𝘈
Com carta 2850 a 3800.
AZ **b**

✕✕ **1800,** paseo Marítimo 3, ⊠ 11009, ✆ 26 02 03 − 🖿. 🖭 ⓪ 𝘝𝘐𝘚𝘈. ⬧
cerrado lunes y febrero − Com carta 2600 a 5500.
por ①

✗ El Anteojo, Alameda de Apodaca 22, ✉ 11004, 🖉 22 13 20, ≤, 🛋 – ▣   CY **a**

✗ **Mesón del Duque,** paseo Marítimo 12 (edificio Madrid), ✉ 11010, 🖉 28 10 87 – ▦. 🖭
⓪ Ɛ 𝘝𝘐𝘚𝘈   por ①
cerrado domingo – Com carta 2300 a 3300.

✗ **El Brocal,** av. José León de Carranza 4, ✉ 11011, 🖉 25 77 59 – ▦. 🖭 ⓪ Ɛ 𝘝𝘐𝘚𝘈   por ①
cerrado domingo, lunes mediodía y noviembre – Com carta 1875 a 3200.

Ver también : **Guadarrama** NE : 8 Km
El Escorial S : 13 Km.

ALFA ROMEO av. Cayetano del Toro 18
🖉 25 07 11
AUSTIN ROVER Avda. Cayetano del Toro, 36
🖉 32 08 00
CITROEN Algeciras-zona Franca 🖉 28 14 38
FIAT Ronda de Vigilancia 🖉 27 44 66
FORD Prolongación calle Algeciras-zona Franca
🖉 27 10 64
GENERAL MOTORS Gibraltar-zona Franca
🖉 27 33 62

LANCIA Moria Auxiliadora, 6 🖉 26 31 53
PEUGEOT-TALBOT Jimena de la Frontera - zona
Franca 🖉 25 29 05
RENAULT av. del Puente - zona Franca
🖉 28 03 00
SEAT-AUDI-VOLKSWAGEN zona Franca
🖉 25 01 06

CALABARDINA Murcia – ver Águilas.

CALA BONA 07559 Baleares – ver Baleares (Mallorca) : Son Servera.

CALA DE SAN VICENTE 07460 Baleares 443 M 39 – ver Baleares (Mallorca).

CALA D'OR 07660 Baleares 443 N 39 – ver Baleares (Mallorca).

CALA ES FORTI Baleares – ver Baleares (Mallorca) : Cala d'Or.

CALAF 08280 Barcelona 443 G 34 – 3 225 h. – ✿ 93.
♦Madrid 551 – ♦Barcelona 93 – ♦Lérida/Lleida 82 – Manresa 34.

✗ **Calaf** con buffet, carret. de Igualada 1 🖉 869 84 49 – ▣ 🅿. Ɛ 𝘝𝘐𝘚𝘈. ❆
cerrado lunes y del 1 al 20 julio – Com carta 2715 a 4150.

CITROEN carret. de Manresa 🖉 869 90 25
FORD carret. Sant Martí 🖉 869 80 76
GENERAL MOTORS carretera Llarga 1
🖉 869 81 03

RENAULT carret. Llarga 27 🖉 869 83 98
SEAT AV: DE LA Pau 7 🖉 869 90 00

CALAFELL 43820 Tarragona 443 I 34 – 4 646 h. – ✿ 977 – Playa.
🛈 Vilamar 1 🖉 69 17 59.
♦Madrid 574 – ♦Barcelona 65 – Tarragona 31.

en la playa :

🏨 **Kursaal** 🝐, av. Sant Joan de Déu 119 🖉 69 23 00, Fax 69 27 55, ≤, 🛋 – 🛗 ▣ 📺 ☎
🖛. 🖭 ⓪ Ɛ 𝘝𝘐𝘚𝘈. ❆
abril-12 octubre – Com 2000 – ☷ 600 – **38 hab** 4250/8500 – PA 3900.

🏨 **Canadá,** av. Mosén Jaume Soler 44 🖉 69 15 00, Fax 69 12 55, 🛋, 🏊, ❤ – 🛗
🅿
junio-septiembre – Com 1200 – ☷ 375 – **106 hab** 3800/5300.

✗✗ **Papiol,** av. Sant Joan de Déu 56 🖉 69 13 49, 🛋, pescados y mariscos – ▦. 🖭 Ɛ 𝘝𝘐𝘚𝘈.
❆
cerrado lunes y martes en invierno y del 8 al 31 de enero – Com carta 2600 a 5000.

✗✗ Masia de la Platja, Vilamar 67 🖉 69 13 41, pescados y mariscos – ▦.

✗ **Giorgio,** Angel Guimerá 4 🖉 69 11 59, 🛋, Cocina italiana – ❆
cerrado de lunes a jueves en invierno y 20 diciembre-20 enero – Com (sólo cena en
verano) carta 2500 a 3700.

✗ **La Barca de Ca L'Ardet,** av. Sant Joan de Déu 79 🖉 69 15 59, 🛋, Pescados y mariscos
– ▣ 🅿. 🖭 ⓪ Ɛ 𝘝𝘐𝘚𝘈
cerrado 15 diciembre-15 enero – Com carta 2925 a 4050.

en Segur de Calafell E : 3 km – ✉ 43882 Segur de Calafell – ✿ 977 :

🏨 Victoria, 🖉 69 23 36, 🛋, 🏊 climatizada – ▣ rest 📺 🕾 🅿
32 hab.

✗ **O Braseiro Galaico,** Marta Moragas 29 🖉 69 20 33, 🛋 – 🖭 Ɛ 𝘝𝘐𝘚𝘈. ❆
cerrado martes y 15 diciembre-3 enero – Com carta aprox. 3050.

CALA FIGUERA 07659 Baleares 443 D 39 – ver Baleares (Mallorca).

CALA FINESTRAT Alicante – ver Benidorm.

CALA FONDUCO 07700 Baleares – ver Baleares (Menorca) : Mahón.

CALA FORNELLS 07160 Baleares 👤👤👤 N 37 – ver Baleares (Mallorca) : Paguera.

CALA GALDANA 07750 Baleares – ver Baleares (Menorca) : Ferrerias.

CALA GRACIÓ 07820 Baleares 👤👤👤 P 33 – ver Baleares (Ibiza) : San Antonio Abad.

CALAHONDA 18730 Granada 👤👤👤 V 19 – ✪ 958 – Playa.
Alred. : Carretera** de Calahonda a Castell de Ferro.
◆Madrid 518 – ◆Almería 100 – ◆Granada 89 – ◆Málaga 121 – Motril 13.

    🏠 **El Ancla,** av. de los Geráneos 1 ℰ 62 30 42 – 🛗 ▦ rest ☎. AE ① VISA. ⬩
        Com 1200 – ☑ 300 – **52 hab** 2800/5500 – PA 2700.

CALAHORRA 26500 La Rioja 👤👤👤 F 24 – 17 695 h. alt. 350 – ✪ 941.
◆Madrid 320 – ◆Logroño 55 – Soria 94 – ◆Zaragoza 128.

    🏛🏛 **Parador Marco Fabio Quintiliano,** Era Alta ℰ 13 03 58, Fax 13 51 39 – 🛗 ▦ 📺 ☎
        🅿 – 🔥 25/140. AE ① E VISA. ⬩
        Com 2900 – ☑ 950 – **63 hab** 9500 – PA 5740.

    🏠 **Chef Nino,** Padre Lucas 2 ℰ 13 31 04, Fax 13 35 16 – 🛗 ▦ 📺 ☎ ⬅ AE VISA. ⬩
        Com *(cerrado jueves)* 1500 – ☑ 500 – **28 hab** 3000/5000.

    🏠 **Montserrat** sin rest, Maestro Falla 1 ℰ 13 55 00, Fax 13 55 54 – 🛗 ▦ ☎. AE ① E
        VISA
        ☑ 400 – **25 hab** 2200/4000.

    XX **Montserrat 2,** Maestro Falla 7 ℰ 13 00 17 – ▦. AE ① E VISA
        cerrado lunes – Com carta 2100 a 4500.

    X La Taberna de la Cuarta Esquina, Cuatro Esquinas 16 ℰ 13 43 55 – ▦.

ALFA ROMEO Poligono Carmen-Nave 2
ℰ 13 51 50
CITROEN Bebricio 33 ℰ 13 04 99
FIAT av. Cidacos 12 ℰ 18 09 83
FORD av. del Ebro 18 ℰ 13 52 00
MERCEDES BENZ Bebricio, 60 ℰ 13 22 36

OPEL carret. de Zaragoza km 50 ℰ 13 08 60
PEUGEOT-TALBOT av. Numancia 9 ℰ 14 63 24
RENAULT carret. de Zaragoza km 50 ℰ 13 16 76
ROVER av. Numancia 100 ℰ 13 47 57
SEAT-AUDI-VOLKSWAGEN Bebricio 39
ℰ 13 11 00

CALA LLONGA 07840 Baleares 👤👤👤 P 34 – ver Baleares (Ibiza) : Santa Eulalia del Río.

CALA MAYOR 07015 Baleares – ver Baleares (Mallorca) : Palma de Mallorca.

CALA MILLOR 07560 Baleares 👤👤👤 N 40 – ver Baleares (Mallorca) : Son Servera.

CALAMOCHA 44200 Teruel 👤👤👤 J 26 – 4 673 h. alt. 884 – ✪ 974.
◆Madrid 261 – Soria 157 – Teruel 72 – ◆Zaragoza 110.

    🏡 **Fidalgo,** carret. N 234 ℰ 73 02 77, Fax 73 02 77 – ▦ rest 🅿. ① E VISA. ⬩
        Com *(cerrado domingo en invierno)* 1200 – ☑ 250 – **28 hab** 1950/3500 – PA 2200.

OPEL carret. Sagunto-Burgos km 191 ℰ 73 00 31
PEUGEOT-TALBOT carret. Sagunto-Burgos km
190 ℰ 73 02 57
RENAULT carret. Sagunto-Burgos km 189
ℰ 73 07 59

SEAT-AUDI-VOLKSWAGEN carret. Sagunto-Burgos km 190 ℰ 73 02 54

CALA MONTJOI 17480 Gerona 👤👤👤 F 39 – ver Rosas.

CALANDA 44570 Teruel 👤👤👤 J 29 – 3 251 h. – ✪ 974.
◆Madrid 362 – Teruel 136 – ◆Zaragoza 123.

    🏠 **Balfagón,** carret. N 211 ℰ 84 63 12 – ▦ rest ☎ ⬅ 🅿. ① E VISA. ⬩
        Com *(cerrado domingo noche)* 1000 – ☑ 250 – **29 hab** 1750/3300 – PA 2200.

CALA PI 07639 Baleares 👤👤👤 N 38 – ver Baleares (Mallorca).

CALA RATJADA 07590 Baleares 👤👤👤 M 40 – ver Baleares (Mallorca).

CALA SAHONA 07860 Baleares 👤👤👤 P 34 – ver Baleares (Formentera).

CALA TARIDA (Playa de) 07830 Baleares – ver Baleares (Ibiza) : San José.

CALATAYUD 50300 Zaragoza 🗺️🔢🔢 H 25 – 17 941 h. alt. 534 – 🌀 976.

Ver : Colegiata de Santa María la Mayor (torre★, portada★) – Iglesia de San Andrés (torre★).

🛈 Plaza del Fuerte ☎ 88 13 14.

◆Madrid 235 – Cuenca 295 – ◆Pamplona 205 – Teruel 139 – Tortosa 289 – ◆Zaragoza 87.

🏠 Fornos, paseo Cortés de Aragón 5 ☎ 88 13 00 – 🍽️ rest 🕾 🚗 – **50 hab**.

✗ **Lisboa**, Barón de Warsage 10 ☎ 88 25 35 – 🍽️. 🅰🅴 ⓞ 🄴 𝖵𝖨𝖲𝖠
cerrado domingo noche y lunes noche – Com carta 1600 a 2900.

en la carretera N II – ✉️ 50300 Calatayud – 🌀 976 :

🏨 **Calatayud**, E : 2 km ☎ 88 13 23, Fax 88 54 38 – 🍽️ rest 🕾 🚗 🄿. 🅰🅴 🄴 𝖵𝖨𝖲𝖠. ❅ rest
Com 1400 – ☲ 400 – **63 hab** 3700/5900 – PA 2700.

🏠 **Marivella**, NE : 6 km ☎ 88 12 37, Fax 88 51 50 – 🕾 🄿. ❅ rest
Com 650 – ☲ 200 – **39 hab** 1700/2800 – PA 1400.

AUSTIN-ROVER Emilio Jimeno 4 ☎ 88 26 40
CITROEN paseo San Nicolás de Francia 16 ☎ 88 22 70
FORD Ramón y Cajal 18 ☎ 88 12 00

OPEL Barrio Nuevo 20 ☎ 88 28 28
RENAULT Madre Rafols 8 ☎ 88 10 80
SEAT-AUDI-VOLKSWAGEN Jardines, 3 ☎ 88 18 63

CALA TORRET 07710 Baleares – ver Baleares (Menorca) : San Luis.

CALA VIÑAS Baleares – ver Baleares (Mallorca) : Palma Nova.

CALDAS DE MALAVELLA o **CALDES DE MALAVELLA** 17455 Gerona 🗺️🔢🔢 G 38 – 2 812 h. alt. 94 – 🌀 972 – Balneario.

◆Madrid 696 – ◆Barcelona 83 – Gerona/Girona 19.

🏨 **Baln. Vichy Catalán** ⤳, av. Dr. Furest 32 ☎ 47 00 00, Fax 47 00 00, En un parque, ⛲ de agua termal, ✵ – 🛗 🕾 🄿. 🄴 𝖵𝖨𝖲𝖠. ❅ rest
Com 2000 – ☲ 500 – **83 hab** 6250/11220.

🏨 **Baln. Prats** ⤳, pl. Sant Esteve 7 ☎ 47 00 51, Fax 47 22 33, « Terraza con arbolado », ⛲ de agua termal – 🛗 🕾 🚗 🄿. 🅰🅴 ⓞ 🄴 𝖵𝖨𝖲𝖠. ❅ rest
Com 1950 – ☲ 500 – **76 hab** 6000/7000.

en la carretera N II NO : 5 km – ✉️ 17455 Caldes de Malavella – 🌀 972 :

✗ Can Geli, ☎ 47 02 75, Decoración rústica – 🍽️ 🄿.

CALDAS DE MONTBUY o **CALDES DE MONTBUI** 08140 Barcelona 🗺️🔢🔢 H 36 – 10 168 h. alt. 180 – 🌀 93 – Balneario.

◆Madrid 636 – ◆Barcelona 29 – Manresa 57.

🏨 **Baln. Broquetas** ⤳, pl. Font de Lleó 1 ☎ 865 01 00, Fax 865 23 12, 🏡, « Jardín con arbolado y ⛲ climatizada » – 🛗 🍽️ rest 📺 🕾 🚗 🄿. 🅰🅴 ⓞ 🄴 𝖵𝖨𝖲𝖠. ❅ rest
Com 1750 – ☲ 700 – **88 hab** 7500/11000 – PA 3000.

🏠 **Baln. Termas Victoria** ⤳, Barcelona 12 ☎ 865 01 50, Fax 865 08 16, ⛲, 🖼️, 🎾 – 🛗 🍽️ rest 🕾 🚗. 𝖵𝖨𝖲𝖠. ❅ rest
Com 1570 – ☲ 360 – **87 hab** 6545/8095.

PEUGEOT-TALBOT Avelino Xalabarder 11 ☎ 865 09 33

RENAULT Mayor 52 y 54 ☎ 865 03 32
SEAT Escolas Pías 15 ☎ 865 07 95

CALDAS DE REYES o **CALDAS DE REIS** 36650 Pontevedra 🗺️🔢🔢 E 4 – 8 702 h. alt. 22 – 🌀 986 – Balneario.

◆Madrid 621 – Orense 122 – Pontevedra 23 – Santiago de Compostela 34.

🏨 **Baln. Acuña**, Herrería 2 ☎ 54 00 10, « Jardín con arbolado, ⛲ de agua termal » – 🛗 🕾 🄿. ❅ rest
julio-septiembre – Com 2000 – ☲ 375 – **21 hab** 4500/6000.

CITROEN Juan Fuentes 71 ☎ 54 12 84
FIAT-LANCIA carret. Vigo-Coruña km 98 ☎ 54 05 50
FORD San Roque ☎ 54 02 98
GENERAL MOTORS El Pazo - Santa María ☎ 54 05 20

RENAULT carret. La Coruña-Vigo km 97,3 ☎ 54 03 08
SEAT-AUDI-VOLKSWAGEN carret. La Coruña-Vigo km 101 ☎ 54 00 65

CALDES DE BOI Lérida 🗺️🔢🔢 E 32 – ver Bohí.

Junto con esta guía, utilice los **Mapas Michelin** :

n° **990** ESPAÑA-PORTUGAL Principales Carreteras 1/1 000 000,

n°s **441**, **442**, **443**, **444**, **445** y **446** ESPAÑA (mapas detallados) 1/400 000,

n° **448** Islas CANARIAS (mapa/guía) 1/200 000,

n° **437** PORTUGAL 1/400 000.

157

CALDETAS o **CALDES D'ESTRAC** 08393 Barcelona **443** H 37 – 1 162 h. – ❸ 93 – Playa.

🏌 de Llavaneras O : 6 km 🎯 792 60 50.

◆Madrid 661 – ◆Barcelona 35 – Gerona/Girona 62.

🏨 **Colón,** Paz 16 🎯 791 03 51, Fax 791 05 00, ≤, 🍴, 🏊 – 🛗 🖭 ☎ – 🔏 *temp.* – **82 hab**.

🏠 **Jet,** Santema 25 🎯 791 06 51, Fax 791 27 54, 🏊 – 🛗 🖭 🚗 🔝 *VISA* ⚡ rest *marzo-octubre y navidades* – Com 1600 – 🖙 400 – **35 hab** 3000/5000.

✗ **Emma,** Baixada de L'Estació 5 🎯 791 13 05, 🍴 – 🖃. **E** *VISA* *marzo-20 noviembre* – Com *(cerrado miércoles salvo junio-noviembre)* carta 2050 a 3400.

CALELLA 17210 Gerona **443** G 39 – ver Palafrugell.

CALELLA 08370 Barcelona **443** H 37 – 10 751 h. – ❸ 93 – Playa.

🆔 carret. San Jaime 🎯 769 05 59.

◆Madrid 683 – ◆Barcelona 48 – Gerona/Girona 49.

🏨 **Vila,** Sant Josep 66 🎯 769 01 69, Fax 769 31 56, 🏊 – 🛗 🖃 rest 🖭 🚗 – 🔏 25/160. ⓞ **E** *VISA* ⚡ rest *cerrado del 5 al 31 de enero* – Com 1200 – 🖙 385 – **175 hab** 2585/4100.

🏨 **Calella Park,** Jovara 257 🎯 769 03 00, Telex 56291, Fax 766 00 88, 🏊 – 🛗 🖭 *VISA* ⚡ *15 mayo-15 octubre* – Com 665 – 🖙 265 – **51 hab** 2650/4200 – PA 1275.

🏠 **Calella** sin rest, Anselm Clavé 134 🎯 769 03 00, Telex 56291, Fax 766 00 88, ≤ – 🛗 *VISA* ⚡ *15 mayo-15 octubre* – 🖙 265 – **61 hab** 1800/3200.

✗ **El Hogar Gallego,** Animas 73 🎯 769 10 27, Pescados y mariscos – 🖃. 🖭 ⓞ **E** *VISA* ⚡ *cerrado lunes y 10 enero-10 febrero* – Com carta 2000 a 3800.

CITROEN San Jaime 469 🎯 769 14 04   RENAULT San Jaime 137 🎯 769 26 00
FORD Industria 114-116 🎯 769 16 93

La CALETA DE VELEZ 29751 Málaga **446** V 17 – ❸ 952 – Playa.

◆Madrid 554 – ◆Almería 173 – ◆Granada 124 – ◆Málaga 35.

🏠 **El Paraíso,** av. de Andalucía 139 🎯 51 11 24, ≤ – 🖃 rest ☎ **15 hab**.

La CALOBRA Baleares **443** M 38 – ver Baleares (Mallorca).

CALONGE 17251 Gerona **443** G 39 – 4 362 h. – ❸ 972.

🆔 Angel Guimerá ✉ 17251 🎯 66 13 46.

◆Madrid 721 – ◆Barcelona 108 – Gerona/Girona 43 – Palafrugell 15.

✗ **Can Muni,** Major 5 🎯 65 02 20 – 🖃. **E** *VISA* ⚡ *15 junio-22 septiembre* – Com carta 2190 a 3060.

CALPE 03710 Alicante **445** Q 30 – 8 000 h. – ❸ 96 – Playa.

Ver : Emplazamiento*.

Alred. : Recorrido* de Calpe a Altea – Carretera* de Calpe a Moraira.

🏌 Club Ifach NE : 3 km.

🆔 av. Ejércitos Españoles 🎯 583 12 50.

◆Madrid 464 – ◆Alicante 63 – Benidorm 22 – Gandía 48.

✗ **Capri,** Gabriel Miró 65 🎯 583 06 14, Fax 583 14 91, ≤, 🍴 – 🖃. 🖭 ⓞ **E** *VISA* ⚡ *cerrado noviembre* – Com carta 3100 a 4545.

✗ **Casita Suiza,** Jardín 9 🎯 583 06 06, Cocina suiza – 🖃. 🖭 **E** *VISA* *cerrado domingo,lunes, y del 1 al 20 diciembre* – Com (sólo cena) carta 2050 a 3300.

✗ **La Cambra,** Delfín 9 🎯 583 06 05 – 🖃. 🖭 ⓞ **E** *VISA*. ⚡ *cerrado domingo, del 2 al 18 diciembre y 3 semanas en mayo* – Com carta 2200 a 3000.

✗ **El Bodegón,** Delfín 6 🎯 583 01 64, Decoración rústica castellana – 🖃. 🖭 ⓞ **E** *VISA* *cerrado domingo de octubre a mayo y febrero* – Com carta 2500 a 3250.

✗ **Rincón de Paco,** Oscar Esplá 🎯 583 09 32 – 🖃. 🖭 **E** *VISA*. ⚡ Com carta 2520 a 3600.

✗ **Los Zapatos,** Santa María 7 🎯 583 15 07 – 🖭 ⓞ **E** *VISA*. ⚡ *cerrado miércoles y del 7 al 15 julio* – Com carta 2350 a 3800.

en la urbanización Marysol Park NE : 2 km – ✉ 03710 Calpe – ❸ 96 :

🏠 Marysol Park 🦐, 🎯 583 22 61, ≤, 🏊 – 🛗 🖃 rest 🖭 🅿 – **20 hab**.

en la carretera de Valencia N : 4,5 km – ✉ 03710 Calpe – ☎ 96 :

🏠 **Venta La Chata,** 𝒫 583 03 08, 🍽, Decoración regional, 🌲, ✕ – ⊕ ⇐ ➋. 🄰🄴 ⓪ 🄴 𝓥𝓘𝓢𝓐. 🦅
cerrado 15 noviembre-15 diciembre – Com 1300 – ⌧ 375 – **17 hab** 2200/4400.

CITROEN carret. de Ifach 1 𝒫 583 03 93   SEAT carret. de la Fuente 𝒫 583 26 12
RENAULT av. Diputación 43 𝒫 583 09 43

CALVIA 07184 Baleares – ver Baleares (Mallorca).

CAMALEÑO 39587 Cantabria 🄺🄽🄼 C 15 – 1 402 h. – ☎ 942.
♦Madrid 483 – ♦Oviedo 173 – ♦Santander 126.

✕ **El Caserío** 🦌 con hab, 𝒫 73 09 28 – ➋. 🦅
Com carta 1350 a 1700 – ⌧ 250 – **8 hab** 2800/3500.

CAMARENA 45180 Toledo 🄺🄺🄺 M 15 – 1 894 h. – ☎ 91.
♦Madrid 58 – Talavera de la Reina 80 – Toledo 29.

✕ **Mesón Gregorio II,** Héroes del Alcázar 34 𝒫 817 43 72 – ▤. 🄴 𝓥𝓘𝓢𝓐. 🦅
(cerrado miércoles) – Com carta 2600 a 3600.

CAMARZANA DE TERA 49620 Zamora 🄺🄽🄼 G 11 – 1 337 h. alt. 777 m. – ☎ 988.
♦Madrid 292 – Benavente 33 – ♦León 103 – Zamora 36.

🏠 Juan Manuel, carret. Benavente-Orense 𝒫 64 93 19 – ☎ ➋
16 hab.

CAMBADOS 36630 Pontevedra 🄺🄽🄸 E 3 – 12 628 h. – ☎ 986 – Playa.
Ver : Plaza de Fefiñanes★.
♦Madrid 638 – Pontevedra 34 – Santiago de Compostela 53.

🏛 **Parador del Albariño,** 𝒫 54 22 50, Fax 54 20 68, 🍽, « Conjunto de estilo regional »,
🌲 – 🛗 📺 ☎ ➋. 🄰🄴 ⓪ 🄴 𝓥𝓘𝓢𝓐. 🦅
Com 2900 – ⌧ 950 – **63 hab** 9500 – PA 5740.

✕✕ **Ribadomar,** Terra Santa 17 𝒫 54 36 79 – ➋. 🄴 𝓥𝓘𝓢𝓐
cerrado domingo noche en invierno y del 1 al 15 octubre – Com carta 1800 a 3900.

✕ **O Arco,** Real 14 𝒫 54 23 12, Decoración rústica, Pescados y mariscos – 🄴 𝓥𝓘𝓢𝓐
🦅
cerrado domingo noche y lunes salvo festivos y verano – Com carta 1700 a 3000.

CITROEN Corbillón 𝒫 54 20 50   PEUGEOT Emilia Pardo Bazán 10 𝒫 54 24 28
FORD Tragove 𝒫 54 35 11   RENAULT av. de Villagarcía km 1 𝒫 54 28 12
OPEL-GENERAL MOTORS av. de Villagarcía 121
𝒫 54 37 19

CAMBRILS 43850 Tarragona 🄺🄺🄸 I 33 – 11 211 h. – ☎ 977 – Playa.
🄸 pl. Creu de la Missió 𝒫 36 11 59.
♦Madrid 554 – Castellón de la Plana 165 – Tarragona 18.

en el puerto :

🏛 **Rovira,** av. Diputación 6 𝒫 36 09 00, Fax 36 09 44, ≤, 🍽, 🏊 climatizada – 🛗 ▤ 📺 ☎
➋ – 🔬 25/40. 🄰🄴 ⓪ 🄴 𝓥𝓘𝓢𝓐. 🦅
cerrado 21 diciembre-enero – Com (cerrado martes) 1850 – ⌧ 650 – **58 hab** 4800/5900.

🏛 **Port Eugeni,** Rambla Jaime I 49 𝒫 36 52 61, Telex 567 92, Fax 37 17 00, 🏊 – 🛗 ▤ 📺
☎ ⇐ – 🔬 25/60. 🄴 𝓥𝓘𝓢𝓐
Com 1000 – ⌧ 400 – **105 hab** 5195/7690 – PA 2400.

🏛 **Princep Y Rest.Can Pessic,** pl. de la Iglesia 2 𝒫 36 32 74, Fax 79 04 10 – 🛗 ▤ 📺
☎ ⇐. 🄰🄴 ⓪ 🄴 𝓥𝓘𝓢𝓐. 🦅
Com *(cerrado domingo noche y lunes)* carta 2700 a 3250 – ⌧ 375 – **27 hab** 5200/6500 –
PA 2615.

🏛 **Mónica H.,** Galcerán Marquet 3 𝒫 36 01 16, « Césped con palmeras », 🏊, 🌲 – 🛗
▤ rest ☎ ➋. 🄰🄴 🄴 𝓥𝓘𝓢𝓐. 🦅
marzo-noviembre – Com (junio-octubre) 1260 – ⌧ 525 – **56 hab** 4060/6160 – PA 2590.

🏠 **Tropicana,** av. Diputación 𝒫 36 01 12, Fax 36 01 12, 🍽, 🏊, 🌲 – ⊕ ➋. 🄴 𝓥𝓘𝓢𝓐
marzo-noviembre – Com 1250 – ⌧ 385 – **28 hab** 2700/5200 – PA 2450.

🏠 **Can Solé,** Ramón Llull 19 𝒫 36 02 36, Fax 36 17 68, 🍽 – ▤ rest 📺 ☎ ⇐. ⓪ 🄴 𝓥𝓘𝓢𝓐.
🦅
cerrado 24 diciembre a 10 enero – Com 1150 – ⌧ 375 – **26 hab** 2500/4750 – PA 2150.

sigue →

XXX **Eugenia,** Consolat de Mar 80 ℰ 36 01 68, 斧, Pescados y mariscos, « Terraza - jardín »
– 🗏 🅿 🗛 ⓞ 🗲 𝒱𝑰𝑺𝑨
cerrado martes noche y miércoles en invierno, miércoles y jueves mediodía en verano y
noviembre-diciembre – Com carta 4000 a 5650.

XX ✿ **Joan Gatell - Casa Gatell,** paseo Miramar 26 ℰ 36 00 57, <, 斧, Pescados y
mariscos – 🗏. 🗛 ⓞ 🗲 𝒱𝑰𝑺𝑨. ✿
cerrado domingo noche, lunes Navidades y febrero – Com carta 4150 a 5800
Espec. Entremeses Casa Gatell, Arroz marinera en cassola, Llepolies.

XX ✿ **Can Gatell-Rodolfo,** paseo Miramar 27 ℰ 36 03 31, <, 斧, Pescados y mariscos –
🗏. 🗛 ⓞ 🗲 𝒱𝑰𝑺𝑨.
cerrado martes y miércoles mediodía julio-agosto, lunes noche y martes resto año; del 8
al 28 febrero y octubre – Com carta 3600 a 5200
Espec. Rossejat de fideos, Pescados de roca al suquet del chef, Lenguado a la crema de almendras.

XX ✿ **Can Bosch,** rambla Jaime I - 19 ℰ 36 00 19, 斧, Pescados y mariscos – 🗏. 🗛 ⓞ 🗲
𝒱𝑰𝑺𝑨. ✿
cerrado domingo noche, lunes y 20 diciembre-enero – Com carta 2020 a 5700
Espec. Ensalada de cigalas con escalivada y trufa de verano, Arroz con chipirones y almejas, Rodaballo al
horno con ajos confitados y bacón.

XX **Bandert,** rambla Jaime I ℰ 36 10 63 – 🗏. 🗛 🗲 𝒱𝑰𝑺𝑨. ✿
cerrado 15 diciembre-15 enero – Com carta 2900 a 4300.

X **Rincón de Diego,** Drassanes 7 ℰ 36 13 07, 斧, Pescados y mariscos – 🗏. 🗛 ⓞ 🗲 𝒱𝑰𝑺𝑨. ✿
cerrado domingo noche, lunes y 15 enero-15 febrero – Com carta 2850 a 3900.

X Rovira, paseo Miramar 37 ℰ 36 01 05, 斧, Pescados y mariscos – 🗏.

X Miquel, av. Diputación 3 ℰ 36 11 34, 斧.

X **Casa Gallau,** Pescadores 25 ℰ 36 02 61, 斧, Pescados y mariscos – 🗏. 🗛 ⓞ 🗲 𝒱𝑰𝑺𝑨.
✿
cerrado jueves y 21 diciembre-21 enero – Com carta 3050 a 4020.

X **Acuamar,** Consolat de Mar 66 ℰ 36 00 59, < – 🗏. 🗛 ⓞ 🗲 𝒱𝑰𝑺𝑨. ✿
cerrado miércoles noche, jueves y 20 diciembre-enero – Com carta 3100 a 4150.

X **Natalia,** Consolat de Mar 28 ℰ 36 06 48, 斧, Pescados y mariscos – 🗏. ⓞ 🗲 𝒱𝑰𝑺𝑨. ✿
cerrado lunes y 25 octubre-25 noviembre – Com carta 3200 a 6100.

X **Macarrilla,** Las Barcas 14 ℰ 36 08 14, Pescados y mariscos – 🗏. ⓞ 🗲 𝒱𝑰𝑺𝑨. ✿
cerrado martes – Com carta 2400 a 3700.

X **Gami,** San Pedro 9 ℰ 36 10 49, 斧 – 🗏. 🗛 ⓞ 🗲 𝒱𝑰𝑺𝑨. ✿
cerrado miércoles y 19 diciembre-enero – Com carta 2050 a 3400.

X La Torrada, Drassanes 11 ℰ 79 01 72, 斧 – 🗏.

X **El Caliu,** Pau Casals 22 ℰ 36 01 08, 斧, Decoración rústica, Carnes a la brasa – 🗏. 🗛
ⓞ 🗲 𝒱𝑰𝑺𝑨
cerrado domingo noche, lunes y 10 enero-10 febrero – Com carta 1800 a 2640.

en la carretera N 340 – ✉ 43850 Cambrils – ☎ 977 :

XX **Mas Gallau,** NE : 3,5 km, ✉ apartado 129 Cambrils, ℰ 36 05 88, Decoración rústica –
🗏 🅿 🗛 ⓞ 🗲 𝒱𝑰𝑺𝑨
cerrado 10 enero-10 febrero – Com carta 2450 a 3700.

XX **La Caseta del Rellotge,** SO: 4,5 km, ✉ 43300 Mont Roig, ℰ 83 78 44, 斧, Decoración
rústica, « Antigua posada » – 🗏 🅿. ⓞ 🗲 𝒱𝑰𝑺𝑨. ✿
cerrado del 6 al 24 noviembre – Com carta 2075 a 3900.

por la carretera de Salou E : 5,5 km – ✉ 43850 Cambrils – ☎ 977

🏨 **Mestral** ⌂, Av. Castell de Villafortuny, 38 ℰ 36 42 51, Fax 36 52 14, <, 斧, ⏊, ✾ –
▯ 🗏 rest 📺 ☎ – 🔏 25/40. 🗛 🗲 𝒱𝑰𝑺𝑨. ✿
Com 1500 – ☲ 500 – **48 hab** 6000/9000 – PA 3500.

CITROEN Valencia 27 ℰ 36 12 07
FORD carret. de Valencia km 232,6 ℰ 36 18 47
OPEL-GM Valencia 8 ℰ 36 00 12
RENAULT carret. Valencia-Barcelona km 233
ℰ 36 02 60

SEAT-AUDI-VOLKSWAGEN Virgen del Camino
13 ℰ 361924

CAMPANAS 31397 Navarra 𝟒𝟒𝟐 D 25 – alt. 495 – ☎ 948.
♦Madrid 392 – ♦Logroño 84 – ♦Pamplona 14 – ♦Zaragoza 156.

X Iranzu con hab, carret. N 121 ℰ 36 00 67 – 🗏 rest 🅿
18 hab.

CAMP DE MAR 07160 Baleares 𝟒𝟒𝟑 N 37 – ver Baleares (Mallorca) : Puerto de Andraitx.

Die Preise Einzelheiten über die in diesem Führer angegebenen Preise
finden Sie in der Einleitung.

CAMPELLO 03560 Alicante **445** Q 28 – 8 335 h. – **ᔕ** 96 – Playa.
Madrid 431 – ◆Alicante 13 – Benidorm 29.

en la playa :

X **La Peña,** San Vicente 12 *β* 563 10 48, Pescados y mariscos – 🍽. 🆎 ⓞ 🗲 𝘝𝘐𝘚𝘈 ⅏
cerrado domingo noche y lunes – Com 3700.

PEUGEOT-TALBOT San Ramón 14 *β* 563 20 73

CAMPRODON 17867 Gerona **443** F 37 – 2 376 h. alt. 950 – **ᔕ** 972.
Ver : Iglesia de San Pedro★.
Alred. : Carretera★ del Collado de Ares.
🛈 pl. d'Espanya 1 *β* 74 00 10.
Madrid 699 – ◆Barcelona 127 – Gerona/Girona 80.

🏨 **Edelweiss** sin rest, carret de Sant Joan 28 *β* 74 09 13, Fax 74 07 04, « Ambiente acogedor » – 🛗 📺 ☎ 🅿. ⓞ 🗲 𝘝𝘐𝘚𝘈
⌿ 660 – **21 hab** 8500.

🏨 **Güell** sin rest, pl. d'Espanya 8 *β* 74 00 11 – 🛗 📺 🚿 ⇔. 🆎 ⓞ 🗲 𝘝𝘐𝘚𝘈. ⅏
⌿ 400 – **36 hab** 2900/5200.

🏠 Sayola, Josep Morer 4 *β* 74 01 42 – **35 hab**.

FORD carret. San Juan Abadesas 10 *β* 74 00 44   SEAT-AUDI-VOLKSWAGEN carret. de San Juan
RENAULT Valencia 56 *β* 74 00 55   14 *β* 74 02 23

CAN AMAT (Urbanización) Barcelona – ver Martorell.

Para visitar Canarias con menos equipaje,
*Michelin le propone el mapa-guía nº **448** :*
planos, textos, ilustraciones, informaciones útiles...

CANARIAS (Islas) – 1 444 626 h.

GRAN CANARIA

Artenara 35350 – 930 h. alt. 1219 – **ᔕ** 928.
Ver : Parador de la Silla≼★.
Alred. : Carretera de Las Palmas ≼★ Juncalillo – Pinar de Tamadaba★★ (≼★) NO :
12 km.
Las Palmas de Gran Canaria 48.

Arucas 35400 – 25 770 h. – **ᔕ** 928.
Ver : Montaña de Arucas ★★.
Las Palmas 17.

X **Mesón de la Montaña,** Montaña de Arucas : 2,5 km *β* 60 14 75, Fax 60 57 42, « Bonita
situación » – 🅿. 🆎 🗲 𝘝𝘐𝘚𝘈. ⅏
Com carta 1150 a 2050.

Cruz de Tejeda 35328 – 2 115 h. alt. 1 450 – **ᔕ** 928.
Ver : Paraje★★.
Alred. : Pozo de las Nieves ⅏★★★ SE : 10 km – Juncalillo : pueblo troglodita ≼ ★ : NO :
5 km.
Las Palmas 42.

XX **Hostería La Cruz de Tejeda,** alt. 1 450 *β* 65 80 50, Fax 65 80 51, ≼ montañas y valles,
« Bonita situación dominando la isla » – 🅿. 🆎 ⓞ 🗲 𝘝𝘐𝘚𝘈. ⅏
Com carta 2400 a 3600.

Maspalomas 35100 – **ᔕ** 928 – Playa.
Ver : Playa★.
Alred. : N : Barranco de Fataga★ – San Bartolomé de Tirajana (paraje★) N : 23 km por
Fataga.
🏌 🏌 de Maspalomas SO : 5 Km. *β* 76 25 81.
Las Palmas de Gran Canaria 50.

junto al faro :

🏨 **Maspalomas Oasis** ⬩, 🏖 76 01 70, Telex 96104, Fax 76 25 01, ≤, 🌣, « Jardín y gran palmeral », 🏊 climatizada, 🎾 – 🛗 🍽 ☎ – 🕭 25/140. 🆎 ⓞ 🖲 *VISA*. 🛏
Com 3200 Grill Le Jardin carta 3900 a 4600 rest. Oasis carta 3900 a 4600 y rest. Foresta carta 3900 a 4600 – ☑ 1500 – **335 hab** 22650/44100 – PA 6600.

🏨 **Ifa-Faro Maspalomas** ⬩, 🏖 76 04 62, Telex 95295, Fax 76 41 90, ≤, 🌣, « 🏊 climatizada rodeada de un jardín subtropical » – 🛗 🍽 ☎ – 🕭 25/60. 🆎 ⓞ 🖲 *VISA*. 🛏
Com rest. **Tamarona** carta 2700 a 4750 y **Grill Guatiboa** *(sólo cena)* carta 2700 a 4750 – ☑ 1100 – **188 hab** 16000/24000.

🏨 **Maspalomas Palm Beach** ⬩, 🏖 76 29 24, Telex 96365, Fax 76 75 85, ≤, 🌣, « Amplia terraza con 🏊 climatizada, jardín con palmeras », 🎾 – 🛗 🍽 🅿. 🆎 ⓞ 🖲 *VISA*
Com 3900 rest. **Orangerie** *(sólo cena-cerrado junio-julio)* carta 3300 a 4500 – ☑ 1200 – **355 hab** 19200/30800.

en la Playa del Inglés – ✉ 35100 Maspalomas – 🕾 928 :

🏨 **IFA-H. Dunamar,** 🏖 76 12 00, Telex 95311, ≤, 🌣, 🏊 climatizada, 🖋 – 🛗 🍽 ☎ – **184 hab.**

🏨 **Catarina Playa,** av. de Tirajana 1 🏖 76 28 12, Telex 95338, Fax 76 06 15, 🌣 🏊 climatizada, 🖋 – 🛗 🍽 – 🕭 25/120. 🆎 ⓞ 🖲 *VISA*. 🛏
Com 1500 – ☑ 700 – **399 hab** 9500/15000 – PA 3150.

🏨 **Neptuno,** av. Alféreces Provisionales 29 🏖 76 71 28, Telex 96239, Fax 76 69 65, 🌣 🏊 climatizada – 🛗 🍽 ☎ 🅿 – 🕭 25/80. 🆎 ⓞ 🖲 *VISA*. 🛏
Com 2650 – ☑ 1000 – **166 hab** 6300/10400.

🏨 Parque Tropical, av. Italia 1 🏖 76 07 12, Telex 96642, Fax 76 81 37, ≤, 🌣, « Edificio de estilo regional - Jardín tropical », 🏊 climatizada, 🎾 – 🛗 🍽 – **234 hab.**

🏨 **Apolo,** av. Estados Unidos 28 🏖 76 00 58, Fax 76 39 18, ≤, 🌣, 🏊 climatizada, 🎾 🛗 🍽 ☎ 🅿. 🆎 ⓞ 🖲 *VISA*. 🛏
Com 2500 – ☑ 1000 – **115 hab** 10000/15000 – PA 5100.

🏨 **Lucana,** pl. del Sol 🏖 76 27 00, Telex 6529, Fax 76 44 88, ≤, 🌣, 🏊 climatizada, 🎾 – 🛗 🍽 ☎ 🅿 🆎 ⓞ 🖲 *VISA*. 🛏
Com 2800 – ☑ 700 – **167 hab** 6800/8800 – PA 5040.

🏨 **Don Miguel,** av. de Tirajana 36 🏖 76 15 08, Telex 96307, Fax 76 46 42, 🌣, 🏊 climatizada – 🛗 🍽 rest ☎ – 🕭
- rest. **El Chef** *(sólo cena)* carta 2110 a 3145 y rest. **El Pez** *(sólo cena)* carta 1660 a 2485 **251 hab.**

🏨 **Caserío,** av. de Italia 8 🏖 76 10 50, Fax 76 44 48, 🌣, 🏊 – 🛗 🍽 ☎ 🅿. 🆎 ⓞ 🖲 *VISA* 🛏
Com 1800 – ☑ 600 – **106 hab** 12000/15000.

XXX **Il Césare,** Marcial Franco-bloque 8 🏖 76 03 10, Cocina italiana – 🍽. 🆎 ⓞ 🖲 *VISA*
Com carta aprox. 3000.

XX **La Toja,** av. de Tirajana 17 - Edificio Barbados II 🏖 76 11 96, 🌣 – 🍽. 🆎 ⓞ 🖲 *VISA*. 🛏
cerrado domingo y 15 junio-15 julio – Com carta 2550 a 4400.

X **Compostela (antigua Casa Gallega),** Marcial Franco 14-bloque 6 🏖 76 20 92 – 🍽. 🆎 ⓞ 🖲 *VISA*. 🛏
Com carta 2700 a 4700.

en la playa de San Agustín – ✉ 35100 Maspalomas – 🕾 928 :

🏨 **Meliá Tamarindos,** Las Retamas 3 🏖 76 26 00, Telex 95463, Fax 76 21 56, ≤, 🌣 « Césped con 🏊 climatizada », 🖋, 🎾 – 🛗 🍽 📺 ☎ 🅿 – 🕭. 🆎 ⓞ 🖲 *VISA*. 🛏
Com carta 3050 a 3700 – ☑ 1200 – **332 hab** 19000/26000.

🏨 Don Gregori, Las Dalias 11 🏖 76 26 62, Fax 76 99 96, ≤, 🌣, 🏊 climatizada, 🎾 – 🛗 🍽 ☎ 🅿 – **244 hab.**

🏨 Ifa Beach H., Los Jazmines 🏖 76 51 00, Fax 76 85 99, ≤, 🏊 climatizada – 🛗 🍽 rest ☎ 🅿 **203 hab.**

XXX **San Agustín Beach Club,** pl. de los Cocoteros 🏖 76 04 00, Fax 76 45 76, 🌣 Decoración moderna con motivos africanos, « Terraza con 🏊 (de pago) climatizada » 🍽. 🆎 🖲 *VISA*. 🛏
Com carta 2820 a 4875.

XX **Buganvilla,** Los Jazmines 17 🏖 76 03 16 – 🍽. 🆎 🖲 *VISA*. 🛏
Com *(sólo cena)* carta 3425 a 3750.

en la urbanización Nueva Europa – ✉ 35100 Maspalomas – 🕾 928 :

XX **Chez Mario,** Los Pinos 9 🏖 76 18 17, Cocina italiana – 🆎 ⓞ 🖲 *VISA*
cerrado lunes en verano y 15 mayo-15 julio – Com *(sólo cena)* carta 2050 a 3050.

en la carretera de Las Palmas NE : 7 km – ✉ 35100 Maspalomas – 🕾 928 :

🏨 **Orquídea** ⬩, playa de Tarajalillo 🏖 76 46 00, Telex 96232, Fax 76 46 12, ≤, 🌣 🏊 climatizada, 🖋, 🎾 – 🛗 🍽 rest ☎ – 🕭 25/150. 🆎 ⓞ 🖲 *VISA*. 🛏
Com *(cerrado domingo)* 1500 - rest. **El Sultán** carta 3200 a 4250 – ☑ 750 – **255 hab** 15000/18000.

Las Palmas de Gran Canaria 35000 ℙ – 366 454 h. – ✿ 928 – Playa.

Ver : Casa de Colón★ CZ **B** – Paseo Cornisa※★ AZ.

Alred. : Jardín Canario★ por ② : 10 km – Mirador de Bandama ※★★ por ② : 14 km – Arucas : Montaña de Arucas★★ por ③ : 18 km.

☒₁₈ de Las Palmas, Bandama por ② : 14 km ℰ 35 10 50.

✈ de Gran Canaria por ① : 30 km ℰ 25 46 40 – Iberia : Alcalde Ramírez Bethencourt 49, ☒ 35003 ℰ 36 01 11 y Aviaco : aeropuerto ℰ 70 01 75.

⚓ para la Península, Tenerife y La Palma : Cia. Trasmediterránea, muelle Rivera Oeste, ☒ 35008, ℰ 26 56 50, Telex 95428 CXY,.

🛈 Parque Santa Catalina, ☒ 35007, ℰ 26 46 23 – R.A.C.E. León y Castillo 281, ☒ 35003, ℰ 23 07 88.

Plano páginas siguientes

🏨 **Santa Catalina** ॐ, Parque Doramas, ☒ 35005, ℰ 24 30 40, Telex 96014, Fax 24 27 64, 🏛, « Edificio de estilo regional en un parque con palmeras », ⫘ agua termal – 🛗 🗐 rest 📺 ☎ ℗ – 🛎 25/600. 🖭 🗷 𝑽𝑰𝑺𝑨.   AZ **z**
Com 3500 – ☲ 1050 – **208 hab** 14320/17900 – PA 6450.

🏨 **Meliá Las Palmas,** Gomera 6, ☒ 35008, ℰ 26 76 00, Telex 95161, Fax 26 84 11, ≼, ⫘ climatizada – 🛗 🗐 📺 ☎ ⇌ – 🛎 25/350. 🖭 ⓪ 𝑬 𝑽𝑰𝑺𝑨. ❄   CX **c**
Com 4800 – ☲ 1200 – **316 hab** 13975/17500.

🏨 **Reina Isabel,** Alfredo L. Jones 40, ☒ 35008, ℰ 26 01 00, Telex 95103, Fax 27 45 58, ≼, ⫘ climatizada – 🛗 🗐 📺 ☎ ℗ – 🛎 25/450. 🖭 ⓪ 𝑬 𝑽𝑰𝑺𝑨. ❄   CX **y**
Com 3575 – rest. Reina Garden y Grill – ☲ 1300 – **233 hab** 13200/15800 – PA 7240.

🏨 **Sol Iberia,** av. Marítima del Norte, ☒ 35003, ℰ 36 11 33, Telex 95413, Fax 36 13 44, ≼, ⫘ – 🛗 🗐 📺 ☎ ℗ – 🛎 25/300. 🖭 𝑬 𝑽𝑰𝑺𝑨. ❄ rest   AZ **a**
Com 1750 – ☲ 700 – **298 hab** 7525/9115.

🏩 **Sol Bardinos,** Eduardo Benot 3, ☒ 35007, ℰ 26 61 00, Telex 95189, ≼ playa, puerto y ciudad, ⫘ – 🛗 📺 ☎ – 🛎 25/75. 🖭 ⓪ 𝑬 𝑽𝑰𝑺𝑨. ❄   CX **z**
☲ 700 – **215 hab** 7525/9115.

🏩 **Fataga,** Néstor de la Torre 21, ☒ 35006, ℰ 24 04 07, Telex 96221, Fax 23 14 62 – 🛗 🗐 📺 ☎. 🖭 𝑽𝑰𝑺𝑨. ❄   CY **g**
Com 1500 – ☲ 350 – **92 hab** 5000/7500 – PA 3200.

🏩 Rocamar, Lanzarote 10, ☒ 35008, ℰ 26 56 00, Telex 96196, ≼ – 🛗 🗐 rest ℗   CX **r**
87 hab.

🏦 **Gran Canaria,** paseo de las Canteras 38, ☒ 35007, ℰ 27 17 54, Telex 96453, Fax 26 24 20, ≼ – 🛗 ☎. 🖭 ⓪ 𝑬 𝑽𝑰𝑺𝑨. ❄ rest   BY **b**
Com (sólo cena) 1850 – ☲ 440 – **90 hab** 5910/7650.

🏦 **Olympia,** sin rest, Dr. Grau Bassas 1, ☒ 35007, ℰ 26 17 20 – 🛗 ☜.   BY **x**
15 octubre-30 abril – ☲ 350 – **40 hab** 3950/4250.

🏦 Nautilus, sin rest, playa de las Canteras 5, ☒ 35008, ℰ 26 32 74, Telex 95340, Fax 26 94 42, ≼ playa, mar y costa – 🛗 ☜ – **60 hab**   AY **e**

🏠 Pujol, sin rest, Salvador Cuyás 5, ☒ 35008, ℰ 27 44 33, Fax 22 67 03 – 🛗 📺 ☎   CX **n**
48 hab.

🍴🍴 **Churchill,** León y Castillo 274, ☒ 35005, ℰ 24 91 92, 🏛 – ℗. 🖭 𝑬 𝑽𝑰𝑺𝑨   AZ **v**
cerrado domingo y agosto – Com carta 2525 a 3150.

🍴🍴 **Casa Rafael,** Luis Antúnez 25, ☒ 35006, ℰ 24 49 89 – 🗐. 🖭 𝑬 𝑽𝑰𝑺𝑨. ❄   AYZ **c**
cerrado domingo – Com carta 2900 a 3650.

🍴🍴 Apicios, av. Mesa y López 43, ☒ 35010, ℰ 27 29 06 – 🗐   BY **d**

🍴🍴 Grill La Fragua, paseo de las Canteras 84, ☒ 35010, ℰ 26 79 38, Carnes a la brasa – 🗐   BY **z**

🍴🍴 Nanking, Roca 11, ☒ 35007, ℰ 26 98 70, Rest. chino – 🗐   CY **z**

🍴🍴 **La Cabaña Criolla,** Los Martínez de Escobar 37, ☒ 35007, ℰ 27 02 16, Telex 96521, Fax 27 37 28, Carnes a la brasa, Decoración rústica – 🗐. 🖭 ⓪ 𝑬 𝑽𝑰𝑺𝑨. ❄   CY **r**
cerrado lunes – Com carta 2050 a 2500.

🍴🍴 **Julio,** La Naval 132, ☒ 35008, ℰ 27 10 39, Pescados y mariscos – 🗐. 🖭 ⓪ 𝑬 𝑽𝑰𝑺𝑨. ❄   AY **c**
cerrado domingo – Com carta 1900 a 2950.

🍴 Samoa, Valencia 46, ☒ 35006, ℰ 24 14 71 – 🗐   CY **u**

🍴 **El Pote,** Juan Manuel Durán González 41 (pasaje), ☒ 35007, ℰ 27 80 58, Cocina gallega – 🗐. 𝑽𝑰𝑺𝑨. ❄   CY **n**
Com carta 2000 a 3500.

🍴 **Casa de Galicia,** Salvador Cuyás 8, ☒ 35008, ℰ 27 98 55, Cocina gallega – 🗐. 🖭 ⓪ 𝑬 𝑽𝑰𝑺𝑨. ❄ – Com carta 2800 a 3500.   GX **n**

🍴 Tenderete I, León y Castillo 91, ☒ 35003, ℰ 24 63 50 – 🗐   AZ **n**

🍴 **Caminito Grill,** av. Mesa y López 82, ☒ 35010, ℰ 27 88 88, Carnes a la brasa – 🖭 ⓪ 𝑬 𝑽𝑰𝑺𝑨. ❄ – *cerrado domingo y del 15 al 31 de agosto* – Com carta 1710 a 2300.   AYZ **u**

🍴 Montreal, 29 de Abril 77, ☒ 35007, ℰ 26 40 10 – 🗐   CX **e**

🍴 **Hamburg,** Mary Sánchez 54, ☒ 35009, ℰ 22 27 45 – 🗐. 🖭 𝑬 𝑽𝑰𝑺𝑨   AY **a**
cerrado domingo noche – Com carta 2545 a 3645.

LAS PALMAS
DE GRAN CANARIA

✗ **Le Français,** Sargento Llagas 18, ⊠ 35007, ✆ 26 87 62, Cocina francesa – **E**
VISA   CX **v**
cerrado domingo – Com carta 2480 a 3740.

✗ **Mesón la Paella,** Juan Manuel Durán González 47, ⊠ 35010, ✆ 27 16 40, Cocina catalana – ▣. ◪
VISA ⁇   BY **k**
cerrado sábado noche, domingo, festivos y 15 agosto-15 septiembre – Com carta 2300 a 3100.

✗ **El Novillo Precoz,** Portugal 9, ⊠ 35010, ✆ 22 16 59, Carnes a la brasa – ▣.
◪ **E** **VISA** ⁇   BY **f**
cerrado miércoles y agosto – Com carta 1210/1540.

✗ **Ca'cho Damián,** León y Castillo 26, ⊠ 35003, ✆ 36 53 23 – ▣   BZ **s**

✗ **Canario,** Perojo 2, ⊠ 35003, ✆ 36 57 16 – ▣   BZ **a**

en Las Coloradas - Zona de la Isleta – ⊠ 35009 Las Palmas – 🕾 928 :

✗ **El Padrino,** Jesús Nazareno 1 ✆ 27 20 94, 🍴, Pescados y mariscos – ◪ ◍ **E** **VISA** ⁇
cerrado jueves y septiembre – Com carta 1475 a 2650.
      por Pérez Muñoz   AY

✗ **Pitango,** María Dolorosa 2 ✆ 26 31 94, 🍴, Carnes a la brasa – ▣. ◪ ◍ **E** **VISA** ⁇
cerrado lunes y octubre – Com carta 1475 a 1650.
      por Perez Muñoz   AY

ALFA-ROMEO urb. El Cebadal - Vial 1 ✆ 26 46 28
AUDI - VOLKSWAGEN Diego Vega Sarmiento 16 ✆ 20 82 77
AUSTIN-MG-MORRIS-MINI av. Escaleritas 120 ✆ 20 08 00
BMW av. Escaleritas 106 ✆ 36 10 00
CITROEN República Dominicana 14 ✆ 26 95 66
FIAT av. Escaleritas 50 ✆ 22 37 08
FORD Presidente Albear 22 ✆ 26 66 56
GENERAL MOTORS av. Escaleritas 120 ✆ 20 08 00
GENERAL MOTORS-FIAT Doctor Juan Domínguez Pérez 21 ✆ 27 90 52
MERCEDES-BENZ av. Escaleritas 112 ✆ 36 60 44
PEUGEOT-TALBOT Diego Vega Sarmiento 5 ✆ 20 41 11
RENAULT carret. del Centro km 3,2 ✆ 31 14 11
RENAULT República Dominicana 17 ✆ 26 09 87
SEAT av. Escaleritas 178 ✆ 41 18 88
SEAT Diego Vega Sarmiento - urb. Miller Bajo

164

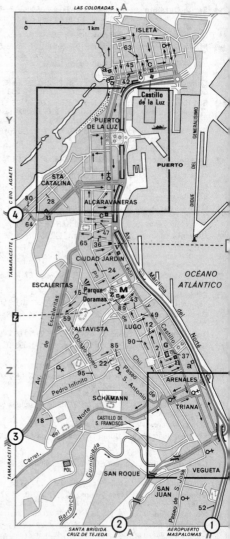

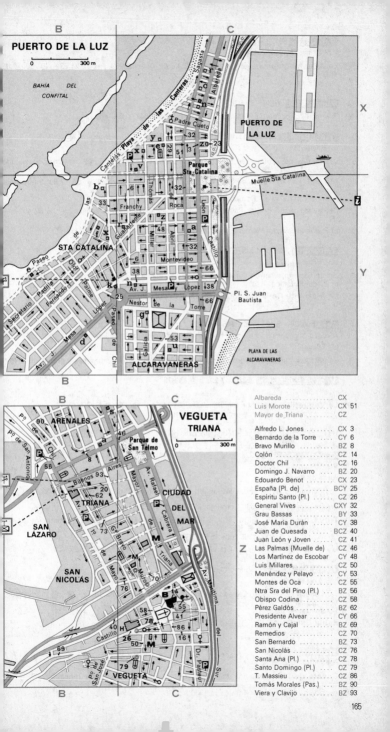

PUERTO DE LA LUZ

0 300 m

BAHÍA DEL CONFITAL

Playa de las Canteras

Padre Cueto

PUERTO DE LA LUZ

Parque Sta. Catalina

Muelle Sta Catalina

Paseo de las Canteras

STA CATALINA

Franchy
Thomas
Roca
Guatemala
Miller
Abril
León y Castillo

Montevideo

Av. J. Mesa y López

Néstor de la Torre

Pl. S. Juan Bautista

Galicia

ALCARAVANERAS

PLAYA DE LAS ALCARAVANERAS

Secretario Padilla
Fernando
Jaime
Av. J. Mesa
Paseo de Chil

VEGUETA TRIANA

0 300 m

Pº de San Antonio
Pº de las Arenales
ARENALES
Parque de San Telmo
Buenos Aires
Av. Rafael Cabrera
Mayor

CIUDAD DEL MAR

SAN LÁZARO

TRIANA

G. Bravo
Triana
Mayor
Av. Marítima del Sur

SAN NICOLÁS

Dr. Pasteur

Castillo

Pº de San José

VEGUETA

165

Patalavaca 35129 – ✪ 928 – Playa.
♦Las Palmas 68 – ♦Maspalomas 55.

XXX **La Aquarela,** Barranco de la Vega ℰ 32 00 00, Telex 95233, Fax 32 24 68 – **Ⓟ**. **Æ ① ∈**
VISA. ✼
cerrado domingo – Com carta 3050 a 3950.

Puerto Rico 35130 – ✪ 928 – playa.

X Puerto Rico, paseo de la playa ℰ 74 51 81, Telex 96477, ㈜.

Santa Brígida 35300 – 11 194 h. alt. 426 – ✪ 928.
Las Palmas 15.

XX Las Grutas de Artiles, Las Meleguinas N : 2 km ℰ 64 05 75, ㈜, « Instalado en una
gruta », ⅃, ✻ – **Ⓟ**.

X **Martell,** carret. de Tejeda SO : 4,5 Km., ✉ 35308 El Madroñal, ℰ 64 12 83, Interesante
bodega - Decoración rústica regional – **Æ ① ∈** *VISA*. ✼
cerrado septiembre – Com carta 2400 a 3600.

X Bentayga, carret. de Las Palmas NE : 4 km, ✉ 35310 Monte Lentiscal, ℰ 35 02 45, ≼ –
▤.

X El Palmeral, av. del Palmeral 45 ℰ 64 15 18, ㈜ – **Ⓟ**.

Tafira Alta 35017 – alt. 375 – ✪ 928.
Las Palmas 8.

X Jardín Canario, Plan de Loreto, carret. de Las Palmas : 1 km ℰ 35 16 45, ≼, Dominando
el Jardín Botánico – **Ⓟ**.

X **La Masía de Canarias,** Murillo 36 ℰ 35 01 20, ㈜ – **Æ ∈** *VISA*. ✼
Com carta 2325 a 3650.

Teror 35330 – 9 461 h. alt. 445 – ✪ 928.
Alred. : Mirador de Zamora ≼* O : 7 km por carretera de Valleseco.
Las Palmas 21.

X San Matías, carret. de Arucas N : 1 km ℰ 63 07 65, ≼ Valle, montañas y población – **Ⓟ**.

Vega de San Mateo 35320 – 7 202 h. – ✪ 928.
♦Las Palmas 23.

XX **La Veguetilla,** carret. de Las Palmas ℰ 64 24 64 – **Ⓟ**. **Æ ① ∈** *VISA*. ✼
cerrado martes y agosto – Com carta 1875 a 3000.

FUERTEVENTURA (Las Palmas)

Corralejo 35560 – ✪ 928.
Ver : Puerto y Playas ★.
Puerto del Rosario 38.

X Los Barqueros, av. Grandes Playas urb. Los Barqueros ℰ 86 60 72, Fax 86 60 83, ㈜.

en las playas – ✉ 35660 Corralejo – ✪ 928 :

🏨 **Tres Islas** ⑤, SE : 4 Km. ℰ 86 60 00, Telex 96544, Fax 86 61 50, ≼, ⅃ climatizada, 🏖,
✻ – 🛗 ▤ **Ⓟ**. **Æ ① ∈** *VISA*. ✼
Com 2700 – ☷ 1500 – **365 hab** 15650/23000.

XX Las Brisas, SE : 1,5 Km, av. Grandes Playas 81 ℰ 86 63 37, Fax 86 65 25 – ▤.

Costa Calma 35627 Gran Tarajal – ✪ 928.
Puerto del Rosario 70.

🏨 Taro Beach H. ⑤, urb. Cañada del Río ℰ 87 07 76, Fax 87 03 18, ≼, ㈜, ⅃ climatizada,
✻ – 📺 ☎ **Ⓟ**
128 apartamentos.

XX **Bahía Calma,** ≼, ㈜, ⅃ – **Ⓟ**. **Æ** *VISA*. ✼
Com carta aprox. 2350.

La Lajita – Playa.
Puerto del Rosario 56.

X **Cuesta de la Pared,** urb. Puerto Rico E : 3 km, ✉ 35627 Gran Tarajal, ≼, ㈜ – **Ⓟ**
✼
cerrado lunes y mayo – Com carta 1700 a 2475.

Playa Barca – ✪ 928 – Playa.
Puerto del Rosario 47.

🏨🏨 Los Gorriones Sol ⌖, ✉ 35627 Gran Tarajal, ✆ 87 08 25, Telex 96234, ≤, ⇗, « Amplía terraza con ⊥ climatizada », ☂, ✵ – 🛗 ▤ rest 🐾 🅿 – 🔟
429 hab.

Puerto del Rosario 35600 – 13 878 h. – ✪ 928 – Playa.

✈ de Fuerteventura S : 6 km ✆ 85 08 52 – Iberia : 23 de Mayo 11 ✆ 85 05 16.

🚢 para Lanzarote, Gran Canaria y Tenerife : Cia Trasmediterránea, León y Castillo 46 ✆ 85 08 77.

🅱 av. Primero de Mayo 39 ✆ 85 10 24.

✗ El Granero, Alcalde Alonso Patalló 8 ✆ 85 14 53 – ▤.

en Playa Blanca S : 3,5 km – ✉ 35610 Puerto del Rosario – ✪ 928 :

🏨🏨 **Parador de Fuerteventura** ⌖, ✆ 85 11 50, Fax 85 11 58, ≤, ⊥, ☂, ✵ – 📺 ☎ ⇔ 🅿, 🆎 ① 🅴 VISA, ✵
Com 2900 – ⇱ 950 – **50 hab** 9000 – PA 5740.

Tarajalejo – ✪ 928

🏨 **Tofio** ⌖, Maxorata 1, ✉ 35627 Gran Tarajal, ✆ 87 09 10, Fax 87 00 28, ≤, ⇗, ⊥, ☂, ✵ – 🅿, 🆎 ① 🅴 VISA, ✵
Com 1500 – ⇱ 500 – **84 hab** 4000/5000.

LANZAROTE (Las Palmas)

Arrecife 35500 – 29 502 h. – ✪ 928 – Playa.
Alred. : Teguise (castillo de Guanapay ✵✯) N : 11 km – La Geria✯✯ (de Mozaga a Yaiza) NO : 17 km – Cueva de los Verdes✯✯✯ NE : 27 km por Guatiza – Jameos del Agua✯ NE : 29 km por Guatiza – Mirador del Rio✯✯ (✵✯✯) NO : 33 km por Guatiza.
📍₉ Costa Teguise NE : 10 km ✆ 81 35 12.

✈ de Lanzarote O : 6 km ✆ 81 03 95 – Iberia : av. Rafael González 2 ✆ 81 03 50.

🚢 para Gran Canaria, Tenerife, La Palma y la Península : Cia. Trasmediterránea, José Antonio 90 ✆ 81 10 19, Telex 95336.

🅱 Parque Municipal ✆ 81 18 60.

🏨🏨 G.H. Arrecife Playa, av. Mancomunidad ✆ 81 12 50, Telex 95249, Fax 81 42 59, ≤, ⇗, « Terraza ajardinada con ⊥ », ✵ – 🛗 ▤ ☎
150 hab

🏨 **Miramar** sin rest, Coll 2 ✆ 81 26 00, Telex 96549, Fax 81 33 66 – 🛗 🐾, 🆎 ① 🅴 VISA, ✵
⇱ 300 – **90 hab** 3000/4600.

🏠 Cardona, sin rest, 18 de Julio 11 ✆ 81 10 08 – 🛗 🐾
62 hab.

✗ Folia, José Antonio 93 ✆ 81 54 07.

por la carretera del puerto de Naos NE : 2 km – ✉ 35500 Arrecife – ✪ 928 :

✗✗ Castillo de San José, ✆ 81 23 21, ≤ puerto y Arrecife, Instalación moderna en una fortaleza del siglo XVII – ▤ 🅿.

en la urbanización Costa Teguise – ✉ 35500 Arrecife – ✪ 928

🏨🏨🏨 **Meliá Salinas** ⌖, playa de las Cucharas NE : 9,5 km ✆ 81 30 40, Telex 96320, Fax 81 33 90, ≤, ⇗, « Profusión de plantas - Terraza con ⊥ climatizada », ☂, ✵, 📍₉ – 🛗 ▤ 📺 ☎ 🅿 – 🔟, 🆎 ① 🅴 VISA, ✵ rest
Com carta 3350 a 5100 – ⇱ 1400 – **310 hab** 20600/25800.

🏨🏨🏨 **Teguise Playa** ⌖, playa El Jablillo ✆ 81 66 54, Telex 96399, Fax 81 09 79, ≤, ⇗, ⊥ climatizada, ✵ – 🛗 ▤ ☎ 🅿 – 🔟 25/325. 🆎 ① 🅴 VISA, ✵
Com 3000 – ⇱ 850 – **314 hab** 10000/14000 – PA 5500.

🏨🏨 **Los Zocos** ⌖, playa de las Cucharas NE : 9,5 km ✆ 81 58 17, Telex 96440, Fax 81 64 36, ⇗, « Terraza con ⊥ climatizada », ✵ – ☎ 🅿, 🆎 ① 🅴 VISA, ✵
Com 1950 Grill La Malvasía *(sólo cena)* carta 1800 a 2600 – ⇱ 750 – **244 apartamentos** 11000/15000 – PA 3700.

🏨🏨 **Lanzarote Gardens** ⌖, av. Islas Canarias ✆ 59 01 00, Telex 96977, Fax 59 17 84, ⊥ climatizada, ✵ – ▤ rest 🅿 – 🔟 25/100. 🆎 ① 🅴 VISA, ✵
Com 2000 – ⇱ 750 – **242 apartamentos** 11000 – PA 4050.

✗✗ La Jordana, Los Geranios - Local 10-11 – ▤.

✗✗ **La Chimenea,** playa las Cucharas NE : 9,5 km, ⇗ – 🆎 🅴 VISA, ✵
cerrado jueves y junio – Com carta 2150 a 3550.

✗✗ El Pescador, Pueblo Marinero NE : 9 km – ▤.

✗✗ Neptuno, Península del Jablillo ✆ 81 69 00 ext. 1504 – ▤.

CANARIAS (Islas) – Arrecife

AUDI-VOLKSWAGEN Peréz Galdos 88
𝄘 81 19 71
AUSTIN-MG-MORRIS-MINI Martiner Montañes
10 𝄘 81 23 82
BMW carret. San Bartolomé km 1,200
𝄘 81 21 51

MERCEDES-BENZ-SEAT-VOLKSWAGEN Cabrera
Tofan 78 𝄘 81 42 08
OPEL-FIAT Islote del Frances 𝄘 81 23 66
PEUGEOT-TALBOT Hermanos Álvarez Quintero
56 𝄘 81 16 26
RENAULT Tagoror 2 𝄘 81 03 89

Montañas del Fuego – ⊕ 928 – Zona de peaje.
Ver : Montañas del Fuego★★★.
Arrecife 31.

XX El Diablo, Parque Nacional de Timanfaya, ✉ 35560 Tinajo, 𝄘 84 00 57, ※ montaña
volcánicas y mar – ℗
Com *(sólo almuerzo)*.

Playa Blanca de Yaiza – Playa.
Alred. : Punta del Papagayo ≼★ S : 5 km.
Arrecife 38.

🏨 Lanzarote Princess ⌖, costa Papagayo, ✉ 35570 Yaiza, 𝄘 51 71 08, Fax 51 70 11, ≼
« Terraza con ⌿ climatizada », ※ – 🛗 ▤ ☎ ℗ – 🖻 – **407 hab**.
X Casa Pedro, ✉ 35570 Yaiza, 𝄘 51 70 22, ≼ – ▤.
X Casa Salvador, ✉ 35570 Yaisa, ≼, 🍴, Pescados y mariscos.

Puerto del Carmen 35510 – ⊕ 928.
Arrecife 15.

🏨 Los Fariones ⌖, Acatife 2, urb. Playa Blanca 𝄘 51 01 75, Telex 96351, Fax 51 02 02, ≼
🍴, ⌿ climatizada, 🎾 – 🛗 ▤ 📺 ☎ 🚗 – 🖻 25/150. 🝙 ⓪ 🝕 𝘝𝘐𝘚𝘈. ※
Com 3000 – 🍽 800 – **231 apartamentos** 8000/10000 – PA 5440.
🏨 Los Fariones ⌖, Roque del Oeste 1 𝄘 51 01 75, Telex 96351, Fax 51 02 02, 🍴
« Terraza y jardín tropical con ≼ mar », ⌿ climatizada, 🎾, ※ – 🛗 ▤ rest ☎ – 🖻 25/75.
🝙 ⓪ 🝕 𝘝𝘐𝘚𝘈. ※
Com 3000 – 🍽 800 – **237 hab** 9500/11500 – PA 5440.
XXX Dionysios, Centro Comercial Roque Nublo Local-5 𝄘 82 52 55 – ▤.
XX **La Cañada,** General Prim 3 𝄘 82 64 15, Fax 51 03 60, 🍴 – ▤. 🝙 ⓪ 🝕 𝘝𝘐𝘚𝘈. ※
cerrado junio – Com carta 2000 a 3450.
XX Romántica, Centro Atlántico 𝄘 51 26 95, ≼ – ▤.
XX La Boheme, av. de las Playas 𝄘 82 59 15.
Janubio, Centro Comercial Atlántico - Local 33-34 𝄘 51 26 32, 🍴 – ▤. 🝙 🝕 𝘝𝘐𝘚𝘈. ※
cerrado domingo y 20 junio-20 julio – Com carta 1425 a 2750.

en la playa de los Pocillos E : 3 km – ✉ 35519 Los Pocillos – ⊕ 928 :

🏨 Lanzarote Palace ⌖, 𝄘 51 24 00, Telex 95780, Fax 51 24 09, ≼, ⌿ climatizada, ※ –
🛗 ▤ 📺 ☎ ℗. 🝙 ⓪ 🝕 𝘝𝘐𝘚𝘈. ※
Com 3000 – **248 hab** 🍽 10200/18000 – PA 7300.
🏨 San Antonio ⌖, 𝄘 82 50 50, Telex 95334, Fax 82 60 23, ≼, « Jardín botánico »
⌿ climatizada, ※ – 🛗 ▤ 📺 ☎ ℗ – 🖻 – **331 hab**.
XX La Gaviota, centro Marina Bay 𝄘 82 50 50, Telex 95334, Fax 82 60 23, ≼, 🍴 – ▤ ℗

Yaiza 35570 – 1 913h. – ⊕ 928.
Alred. : La Geria★★ (de Yaiza a Mozaga) NE : 17 km – Salinas de Janubio★ SO : 6 km –
El Golfo★★ NO : 8 km.
Arrecife 22.

X **La Era,** Barranco 3 𝄘 83 00 16, 🍴, « Instalado en una casa de campo del siglo XVII » –
℗. 🝙 ⓪ 🝕 𝘝𝘐𝘚𝘈. ※
Com carta 1650 a 2250.

en la carretera de Playa Blanca O : 1 km – ✉ 35570 Yaiza :

X Yaiza, 𝄘 83 00 89, 🍴 – ℗.

TENERIFE

Adeje – 11 932h. – ⊕ 922.
Santa Cruz de Tenerife 82.

en Playa del Paraíso O : 6 km – ✉ 38670 Adeje – ⊕ 922 :

🏨 **Paraíso Floral,** 𝄘 78 07 25, Telex 92005, Fax 78 05 01, ≼, ⌿ climatizada, 🎾, ※ – 🛗
🕃 ℗. 🝙 𝘝𝘐𝘚𝘈. ※ rest
Com 1050 – 🍽 380 – **352 apartamentos** 3500/5500 – PA 2350.
XX La Pérgola, 𝄘 78 07 25, ≼, 🍴.

Las Cañadas del Teide – alt. 2200 – 🕿 922.

Ver : Parque Nacional de las Cañadas★★.

Alred. : Pico del Teide★★★ N : 4 km, teleférico y 45 min a pie – Boca de Tauce★★
SO : 7 km.

Santa Cruz de Tenerife 67.

🏨 **Parador de las Cañadas del Teide** ﹩, alt 2 200, ✉ 38300 apartado 15 Orotava, ☎ 23
25 03, Fax 23 25 03, ≼ valle y Teide, « En un paisaje volcánico », ⴵ, ℀ – 🕿 🅿. 🖭 ⓪
🖪 𝑽𝑰𝑺𝑨. ℀
Com 2900 – 🖙 950 – **18 hab** 6500 – PA 5740.

Los Cristianos – ✉ 38650 – 🕿 922 – Playa.

Alred. : Mirador de la Centinela ≼★★ NE : 12 km.

Santa Cruz de Tenerife 75.

🏨 **Paradise Park,** urb. Oasis del Sur ☎ 79 47 62, Telex 91196, Fax 79 48 59, 🏤,
ⴵ climatizada, ℀ – 🛗 🗐 🖭 🅿 – 🔬 25/60. 🖭 ⓪ 🖪 𝑽𝑰𝑺𝑨. ℀
Com 2000 rest. Las Cañadas *(sólo almuerzo)* y rest. Tenerife *(sólo cena)* – 🖙 800 – **390 hab**
– **112 apartamentos** 8250/10700 – PA 4275.

🏨 **Oasis Moreque,** av. Penetración ☎ 79 03 66, Telex 92799, ≼, ⴵ climatizada, 🏤, ℀ –
🛗 🗐 rest 🅿. 🖭 🖪 𝑽𝑰𝑺𝑨. ℀
Com 1700 – 🖙 670 – **105 hab** 4520/6240 – PA 3540.

✕✕ **La Cava,** El Cebezo ☎ 79 04 93, 🏤, Decoración rústica – 🖭 🖪 𝑽𝑰𝑺𝑨
cerrado domingo y 25 mayo a 8 julio – Com carta 1925 a 3600.

✕ **Las Vistas,** av. Suecia ☎ 79 33 13, ≼.

✕ **Mesón L'Scala,** La Paloma 7 ☎ 79 10 51, 🏤, Decoración rústica – 🗐.

Guamasa – ✉ 38330 – 🕿 922.

Santa Cruz de Tenerife 16.

✕✕ **Mesón de los Comuneros,** paseo de las Acacias 1 ☎ 63 63 85, Decoración castellana
– 🅿. 🖭 ⓪ 🖪 𝑽𝑰𝑺𝑨. ℀
cerrado sábado y 15 agosto-20 septiembre – Com carta 3150 a 4250.

✕ **Mesón El Cordero Segoviano,** cruce Campo de Golf ☎ 25 22 39, Decoración castellana –
🅿.

Icod de los Vinos – 18 612 h. – 🕿 922.

Ver : Drago milenario★.

Alred. : El Palmar★★ O : 20 km – San Juan del Reparo (carretera de Garachico ≼★)Ü072
SO : 6 km – San Juan de la Rambla (plaza de la iglesia★) NE : 10 km.

Santa Cruz de Tenerife 60.

RENAULT av. Francisco Miranda 15 ☎ 81 06 10

La Laguna – 112 635 h. alt. 550 – 🕿 922.

Ver : Iglesia de la Concepción★.

Alred. : Monte de las Mercedes★★ (Mirador del Pico del Inglés★★, Mirador de Cruz del
Carmen★) NE : 11 km – Mirador del Pico de las Flores ❅★★ SO : 15 km – Pinar de La
Esperanza★ SO : 6 km.

🏌 de Tenerife O : 7 km ☎ 25 02 40.

🛈 av. del Gran Poder 3 ☎ 54 08 10.

Santa Cruz de Tenerife 9.

✕ **La Hoya del Camello,** carret. General del Norte 118 ☎ 26 20 54 – 🅿. 🖭 🖪 𝑽𝑰𝑺𝑨. ℀
cerrado lunes y agosto – Com carta aprox. 2750.

CITROEN carret. de Geneto ☎ 26 14 98

El Médano – ✉ 38612 – 🕿 922 – Playa.

🛫 Reina Sofía O : 8 km ☎ 77 13 00.

Santa Cruz de Tenerife 62.

🏨 **Médano,** La Playa 2 ☎ 70 40 00, Telex 91486, ≼ – 🛗 🕿. 🖭 ⓪ 🖪 𝑽𝑰𝑺𝑨. ℀ rest
Com 1600 – 🖙 450 – **90 hab** 4100/6500.

La Orotava – 31 394 h. alt. 390 – 🕿 922.

Ver : Valle de San Francisco★ – Emplazamiento★.

Alred. : Mirador Humboldt★★★ NE : 3 km – Jardín de Aclimatación de la Orotava★★★
NO : 5 km – S : Valle de la Orotava★★★.

🛈 pl. General Franco ☎ 33 00 50.

Santa Cruz de Tenerife 36.

Playa de las Américas – ⊠ 38660 – ✪ 922 – Playa.

Alred. : Barranco del Infierno★ N : 8 km y 2 km a pie.

🛈 Pueblo Canario - San Eugenio ✆ 79 33 12 – Santa Cruz de Tenerife 75.

🏨 **Gran Tinerfe,** ✆ 79 12 00, Telex 92199, Fax 79 12 65, ≤, « Terrazas con ⌇ climatizada »
%‰ – 🛗 🗐 – 🚧 ⬜ 🅴 𝚅𝙸𝚂𝙰. ⋘
Com 2000 – ⌁ 750 – **356 hab** 10500.

🏨 **Mediterranean Palace,** av. Litoral ✆ 79 44 00, Telex 91539, Fax 79 36 22, 🍴, ⌇, %‰
– 🛗 🗐 📺 ☎ – 🚧 25/700. ⬜ ⬤ 🅴 𝚅𝙸𝚂𝙰. ⋘
Com 2875 – ⌁ 1150 – **535 hab** 16400/20500 – PA 6900.

🏨 Europe Tenerife, av. Litoral ✆ 79 13 08, Telex 92410, Fax 79 33 52, ≤, 🍴, ⌇ climatizada
🛖, %‰ – 🛗 🗐 📺 – 🚧
rest. **Europe** (sólo almuerzo) 1500 y rest. **Ucanca** (sólo cena) carta 1600 a 2000 – **274 hab.**

🏨 **Tenerife Princess,** av. Litoral ✆ 79 27 51, Telex 91148, Fax 79 10 39, ⌇ climatizada, %‰
– 🛗 🗐 ☎ ⬤ 🅴 𝚅𝙸𝚂𝙰. ⋘
Com 2310 – ⌁ 990 – **386 hab** 8800/10450 – PA 4070.

🏨 **Jardín Tropical,** urb. San Eugenio ✆ 79 41 11, Telex 91251, Fax 79 44 51, ≤, 🍴
⌇ climatizada – 🛗 🗐 ☎ 🅿 – 🚧 25/150. ⬜ ⬤ 🅴 𝚅𝙸𝚂𝙰. ⋘
Com rest. **Las Mimosas** carta 2700 a 3650 y rest. **El Patio** (sólo cena-cerrado lunes y junio)
carta 2800 a 5400 – ⌁ 1100 – **380 hab** 14500/17000 – PA 5500.

🏨 **Bitácora,** ✆ 79 15 40, Telex 91120, Fax 79 66 77, 🍴, ⌇ climatizada, 🛖, %‰ – 🛗 🗐 ☎
⬜ ⬤ 🅴 𝚅𝙸𝚂𝙰. ⋘
Com 1700 – ⌁ 625 – **314 hab** 8775/11250 – PA 3125.

🏨 **Las Palmeras,** ✆ 79 09 91, Telex 91274, Fax 79 02 74, ≤, ⌇ climatizada, 🛖, %‰ – 🛗 🗐
☎ ⇦ 🅿 – 🚧 25/160. ⬜ 🅴 𝚅𝙸𝚂𝙰. ⋘
Com 1700 – ⌁ 750 – **540 hab** 6875/9850 – PA 3500.

🏨 **Guayarmina Princess,** playa de Fañabé ✆ 79 51 13, Fax 79 20 00, ⌇ climatizada, %‰ –
🛗 🗐 ☎ ⇦. ⬜ ⬤ 𝚅𝙸𝚂𝙰. ⋘
Com 2200 – ⌁ 800 – **512 hab** 9000/11000 – PA 3900.

🏨 **La Siesta,** av. Litoral ✆ 79 23 00, Telex 91119, Fax 79 22 20, 🍴, ⌇ climatizada, 🛖, %‰
– 🛗 🗐 – 🚧 25/700. ⬜ ⬤ 🅴 𝚅𝙸𝚂𝙰. ⋘
Com 1950 – ⌁ 700 – **280 hab** 6500/8900.

🏨 **Park H. Troya,** ✆ 79 01 00, Telex 92218, Fax 79 45 72, ⌇ climatizada, %‰ – 🛗 🗐 🅿. ⬜
⬤ 𝚅𝙸𝚂𝙰. ⋘
Com (sólo cena) 2100 – ⌁ 630 – **318 hab** 6090/9700.

🏨 Tenerife Sol, ✆ 79 10 70, Telex 91409, Fax 79 39 20, ≤, ⌇ climatizada, %‰ – 🛗 🗐 rest 🅿
– 🚧 – **522 hab.**

%% **Casa Vasca,** Apartamentos Compostela Beach ✆ 79 40 25, 🍴 – ⬜ ⬤ 🅴 𝚅𝙸𝚂𝙰. ⋘
cerrado domingo noche y del 10 al 20 mayo – Com carta 2200 a 4500.

% **Folías,** Pueblo Canario ✆ 79 22 69, ≤, 🍴 – ⬜ ⬤ 🅴 𝚅𝙸𝚂𝙰. ⋘
Com carta 2175 a 3750.

% Mesón del Marqués, edificio Oro Blanco ✆ 79 27 70, 🍴.

% Bistro, Viñas del Mar ✆ 79 07 18, 🍴.

MERCEDES-SEAT-VOLKSWAGEN av. Santa Cruz   RENAULT av. Santa Cruz 182 - Granadilla
- Granadilla ✆ 39 08 40   ✆ 39 05 40

Puerto de la Cruz – 39 241 h. – ⊠ 38400 – ✪ 922 – Playa.

Ver : Paseo Marítimo★ BZ.

Alred. : Jardín de aclimatación de la Orotava★★★ por ① : 1,5 km – Mirador Humboldt★★★
(valle de la Orotava★★★) por ① : 8 km – Iberia : av. de Venezuela ✆ 38 00 50 BY.

🛈 pl. de la Iglesia 3 ✆ 37 19 28.

Santa Cruz de Tenerife 36 ①.

Plano página siguiente

🏨 **Meliá Botánico** ⊛, Richard J. Yeoward ✆ 38 14 00, Telex 92395, Fax 38 15 04, ≤, 🍴
« Jardines tropicales », ⌇ climatizada, %‰ – 🛗 🗐 📺 ☎ 🅿 – 🚧 25/220. ⬜ ⬤ 🅴 𝚅𝙸𝚂𝙰
⋘
Com 5100 – ⌁ 1115 – **282 hab** 17240/23290.   BY **h**

🏨 **Semiramis,** Leopoldo Cólogan Zulueta 12 - urb. La Paz ✆ 38 55 51, Telex 92160, Fax
38 52 53, ≤ mar, 🍴, ⌇ climatizada, %‰ – 🛗 🗐 📺 ☎ – 🚧 25/1000. ⬜ ⬤ 🅴 𝚅𝙸𝚂𝙰
⋘ rest
Com 1800 – ⌁ 900 – **290 hab** 14000/21000.   BY **k**

🏨 **Meliá San Felipe,** av. de Colón 22 - playa Martiánez ✆ 38 33 11, Telex 92146, Fax
38 76 97, ≤, 🍴, ⌇ climatizada, 🛖, %‰ – 🛗 🗐 📺 ☎ 🅿 – 🚧 25/200. ⬜ ⬤ 𝚅𝙸𝚂𝙰. ⋘
Com carta 2050 a 3150 – ⌁ 900 – **260 hab** 15125/20800.   BY **u**

🏨 **Meliá Puerto de la Cruz,** av. Marqués de Villanueva del Prado ✆ 38 40 11, Telex 92386,
Fax 38 65 59, ≤, ⌇ climatizada, 🛖, %‰ – 🛗 🗐 ☎ – 🚧. ⬜ ⬤ 🅴 𝚅𝙸𝚂𝙰. ⋘   BY **f**
⌁ 1145 – **300 hab** 10530/15760.

🏨 **El Tope,** Calzada de Martiánez 2 ✆ 38 50 52, Telex 92134, Fax 38 00 03, ≤, ⌇ climatizada,
🛖, %‰ – 🛗 🗐 rest ☎ ⇦ 🅿 – 🚧 25/250. ⬜ ⬤ 🅴 𝚅𝙸𝚂𝙰. ⋘   BY **e**
Com 2750 – ⌁ 990 – **217 hab** 7300/10460.

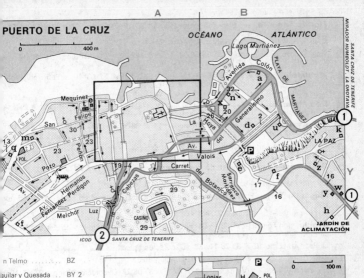

PUERTO DE LA CRUZ

OCÉANO ATLÁNTICO

0 — 400 m

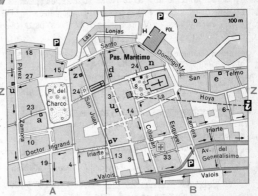

0 — 100 m

🏨 **Atalaya G. H.** ⑤, parque del Taoro 𝒞 38 44 51, Telex 92380, Fax 38 70 46, ≤, 🏛, « Jardin con 🛆 climatizada », 🛠 – 🛗 🗖 🗺 ☎ 🄿. 🄰🄴 🄾 🄴 𝑽𝑰𝑺𝑨. ☒
Com 1950 – ☑ 900 – **183 hab** 7850/9850 – PA 3500.   por carret. del Taoro AY

🏨 Valle Mar, av. de Colón 4 𝒞 38 48 00, Telex 92168, ≤, 🏛, 🛆 climatizada, 🛋 – 🛗
171 hab.   BY n

🏨 **Sol Parque San Antonio,** carret. de Las Arenas 𝒞 38 41 52, Telex 92774, 🏛, « Jardines tropicales », 🛆 – 🛗 🗖 rest. 🄰🄴 🄾 🄴 𝑽𝑰𝑺𝑨. ☒   por ②
211 hab ☑ 9850/14200.

🏨 **Tryp Puerto Playa,** José del Campo Llanera 𝒞 38 41 51, Telex 92748, Fax 38 31 27, ≤,
🛆 – 🛗. 🄰🄴 🄾 🄴 𝑽𝑰𝑺𝑨. ☒   AY q
Com 2200 – ☑ 550 – **191 hab** 7750/9700 – PA 3700.

🏨 **G. H. Tenerife Playa,** av. de Colón 16 𝒞 38 32 11, Telex 92135, Fax 38 37 91, ≤, 🏛,
🛆 climatizada, 🛋 – 🛗 🗖 rest. 🄰🄴 🄾 🄴 𝑽𝑰𝑺𝑨. ☒   BY a
Com 2800 – ☑ 980 – **339 hab** 8820/13300.

🏨 La Paz, urbanización La Paz 𝒞 38 53 00, Telex 92203, Fax 38 53 47, 🏛, « Conjunto de estilo regional », 🛆 climatizada, 🛠 – 🛗 🄿 – 🛁   BY z
168 hab.

🏨 **Sol Dogos** ⑤, urbanización El Durazno 𝒞 38 51 51, Telex 92198, ≤, 🏛, 🛆 climatizada,
🛠 – 🛗 🗖 🄿. 🄰🄴 🄾 🄴 𝑽𝑰𝑺𝑨. ☒   por av. M. de Villanueva del Prado EZ
Com 1475 – **237 hab** ☑ 9480/13640.

🏨 **Sol Aguilas** ⑤, Las Arenas por ② : 3 km 𝒞 38 30 11, Telex 92393, ≤ población, mar y montaña, 🛆 climatizada, 🛋, 🛠 – 🛗 🄿. 🄰🄴 🄾 🄴 𝑽𝑰𝑺𝑨. ☒   por ②
Com 950 – **500 hab** ☑ 9150/12800.

sigue →

CANARIAS (Islas) – Puerto de la Cruz

🏨🏨 **Florida Tenerife,** av. Blas Pérez González 𝒫 38 12 50, Telex 92404, Fax 38 16 54, ⊒ climatizada – 🛗 🗏 rest. 𝚅𝙸𝚂𝙰. 🛠
Com 1200 – ☲ 600 – **335 hab** 6000/8000 – PA 2200.
AY

🏨🏨 **San Telmo,** San Telmo 18 𝒫 38 58 53, Telex 91282, ≼, ⊒ climatizada – 🛗 🖭 🗺. 🛠
Com 1100 – ☲ 400 – **91 hab** 4000/7000 – PA 2300.
BZ

🏨 **Monopol,** Quintana 15 𝒫 38 46 11, Telex 92397, Fax 37 03 10, « Patio canario c plantas », ⊒ climatizada – 🛗 🖭. 𝙰𝙴 ⑨ 𝙴 𝚅𝙸𝚂𝙰. 🛠
Com (sólo cena) 1200 – ☲ 550 – **94 hab** 3725/7000.
BZ

🏨 **Don Manolito,** Dr. Madán 6 𝒫 38 50 40, Fax 37 08 77, ⊒, ☀ – 🛗 🖭. 𝙰𝙴 ⑨ 𝚅𝙸𝚂𝙰. 🛠
Com (sólo cena) 975 – ☲ 375 – **78 hab** 5000/6500 – PA 1850.
AY

🏨 **Chimisay** sin rest, Agustín de Bethencourt 14 𝒫 38 35 52, ⊒ – 🛗 🖭. 𝙰𝙴 ⑨ 𝚅𝙸𝚂𝙰. 🛠
☲ 400 – **67 hab** 4500/6500.
BZ

🏠 **Tropical,** sin rest, Puerto Viejo 1 𝒫 38 31 13, ⊒ – 🛗 ☞
39 hab.
AZ

🏠 **Guacimara** sin rest, Agustín de Bethencourt 7 𝒫 38 51 12, Fax 38 73 97 – 🛗 ☞. 𝙰𝙴 𝙴 𝚅𝙸𝚂𝙰. 🛠
cerrado mayo-junio – ☲ 350 – **37 hab** 3000/3500.
BZ

🗶🗶 **Magnolia** (Felipe "El Payés catalán"), carret. del Botánico 5 𝒫 38 56 14, 🍽 – 𝙰𝙴 ⑨ 𝚅𝙸𝚂𝙰. 🛠
cerrado lunes – Com carta 2000 a 4800.
BY

🗶 **Régulo,** San Felipe 16 𝒫 38 45 06, Fax 37 04 20, Decoración típica – 𝙰𝙴 ⑨ 𝙴 𝚅𝙸𝚂𝙰. 🛠
cerrado julio – Com carta 1550 a 2050.
AZ

🗶 La Papaya, Lomo 10 𝒫 38 28 11, 🍽, Decoración típica
AY

🗶 Patio Canario, Lomo 4 𝒫 38 04 51, Decoración típica
AY

🗶 **Mi Vaca y Yo,** Cruz Verde 3 𝒫 38 52 47, Fax 37 08 77, Decoración típica – 𝙰𝙴 ⑨ 𝙴 𝚅𝙸
🛠 rest
cerrado 25 junio-julio – Com carta 1900/3300.
AY

🗶 **Paco,** carret. del Botánico 40 𝒫 38 73 20, 🍽 – 𝙰𝙴 ⑨ 𝙴 𝚅𝙸𝚂𝙰
cerrado miércoles – Com carta 1500 a 2125.
BY

MERCEDES-BENZ Polígono Industrial las Arenas
𝒫 38 05 53
OPEL Polígono Industrial Las Arenas 𝒫 33 38 90

RENAULT Mequinez 65 𝒫 38 42 13
SEAT-AUDI-VOLKSWAGEN Blanco 16
𝒫 38 53 38

Puerto de Santiago 38683 – ⊕ 922 – Playa.
Alred. : Los Gigantes (acantilado★) N : 2 km.
Santa Cruz de Tenerife 101.

🏨🏨 Santiago, 𝒫 86 73 75, Telex 91139, Fax 86 81 08, ≼ mar y acantilados, ⊒ climatizada, 🛠 – 🛗 🗏 🖭 ☞ – 🛝
Com rest. Orquídea y Grill Aubergine (sólo cena) – **406 hab.**

en el Acantilado de los Gigantes N : 2 km – ✉ 38680 Guía de Isora – ⊕ 922 :

🗶🗶 Asturias, 𝒫 86 72 23, 🍽.

Los Realejos 38410 – 26 860 h. – ⊕ 922.
🅱 av. Primo de Rivera 20 𝒫 34 02 11.

🗶🗶 **Las Chozas,** carret. del Jardín NE : 1,5 km 𝒫 34 20 54, Decoración rústica – ⑨ 𝙴 𝚅𝙸𝚂𝙰
cerrado domingo y junio-20 julio – Com (sólo cena) carta 2120 a 2590.

San Andrés 38120 – – ⊕ 922 – Playa.
♦Santa Cruz de Tenerife 8.

🗶 Don Antonio, Dique 19 𝒫 54 96 73, Pescados y mariscos.

Santa Cruz de Tenerife 38001 🅿 – 190 784 h. – ⊕ 922.
Ver : Dique del puerto ≼★ BY.
Alred. : Carretera de Taganana ≼★★ por el puerto del Bailadero★ por ① : 28 km – Mirad de Don Martin ≼★★ por Guimar SO : 27 km.
🏌 de Tenerife por ③ : 16 km 𝒫 25 02 40 – 🏌 🏌 Golf del Sur, San Miguel de Abona 𝒫 7 45 55.
✈ de Tenerife - Los Rodeos por ③ : 13 km 𝒫 25 23 40, y Tenerife-Sur-Reina Sofí por ② : 60 km 𝒫 77 10 17 – Iberia : av. de Anaga 23, ✉ 38001, 𝒫 28 80 00 BZ, Aviaco : aeropuerto Reina Sofía 𝒫 77 12 00.
🚢 para La Palma, Gran Canaria, Lanzarote, Fuerteventura, Gomera y la Península : C Trasmediterránea, Marina 59, ✉ 3800, 𝒫 28 78 60, Telex 92017.
🅱 La Marina 57 ✉ 38001, 𝒫 28 72 54 – R.A.C.E. García Morato 17, ✉ 38001, 𝒫 27 51 08.

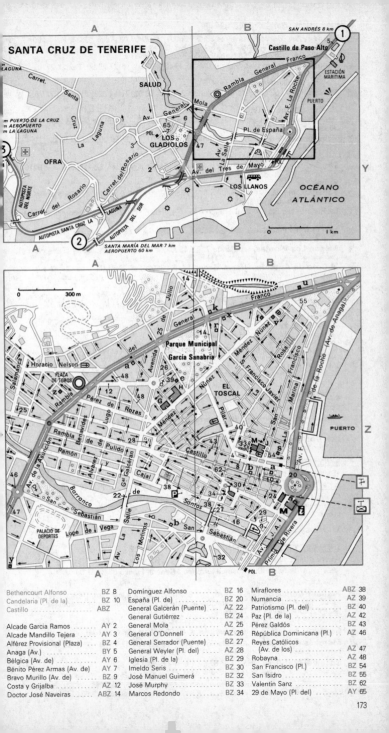

SANTA CRUZ DE TENERIFE

SAN ANDRÉS 8 km

SALUD

m PUERTO DE LA CRUZ
m AEROPUERTO
m LA LAGUNA

OFRA

LOS GLADIOLOS

Castillo de Paso Alto

ESTACIÓN MARITIMA

PUERTO

Pl. de España

LOS LLANOS

OCÉANO ATLÁNTICO

AUTOPISTA DEL NORTE

AUTOPISTA SANTA CRUZ LA

AUTOPISTA DEL SUR

Av. del Tres de Mayo

SANTA MARÍA DEL MAR 7 km
AEROPUERTO 60 km

1 km

Parque Municipal García Sanabria

PLAZA DE TOROS

EL TOSCAL

PUERTO

PALACIO DE DEPORTES

POL.

173

CANARIAS (Islas) – Santa-Cruz de Tenerife

🏨 **Mencey**, av. Dr. José Naveiras 38, ☒ 38001, 🖍 27 67 00, Telex 92034, Fax 28 00 17, 🈂️
☒ climatizada, 🌡️ – 🛎️ 🔲 🔲 – 🛁 25/296. 🆎 ⓪ 𝘝𝘐𝘚𝘈. BZ ꞁ
Com 4200 – ☒ 1700 – **298 hab** 15500/19500 – PA 8500.

🏨 **Colón Rambla** sin rest, Viera y Clavijo 49, ☒ 38004, 🖍 27 25 50, Fax 27 27 16, ☒ – 🛎️
🔲 🕿 🚗. 🆎 𝘝𝘐𝘚𝘈. 🈂️ AZ a
☒ 550 – **40 apartamentos** 8250/9460.

🏨 **Plaza** sin rest, pl. Candelaria 9, ☒ 38002, 🖍 24 58 62, Telex 92327, Fax 24 72 78 – 🛎️ 🕿
🆎 ⓪ 𝘝𝘐𝘚𝘈. 🈂️ BZ a
☒ 450 – **94 hab** 5750/9200.

🏨 **Atlántico** sin rest, Castillo 12, ☒ 38002, 🖍 24 63 75 – 🛎️ 🔲 🕿. 🅴 𝘝𝘐𝘚𝘈. 🈂️ BZ b
30 hab ☒ 4500/8000.

🏨 **Taburiente** sin rest,, Doctor Guigou 25, ☒ 38001, 🖍 27 60 00, Fax 27 05 62, ☒ – 🛎️ 🕿
🚗 – 🛁 25/200. 🆎 𝘝𝘐𝘚𝘈. 🈂️ rest BZ r
☒ 350 – **90 hab** 3600/5069 – PA 2500.

🏨 Tamaide sin rest, rambla General Franco 118, ☒ 38001, 🖍 27 71 00, Telex 92167, Fax
27 18 67, ☒ – 🛎️ 🚗 BZ x
65 hab.

🏨 **Tanausú** sin rest, Padre Anchieta 8, ☒ 38005, 🖍 21 70 00 – 🛎️ 🚗. 🆎 ⓪ 🅴 𝘝𝘐𝘚𝘈. 🈂️
☒ 365 – **18 hab** 2800/4500. AZ b

🍴🍴🍴 La Riviera, rambla General Franco 155, ☒ 38001, 🖍 27 58 12, Decoración elegante –
🔲 BZ u

🍴 **La Toja,** Méndez Nuñez 108, ☒ 38001, 🖍 28 26 11 – 🔲. 🆎 ⓪ 🅴 𝘝𝘐𝘚𝘈. 🈂️ BZ v
Com carta 1775 a 3175.

🍴 **Mesón Los Monjes,** La Marina 7, ☒ 38002, 🖍 24 65 76 – 🔲. 🆎 ⓪ 🅴 𝘝𝘐𝘚𝘈. 🈂️ BZ s
cerrado domingo – Com carta 2000 a 2650.

🍴 **El Coto de Antonio,** General Goded 13, ☒ 38006, 🖍 27 21 05 – 🔲. 🆎 ⓪ 𝘝𝘐𝘚𝘈. 🈂️
cerrado sábado mediodía, domingo noche y 15 días en Semana Santa – Com
carta 2300 a 5000 AZ z

ALFA-ROMEO General Mola 93 🖍 22 13 41
AUDI-VOLKSWAGEN General Mola 5
🖍 28 50 50
AUDI-VOLKSWAGEN carret. Cuesta-Taco km 2,3
- Las Torres 🖍 61 85 90
AUSTIN-MG-MORRIS-MINI carret. El Sobradillo
4 - Barranco Grande 🖍 61 13 54
CITROEN Los Angeles - Vistabella 🖍 65 03 11
FIAT-LANCIA camino del Hierro 2 🖍 21 95 66
FORD-BMW Cercado Chico 9 - Taco 🖍 61 42 11
GENERAL MOTORS-OPEL Cercado Chico-Taco
🖍 61 45 00

MERCEDES-BENZ-SEAT-VOLKSWAGEN Autopista Sta Cruz-La Laguna km 6,5 (El Majuelo)
🖍 61 11 00
PEUGEOT-TALBOT Urb. El Mayorazgo
🖍 23 11 44
RENAULT Autopista Santa Cruz - La Laguna km
6,5 - Los Majuelos 🖍 65 52 13
SEAT-AUDI-VOLKSWAGEN Urb. El Mayorazgo
🖍 22 80 42

Santa Ursula – 7 821 h. – ☒ 38390 – ☎ 922.
Santa Cruz de Tenerife 27.

por la antigua carretera del Puerto de la Cruz en Cuesta de la Villa SO : 2 km –
☒ 38390 Santa Ursula – ☎ 922 :

🍴 **Los Corales,** Cuesta la Villa 60 🖍 30 02 49, ≼ – ℗. 🆎 ⓪ 🅴 𝘝𝘐𝘚𝘈. 🈂️
cerrado domingo noche, lunes y julio – Com carta 2000 a 2900.

Tegueste 38280 – ☎ 922.
♦Santa Cruz de Tenerife 17.

en el Socorro - por la carretera de Tejina SO : 1,5 Km. – ☒ 38280 Tegueste – ☎ 922 :

🍴🍴🍴 Chalet Gallo de Oro 🦢 con hab, San Luis 70 🖍 54 13 19, ≼, Centro fisioterapéutico,
☒ climatizada – 🕿 ℗
5 hab.

GOMERA

San Sebastián de la Gomera 38800 – 5 732 h. – ☎ 922 – Playa.
Alred. : Valle de Hermigua★★ NO : 22 km – O : Barranco del Valle Gran Rey★★.
🚢 para Tenerife : Cía Trasmediterránea : General Franco 35 🖍 87 08 02.
🅱 del Medio 20 🖍 87 07 52.

🏨 **Parador Conde de la Gomera** 🦢, Balcón de la Villa y Puerto, ☒ apartado 21, 🖍 87
11 00, Fax 87 11 16, ≼, Decoración elegante, « Edificio de estilo regional », ☒, 🌳 –
🔲 rest 🔲 🕿 ℗. 🆎 ⓪ 🅴 𝘝𝘐𝘚𝘈. 🈂️
Com 3100 – ☒ 950 – **42 hab** 13000 – PA 6080.

🏨 Garajonay, sin rest, Ruiz de Padrón 15 🖍 87 05 50 – 🛎️ 🕿 – **29 hab**.

🍴🍴 **Marqués de Oristano,** Del Medio 26 🖍 87 00 22, Fax 87 09 30, 🈂️ – 🆎 🅴 𝘝𝘐𝘚𝘈. 🈂️
cerrado junio – Com carta 2450 a 4100.

🍴 **Casa del Mar,** Fred Olsen 2 🖍 87 12 19, ≼ – 🅴 𝘝𝘐𝘚𝘈. 🈂️
cerrado domingo – Com carta 1550 a 2000.

PEUGEOT-TALBOT Pl. de América 10 🖍 87 00 55
RENAULT Ruiz de Padrón 11 🖍 87 05 77

SEAT-MERCEDES-VOLKSWAGEN carret. del
Puerto - Vallehermoso 🖍 80 01 51

174

HIERRO (Tenerife)

Valverde 38900 – 3 474 h. – ✆ 922.
Alred. : O : El Golfo★★ (Miradores de Guarazoca y El Rincón ≤★★) – Mirador de Jinama ≤★★ por San Andrés SO : 12 km.
✈ de Hierro E : 10 km ✆ 55 08 78 – Iberia : Doctor Quintero 6 ✆ 55 02 78.
⚓ para Tenerife, Gran Canaria, Fuerteventura, Lanzarote y la Península : Cía Trasmediterránea : Dr. Dorkosky 3 ✆ 55 01 29.

🏠 Boomerang ⟫, Dr. Gost 1 ✆ 55 02 00 – ☎
17 hab.

en Las Playas S : 20 km – ✉ 38900 Valverde – ✆ 922 :

🏨 **Parador de El Hierro** ⟫, ✆ 55 80 36, Fax 55 80 86, ≤, ⌁ – ▤ rest ☎ ❷ AE ⓞ E
VISA ❊
Com 2900 – ⇌ 950 – **47 hab** 8500 – PA 5740.

LA PALMA (Tenerife)

Barlovento 38726 – 2 772 h. – ✆ 922.
♦Santa Cruz de la Palma 41.

🏨 **La Palma Romántica** ⟫, Las Llanadas ✆ 45 08 21, Fax 45 15 00, ≤, ⌁, ❊ – ☎ ❷
E *VISA* ❊ rest
Com 1000 – ⇌ 550 – **34 hab** 4700/7500 – PA 2550.

Los Llanos de Aridane 38760 – 14 677 h. alt. 350 – ✆ 922.
Alred. : El Time ❂★★ O : 12 km – Caldera de Taburiente★★★ (La Cumbrecita y El Lomo de las Chozas ❂★★★) NE : 20 km – Fuencaliente (paisaje★) SE : 23 km – Volcán de San Antonio★ SE : 25 km.
Santa Cruz de la Palma 37.

🏠 Edén sin rest y sin ⇌, pl. de España 1 ✆ 46 01 04 – ☎
15 hab.

✗ San Petronio, Pino de Santiago ✆ 46 24 03, ≤, 🏶, Cocina italiana – ▤ ❷.

OPEL paseo Vizconde de Buen Paso ✆ 46 13 91   RENAULT La Carrilla 59 ✆ 46 04 76

Santa Cruz de la Palma 38700 – 16 629 h. – ✆ 922 – Playa.
Ver : Iglesia de San Salvador (artesonados★).
Alred. : Mirador de la Concepción ≤★★ SO : 9 km – Caldera de Taburiente★★★ (La Cumbrecita y El Lomo de las Chozas ❂★★★) O : 33 km – NO : La Galga (barranco★), Los Tilos★.
✈ de la Palma SO : 8 km ✆ 44 04 27 – Iberia : Apurón 1 ✆ 41 41 43.
⚓ para Tenerife, Gran Canaria, Fuerteventura, Lanzarote y la Península : Cía. Transmediterránea : av. Pérez de Brito 2 ✆ 41 11 21, Telex 92387.
🛈 O'Daly 8 ✆ 41 21 06.

🏨 **Parador de la Palma**, av. Marítima 34 ✆ 41 23 40, Fax 41 41 04, Decoración regional –
🛗 ▤ rest ☎ AE ⓞ E *VISA* ❊
Com 2500 – ⇌ 950 – **32 hab** 8000 – PA 5060.

🏨 **Marítimo** av. Marítima 80 ✆ 42 02 22, Fax 41 43 02 – 🛗 ▤ rest 📺 ☎ AE ⓞ E *VISA*
❊
Com 1250 – ⇌ 650 – **69 hab** 5200/6800 – PA 3150.

🏨 **San Miguel,** av. del Puente 33 ✆ 41 12 43, Telex 92566, Fax 42 01 86 – 🛗 ☎ AE ⓞ E.
❊ rest
Com 1200 – ⇌ 400 – **100 hab** 4000/5900 – PA 2380.

en la playa de Los Cancajos SE : 4,5 km – ✉ 38712 Los Cancajos – ✆ 922 :

✗ La Fontana, Urb. Adelfas ✆ 43 42 50.

ALFA ROMEO Galeón 15 ✆ 41 13 50
AUDI-VOLKSWAGEN O'Valy 31 ✆ 41 21 02
BMW-FORD Abenguareme 5 ✆ 41 17 49
CITROEN av. Marítima 32 ✆ 41 19 99

MERCEDES-BENZ-SEAT-VOLKSWAGEN La
Portada ✆ 41 11 06
PEUGEOT av. Blas Pérez González 9 ✆ 41 14 09
RENAULT Las Norias ✆ 41 10 46

Tazacorte 38770 – 6 402 h.

en el puerto NO : 1,5 km – ✉ 38770 Tazacorte : – ✆ 922

✗ **La Goleta,** Las Tarajales ✆ 48 01 20, Fax 48 00 52, ≤ – ❊
cerrado martes – Com carta aprox. 2000.

CANDANCHU 22889 Huesca 🄸🄸🄸 D 28 – alt. 1560 – ✿ 974 – Deportes de invierno : 🚠23.
Alred. : Puerto de Somport★★ N : 2 km.
♦Madrid 513 – Huesca 123 – Oloron-Ste-Marie 55 – ♦Pamplona 143.

🏠 **Tobazo** ⏲, 𝄢 37 31 25, ≤ alta montaña – 🚗 **Ɒ**. **E** _VISA_. 🍴 rest
15 julio-agosto y diciembre-abril – Com (sólo cena) 1350 – 🍽 460 – **52 hab** 4500/6980.

CANDAS 33430 Asturias 🄸🄸🄸 B 12 – ✿ 985 – Playa.
🄱 Braulio Busto 2 𝄢 87 05 97.
♦Madrid 477 – Avilés 17 – Gijón 14 – ♦Oviedo 42.

🏠🏠 **Resid. y Rest. Marsol**, Astilleros 𝄢 87 01 00, Telex 87490, Fax 87 15 62, ≤ – 🛗 📺 🐕
🚗🚗 **Ɒ** 🆎 ➊ **E** _VISA_. 🍴
Com (cerrado lunes) 2000 – 🍽 550 – **64 hab** 6700/10700 – PA 4550

RENAULT Carlos Albo Kay 10 𝄢 87 17 73

CANDELEDA 05480 Avila 🄸🄸🄸 L 14 – 5 319 h. alt. 428 – ✿ 918.
♦Madrid 163 – Avila 93 – Plasencia 100 – Talavera de la Reina 64.

🏠 **Los Castañuelos**, Ramón y Cajal 77 𝄢 38 06 84 – 🍽 rest **☎**. **E** _VISA_. 🍴
Com 1000 – 🍽 400 – **14 hab** 3000/4000 – PA 2380.

CA'N FITA 07819 Baleares – ver Baleares (Ibiza) : Santa Eulalia del Río.

CANFRANC-ESTACIÓN 22880 Huesca 🄸🄸🄸 D 28 – 633 h. – ✿ 974.
🄱 av. Fernando el Católico 3 𝄢 37 31 41.
♦Madrid 504 – Huesca 114 – ♦Pamplona 134.

🏠 Villa Anayet, pl. José Antonio 8 𝄢 37 31 46, ≤, 🍽 – 🛗 🚗 – **74 hab**.
🏠 **Ara** sin rest., av. Fernando el Católico 1 𝄢 37 30 28, ≤ – 🚗 **Ɒ**. _VISA_. 🍴
21 julio-agosto y 22 diciembre-22 abril – 🍽 400 – **30 hab** 1700/3800.

Ver también : **Astún (Valle de)** N : 12,5 km.
Candanchú N : 9 km.

CANGAS DE FOZ 27892 Lugo 🄸🄸🄸 B 7 y 8 – ✿ 982.
♦Madrid 602 – ♦La Coruña 150 – Lugo 96.

✕ Casa Selmira, carret. C 642 𝄢 13 57 40, ≤ – **Ɒ**.

CANGAS DE MORRAZO 36940 Pontevedra 🄸🄸🄸 F 3 – ✿ 986 – Playa.
♦Madrid 629 – Pontevedra 33 – ♦Vigo 24.

en la carretera de Bueu (por la costa) – ✉ 36940 Cangas de Morrazo – ✿ 986 :

🏠 Don Hotel, Tobal Darbo 0 : 2 km 𝄢 30 44 00, Fax 32 19 60, 🍽, 🍴 – **☎** **Ɒ**
48 hab.

✕ Casa Simón, SO : 1 km 𝄢 30 00 16, Pescados y mariscos – **Ɒ**.

CITROEN San Roque-Tobal 𝄢 30 27 02
FORD av. de Vigo 91 𝄢 30 03 50
GENERAL MOTORS av. Castroviejo 𝄢 30 37 22
PEUGEOT-TALBOT av. Castroviejo 2 𝄢 30 01 90

RENAULT carret. Cangas-Moaña 𝄢 30 20 50
SEAT-AUDI-VOLKSWAGEN Concepción Arenal 7
- Rodeira 𝄢 30 40 80

CANGAS DE ONIS 33550 Asturias 🄸🄸🄸 B 14 – 6 390 h. – ✿ 985.
Alred. : Desfiladero de los Beyos★★★ S : 18 km – Las Estazadas ❄★★ E : 22 km – Gargantas del
Ponga★ S : 11 km.
🄱 Ayuntamiento, av. de Covadonga 𝄢 84 80 05.
♦Madrid 419 – ♦Oviedo 74 – Palencia 193 – ♦Santander 147.

🏠 **Ventura**, av. de Covadonga 𝄢 84 82 01, Fax 84 82 01 – 🛗 🚗. 🆎 ➊ **E** _VISA_. 🍴
Com 1375 – 🍽 400 – **53 hab** 4425/6650 – PA 2520.
🏠 **Favila**, Calzada de Ponga 16 𝄢 84 81 84, Fax 84 80 88 – 🛗 🚗. _VISA_. 🍴
marzo-octubre – Com 1100 – 🍽 320 – **33 hab** 5050/5700.

en la carretera de Covadonga E : 2,5 km – ✉ 33550 Cangas de Onís – ✿ 985

🏠 **Los Acebos**, 𝄢 84 93 42 – 📺 **Ɒ**. 🆎 ➊ **E** _VISA_. 🍴
Com 1000 – 🍽 300 – **14 hab** 3800/4500 – PA 2200.
✕ **La Cabaña**, 𝄢 84 82 84 – 🍽 **Ɒ**. 🆎 ➊ **E** _VISA_. 🍴
cerrado jueves y febrero – Com carta 1500 a 2500.

CITROEN av. de Covadonga 51 𝄢 84 81 90
PEUGEOT-TALBOT Calzada de Ponga
𝄢 84 84 60

RENAULT carret. N 637 km 154 𝄢 84 00 05
SEAT-AUDI-VOLKSWAGEN carret. N 637 km
149,2 𝄢 84 83 82

CANIDO 36390 Pontevedra – ver Vigo.

CANILLO Andorra **443** E 34 – ver Andorra (Principado de).

CA'N PASTILLA 07610 Baleares **443** N 38 – ver Baleares (Mallorca) : Palma de Mallorca.

CANTAVIEJA 44140 Teruel **443** K 28 – 823 h. – ✪ 964.
Madrid 392 – Teruel 91.

🏠 **Balfagón,** av. del Maestrazgo 20 ℰ 18 50 76, ≤ – **P**. **E** 𝘝𝘐𝘚𝘈. ⚘
   cerrado 15 enero-20 febrero – Com *(cerrado domingo noche y lunes)* 950 – ☲ 375 –
   39 hab 2000/3000 – PA 3350.
CITROEN carret. Iglesuela ℰ 18 50 57

CAN TONIGROS 08569 Barcelona **443** P 37 – ✪ 93.
Madrid 662 – ◆Barcelona 92 – Ripoll 52 – Vic 26.

🏠 Can Tonigrós, carret. de Olot, ✉ 08569 Can Tonigrós por Manlleu, ℰ 856 50 47, ≤ – **P**
   19 hab.

CANYELLES PETITES 17480 Gerona – ver Rosas.

Las CAÑADAS DEL TEIDE Santa Cruz de Tenerife – ver Canarias (Tenerife).

La CAÑIZA o **A CANIZA** 36880 Pontevedra **441** F 5 – 7 810 h. – ✪ 986.
Ver : NO : carretera★★ de La Cañiza a Pontevedra ⁂★★.
◆Madrid 548 – Orense 49 – Pontevedra 76 – ◆Vigo 57.

   en la carretera N 120 E : 1 km – ✉ 36888 La Cañiza – ✪ 986 :

🏠 **O'Pozo,** ℰ 65 10 50, ⊇ – ☎ **P**. **AE** **E** 𝘝𝘐𝘚𝘈. ⚘
   Com 1500 – ☲ 350 – **20 hab** 2200/3800 – PA 2640.
PEUGEOT-TALBOT carret. Vigo-Orense km 584   SEAT-AUDI-VOLKSWAGEN carret. N 120 km 598
ℰ 65 13 58   ℰ 65 10 29
RENAULT carret. Vigo-Orense 584 ℰ 65 11 26
SEAT-AUDI-VOLKSWAGEN Virgen del Camino
13 ℰ 36 19 24

CAPELLADES 08786 Barcelona **443** H 35 – 4 882 h. – ✪ 93.
◆Madrid 574 – ◆Barcelona 75 – ◆Lérida/Lleida 105 – Manresa 39.

🏠 **Hostal Jardí - Tall de Conill,** pl. Angel Guimerá 11 ℰ 801 01 30 – 🛗 🍴 rest **TV** ☎. **AE**
   ① **E** 𝘝𝘐𝘚𝘈
   cerrado del 1 al 16 julio y 25 diciembre-8 enero – Com *(cerrado lunes)* 1200 – ☲ 500 –
   15 hab 4000/7000 – PA 2500.
CITROEN Teresa Benages 5 ℰ 801 25 50

CAPILEIRA 18413 Granada **446** V 19 – 713 h. – ✪ 958.
◆Madrid 505 – ◆Granada 76 – Motril 51.

🏠 **Mesón Poqueira** ⚘, Dr. Castilla 1 ℰ 76 30 48, 🍤
   Com 700 – ☲ 150 – **17 hab** 1000/2000.

CARAVACA DE LA CRUZ 30400 Murcia **445** R 24 – 20 231 h. – ✪ 968.
◆Madrid 386 – ◆Albacete 139 – Lorca 60 – ◆Murcia 70.

🍴 **Cañota,** Gran Via 41 ℰ 70 88 44 – 🍽. 𝘝𝘐𝘚𝘈. ⚘
   Com (sólo almuerzo) carta aprox. 1500.
CITROEN carret. de Murcia km 77 ℰ 70 80 51   RENAULT carret. de Murcia ℰ 70 22 28
FIAT . Asturias 1 ℰ 70 87 14   SEAT-AUDI-VOLKSWAGEN carret. de Murcia
FORD carret. de Murcia 72 ℰ 70 28 28   ℰ 70 81 22
PEUGEOT-TALBOT carret. de Murcia, 63
ℰ 70 22 17

CARAVIA ALTA 33344 Asturias **441** B 14 – 711 h. – ✪ 985.
Alred. : Mirador del Fito ⁂★★ S : 8 km.
◆Madrid 508 – Gijón 57 – ◆Oviedo 73 – ◆Santander 140.

CARBALLINO 32500 Orense **441** E 5 – 10 942 h. – ✪ 988 – Balneario.
◆Madrid 528 – Orense 29 – Pontevedra 76 – Santiago de Compostela 86.

🏠 **Arenteiro** sin rest, Alameda 19 ℰ 27 05 50 – 🛗 🕾. **AE** **①** **E** 𝘝𝘐𝘚𝘈. ⚘
   ☲ 250 – **45 hab** 2600/4300.

🏠 **Noroeste** sin rest y sin ☲, Travesia - calle Cerca 2 ℰ 27 09 70 – **E** 𝘝𝘐𝘚𝘈. ⚘
   15 hab 2600.

CARBALLINO

AUSTIN-ROVER Accesos Instituto 4 & 27 34 28
CITROEN Calvo Sotelo 34-36 & 27 07 10
FORD Julio Rodriguez Soto 14 & 27 28 37
OPEL carret. Orense-Pontevedra & 27 18 00
PEUGEOT-TALBOT Travesia Estación 31
& 27 00 86

RENAULT av. de la Estación 11 & 27 09 39
SEAT-AUDI-VOLKSWAGEN Conde Vallellano
& 27 07 76

CARBALLO 15101 La Coruña **441** B 3 – 23 923 h. – ✪ 981.

◆Madrid 636 – ◆La Coruña 35 – Santiago de Compostela 45.

🏨 **Moncarsol** sin rest, av. Finisterre 9 & 70 24 11, Fax 70 25 18 – |⧉| ☎ ⟺ E 𝗩𝗜𝗦𝗔. ⋘
� 500 – **32 hab** 5000/6500.

✕✕ **Chochi,** Perú 9 & 70 23 11 – ▬ 𝗩𝗜𝗦𝗔. ⋘
cerrado domingo 15 junio a 15 septiembre – Com (cenas sólo en verano) carta 1900 a 310

ALFA ROMEO Bertoa - carret. de La Coruña
CITROEN Bertoa & 70 14 11
FIAT Bertoa - carret de La Coruña & 70 02 52
FORD Vazquez de Parga 179 & 70 19 01
GENERAL MOTORS-OPEL Vazquez de Parga 198
& 70 17 00

PEUGEOT-TALBOT Alfredo Brañas 8 & 70 28 38
RENAULT carret. Finisterre km 34,8 & 70 11 11
SEAT-AUDI-VOLKSWAGEN Bertoa & 70 03 51

CARBONERO EL MAYOR 40270 Segovia **442** I 17 – 2 463 h. – ✪ 911.

◆Madrid 115 – ◆Segovia 28 – ◆Valladolid 82.

✕ **Mesón Riscal,** carret. de Segovia & 56 02 89 – ▬ 𝗣.

RENAULT carret. Segovia 2 & 56 02 33

SEAT-AUDI-VOLKSWAGEN carret. Valladolid -
Segovia km 86 & 56 01 85

CARDONA 08261 Barcelona **443** G 35 – 6 561 h. alt. 750 – ✪ 93.

🖪 pl. de la Fira 1 & 869 10 00.

◆Madrid 596 – ◆Lérida/Lleida 127 – Manresa 32.

🏯 **Parador Duques de Cardona** ⟩, & 869 12 75, Fax 869 16 36, ⩽ valle y montaña
« Instalado en un castillo medieval » – |⧉| ▬ 📺 𝗣 – ⚨ 25/80. 𝗔𝗘 ⓞ E 𝗩𝗜𝗦𝗔. ⋘
Com 2900 – � 950 – **60 hab** 8500 – PA 5740.

✕ **Perico** con hab, pl. del Valle 18 & 869 10 20 – 𝗔𝗘 E 𝗩𝗜𝗦𝗔. ⋘
cerrado 24 al 30 junio y 14 al 30 septiembre – Com carta 2000 a 3200 – ⊠ 400 – **14 hab**
2000/4000 – PA 2500.

CITROEN carret. del Miracle 53 & 869 15 80
FORD pl. Escolas Escasany 3 & 869 20 70
PEUGEOT-TALBOT carret. de Manresa - Basella
km 29,350 La Coromina & 869 27 75

RENAULT carret. del Miracle 35 & 869 15 51
SEAT-AUDI-VOLKSWAGEN carret. del Miracle 31
& 869 12 58

La CARLOTA 14100 Córdoba **446** S 15 – 7 971 h. alt. 213 – ✪ 957.

◆Madrid 428 – ◆Córdoba 30 – ◆Granada 193 – ◆Sevilla 108.

en la carretera N IV NE : 2 km – ⌧ 14100 La Carlota – ✪ 957 :

🏨 **El Pilar,** & 30 01 67, Fax 30 01 69, 🏊 – ▬ ☎ 𝗣. 𝗔𝗘 ⓞ E 𝗩𝗜𝗦𝗔. ⋘
Com 950 – ⊠ 300 – **83 hab** 2200/3500 – PA 2200.

CITROEN carret. N IV km 427 "Elarrecife"
& 30 62 03
FORD av. Campo Futbol 4 & 30 06 56
GENERAL MOTORS-OPEL Julio Romero Torres 2
& 30 01 25

RENAULT La Redonda & 30 01 46
SEAT-AUDI-VOLKSWAGEN av. Nuestra Señora
del Carmen 29 & 414 00 60

CARMONA 41410 Sevilla **446** T 13 – 24 244 h. alt. 248 – ✪ 95.

Ver : Iglesia de Santa María (bóvedas★).

◆Madrid 503 – ◆Córdoba 105 – ◆Sevilla 33.

🏯 **Parador Alcázar del Rey Don Pedro** ⟩, & 414 10 10, Telex 72992, Fax 414 17 12, ⩽
vega del Corbones, « Conjunto de estilo mudéjar », 🏊 – |⧉| ▬ 📺 ☎ 𝗣 – ⚨ 25/100. 𝗔𝗘
ⓞ E 𝗩𝗜𝗦𝗔. ⋘
Com 3100 – ⊠ 950 – **65 hab** 13000 – PA 6080.

✕✕ **San Fernando,** Sacramento 3 & 414 35 56 – ▬. 𝗔𝗘 E 𝗩𝗜𝗦𝗔. ⋘
cerrado domingo noche y lunes – Com carta 3040 a 3350.

CITROEN carret. N IV km 510 & 414 12 71
PEUGEOT-TALBOT carret. N IV km 508,3
& 414 10 18

RENAULT carret. N IV km 510 & 414 02 98
SEAT-AUDI-VOLKSWAGEN carret. N IV km 509
& 14 00 60

CARMONA 39554 Cantabria **441** y **442** C 16 – ✪ 942.

◆Madrid 408 – ◆Oviedo 162 – ◆Santander 69.

✕✕ **Venta de Carmona** ⟩ con hab, & 72 80 57, ⩽, « Elegante palacete del siglo XVII »
☎ 𝗣. 𝗩𝗜𝗦𝗔. ⋘
cerrado 7 enero-7 mayo – Com carta aprox. 1650 – ⊠ 300 – **8 hab** 5200.

La CAROLINA 23200 Jaén ⚄⚃⚅ R 19 – 14 864 h. alt. 205 – ✆ 953.

Madrid 267 – ◆Córdoba 131 – Jaén 66 – Ubeda 50.

🏨 **La Perdíz,** carret. N IV ℰ 66 03 00, Telex 28315, Fax 66 03 00, 🌿, « Conjunto de estilo rústico », ⊒, 🏊 – 🔟 ☎ 🚗 ❶. 🅰🅴 ⓪ 𝙴 𝚅𝙸𝚂𝙰. 🛇 rest
Com 2500 – � 650 – **89 hab** 6300/8300.

🏨 **La Gran Parada** sin rest y sin ⊒, carret. N IV ℰ 66 02 75 – 🕿 ❶. 🛇
24 hab 1700/2600.

en la carretera N IV NE : 4 km – ⊠ 23200 La Carolina – ✆ 953 :

🏨 Orellana Perdíz, zona de Navas de Tolosa ℰ 66 06 00, Fax 66 06 00, 🌿, ⊒, 🦆 – 🔟 ☎
🚗 ❶ – **28 hab.**

CITROEN av. Carlos III 55 ℰ 66 14 27
FORD av. Vilches ℰ 66 03 63
PEUGEOT-TALBOT carret. Madrid km 269
ℰ 66 04 13

RENAULT carret. N IV km 269 ℰ 66 03 62
SEAT-AUDI-VOLKSWAGEN carret. N IV km 267,3
ℰ 66 09 54

CARRACEDELO 24549 León ⚃⚃⚀ E 9 – 3 262 h. – ✆ 987.

◆Madrid 396 – ◆León 120 – Lugo 98 – Ponferrada 10.

en la carretera N VI-NE:1 km – ⊠ 24540 Cacabelos – ✆ 987 :

🏨 **Las Palmeras,** ℰ 56 25 05 – 🚗 ❶. 🛇
Com 850 – ⊒ 200 – **24 hab** 1600/3200.

CARRIL 36610 Pontevedra ⚃⚃⚀ E 3 – ver Villagarcía de Arosa.

CARTAGENA 30290 Murcia ⚄⚃⚅ T 27 – 172 751 h. – ✆ 968 – 🚗 ℰ 50 17 96.

🚢 para Canarias : Cía Aucona, Marina Española 7 ℰ 50 12 00, Telex 67148, y – Trasmediterránea, Mayor 3, 30201, ℰ 50 12 00, Telex 66148.

🛈 pl. Castellini 5 ℰ 50 75 49 – R.A.C.E. pl. de San Francisco 2, ⊠ 30201, ℰ 10 34 21.

◆Madrid 444 – ◆Alicante 110 – ◆Almería 240 – Lorca 83 – ◆Murcia 49.

🏨 **Cartagonova** sin rest, Marcos Redondo 3 ℰ 50 42 00, Fax 50 59 66 – 🛗 🔟 📺 ☎ 🚗.
🅰🅴 ⓪ 𝙴 𝚅𝙸𝚂𝙰. 🛇 – ⊒ 950 – **126 hab** 4850/7500.

🏨 **Alfonso XIII,** paseo Alfonso XIII - 30 ℰ 52 00 00, Fax 50 05 02 – 🛗 🔟 ☎ 🚗. 🅰🅴 ⓪
𝙴 𝚅𝙸𝚂𝙰. 🛇 rest – Com 1300 – ⊒ 400 – **217 hab** 4370/6440 – PA 2550.

🏨 **Los Habaneros,** San Diego 60 ℰ 50 52 50, Fax 50 52 50 – 🛗 🔟 ☎. 🅰🅴 ⓪ 𝙴 𝚅𝙸𝚂𝙰. 🛇
Com (ver **rest. Los Habaneros**) – ⊒ 300 – **70 hab** 2900/4500.

🍽 **Los Habaneros,** San Diego 60 ℰ 50 52 50, Fax 50 52 50 – 🔟. 🅰🅴 ⓪ 𝙴 𝚅𝙸𝚂𝙰. 🛇
Com carta 2150 a 3150.

🍽 Artés, pl. José María Artés 9 ℰ 52 70 64 – 🔟.

🍽 **Tino's,** Escorial 13 ℰ 10 10 65, Cocina italiana – 🔟. 🅰🅴 ⓪ 𝙴 𝚅𝙸𝚂𝙰. 🛇
Com carta 1850 a 2600.

BMV av. Juan Carlos I ℰ 53 25 11
CITROEN av. Juan Carlos I ℰ 53 21 11
FIAT av. Juan Carlos 1 ℰ 53 61 51
FORD Sebastián Feringan 66
ℰ 53 28 27/53 28 11
GENERAL MOTORS carret. Madrid km 432,5
ℰ 51 25 42
MERCEDES-BENZ Carmen 52 ℰ 52 94 04

PEUGEOT-TALBOT carret. Madrid-Cartagena km
435 - Los Dolores ℰ 51 02 90
PEUGEOT-TALBOT paseo Alfonso XIII - 73
ℰ 50 53 58
RENAULT carret. N 332 km 2,3 ℰ 51 12 00
RENAULT Dr Marañón 4 ℰ 50 20 20
SEAT-AUDI-VOLKSWAGEN av. Juan Carlos I
ℰ 51 50 50

CARVAJAL 29533 Málaga ⚄⚃⚅ W 16 – ver Fuengirola.

CASCANTE 31520 Navarra ⚃⚃⚁ C 24 – 3 293 h. – ✆ 948.

◆Madrid 307 – ◆Logroño 104 – ◆Pamplona 94 – Soria 81 – ◆Zaragoza 85.

🍽 **Mesón Ibarra,** Vicente y Tutor 3 ℰ 85 04 77 – 🔟. 𝙴 𝚅𝙸𝚂𝙰. 🛇
cerrado lunes y del 10 al 25 septiembre – Com carta 1700/3050.

C'AS CATALÀ 07015 Baleares – ver Baleares (Mallorca) : Palma de Mallorca.

CASES D'ALCANAR 43569 Tarragona – ver Alcanar.

CASPE 50700 Zaragoza ⚃⚃⚂ I 29 – 8 209 h. alt. 152 – ✆ 976 – 🛈 pl. de España 8 ℰ 63 11 31.

◆Madrid 397 – ◆Lérida/Lleida 116 – Tortosa 95 – ◆Zaragoza 108.

🏨 **Mar de Aragón** sin rest y sin ⊒, pl. Estación ℰ 63 03 13, ⊒ – 🛗 🔟 ☎ 🚗. 𝚅𝙸𝚂𝙰
40 hab 2050/3300.

CITROEN urbanización Torre Salamanca
ℰ 63 11 19
FIAT Jordama de Pozos 42 ℰ 63 14 80

FORD camino Batán ℰ 63 08 24
PEUGEOT-TALBOT av. Goya ℰ 63 08 34
SEAT Madrid 7 ℰ 63 01 74

CASTALLA 03420 Alicante 445 Q 27 – 6 594 h. – ☎ 96.
♦Madrid 376 – ♦Albacete 129 – ♦Alicante 37 – ♦Valencia 138.

en la carretera de Villena N : 2,5 km – ✉ 03420 Castalla – ☎ 96 :

XX **Izaskun,** ✆ 556 08 08, Cocina vasca – P. AE ⊕ E VISA. ✻
cerrado lunes y del 15 al 30 agosto – Com carta 2150 a 3450.

CITROEN Travesía de Cuatro Caminos 24 ✆ 563 01 74
FORD Roda de Onil 17 ✆ 556 11 39
PEUGEOT-TALBOT Polígono Industrial Manzana 1 - Parcela 1 ✆ 556 01 74
RENAULT Portal de Onil 17 ✆ 556 00 72

CASTEJON DE SOS 22466 Huesca 443 E 31 – 403 h. – ☎ 974.
♦Madrid 524 – Huesca 134 – ♦Lérida/Lleida 134.

Pirineos ⛰, El Real 38 ✆ 55 32 51 – E VISA. ✻
cerrado noviembre-diciembre – Com *(cerrado domingo noche)* 1400 – ☕ 300 – **36 hab** 2300/3300 – PA 2300.

Plaza ⛰, Real ✆ 55 30 50 – 🚗. E VISA. ✻
Com 1200 – ☕ 325 – **13 hab** 1500/3300.

CASTELLAR DE LA FRONTERA 11350 Cádiz 446 X 13 – 1 984 h. – ☎ 956.
♦Madrid 698 – Algeciras 27 – ♦Cádiz 150 – Gibraltar 27.

La Almoraima ⛰, SE : 8 km ✆ 69 30 50, Telex 78179, Fax 69 32 14, « Antigua casa-convento en un gran parque », 🏊, 🌳, 🎾 – ☎ P. AE E VISA. ✻ rest
Com 2500 – ☕ 500 – **11 hab** 7000/10000 – PA 5000.

CASTELLAR DEL VALLES 08211 Barcelona 443 H 36 – 10 934 h. – ☎ 93.
♦Madrid 625 – ♦Barcelona 28 – Sabadell 8.

en la carretera de Terrassa SO : 5 km – ✉ 08211 Castellar del Vallés – ☎ 93 :

XX **Can Font,** ✆ 714 53 77, 🏠, Decoración rústica catalana, 🏊, 🎾 – ▤ P. AE E VISA ✻
cerrado martes y del 1 al 20 agosto – Com carta 2350 a 3800.

AUDI-VOLKSWAGEN carret. Prats de Llusanes km 6,4 ✆ 714 51 58
RENAULT Fransesc Lairet 47 ✆ 714 51 91

CASTELLAR DE NUCH o **CASTELLAR DE N'HUG** 08696 Barcelona 443 F 36 – 145 h. alt. 1 395 – ☎ 93.
♦Madrid 666 – Manresa 89 – Ripoll 39.

Les Fonts ⛰, SO : 3 km ✆ 823 60 89, ≤, 🌳 – P. ⊕ E VISA. ✻ rest
cerrado 8 enero-8 marzo – Com 1400 – ☕ 450 – **32 hab** 1600/3700 – PA 3450.

CASTELLBISBAL 08755 Barcelona 443 H 35 – 3 407 h. – ☎ 93.
♦Madrid 605 – ♦Barcelona 27 – Manresa 40 – Tarragona 84.

en la carretera de Martorell a Terrassa C 243 O : 9 km – ✉ 08755 Castellbisbal – ☎ 93 :

XX **Ca L'Esteve,** ✆ 775 56 90, 🏠, 🎾 – ▤ P. AE ⊕ E VISA. ✻
cerrado lunes noche, martes y 16 agosto-6 septiembre – Com carta 2150 a 3350.

RENAULT Ponent 10 ✆ 772 07 05
SEAT-AUDI-VOLKSWAGEN carret. de la Estación 15 ✆ 772 00 42

CASTELLCIUTAT 25710 Lérida 443 E 34 – ver Seo de Urgel.

CASTELLDEFELS 08860 Barcelona 443 I 35 – 24 559 h. – ☎ 93 – Playa.
ℹ pl. Rosa de los Vientos ✆ 664 23 01.
♦Madrid 615 – ♦Barcelona 24 – Tarragona 72.

X El Brocal, av. de la Constitución 183 ✆ 664 09 52 – ▤.

X **Cal Mingo,** pl. Pau Casals 2 ✆ 664 49 62 – ▤. AE ⊕ E VISA. ✻
cerrado lunes y 8 enero-1 febrero – Com carta 2350 a 3250.

barrio de la playa :

Mediterráneo, passeig Maritim 294 ✆ 665 21 00, Telex 80117, Fax 665 22 50, 🏊 – |‡| ▤ rest TV ☎ 🚗 – 🎤 25/200. AE ⊕ E VISA. ✻ rest
Com 2100 – ☕ 650 – **47 hab** 6500/10500 – PA 4100.

Luna, passeig de la Marina 155 ✆ 665 21 50, Fax 665 22 12, 🏊, 🌳 – ▤ TV ☎ P – 🎤 25/150. AE ⊕ E VISA. ✻ rest
Com 2500 – ☕ 650 – **30 hab** 7500/11000 – PA 4600.

XX Sant Maximin, av. dels Banys 41 🖋 665 00 88, 🍴 – 🗐 🅿.

XX **La Canasta,** passeig Maritim 197 🖋 665 68 57, Fax 665 68 57, 🍴 – 🗐. 🖭 ⓪ 🛒 *VISA*. 🛇
cerrado martes – Com carta 3700 a 4600.

XX **Nautic,** passeig Maritim 374 🖋 665 01 74, Fax 665 23 54, ≤, Decoración marinera,
Pescados y mariscos – 🗐. 🖭 ⓪ 🛒 *VISA*. 🛇
Com carta 3200 a 5650.

XX **Pepperone,** av. dels Banys 39 🖋 665 03 66, Fax 665 68 57, 🍴 – 🗐. 🖭 ⓪ 🛒 *VISA*. 🛇
cerrado martes – Com carta 3300 a 3900.

XX **La Torreta,** passeig Maritim 178 🖋 665 35 22, 🍴 – 🛒 *VISA*. 🛇
cerrado lunes – Com carta 2750 a 4500.

XX Golfito, passeig de la Marina 143 🖋 664 32 00, 🌊 – 🗐.

en la carretera C 246 – ⊠ 08860 Castelldefels – 🕿 93 :

🏨 **Riviera,** E : 2 km 🖋 665 14 00, Fax 665 14 04 – 🕿 🅿. 🖭 ⓪ 🛒 *VISA*. 🛇
cerrado 15 diciembre-15 enero – Com 1900 – 🖂 440 – **35 hab** 3900/6000 – PA 3700.

X **Las Botas,** SO : 2,5 km 🖋 665 18 24, 🍴, Decoración típica – 🅿. 🖭 🛒 *VISA*. 🛇
cerrado domingo noche del 23 septiembre a mayo – Com carta 1920 a 2500.

en Torre Barona O : 2,5 km – ⊠ 08860 Castelldefels – 🕿 93 :

🏨 **G. H. Rey Don Jaime** 🌊, 🖋 665 13 00, Telex 50151, Fax 665 18 01, 🍴, 🌊, 🎾 – 🗐
📺 🕿 🅿 – 🔬 25/170. 🖭 ⓪ 🛒 *VISA*. 🛇 rest
Com 3500 – 🖂 1500 – **94 hab** 15840/19800.

EUGEOT-TALBOT av. de la Constitución 30
☎ 665 05 98
ENAULT av. de la Constitución 236
☎ 665 15 75

SEAT-AUDI-VOLKSWAGEN av. Arcadio Balaguer
87 🖋 665 05 45

CASTELL DE FERRO 08740 Granada 🔢🔢 V 19 – 🕿 958 – Playa.
Alred. : Carretera** de Castell de Ferro a Calahonda.
▸Madrid 528 – ♦Almería 90 – ♦Granada 99 – ♦Málaga 131.

🏨 **Paredes,** Málaga 11 🖋 64 61 59, 🌊 – 🅿. 🛒 *VISA*. 🛇 rest
abril-septiembre – Com carta 1250 a 1900 – 🖂 300 – **27 hab** 2400/3900.

🍴 **Ibérico,** carret. de Málaga 🖋 64 60 80 – 🅿. ⓪ 🛒 *VISA*
Com 1300 – 🖂 250 – **16 hab** 2300/4000.

CASTELLGALI 08252 Barcelona 🔢🔢 G 35 – 680 h. – 🕿 93.
▸Madrid 601 – ♦Barcelona 59 – ♦Lérida/Lleida 132 – Manresa 8,5.

X **Els Torrents,** carret. de Manresa N : 2 km 🖋 833 12 12 – 🗐 🅿. 🛒 *VISA*. 🛇
Com carta 3550 a 5350.

CASTELLO DE AMPURIAS o **CASTELLO D'EMPURIES** 17486 Gerona 🔢🔢 F 39 – 2 653 h.
alt. 17 – 🕿 972.
Ver : Iglesia de Santa María (retablo*) – Costa*.
🏢 Pl. dels Homes 1 🖋 25 00 19 ⊠ 17486.
▸Madrid 753 – Figueras/Figueres 8 – Gerona/Girona 46.

🏨 **Allioli,** carret. Figueras-Rosas-urb. Castellonou 🖋 25 03 00, Decoración rústica catalana –
🍴 🕿 🅿. 🖭 ⓪ 🛒 *VISA*
cerrado 15 diciembre-15 enero – Com carta 1850 a 3290 – 🖂 450 – **39 hab** 3500/6500 –
PA 2800.

🏨 **Emporium,** Santa Clara 3 🖋 25 05 93, 🍴 – 🗐 rest 🅿. 🛒 *VISA*. 🛇
cerrado del 15 al 31 octubre – Com *(cerrado sábado del 15 septiembre-abril)* 800 – 🖂 350
– **43 hab** 2100/3750 – PA 1650.

Ver también : *Ampuriabrava.*

CITROEN Monturiol 8 🖋 25 05 96

SEAT-AUDI-VOLKSWAGEN Urbanización
Ampuriabrava 🖋 45 12 11

Los hoteles y restaurantes agradables
se indican en la guía con un símbolo rojo.
Ayúdenos señalándonos los establecimientos
en que, a su juicio, da gusto estar.
La guía del año que viene será aún mejor.

🏨🏨🏨 ... 🏨

XXXXX ... X

alt. 28 – ✆ 964.

🄸 del Mediterráneo, urbanización la Coma N : 3,5 km por ① ℰ 32 12 27 – 🄸 Costa de Azaha
NE : 6 km B ℰ 22 70 64.

🄱 pl. María Agustina 5 bajo, ⊠ 12003, ℰ 22 77 03 – R.A.C.E. carret. N 340, ⊠ 12005, ℰ 21 60 50.

♦Madrid 426 ② – Tarragona 183 ① – Teruel 148 ③ – Tortosa 122 ① – ♦Valencia 75 ②.

CASTELLÓ DE LA PLANA

CASTELLÓN DE LA PLANA

Enmedio	A
Arrufat Alonso	A 2
Barrachina	A 3
Benasal	A 4
Buenavista (Pas. de)	B 7
Burriana (Av.)	A 8
Canarias	B 9

Cardenal Costa (Av.)	A
Carmen (Pl. del)	B
Churruca	A
Clavé (Pl.)	A
Doctor Clará (Av.)	A
Espronceda (Av.)	A
Guitarrista Tárrega	A
Joaquín Costa	A
Maestro Ripolles	A
Mar (Av. del)	A
Morella (Pas.)	A
Oeste (Parque del)	A
Orfebres Santalinea	A
Rafalafena	A
Sanahuja	A
Sebastián Elcano	B
Tarragona	A
Teodoro Llorens	A
Trevalladors del Mar	B
Valencia (Av.)	A
Vinatea (Ronda)	A
Zaragoza	A

🏨🏨 **Mindoro,** Moyano 4, ⊠ 12002, ℰ 22 23 00, Telex 65413, Fax 23 31 54 – 🛗 🗏 📺 ☎
🚗 – 🔬 25/150. 🄰🄴 ⓞ 🄴 𝘝𝘐𝘚𝘈. ⌘
Com 1900 – 🖙 890 – **114 hab** 7700/11500.
A a

🏨🏨 **Jaime I,** Ronda Mijares 67, ⊠ 12002, ℰ 25 03 00 – 🗏 🚗 🄰🄴 ⓞ 🄴 𝘝𝘐𝘚𝘈
Com 1650 – 🖙 650 – **48 hab** 6900/8700 – PA 3950.
A b

🏨 **Myriam** sin rest, Obispo Salinas 1, ⊠ 12003, ℰ 22 21 00 – 🛗 🗟 🚗
25 hab.
A d

🏨 **Real** sin rest y sin 🖙, pl. del Real 2, ⊠ 12001, ℰ 21 19 44 – 🛗 ☎ 🄰🄴 ⓞ 🄴 𝘝𝘐𝘚𝘈
35 hab 2800/4300.
A s

🏨 Doña Lola, Lucena 3, ⊠ 12006, ℰ 21 40 11, Fax 21 79 90 – **36 hab**
A c

🏨 **Zaymar** sin rest, Historiador Viciana 5, ⊠ 12006, ℰ 25 45 09 – **27 hab**
A h

🏨 Amat sin rest y sin 🖙, Temprado 15, ⊠ 12002, ℰ 22 06 00 – 🛗 🖾 – **22 hab**
A n

✕✕ **Mesón Navarro II,** Amadeo I - 8, ⊠ 12001, ℰ 21 70 73 – 🗏 🄰🄴 🄴 𝘝𝘐𝘚𝘈. ⌘
cerrado domingo noche, lunes y agosto – Com carta 1400 a 2350.
A f

✕✕ 1900, Caballeros 41, ⊠ 12001, ℰ 22 29 26 – 🗏
A u

✕ **Eleazar,** Ximénez 14, ⊠ 12001, ℰ 23 48 61 – 🗏 ⓞ 🄴 𝘝𝘐𝘚𝘈. ⌘
cerrado domingo noche, lunes y 10 agosto-10 septiembre – Com carta 1400 a 2350.
A a

182

en el Puerto (Grao) E : 5 km – ✉ 12100 El Grao de Castellón – ☎ 964 :

Turcosa, Treballadors de la Mar 1 ☎ 28 36 00, Telex 65839, Fax 28 47 37, ≤ – |♦| ▤ TV ☎. AE ① E VISA. ⚘ B b
Com 1825 – ☕ 800 – **70 hab** 5900/8300 – PA 3780.

XXX ❀ **Nina y Angelo,** paseo Buenavista 32 ☎ 28 29 29, Fax 28 28 41, ☂ – ▤. AE E VISA
cerrado domingo noche, lunes, del 1 al 16 octubre y Navidades – Com carta 3050 a 4400 B t
Espec. Carpaccio de atún con aceite de oliva virgen de Baena, Lasaña de frutos de mar,Rape con dátiles de mar y almejas en su jugo.

XX **Rafael,** Churruca 26 ☎ 28 21 85, Pescados y mariscos – ▤. AE ① E VISA. ⚘
cerrado domingo y festivos, del 1 al 15 septiembre y 24 diciembre-8 enero – Com carta 3800 a 5900 B s

XX **Club Náutico,** Escollera Poniente ☎ 28 24 33, ≤, ☂ – AE ① E VISA. ⚘ B
cerrado domingos noche de 15 septiembre a julio – Com carta 2900 a 4400.

XX **Brisamar,** paseo de Buenavista 26 ☎ 28 36 64, ☂ – ▤. AE ① E VISA. ⚘ B t
cerrado martes y 20 septiembre-20 octubre – Com carta 2350 a 2850.

X **Casa Falomir,** paseo Buenavista 25 ☎ 28 22 80, Pescados y mariscos – ▤. ⚘ B r
cerrado domingo noche, lunes, y Navidades – Com carta 2450 a 3750.

X Tasca del Puerto, av. del Puerto 13 ☎ 23 60 18, ☂ – ▤ B a

en la carretera C 232 por ③ : 8 km – ✉ 12000 Castellón de la Plana – ☎ 946

X **Masía Gaetá,** ☎ 21 86 40 – ▤ Ⓟ. AE E VISA. ⚘
cerrado martes y del 1 al 15 agosto – Com carta 3150 a 3550.

ALFA-ROMEO carret. N 340 km 67,1 ☎ 21 17 56
AUSTIN-MG-MORRIS-MINI av. Quevedo 13 ☎ 21 71 19
AUSTIN-MG-ROVER carret. N 340 km 69 ☎ 21 00 00
BMW Calderón de la Barca 3 ☎ 23 84 11
CITROEN av. de Valencia ☎ 21 15 00
CITROEN av. Pérez Galdós 27 ☎ 20 06 22
FIAT av. Valencia ☎ 24 44 22
FORD carret. N 340 ☎ 21 55 11
FORD Juan Bautista Poeta 3 ☎ 20 02 32
GENERAL MOTORS carret. N 340 (Término Almazora) ☎ 52 61 61
LANCIA Concepción Arenal 11 ☎ 24 31 11
MERCEDES-BENZ carret. Valencia-Barcelona km 62 ☎ 52 00 62
PEUGEOT-TALBOT carret. Valencia-Barcelona ☎ 21 13 22
PORSCHE carret. N 340 km 63,7 ☎ 21 60 50
RENAULT carret. N 340 km 66,5 ☎ 21 76 00
RENAULT Jacinto Benavente 3 ☎ 21 01 65
SEAT-AUDI-VOLKSWAGEN Herrero 34 ☎ 20 21 00
SEAT-AUDI-VOLKSWAGEN pl. Padre Jofré 22 ☎ 21 78 22
VOLVO av. Pérez Galdós 27 ☎ 20 06 22

CASTIELLO DE JACA 22710 Huesca 443 E 28 – 156 h. alt. 921 – ☎ 974.

♦Madrid 488 – Huesca 98 – Jaca 7.

El Mesón, carret. de Francia 4 ☎ 36 11 78, ≤ –
26 hab.

CASTILLEJA DE LA CUESTA 41950 Sevilla 446 T 11 – 14 006 h – ☎ 95.

♦Madrid 541 – Huelva 82 – ♦Sevilla 5.

X Mesón Alija, Real 88 ☎ 416 08 58, ☂ – ▤.

X Urtain, Virgen de Loreto ☎ 416 30 63, Cocina vasca – ▤.

CASTILLEJO DE MESLEON 40593 Segovia 442 I 19 – 135 h. – ☎ 911.

♦Madrid 110 – ♦ Burgos 133 – ♦ Segovia 64 – Valladolid 143.

Ancla, carret. N I - km 109 ☎ 55 50 46 – 🚗 Ⓟ
16 hab.

CASTILLO DE ARO 17853 Gerona 443 G 39 – 3774 h. – ☎ 972.

♦Madrid 711 – ♦Barcelona 100 – Gerona/Girona 35.

XX Cal Rei, Barri de Crota 3 ☎ 81 79 25, Telex 57017, Fax 81 75 72, ☂, « Masía del siglo XIV » – ▤ Ⓟ.

XX **Mas Sicars,** carret. de Santa Cristina ☎ 81 74 97, ☂, « Decoración rústica » – ▤ Ⓟ. AE ① E VISA
cerrado jueves de octubre a abril – Com carta 2750 a 3235.

CASTRIL 18816 Granada 446 S 21 – 4 124 h alt. 959 – ☎ 958.

♦Madrid 423 – Jaén 154 – Ubeda 100.

La Fuente, carret. de Pozo Alcón ☎ 72 00 30 –
15 hab.

CASTROPOL 33760 Asturias **441** B 8 – 5 291 h. – ✪ 985 – Playa.
♦Madrid 589 – ♦La Coruña 173 – Lugo 88 – ♦Oviedo 154.

   X **Casa Vicente** con hab, carret. N 640 ℰ 62 30 51, ≤ – 🅿. 🖭 ⓘ E 𝖵𝖨𝖲𝖠. ⋇
      cerrado octubre (cerrado martes salvo Semana Santa y verano) – Com carta 1600 a 3400
      ⊂⊃ 300 – **14 hab** 4500.

   X **Peña-Mar,** carret. N 640 ℰ 62 30 06, ≤ – 🅿 E 𝖵𝖨𝖲𝖠. ⋇
      cerrado jueves en invierno y 15 octubre-15 noviembre – Com carta 2000 a 3000.

CASTRO URDIALES 39700 Cantabria **442** B 20 – 12 912 h. – ✪ 942 – Playa.
Ver : Emplazamiento★.
♦Madrid 430 – ♦Bilbao 34 – ♦Santander 73.

  XX **Mesón El Segoviano,** Correría 19 ℰ 86 18 59, 🎇 – 🗏. 🖭 ⓘ E 𝖵𝖨𝖲𝖠. ⋇
      Com carta 2900 a 4700.

  XX **Mesón Marinero,** Correría 23 ℰ 86 00 05, 🎇 – 🗏. 🖭 ⓘ E 𝖵𝖨𝖲𝖠
      Com carta 3050 a 4000.

  XX **El Faro de Castro,** Torre Vitoria 1 ℰ 86 16 65 – 🖭 ⓘ E 𝖵𝖨𝖲𝖠. ⋇
      Com carta 3450 a 7000.

   X **La Marina,** La Plazuela 16 ℰ 86 13 45 – ⋇
      cerrado martes y 23 diciembre-5 enero – Com carta 2000 a 3050.

   X **El Peñón,** La Mar 17 ℰ 86 13 54 – 🗏. ⓘ E 𝖵𝖨𝖲𝖠. ⋇
      cerrado miércoles y enero-15 febrero – Com carta 2350 a 3100.

   en la playa – ✉ 39700 Castro Urdiales – ✪ 942 :

  🏠 **Las Rocas,** Flaviobriga ℰ 86 04 00, Telex 35724, Fax 86 13 82, ≤ – 🛗 🗏 rest ☎
      🔥 25/150. ⓘ E 𝖵𝖨𝖲𝖠
      Com 1900 – � 425 – **60 hab** 5300/8750.

  🏠 **Miramar,** ℰ 86 02 00, ≤, 🎇 – 🛗 🕾. 🖭 ⓘ E 𝖵𝖨𝖲𝖠. ⋇ rest
      15 mayo-15 octubre – Com 1750 – ⊃ 460 – **34 hab** 6000/8200 – PA 3200.

   en Islares - carret. N 634 O : 8 Km. – ✉ 39798 Islares

   X El Langostero ℘ con hab, ℰ 86 22 12, ≤, 🎇
      8 hab.

CITROEN Estación ℰ 86 04 46
RENAULT La Ronda 7 ℰ 86 11 99

SEAT-AUDI-VOLKSWAGEN José María de Pereda 7 ℰ 86 09 42

☞ *When in a hurry use the* **Michelin Main Road Maps** :
    970 *Europe,* **980** *Greece,* **984** *Germany,* **985** *Scandinavia-Finland,*
    986 *Great Britain and Ireland,* **987** *Germany-Austria-Benelux,* **988** *Italy,*
    989 *France,* **990** *Spain-Portugal and* **991** *Yugoslavia.*

CATARROJA 46470 Valencia **445** N 28 – 20 195 h. – ✪ 96.
♦Madrid 359 – ♦Valencia 8.

   X **Gurugú,** Sant Pere 21 ℰ 126 00 47 – 🗏. 🖭 ⓘ E 𝖵𝖨𝖲𝖠. ⋇
      cerrado festivos, Semana Santa y agosto – Com carta 1985 a 2910.

La CAVA - DELTEBRE 43580 Tarragona **443** J 32 – ✪ 977.
♦Madrid 513 – Castellón de la Plana 126 – Tarragona 78 – Tortosa 27.

   X Mas Mollena, O : 1,5 km ℰ 48 91 26, 🎇, Instalado en una antigua masía - Decoración
      rústica – 🅿.

CITROEN Pescadors 37 ℰ 48 03 46
FIAT Marquesa ℰ 48 07 47
OPEL-GM Lleida 28 ℰ 48 93 59
PEUGEOT-TALBOT Reyes Católicos 44
ℰ 48 01 34

RENAULT av. de la Generalitat 13 ℰ 48 11 82
SEAT-AUDI-VOLKSWAGEN av. Asunción 129
ℰ 48 04 36

CAZORLA 23470 Jaén **446** S 20 – 10 005 h. alt. 790 – ✪ 953.
Alred. : Sierra de Cazorla ★★ – Carretera de acceso al Parador★ (≤ ★★) SE : 25 km.
🅱 Juan Domingo 2 ℰ 72 01 15.
♦Madrid 363 – Jaén 101 – Ubeda 46.

  🏠 **Don Diego** sin rest, Hilario Marco 163 ℰ 72 05 31 – ☎ 🚗 🅿. 🖭 ⓘ E 𝖵𝖨𝖲𝖠. ⋇
      ⊃ 400 – **23 hab** 2800/4300.

  🏠 **Andalucía** sin rest, Martínez Falero 42 ℰ 72 12 68 – ☎ 🚗. 𝖵𝖨𝖲𝖠. ⋇
      ⊃ 335 – **11 hab** 2800/4000.

  🏠 **Guadalquivir** sin rest, Nueva 6 ℰ 72 02 68 – 🚗. 🖭 ⓘ E 𝖵𝖨𝖲𝖠. ⋇
      ⊃ 300 – **11 hab** 2800/3200.

   X **La Sarga,** pl. del Mercado ℰ 72 15 07, 🎇 – 🗏. 𝖵𝖨𝖲𝖠. ⋇
      cerrado martes y 23 septiembre-23 octubre – Com carta 1325 a 3150.

en la Sierra de Cazorla – ✉ 23470 Cazorla – ☎ 953 :

Parador El Adelantado ⛰, E : 26 km Lugar Sacejo, alt. 1 400 ☎ 72 10 75, Fax 72 10 75, ≤ montañas, « En plena Sierra de Cazorla », 🏊, 🌳 – TV ☎ P. AE ① E VISA 🐕
Com 2900 – ☕ 950 – **33 hab** 9500 – PA 5740.

Noguera de la Sierpe ⛰, carret. del Tranco NE : 30 km ☎ 72 17 09, Fax 72 17 09, 🏊, 🎾 – ▤ rest P. VISA. 🐕 rest
Com carta 1550 a 2100 – **20 hab** ☕ 5000/6000.

Mirasierra ⛰, carret. del Tranco NE : 36,3 km ☎ 72 15 44, 🏊 – ▤ rest P. E VISA 🐕
Com 950 – ☕ 200 – **20 hab** 1800/2400 – PA 2100.

CEE 15270 La Coruña 441 D 2 – 7 531 h. – ☎ 981 – Playa.
♦Madrid 710 – ♦La Coruña 97 – Santiago de Compostela 89.

La Marina, av. Fernando Blanco 26 ☎ 74 67 52 – |♦| TV ☎
22 hab.

Fonda Vitoria, av. Fernando Blanco 10 ☎ 74 50 59 – ☎
26 hab.

CITROEN av. Fernando Blanco ☎ 74 51 97
FIAT cruce de Toba ☎ 74 51 16
FORD carret. de Corcubión 99 ☎ 74 53 45
OPEL av. Finisterre 57 ☎ 74 56 65
PEUGEOT-TALBOT Pilar de Toba ☎ 74 70 50
RENAULT carret. de La Coruña ☎ 74 57 77
SEAT av. Finisterre 39 ☎ 74 52 98

CELADA DE LA VEGA León – ver Astorga.

CELANOVA 32800 Orense 441 F 6 – 7 518 h. – ☎ 988.
Ver : Monasterio (claustro★★).
Alred. : Santa Comba de Bande (iglesia★) S : 16 km.
♦Madrid 488 – Orense 26 – ♦Vigo 99.

Betanzos, Celso Emilio Ferreiro 7 ☎ 45 10 11 – |♦| ▤ rest. 🐕
Com 1200 – ☕ 200 – **33 hab** 3500/4500 – PA 2500.

CITROEN carret. Lugo-Portugal ☎ 45 01 33
FIAT carret. Orense-Celanova km 25 ☎ 45 11 26
FORD carret. de Vilanova 21 ☎ 45 01 90
GENERAL MOTORS carret N 13-1 ☎ 45 17 59
PEUGEOT-TALBOT carret. Orense-Portugal ☎ 45 14 13
RENAULT carret. de Orense ☎ 45 10 10
SEAT-AUDI-VOLKSWAGEN carret. de Orense km 25 ☎ 45 02 11

CELLERS 25631 Lérida 443 F 32 – ver Sellés.

CENES DE LA VEGA 18190 Granada 446 U 19 – 1 198 h alt. 741 alt – ☎ 958

XXX **Ruta del Veleta,** carret de Sierra Nevada 50, ✉ 18190, ☎ 48 61 34, Fax 48 62 93, « Decoración típica » – ▤ P. 🐕
cerrado domingo noche – Com carta 2650 a 4100.

XX **Los Pinillos,** carret. de Sierra Nevada, ✉ 18190, ☎ 48 61 09, 🌂 – ▤ P. AE ① E VISA. 🐕
cerrado domingo noche, martes y del 15 al 31 agosto – Com carta 2650 a 3000.

La CENIA o **La SENIA** 43560 Tarragona 443 K 31 – 4 638 h. – ☎ 977.
♦Madrid 526 – Castellón de la Plana 104 – Tarragona 105 – Tortosa 35.

X **El Trull,** San Miguel 14 ☎ 71 33 02, Decoración rústica – AE ① E VISA
cerrado lunes en invierno y del 7 al 31 enero – Com carta 1450 a 2400.

FORD Alicante s/n ☎ 71 31 22
PEUGEOT-TALBOT Colomers 10 ☎ 71 37 92
RENAULT carret. de Barcelona 40 ☎ 71 37 40

CERCEDILLA 28470 Madrid 444 J 17 – 3 972 h. alt. 1 188 – ☎ 91.
♦Madrid 56 – El Escorial 20 – ♦Segovia 39.

Longinos El Aribel sin rest, Emilio Serrano ☎ 852 15 11 – TV ☎ P. AE VISA. 🐕
☕ 300 – **23 hab** 4000/4800.

CITROEN Pontezuela 4 ☎ 852 10 98
CITROEN prado Los Molinos ☎ 852 19 42
RENAULT p. de Ródenas 2 ☎ 852 20 70

CERLER Huesca 443 E 31 – ver Benasque.

CERVERA DE PISUERGA 34840 Palencia 442 D 16 – 2 963 h. alt. 900 – ☎ 988.
♦Madrid 348 – ♦Burgos 118 – Palencia 122 – ♦Santander 129.

Parador Fuentes Carrionas 🐎, carret. de Ruesga, NO : 2,5 km ☎ 87 00 75, Fax 87 01 05, « Magnífica situación con ≤ montañas y pantano de Ruesga » – |‡| TV ☎ 🚗 P. AE ⓓ E VISA. ✻
Com 2900 – ☕ 950 – **80 hab** 8500 – PA 5740.

✗ **Peñalabra** con hab, General Mola 72 ☎ 87 00 37 – ▤ rest. E VISA. ✻
Com carta 1500 a 1900 – ☕ 275 – **13 hab** 1400/3400 – PA 1934.

CITROEN Mónica Plaza 12 ☎ 87 01 31
FORD pl. San Roque ☎ 87 00 44
PEUGEOT-TALBOT José Antonio Girón 19 ☎ 87 00 71
FIAT-LANCIA José Antonio Girón 12 ☎ 87 00 33

CERVO 27888 Lugo 441 A 7 – 9 602 h. – ☎ 982.
♦Madrid 611 – ♦La Coruña 162 – Lugo 105.

en la carretera C 642 NO : 5 km – ✉ 27888 Cervo – ☎ 982 :

✗ **O Castelo** con hab, ☎ 59 22 04, ≤ – TV ☎ P. ⓓ E VISA. ✻
Com carta 1600 a 2300 – ☕ 400 – **15 hab** 4000/6000.

CESTONA o **ZESTOA** 20740 Guipúzcoa 442 C 23 – 3 778 h. – ☎ 943 – Balneario.
♦Madrid 432 – ♦Bilbao 75 – ♦Pamplona 102 – ♦San Sebastián/Donostia 34.

Arocena, paseo San Juan 12 ☎ 14 70 40, Fax 14 79 78, ≤, ⛱, ⛲, ✗ – |‡| ☎ 🚗 P. AE ⓓ E VISA. ✻ rest
cerrado 15 diciembre-15 enero – Com *(cerrado lunes)* 1950 – ☕ 500 – **108 hab** 4500/7500.

Arteche, paseo San Juan ☎ 14 71 45 – |‡| ☎ P. ✻
30 junio-septiembre – Com 1350 – ☕ 300 – **39 hab** 2500/4200.

Pida en la librería el catálogo de ***mapas y guías Michelin.***

CEUTA 11700 969 ⑤ y ⑩ 990 ㉞ – 70 864 h. – ☎ 956 – Playa.
Ver : Monte Hacho★ (Ermita de San Antonio ≤★★) Z.
⛴ para Algeciras : Cía. Trasmediterránea, Muelle Cañonero Dato 6, ☎ 51 23 18, Telex 78080 Z.
i av. Cañonero Dato 1 ☎ 51 13 79 – **R.A.C.E.** Beatriz la Silva 12 ☎ 51 80 68.

CEUTA

Camoens	Y	4
Revellín (Pas.)	Y	16
Alcade J.V. Goñalons	Y	2
Alcade Sanchez Prados (Pas.)	Y	3
Colón (Pas.)	Y	6
España (Av.)	Z	9
Ingenieros	Y	12
Las Palmeras (Pas.)	Y	13
O'Donnell	Y	15
S. J. de Dios (Av.)	Z	17

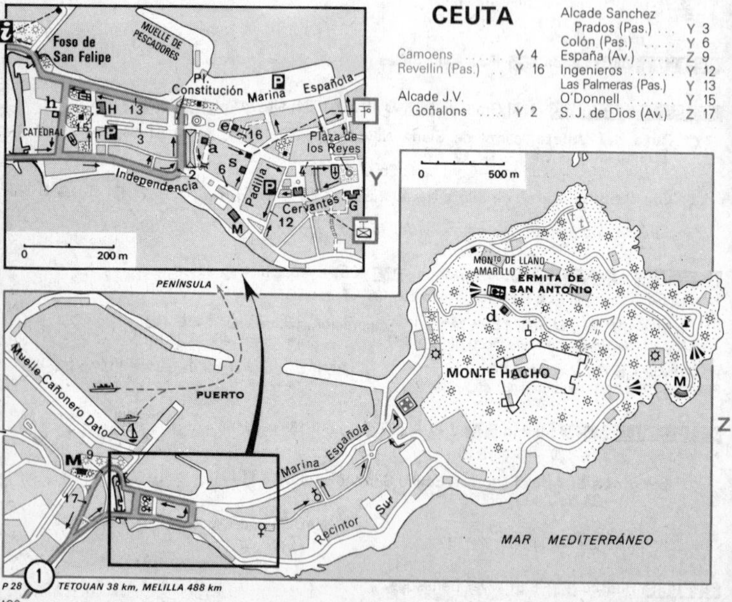

Foso de San Felipe
MUELLE DE PESCADORES
Pl. Constitución
Marina
Española
CATEDRAL
Plaza de los Reyes
Independencia
Padilla
Cervantes
0 200 m
PENÍNSULA
PUERTO
Muelle Cañonero Dato
PLAYA DE BENITEZ
Marina Española
Recintor Sur
MAR MEDITERRÁNEO
MONTE HACHO
MONTº DE LLANO AMARILLO
ERMITA DE SAN ANTONIO
0 500 m
P 28
TETOUAN 38 km, MELILLA 488 km

🏨 **La Muralla,** pl. Virgen de Africa 15 𝒫 51 49 40, Telex 78087, Fax 51 49 47, ≼, 🛋, « Hotel instalado parcialmente en la antigua muralla », 🏊, 🛥 – 🛗 🖳 📺 ☎ 🅟 – 🅖 25/150. ᴀᴇ ⑩ 🖹 𝖵𝖨𝖲𝖠. ⋘
    Com 3100 – ⌶ 950 – **108 hab** 11500 – PA 6080.
                                Y **h**

XX **El Sombrero de Copa,** Padilla 4 𝒫 51 06 12 – 🖳, ᴀᴇ ⑩ 🖹 𝖵𝖨𝖲𝖠. ⋘   Y **s**
    cerrado domingo noche, lunes y agosto – Com carta 3050 a 4050.

X **La Terraza,** pl. Rafael Gibert 25 𝒫 51 40 29 – 🖳. ⋘   Y **a**
    cerrado febrero – Com carta 1600 a 2550.

X Vicentino, Alférez Baytón 3 𝒫 51 40 15, 🌴 – 🖳   Y **e**

    en el Monte Hacho E : 4 km – ✉ 11705 Ceuta – 🕾 956 :

X Mesón de Serafin, 𝒫 51 40 03, ≼ Ceuta, mar, peñón de Gibraltar y costas de la Península
                                                          Z **d**

AUDI-BMW-SEAT-VOLKSWAGEN Muelle
Cañonero Dato 17 𝒫 51 27 10
CITROEN Muelle Cañonero Dato 15 𝒫 51 24 24
FORD Marina Española 6 𝒫 51 25 10

OPEL p. de las Palmeras 30 𝒫 31 36 12
PEUGEOT-TALBOT av. de España 60 𝒫 51 16 60
RENAULT-MERCEDES prol. Muelle Dato
𝒫 50 50 88

CH ... – ver después de Cuzcurrita del río Tirón.

CINTRUÉNIGO 31592 Navarra 𝟜𝟜𝟚 F 24 – 5 082 h. alt. 391 – 🕾 948.
🛈 Barón de la Torre 62 𝒫 77 33 40.
♦Madrid 308 – ♦Pamplona 87 – Soria 82 – ♦Zaragoza 99.

🏠 Villa Cintruéñigo, carret. N 113 𝒫 81 21 60 – 🖳 ☎ 🅟
    36 hab.

X **Maher** con hab, Ribera 19 𝒫 81 11 50 – 🖳 rest. 𝖵𝖨𝖲𝖠. ⋘ rest
    Com 1000 – ⌶ 330 – **26 hab** 2600/4200 – PA 2000.

RENAULT Barón de la Torre 𝒫 81 11 68

CIORDIA 31809 Navarra 𝟜𝟜𝟚 D 23 – 401h. – 🕾 948.
♦Madrid 396 – ♦Pamplona 55 – ♦San Sebastián/Donostia 76 – ♦Vitoria/Gasteiz 41.

🏨 Iturrimurri II, carret. N I 𝒫 56 30 12, Telex 37021, ≼ – 🛗 🖳 rest ☎ 🅟. 🖹 𝖵𝖨𝖲𝖠. ⋘
    Com 1690 – ⌶ 400 – **29 hab** 3900/5900 – PA 2950.

CIUDADELA 07760 Baleares 𝟜𝟜𝟛 M 41 – ver Baleares (Menorca).

CIUDAD REAL 13000 🅟 𝟜𝟜𝟜 P 18 – 51 118 h. alt. 635 – 🕾 926.
🛈 Alarcos 21, ✉ 13071, 𝒫 21 20 03 – R.A.C.E. General Aguilera 15, ✉ 13001, 𝒫 22 92 77.
♦Madrid 203 – ♦Cáceres 300 – ♦Córdoba 264 – Jaén 193 – Linares 154 – Talavera de la Reina 198.

🏨 **Santa Cecilia,** Tinte 3, ✉ 13001, 𝒫 22 85 45, Fax 22 86 18 – 🛗 🖳 📺 ☎ 🚗. ᴀᴇ 🖹 𝖵𝖨𝖲𝖠. ⋘
    Com 1800 – ⌶ 400 – **70 hab** 5000/7000 – PA 3400.

🏨 **Almanzor,** Bernardo Balbuena, ✉ 13002, 𝒫 21 43 03, Fax 21 34 84 – 🛗 🖳 📺 ☎ 🅟 –
    🅖 25/300. ᴀᴇ ⑩ 🖹 𝖵𝖨𝖲𝖠. ⋘ rest
    Com 1500 – ⌶ 400 – **71 hab** 4500/7000 – PA 2720.

🏨 **Castillos,** av. del Rey Santo 6, ✉ 13001, 𝒫 21 36 40, Fax 21 22 43 – 🛗 🖳 ☎ 🚗 –
    🅖 25/60. ᴀᴇ ⑩ 🖹 𝖵𝖨𝖲𝖠. ⋘ rest
    Com 1500 – ⌶ 400 – **70 hab** 4500/7000 – PA 2720.

🏨 El Molino, carret. de Carrión, ✉ 13005, 𝒫 22 30 50 – 🖳 📺 ⊛ 🅟
    18 hab.

XX **Miami Park,** Ronda Ciruela 48, ✉ 13004, 𝒫 22 20 43 – 🖳. ᴀᴇ ⑩ 🖹 𝖵𝖨𝖲𝖠. ⋘
    cerrado domingo noche – Com carta 3400 a 3900.

X **San Huberto,** pasaje General Rey 10, ✉ 13001, 𝒫 25 22 54, Carnes – 🖳. 𝖵𝖨𝖲𝖠. ⋘
    Com carta 2000 a 2700.

ALFA ROMEO carret. de Carrión 𝒫 25 11 11
AUSTIN-MORRIS-MINI carret. de Carrión
𝒫 22 25 28
BMW carret. de Carrión km 242 𝒫 25 27 31
CITROEN carret. de Valdepeñas km 1
𝒫 22 12 49
FIAT carret. de Carrión 𝒫 25 30 94
FORD carret. Puertollano 36 𝒫 21 27 57
GENERAL MOTORS carret. de Carrión km 1,1
𝒫 25 49 58

LANCIA carret. de Carrión km 242 𝒫 25 05 00
MERCEDES-BENZ carret. de Carrión 𝒫 22 22 33
PEUGEOT-TALBOT ronda de Toledo 21
𝒫 22 17 00
RENAULT carret. de Carrión 𝒫 22 73 50
SEAT-AUDI-VOLKSWAGEN ronda de Toledo 15
𝒫 22 13 41
SEAT-AUDI-VOLKSWAGEN Ruiz Morote 3
𝒫 22 07 09
VOLVO carret. de Valdepeñas 𝒫 22 04 90

Entrate nell'albergo o nel ristorante con la Guida alla mano,
dimostrando in tal modo la fiducia in chi vi ha indirizzato.

CIUDAD RODRIGO 37500 Salamanca **441** K 10 – 14 766h. alt. 650 – ✪ 923.

Ver : Catedral★ (altar★, portada de la Virgen★, claustro★).

🛈 Arco de Amayuelas 5 ✆ 46 05 61.

♦Madrid 294 – ♦Cáceres 160 – Castelo Branco 164 – Plasencia 131 – ♦Salamanca 89.

🏨 **Parador Enrique II** 🍽, pl. del Castillo 1 ✆ 46 01 50, Fax 46 04 04, « En un castillo feudal del siglo XV », 🌫 – 🔟 rest ☎ 🄿. 🆊 ⓞ 🄴 *VISA*. ✸
　　Com 2900 – 🖵 950 – **27 hab** 10000 – PA 5740.

🏨 **Conde Rodrigo I,** pl. de San Salvador 9 ✆ 46 14 04, Fax 46 14 08 – 📶 🔟 rest 📺 🄿. 🆊 ⓞ 🄴 *VISA*. ✸
　　Com 1272 – 🖵 300 – **35 hab** 3700/5000 – PA 2150.

✗ **Mayton,** La Colada 9 ✆ 46 07 20 – 🔟. 🆊 ⓞ 🄴 *VISA*
　　cerrado lunes y del 15 al 30 octubre – Com carta 2000 a 3000.

✗ **Estoril,** Travesía Talavera 1 ✆ 46 05 50 – 🔟. 🆊 ⓞ 🄴 *VISA*. ✸
　　Com carta 1350 a 2250.

✗ **Casa Antonio,** Gigantes 8 ✆ 46 00 22 – 🔟. ✸
　　cerrado lunes y del 1 al 20 septiembre – Com carta 1250 a 1975.

　　en la carretera de Conejera SO : 3,3 km – ✉ 37500 Ciudad Rodrigo – ✪ 923

🏨 **Conde Rodrigo II** 🍽, Huerta de las Viñas ✆ 48 04 48, Fax 46 14 08, « En pleno campo », 🏊, 🌫, ✸ – 🔟 📺 ☎ 🄿 🆊 ⓞ 🄴 *VISA*. ✸
　　Com 1200 – 🖵 300 – **27 hab** 3700/5300.

CITROEN carret. Salamanca km 320 ✆ 46 29 12
FIAT Clemente Velasco 13 ✆ 46 23 97
FORD carret. Salamanca 50-52 ✆ 48 10 30
GENERAL MOTORS carret. de Salamanca km 320 ✆ 46 14 26

PEUGEOT-TALBOT carret. de Salamanca 5 ✆ 46 04 07
RENAULT carret. de Salamanca ✆ 46 01 18
SEAT-AUDI-VOLKSWAGEN av. de Portugal 21 ✆ 46 23 47

CIUTADELLA DE MENORCA Baleares **443** M 41 – ver Baleares (Menorca) : Ciudadela.

COCA 40480 Segovia **442** I 16 – 2 127 h. alt. 789.

Ver : Castillo★★.

♦Madrid 137 – ♦Segovia 50 – ♦Valladolid 62.

COCENTAINA 03820 Alicante **445** P 28 – 10 408 h. alt. 445 – ✪ 96.

♦Madrid 397 – ♦Alicante 63 – ♦Valencia 104.

🏨 **Odón,** av. del País Valenciá 145 ✆ 559 12 12, Fax 559 23 99 – 📶 🔟 rest 📺 ☎ – 🔬 60/200
　　– **52 hab.**

✗✗✗ **L'Escaleta,** av. del País Valenciá 119 ✆ 559 21 00, Fax 559 21 00 – 🔟. 🆊 ⓞ 🄴 *VISA*. ✸
　　cerrado domingo noche, lunes y del 14 agosto al 3 septiembre – Com carta 3150 a 5100.

✗✗ **El Laurel,** Juan María Carbonell 3 ✆ 559 17 38 – 🔟. 🆊 🄴 *VISA*. ✸
　　cerrado domingo noche, martes y 15 agosto-6 septiembre – Com carta 1750 a 2600.

　　en la carretera de Alcoy SO : 3,5 km – ✉ 03803 Alcoy – ✪ 96 :

✗✗ ✿ **Venta del Pilar,** ✆ 559 23 25, 🌫, Instalado en una venta del siglo XVIII, Decoración rústica – 🄿 🆊 ⓞ 🄴 *VISA*
　　cerrado domingo, Semana Santa y agosto – Com carta 2750 a 4250
　　Espec. Pericana, Olleta, Paletilla de lechal deshuesada y rellena de jamón..

CITROEN av. del Comtat 46 ✆ 559 06 48
OPEL Av. País Valencia 21 ✆ 559 18 09
RENAULT av. Xátiva 35 ✆ 559 12 51

SEAT-AUDI-VOLKSWAGEN av. Xátiva 26 ✆ 559 17 66

COFRENTES 46625 Valencia **445** O 26 – 1 124 h. alt. 437 – ✪ 96 – Balneario.

♦Madrid 316 – ♦Albacete 93 – ♦Alicante 141 – ♦Valencia 106.

　　en la carretera de Casas Ibáñez O : 4 km – ✉ 46625 Cofrentes – ✪ 96

🏨 **Baln. Hervideros de Cofrentes** 🍽, ✆ 219 60 25, « En un parque », 🏊, ✸ – 📶 🖂 🄿. *VISA*. ✸
　　abril-15 diciembre – Com 1450 – 🖵 450 – **55 hab** 3500/4800 – PA 2800.

COIN 29100 Málaga **446** W 15 – 20 958 h. – ✪ 952.

♦Madrid 585 – ♦Málaga 37 – Marbella 28 – Ronda 74.

🏠 Coin, sin rest y sin 🖵, Dr. Palomo y Anaya 36 ✆ 45 05 37 – 📶 – **24 hab.**

COLINDRES 39750 Cantabria **442** B 19 – 4 885 h. – ✪ 942 – Playa.

♦Madrid 423 – ♦Bilbao 62 – ♦Santander 45.

🏠 Montecarlo, Ramón Pelayo 9 ✆ 65 01 63 – 🔟 rest 🖜 – **23 hab.**

PEUGEOT-TALBOT carret. Irún - La Coruña km 159 ✆ 65 02 25

SEAT-AUDI-VOLKSWAGEN carret. Santander - Bilbao km 17 ✆ 65 00 00

COLMENAR VIEJO 28770 Madrid 💯💯💯 J 18 K 18 – 21 159 h. alt. 883 – 🕲 91.
♦Madrid 32.

🛇🛇 **El Asador de Colmenar,** carret. de Miraflores km 33 ℰ 845 03 26, 🍽 , Decoración
castellana – 🖭 🄿 🝙 ⑩ 🝗 𝖵𝖨𝖲𝖠 . ⚇
Com carta 3150 a 3800.

🛇 **Santi Mostacilla,** Zurbarán 2 (carret. de Miraflores) ℰ 845 60 37 – 🖭 . 🝗 𝖵𝖨𝖲𝖠 . ⚇
cerrado lunes y del 1 al 20 agosto – Com carta 2000 a 3200.

AUSTIN-ROVER av. Libertad 46 ℰ 846 16 18
CITROEN Artesanos 3 ℰ 845 17 72
FORD polígono Industrial de la Mina
ℰ 846 14 98
MERCEDES carret. Madrid-Colmenar km 27,3
ℰ 845 46 13
OPEL-GM av. La Libertad 64 ℰ 845 12 71

PEUGEOT-TALBOT av. La Libertad 55
ℰ 845 04 23
RENAULT carret. Madrid-Colmenar km 27,3
ℰ 845 03 74
RENAULT av. de la Libertad 9 ℰ 845 05 69
SEAT-AUDI-VOLKSWAGEN av. Hoyo Manzana-
res 22 ℰ 845 17 74

COLOMBRES 33590 Asturias 💯💯💯 B 16 – alt. 110 – 🕲 985 – Playa.
♦Madrid 436 – Gijón 122 – ♦Oviedo 132 – ♦Santander 79.

en la carretera N 634 – ✉ 33590 Colombres – 🕲 985 :

🏠 **San Angel,** NO : 2 km ℰ 41 20 00, Fax 41 20 73, ≤, 🛪, 🛱, ⚇ – 🖹 🕿 🄿 . 🝙 ⑩ 🝗
𝖵𝖨𝖲𝖠 . ⚇
25 marzo-noviembre – Com 1800 – ☷ 500 – **77 hab** 5875/8050 – PA 3300.

🏠 **Casa Junco,** NO : 1,5 km ℰ 41 22 43 – 🕿 🄿 . 🝙 𝖵𝖨𝖲𝖠 . ⚇
Com carta 1260 a 2370 – ☷ 385 – **24 hab** 4100/4950.

La COLONIA 28250 Madrid 💯💯💯 K 18 – ver Torrelodones.

COLONIA DE SANT JORDI 07638 Baleares – ver Baleares (Mallorca).

Las COLORADAS Las Palmas – ver Canarias (Gran Canaria : Las Palmas de Gran Canaria).

COLL D'EN RABASSA 07007 Baleares 💯💯💯 N 38 – ver Baleares (Mallorca) : Palma de Mallorca.

COLLADO MEDIANO 28450 Madrid 💯💯💯 J 17 – 1 574 h alt. 1 030 – 🕲 91.
♦Madrid 40 – ♦Segovia 51.

🛇 **Martín,** av. del Generalísimo 84 ℰ 859 85 07 – 🖭 . 🝙 🝗 𝖵𝖨𝖲𝖠 . ⚇
cerrado lunes y del 12 al 30 noviembre – Com carta 3150 a 3650.

COLLADO VILLALBA 28400 Madrid 💯💯💯 K 18 – alt. 917 – 🕲 91.
♦Madrid 37 – ♦Avila 69 – El Escorial 18 – ♦Segovia 50.

en Villalba estacion SO : 2 km – ✉ 28400 Collado Villalba – 🕲 91 :

🏠 **Galaico,** antigua carret. de La Coruña - edificio Renault ℰ 851 03 04, Fax 850 80 49, ≤ –
🖹 🖭 📺 🕿 ⇆ 🄿 – 🕭 25/60. 🝗 𝖵𝖨𝖲𝖠 . ⚇
Com 1900 – **47 hab** 5720/7535 – PA 3800.

🛇🛇🛇 **Azaya,** Berrocal 4 ℰ 850 44 13 – 🖭 . ⑩ 🝗 𝖵𝖨𝖲𝖠 . ⚇
cerrado miércoles – Com carta 2450 a 4000.

🛇 **Casa Arturo,** Real 68 ℰ 850 32 19, 🍽 – 🖭 . 🝙 ⑩ 🝗 𝖵𝖨𝖲𝖠 . ⚇
Com carta 1960 a 2655.

🛇 **La Masía,** antigua carret. de la Coruña-Cañada Real Segoviana ℰ 850 53 65, 🍽 – 🖭
🄿 . 🝙 𝖵𝖨𝖲𝖠 . ⚇
cerrado martes y 15 septiembre-15 octubre – Com carta 2075 a 3700.

en la autopista A 6 NO : 5 km – ✉ 28400 Collado Villalba – 🕲 91 :

🛇🛇 **La Pasarela,** ℰ 850 06 66, ≤ – 🖭 🄿 . 🝙 𝖵𝖨𝖲𝖠 . ⚇
Com carta 2600 a 3600.

ALFA ROMEO carret. N-VI km 39 ℰ 851 46 98
CITROEN Batalla Bailén 24 ℰ 850 52 12
FIAT carretea N-VI km 40 ℰ 851 15 15
FORD carret. N VI km 40 ℰ 850 00 14
LANCIA carretera N-VI km 39 ℰ 857 75 56
MERCEDES carretera N-VI km 39 ℰ 850 79 39

OPEL carretera N-VI km 41 ℰ 850 90 13
RENAULT carret. N VI km 40 ℰ 850 08 80
Seat Audi Volkswagen carret. N VI km 37,8
ℰ 850 05 00
TALBOT-PEUGEOT carret. N VI km 40
ℰ 850 51 63

COLLSUSPINA 08519 Barcelona 💯💯💯 G 36 – 350 h. – 🕲 93.
♦Madrid 627 – ♦Barcelona 64 – Manresa 36.

🛇 Can Xarina, Major 10 ℰ 830 05 77, Decoración rústica, « Casa del siglo XVI ».

☞ *En esta Guía no hay ninguna publicidad de pago.*

COMARRUGA o **COMA-RUGA** 43880 Tarragona 443 I 34 – ✿ 977 – Playa.

🛈 pl. Germán Trillas 🖉 68 00 10.

♦Madrid 567 – ♦Barcelona 81 – Tarragona 24.

🏨 G. H. Europe, vía Palfuriana 107 🖉 68 04 11, Telex 56681, ← mar, 🛋, 🗶 climatizada, ⚞
– 🛗 ▦ 📺 ☎ ⟵ – 🏖 – **154 hab**.

🏨 **Casa Martí** 🗻, Vilafranca 8 🖉 68 01 11, ←, 🗶 – 🛗 ⬤ ⓟ. 🔤 ⓞ 🅴 𝗩𝗜𝗦𝗔. ⚞
24 marzo-septiembre – Com 1700 – � 425 – **138 hab** 3700/6090 – PA 2665.

✕✕ **Joila,** Parlament Catalá 52 🖉 68 08 27, Fax 68 21 49 – ▣. 🔤 ⓞ 🅴 𝗩𝗜𝗦𝗔. ⚞
cerrado martes noche, miércoles y 6 noviembre-4 diciembre – Com carta 2850 a 4650.

COMBARRO 36993 Pontevedra 441 E 3 – ✿ 986 – Playa.

Ver : Pueblo Pesquero★.

♦Madrid 610 – Pontevedra 6 – Santiago de Compostela 63 – ♦Vigo 29.

🏨 **Stella Maris** sin rest, carret. de La Toja 🖉 77 03 66, ← – 🛗 ⬤ ⓟ. 𝗩𝗜𝗦𝗔. ⚞
⊃ 350 – **27 hab** 3000/6000.

COMILLAS 39520 Cantabria 442 B 17 – 2 397 h. – ✿ 942 – Playa.

🛈 Aldea 6, 🖉 72 07 68.

♦Madrid 412 – ♦Burgos 169 – ♦Oviedo 152 – ♦Santander 49.

✕✕✕✕ **El Capricho de Gaudí,** Barrio de Sobrellano 🖉 72 03 65, Fax 72 03 65, « Palacete original
del arquitecto Gaudí » – ▦ ⓟ. 🔤 ⓞ 🅴 𝗩𝗜𝗦𝗔. ⚞
cerrado lunes y febrero – Com carta 3700 a 5000.

✕ **Adolfo,** paseo Garelli 🖉 72 20 14, 🛋 – 🔤 ⓞ 🅴 𝗩𝗜𝗦𝗔. ⚞
cerrado martes y 15 octubre-15 noviembre – Com carta 2850 a 3750.

CONDADO DE SAN JORGE 17250 Gerona 443 G 39 – ver Playa de Aro.

CONGOSTO 24398 León 441 E 10 – 2 022 h. – ✿ 987.

♦Madrid 381 – ♦León 101 – Ponferrada 12.

en el Santuario NE : 2 km – ✉ 24398 Congosto – ✿ 987 :

🏨 **Virgen de la Peña** 🗻, 🖉 46 71 02, Fax 46 71 02, ← valle, pantano y montañas, 🗶, ⚞
– 📺 ☎ ⓟ. 🅴 𝗩𝗜𝗦𝗔. ⚞
Com (ver rest. **Virgen de la Peña**) – ⊃ 390 – **44 hab** 4700/6900 – PA 2030.

✕ **Virgen de la Peña,** 🖉 46 71 02, Fax 46 71 02, 🛋, « Terraza con ← valle, pantano y
montañas », 🗶, ⚞ – ⓟ. 🅴 𝗩𝗜𝗦𝗔. ⚞
Com carta 2500 a 2900.

CONIL DE LA FRONTERA 11140 Cádiz 446 X 11 – 13 289 h. – ✿ 956 – Playa.

Alred. : Vejer de la Frontera ← ★ SO : 17 km.

🛈 carretera El Punto 🖉 44 05 01.

♦Madrid 657 – Algeciras 87 – ♦Cádiz 40 – ♦Sevilla 149.

🏨 **Espada,** San Sebastián 🖉 44 08 30, Fax 44 08 93 – ☎ ⓟ. 🔤 ⓞ 🅴 𝗩𝗜𝗦𝗔. ⚞
Com (sólo en temporada) 1250 – ⊃ 300 – **42 hab** 3500/7000 – PA 2500.

🏨 **Don Pelayo,** carret. del Punto 19 🖉 44 20 30, Fax 44 57 33 – ▦ rest ☎. 🔤 ⓞ 𝗩𝗜𝗦𝗔. ⚞
Com 1000 – ⊃ 350 – **30 hab** 4225/6500 – PA 2350.

🏨 **La Gaviota,** pl. Nuestra Señora de las Virtudes 🖉 44 08 36 – ⓞ 🅴 𝗩𝗜𝗦𝗔. ⚞
cerrado noviembre-15 enero – Com 1450 – ⊃ 450 – **14 apartamentos** 7100/9100.

🏨 **Tres Jotas** sin rest, prolongación San Sebastián 🖉 44 04 50, Fax 44 04 50 – ☎ ⟵. 🔤
ⓞ 🅴 𝗩𝗜𝗦𝗔. ⚞
⊃ 350 – **39 hab** 4225/6500.

CITROEN Pascual Junquera 58 🖉 44 04 05
PEUGEOT-TALBOT carret. El Punto 🖉 44 04 87

SEAT-AUDI-VOLKSWAGEN carret. El Punto 22
🖉 44 01 58

CORCUBIÓN 15130 La Coruña 441 D 2 – 2 098 h – ✿ 981.

♦Madrid 716 – ♦La Coruña 98 – Santiago de Compostela 114.

✕ **Dona Ximena,** Simón Tomé Santos, 24 🖉 74 74 22 – ⓟ. 🅴 𝗩𝗜𝗦𝗔. ⚞
cerrado lunes y 16 octubre-noviembre – Com carta 1350 a 1825.

CORDOBA 14000 🄿 ▨▨▨ S 15 – 284 737 h. alt. 124 – ✿ 957.

Ver : Mezquita★★★ (mihrab★★★), Catedral (sillería★★, púlpitos★★) AZ – Judería★★ AZ – Alcázar★ (mosaicos★, sarcófago★, jardines★) AZ – Museo arqueológico★ AZ **M2**.

Alred. : Medina Azahara★ (≼★) O : 6 km por C 431 X

🛏 Los Villares N : 9 km por av. del Brillante (V) 🖉 35 02 08.

🛈 Torrijos 10, ⊠ 14003, 🖉 47 12 35 – R.A.C.E. Concepción 26, ⊠ 14008, 🖉 47 93 71.

♦Madrid 407 ② – ♦Badajoz 278 ① – ♦Granada 166 ③ – ♦Málaga 175 ④ – ♦Sevilla 143 ④.

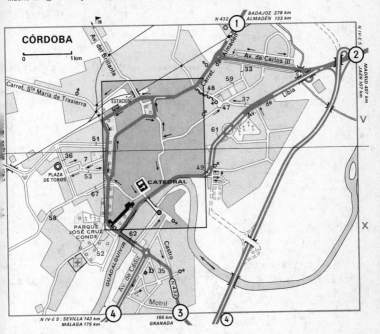

Antonio Maura	X 7	María (Corazón de)	V 47
General Sanjurjo	V 33	Marrubial (R. del)	V 48
Granada (Av. de)	X 35	Mártires (R. de los)	X 49
Gran Vía Parque	X 36	Medina Azahara (Av.)	V 51
Jesús Rescatado (Av. de)	V 37	Menéndez Pidal (Av.)	X 52
Madre de Dios (Campo)	X 45	Ministro Barroso y Castillo	X 53

Puesta en Riego (Carret. de la)	X 58
Sagunto	V 59
San Antón (Campo)	V 61
San Rafael (Puente del)	X 62
Teniente General Barroso (Av.)	X 67

🏨🏨 **Adarve** sin rest, Magistral González Francés 15, ⊠ 14003, 🖉 48 11 02, Telex 76594, Fax 47 50 79 – 🛗 🗏 📺 ☎ ⇔ – 🛗 25/100. 🖭 ⑨ 🖻 𝓥𝓘𝓢𝓐. 🛠   AZ **w**
⊡ 950 – **103 hab** 12000/18600.

🏨🏨 **Meliá Córdoba,** jardines de la Victoria, ⊠ 14004, 🖉 29 80 66, Telex 76591, Fax 29 81 47, « Terraza con flores », 🏊 – 🛗 🗏 📺 ☎. 🖭 ⑨ 🖻 𝓥𝓘𝓢𝓐. 🛠   AZ **p**
⊡ 1100 – **105 hab** 11500/14500.

🏨🏨 **Gran Capitán,** av. de América 5, ⊠ 14008, 🖉 47 02 50, Telex 76662, Fax 47 43 46 – 🛗 🗏 📺 ⇔. 🖭 ⑨ 🖻 𝓥𝓘𝓢𝓐. 🛠   AY **c**
Com 2375 – ⊡ 900 – **100 hab** 9500/13000.

🏨🏨 **Sol Gallos,** av. Medina Azahara 7, ⊠ 14005, 🖉 23 55 00, Telex 76566, Fax 23 16 36, 🏊 – 🛗 🗏 📺 ☎. 🖭 ⑨ 🖻 𝓥𝓘𝓢𝓐. 🛠   AY **e**
Com 2500 – ⊡ 750 – **105 hab** 9200/11600 – PA 4800.

🏨 **Maimónides,** sin rest, Torrijos 4, ⊠ 14003, 🖉 47 15 00, Telex 76594 – 🛗 🗏 ☎ ⇔   AZ **e**
61 hab.

🏨 **El Califa,** sin rest, Lope de Hoces 14, ⊠ 14004, 🖉 29 94 00 – 🛗 🗏 ☎ ⇔   AZ **b**
67 hab.

🏨 **Selu** sin rest, Eduardo Dato 7, ⊠ 14003, 🖉 47 65 00, Telex 76659, Fax 47 83 76 – 🛗 🗏 ☎ ⇔. 🖭 ⑨ 🖻 𝓥𝓘𝓢𝓐   AZ **s**
⊡ 365 – **118 hab** 5170/7695.

sigue →

191

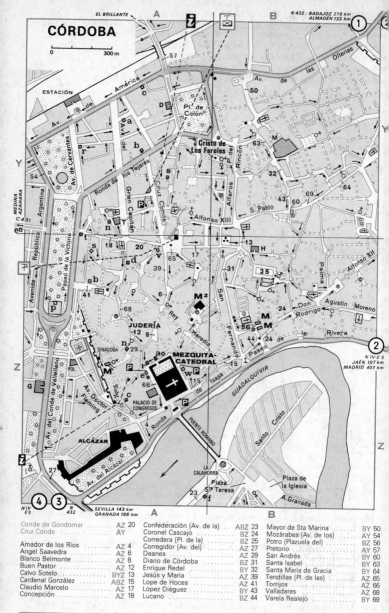

CÓRDOBA

- **Serrano** sin rest, Pérez Galdós 6, ⊠ 14001, ℰ 47 01 42 – 🗏 ☕. 𝔸𝔼 𝘝𝘐𝘚𝘈. ⤬ — AY **a**
  ⌑ 285 – **64 hab** 2750/4600.
- **Cisne** sin rest, con cafetería, av. Cervantes 14, ⊠ 14008, ℰ 48 16 76 – 🛗 🗏 📺 ☎. 𝔸𝔼 — AY **r**
  𝘝𝘐𝘚𝘈. ⤬
  ⌑ 475 – **44 hab** 4625/7900.
- **Marisa** sin rest, Cardenal Herrero 6, ⊠ 14003, ℰ 47 31 42 – 🗏 ☎ ⟺. 𝔸𝔼 𝔼 𝘝𝘐𝘚𝘈 — AZ **a**
  ⌑ 425 – **28 hab** 3500/6300.
- **Boston** sin rest, Málaga 2, ⊠ 14003, ℰ 47 41 76 – 🛗 🗏 ☕. 𝘝𝘐𝘚𝘈. ⤬ — AZ **v**
  ⌑ 250 – **40 hab** 2100/3600.
- XXX **El Blasón**, José Zorrilla 11, ⊠ 14008, ℰ 48 06 25 – 🗏. 𝔸𝔼 ⓞ 𝔼 𝘝𝘐𝘚𝘈. ⤬ — AY **n**
  Com carta 3100 a 4000.
- XXX **Almudaina**, Jardines de los Santos Mártires 1, ⊠ 14004, ℰ 47 43 42, Fax 48 34 94, �, — AZ **c**
  « Conjunto de estilo regional con patio » – 🗏. 𝔸𝔼 ⓞ 𝔼 𝘝𝘐𝘚𝘈. ⤬
  cerrado domingo noche – Com carta 2675 a 3750.
- XX **El Caballo Rojo**, Cardenal Herrero 28, ⊠ 14003, ℰ 47 53 75 – 🗏. 𝔸𝔼 ⓞ 𝔼 𝘝𝘐𝘚𝘈. ⤬ — AZ **r**
  Com carta 3300 a 3600.
- XX **Ciro's**, paseo de la Victoria 19, ⊠ 14004, ℰ 29 04 64, Fax 29 30 22 – 🗏. 𝔸𝔼 ⓞ 𝔼 𝘝𝘐𝘚𝘈 — AYZ **t**
  cerrado domingo de junio-agosto – Com carta 2500 a 3425.
- XX **Oscar**, pl. de Chirinos 6, ⊠ 14001, ℰ 47 75 17 – 🗏. 𝔸𝔼 ⓞ 𝔼 𝘝𝘐𝘚𝘈. ⤬ — AY **s**
  cerrado domingo y 15 agosto-1 septiembre – Com carta 2800 a 3400.
- XX **Cardenal**, Cardenal Herrero 14, ⊠ 14003, ℰ 48 03 46, Fax 29 46 44 – 🗏. 𝔸𝔼 ⓞ 𝔼 — AZ **a**
  ⤬ – cerrado domingo noche y lunes – Com carta 2200 a 3400
- XX **Bandolero**, Torrijos 6, ⊠ 14003, ℰ 47 64 91, Telex 76594, Fax 47 50 79, �, « Decoración — AZ **e**
  regional » – 🗏. 𝔸𝔼 ⓞ 𝔼 𝘝𝘐𝘚𝘈. ⤬
  Com carta 2150 a 3700.
- XX **Pic-Nic**, ronda de los Tejares 16 (pasaje Rumasa), ⊠ 14008, ℰ 48 22 33 – 🗏. 𝔼 𝘝𝘐𝘚𝘈 — AY **b**
  cerrado domingo – Com carta 3050 a 3750.
- XX **Séneca**, av. de la Confederación, ⊠ 14009, ℰ 20 40 20, Telex 76738 – 🗏. 𝔸𝔼 ⓞ 𝔼 𝘝𝘐𝘚𝘈 — ABZ **f**
  ⤬ – Com carta 2400 a 3500
- X **El Churrasco**, Romero 16, ⊠ 14003, ℰ 29 08 19, �, « Patio y Bodega » – 🗏. 𝔸𝔼 ⓞ — AZ **n**
  𝔼 𝘝𝘐𝘚𝘈. ⤬
  cerrado agosto – Com carta 3800 a 5200.
- X **Costa Sur**, Huelva 17, ⊠ 14013, ℰ 29 03 74 – 🗏 🅿. 𝔸𝔼 ⓞ 𝔼 𝘝𝘐𝘚𝘈 — X **b**
  cerrado domingo y del 1 al 20 agosto – Com carta 2000 a 2850.
- X **El Candil**, San Felipe 15, ⊠ 14003, ℰ 47 53 05 – 🗏 𝔸𝔼 ⓞ 𝔼 𝘝𝘐𝘚𝘈. ⤬ — AZ **d**
  cerrado sábado noche y domingo en verano – Com carta 1900 a 2500.

por la carretera de El Brillante N : 3,5 km – V – ⊠ 14012 Córdoba – 🕿 957 :

- 🏨 **Parador de la Arruzafa** ⟋, ℰ 27 59 00, Telex 76695, Fax 28 04 09, ≤, « Amplia terraza
  y jardín », 🏊, ⤬ – 🛗 🗏 📺 🅿 – 🔬 25/200. 𝔸𝔼 ⓞ 𝔼 𝘝𝘐𝘚𝘈. ⤬
  Com 3100 – ⌑ 950 – **94 hab** 13000 – PA 6080.

ALFA-ROMEO pl. de Colón 20 ℰ 47 05 85
AUDI-VOLKSWAGEN Ingeniero Torroja y Miret 5 ℰ 29 81 44
AUSTIN-MG-MORRIS-MINI av. Gran Capitán 23 ℰ 47 42 85
BMW Doce de Octubre 20 ℰ 48 22 11
CITROEN carret. N IV km 396'5 ℰ 26 02 66
FIAT Ingeniero Juan de la Cierva, 16 ℰ 20 41 66
FORD carret. N IV km 397 ℰ 25 58 00
GENERAL MOTORS Polígono Las Quemadas (parcela 9) ℰ 26 97 04
LANCIA Avda. de Cádiz, 58 ℰ 29 51 22

MERCEDES-BENZ Ingeniero Juan de la Cierva ℰ 29 84 00
PEUGEOT-TALBOT carret. N IV km 404 ℰ 29 21 22
RENAULT carret. N IV km 397 ℰ 25 86 00
SEAT-AUDI-VOLKSWAGEN Ingeniero J. Cierva 4 ℰ 29 51 11
SEAT Polígono Las Quemadas - Parcela 20-2 ℰ 25 79 23
VOLVO polígono Industrial Chinales, parcela 35 ℰ 28 05 01

CORIA 10800 Cáceres 𝟰𝟰𝟰 M 10 – 10 361 h. – 🕿 927 – Ver : Catedral★.
◆Madrid 321 – ◆Cáceres 69 – ◆Salamanca 174.

- 🏨 Los Kekes, av. Sierra de Gata 49 ℰ 50 09 00 – 🗏 rest ☕ – **22 hab**.

FORD av. Monseñor Riveri 1 ℰ 50 01 39
PEUGEOT-TALBOT av. Monseñor Riveri 1 ℰ 50 01 94

RENAULT carret. de Cáceres km 2,8 ℰ 50 02 76
SEAT-AUDI-VOLKSWAGEN Canónigo Sanchez Bustamante 5 ℰ 50 09 44

CORNELLA DE LLOBREGAT Barcelona – ver Barcelona.

CORNELLANA 33876 Asturias 𝟰𝟰𝟭 B 11 – alt. 50 – 🕿 985 – ◆Madrid 473 – ◆Oviedo 38.
- 🏚 La Fuente, carret. N 634 ℰ 83 40 42, �, 🍴 – ⟺ – **21 hab**.

CORNISA CANTÁBRICA ★★ Vizcaya y Guipúzcoa 𝟰𝟰𝟮 B 22.

CORRALEJO 35660 Las Palmas – ver Canarias (Fuerteventura).

La CORUÑA o **A CORUÑA** 15000 🅿 **441** B 4 – 232 356 h. – 😊 981 – Playa.

Ver : Avenida de la Marina BY – **Alred. :** Cambre (iglesia Santa María⋆) 11 km por ② – 🏠 por ② : 7 km ℘ 28 52 00.

🛬 de La Coruña-Alvedro por ② : 10 km ℘ 23 35 84 – Iberia: pl. de Galicia 6, ✉ 15004, ℘ 22 87 30 AZ y Aviaco : aeropuerto Kiosco Alfonso ℘ 22 53 69.

🚆 ℘ 23 82 76.

🚢 para Canarias : Cía. Trasmediterránea, av. del Ejército 12 (BZ),.

🛈 Dársena de la Marina, ✉ 15001, ℘ 22 18 22 – **R.A.C.E.** pl. de Pontevedra 12, ✉ 15003, ℘ 22 18 30.

♦Madrid 603 ② – ♦Bilbao 622 ② – ♦Porto 305 ② – ♦Sevilla 950 ② – ♦Vigo 156 ②.

Plano página siguiente

🏨 **Finisterre,** paseo del Parrote 20, ✉ 15001, ℘ 20 54 00, Telex 86086, Fax 20 84 62, « Magnífica situación con ⩽ bahía », ⌰ climatizada, ⁎ – 📶 📺 ☎ 🅿 – 🛄 25/600. 🆎 ⓞ Ē 𝘝𝘐𝘚𝘈. ⁂
Com 2900 – ☲ 900 – **127 hab** 9400/12000 – PA 5695.   BY **n**

🏨 **Atlántico** sin rest, con cafetería, jardines de Méndez Núñez, ✉ 15006, ℘ 22 65 00, Telex 86034, Fax 20 10 71 – 📶 📺 ☎ – 🛄 25/100. 🆎 ⓞ Ē 𝘝𝘐𝘚𝘈. ⁂
☲ 600 – **200 hab** 8000/10000.   BY **v**

🏨 **Ciudad de la Coruña** ⁘, Polígono Adormideras, ✉ 15002, ℘ 21 11 00, Telex 86121, Fax 22 46 10, ⩽, ⌰ – 📶 🍽 rest 📺 ☎ 🅿 – 🛄 25/160. 🆎 ⓞ Ē 𝘝𝘐𝘚𝘈. ⁂
Com 2500 – ☲ 650 – **131 hab** 7100/8750 – PA 4800.   X **a**

🏨 **Riazor** sin rest, con cafetería, av. Barrie de la Maza 29, ✉ 15004, ℘ 25 34 00, Telex 86260, Fax 25 34 04 – 📶 📺 ☎ 🚗 – 🛄 25/200. 🆎 ⓞ Ē 𝘝𝘐𝘚𝘈. ⁂
☲ 450 – **176 hab** 5600/8300.   AY **e**

🏨 **España** sin rest, con cafetería, Juana de Vega 7, ✉ 15004, ℘ 22 45 06 – 📶 ☎ 🅿. 🆎 ⓞ Ē 𝘝𝘐𝘚𝘈. ⁂
☲ 350 – **84 hab** 4200/6000.   AZ **s**

🏨 **Rivas** sin rest, Fernández Latorre 45, ✉ 15006, ℘ 29 01 11 – 📶 🕾 🚗. 🆎 ⓞ Ē 𝘝𝘐𝘚𝘈. ⁂
☲ 350 – **70 hab** 4200/6000.   X **r**

🏨 **Santa Catalina** sin rest y sin ☲, travesía Santa Catalina 1, ✉ 15003, ℘ 22 67 04 – 🕾. ⁂
32 hab 3500/5000.   AY **a**

🏨 **Almirante** sin rest, paseo de Ronda 54, ✉ 15011, ℘ 25 96 00 – 🕾. 𝘝𝘐𝘚𝘈
☲ 250 – **20 hab** 4600.   AY **f**

🏨 **Mar del Plata** sin rest, paseo de Ronda 58, ✉ 15011, ℘ 25 79 62, ⩽ – 📺 ☎. 𝘝𝘐𝘚𝘈. ⁂
☲ 300 – **27 hab** 2900/4300.   AY **f**

🏨 Coruñamar sin rest, paseo de Ronda - Edificio Miramar, ✉ 15011, ℘ 26 13 27, ⩽ – 🕾
21 hab   AY **f**

🏨 **Navarra** sin rest y sin ☲, pl. de Lugo 23 - 1°, ✉ 15004, ℘ 22 54 00 – 🕾. ⁂
24 hab 3000/4300.   AZ **s**

🏨 **Mara,** Galera 49, ✉ 15001, ℘ 22 18 02 – 📶 📺 ☎. 🆎 𝘝𝘐𝘚𝘈. ⁂
Com 800 – ☲ 200 – **19 hab** 3680/4600.   BY **z**

🏨 La Provinciana, sin rest y sin ☲, Nueva 9 - 2°, ✉ 15003, ℘ 22 04 00 – 📶 🕾
19 hab   BY **x**

🏨 **Nido** sin rest y sin ☲, San Andrés 144, ✉ 15003, ℘ 21 32 01 – 🕾. ⁂
23 hab 3000/4400.   AY **c**

🍴🍴🍴 **Coral,** Estrella 2, ✉ 15003, ℘ 22 10 82 – 🍽. 🆎 ⓞ Ē 𝘝𝘐𝘚𝘈. ⁂
cerrado domingo salvo en verano – Com carta 2900 a 4200.   BY **x**

🍴🍴 **Pardo,** Novoa Santos, 15, ✉ 15006, ℘ 28 00 21 – 🍽. 🆎 ⓞ Ē 𝘝𝘐𝘚𝘈. ⁂
cerrado domingo y festivos – Com carta 2550 a 4100.   X **c**

🍴 **El Rápido,** La Estrella 7, ✉ 15003, ℘ 22 42 21 – 🍽. 🆎 ⓞ Ē 𝘝𝘐𝘚𝘈. ⁂
cerrado lunes noche salvo en verano y Navidades – Com carta 3900 a 5750.   BY **x**

🍴 Naveiro, San Andrés 129, ✉ 15003, ℘ 22 90 24   AY **a**

en la carretera del Puente de Pasaje S : 3 Km. – ✉ 15006 La Coruña – 😊 981

🍴 **Alba,** Las Jubias, 63 ℘ 28 33 87, ⩽ – 🅿. 🆎 Ē 𝘝𝘐𝘚𝘈. ⁂
cerrado 15 agosto-15 septiembre – Com carta 2050 a 2900.   X **v**

en Puente del Pasaje S : 4 km – ✉ 15006 La Coruña – 😊 981 :

🍴🍴 **La Viña,** ℘ 28 08 54, Pescados y mariscos – 🍽 🅿. 🆎 𝘝𝘐𝘚𝘈. ⁂
cerrado domingo y 24 diciembre-10 enero – Com carta 2700 a 3900.   X **x**

en la playa de Santa Cristina SE : 6 km – ✉ 15172 Perillo – 😊 981 :

🏨 **Rías Altas** ⁘, ℘ 63 53 00, Telex 82056, Fax 63 61 09, ⩽ bahía, ⌰ climatizada, 🎾, ✳, ⁎ – 📶 📺 ☎ 🚗 🅿 – 🛄 25/80. 🆎 ⓞ Ē 𝘝𝘐𝘚𝘈. ⁂
Com 2600 – ☲ 500 – **103 hab** 8200/10250 – PA 4900.   X **e**

🍴🍴 **El Madrileño,** ℘ 63 50 78, ⩽, 🍽 – 🍽. 🆎 𝘝𝘐𝘚𝘈. ⁂
cerrado 22 diciembre-7 enero – Com carta 1950/4000.   X **s**

A CORUÑA
LA CORUÑA

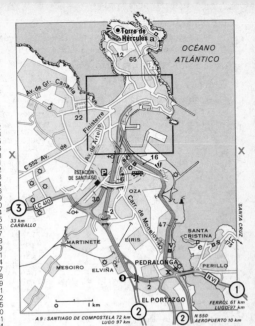

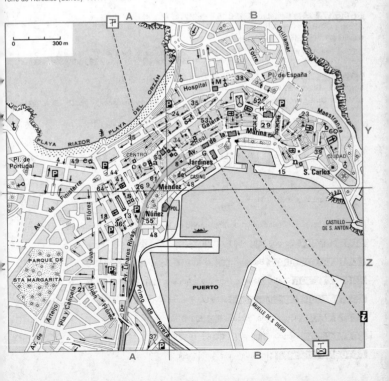

La CORUÑA o A CORUÑA

en Santa Cruz SE : 10 km – ⊠ 15179 Santa Cruz – ✆ 981 :

🏨 **Porto Cobo** ⟨⟩, Casares Quiroga 16 ℰ 61 41 00, Fax 61 49 20, ≤ bahia y La Coruña, ⟋ – 🛋 ☎ 🅿 – 🔏 25/150. 🖭 ⓞ 🗲 𝑽𝑰𝑺𝑨,
Com 2100 – ⊑ 450 – **58 hab** 6000/8000.

🏨 Maxi, ℰ 61 40 00, ≤ – 🗖 📺 ☎ 🅿
35 hab.

en Arteijo por ③ : 12 km – ⊠ 15142 Arteijo – ✆ 981 :

XXX El Gallo de Oro, carret. C 552 ℰ 60 04 10, Pescados y mariscos-vivero propio – 🗖 🅿.

ALFA ROMEO Polígono Industrial Bens - La Grela ℰ 24 00 88
AUSTIN ROVER Falperra 7 ℰ 23 81 05
BMW carret. N VI km 600 (Perillo) ℰ 63 51 08
CITROEN Gambrinus 11 - Polígono Industrial La Grela ℰ 27 71 00
CITROEN General Sanjurjo 117 ℰ 28 34 00
CITROEN carret. N IV km 600 - Perillo ℰ 63 56 00
FIAT carret. de Madrid 17 - Perillo ℰ 63 73 54
FIAT av. de Finisterre 49 ℰ 25 31 21
FORD Zona Industrial de La Grela - Severo Ochoa 14 ℰ 23 05 47
FORD Santa Gema 1 -Palavea ℰ 28 53 55
FORD Orillamar 36 ℰ 22 05 17
FORD Oleoducto 20 ℰ 29 58 02
FORD Antonio Pedreira Rios 2 ℰ 25 99 37
GENERAL MOTORS-OPEL carret. N VI km 600 (Perillo) ℰ 63 53 50
LANCIA carret. de Madrid km 600 - Perillo ℰ 63 58 58
MERCEDES-BENZ av. Alfonso Molina ℰ 28 91 77
MERCEDES-BENZ Haciadama El Burgo ℰ 66 24 55
OPEL Pasteur 11 - La Grela - Polígono de Bens ℰ 26 20 00
PEUGEOT-TALBOT Dr Fleming 8 ℰ 23 81 57
PEUGEOT-TALBOT Polígono Industrial de Bens - Isaac Peral 18 ℰ 25 45 50

PEUGEOT-TALBOT carret. de Madrid km 600, 15 ℰ 63 52 00
PEUGEOT-TALBOT Méjico 4 ℰ 24 91 99
RENAULT carret. de Arteijo km 3 - La Grela ℰ 28 80 54
RENAULT carret. del Pasaje Casablanca ℰ 28 12 99
RENAULT Galo Salinas 2 ℰ 25 70 85
RENAULT Alcade Lens 19 ℰ 25 34 89
RENAULT Pardo Bazan 22 ℰ 22 36 56
RENAULT Matadero 62 ℰ 20 76 91
RENAULT Ramón Cabanillas 13 ℰ 23 50 02
ROVER Castiñeira de Abajo 42 ℰ 24 70 13
SEAT-AUDI-VOLKSWAGEN La Torre 104 ℰ 21 12 20
SEAT-AUDI-VOLKSWAGEN carret. de Madrid 9 (Perillo) ℰ 63 54 50
SEAT-AUDI-VOLKSWAGEN av. A. Molina km 2 ℰ 28 30 99
SEAT-AUDI-VOLKSWAGEN San Lucas 7 ℰ 25 51 39
SEAT-AUDI-VOLKSWAGEN A. Pedreira Rios 7 ℰ 26 45 65
SEAT-AUDI-VOLKSWAGEN Rios de Quintas 16 ℰ 28 10 85
SEAT-AUDI-VOLKSWAGEN Polígono de Bens - Gutemberg 12 ℰ 25 91 00

COSGAYA 39539 Cantabria 🅰🅰🅰 C 15 – ✆ 942.
Alred. : O : Puerto de Pandetrave ⁂ ★★.
♦Madrid 413 – Palencia 187 – ♦Santander 129.

🏨 **Mesón Del Oso** ⟨⟩, ℰ 73 04 18, ⬛, ℅ – 🅿. ⓞ 🗲 𝑽𝑰𝑺𝑨. ℅
cerrado 15 enero- 15 febrero – Com carta 1800 a 2800 – ⊑ 450 – **36 hab** 5300/6800.

COSLADA 28820 Madrid 🅰🅰🅰 L 20 – 53 730 h. alt. 621 alt – ✆ 91.
♦Madrid 13 – Guadalajara 43.

X **La Ciaboga,** Valenzuela ℰ 673 59 18, ⸙, Pescados y mariscos – 🗖 🖭 ⓞ 🗲 𝑽𝑰𝑺𝑨. ℅
cerrado domingo y agosto – Com carta 4100 a 5000.

en el barrio de la Estación E : 4,5 km – ⊠ 28820 Coslada – ✆ 91

X **La Fragata,** av. San Pablo 14 ℰ 673 38 02 – 🖭 ⓞ 🗲 𝑽𝑰𝑺𝑨. ℅
Com carta 2900 a 4000.

S.A.F.E. Neumáticos MICHELIN, Sucursal av. José Gárate 7, ⊠ 28020 ℰ 671 80 11 y 673 00 12, FAX 671 91 04

CITROEN Av. de la Constitución 5 ℰ 672 72 99
FIAT Av. San Pablo 47 ℰ 672 55 64
FORD Cañada 48 ℰ 673 70 15
OPEL Marconi 10 ℰ 669 00 04
PEUGEOT-TALBOT Cañada 40 ℰ 673 00 00

PEUGEOT-TALBOT Luis Braille 1 ℰ 672 74 44
RENAULT Av. del Jarama 4 ℰ 671 13 44
RENAULT Av. Fuentemar 5 ℰ 673 42 14
SEAT-AUDI-VOLKSWAGEN Begoña 20 ℰ 671 56 37

COSTA – ver a continuación y nombre proprio de la costa (Costa de Bendinat, ver Baleares).

COSTA BRAVA Gerona 🅰🅰🅱 H 39 y G 40.

COSTA DE LOS PINOS Baleares 🅰🅰🅱 N 40 – ver Baleares (Mallorca) : Son Servera.

COSTA DEL SOL Cádiz, Málaga, Granada y Almería 🅰🅰🅶 X 13 - 14 W 14 a 16 .

COSTA TEGUISE (Urbanización) 35509 Las Palmas – ver Canarias (Lanzarote) : Arrecife.

COSTA VASCA Guipúzcoa, Vizcaya 🅰🅰🅱 B 2 B 23.

COSTA VERDE Asturias 🅰🅰🅸 A 7 – BC 8 a 16-D 9-10 y 22.

COTOBRO (Playa de) Granada – ver Almuñécar.

COVADONGA 33589 Asturias **441** B 14 – alt. 260 – ✆ 985.

Ver : Emplazamiento★ – Tesoro de la Virgen (corona★).

Alred. : Mirador de la Reina ⬅★★ SE : 8 km – Lagos Enol y de la Ercina★ SE : 12,5 km.

🛈 El Repelao ✆ 84 60 13.

◆Madrid 429 – ◆Oviedo 84 – Palencia 203 – ◆Santander 157.

  🏨 **Pelayo** ⌂, ✆ 84 60 00, Fax 84 60 54, ⬅, 🏛 – 🛗 📺 ☎ 🅿 – 🔬 25/150. **E** 𝘝𝘐𝘚𝘈. ⬥
     cerrado 15 diciembre-25 enero – Com 1900 – ⲧ 500 – **43 hab** 4800/8900 – PA 3575.

  ✗ **Hospedería del Peregrino,** ✆ 84 60 47, Fax 84 60 51 – 🅿. **E** 𝘝𝘐𝘚𝘈. ⬥
     cerrado 20 enero-20 febrero – Com carta 2000 a 4000.

COVARRUBIAS 09346 Burgos **442** F 19 – 663 h. alt. 840 – ✆ 947.

Ver : Colegiata (tríptico★).

◆Madrid 228 – ◆Burgos 39 – Palencia 94 – Soria 117.

  🏨 **Arlanza** ⌂, Mayor 11 ✆ 40 30 25, Fax 40 30 25, « Estilo castellano » – 🛗 ☜. **ⒶⒺ ⓞ E**
    𝘝𝘐𝘚𝘈. ⬥ rest
    15 marzo-15 diciembre – Com 1700 – ⲧ 500 – **40 hab** 3400/6100.

COVAS 28869 Lugo **441** A 7 – ver Vivero.

Los CRISTIANOS Tenerife – ver Canarias (Tenerife).

CRUCE DE LA VEGA Málaga – ver Antequera.

CRUZ DE TEJEDA 35328 Las Palmas – ver Canarias (Gran Canaria).

CUBELLAS o **CUBELLES** 08880 Barcelona **443** I 35 – 2 203 h. – ✆ 93 – Playa.

◆Madrid 584 – ◆Barcelona 54 – ◆Lérida/Lleida 127 – Tarragona 41.

  ※※※ **Llicorella** ⌂ con hab, carret. C 246 - camino viejo de San Antonio 101 ✆ 895 00 44, Fax
    895 24 17, 🏛, ⌇, 🔆 – 🛗 hab 📺 ☎ 🅿. **ⒶⒺ ⓞ E** 𝘝𝘐𝘚𝘈. ⬥ rest
    Com *(cerrado lunes y noviembre)* carta 3900 a 5300 – ⲧ 1000 – **13 hab** 13250/17000.

CUBELLS 25737 Lérida **443** G 32 – 451 h. – ✆ 973.

◆Madrid 509 – Andorra la Vella 113 – ◆Lérida 40.

  🏠 **Roma,** carret. C 1313 ✆ 45 90 03 – ☜. **E** 𝘝𝘐𝘚𝘈. ⬥
    Com *(cerrado lunes salvo en verano)* 1050 – ⲧ 350 – **11 hab** 1700/3000.

CUELLAR 40200 Segovia **442** I 16 – 8 965 h. alt. 857 – ✆ 911.

◆Madrid 147 – Aranda de Duero 67 – ◆Salamanca 138 – ◆Segovia 60 – ◆Valladolid 50.

  🏨 **San Francisco,** San Francisco 25 ✆ 14 00 09 – 🛗 rest ☜. **ⒶⒺ ⓞ E** 𝘝𝘐𝘚𝘈. ⬥ rest
    Com 850 – ⲧ 150 – **32 hab** 2360/3595.

  🏠 **Santa Clara,** carret. de Segovia ✆ 14 11 78 – 🅿. ⬥
    Com 800 – ⲧ 175 – **16 hab** 2600 – PA 1508.

  ✗ **Florida,** Las Huertas 4 ✆ 14 02 75 – 🛗. **ⒶⒺ ⓞ E** 𝘝𝘐𝘚𝘈. ⬥
    cerrado martes noche – Com carta 1550 a 2625.

CITROEN av. Silva Muñoz 63 ✆ 14 22 42
FORD Nueva 24 ✆ 14 02 79
GENERAL MOTORS-OPEL carret. de Segovia km 146 ✆ 14 00 79
PEUGEOT-TALBOT carret. Valladolid km 148 ✆ 14 04 19

RENAULT carret. Arévalo 12 ✆ 14 02 50
SEAT-AUDI-VOLKSWAGEN carret. de Segovia 3 km 147 ✆ 14 03 18
VOLVO Nueva 1 ✆ 14 21 91

CUENCA 16000 🅿 **444** L 23 – 41 791 h. alt. 923 – ✆ 966.

Ver : Emplazamiento★★ – Ciudad Antigua★★ Y : Catedral★ (rejas★, tesoro★, portada★ de la sala capitular) **E** – Casas Colgadas★ (Museo de Arte abstracto★ M) – Museo de Cuenca★ M1 – Hoz del Huécar ⬅★ Y.

Alred. : Las Torcas★ 15 km por ①.

🛈 Dalmacio García Izcarra 8, ✉ 16004, ✆ 22 22 31 – R.A.C.E. Teniente González 2 ✆ 21 14 95.

◆Madrid 164 ③ – ◆Albacete 145 ① – Toledo 185 ③ – ◆Valencia 209 ① – ◆Zaragoza 336 ①.

Plano página siguiente

  🏨 **Torremangana,** San Ignacio de Loyola 9, ✉ 16002, ✆ 22 33 51, Telex 23400, Fax 22 96 71   **Y u**
    – 🛗 🛗 📺 ☎ ☜ – 🔬 25/500. **ⒶⒺ ⓞ E** 𝘝𝘐𝘚𝘈. ⬥ rest
    Com 2000 – ⲧ 700 – **120 hab** 7600/12000 – PA 4000.

  🏨 **Alfonso VIII,** Parque San Julián 3, ✉ 16002, ✆ 21 25 12 – 🛗 🛗 rest 📺 ☜ – 🔬 60/500   **Z c**
    48 hab.

  🏨 **Francabel** sin rest, División Azul 7, ✉ 16003, ✆ 22 62 22 – 🛗 📺 ☎ ☜. **E** 𝘝𝘐𝘚𝘈. ⬥   **Z b**
    ⲧ 325 – **30 hab** 3050/4510.

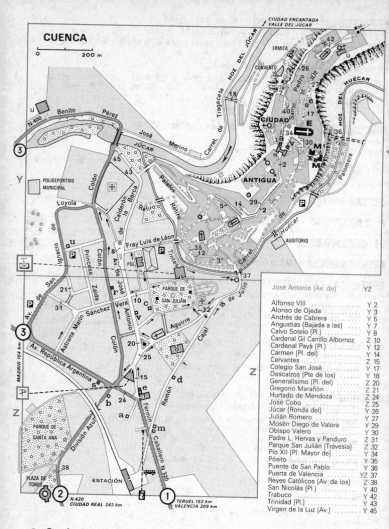

CUENCA

0   200 m

CIUDAD ENCANTADA
VALLE DEL JÚCAR

🏨 **Cortés** sin rest, con cafetería, Ramón y Cajal 49, ✉ 16004, ℰ 22 04 00 – 🛗 ☎ ⓘ 🄴 **VISA** ⚶
⬟ 160 – **44 hab** 2650/3950.
     Z m

🏨 **Figón de Pedro** sin ⬟, Cervantes 15, ✉ 16004, ℰ 22 45 11 – 🛗 ☎. 🄰🄴 ⓘ 🄴 **VISA**
Com (ver rest. **Figón de Pedro**) – **28 hab** 2890/4165.
     Z e

🏨 **Arévalo** sin rest, Ramón y Cajal 29, ✉ 16001, ℰ 22 39 79 – 🛗 📺 ☎ 🚗. 🄰🄴 **VISA**
⚶
⬟ 330 – **35 hab** 2925/4340.
     Z d

🏨 Avenida sin rest, av. José Antonio 39 - 3º, ✉ 16002, ℰ 21 43 43 – 🛗 ☎
32 hab.
     Z v

🏨 **Posada de San José** ⚶ sin rest, Julián Romero 4, ✉ 16001, ℰ 21 13 00, ≤, Decoración
rústica – ⓘ 🄴 **VISA**. ⚶ rest
⬟ 350 – **25 hab** 3000/5700.
     Y e

🏠 Castilla sin rest y sin ⬟, Diego Jiménez 4 - 1º, ✉ 16004, ℰ 22 53 57 – ☎
15 hab.
     Z a

XX **Mesón Casas Colgadas,** Canónigos, ⊠ 16001, ℰ 22 35 09, « Instalado en una de las casas colgadas con ≼ valle del rio Huécar » – 🗏, 🖭 ⑩ 🗲 *VISA*. ⅏   Y x
cerrado lunes noche – Com carta 3500 a 4200.

XX **Figón de Pedro,** Cervantes 13, ⊠ 16004, ℰ 22 68 21, Decoración castellana – 🗏, 🖭 ⑩ 🗲 *VISA*   Z e
Com carta 3100 a 3700.

XX **Los Arcos,** Severo Catalina 3 (pl. Mayor), ⊠ 16001, ℰ 21 38 06, 🈺 – 🗏   Y a

XX **Casa Marlo,** Colón 59, ⊠ 16002, ℰ 21 38 60 – 🗏, 🖭 🗲 *VISA*. ⅏   Z r
Com carta 2980 a 3890.

X **Plaza Mayor,** pl. Mayor de Pio XII - 5, ⊠ 16001, ℰ 21 14 96, Decoración castellana – 🗏, 🖭 ⑩ 🗲 *VISA*. ⅏   Y v
Com carta 2150 a 3100.

X **Togar,** av. República Argentina 3, ⊠ 16002, ℰ 22 01 62 – 🗏. 🖭 ⑩ 🗲 *VISA*. ⅏   Z s
cerrado martes y del 1 al 30 julio – Com carta 1600 a 2750.

por la carretera de Palomera Y : 6 km y a la izquierda – carretera de Buenache : 1,2 km
– ⊠ 16001 Cuenca – ✆ 966 :

🏨 **Cueva del Fraile** ⑤, ℰ 21 15 71, Fax 21 15 73, Edificio del siglo XVI restaurado - Decoración castellana, ⵣ, ⅏ – ☞ 🄰 25/200. 🖭 ⑩ 🗲 *VISA*. ⅏
cerrado 10 enero-febrero – Com 2100 – ⊡ 500 – **63 hab** 7000/8500 – PA 4500.

ALFA-ROMEO   carret. de Valencia km 86
ℰ 21 42 65
AUSTIN-ROVER-VOLVO   av. Cruz Roja km 2
ℰ 22 54 11
BMW   República Argentina 1 ℰ 22 32 11
CITROEN   carret. Alcázar de San Juan km 2,5
ℰ 22 10 70
FIAT-LANCIA   carret. Alcázar de San Juan km 2,8
ℰ 22 84 71
FORD   av. Cruz Roja km 2 ℰ 22 19 00

MERCEDES-BENZ   av. Cruz Roja km 2
ℰ 22 68 11
OPEL-GM   carret. de Valencia km 86 ℰ 22 51 39
PEUGEOT-TALBOT   av. Cruz Roja km 2
ℰ 22 43 11
RENAULT   Polígono Ind. Los Palancares 10 A
ℰ 22 13 35
SEAT-AUDI-VOLKSWAGEN   av. Cruz Roja km 3
ℰ 22 91 11

CUESTA DE LA VILLA 38398 Tenerife – ver Canarias (Tenerife) : Santa Úrsula.

CUEVA – ver el nombre propio de la cueva.

CULLERA 46400 Valencia 👥👥👥 O 25 – 20 145 h. – ✆ 96 – Playa.

Ver : Ermita de Nuestra Señora del Castillo ≼ ★.

🅱 del Riu 42 ℰ 172 09 74.

♦Madrid 388 – ♦Alicante 136 – ♦Valencia 40.

🏠 **Mongrell,** Replà de Sant Antoni 2 ℰ 172 15 24, Fax 172 45 13 – 🛗 🗏 rest 🕿 ⬅️, 🖭 ⑩ 🗲 *VISA*. ⅏ rest
Com 1700 – ⊡ 350 – **35 hab** 3100/4400.

🏠 **La Fonda,** Maestro Valls 1 ℰ 1 72 00 09 –
20 hab.

🏠 **Carabela II,** av. País Valencià 61 ℰ 172 40 70 – 🛗 🗏 rest 🕿 ⬅️. 🗲 *VISA*. ⅏ rest
Com *(cerrado domingo salvo en verano)* 1400 – ⊡ 300 – **15 hab** 3500/5000 – PA 2650.

🏠 **La Reina,** av. País Valencià 73 ℰ 172 05 63 – 🗏. 🗲 *VISA*. ⅏
Com 1220 – ⊡ 265 – **10 hab** 1950/3350 – PA 2300.

🏠 **Carabela** sin ⊡, Cabañal 5 ℰ 172 02 92 – ⅏
cerrado del 10 al 30 de noviembre – Com *(sólo julio y agosto)* 1200 – **14 hab** 3500 – PA 2300.

XX ❀ **Les Mouettes** (Casa Lagarce)**,** subida al Santuario del Castillo ℰ 172 00 10, 🈺, Cocina francesa, « Villa con terraza » – 🖭 ⑩ 🗲 *VISA*. ⅏
cerrado domingo noche, lunes y 15 diciembre-15 febrero – Com *(sólo cena julio-15 septiembre)* carta 3990 a 5690
Espec. Terrina de conejillo, Bogavante con salsa armoricana, Pastelería y sorbetes de elaboración propia..

X **El Delfín,** Madrid 4 ℰ 172 03 73, 🈺, Decoración rústica – 🗏. 🖭 ⑩ 🗲 *VISA*
marzo-septiembre, cerrado lunes – Com *(sólo cena salvo domingo y festivos)* carta 2000 a 2700.

X **L'Entrecôte,** pl. de Mongrell 4 ℰ 172 04 19, Cocina francesa – 🗏. 🖭 ⑩ 🗲 *VISA*
cerrado miércoles en invierno y 15 diciembre-15 enero – Com carta 2350 a 3100.

en la zona del faro – ⊠ 46400 Cullera – ✆ 96 :

🏨 **Sicania,** playa del Racó NE : 4 km ℰ 172 01 43, Fax 173 03 62, ≼, 🈺, ⵣ – 🛗 🗏 🕿 ⬅️ ℗ – 🄰 25/250. 🖭 ⑩ 🗲 *VISA*. ⅏ rest
cerrado 26 noviembre-26 diciembre – Com 2300 – ⊡ 700 – **117 hab** 5350/8700 – PA 4575.

🏠 **Safi,** Dosel, N : 6 km. ℰ 174 65 77, Fax 174 69 33, 🈺 – 🕿 ℗ ⑩ 🗲 *VISA*. ⅏ rest
15 marzo-15 octubre – Com 1300 – ⊡ 300 – **30 hab** 2900/4200 – PA 2465.

RENAULT   Metge Joan Garees 47 ℰ 172 00 28   SEAT-AUDI-VOLKSWAGEN   Pescadores 83
ℰ 172 06 43

CUNIT 43881 Tarragona **443** I 34 – 925 h. – ✆ 977 – Playa.
♦Madrid 580 – ♦Barcelona 58 – Tarragona 37.

  XX **L'Avi Pau,** Diagonal 20 ✆ 67 48 61 – ▤ **🅿** 🖭 ⓞ **E** 𝘝𝘐𝘚𝘈
    cerrado martes y 15 noviembre-5 diciembre – Com carta 2600 a 4200.

    en la carretera C 246 O : 1,5 km – ⊠ 43881 Cunit – ✆ 977 :

  X **Los Navarros,** ✆ 67 22 80 – ▤. 🖭 ⓞ **E** 𝘝𝘐𝘚𝘈
    Com carta 2550 a 3750.

CUNTIS 36675 Pontevedra **441** E 4 – 6 178 h. alt. 163 – ✆ 986 – Balneario.
♦Madrid 599 – Orense 100 – Pontevedra 32 – Santiago de Compostela 43.

  🏨 Baln. La Virgen, Calvo Sotelo 2 ✆ 54 80 00 – 🛗 ☎ **🅿** – ⚖ – **84 hab**.

CUZCURRITA DE RIO TIRÓN 26214 La Rioja **442** E 21 – 602 h. alt. 519 – ✆ 941.
♦Madrid 321 – ♦Burgos 78 – ♦Logroño 54 – ♦Vitoria/Gasteiz 58.

  X **El Botero** ⌂ con hab, San Sebastián 83 ✆ 32 70 00 – ☎ **🅿**. ⁂
    Com carta 1450 a 2150 – ⊡ 350 – **12 hab** 2800.

CHANTADA 27500 Lugo **441** E 6 – 9 854 h. – ✆ 982.
Alred. : Osera : Monasterio de Santa María la Real★ (iglesia : sacristía★) SO : 15 km.
♦Madrid 534 – Lugo 55 – Orense 42 – Santiago de Compostela 90.

  🏛 **Mogay,** Antonio Lorenzana 3 ✆ 44 08 47 – 🛗 ⟷ – ⚖ 25/200. 🖭 ⓞ **E** 𝘝𝘐𝘚𝘈
    Com 1500 – ⊡ 400 – **35 hab** 4000/5000.

    en la carretera de Lugo N : 1,5 km – ⊠ 27500 Chantada – ✆ 982 :

  🏛 **Las Delicias,** ✆ 44 10 04 – **🅿. E** 𝘝𝘐𝘚𝘈. ⁂
    Com 1000 – ⊡ 275 – **16 hab** 1600/2250 – PA 2000.

CITROEN carret. de Orense ✆ 44 10 02
FORD carret. de Orense km 59 ✆ 44 00 13
OPEL av. Portugal 143 ✆ 44 18 51
PEUGEOT-TALBOT Ramón y Cajal ✆ 44 04 20

RENAULT carret. de Lugo a Portugal km 56
✆ 44 06 85
SEAT-AUDI-VOLKSWAGEN carret. de Orense
✆ 44 03 68

CHAPELA 36320 Pontevedra **441** F 3 – ver Vigo.

CHERT 12360 Castellón **445** K 30 – 1 286 h. alt. 315 – ✆ 964.
♦Madrid 525 – Castellón de la Plana 103 – Tortosa 79 – ♦Zaragoza 203.

    en la carretera N 232 SE : 1,7 km – ⊠ 12360 Chert – ✆ 964 :

  X **La Serafina,** ✆ 49 00 59 – **🅿**. 𝘝𝘐𝘚𝘈
    Com carta 1675 a 2800.

CHINCHÓN 28370 Madrid **444** L 19 – 3 900 h. alt. 753 – ✆ 91.
Ver : Plaza Mayor ★.
♦Madrid 52 – Aranjuez 26 – Cuenca 131.

  🏰 **Parador de Chinchón,** ✆ 894 08 36, Telex 49398, Fax 894 09 08, Instalado en un convento
    del siglo XVII, ⤴, 🖈 – ▤ 📺 ☎ – ⚖ 25/60. 🖭 ⓞ **E** 𝘝𝘐𝘚𝘈. ⁂
    Com 3100 – ⊡ 950 – **38 hab** 12500 – PA 6080.

  XX **Café de la Iberia,** pl. Mayor 17 ✆ 894 09 98, ≤, 🍴, Antiguo café – ▤. 🖭 ⓞ **E** 𝘝𝘐𝘚𝘈.
    ⁂
    cerrado miércoles y del 1 al 14 septiembre – Com carta 2500 a 3550.

  XX **La Balconada,** pl. Mayor ✆ 894 13 03, ≤, Decoración castellana – ▤. 🖭 𝘝𝘐𝘚𝘈. ⁂
    cerrado martes – Com carta 2400 a 4100.

  X **Mesón de la Virreina,** pl. Mayor 28 ✆ 894 00 15, ≤, Decoración rústica – ▤. 🖭 ⓞ **E**
    𝘝𝘐𝘚𝘈. ⁂
    Com carta 2300 a 2950.

  X **Mesón Cuevas del Vino,** Benito Hortelano 13 ✆ 894 02 06, Instalación rústica en un
    antiguo molino de aceite – 🖭
    Com carta 2400 a 3075.

    en la carretera de Titulcia O : 3 km – ⊠ 28370 Chinchón – ✆ 91 :

  🏛 **Nuevo Chinchón** ⌂, urb. Nuevo Chinchón ✆ 894 05 44, 🍴, ⤴ – ▤ rest 📺 ☎ **🅿**.
    E 𝘝𝘐𝘚𝘈. ⁂
    Com 1750 – ⊡ 350 – **11 hab** 5000/6500.

RENAULT Ronda del Mediodía 12 ✆ 894 01 56

    Michelin pone sus mapas constantemente al día. Llévelos en su
    coche y no tendrá Vd. sorpresas desagradables en carretera.

CHIPIONA 11550 Cádiz **446** V 10 – 12 398 h. – ✆ 956 – Playa.
Alred. : Sanlúcar de Barrameda (Iglesia de Santo Domingo★ – Iglesia de Santa María de la O : portada★) NE : 9 km.

◆Madrid 614 – ◆Cádiz 54 – Jerez de la Frontera 32 – ◆Sevilla 106.

🏨 **Cruz del Mar,** av. de Sanlúcar 1 ℰ 37 11 00, Telex 75095, Fax 37 13 64, ≤, « Patio con 🔲 » – 📳 ☎ ◭ ➊ **E** 𝑉𝐼𝑆𝐴.
abril-octubre – Com 1950 – 🖭 500 – **85 hab** 5400/8900 – PA 3520.

🏨 **Chipiona,** Dr. Gómez Ulla 16 ℰ 37 02 00, Fax 37 29 49 – 📳 ☎. 𝑉𝐼𝑆𝐴. 🦖 rest
marzo-octubre – Com 1450 – 🖭 325 – **40 hab** 2800/4600.

✕ **Mesón La Barca,** av. de Sanlúcar ℰ 37 08 51 – ◾ ◭ ➊ **E** 𝑉𝐼𝑆𝐴. 🦖
cerrado martes y abril-octubre – Com carta 2550 a 3100.

CHIVA 46370 Valencia **445** N 27 – 6 421 h. alt. 240 – ✆ 96.
�︎ Club de Campo El Bosque SE : 12 km ℰ 326 38 00.

◆Madrid 318 – ◆Valencia 30.

en la carretera N III – ✉ 46370 Chiva – ✆ 96 :

🏨 **Motel La Carreta,** E : 10 km ℰ 251 11 00, Fax 251 11 65, 🔲, 🌿 – ◾ ☁ ➊ – 🔬 25/250. ◭ ➊ **E** 𝑉𝐼𝑆𝐴. 🦖 rest
Com 1900 – 🖭 425 – **80 hab** 4650/5850.

CHURRIANA 29000 Málaga – ver Málaga.

DAIMIEL 13250 Ciudad Real **444** O 19 – 16 260 h. – ✆ 926.

◆Madrid 172 – Ciudad Real 31 – Toledo 122 – Valdepeñas 51.

🏨 **Las Tablas,** Virgen de las Cruces 3 ℰ 85 21 07 – 📳 ◾ 📺 ☎ ➊. ◭ ➊ **E** 𝑉𝐼𝑆𝐴. 🦖
Com 1000 – 🖭 175 – **28 hab** 2500/4250 – PA 2175.

en la antigua carretera de Madrid NE : 1,7 km – ✉ 13250 Daimiel – ✆ 926

✕ **Las Brujas** con hab, ℰ 85 22 89 – ◾ ☁ ➊. ◭ 𝑉𝐼𝑆𝐴. 🦖
Com carta 1800 a 2500 – 🖭 250 – **14 hab** 1500/2500.

en la carretera N 420-430 SO : 3,5 km – ✉ 13250 Daimiel – ✆ 926

🏨 **Nueva Tierrallana,** ℰ 85 27 63 – ◾ ➊. 𝑉𝐼𝑆𝐴. 🦖
Com 800 – 🖭 250 – **21 hab** 2000/4000.

CITROEN Navasaca 14 ℰ 85 29 61
RENAULT carret. de Madrid N 420 km 282
ℰ 85 26 86

SEAT-AUDI-VOLKSWAGEN carret. de
Manzanares ℰ 85 29 13

DAIMUZ o **DAIMUZ** 46710 Valencia **445** P 29 – 1 264 h. – ✆ 96 – Playa.
◆Madrid 420 – Gandía 4 – ◆Valencia 72.

en la playa E : 1 km – ✉ 46710 Daimuz – ✆ 96 :

🏠 **Olímpico** sin rest, Francisco Pons 2 ℰ 281 90 31 – 🦖
abril-septiembre – 🖭 300 – **16 hab** 1380/2810.

DANCHARINEA 31712 Navarra **442** C 25 – ✆ 948.
◆Madrid 475 – ◆Bayonne 29 – ◆Pamplona 80.

🏠 **Lapitxuri** 🥄 sin rest, ℰ 59 90 46 – ➊. ◭ ➊ **E** 𝑉𝐼𝑆𝐴. 🦖
cerrado 11 octubre-diciembre – 🖭 360 – **16 hab** 2400/3000.

✕ **Menta,** carret. de Elizondo ℰ 59 90 20 – ◾ ➊. 𝑉𝐼𝑆𝐴. 🦖
cerrado lunes noche y martes salvo en verano – Com carta 2400 a 3600.

DARNIUS 17722 Gerona **443** E 38 – 467 h. alt. 193 – ✆ 972.
◆Madrid 759 – Gerona/Girona 52.

🏠 **Darnius** 🥄, carret. de Massanet ℰ 53 51 17 – ➊
cerrado 15 enero-febrero – Com *(cerrado jueves)* 850 – 🖭 400 – **10 hab** 2900/3350 – PA 2000.

DEBA 20820 Guipúzcoa **442** C 22 – ver Deva.

DEHESA DE CAMPOAMOR 03192 Alicante **445** S 27 – ver Torrevieja.

DEIA 07179 Baleares **443** M 37 – ver Baleares (Mallorca) : Deyá.

DENA 36968 Pontevedra **441** E 3 – ✆ 986.
◆Madrid 620 – Pontevedra 21 – Santiago de Compostela 65.

🏨 **Ria Mar,** sin rest., ℰ 74 41 11, Fax 74 44 01 – 📳 ☎ ➊
65 hab.

DENIA 03700 Alicante **445** P 30 – 22 162 h. – **⚙** 96 – Playa.

🚢 para Baleares : Cía Flebasa, estación Marítima, ℰ 578 41 00.

🛈 Patricio Ferrandiz ℰ 578 09 57.

♦Madrid 447 – ♦Alicante 92 – ♦Valencia 99.

🏛 **Costa Blanca,** Pintor Llorens 3 ℰ 578 03 36, Fax 578 40 97 – 🛗 🖭 🕾 🗚 ⓞ 🗲 𝑉𝐼𝑆𝐴. ✀
   Com 1250 – 🖙 350 – **53 hab** 3600/4900 – PA 2500.

✕ **El Raset,** Bellavista 7 ℰ 578 50 40, 🍽 – 🖃 🗚 ⓞ 🗲 𝑉𝐼𝑆𝐴. ✀
   cerrado martes de octubre a mayo – Com carta 1675 a 2650.

✕ **Drassanes,** Port 15 ℰ 578 11 18 – 🖃 🗚 ⓞ 🗲 𝑉𝐼𝑆𝐴. ✀
   cerrado lunes y noviembre – Com carta 1975 a 2600.

   en la carretera de las Rotas – ✉ 03700 Denia – **⚙** 96 :

✕✕ **Troya,** SE : 1 km. ℰ 578 14 31, Pescados, mariscos y arroz abanda – 🖃 𝑉𝐼𝑆𝐴. ✀
   cerrado lunes noche – Com carta aprox. 5500.

✕ **Mena,** SE : 5,5 km ℰ 578 09 43, 🍽 – ⓟ. Com carta aprox. 2500.
   cerrado miércoles y 7 enero-10 febrero – Com carta aprox. 2500.

✕ **El Trampoli,** playa SE : 4 km ℰ 578 12 96, 🍽, Pescados, mariscos y arroz abanda – 🖃.
   🗚 ⓞ 🗲 𝑉𝐼𝑆𝐴. ✀
   cerrado domingo noche – Com carta aprox. 3800.

   en la carretera de Las Marinas – ✉ 03700 Denia – **⚙** 96 :

🏛 **Los Angeles** ≫ sin rest, con cafetería, NO : 4,5 km ℰ 578 04 58, ≤, 🍽, ✕ – 🕾 ⓟ. 🗚
   ⓞ 🗲 𝑉𝐼𝑆𝐴
   marzo-noviembre – 🖙 500 – **60 hab** 4000/6000.

🏛 **Rosa** ≫, Las Marinas, 98 NO : 2 km ℰ 578 15 73, 🍽, 🏊, ✕ – 🕾 ⓟ. ✀ rest
   cerrado diciembre y enero – Com 1500 – 🖙 450 – **38 hab** 5800.

✕✕ **El Poblet,** urb. El Poblet NO : 2,4 km ℰ 578 41 79, 🍽 – 🖃. 🗚 ⓞ 🗲 𝑉𝐼𝑆𝐴. ✀
   cerrado jueves – Com carta 2000 a 3400.

✕✕ Bodegón La Felicidad, urb. La Felicidad NO : 3,5 km ℰ 578 50 12, Telex 71625, Fax
   578 07 66, 🍽, Decoración neo-rústica, 🏊 – 🖃.

✕ **Las Nereidas (Benito),** NO : 3,3 km ℰ 578 19 70, 🍽, Pescados y mariscos – 🖃. 🗚
   ⓞ 🗲 𝑉𝐼𝑆𝐴. ✀
   cerrado martes y 2 enero-2 febrero – Com carta 2400 a 3050.

CITROEN av. Valencia 34 ℰ 578 02 40
FIAT carret. Denia-Ondara km 2 ℰ 578 72 12
FORD av. Reino de Valencia ℰ 578 24 54
GENERAL MOTORS av. de Valencia km 3
ℰ 578 13 00

PEUGEOT-TALBOT carret. Denia-Ondara km 6
ℰ 578 21 80
RENAULT av. Reino de Valencia ℰ 578 00 62
SEAT-AUDI-VOLKSWAGEN av. Reino de Valen-
cia 17 ℰ 578 03 00

DERIO 48016 Vizcaya **442** C 21 – **⚙** 94.

♦Madrid 408 – ♦Bilbao 9 – ♦San Sebastián/Donostia 108.

   en la carretera de Bermeo N : 3 km – ✉ 48016 Derio – **⚙** 94 :

✕✕ **Txacoli Artebakarra,** ℰ 453 00 37, 🍽 – ⓟ. 🗚 ⓞ 🗲 𝑉𝐼𝑆𝐴
   cerrado lunes noche, martes, 22 días en febrero y 22 días en agosto – Com carta 4000 a 5600.

OPEL Polígono Astynce ℰ 453 33 49

SEAT-AUDI-VOLKSWAGEN B. Arteaga 18
ℰ 453 27 30

DESFILADERO – ver el nombre propio del desfiladero.

DESIERTO DE LAS PALMAS Castellón – ver Benicasim.

DEVA o **DEBA** 20820 Guipúzcoa **442** C 22 – 4 916 h. – **⚙** 943 – Playa.

Alred. : Carretera en cornisa★ de Deva a Lequeitio ≤ ★.

♦Madrid 459 – ♦Bilbao 66 – ♦San Sebastián/Donostia 41.

🏨 **Miramar,** Arenal 24 ℰ 60 11 44, ≤ – 🛗 🕾 🖘 ⓟ. 🗚 ⓞ 🗲 𝑉𝐼𝑆𝐴. ✀ rest
   cerrado noviembre – Com 1945 – 🖙 400 – **60 hab** 3810/7334.

✕ **Txomín,** Puerto 7 ℰ 60 16 60 – 🖃 𝑉𝐼𝑆𝐴. ✀
   cerrado domingo noche en invierno y octubre – Com carta 2650 a 3400.

✕ **Urgain,** Arenal 7 ℰ 60 11 01 – 🖃. 🗚 ⓞ 🗲 𝑉𝐼𝑆𝐴. ✀
   cerrado martes noche y noviembre – Com carta 1900 a 5300.

GENERAL MOTORS entrada autopista (B. Iciar)
ℰ 60 10 52
RENAULT Hondartza ℰ 60 11 02

SEAT-AUDI-VOLKSWAGEN carret. Motrico
ℰ 60 12 77

DEYA 07179 Baleares **443** M 37 – ver Baleares (Mallorca).

DON BENITO 06400 Badajoz **444** P 12 – 28 418 h. – ✪ 924.
◆Madrid 311 – ◆Badajoz 113 – Mérida 49.

🏠 **Veracruz,** carret. de Villanueva E : 2,5 km ℰ 80 13 62 – 📶 🗐 🐂 **P**. 🚾 🛠
Com 925 – 🖵 200 – **53 hab** 3000/4300 – PA 2050.

CITROEN carret. Don Benito-Villanueva km 101
ℰ 80 02 16
FIAT Canalejas 27 ℰ 80 40 61
FORD carret. Don Benito-Villanueva km 99,4
ℰ 80 15 66
OPEL-MG carret. Don Benito-Villanueva km 101
ℰ 80 26 11

PEUGEOT-TALBOT Canalejas 5 ℰ 80 00 54
RENAULT carret. Don Benito-Villanueva km 100
ℰ 80 39 88
SEAT-AUDI-VOLKSWAGEN carret. Don Benito-
Villanueva km 100,7 ℰ 80 08 00

DONOSTIA 20000 Guipúzcoa **442** B 23 – ver San Sebastián.

DRACH (Cuevas del) 07680 Baleares **443** N 39 – ver Baleares (Mallorca).

DURANGO 48200 Vizcaya **442** C 22 – 26 101 h. – ✪ 94.
Alred. : Puerto de Urquiola★ (subida★) SO : 13 km.
◆Madrid 425 – ◆Bilbao 32 – ◆San Sebastián/Donostia 71 – ◆Vitoria/Gasteiz 40.

✗ Rest. Juantxu y Hostal Juego de Bolos, con hab, San Agustín 2 ℰ 681 10 99 – 📶 🗐 rest
17 hab.

en Goiuria N : 3 km – ✉ 48200 Durango – ✪ 94 :

✗ **Goiuria,** ℰ 681 08 86, ≤ Durango, valle y montañas – **P**. 🆎 ◑ **E** 🚾 🛠
cerrado martes noche, domingo noche, agosto y 24 diciembre-4 enero – Com
carta 2800 a 3775.

✗ **Ikuspegi,** ℰ 681 10 82, ≤ Durango, valle y montañas – **P**. 🆎 **E** 🚾
cerrado lunes y septiembre – Com carta 2600 a 3600.

ALFA ROMEO Estéguiz Zumardiz 4 ℰ 681 06 84
FORD Arriandi 10 ℰ 681 55 69
GENERAL MOTORS-OPEL Mallabiena 4
ℰ 681 67 66

RENAULT La Pilastra 38 A ℰ 681 22 50
SEAT-AUDI-VOLKSWAGEN Askatasun Etorbidea
3 ℰ 681 03 92

DURCAL 18650 Granada **446** V 19 – ✪ 958.
◆Madrid 460 – ◆Almería 149 – ◆Granada 30 – ◆Málaga 129.

🏠 **Mariami** sin rest y sin 🖵, Comandante Lázaro 82 ℰ 78 05 74 – ☎ 🚗 🚾 🛠
10 hab 3000/3800.

ÉCIJA 41400 Sevilla **446** T 14 – 35 836 h. alt. 101 – ✪ 95.
Ver : Iglesia de Santiago★ (retablo★) – 🛈 av. de Andalucía ℰ 4833062.
◆Madrid 458 – Antequera 86 – ◆Cádiz 188 – ◆Córdoba 51 – ◆Granada 183 – Jerez de la Frontera 155 – Ronda 141
– ◆Sevilla 92.

🏠 **Ciudad del Sol (Casa Pirula),** av. del Genil ℰ 483 03 00, 🍴 – 📶 🗐 ☎ **P**. 🆎 ◑ **E**
🚾 🛠 rest
Com 1000 – 🖵 200 – **30 hab** 3000/5400.

en la carretera N IV NE : 3 km – ✉ 41400 Ecija – ✪ 95

🏠 **Astigi,** ✉ apartado 24, ℰ 483 01 62, 🍴 – 🗐 📺 ☎ **P**. 🆎 **E** 🚾 🛠
Com 1900 – 🖵 350 – **18 hab** 6500.

FORD carret. N IV km 454,8 ℰ 483 15 99
OPEL carret. N IV km 453 ℰ 483 08 98
PEUGEOT-TALBOT carret. N IV km 453
ℰ 483 00 50

RENAULT carret. Ecija-Osuna km 0,3
ℰ 483 14 12
SEAT-AUDI-VOLKSWAGEN prolongación av.
Doctor Sanchez Malo ℰ 483 04 43

ECHALAR 31760 Navarra **442** C 25 – 835 h. alt. 100 – ✪ 948.
◆Madrid 468 – ◆Bayonne 53 – ◆Pamplona 73.

en la carretera C 133 O : 5 km – ✉ 31760 Echalar – ✪ 948 :

🏠 **Venta de Echalar,** ℰ 63 50 00, « Instalada en un edificio del siglo XVI » – **P**. 🛠
Com *(cerrado lunes)* 2000 – 🖵 450 – **23 hab** 5440 – PA 3785.

ECHEGÁRATE (Puerto de) Guipúzcoa **442** D 23 – alt. 658 – ✉ 20213 Idiazábal – ✪ 943.
◆Madrid 409 – ◆Pamplona 48 – ◆San Sebastián/Donostia 63 – ◆Vitoria/Gasteiz 54.

✗ **Buenos Aires,** carret. N I - Alto de Echegárate, ✉ 20213 Idiazábal, ℰ 80 12 82 – **P**.
🚾 🛠
cerrado lunes noche, martes y febrero – Com carta 1350 a 2400.

EGÜÉS 31486 Navarra **442** D 25 – 978 h. alt. 491 – ✪ 948.
◆Madrid 395 – ◆Pamplona 10.

✗ Mesón Egüés, carret. de Aoiz ℰ 33 00 81, 🍴, Asados a la brasa, « Decoración rústica »
– **P**.

EIBAR 20600 Guipúzcoa **442** C 22 – 36 494 h. alt. 120 – **✆** 943.

◆Madrid 439 – ◆Bilbao 46 – ◆Pamplona 117 – ◆San Sebastián/Donostia 54.

🏨 **Arrate** sin rest, Ego Gain 5 *℘* 11 72 42, Fax 70 00 74 – 🛗 📺 📞. 🖭 ⓞ 🄴 𝘝𝘐𝘚𝘈
⚏ 550 – **89 hab** 4400/7150.

%%% **Eskarne**, Arragüeta 4 *℘* 12 16 50 – 🍽. 🖭 𝘝𝘐𝘚𝘈
cerrado domingo, lunes noche y agosto – Com carta 2600 a 3500.

ALFA ROMEO av. de Otaola 14 *℘* 11 60 47
AUSTIN-ROVER-MG Bidebarrieta 39 *℘* 11 22 14
CITROEN Isasi 31 bajo *℘* 11 34 04
FIAT Zuloaga 5 *℘* 71 17 86
FORD av. de Otaola 22 bajo *℘* 11 76 50
OPEL-GENERAL MOTORS av. de Otaola *℘* 70 08 41

PEUGEOT-TALBOT av. de Otaola 13 *℘* 70 02 17
RENAULT Apalategui *℘* 12 00 50
SEAT-AUDI-VOLKSWAGEN av. de Otaola 17 *℘* 71 36 42

EIVISSA 07800 Baleares **443** P 34 – ver Baleares (Ibiza) : Ibiza.

EJEA DE LOS CABALLEROS 50600 Zaragoza **443** F 26 – 15 364 h. alt. 318 – **✆** 976.

◆Madrid 361 – ◆Pamplona 114 – ◆Zaragoza 70.

🏨 Cinco Villas, paseo del Muro 12 *℘* 66 03 00 – 🛗 🍽 rest ☎
30 hab.

ALFA-ROMEO Molino Bajo 9 *℘* 66 21 61
CITROEN paseo de la Constitución 7 *℘* 66 03 77
FORD Dr. Fleming 9 *℘* 66 06 31
OPEL-G.M. carret. Gallur-Sangüesa km 30,1 *℘* 66 12 80

PEUGEOT-TALBOT Concordia 3 *℘* 66 02 96
RENAULT Dr. Fleming 24 *℘* 66 13 01
SEAT-AUDI-VOLKSWAGEN Fernando el Católico 1 *℘* 66 09 72

EL EJIDO 04700 Almería **446** V 21 – **✆** 951 – Playa.

🛪 Almerimar S : 10 km *℘* 48 09 50.

◆Madrid 586 – ◆Almería 32 – ◆Granada 157 – ◆Málaga 189.

en la carretera de Almería NE : 7 km – ⊠ 04700 El Ejido – **✆** 951 :

🏠 El Edén, *℘* 48 37 36 – 🍽 rest ☎ 🚗 🄿
23 hab.

en Almerimar S : 10 km – ⊠ 04700 El Ejido – **✆** 951 :

🏨 **Golf H. Almerimar** ⚲, *℘* 48 09 50, Telex 78933, Fax 48 46 19, ≤ campo de golf y mar,
🏊, ⚘, %%, 🛪 – 🛗 🍽 ☎ 🄿 – 🔬 25/80. 🖭 ⓞ 🄴 𝘝𝘐𝘚𝘈. ⚙
Com 2000 – ⚏ 625 – **149 hab** 8700/11000 – PA 4000.

✕ **El Segoviano**, *℘* 48 00 84, � – 🍽. 🖭 🄴 𝘝𝘐𝘚𝘈. ⚙
Com carta 2050 a 3250.

AUDI-VOLKSWAGEN carret. de Málaga 120 *℘* 48 13 71
CITROEN carret. de Málaga km 81 *℘* 48 11 08
FIAT Polígono El Treinta 7 *℘* 48 07 52
FORD carret. N 340 km 411 *℘* 48 18 61

MERCEDES BENZ CN 340 km 410,500 *℘* 48 40 09
OPEL carret. de Málaga km 80 *℘* 48 49 11
RENAULT carret. de Málaga km 83 *℘* 48 17 18
SEAT carret de Málaga km 412 *℘* 48 04 56

ELCHE o **ELX** 03200 Alicante **445** R 27 – 162 873 h. alt. 90 – **✆** 96.

Ver : El Palmeral★★ : Huerto del Cura★★ Z, Parque Municipal★ Y.

🄸 passeig de l'Estació, ⊠ 03203, *℘* 545 27 47.

◆Madrid 406 ③ – ◆Alicante 24 ① – ◆Murcia 57 ②.

Plano página siguiente

🏨 **Huerto del Cura** (Parador colaborador) ⚲, Porta de la Morera 14, ⊠ 03203, *℘* 545 80 40,
Telex 66814, Fax 542 19 10, 🌿, « Pabellones rodeados de jardines en un palmeral », 🏊,
%% – 🍽 📺 ☎ 🚗 🄿 – 🔬 25/300. 🖭 ⓞ 🄴 𝘝𝘐𝘚𝘈. ⚙
Com 2750 – ⚏ 950 – **70 hab** 8800/12000.
   Z c

🏠 **Don Jaime** sin rest, Primo de Rivera 5, ⊠ 03203, *℘* 545 38 40 – 🛗 📞. 🄴 𝘝𝘐𝘚𝘈. ⚙
⚏ 300 – **64 hab** 3500/5000.
   Z s

🏠 **Candilejas** sin rest y sin ⚏, Dr Ferrán 19, ⊠ 03201, *℘* 546 65 12 – 🛗. ⚙
24 hab 3500.
   Z r

%%% **La Magrana**, Partida Altabix 41 - por ① : 2 km, ⊠ 03291, *℘* 545 82 16 – 🍽 🄿. 🖭 🄴
𝘝𝘐𝘚𝘈. ⚙
cerrado domingo noche – Com carta 2200 a 3050.
   por ① X

✕ **Mesón El Granaino**, Josep María Buch 40, ⊠ 03201, *℘* 546 01 47, Mesón típico – 🍽. 🖭
ⓞ 🄴 𝘝𝘐𝘚𝘈. ⚙
cerrado domingo – Com carta 2200 a 2900.
   Y e

✕ **Enrique**, Empedrat 6, ⊠ 03203, *℘* 545 15 77 – 🍽. 🄴 𝘝𝘐𝘚𝘈. ⚙
Com carta 1750 a 2000.
   Z h

✕ Altabix, av. de Alicante 37, ⊠ 03202, *℘* 545 34 87 – 🍽
   X a

✕ Datil de Oro II, pl. de la Constitución 3, ⊠ 03203, *℘* 545 43 08, 🌿 – 🍽
   Z a

ELX
ELCHE

Corredora .... Z 13
Reina Victoria .... YZ

Alfonso XII .... Z 2
Almòrida .... Z 3
Baix (Pl. de) .... Z 7
Constituΰó (Pl. de la) ... Z 12
Cristóbal Sanz .... Y 14
Diagonal del Palau ...... Y 16
Doctor Jimenez Díaz .... Y 17

Eres de Santa
Llucia (Pas.) .... Y 18
Estació (Pas. de l') ..... Y 19
Federico Garcia Lorca ... Z 20
Ferrocarril (Av. del) .... X 21
Fray Luis de León ...... X 23
José María Peman ...... Z 28
Juan Ramón Jiménez .... Z 29
Luis Gonzaga Llorente ... Y 31
Maestro Albeniz .... Y 32
Major de la Vila .... Y 33
Marqués de Asprella .... Y 34
Novelda (Av. de) .... XY 35
Nuestra Señora
de la Cabeza .... Y 37

Pont (Pl. del) .... Z 38
Pont dels Ortissos .... YZ 40
Porta d'Alacant .... Y 41
Puente de Altamira .... Y 42
Puente Santa Teresa .... Z 43
Sant Joan (Pl.) .... Z 46
Santa Anna .... Z 48

en la carretera de Alicante por ① : 4 km – ✉ 03200 Elche – ✆ 96 :

XX La Masía de Chencho, ✆ 545 97 47, 🍴, « Antigua casa de campo » – 🍽 🅿.

por la carretera de El Altet SE : 4,5 km X – ✉ 03295 Elche – ✆ 96 :

XX **La Finca,** Partida de Perleta 1-7 ✆ 545 60 07 – 🍽 🅿. ☒ E 💳 ✖
cerrado domingo noche, lunes y 2 enero-2 febrero – Com carta 2700 a 3400.

ALFA-ROMEO Antonio Machado 87 ✆ 546 76 11
AUSTIN-MG-MORRIS-MINI-ROVER partido Alta-
bix 1 ✆ 45 03 46
BMW Oscar Espla 655 ✆ 543 88 61
CITROEN carret. Alicante km 2 ✆ 545 81 43
FIAT La Libertad 140 ✆ 546 33 52
FORD carret. Murcia-Alicante km 53 ✆ 544 02 13
GENERAL MOTORS carret. Murcia-Alicante km
53 ✆ 543 76 33
MERCEDES-BENZ carret. Alicante-Polígono
Altabix ✆ 544 56 17

OPEL carret. Murcia km 55 ✆ 667 30 55
PEUGEOT-TALBOT partida Altabix 40
✆ 545 59 36
PEUGEOT-TALBOT Antonio Machado 73
✆ 543 68 10
RENAULT carret. de Crevillente km 53
✆ 546 59 04
SEAT-AUDI-VOLKSWAGEN Antonio Machado 59
- Polígono de Altabix ✆ 545 04 43

ELDA 03600 Alicante 445 Q 27 – 52 185 h. alt. 395 – ✆ 96.
♦Madrid 381 – ♦Albacete 134 – ♦Alicante 37 – ♦Murcia 80.

🏨 **Elda** sin rest, av. Chapí 6 ✆ 538 05 56, Fax 538 16 37 – 🍽 ☎ 🚗. ⓪ E 💳. ✖
🛏 520 – **37 hab** 3770/6660.

X **Fayago,** Colón 25 ✆ 538 10 13 – ☒ ⓪ 💳 ✖
cerrado del 12 al 24 agosto – Com carta 1900 a 2800.

ALFA ROMEO Jacinto Benavente 3 ✆ 537 31 16
CITROEN av. Chapí 42 ✆ 539 04 99
FIAT-LANCIA Cura Abad 9 ✆ 538 04 11
FORD carret. Ocaña-Alicante km 377,2
✆ 537 02 58
GENERAL MOTORS carret. Ocaña-Alicante km
377,2 ✆ 537 02 62

MERCEDES-BENZ General Kindelan 23
✆ 538 09 39
PEUGEOT-TALBOT carretera Alicante km 377,9
✆ 538 45 43
RENAULT General Aranda 66 ✆ 538 07 40
SEAT-AUDI-VOLKSWAGEN carret. Madrid-Alicante km 378 ✆ 537 05 82

ELIZONDO 31700 Navarra **442** C 25 – alt. 196 – ✿ 948 – 🛍 Palacio de Arizcumenea 🕭 58 12 79.
◆Madrid 452 – ◆Bayonne 53 – ◆Pamplona 57 – St-Jean-Pied-de-Port 35.

  ✗ **Galarza,** Santiago 1 🕭 58 01 01 – 🅟. ⬷⬷
      cerrado martes salvo en verano y 25 septiembre-8 octubre – Com carta 2000 a 2550.

  ✗ **Santxotena,** Pedro Axular 🕭 58 02 97
      cerrado lunes y Navidades – Com carta 2300 a 3200.

    en la carretera N 121 SO : 1,5 km – ✉ 31700 Elizondo – ✿ 948 :

  🏨 **Baztán,** 🕭 58 00 50, Fax 45 23 23, ≤, 😤, 丄 – 🛗 ☜ 🅟. 🇪 *VISA*. ⬷⬷ rest
      abril-noviembre – Com 1850 – ☷ 600 – **84 hab** 5840/7300 – PA 3650.

CITROEN carret. Pamplona-Francia 🕭 58 04 06   RENAULT carret. de Francia km 57 🕭 58 04 36
FIAT Santiago 🕭 58 03 02   SEAT-AUDI-VOLKSWAGEN Santiago 88
PEUGEOT-TALBOT carret. de Francia 🕭 58 03 32   🕭 58 02 25

EMPURIABRAVA 17487 Gerona **443** F 39 – ver Ampuriabrava.

ELS MUNTS 43830 Tarragona – ver Torredembarra.

ELX 03200 Alicante **445** R 27 – ver Elche.

EMPURIABRAVA 17487 Gerona **443** F 39 – ver Ampuriabrava.

ENCAMP Andorra **443** E 34 – ver Andorra (Principado de).

ERRAZU Navarra **442** C 25.
    Hoteles y restaurantes ver : Elizondo SO : 7,5 km.

ES ARENALS Baleares – ver Baleares (Formentera) : Playa Mitjorn.

La ESCALA o **L'ESCALA** 17130 Gerona **443** F 39 – 4 048 h. – ✿ 972 – Playa.
Ver : Paraje★ – Alred. : Ampurias★ (ruinas griegas y romanas) N : 2 km.
🛈 pl. de Les Escoles 1 🕭 77 06 03 – ◆Madrid 748 – ◆Barcelona 135 – Gerona/Girona 41.

  🏩 **Nieves-Mar,** passeig Maritim 8 🕭 77 03 00, Fax 10 36 05, ≤ mar, 丄, ⬷ – 🛗 ▤ rest ☎
      🅟 – 🔬 25/70. 🇦🇪 ⑩ 🇪 *VISA*. ⬷⬷ rest
      febrero-noviembre – Com 2150 – ☷ 650 – **80 hab** 3750/6850.

  🏨 **Voramar,** passeig Lluis Albert 2 🕭 77 01 08, ≤, 😤, 丄 – 🛗 ☎. 🇦🇪 ⑩ 🇪 *VISA*. ⬷⬷ rest
      cerrado 6 enero-marzo – Com 1605 – ☷ 435 – **39 hab** 3040/4860 – PA 3155.

  🏠 **El Roser,** Iglesia 7 🕭 77 02 19 – 🛗 ▤ rest 📺 🅟 🇦🇪 ⑩ 🇪 *VISA*. ⬷⬷ rest
      cerrado noviembre – Com *(cerrado lunes)* 875 – ☷ 395 – **24 hab** 2200/3750 – PA 1800.

  ✗✗ **Els Pescadors,** Port d'en Perris 3 🕭 77 07 28, ≤ – ▤. 🇦🇪 ⑩ 🇪 *VISA*. ⬷⬷
      cerrado jueves y noviembre – Com carta 1950 a 3500.

  ✗✗ **Miryam** con hab, Ronda del Padró 4 🕭 77 02 87 – ▤ rest 🅟 🇪 *VISA*. ⬷⬷
      cerrado jueves de octubre a junio, domingo noche y 9 diciembre-17 enero – Com
      carta 2500 a 5125 – ☷ 500 – **14 hab** 4000.

  ✗✗ **El Roser 2,** passeig Lluis Albert 1 🕭 77 11 02, ≤, 😤 – ▤. 🇦🇪 ⑩ 🇪 *VISA*. ⬷⬷
      cerrado miércoles y febrero – Com carta 3075 a 5750.

    en Port-Escala E : 2 km – ✉ 17130 La Escala – ✿ 972

  ✗✗ **Café Navili,** Román de Corbera 🕭 77 12 01, ≤ – ▤. 🇪 *VISA*
      cerrado miércoles y 15 noviembre-15 enero – Com carta 2500 a 3875.

    en Sant Marti d'Empuries NO : 2 km – ✉ 17130 La Escala – ✿ 972 :

  ✗ **Mesón del Conde,** pl. Iglesia 4 🕭 77 03 06 – 🇦🇪 ⑩ 🇪 *VISA*. ⬷⬷
      Com carta 2130/3100.

CITROEN carret. Vilademat-Palafrugel   RENAULT av. Ave María 28 🕭 77 04 81
🕭 77 12 64   SEAT-AUDI-VOLKSWAGEN av. Gerona 72
FORD av. Gerona 31 🕭 77 09 43   🕭 77 01 21

Les ESCALDES Andorra **443** E 34 – ver Andorra (Principado de).

La ESCALERUELA 44424 Teruel – ver Sarrión.

ESCALONA 45910 Toledo **444** L 16 – 1 537 h. – ✿ 925.
◆Madrid 86 – Avila 88 – Talavera de la Reina 55 – Toledo 54.

  ✗ **El Mirador** con hab, carret. de Avila 2 🕭 78 00 26, ≤ – ▤ rest. ⬷⬷
      Com carta 1050 a 2200 – ☷ 150 – **10 hab** 2500/3500.

ESCARRILLA **22660** Huesca 443 D 29 – alt. 1 120 – ☎ 974.
♦Madrid 477 – Huesca 85 – ♦Pamplona 162.

Ibón Azul ⛰, Vicó ✆ 48 72 11, Telex 97206, Fax 315 38 19 – ☎. AE ① E VISA
Com 1950 – ☕ 460 – **39 hab** 4910/7280 – PA 3705.

ES CASTELL Baleares 443 M 42 – ver Baleares (Menorca) : Mahón.

ESCORCA Baleares – ver Baleares (Mallorca).

El ESCORIAL **28280** Madrid 444 K 17 – 6 192 h. alt. 1 030 – ☎ 91.
♦Madrid 55 – Avila 65 – ♦Segovia 50.

Escorial, Arias Montano 12 ✆ 890 13 61, ⛱ – ▤ rest. AE ① E VISA. ✂
Com 1500 – ☕ 350 – **32 hab** 3840/4800.

Ver también : ***San Lorenzo de El Escorial*** NO : 3 km..

RENAULT carret. C 505 km 27 - Cruz de la Horca ✆ 890 05 05

SEAT-AUDI-VOLKSWAGEN San Sebastián 29 ✆ 890 13 69

ESCUDO (Puerto del) Cantabria 442 C 18 – ver San Miguel de Luena.

ESCUNHAU Lérida – ver Viella.

ES MIGJORN GRAN Baleares 443 M 42 – ver Baleares (Menorca).

La ESPINA **33891** Asturias 441 B 10 y 11 – ☎ 985.
♦Madrid 494 – ♦Oviedo 59.

Casa Aurelio, El Cruce 2 ✆ 83 70 10, Fax 83 73 73 – ▤ TV ☎ ⛟. AE E VISA. ✂
cerrado 25 diciembre-7 enero – Com *(cerrado domingo)* 1000 – ☕ 250 – **14 hab** 3500/7500 – PA 2635.

El ESPINAR **40400** Segovia 442 J 17 – 3 500 h. alt. 1260 – ☎ 911.
♦Madrid 62 – Ávila 41 – ♦Segóvia 30.

La Típica, pl. de España, 11 ✆ 18 10 87 – ▤ rest. ✂
Com 1500 – ☕ 300 – **23 hab** 2700/4300.

ES PAS DE VALLGORNERA (Urbanización) Baleares – ver Baleares (Mallorca) : Cala Pí.

ESPLUGA DE FRANCOLI o **L'ESPLUGA DE FRANCOLI** **43440** Tarragona 443 H 33 – alt. 414 – ☎ 977.
♦Madrid 521 – ♦Barcelona 123 – ♦Lérida/Lleida 63 – Tarragona 39.

Hostal del Senglar ⛰, pl. Montserrat Canals ✆ 87 01 21, Fax 87 00 74, « Jardín - Rest. típico », ⛱, ✂ – |‡| ▤ rest ☎ Ⓟ – 🏛 25/100. AE ① VISA. ✂
Com 1600 – ☕ 350 – **39 hab** 3400/5550 – PA 3600.

ESPLUGUES DE LLOBREGAT Barcelona – ver Barcelona.

ESPONELLA **17832** Gerona 443 F 38 – 372 h. – ☎ 972.
♦Madrid 739 – Figueras/Figueres 19 – Gerona/Girona 30.

Can Roca, av. Carlos de Fortuny 1 ✆ 59 70 12, ⛱ – ▤ Ⓟ. E VISA. ✂
cerrado martes salvo festivos y del 6 al 26 septiembre – Com carta 1475 a 2400.

ESPOT **25597** Lérida 443 E 33 – 212 h. alt. 1340 – ☎ 973 – Deportes de invierno en Super Espot : ⛷4.
Alred. : Carretera de acceso a Espot★ – O : Parque Nacional de Aigües Tortes★★.
♦Madrid 619 – ♦Lérida/Lleida 166.

Saurat ⛰, pl. San Martín ✆ 63 50 63, ⩤, ⛱ – |‡| ▤ rest ☎ Ⓟ. ① E VISA. ✂ rest
11 marzo-4 noviembre – Com 1250 – ☕ 500 – **52 hab** 3155/6820 – PA 2550.

ES PUJOLS Baleares 443 P 34 – ver Baleares (Formentera).

ESQUEDAS **22810** Huesca 443 F 28 – alt. 509 – ☎ 974.
Alred. : Castillo de Loarre★★ (✳ ★★) NO : 19 km.
♦Madrid 404 – Huesca 14 – ♦Pamplona 150.

Venta del Sotón, carret. N 240 ✆ 27 02 41, Fax 27 01 61, « Interior rústico » – ▤ Ⓟ. AE ① E VISA. ✂
cerrado lunes y febrero – Com carta 2900 a 4500.

ESTARTIT o **L'ESTARTIT** 17258 Gerona 443 F 39 – 🟢 972 – Playa.
🛂 Roca Maura 29 🏃 75 89 10.
♦Madrid 745 – Figueras/Figueres 39 – Gerona/Girona 36.

  🏠 **Miramar,** av. de Roma 13 🏃 75 86 28, ᗡᗡ, ⛱, 🌳, 🌭 – 🅿 🖲 🗈 VISA. 🌭 rest
    12 mayo- 15 octubre – Com 1500 – � 550 – **64 hab** 2500/6000.

  XX **Els Tascons,** Roca Maura-edificio Medas Park II 🏃 75 78 60, 🏡 – 🖭. 🖭 🖲 🗈 VISA
    mayo-septiembre – Com carta 2525 a 3725.

  XX **Edén** con apartamentos, Victor Concas 17 🏃 75 80 02, Telex 57077, Fax 75 86 91, 🏡 –
    🖲 VISA
    cerrado 2 enero-marzo – Com *(cerrado martes)* carta 1550 a 3200 – ⊊ 450 – **14 apartamentos**
    2950/4800.

  X **La Gaviota,** passeig Maritim 92 🏃 75 84 19, 🏡 – 🖭. 🖭 🖲 🗈 VISA. 🌭
    cerrado martes y 3 enero-9 febrero – Com carta 2000 a 3500.

  en la carretera de Torroella de Montgrí O : 1 km – ⌷ 17258 Estartit – 🟢 972 :

  🏠 **La Masía,** 🏃 75 81 78, Fax 75 99 00, ⛱, 🌳, 🌭 – 🟢 🅿. 🌭 rest
    20 mayo-5 noviembre – Com 900 – ⊊ 500 – **80 hab** 3050/5000.

ESTELLA 31200 Navarra 442 D 23 – 13 086 h. alt. 430 – 🟢 948.
Alred. : Monasterio de Irache★ (iglesia★) S : 3 km – Monasterio de Iranzu (garganta★) N :
10 km.
🛂 Palacio de los Duques de Granada 🏃 55 40 11 – **R.A.C.V.N.** pl. de los Fueros 41 🏃 55 12 49.
♦Madrid 380 – ♦Logroño 48 – ♦Pamplona 45 – ♦Vitoria/Gasteiz 70.

  XX **Navarra,** Gustavo de Maeztu 16 (Los Llanos) 🏃 55 10 69, 🏡, Decoración navarro-
    medieval, « Villa rodeada de jardín » – 🖭. 🖭 🗈 VISA. 🌭
    cerrado domingo noche y lunes, salvo 15 julio-15 agosto y 15 diciembre-5 enero – Com
    carta 2900 a 3450.

  X **Rochas,** Príncipe de Viana 16 🏃 55 10 40 – 🖭.

ALFA ROMEO av. Yerri 13 🏃 55 46 08
AUSTIN-ROVER-MG Fray Diego de Estella 5
🏃 55 43 06
CITROEN Merkatondoa 17 🏃 55 12 24
FIAT av. Carlos VII 🏃 55 15 47
FORD carret. de Allo (Merkatondoa) 🏃 55 00 35

OPEL Merkatondoa 🏃 55 40 12
PEUGEOT-TALBOT av. Carlos VII-29 🏃 55 00 76
RENAULT av. Carlos VII - 4 🏃 55 06 79
SEAT-AUDI-VOLKSWAGEN carret. de Allo
(Merkatondoa) 🏃 55 18 54

ESTELLENCHS Baleares 443 N 37 – ver Baleares (Mallorca).

ESTEPONA 29680 Málaga 446 W 14 – 24 261 h. – 🟢 952 – Playa.
🏌 El Paraíso NE : 11,5 km por N 340 🏃 78 30 00 – 🏌 Atalaya Park 🏃 78 18 94.
🛂 paseo Marítimo Pedro Manrique 🏃 80 09 13.
♦Madrid 640 – Algeciras 51 – ♦Málaga 85.

  XX **Robbies,** Jubrique 11 🏃 80 21 21, 🏡.

  X **Costa del Sol,** San Roque 23 🏃 80 11 01, Cocina francesa – 🖭. 🖭 🗈 VISA
    cerrado domingo, lunes mediodía y 15 noviembre-15 diciembre – Com carta 1845 a 2845.

  en el Puerto Deportivo – ⌷ 29680 Estepona – 🟢 952 :

  XX **El Cenachero,** 🏃 80 14 42, 🏡 – 🖭 🖲 🗈 VISA
    cerrado martes y febrero – Com carta 2400 a 4400.

  XX **Antonio,** 🏃 80 11 42, 🏡 – 🖲 🗈 VISA. 🌭
    Com carta 2390 a 3100.

  X **Rafael,** 🏃 80 23 41, 🏡 – 🖭. 🖲 🗈 VISA
    cerrado jueves y noviembre – Com carta 2100 a 3100.

  X **Salas Chef,** 🏃 79 21 36, 🏡 – 🖭 🖲 🗈 VISA
    cerrado 25 días en enero y 15 días en junio – Com carta 2350 a 3750.

  en la carretera de Málaga – ⌷ 29680 Estepona – 🟢 952 :

  🏰 **Stakis Paraíso** 🌳, urb. El Paraíso NE : 11,4 km y desvío 1,3 km 🏃 78 30 00, Telex
    79577, Fax 78 30 00, < mar y montañas, 🏡, ⛱, 🏊, ᗡᗡ, 🌭, 🏌 – 🛗 🖭 🟢 🅿 –
    🔄 25/130. 🖭 🖲 🗈 VISA. 🌭
    Com 3000 – ⊊ 1000 – **190 hab** 10500/13500 – PA 7000.

  🏰 Atalaya Park 🌳, NE : 12,5 km y desvío 1 km 🏃 78 13 00, Telex 77210, Fax 78 01 50, <,
    🏡, « Extenso jardín con arbolado », ⛱, 🏊, 🌭, 🏌 – 🛗 🖭 🟢 🅿 – 🔄
    448 hab.

  🏠 **Santa Marta** 🌳, NE : 11,2 km, ⌷ apartado 2 Estepona, 🏃 78 44 00, Fax 78 07 16, 🏡,
    « Bungalows en un extenso jardín », ⛱ – 🟢 🅿. 🖭 🖲 🗈 VISA. 🌭 rest
    abril-octubre – Com (sólo almuerzo salvo julio y agosto) 2300 – ⊊ 675 – **34 hab** 5600/6600
    – PA 4900.

XXX ❀ **Le Soufflé,** urb. El Pilar NE : 11,5 km ℰ 78 62 89, ㎡ – **ℙ** ℾ ℰ 𝘝𝘐𝘚𝘈. 彡
cerrado martes y 15 enero-10 febrero – Com (sólo cena) carta 3400 a 4350
Espec. Ensalada de hígado de pato fresco al aceite de oliva virgen, Pavé de ternera con foie-gras de pato y Moriles, Soufflé de avellanas.

XXX **El Vagabundo,** urb. Monte Biarritz NE : 12,5 km ℰ 78 66 98, ㎡ – ▤ **ℙ** ℾ ① ℰ 𝘝𝘐𝘚𝘈.
彡
cerrado domingo – Com (sólo cena) carta 2600 a 3400.

X **El Rocío,** NE : 2 km, ✉ 29680, ℰ 80 00 46 – **ℙ** ℾ ℰ 𝘝𝘐𝘚𝘈. 彡
cerrado domingo – Com (sólo cena) carta 2000 a 3000.

X **Benamara,** NE : 11,4 km ℰ 78 11 48, Cocina marroquí – ▤ **ℙ** ℾ ℰ 𝘝𝘐𝘚𝘈. 彡
cerrado lunes – Com (sólo cena) carta 2300 a 2900.

CITROEN Polígono Industrial Newton 10
ℰ 80 34 80
FIAT Melilla 7 ℰ 80 19 91
FORD av. Andalucía 30 ℰ 80 02 33
GENERAL MOTORS av. de España 226
ℰ 80 13 45

RENAULT carret. N 340 km 157 ℰ 80 19 34
SEAT-AUDI-VOLKSWAGEN carret. N 340 km 156
ℰ 80 00 22

ESTERRI DE ANEU o **ESTERRI D'ANEU** 25580 Lérida 𝟰𝟰𝟯 E 33 – 566 h. alt. 957 – ☺ 973.
♦Madrid 624 – ♦Lérida/Lleida 168 – Seo de Urgel 84.

🏠 **Esterri Park Hotel,** Carrer Major 69 ℰ 62 63 88, ㎡ – 🛗 📺 ☎ **ℙ** ℰ 𝘝𝘐𝘚𝘈. 彡
cerrado 16 octubre-noviembre – Com 1700 – ⌁ 400 – **24 hab** 2800/5600 – PA 3200.

La ESTRADA o **A ESTRADA** 36680 Pontevedra 𝟰𝟰𝟭 D 4 – 25 719 h. – ☺ 986.
♦Madrid 599 – Orense 100 – Pontevedra 44 – Santiago de Compostela 28.

X **Nixon,** av. de Puenteareas 4 ℰ 57 02 61 – ℾ ℰ 𝘝𝘐𝘚𝘈. 彡
cerrado lunes – Com carta 2000 a 3950.

CITROEN av. de Pontevedra 29 ℰ 57 11 63
FIAT Av. de Santiago 10 ℰ 57 05 59
FORD prolongación av. Benito-Vigo ℰ 57 05 09
GENERAL MOTORS Alto de la Cruz carret. N 640
km 207.700 ℰ 57 25 13
LANCIA av. Fernando Conde 43 ℰ 57 17 68
MERCEDES-BENZ av. Fernando Conde 142
ℰ 57 19 14

PEUGEOT-TALBOT av. Fernando Conde 187
ℰ 57 03 79
RENAULT av. Fernando Conde 123 ℰ 57 02 08
SEAT-AUDI-VOLKSWAGEN av. de Santiago
ℰ 57 04 04

ES VIVE Baleares – ver Baleares (Ibiza) : Ibiza.

EUGUI 31638 Navarra 𝟰𝟰𝟮 D 25 – alt. 620 – ☺ 948.
♦Madrid 422 – ♦Pamplona 27 – St-Jean-Pied-de-Port 63.

🏠 Quinto Real 彡, ℰ 30 40 44, ≼ – **ℙ** – **18 hab**.

EZCARAY 26280 La Rioja 𝟰𝟰𝟮 F 20 – 1 710 h. alt. 813 – ☺ 941 – Deportes de invierno en Valdezcaray – ♦Madrid 316 – ♦Burgos 73 – ♦Logroño 61 – ♦Vitoria/Gasteiz 80.

🏠 **Margarita,** Lamberto F. Muñoz 14 ℰ 35 41 44, Fax 35 45 76 – 🛗 ▤ rest 📺 ☎. 𝘝𝘐𝘚𝘈. 彡
Com 1430 – ⌁ 500 – **25 hab** 3695/5265.

🏠 **Echaurren,** Héroes del Alcázar 2 ℰ 35 40 47 – 🛗 ▤ rest ☎. ℾ ① ℰ 𝘝𝘐𝘚𝘈. 彡 rest
cerrado noviembre – Com carta 2100 a 3320 – ⌁ 425 – **26 hab** 2900/5900 – **y 6 apartamentos** – PA 3000.

X **El Rincón del Vino,** av. Jesús Nazareno 2 ℰ 35 43 75, Exposición y venta de vinos y productos típicos de La Rioja – **ℙ** ℾ ① ℰ 𝘝𝘐𝘚𝘈. 彡
cerrado miércoles salvo julio- agosto y del 15 al 30 de junio – Com carta 2050 a 3125.

FANALS Gerona – ver Lloret de Mar.

FELANITX 07200 Baleares – ver Baleares (Mallorca).

La FELGUERA 33683 Asturias 𝟰𝟰𝟭 B 12 – alt. 212 – ☺ 985.
Alred. : Carbayo ❋❋ SE : 5 km.
♦Madrid 431 – Gijón 40 – ♦Oviedo 20 – ♦Santander 205.

FORD Pepita Fernández Duro 12-14 ℰ 69 14 44
GENERAL-MOTORS Latejeras de Lada
ℰ 69 07 66
PEUGEOT-TALBOT av. de Italia 22 ℰ 69 05 67
PEUGEOT-TALBOT Polígono de Riaño, parcela 8
ℰ 69 48 94

RENAULT General Sanjurjo 22 ℰ 69 58 46
SEAT-AUDI-VOLKSWAGEN Pablo Picasso 19
ℰ 68 48 19
SEAT-AUDI-VOLKSWAGEN General Mola
ℰ 69 19 36

FERMOSELLE Zamora 𝟰𝟰𝟭 I 10.

FERRERÍAS Baleares – ver Baleares (Menorca).

FERROL 15400 La Coruña **441** B 4 – 91 764 h. – ✆ 981 – Playa – Iberia ✆ 31 92 90.

♦Madrid 608 – ♦La Coruña 61 – Gijón 321 – ♦Oviedo 306 – Santiago de Compostela 103.

Parador de Ferrol, Almirante Vierna ✆ 35 67 20, Fax 35 67 20, « Bonito edificio de estilo regional » – ■ rest ☎ – 🛗 25/100. 🝕 ❿ **E** 𝗩𝗜𝗦𝗔. ✼
Com 2900 – ☲ 950 – **39 hab** 8500 – PA 5740.

Almirante y rest. Gavia, María 2 ✆ 32 53 11, Fax 32 53 11 – 🛗 ☎ ⇌. 🝕 ❿ **E** 𝗩𝗜𝗦𝗔. ✼
Com (cerrado domingo noche y lunes) carta 2000 a 3100 – ☲ 500 – **112 hab** 4000/7500.

Almendra, sin rest, Almendra 4 ✆ 35 81 90 – 🝕 ☜ ⇌ – **43 hab.**

Ryal sin rest, Galiano 43 ✆ 35 07 99 – 🛗 ☜. 🝕 ❿ **E** 𝗩𝗜𝗦𝗔. ✼
☲ 290 – **40 hab** 2900/4600.

O'Xantar, Real 182 ✆ 35 51 18 – ■. 🝕 𝗩𝗜𝗦𝗔. ✼
cerrado domingo noche – Com carta aprox. 2400.

Bajamar, Magdalena 125 ✆ 35 17 38 – ■.

Pataquiña, Dolores 35 ✆ 35 23 11 – 🝕 ❿ **E** 𝗩𝗜𝗦𝗔. ✼
cerrado domingo noche de octubre a julio – Com carta 1650 a 3850.

Moncho, Dolores 44, ✉ 15402, ✆ 35 39 94 – 𝗩𝗜𝗦𝗔. ✼
cerrado domingo y junio – Com carta 2200 a 2900.

en la carretera C 646 N : 2 km – ✉ 15405 Ferrol – ✆ 981 :

O'Parrulo, av. Catabois 401 ✆ 31 86 53 – ■ 🄿. 🝕 **E** 𝗩𝗜𝗦𝗔. ✼
cerrado domingo noche, miércoles y del 1 al 15 agosto – Com carta 2000 a 3300.

ALFA ROMEO carret. de Castilla 635 - El Ponto ✆ 38 18 05
AUSTIN-ROVER Sartaña 50 ✆ 32 01 00
CITROEN Polígono de la Gándara ✆ 32 67 51
FIAT Río Porto 13-15 ✆ 31 20 52
FORD Carret. de Gándara 11-17 ✆ 31 34 06
GENERAL MOTORS-OPEL carret. N VI - Larage-Cabañas ✆ 43 02 00

LANCIA carret. de Castilla 131 ✆ 31 87 11
OPEL carret. N VI - Larage-Cabañas ✆ 43 02 00
PEUGEOT-TALBOT Perbes 1 a 13 ✆ 31 11 00
RENAULT Del Sol 30 ✆ 35 05 11
SEAT carret. de Calabois 7 - San Mateo ✆ 32 89 89
SEAT-AUDI-VOLKSWAGEN pl. de Canido 1 ✆ 32 47 22

FIGUERAS 33794 Asturias **441** B 8 – ✆ 985.

♦Madrid 593 – Lugo 92 – ♦Oviedo 150.

Palacete Peñalba ☜, El Cotarelo ✆ 62 31 50, « Palacete de estilo modernista », 🚗 – 🝕 ☎ 🄿. 🝕 𝗩𝗜𝗦𝗔. ✼
Com (ver rest. **Peñalba**) – ☲ 650 – **12 hab** 8000.

Peñalba, av. Trenor - Puerto ✆ 62 37 60, ← – 🝕 𝗩𝗜𝗦𝗔. ✼
cerrado lunes salvo Semana Santa, verano y Navidad – Com carta 2700 a 5100.

FIGUERAS o **FIGUERES** 17600 Gerona **443** F 38 – 30 532 h. alt. 30 – ✆ 972.

🚩 pl. del Sol ✆ 50 31 55.

♦Madrid 744 – Gerona/Girona 37 – ♦Perpignan 58.

President, ronda Firal 33 ✆ 50 17 00, Fax 50 19 97 – 🛗 ■ ☎ ⇌ 🄿. 🝕 ❿ **E** 𝗩𝗜𝗦𝗔
cerrado 16 enero-6 febrero – Com 2000 – ☲ 650 – **75 hab** 5000/8500 – PA 4650.

Durán, Lasauca 5 ✆ 50 12 50, Fax 50 26 09 – 🛗 ■ rest ☎ ⇌. 🝕 ❿ **E** 𝗩𝗜𝗦𝗔
Com 1600 – ☲ 500 – **67 hab** 4900/7000 – PA 3145.

Travé, carret. de Olot ✆ 50 05 91, Fax 67 14 83, 🏊, ☒ – 🛗 ■ ☎ ⇌ 🄿 – 🛗. 🝕 ❿ **E** 𝗩𝗜𝗦𝗔. ✼ rest
Com 1500 – ☲ 500 – **73 hab** 4700 – PA 2975.

Pirineos, ronda Barcelona 1 ✆ 50 03 12, Telex 56277, Fax 50 07 66 – 🛗 ■ rest ☜ ⇌. 🝕 ❿ **E** 𝗩𝗜𝗦𝗔. ✼ rest
Com 1625 – ☲ 420 – **53 hab** 3950/4725.

Ronda, ronda Barcelona 104 ✆ 50 39 11 – 🛗 ■ rest ☜ ⇌ 🄿. 🝕 ❿ **E** 𝗩𝗜𝗦𝗔. ✼ rest
Com 995 – ☲ 425 – **44 hab** 2400/4300 – PA 2225.

Los Angeles sin rest, Barceloneta, 10 ✆ 51 06 61 – ⇌. 🝕 **E** 𝗩𝗜𝗦𝗔
☲ 475 – **35 hab** 2650/4100.

Viarnés, Pujada del Castell 23 ✆ 50 07 91 – ■. 🝕 ❿ **E** 𝗩𝗜𝗦𝗔
cerrado del 16 al 30 junio y del 16 al 30 noviembre – Com carta 2050 a 2950.

en la carretera N II (antigua carretera de Francia) – ✉ 17600 Figueras – ✆ 972 :

Ampurdán, N : 1,5 km ✆ 50 05 62, Telex 57032, Fax 50 93 58, 🍴 – 🛗 ■ 🝕 ☎ ⇌ 🄿. 🝕 ❿ **E** 𝗩𝗜𝗦𝗔. ✼
Com carta 3600 a 5950 – ☲ 810 – **42 hab** 6700/9950
Espec. Terrina fría de aguacate y puerros. Magro de cabeza de buey con cebollitas glaseadas. Costillar de ciervo asado, salsa al membrillo..

Bon Retorn, S : 2,5 km ✆ 50 46 23, ☒ – ■ rest ⇌ 🄿. **E** 𝗩𝗜𝗦𝗔. ✼
cerrado 15 noviembre-15 diciembre – Com (cerrado lunes) 1800 – ☲ 550 – **62 hab** 3000/6000 – PA 4000.

en la carretera de Olot SO : 5 km – ⊠ 17742 Avinyonet de Puigventos – ✪ 972 :

ⅩⅩⅩ   ❀ **Mas Pau** 🍴 con hab, ✆ 54 61 54, Fax 50 13 77, 🍽, « Antigua masía con jardín y 🌳 » – 🍴 hab 📺 ☎ ℗ 🅰🅴 ⓦ 🄴 𝗩𝗜𝗦𝗔
cerrado 9 enero-22 marzo – Com *(cerrado domingo noche salvo vísperas festivos y verano)*
carta 2780 a 6700 – 🍷 1000 – **7 hab** 10000/14000
Espec. Canalones de gambas al azafrán. Trufa negra con hígado de pato y pétalos de hojaldre. Rape, Turbot, langostinos y almejas a la marinera.

ALFA ROMEO Ampurdá 78 ✆ 67 12 99	MERCEDES-BENZ Carles Fages de Climent
AUSTIN-ROVER Pasteur ✆ 50 42 84	✆ 50 30 00
BMW carret. de Olot km 24,400 ✆ 50 85 61	PEUGEOT-TALBOT carret. de Barcelona km 759
CITROEN Santa Llogaia 72 ✆ 50 23 66	✆ 50 24 69
CITROEN Méndez Núñez 40 ✆ 50 56 29	RENAULT Vilallonga 59 (carret. de Rosas)
FIAT av. Marignane ✆ 50 20 77	✆ 50 09 62
FORD Nou (final) ✆ 50 06 67	SEAT-AUDI-VOLKSWAGEN Vilallonga 4-6-15
GENERAL MOTORS-OPEL carret. de Rosas 60-62	✆ 50 27 00
✆ 50 43 72	

FINCA LA BOBADILLA Granada – ver Loja.

FINISTERRE 15155 La Coruña 𝟒𝟒𝟏 D 2 – ✪ 981.
♦Madrid 733 – ♦La Coruña 115 – Santiago de Compostela 131.

🏠   **Finisterre,** Federico Avila, 8 ✆ 74 00 00 – ☎ 🚐 ℗ 🅰🅴 🄴 𝗩𝗜𝗦𝗔. 🍴
Com 1500 – 🍷 300 – **36 hab** 3500/5000 – PA 3000.

ⅹ   A Langosteira con hab, av. de La Coruña 57, ⊠ 15155, 🍽 –
11 hab.

FISCAL 22373 Huesca 𝟒𝟒𝟑 E 29 – 329 h. alt. 768 – ✪ 974.
♦Madrid 534 – Huesca 144 – ♦Lérida/Lleida 160.

🏠   **Río Ara** 🍴, carret. de Ordesa ✆ 50 30 20, ≤ – ℗ 𝗩𝗜𝗦𝗔. 🍴
Com 1050 – 🍷 325 – **26 hab** 2300/3700 – PA 2060.

FITERO Navarra 𝟒𝟒𝟐 F 24 – 2 186 h. alt. 223 – ⊠ 31594 Baños de Fitero – ✪ 948 – Balneario.
Ver : Monasterio de Santa María La Real★.
♦Madrid 308 – ♦Pamplona 93 – Soria 82 – ♦Zaragoza 105.

en Baños de Fitero O : 4 km – ⊠ 31594 Baños de Fitero – ✪ 948 :

🏨   **Virrey Palafox** 🍴, Extramuros ✆ 77 62 75, Fax 77 62 25, 🔽 de agua termal, 🚣, 🎾 –
🛗 🍴 rest 📺 🍴 ℗ 𝗩𝗜𝗦𝗔. 🍴 rest
abril-noviembre – Com 3125 – 🍷 700 – **59 hab** 4950/7200.

🏨   **Bal. G. Adolfo Bécquer** 🍴, Extramuros ✆ 77 61 00, Fax 77 62 25, 🍽, 🔽 de agua termal, 🚣, 🎾 – 🛗 🍴 rest 📺 🍴 🚐 ℗ 𝗩𝗜𝗦𝗔. 🍴 rest
abril-noviembre – Com 3100 – 🍷 700 – **205 hab** 4950/7200.

FONTIBRE Cantabria 𝟒𝟒𝟐 C 17 – ver Reinosa.

FORCALL 12310 Castellón 𝟒𝟒𝟓 K 29 – 705 h. – ✪ 964.
♦Madrid 423 – Castellón de la Plana 110 – Teruel 122.

🏠   **Aguilar** sin rest. y sin 🍷, Av. III Centenario 1 ✆ 17 11 06 – ℗
15 hab 1200/2400.

ⅹ   Mesón de la Vila, pl. Mayor 2 ✆ 17 11 25, Decoración rústica – 🍴

FORMENTERA Baleares 𝟒𝟒𝟑 P 34 – ver Baleares.

FORMENTOR (Cabo de) Baleares 𝟒𝟒𝟑 M 39 – ver Baleares (Mallorca).

El FORMIGAL Huesca 𝟒𝟒𝟑 D 28 – ver Sallent de Gállego.

FORNELLS Baleares 𝟒𝟒𝟑 L 42 – ver Baleares (Menorca).

Gli alberghi o ristoranti *ameni* sono indicati nella guida
con un simbolo *rosso*.   🏨🏨 ... 🏠
Contribuite a mantenere
la guida aggiornata segnalandoci   ⅩⅩⅩⅩⅩ ... ⅹ
gli alberghi e ristoranti dove avete soggiornato piacevolmente.

FORTUNA Murcia **445** R 26 – 5 709 h. alt. 228 – ⊠ 30630 Balneario de Fortuna – 🕾 968 – Balneario.

◆Madrid 385 – ◆Albacete 138 – ◆Alicante 93 – ◆Murcia 22.

   por la carretera de Pinoso N : 3 km – ⊠ 30630 Balneario de Fortuna – 🕾 968 :

🏨 **Victoria** ⌁, 🟢 68 50 11, Fax 68 50 87, ⤳ agua termal, 🛲, ✗ – 🛗 ☜ 🅿
   65 hab.

🏨 **Balneario** ⌁, 🟢 68 50 11, Fax 68 50 87, ⤳ agua termal, 🛲, ✗ – 🛗 ☜ 🅿
   58 hab.

🏠 **España** ⌁, 🟢 68 50 11, ⤳ agua termal, ✗ – 🛗 ☜ 🅿
   55 hab.

CITROEN av. Salzillo 🟢 68 51 26
FORD Miguel Miralles 🟢 68 50 94

PEUGEOT-TALBOT Salvador Allende 🟢 68 55 62
RENAULT Gabriel Celaya 3 🟢 68 55 03

La FOSCA Gerona **443** G 39 – ver Palamós.

FOZ 27780 Lugo **441** B 8 – 8 776 h. – 🕾 982.
Ver : Acantilado★.
Alred. : Iglesia de San Martín de Mondoñedo ★ S : 2,5 km.
🛈 Hermanos López Real 🟢 14 00 27.

◆Madrid 598 – ◆La Coruña 145 – Lugo 94 – ◆Oviedo 194.

OPEL Calvo Sotelo 🟢 14 01 67
PEUGEOT-TALBOT carret. del Cementerio 11
🟢 14 03 56

RENAULT Ribadeo-Vivero 406 - Forxán
🟢 14 15 54

La FRANCA 33590 Asturias **441** B 16 – 🕾 985 – Playa.
◆Madrid 438 – Gijón 114 – ◆Oviedo 124 – ◆Santander 81.

   en la playa O : 1,2 km – ⊠ 33590 Colombres – 🕾 985 :

🏠 **Mirador de la Franca** ⌁, 🟢 41 21 45, ≤, ✗ – 🅿. E 𝗩𝗜𝗦𝗔. ✗ rest
   Semana Santa-30 septiembre – Com 1400 – ⇆ 500 – **52 hab** 4700/7900 – PA 3300.

FREGINALS 43558 Tarragona **443** J 31 – 414 h. alt. 126 – 🕾 977.
◆Madrid 513 – Castellón de la Plana 103 – Tarragona 87 – Tortosa 27.

   en la carretera de Tortosa NO : 2 km – ⊠ 43558 Freginals – 🕾 977

✗ **Masía Creu del Coll,** 🟢 71 80 27, 🍽, Decoración rústica regional – 🅿. 𝗔𝗘 ⓪ E 𝗩𝗜𝗦𝗔.
   ✗
   cerrado del 1 al 15 noviembre – Com carta 1425 a 2275.

FRESNO DE LA RIBERA 49590 Zamora **441** H 13 – 497 h. – 🕾 988.
◆Madrid 227 – ◆Salamanca 81 – ◆Valladolid 80 – Zamora 16.

✗ **Marcial,** carret. N 122 🟢 69 56 82 – 🗐. 𝗔𝗘 ⓪ E 𝗩𝗜𝗦𝗔. ✗
   cerrado lunes noche – Com carta 1150 a 2050.

FRIGILIANA 29788 Málaga **446** V 18 – 2 108 h. – 🕾 952.
◆Madrid 555 – ◆Granada 126 – ◆Málaga 58.

🏨 **Las Chinas,** pl. Capitán Cortés 14 🟢 53 30 73, ≤ – ☜. E 𝗩𝗜𝗦𝗔. ✗
   Com 800 – ⇆ 300 – **9 hab** 2500/3800.

FROMISTA 34440 Palencia **442** F 16 – 1 284 h. alt. 780 – 🕾 988.
Ver : Iglesia★★.
🛈 paseo Central.
◆Madrid 257 – ◆Burgos 78 – Palencia 31 – ◆Santander 170.

✗✗ **Hostería de los Palmeros,** pl. San Telmo 4 🟢 81 00 67 – ⓪ E 𝗩𝗜𝗦𝗔. ✗
   cerrado martes – Com carta 2800 a 3850.

FUENCARRAL Madrid **444** K 19 – ver Madrid.

Junto con esta guía, utilice los **Mapas Michelin** :

nº **990** ESPAÑA-PORTUGAL Principales Carreteras 1/1 000 000,

nos **441**, **442**, **443**, **444**, **445** y **446** ESPAÑA (mapas detallados) 1/400 000,

nº **448** Islas CANARIAS (mapa/guía) 1/200 000,

nº **437** PORTUGAL 1/400 000.

FUENGIROLA 29640 Málaga **446** W 15 – 30 606 h. – **🕿** 952 – Playa.

🔟 Golf Mijas N : 3 km 🏌 47 68 43 – 🔟 Torrequebrada por ① : 7 km 🏌 44 27 42.

🛈 pl. de España (parque) 🏌 46 74 57.

◆Madrid 575 ① – Algeciras 104 ② – ◆Málaga 29 ①.

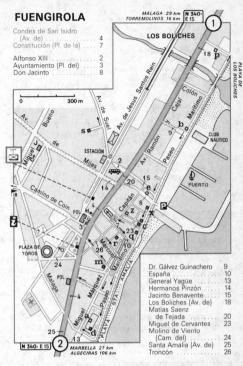

FUENGIROLA

Condes de San Isidro
(Av. de) 4
Constitución (Pl. de la) 7

Alfonso XIII 2
Ayuntamiento (Pl. del) 3
Don Jacinto 8

Dr. Gálvez Guinachero ... 9
España 10
General Yagüe 13
Hermanos Pinzón 14
Jacinto Benavente 15
Los Boliches (Av. de) .. 18
Matías Saenz
de Tejada 20
Miguel de Cervantes ... 23
Molino de Viento
(Cam. del) 24
Santa Amalia (Av. de) . 25
Troncón 26

🏨🏨 **Las Pirámides,** paseo Marítimo 🏌 47 06 00, Telex 77315, Fax 58 32 97, ≤, 🏊, – 🛗 🍴 ⇔ 🅿 – 🔏 25/300 **a**
Com 2375 – 🖙 540 – **320 hab** 8000/10800 – PA 5200.

🏨🏨 **Florida,** paseo Marítimo 🏌 47 61 00, Telex 77791, Fax 58 15 29, ≤, 🍴, 🏊 climatizada, 🌳 – 🛗 🍴 rest. 🅰🅴 ⓞ 🅴 🆅🆂🅰 🛠 Com 1650 – 🖙 450 – **116 hab** 3850/6300 – PA 3100. **b**

🏨 **Italia** sin rest, de la Cruz 1 🏌 47 41 93 – 🛠 **z** 🖙 200 – **28 hab** 2115/3815

🏨 **Sedeño** sin rest, Don Jacinto 5 🏌 47 47 88, 🌳 – 🛠 **e** **30 hab** 1995/3190.

🍴🍴🍴 **Ceferino,** Rotonda de la Luna 1 - Pueblo López 🏌 46 45 93, 🌳 – 🗏. 🅰🅴 🅴 🆅🆂🅰 **s** cerrado domingo – Com carta 2800 a 5200.

🍴🍴 **Don José,** Moncayo 16 🏌 47 90 52, 🌳 – 🗏. 🅰🅴 ⓞ 🅴 🆅🆂🅰 🛠 **c** cerrado martes – Com carta 1600 a 2400

🍴🍴 **Portofino,** paseo Marítimo Reyes de España 29 🏌 47 06 43, 🌳 – 🗏. 🅰🅴 ⓞ 🅴 🆅🆂🅰 🛠 **x** cerrado lunes y 24 junio-24 julio – Com (sólo cena en verano).

🍴🍴 **Monopol,** Palangreros 7 🏌 47 44 48, Decoración neo - rústica – 🅰🅴 🅴 🆅🆂🅰 **r** cerrado domingo y agosto – Com carta 1840 a 3390.

🍴🍴 **Old Swiss House "Mateo",** Marina Nacional 28 🏌 47 26 06 – 🗏. 🅰🅴 🆅🆂🅰 cerrado jueves y del 15 al 31 enero – Com carta 1390 a 2295.

🍴🍴 Misono, General Yagüe, Edificio Las Pirámides 🏌 47 06 00, Cocina japonesa **d**

🍴 El Caserío, pl. Picasso 🏌 47 54 43 – 🗏 **m**

🍴 **La Gaviota,** paseo Marítimo - Edificio la Perla 1 🏌 47 36 37, 🌳 – 🅰🅴 ⓞ 🅴 🆅🆂🅰. 🛠 **c** cerrado miércoles y 20 de diciembre-enero – Com carta 2000 a 3275.

🍴 Los Amigos, Moncayo 16 🏌 47 19 82, 🌳, Pescados y mariscos – 🗏 **c**

🍴 La Chimenea, paseo Marítimo - Edificio Perla 2 🏌 47 01 47, 🌳 **q**

en Los Boliches – ✉ 29640 Fuengirola – **🕿** 952 :

🏨🏨 **Angela,** paseo Marítimo 🏌 47 52 00, Telex 77342, Fax 46 20 87, ≤, 🏊 climatizada, 🛠 – 🛗 🗏 rest 🕿 ⇔. 🅰🅴 ⓞ 🅴 🆅🆂🅰 🛠 rest **p** Com (sólo cena) 2500 – 🖙 500 – **260 hab** 6400/10200.

🏨 **Santa Fé** sin rest y sin 🖙, av. de Los Boliches 66 por ① : 1,5 km 🏌 47 41 81 – 🛗 🗏. 🅰🅴 ⓞ 🅴 🆅🆂🅰. 🛠 **26 hab** 2000/2700.

🍴🍴 La Langosta, Francisco Cano 1 por ① : 1,5 km 🏌 47 50 49 – 🗏

en Carvajal por ① : 4,5 km – ✉ 29640 Carvajal – **🕿** 952 :

🏨 Easo sin rest, carret. N 340 🏌 47 42 97, ≤ – 🛗 🅿 temp. – **30 hab**

sigue →

en Mijas Costa por ② : 8 km – ⊠ 29650 Mijas – 🕿 952 :

XX **Los Claveles,** carret. de Cádiz - urb. Los Claveles 🖋 49 30 22, ≤, 🏤, Cocina belga – 🖭
🗷 VISA
cerrado lunes y 15 diciembre-15 enero – Com (sólo cena salvo domingo) carta 1625 a 2900.

por la carretera de Coín - en la urbanización Mijas Golf NO : 5 km – ⊠ 29640
Fuengirola – 🕿 952 :

🏨 **Byblos Andaluz** ⟩, 🖋 47 30 50, Telex 79713, Fax 47 67 83, ≤ campo de golf y montañas, 🏤, Servicios de talasoterapia, « Lujoso conjunto de estilo andaluz situado entre dos campos de golf », 🟤 climatizada, 🖂, 🟤, 🦆, 🛏 – 🛗 📺 🕿 🅿 – 🚗 40/170.
🖭 ⓪ 🗷 VISA
Com (ver a continuación rest. **Le Nailhac**) rest. **El Andaluz** carta 3400 a 4000 – ⊊ 1800 –
144 hab 26000/38000 – PA 12800.

XXX 🕸 **Le Nailhac** – Hotel Byblos Andaluz 🖋 47 30 50, Telex 79713, Fax 47 67 83, 🏤 – 🖿
🅿, 🖭 ⓪ 🗷 VISA, 🛠
cerrado miércoles – Com (sólo cena) carta 6000 a 7500
Espec. Tártar de lubina y salmón con caviar de berenjenas, Filetes de salmonete sobre copos de patata, Tarta fina de manzana y su sorbete.

AUSTIN-ROVER-MG av. de Mijas 32 🖋 47 34 04
CITROEN Jacinto Benavente 🖋 46 05 50
FORD carret. de Cádiz km 210 🖋 47 72 00
GENERAL MOTORS carret. de Mijas 🖋 46 21 97
PEUGEOT-TALBOT carret. de Mijas km 5,5
🖋 47 43 12

RENAULT carret. de Mijas 🖋 47 64 00
SEAT-AUDI-VOLKSWAGEN avda. de Las Gaviotas 1 🖋 47 40 50

FUENMAYOR 26360 La Rioja 442 E 22 – 2 025 h. – 🕿 941.
♦Madrid 335 – ♦Burgos 132 – ♦Logroño 12 – ♦Vitoria 77.

X **El Valenciano,** av. de Cenicero 20 🖋 45 02 27 – 🖿, 🖭 ⓪ 🗷 VISA, 🛠
cerrado domingo noche, lunes noche y del 13 al 28 junio – Com carta aprox. 3000.

FUENTE DE Cantabria 442 C 15 – alt. 1 070 – ⊠ 39588 Espinama – 🕿 942 – ⚒ 1.
Ver : Paraje★★.
Alred. : Mirador del Cable ☀★★ estación superior del teleférico.
♦Madrid 424 – Palencia 198 – Potes 25 – ♦Santander 140.

🏨 **Parador del Río Deva** ⟩, alt. 1 005, ⊠ 39588 Espinama, 🖋 73 00 01, Fax 73 00 01,
« Magnífica situación al pie de los Picos de Europa, ≤ Valle y montaña » – 📺 🕿 🅿, 🖭
⓪ 🗷 VISA, 🛠
Com 2900 – ⊊ 950 – **78 hab** 7500 – PA 5740.

FUENTE DE PIEDRA 29520 Málaga 446 U 15 – 2 151 h. – 🕿 952.
♦Madrid 544 – Antequera 23 – ♦Cordoba 137 – ♦Granada 120 – ♦Sevilla 141.

X La Laguna, con hab, carret. N 334 🖋 73 52 92, 🏤 – 🖿 rest 🅿
9 hab.

FUENTE EL SOL 47009 Valladolid 442 I 15 – 400 h. – 🕿 983.
♦Madrid 151 – Ávila 77 – ♦Salamanca 81 – ♦Valladolid 65.

X El Buen Yantar, Carret. C 610 🖋 82 42 12 – 🖿 🅿.

FUENTE EN SEGURES 12160 Castellón 445 K 29 – alt. 821 – 🕿 964 – Balneario.
♦Madrid 502 – Castellón de la Plana 79 – Tortosa 126.

🏠 **Los Pinos** ⟩, 🖋 43 13 11, ≤ – 🛗 🕿 🚗, 🛠
junio-septiembre – Com 900 – ⊊ 320 – **48 hab** 2300/4600 – PA 1800.

🏠 **Fuente En-Segures** ⟩, av. Dr. Puigvert 🖋 43 10 00 – 🛗 🖐 🚗 🅿, 🖭 VISA
🛠
junio-septiembre – Com 1375 – **78 hab** 2285/3685.

FUENTERRABIA o **HONDARRIBIA** 20280 Guipúzcoa 442 B 24 – 11 276 h. – 🕿 943
– Playa.
Alred. : Cabo Higuer★ (≤★) N : 4 km – Trayecto★★ de Fuenterrabía a Pasajes de San Juan por el Jaizkibel : capilla de Nuestra Señora de Guadalupe ≤★★ – Hostal del Jaizkibel ≤★, descenso a Pasajes de San Juan ≤★.
🛫 de San Sebastián, Jaizkibel SO : 5 km 🖋 61 68 45.
🛬 🖋 42 35 86 – Iberia y Aviaco : ver San Sebastián.
♦Madrid 512 – ♦Pamplona 95 – St-Jean-de-Luz 18 – ♦San Sebastián/Donostia 23.

🏨 **Parador El Emperador** 🍴, pl. de Armas ℰ 64 21 40, Fax 64 21 53, ⩽, « Instalado en un castillo medieval » –
cerrado por obras en 1991 – .

🏨 **Pampinot** 🍴 sin rest, Mayor 3 ℰ 64 06 00, « Casa señorial del siglo XV » – 📺 ☎ ⓞ 🄴 *VISA*
cerrado febrero – ⇌ 900 – **8 hab** 13000/16000.

🏨 **San Nicolás** 🍴 sin rest, pl. de Armas 6 ℰ 64 42 78 – ☎. 🄰🄴 ⓞ 🄴 *VISA*
⇌ 500 – **14 hab** 5000/6200.

🏨 **Jauregui** sin rest, San Pedro 28 ℰ 64 14 00, Fax 64 44 04 – 🛗 📺 ☎ ⟷ – 🏊 25. 🄰🄴 ⓞ 🄴 *VISA*. ⋇
⇌ 450 – **53 hab** 5500/8300.

🏨 **Guadalupe** 🍴 sin rest, Nafarroa 2 ℰ 64 16 50, ⅃, ☂ – ☜ ⓟ
temp. – **36 hab**.

🏨 **Alvarez Quintero** sin rest, Edificio Miramar 7 ℰ 64 22 99 – ☜. *VISA*
1 abril-octubre – ⇌ 425 – **14 hab** 3600/5100.

🏨 **Txoko Goxoa** 🍴 sin rest, Murallas 19 ℰ 64 46 58 – 🄴 *VISA*. ⋇
⇌ 350 – **6 hab** 4000.

🍴🍴🍴 ✿ **Ramón Roteta**, Irún ℰ 64 16 93, Fax 62 31 24, �述 – 🄰🄴 🄴 *VISA*
cerrado jueves, domingo noche, 2ª quincena febrero y 2ª quincena octubre – Com carta 3995 a 6600
Espec. Arroz con verduras y almejas, Filetes de lenguado rellenos de txangurro, Crepineta de rabo de buey deshuesado con hongos.

🍴🍴 **Sebastián**, Mayor 7 ℰ 64 01 61 – 🄰🄴 ⓞ 🄴 *VISA*
cerrado domingo noche en invierno, lunes y 5 noviembre-4 diciembre – Com carta 3800 a 5300.

🍴🍴 **Arraunlari,** paseo Butrón 6 ℰ 64 15 81, �述 – 🄰🄴 🄴 *VISA*. ⋇
cerrado lunes y noviembre – Com carta 3050 a 3800.

🍴 **Zeria**, San Pedro 23 ℰ 64 27 80, �述, Decoración rústica, Pescados y mariscos – 🄰🄴 ⓞ 🄴 *VISA*. ⋇
cerrado domingo noche, martes y 15 noviembre-15 diciembre – Com carta 3050 a 4050.

🍴 Kupela, Zuloaga 4 ℰ 64 40 25, �述, Decoración rústica.

🍴 **Aquarium**, Zuloaga 2 ℰ 64 27 93, �述 – 🍽 🄰🄴 🄴 *VISA*
cerrado martes y 22 diciembre-Semana Santa – Com *(sólo fines de semana festivos y vísperas 13 octubre-22 diciembre)* carta 2550 a 4500.

🍴 Zabala, San Pedro 14 ℰ 64 27 36, �述.

por la carretera de San Sebastián y camino a la derecha SO : 2,5 km – ✉ 20280 Fuenterrabía – 🕿 943 :

🍴🍴 **Beko Errota,** barrio de Jaizubia ℰ 64 31 94, �述, Caserío vasco – ⓟ 🄰🄴 ⓞ 🄴 *VISA* ⋇
cerrado lunes – Com carta 3200 a 3900.

FUENTES DE OÑORO Salamanca 🗺 K 9.

FUERTEVENTURA Las Palmas – ver Canarias.

GALAPAGAR 28260 Madrid 🗺 K 17 – 6 090 h. alt. 881 – 🕿 91.
♦Madrid 36 – El Escorial 13.

en la carretera C 505 SE : 1 km – ✉ 28260 Galapagar – 🕿 91 :

🍴🍴 **La Retranka**, ℰ 858 02 44, �述 – ⓟ 🄰🄴 ⓞ *VISA*. ⋇
cerrado lunes y septiembre – Com carta 2250 a 3200.

GALDÁCANO o **GALDAKAO** 48960 Vizcaya 🗺 C 21 – 26 545 h. – 🕿 94.
♦Madrid 403 – ♦Bilbao 8 – ♦San Sebastián/Donostia 91 – ♦Vitoria/Gasteiz 68.

🍴🍴 ✿ **Andra Mari**, Elejalde 22 ℰ 456 00 05, ⩽ montañas, �述, Decoración regional – 🍽 ⓟ 🄰🄴 ⓞ 🄴 *VISA*. ⋇
cerrado domingo y agosto – Com carta 3500 a 4850
Espec. Hongos (boletus aereus) al horno (octubre a diciembre), Riñones a la vasco-francesa, Jamoncitos de pato rellenos de foie.

CITROEN carret. de Galdácano km 6 ℰ 440 24 65
GENERAL MOTORS carret. Bilbao-Galdácano km 7 ℰ 456 88 00

RENAULT Ibzizubol 19 ℰ 456 01 13

GALDAKAO Vizcaya 🗺 C 21 – ver Galdácano.

♦Madrid 459 – ♦Lérida/Lleida 92 – Tarragona 87 – Tortosa 40.

🏨 **Pique,** vía Cataluña 68 ℰ 42 00 68 – 🗏 rest 🕾 🅿. ⴹ 𝓥𝓘𝓢𝓐. ⴵ
Com 950 – ⴱ 250 – **48 hab** 1400/2800 – PA 2150.

CITROEN carret. Villalba dels Arcs ℰ 42 01 77
FORD vía Cataluña 54 ℰ 42 00 63
PEUGEOT-TALBOT vía Aragón 38 ℰ 42 01 24

RENAULT vía Aragón 42 ℰ 42 01 88
SEAT-AUDI-VOLKSWAGEN carret. de Tortosa
ℰ 42 04 23

GANDIA 46700 Valencia **445** P 29 – 52 646 h. – ✿ 96 – Playa.

🛈 av. Marqués de Campo ℰ 287 45 44 y p. Maritím Neptú ℰ 284 24 07 (temp).

♦Madrid 416 – ♦Albacete 170 – ♦Alicante 109 – ♦Valencia 68.

🏨 **Los Naranjos** sin rest,
av. Pío XI - 57
ℰ 287 31 43 – 🛗 🕾
🚗. ⴹ ⓞ ⴹ 𝓥𝓘𝓢𝓐. ⴵ
ⴱ 225 – **35 hab**
2000/3050.

🏨 **Duque Carlos** sin rest
y sin ⴱ, Duc Carles de
Borja 34 ℰ 287 28 44 –
ⓞ 𝓥𝓘𝓢𝓐
28 hab 2400/3500.

XX **A Taula,** Vallier 4
ℰ 287 33 11 – 🗏. ⴹ ⴹ
𝓥𝓘𝓢𝓐.
cerrado lunes y julio –
Com carta 2200 a 2700.

en el puerto (Grao) NE :
3 km - ver plano –
✉ 46730 Grao de
Gandía – ✿ 96 :

🏨 **Porto** sin rest, Foies 5
ℰ 284 17 23, Fax
284 17 23 – 🛗 🕾 🚗 –
🅿 – 🔬 25/200. ⴹ ⓞ ⴹ
𝓥𝓘𝓢𝓐. ⴵ   **a**
135 hab 3500/5900.

🏨 **Mengual,** pl. Medi-
terráneo 4 ℰ 284 21 02,
🏠 – 🛗 🗏 rest. ⓞ ⴹ
𝓥𝓘𝓢𝓐. ⴵ   **u**
Com *(cerrado martes)*
1100 – ⴱ 200 – **27 hab**
1950/3400.

XX ✿ **Mesón de la Gui-
tarra,** Partida Foyas ℰ
284 20 20, Pescados y
mariscos – 🗏 🅿. ⴹ ⴹ
𝓥𝓘𝓢𝓐   **n**
*cerrado domingo noche,
lunes y noviembre* –
Com carta 3785 a 6255
Espec. Pescados y mariscos
a la plancha, Suc de peix, Dorada a la sal con angulas.

X **Rincón de Avila,**
Princep 5 ℰ 284 22 69 –
🗏. ⴹ. ⴵ   **s**
*cerrado domingo y 15
junio-15 julio* – Com carta 1900 a 3250.

PLAYA DE GANDÍA

en la playa NE : 4 km - ver plano – ✉ 46730 Grao de Gandía – ✿ 96 :

🏨 **Bayren I,** passeig Maritím Neptú 62 ℰ 284 03 00, Telex 61549, Fax 284 06 53, « Terraza
con ≼ playa », ⴳ, ⴵ – 🛗 🗏 📺 🕾 – 🔬 25/450. ⴹ ⓞ ⴹ 𝓥𝓘𝓢𝓐. ⴵ   **d**
cerrado diciembre-7 enero – Com 2180 – ⴱ 540 – **164 hab** 7270/10810 – PA 4165.

🏨 **San Luis,** passeig Marítim Neptú 5 ℰ 284 08 00, Telex 62034, Fax 285 44 63, ≼, ⴳ, –
🗏 rest 🕾 🚗 – 🔬 25/125. ⴹ 𝓥𝓘𝓢𝓐. ⴵ rest   **e**
marzo-15 noviembre – Com 1850 – ⴱ 390 – **76 hab** 3900/6500 – PA 3455.

🏨 **Bayren II,** Mallorca 19 ℰ 284 07 00, Telex 61549, Fax 284 06 53, ⴳ, ⴵ – 🛗 🗏 🕾. ⴹ
ⓞ ⴹ 𝓥𝓘𝓢𝓐. ⴵ   **k**
junio-septiembre – Com 1700 – ⴱ 375 – **125 hab** 4555/7110 – PA 3210.

🏨 Gandía Playa, La Devesa 17 ℰ 284 13 00, ⴳ, – 🛗 🕾 🅿 – **126 hab**   **g**

🏨 **Riviera** sin rest, passeig Marítim Neptú 28 ℰ 284 00 66, ≼ – 🛗 🕾 🅿. ⴹ 𝓥𝓘𝓢𝓐   **f**
23 marzo-septiembre – ⴱ 400 – **72 hab** 4250/6500.

v

â **Clibomar** sin rest y sin 🍽, Alcoi 24 ℘ 284 02 37 – 📶 📺. ⛝
cerrado del 15 al 31 octubre – **16 hab** 4330.

h

â **Mavi**, Legazpi 18 ℘ 284 00 20 – 📶 🔲 rest. E VISA. ⛝
marzo-septiembre – Com 1000 – 🍽 200 – **40 hab** 4000 – PA 1750.

XX **Gamba**, carret. de Nazaret - Oliva ℘ 284 13 10, 🌸, Pescados y mariscos – 🔲 🅿
por carret. Nazaret-Oliva

z

X **Emilio**, av. Vicente Calderón - bloque F5 ℘ 284 07 61 – 🔲. AE ⓞ E VISA. ⛝
cerrado miércoles – Com carta 2750 a 3400.

X **Kayuko**, Cataluña 14 ℘ 284 01 37, 🌸, Pescados y mariscos – 🔲. AE ⓞ E VISA. ⛝   t
cerrado lunes y 10 noviembre-9 diciembre – Com carta aprox. 5000.

X **Celler del Duc,** pl. del Castell ℘ 284 20 82, 🌸 – 🔲. AE ⓞ E VISA
Com carta 2800 a 3850.

X **As de Oros**, passeig Marítim Neptú 26 ℘ 284 02 39, Pescados y mariscos – 🔲. AE ⓞ E   q
VISA. ⛝
cerrado lunes y 7 enero-7 febrero – Com carta 3000 a 5500.

c

X Giltton, Castella la Vella 5 ℘ 284 07 83 – 🔲

X **Gonzalo,** Castella la Vella ℘ 284 58 68 – 🔲. E VISA. ⛝
cerrado miércoles y octubre-marzo – Com carta 2100 a 2850.

p

X **Mesón de los Reyes,** Mallorca 39 ℘ 284 00 78 – AE ⓞ E VISA. ⛝
15 marzo-septiembre – Com carta 1500 a 3200.

en la carretera de Bárig O : 7 km – ✉ 46728 Marchuquera – ☎ 96 :

X **Imperio II,** ℘ 286 75 06, 🌸 – 🔲 🅿. E VISA. ⛝
cerrado miércoles y 15 octubre-15 noviembre – Com carta 2600 a 3100.

Ver también : **Villalonga** S : 11 km.

CITROEN carret. de Valencia ℘ 286 63 11
FORD av. Pio XI - 49 ℘ 286 00 67
OPEL Poligono de Alcodar ℘ 286 53 62
PEUGEOT-TALBOT carret. de Valencia 29
℘ 286 51 11

RENAULT carret. de Valencia 44 ℘ 286 47 76
SEAT-AUDI-VOLKSWAGEN Poligono Alcodar
℘ 286 09 89

GARAYOA 31692 Navarra 442 D 26 – 154 h. alt. 777 – ☎ 948.
♦Madrid 438 – ♦Bayonne 98 – ♦Pamplona 55.

🏠 Arostegui ⤸, Chiquirin 13 ℘ 76 40 44, ≤ – **21 hab**.

A GARDA Pontevedra 441 G 3 – ver La Guardia.

GARGANTA – ver el nombre propio de la garganta.

GARÓS Lérida – ver Viella.

La GARRIGA 08530 Barcelona 443 G 36 – 8 164 h. alt. 258 – ☎ 93 – Balneario.
♦Madrid 650 – ♦Barcelona 37 – Gerona/Girona 84.

🏨 Baln. Blancafort ⤸, Banys 59 ℘ 871 46 00, 🌊 agua termal, 🌸, ⛝ – 📶 🔲 rest ☎ 🅿 –
🔺
52 hab.

X Catalonia, carret. de l'Ametlla 68 ℘ 871 56 54, 🌸, 🌸 – 🔲 🅿.

FORD carret. L'ametlla 37 ℘ 871 58 05
RENAULT carret. Nova 91 ℘ 871 41 30

SEAT-AUDI-VOLKSWAGEN carret. Nova 137-139
℘ 871 60 15

GARRUCHA 04630 Almería 446 U 24 – 3 265 h. – ☎ 951 – Playa.
♦Madrid 536 – ♦Almería 100 – ♦Murcia 140.

â **San Francisco** sin rest, carret. de Vera ℘ 13 21 02 – 🔲 ☎. VISA
18 hab 🍽 3500/6800.

🏠 **Cervantes** sin rest, Colón 3 ℘ 46 02 52 – VISA. ⛝
Semana Santa-septiembre – 🍽 180 – **15 hab** 2000/3500.

GASTEIZ Álava 442 D 21 y 22 – ver Vitoria.

Los hoteles y restaurantes agradables
se indican en la guia con un símbolo rojo.
Ayúdenos señalándonos los establecimientos
en que, a su juicio, da gusto estar.
La guía del año que viene será aún mejor.

🏨🏨🏨 ... â

XXXXX ... X

GAVÁ 08850 Barcelona 443 I 36 – 33 456 h. – 🕓 93 – Playa.
◆Madrid 620 – ◆Barcelona 18 – Tarragona 77.

en la carretera C 246 S : 4 km – ⊠ 08850 Gavá – 🕓 93 :

✗ La Pineda, 𝒫 662 30 12, 🍽 – 🔲 ⓟ.

RENAULT carret. Santa Creu de Calafell 14
𝒫 662 08 58

SEAT-AUDI-VOLKSWAGEN carret. Santa Creu de
Calafell 60 𝒫 662 62 11

GÉNOVA Baleares – ver Baleares (Mallorca) : Palma de Mallorca.

Ferienreisen wollen gut vorbereitet sein.

Die Straßenkarten und Führer von Michelin

geben Ihnen Anregungen und praktische Hinweise zur Gestaltung Ihrer Reise :
Streckenvorschläge, Auswahl und Besichtigungsbedingungen
der Sehenswürdigkeiten, Unterkunft, Preise ... u. a. m.

GERNIKA LUMO Vizcaya 442 C 21 – ver Guernica y Lumo..

GERONA o **GIRONA** 17000
🅿 443 G 38 – 87 648 h. alt. 70
– 🕓 972.

Ver : Ciudad antigua★ (Ciutat
antiga) (≼★) YZ – Catedral★
(nave★★, retablo mayor★,
claustro★, tesoro★★ : Tapiz de
la Creación★★, comentario del
Apocalipsis★) – Ex colegiata de
San Félix (sarcófagos : cacería
de leones★) Y R.

🄴 Rambla de la Llibertat, ⊠ 17004,
𝒫 20 26 79 Estación de Renfe, 𝒫
21 62 96 – R.A.C.C. carret. de
Barcelona 30, ⊠ 17001, 𝒫 20 08
68.

◆Madrid 708 ② – ◆Barcelona 97 ② –
Manresa 134 ② – Mataró 77 ② –
◆Perpignan 91 ① – Sabadell 95 ②.

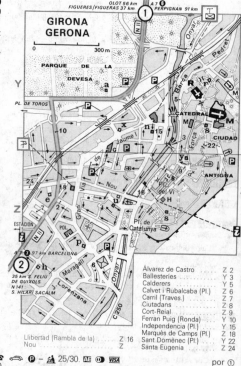

Sol Girona, Barcelona,
112, ⊠ 17003, 𝒫 24 32
32, Telex 56240, Fax
24 32 33 – 🛗 🔲 📺
☎ 🚗 ⓟ – 🔬 25/500.
🄰🄴 ⓓ 🄴 VISA. ⋇ rest
por ②
Com 1600 – ☲ 900 –
114 hab 8400/10500.

Ultonia sin rest, Gran
Vía de Jaume I-22, ⊠
17001, 𝒫 20 38 50, Fax
20 33 34 – 🛗 🔲 📺 ☎
– 🔬 25/40. 🄰🄴 ⓓ 🄴 VISA.
⋇ Y x
☲ 450 – **45 hab**
5300/7900.

Costabella sin rest, con
cafetería, av. de Francia
61, 𝒫 20 25 24,
Fax 20 22 03 – 🛗 🔲 📺 ☎ 🚗 ⓟ – 🔬 25/30. 🄰🄴 ⓓ VISA
☲ 700 – **47 hab** 6400/9200.

Peninsular sin rest, Nou 3, ⊠ 17001, 𝒫 20 38 00, Fax 21 04 92 – 🛗 🐾 – 🔬 25/80. 🄰🄴
ⓓ 🄴 VISA Z u
☲ 350 – **67 hab** 3000/4500.

Europa sin rest, Juli Garreta 23, ⊠ 17002, 𝒫 20 27 50 – 🛗 🐾. 🄰🄴 ⓓ 🄴 VISA
☲ 450 – **26 hab** 2300/4500. Z h

Condal sin rest y sin ☲, Joan Maragall 10, ⊠ 17002, 𝒫 20 44 62 – 🛗. ⋇ Z p
39 hab 1975/3750.

Reyma sin rest y sin ☲, Pujada del Rei Martí 15, ⊠ 17004, 𝒫 20 02 28 – ⋇ Y r
18 hab 1200/3000.

XX Cipresaia, General Fournàs 2, ✉ 17004, ✆ 20 30 38 – ▤ Z **y**

XX L'Hostalet del Call, Batlle y Prats 4, ✉ 17004, ✆ 21 26 88 – ▤ Y **s**

XX **Edelweiss,** Santa Eugenia 7, passatge Ensesa, ✉ 17002, ✆ 20 18 97 – ▤. AE ⦿ E VISA. ✗ Z **e**
cerrado domingo y del 15 al 30 agosto – Com carta 1950 a 3175.

XX **Rosaleda,** passeig de la Dehesa, ✉ 17001, ✆ 21 36 68, Fax 21 04 92, ≤, ⛱, « Lindante al parque urbano » – AE ⦿ E VISA Y **a**
marzo-noviembre – Com *(cerrado martes salvo julio y agosto)* carta apróx. 2000.

X Selva Mar, Santa Eugenia 81, ✉ 17005, ✆ 23 63 29, Pescados y mariscos – ▤
por Santa Eugenia Z

X Casa Marieta, pl. Independencia 5, ✉ 17001, ✆ 20 10 16, ⛱ Y **n**

X **Bronsom's,** av. de Sant Francesc 7, ✉ 17001, ✆ 21 24 93, ⛱ – AE E VISA Z **u**
cerrado agosto – Com (sólo almuerzo sábado, domingo y festivos) carta 2160 a 3545.

X **La Penyora,** Nou del Teatre 3, ✉ 17004, ✆ 21 89 48 – AE E VISA Z **s**
cerrado domingo y del 10 al 26 septiembre – Com carta 1975 a 2775.

en la carretera N II por ② : 5 km – ✉ 17458 Fornells de la Selva – ☎ 972 :

🏨 **Fornells Park,** ✆ 47 61 25, Fax 47 65 79, « Pinar », ⛱, 🌲 – |‡| ▤ rest TV ☎ P – 🏛 25/400. AE ⦿ E VISA. ✗ rest
Com 1900 – ☕ 640 – **43 hab** 5900/8500 – PA 4030.

en la carretera del aeropuerto – ☎ 972 :

🏨 **Novotel Gerona,** por ② : 12 km, ✉ 17457 Riudellots de la Selva, ✆ 47 71 00, Telex 57238, Fax 47 72 96, ⛱ – ▤ TV ☎ ♿ P – 🏛 25/225. AE ⦿ E VISA
Com 2250 – ☕ 950 – **81 hab** 9700/11750 – PA 4600.

🏨 **Vilobí Park,** por ② : 13 km, ✉ 17185 Vilobí D'Onyar, ✆ 47 31 86, Fax 47 34 63 – ▤ ☎ 🚗 P. AE E VISA. ✗ rest
Com 1400 – ☕ 500 – **34 hab** 4000/8000 – PA 2800.

ALFA-ROMEO carret. Barcelona 56-58 ✆ 21 81 27
AUDI-VOLKSWAGEN carret. de Santa Coloma km 0,7 ✆ 24 12 11
AUSTIN ROVER Ampurias 14 ✆ 24 05 13
BMW Emilio Grahit 26 ✆ 20 50 14
CITROEN carret. Barcelona 204-206 ✆ 20 68 08
FIAT-LANCIA carret. Gerona-Anglés (Salt) ✆ 23 15 61
FORD av. Paisus Catalans 62-67 (Salt) ✆ 23 41 22
FORD carret. N II km 719 (Sarriá de Ter) ✆ 21 20 62
FORD carretera de Barcelona 119 ✆ 20 67 68
GENERAL MOTORS-OPEL carret. N II km 710,5 ✆ 47 62 28
GENERAL MOTORS-OPEL Marçe Rodoreda 13 (Salt) ✆ 23 38 23
MERCEDES-BENZ carret. N II km 711 ✆ 47 61 26
PEUGEOT-TALBOT carret. N II km 710,7 ✆ 47 64 75
RENAULT carret. N II km 718,5 (Fornells) ✆ 47 60 50
SEAT carret. de Barcelona 39 ✆ 21 35 62

GETAFE 28901 Madrid 444 L 18 – 127 060 h. – ☎ 91.

♦Madrid 13 – Aranjuez 38 – Toledo 56.

X **Puerta del Sol,** San José 73 ✆ 695 70 62 – ▤. AE ⦿ VISA. ✗
cerrado martes y agosto – Com carta 2500 a 3750.

en la carretera N IV SE : 5,5 km – ✉ 28901 Getafe – ☎ 91 :

🏨 **Motel Los Angeles,** ✆ 696 38 15, ⛱, 🌲, 🎾 – ▤ TV ☎ 🚗 P. AE E VISA ✗
Com 1900 – ☕ 950 – **46 hab** 8000 – PA 4350.

AUSTIN-ROVER av. de España 5 ✆ 696 28 15
CITROEN carret. Toledo km 11,450 ✆ 682 23 12
CITROEN Oriente 21 ✆ 695 85 68
FIAT carret. de Toledo km 14,5 ✆ 681 62 63
FORD carret. de Toledo km 11,6 ✆ 696 36 15
FORD Rojas 17 ✆ 682 20 64
OPEL-GM Madrid 121 ✆ 681 69 12
PEUGEOT-TALBOT carret. de Andalucía km 14,3 ✆ 695 73 66
PEUGEOT-TALBOT Leganés 23 ✆ 695 31 82
PEUGEOT-TALBOT Concepción Arenal 8 ✆ 695 72 61
PEUGEOT-TALBOT Isaac Peral 4 ✆ 696 61 84
RENAULT carret. de Toledo km 10 ✆ 695 86 00
RENAULT Andalucía 17 ✆ 695 45 46
RENAULT Perate 7 ✆ 681 41 72
RENAULT Toledo 40 ✆ 695 14 40
SEAT-AUDI-VOLKSWAGEN carret. de Toledo km 13,7 ✆ 695 24 54
SEAT-AUDI-VOLKSWAGEN av. de Aragón 17 ✆ 696 94 68

Quand les hôtels et les restaurants figurent en gros caractères, c'est que les hôteliers ont donné tous leurs prix et se sont engagés à les appliquer aux touristes de passage porteurs de notre ouvrage.
Ces prix établis en fin d'année 1989 sont cependant susceptibles d'être modifiés si le coût de la vie subit des variations importantes.

GETARIA Guipúzcoa 442 C 23 – ver Guetaria.

GETXO Vizcaya 442 B 20 – ver Algorta.

GIBRALTAR 446 X 13 y 14 – 28 339 h. – © 956.

✈ de Gibraltar N : 2,7 km – G.B. Airways y B. Airways, Cloister Building Irish Town 𝒫 792 00 Air Europe Pegasus Bravo, 8 Suice, Gibraltar Heights Church 𝒫 722 52 Iberia 30-38 Main Street, Unit L 𝒫 776 66.

🛈 Cathedral Square 𝒫 764 00 – R.A.C.E. 260 Main Street 𝒫 790 05.

◆Madrid 673 – ◆Cádiz 144 – ◆Málaga 127.

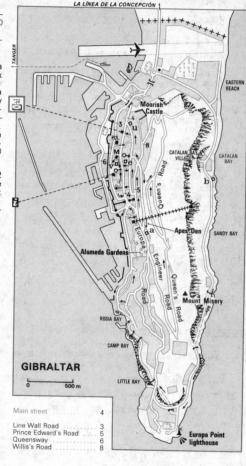

LA LÍNEA DE LA CONCEPCIÓN

EASTERN BEACH

Moorish Castle

CATALAN BAY VILLAGE

CATALAN BAY

Apes' Den

SANDY BAY

Alameda Gardens

Mount Misery

ROSIA BAY

CAMP BAY

GIBRALTAR

0   500 m

LITTLE BAY

Europa Point lighthouse

Main street 4

Line Wall Road 3
Prince Edward's Road 5
Queensway 6
Willis's Road 8

🏨 **The Rock H.,** 3 Europa Road 𝒫 730 00, Telex 2238, Fax 735 13, ≤ puerto, estrecho y costa española, « Terraza y jardín con flores », ⤴ – 🕃 🖵 📺 ☎ ℗ – 🔼 25/120. 🌀 ⓞ 🄴 𝐕𝐼𝐒𝐀. ✂ **a** Com 3000 – ☷ 1000 – **150 hab** 10000/17000 – PA 6000.

🏨 **Holiday Inn,** 2 Governor's Parade 𝒫 0072705 00, Telex 2242, Fax 702 43, ⤴ – 🕃 🖵 📺 ☎ ℗ – 🔼 25/150. 🌀 ⓞ 🄴 𝐕𝐈𝐒𝐀. ✂ **e** Com 2400 – ☷ 1400 – **120 hab** 14250/16150.

🏨 **Caleta Palace** ⚑, Catalan Bay Road 𝒫 765 01, Telex 2345, Fax 710 50, ≤ mar, ⤴ – 🕃 🖵 rest 📺 ☎ ℗ 🌀 ⓞ 🄴 𝐕𝐈𝐒𝐀. ✂ rest **b** Com 1900 – **167 hab** ☷ 11800/14625.

🏨 Continental, sin rest, Enginer Lane (esquina Main Street) 𝒫 769 00, Telex 2303, Fax 753 66 – 🕃 🖵 📺 ☎ **17 hab** **u**

🏨 **Bristol** sin rest, con cafetería, 10 Cathedral Square 𝒫 768 00, Telex 2253, Fax 776 13, ⤴ – 🕃 📺 ☎. 🌀 ⓞ 🄴 𝐕𝐈𝐒𝐀. ☷ 475 – **60 hab** 6840/8550 **v**

de Castiello SE : 5 km ✗ 36 63 13 – ⛳ Club La Barganiza : 14 km ✗ 25 63 61 (ext. 34) – Iberia Alfredo Truán 8 AZ ✗ 35 18 46.

🚗 ✗ 31 13 33.

🛈 Marqués de San Esteban ⊠ 33206 ✗ 34 60 46 – **R.A.C.E.** Marqués de San Esteban 1, ⊠ 33206, ✗ 35 53 60.

◆Madrid 474 ③ – ◆Bilbao 296 ① – ◆La Coruña 341 ③ – ◆Oviedo 29 ③ – ◆Santander 193 ①.

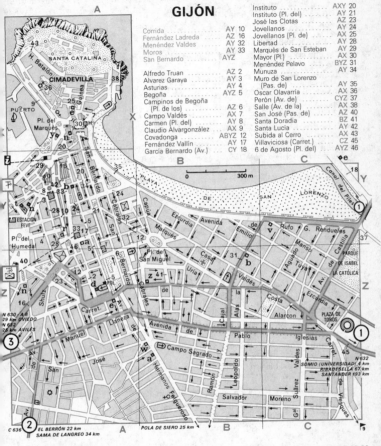

GIJÓN

Corrida	AY 10
Fernández Ladreda	AZ 16
Menéndez Valdés	AY 32
Moros	AY 33
San Bernardo	AYZ
Alfredo Truan	AZ 2
Alvarez Garaya	AY 3
Asturias	AY 4
Begoña	AYZ 5
Campinos de Begoña (Pl. de los)	AZ 6
Campo Valdés	AX 7
Carmen (Pl. del)	AY 8
Claudio Alvargonzález	AX 9
Covadonga	ABYZ 12
Fernández Vallín	AY 17
García Bernardo (Av.)	CY 18

Instituto	AXY 20
Instituto (Pl. del)	AY 21
José las Clotas	AZ 23
Jovellanos	AY 24
Jovellanos (Pl. de)	AX 25
Libertad	AY 28
Marqués de San Esteban	AY 29
Mayor (Pl.)	AX 30
Menéndez Pelayo	BYZ 31
Munuza	AY 34
Muro de San Lorenzo (Pas. de)	AX 35
Oscar Olavarría	AX 36
Perón (Av. de)	CYZ 37
Salle (Av. de la)	AZ 38
San José (Pas. de)	AZ 40
Santa Doradia	BZ 41
Santa Lucía	AY 42
Subida al Cerro	AX 43
Villaviciosa (Carret.)	CZ 45
6 de Agosto (Pl. del)	AYZ 46

🏛 **Parador El Molino Viejo**, Parque Isabel la Católica, ⊠ 33204, ✗ 37 05 11, Fax 37 02 33, 🍴, « Junto al parque » – 🛗 🔄 🔟 ☎ 🅿 🄰🄴 🅞 🄴 𝑽𝑰𝑺𝑨. 🛇   por av. de Perón CY
Com 2900 – ⊡ 950 – **40 hab** 11000 – PA 5740.

🏨 **Príncipe de Asturias** sin rest, Manso 2, ⊠ 33203, ✗ 36 71 11, Telex 87473, Fax 33 47 41, ⇐ – 🛗 🔟 ☎ 🅿 – 🔬 25/180. 🄰🄴 🅞 🄴 𝑽𝑰𝑺𝑨. 🛇   CY **v**
⊡ 550 – **80 hab** 9500/12500.

🏨 **Hernán Cortés** sin rest, con cafetería por la noche, Fernández Vallín 5, ⊠ 33205, ✗ 34 60 00, Fax 35 56 45 – 🛗 🔟 ☎ 🅿 – 🔬 25/60. 🄰🄴 🅞 🄴 𝑽𝑰𝑺𝑨   AY **a**
⊡ 850 – **109 hab** 7200/9000.

🏨 **Begoña**, carret. de la Costa 44, ⊠ 33205, ✗ 14 72 11, Fax 39 82 22 – 🛗 🔟 ☎ 🚐 🄰🄴 𝑽𝑰𝑺𝑨. 🛇   AZ **e**
Com 1320 – ⊡ 500 – **165 hab** 6050/8200.

🏨 **Pathos** sin rest, con cafetería, Contracay 5, ⊠ 33201, ✗ 35 25 46, Telex 87325, Fax 35 64 84 – 🛗 🔟 ☎. 🄰🄴 🅞 🄴 𝑽𝑰𝑺𝑨   AX **n**
⊡ 450 – **56 hab** 4805/8520.

sigue →

Agüera sin rest, Hermanos Felgueroso 28, ✉ 33209, ☎ 14 05 00, Fax 38 68 61 – |♦| ▤ TV ☎. AE ⓓ E VISA. ✻
☕ 500 – **35 hab** 6320/7900. BZ **w**

León sin rest, con cafetería, carret. de la Costa 45, ✉ 33205, ☎ 37 01 11, Telex 84265 – |♦| ☎ – 🏊 25/100. VISA. ✻
☕ 400 – **156 hab** 5885/7725. BZ **z**

La Casona de Jovellanos, Pl. de Jovellanos 1, ✉ 33201, ☎ 34 12 64, Fax 35 61 51, Antiguo edificio rehabilitado – ☎. AE VISA
Com 2000 – ☕ 500 – **13 hab** 10000/12000 – PA 4000. AX **e**

León II sin rest, Ezcurdia 88, ✉ 33203, ☎ 33 81 11, Telex 84265 – |♦| ☎. VISA ✻
☕ 400 – **56 hab** 5345. BZ **b**

Castilla sin rest, Corrida 50, ✉ 33206, ☎ 34 62 00 – |♦| ☎. E VISA. ✻
☕ 275 – **36 hab** 3750/4950. AY **r**

Avenida sin rest y sin ☕, Fermín Canella, 4 (junto estación FEVE), ✉ 33207, ☎ 35 28 43 – TV. ✻
20 hab 2900/4900. AY

Plaza sin rest y sin ☕, Prendes Pando 2, ✉ 33207, ☎ 34 65 62 – VISA. ✻
12 hab 3000/4500. AZ **n**

XX **El Retiro,** Begoña 28, ✉ 33206, ☎ 35 00 30 – ▤. ✻
Com carta 2800 a 3950. AY **b**

XX **Bella Vista,** av. García Bernardo 8, El Piles, ✉ 33203, ☎ 36 73 77, ≤, 🏖, Pescados y mariscos. Vivero propio - Decoración moderna – Ⓟ. E VISA. ✻
cerrado miércoles y noviembre – Com carta 2500 a 3400. CY **e**

XX **La Zamorana,** Hermanos Felgueroso 38, ✉ 33209, ☎ 38 06 32 – ▤. AE ⓓ E VISA ✻
cerrado lunes salvo julio-15 septiembre y 15 octubre-15 noviembre – Com carta 3100 a 4800. BZ **a**

X **Casa Victor,** Carmen 11, ✉ 33206, ☎ 35 00 93 – AE ⓓ E VISA. ✻
cerrado domingo noche, jueves y noviembre – Com carta 2500 a 4700. AY **t**

X El Faro, av. García Bernardo 11 - El Piles, ✉ 33202, ☎ 37 29 17, ≤, 🏖 – Ⓟ
por Av. García Bernardo CY

X **Calixto,** Trinidad 6, ✉ 33201, ☎ 35 98 09 – ▤. AE ⓓ E VISA. ✻
cerrado lunes y octubre – Com carta 1700 a 3500. AX **y**

X El Trole, Alvarez Garaya 6, ✉ 33206, ☎ 35 00 48 – AY **n**

X **Tino,** Alfredo Truán 9, ✉ 33205, ☎ 34 13 87 – AE VISA. ✻
cerrado jueves y 21 junio-23 julio – Com carta 2000 a 3625. AZ **d**

en Somió por ① – ✉ 33203 Gijón – ☎ 985 :

XXX **Las Delicias,** Barrio Fuejo : 4 km ☎ 36 02 27, 🏖 – ▤ Ⓟ. AE ⓓ E VISA. ✻
cerrado martes salvo festivos o vísperas – Com carta 3000 a 5000.

XX **Llerandi,** Camino de la Peñuca : 5 km ☎ 33 06 95, 🏖 – Ⓟ. AE E VISA. ✻
Com carta 2550 a 3050.

X **La Pondala,** av. Dioniso Cifuentes 27 : 3 km ☎ 36 11 60, 🏖 – AE ⓓ VISA. ✻
cerrado jueves y noviembre – Com carta 3000 a 4850.

en La Providencia NE : 5 km por av. García Bernardo – CY – ✉ 33203 Gijón – ☎ 985 :

XX ✿ **Los Hórreos,** La Providencia ☎ 33 08 98 – Ⓟ. AE ⓓ E VISA. ✻
cerrado lunes y 15 diciembre-15 enero – Com carta 4200 a 5500
Espec. Entrante especial "Los Hórreos", Lomos de merluza a la asturiana, Pupurri de pescados y mariscos "Los Hórreos".

en Prendes - en la carretera de Avilés N 632 por ③ : 10 km – ✉ 33438 Prendes – ☎ 985 :

XX ✿ **Casa Gerardo,** ☎ 87 02 29 – ▤ Ⓟ. AE. ✻
cerrado lunes y junio – Com *(sólo almuerzo salvo viernes y sábado)* carta 3250 a 4000
Espec. Crema de nécoras, Fabada de Prendes, Crema de arroz con leche.

AUSTIN ROVER av. Portugal 20 ☎ 34 92 08
BMW Pl. de Europa 15 ☎ 34 71 17
CITROEN carret. N 630 km 467,6 - Puente Seco ☎ 38 78 00
FIAT-LANCIA Adaro 6 ☎ 35 35 10
FORD Magnus Blikstad A-1 ☎ 39 99 11
FORD Mariano Pola 16 ☎ 32 81 11
LANCIA San Luis 21 ☎ 33 31 43
MERCEDES-BENZ Alto de Pumarín ☎ 14 42 29
OPEL av. Portugal 48 ☎ 35 10 18
PEUGEOT-TALBOT av. de Portugal ☎ 32 07 76
PEUGEOT-TALBOT Guipúzcoa 45 ☎ 38 66 49
PEUGEOT-TALBOT Puente Roces ☎ 15 13 21
RENAULT carret. Gijón - Oviedo km 4,4 ☎ 38 86 88
RENAULT Magnus Blikstad 53 ☎ 34 59 97
RENAULT Manso 13 ☎ 36 49 59
SEAT-AUDI-VOLKSWAGEN Roces-carret. Oviedo N 630 km 4 ☎ 38 56 99
SEAT-AUDI-VOLKSWAGEN Balmes 29 ☎ 33 40 90

GINES 41960 Sevilla **444** T 11 – 5 109 h. – ✪ 95.

Madrid 544 – Huelva 83 – ♦Sevilla 8.

🏠 **Gines** 🦐 sin rest y sin ⚲, El Vicario 2 ℰ 471 36 58, Fax 471 35 12, « Terraza con ⊼ »,
⊼ – ▤ 📺 ☎ 🅿. 𝚅𝙸𝚂𝘼. ✗
20 hab 8500/11900.

GIRONA 17000 Gerona **443** G 38 – ver Gerona.

GOIURIA Vizcaya – ver Durango.

La GOLA (Playa de) Gerona – ver Torroella de Montgri.

GOMERA Tenerife – ver Canarias.

GONDAR Pontevedra – ver Sangenjo.

EL GRADO 22390 Huesca **443** F 30 – 656 h. – ✪ 974.

♦Madrid 460 – Huesca 70 – ♦Lérida/Lleida 86.

✗ **Tres Caminos** con hab, carret de Barbastro - Barrio del Cinca 17 ℰ 30 40 52, ≤, 🍴 –
▤ rest 🐾 🅿. 𝙰𝙴 𝙴 𝚅𝙸𝚂𝘼. ✗
Com carta 1450 a 2400 – ⚲ 300 – **29 hab** 1400/2800.

en la carretera C 139 SE : 2 km – ⊠ 22390 El Grado – ✪ 974 :

🏠 **Hostería El Tozal** 🦐, ℰ 30 40 00, Fax 30 42 55, ≤, 🍴, 🐎 – 🛗 ▤ ☎ 🅿. 𝙰𝙴 ❶ 𝙴
𝚅𝙸𝚂𝘼 ✗ rest
Com 1850 – ⚲ 530 – **35 hab** 6375/8700.

GRADO 33820 Asturias **441** B 11 – 13 009 h. alt. 47 – ✪ 985.

♦Madrid 461 – ♦Oviedo 26.

en Vega de Anzo - carretera de Oviedo E : 7 km – ⊠ 33892 Vega de Anzo – ✪ 985 :

✗✗ **Loan,** ℰ 75 03 25, ≤, 🍴 – 🅿. 𝙰𝙴 ❶ 𝙴 𝚅𝙸𝚂𝘼. ✗
cerrado lunes no festivos y del 5 al 30 noviembre – Com carta 1650 a 3250.

CITROEN carret. General (Recta de Peña Flor)   PEUGEOT-TALBOT pl. Vista Alegre ℰ 75 03 83
ℰ 75 02 42   RENAULT carret. General (Recta de Peña Flor)
FORD carret. General (Recta de Peña Flor)   ℰ 75 08 73
ℰ 75 16 81

GRANADA 18000 ℙ **446** U 19 – 262 182 h. alt. 682 – ✪ 958 – Deportes de invierno en Sierra
Nevada : ≰2 ≮11.

Ver : Emplazamiento★★ – Alhambra ★★★ (bosque ★, Puerta de la Justicia★) CX , Alcazar ★★★ –
(≤★), jardines y torres de la Alhambra★★, Alcazaba★ (፨★★) – Palacio de Carlos V : museo
Hispano-musulmán (jarrón azul★) – Generalife★★ CX – Capilla Real★★ (sepulcros★★, sacristía★★,
reja★, retablo★) AX **C** – Catedral (capilla mayor★) AX – Cartuja★ (sacristía★★) S **R** – San Juan de
Dios★ AV **K** – Albaicín BCV (terraza de la iglesia de San Nicolás ≤★★★) S.

Alred. : carretera en cornisa★★ de Granada a Almuñecar por ③.

Excurs. : Sierra Nevada (pico de Veleta★★) SE : 46 km T.

✈ de Granada por ④ : 17 km ℰ 27 33 22 – Iberia : pl. Isabel la Católica 2, ⊠ 18009, ℰ 22 14
52.

🛈 Pl. de Mariana Pineda 10 ⊠ 18009, ℰ 22 66 88 y Libreros 2 ⊠ 18001, ℰ 22 59 90 – R.A.C.E. pl. de la
Pescadería 1, ⊠ 18001, ℰ 26 21 50.

♦Madrid 430 ① – ♦Málaga 127 ④ – ♦Murcia 286 ② – ♦Sevilla 261 ④ – ♦Valencia 541 ①.

Planos páginas siguientes

en la ciudad :

🏨 **Meliá Granada,** Angel Ganivet 7, ⊠ 18009, ℰ 22 74 00, Telex 78429, Fax 22 74 03 – 🛗
▤ 📺 ⟨⟩ 🔥 – 🔶 25/50. 𝙰𝙴 ❶ 𝙴 𝚅𝙸𝚂𝘼. ✗   AY **n**
⚲ 1100 – **221 hab** 12100/15200.

🏨 **Luz Granada,** av. de la Constitución 18, ⊠ 18012, ℰ 20 40 61, Telex 78424, Fax 29 31 50
– 🛗 ▤ 📺 ⟨⟩ 🔥 – 🔶 25/200. 𝙰𝙴 ❶ 𝙴 𝚅𝙸𝚂𝘼. ✗   AU **a**
Com 2750 – ⚲ 925 – **173 hab** 10475/13850 – PA 5460.

🏨 **Princesa Ana,** av. de la Constitución 37, ⊠ 18012, ℰ 28 74 47, Fax 27 39 54, « Elegante
decoración » – 🛗 ▤ 📺 ⟨⟩ – 🔶 25/60. 𝙰𝙴 ❶ 𝙴 𝚅𝙸𝚂𝘼. ✗   S **a**
Com 2900 – ⚲ 900 – **61 hab** 9500/13500.

🏨 **Carmen,** Acera del Darro 62, ⊠ 18005, ℰ 25 83 00, Telex 78546, Fax 25 64 62 – 🛗 ▤
📺 ⟨⟩ – 🔶 25/70. 𝙰𝙴 ❶ 𝙴 𝚅𝙸𝚂𝘼   AZ **a**
Com . – ⚲ 950 – **205 hab** 9900/13200.

sigue →

GRANADA

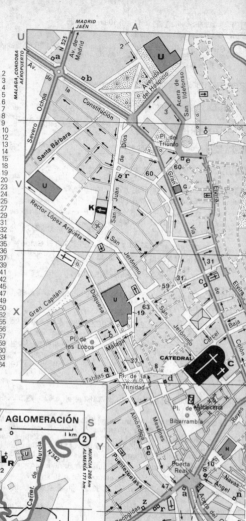

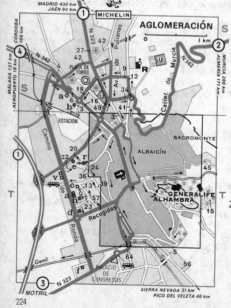

224

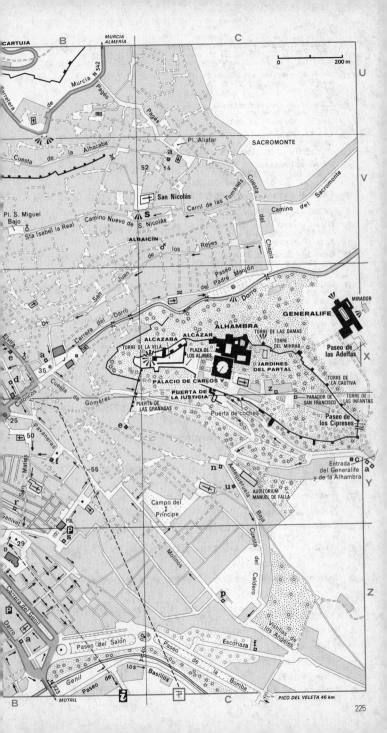

🏨🏨 **Triunfo Granada y Rest. Puerta Elvíra,** Plaza del Triunfo 19, ✉ 18010, ℰ 20 74 4
Fax 27 90 17, 🍴 – ▯ ▤ 📺 ☎ 🚗 – 🛇 25/150. 🝙 ➀ ℇ 𝘝𝘐𝘚𝘈. AV
Com 2950 – ☞ 950 – **37 hab** 10100/14200 – PA 5800.

🏨🏨 **Juan Miguel,** acera del Darro 24, ✉ 18005, ℰ 25 89 12, Telex 78527, Fax 25 89 16 –
▤ 📺 ☎ 🚗 – 🛇 25/30. 🝙 ➀ ℇ 𝘝𝘐𝘚𝘈. AZ
Com 1900 – ☞ 600 – **66 hab** 8000/9500 – PA 3700.

🏨🏨 **Cóndor** sin rest, con cafetería, av. de la Constitución 6, ✉ 18012, ℰ 28 37 11, Tele
78503, Fax 28 55 91 – ▯ ▤ 📺 ☎ 🚗. 🝙 ➀ ℇ 𝘝𝘐𝘚𝘈. AU
☞ 550 – **104 hab** 5600/8400.

🏨🏨 **Los Angeles,** Escoriaza 17, ✉ 18008, ℰ 22 14 24, Telex 78562, Fax 22 21 25, 🛇 – ▯ ▤
☎ ℗ 🝙 ➀ ℇ 𝘝𝘐𝘚𝘈. 🍴 rest CZ
Com 2200 – ☞ 550 – **100 hab** 5600/7900 – PA 4950.

🏨🏨 **Victoria,** Puerta Real 3, ✉ 18005, ℰ 25 77 00, Telex 78427, Fax 26 31 08 – ▯ ▤ 📺 ☎
– 🛇 25/100. 🝙 ➀ ℇ 𝘝𝘐𝘚𝘈. 🍴 AY
Com 2300 – ☞ 575 – **69 hab** 6700/9800.

🏨 **Dauro II** sin rest., Navas 5, ✉ 18009, ℰ 22 15 81, Fax 22 27 32 – ▯ ▤ 📺 ☎ 🚗 🝙
➀ ℇ 𝘝𝘐𝘚𝘈. 🍴 BY
☞ 550 – **36 hab** 6700/9600.

🏨 **Dauro** sin rest, Acera del Darro 19, ✉ 18005, ℰ 22 21 56, Fax 22 85 19 – ▯ ▤ 📺 ☎
🚗. 🝙 ➀ ℇ 𝘝𝘐𝘚𝘈. 🍴 BZ
☞ 550 – **36 hab** 6700/9600.

🏨 **Gran Vía Granada** sin rest., Gran Vía 25 ℰ 28 54 64, Telex 78503, Fax 28 55 91 – ▤
☞ 600 – **85 hab** 6100/9200. AX

🏨 **Universal** sin rest, Recogidas 16, ✉ 18002, ℰ 26 00 16, Fax 26 32 29 – ▯ ▤ 📺 🚗
☞ 450 – **56 hab** 5500/8000. AY

🏨 **Annacapri** sin rest, Joaquín Costa 7, ✉ 18010, ℰ 22 74 77, Fax 22 74 77 – 🚗. 🝙 ➀
ℇ 𝘝𝘐𝘚𝘈. 🍴 BX d
☞ 550 – **52 hab** 6100/8800.

🏨 Ana María sin rest, paseo de Ronda 101, ✉ 18003, ℰ 28 99 11, Fax 28 92 15 – ▤ 📺 ☎
🚗 T v
25 hab.

🏨 **Rallye** sin rest, paseo de Ronda 107, ✉ 18003, ℰ 27 28 00, Fax 27 28 62 – ▯ ▤ 🚗
🚗. 🝙 ➀ ℇ 𝘝𝘐𝘚𝘈. 🍴 T v
☞ 600 – **74 hab** 6000/8500.

🏨 **Montecarlo** sin rest, Acera del Darro 44, ✉ 18005, ℰ 25 79 00, Telex 78546, Fax 25 64 62
– ▯ ▤ 📺 ☎. 🝙 ➀ ℇ 𝘝𝘐𝘚𝘈. AZ u
☞ 500 – **74 hab** 4600/7200.

🏨 **Reina Ana María** sin rest, Socrates 10, ✉ 18002, ℰ 20 98 61, Fax 28 92 15 – ▤ 📺 ☎
🚗. 🝙 ➀ ℇ 𝘝𝘐𝘚𝘈. T c
☞ 500 – **25 hab** 5600/8800.

🏨 **Reina Cristina,** Tablas 4, ✉ 18002, ℰ 25 32 11, Telex 78612, Fax 25 57 28 – ▤ 🚗. 🝙
➀ ℇ 𝘝𝘐𝘚𝘈. AX a
Com 1300 – ☞ 500 – **40 hab** 4300/7500 – PA 2635.

🏨 **Brasilia** sin rest, Recogidas 7, ✉ 18005, ℰ 25 84 50, Fax 25 84 50 – ▯ ▤ 📺 🚗 –
🛇 25/60. ➀ ℇ 𝘝𝘐𝘚𝘈. AY r
☞ 500 – **68 hab** 5800/9200.

🏨 **Kenia** sin rest., Molinos 65, ✉ 18009, ℰ 22 75 07 – ☎ ℗. 🝙 ➀ ℇ 𝘝𝘐𝘚𝘈. 🍴 rest CZ p
☞ 625 – **19 hab** 4125/8000.

🏠 **Macía** sin rest, pl. Nueva 4, ✉ 18010, ℰ 22 75 36, Telex 78474, Fax 28 55 91 – ▯ ☎. 🝙
➀ ℇ 𝘝𝘐𝘚𝘈. 🍴 BX a
☞ 400 – **44 hab** 3900/6000.

🏠 **Sacromonte** sin rest, pl. del Lino 1, ✉ 18002, ℰ 26 64 11 – ▯ ▤ hab ☎. 🝙 ➀ ℇ 𝘝𝘐𝘚𝘈
☞ 395 – **33 hab** 4000/6900. AY e

🏠 **Carlos V,** pl. de los Campos 4, ✉ 18009, ℰ 22 15 87, 🍴 – ▯ 🚗. 🍴 rest BZ s
Com 1200 – ☞ 370 – **28 hab** 2750/4800.

🏠 **Salvador** sin rest y sin ☞, Duende 6, ✉ 18005, ℰ 25 87 08 – ▤ 🚗. 🝙 ➀ 𝘝𝘐𝘚𝘈
🍴 AZ b
22 hab 2000/4000.

🏠 **Los Girasoles** sin rest y sin ☞, Cardenal Mendoza 22, ✉ 18001, ℰ 28 07 25 –
🍴 AV r
23 hab 2300/3900.

🏠 **Verona** sin rest y sin ☞, Recogidas 9 - 1, ✉ 18005, ℰ 25 55 07 – ▯ ▤ 🚗 𝘝𝘐𝘚𝘈. 🍴
11 hab 2500/4000. AY r

XXX **Baroca,** Pedro Antonio de Alarcón 34, ⊠ 18002, 𝒫 26 50 61, Fax 43 89 07 – ▤. ⒶⒺ ⓞ Ⓔ
VISA. ⋘
T n
cerrado domingo y agosto – Com carta 3300 a 4950.

XX **La Manigua,** Puerta Real 1, ⊠ 18009, 𝒫 22 62 93 – ▤. ⒶⒺ ⓞ Ⓔ *VISA*
AY s
cerrado domingo – Com carta 2900 a 3950.

XX **Los Santanderinos,** Albahaca 1, ⊠ 18006, 𝒫 12 83 35 – ▤. ⒶⒺ ⓞ Ⓔ *VISA*. ⋘
T f
cerrado agosto – Com carta 3150 a 5500.

XX **La Barraca,** paseo de Ronda 100, ⊠ 18004, 𝒫 25 42 02 – ▤. ⒶⒺ *VISA*. ⋘
T a
cerrado domingo noche – Com carta 2090 a 3350.

XX **Rincón de Miguel,** av. Andaluces 2, ⊠ 18014, 𝒫 29 29 78 – ▤. ⒶⒺ ⓞ Ⓔ *VISA*. ⋘
S b
cerrado domingo – Com carta 3000 a 5500.

X Alacena de las Monjas, pl. del Padre Suarez 5, ⊠ 18008, 𝒫 22 40 28
BY f

X **Mesón Antonio Pérez,** Pintor Rodriguez Acosta 1, ⊠ 18002, 𝒫 28 80 79 – ▤. ⒶⒺ ⓞ
Ⓔ *VISA*
T e
cerrado lunes – Com carta 2350 a 2950.

X **Posada del Duende,** Duende 3, ⊠ 18005, 𝒫 26 66 10, Decoración típica regional – ▤.
ⒶⒺ ⓞ Ⓔ *VISA*. ⋘
AZ v
Com carta 2440 a 4150.

X **Zoraya,** Panaderos 32, ⊠ 18010, 𝒫 29 35 03, Fax 28 91 61, 斧, « Terraza con sombra »
– ▤. ⒶⒺ ⓞ *VISA*. ⋘
CV a
cerrado domingo noche – Com carta 2250 a 4400.

X Los Arcos, pl. Gran Capitán 4, ⊠ 18002, 𝒫 20 57 09, Decoración regional – ▤
T r

X **Mesón Andaluz,** Elvira 17, ⊠ 18010, 𝒫 25 86 61, Decoración típica andaluza – ▤. ⒶⒺ
ⓞ Ⓔ *VISA*. ⋘
BX e
cerrado martes – Com carta 1100 a 2100.

X **Cunini,** pl. Pescadería 14, ⊠ 18001, 𝒫 25 07 77, Pescados y mariscos – ▤. ⒶⒺ ⓞ Ⓔ *VISA*
⋘
AX d
Com carta 2600 a 4450.

X **La Zarzamora,** paseo de Ronda 98, ⊠ 18004, 𝒫 26 61 42, Pescados y mariscos – ▤. ⒶⒺ
Ⓔ *VISA*. ⋘
T a
Com carta 2500 a 3400.

X **Casa Salvador,** Duende 16, ⊠ 18005, 𝒫 25 50 09 – ▤. ⒶⒺ ⓞ Ⓔ *VISA*. ⋘
AZ y
cerrado domingo noche, lunes y del 1 al 25 de julio – Com carta 1475 a 2450.

X **China,** Pedro Antonio de Alarcón 23, ⊠ 18004, 𝒫 25 02 00, Rest. chino – ▤. ⒶⒺ ⓞ Ⓔ
VISA. ⋘
T d
Com carta 1140 a 1590.

en la Alhambra :

🏨 **Alhambra Palace,** Peña Partida 2, ⊠ 18009, 𝒫 22 14 68, Telex 78400, Fax 22 64 04, 斧,
« Edificio de estilo árabe con ≤ Granada y Sierra Nevada » – 🛗 ▤ 📺 – 🛁 25/120. ⒶⒺ
ⓞ Ⓔ *VISA*. ⋘ rest
CY n
Com 3500 – ⊆ 975 – **145 hab** 11135/14850 – PA 6630.

🏨 **Parador de San Francisco** ⑤, Alhambra, ⊠ 18009, 𝒫 22 14 40, Telex 78792, Fax
22 22 64, 斧, « Instalado en el antiguo convento de San Francisco (siglo XV), jardín » –
▤ 📺 🅿 – 🛁 25/40. ⒶⒺ ⓞ Ⓔ *VISA*. ⋘
CY
Com 3100 – ⊆ 950 – **39 hab** 18000 – PA 6080.

🏨 **Alixares** ⑤, av. de los Alixares, ⊠ 18009, 𝒫 22 55 75, Telex 78523, Fax 22 41 02, 🌊,
🛗 ▤ 📺 🐕 ⇌ – 🛁 25/150. ⒶⒺ ⓞ Ⓔ *VISA*. ⋘ rest
CY a
Com 1500 – ⊆ 550 – **164 hab** 5950/8700.

🏨 **Guadalupe** ⑤, av. de los Alixares, ⊠ 18009, 𝒫 22 34 24, Telex 78755, Fax 22 37 98 –
🛗 ▤ 🐕 ⒶⒺ ⓞ Ⓔ *VISA*. ⋘ rest
CY a
Com 1850 – ⊆ 510 – **43 hab** 4500/8400 – PA 4210.

🏨 **América** ⑤, Real de la Alhambra 53, ⊠ 18009, 𝒫 22 74 71, Fax 22 74 70, 斧 – 🕿
⋘
CY z
marzo-9 noviembre – Com 1600 – ⊆ 600 – **13 hab** 6800/7000 – PA 3230.

XX **Jardines Alberto,** av. de los Alixares, ⊠ 18009, 𝒫 22 48 18 – ▤. ⒶⒺ Ⓔ *VISA*. ⋘
CY c
cerrado miércoles y 10 enero-10 febrero – Com carta 3200 a 5450.

XXX **Carmen de San Miguel,** pl. de Torres Bermejas 3, ⊠ 18009, 𝒫 22 67 23, Fax 43 89 07,
≤ Granada, 斧 – ▤. ⒶⒺ ⓞ Ⓔ *VISA*. ⋘
BY e
cerrado domingo – Com carta 4400 a 5000.

XX **Colombia,** Antequeruela Baja 1, ⊠ 18009, 𝒫 22 74 33, Fax 22 54 94, ≤ – ▤. ⒶⒺ ⓞ Ⓔ
VISA. ⋘
CY u
cerrado domingo – Com carta 1950 a 2700.

en la carretera de Madrid por ① : 3 km – ⊠ 18014 Granada – ✆ 958 :

🏨 **Camping Motel Sierra Nevada,** 𝒫 15 00 62, 🌊, ⋘ – ▤ rest 🐕 🅿 *VISA*. ⋘
cerrado 15 octubre-15 marzo – Com 800 – ⊆ 200 – **23 hab** 3000/4500 – PA 1800.

sigue →

en la carretera de Murcia por ② : 6 km – ✪ 958 :

🏨 **San Gabriel,** ⊠ 18011, apartado 1042, ℰ 20 12 11, Fax 27 39 54, 🏤, ⌨ – 🛗 🗏 ☎ 🅿
🖧 ⓞ 🖪 *VISA* ℅
Com 1100 – ⌷ 475 – **59 hab** 4575/6930 – PA 2675.

en la carretera de Motril por ③ : 4 km – ⊠ 18100 Armilla – ✪ 958 :

🏨 **Los Galanes,** ℰ 57 05 12, Fax 57 05 13 – 🗏 rest 🕾 🅿 🖧 ⓞ *VISA* ℅
Com 1200 – ⌷ 350 – **27 hab** 4000/5500.

en la carretera de Málaga por ④ : 5 km – ⊠ 18015 Granada – ✪ 958 :

🏨 **Alcano Sol,** ℰ 28 30 50, Telex 78600, Fax 29 14 29, 🏤, « Amplio patio con césped y
⌨ », ⌨, ℅ – 🗏 📺 ☎ 🅿 🖧 ⓞ 🖪 *VISA* ℅ rest
Com 2000 – ⌷ 600 – **100 hab** 7350/9200.

Ver también : *Sierra Nevada*.

S.A.F.E. Neumáticos MICHELIN, Sucursal, Polígono Industrial La Unidad de Asegra -
PELIGROS por ①, ⊠ 18210 ℰ 40 25 00 y 40 25 66, FAX 40 07 36

ALFA-ROMEO camino de Ronda 154 ℰ 23 31 09
AUDI-VOLKSWAGEN carretera de Jaén 19
ℰ 15 50 11
AUSTIN ROVER camino de Ronda - Edificio
Lindaraja ℰ 28 79 11
BMW Paseo de Ronda 181 ℰ 29 41 61
CITROEN av. de Andalucía ℰ 27 54 90
FIAT av. Andalucía ℰ 27 67 62
FORD carret. de Armilla-Santa Juliana
ℰ 11 01 11
FORD av. de Andalucía ℰ 27 76 50
GENERAL MOTORS-MG Autopista Badajoz
ℰ 20 56 02

LANCIA Turima ℰ 20 32 11
MERCEDES-BENZ av. de Andalucía ℰ 27 55 00
PEUGEOT-TALBOT Camino de Ronda 129
ℰ 20 17 61
RENAULT camino de Ronda 107 ℰ 27 28 58
RENAULT autopista de Badajoz ℰ 27 28 50
SEAT-AUDI-VOLKSWAGEN Arabial 103
ℰ 27 52 58
SEAT-AUDI-VOLKSWAGEN carret. de la Sierra 30
ℰ 22 84 91
SEAT entrada Polígono ASEGRA ℰ 40 00 21

Esta guía no es un repertorio de todos los hoteles y restaurantes,
ni siquiera de todos los buenos hoteles y restaurantes de España y Portugal.
Como nos interesa prestar servicio a todos los turistas,
nos vemos sujetos a indicar establecimientos
de todas clases y citar solamente algunos de cada clase.

La GRANADELLA 25177 Lérida 🗺️ H 31 – 942 h. – ✪ 973.
♦ Madrid 497 – ♦ Lérida/Lleida 37 – Tarragona 77.

✗ **Ramón,** av. Dr. Vives ℰ 11 03 15 – 🅿 🖪 *VISA* ℅
cerrado domingo noche y lunes – Com carta 2200 a 2900.

GRAN CANARIA Las Palmas – ver Canarias.

La GRANJA o **SAN ILDEFONSO** 40100 Segovia 🗺️ J 17 – 4 588 h. alt. 1192 – ✪ 911.
Ver : Palacio (museo de tapices★★) – Jardines★★ (surtidores★★)..
♦Madrid 74 – ♦Segovia 11.

🏨 **Roma,** Guardas 2 ℰ 47 07 52, 🏤 – 🕾. 🖪 *VISA* ℅
cerrado martes y noviembre-15 diciembre – Com 1800 – ⌷ 300 – **16 hab** 3300/6000.
✗✗ Canónigos, edificio Canónigos ℰ 47 11 60 – 🗏.

en Pradera de Navalhorno - carret. del Puerto de Navacerrada S : 2,5 km – ⊠ 40100
La Granja – ✪ 911 :

✗ **El Torreón,** ℰ 47 09 04, 🏤 – ⓞ 🖪 *VISA* ℅
cerrado miércoles y septiembre – Com carta 1200 a 2800.

en Valsaín - carret. del Puerto de Navacerrada S : 3 km – ⊠ 40109 Valsaín – ✪ 911 :

✗ **Hilaria,** ℰ 47 02 92, 🏤 – ℅
cerrado lunes y 12 noviembre-12 diciembre – Com carta 2200 a 2700.

GRANOLLERS 08400 Barcelona 🗺️ H 36 – 45 300 h. alt. 148 – ✪ 93.
♦Madrid 641 – ♦Barcelona 28 – Gerona/Girona 75 – Manresa 70.

🏨 **Europa,** Anselm Clavé 1 ℰ 870 03 12 – 🛗 🗏 🕾. 🖧 ⓞ 🖪 *VISA* ℅
Com 1800 – ⌷ 500 – **32 hab** 10000/15000 – PA 4000.

🏨 **Iris** sin rest, av. Sant Esteve 92 ℰ 870 70 51, Fax 870 20 06 – 🛗 🗏 📺 ☎ 🚗 🖧 ⓞ 🖪
VISA ℅
⌷ 425 – **35 hab** 3000/5000.

XX **L'Amperi,** pl. de la Font Verda 🔮 870 43 45 – ▦ Ⓟ 🅰 ℮ *VISA*. ⋙
cerrado domingo – Com carta 2800 a 3600.

XX **L'Ancora,** Aureli Font 3 🔮 870 41 48, Fax 870 87 06 – ▦. 🅰 ⓞ ℮ *VISA*. ⋙
cerrado domingo y del 1 al 15 agosto – Com carta 3100 a 5000.

X **Layon,** pl. de la Caserna 2 🔮 870 20 82 – ▦. 🅰 ℮ *VISA*. ⋙
cerrado martes y del 15 al 30 septiembre – Com carta 1600 a 2600.

X **Les Arcades,** Girona 29 🔮 870 91 56 – ▦ ℮ *VISA*. ⋙
cerrado martes – Com carta 1550 a 2800.

AUSTIN ROVER Murillo 62 esquina av. San Esteban 63 🔮 870 33 62
CITROEN Jorge Camp 40 🔮 849 03 43
FIAT-LANCIA carret. N 152 km 26,5 🔮 840 03 88
FORD av. Prat de la Riba 🔮 849 09 00
GENERAL MOTORS-OPEL carret. N 152 km 25,5 🔮 849 41 33
MERCEDES-BENZ Jorge Camp 13 🔮 849 67 55

PEUGEOT-TALBOT carret. de Ribas km 33 Las Franquesas 🔮 849 41 00
RENAULT carret. de Barcelona-Puigcerdá km 25,5 🔮 849 11 32
SEAT-AUDI-VOLKSWAGEN carret. de Granollers a Mataró km 17 🔮 870 19 00
VOLVO Aragón 10 🔮 870 05 55

GRAUS 22430 Huesca ⑩⑨③ F 31 – 3 540 h. alt. 468 – ⊙ 974.
◆Madrid 475 – Huesca 85 – ◆Lérida/Lleida 85.

🏨 **Lleida,** Glorieta Joaquín Costa 26 🔮 54 09 25, Fax 54 07 54 – ▦ ☎ 🛏 Ⓟ. *VISA*. ⋙
Com 1100 – ⇔ 400 – **27 hab** 2750/4500 – PA 2210.

CITROEN Joaquin Costa 19 🔮 54 09 20
FORD Mártires 14 🔮 54 02 16
PEUGEOT-TALBOT av. Joaquín Costa 29 🔮 54 01 68

RENAULT Miguel Cuervo 6 🔮 54 01 46
SEAT-AUDI-VOLKSWAGEN Joaquín Costa 14 🔮 54 08 84

GRAZALEMA 11610 Cádiz ⑩⑩⑥ V 13 – 2 111 h. – ⊙ 956.
◆Madrid 567 – ◆Cádiz 136 – Ronda 27 – ◆Sevilla 135.

🏨 **Grazalema** ⋟, 🔮 14 11 36, ≤, ⚎ – Ⓟ ℮ *VISA*. ⋙
Com 1875 – ⇔ 300 – **24 hab** 4750/5940 – PA 4000.

GREDOS 05132 Avila ⑩⑩② K 14 – ⊙ 918.
Ver : Emplazamiento★★.
Alred. : Hoyos del Collado (carretera del Barco de Avila ≤★) O : 10 km – Carretera del puerto del Pico★ (≤★) SE : 18 km.
◆Madrid 169 – Avila 63 – Béjar 71.

🏨 **Parador de Gredos** ⋟, alt. 1 650, ✉ 05132 Parador de Gredos, 🔮 34 80 48, Fax 34 82 05, ≤ Sierra de Gredos, ⋙ – ⧉ 📺 Ⓟ – 🏍 25/100. 🅰 ⓞ ℮ *VISA*. ⋙
Com 2900 – ⇔ 950 – **77 hab** 9000 – PA 5740.

GRIÑON 28970 Madrid ⑩⑩⑩ L 18 – 1 311 h. – ⊙ 91.
◆Madrid 30 – Aranjuez 36 – Toledo 47.

X **El Mesón de Griñón,** General Primo de Rivera 9 🔮 814 01 13 – ▦ Ⓟ. 🅰 ⓞ ℮ *VISA*. ⋙
cerrado lunes y julio – Com carta 3500 a 5200.

X **El Lechal,** carret. de Navalcarnero O : 1 km 🔮 814 01 62 – ▦ Ⓟ. 🅰 ℮ *VISA*. ⋙
cerrado jueves y agosto – Com carta 2650 a 3900.

El GROVE o **O GROVE** 36980 Pontevedra ⑩⑩① E 3 – 9 917 h. – ⊙ 986 – Playa.
◆Madrid 635 – Pontevedra 31 – Santiago de Compostela 71.

🏨 **Maruxia,** Luis Casais 14 🔮 73 27 95, Fax 73 05 07 – ⧉ ☎. 🅰 *VISA*. ⋙
Com 1500 – ⇔ 350 – **40 hab** 4300/6000 – PA 3350.

🏨 **Serantes** sin rest. con cafetería, Castelao, 40 🔮 73 22 04, Fax 73 19 45 – ☎. 🅰 *VISA*. ⋙
⇔ 350 – **32 hab** 4500/6000.

🏨 **Amandi** sin rest, Castelao 94 🔮 73 19 42, Fax 73 16 43 – ⧉ 📺 ☎ 🛏. 🅰 ⓞ ℮ *VISA*. ⋙
cerrado 20 diciembre-20 enero – ⇔ 475 – **25 hab** 5900/7200.

🏨 **El Molusco,** Castelao 206 - Puente de la Toja 🔮 73 07 61, Fax 73 29 84 – ⧉ 📺 ☎. 🅰 ⓞ ℮ *VISA*. ⋙
cerrado 16 diciembre-febrero – Com *(cerrado lunes)* 2500 – ⇔ 500 – **29 hab** 4500/6500.

X **El Crisol,** Hospital 10 🔮 73 00 29 – 🅰 ⓞ ℮ *VISA*. ⋙
Com carta 2450 a 3700.

X **La Posada del Mar,** Castelao 202 🔮 73 01 06 – ▦ Ⓟ. 🅰 ℮ *VISA*. ⋙
cerrado 15 diciembre-enero – Com carta 2400 a 3400.

X **Casa Pepe,** Castelao 149 🔮 73 02 35, ≤ – Ⓟ. 🅰 ℮ *VISA*. ⋙
cerrado lunes – Com carta 2500 a 3300.

X **Finisterre,** Marqués de Valterra 4 🔮 73 07 48, Pescados y mariscos – ℮ *VISA*. ⋙
cerrado 15 diciembre-15 enero – Com carta 1600 a 2800.

El GROVE o O GROVE

- ※ **El Combatiente,** pl. de Corgo 10 ℰ 73 07 41, ☆, Pescados y mariscos – 歴 E VISA ⋘
  cerrado lunes y del 10 al 20 noviembre – Com carta 1700 a 3000.
- ※ **O Piorno,** av. Castelao 151 ℰ 73 04 94, Fax 73 16 43, ☆, Pescados y mariscos – 歴 ①
  E VISA ⋘
  cerrado lunes y 20 noviembre-20 enero – Com carta 2750 a 3800.
- ※ **Dorna,** Castelao 150 ℰ 73 18 42 – 歴 ① E VISA ⋘
  cerrado 20 octubre-20 noviembre – Com carta 1650 a 3050.

  en la carretera de Pontevedra S : 3 km – ⊠ 36989 El Grove – ✆ 986 :

- 命 **Touris** sin rest, Ardia 175 ℰ 73 02 51, ≼, 丄, ❤ – 阝 ☜ ℗ 歴 ① E VISA ⋘
  marzo-noviembre – � 550 – **48 hab** 5200/7300.

  en Reboredo SO : 3 km – ⊠ 36989 El Grove – ✆ 986 :

- 命 **Bosque-Mar** ⚘, carret. de San Vicente ℰ 73 10 55, Fax 73 05 12, 丄 – ☜ ℗ E VISA
  ⋘ rest
  junio-septiembre – Com 1850 – ⊠ 700 – **29 hab** 5000/7000.
- 命 **Mirador Ría de Arosa** ⚘, ℰ 73 08 38, ≼ – ☎ ☜ ℗ 歴 ① E VISA ⋘
  junio-septiembre – Com 1800 – ⊠ 400 – **24 hab** 3600/5300.

  en San Vicente del Mar – ⊠ 36989 El Grove – ✆ 986 :

- 命 **Mar Atlántico** ⚘ En un pinar, S : 8,5 km ℰ 73 24 61, 丄 – ☎ ℗ 歴 ① E VISA ⋘
  abril-15 octubre – **18 hab.**
- ※※ **El Pirata,** praia Farruco, urb. San Vicente do Mar, SO : 9 km ℰ 73 00 52, ☆
  temp.

RENAULT Seoane 49 ℰ 73 09 04   SEAT-AUDI-VOLKSWAGEN carret. de Pontevedra
km 29,2 ℰ 73 10 91

Ferienreisen wollen gut vorbereitet sein.

*Die **Straßenkarten** und **Führer** von **Michelin***

geben Ihnen Anregungen und praktische Hinweise zur Gestaltung Ihrer Reise :
Streckenvorschläge, Auswahl und Besichtigungsbedingungen
der Sehenswürdigkeiten, Unterkunft, Preise ... u. a. m.

GUADALAJARA 19000 ▣ ⁴⁴⁴ K 20 – 56 922 h. alt. 679 – ✆ 911.

🛈 Pl. Mayor 7, ⊠ 19071, ℰ 22 06 98 – R.A.C.E. Dr. Benito Hernando 25, ⊠ 19001, ℰ 22 92 96.
◆Madrid 55 – Aranda de Duero 159 – Calatayud 179 – Cuenca 156 – Teruel 245.

- ※※ **Miguel Angel,** Alfonso López de Haro 4, ⊠ 19001, ℰ 21 22 51, Decoración castellana –
  ▤ VISA ⋘
  cerrado domingo noche – Com carta 3050 a 4600.

  en la carretera N II – ✆ 911 :

- 命命 **Pax** ⚘, ⊠ 19005, ℰ 22 18 00, Fax 22 69 55, ≼, 丄, ☞, ❤ – 阝 ▤ ▯ ☎ ℗ –
  ⚞ 25/400. 歴 ① E VISA ⋘
  Com 1975 – ⊠ 525 – **61 hab** 5600/9000 – PA 4475.
- ※ **Los Faroles,** ⊠ 19004, ℰ 21 30 32, ☆, Decoración castellana – ▤ ℗ 歴 ① E VISA
  ⋘
  Com carta 2300 a 2800.

ALFA-ROMEO Francisco Aritio 44 ℰ 21 52 19
AUSTIN-ROVER Francisco Aritio 98 ℰ 21 56 76
BMW paseo de la Estación 21 ℰ 21 11 01
CITROEN Francisco Aritio 12 ℰ 21 28 95
FIAT-LANCIA Francisco Aritio 16 ℰ 21 29 00
FORD Francisco Aritio 58 ℰ 21 25 10
GENERAL MOTORS Polígono Industrial El Bal-
concillo - Trafalgar ℰ 22 81 00
MERCEDES-BENZ Polígono Industrial El Bal-
concillo - Trafalgar ℰ 22 21 58

PEUGEOT-TALBOT Tirso de Molina 10
ℰ 21 31 50
PEUGEOT-TALBOT Francisco Aritio 10
ℰ 21 00 00
RENAULT Polígono Industrial El Balconcillo -
Trafalgar ℰ 22 43 50
SEAT-AUDI-VOLKSWAGEN Polig. Ind. El Balcon-
cillo - Trafalgar Parcela 63 ℰ 22 48 96 - 22 77 11

GUADALEST o **El CASTELL DE GUADALEST** 03517 Alicante ⁴⁴⁵ P 29 – ✆ 96.
Ver : Situación ★.

◆Madrid 441 – Alcoy 36 – ◆Alicante 65 – ◆Valencia 145.

- ※ **Xorta,** carret. de Callosa de Ensarriá ℰ 588 13 87, ≼, 丄 – ℗ 歴 E VISA
  cerrado sábado y 15 mayo-15 junio – Com carta 2000 a 2725.

GUADALUPE 10140 Cáceres ⁴⁴⁴ N 14 – 2 765 h. alt. 640 – ✆ 927.
Ver : Pueblo★ – Monasterio★★ : Sacristía★★ (cuadros de Zurbarán★) camarín★, claustro mudéjar
(museo de bordados★★, lavabo★) – Sala Capitular (cuadros de Zurbarán★).
Alred. : Carretera★ de Guadalupe a Puerto de Vicente ≼★.

◆Madrid 225 – ◆Cáceres 129 – Mérida 129.

230

🏰 **Parador Guadalupe** ♨, Marqués de la Romana 10 ℰ 36 70 75, Fax 36 70 76, ≤, 🌫, « Instalado en un edificio del siglo XVI, con jardín », ⊥, ※ – 🛗 📺 ☎ 🚗 🅿 🆎 ⓞ ⅇ 𝘝𝘐𝘚𝘈. ※
Com 2900 – 🖙 950 – **40 hab** 9000 – PA 5740.

🏩 **Hospedería del Real Monasterio** ♨, pl. Juan Carlos I ℰ 36 70 00, Fax 36 71 77, 🌫, « Instalado en el antiguo monasterio » – 🛗 🍽 rest ☎ 🅿 ⅇ 𝘝𝘐𝘚𝘈. ※
cerrado 15 enero-15 febrero – Com 1925 – 🖙 440 – **40 hab** 3500/5400.

✗ **Cerezo** con hab, Gregorio López 12 ℰ 36 73 79 – 🍽 rest. ⓞ ⅇ 𝘝𝘐𝘚𝘈. ※ rest
Com carta 1100 a 1750 – 🖙 225 – **15 hab** 1800/3000.

GUADARRAMA 28440 Madrid 𝟜𝟜𝟜 J 17 – 6 682 h. alt. 965 – ✆ 91.
Alred. : Puerto de Guadarrama (o Alto de los Leones) ⁂★, ≤★ NO : 7 km.
◆Madrid 48 – ◆Segovia 43.

✗ **Asador los Caños,** Alfonso Senra 51 ℰ 854 02 69, Cordero asado – 🍽. ⓞ 𝘝𝘐𝘚𝘈. ※
cerrado martes y del 1 al 20 junio – Com (sólo almuerzo salvo fines de semana, Semana Santa y Navidades) carta 2440 a 3025.

en la carretera N VI SE : 4,5 km – ✉ 28440 Guadarrama – ✆ 91 :

✗✗ **Miravalle** con hab, ℰ 850 03 00, 🌫 – 🍽 rest ☕ 🅿 🆎 𝘝𝘐𝘚𝘈. ※
Com (cerrado miércoles) carta 2600 a 3400 – 🖙 395 – **12 hab** 3500/4500.
Ver también : **Navacerrada NE : 12 km.**

CITROEN carret. de La Coruña km 48 ℰ 854 11 53

RENAULT José Antonio 27 ℰ 854 05 28

GUADIX 18500 Granada 𝟜𝟜𝟞 U 20 – 19 860 h. alt. 949 – ✆ 958.
Ver : Catedral★ (fachada★) – Barrio troglodita★.
Alred. : Carretera★★ de Guadix a Purullena (pueblo troglodita★) O : 5 km – Carretera de Purullena a Granada ≤★ – Lacalahorra (castillo★ : patio★★) SE : 17 km.
◆Madrid 436 – ◆Almería 112 – ◆Granada 57 – ◆Murcia 226 – Úbeda 119.

🏩 **Carmen** sin rest. con cafetería, carret. de Granada ℰ 66 15 11, Fax 66 14 01 – 🛗 🍽 ☕ 🚗 🅿 – 🔬 25/500. 🆎 ⅇ 𝘝𝘐𝘚𝘈. ※
🖙 175 – **20 hab** 2600/4000 – PA 2000.

🏠 **Comercio,** Mira de Amezcua 3 ℰ 66 05 00 – 🍽 rest ☎. 🆎 ⓞ ⅇ 𝘝𝘐𝘚𝘈
Com 950 – 🖙 300 – **21 hab** 2000/3400.

ALFA ROMEO carret. de Granada km 37 ℰ 66 25 62
CITROEN carret. de Murcia 5 ℰ 66 14 77
FORD carret. de Murcia ℰ 66 03 44
MERCEDES-BENZ carret. de Murcia ℰ 66 06 12

PEUGEOT-TALBOT carret. de Granada 41 ℰ 66 09 62
RENAULT carret. de Murcia ℰ 66 02 58
SEAT-AUDI-VOLKSWAGEN carret. de Granada km 226 ℰ 66 11 00

GUALCHOS 18614 Granada 𝟜𝟜𝟞 V 19 – 2 912 h. – ✆ 958.
◆Madrid 518 – ◆Almería 94 – ◆Granada 88 – ◆Málaga 113.

✗ **La Posada** ♨ con hab, pl. de la Constitución 3 ℰ 65 60 34, « Rincón de tipo regional », ⊥, ↔ – ⅇ 𝘝𝘐𝘚𝘈. ※ rest
marzo-noviembre – Com (cerrado lunes) carta 2400 a 3700 – 🖙 750 – **9 hab** 4300/8600.

GUAMASA Tenerife – ver Canarias (Tenerife).

GUARDAMAR 46711 Valencia – 46 h. alt. 11 – ✆ 96.
◆Madrid 422 – Gandia 6 – ◆Valencia 70.

✗ **Arnadí,** Molí 12 ℰ 281 90 57, « Terraza-jardín » – 🍽. 🆎 ⓞ ⅇ 𝘝𝘐𝘚𝘈. ※
cerrado domingo noche, lunes y 3 noviembre-6 diciembre – Com carta 2150 a 2900.

GUARDAMAR DEL SEGURA 03140 Alicante 𝟜𝟜𝟝 R 28 – 5 708 h. – ✆ 96 – Playa.
◆Madrid 442 – ◆Alicante 36 – Cartagena 74 – ◆Murcia 52.

🏩 **Meridional,** urb. Las Dunas S : 1 km ℰ 572 83 40 – 🛗 ☎ 🅿. 🆎 ⓞ ⅇ 𝘝𝘐𝘚𝘈. ※
Com 1275 – 🖙 475 – **53 hab** 3500/5500 – PA 2560.

🏩 **Guardamar,** av. Puerto Rico 11 ℰ 572 96 50, Fax 572 95 30, ≤, ⊥ – 🛗 ☎ 🚗
52 hab.

🏠 **Mediterráneo,** av. Cartagena 14 ℰ 572 94 07 – 🍽 rest 🚗. ⅇ 𝘝𝘐𝘚𝘈. ※
Com 1000 – 🖙 300 – **32 hab** 2500/4200 – PA 1900.

🏠 **Oasis,** av. de Europa 33 ℰ 572 88 60 – **40 hab.**

🏡 **Delta,** Blasco Ibáñez 63 ℰ 572 87 12, 🌫, ※ – ※
abril-septiembre – Com 1000 – 🖙 300 – **16 hab** 2500 – PA 2100.

✗ **Chez Victor 2,** av. de Perú 1 (urb Las Dunas) ℰ 572 95 04, ≤, 🌫 – 𝘝𝘐𝘚𝘈. ※
cerrado martes y del 1 al 15 noviembre – Com carta 2000 a 2750.

SEAT-AUDI-VOLKSWAGEN av. José Antonio 104 ℰ 572 89 32

231

La GUARDIA o **A GARDA** 36780 Pontevedra **[441]** G 3 – 9 275 h. alt. 40 – ✪ 986 – Playa.
Alred. : Monte de Santa Tecla★ (≼★★) S : 3 km – Carretera★ de La Guardia a Bayona.
🛈 Concepción Arenal 79 – ◆Madrid 628 – Orense 129 – Pontevedra 72 – ◆Porto 148 – ◆Vigo 53.

🏠 **Eli-Mar** sin rest, Vicente Sobrino 12 ℰ 61 30 00 – ☎. 🗚 ⓞ 🗲 𝘝𝘐𝘚𝘈. ✸
⚏ 350 – **22 hab** 2500/5100.

🏠 **Bruselas** sin rest, Orense 7 ℰ 61 11 21 – ⇐⇒. 🗚 𝘝𝘐𝘚𝘈
⚏ 200 – **18 hab** 1325/3115.

✗ **Os Remos,** Calvo Sotelo ℰ 61 11 07, 🍽 – 🗚 ⓞ 🗲 𝘝𝘐𝘚𝘈. ✸
cerrado del 1 al 16 noviembre – Com carta 1250 a 2000.

✗ **Anduriña,** Calvo Sotelo 48 ℰ 61 11 08, ≼, 🍽, Pescados y mariscos – 🗚 ⓞ 🗲 𝘝𝘐𝘚𝘈. ✸
Com carta 2150 a 3400.

CITROEN Diego Antonio González 55 ℰ 61 31 11
FIAT-LANCIA San Roque 12 ℰ 61 12 07
FORD Bajada a la Guía ℰ 61 08 09
OPEL-GENERAL-MOTORS San Roque 4
ℰ 61 10 01

PEUGEOT-TALBOT Puerto Rico ℰ 61 12 50
RENAULT San Roque ℰ 61 00 26
SEAT-AUDI-VOLKSWAGEN San Roque 13
ℰ 61 10 75

La GUDINA o **A GUDIÑA** 32540 Orense **[441]** F 8 – 2 051 h. – ✪ 988.
◆Madrid 389 – Benavente 132 – Orense 110 – Ponferrada 117 – Verín 39.

🏠 **Relojero 2,** carret. N 525 ℰ 42 10 01 – ⇐⇒ ⓟ 🗲 𝘝𝘐𝘚𝘈. ✸
Com carta 1150 a 1550 – ⚏ 250 – **25 hab** 2300/3200 – PA 2000.

CITROEN carret. de Madrid 110 ℰ 42 11 41
PEUGEOT-TALBOT carret. de Madrid ℰ 42 10 31
RENAULT carret. Nacional ℰ 42 10 22

SEAT-AUDI-VOLKSWAGEN carret. de Madrid
ℰ 42 10 68

GUERNICA Y LUNO o **GERNIKA - LUMO** 48300 Vizcaya **[442]** C 21 – 17 836 h. alt. 10 – ✪ 94.
Alred. : N : Carretera de Bermeo ≼★, Ría de Guernica★ – Cueva de Santimamiñe (formaciones
calcáreas★) NE : 5 km – Balcón de Vizcaya ≼★★ SE : 18 km.
◆Madrid 429 – ◆Bilbao 36 – ◆San Sebastián/Donostia 84 – ◆Vitoria/Gasteiz 69.

🏠 **Gernika** sin rest, Carlos Gangoiti 17 ℰ 685 03 50, ≼ – ☎ ⓟ. 🗚 ⓞ 🗲 𝘝𝘐𝘚𝘈. ✸
⚏ 400 – **16 hab** 4500/6000.

✗✗ **Arrien,** Ferial 2 ℰ 685 06 41 – 🍽. 🗚 🗲 𝘝𝘐𝘚𝘈. ✸
Com carta 2550 a 4500.

✗✗ El Faisán de Oro, Adolfo Urioste 4 ℰ 625 10 01.

✗ **Zallo Barri,** Señorío de Vizcaya 79 ℰ 625 18 00 – 🍽. 🗚 ⓞ 🗲 𝘝𝘐𝘚𝘈. ✸
cerrado domingo noche y miércoles noche – Com carta 2700 a 3900.

En la carretera de Bilbao S : 2 km – ✉ 48300 Guernica y Lumo – ✪ 94

✗✗ **Remenetxe,** barrio Ugarte ℰ 685 35 20, Caserío típico – ⓟ. 🗚 🗲 𝘝𝘐𝘚𝘈. ✸
cerrado miercoles y del 13 al 28 febrero – Com carta 2500 a 4700.

en la carretera de Bermeo N : 2 km – ✉ 48300 Guernica y Lumo – ✪ 94 :

✗✗ **Baserri Maitea,** Forua-desvio a la izquierda 1 km ℰ 625 34 08, Fax 625 57 88 – ⓟ. 🗚
ⓞ 🗲 𝘝𝘐𝘚𝘈. ✸
cerrado domingo noche en verano, lunes en invierno y 24 diciembre-enero – Com
carta 3700 a 5250.

✗✗ **Torre Barri,** Forua ℰ 625 25 07 – 🍽. 🗚 𝘝𝘐𝘚𝘈. ✸
cerrado miércoles y febrero – Com carta 2350 a 3500.

FORD Vega Alta ℰ 685 05 80
GENERAL MOTORS Señorío de Vizcaya 105
ℰ 685 09 26
RENAULT carret. Guernica-Bilbao km 1,5
ℰ 685 17 91

SEAT-AUDI-VOLKSWAGEN B. Amona 2
ℰ 685 09 62

GUETARIA o **GETARIA** 20808 Guipúzcoa **[442]** C 23 – 2 407 h. – ✪ 943.
Alred. : Carretera en cornisa★★ de Guetaria a Zarauz.
◆Madrid 487 – ◆Bilbao 77 – ◆Pamplona 107 – ◆San Sebastián/Donostia 26.

✗✗ **Elkano,** Herrerieta 2 ℰ 83 16 14, 🍽, Pescados y mariscos – 🍽. 🗚 ⓞ 🗲 𝘝𝘐𝘚𝘈. ✸
cerrado del 5 al 30 noviembre – Com carta 3000 a 4800.

✗ **Kaia y Asador Kai-Pe,** General Arnao 10 ℰ 83 24 14, ≼, 🍽, Decoración rústica,
Pescados y mariscos – 🍽. 🗚 ⓞ 🗲 𝘝𝘐𝘚𝘈. ✸
cerrado octubre – Com carta 5000 a 6000.

✗ **Talai-Pe,** Puerto Viejo ℰ 83 16 13, ≼, 🍽, Decoración rústica marinera, Pescados y
mariscos – 🗚 ⓞ 🗲 𝘝𝘐𝘚𝘈. ✸
cerrado domingo, lunes y 10 septiembre-10 octubre – Com carta 3600 a 5500.

✗ Masoparri, Sagatzaga 1 ℰ 83 57 07, ≼, 🍽, Pescados y mariscos.

al Suroeste : 2 km por carretera N 634 – ✉ 20808 Guetaria – ✪ 943 :

✗ **San Prudencio** 🌳 con hab, ℰ 83 24 11, ≼, 🍽 – ⓟ. 𝘝𝘐𝘚𝘈. ✸
marzo-octubre – Com carta 1800 a 3200 – ⚏ 500 – **10 hab** 3500 – PA 3400.

GUIJUELO 37770 Salamanca **441** K 12 – 4 900 h. – ✪ 923.
•Madrid 206 – Avila 99 – Plasencia 83 – •Salamanca 49.

🏠 **Torres** sin rest, Ramón Torres 3 ☏ 58 14 51, Fax 58 14 51 – 🛗 ☎. 🆎 ⓞ 🇪 *VISA*. ⬩⬩
⟷ 350 – **37 hab** 3000/4600.

✗ **Casa Manolo,** Gabriel y Galán 7 ☏ 58 14 76 – 🍴. 🆎 🇪 *VISA*. ⬩⬩
cerrado lunes y septiembre – Com carta 1600 a 2900.

✗ **La Amistad,** Teso de Las Reses 25 ☏ 58 04 02, Rest. típico – 🍴. 🆎 ⓞ 🇪 *VISA*. ⬩⬩
cerrado domingo – Com carta 1950 a 2400.

FORD carret. Valdelacasa ☏ 58 02 03
PEUGEOT-TALBOT Filiberto Villalobos 173
☏ 58 07 12

RENAULT Filiberto Villalobos 183 ☏ 58 09 07
SEAT-AUDI-VOLKSWAGEN Filiberto Villalobos
146 ☏ 58 04 05

HARO 26200 La Rioja **442** E 21 – 8 581 h. alt. 479 – ✪ 941.
Alred. : Balcón de la Rioja ⬩⬩★ E : 26 km.
🛈 pl. Hermanos Florentino Rodríguez ☏ 31 27 26.
•Madrid 330 – •Burgos 87 – •Logroño 49 – •Vitoria/Gasteiz 43.

🏨 **Los Agustinos,** San Agustín 2 ☏ 31 13 08, Telex 37161, Fax 30 31 48, « Instalado en un convento del siglo XIV » – 🛗 🍴 📺 ☎ – 🛠 25/50. 🆎 ⓞ 🇪 *VISA*. ⬩⬩ rest
Com 2800 – ⟷ 950 – **62 hab** 8600/10500.

✗✗ **Beethoven II,** Santo Tomás 3 ☏ 31 11 81 – 🍴. 🇪 *VISA*. ⬩⬩
cerrado lunes noche, martes y 28 febrero-3 marzo – Com carta 2400 a 3200.

✗ **Terete,** Lucrecia Arana 17 ☏ 31 00 23, Rest. típico con bodega, Cordero asado – 🍴. *VISA*.
cerrado domingo noche, lunes y octubre – Com carta 2300 a 2425.

en la carretera N 232 SE : 1 km – ✉ 26200 Haro – ✪ 941 :

🏨 **Iturrimurri,** ☏ 31 12 13, Telex 37021, Fax 31 11 21, ≤, 🏊, – 🍴 📺 ☎ 🅿 – 🛠 25/100. 🆎 🇪 *VISA*. ⬩⬩
cerrado 24 diciembre-7 enero – Com 2200 – ⟷ 460 – **36 hab** 4000/7100.

ALFA ROMEO Poligono Industrial Entre Carreteras nave 2 ☏ 31 28 96
CITROEN Polig. Entre-Carreteras, Parc. 3/13
☏ 31 02 81
FIAT Polig. Industrial Entrecassetesos - Industria 12 ☏ 31 24 33

FORD Santa Lucia 18 ☏ 31 07 46
OPEL La Ventilla 65 ☏ 31 12 92
PEUGEOT pl. Castañaces 1 ☏ 31 02 92
RENAULT av. de Logroño (Variante) ☏ 31 04 16
SEAT-AUDI-VOLKSWAGEN carret. de Logroño
☏ 31 02 38

HELLIN 02400 Albacete **444** Q 24 – 22 651 h. alt. 566 – ✪ 967.
•Madrid 306 – •Albacete 59 – •Murcia 84 – •Valencia 186.

🏨 **Reina Victoria,** Coullaut Valera 3 ☏ 30 02 50, Fax 30 28 43 – 🍴 ⬩⬩⬩ 🆎 ⓞ 🇪 *VISA*. ⬩⬩
⟷ 400 – **25 hab** 4500/7000.

🏠 **Modesto,** Lopez de Oro 18 ☏ 30 35 93 – 🆎 ⓞ 🇪 *VISA*. ⬩⬩
Com carta 1200 a 2100 – ⟷ 300 – **19 hab** 1700/3000 – PA 2000.

🏠 **Hellín,** antigua carret. N 301 ☏ 30 01 42 – 🍴 rest 🅿. 🆎 *VISA*. ⬩⬩
Com 1200 – ⟷ 350 – **26 hab** 2000/3500 – PA 2350.

CITROEN Conde Guadalhorce 185 ☏ 30 05 23
FORD Poeta Mariano Tomas 28 ☏ 30 11 83
GENERAL MOTORS av. Conde Guadalhorce 187
☏ 30 11 16
MERCEDES-BENZ Nuestra Señora de Lourdes 2
☏ 30 10 72

PEUGEOT-TALBOT carret. Murcia 26 ☏ 30 12 19
RENAULT av. Conde Guadalhorce 138
☏ 30 01 58
SEAT-AUDI-VOLKSWAGEN av. Conde Guadalhorce 35 ☏ 30 04 93

HERNANI 20120 Guipúzcoa **442** C 24 – 30 272 h. – ✪ 943.
•Madrid 465 – •Bilbao 100 – •San Sebastián/Donostia 11 – •Vitoria/Gasteiz 110.

en la carretera de Lasarte NO : 2,5 km – ✉ 20120 Hernani – ✪ 943 :

✗✗ Galarreta, Frontón ☏ 55 10 29 – 🅿.

CITROEN Cardaveraz 60 ☏ 55 69 10
FORD Carmelo Labaca 14 ☏ 55 46 92
GENERAL MOTORS Barrio Akarregui 25
☏ 55 25 46

MERCEDES-BENZ av. de Navarra 19 ☏ 55 04 95
PEUGEOT-TALBOT Larramendi 15 ☏ 55 11 39
SEAT-AUDI-VOLKSWAGEN B. Akarregui 26
☏ 55 50 12

La HERRADURA 18697 Granada **446** V 18 – ✪ 958 – Playa.
•Madrid 523 – Almería 138 – •Granada 93 – •Málaga 66.

por la carretera N 340 y desvío urbanización Cerro Gordo O : 7 km – ✉ 18697 La Herradura – ✪ 958 :

✗ **Los Globos,** ☏ 64 02 16, ≤ montaña y mar, 🍴 – 🅿. 🇪 *VISA*. ⬩⬩
cerrado lunes – Com carta 1925 a 3100.

HERRERA DE PISUERGA 34400 Palencia **442** E 17 – 2 696 h. alt. 840 – 😊 988.
◆Madrid 298 – ◆Burgos 68 – Palencia 72 – ◆Santander 129.

  🏨 **La Piedad,** carret. N 611 🖉 13 01 22 – 🄿 . *VISA*. 🍴
    Com *(cerrado domingo noche)* 900 – 😊 250 – **27 hab** 1400/3000.

FIAT-LANCIA av. Eusebio Salvador 87   SEAT-AUDI-VOLKSWAGEN av. Santander
🖉 13 02 15   🖉 13 03 11
RENAULT Cervera 6 🖉 13 01 90

HIERRO Tenerife – ver Canarias.

HONDARRIBIA Guipúzcoa **442** B 24 – ver Fuenterrabía.

HONRUBIA DE LA CUESTA 40541 Segovia **442** H 18 – 120 h. alt. 1001 – 😊 911.
◆Madrid 143 – Aranda de Duero 18 – ◆Segovia 97.

    en El Miliario - carretera N I S : 4 km – ✉ 40541 Honrubia de la Cuesta – 😊 911 :

  🍴 **Mesón Las Campanas** con hab, 🖉 54 30 00, 🍴, Decoración rústica regional – ☎ 🄿
    AE ① E *VISA*. 🍴
    Com carta 2350 a 2650 – 😊 200 – **7 hab** 4000.

HORCHE 19140 Guadalajara **444** K 20 – 1 179 h. – 😊 911.
◆Madrid 68 – Guadalajara 13.

  🏨 **Sol La Cañada** 🍽, 🖉 29 01 96, Fax 29 00 29, ≼, 🍴, 🏊 – 🔳 ☎ – 🔬 25/30. AE ①
    VISA. 🍴 rest
    Com 2000 – 😊 550 – **26 hab** 5500/8400.

HORNA Burgos **442** D 19 – ver Villarcayo.

HOSPITALET DEL INFANTE o **L'HOSPITALET DEL INFANT** 43890 Tarragona **443** J 32 –
😊 977 – Playa.
◆Madrid 579 – Castellón de la Plana 151 – Tarragona 37 – Tortosa 52.

  🏨 **Pino Alto,** urb. Pino Alto NE : 1 km, ✉ 43892 Montroig-Mar, 🖉 81 10 00, Fax 81 09 07,
    🍴, « Terraza », 🏊, 🍴, ❄ – 🔳 🔳 ☎ ⟺ – 🔬 25/140. ① E *VISA*. 🍴 rest
    Com 2100 – 😊 950 – **122 hab** 7400/12300 – PA 4375.

  🏨 **Les Barques** 🍽 sin rest, Les Barques 14 🖉 82 02 11, Fax 82 02 41, 🏊 – 🔳 🔳 ☎ ⟺.
    😊 800 – **40 hab** 4500/7000.

  🏨 **Infante** 🍽, Del Mar 24 🖉 82 30 00, Fax 82 32 75, ≼, 🍴, 🏊, ❄ – 🔳 ☎ ⟺ 🄿. AE E
    VISA
    febrero-octubre – Com 1100 – 😊 500 – **71 hab** 3400/5500 – PA 2300.

  🍴🍴 **Les Barques,** Paseo Marítimo 21 🖉 82 39 61, Fax 82 02 41, ≼, Pescados y mariscos –
    🔳. AE ① E *VISA*. 🍴
    cerrado lunes no festivos y 20 diciembre 20-enero – Com carta 1800 a 3700.

    en Miami Playa N : 2 km – ✉ 43892 Miami Playa – 😊 977 :

  🏨 **Tropicana,** carret. N 340 🖉 81 03 40, 🍴, 🏊 – 🔳 rest ⟺ 🄿. E *VISA*. 🍴
    Com 1100 – 😊 450 – **34 hab** 2900/4200.

FORD carret. de Valencia km 218 Miami Playa   RENAULT carret. Valencia km 217 🖉 82 32 13
🖉 81 00 02   SEAT-AUDI-VOLKSWAGEN carret. Valencia -
OPEL-GM Estación 🖉 82 32 85   Miami Playa 🖉 81 07 23

HOSTALRICH o **HOSTALRIC** 17850 Gerona **443** G 37 – 2 668 h. alt. 189 – 😊 972.
◆Madrid 678 – ◆Barcelona 65 – Gerona/Girona 39.

  🍴🍴🍴 **La Fortaleza,** El Castillo 🖉 86 41 22, ≼ valle y montes, « Instalado en la antigua fortaleza,
    interior rústico » – 🄿. AE ① E *VISA*. 🍴
    cerrado martes y del 1 al 21 agosto – Com carta 2475 a 3400.

La HOYA 30816 Murcia **445** S 25 – 😊 968.
◆Madrid 471 – Cartagena 72 – ◆Murcia 53.

  🏨 **La Hoya,** carret. N - 340 🖉 46 27 05, 🏊 – 🄿. AE ① E *VISA*. 🍴
    Com 850 – 😊 300 – **36 hab** 3000/4500 – PA 1800.

HOYOS DEL ESPINO 05634 Avila **442** K 14 – 369 h. – 😊 918.
◆Madrid 174 – Avila 68 – Plasencia 107 – ◆Salamanca 130 – Talavera de la Reina 87.

  🍴 **Mira de Gredos** 🍽 con hab, 🖉 34 81 24, ≼ Sierra de Gredos – 🄿. 🍴
    Com *(cerrado jueves)* 1400 – 😊 400 – **16 hab** 4200 – PA 2720.

HOZNAYO 39716 Cantabria 442 B 18 – ✪ 942.
◆Madrid 399 – ◆Bilbao 86 – ◆Burgos 156 – ◆Santander 21.
🏨 Adelma, carret. N 634 ℰ 52 40 96, ≤ – ☎ 🅿 – **36 hab**.

HUARTE Navarra 442 D 25 – ver Pamplona.

HUELVA 21000 🅿 446 U 9 – 127 806 h. – ✪ 955 – 🛬 Bellavista, Aljaraque O : 7 km ℰ 31 80
33 – 🛈 av. de Alemania 1 ✉ 21001, ℰ 25 74 03 – R.A.C.E. Puerto 24, ✉ 21001, ℰ 25 49 47.
◆Madrid 629 ② – ◆Badajoz 248 ② – Faro 105 ① – Mérida 282 ② – ◆Sevilla 92 ②.

HUELVA

Arquitecto Pérez Carasa	BZ 4
Concepción	AZ 9
Las Bocas	AZ 25
Palacios	AZ 35
Plus Ultra	AZ 37
Rabida	BZ 39
Alameda de Sundheim	BZ 2
Alcalde Federico Molina Orta (Av.)	ABY 3
Buenos Aires (Pas.)	AY 8
Francisco Montenegro (Av. de)	AY 10
Guatemala (Av. de)	AY 16
Independencia (Pas.)	AY 18
Jabugo	BY 19
José Nogales	AZ 20
La Fuente	BZ 22
La Palma	AZ 23
Las Monjas (Pl. de)	AZ 26
Manuel de Falla	AY 27
Marina	AZ 28
Martín Alonso Pinzón (Av. de)	BZ 29
Méndez Muñez	AZ 31
Padre Jesús de Pasión	BZ 32
Padre Laraña	BZ 34
Pío XII (Av. de)	BZ 36
Puente del Río Odiel (Carret. al)	AY 38
Roque Barcia	AY 41
Rubén Darío	AY 42
San Antonio (Av. de)	AY 43
San Sebastián	BZ 45
Santa Fe (Pas. de)	BZ 46
Suroeste (Av.)	AZ 48
Tomás Domínguez Ortiz (Av. de)	AZ 50
Vázquez López	AZ 51
3 de Agosto	BZ 52

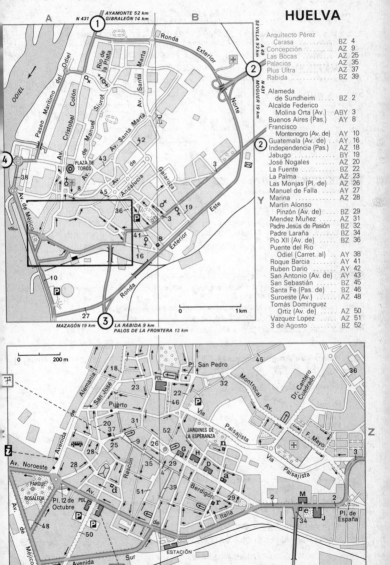

HUELVA

🏨 **Luz Huelva** sin rest, av. Sundheim 26, ⊠ 21003, 🟢 25 00 11, Telex 75527, Fax 25 81 1
— 📶 🛏 📺 ☎ 🚗 — 🏄 25/150. 🖭 ⓞ 🔁 𝑉𝐼𝑆𝐴. ℅
➡ 770 — **106 hab** 9350/12100.
BZ

🏨 **Tartessos** sin rest, av. Martín Alonso Pinzón 13, ⊠ 21003, 🟢 24 56 11, Fax 25 06 17 — 📶
🛏 📺 ☎ — 🏄 25/60. 🖭 ⓞ 🔁 𝑉𝐼𝑆𝐴. ℅
➡ 400 — **112 hab** 4400/7700.
BZ

🏠 **Costa de la Luz** sin rest y sin ➡, José María Amo 8, ⊠ 21001, 🟢 25 64 22 — 📶 🛏
℅
35 hab 2900/5000.
AZ

XX **La Muralla,** San Salvador 17, ⊠ 21003, 🟢 25 50 77 — 🛏. 🖭 𝑉𝐼𝑆𝐴. ℅
cerrado domingo y agosto – Com carta 2800 a 3800.
BZ

X **Las Meigas,** pl. América, ⊠ 21003, 🟢 23 00 98 — 🛏. 🖭 ⓞ 🔁 𝑉𝐼𝑆𝐴. ℅
cerrado domingo de 15 julio-15 septiembre – Com carta 2350 a 3650.
ABY

X La Cazuela, Garci Fernández 5, ⊠ 21003, 🟢 25 80 96 — 🛏
BZ

X Doñana, av. Martín Alonso Pinzón 13, ⊠ 21003, 🟢 24 27 73 — 🛏
BZ

ALFA ROMEO carret. Sevilla, km 637,5
🟢 23 22 09
AUSTIN-ROVER paseo de las Palmeras 31
🟢 26 12 02
BMW av. Guatemala 12 🟢 26 33 30
CITROEN carret. de Sevilla km 637 🟢 22 65 44
FIAT av. Cristóbal Colón 138 🟢 24 37 66
FORD carret. de Sevilla, Políg. San Diego Nave
41-42 🟢 22 85 12
GENERAL MOTORS carret. de Sevilla km 638
🟢 23 10 13

MERCEDES-BENZ Las Metas 48 🟢 25 83 00
PEUGEOT-TALBOT carret. de Sevilla km 637,1
🟢 22 19 88
RENAULT carret. de Sevilla km 638 🟢 22 61 58
SEAT-AUDI-VOLKSWAGEN carret. N 431 km
637,5 🟢 22 08 00
VOLVO Polígono Ind. Romeralejo, c/B, nave 6
🟢 23 29 09

HUERCAL-OVERA 04600 Almería 🗺🗺🗺 T 24 🗺🗺🗺 T 24 – 12 045 h. alt. 320 – ✪ 951.
♦Madrid 490 – Almería 117 – ♦Murcia 104.

en la carretera N 340 SO : 6 km – ⊠ 04600 Huércal Overa – ✪ 951 :

🏠 **Overa,** 🟢 47 08 79 — 🛏 rest ⓟ. 𝑉𝐼𝑆𝐴. ℅
Com 900 – ➡ 175 – **11 hab** 1500/3000.

CITROEN av. Guillermo Reyna 🟢 47 05 30

SEAT-AUDI-VOLKSWAGEN carret. N 340 km 232
🟢 47 03 00

HUESCA 22000 🅿 🗺🗺🗺 F 28 – 44 372 h. alt. 466 – ✪ 974.
Ver : Catedral★ (retablo★★) **A** – Museo provincial★ (colección de primitivos★) **M1** – Monasterio
de San Pedro el Viejo (claustro★) **B**.
Alred. : Carretera★ de Huesca a Sabiñánigo (embalse de Arguis★).
🛈 Coso Alto 23, ⊠ 22003, 🟢 22 57 78 – **R.A.C.E.** Miguel Servet 1, ⊠ 220021, 🟢 22 55 76.
♦Madrid 392 ② – ♦Lérida/Lleida 123 ① – ♦Pamplona 164 ③ – Pau 211 ③ – ♦Zaragoza 72 ②.

Plano página siguiente

🏨 **Pedro I de Aragón,** Parque 34, ⊠ 22003, 🟢 22 03 00, Telex 58626, Fax 22 00 94, 🏊 –
📶 🛏 📺 ☎ 🚗 — 🏄 25/1000. 🖭 ⓞ 🔁 𝑉𝐼𝑆𝐴
Com 2925 – ➡ 600 — **129 hab** 9150/13400 – PA 5475.
a

🏨 Sancho Abarca, pl. de Lizana 13, ⊠ 22002, 🟢 22 06 50, Fax 22 51 69 — 📶 🛏 rest 📺 ☎
— 🏄
50 hab.
n

🏠 Lizana sin rest y sin ➡, pl. de Lizana 8, ⊠ 22002, 🟢 22 14 70 — 🚗
19 hab 2200/4300.
e

XX **Navas,** San Lorenzo 15, ⊠ 22002, 🟢 22 47 38, Fax 24 57 32 — 🛏. 🖭 ⓞ 🔁 𝑉𝐼𝑆𝐴. ℅
Com carta 3100 a 4475.
s

X **La Campana,** Coso Alto 78 🟢 22 95 00 — 🛏 ⓟ. 🖭 ⓞ 🔁 𝑉𝐼𝑆𝐴. ℅
cerrado domingo y del 15 al 31 julio – Com carta 2200 a 3600.
t

X **Parrilla Gombar,** av. Martínez de Velasco 34, ⊠ 22004, 🟢 24 39 12 — 🛏. 🔁 𝑉𝐼𝑆𝐴. ℅
Com carta 1775 a 2875.
z

X **Casa Vicente,** pl. de Lérida 2, ⊠ 22004, 🟢 22 98 11 — 🛏. 🖭 ⓞ 🔁 𝑉𝐼𝑆𝐴. ℅
cerrado domingo y 23 agosto-18 septiembre – Com carta 1200 a 2400.
b

en la carretera N 240 – ✪ 974 :

🏨 **Montearagón,** por ① : 2,5 km, ⊠ 22191 Huesca, 🟢 22 23 50, 🏊 – 📶 🛏 rest 📺 ☎
🚗 ⓟ. 🖭 𝑉𝐼𝑆𝐴. ℅
Com 1500 – ➡ 400 – **27 hab** 4200/6400.

XX **El Bearn,** por ① : 8,5 km, ⊠ 22080 Loporzano, 🟢 26 02 86, ☂ – 🛏 ⓟ. ⓞ 🔁 𝑉𝐼𝑆𝐴. ℅
cerrado lunes – Com carta 1800 a 2400.

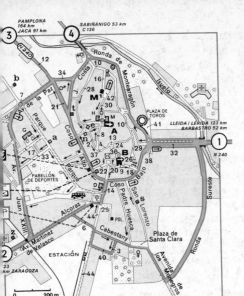

ALFA-ROMEO Martínez de Velasco 9 ℰ 24 07 66
AUSTIN-ROVER Martínez de Velasco 23 ℰ 24 48 42
BMW Almudevar 4 ℰ 24 28 46
CITROEN Monreal 6 - 12 ℰ 24 02 02
CITROEN Ramón y Cajal 40 ℰ 22 38 07
FIAT-LANCIA pl. San Antonio 2 ℰ 24 25 11
FORD Zona Industrial - calle Alcampel 14 ℰ 24 47 62

GENERAL MOTORS Alcubierre 12-14 ℰ 22 44 68
LANCIA Alcampel 24 (zona industrial) ℰ 24 58 14
PEUGEOT-TALBOT carret. de Zaragoza ℰ 24 32 94
RENAULT Zona Industrial - Almudevar 18 ℰ 24 36 62
SEAT-AUDI-VOLKSWAGEN Ingeniero le Figuera 4 ℰ 24 41 42

En esta guía,
un mismo símbolo en rojo o en **negro,** *una misma palabra en*
fino o en **grueso,** *no significan lo mismo.*

Lea atentamente los detalles de la introducción.

HUMERA Madrid 444 K 18 – ver Pozuelo de Alarcón.

IBI 03440 Alicante 445 Q 28 – 19 846 h. alt. 820 – 🔆 96.
◆Madrid 380 – ◆Alicante 59 – ◆Albacete 133 – ◆Valencia 130.

🏠 **Plata,** San Roque 1 ℰ 555 06 00 – 🛗 🅿 VISA
Com 950 – 🖙 400 – **30 hab** 2500/4500 – PA 1950.

CITROEN av. Juan Carlos I - 27 ℰ 555 22 75
PEUGEOT-TALBOT av. Príncipes de España ℰ 555 00 26
PEUGEOT-TALBOT Teniente Pérez Pascual ℰ 555 28 43

RENAULT av. La Providencia ℰ 555 00 26
SEAT-AUDI-VOLKSWAGEN Espronceda 97 ℰ 555 22 21

IBIZA Baleares 443 P 34 – ver Baleares.

ICOD DE LOS VINOS Tenerife – ver Canarias (Tenerife).

IGORRE 48140 Vizcaya 443 C 21 – ver Yurre.

IGUALADA 08700 Barcelona 443 H 34 – 31 451 h. alt. 315 – 🔆 93.
◆Madrid 562 – ◆Barcelona 67 – ◆Lérida/Lleida 93 – Tarragona 93.

✗ ❀ **El Jardí de Granja Plá,** rambla de Sant Isidre 12 ℰ 803 18 64 – ▤. 🅰🅴 ⓪ 🅴.
VISA
cerrado domingo noche, lunes y 27 julio-19 agosto – Com carta 2500 a 3700
Espec. Ensalada de confit de pato y pichón , Filetes de rape a la vinagreta de azafrán, Hígado de pato trufado a las uvas.

sigue →

IGUALADA

en la carretera N II – ⊠ 08700 Igualada – ✆ 93 :

🏨 **América,** 🏧 803 10 00, Fax 805 00 78, ⅀, 🌭 – 🛗 📼 🕸 🅿 – 🔏 25/300. 🆎 ⓪ 🗖
📩 🎇
Com carta 2400 a 3300 – ⌷ 600 – **52 hab** 3300/8500.

CITROEN av. Maestre Montaner 88 🏧 804 55 50
FIAT Balmes 56 🏧 803 10 86
FORD carret. N II km 556,2 🏧 803 00 50
OPEL carret. N II km 553,3 🏧 803 15 50
PEUGEOT-TALBOT Bisbe Torres i Bages 5
🏧 803 30 00

RENAULT carret. N II km 556,9 🏧 803 27 08
SEAT-AUDI-VOLKSWAGEN av. Mestre Muntaner
71 🏧 803 06 04

ILLETAS Baleares 🔢 N 37 – ver Baleares (Mallorca).

INCA Baleares 🔢 M 38 – ver Baleares (Mallorca).

La IRUELA 23476 Jaén 🔢 S 21 – 2 360 h. alt. 932 – ✆ 953.
Ver : Carretera de los miradores ★, ⩽ ★★.
◆Madrid 365 – Jaén 103 – Ubeda 48.

en la carret. de la Sierra NE 1 km – ⊠ 23476 La Iruela – ✆ 953

🏨 **Sierra de Cazorla** ⏳, 🏧 72 00 15, Fax 72 00 17, ⩽, ⅀ – 🅿. 🆎 ⓪ 🗲 📩
Com 1200 – ⌷ 350 – **52 hab** 3500/5400.

IRUN 20300 Guipúzcoa 🔢 B y C 24 – 53 445 h. alt. 20 – ✆ 943 alred. : Ermita de San Marcial
❄★★ E : 3 km.
🚩 barrio de Behobia 🏧 62 26 27.
◆Madrid 509 – ◆Bayonne 34 – ◆Plamplona 90 – ◆San Sebastian/Donostia 20.

🏨 **Alcázar y Rest. Jantokia,** av. Iparralde 11 🏧 62 09 00, Fax 62 27 97 – 🛗 ☎ 🅿. 🆎 🗲
📩. 🎇 rest
Com carta 1455 a 3625 – ⌷ 405 – **48 hab** 4050/6870.

🏦 **Lizaso** sin rest, Aduana 5 🏧 61 16 00 – 🎇
⌷ 275 – **20 hab** 1650/4200.

XXX **Mertxe,** Francisco Gainza 9 - barrio Beraun 🏧 62 46 82, 🌭 – 🆎 🗲 📩. 🎇
cerrado domingo noche, miércoles 24 marzo-10 abril y del 3 al 20 noviembre – Com
carta 3250 a 4000.

XX **Romantxo,** pl. Urdanibia 🏧 62 09 71, Decoración rústica regional – 🍽. 🆎 ⓪ 🗲 📩
🎇
cerrado domingo noche, lunes, 21 agosto-5 septiembre y 23 diciembre-7 enero – Com
carta 3000 a 3800.

X **Gaztelumendi Antxon** pl. San Juan 3 🏧 62 22 50 – 🍽. 🗲 📩
cerrado martes y del 1 al 15 de julio – Com carta 2950 a 3800.

en Behobia E : 2 km – ⊠ 20300 Irún – ✆ 943 :

X **Trinquete,** Francisco Labandibar 38 🏧 62 20 20, 🌭 – 🆎 🗲 📩 🎇
cerrado del 7 al 25 diciembre y del 3 al 18 julio – Com carta 2450 a 4000.

en la carretera de Fuenterrabía a San Sebastián N-I O : 4,5 km – ⊠ 20300 Irún –
✆ 943 :.

XX **Jaizubía,** poblado vasco de Urdanibia 🏧 61 80 66 – 🆎 ⓪ 🗲 📩
cerrado lunes y febrero – Com carta 4250 a 5400.

en la carretera de San Sebastián a Oyarzun SO : 3 km – ⊠ 20300 Irún – ✆ 943
X Illarramendi, Tellería 6 - Barrio de Ventas, caserío Irurzún Berri 🏧 62 45 09 – 🅿.

ALFA ROMEO Barrio Mendelu 🏧 64 15 00
CITROEN Ausola 14 🏧 62 42 00
FIAT-LANCIA José Eguino Trasera 🏧 61 32 17
FORD carret. de Behobia 🏧 62 92 00
GENERAL MOTORS Alto de Arreche 🏧 62 84 22

PEUGEOT-TALBOT B. Ventas Belascoenea 1
🏧 62 84 63
RENAULT Alto de Arreche 🏧 62 72 33
SEAT-AUDI-VOLKSWAGEN Alto de Arreche
🏧 62 70 22

IRUÑEA Navarra 🔢 D 25 – ver Pamplona.

Ocho mapas detallados Michelin :
España : Norte-Oeste 🔢, Centro-Norte 🔢, Norte-Este 🔢, Centro 🔢,
Centro-Este 🔢, Sur 🔢, Islas Canarias 🔢.
Portugal 🔢.
Las localidades subrayadas en estos mapas con una línea roja
aparecen citadas en esta Guía.
Para el conjunto de España y Portugal, adquiera el mapa Michelin 🔢 a 1/1 000 000.

ISABA 31417 Navarra **442** D 27 – 558 h. alt. 813 – ✪ 948.

Alred. : O : Valle del Roncal★ – SE : Carretera★ del Roncal a Ansó.

♦Madrid 467 – Huesca 129 – ♦Pamplona 97.

🏠 **Isaba** ⌂, Bormapea ℰ 89 30 00, Fax 89 30 30, ≤ – 🛗 ☎ 🅟. 🔃 *VISA*. ✀
Com 1750 – ☲ 600 – **50 hab** 5800/8600 – PA 3500.

🔹 Lola ⌂, Mendigacha 17 ℰ 89 30 12
26 hab.

ISLA – ver a continuación y el nombre propio de la isla.

ISLA 39195 Cantabria **442** B 19 – ✪ 942 – Playa.

♦Madrid 426 – ♦Bilbao 81 – ♦Santander 48.

en la playa E : 3 km – ⊠ 39195 Isla – ✪ 942 :

🏠 **Astuy,** ℰ 67 95 40, Fax 67 95 88, ≤, ⌁ – 🛗 🅟. 🕐 🔃 *VISA*. ✀ hab
Com *(cerrado martes de noviembre a marzo)* 1450 – ☲ 550 – **53 hab** 5200/6500 – PA 3200.

🔹 Beni-Mar, barrio de Quejo 131 ℰ 67 95 76, ≤ – 🅟
18 hab.

La ISLA (Playa de) Murcia – ver Puerto de Mazarrón.

ISLA CRISTINA 21410 Huelva **446** U 8 – 16 335 h. – ✪ 955 – Playa.

♦Madrid 672 – Beja 138 – Faro 69 – Huelva 56.

🔹 **Los Geranios** ⌂ sin rest, carret. de la playa : 1 km ℰ 33 18 00 – ☎ 🅟. 🔃 *VISA*
✀
cerrado 15 noviembre-enero – ☲ 300 – **24 hab** 3500/6000.

🔹 **Paraíso Playa** ⌂, carret. de la playa : 1 km ℰ 33 18 73, ⌁ – 🅟. 🔃 *VISA*. ✀
cerrado 15 diciembre-20 enero – Com 1200 – ☲ 350 – **35 hab** 3700/5750.

FIAT-LANCIA Antonio Garelly 16 ℰ 33 11 40
FORD Bde. Ramón Pérez Romeu ℰ 33 14 00
OPEL Antonio Garelly 10 ℰ 33 14 48

PEUGEOT-TALBOT Ronda Norte ℰ 33 21 40
RENAULT Conde de Barbate 26 ℰ 33 12 47

ISLA PLANA 30868 Murcia – ver Puerto de Mazarrón.

ISLARES Cantabria **442** B 20 – ver Castro Urdiales.

JACA 22700 Huesca **443** E 28 – 13 771 h. alt. 820 – ✪ 974.

Ver : Catedral (capiteles historiados★).

Alred. : Monasterio de San Juan de la Peña★★ : monasterio de arriba (≤★★) – Monasterio de abajo : Paraje★★ – Claustro★ (capiteles★★) SO : 28 km.

🛈 av. Regimiento de Galicia 2 ℰ 36 00 98.

♦Madrid 481 – Huesca 91 – Oloron-Ste-Marie 87 – ♦Pamplona 111.

🏠 **Aparthotel Oroel,** av. de Francia 37 ℰ 36 24 11, Telex 57954, Fax 36 38 04, ⌁, ✀ – 🛗
🍴 rest 📺 ☎ ⇔. 🕮 🕐 🔃 *VISA*. ✀
Com 2300 – ☲ 675 – **124 hab** 6600/8250 – PA 4145.

🏠 **Gran Hotel,** paseo del General Franco 1 ℰ 36 09 00, Fax 36 40 61, ⌁ – 🛗 🍴 rest 📺 ☎
🅟. 🕮 🕐 🔃 *VISA*. ✀
cerrado noviembre – Com 2100 – ☲ 675 – **166 hab** 5500/8250 – PA 4125.

🏠 Pradas sin rest, con cafetería, Obispo 12 ℰ 36 11 50 – 🛗 ☎
39 hab.

🏠 **Conde Aznar,** paseo General Franco 3 ℰ 36 10 50, Fax 36 07 97 – 🍴 rest 👜. 🕮 🔃 *VISA*.
✀ rest
Com 1550 – ☲ 450 – **23 hab** 4850/6500 – PA 3000.

🔹 **Mur,** Santa Orosia 1 ℰ 36 01 00 – 🛗 👜. ✀
Com 1300 – ☲ 350 – **63 hab** 3000/4800.

🔹 **Ramiro I,** Carmen 23 ℰ 36 13 67 – 🛗 👜. 🔃 *VISA*. ✀
Com *(cerrado noviembre)* 1300 – ☲ 400 – **28 hab** 3200/4900.

🔹 La Paz sin rest, con self-service, Mayor 41 ℰ 36 07 00 – 👜
34 hab.

🔹 **Ciudad de Jaca** sin rest, Sancho Ramírez 15 ℰ 36 43 11, Fax 36 43 95 – 🛗 ☎
✀
cerrado 15 octubre-15 noviembre – ☲ 300 – **18 hab** 2400/3950.

🔹 **A Boira,** Valle de Ansó 3 ℰ 36 35 28 – 🛗 ✀ rest
Com *(cerrado domingo)* 800 – ☲ 275 – **30 hab** 2300/4200 – PA 1700.

🔹 **El Abeto** sin rest y sin ☲, Bellido 15 ℰ 36 16 42 – ⇔. ✀
cerrado 15 septiembre-15 noviembre – **25 hab** 1900/3000.

XX **La Cocina Aragonesa,** Cervantes 5 𝒫 36 10 50, « Decoración regional » – 🍽. 🖭 **E** 𝘝𝘐𝘚𝘈. ⚘

cerrado martes salvo en temporada – Com carta 3200 a 5000.

X **José,** av. Domingo Miral 4 𝒫 36 11 12 – 🍽. 🖭 **E** 𝘝𝘐𝘚𝘈. ⚘

cerrado noviembre y lunes salvo festivos, vísperas y julio-agosto – Com carta 1800 a 3200.

X Gaston, av. Primo de Rivera 14 𝒫 36 29 09 – 🍽.

X **El Rancho Grande,** del Arco 2 𝒫 36 01 72, Decoración rústica – 🍽. 𝘝𝘐𝘚𝘈. ⚘

cerrado lunes y del 1 al 15 octubre – Com carta 2350 a 3200.

ALFA-ROMEO Oloron Santa Maria 𝒫 31 13 69
CITROEN Infanta Doña Sancha 𝒫 36 15 95
FIAT-LANCIA Pico de Aneto 3 𝒫 36 36 72
FORD Ferrocarril 4 𝒫 36 08 95
GENERAL MOTORS Ramiro I - 21 𝒫 36 27 94
PEUGEOT-TALBOT carret. de Sabiñanigo 𝒫 36 09 13

RENAULT av. de Zaragoza 7 𝒫 36 07 44
SEAT-AUDI-VOLKSWAGEN av. Juan XXIII - 18 𝒫 36 06 70
SEAT-AUDI-VOLKSWAGEN av. Regimiento Galicia 𝒫 36 14 95

JAEN 23000 🅿 🔢 S 18 – 96 429 h. alt. 574 – 🕓 953.

Ver : Museo provincial★ (colecciones arqueológicas★, mosaico romano★) AY **M** – Catedral (silleria★, museo★) AZ **E** – Alameda de Calvo Sotelo ≤★ BZ – Capilla de San Andrés (capilla de la Inmaculada★★) AYZ **B**.

Alred. : Castillo de Santa Catalina (carretera★ de acceso, ⚘★) O : 4,5 km AZ.

🛈 Arquitecto Berges 1, ⊠ 23001, 𝒫 22 27 37 – R.A.C.E. av. de Madrid 5, ⊠ 23001, 𝒫 25 29 92.

♦Madrid 336 ① – Almería 232 ② – ♦Córdoba 107 ③ – ♦Granada 94 ② – Linares 51 ① – Úbeda 57 ②.

JAEN

Bernabé Soriano	BZ 9
Dr. Civera Esparteria	AZ 13
Maestra	AZ 20
Virgen de la Capilla	BZ 36
Adarves Bajos	BZ 2
Alamos	AZ 3
Alféreces Provisionales	AY 4
Almendros Aguilar	AZ 5
Andalucia (Av. de)	AY 6
Arquitecto Bergés	AY 7
Batallas (Pl. Las)	ABY 8
Coca de la Piñera (Pl.)	BZ 10
Constitución (Pl. de la)	BZ 12
Ejército Español (Av. del)	AY 14
Estación (Paseo de la)	BYZ 15
Granada (Avenida de)	BZ 16
Madre Soledad Torres Acosta	ABZ 18
Madrid (Av. de)	BYZ 19
Martínez Molina	AZ 21
Merced Alta	AZ 22
Muñoz Garnica	BZ 24
Obispo Estúñiga	AY 25
Rey Alhamar	AZ 26
Ruiz Jiménez (Av. de)	BY 27
San Andrés	AZ 28
San Clemente	AZ 29
San Francisco (Pl.)	AZ 31
Santa Maria (Pl.)	AZ 32
Vicente Montuno	BZ 33
Virgen de la Cabeza	BY 35

*Para el buen uso
de los planos de ciudades,
consulte
los signos convencionales.*

🏨 Condestable Iranzo, paseo de la Estación 32, ⊠ 23008, 𝒫 22 28 00, Fax 26 38 07 – 🍽 📺 ☎ 🚗 – 🔬 – **147 hab**
BY **r**

🏨 **Xauen** sin rest, pl. Deán Mazas 3, ⊠ 23001, 𝒫 26 40 11 – 🛗 🍽 🕾 🚗. 𝘝𝘐𝘚𝘈. ⊃ 300 – **35 hab** 4500/7000.
BZ **s**

🏨 **Europa** sin rest y sin ⊃, pl. Belén 1, ⊠ 23001, 𝒫 22 27 00 – 🛗 🍽 🕾. 🖭 ⓞ **E** 𝘝𝘐𝘚𝘈. **36 hab** 3100/4500.
BZ **b**

🏨 **Reyes Católicos** sin rest y sin ⊃, av. de Granada 1 - 6°, ⊠ 23001, 𝒫 22 22 50 – 🛗 🍽 🕾. ⚘ – **28 hab** 2500/4000
BZ **b**

XX **Jockey Club,** paseo de la Estación 20, ⊠ 23008, ℰ 25 10 18 – ▤. 🆎 ⓪ 🅴 𝘝𝘐𝘚𝘈. ℅
cerrado noches y fines de semana en julio y agosto – Com carta 2300 a 2950.   BY **e**

X **Mesón Rio Chico,** Nueva 12, ⊠ 23001, ℰ 22 85 02 – ▤. 🅴 𝘝𝘐𝘚𝘈   BZ
cerrado agosto – Com carta 1650 a 2750.

X **Los Mariscos,** Nueva 2, ⊠ 23001, ℰ 25 32 06 – ▤. 🆎 ⓪ 𝘝𝘐𝘚𝘈   BZ **n**
Com carta 2100 a 2800.

en el Castillo de Santa Catalina O : 5 km – ⊠ 23000 Jaén – 🕓 953 :

🏰 **Parador de Santa Catalina** ⏏, ⊠ 23001, ℰ 26 44 11, Fax 26 44 11, ⩽ Jaén, sus
olivares y montañas, « Imitación de un castillo de época dominando un extenso paisaje »,
🏊 – 🔋 ▤ 📺 ☎ ❷ – 🔬 25/60. 🆎 ⓪ 🅴 𝘝𝘐𝘚𝘈. ℅
Com 2900 – 🍽 950 – **45 hab** 11000 – PA 5740.

en la carretera N 323 – ⊠ 23080 Jaén – 🕓 953

🏨 **Mistral,** por ② : 7,3 km, ⊠ 23170 La Guardia de Jaén, ℰ 25 13 04, 🏊 – ▤ rest ❷. 𝘝𝘐𝘚𝘈.
℅
Com 1000 – 🍽 375 – **16 hab** 3300/4500 – PA 2500.

🏨 **La Yuca** sin rest, por ② : 5,5 km ℰ 22 19 50, Fax 22 16 59 – ▤ 📺 ☎ ❷. 🆎 ⓪ 🅴 𝘝𝘐𝘚𝘈
🍽 320 – **23 hab** 4135/5395.

ALFA-ROMEO carret. Torrequebradilla 2
ℰ 25 67 07
AUSTIN-ROVER-MG carret. Madrid km 332,7
Poligono Los Rosales ℰ 25 60 20
BMW Beas de Segura 10 - Polígono Los Olivares
ℰ 25 53 11
CITROEN carret. de Madrid km 332,6 ℰ 25 25 42
FIAT Poligono Los Olivares carret. Granada km
336 ℰ 25 41 02
FORD Mancha Real 2, Polígono Industrial Los
Olivares ℰ 22 35 54
GENERAL MOTORS-OPEL Torredonjimeno 17,
Poligono Los Olivares ℰ 25 73 16

LANCIA Ortega Nieto 5, Polígono Industrial Los
Olivares ℰ 26 04 02
MERCEDES-BENZ Torredonjimeno 5, Polígono
Industrial Los Olivares ℰ 22 21 16
PEUGEOT-TALBOT Torredonjimeno 7 - Polígono
Los Olivares ℰ 25 13 30
RENAULT carret. de Granada km 336 ℰ 22 15 50
SEAT-AUDI-VOLKSWAGEN Ortega Nieto 3,
Polígono Industrial Los Olivares ℰ 22 47 12
VOLVO Beas de Segura 7, Poligono Industrial
Los Olivares ℰ 25 87 00

JARANDILLA DE LA VERA 10450 Cáceres **444** L 12 – 3 144 h. alt. 660 – 🕓 927.
♦Madrid 213 – ♦Cáceres 132 – Plasencia 53.

🏰 **Parador Carlos V** ⏏, ℰ 56 01 17, Fax 56 00 88, « Instalado en un castillo feudal del
siglo XV », 🏊, 🏕, ℀ – ▤ 📺 ☎ ❷. 🆎 ⓪ 🅴 𝘝𝘐𝘚𝘈. ℅
Com 2900 – 🍽 950 – **53 hab** 10000 – PA 5740.

X **El Labrador,** av. Calvo Sotelo 123 ℰ 56 14 91 – ▤. 🅴 𝘝𝘐𝘚𝘈. ℅
cerrado martes y 20 septiembre-10 octubre – Com carta 1200 a 2600.

JATIVA o **XATIVA** 46800 Valencia **445** P 28 – 23 755 h. alt. 110 – 🕓 96.
Ver : Capilla de San Félix (primitivos★, pila de agua bendita★)..
🛈 Noguera 1.
♦Madrid 379 – ♦Albacete 132 – ♦Alicante 108 – ♦Valencia 59.

🏨 **Vernisa** sin rest, Académico Maravall 1 ℰ 227 10 11 – 📺 ☎. 🆎 ⓪ 𝘝𝘐𝘚𝘈. ℅
🍽 300 – **39 hab** 4200/5400.

X **Casa La Abuela,** Reina 17 ℰ 227 05 25 – ▤. 🆎 ⓪ 🅴 𝘝𝘐𝘚𝘈. ℅
cerrado domingo y julio – Com carta 2300 a 2800.

CITROEN Bajada Estación 11 ℰ 227 13 20
FORD Reina 8 ℰ 227 21 61
PEUGEOT-TALBOT carret. de Llosa ℰ 227 08 61

RENAULT carret. de Llosa de Ranes ℰ 227 06 61
SEAT-AUDI-VOLKSWAGEN carret. de Llosa - bajada Estación 6 ℰ 227 01 11

JAVEA o **XABIA** 03730 Alicante **445** P 30 – 10 964 h. – 🕓 96 – playa.
Alred. : Cabo de San Antonio★ (⩽★) N : 5 km – Cabo de la Nao★ (⩽★) SE : 10 km.
🏌 urb. El Tosalet 4,5 km.
🛈 en el puerto : pl. Almirante Basterreche ℰ 579 07 36.
♦Madrid 457 – ♦Alicante 87 – ♦Valencia 109.

X **Los Pepes,** av. Juan Carlos I 32 ℰ 579 11 08, 🍽 – 𝘝𝘐𝘚𝘈
cerrado domingo y 15 noviembre-14 febrero – Com carta 2225 a 2375.

en el puerto E : 1,5 km – ⊠ 03730 Jávea – 🕓 96 :

🏨 **Jávea,** Pio X 5 ℰ 579 54 61 – ☎. ⓪ 🅴 𝘝𝘐𝘚𝘈. ℅
Com *(cerrado lunes)* 1200 – 🍽 500 – **24 hab** 5000/7500.

en la carretera de Jesús Pobre O : 4,5 km – ⊠ 03730 Jávea – 🕓 96 :

X **Los Amigos del Montgó,** O : 4,5 km ℰ 579 14 31, 🍽 – ❷. 🅴 𝘝𝘐𝘚𝘈
cerrado martes en invierno y febrero – Com carta 1730 a 2410.

en la carretera del Cabo de la Nao - al Sureste – ⊠ 03730 Jávea – ✪ 96

🏨 **Parador Costa Blanca** ⌕, playa del Arenal 4 km 𝄞 579 02 00, Telex 66914, Fax 579 03 08, ≤, 🍴, « Jardín con césped y palmeras », ⊒, ⚞ – 🛗 ▤ 📺 ☎ 🚙 🄿 – 🛃 25/200. 🆀 🄾 🄴 *VISA*. 🛇
Com 3100 – � 950 – **65 hab** 12500 – PA 6080.

🏨 Solymar, Montañar I 83 - 3,8 km 𝄞 579 17 65, ≤ – ▤ rest ☎
38 hab

🏨 Bahía Vista ⌕, Portichol 76 - 7,5 km 𝄞 577 04 61, ≤, 🍴, « Terraza con ⊒ » – ☎ 🄿
17 hab.

🏴🏴 Tosalet Casino Club, urb. El Tosalet - 7 km 𝄞 577 09 58, 🍴 – ▤ 🄿.

🏴🏴 **La Fonda,** urb. El Tosalet - 5,5 km 𝄞 577 09 37, 🍴, « Terraza con flores » – 🄿. 🆀 🄾
🄴 *VISA*. 🛇
cerrado miércoles de octubre a mayo y 15 enero-febrero – Com (sólo cena en verano) carta 3650 a 5600.

🏴🏴 **Chez Angel,** Jávea Park - 3 km 𝄞 579 27 23 – ▤. 🆀 🄴 *VISA*. 🛇
cerrado martes y 22 diciembre-15 enero – Com carta 2600 a 3925.

🏴🏴 Carrasco, Partida Adsubia - cruce a Benitachell 4 km 𝄞 577 16 91, ≤, 🍴 – ▤ 🄿.

🏴🏴 **La Guardia,** La Guardia 2 - urb. Costa Nova, 8 km 𝄞 577 16 46, 🍴, Decoración rústica
– 🄿. 🆀 🄾 🄴 *VISA*
cerrado miércoles y jueves mediodía en invierno y 10 noviembre-15 diciembre – Com *(sólo cena en verano)* carta 2575 a 3900.

🏴 **Asador el Caballero,** Jávea Park Bl 8, L 10 - 3 km 𝄞 579 34 47, Asados – ▤. 🄴 *VISA*
🛇
cerrado jueves – Com carta 2500 a 3400.

🏴 New Capricho, playa del Arenal - 4 km 𝄞 579 04 20, 🍴 – ▤.

RENAULT San Vicente 12 𝄞 579 05 67   SEAT-AUDI-VOLKSWAGEN carret. Cabo de la
                                                      Nao (Partida Mezquida) 𝄞 579 06 00

JAVIER 31411 Navarra 🄸🄸🄸 E 26 – 171 h. alt. 475 – ✪ 948.
◆Madrid 411 – Jaca 68 – ◆Pamplona 51.

🏴 **El Mesón** ⌕ con hab, Explanada 𝄞 88 40 35, ⚞ – 🄿. 🄴 *VISA*. 🛇
marzo-15 diciembre – Com carta 1575 a 2450 – � 440 – **8 hab** 3300/4300.

JEREZ DE LA FRONTERA 11400 Cádiz 🄸🄸🄸 V 11 – 176 238 h. alt. 55 – ✪ 956.
Ver : Bodegas★ AZ – Iglesia de Santiago (portada★) AY.
🛫 de Jerez, por la carretera N IV ① : 11 km 𝄞 33 42 32 – Iberia : pl. del Arenal 2 𝄞 33 99 08 BZ y Aviaco, aeropuerto 𝄞 33 22 10.
🛈 Alameda Cristina 7 ⊠ 11403. 𝄞 33 11 50.
◆Madrid 613 ② – Antequera 176 ② – ◆Cádiz 35 ③ – Ecija 155 ② – Ronda 116 ② – ◆Sevilla 90 ①.

Plano página siguiente

🏨🏨 **Jerez,** av. Alcalde Alvaro Domecq 35, ⊠ 11405, 𝄞 30 06 00, Telex 75059, Fax 30 50 01, « Jardín con ⊒ », 🛇 – 🛗 ▤ 📺 ☎ 🄿 – 🛃 25/200. 🆀 🄾 *VISA*. 🛇   por ①
Com 4000 – � 1450 – **121 hab** 14500/18000 – PA 8000.

🏨🏨 **Royal Sherry Park,** av. Alcalde Alvaro Domecq 11 Bis, ⊠ 11405, 𝄞 30 30 11, Telex 75001, Fax 31 13 00, 🍴, « Jardín con ⊒ » – 🛗 ▤ 📺 ☎ 🄿 – 🛃 25/280. 🆀 🄾 🄴 *VISA*.
🛇   BY **a**
Com 2500 – � 1200 – **173 hab** 13200/16500 – PA 5000.

🏨 **Avenida Jerez** sin rest, con cafetería, av. Alcalde Alvaro Domecq 10, ⊠ 81405, 𝄞 34 74 11, Telex 75157, Fax 33 72 96 – 🛗 ▤ 📺 ☎ 🚙 – 🛃 25/50. 🆀 🄾 🄴 *VISA*. 🛇   BY **c**
� 600 – **95 hab** 7000/9900.

🏨 **Serit** sin rest, Higueras 7, ⊠ 11402, 𝄞 34 07 00, Fax 34 07 16 – 🛗 ▤ 📺 ☎. 🆀 🄾 🄴
VISA   BZ **a**
� 350 – **35 hab** 4500/6000.

🏨 **El Coloso** sin rest y sin �, Pedro Alonso 13, ⊠ 11402, 𝄞 34 90 08 – ▤ 🕾. 🆀 🄴.
VISA   BZ **c**
34 hab 2750/4500.

🏨 **Avila** sin rest, Avila 3, ⊠ 11401, 𝄞 33 48 08, Fax 33 68 07 – ▤ 🕾. 🄾 🄴 *VISA*
🛇   BZ **r**
� 350 – **32 hab** 3500/5500.

🏨 **Joma** sin rest, Medina 28, ⊠ 11402, 𝄞 34 96 89 – 🛗 ▤ 📺 ☎. 🆀 🄾 🄴 *VISA*
🛇   BZ **v**
� 300 – **29 hab** 3500/5800.

🏨 **Virt** sin rest, Higueras 20, ⊠ 11402, 𝄞 32 28 11 – ▤ 📺 🕾. 🆀 🄾 🄴 *VISA*. 🛇   BZ **v**
� 300 – **20 hab** 3500/5800.

242

JEREZ DE LA FRONTERA

0   400 m

XXX **El Bosque,** av. Alcalde Alvaro Domecq 26 por ①, ⊠ 11405, ☎ 30 33 33, Fax 30 80 08, 🍴, « Junto a un parque » – 🗏. 🖭 ⓞ 🗲 𝘝𝘐𝘚𝘈. ✜   por ①
cerrado domingo – Com carta 3300 a 4300.

XX **La Mesa Redonda,** Manuel de la Quintana 3, ⊠ 11403, ☎ 34 00 69 – 🗏. 🖭 🗲 𝘝𝘐𝘚𝘈. ✜   BY b
cerrado domingo, festivos y agosto-5 septiembre – Com carta 2300 a 2950.

XX **Tendido 6,** Circo 10, ⊠ 11405, ☎ 34 48 35, Patio andaluz – 🗏. 🖭 ⓞ 🗲 𝘝𝘐𝘚𝘈. ✜   BY e
cerrado domingo – Com carta 2450 a 3150.

X **Gaitán,** Gaitán 3, ⊠ 11403, ☎ 34 58 59, Decoración regional – 🗏. 🖭 ⓞ 🗲 𝘝𝘐𝘚𝘈. ✜   AY z
cerrado domingo noche y del 10 al 25 de julio – Com carta 1950 a 2640.

en la carretera N 342 por ② : 10,5 km – ⊠ 11400 Jerez de la Frontera – ☎ 956 :

XX Mesón La Cueva, frente al circuito de velocidad permanente, ⊠ apartado 536, ☎ 31 16 20, 🍴, ⽊ – 🗏 🅿.

en la carretera de Sanlúcar de Barrameda por ④ : 6 km – ⊠ 11408 Jerez de la Frontera – ☎ 956 :

XX **Venta Antonio,** ⊠ apartado 618, ☎ 33 05 35, Fax 33 05 35, 🍴, Pescados y mariscos – 🗏 🅿. 🖭 ⓞ 🗲 𝘝𝘐𝘚𝘈. ✜
cerrado lunes en invierno – Com carta 3500 a 4000.

243

JEREZ DE LA FRONTERA

ALFA-ROMEO av. de Sanlúcar, naves 1 y 2
  ☏ 33 06 05
AUSTIN-ROVER-MG carret. de Sanlúcar km 0,05
  ☏ 32 08 00
CITROEN carret. Madrid-Cádiz (Alcubilla)
  ☏ 34 48 59
FIAT carret. N IV km 634 - Polígono Industrial
Santa Cruz ☏ 30 00 69
FORD carret. Madrid-Cádiz km 634,8 ☏ 30 52 00
GENERAL MOTORS carret. Madrid-Cádiz km 635
  ☏ 30 37 11
LANCIA carret. N IV km 643,1 ☏ 30 05 00

MERCEDES-BENZ carret. Madrid Cádiz km
633,900 ☏ 18 18 39
PEUGEOT-TALBOT carret. de Cádiz - Alcubilla
  ☏ 34 90 00
PEUGEOT-TALBOT Ronda de Mulero 12
  ☏ 34 46 63
RENAULT carret. Madrid-Cádiz km 634
  ☏ 30 69 00
SEAT-AUDI-VOLKSWAGEN carret. de Madrid-
Cádiz km 635 ☏ 30 63 00
VOLVO avda. Carrero Blanco, 5 ☏ 34 45 60

JESÚS Baleares – ver Baleares (Ibiza).

La JONQUERA 17700 Gerona 443 E 38 – ver La Junquera.

JUBIA o **XUBIA** 15570 La Coruña 441 B 5 – ⑩ 981 – Playa.
◆Madrid 601 – ◆La Coruña 64 – Ferrol 8 – Lugo 97.

Ⅹ ✹ **Casa Tomás,** carret. N VI ☏ 38 02 40, Pescados y mariscos – Ⓟ 🂑 ① **E** *VISA*
  cerrado domingo noche y del 15 al 31 agosto – Com carta 2800 a 3800
  Espec. Salpicón Tomás, Cigalas plancha, Lenguado al ajillo.

Ⅹ **Casa Paco,** carret. N VI ☏ 38 02 30 – Ⓟ 🂑 *VISA*. ℞
  Com carta 1550 a 2900.

La JUNQUERA o **La JONQUERA** 17700 Gerona 443 E 38 – 2 420 h. alt. 112 – ⑩ 972.
🔵 autopista A17 - área La Porta Catalana ☏ 54 06 42.
◆Madrid 762 – Figueras/Figueres 21 – Gerona/Girona 55 – ◆Perpignan 36.

🏨 **Puerta de España,** carret. N II - 68 ☏ 55 41 20, Fax 55 52 22, ≤ – ≡ rest 🅗 Ⓟ ①
  VISA. ℞ rest
  Com (cerrado sábado noche y domingo) 1625 – ═ 475 – **20 hab** 4100/6250.

Ⅹ **Ca L'Agustí,** carret. N II ☏ 54 06 52, Decoración rústica – ≡ Ⓟ.

en la autopista A 7 : S : 2 km – ✉ 17700 La Junquera – ⑩ 972 :

🏨 **Porta Catalana,** ☏ 55 46 40, Fax 55 52 75 – 🛗 ≡ ☎ Ⓟ 🂑 ① **E** *VISA*. ℞
  Com 1900 – ═ 600 – **81 hab** 7700/11000.

en la carretera N II S : 5 km – ⑩ 972 :

🏨 **Mercé Park H.,** ✉ apartado 100 Figueras, ☏ 54 90 38, ≤, 🍴 – 🛗 🅗 Ⓟ 🂑 ① **E** *VISA*
  Com 1600 – ═ 500 – **48 hab** 4900/7000 – PA 3145.

SEAT-AUDI-VOLKSWAGEN carret. N II km 780 ☏ 55 42 97/55 46 47

LAGUARDIA 01300 Alava 442 E 22 – 1 667 h. – ⑩ 94.
◆Madrid 348 – ◆Logroño 17 – ◆Vitoria 66.

Ⅹ **Marixa** con hab, Sancho Abarca 8 ☏ 10 01 65, ≤ – ≡ rest 📺 🅗 🂑 ① **E** *VISA*. ℞
  Com carta 2600 a 3900 – ═ 490 – **10 hab** 3250/4250.

La LAGUNA Tenerife – ver Canarias (Tenerife).

Las LAGUNAS Ciudad Real 444 P 21 – ver Ruidera.

La LAJITA Las Palmas – ver Canarias (Fuenteventura).

LANJARÓN 18420 Granada 446 V 19 – 4 094 h. alt. 720 – ⑩ 958 – Balneario.
Ver : Emplazamiento★.
🔵 Avenida ☏ 77 02 82 (abril-diciembre).
◆Madrid 475 – ◆Almería 157 – ◆Granada 46 – ◆Málaga 140.

🏨 **Miramar,** av. Generalísimo 10 ☏ 77 01 61, 🏊 – 🛗 🅗 ⬅ ① **E** *VISA*. ℞
  abril-diciembre – Com 1820 – ═ 375 – **60 hab** 3590/5175 – PA 3400.

🏨 **Paraíso,** av. Generalísimo 18 ☏ 77 00 12 – 🛗 ≡ rest ☎ ⬅ ① **E** *VISA*. ℞ rest
  abril-noviembre – Com 1285 – ═ 320 – **49 hab** 2250/4230 – PA 2455.

La LANZADA (Playa de) Pontevedra – ver Sangenjo.

LANZAROTE Las Palmas – ver Canarias.

LAREDO 39770 Cantabria **442** B 19 – 12 278 h. – ✪ 942 – Playa.

Alred. : Santuario★ de Nuestra Señora la Bien Aparecida ※★ SO : 18 km – Cuevas de Covalanas (paraje★) S : 23 km.

🏨 Alameda de Miramar ℘ 60 54 92.

Madrid 427 – ◆Bilbao 58 – ◆Burgos 184 – ◆Santander 49.

  🏠 Ramona, alameda José Antonio 4 ℘ 60 71 89 – **13 hab**.

  🏠 Salmón, Menéndez Pelayo 11 ℘ 60 50 81 – **17 hab**.

  XX **El Marinero,** Zamanillo 6 ℘ 60 60 08 – 🗐 🖭 ⓘ ᴇ 𝘝𝘐𝘚𝘈. ⚘
    Com carta 3600 a 4400.

  en el barrio de la playa

  🏨 **El Ancla** ⚲, González Gallego 10 ℘ 60 55 00, Fax 61 16 02 – 🖭 ☎. ⓘ ᴇ 𝘝𝘐𝘚𝘈
    Com *(julio-agosto)* 2200 – 🖃 590 – **25 hab** 6750/8500 – PA 4590.

  🏨 **Cosmopol,** av. Victoria 27 ℘ 60 54 00, ≤, ⤢, – 🗐 ☎ ⓟ. 🖭 ⓘ ᴇ 𝘝𝘐𝘚𝘈. ⚘
    Semana Santa y 15 junio-15 septiembre – Com 2100 – 🖃 450 – **60 hab** 5445/8660 – PA 4500.

  XX **Camarote,** av. Victoria ℘ 60 67 07, 🪑 – 🗐. ⓘ ᴇ 𝘝𝘐𝘚𝘈. ⚘
    Com carta 2800 a 3500.

  en la antigua carretera de Bilbao – ⊠ 39770 Laredo – ✪ 942 :

  XX **Risco** ⚲ con hab, Alto de Laredo S : 1 km ℘ 60 50 30, ≤ Laredo y bahía – ☎ ⓟ. 🖭 ⓘ ᴇ 𝘝𝘐𝘚𝘈
    Com carta 3300 a 4250 – 🖃 600 – **25 hab** 5500/8750.

RENAULT carret. General (La Pesquera) ℘ 60 55 62

LARRABASTERRA Vizcaya **442** B 21 – ver Sopelana.

LASARTE 20160 Guipúzcoa **442** C 23 – alt. 42 – ✪ 943 – Hipódromo.

◆Madrid 491 – ◆Bilbao 98 – ◆San Sebastión/Donostia 9 – Tolosa 22.

  🏨 **Txartel,** antigua carret. N I ℘ 36 23 40, Fax 36 48 04 – 🗐 🖭 ☎ ⓟ. ᴇ 𝘝𝘐𝘚𝘈. ⚘
    🖃 375 – **51 hab** 5600/7000.

  🏠 Ibiltze, sin rest, Arrate 2 - polígono Sasoeta ℘ 36 56 44 – ☜
    20 hab.

  X **Txartel Txoco,** antigua carret. N I ℘ 36 23 40 – 🗐 ⓟ. ᴇ 𝘝𝘐𝘚𝘈. ⚘
    Com carta 2975 a 3750.

CITROEN carretera General ℘ 37 00 52   SEAT-AUDI-VOLKSWAGEN Oria Auzora
PEUGEOT-TALBOT carretera General ℘ 37 18 36   ℘ 37 22 06
RENAULT Iñigo de Loyola 11 ℘ 36 15 07

LASTRES 33330 Asturias **441** B 14 – ✪ 985 – Puerto pesquero.

◆Madrid 497 – Gijón 46 – ◆Oviedo 62.

  🏠 **Miramar** sin rest, bajada al puerto ℘ 85 01 20, ≤ – ⚘
    🖃 275 – **17 hab** 1900/3400.

  X Eutimio, carret. del puerto ℘ 85 00 12, ≤, Pescados y mariscos.

  X El Cafetin, Matemático Pedrayes ℘ 85 00 85, 🪑.

SEAT-AUDI-VOLKSWAGEN carret. de Lastres ℘ 85 62 24

LEGUTIANO Álava **442** D 22 – ver Villarreal de Álava.

LEINTZ-GATZAGA Álava **442** D 22 – ver Salinas de Leniz.

LEIZA 31880 Navarra **442** C 24 – 3 240 h. alt. 450 – ✪ 948.

Alred. : Santuario de San Miguel in Excelsis★ (iglesia : frontal de altar★★) SO : 28 km.

◆Madrid 446 – ◆Pamplona 51 – ◆San Sebastión/Donostia 47.

  en el puerto de Usateguieta E : 5 km – alt. 695 – ⊠ 31880 Leiza – ✪ 948 :

  🏠 **Basa Kabi** ⚲, alt. 695 ℘ 51 01 25, ≤, ⤢ – 🗐 rest ☜ ⓟ. ᴇ 𝘝𝘐𝘚𝘈. ⚘
    cerrado febrero – Com 1600 – 🖃 400 – **21 hab** 2750/4750.

CITROEN Manuel Lasarte 6 ℘ 51 04 90   RENAULT Elgoyen 15 ℘ 51 02 59
PEUGEOT-TALBOT Amazabal 28 ℘ 51 04 66

LEKEITIO Vizcaya **442** B 22 – ver Lequeitio.

Si vous cherchez un hôtel tranquille,
consultez d'abord les cartes de l'introduction
ou repérez dans le texte les établissements indiqués avec le signe ⚲.

LEON 24000 Ⓟ 441 E 13 – 131 134 h. alt. 822 – ✆ 987.

Ver : Catedral★★★ BY (claustro★★, vidrieras★★, trascoro★, retablo del altar mayor : Deposició del Cuerpo de Cristo★) – San Isidoro★ BY (panteón real★ y tesoro★ : frescos★★, capiteles★, cál de Doña Urraca★) – Antiguo Monasterio de San Marcos AY (fachada★★, museo Arqueológico★ Cristo de Carrizo★★★, sacristía★).

Alred. : Virgen del Camino (fachada★) 5 km por ④.

Excurs. : Cuevas de Valporquero★★ N : 42 km.

ℹ pl. de Regla 4, ✉ 24003, ✆ 23 70 82 – R.A.C.E. General Sanjurjo 40, ✉ 24001, ✆ 24 71 22 – ♦Madri 327 ② – ♦Burgos 192 ② – ♦La Coruña 325 ④ – ♦Salamanca 197 ③ – ♦Valladolid 139 ② – ♦Vigo 367 ④.

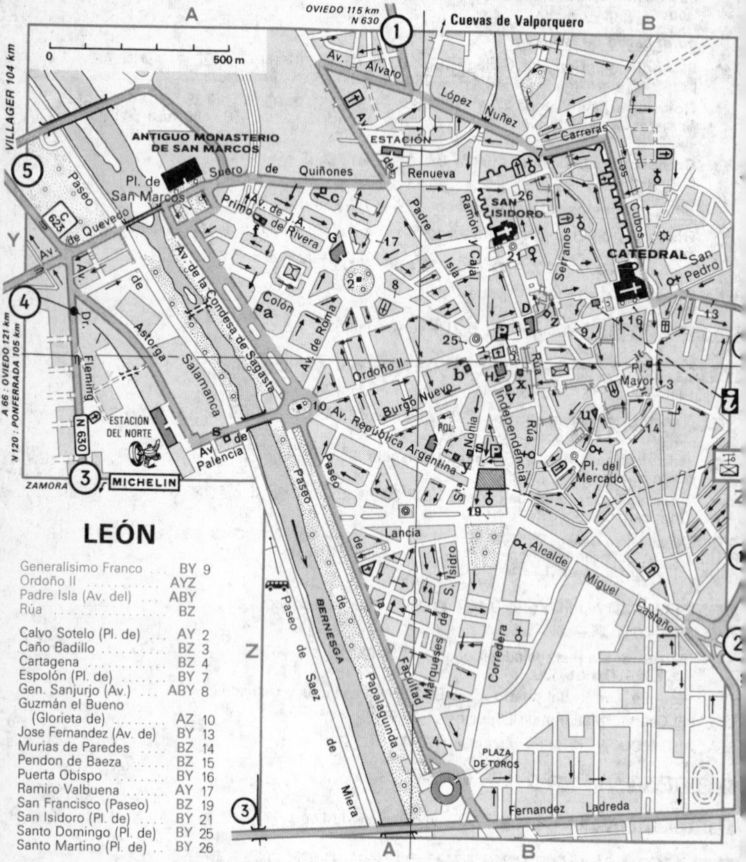

LEÓN

Generalísimo Franco	BY	9
Ordoño II	AYZ	
Padre Isla (Av. del)	ABY	
Rúa	BZ	
Calvo Sotelo (Pl. de)	AY	2
Caño Badillo	BZ	3
Cartagena	BZ	4
Espolón (Pl. de)	BY	7
Gen. Sanjurjo (Av.)	ABY	8
Guzmán el Bueno (Glorieta de)	AZ	10
Jose Fernandez (Av. de)	BY	13
Murias de Paredes	BZ	14
Pendon de Baeza	BZ	15
Puerta Obispo	BY	16
Ramiro Valbuena	AY	17
San Francisco (Paseo)	BZ	19
San Isidoro (Pl. de)	BY	21
Santo Domingo (Pl. de)	BY	25
Santo Martino (Pl. de)	BY	26

🏰 **Parador San Marcos,** pl. San Marcos 7, ✉ 24001, ✆ 23 73 00, Telex 89809, Fax 23 34 58, « Lujosa instalación en un monasterio del siglo XVI », ☼ – ⇕ ▤ 📺 ☎ Ⓟ – 👥 25/500. AE ⓓ E VISA. ✗ AY
Com 3100 – ☕ 950 – **253 hab** 15000 – PA 6080.

🏨 **Quindós,** av. José Antonio 24, ✉ 24002, ✆ 23 62 00, Fax 24 22 01 – ⇕ 📺 ☎. AE ⓓ E VISA. ✗ rest AY **f**
Com *(cerrado domingo)* 1475 – ☕ 425 – **96 hab** 4400/6580.

🏨 **Riosol** sin rest, con cafetería, av. de Palencia 3, ✉ 24001, ✆ 21 66 50, Telex 89693, Fax 21 69 97 – ⇕ 📺 ☎ – 👥 25/300. AE ⓓ E VISA. ✗ AZ **s**
☕ 450 – **141 hab** 4800/7200.

⌂ **Don Suero,** av. Suero de Quiñones 15, ✉ 24002, ✆ 23 06 00 – ⇕ ☎. ✗ AY **c**
Com 900 – ☕ 260 – **106 hab** 2200/3150.

⌂ **Guzmán El Bueno** sin rest, López Castrillón 6, ✉ 24003, ✆ 23 64 12 – ☎. ✗ BY **z**
☕ 250 – **28 hab** 2100/3400.

XXX **Independencia,** Independencia 4, ⊠ 24001, ✆ 25 47 52 – ▤. **E** 𝖵𝖨𝖲𝖠. ⅋⅋   BZ **b**
cerrado lunes y del 1 al 15 noviembre – Com carta 2000 a 2700.

XX **Bitácora,** García I - 8, ⊠ 24006, ✆ 21 27 58, Pescados y mariscos, decoración interior
de un barco – ▤. ⚿ ⓞ **E** 𝖵𝖨𝖲𝖠. ⅋⅋   BZ **y**
cerrado domingo – Com carta 2200 a 3100.

XX Adonías, Santa Nonia 16, ⊠ 24003, ✆ 20 67 68 – ▤   BZ **s**

XX Albina, Condesa de Sagasta 24, ⊠ 24001, ✆ 22 19 12 – ▤. **E** 𝖵𝖨𝖲𝖠. ⅋⅋   AY **a**
cerrado lunes – Com carta 2100 a 2900.

XX **Formela,** av. José Antonio 24, ⊠ 24002, ✆ 22 45 34, Fax 24 22 01 – ▤. ⚿ ⓞ **E** 𝖵𝖨𝖲𝖠.
   AY **f**
cerrado domingo – Com carta 2650 a 3750.

XX **El Siglo,** Arco de Ánimas 1, ⊠ 24003, ✆ 21 53 06 – ⚿ ⓞ **E** 𝖵𝖨𝖲𝖠. ⅋⅋   BZ **v**
cerrado domingo noche, lunes y del 15 al 31 agosto – Com carta 2500 a 3400.

X **Casa Pozo,** pl. San Marcelo 15, ⊠ 24003, ✆ 22 30 39 – ▤. ⚿ ⓞ **E** 𝖵𝖨𝖲𝖠. ⅋⅋   BZ **x**
cerrado domingo, del 1 al 15 julio y Navidad – Com carta 2700 a 3300.

X **Mesón Leones del Racimo de Oro,** Caño Badillo 2, ⊠ 24006, ✆ 25 75 75, 🍴,
Decoración rústica – ⚿ **E** 𝖵𝖨𝖲𝖠. ⅋⅋   BYZ **f**
cerrado domingo noche y martes – Com carta aprox. 2600.

X **Nuevo Racimo de Oro,** pl. San Martín 8, ⊠ 24003, ✆ 21 47 67, Decoración rústica –
▤. ⚿ **E** 𝖵𝖨𝖲𝖠. ⅋⅋   BZ **u**
cerrado domingo en verano y miércoles en invierno – Com carta 1850 a 2850.

en Virgen del Camino - en la carretera N 120 por ④ : 6 km – ⊠ 24198 Virgen del
Camino – ✆ 987 :

XX **Las Redes,** ✆ 30 01 64, Pescados y mariscos – ▤. ⚿ **E** 𝖵𝖨𝖲𝖠. ⅋⅋   BZ **r**
cerrado domingo noche, lunes y del 1 al 15 julio – Com carta 2150 a 3500.

en San Andrés del Rabanedo por ⑤ : 4,5 km – ⊠ 24191 San Andrés del Rabanedo –
✆ 987 :

X **Casa Teo,** Corpus Christi 203 ✆ 22 30 05, 🍴 – ⅋⅋
cerrado domingo noche, lunes y marzo – Com carta 1850 a 3200.

S.A.F.E. Neumáticos MICHELIN, Sucursal, Polígono Industrial Onzonilla - ONZONILLA por
③ : 7,5 km, ⊠ 24231 Parcela G-32A ✆ 21 69 51 y 21 62 12, FAX 21 69 52

ALFA ROMEO   Alto Portillo - Valdelafuente
✆ 21 67 45
AUSTIN-MG-MORRIS-MINI   Párroco Pablo Diez
146-148 ✆ 22 95 18
BMW   Lucas de Tuy 19 ✆ 22 54 00
CITROEN   carret. de Madrid 85 ✆ 21 48 00
FIAT   carret. Valladolid km 319 ✆ 20 22 11
FORD   av. Antibióticos 45 ✆ 20 41 12
GENERAL MOTORS   av. Padre Isla 23 ✆ 22 43 00
MERCEDES-BENZ   carret. León-Astorga km 4
✆ 23 99 09

PEUGEOT-TALBOT   av. de Madrid 107
✆ 20 18 00
RENAULT   av. de Madrid 116 ✆ 20 91 12
SEAT-AUDI-VOLKSWAGEN   Circunvalación
✆ 20 57 12
SEAT AUDI-VOLKSWAGEN   carret. Madrid, km
320 ✆ 20 10 99
VOLVO   Polígono Industrial Onzonilla ✆ 25 86 65

LEPE 21440 Huelva **㐄㐄㐅** U 8 – 13 669 h. alt. 28 – ✆ 955.

♦Madrid 657 – Faro 72 – Huelva 41 – ♦Sevilla 121.

🏠 **La Noria,** av. Diputación ✆ 38 04 25 – ☎. ⓞ **E** 𝖵𝖨𝖲𝖠. ⅋⅋
Com *(cerrado domingo)* 850 – 🖵 300 – **18 hab** 2500/4500 – PA 1700.

PEUGEOT-TALBOT   carret. Huelva-Ayamonte km   RENAULT   carret. de circunvalación ✆ 38 04 44
683 ✆ 38 26 29

LEQUEITIO o **LEKEITIO** 48280 Vizcaya **㐄㐄㐅** B 22 – 6 874 h. – ✆ 94.

Ver : Iglesia (retablo★).

Alred. : Carretera en cornisa★ de Lequeitio a Deva ≼★.

♦Madrid 452 – ♦Bilbao 59 – ♦San Sebastián/Donostia 61 – ♦Vitoria/Gasteiz 82.

🏠 **Beitia,** av. Pascual Abaroa 25 ✆ 684 01 11, Fax 684 21 65, 🍴 – 🛗 ⚛ ⚿ **E** 𝖵𝖨𝖲𝖠. ⅋⅋
15 marzo-4 noviembre – Com 1500 – 🖵 520 – **30 hab** 3500/6500.

en la carretera de Marquina S : 1 km – ⊠ 48280 Lequeitio – ✆ 94 :

X **Arropain,** ✆ 684 03 13, Decoración rústica – 🅿. ⚿ ⓞ **E** 𝖵𝖨𝖲𝖠. ⅋⅋
cerrado miércoles y 15 diciembre-15 enero – Com carta 2950 a 3400.

FORD   Av. Santa Catalina 1 ✆ 684 10 00   SEAT-AUDI-VOLKSWAGEN   Sabino Arana 10
RENAULT   Batalla de Otranto ✆ 684 15 06   ✆ 684 14 09

Sie möchten in einem Parador
oder in einem ruhigen, abgelegenen Hotel übernachten ?
Wir empfehlen Ihnen - vor allem in der Hauptreisezeit -
Ihr Zimmer rechtzeitig zu reservieren.

LERIDA o **LLEIDA** 25000 🅿 443 H 31 – 109 573 h. alt. 151 – 🕿 973.

Ver : Seo antigua (Seu Vella) (claustro : decoración de los capiteles y de los frisos★, iglesia capiteles★★) Y.

🄱 Arc del Pont, ⊠ 25007, ℰ 24 81 20 – R.A.C.C. av. del Segre 6, ⊠ 25007, ℰ 24 12 45.

◆Madrid 470 ⑤ – ◆Barcelona 169 ⑤ – Huesca 123 ④ – ◆Pamplona 314 ⑤ – ◆Perpignan 340 ① – Tarbes 276 ⑥
– Tarragona 97 ⑤ – Toulouse 323 ① – ◆Valencia 350 ⑤ – ◆Zaragoza 150 ⑤.

Carme	Y 4	Cardenal Remolins	Y 12
La Sal (Pl.)	Y 14	Francese Macià	Y 13
Magdalena	Y 16	Mossèn Cinto	
Major	Z	Verdaguer (Pl.)	Y 17
Paeria (Pl.)	Z 18	Sant Crist	Z 23
Sant Joan (Pl.)	Y 26	Sant Joseph	Z 27
		Sant Llorens	Z 28
Alcalde Rovira		Sant Martí (Ronda)	Y 32
Roure (Av.)	Y 2	Saragossa	YZ 33
Almodí Vell	Z 3	Villa Foix	Z 34

🏨 **Pirineos,** Gran passeig de Ronda 63, ⊠ 25006, ℰ 27 31 99, Telex 53484, Fax 26 20 43 –
📶 🗏 📺 ☎ ⟵ – 🔬 25/180. 🖭 ⑩ 🗲 𝘝𝘐𝘚𝘈. ⋘
Com 1750 – ⧠ 700 – **94 hab** 5300/8500 – PA 3150. Y **c**

🏨 **Sansi Park H.,** av. Alcalde Porqueras 4, ⊠ 25008, ℰ 24 40 00, Fax 24 31 38 – 📶 🗏 📺
☎ ⟵ – 🔬 25/700. 🖭 ⑩ 🗲 𝘝𝘐𝘚𝘈
Com 2250 – ⧠ 700 – **113 hab** 6200/8500 – PA 4420. Y **a**

🏨 **Real** sin rest, av. Blondel 22, ⊠ 25002, ℰ 23 94 05, Fax 23 94 07 – 📶 🗏 📺 ☎ –
🔬 25/40. 🖭 🗲 𝘝𝘐𝘚𝘈
⧠ 375 – **41 hab** 3400/6000. Z **d**

🏨 **Segriá,** II passeig de Ronda 23, ⊠ 25004, ℰ 23 89 89, Fax 23 36 07 – 📶 🗏 📺 ☎ ⟵
🖭 ⑩ 🗲 𝘝𝘐𝘚𝘈. ⋘ rest
Com 1200 – ⧠ 300 – **49 hab** 4000/6500 – PA 2160. Y **h**

🏨 **Principal** sin rest, pl. Paheria 7, ⊠ 25007, ℰ 23 08 00, Fax 23 08 03 – 📶 🗏 🗟 🗲 𝘝𝘐𝘚𝘈
⧠ 400 – **52 hab** 2800/4350. Z **n**

🏨 **Ramón Berenguer IV** sin rest, pl. Ramón Berenguer IV-2, ⊠ 25007, ℰ 23 73 45 – 📶
🗏 🖭 ⑩ 🗲
⧠ 325 – **52 hab** 3200/4000. Y **z**

XXX **Sheyton Pub,** av. Prat de la Riba 37, ⊠ 25008, 𝄞 23 81 97, « Interior de estilo inglés » – ☰. 𝔸𝔼 ⬤ E 𝘝𝘐𝘚𝘈. ⁏ᵔᵛ   Y **f**
cerrado del 1 al 15 febrero – Com carta 2950 a 4100.

XXX **La Mercé,** av. Navarra 1, ⊠ 25006, 𝄞 24 84 41, 🍽 – ☰. 𝔸𝔼 ⬤ E 𝘝𝘐𝘚𝘈   Y **e**
cerrado domingo y del 1 al 15 agosto – Com carta 3500 a 4400.

XX **Forn del Nastasi,** Salmerón 10, ⊠ 25004, 𝄞 23 45 10 – ☰. 𝔸𝔼 ⬤ E 𝘝𝘐𝘚𝘈. ⁏ᵔᵛ   Y **s**
cerrado domingo noche, lunes y del 1 al 15 agosto – Com carta 3200 a 3700.

XX **El Jardí,** paseo de Ronda 101, ⊠ 25006, 𝄞 23 95 32, 🍽 – ☰. 𝔸𝔼 E 𝘝𝘐𝘚𝘈. ⁏ᵔᵛ   Y **t**
cerrado domingo noche y lunes – Com carta 3700 a 4000.

XX **L'Antull,** Cristóbal de Boleda 1, ⊠ 25006, 𝄞 26 96 36 – ☰. ⬤ E 𝘝𝘐𝘚𝘈. ⁏ᵔᵛ   Y **v**
cerrado jueves y del 1 al 15 agosto – Com carta 4000 a 5700.

X **San Bernardo,** Saracíbar 2, estación de autobuses, ⊠ 25002, 𝄞 27 10 31 – ☰. 𝔸𝔼 ⬤ E
𝘝𝘐𝘚𝘈   Z **b**
cerrado Navidad – Com carta 2000 a 4100.

X **Callarriba,** Camí Mariola 9A, ⊠ 25003, 𝄞 26 19 00, 🍽, Cocina típica – ☰ ⬤ 𝔸𝔼 ⬤ E
𝘝𝘐𝘚𝘈. ⁏ᵔᵛ   por Pío XII YZ
cerrado jueves – Com carta 2100 a 3000.

X **La Huerta,** av. Tortosa 9, ⊠ 25005, 𝄞 24 24 13 – ☰. 𝔸𝔼 ⬤ E 𝘝𝘐𝘚𝘈. ⁏ᵔᵛ
cerrado Navidad – Com carta 2000 a 3250.   por av. del Segre Y

X **Casa Luis,** pl. Berenguer IV - 8, ⊠ 25007, 𝄞 24 00 26 – ☰. ⬤ E 𝘝𝘐𝘚𝘈. ⁏ᵔᵛ   Y **b**
cerrado domingo noche, lunes y 28 octubre-19 noviembre – Com carta 1500 a 2950.

X **Xalet Suis,** Alcalde Rovira Roure 9, ⊠ 25006, 𝄞 23 55 67 – ☰. 𝔸𝔼 ⬤ E 𝘝𝘐𝘚𝘈. ⁏ᵔᵛ   Y **x**
cerrado 25 y 26 diciembre – Com carta 2370 a 4700.

__en la carretera de Barcelona N II__ – ⊠ 25001 Lleida – ☎ 973 :

🏨 **Condes de Urgel y Rest. El Sauce,** por ② : 1 km 𝄞 20 23 00, Fax 20 64 81 – 🛗 ☰
📺 ☎ ℗ – 🛆 25/300. 𝔸𝔼 ⬤ E 𝘝𝘐𝘚𝘈. ⁏ᵔᵛ
Com 1700 – ⊡ 660 – **105 hab** 5000/8000.

🏨 **Ilerda,** por ② : 1,5 km 𝄞 20 07 50, Telex 53470, Fax 20 08 78 – 🛗 ☰ 📺 ☎ ℗ –
🛆 25/300. 𝔸𝔼 ⬤ E 𝘝𝘐𝘚𝘈. ⁏ᵔᵛ
Com 1620 – ⊡ 390 – **106 hab** 4000/5500 – PA 3085.

__en la carretera de Huesca N 240__ por ④ : 3 km – ⊠ 25001 Lleida – ☎ 973 :

XX **Fonda del Nastasi,** 𝄞 24 92 22, 🍽 – ☰ ℗. 𝔸𝔼 ⬤ E 𝘝𝘐𝘚𝘈. ⁏ᵔᵛ
cerrado domingo noche, lunes y del 1 al 15 agosto – Com carta 3200 a 3700.

__en la autopista A2 por__ ⑤ S : 10 km – ⊠ 25161 Lleida – ☎ 973 :

🏨 Lleida sin rest, area de Lérida 𝄞 11 60 23, Fax 11 60 25 – 🛗 ☰ 📺 ☎ 🚗 ℗ – 🛆
75 hab.

__en Vilanova de la Barca - carretera de Puigcerdá C 1313__ por ② : 10,5 km – ⊠ 25690
Vilanova de la Barca – ☎ 973 :

XX ⊛ **Molí de la Nora,** 𝄞 19 00 17, 🍽, Pescados y mariscos – ☰ ℗. 𝔸𝔼 ⬤ E 𝘝𝘐𝘚𝘈. ⁏ᵔᵛ
cerrado 22 diciembre-26 enero – Com carta 3450 a 6400
Espec. Ensalada"Molí", Lubina al horno, Tournedó al Cabernet..

ALFA ROMEO av. Valencia 24 𝄞 20 58 99
AUDI-VOLKSWAGEN av. Ejérc,to 44 𝄞 26 16 11
AUSTIN-ROVER carret. Huesca 68 𝄞 24 34 00
BMW Dr. Fleming 51 𝄞 26 89 99
CITROEN av. Garrigas 42 𝄞 20 19 36
FORD av. Garrigas 68 𝄞 20 10 62
FORD Gran Paseo de Ronda 47 bis 𝄞 27 53 56
GENERAL MOTORS av. Barcelona 17-27
𝄞 20 08 50

LANCIA av. Garrigas 15 𝄞 20 54 20
MERCEDES Santa Cecilia 22 𝄞 20 02 12
MERCEDES av. Catalunya 16 𝄞 27 26 10
PEUGEOT-TALBOT carret. de Zaragoza km 463
𝄞 26 13 00
RENAULT carret. N II km 467,3 𝄞 20 48 00
RENAULT Unió 1 𝄞 26 12 11
SEAT av. de Madrid 50 𝄞 26 80 68
VOLVO Alcalde Sol 13 𝄞 26 62 39

LERMA 09340 Burgos 🗖🗖🗖 F 18 – 2 591 h. alt. 844 – ☎ 947.
♦Madrid 206 – ♦Burgos 37 – Palencia 72.

🏨 **Alisa,** carret. N I 𝄞 17 02 75, 🍽 – ⬤ 🚗 ℗ – 🛆 25/300. 𝔸𝔼 ⬤ E 𝘝𝘐𝘚𝘈. ⁏ᵔᵛ rest
Com 1650 – ⊡ 300 – **26 hab** 2970/4950 – PA 3060.

🏨 **Docar** sin rest. con cafetería, Santa Teresa de Jesús 18 𝄞 17 10 73 – ⬤. 𝔸𝔼 ⬤ E 𝘝𝘐𝘚𝘈
⊡ 225 – **15 hab** 2200/3800.

X **Lis 2,** carret. N I 𝄞 17 01 26 – ☰. 𝔸𝔼 ⬤ E 𝘝𝘐𝘚𝘈. ⁏ᵔᵛ
Com carta 2250 a 2900.

CITROEN carret. N I km 203
FORD carret. N I km 200 𝄞 17 00 29

PEUGEOT-TALBOT carret. N I km 203 𝄞 17 00 85
RENAULT carret. N I km 203 𝄞 17 00 89

LES 25540 Lérida **443** D 32 – 559 h. alt. 630 – ✪ 973.
♦Madrid 616 – Bagnères-de-Luchon 23 – ♦Lérida/Lleida 184.

🏨 **Del Ysard,** Sant Jaume 20 ℰ 64 80 00, ← – 🛗 ☎
35 hab 3500/4250.

🏠 **Europa,** Arán 8 ℰ 64 80 16 – ☎. 🗲 𝑉𝐼𝑆𝐴
cerrado noviembre – Com 1200 – 🍷 350 – **37 hab** 2000/3200.

🏠 Talabart, Baños 1 ℰ 64 80 11 – ℗
25 hab.

LEVANTE (Playa de) Valencia – ver Valencia.

LEYRE (Monasterio de) 31410 Navarra **442** E 26 – alt. 750 – ✪ 948.
Ver : ⁂** – Monasterio** (cripta**, iglesia*, portada oeste*).
♦Madrid 419 – Jaca 68 – ♦Pamplona 51.

🏨 **Hospedería** ⟩, ℰ 88 41 00, Fax 88 41 37 – ▦ rest ℗. 𝐀𝐄 ① 𝗘 𝑉𝐼𝑆𝐴. ⁂
marzo-15 diciembre – Com 1700 – 🍷 550 – **30 hab** 3000/5900 – PA 3200.

LIERTA 22161 Huesca **443** F 28 – ✪ 974.
♦Madrid 405 – Huesca 15.

✗ **Bodega de Gratal,** ℰ 27 02 90, ☂, Decoración rústica – ▦ ℗. 𝑉𝐼𝑆𝐴. ⁂
Com carta 1450 a 3365.

LINARES 23700 Jaén **446** R 19 – 54 547 h. alt. 418 – ✪ 953.
♦Madrid 297 – Ciudad Real 154 – ♦Córdoba 122 – Jaén 51 – Ubeda 27 – Valdepeñas 96.

🏨 Aníbal, Cid Campeador 11 ℰ 65 04 00, Telex 78667, Fax 65 22 04 – 🛗 ▦ 📺 ☎ ⟵ –
♨
126 hab.

🏠 **Victoria** sin rest y sin 🍷, Cervantes 7 ℰ 69 25 00 – ▦ 📺 ☎ ⟵ 𝑉𝐼𝑆𝐴
40 hab 3500/4000.

✗✗ Mesón Campero, Pozo Ancho 5 ℰ 69 35 02 – ▦.

ALFA-ROMEO Polígono Industrial Los Jarales
ℰ 65 24 05
AUSTIN-ROVER La Virgen ℰ 69 29 18
CITROEN Julio Burell 41 ℰ 69 23 00
FIAT Polígono Industrial "Los Jarales" - carret.
Bailén ℰ 69 03 17
FORD Polígono Industrial Los Jarales ℰ 69 25 50
GENERAL-MOTORS-OPEL Julio Burell 101
ℰ 69 12 00

LANCIA av. de España 23 ℰ 69 06 34
MERCEDES-BENZ Polígono Industrial Los Jarales
ℰ 65 06 09
PEUGEOT-TALBOT Polígono Industrial Los
Jarales ℰ 69 49 50
RENAULT av. San Cristóbal ℰ 69 06 62
SEAT-AUDI-VOLKSWAGEN Julio Burell 1
ℰ 69 09 00

LINAS DE BROTO 22378 Huesca **443** E 29 – alt. 1215 – ✪ 974.
♦Madrid 475 – Huesca 85 – Jaca 47.

🏠 **Jal** ⟩ sin rest, carret. de Ordesa 31 ℰ 48 61 06, ← – ⟵. ⁂
🍷 325 – **18 hab** 3500.

La LINEA DE LA CONCEPCION 11300 Cádiz **446** X 13 y 14 – 56 282 h. – ✪ 956 – Playa.
🖪 av. 20 de Abril ℰ 76 99 50 – R.A.C.E. av. de España 42 ℰ 76 93 51.
♦Madrid 673 – Algeciras 20 – Cádiz 144 – ♦Málaga 127.

🏨 **Aparthotel Rocamar,** av. de España 170 - por carret. de Algeciras 2 km ℰ 76 79 23,
Telex 78280, ←, ⟩, – 🛗 ▦ rest 📺 ☎. 𝐀𝐄 ① 𝗘 𝑉𝐼𝑆𝐴. ⁂
Com 1530 – 🍷 465 – **96 hab** 6225/8375 – PA 2830.

🏠 **Miramar** sin rest, av. de España 26 ℰ 10 06 58 – 🛗 ☎. 𝐀𝐄 ① 𝗘 𝑉𝐼𝑆𝐴. ⁂
🍷 200 – **30 hab** 2500/4100.

PEUGEOT-TALBOT Zabal Bajo ℰ 76 80 64
FIAT-LANCIA Pasaje de Andres Viñas s/n
ℰ 76 63 51
FORD carret. Higuerón s/n ℰ 76 07 45

RENAULT pasaje Aragón 8 ℰ 76 29 36
SEAT-AUDI-VOLKSWAGEN Campamento - carret. de la Línea s/n ℰ 76 21 04

LIZARZA o **LIZARTZA** 20490 Guipúzcoa **442** C 23 – 815 h. – ✪ 943.
♦Madrid 454 – ♦Pamplona 59 – Tolosa 8 – ♦Vitoria/Gasteiz 98.

✗ **Garaicoechea,** carret. N 240 ℰ 67 26 39 – ⁂
cerrado jueves noche, domingo noche y 20 septiembre-25 octubre – Com carta 2000
a 3700.

LL ... ver después de Lugo.

LOBRES 18610 Granada **446** V 19 – – 😊 958.

Madrid 500 – Almería 120 – ◆Granada 70 – ◆Málaga 103.

✗ Mesón Vicente, pl. San Agustín 𝄞 61 05 21.

LODOSA 31580 Navarra **442** E 23 – 4 455 h. alt. 320 – 😊 948.

Madrid 334 – ◆Logroño 34 – ◆Pamplona 81 – ◆Zaragoza 152.

🏨 **Marzo,** Ancha 24 𝄞 69 30 52, Fax 69 41 51 – 📶 ▤ rest 📺 🛁
Com 1400 – ☲ 500 – **14 hab** 2250/4000 – PA 3200.

ITROEN av. Navarra 125 𝄞 69 31 80   SEAT-AUDI-VOLKSWAGEN av. Navarra 46
ORD La Paz 𝄞 69 32 39   𝄞 69 35 19
PEL La Paz 111 𝄞 69 31 96

LOGRONO 26000 P La Rioja **442** E 22 – 110 980 h. alt. 384 – 😊 941.

Ired. : S : Valle del Iregua★ (contrafuertes★) por ③.

Miguel Villanueva 10, ✉ 26001, 𝄞 25 77 11 – R.A.C.E. Jorge Vigón 32, ✉ 26003, 𝄞 25 45 97.

Madrid 331 ③ – ◆Burgos 144 ④ – ◆Pamplona 92 ① – ◆Vitoria/Gasteiz 93 ④ – ◆Zaragoza 175 ③.

🏨 **Carlton Rioja** sin rest, con cafetería, Gran Vía 5, ✉ 26002, 𝄞 21 21 00, Telex 37295, Fax 24 35 02 – 📶 ▤ 📺 ☎ 🚗 – 🔬 25/150. ⚙ ① Ⓔ 💳 🛁 rest   A c
☲ 750 – **120 hab** 6500/11000.

🏨 **Sol Bracos** sin rest, con cafetería, Bretón de los Herreros 29, ✉ 26001, 𝄞 22 66 08, Telex 37126, Fax 22 67 54 – 📶 ▤ 📺 ☎ 🚗 ⚙ ① Ⓔ 💳 🛁   A b
☲ 850 – **72 hab** 10300/12850.

🏨 **Murrieta y Rest. El Figón,** av. Marqués de Murrieta 1, ✉ 26005, 𝄞 22 41 50, Telex 37022, Fax 26 61 17 – 📶 ▤ rest 📺 ☎ 🚗 – 🔬 25/140. Ⓔ 💳 🛁   A d
Com (cerrado sábado noche y domingo) 1700 – ☲ 500 – **113 hab** 5000/7000 – PA 3900.

Ciudad de Logroño sin rest, Menéndez Pelayo 7 ✆ 25 02 44, Telex 37138, Fax 20 61 – |‡| ▤ TV ☎. AE ⓓ E VISA. ✗ A
☕ 600 – **95 hab** 6300/8400.

París sin rest y sin ☕, av. de la Rioja 8, ✉ 26001, ✆ 22 87 50 – |‡| ☎. ✗ A
cerrado 22 diciembre-7 enero – **36 hab** 3100/5100.

Isasa sin rest y sin ☕, Doctores Castroviejo 13, ✉ 26003, ✆ 25 65 99 – |‡| ☎. VISA. ✗ B
30 hab 2700/4500.

La Numantina sin rest y sin ☕, Sagasta 4, ✉ 26001, ✆ 25 14 11 – ☎. VISA A
cerrado 25 diciembre-7 enero – **17 hab** 2500/3800.

XXXXX La Merced, Marqués de San Nicolás 109, ✉ 26001, ✆ 22 11 66, « Elegantemente instalado en un antiguo palacete » – ▤ A

XXX **Machado,** Portales 49, ✉ 26001, ✆ 24 84 56 – ▤. E VISA. ✗ A
cerrado domingo y agosto – Com carta 3620 a 4890.

XX Mesón Lorenzo, Marqués de San Nicolás 136, ✉ 26001, ✆ 25 91 40, Instalado en una bodega – ▤ A

XX **Casa Emilio,** Pérez Galdós 18, ✉ 26002, ✆ 25 88 44 – ▤. AE ⓓ E VISA. ✗ A
cerrado domingo y agosto – Com carta 2800 a 4200.

XX Cachetero, Laurel 3, ✉ 26001, ✆ 22 84 63 – ▤ A

X **Los Gabrieles,** Bretón de los Herreros 8, ✉ 26001, ✆ 22 00 43 – ▤. E VISA. ✗ A
cerrado miércoles, 24 junio-24 julio y 24 diciembre-7 enero – Com carta 1325 a 3150.

X **Zubillaga,** San Agustín 3, ✉ 26001, ✆ 22 00 76 – ▤. AE ⓓ E VISA. ✗ A
cerrado miércoles, del 1 al 27 julio y 12 diciembre-4 enero – Com carta 2200 a 3400.

X **Mesón Egües,** Campa 3, ✉ 26005, ✆ 20 86 03 – ▤. AE ⓓ E VISA. ✗ A
cerrado domingo – Com carta aprox. 2900.

X **Carabanchel,** Galiarza 17, ✉ 26001, ✆ 22 38 83 – ▤. AE ⓓ VISA A
cerrado lunes y junio – Com carta 2900 a 4000.

X **Las Cubanas,** San Agustín 17, ✉ 26001, ✆ 22 00 50 – ▤. ✗ A
cerrado sábado noche, domingo y septiembre – Com carta 1900 a 2800.

X **El Fogón,** Peso 6, ✉ 26002, ✆ 22 00 21 – ▤. ✗ A
cerrado jueves y julio – Com carta 1200 a 2300.

ALFA ROMEO av. Lebote 16-18 ✆ 23 82 43
AUSTIN ROVER av. Lobete 3 ✆ 25 26 85
AUSTIN ROVER Somosierra 8-10 ✆ 23 54 81
BMW av. Burgos 36 ✆ 22 35 35
CITROEN av. Lope de Vega 40 (carretera de circunvalación) ✆ 23 11 00
FIAT-LANCIA Marqués Murrieta 49 ✆ 22 75 62
FORD av. de Burgos 25 ✆ 22 23 00
GENERAL MOTORS av. de Burgos 36 - 38 ✆ 20 49 53
MERCEDES-BENZ Lope de Vega 25 (polígono Cascajos) ✆ 23 65 22
PEUGEOT-TALBOT Vara de Rey 59-61 ✆ 23 52 00
RENAULT Milicias 7 y 9 ✆ 23 32 11
RENAULT av. de Burgos 58 a 64 ✆ 22 40 08
RENAULT Vélez de Guevara 7 bajos ✆ 22 69 00
RENAULT Beatos Mena y Navarrete 8-10 ✆ 25 52 22
SEAT-AUDI-VOLKSWAGEN av. de la Paz 81-87 ✆ 25 52 22
VOLVO Poeta Prudencio 30 ✆ 25 52 22

LOJA 18300 Granada 446 U 17 – 19 465 h. alt. 475 – ☎ 958.

♦Madrid 484 – Antequera 43 – ♦Granada 55 – ♦Málaga 71.

Del Manzanil, carret. de Granada E : 1,5 km ✆ 32 17 11, ☂ – |‡| ▤ ☎ 🚗 Ⓟ. AE ⓓ VISA. ✗ rest
Com 1500 – ☕ 500 – **49 hab** 3500/5000 – PA 3145.

por la carretera N 342 - en la finca La Bobadilla O : 21 km – ✉ 18300 Loja – ☎ 958 :

La Bobadilla ⛰, ✉ 18300 apartado 52, ✆ 32 18 61, Telex 78732, Fax 32 18 10, « Elegante cortijo andaluz », 🏊, 🏊, 🎾, 🎾 – ▤ TV ☎ Ⓟ – 🏛 25/120. AE ⓓ VISA
Com (ver a continuación rest. **La Finca**) – ☕ 2200 – **35 hab** 23500/30300.

XXXX ✿ **La Finca,** - Hotel La Bobadilla, ✉ 18300 apartado 52, ✆ 32 18 61, Telex 78732, Fax 32 18 10, ≤, ☂ – ▤ Ⓟ. AE ⓓ E VISA. ✗
Com carta 5700 a 8000
Espec. Ensalada y pan de chalotas al confit de tomate y caviar de Irán. Esencia de tomate con trufas. Lomo de cordero relleno con cáscara de limón..

ALFA ROMEO av. de Andalucía ✆ 32 08 42
GENERAL MOTORS-OPEL av. Andalucía ✆ 32 07 04
MERCEDES av. de Andalucía ✆ 32 04 45
PEUGEOT-TALBOT carret. N 342 km 483,1 ✆ 32 04 19
PEUGEOT-TALBOT av. de los Angeles 50 ✆ 32 00 43
RENAULT av. de Andalucía ✆ 32 10 63
SEAT-AUDI-VOLKSWAGEN carret. Granada-Málaga km 482 ✆ 32 04 02

Lo PAGAN Murcia – ver San Pedro del Pinatar.

LORCA 30800 Murcia **445** S 24 – 60 627 h. alt. 331 – ✆ 968.

🚩 López Gisbert ☎ 46 61 57.

Madrid 460 – ◆Almeria 157 – Cartagena 83 – ◆Granada 221 – ◆Murcia 64.

🏠 Alameda sin rest, Musso Valiente 8 ☎ 46 75 00 – 🛗 📼
41 hab.

🏨 La Alberca, sin rest y sin ⌷, pl. Juan Moreno 1 ☎ 46 88 50 – 📼 – **30 hab**.

🍴🍴 **Los Naranjos**, Jerónimo Santa Fé 43 ☎ 46 59 42 – 🍽. **AE ① VISA**. 🛠
Com carta 1400 a 3100.

🍴🍴 El Teatro, pl. Colón 12 ☎ 46 99 09 – 🍽.

AUSTIN-ROVER-MG carret. de Granada 119
☎ 46 24 72
CITROEN carret. de Granada ☎ 46 76 86
FIAT carret. de Granada km 266 ☎ 46 92 85
FORD carret. de Granada km 267
☎ 46 89 54 y 58
GENERAL MOTORS carret. de Granada 267,5
☎ 46 73 40

MERCEDES-BENZ carret. de Aguilas (Diputación
Cazalla) ☎ 46 99 74
PEUGEOT. carret. de Granada 22 ☎ 46 17 61
RENAULT carret. de Granada km 267 ☎ 46 84 16
RENAULT carret. de Granada ☎ 46 74 67
SEAT-AUDI-VOLKSWAGEN carret. de Granada
32 ☎ 46 62 77

LOSAR DE LA VERA 10460 Cáceres **444** L 13 – 2 904 h. – ✆ 927.

Madrid 199 – Avila 138 – ◆Cáceres 139 – Plasencia 60.

🏠 Vadillo, pl. de España ☎ 56 09 01 – 🍽 rest – **44 hab**.

CITROEN carret. de Plasencia ☎ 56 07 32

LOYOLA Guipúzcoa **442** C 23 – ver Azpeitia.

LUANCO 33440 Asturias **441** B 12 – ✆ 985 – Playa.

Madrid 478 – Gijón 15 – ◆Oviedo 43.

🏠 **Aramar**, Gijón 10 ☎ 88 00 25 – 🛗 📼. **AE VISA**. 🛠
Com 950 – ⌷ 275 – **31 hab** 4600/5800.

🍴 **Casa Nestor**, Conde Real Agrado 6 ☎ 88 03 15 – **AE ① VISA**. 🛠
cerrado lunes y 23 septiembre-23 octubre – Com carta 3600 a 4900.

RENAULT La Cruz 59 ☎ 88 06 83

SEAT-AUDI-VOLKSWAGEN carret. Avilés
☎ 88 08 38

LUARCA 33700 Asturias **441** B 10 – 19 920 h. – ✆ 985 – Playa.

Ver : Emplazamiento* – ≤* desde la carretera del faro.

Excurs. : SO : Valle del Navia : recorrido de Navia a Boal (🌸** Embalse de Arbón, Vivedro
🌸** confluencia** del Navia y del Río Frío).

🚩 pl. Alfonso X el Sabio ☎ 64 00 83.

Madrid 536 – ◆La Coruña 226 – Gijón 97 – ◆Oviedo 101.

🏨 Gayoso, paseo de Gómez 4 ☎ 64 00 50 – 🛗 📼 – **30 hab**.

🏨 **Rico** sin rest, pl. Alfonso X El Sabio ☎ 64 17 69 – **E VISA**. 🛠
⌷ 250 – **15 hab** 6000.

🏨 **Oria** sin rest, Crucero 7 ☎ 64 03 85 – **AE VISA**. 🛠
⌷ 325 – **14 hab** 4400/5100.

🍴 **Leonés**, Alfonso X El Sabio 1 ☎ 64 09 95 – **AE ① E VISA**
Com carta 2800 a 4000.

🍴 **Brasas**, Aurelio Martínez 4 ☎ 64 02 89 – **AE E VISA**. 🛠
cerrado martes y del 1 al 25 noviembre – Com carta 1750 a 2950.

en Otur O : 6 km – ⌧ 33792 Otur – ✆ 985 :

🏠 **Casa Consuelo**, carret. N 634 ☎ 64 18 09, Fax 64 16 42, ≤ – 🍽 rest 🅿. **AE ① E VISA**.
🛠
cerrado 15 septiembre-8 octubre – Com (cerrado lunes salvo festivos) carta 2400 a 4600 –
⌷ 250 – **26 hab** 4200/5500.

FORD Almuña ☎ 64 02 26
PEUGEOT-TALBOT Nicanor del Campo 23
☎ 64 09 05

RENAULT av. de Galicia ☎ 64 03 29
SEAT-AUDI-VOLKSWAGEN La Capitana
☎ 64 08 46

La Guía Verde turística Michelin **ESPAÑA**
Paisajes, monumentos
Rutas turísticas
Geografía
Historia, Arte
Itinerarios de viaje
Planos de ciudades y de monumentos
Una guía para sus vacaciones.

LUCENA 14900 Córdoba 𝟺𝟺𝟼 T 16 – 29 717 h. alt. 485 – ✆ 957.

♦Madrid 471 – Antequera 57 – ♦Córdoba 73 – ♦Granada 150.

🏠 **Baltanás** sin rest y sin ⌑, av. Parque ℰ 50 05 24 – 🅿. 🖭 **E** 𝗩𝗜𝗦𝗔
39 hab 2750/4400.

ALFA ROMEO carret. N 331 km 70 ℰ 50 21 24
CITROEN carret. N 331 km 473 ℰ 50 13 12
FIAT carret. N 331 km 474 ℰ 50 13 12
FORD carret. N 331 km 471 ℰ 50 04 53
GENERAL MOTORS carret. Madrid-Málaga N 331
km 474 ℰ 50 14 41
LANCIA carret. Córdoba-Málaga km 69
ℰ 50 22 16

MERCEDES BENZ carret. Lucena a Loja km 1
ℰ 50 03 60
PEUGEOT-TALBOT carret. N 331 km 472
ℰ 50 08 57
RENAULT carret. Madrid-Málaga N 331 km 473,3
ℰ 50 15 14
SEAT-AUDI-VOLKSWAGEN av. José Solís 14
ℰ 50 04 41

LUGO 27000 🅿 𝟺𝟺𝟭 C 7 – 73 986 h. alt. 485 – ✆ 982.

Ver : Catedral★ (Cristo en Majestad★) Z **A** – Murallas★.

🛈 pl. de España 27, ✉ 27001, ℰ 23 13 61 – **R.A.C.E.** Progreso 33, ✉ 27001, ℰ 22 26 08.

♦Madrid 506 ② – ♦La Coruña 97 ④ – Orense 96 ③ – ♦Oviedo 255 ① – Santiago de Compostela 107 ③.

LUGO

🏨🏨 **G.H.Lugo y Rest. Os Marisqueiros,** av. Ramón Ferreiro 21, ✉ 27002, ℰ 22 41 52
Telex 86128, Fax 24 16 60, 🏊 – 🛗 🗏 📺 ☎ 🚗 🅿 – 🕍 25/600. 🖭 ⓞ **E** 𝗩𝗜𝗦𝗔. 🦅
Com 2500 – ⌑ 700 – **168 hab** 7000/11000 – PA 4850. por av. Ramón Ferreiro Z

🏨 **Méndez Núñez** sin rest, Reina 1, ✉ 27001, ℰ 23 07 11, Fax 22 97 38 – 🛗 🚗 – 🕍 25/20
⌑ 450 – **80 hab** 5000/7000. Z ▮

🏠 **España** sin rest y sin ⌑, Villalba 2 bis, ✉ 27002, ℰ 23 15 40 – 🚗 Z ▮
17 hab.

🏠 **Buenos Aires** sin rest y sin ⌑, pl. Comandante Manso 17, ✉ 27001, ℰ 22 54 68 – 🛗 🚗
15 hab. Z ▮

🏠 **Mar de Plata** sin rest y sin ⌑, Ronda da Muralla 6, ✉ 27001, ℰ 22 89 10 – 🛗 Z ▮
13 hab.

XX **La Barra,** San Marcos 27, ✉ 27001, ℰ 24 20 36 – 🗏. 🖭 ⓞ **E** 𝗩𝗜𝗦𝗔. 🦅 Y ▮
Com carta 2350 a 4100.

XX **Alberto,** Cruz 4, ✉ 27001, ℰ 22 83 10, Fax 25 13 58 – 🗏. 🖭 ⓞ **E** 𝗩𝗜𝗦𝗔. 🦅 Z ▮
cerrado domingo salvo vísperas de festivos – Com carta 2650 a 3250.

X **Verruga,** Cruz 12, ✉ 27001, ℰ 22 98 55 – 🖭 ⓞ **E** 𝗩𝗜𝗦𝗔. 🦅 Z ▮
cerrado lunes – Com carta 2450 a 4000.

X **España,** General Franco 10, ✉ 27001, ℰ 22 60 16 – 🗏. 🖭 ⓞ **E** 𝗩𝗜𝗦𝗔. 🦅 Y ▮
Com carta 1675 a 2850.

X **Campos,** Rua Nova 4, ✉ 27001, ℰ 22 97 43 – 🖭 ⓞ **E** 𝗩𝗜𝗦𝗔. 🦅 Z ▮
cerrado del 15 al 31 octubre – Com carta 2275 a 3800.

X **La Coruñesa,** Dr. Castro 16, ✉ 27001, ℰ 22 10 87 – 🖭 ⓞ **E** 𝗩𝗜𝗦𝗔. 🦅 Z ▮
Com carta 2000 a 3050.

X **Parrillada Antonio,** carretera nueva de Santiago 87, ✉ 27004, ℰ 21 64 70 – 🗏 🅿.
ⓞ **E** 𝗩𝗜𝗦𝗔. 🦅 por ④
Com carta 1450 a 2700.

en la carretera N VI S : 2 km – ✉ 27004 Lugo – ☎ 982 :

XX **Mesón O'Muiño,** ☎ 23 05 50, ⛱, Al borde del río – ▤ P. AE ⓓ VISA. ✻
Com carta 1300 a 3350.

en la carretera N 640 por ① : 4 km – ✉ 27923 Lugo – ☎ 982 :

🏨 **Portón do Recanto,** La Campiña ☎ 22 34 55, Fax 22 38 47, ≤ – ▤ rest TV ☎ P. ⓓ VISA. ✻
Com 1400 – ☕ 300 – **30 hab** 4500/5500 – PA 2800.

ALFA-ROMEO av. de La Coruña 399 ☎ 21 12 19
AUDI-VOLKSWAGEN av. de La Coruña 402 ☎ 21 61 20
AUSTIN-ROVER-LAYLAND 18 de Julio 139 ☎ 21 69 41
BMW carret. Santiago ☎ 24 48 16
CITROEN Polígono del Ceao ☎ 21 26 62
CITROEN Chantada 38 ☎ 21 59 94
CITROEN carret. N VI km 507 - Conturiz ☎ 22 36 86
FIAT carret. de La Coruña km 505 ☎ 21 21 31
FORD carret. de la Coruña 515 ☎ 21 49 36
GENERAL MOTORS carret. de La Coruña km 515,4 ☎ 21 36 48
LANCIA av. de La Coruña 100 ☎ 22 90 00
MERCEDES-BENZ carret. de La Coruña km 505 ☎ 21 16 57
PEUGEOT-TALBOT carret. de La Coruña km 505,4 ☎ 21 24 40
RENAULT carret. de Santiago 360 ☎ 22 15 50
SEAT av. de La Coruña 790 ☎ 21 33 41
VOLVO Río Narla 24 ☎ 22 83 04

LLADO **17745** Gerona 443 J 30 – 509 h. – ☎ 972.
Madrid 757 – Figueras/Figueres 13 – Gerona/Girona 50.

X **Can Quicu,** pl. Major 1 ☎ 56 51 04 – ▤. E VISA. ✻
cerrado lunes y 20 diciembre-20 enero – Com carta 2300 a 3200.

LLAFRANCH Gerona 443 G 39 – ver Palafrugell.

LLAGOSTERA **17240** Gerona 443 G 38 – 5 013 h. – ☎ 972.
Madrid 699 – ♦Barcelona 86 – Gerona/Girona 20.

X **Can Meri,** Almogávares 17 ☎ 83 01 80, ⛱ – ▤. E VISA
cerrado martes y noviembre – Com carta 1550 a 2750.

en la carretera de Sant Feliú de Guixols E : 5 km – ✉ 17240 Llagostera – ☎ 972 :

XX ✿ **Els Tinars,** ☎ 83 06 26, Fax 83 12 77, ⛱, Decoración rústica – ▤ P. AE ⓓ E VISA
cerrado lunes noche de octubre a mayo y 28 enero-22 febrero – Com carta 2750 a 3700
Espec. Patatas Tinars, Pescado al horno con patata, tomate y cebolla, "Marinesca de pescados".

CITROEN Girona 32 ☎ 83 01 48
FORD carret. de Sant Llorenç ☎ 83 05 78
OPEL Cantallops 6 ☎ 83 02 43
PEUGEOT-TALBOT carret. Gerona-San Feliú de Guixols km 19,5 ☎ 83 01 67
RENAULT carret. de Tossa ☎ 83 09 07
SEAT-AUDI-VOLKSWAGEN Camprodón 49 ☎ 83 02 25

LLANAVES DE LA REINA **24912** León 441 C 15 – Deportes de invierno.
Madrid 373 – ♦León 118 – ♦Oviedo 133 – ♦Santander 147.

🏨 **San Glorio** ⛰, carret. N 621 ☎ 74 04 18, ≤ – 🛗 ▤ ☎ P. E VISA. ✻
Com 1300 - (ver rest. **Mesón Llánaves**) – ☕ 400 – **26 hab** 4000/5000.

X **Mesón Llánaves,** carret. N 621 ☎ 74 04 18 – P. E VISA. ✻
Com carta 1550 a 1900.

LLANCA Gerona 443 E 39 – ver Llansá.

LLANES **33500** Asturias 441 B 15 – 14 218 h. – ☎ 985 – Playa.
Nemesio Sobrino 1 ☎ 40 01 64.
Madrid 453 – Gijón 103 – ♦Oviedo 113 – ♦Santander 96.

🏨 **Don Paco,** Posada Herrera 1 ☎ 40 01 50, Fax 40 26 81 – 🛗 ☎. AE ⓓ E VISA. ✻
junio-septiembre – Com 1750 – ☕ 500 – **42 hab** 5200/7150 – PA 3100.

🏨 **G. H. Paraíso** sin rest, Pidal 2 ☎ 40 19 71, Fax 40 25 90 – 🛗 ▤ TV ☎ 🚗. AE ⓓ E VISA. ✻
marzo-octubre – ☕ 500 – **22 hab** 7900.

🏨 **Montemar** sin rest, con cafetería, Genaro Riestra 8 ☎ 40 01 00, Telex 87326, Fax 40 26 81, ≤ – 🛗 TV ☎ P. AE ⓓ E VISA. ✻
☕ 500 – **41 hab** 5200/7150.

🏠 **Peñablanca** sin rest, Pidal 1 ☎ 40 01 66 – ☎. E VISA
junio-septiembre – ☕ 350 – **31 hab** 3500/5400.

X **Las Torres,** av. de La Paz ☎ 40 11 16 – AE ⓓ E VISA. ✻
Com carta 1175 a 2700.

en La Arquera – ✉ 33500 Llanes – 🕭 985 :

🏠 Las Brisas, S : 2 km 🕿 40 17 26 – ⬛ ☎ 🅟 – 🏕
35 hab.

✕ **Prau Riu** 🐾 con hab, carret. de Parres S : 2,5 km 🕿 40 11 54, 🛋 – 🅟 🆎 ⓞ Ɛ 𝓥𝓘𝓢𝓐
❀
Com carta 1525 a 3050 – � 250 – **6 hab** 4500.

en la playa de Barro O : 7 km – ✉ 33595 Barro – 🕭 985 :

🏠 **Kaype** 🐾, 🕿 40 09 00, ← – ⬛ ☜ 🅟 Ɛ 𝓥𝓘𝓢𝓐
abril-septiembre – Com 1370 – ⊑ 260 – **48 hab** 4100/6200.

en San Roque - carretera N 634 SE : 4 km – ✉ 33500 Llanes – 🕭 985 :

🏠 **Europa,** San Roque 29 🕿 40 09 45 – 🅟 Ɛ 𝓥𝓘𝓢𝓐 ❀
Com 800 – ⊑ 375 – **24 hab** 3180/4240 – PA 2000.

en Playa de Toró O : 1 km – ✉ 33500 Llanes – 🕭 985

✕ Mirador de Toro, 🕿 40 08 82, ←, 🛋 – 🅟.

CITROEN Cueto Alto-Llanes 🕿 40 17 40
FORD carret. N 634 km 93 (San Roque del
Acebal) 🕿 40 03 69
PEUGEOT-TALBOT La Arquera 🕿 40 18 59

RENAULT La Arquera 🕿 40 01 59
SEAT-AUDI-VOLKSWAGEN carret. N 634 km 96
(San Roque del Acebal) 🕿 40 07 80

Los LLANOS DE ARIDANE – ver Canarias (La Palma).

LLANSA o **LLANÇA** 17490 Gerona 📓📓📓 E 39 – 3 001 h. – 🕭 972 – Playa.
Alred. : San Pedro de Roda (paraje★★) S : 15 km.
🛈 av. de Europa 37 🕿 38 08 55.
◆Madrid 767 – Banyuls 31 – Gerona/Girona 60.

🏠 **Beri,** La Creu 26 🕿 38 01 98, 🏊, – ⬛ ▤ rest 🅟. 🆎 ⓞ Ɛ 𝓥𝓘𝓢𝓐
Com 1000 – ⊑ 400 – **60 hab** 2500/4000 – PA 2600.

🏠 **Carbonell,** Mayor 19 🕿 38 02 09 – 🅟. Ɛ 𝓥𝓘𝓢𝓐. ❀
abril-septiembre – Com 1200 – ⊑ 300 – **33 hab** 1500/2800 – PA 2500.

en la carretera de Port-Bou N : 1 km – ✉ 17490 Llançà – 🕭 972 :

🏠 **Gri-Mar,** 🕿 38 01 67, ←, 🏊, 🛋, ✕ – ☎ ☜ 🆎 ⓞ Ɛ 𝓥𝓘𝓢𝓐
abril-septiembre – Com 1950 – ⊑ 500 – **39 hab** 4305/6090 – PA 3530.

en el Puerto NE : 1,5 km – ✉ 17490 Llançà – 🕭 972 :

🏠 **Berna,** passeig Marítim 13 🕿 38 01 50, ←, 🛋 – ☜. ❀ rest
Semana Santa y 15 mayo-septiembre – Com 1950 – ⊑ 525 – **38 hab** 4400/5700 – PA 4425

🏠 **La Goleta,** Pintor Terruella 22 🕿 38 01 25, Telex 56322, Fax 12 06 86 – ⬛ ☎ 🆎 ⓞ 🅒
𝓥𝓘𝓢𝓐
Com *(cerrado miércoles)* 1900 – ⊑ 475 – **38 hab** 4200/4725 – PA 4275.

✕ La Vela, Pintor Martínez Lozano 3 🕿 38 04 75 – ▤

✕ **El Racó del Port,** Pl. del Port 3 🕿 38 14 18, Fax 38 00 80, ←, 🛋 – 🆎 ⓞ Ɛ 𝓥𝓘𝓢𝓐
abril-septiembre – Com *(cerrado lunes salvo 15 julio-15 septiembre)* carta 2200 a 4200.

✕ **La Brasa,** pl. Catalunya 6 🕿 38 02 02, 🛋 – Ɛ 𝓥𝓘𝓢𝓐. ❀
marzo-noviembre – Com carta 2300 a 2900.

✕ Dany, passeig Marítim 4 🕿 38 03 96, ←

✕ **Can Manel,** pl. del Port 5 🕿 38 01 12, ←, Pescados y mariscos – 🆎 ⓞ Ɛ 𝓥𝓘𝓢𝓐
cerrado jueves noche, domingo noche y 2 enero-10 febrero – Com carta aprox. 4000.

CITROEN carretera de Port Bou 🕿 38 02 29
FORD av. Europa 🕿 38 01 48
RENAULT Roger de Lluria 7-9 🕿 38 05 46

SEAT-AUDI-VOLKSWAGEN carret. de la Farella
9-10 🕿 38 02 32

LLEIDA 📓📓📓 H 31 – ver Lérida.

LLESSUY o **LLESSUI** 25567 Lérida 📓📓📓 E 33 – alt. 1400 – 🕭 973 – Deportes de invierno ⤺9.
Ver : Valle de Llessui★★.
◆Madrid 603 – ◆Lérida/Lleida 150 – Seo de Urgel 66.

en Bernúi - carretera de Sort E : 3 km – ✉ 25560 Sort – 🕭 973 :

✕ **Can Joana,** 🕿 62 08 68 – 🅟. ❀
cerrado lunes – Com carta 1800 a 2000.

en Altrón E : 7,5 km – ✉ 25560 Sort – 🕭 973 :

🏠 **Vall d'Assua** 🐾, carret. de Sort 🕿 62 08 98, ← – ▤ rest 🅟. ❀
cerrado noviembre – Com 1400 – ⊑ 375 – **16 hab** 1000/2800 – PA 2600.

LE GUIDE MICHELIN
DU PNEUMATIQUE

MICHELIN

QU'EST-CE
QU'UN PNEU ?

Produit de haute technologie, le pneu constitue le seul point de liaison de la voiture avec le sol. Ce contact correspond, pour une roue, à une surface équivalente à celle d'une carte postale. Le pneu doit donc se contenter de ces quelques centimètres carrés de gomme au sol pour remplir un grand nombre de tâches souvent contradictoires:

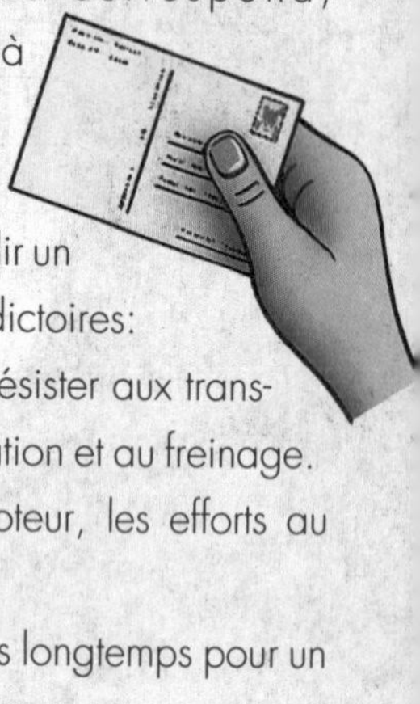

Porter le véhicule à l'arrêt, mais aussi résister aux transferts de charge considérables à l'accélération et au freinage.

Transmettre la puissance utile du moteur, les efforts au freinage et en courbe.

Rouler régulièrement, plus sûrement, plus longtemps pour un plus grand plaisir de conduire.

Guider le véhicule avec précision, quels que soient l'état du sol et les conditions climatiques.

Amortir les irrégularités de la route, en assurant le confort du conducteur et des passagers ainsi que la longévité du véhicule.

Durer, c'est-à-dire, garder au meilleur niveau ses performances pendant des millions de tours de roue.

Afin de vous permettre d'exploiter au mieux toutes les qualités de vos pneumatiques, nous vous proposons de lire attentivement les informations et les conseils qui suivent.

II

Le pneu est le seul point de liaison de la voiture avec le sol.

Comment lit-on un pneu ?

(1) «Bib» repérant l'emplacement de l'indicateur d'usure.

(2) Marque enregistrée. **(3)** Largeur du pneu: ≃ 185 mm.

(4) Série du pneu H/S: 70. **(5)** Structure: R (radial).

(6) Diamètre intérieur: 14 pouces (correspondant à celui de la jante). **(7)** Pneu: MXV. **(8)** Indice de charge: 88 (560 kg).

(9) Code de vitesse: H (210 km/h).

(10) Pneu sans chambre: Tubeless. **(11)** Marque enregistrée.

Codes de vitesse maximum:

Q : 160 km/h

R : 170 km/h

S : 180 km/h

T : 190 km/h

H : 210 km/h

V : 240 km/h

Z : supérieure à 240 km/h.

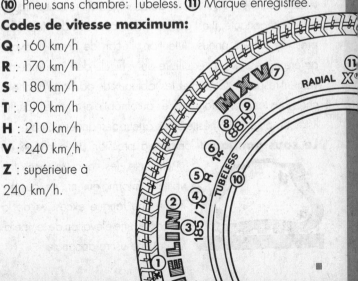

GONFLEZ VOS PNEUS, MAIS GONFLEZ-LES BIEN

POUR EXPLOITER AU MIEUX LEURS PERFORMANCES ET ASSURER VOTRE SECURITE.

Contrôlez la pression de vos pneus, sans oublier la roue de secours, dans de bonnes conditions:
Un pneu perd régulièrement de la pression. Les pneus doivent être contrôlés, une fois toutes les 2 semaines, à froid, c'est-à-dire une heure au moins après l'arrêt de la voiture ou après avoir parcouru 2 à 3 kilomètres à faible allure.

En roulage, la pression augmente; ne dégonflez donc jamais un pneu qui vient de rouler: considérez que, pour être correcte, sa pression doit être au moins supérieure de 0,3 bar à celle préconisée à froid.

Le surgonflage: si vous devez effectuer un long trajet à vitesse soutenue, ou si la charge de votre voiture est particulièrement importante, il est généralement conseillé de majorer la pression de vos pneus. Attention; l'écart de pression avant-arrière nécessaire à l'équilibre du véhicule doit être impérativement respecté. Consultez les tableaux de gonflage Michelin chez tous les professionnels de l'automobile et chez les spécialistes du pneu, et n'hésitez pas à leur demander conseil.

Le sous-gonflage: lorsque la pression de gonflage est

 insuffisante, les flancs du pneu travaillent anormalement, ce qui entraîne une fatigue excessive de la carcasse, une élévation de température et une usure anormale.

Vérifiez la pression de vos pneus régulièrement et avant chaque voyage.

Le pneu subit alors des dommages irréversibles qui peuvent entraîner sa destruction immédiate ou future.

En cas de perte de pression, il est impératif de consulter un spécialiste qui en recherchera la cause et jugera de la réparation éventuelle à effectuer.

Le bouchon de valve: en apparence, il s'agit d'un détail; c'est pourtant un élément essentiel de l'étanchéité. Aussi, n'oubliez pas de le remettre en place après vérification de la pression, en vous assurant de sa parfaite propreté.

Voiture tractant caravane, bateau...

Dans ce cas particulier, il ne faut jamais oublier que le poids de la remorque accroît la charge du véhicule. Il est donc nécessaire d'augmenter la pression des pneus arrière de votre voiture, en vous conformant aux indications des tableaux de gonflage Michelin. Pour de plus amples renseignements, demandez conseil à votre revendeur de pneumatiques, c'est un véritable spécialiste.

POUR FAIRE DURER VOS PNEUS, GARDEZ UN OEIL SUR EUX.

Afin de préserver longtemps les qualités de vos pneus, il est impératif de les faire contrôler régulièrement, et avant chaque grand voyage. Il faut savoir que la durée de vie d'un pneu peut varier dans un rapport de 1 à 4, et parfois plus, selon son entretien, l'état du véhicule, le style de conduite et l'état des routes ! L'ensemble roue-pneumatique doit être parfaitement équilibré pour éviter les vibrations qui peuvent apparaître à partir d'une certaine vitesse. Pour supprimer ces vibrations et leurs désagréments, vous confierez l'équilibrage à un professionnel du pneumatique car cette opération nécessite un savoir-faire et un outillage très spécialisé.

Les facteurs qui influent sur l'usure et la durée de vie de vos pneumatiques:

les caractéristiques du véhicule (poids, puissance...), le profil

des routes (rectilignes, sinueuses), le revêtement (granulométrie: sol lisse ou rugueux), l'état mécanique du véhicule (réglage des trains avant, arrière, état des suspensions et des freins...), le style de conduite (accélérations, freinages, vitesse de passage en

Une conduite sportive réduit la durée de vie des pneus.

courbe...); la vitesse (en ligne droite à 120 km/h un pneu s'use deux fois plus vite qu'à 70 km/h), la pression des pneumatiques (si elle est incorrecte, les pneus s'useront beaucoup plus vite et de manière irrégulière).

D'autres événements de nature accidentelle (chocs contre trottoirs, nids de poule...), en plus du risque de déréglage et

Les chocs contre les trottoirs, les nids de poule… peuvent endommager gravement vos pneus.

de détérioration de certains éléments du véhicule, peuvent provoquer des dommages internes au pneumatique dont les conséquences ne se manifesteront parfois que bien plus tard. Un contrôle régulier de vos pneus vous permettra donc de détecter puis de corriger rapidement les anomalies (usure anormale, perte de pression…). A la moindre alerte, adressez-vous immédiatement à un revendeur spécialiste qui interviendra pour préserver les qualités de vos pneus, votre confort et votre sécurité.

SURVEILLEZ L'USURE DE VOS PNEUMATIQUES:

Comment ? Tout simplement en observant la profondeur de la sculpture. C'est un facteur de sécurité, en particulier sur sol mouillé. Tous les pneus possèdent des indicateurs d'usure de 1,6 mm d'épaisseur. Ces indicateurs sont repérés par un Bibendum situé aux «épaules» des pneus Michelin. Un examen visuel suffit pour connaître le niveau d'usure de vos pneumatiques. Attention: même si vos pneus n'ont pas encore atteint la limite d'usure légale (en France, la profondeur restante de la sculpture doit être supérieure à 1 mm sur l'ensemble de la bande de roulement), leur capacité à évacuer l'eau aura naturellement diminué avec l'usure.

FAITES LE BON CHOIX POUR ROULER EN TOUTE TRANQUILLITE.

Le type de pneumatique qui équipe d'origine votre véhicule a été déterminé pour optimiser ses performances. Il vous est cependant possible d'effectuer un autre choix en fonction de votre style de conduite, des conditions climatiques, de la nature des routes et des trajets effectués.

Dans tous les cas, il est indispensable de consulter un spécialiste du pneumatique, car lui seul pourra vous aider à trouver la solution la mieux adaptée à votre utilisation.

Montage, démontage, équilibrage du pneu; c'est l'affaire d'un professionnel:

un mauvais montage ou démontage du pneu peut le détériorer et mettre en cause votre sécurité.

Le montage et l'équilibrage d'un pneu, c'est l'affaire d'un professionnel.

Sauf cas particulier et exception faite de l'utilisation provisoire de la roue de secours, les pneus montés sur un essieu donné doivent être identiques. Pour obtenir la meilleure tenue de route, les pneumatiques neufs ou les moins usés doivent être montés à l'arrière de votre voiture.

En cas de crevaison, seul un professionnel du pneu saura effectuer les examens nécessaires et décider de son éventuelle réparation.

Il est recommandé de changer la valve ou la chambre à chaque intervention.

Il est déconseillé de monter une chambre à air dans un ensemble tubeless.

L'utilisation de pneus cloutés est strictement réglementée; il est important de s'informer avant de les faire monter.

Attention: la capacité de vitesse des pneumatiques Hiver «M+S» peut être inférieure à celle des pneus d'origine. Dans ce cas, la vitesse de roulage devra être adaptée à cette limite inférieure.

INNOVER POUR ALLER PLUS LOIN

En 1889, Edouard Michelin prend la direction de l'entreprise qui porte son nom. Peu de temps après, il dépose le brevet du pneumatique démontable pour bicyclette. Tous les efforts de l'entreprise se concentrent alors sur le développement de la technique du pneumatique. C'est ainsi qu'en 1895, pour la première fois au monde, un véhicule automobile baptisé «l'Eclair» roule sur pneumatiques. Testé sur ce véhicule lors de la course Paris-Bordeaux-Paris, le pneumatique démontre immédiatement sa supériorité sur le bandage plein.

Créé en 1898, le Bibendum symbolise l'entreprise qui, de recherche en innovation, du pneu vélocipède au pneu avion, impose le pneumatique à toutes les roues.

En 1946, c'est le dépôt du brevet du pneu radial ceinturé acier, l'une des innovations majeures du monde du transport.

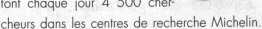

Concevoir les pneus qui font avancer tous les jours 2 milliards de roues sur la terre, faire évoluer sans relâche plus de 3 000 types de pneus différents, c'est ce que font chaque jour 4 500 chercheurs dans les centres de recherche Michelin.

Leurs outils: des ordinateurs qui calculent à la vitesse de 100 millions d'opérations par seconde, des laboratoires et des centres d'essais installés sur 6 000 hectares en France, en Espagne et aux Etats-Unis pour parcourir quotidiennement plus d'un million de kilomètres, soit 25 fois le tour du monde.

Leur volonté: écouter, observer puis optimiser chaque fonction du pneumatique, tester sans relâche, et recommencer.

C'est cette volonté permanente de battre demain le pneu d'aujourd'hui pour offrir le meilleur service à l'utilisateur, qui a permis à Michelin de devenir le leader mondial du pneumatique.

RENSEIGNEMENTS UTILES.

VOS PNEUMATIQUES: Vous avez des observations, vous souhaitez des précisions concernant l'utilisation de vos pneumatiques Michelin, écrivez-nous à:

Manufacture Française des Pneumatiques Michelin.
Boîte Postale Consommateurs
63040 Clermont Ferrand Cedex.

POUR PREPARER VOTRE VOYAGE: Itinéraires, temps de parcours, kilométrages, étapes...
Assistance Michelin Itinéraires sur Minitel:

3615 code Michelin

L'ETAT DES ROUTES:
- Centre de Renseignements Autoroutes, tél: (1) 47 05 90 01
Minitel: 3614 code ASFA.
- Centre National d'Informations Routières, tél: (1) 48 94 33 33
Minitel: 3615 code Route.
- Centres Régionaux d'Information et de Coordination Routière:

Bordeaux	56 96 33 33
Ile-de-France-Centre	(1) 48 99 33 33
Lille	20 47 33 33
Lyon	78 54 33 33
Marseille	91 78 78 78
Metz	87 63 33 33
Rennes	99 32 33 33

LIVIA 17527 Gerona 443 E 35 – 921 h. alt. 1224 – © 972.

Madrid 658 – Gerona/Girona 156 – Puigcerdá 6.

🏨 **Llivia** ⟁, av. de Catalunya ℰ 89 60 00, Fax 89 60 00, ≤, ⤢, 🚗, ⌻ – ⬚ ☎ ⇔ ℗ –
🏛 25/150. E VISA
cerrado noviembre – Com *(cerrado miércoles)* 2150 – � 450 – **63 hab** 3500/6500 – PA
3850.

🏠 **L'Esquirol** ⟁, av. de Catalunya ℰ 89 63 03, ≤ – ℗
14 hab.

XX **Can Ventura,** pl. Major 1 ℰ 89 61 78, Fax 89 61 78, Decoración rústica antigua - edificio de
1791, Cocina regional.

X **Llivia,** av. de Catalunya 37 ℰ 89 60 96, Carnes a la brasa.

X **La Ginesta** (Casa David), av. de Catalunya ℰ 89 62 87.

LODIO 01400 Alava 442 C 22 – © 94.

Madrid 385 – ◆Bilbao 21 – ◆Burgos 142 – ◆Vitoria/Gasteiz 49.

X **Martina,** Zubiaur 1 ℰ 672 22 68 – ▤. AE ① E VISA. ⌻
cerrado agosto – Com carta 1600 a 3100.

AUSTIN-ROVER Goikoetxe 3 ℰ 672 36 55
CITROEN Areta 4 ℰ 672 05 98
FORD Barrio Gardea ℰ 672 36 54
OPEL Poligono Industrialdea ℰ 672 48 24
PEUGEOT-TALBOT Barrio Gardea - Poligono
Industrialdea ℰ 672 38 64

RENAULT Larrazabal 2 ℰ 672 00 57
SEAT-AUDI-VOLKSWAGEN Ugarte 28
ℰ 672 17 96

LOFRIU Gerona 443 G 39 – ver Palafrugell.

Los hoteles y restaurantes agradables
se indican en la guía con un símbolo rojo.
Ayúdenos señalándonos los establecimientos
en que, a su juicio, da gusto estar.
La guía del año que viene será aún mejor.

🏨🏨🏨 ... 🏠

XXXXX ... X

LLORET DE MAR 17310 Gerona 443 G 38 – 10 480 h. – © 972 – Playa.

Alred. : Carretera en cornisa★★ de Lloret de Mar a Tossa de Mar : 12 km por ①.

🅱 pl. de la Vila 1 ℰ 36 47 35 y Estación de Autobuses ℰ 36 57 88.

Madrid 695 ② – ◆Barcelona 67 ② – Gerona/Girona 39 ③.

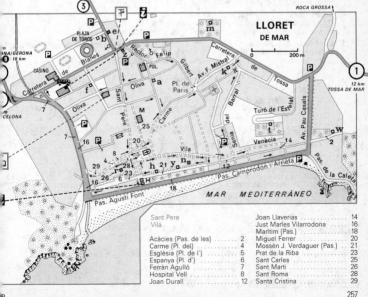

Sant Pere		Joan Llaverias	14
Vila		Just Marles Vilarrodona	16
		Maritim (Pas.)	18
Acàcies (Pas. de les)	2	Miguel Ferrer	20
Carme (Pl. del)	4	Mossèn J. Verdaguer (Pas.)	21
Església (Pl. de l')	5	Prat de la Riba	23
Espanya (Pl. d')	6	Sant Carles	25
Ferràn Agulló	7	Sant Marti	26
Hospital Vell		Sant Roma	28
Joan Durall	12	Santa Cristina	29

257

B

🏨 **G. H. Monterrey,** carret. de Tossa de Mar 🖈 36 40 50, Telex 57374, Fax 36 35 12, 🏨 « Amplio jardín », 🏊, 🏊, 🏇 – 🛗 🗐 TV 🕿 🅿 – 🔏 25/425. AE ➀ E VISA. ⋘ rest ⬛
marzo-5 noviembre – Com 2700 – ⊆ 900 – **228 hab** 7000/12000 – PA 5000.

🏨 **Roger de Flor** 🌴, Turó de l'Estelat 🖈 36 48 00, Telex 57173, Fax 37 16 37, « Grandes ⬛ terrazas con ≤ mar », 🏊, 🏇, 🏇 – 🗐 rest TV ⟺ 🅿. AE ➀ E VISA. ⋘ ⬛
cerrado 7 enero-15 marzo – Com 4000 – ⊆ 1500 – **98 hab** 7500/13000 – PA 8075.

🏨 **Cluamarsol,** passeig Mossèn J. Verdaguer 7 🖈 36 57 50, Telex 57173, Fax 37 16 37 ⬛ 🏊 climatizada – 🛗 🗐 rest 🕾. AE ➀ E VISA. ⋘ h ⬛
marzo-octubre – Com 2600 – ⊆ 1000 – **87 hab** 5200/10800 – PA 5270.

🏨 **Augusta Club,** dels Mestres 6 🖈 36 31 57, Telex 56291, Fax 766 00 88, 🏊 – 🛗 🗐 rest ⬛ 🕾 ⟺. VISA. ⋘ b ⬛
Com 1000 – ⊆ 400 – **160 hab** 4400/5800 – PA 2000.

🏨 **Mundial Club,** Vicens Bou 15 🖈 36 43 50, Telex 56291, Fax 766 00 88, 🏊 – 🛗 🗐 rest ⬛ 🕾. VISA. ⋘ ⬛
23 marzo-31 octubre – Com 850 – ⊆ 400 – **100 hab** 3750/5500 – PA 1600.

🏨 **Mercedes,** av. F. Mistral 32 🖈 36 43 12, Telex 57045, Fax 36 49 53, 🏊 – 🛗 🕾. AE ➀ E ⬛ VISA. ⋘ k ⬛
abril-octubre – Com 1450 – ⊆ 600 – **88 hab** 3500/6000.

🏨 **Excelsior,** passeig Mossèn J. Verdaguer 16 🖈 36 41 37, Telex 97061, ≤ – 🛗 🕾. AE ➀ ⬛ E VISA. ⋘ rest y ⬛
28 marzo-octubre – Com 1600 – ⊆ 450 – **45 hab** 3950/7650.

🏠 **Acacias** sin rest, passeig de les Acácies 21 🖈 36 41 50, 🏊, 🏇 – 🛗 🅿 w ⬛
temp. – **43 hab**.

🏠 **Santa Ana** sin rest, Sénia del Rabic 26 🖈 36 53 39 – 🛗. ⋘ a ⬛
mayo-octubre – ⊆ 350 – **48 hab** 4000.

🍴 **Can Bolet,** Sant Mateu 12 🖈 37 12 37, Pescados y mariscos – 🗐. ➀ E VISA. ⋘ n ⬛
Com carta aprox. 1500.

🍴 Mas Vell, Sant Roc 3 🖈 36 82 20, 🏨, Decoración rústica z ⬛

🍴 **Taverna del Mar,** Pescadors 5 🖈 36 40 90, 🏨 – AE ➀ E VISA. ⋘ n ⬛
abril-5 noviembre – Com carta 1225 a 2900.

🍴 **Ca L'Avi,** av. de Vidreres 30 🖈 36 53 55 – AE ➀ E VISA. ⋘ e ⬛
cerrado 20 diciembre-20 enero – Com carta 2400 a 3000.

en la carretera de Blanes por ② : 1,5 km – ⊠ 17310 Lloret de Mar – ☎ 972 :

🏨 **Fanals,** 🖈 36 41 12, Telex 57362, Fax 37 03 29, 🏊, 🏊, 🏇, 🏇 – 🛗 🕿 🅿. ➀ E VISA ⋘ rest
abril-noviembre – Com 1800 – ⊆ 700 – **81 hab** 4000/6900.

en la playa de Fanals por ② : 2 km – ⊠ 17310 Lloret de Mar – ☎ 972 :

🏨 **Rigat Park** 🌴, 🖈 36 52 00, Telex 57015, Fax 37 04 11, ≤, 🏨, « Parque con arbolado », 🏊 climatizada, 🏇 – 🛗 🗐 rest 🕿 🅿 – 🔏 25/650. AE ➀ E VISA. ⋘ rest
cerrado diciembre y enero – Com 3600 – ⊆ 1500 – **100 hab** 13000/15000.

🏨 **Surf Mar** 🌴, 🖈 36 53 62, Fax 37 15 45, « 🏊 rodeada de un amplio césped », 🏇, 🏇 – ⬛ 🗐 rest 🅿. AE ➀ E VISA. ⋘
23 marzo-19 octubre – Com 1500 – ⊆ 600 – **216 hab** 3800/6200 – PA 2800.

en la playa de Santa Cristina por ② : 3 km – ⊠ 17310 Lloret de Mar – ☎ 972 :

🏨 **Santa Marta** 🌴, 🖈 36 49 04, Telex 57394, Fax 36 92 80, « Gran pinar », 🏊, 🏇, 🏇 – 🛗 🗐 rest 🕿 🅿 – 🔏 25/120. AE ➀ E VISA. ⋘ rest
cerrado 15 diciembre-14 febrero – Com carta 3500 a 5200 – ⊆ 1350 – **78 hab** 11000/ 20000.

en la urbanización Playa Canyelles por ① : 3 km – ⊠ 17310 Lloret de Mar – ☎ 972 :

🍴🍴 **El Trull,** ⊠ apartado 429, 🖈 36 49 28, Fax 37 13 08, ≤, 🏨, Decoración rústica, 🏊, 🏇 – 🗐 🅿. AE ➀ E VISA. ⋘
Com carta 3600 a 4800.

FORD carret. Blanes-Lloret km 10,4 🖈 36 44 94
GENERAL MOTORS carret. de Blanes 🖈 36 53 61
MERCEDES-BENZ av. Vidreres 3 🖈 36 58 26/36 57 62

RENAULT Joaquín Lluhi y Rissech 4 🖈 36 78 08
SEAT-AUDI-VOLKSWAGEN carret. de Blanes 100 🖈 36 54 70
TALBOT av. Vidreres 22-26 🖈 36 53 97

MACAEL 04867 Almería 🄸🄺🄻 U 23 – 5 018 h alt. 535 – ☎ 951.
♦Madrid 531 – Almería 113 – ♦Murcia 145.

🏠 **Villa de Macael** sin rest, av. de Andalucía 🖈 44 55 13 – 🗐 TV 🕿. VISA. ⋘
⊆ 375 – **12 hab** 3300/5000.

MACANET DE CABRENYS Gerona – ver Massanet de Cabrenys.

MADRID

MADRID P 444 K 19 — 3 188 297 h. alt. 646 — © 91 — Plaza de toros.

Ver : Museo del Prado★★★ (p. 9) NZ — Parque del Buen Retiro★★ (p. 7) HY — Paseo del Prado (Plaza de la Cibeles) p. 9 NXYZ — Paseo de Recoletos (p. 9) NVX — Paseo de la Castellana (p. 9) NV — Puerta del Sol (p. 8) y Calle de Alcalá (p. 9) LMNY — Plaza Mayor★ (p. 8) KYZ — Palacio Real★★ (p. 8) KY — Convento de las Descalzas Reales★★ (p. 8) KY **L** — San Antonio de la Florida (frescos de Goya★) p. 6 DX **R**.

Otros museos : Arqueológico Nacional★★ (p. 9) NV **M²²** — Lázaro Galdiano★★ (p. 7) HV **M⁷** — de América★ (p. 6) DV **M⁸** — Español de Arte Contemporáneo★ (p. 2) AL **M⁹** — del Ejército★ (p. 9) NY **M²**.

Alred. : El Pardo (Palacio★) NO : 13 km por C 601 AL

Hipódromo de la Zarzuela AL — 🛅, 🛅 Puerta de Hierro ℰ 216 17 45 AL — 🛅, 🛅 Club de Campo ℰ 357 21 32 AL — 🛅 La Moraleja por ① : 11 km ℰ 650 07 00 — 🛅 Club Barberán por ⑥ : 10 km ℰ 218 85 05 — 🛅 Las Lomas — El Bosque por ⑥ : 18 km ℰ 616 21 70 — 🛅 Real Automóvil Club de España por ① : 28 km ℰ 652 26 00 — 🛅 Nuevo Club de Madrid, Las Matas por ⑦ : 26 km ℰ 630 08 20 — 🛅 de Somosaguas O : 10 km por Casa de Campo ℰ 212 16 47.

✈ de Madrid-Barajas por ② : 13 km ℰ 205 40 90 — Iberia : pl. de Cánovas 5, ⊠ 28014, ℰ 585 85 85 NZ y Aviaco, Modesto Lafuente 76, ⊠ 28003, ℰ 234 46 00 FV — 🚂 Atocha ℰ 228 52 37 — Chamartín ℰ 733 11 22 — Príncipe Pío ℰ 248 87 16.

Compañías Marítimas : Cia. Trasmediterránea, Pedro Muñoz Seca 2 NX, ⊠ 1, ℰ 431 07 00, Télex 23189.

🛈 Princesa 1. ⊠ 28008. ℰ 541 23 25. Duque de Medinaceli 2. ⊠ 28014. ℰ 429 49 51, pl. Mayor 3. ⊠ 28012. ℰ 266 54 77, Caballero de Gracia 7. ⊠ 28013. ℰ 531 44 57 y aeropuerto de Barajas ℰ 205 86 56 — **R.A.C.E.** José Abascal 10. ⊠ 28003. ℰ 447 32 00. Télex 27341.

♦Barcelona 627 ② — ♦Bilbao 397 ① — ♦La Coruña 603 ⑦ — ♦Lisboa 653 ⑥ — ♦Málaga 548 ④ — Paris 1310 ① — ♦Porto 599 ⑦ — ♦Sevilla 550 ④ — ♦Valencia 351 ③ — ♦Zaragoza 322 ②.

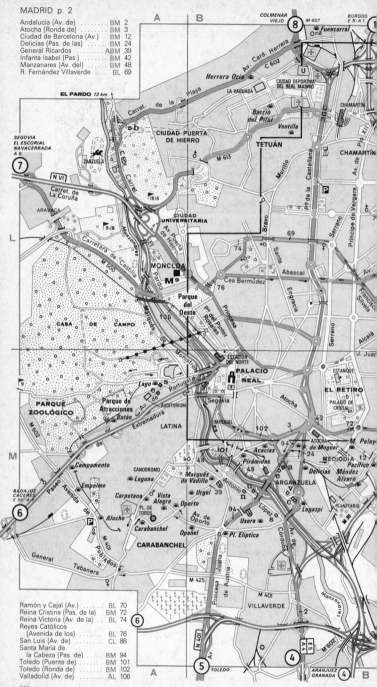

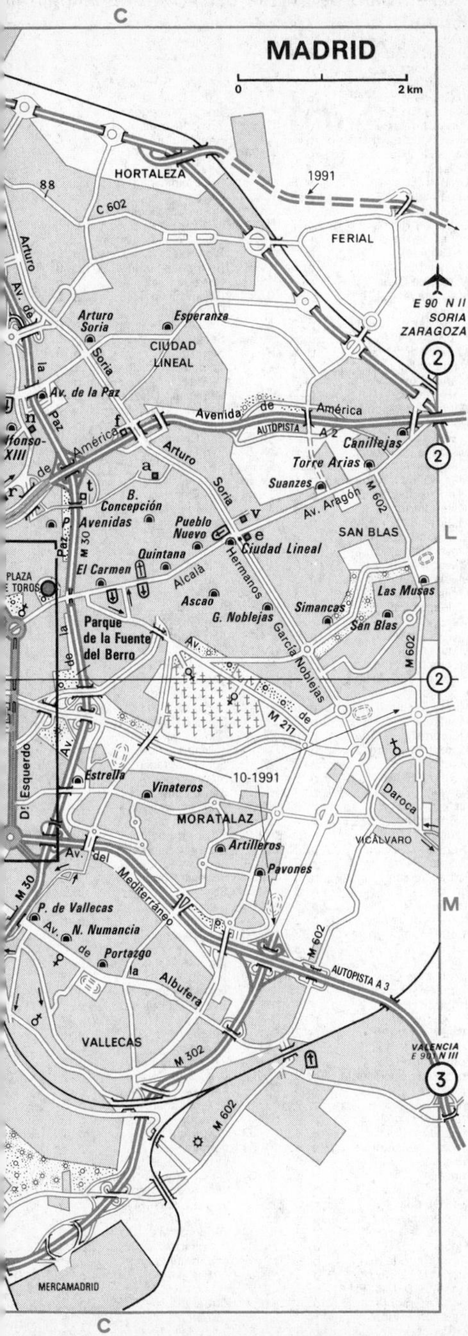

MADRID

0   2 km

HORTALEZA

1991

FERIAL

88

C 602

Arturo

Av. (a)

Arturo
Soria

Esperanza

SORIA
ZARAGOZA

E 90 N II

CIUDAD
LINEAL

Av. de la Paz

fonso-
XIII

Avenida de   América

AUTOPISTA A 2

Canillejas

Arturo

Torre Arias

Soria

Suanzes

Av. Aragón

SAN BLAS

PLAZA
TOROS

P.
Avenidas

B.
Concepción

Pueblo
Nuevo

Quintana

El Carmen

Ascao

Ciudad Lineal

Alcalá

Hermanos

García Noblejas

Las Musas

Simancas

San Blas

Parque
de la Fuente
del Berro

G. Noblejas

Av.

M 30

de

M 211

Dr Esquerdo

Estrella

Vinateros

10-1991

MORATALAZ

Artilleros

Pavones

Av. del

Mediterráneo

VICÁLVARO

Daroca

M 602

P. de Vallecas

Av.

N. Numancia

de

Portazgo

la

Albufera

AUTOPISTA A 3

VALENCIA
E 90 N III

VALLECAS

M 302

M 602

MERCAMADRID

C

Continuación Madrid p. 4

261

MADRID

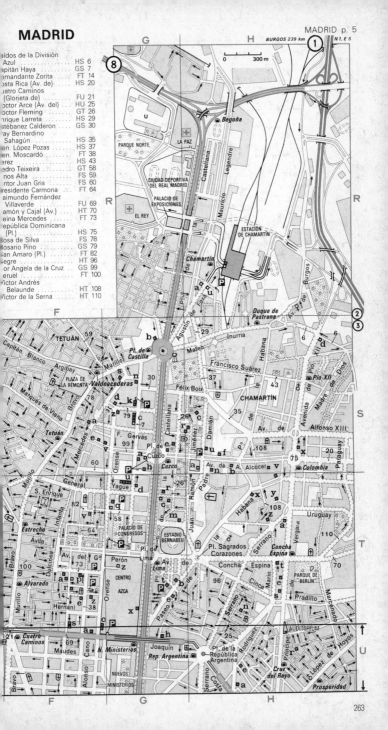

MADRID

MADRID

Repertorio de Calles
ver Madrid p. 3 y p. 4

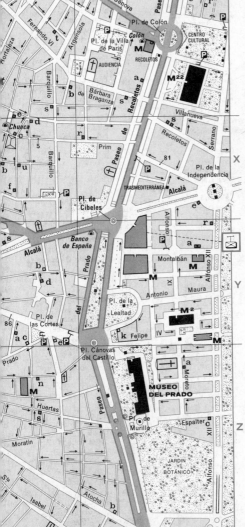

Para circular en ciudad,

utilice los planos

de la Guía Michelin :

vías de penetración

y circunvalación,

cruces y plazas

importantes,

nuevas calles,

aparcamientos,

calles peatonales...

un sinfín de

datos puestos

al día cada año.

LISTA ALFABÉTICA DE HOTELES Y RESTAURANTS

MAPAS Y GUÍAS MICHELIN

Oficina de información y venta

Doctor Esquerdo 157, 28007 Madrid - ℰ 409 09 40

Abierto de lunes a viernes de 8 h. a 16 h. 30

HOTELES

Y RESTAURANTES

Centro : Paseo del Prado, Puerta del Sol, Gran Vía, Alcalá, Paseo de Recoletos, Plaza Mayor (planos p. 8 a 9)

🏨🏨🏨 **Palace,** pl. de las Cortes 7, ✉ 28014, ℰ 429 75 51, Telex 23903, Fax 429 82 66 – 🛗 ☰
📺 ☎ 👤 ⟵ – 🔬 25/500. 🖭 ⓸ 🗲 𝑉𝐼𝑆𝐴. ⤜ rest   MY **e**
Com 5800 Grill Neptuno carta 4550 a 6000 – ⌸ 1950 – **500 hab** 32300/39800.

🏨🏨🏨 **Princesa Plaza,** Princesa 40, ✉ 28008, ℰ 542 21 00, Telex 44377, Fax 542 35 01 – 🛗 ☰
☎ ⟵ – 🔬 25/750. 🖭 ⓸ 🗲 𝑉𝐼𝑆𝐴. ⤜   KV **c**
Com 6000 – ⌸ 1500 – **406 hab** 21600/27000 – PA 10875.

🏨🏨🏨 **Villa Real** sin rest. con cafetería, pl. de las Cortes, 10, ✉ 28014, ℰ 420 37 67, Telex
44600, Fax 420 25 47, « Decoración elegante » – 🛗 ☰ 📺 ☎ ⟵ – 🔬 25/150. 🖭 ⓸ 🗲
𝑉𝐼𝑆𝐴. ⤜   MY **c**
Com 1600 – ⌸ 1600 – **115 hab** 22000/30000.

🏨🏨🏨 **Plaza,** pl. de España, ✉ 28013, ℰ 247 12 00, Telex 27383, Fax 248 23 89, ≤, 🛆 – 🛗 ☰
📺 ☎ – 🔬 25/300. 🖭 ⓸ 🗲 𝑉𝐼𝑆𝐴. ⤜   KV **s**
Com 3520 – ⌸ 1050 – **306 hab** 13860/17330 – PA 8090.

🏨🏨🏨 **Tryp Ambassador,** Cuesta de Santo Domingo 5, ✉ 28013, ℰ 541 67 00, Telex 49538,
Fax 559 10 40 – 🛗 ☰ 📺 ☎ – 🔬 25/280. 🖭 ⓸ 🗲 𝑉𝐼𝑆𝐴. ⤜   KX **k**
Com carta 3800 a 5350 – ⌸ 1100 – **181 hab** 15200/19000.

🏨🏨 **G.H. Reina Victoria,** pl. del Angel 7, ✉ 28012, ℰ 531 45 00, Telex 47547, Fax 522 03 07
– 🛗 ☰ ☎. 🖭 ⓸ 🗲 𝑉𝐼𝑆𝐴. ⤜   LZ **u**
Com 3000 – ⌸ 1100 – **201 hab** 15200/19000.

🏨🏨 **Liabeny,** Salud 3, ✉ 28013, ℰ 532 53 06, Telex 49024, Fax 532 74 21 – 🛗 ☰ 📺 ☎ ⟵.
🖭 🗲 𝑉𝐼𝑆𝐴. ⤜   LY **e**
Com 1950 – ⌸ 800 – **220 hab** 7500/11600.

🏨🏨 **Suecia y Rest. Bellman,** Marqués de Casa Riera 4, ✉ 28014, ℰ 531 69 00, Telex 22313,
Fax 521 71 41 – 🛗 ☰ 📺 ☎ – 🔬 25/150. 🖭 ⓸ 🗲 𝑉𝐼𝑆𝐴. ⤜   MY **b**
Com *(cerrado sábado, domingo y agosto)* carta aprox. 6500 – ⌸ 1250 – **128 hab**
16900/19800.

🏨🏨 **Emperador** sin rest, Gran Vía 53, ✉ 28013, ℰ 247 28 00, Telex 46261, Fax 247 28 17, 🛆
– 🛗 ☰ 📺 ☎ – 🔬 25/300. 🖭 ⓸ 🗲 𝑉𝐼𝑆𝐴. ⤜   KX **n**
⌸ 800 – **232 hab** 10950/13660.

🏨🏨 **Arosa** sin rest, con cafetería, Salud 21, ✉ 28013, ℰ 532 16 00, Telex 43618, Fax 531 31 27
– 🛗 ☰ 📺 ☎ ⟵. 🖭 ⓸ 🗲 𝑉𝐼𝑆𝐴   LX **q**
⌸ 870 – **139 hab** 8880/13140.

🏨🏨 **Mayorazgo,** Flor Baja 3, ✉ 28013, ℰ 247 26 00, Telex 45647, Fax 541 24 85 – 🛗 ☰ 📺
☎ ⟵ – 🔬 25/250. 🖭 ⓸ 🗲 𝑉𝐼𝑆𝐴. ⤜   KX **b**
Com 2950 – ⌸ 800 – **200 hab** 8200/11400.

🏨🏨 **Tryp Menfis,** Gran Vía 74, ✉ 28013, ℰ 247 09 00, Telex 48773, Fax 247 51 99 – 🛗 ☰
📺 🖭 ⓸ 🗲 𝑉𝐼𝑆𝐴. ⤜   KV **u**
Com 2300 – ⌸ 750 – **116 hab** 11200/14000.

🏨🏨 **Tryp Washington** sin rest, Gran Vía 72, ✉ 28013, ℰ 541 72 27, Telex 48773, Fax
247 51 99 – 🛗 ☰ 📺 ☎. 🖭 ⓸ 🗲 𝑉𝐼𝑆𝐴. ⤜   KV **u**
Com (en el hotel Tryp Menfis) – ⌸ 750 – **120 hab** 9600/12000.

🏨🏨 **El Coloso,** Leganitos 13, ✉ 28013, ℰ 248 76 00, Telex 47017, Fax 247 49 68 – 🛗 ☰ 📺
☎ – 🔬 25/175. 🖭 🗲 𝑉𝐼𝑆𝐴. ⤜   KX **y**
Com 2500 – ⌸ 1100 – **84 hab** 12800/16000 – PA 6100.

🏨🏨 **Regina** sin rest, Alcalá 19, ✉ 28014, ℰ 521 47 25, Telex 27500, Fax 521 47 25 – 🛗 ☰ 📺
☎. 🖭 ⓸ 𝑉𝐼𝑆𝐴. ⤜   LY **v**
⌸ 500 – **142 hab** 7600/9500.

🏨 **Casón del Tormes** sin rest, Río 7, ⌧ 28013, 𝒞 541 97 46, Fax 541 18 52 – 📶 ▤ 📺 ☎.
🄴 VISA. ⚒
KX **v**
⌗ 470 – **61 hab** 5775/8500.

🏨 **Mercator** sin rest, con cafetería, Atocha 123, ⌧ 28012, 𝒞 429 05 00, Telex 46129 – 📶 ☎
🄿. 🄰🄴 ① 🄴 VISA. ⚒ rest
NZ **b**
⌗ 600 – **89 hab** 6250/8500.

🏨 **Cortezo** sin rest, con cafetería, Dr Cortezo 3, ⌧ 28012, 𝒞 239 38 00, Telex 48704, Fax
239 69 22 – 📶 ▤ 📺 ☎ ⇔. 🄰🄴 🄴 VISA. ⚒
LZ **f**
⌗ 575 – **90 hab** 6800/8500.

🏨 **Los Condes** sin rest, Los Libreros 7, ⌧ 28004, 𝒞 521 54 55, Telex 42730 – 📶 ▤ 📺 ☎.
🄰🄴 🄴 VISA. ⚒
KX **g**
⌗ 540 – **68 hab** 5400/9150.

🏨 **Tryp Capitol** sin rest, Gran Vía 41, ⌧ 28013, 𝒞 521 83 91, Telex 41499 – 📶 ▤ 📺 📠. 🄰🄴
① 🄴 VISA. ⚒
KX **e**
⌗ 750 – **144 hab** 9600/12000.

🏨 **Carlos V** sin rest, Maestro Vitoria 5, ⌧ 28013, 𝒞 531 41 00, Telex 48547, Fax 531 37 61 –
📶 ▤ 📺 ☎ 🄰🄴 ① 🄴 VISA. ⚒
KY **f**
⌗ 600 – **67 hab** 9000/11250.

🏨 **Atlántico** sin rest, Gran Vía 38 - 3°, ⌧ 28013, 𝒞 522 64 80, Telex 43142, Fax 531 02 10 –
📶 ▤ ☎ 🄰🄴 ① 🄴 VISA. ⚒
LX **e**
⌗ 400 – **62 hab** 5750/7830.

🏨 **Moderno** sin rest, Arenal 2, ⌧ 28013, 𝒞 531 09 00, Fax 531 35 50 – 📶 ▤ 📠. 🄰🄴 ① 🄴
VISA. ⚒
LY **d**
⌗ 300 – **98 hab** 4750/7500.

🏨 **Reyes Católicos** sin rest, Angel 18, ⌧ 28005, 𝒞 265 86 00, Fax 265 98 67 – 📶 ▤ ☎. 🄰🄴
① 🄴 VISA. ⚒
KZ **w**
⌗ 600 – **38 hab** 5700/9000.

🏨 **Madrid** sin rest, Carretas 10, ⌧ 28012, 𝒞 521 65 20, Telex 43142, Fax 531 02 10 – 📶 📠.
🄰🄴 ① 🄴 VISA. ⚒
LY **r**
⌗ 400 – **72 hab** 5400/7400.

🏨 **París,** Alcalá 2, ⌧ 28014, 𝒞 521 64 96, Telex 43448, Fax 531 01 88 – 📶 ▤ hab ☎. VISA.
⚒
LY **x**
Com 2300 – ⌗ 350 – **114 hab** 5900/7650.

🏨 **Italia,** Gonzalo Jiménez de Quesada 2 - 2°, ⌧ 28004, 𝒞 522 47 90, Fax 521 28 91 – 📶
▤ rest ☎. 🄰🄴 ① 🄴 VISA. ⚒
LX **k**
Com 1800 – ⌗ 300 – **59 hab** 4400/5500 – PA 3300.

🏨 **Inglés** sin rest, Echegaray 8, ⌧ 28014, 𝒞 429 65 51, Fax 420 24 23 – 📶 📠 ⇔. 🄰🄴 ①
🄴 VISA. ⚒
LY **u**
⌗ 350 – **58 hab** 4500/6800.

🏩 **Anaco** sin rest, con cafetería, Tres Cruces 3, ⌧ 28013, 𝒞 522 46 04, Fax 531 64 84 – 📶
▤ 📺 ☎. 🄰🄴 ① 🄴 VISA. ⚒
LY **a**
⌗ 525 – **39 hab** 4950/7625.

🏩 **Mónaco** sin rest, Barbieri 5, ⌧ 28004, 𝒞 522 46 30, Fax 521 16 01 – 📶 ▤ 📠. 🄰🄴 🄴 VISA.
⚒
MX **b**
⌗ 300 – **32 hab** 4500/6500.

🏩 **California** sin rest, Gran Vía 38, ⌧ 28013, 𝒞 522 47 03 – 📶 ☎. 🄰🄴 ① 🄴 VISA
⚒
LX **e**
⌗ 300 – **26 hab** 4300/5950.

🏩 **Alexandra** sin rest, San Bernardo 29, ⌧ 28015, 𝒞 542 04 00, Fax 559 28 25 – 📶 ☎.
VISA
KV **z**
⌗ 370 – **69 hab** 4980/6680.

🏩 **Santander** sin rest, Echegaray 1, ⌧ 28014, 𝒞 429 95 51 – 📶 📠. ⚒
LY **z**
⌗ 350 – **38 hab** 5600/7000.

🏩 **Persal** sin rest, pl. del Angel 12, ⌧ 28012, 𝒞 230 31 08, Telex 23261 – 📶 ▤ ☎. 🄰🄴 🄴
VISA. ⚒
LZ **e**
⌗ 425 – **100 hab** 3850/5400.

XXXX ❀ **El Cenador del Prado,** Prado 4, ⌧ 28014, 𝒞 429 15 61 – ▤. 🄰🄴 ① 🄴 VISA.
⚒
LZ **n**
cerrado sábado mediodía, domingo y 15 días en agosto – Com carta 5850 a 6950
Espec. Patatas a la importancia con almejas, Solomillo sobre hojaldre a la pera, Tarta de chocolate.

XXX ❀ **Café de Oriente,** pl. de Oriente 2, ⌧ 28013, 𝒞 541 39 74, Cocina vasco-francesa,
Decoración elegante – ▤. 🄰🄴 ① 🄴 VISA. ⚒
KY **a**
cerrado sábado mediodía, domingo, Semana Santa y agosto – Com carta 4400
a 6050
Espec. Tarrina de poularda con foie-gras, Kokotxas de merluza al pil-pil, Paloma asada con ciruelas al
Armagnac.

XXX **Jaun de Alzate,** Princesa 18, ⌧ 28008, 𝒞 247 00 10, Fax 541 82 80 – ▤. 🄰🄴 ① 🄴
VISA
KV **a**
cerrado sábado mediodía y del 1 al 15 agosto – Com carta 4300 a 5750.

271

XXX **Korynto,** Preciados 36, ⊠ 28013, 𝒫 521 59 65, Pescados y mariscos – 🍽. 🖭 ⓪ 🗲 🎫
📶
KX
Com carta 4200/5700.

XXX **Bajamar,** Gran Vía 78, ⊠ 28013, 𝒫 248 48 18, Telex 22818, Fax 248 90 90, Pescados
mariscos – 🍽. 🖭 ⓪ 🗲 ᴠɪꜱᴀ. 📶
KV
Com carta 3260 a 5600.

XXX **Irizar,** Jovellanos 3, ⊠ 28014, 𝒫 531 45 69, Cocina vasco - francesa – 🍽. 🖭 ⓪ ᴠ
📶
MY
cerrado sábado mediodía, domingo, festivos noche, Semana Santa y del 22 al 26 diciemb
– Com carta 3250 a 5150.

XXX **El Landó,** pl. Gabriel Miró 8, ⊠ 28005, 𝒫 266 76 81, Decoración elegante – 🍽. 🖭 ⓪
ᴠɪꜱᴀ. 📶
KZ
cerrado domingo, festivos y agosto – Com carta 3800 a 5000.

XXX **El Espejo,** paseo de Recoletos 31, ⊠ 28004, 𝒫 308 23 47, Fax 593 22 23, « Evocación
un antiguo café parisino » – 🍽. 🖭 ⓪ 🗲 ᴠɪꜱᴀ. 📶
NV
Com carta 3550 a 4800.

XX **El Descubrimiento,** pl. Colón 1, ⊠ 28004, 𝒫 308 05 00, 🍴 – 🍽. 🖭 ⓪ 🗲 🎫
📶
NV
Com carta 3205 a 4230.

XX **Moaña,** Hileras 4, ⊠ 28013, 𝒫 248 29 14, Fax 511 65 98, Cocina gallega – 🍽 🅿. 🖭 ⓪
🗲 ᴠɪꜱᴀ. 📶
KY
cerrado domingo, festivos y agosto – Com carta 4380 a 5375.

XX **Ainhoa,** Bárbara de Braganza 12, ⊠ 28004, 𝒫 308 27 26, Cocina vasca – 🍽. 📶 NV
cerrado domingo y agosto – Com carta 3900 a 4600.

XX **Horno de Santa Teresa,** Santa Teresa 12, ⊠ 28004, 𝒫 319 10 61 – 🍽. 🖭 ⓪ 🗲 ᴠɪꜱ
MV
cerrado sábado, domingo y agosto – Com carta 3650 a 5350.

XX **Posada de la Villa,** Cava Baja 9, ⊠ 28005, 𝒫 266 18 80, Fax 266 18 80, « Antigua posad
de estilo castellano » – 🍽. 🖭 ⓪ 🗲 ᴠɪꜱᴀ. 📶
KZ
cerrado domingo noche y 28 julio-27 agosto – Com carta 2775 a 4625.

XX **Don Pelayo,** Alcalá 33, ⊠ 28014, 𝒫 531 00 31 – 🍽. 🖭 ⓪ 🗲 ᴠɪꜱᴀ. 📶 MY
cerrado domingo – Com carta 3500 a 4850.

XX **Café de Oriente (Horno de Leña),** pl. de Oriente 2, ⊠ 28013, 𝒫 247 15 64, Fa
247 77 07, En una bodega – 🍽. 🖭 ⓪ 🗲 ᴠɪꜱᴀ. 📶
KY
Com carta 2400 a 3750.

XX **Platerías,** pl. de Santa Ana 11, ⊠ 28012, 𝒫 429 70 48, Evocación de un café de principi
de siglo – 🍽. 🖭 ⓪ 🗲 ᴠɪꜱᴀ. 📶
LZ
cerrado domingo – Com carta 3725 a 4975.

XX Da Nicola, pl. de los Mostenses 11, ⊠ 28015, 𝒫 542 25 74, Fax 247 89 82, Cocina italian
– 🍽
KV
XX **El Asador de Aranda,** Preciados 44, ⊠ 28013, 𝒫 247 21 56, Cordero asado, « Decoració
castellana » – 🍽. 🗲 ᴠɪꜱᴀ. 📶
KX
cerrado lunes noche y 20 julio- 10 agosto – Com carta 2950 a 3700.

XX **Botín,** Cuchilleros 17, ⊠ 28005, 𝒫 266 42 17, Decoración viejo Madrid, bodega típica
– 🖭 ⓪ 🗲 ᴠɪꜱᴀ
KZ
Com carta 3400 a 4400.

XX **La Rioja,** Las Negras 8, ⊠ 28015, 𝒫 248 04 97, Telex 542 26 37, Fax 542 56 37, Decoració
rústica medieval – 🍽 🅿. 🖭 ⓪ 🗲 ᴠɪꜱᴀ. 📶
KV
cerrado domingo noche – Com carta 3100 a 3775.

XX **La Fonte del Cai,** Farmacia 2 - 2° - Edificio Asturias, ⊠ 28004, 𝒫 522 42 18, Cocin
asturiana – 🍽. 🖭 ⓪ 🗲 ᴠɪꜱᴀ. 📶
LV
cerrado domingo y agosto – Com carta 2690 a 3750.

XX **Valentín,** San Alberto 3, ⊠ 28013, 𝒫 521 16 38 – 🍽. 🖭 ⓪ 🗲 ᴠɪꜱᴀ. 📶 LY
Com carta 3300 a 5250.

XX **La Taberna de Liria,** Duque de Liria 9, ⊠ 28015, 𝒫 541 45 19 – 🍽. 🖭 ⓪ 🗲 ᴠɪꜱᴀ
📶
KV
cerrado sábado mediodía, domingo, festivos y 10 agosto-2 septiembre – Com carta
3600 a 4300.

XX **Sixto Gran Mesón,** Cervantes 28, ⊠ 28014, 𝒫 429 22 55, Decoración castellana – 🍽. 🖭
⓪ 🗲 ᴠɪꜱᴀ. 📶
MZ
cerrado domingo noche – Com carta 2350/3000.

XX **Casa Gallega,** pl. de San Miguel 8, ⊠ 28005, 𝒫 247 30 55, Cocina gallega – 🍽. 🖭 ⓪
🗲 ᴠɪꜱᴀ
KYZ
Com carta 3300 a 5000.

XX **La Toja,** Siete de Julio 3, ⊠ 28012, 𝒫 266 30 34, Cocina gallega – 🍽. 🖭 ⓪ 🗲 ᴠɪꜱᴀ
📶
KY
cerrado julio – Com carta 3150 a 4075.

XX **Casa Gallega,** Bordadores 11, ⊠ 28013, 𝒫 551 90 55, Cocina gallega – 🍽. 🖭 ⓪ 🗲 ᴠɪꜱᴀ
KY
Com carta 3300 a 5000.

XX **Zarauz,** Fuentes 13, ⊠ 28013, ℰ 247 72 70, Cocina vasca – ▤. 🖭 ⑩ ⅇ 𝘝𝘐𝘚𝘈. ⫞   KY **b**
cerrado domingo noche, lunes y 15 julio-5 septiembre – Com carta 2550 a 3650.

XX Pazo de Monterrey, Alcalá 4, ⊠ 28014, ℰ 522 30 10, Cocina gallega – ▤   LY **c**

XX **Vegamar,** Serrano Jover, 6, ⊠ 28015, ℰ 542 73 32, Pescados y mariscos – ▤. 🖭 ⑩ 𝘝𝘐𝘚𝘈. ⫞   KV **h**
cerrado domingo y agosto – Com carta 3500 a 4500.

XX **Café de Chinitas,** Torija 7, ⊠ 28013, ℰ 248 51 35, Tablao flamenco – ▤. 🖭 ⅇ ⫞   KX **p**
cerrado domingo – Com *(sólo cena)* carta 5950 a 7000.

XX **La Grillade,** Jardines 3, ⊠ 28013, ℰ 521 22 17, Telex 43618, Fax 531 31 27 – ▤. 🖭 ⑩ ⅇ 𝘝𝘐𝘚𝘈. ⫞   LY **p**
Com carta 2945 a 3750.

XX Il Boccalino, Gran Via 86, ⊠ 28013, ℰ 541 22 66, Cocina italiana – ▤   KV **s**

XX ❀ **Gure-Etxea,** pl. de la Paja 12, ⊠ 28005, ℰ 265 61 49, Cocina vasca – ▤. 🖭 ⑩ ⅇ 𝘝𝘐𝘚𝘈. ⫞   KZ **x**
cerrado domingo y agosto – Com carta 3675 a 4725
Espec. Bacalao al pil-pil. Kokotxas a la guetariana. Lomo de merluza especial..

XX **Le Chateaubriand,** Virgen de los Peligros 1, ⊠ 28014, ℰ 532 33 41, Decoración inspirada en los clásicos bistros franceses, Carnes – ▤. 𝘝𝘐𝘚𝘈. ⫞   LY **s**
cerrado domingo y festivos – Com carta 2575 a 3075.

XX **El Mentidero de la Villa,** Santo Tomé 6, ⊠ 28004, ℰ 308 12 85 – ▤. 🖭 ⑩ ⅇ 𝘝𝘐𝘚𝘈. ⫞   MV **b**
cerrado sábado mediodía, domingo y del 15 al 31 agosto – Com carta 3490 a 4200.

XX **La Gastroteca,** pl. de Chueca 8, ⊠ 28004, ℰ 532 25 64, Cocina francesa – ▤. 🖭 ⑩ ⅇ 𝘝𝘐𝘚𝘈   MVX **e**
cerrado sábado mediodía, domingo, festivos y agosto – Com carta 3100 a 4280.

XX **La Opera de Madrid,** Amnistía 5, ⊠ 28013, ℰ 248 50 92 – ▤. 🖭 ⑩ ⅇ 𝘝𝘐𝘚𝘈. ⫞   KY **g**
Com carta 2800 a 3900.

X **Sukalde,** Santa Catalina 3, ⊠ 28014, ℰ 429 92 89, cocina vasca – ▤. 🖭 ⑩ ⅇ 𝘝𝘐𝘚𝘈   MY **a**
cerrado domingo y agosto – Com (sólo almuerzo de lunes a jueves) carta 3000 a 3850.

X **Carpanta,** Bailén 20, ⊠ 28005, ℰ 265 82 37 – ▤. 🖭 ⑩ ⅇ 𝘝𝘐𝘚𝘈   KZ **b**
Com carta 2900 a 3300.

X Casa Lucio, Cava Baja 35, ⊠ 28005, ℰ 265 32 52, Decoración castellana – ▤   KZ **y**

X **Esteban,** Cava Baja 36, ⊠ 28005, ℰ 265 90 91 – ▤. 🖭 ⑩ 𝘝𝘐𝘚𝘈. ⫞   KZ **y**
cerrado domingo y 30 junio-1 agosto – Com carta 4050 a 4800.

X El Caldero, Huertas 15, ⊠ 28012, ℰ 429 50 44 – ▤   LZ **a**

X Juan Agustín, San Leonardo 12, ⊠ 28015, ℰ 248 49 49 – ▤   KV **n**

X **Mesón Gregorio III,** Bordadores 5, ⊠ 28013, ℰ 542 59 56 – ▤. ⅇ 𝘝𝘐𝘚𝘈. ⫞   KY **v**
cerrado miércoles – Com carta 2600 a 3400.

X **Las Cuevas de Luis Candelas,** Cuchilleros 1, ⊠ 28012, ℰ 266 54 28, Decoración viejo Madrid - Camareros vestidos como los antiguos bandoleros – ▤. 🖭 ⑩ ⅇ 𝘝𝘐𝘚𝘈. ⫞   KZ **m**
Com carta 2775 a 4625.

X **Pazo de Gondomar,** San Martín 2, ⊠ 28013, ℰ 532 31 63, Cocina gallega – ▤. 🖭 ⑩ ⅇ 𝘝𝘐𝘚𝘈. ⫞   KY **n**
Com carta 2520 a 3050.

X **Casablanca,** Barquillo 29, ⊠ 28004, ℰ 521 15 68 – ▤. 🖭 ⑩ ⅇ 𝘝𝘐𝘚𝘈   MV **s**
Com carta 2400 a 3500.

X Del Valle, Humilladero 4, ⊠ 28005, ℰ 266 90 25 – ▤   KZ **t**

X **Corral de la Morería,** Morería 17, ⊠ 28005, ℰ 265 11 37, Tablao flamenco – ▤. 🖭 ⑩ ⅇ 𝘝𝘐𝘚𝘈   KZ **u**
Com (solo cena-suplemento espectáculo) carta 4300 a 5700.

X **El Arcón,** Silva 25, ⊠ 28004, ℰ 522 60 05 – ▤. 🖭 ⑩ ⅇ 𝘝𝘐𝘚𝘈. ⫞   KX **u**
cerrado domingo y agosto-2 septiembre – Com carta aprox. 4000.

X Viejo Madrid, Cava Baja 32, ⊠ 28005, ℰ 266 38 38 – ▤   KZ **y**

X **Bar del Teatro,** Prim 5, ⊠ 28004, ℰ 531 17 97, En una bodega – ▤. 🖭 ⑩ ⅇ 𝘝𝘐𝘚𝘈. ⫞   NX **r**
cerrado sábado mediodía y domingo – Com carta 3500 a 5700.

X **El Schotis,** Cava Baja 11, ⊠ 28005, ℰ 265 32 30 – ▤. 🖭 ⑩ ⅇ 𝘝𝘐𝘚𝘈. ⫞   KZ **v**
cerrado lunes y agosto – Com carta 2700 a 3950.

X **Taberna del Alabardero,** Felipe V - 6, ⊠ 28013, ℰ 247 25 77, Fax 247 77 07, Taberna típica – ▤. 🖭 ⑩ ⅇ 𝘝𝘐𝘚𝘈. ⫞   KY **h**
Com carta 2860 a 3900.

X **Guría,** Huertas 12, ⊠ 28012, ℰ 429 09 85, Cocina vasca – ▤. 𝘝𝘐𝘚𝘈. ⫞   LZ **x**
cerrado domingo y julio- 10 septiembre – Com carta 3000 a 3700.

X **Pipo,** Augusto Figueroa 37, ⌧ 28004, ℰ 521 71 18 – ▤. 🖭 ⓞ ⴹ 𝘝𝘐𝘚𝘈. MX
cerrado domingo y agosto – Com carta 1850 a 2650.

X **Berrio,** Costanilla de Capuchinos 4, ⌧ 28004, ℰ 521 20 35, Rest. andaluz – ▤. 🖭 ⓞ
𝘝𝘐𝘚𝘈. 🛇 LX
cerrado domingo y 10 agosto-10 septiembre – Com carta 2800 a 3600.

X **La Quintana,** Bordadores 7, ⌧ 28013, ℰ 542 04 88 – ▤. 🖭 ⓞ ⴹ 𝘝𝘐𝘚𝘈. 🛇 KY
cerrado lunes – Com carta 3100 a 4050.

X **Dómine Cabra,** Huertas 54, ⌧ 28014, ℰ 429 43 65 – ▤. 🖭 ⓞ ⴹ 𝘝𝘐𝘚𝘈. 🛇 MZ
cerrado domingo noche – Com carta 2750 a 3550.

X **Los Galayos,** Botoneras 5 (Plaza Mayor), ⌧ 28012, ℰ 266 30 28, 🏠 – ▤. 🖭 ⓞ ⴹ 𝘝𝘚
🛇 KZ
Com carta 2700 a 4000.

X **La Argentina,** Valgame Dios 8, ⌧ 28004, ℰ 521 37 63 – ▤. 🛇 MX
cerrado lunes y 25 julio-agosto – Com carta 1975 a 2825.

X **Aroca,** pl. de los Carros 3, ⌧ 28005, ℰ 265 26 26 – 𝘝𝘐𝘚𝘈. 🛇 KZ
cerrado domingo y 25 julio-5 septiembre – Com carta 2580 a 3675.

X **Casa Paco,** Puerta Cerrada 11, ⌧ 28005, ℰ 266 31 66 – ▤. 🛇 KZ
cerrado domingo y agosto – Com carta 3450 a 4650.

X **El Buey II,** pl. de la Marina Española 1, ⌧ 28013, ℰ 541 30 41 – ▤. 𝘝𝘐𝘚𝘈. 🛇 KX
Com carta aprox 3000.

X **Salvador,** Barbieri 12, ⌧ 28004, ℰ 521 45 24 – ▤. 🖭 ⴹ 𝘝𝘐𝘚𝘈. 🛇 MX
cerrado domingo y 31 julio-3 septiembre – Com carta 2950 a 3650.

X Valdés, Libertad 3, ⌧ 28004, ℰ 532 20 52 – ▤ MX

X **Taberna Carmencita,** Libertad 16, ⌧ 28004, ℰ 531 66 12, Taberna típica – ▤
🛇 MX
cerrado domingo y festivos – Com carta 2000 a 2550.

X **Plaza Mayor,** Gerona 4, ⌧ 28012, ℰ 265 21 58, 🏠 – ▤. 🖭 ⓞ ⴹ 𝘝𝘐𝘚𝘈. 🛇 KZY
Com carta 2400 a 3100.

X Plaza Mayor, plza. de la Provincia, 3, ⌧ 28005, ℰ 364 01 49 – KZ

X **La Quinta del Sordo,** Sacramento 10, ⌧ 28005, ℰ 248 18 52 – ▤. 🖭 ⴹ KZ 𝘝𝘐𝘚.
🛇
cerrado domingo en verano y domingo noche resto del año – Com carta 2100/2675.

X **Ciao Madrid,** Apodaca, 20, ⌧ 28004, ℰ 447 00 36, Cocina italiana – ▤. 🖭 ⓞ ⴹ 𝘝𝘐𝘚𝘈.
🛇 LV
cerrado sábado mediodía, domingo y agosto – Com carta 2050 a 3250.

X **Mi Pueblo,** Costanilla de Santiago 2, ⌧ 28013, ℰ 248 20 73 – ▤. 𝘝𝘐𝘚𝘈. 🛇 KY
cerrado domingo noche, lunes y del 15 al 31 agosto – Com carta 1500 a 2950.

X **El Ingenio,** Leganitos 10, ⌧ 28013, ℰ 541 91 33 – ▤. 🖭 ⓞ ⴹ 𝘝𝘐𝘚𝘈. 🛇 KX
cerrado domingo, festivos y agosto – Com carta 1950 a 2550.

Retiro-Salamanca-Ciudad Lineal : Castellana, Velázquez, Serrano, Goya, Príncipe de
Vergara, Narváez, Don Ramón de la Cruz (plano p.7 salvo mención especial)

🏨🏨🏨 **Ritz,** pl. de la Lealtad 5, ⌧ 28014, ℰ 521 28 57, Telex 43986, Fax 532 87 76, 🏠 – 🛗 ▤
📺 ☎ – ⚑ 25/280. 🖭 ⓞ ⴹ 𝘝𝘐𝘚𝘈. 🛇 rest plano p. 9 NY
Com 8500 – ⊏⊐ 2300 – **158 hab** 55000/65000.

🏨🏨🏨 **Villa Magna,** paseo de la Castellana 22, ⌧ 28046, ℰ 578 20 00, Telex 27738, Fax 575 95 04
– 🛗 ▤ 📺 ☎ 🔥 ⟵ – ⚑ 25/250. 🖭 ⓞ ⴹ 𝘝𝘐𝘚𝘈. 🛇 plano p. 9 NV
Com carta 6300 a 9000 – ⊏⊐ 2750 – **182 hab** 52000/64000.

🏨🏨🏨 **Wellington,** Velázquez 8, ⌧ 28001, ℰ 575 44 00, Telex 22700, Fax 276 41 64, 🏊 – 🛗 ▤
📺 ☎ ⟵ – ⚑ 25/300. 🖭 ⓞ ⴹ 𝘝𝘐𝘚𝘈. HX
Com 5700 (ver rest. **El Fogón**) – ⊏⊐ 1750 – **258 hab** 16600/26000.

🏨🏨 **Tryp Fénix,** Hermosilla 2, ⌧ 28001, ℰ 431 67 00, Telex 45639, Fax 576 06 61 – 🛗 ▤ 📺
☎ – ⚑ 25/100. 🖭 ⓞ ⴹ 𝘝𝘐𝘚𝘈. 🛇 NV
Com 5000 – ⊏⊐ 1250 – **226 hab** 18300/22900 – PA 8900.

🏨🏨 **Sol Los Galgos y Rest. Diábolo,** Claudio Coello 139, ⌧ 28006, ℰ 562 66 00, Telex
43957, Fax 561 76 62 – 🛗 ▤ 📺 ☎ ⟵ – ⚑ 25/300. 🖭 ⓞ ⴹ 𝘝𝘐𝘚𝘈. 🛇 HV
Com carta 2750 a 4900 – ⊏⊐ 1500 – **358 hab** 14600/18300.

🏨🏨 **Príncipe de Vergara,** Príncipe de Vergara 92, ⌧ 28001, ℰ 563 26 95, Telex 27064, Fax
563 72 53 – 🛗 ▤ 📺 ☎ ⟵ – ⚑ 25/300. 🖭 ⓞ ⴹ 𝘝𝘐𝘚𝘈. 🛇 HV
Com 3600 – ⊏⊐ 1500 – **173 hab** 13800/19800.

🏨🏨 **Sanvy,** Goya 3, ⌧ 28001, ℰ 576 08 00, Telex 44994, Fax 575 24 43, 🏊 – 🛗 ▤ 📺 ☎
⟵ – ⚑ 25/120. 🖭 ⓞ ⴹ 𝘝𝘐𝘚𝘈. 🛇 plano p. 9 NV
Com carta 3550 a 4500 – ⊏⊐ 1500 – **141 hab** 15800/19800.

🏨🏨 **Tryp G.H. Velázquez,** Velázquez 62, ⌧ 28001, ℰ 575 28 00, Telex 22779, Fax 575 28 09
– 🛗 ▤ 📺 ☎ ⟵ – ⚑ 25/280. 🖭 ⓞ ⴹ 𝘝𝘐𝘚𝘈. 🛇 HX
Com 3000 – ⊏⊐ 900 – **144 hab** 12000/15000 – PA 5520.

🏨🏨 **Agumar** sin rest, con cafetería, paseo Reina Cristina 7, ⊠ 28014, ℰ 552 69 00, Telex 22814, Fax 433 60 95 – 🛗 🗏 🔟 🕿 ⇔. 🝙 ⓞ 🝙 𝐕𝐈𝐒𝐀. 🛠 HZ **a**
⌹ 850 – **252 hab** 10400/13000.

🏨🏨 **Novotel Madrid,** Albacete 1, ⊠ 28027, ℰ 405 46 00, Telex 41862, Fax 404 11 05, 🚗, 🔼 – 🛗 🗏 🔟 🕿 ᵭ ⇔ 🄿 – 🔬 25/250. 🝙 ⓞ 🝙 𝐕𝐈𝐒𝐀 plano p. 3 CL **t**
Com 3275 – ⌹ 950 – **236 hab** 11500/14500 – PA·6375.

🏨🏨 **Convención** sin rest, con cafetería, O'Donnell 53, ⊠ 28009, ℰ 574 84 00, Telex 23944, Fax 574 56 01 – 🛗 🗏 🔟 🕿 ⇔ – 🔬 25/1000. 🝙 ⓞ 🝙 𝐕𝐈𝐒𝐀. 🛠 JX **a**
⌹ 890 – **790 hab** 10450/13250.

🏨🏨 **Alcalá y Rest. Basque,** Alcalá 66, ⊠ 28009, ℰ 435 10 60, Telex 48094, Fax 435 11 05 – 🛗 🗏 🔟 🕿 ⇔ – 🔬 25/60. 🝙 ⓞ 🝙 𝐕𝐈𝐒𝐀. 🛠 HX **w**
Com *(cerrado domingo)* carta 2475 a 3750 – ⌹ 800 – **153 hab** 10200/14900.

🏨🏨 **Pintor,** Goya 79, ⊠ 28001, ℰ 435 75 45, Telex 23281, Fax 576 81 57 – 🛗 🗏 🔟 🕿 ⇔ – 🔬 25/350. 🝙 🝙 𝐕𝐈𝐒𝐀. 🛠 HX **c**
Com 1900 – ⌹ 975 – **176 hab** 9800/14200.

🏨🏨 **G. H. Colón,** Dez Volador 11, ⊠ 28007, ℰ 573 86 00, Telex 22984, Fax 573 08 89, 🔼, 🚗 – 🛗 🗏 🔟 🕿 ⇔ – 🔬 25/130. 🝙 ⓞ 🝙 𝐕𝐈𝐒𝐀. 🛠 JY **x**
Com 2700 – ⌹ 600 – **390 hab** 7600/11200 – PA 5100.

🏨🏨 **Emperatriz,** López de Hoyos 4, ⊠ 28006, ℰ 563 80 88, Telex 43640, Fax 563 98 04 – 🛗 🗏 🔟 🕿 ᵭ – 🔬 25/150. 🝙 ⓞ 🝙 𝐕𝐈𝐒𝐀. 🛠 GV **z**
Com 2750 – ⌹ 950 – **170 hab** 9150/14550.

🏨 **Serrano** sin rest, Marqués de Villamejor 8, ⊠ 28006, ℰ 435 52 00, Fax 435 48 49 – 🛗 🗏 🔟 🕿. 🝙 ⓞ 🝙 𝐕𝐈𝐒𝐀. 🛠 HV **b**
⌹ 750 – **34 hab** 10000/12600.

🏨 **Balboa,** Nuñez de Balboa 112, ⊠ 28006, ℰ 563 03 24, Telex 27063, Fax 262 69 80 – 🛗 🗏 🔟 🕿 ⇔ – 🔬 25/30. 🝙 ⓞ 🝙 𝐕𝐈𝐒𝐀. 🛠 HV **n**
Com 3500 – ⌹ 1000 – **122 hab** 12400/17400 – PA 8000.

🏨 **Claridge** sin rest, con cafetería, pl. del Conde de Casal 6, ⊠ 28007, ℰ 551 94 00, Telex 44970, Fax 501 03 85 – 🛗 🗏 🔟 🕿 ⇔ JZ **a**
150 hab.

🏨 **Sur** sin rest, con cafetería, paseo Infante Isabel 9, ⊠ 28014, ℰ 239 94 00, Telex 47494, Fax 467 09 96 – 🗏 – 🔬 25/45. 🝙 ⓞ 🝙 𝐕𝐈𝐒𝐀. 🛠 GZ **a**
⌹ 900 – **67 hab** 10200/14000.

🏨 **Abeba** sin rest, Alcántara 63, ⊠ 28006, ℰ 401 16 50, Fax 402 75 91 – 🛗 🗏 🔟 🚗 ⇔. 🝙 ⓞ 🝙 𝐕𝐈𝐒𝐀. 🛠 HV **r**
⌹ 550 – **90 hab** 7200/9350.

🏨 **Don Diego** sin rest, Velázquez 45 - 5°, ⊠ 28001, ℰ 435 07 60 – 🛗 🕿. 🝙 𝐕𝐈𝐒𝐀. 🛠 HX **k**
⌹ 450 – **58 hab** 5500/7900. HX **h**

🍴🍴🍴 Bidasoa, Claudio Coello 24, ⊠ 28001, ℰ 🗏

🍴🍴🍴 **Club 31,** Alcalá 58, ⊠ 28014, ℰ 531 00 92 – 🗏. 🝙 ⓞ 🝙 𝐕𝐈𝐒𝐀. 🛠 plano p. 9 NX **e**
cerrado agosto – Com carta 5500 a 7800.

🍴🍴🍴 ❀ **El Amparo,** Callejón de Puigcerdá 8, ⊠ 28001, ℰ 431 64 56, «Decoración original» – 🗏. 🝙 𝐕𝐈𝐒𝐀. 🛠 HX **h**
cerrado sábado mediodía, domingo, Semana Santa y agosto – Com carta 5950 a 7425
Espec. Terrina de hígado fresco de pato. Kokotxas de merluza con huevas. Hojaldre de pera Williams caramelizada..

🍴🍴🍴 **Suntory,** Castellana 36, ⊠ 28046, ℰ 577 37 33, Fax 577 75 05, Rest. japonés – 🗏 ⇔. 🝙 ⓞ 𝐕𝐈𝐒𝐀. 🛠 GHV **d**
cerrado domingo y festivos – Com carta 5000 a 7000.

🍴🍴🍴 **Villa y Corte de Madrid,** Serrano 110, ⊠ 28006, ℰ 564 50 19, Fax 564 50 91, Decoración elegante – 🗏. 🝙 ⓞ 🝙 𝐕𝐈𝐒𝐀. 🛠 HV **a**
cerrado domingo y agosto – Com carta 3425 a 4450.

🍴🍴🍴 **El Gran Chambelán,** Ayala 46, ⊠ 28001, ℰ 576 40 51 – 🗏. 🝙 ⓞ 𝐕𝐈𝐒𝐀. 🛠 HX **r**
cerrado domingo y festivos noche – Com carta 3100 a 3350.

🍴🍴🍴 Belagua, Hermosilla 4, ⊠ 28001, ℰ 576 08 00, Telex 44994, Fax 275 24 43 – 🗏 ⇔ NV **r**

🍴🍴🍴 **Balzac,** Moreto 7, ⊠ 28014, ℰ 420 01 77, 🚗 – 🗏. 🝙 ⓞ 🝙 𝐕𝐈𝐒𝐀. 🛠 plano p. 9 NZ **a**
cerrado sábado mediodía y domingo – Com carta aprox. 5500.

🍴🍴🍴 **El Comedor,** Montalbán 9, ⊠ 28014, ℰ 531 69 68, 🚗 – 🗏. 🝙 ⓞ 🝙 𝐕𝐈𝐒𝐀. 🛠 NY **a**
cerrado sábado mediodía y domingo – Com carta 3350 a 4950.

🍴🍴 **El Fogón,** Villanueva 34, ⊠ 28001, ℰ 575 44 00, Telex 22700, Fax 276 41 64 – 🗏. 🝙 ⓞ 🝙 𝐕𝐈𝐒𝐀. 🛠 HX **t**
Com carta 3850 a 4500.

🍴🍴 **Ponteareas,** Claudio Coello 96, ⊠ 28006, ℰ 575 58 73, Cocina Gallega – 🗏 ⇔. 🝙 ⓞ 🝙 𝐕𝐈𝐒𝐀. 🛠 HV **w**
cerrado domingo, festivos y agosto – Com carta 4495 a 5545.

🍴🍴 **Lucca,** José Ortega y Gasset 29, ⊠ 28006, ℰ 276 01 44 – 🗏. 🝙 ⓞ 🝙 𝐕𝐈𝐒𝐀. 🛠 HV **f**
Com carta 3300 a 3900.

sigue →

XX **A Roda de Xan,** Dr. Esquerdo 70, ⊠ 28007, ℰ 574 18 22, Cocina gallega – 🗐 ⅋ ◑ 𝖵𝖨𝖲𝖠 . ⅋
JY
cerrado lunes – Com carta aprox. 4000.

XX **Caruso,** Serrano 70, ⊠ 28001, ℰ 435 52 62 – 🗐 ⅋ ◑ 𝖵𝖨𝖲𝖠 .
HVX
cerrado domingo y festivos – Com carta 3425 a 4850.

XX **La Abuelita,** av. de Badajoz 25, ⊠ 28027, ℰ 405 49 94 – 🗐 ⅋ ◑ 𝖵𝖨𝖲𝖠 . ⅋
cerrado domingo y agosto – Com carta 3360 a 3870.   plano p. 3   CL

XX **Schwarzwald (Selva Negra),** O'Donnell 46, ⊠ 28009, ℰ 409 55 35, Fax 544 75 9
« Decoración original » – 🗐 ⅋ ◑ 𝖤 𝖵𝖨𝖲𝖠 .
JX
Com carta 3350 a 3650.

XX **Abedul,** Jorge Juan 13, ⊠ 28001, ℰ 576 09 00 – 🗐 ⅋ ◑ 𝖵𝖨𝖲𝖠 . ⅋
HX
cerrado domingo y festivos noche – Com carta 3100 a 3350.

XX **St.-James,** Juan Bravo 26, ⊠ 28006, ℰ 275 60 10, 😭, Arroces – 🗐 ⅋
HV
cerrado domingo – Com carta 3300 a 4650.

XX **Al Mounia,** Recoletos 5, ⊠ 28001, ℰ 435 08 28, Cocina maghrebi, « Ambiente oriental
– 🗐 ⅋ ◑ 𝖤 𝖵𝖨𝖲𝖠 . ⅋   plano p. 9   NX
cerrado domingo, lunes y agosto – Com carta 3620 a 4100.

XX **Gerardo,** D. Ramón de la Cruz 86, ⊠ 28006, ℰ 401 89 46 – 🗐 ⅋ ◑ 𝖤 𝖵𝖨𝖲
JX
cerrado domingo y del 12 al 31 agosto – Com carta 4500 a 5000.

XX **La Gamella,** Alfonso XII-4, ⊠ 28014, ℰ 532 45 09 – 🗐 ⅋ ◑ 𝖤 𝖵𝖨𝖲𝖠 . ⅋
NY
cerrado sábado mediodía – Com carta 3300 a 5050.

XX **Il Salotto,** Velázquez 61, ⊠ 28001, ℰ 577 27 09, Cocina italiana – 🗐 ⅋ ◑ 𝖤 𝖵𝖨𝖲
⅋
HX
cerrado domingo y agosto – Com carta aprox. 2800.

XX **La Recoleta,** Recoletos 9, ⊠ 28001, ℰ 578 31 54 – 🗐 ⅋ ◑ 𝖤 𝖵𝖨𝖲𝖠 . ⅋
NX
cerrado sábado mediodía, domingo y agosto – Com carta aprox. 4000.

XX **La Fonda,** Lagasca 11, ⊠ 28001, ℰ 577 79 24, Cocina catalana – 🗐 ⅋ ◑ 𝖤 𝖵𝖨𝖲
HX
cerrado domingos noche – Com carta 2255 a 3300.

XX **Casa Quinta,** Padilla 3, ⊠ 28006, ℰ 576 74 18 – 🗐 ⅋ ◑ 𝖤 𝖵𝖨𝖲𝖠 . ⅋
HV n
cerrado del 5 al 31 agosto – Com carta 2775 a 3150.

XX **Oter,** Claudio Coello 71, ⊠ 28001, ℰ 431 67 71 – 🗐 ⅋ ◑ 𝖤 𝖵𝖨𝖲𝖠 . ⅋
HX ◾
cerrado domingo y 15-31 agosto – Com carta aprox. 4500.

XX **Tristana,** Montalbán 9, ⊠ 28014, ℰ 532 82 88 – 🗐 ⅋ ◑ 𝖤 𝖵𝖨𝖲𝖠 .
NY a
cerrado sábado mediodía y domingo – Com carta 2300 a 3350.

XX **Cordero,** av. de Aragón 2, ⊠ 28027, ℰ 742 27 16, Fax 742 05 37 – 🗐 ⅋ ◑ 𝖤 𝖵𝖨𝖲𝖠
⅋
CL e
cerrado sábado y agosto – Com carta aprox. 4500.

XX **Rafa,** Narváez 68, ⊠ 28009, ℰ 573 10 87, 😭 – 🗐 ⅋ ◑ 𝖤 𝖵𝖨𝖲𝖠 . ⅋
HY a
Com carta 3600 a 4200.

XX **Alkalde,** Jorge Juan 10, ⊠ 28001, ℰ 576 33 59, En una bodega – 🗐 ⅋ ◑ 𝖤 𝖵𝖨𝖲𝖠
HX v
Com carta 3560 a 3760.

X **El Borbollón,** Recoletos 7, ⊠ 28001, ℰ 431 41 34 – 🗐 ⅋ ◑ 𝖤 𝖵𝖨𝖲𝖠 . ⅋
NX s
cerrado domingo, festivos y agosto – Com carta 3225 a 4825.

X Mendez, Ibiza 33, ⊠ 28009, ℰ 573 30 53 – 🗐
HY d

X **Don Victor,** Emilio Vargas 18, ⊠ 28043, ℰ 415 47 47, 😭 – 🗐 ⅋ ◑ 𝖤 𝖵𝖨𝖲𝖠 . ⅋
cerrado domingo, Semana Santa y agosto – Com carta 4450 a 6300.   plano p. 3   CL f

X **Asador Velate,** Jorge Juan 91, ⊠ 28009, ℰ 435 10 24, Cocina vasca – 🗐 ⅋ ◑ 𝖤 𝖵𝖨𝖲
HJX x
cerrado domingo y agosto – Com carta 3350 a 3750.

X **El Vagón,** Narváez 57, ⊠ 28009, ℰ 574 22 07 – 🗐 ⅋ ◑ 𝖤 𝖵𝖨𝖲𝖠 . ⅋
HY u
cerrado agosto – Com carta 3200 a 3875.

X **El Chiscón de Castelló,** Castelló 3, ⊠ 28001, ℰ 575 56 62 – 🗐 ⅋ ◑ 𝖵𝖨𝖲𝖠
⅋
HX e
cerrado domingo y agosto – Com carta 2225 a 3200.

X Brasserie de Lista, José Ortega y Gasset 6, ⊠ 28001, ℰ 435 28 18 – 🗐
HV z

X O'Grelo, Menorca 39, ⊠ 28009, ℰ 409 72 04, Cocina gallega – 🗐
HX y

X Samuel, Lagasca 46, ⊠ 28001, ℰ 576 41 35 – 🗐
HX a

X **L'Entrecote-Goya,** Claudio Coello 41, ⊠ 28001, ℰ 577 73 49 – 🗐 ⅋ ◑ 𝖵𝖨𝖲𝖠
HX u
cerrado domingo y festivos – Com carta 2700 a 2950.

X **Sixto,** José Ortega y Gasset 83, ⊠ 28006, ℰ 402 15 83, 😭 – 🗐 ⅋ ◑ 𝖤 𝖵𝖨𝖲𝖠
⅋
JV e
cerrado domingo noche – Com carta 2350 a 3000.

※ **La Giralda,** Maldonado 4, ⊠ 28006, ℰ 577 77 62 – ▤. ◪ ◉ ☰ 𝗩𝗜𝗦𝗔. ⚘
cerrado domingo y festivos – Com carta 3700 a 5100.

※ **La Hoja,** Dr. Castelo 48, ⊠ 28009, ℰ 409 25 22 – ▤. ☰ 𝗩𝗜𝗦𝗔. ⚘   HJX **y**
cerrado domingo, miércoles noche y julio – Com carta 3200 a 4200.

※ **Casa Domingo,** Alcalá 99, ⊠ 28009, ℰ 576 01 37, 😤 – ▤. ◪ 𝗩𝗜𝗦𝗔. ⚘   HX **d**
Com carta 3000 a 3500.

※ **Jota Cinco,** av. Aragón 5, ⊠ 28027, ℰ 742 93 85 – ▤ 🚗. ◪ ☰ 𝗩𝗜𝗦𝗔. ⚘   plano p. 3   CL **v**
cerrado domingo noche – Com carta 3700 a 5100.

※ ❀ **La Trainera,** Lagasca 60, ⊠ 28001, ℰ 576 05 75, Fax 575 47 17, Pescados y mariscos –
▤. ☰ 𝗩𝗜𝗦𝗔. ⚘   HX **k**
cerrado domingo y agosto – Com carta 3500 a 4800
Espec. Salpicón de mariscos. Pescados finos a la plancha. Mariscos cocidos, plancha o a la americana..

※ ❀ **El Pescador,** José Ortega y Gasset 75, ⊠ 28006, ℰ 402 12 90, Pescados y mariscos –
▤. ☰ 𝗩𝗜𝗦𝗔. ⚘   JV **t**
cerrado domingo y 5 agosto-10 septiembre – Com carta 3150 a 3775
Espec. Crema tres eles. Lenguado Evaristo. Bogabante a la americana.

※ **Prosit,** José Ortega y Gasset 8, ⊠ 28006, ℰ 576 17 85 – ▤. 𝗩𝗜𝗦𝗔. ⚘   HV **z**
cerrado domingo y festivos noche – Com carta 2600 a 3150.

※ **Casa Julián,** Don Ramón de la Cruz 10, ⊠ 28001, ℰ 431 35 35 – ▤. 𝗩𝗜𝗦𝗔. ⚘   HX **q**
cerrado domingo y festivos – Com carta 2400 a 3125.

※ ❀ **Viridiana,** Fundadores 23, ⊠ 28028, ℰ 256 77 73 – ▤   JX **c**
cerrado domingo y agosto – Com carta 3350 a 4700
Espec. Lentejas estofadas con arroz salvaje al curry, Solomillo de buey a las trufas blancas de Alba, Biscuit
de vainilla al arrope de miel..

※ **Magerit,** Dr. Esquerdo 140, ⊠ 28007, ℰ 501 28 84 – ▤. ☰ 𝗩𝗜𝗦𝗔. ⚘   JZ **b**
cerrado sábado, domingo noche y agosto – Com carta 2500 a 3500.

Arganzuela, Carabanchel, Villaverde : Antonio López, paseo de Las Delicias, paseo
de Santa María de la Cabeza (plano p. 2 salvo mención especial)

🏨 **Carlton,** paseo de las Delicias 26, ⊠ 28045, ℰ 239 71 00, Telex 44571, Fax 227 85 10 –
🛗 ▤ 📺 ☎. ◪ ◉ ☰ 𝗩𝗜𝗦𝗔. ⚘   plano p. 7   GZ **n**
Com 1950 – ☲ 875 – **112 hab** 12000/15000 – PA 3820.

🏨 **Praga** sin rest, con cafetería, Antonio López 65, ⊠ 28019, ℰ 469 06 00, Telex 22823, Fax
469 83 25 – 🛗 ▤ ☎ 🚗 – 🔬 25/350. ◪ ◉ ☰ 𝗩𝗜𝗦𝗔. ⚘   BM **u**
☲ 585 – **428 hab** 7100/9400.

🏨 **Aramo,** paseo Santa María de la Cabeza 73, ⊠ 28045, ℰ 473 91 11, Telex 45885, Fax
473 92 14 – 🛗 ▤ 📺 ☎. ◪ ◉ ☰ 𝗩𝗜𝗦𝗔. ⚘ rest   BM **e**
Com 2200 – ☲ 700 – **105 hab** 10000/13500.

🏨 **Puerta de Toledo,** glorieta Puerta de Toledo 4, ⊠ 28005, ℰ 474 71 00, Telex 22291, Fax
474 07 47 – 🛗 ▤ ☎ 🚗. ◪ ◉ ☰ 𝗩𝗜𝗦𝗔. ⚘   plano p. 6   EZ **v**
Com (ver rest. **Puerta de Toledo**) – ☲ 550 – **152 hab** 4800/8500.

🏠 **Hostal Auto,** paseo de la Chopera 69, ⊠ 28045, ℰ 239 66 00, Fax 230 67 03 – 🛗 ☎
🚗. ◪ ◉ ☰ 𝗩𝗜𝗦𝗔. ⚘   BM **c**
Com (ver rest. **Mesón Auto**) – ☲ 300 – **110 hab** 4000/6750.

🏠 **Isis** sin rest, Antonio López 168, ⊠ 28026, ℰ 475 62 24 – 🛗 ▤ 📺 ☎ 🚗   BM **s**
45 hab.

✗✗ **Puerta de Toledo,** glorieta Puerta de Toledo 4 ℰ 474 76 75, Telex 22291, Fax 474 07 47
– ▤. ◉ ☰ 𝗩𝗜𝗦𝗔. ⚘   plano p. 6   EZ **v**
cerrado sábado – Com carta 2700 a 3500.

※ **Quo Vadis,** Jaime el Conquistador 1, ⊠ 28045, ℰ 474 09 83 – ▤. ◪ ◉ ☰ 𝗩𝗜𝗦𝗔. ⚘
Com carta 3250 a 3850.   BM **a**

※ **Las Carnes,** pl. General Maroto 2, ⊠ 28045, ℰ 473 54 47, Decoración rústica, Carnes – ▤
Ⓟ   BM **v**

※ **Los Cigarrales,** Antonio López 52, ⊠ 28019, ℰ 469 74 52 – ▤. ◪ ◉ ☰ 𝗩𝗜𝗦𝗔. ⚘   BM **n**
cerrado domingo noche – Com carta 3500 a 4700.

※ **Mesón Auto,** paseo de la Chopera 69, ⊠ 28045, ℰ 239 66 00, Fax 230 67 03, Decoración
rústica – ▤ Ⓟ ◪ ◉ ☰ 𝗩𝗜𝗦𝗔. ⚘   BM **c**
Com carta 3000 a 4000.

Moncloa : Princesa, paseo del pintor Rosales, paseo de la Florida, Casa de Campo (plano
p. 6 salvo mención especial)

🏨 **Meliá Madrid,** Princesa 27, ⊠ 28008, ℰ 541 82 00, Telex 22537, Fax 541 19 88 – 🛗 ▤
📺 ☎ – 🔬 25/200. ◪ ◉ ☰ 𝗩𝗜𝗦𝗔. ⚘   plano p. 8   KV **t**
Com – ☲ 1750 – **266 hab** 21800/27100.

🏨 **Monte Real** 🐾, Arroyofresno 17 ℰ 316 21 40, Telex 22089, Fax 316 21 40, 😤, « Jardín »,
🎿 – 🛗 ▤ ☎ 🚗 Ⓟ – 🔬 25/200. ◪ ◉ ☰ 𝗩𝗜𝗦𝗔. ⚘   AL **b**
Com 6720 – ☲ 1320 – **79 hab** 18705/29680 – PA 13440.

sigue →
277

Florida Norte, paseo de la Florida 5, ⊠ 28008, ℰ 542 83 00, Telex 23675, Fax 247 78 3
– 🛗 🚻 📺 ☎ ⇔. 🖭 ⊙ 𝗩𝘐𝘚𝘈. ⋘
DX
Com 1950 – ☲ 700 – **399 hab** 10500/14500.

Pullman Calatrava sin rest, Tutor 1, ⊠ 28008, ℰ 541 98 80, Telex 43190, Fax 248 51 2
– 🛗 🚻 📺 ☎ ⇔. 🖭 ⊙ 𝗘 𝗩𝘐𝘚𝘈. ⋘
KV
☲ 890 – **98 hab** 12775/16325.

Tirol sin rest. con cafetería, Marqués de Urquijo 4, ⊠ 28008, ℰ 248 19 00 – 🛗 🚻 ☎
𝗩𝘐𝘚𝘈. ⋘ – **97 hab** 6315/7890
DV

Café Viena, Luisa Fernanda 23, ⊠ 28008, ℰ 248 15 91, « Evocación de un antiguo café »
– 🚻. 🖭 ⊙ 𝗘 𝗩𝘐𝘚𝘈.
DX
cerrado domingo y agosto – Com carta aprox. 3700.

Izaro, Buen Suceso 3, ⊠ 28008, ℰ 542 87 73, Telex 41651, Fax 248 74 90, Decoració
moderna-Cocina vasca – 🚻. 🖭 ⊙ 𝗘 𝗩𝘐𝘚𝘈.
DX
cerrado sábado mediodía, domingo y agosto – Com carta 2600 a 4500.

Currito, Casa de Campo - Pabellón de Vizcaya, ⊠ 28011, ℰ 464 57 04, Fax 479 72 54
🌳, Cocina vasca – 🚻 🖭 ⊙ 𝗩𝘐𝘚𝘈. ⋘
plano p. 2 AM
Com carta 3800 a 4600.

Guipúzcoa, Casa de Campo - Pabellón de Guipúzcoa, ⊠ 28011, ℰ 470 04 21, 🌳, Cocin
vasca – 🚻. 🖭 ⊙ 𝗘 𝗩𝘐𝘚𝘈. ⋘
plano p. 2 AM
cerrado domingo noche – Com carta 2650 a 4500.

Chamberí : San Bernardo, Fuencarral, Alberto Aguilera, Santa Engracia (planos p. 6 a 9)

Miguel Angel, Miguel Angel 31, ⊠ 28010, ℰ 442 00 22, Telex 44235, Fax 442 53 20, ☒
– 🛗 🚻 📺 ☎ ⇔ – 🔏 25/300. 🖭 ⊙ 𝗘 𝗩𝘐𝘚𝘈. ⋘
GV
Com 5500 – ☲ 1500 – **278 hab** 22600/28300.

Mindanao, San Francisco de Sales 15, ⊠ 28003, ℰ 549 55 00, Telex 22631, Fax 244 55 96
🛝, 🏊 – 🛗 🚻 📺 ☎ ⇔ – 🔏 25/200. 🖭 ⊙ 𝗘 𝗩𝘐𝘚𝘈. ⋘
DV
Com 4750 – ☲ 1575 – **289 hab** 20000/25000 – PA 8850.

Castellana Inter-Continental, paseo de la Castellana 49, ⊠ 28046, ℰ 410 02 00, Tele
27686, Fax 319 58 53, 🌳 – 🛗 🚻 📺 ☎ ⇔ – 🔏 25/550. 🖭 ⊙ 𝗘 𝗩𝘐𝘚𝘈. ⋘
GV
Com 4500 – ☲ 2100 – **305 hab** 27900/35000.

Escudero y Rest. Vanity, Miguel Angel 3, ⊠ 28010, ℰ 410 42 03, Telex 44285, Fa
319 25 84 – 🛗 🚻 📺 ☎. 🖭 ⊙ 𝗘 𝗩𝘐𝘚𝘈. ⋘
GV
Com (cerrado sábado mediodía, domingo, festivos y septiembre) 3600 – ☲ 950 – **82 hab**
13200/16500.

Sol Alondras sin rest. con cafetería, José Abascal 8, ⊠ 28003, ℰ 447 40 00, Telex 49454
Fax 593 88 00 – 🛗 🚻 📺 ☎. 🖭 ⊙ 𝗘 𝗩𝘐𝘚𝘈. ⋘
FV
☲ 850 – **72 hab** 11850/14800.

Gran Versalles sin rest, Covarrubias 4, ⊠ 28010, ℰ 447 57 00, Telex 49150, Fax 446 39 8
– 🛗 – 🔏 25/140. 🖭 ⊙ 𝗘 𝗩𝘐𝘚𝘈. ⋘ – ☲ 900 – **145 hab** 13200/16500
MV

Zurbano, Zurbano 79-81, ⊠ 28003, ℰ 441 45 00, Telex 27578, Fax 441 32 24 – 🛗 🚻 📺
⇔ – 🔏 25/100. 🖭 ⊙ 𝗘 𝗩𝘐𝘚𝘈. ⋘
GV
Com 3000 – ☲ 1100 – **269 hab** 13900/17400 – PA 7100.

Bretón sin rest, Bretón de los Herreros 29, ⊠ 28003, ℰ 442 83 00, Telex 43036, Fax
441 38 16 – 🛗 🚻 📺 ☎ 🅿. 🖭 ⊙ 𝗘 𝗩𝘐𝘚𝘈. ⋘
FV
☲ 950 – **56 hab** 10200/14000.

Conde Duque sin rest, pl. Conde Valle de Suchil 5, ⊠ 28015, ℰ 447 70 00, Telex 22058
Fax 448 35 69 – 🛗 🚻 ☎ – 🔏 25/160. 🖭 ⊙ 𝗘 𝗩𝘐𝘚𝘈
EV
☲ 530 – **138 hab** 11550/16500.

Embajada, sin rest, Santa Engracia 5, ⊠ 28010, ℰ 447 33 00 – 🛗 🚻 ⇔ – **65 hab**.
MV

Trafalgar sin rest, Trafalgar 35, ⊠ 28010, ℰ 445 62 00, Fax 446 64 56 – 🛗 🚻 ☎. 🖭 ⊙
𝗘 𝗩𝘐𝘚𝘈. ⋘ – ☲ 350 – **45 hab** 6000/10500
FV

Fortuny, Fortuny 34, ⊠ 28010, ℰ 308 32 67, Fax 593 22 23, 🌳, « Antiguo palacete
decorado con elegancia » – 🚻. 🖭 ⊙ 𝗘 𝗩𝘐𝘚𝘈. ⋘
GV
cerrado sábado mediodía, domingo y festivos – Com carta 5600 a 7225
Espec. Ensalada de bogavante al vinagre de laurel. Bacalao con almejas al estilo de la casa. Manitas de
cerdo rellenas de hongos y trufas..

Jockey, Amador de los Ríos 6, ⊠ 28010, ℰ 319 24 35, Fax 319 24 35, « Decoración
elegante » – 🚻. 🖭 ⊙ 𝗘 𝗩𝘐𝘚𝘈. ⋘
NV
cerrado domingo, festivos y agosto – Com carta 6550 a 9600
Espec. Ensalada de bacalao marinado, Ragout de bogavante con pasta fresca y trufa, Carré de cordero
asado con pisto..

Lúculo, Génova 19, ⊠ 28004, ℰ 319 40 29, 🌳 – 🚻. 🖭 ⊙ 𝗘 𝗩𝘐𝘚𝘈. ⋘
NV
cerrado sábado mediodía, domingo, del 1 al 6 enero, Semana Santa y 10 agosto-2
septiembre – Com carta 5400 a 7300
Espec. Escabeche de hígado de pato, Cocido de pescados, Rable de liebre (octubre a marzo).

Las Cuatro Estaciones, General Ibáñez Ibero 5, ⊠ 28003, ℰ 553 63 05, Telex 43709,
Fax 553 32 98, Decoración moderna – 🚻. 🖭 ⊙ 𝗘 𝗩𝘐𝘚𝘈. ⋘
EU
cerrado sábado, domingo y agosto-3 septiembre – Com carta 4250 a 5250
Espec. Gazpacho de bogavante "Las Cuatro Estaciones", Foie-gras a las uvas y Pedro Ximénez (verano)
Perdiz en salmis con endivias a la crema (temp. caza).

XX **Lur Maitea,** Fernando el Santo 4, ⊠ 28010, ☎ 308 03 50, Cocina vasca – 🍽. 🖭 ⓪ E
VISA. 🙊
MNV **u**
cerrado sábado mediodía, domingo, festivos y agosto – Com carta aprox. 5500.

XXX **Annapurna,** Zurbano 5, ⊠ 28010, ☎ 410 77 27, Cocina hindú – 🍽. 🖭 ⓪ E *VISA*
NV **b**
cerrado sábado mediodía en verano, domingos festivos todo el año – Com carta 3400 a 4600.

XX **Aymar,** Fuencarral 138, ⊠ 28010, ☎ 445 57 67, Pescados y mariscos – 🍽. 🖭 ⓪ E *VISA*.
🙊
FV **e**
Com carta 3200 a 4100.

XX **Las Reses,** Orfila 3, ⊠ 28010, ☎ 308 03 82 – 🍽. 🖭 *VISA*. 🙊
NV **e**
cerrado sábado mediodía, domingo, y agosto – Com carta 2675 a 4220.

XX **Solchaga,** pl. Alonso Martínez 2, ⊠ 28004, ☎ 447 14 96, Fax 593 22 23 – 🍽. 🖭
VISA. 🙊
MV **x**
cerrado sábado mediodía, domingo y festivos – Com carta 3900 a 4950.

XX **La Cava Real,** Espronceda 34, ⊠ 28003, ☎ 442 54 32 – 🍽. 🖭 ⓪ *VISA*. 🙊
FV **h**
cerrado domingo, festivos y agosto – Com carta 4650 a 5450.

XX **Fabián,** San Bernardo 106, ⊠ 28015, ☎ 447 20 80, Cocina vasco-navarra – 🍽. 🖭 ⓪ E
VISA.
EFV **m**
cerrado domingo – Com carta 4500 a 5000.

XX **L'Alsace,** Doménico Scarlatti 5, ⊠ 28003, ☎ 244 40 75, Fax 544 75 92, « Decoración
alsaciana » – 🍽. 🖭 ⓪ E *VISA*. 🙊
DV **a**
Com carta 3150 a 4550.

XX **Paolo,** General Rodrigo 3, ⊠ 28003, ☎ 254 44 28, Cocina italiana – 🍽 🅿
DUV **e**

XX **Kulixka,** Fuencarral 124, ⊠ 28010, ☎ 447 25 38, Pescados y mariscos – 🍽. 🖭 ⓪ E *VISA*
🙊
LV **a**
Com carta 3400 a 4400.

XX **Porto Alegre 2,** Trafalgar 15, ⊠ 28010, ☎ 445 19 74 – 🍽 🅿. 🖭 ⓪ E *VISA*. 🙊
FV **d**
cerrado domingo noche y agosto – Com carta 3150 a 4300.

XX **Jeromín,** San Bernardo 115, ⊠ 28015, ☎ 448 98 43, 😤 – 🍽. 🖭 ⓪ E *VISA*
EFV **r**
cerrado domingo noche y lunes noche – Com carta 2950 a 5050.

XX **Polizón,** Viriato 39 ☎ 448 69 66, Pescados y mariscos – 🍽. 🖭 ⓪ E *VISA*. 🙊
cerrado domingo en verano, domingo noche en invierno y 15 agosto- 15 septiembre – Com carta 3350 a 4050.

XX **Antonio,** Santa Engracia 54, ⊠ 28010, ☎ 447 40 68 – 🍽. 🖭 ⓪ E *VISA*. 🙊
FV **z**
cerrado lunes y agosto – Com carta 3100 a 4300.

XX **La Plaza de Chamberí,** pl. de Chamberí 10, ⊠ 28010, ☎ 446 06 97, 😤 – 🍽. 🖭 ⓪ E
VISA. 🙊
FV **k**
cerrado domingo y Semana Santa – Com carta 3175 a 4100.

XX **Mesón del Cid,** Fernández de la Hoz 57 ☎ 442 07 55, Fax 442 96 47, Cocina castellana –
🍽. 🖭 ⓪ E *VISA*. 🙊
cerrado domingo y del 4 al 27 agosto – Com carta 3300 a 3500.

XX **O'Xeito,** paseo de la Castellana 47, ⊠ 28046, ☎ 308 17 18, Decoración de estilo gallego,
Pescados y mariscos – 🍽. 🖭 ⓪ E *VISA*. 🙊
GV **e**
cerrado agosto – Com carta 3550 a 4550.

X **Horno de Juan,** Joaquín María López 30, ⊠ 28015, ☎ 243 30 43 – 🍽. 🖭 E *VISA*
🙊
EV **x**
cerrado domingo noche – Com carta 2200 a 3600.

X El Timbal, Andrés Mellado 69, ⊠ 28015, ☎ 244 36 15 – 🍽
EV **b**

X **La Parra,** Monte Esquinza 34, ⊠ 28010, ☎ 319 54 98 – 🍽. 🖭 ⓪ E *VISA*. 🙊
NV **z**
Com carta 3600 a 4400.

X **Quattrocento,** General Ampudia 18, ⊠ 28003, ☎ 534 91 06, Cocina italiana – 🍽. 🖭 ⓪
E *VISA*. 🙊
DU **a**
cerrado domingo noche – Com carta 2100 a 2900.

X **Hostería Piamontesa,** Miguel Angel 11 (entrada por Gral Martínez Campos), ⊠ 28010,
☎ 410 51 39 – 🍽. 🖭 ⓪ E *VISA*
GV **t**
cerrado domingo noche y agosto – Com carta 2600 a 3600.

X **Chirón Siglo XIX,** Bravo Murillo 70 ☎ 533 44 32, « Estilo bèlle epoque » – 🍽. 🖭 ⓪ E
VISA. 🙊
cerrado domingo y 12 agosto-6 septiembre – Com carta 2650 a 3700.

X O'Grelo, Gaztambide 50, ⊠ 28015, ☎ 243 13 01, Cocina gallega – 🍽
DV **s**

X **El Pedrusco de Aldealcorvo,** Juan de Austria 27, ⊠ 28010, ☎ 446 88 33, Decoración
castellana – 🍽. 🖭 ⓪ E *VISA*. 🙊
FV **f**
cerrado domingo, miércoles noche y agosto – Com carta 2750 a 4200.

X **La Gran Tasca,** Santa Engracia 24, ⊠ 28010, ☎ 448 77 79, Decoración castellana – 🍽. 🖭
⓪ E *VISA*. 🙊
FV **c**
cerrado domingo, festivos y agosto – Com carta 2625 a 5300.

※ **Parrillón,** Santa Engracia 41, ⊠ 28010, ℰ 446 02 25 – ▤. ◪ ① ▥. ⋘   FV
cerrado domingo y agosto – Com carta 2950 a 5250.

※ **Casa Félix,** Bretón de los Herreros 39, ⊠ 28003, ℰ 441 24 79 – ▤ ℗. ◪ ∈ ▥   FV
Com carta 2650 a 4450.

※ **Asquiniña,** Modesto Lafuente 88, ⊠ 28003, ℰ 553 17 95, Cocina gallega – ◪   ▥   FU
cerrado domingo, festivos noche y 15-31 agosto – Com carta 3400 a 4350.

※ **Toralla,** Amador de los Ríos 8, ⊠ 28010, ℰ 308 24 22 – ▤. ◪ ① ∈ ▥. ⋘   NV
cerrado sábado y domingo – Com carta 2600 a 3850.

※ **Don Sancho,** Bretón de los Herreros 58, ⊠ 28003, ℰ 441 37 94 – ▤. ◪ ① ∈ ▥
⋘
cerrado agosto – Com carta 2200 a 3350.

※ **La Giralda,** Hartzenbuch 12, ⊠ 28010, ℰ 445 77 79 – ▤. ◪ ① ∈ ▥. ⋘   FV
cerrado miércoles – Com carta 3175 a 3600.

※ **Nicolás,** Cardenal Cisneros 82, ⊠ 28010, ℰ 448 36 64 – ▤   FV

※ **Biergarten,** Gaztambide 3, ⊠ 28015, ℰ 243 06 49, Cervecería bávara – ▤. ▥
⋘   DV
cerrado domingo noche y lunes – Com carta 2775 a 3150.

※ **Villa de Foz,** Gonzálo de Córdoba 10, ⊠ 28010, ℰ 446 89 93 – ◪ ∈ ▥. ⋘
cerrado domingo noche, miércoles noche y agosto – Com carta 2600 a 3600.

※ **Bene,** Castillo 19, ⊠ 28010, ℰ 448 08 78 – ▤. ◪ ∈ ▥. ⋘   FV
cerrado domingo y agosto – Com carta 2500 a 3000.

Chamartín, Tetuán : Capitán Haya, Orense, Alberto Alcocer, paseo de la Habana (plano
p. 5 salvo mención especial)

🏨🏨🏨 **Eurobuilding,** Padre Damián 23, ⊠ 28036, ℰ 457 31 00, Telex 22548, Fax 457 97 2₵
« Jardín y terraza con ⤓ », ⤓ – ⧈ ▤ ▦ ☎ ⇌ – 🛗 25/900. ◪ ① ∈ ▥
⋘   HS
Com 3200 Rest la Taberna carta 4300 a 6000 Rest le Relais (buffet) carta 3800 a 4200 – ⊒
1600 – **520 hab** 20800/26600.

🏨🏨🏨 **Meliá Castilla,** Capitán Haya 43, ⊠ 28020, ℰ 571 22 11, Telex 23142, Fax 571 22 10, ⤓
– ⧈ ▤ ▦ ☎ ⇌ – 🛗 25/800. ◪ ① ∈ ▥. ⋘   GS
Com (ver rest. L'Albufera , rest. La Fragata, rest. El Hidalgo) – ⊒ 2000 – **907 hab**
20500/25200.

🏨🏨 **Holiday Inn,** pl. Carlos Trias Beltrán 4 (acceso por Orense 22-24), ⊠ 28020, ℰ 597 01 02,
Telex 44709, Fax 597 02 92, ⤓ – ⧈ ▤ ▦ ☎ & – 🛗 25/400. ◪ ① ∈ ▥. ⋘   GT
Com 4500 Rest. **Ríb Room** y Rest. **La Terraza** carta 3500 a 4650 – ⊒ 1600 – **313 hab**
21900/27500 – PA 7800.

🏨🏨 **Cuzco** sin rest, con cafetería, paseo de la Castellana 133, ⊠ 28046, ℰ 556 06 00, Telex
22464, Fax 556 03 72 – ⧈ ▤ ▦ ☎ ⇌ ℗ – 🛗 25/500. ◪ ① ∈ ▥. ⋘   GS
⊒ 1100 – **330 hab** 14400/18000.

🏨🏨 **Chamartín,** estación de Chamartín, ⊠ 28036, ℰ 733 90 11, Telex 49201, Fax 733 02 14
⧈ ▤ ▦ ☎ – 🛗 25/500. ◪ ① ∈ ▥. ⋘   HR
Com (ver Rest. **Cota 13**) – ⊒ 900 – **378 hab** 10700/14500.

🏨🏨 **Orense 38** sin rest con cafetería, Pedro Teixeira 5, ⊠ 28020, ℰ 597 15 68, Fax 597 12 9₵
– ⧈ ▤ ▦ ☎ ⇌. ◪ ① ∈ ▥. ⋘   GT
⊒ 850 – **140 hab** 16900/20150.

🏨🏨 **Foxá 32** sin rest. con cafetería, Agustín de Foxá 32, ⊠ 28036, ℰ 733 10 60, Telex 49366,
Fax 314 11 65 – ⧈ ▤ ▦ ☎ ⇌ – 🛗 25/250. ◪ ① ∈ ▥. ⋘   HR
⊒ 850 – **161 hab** 13650/16900.

🏨🏨 **Foxá 25** sin rest. con cafetería, Agustín de Foxá 25, ⊠ 28036, ℰ 323 11 19, Telex 44911,
Fax 314 11 65 – ⧈ ▤ ▦ ☎ ⇌. ◪ ① ∈ ▥. ⋘   HR
⊒ 850 – **121 hab** 13650/16900.

🏨🏨 **El Gran Atlanta** sin rest, Comandante Zorita 34, ⊠ 28020, ℰ 253 59 00, Telex 45210, Fax
533 08 58 – ⧈ ▤ ▦ ☎ ⇌ – 🛗 25/120. ◪ ① ∈ ▥. ⋘   FT
⊒ 975 – **180 hab** 12000/16500.

🏨🏨 **Apartotel El Jardín** sin rest, carret. N I km 5'7 (vía de servicio), ⊠ 28050, ℰ 202 83 36,
Fax 766 86 91, ⤓, ⇌, ※ – ⧈ ▤ ▦ ☎ ⇌ ℗. ◪ ① ∈ ▥. ⋘   por ① BL
⊒ 500 – **41 hab** 14840.

🏨🏨 **Aitana** sin rest. con cafetería, paseo de la Castellana 152, ⊠ 28046, ℰ 250 71 07, Telex
49186 – ⧈ ▤ ▦ ☎. ◪ ① ∈ ▥. ⋘   GT
⊒ 700 – **111 hab** 9000/13000.

🏨 **Aristos y Rest. El Chaflán,** av. Pío XII-34, ⊠ 28016, ℰ 457 04 50, Fax 457 10 23, 🍽
⧈ ▤ ▦ ☎ ⇌. ◪ ① ▥. ⋘   HS
Com 3900 – ⊒ 550 – **24 hab** 7000/10800.

XXXXX ✿✿✿ **Zalacaín,** Alvarez de Baena 4, ⊠ 28006, ℰ 261 48 40, Fax 261 47 32, 佘 – 🗐, 亜
⓪ 🖹 𝗩𝗜𝗦𝗔. 彩
plano p. 7 GV **b**
cerrado sábado mediodía, domingo, Semana Santa y Agosto – Com carta 7050 a 9000
Espec. Tosta de gambas y almejas, Lenguado al estilo de Zalacaín, Pato asado a los aromas de hongos y trufas..

XXXXX **Príncipe y Serrano,** Serrano 240, ⊠ 28016, ℰ 250 41 03, Fax 259 60 79 – 🗐. 亜 ⓪ 🖹
𝗩𝗜𝗦𝗔. 彩
HT **a**
cerrado sábado mediodía, domingo y agosto – Com carta 4000 a 4700.

XXXX **El Bodegón,** Pinar 15, ⊠ 28006, ℰ 262 31 37 – 🗐. 亜 ⓪ 🖹 𝗩𝗜𝗦𝗔. 彩   plano p. 7 GV **q**
cerrado sábado mediodía, domingo, festivos y agosto – Com carta 6050 a 7650.

XXXX ✿ **Príncipe de Viana,** Manuel de Falla 5, ⊠ 28036, ℰ 259 14 48, Fax 259 53 92, 佘,
Cocina vasca – 🗐. 亜 ⓪ 🖹 𝗩𝗜𝗦𝗔. 彩
GT **c**
cerrado sábado mediodía, domingo, Semana Santa y Agosto – Com carta 5950 a 7200
Espec. Menestra de verduras, Rape al Pil-Pil, Pularda fría a los vinagres.

XXX **Nicolasa,** Velázquez 150, ⊠ 28002, ℰ 261 99 85 – 🗐. 亜 ⓪ 🖹 𝗩𝗜𝗦𝗔. 彩   HU **a**
cerrado domingo y agosto – Com carta 4900 a 5900.

XXX **L'Albufera,** Capitán Haya 45, ⊠ 28020, ℰ 279 63 74, Telex 23142, Fax 571 22 10, Arroces
– 🗐. 亜 ⓪ 🖹 𝗩𝗜𝗦𝗔. 彩
GS **c**
Com carta 3790 a 5070.

XXX **La Fragata,** Capitán Haya 45, ⊠ 28020, ℰ 270 98 34, Telex 23142, Fax 571 22 10 – 亜 ⓪
🖹 𝗩𝗜𝗦𝗔
GS **c**
Com carta 3600 a 4600.

XXX **El Hidalgo,** Capitán Haya 45 ℰ 270 68 16, Telex 23142, Fax 571 22 10, Cocina regional
española – 🗐 🅿. 亜 ⓪ 🖹 𝗩𝗜𝗦𝗔. 彩
GS **c**
Com carta 2450 a 3070.

XXX **La Máquina,** Sor Angela de la Cruz 22, ⊠ 28020, ℰ 572 33 18, Fax 572 33 19 – 🗐. 亜
⓪. 彩
FS **e**
cerrado domingo – Com carta 4600 a 5400.

XXX **O'Pazo,** Reina Mercedes 20, ⊠ 28020, ℰ 534 37 48, Pescados y mariscos – 🗐. 🖹 𝗩𝗜𝗦𝗔.
彩
FT **p**
cerrado domingo y agosto – Com carta 3450 a 5150.

XXX **José Luis,** Rafael Salgado 11, ⊠ 28036, ℰ 250 02 42, Telex 41779, Fax 250 99 11 – 🗐. 亜
⓪ 🖹 𝗩𝗜𝗦𝗔. 彩
GT **m**
cerrado domingo y agosto – Com carta 3550 a 5350.

XXX ✿ **Señorío de Bertiz,** Comandante Zorita 6, ⊠ 28020, ℰ 533 27 57 – 🗐. 亜 ⓪ 🖹 𝗩𝗜𝗦𝗔.
彩
FT **s**
cerrado sábado mediodía, domingo y agosto – Com carta 4225 a 5975
Espec. Ensalada de bogavante aliñada a la española, Lenguado a la parrilla con salsa Bearnesa, Costillar de cordero lechal asado.

XXX **Cota 13,** Estación de Chamartín, ⊠ 28036, ℰ 315 10 83, Telex 49201, Fax 733 02 14 – 🗐.
亜 ⓪ 🖹 𝗩𝗜𝗦𝗔. 彩
HR
cerrado sábado, domingo, festivos y agosto – Com carta 4125 a 4850.

XXX **Bogavante,** Capitán Haya 20, ⊠ 28020, ℰ 556 21 14, Pescados y mariscos – 🗐. 亜 ⓪
🖹 𝗩𝗜𝗦𝗔. 彩
GT **d**
cerrado domingo noche – Com carta 3950 a 5800.

XXX **Señorío de Alcocer,** Alberto Alcocer 1, ⊠ 28036, ℰ 457 16 96 – 🗐. 亜 ⓪ 🖹 𝗩𝗜𝗦𝗔.
彩
GS **e**
cerrado domingo, festivos y agosto – Com carta 4500 a 8000.

XXX **La Boucade,** Capitán Haya 30, ⊠ 28020, ℰ 556 02 45 – 🗐. 亜 ⓪ 🖹 𝗩𝗜𝗦𝗔. 彩   GS **a**
Com carta aprox. 4000.

XXX **Gaztelubide,** Comandante Zorita 37, ⊠ 28020, ℰ 533 01 85 – 🗐. 亜 ⓪ 🖹 𝗩𝗜𝗦𝗔. 彩
FT **a**
cerrado domingo – Com carta 4750 a 5950.

XXX ✿ **Cabo Mayor,** Juan Ramón Jimenez 37, ⊠ 28036, ℰ 250 87 76, Fax 458 16 21 – 🗐. 亜
⓪ 🖹 𝗩𝗜𝗦𝗔. 彩
GHS **r**
cerrado domingo y Semana Santa – Com carta 6500 a 7500
Espec. Ajedrez de foie-gras con melón, Bogavante a la mantequilla de Jerez, Muslo de pularda relleno con hongos.

XXX **El Foque de Quiñones,** Suero de Quiñones 22, ⊠ 28002, ℰ 519 25 72 – 🗐. 亜 ⓪ 🖹
𝗩𝗜𝗦𝗔. 彩
HU **r**
cerrado domingo noche – Com carta 4600 a 5650.

XXX **Lutecia,** Corazón de Maria 78, ⊠ 28002, ℰ 519 34 15 – 🗐. 亜 🖹 𝗩𝗜𝗦𝗔. 彩   CL **n**
cerrado sábado mediodía, domingo y agosto – Com carta 2375 a 3200.

XX **Blanca de Navarra,** av. de Brasil 13, ⊠ 28020, ℰ 555 10 29, Cocina navarra – 🗐. 亜 ⓪
🖹 𝗩𝗜𝗦𝗔. 彩
GT **q**
cerrado domingo – Com carta 3600 a 5600.

XX **Rugantino,** Velázquez 136, ⊠ 28006, ℰ 261 02 22, Cocina italiana – 🗐. 亜 ⓪ 🖹 𝗩𝗜𝗦𝗔. 彩
plano p. 7 HV **e**
Com carta 3480 a 3750.

sigue →

XX **De Funy,** Serrano 213, ✉ 28016, 𝒫 259 72 25, Telex 44885, Fax 250 72 54, 🍽, Rest. libanés – 🍴. 🆎 ⑩ 🅴 𝐕𝐈𝐒𝐀. ✖
cerrado lunes – Com carta 2800 a 3650.
HT **z**

XX **Rheinfall,** Padre Damián 44, ✉ 28036, 𝒫 457 82 88, Cocina alemana, « Decoración regional alemana » – 🍴. 🆎 ⑩ 🅴 𝐕𝐈𝐒𝐀. ✖
Com carta 2400 a 3600.
HS **u**

XX **Aldaba,** Alberto Alcocer 5, ✉ 28036, 𝒫 259 73 86 – 🍴. 🆎 ⑩ 🅴 𝐕𝐈𝐒𝐀. ✖
cerrado domingo – Com carta aprox. 4750.
GS **e**

XX **Combarro,** Reina Mercedes 12, ✉ 28020, 𝒫 254 77 84, Fax 534 25 01, Cocina gallega – 🍴. 🆎 ⑩ 🅴 𝐕𝐈𝐒𝐀. ✖
cerrado domingo noche y 29 julio-3 septiembre – Com carta 3495 a 6325.
FT **a**

XX **Ganges,** Bolivia 11, ✉ 28016, 𝒫 259 25 85, Cocina hindú – 🍴. 🆎 ⑩ 🅴 𝐕𝐈𝐒𝐀. ✖
Com carta 3050 a 3900.
HST **v**

XX **Aldar,** Alberto Alcocer 27, ✉ 28036, 𝒫 259 68 75, Cocina maghrebi – 🆎 ⑩ 🅴 𝐕𝐈𝐒𝐀
cerrado domingo y lunes mediodía – Com carta 2825 a 4000.
HS **f**

XX **Los Doce Apóstoles,** Oruro 11, ✉ 28016, 𝒫 457 10 06, « Decoración original » – 🍴. 🆎 ⑩ 🅴 𝐕𝐈𝐒𝐀. ✖
Com carta 2400 a 3800.
HT **y**

XX **Paparazzi,** Sor Angela de la Cruz 22, ✉ 28020, 𝒫 279 67 67, Cocina italiana – 🍴. 🆎 ⑩ 🅴 𝐕𝐈𝐒𝐀. ✖
Com carta 2920 a 3300.
FGS **v**

XX **La Tahona,** Capitán Haya 21 (lateral), ✉ 28020, 𝒫 555 04 41, Cordero asado, « Decoración castellano-medieval ⤳ » – 🍴 🅴 𝐕𝐈𝐒𝐀. ✖
cerrado domingo noche y agosto – Com carta 2950 a 3700.
GT **u**

XX **Asador Frontón II,** Pedro Muguruza 8, ✉ 28036, 𝒫 563 18 11 – 🍴. 🆎 ⑩ 🅴 𝐕𝐈𝐒𝐀 ✖
cerrado sábado mediodía en verano y domingo todo el año – Com carta aprox. 5500.
HS **c**

XX **Fass,** Rodríguez Marin 84, ✉ 28002, 𝒫 563 74 47, Fax 563 74 53, Decoración estilo bávaro- Cocina alemana – 🍴. 🆎 ⑩ 🅴 𝐕𝐈𝐒𝐀. ✖
Com carta 3100 a 4300.
HT **t**

XX **Jai-Alai,** Balbina Valverde 2, ✉ 28002, 𝒫 261 27 42, 🍽, Cocina vasca – 🍴. 🆎 ⑩ 🅴 𝐕𝐈𝐒𝐀
cerrado lunes y agosto – Com carta 3400 a 3950.
GU **h**

XX **Pedralbes,** Basílica 15, ✉ 28020, 𝒫 555 91 84, 🍽 – 🍴. 🆎 ⑩ 🅴 𝐕𝐈𝐒𝐀. ✖
cerrado domingo noche – Com carta 2050 a 3450.
FT **z**

XX **Serramar,** Rosario Pino 12, ✉ 28020, 𝒫 270 07 90, Pescados y mariscos – 🍴. 🆎 ⑩ 🅴 𝐕𝐈𝐒𝐀. ✖
cerrado domingo – Com carta 3275 a 4975.
GS **k**

XX **Tattaglia,** paseo de la Habana 17, ✉ 28036, 𝒫 262 85 90, Cocina italiana – 🍴. 🆎 ⑩ 🅴 𝐕𝐈𝐒𝐀. ✖
Com carta 3950 a 4100.
GT **b**

XX **La Marmite,** pl. San Amaro 8, ✉ 28020, 𝒫 279 92 61, Cocina francesa – 🍴. 🆎 ⑩ 𝐕𝐈𝐒𝐀. ✖
cerrado sábado mediodía, domingo y agosto – Com carta 4000 a 5600.
FT **v**

XX **La Fonda,** Principe de Vergara 211, ✉ 28002, 𝒫 563 46 42, Cocina catalana – 🍴. 🆎 ⑩ 🅴 𝐕𝐈𝐒𝐀. ✖
cerrado domingo noche – Com carta 2255 a 3300.
HT **e**

XX **Gerardo,** Alberto Alcocer 46 bis, ✉ 28016, 𝒫 250 87 68, Pescados, mariscos y carnes al carbón – 🍴. 🆎 ⑩ 🅴 𝐕𝐈𝐒𝐀. ✖
cerrado domingo y del 14 al 31 agosto – Com carta aprox. 5000.
HS **v**

XX **Asador Castillo de Javier,** Capitán Haya 19, ✉ 28020, 𝒫 556 87 97 – 🍴. 🆎 ⑩ 🅴 𝐕𝐈𝐒𝐀
Com carta 2650 a 4300.
GT **u**

XX **Asador Errota-Zar,** Corazón de María 32, ✉ 28002, 𝒫 413 52 24 – 🍴. 🆎 ⑩ 🅴 𝐕𝐈𝐒𝐀 ✖
cerrado domingo y agosto – Com carta 4050 a 4600.
CL **r**

XX **El Puntal,** av. de Brasil 26, ✉ 28020, 𝒫 555 52 18 – 🍴. 🆎 ⑩ 🅴 𝐕𝐈𝐒𝐀. ✖
cerrado domingo y agosto – Com carta 2650 a 3700.
GT **u**

XX **L'Empordá,** Comandante Zorita 32, ✉ 28020, 𝒫 553 93 42, Cocina catalana – 🍴. 🆎 ⑩ 🅴 𝐕𝐈𝐒𝐀. ✖
cerrado domingo y agosto – Com carta aprox. 4500.
FT **r**

XX **Endavant,** Velázquez 160, ✉ 28002, 𝒫 261 27 38, Cocina catalana – 🍴. 🆎 ⑩ 🅴 𝐕𝐈𝐒𝐀 ✖
cerrado sábado mediodía y domingo – Com carta aprox. 4500.
HU **e**

XX Café de la Habana, paseo de la Habana 28, ⊠ 28036, 𝒫 262 55 64 – 🗐   GT e

XX **Barlovento,** paseo de la Habana 84, ⊠ 28016, 𝒫 250 83 41 – 🗐. 🖭 ⓞ 🗉 𝘝𝘐𝘚𝘈.
⬥⬥   HT x
cerrado domingo – Com carta aprox. 4500.

XX **Da Nicola,** Orense 4, ⊠ 28020, 𝒫 555 75 94, Cocina italiana – 🗐. 🖭 ⓞ 🗉 𝘝𝘐𝘚𝘈
FTU c
Com carta 1450 a 1960.

XX **Toffanetti,** paseo de la Castellana 83, ⊠ 28046, 𝒫 556 42 87, Cocina italiana – 🗐. 🖭
ⓞ 🗉. 𝘝𝘐𝘚𝘈. ⬥⬥   GT x
Com carta 3110 a 3650.

XX **Le Tournedo,** General Moscardó 17, ⊠ 28020, 𝒫 253 92 00, Inspirado en los clásicos
bistros franceses – 🗐. 𝘝𝘐𝘚𝘈. ⬥⬥   FT e
cerrado domingo y festivos noche – Com carta 2450 a 3050.

XX **House of Ming,** paseo de la Castellana 74, ⊠ 28046, 𝒫 261 10 13, Rest. chino – 🗐. 🖭
ⓞ 🗉 𝘝𝘐𝘚𝘈. ⬥⬥   GV f
Com carta aprox. 3000.

XX **Asador La Brasa,** Infanta Mercedes 105, ⊠ 28020, 𝒫 279 36 43 – 🗐. 🖭 ⓞ 🗉 𝘝𝘐𝘚𝘈.
⬥⬥   GS s
cerrado del 15 al 31 agosto – Com carta 2700 a 3900.

XX Mesón Txistu, pl. Angel Carbajo 6, ⊠ 28020, 𝒫 270 96 51, 🍴, Decoración rústica –
🗐   GS d

XX **Prost,** Orense 6, ⊠ 28020, 𝒫 555 29 94 – 🗐. 𝘝𝘐𝘚𝘈. ⬥⬥   FT c
cerrado domingo y festivos – Com carta 2675 a 3025.

X Asador Guetaria, Comandante Zorita 8, ⊠ 28020, 𝒫 254 66 32, Cocina vasca – 🗐   FT s

X Asador Donostiarra, Infanta Mercedes 79, ⊠ 28020, 𝒫 279 73 40, Decoración rústica -
vasca – 🗐   FS a

X **La Parrilla de Madrid,** Capitán Haya 19 (posterior) 𝒫 555 12 83 – 🗐. 🖭 ⓞ 🗉 𝘝𝘐𝘚𝘈.
⬥⬥   GT u
cerrado domingo y agosto – Com carta 3800 a 5400.

X Mesón el Caserío, Capitán Haya 49, ⊠ 28020, 𝒫 270 96 29, Decoración rústica –
🗐   GS k

X **Guten,** Orense 70, ⊠ 28020, 𝒫 270 36 22 – 🗐. 𝘝𝘐𝘚𝘈. ⬥⬥   GS z
cerrado domingo y festivos – Com carta 2450 a 3025.

X Sacha, Juan Hurtado de Mendoza 11 (posterior), ⊠ 28036, 𝒫 457 59 52, 🍴.
🗐   GHS r

X **Las Cumbres,** av. de América 33, ⊠ 28002, 𝒫 413 07 51, Taberna andaluza – 🗐. 🖭 𝘝𝘐𝘚𝘈.
HV h
cerrado domingo noche – Com carta 2900 a 4200.

X **Asador Aljaba,** Padre Damián 38, ⊠ 28036, 𝒫 457 36 42, 🍴 – 🗐. 🖭 ⓞ 🗉 𝘝𝘐𝘚𝘈.
⬥⬥   HS n
Com carta 3400 a 4400.

X **Asador Ansorena,** Capitán Haya 55 (interior), ⊠ 28020, 𝒫 279 64 51 – 🗐. 🖭 ⓞ 🗉 𝘝𝘐𝘚𝘈.
⬥⬥   GS n
cerrado domingo, Semana Santa, agosto y Navidades – Com carta 4200 a 6000.

X **El Asador de Aranda,** pl. de Castilla 3, ⊠ 28046, 𝒫 733 87 02, Cordero asado,
Decoración castellana – 🗐. 🗉 𝘝𝘐𝘚𝘈. ⬥⬥   GS b
cerrado domingo noche y 15 agosto-15 septiembre – Com carta 2950 a 3700.

X Marbella, Príncipe de Vergara 276, ⊠ 28016, 𝒫 259 10 37, 🍴 – 🗐   HS x

X Bodegón Navarro, paseo de la Castellana 121, entrada por Pintor Juan Gris, ⊠ 28020,
𝒫 455 30 11, Decoración rústica – 🗐   GS h

X **Rianxo,** Raimundo Fernández Villaverde 49, ⊠ 28003, 𝒫 253 50 30, Cocina gallega – 🗐.
🖭 ⓞ 𝘝𝘐𝘚𝘈. ⬥⬥   FU a
cerrado domingo y agosto – Com carta 4000 a 7500.

X **La Villa,** Leizarán 19, ⊠ 28002, 𝒫 563 55 99 – 🗐. 🖭 🗉 𝘝𝘐𝘚𝘈. ⬥⬥   HT n
cerrado sábado mediodía, domingo y agosto – Com carta 2525 a 3175.

X **Los Borrachos de Velázquez,** Príncipe de Vergara 205, ⊠ 28002, 𝒫 458 10 76, Fax
766 60 60, Rest. andaluz – 🗐. 🖭 ⓞ 🗉 𝘝𝘐𝘚𝘈. ⬥⬥   HT s
Com carta 3600 a 5000.

X Las Cumbres, Alberto Alcocer 32, ⊠ 28036, 𝒫 458 76 92, Taberna andaluza – 🗐   HS b

Alrededores

por la salida ② : por la carretera N II y acceso carretera Coslada - San Fernando E :
12 km – ⊠ 28022 Madrid – ✆ 91 :

XX **Rancho Texano,** av. Aragón 364 𝒫 747 47 36, Fax 747 94 68, 🍴, Carnes a la brasa,
« Terraza » – 🗐 🅿. 🖭 ⓞ 🗉 𝘝𝘐𝘚𝘈. ⬥⬥
cerrado domingo noche – Com carta 2965 a 3850.

MADRID p. 26

por la salida ⑦ : en Aravaca – ✉ 28023 Aravaca – ☎ 91 :

XX **Portonovo,** carret. N VI : 10,5 km ✆ 307 01 73, 🍽, Cocina gallega – 🍴 ℗ 🄰🄴 ⓞ 🄴
 VISA ⚹%
 cerrado domingo y festivos noche – Com carta 4380 a 5380.

en El Plantío – ✉ 28023 El Plantío – ☎ 91 :

XX **Los Remos,** carret. N VI : 13 km ✆ 207 72 30, Pescados y mariscos, Terraza – 🍴 ℗ 🄴
 VISA ⚹%
 cerrado domingo, festivos noche y del 15 al 31 agosto – Com carta 3200 a 4000.

por la salida ⑥ : en Fuencarral : 5 km – ✉ 28034 Madrid – ☎ 91 :

XX **Casa Pedro,** Nuestra Señora de Valverde 119 ✆ 734 02 01, 🍽, Decoración castellana –
 🍴 🄰🄴 ⓞ 🄴 *VISA* ⚹%
 Com carta 2550 a 4500.

por la salida ⑧ : en la carretera de Colmenar Viejo – ✉ 28049 Madrid – ☎ 91 :

XX **El Mesón,** carret. C 607 : 14,5 km ✆ 734 10 19, 🍽, Decoración rústica en una casa de
 campo castellana – 🍴 ℗ 🄰🄴 ⓞ 🄴 *VISA* ⚹%
 cerrado domingo noche – Com carta 3250 a 5500.

Ver también : *Barajas* por ② : 13 km.

S.A.F.E. Neumáticos MICHELIN, División Comercial, Dr. Esquerdo 157, ✉ 28007 JY ✆
409 09 40, Telex 27582, FAX 409 31 11
S.A.F.E. Neumáticos MICHELIN, Sucursal av. José Gárate 7, COSLADA por ② o ③,
✉ 28020 ✆ 671 80 11 y 673 00 12, FAX 671 91 14

ALFA ROMEO Galileo 23 ✆ 445 88 00
ALFA ROMEO Príncipe de Vergara 253 ✆ 259 94 63
AUSTIN-MG-MORRIS-MINI General Moscardó 35 ✆ 254 48 12
AUSTIN-ROVER Galileo 104 ✆ 233 15 00
AUSTIN-ROVER Padre Damián 7 ✆ 458 08 00
AUSTIN-ROVER Grupo Escobar 4 - Pozuelo ✆ 715 78 50
BMW av. Manoteras 2 ✆ 202 91 41
CITROEN Dr. Esquerdo 62 ✆ 273 76 00
FORD Santa Engracia 117 ✆ 446 62 00
FORD Pl. Castellana, 230
MERCEDES-BENZ Mauricio Legendre 15 ✆ 315 83 29

MERCEDES-BENZ av. Aragón 316 ✆ 741 50 00
MERCEDES BENZ Núñez de Balboa 3 ✆ 276 46 68
MERCEDES BENZ Alcalá 101 ✆ 435 11 83
PEUGEOT-TALBOT av. de los Toreros 8 ✆ 255 66 00
RENAULT av. de Burgos 93 ✆ 766 15 33
SEAT-AUDI-VOLKSWAGEN paseo de la Castellana 278 ✆ 315 31 40
SEAT-AUDI-VOLKSWAGEN Alcalá 330 ✆ 408 96 46

No confundir :

Confort de los hoteles	: 🏨🏨 ... 🏠, 🏡
Confort de los restaurantes	: XXXXX ... X
Calidad de la mesa	: ❀❀❀, ❀❀, ❀

MADRIDEJOS 45710 Toledo 444 N 19 – 9 906h. – ☎ 925.
♦Madrid 118 – Ciudad Real 79 – Toledo 68.

🏠 Contreras, carret. N IV ✆ 46 07 38 – 🍴 📺 ℗
 38 hab.

CITROEN carret. Andalucía km 119 ✆ 46 09 99
FORD carret. Andalucía km 119,2 ✆ 46 00 89
OPEL carret. Andalucía km 119,1 ✆ 46 08 58
RENAULT carret. Andalucía km 118,7 ✆ 46 02 44

REANAULT (AUTO SAN MARCO) pl San Marcos - c/ Odison c-6 ✆ 682 05 62/94
SEAT-AUDI-VOLKSWAGEN carret. Andalucía km 118 ✆ 46 02 67

MAGALUF Baleares 443 N 37 – ver Baleares (Mallorca) : Palma Nova.

MAHÓN Baleares 443 M 42 – ver Baleares (Menorca).

MAJADAHONDA 28220 Madrid 444 K 18 – 22 949h. – ☎ 91.
♦Madrid 18.

X **Prost,** Mar Egeo - El Zoco ✆ 638 00 08, 🍽, Típica cervecería alemana – 🍴 *VISA*
 ⚹%
 cerrado domingo y festivos noche – Com carta 2375 a 3275.

AUDI-VOLKSWAGEN carret. Boadilla-Majadahonda km 7 ✆ 639 28 11
AUSTIN-ROVER carret. Boadilla-Majadahonda km 7,3 ✆ 639 61 11
BMW carret. El Plantío-Majadahonda km 11 ✆ 639 56 61
FIAT carret. Boadilla-Majadahonda km 7, Polígono Industrial Corralevo ✆ 639 56 50

FORD carret. Pozuelo-Majadahonda km 5,1 ✆ 638 34 03
RENAULT San Andrés 4 ✆ 638 58 90
SEAT carret. Boadilla-Majadahonda km 7 ✆ 639 71 50

ÁLAGA 29000 P 446 V 16 – 503 251 h. – ☎ 952 – Playa.

er : Catedral★ CY – Museo de Bellas Artes★ DY **M** – Alcazaba★ (museo★) DY – Gibralfaro ≤★★ DY.

red. : Finca de la Concepción★ por ④ : 7 km – Carretera★ de Málaga a Antequera ≤★★ BU.

Club de Campo de Málaga por ② : 9 km ☎ 38 11 20 – ⛳9 de El Candado por ① : 5 km ☎ 29 66.

✈ de Málaga por ② : 9 km ☎ 32 20 00 – Iberia : Molina Larios, ✉ 29015, ☎ 21 37 31 CY y viaco : aeropuerto ☎ 31 78 58.

🚗 ☎ 31 62 49.

⛴ para Melilla : Cía. Trasmediterránea, Juan Díaz 4, ✉ 29015 (CZ) ☎ 22 43 93, Telex 77042.

Pasaje de Chinitas, 4 ✉ 29015, ☎ 21 34 45 Cister, 11 1° derecha, ✉ 29015, ☎ 22 79 07 – **R.A.C.E.** alderería 1, ✉ 29008, ☎ 21 42 60.

Madrid 548 ④ – Algeciras 133 ② – ♦Córdoba 175 ④ – ♦Sevilla 217 ④ – ♦Valencia 651 ④.

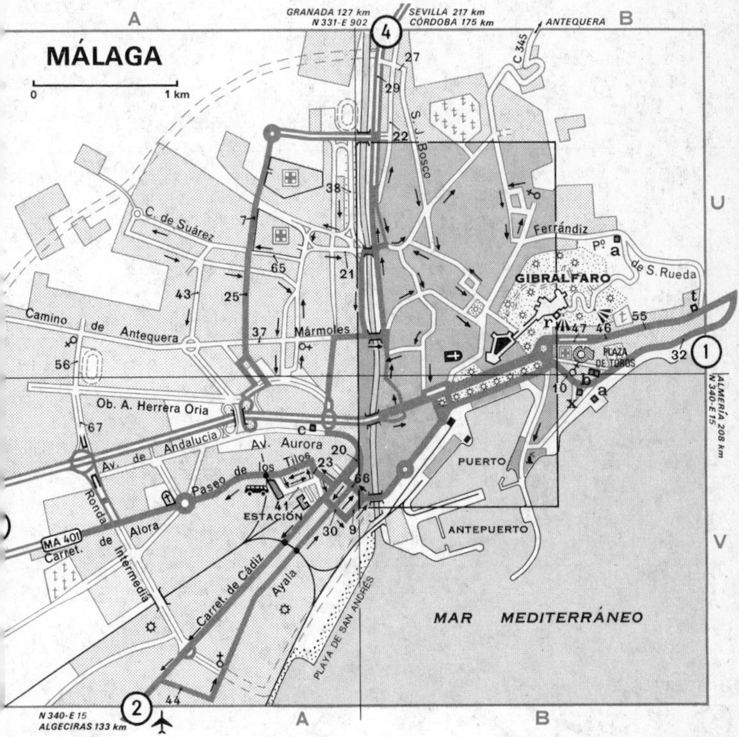

Blas de Lezo	AU 7	Guerrero Strachan	BU 27	Paloma (Av. de la)	AV 44
Canales	ABV 9	Jorge Silvela (Av. de)	BU 29	Pries (Av. de)	BU 46
Cánovas del Castillo (Paseo)	BV 10	Jovellanos	AV 30	Reding (Paseo de)	BU 47
Cuarteles	AV 20	Marítimo (Paseo)	BU 32	Sancha (Paseo de)	BU 55
Dr Gálvez Ginachero (Av.)	AU 21	Martínez Maldonado	AU 37	Santa Rosa (Av. de)	AU 56
Emilio Díaz	BU 22	Martiricos (Paseo de)	AU 38	Velarde	AU 65
Eslava	AV 23	Mendívil	AV 41	Vieja	ABV 66
Eugenio Gross	AU 25	Morales Villarrubia	AU 43	Virgen de la Cabeza	AV 67

Centro :

Málaga Palacio sin rest, av. Cortina del Muelle 1, ✉ 29015, ☎ 21 51 85, Telex 77021, Fax 21 51 85, ≤, 🏊 – 🛗 ▤ 📺 ☎ – 🏛 25/300. AE ⓓ E VISA. ✻ CZ **b**
☕ 700 – **223 hab** 9850/12600.

Don Curro sin rest con cafetería, Sancha de Lara 7, ✉ 29015, ☎ 22 72 00, Telex 77366, Fax 21 59 46 – 🛗 ▤ 📺 ☎. AE ⓓ E VISA. ✻ CZ **e**
☕ 580 – **105 hab** 6560/9240.

Venecia sin rest y sin ☕, Alameda Principal 9, ✉ 29001, ☎ 21 36 36 – 🛗 ☎ CZ **u**
40 hab.

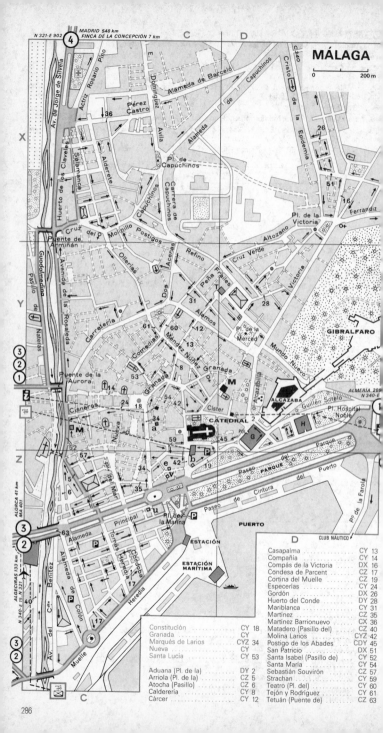

MÁLAGA

N 321·E 902
MADRID 548 km
FINCA DE LA CONCEPCIÓN 7 km

Av. de Jorge de Silvela

Actriz Rosario Pino

E. Domínguez

Alameda de Barceló

Capuchinos

Cº de Cristo de la Epidemia

Pérez Castro

Avila

Alameda

Huerto de los Claveles

Salamanca

Alderete

Capuchinos

Carrera de Capuchinos

Pl. de Capuchinos

Pl. de la Victoria

Ferrandiz

Cruz del Molinillo

Postigos

Olleríos

Puente de Armiñán

Avenida de la Rosaleda

Refino

Cruz Verde

Victoria

Altozano

Dos Aceras

Peña Frailes

Carretería

Álamos

Puente de la Aurora

Comedias

Mendez Núñez

Granada

Pl. de la Merced

Mundo Nuevo

GIBRALFARO

Cisneros

Granada

Cister

ALMERÍA 208
N 340·E

Pl. del Hospital Noble

CATEDRAL

Guillén Sotelo

ALCAZABA

Nueva

PARQUE

Pº de la Farola

Paseo del Parque del Puerto

Paseo de Cintura

PUERTO

CLUB NÁUTICO

Pl. de Mar

Pl. de la Marina

ESTACIÓN

ESTACIÓN MARÍTIMA

Alameda

Principal

Torres Heredia

Córdoba

Heredia

Benítez

Alameda de Colón

Avda. del Cdte.

Muelle

ALORA 41 km
MA 401

ALGECIRAS 133 km
N 340·E (S. N 321)

Guadalmedina

Pasillo de Natera

Pasillo de

286

🦢 Derby sin rest y sin 🍴, San Juan de Dios 1 - 4°, ⊠ 29015, 🞉 22 13 01 – 🍴 🚭 CZ **v**
16 hab.

✗ **El Chinitas,** Moreno Monroy 4, ⊠ 29015, 🞉 21 09 72, 🍴 – 🗏. 🟰 ⓪ Ε 𝖵𝖨𝖲𝖠 CY **a**
Com carta 2100 a 3400.

fuera del centro :

🏨 Parador de Málaga-Gibralfaro 🌭, ⊠ 29016, 🞉 22 19 03, Fax 22 19 02, « Magnífica
situación con ≤ Málaga y mar » BU **r**
posible cierre por obras durante 1991.

🏨 Los Naranjos sin rest, paseo de Sancha 35, ⊠ 29016, 🞉 22 43 16, Telex 77030, Fax
22 59 75 – 🍴 🗏 📺 ☎ 🚗 BU **t**
41 hab.

✗✗✗ **Café de París,** Vélez Málaga 8, ⊠ 29016, 🞉 22 50 43, Fax 22 50 43 – 🗏. 🟰 ⓪ Ε 𝖵𝖨𝖲𝖠.
🞉 BV **x**
cerrado domingo y 21 agosto-15 septiembre – Com carta 4100 a 5600.

✗✗ **Antonio Martín,** paseo Marítimo 4, ⊠ 29016, 🞉 22 21 13, Fax 21 10 18, ≤, 🍴, Amplias
terrazas sobre el mar – 🗏 ⓟ. 🟰 ⓪ Ε 𝖵𝖨𝖲𝖠 BV **a**
Com carta 3150 a 4245.

✗✗ Asador Segoviano, Ventaja Alta 12 (subida a Jibralfaro), ⊠ 29016, 🞉 26 69 46, 🍴, Carnes
– 🗏 ⓟ BU **a**

✗ **La Taberna del Pintor,** Maestranza 6, ⊠ 29016, 🞉 21 53 15, Decoración rústica, Carnes
– 🗏. 🟰 ⓪ Ε 𝖵𝖨𝖲𝖠 BUV **b**
Com carta 2125 a 3495.

✗ Cueva del Camborio, av. de la Aurora 18, ⊠ 29006, 🞉 34 78 16 – 🗏 AV **c**
✗ Nuevo Bistrot, Maestranza 16, ⊠ 29016, 🞉 22 63 19 – 🗏 BUV **b**

en la urb. Cerrado de Calderón – ⊠ 29018 – 🕾 952

✗✗✗ Romara, por ① : 4,5 km, paseo Cerrado de Calderón 3 🞉 29 91 17, 🍴 – 🗏 ⓟ.
✗✗ **El Campanario de Camborio,** por ① : 6 km, paseo de la sierra 36 🞉 29 50 51, ≤ Bahía
de Málaga, 🍴 – 🗏 ⓟ. 🟰 Ε 𝖵𝖨𝖲𝖠. 🞉
cerrado domingo noche y lunes – Com carta 2700 a 4250.

en la playa de El Palo por ① : 6 km – ⊠ 29017 El Palo – 🕾 952 :

✗ Refectorium, av. Juan Sebastián Elcano 146 🞉 29 45 93, 🍴 – 🗏.
✗ **Casa Pedro,** Quitapenas 121 🞉 29 00 13, ≤ – 🟰 ⓪ Ε 𝖵𝖨𝖲𝖠. 🞉
cerrado lunes noche y noviembre – Com carta 1850 a 3275.

en Churriana por ② : 9 km y desvío 1 km – ⊠ 29140 Málaga – 🕾 952 :

✗✗ **El Rumblar,** carret. de Coin 44 🞉 43 50 60, 🍴, 🚗 – ⓟ. 🟰 ⓪ Ε 𝖵𝖨𝖲𝖠
Com carta 2500 a 3200.

en la carretera de Cádiz por ② : 11 km : Parador de Málaga del Golf ver Torremolinos

ALFA-ROMEO Alcalde Isidoro Encijo 8
🞉 36 08 11
AUSTIN-ROVER Ayala 35 🞉 32 03 00
BMW carret. de Cádiz km 228'100 🞉 37 30 68
CITROEN Bodegueros 60 🞉 35 92 11
CITROEN carret. de Cádiz 198 🞉 23 97 94
FIAT camino de San Rafael 39 🞉 36 05 09
FIAT av. de Los Guindos 8 🞉 23 07 02
FORD carret. de Cádiz km 239 🞉 32 84 00
FORD av. Jacinto Benavente 🞉 26 40 62
GENERAL MOTORS carret. de Cádiz - Polígono
Villarosa 🞉 34 78 00
GENERAL MOTORS pl. de Toros Vieja 9
🞉 31 64 00

LANCIA carret. de Cádiz 4 🞉 31 58 00
MERCEDES-BENZ carret. de Cádiz km 242
🞉 31 14 00
PEUGEOT-TALBOT carret. de Cádiz 83
🞉 23 07 55
PEUGEOT-TALBOT Bodegueros 19 🞉 34 68 62
PEUGEOT-TALBOT paseo de los Tilos 11
🞉 35 23 63
RENAULT carret. de Cádiz 178 🞉 31 50 00
RENAULT carret. de Cartama km 4 - Polígono
industrial El Viso 🞉 33 07 00
SEAT-AUDI-VOLKSWAGEN carret. de Cádiz km
242 🞉 31 36 30

MALLORCA Baleares 🔢 O 37 – ver Baleares.

MANCHA REAL 23100 Jaén 🔢 S 19 – 8 003 h. alt. 760 – 🕾 953.
♦Madrid 355 – ♦Córdoba 118 – ♦Granada 92 – Jaén 19.

🏨 **La Zambra,** La Zambra 47, ⊠ 23100 Mancha Real, 🞉 35 11 93 – 🟰 Ε 𝖵𝖨𝖲𝖠. 🞉
Com 850 – 🍴 150 – **11 hab** 3000/6000 – PA 1750.

La MANGA DEL MAR MENOR 30370 Murcia 🔢 S 27 – 🕾 968 – Playa.
🏌, 🏌 La Manga SO : 11 km 🞉 56 45 11.
🛈 Gran Vía - urb. Manga Beach 🞉 14 15 02.
♦Madrid 473 – Cartagena 34 – ♦Murcia 83.

🏨 **Villamanga,** Gran Vía de la Manga 🞉 14 52 22, Fax 14 52 22, ⊾ – 🗏 📺 ☎ ⓟ. 🟰 ⓪
Ε 𝖵𝖨𝖲𝖠. 🞉
Com carta 2800 a 3500 – 🍴 400 – **60 hab** 9000/12000.

🏨 **Dos Mares** sin rest y sin 🍴, pl. Bohemia 🞉 14 00 93 – 🗏 ☎. 🟰 ⓪ Ε 𝖵𝖨𝖲𝖠. 🞉
28 hab 4065/6196.

XX **El Velero-Los Churrascos,** Gran Vía - urb. Los Snipes ℘ 14 05 07 – ▤ ⓟ ◉ ⑤
VISA ⌘
cerrado lunes salvo verano – Com carta 2050 a 4250.

XX **Borsalino,** edificio Babilonia ℘ 56 31 30, <, 🛖, Cocina francesa – ⒶⒺ ◉ ⑤ **VISA** ⌘
cerrado martes y 15 noviembre-15 diciembre – Com carta 2400 a 4050.

X **San Remo,** Hacienda Dos Mares ℘ 14 08 13, 🛖 – ⒶⒺ ◉ ⑤ **VISA** ⌘
Com carta 2100 a 2650.

X **Chez Michel,** edificio Babilonia ℘ 56 30 02, <, 🛖, Cocina francesa

X **Madrigal,** urbanización Las Sirenas ℘ 56 31 57, 🛖 – **VISA** ⌘
cerrado lunes, enero y febrero – Com carta 2000 a 3300.

MANILVA 29691 Málaga ❹❶❻ W 14 – 3 768 h. – ✪ 952 – Playa.
◆Madrid 643 – Algeciras 40 – ◆ Málaga 97 – Ronda 61.

   en Castillo La Duquesa SE : 3 km – ✉ 29692 – ✪ 952

X **Mesón del Castillo,** pl. Mayor ℘ 89 07 66 – ⒶⒺ ⑤ **VISA**
cerrado lunes y 10 noviembre-2 diciembre – Com carta 2100 a 3725.

   en el Puerto de la Duquesa SE : 3,5 km – ✉ 29692 Puerto de la Duquesa – ✪ 952 :

XX **Macues,** ℘ 89 03 95, <, 🛖 – ⒶⒺ ◉ ⑤ **VISA** ⌘
cerrado domingo y febrero – Com carta 2300 a 3550.

MANISES 46940 Valencia ❹❹❺ N 28 – 24 871 h. – ✪ 96.
◆Madrid 346 – Castellón de la Plana 78 – Requena 64 – ◆Valencia 9,5.

   🏨 **Sol Azafata,** Autopista del aeropuerto ℘ 154 61 00, Telex 61451, Fax 153 20 19 – 🛗
   ☎ ⇔ ⓟ – 🛐 25/300. ⒶⒺ ◉ ⑤ **VISA** ⌘ rest
   ☲ 800 – **130 hab** 12000/15000.

MANRESA 08240 Barcelona ❹❹❸ G 35 – 67 014 h. alt. 205 – ✪ 93.
◆Madrid 591 – ◆Barcelona 67 – ◆Lérida/Lleida 122 – ◆Perpignan 239 – Tarragona 115 – Sabadell 67.

   🏨 **Pedro III,** Muralla Sant Francesc 49 ℘ 872 40 00, Fax 875 05 06 – 🛗 ▤ rest ☎ ⇔ ⓟ ⑤
   VISA ⌘ rest
   Com 1600 – ☲ 350 – **113 hab** 4800/6800 – PA 2950.

XX **La Cuina,** Alfons XII - 18 ℘ 872 89 69 – ▤. ⒶⒺ ◉ ⑤ **VISA** ⌘
cerrado jueves – Com carta 2000 a 3500.

XX **Aligué,** carret. de Vic-barriada El Guix 8 ℘ 873 25 62 – ▤ ⓟ. ⒶⒺ ◉ ⑤ **VISA** ⌘
cerrado domingo noche – Com carta 2200 a 3700.

ALFA-ROMEO Sant Magi 20-22 ℘ 874 68 31
AUSTIN-ROVER-VOLVO Sant Cristofol 16
℘ 874 55 51
BMW carret. de Vic 233 ℘ 873 76 54
CITROEN Séquia 32 ℘ 873 85 00
FIAT Rubio i Ors 3 ℘ 875 03 42
FORD carret. Sampedor 141 ℘ 874 43 12
GENERAL MOTORS carret. Pont Vilomara 33-35
℘ 873 42 00

LANCIA passeig del Riu 46 ℘ 872 67 59
MERCEDES-BENZ Polígono Industrial Bufalvent
℘ 874 35 12
RENAULT carret. de Vic 225 ℘ 874 40 51
SEAT-AUDI-VOLKSWAGEN Passeig del Riu 48-
52 ℘ 872 03 41

MANZANARES 13200 Ciudad Real ❹❹❹ O 19 – 17 721 h. alt. 645 – ✪ 926.
◆Madrid 173 – Alcázar de San Juan 63 – Ciudad Real 52 – Jaén 159.

   en la carretera N IV – ✉ 13200 Manzanares – ✪ 926 :

   🏨 **Parador de Manzanares,** ℘ 61 36 00, Fax 61 09 35, ⒌ – 🛗 ▤ ☎ ⇔ ⓟ –
   🛐 25/300. ⒶⒺ ◉ ⑤ **VISA** ⌘
   Com 2400 – ☲ 950 – **50 hab** 7500 – PA 4890.

   🏨 **El Cruce,** ℘ 61 19 00, Fax 61 47 87, 🛖, « Amplio jardín con césped y ⒌ » – ▤ ☎
   ⓟ – 🛐 25/200. ⒶⒺ ⑤ **VISA** ⌘
   Com 2000 – ☲ 500 – **37 hab** 3800/7500.

   🏠 **Manzanares,** sin rest, ℘ 61 08 00, ⒌ – ▤ ☎ ⓟ – **34 hab.**

CITROEN carret. N IV km 171 ℘ 61 19 30
FIAT Polígono Industrial ℘ 61 44 64
FORD carret. N IV km 171 ℘ 61 13 15
GENERAL-MOTORS Polígono Industrial
℘ 61 36 82
LANCIA Polígono Industrial parcela 51
℘ 61 32 61

MERCEDES-BENZ San Antón 8 ℘ 61 28 15
PEUGEOT-TALBOT carret. N IV km 171
℘ 61 14 85
RENAULT carret. de Madrid 9 ℘ 61 19 20
SEAT-AUDI-VOLKSWAGEN Clérigo Camarena 46
℘ 61 14 53

MANZANARES EL REAL 28410 Madrid 444 J 18 – 1 515 h. alt. 908 – © 91.

Ver : Castillo★.

♦Madrid 53 – Avila 85 – El Escorial 34 – ♦Segovia 51.

%   **Taurina,** pl. Generalísimo 8 ℰ 853 07 73 – ▣. *VISA*. ⁓
    cerrado martes y agosto – Com (sólo almuerzo) carta 2500 a 4000.

FORD Real 18 ℰ 853 04 95   SEAT-AUDI-VOLKSWAGEN av. de Madrid 20
                                            ℰ 853 01 98

MANZANERA 44420 Teruel 445 L 27 – 566 h. alt. 700 – © 974 – Balneario.

♦Madrid 352 – Teruel 51 – ♦Valencia 120.

  en la carretera de Abejuela SO : 4 km – ⊠ 44420 Manzanera – © 974 :

🏠 **Baln. El Paraíso** ⤢, ℰ 78 03 31, Telex 62025, ⤴, ⁓ – ℗. 🄴 *VISA*. ⁓
    junio-septiembre – Com 1800 – ⊠ 420 – **73 hab** 3700/6400 – PA 3400.

MARANGES o **MERANGES** 17539 Gerona 443 E 35 – 64 h. – © 972.

♦Madrid 652 – Gerona/Girona 166 – Puigcerdá 18 – Seo de Urgel 50.

%   **Cal Borrell** ⤢ con hab, Regreso 3 ℰ 88 00 33, ≼, 🍽, Cocina catalana, Decoración
    rústica, « En un típico pueblo de montaña » – ☎ ℗. 🄰🄴 🄴 *VISA*. ⁓
    cerrado lunes y 15 mayo-15 junio – Com carta 3150 a 5050 – ⊠ 750 – **8 hab** 7000/13000.

Las MARAVILLAS Baleares 443 N 38 – ver Baleares (Mallorca) : Palma de Mallorca.

Pour un bon usage des plans de ville, voir les signes conventionnels.

MARBELLA 29600 Málaga 446 W 15 – 67 882 h. – © 952 – Playa.

🏌 Río Real-Los Monteros por ① : 5 km ℰ 77 37 76 – 🏌 Nueva Andalucía por ② : 5 km ℰ 78 72
00 – 🏌 Aloha golf, urbanización Aloha por ② : 8 km ℰ 81 23 88 – 🏌 golf Las Brisas, Nueva
Andalucía por ② ℰ 81 08 75 – Iberia : paseo Marítimo A ℰ 77 02 84.

🄱 Miguel Cano 1 ℰ 77 14 42 .

♦Madrid 602 ① – Algeciras 77 ② – ♦Málaga 56 ①.

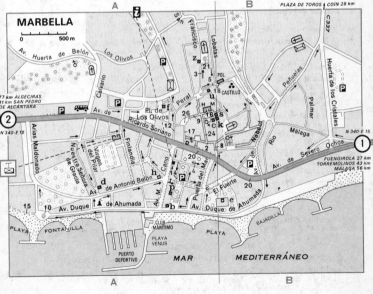

🏨🏨 **Meliá Don Pepe y Grill La Farola** ॐ, Finca Las Merinas por ② ℰ 77 03 00, Telex 77055, Fax 77 03 00, ≤ mar y montaña, 斎, « Césped con vegetación subtropical », 玉, 舞, ℀ – 🛗 ≡ 📺 ☎ 🕭 🅟 – 🚗 25/400. 🖭 ⓞ 🅔 𝗩𝗜𝗦𝗔 ❀
Com carta 4550 a 5100 – ☲ 2100 – **218 hab** 24000/31000 – PA 9625.

🏨 **El Fuerte,** av. del Fuerte ℰ 77 15 00, Telex 77523, Fax 82 44 11, ≤, 斎, « Terrazas con jardín y palmeras », 玉 climatizada, 🖳, ℀ – 🛗 ≡ 📺 ☎ 🕭 🅟 – 🚗 25/600. 🖭 ⓞ 🅔
𝗩𝗜𝗦𝗔 ❀ rest   AB **e**
Com 2600 – ☲ 900 – **263 hab** 8150/13000.

🏨 **San Cristóbal,** Ramón y Cajal 3 ℰ 77 12 50, Telex 77712, Fax 86 20 44 – 🛗 ≡ ☎ 🅔
𝗩𝗜𝗦𝗔 ❀ rest   A **t**
marzo-diciembre – Com 1225 – ☲ 350 – **97 hab** 4425/6500 – PA 2450.

🏨 **Lima** sin rest, av. Antonio Belón 2 ℰ 77 05 00, Fax 86 30 91 – 🛗 ☎ 🖭 ⓞ 🅔 𝗩𝗜𝗦𝗔 ❀
☲ 400 – **64 hab** 4000/5950.   A **h**

XXX ⁕ **La Fonda,** pl. Santo Cristo 10 ℰ 77 25 12, 斎, « Patio andaluz » – 🖭 ⓞ 🅔 𝗩𝗜𝗦𝗔 ❀
cerrado domingo salvo agosto – Com (sólo cena) carta 4625 a 5370   A **z**
Espec. Crepes de aguacates y gambas, Dorada al estilo Fonda, Emince de hígado de ternera al vinagre de manzana.

XXX Calycanto, av. Cánovas del Castillo 9 ℰ 77 20 59, 斎, « Decoración original » – ≡ por ②

XX **Santiago,** av. Duque de Ahumada 5 ℰ 77 43 39, Fax 824503, 斎, Pescados y mariscos
– ≡. 🖭 ⓞ 🅔 𝗩𝗜𝗦𝗔 ❀   A **b**
Com carta 3500 a 4750.

XX **Cenicienta,** av. Cánovas del Castillo (circunvalación) ℰ 77 43 18, 斎 – 🅟. 🅔 𝗩𝗜𝗦𝗔 ❀
Com (sólo cena) carta 3450 a 3900.   por ②

XX **Hostería del Mar,** av. Cánovas del Castillo 1A ℰ 77 02 18, 斎, « Terraza » – 🖭 🅔 𝗩𝗜𝗦𝗔
❀   por ②
cerrado domingo – Com (sólo cena) carta 2500 a 3500.

XX Arantza, pl. de los Olivos ℰ 86 38 44 – ≡ 🅟   A **f**

XX Mena, pl. de los Naranjos 10 ℰ 77 15 97, 斎   A **c**

XX **Los Naranjos,** pl. de Los Naranjos ℰ 77 18 19, 斎 – 🖭 ⓞ 🅔 𝗩𝗜𝗦𝗔 ❀   AB **k**
cerrado 20 noviembre-20 febrero – Com carta 2700 a 4350.

X Plaza, pl. General Chinchilla 6 ℰ 77 11 11, 斎   AB **s**

X **Mamma Angela,** Virgen del Pilar 26 ℰ 77 68 99, 斎, Cocina italiana – ≡. ❀   A **d**
cerrado martes y 30 diciembre-febrero – Com carta 2200 a 2350.

X **Mesón del Conde,** av. del Mar 18 ℰ 77 10 57, Decoración rústica, Rest. Suizo – ≡. 🖭
ⓞ 🅔 𝗩𝗜𝗦𝗔   A **p**
cerrado lunes, martes mediodía y noviembre-15 diciembre – Com carta 2230 a 2730.

X **El Balcón de la Virgen,** Remedios 2 ℰ 77 60 92, Edificio del siglo XVI – ⓞ 🅔 𝗩𝗜𝗦𝗔
cerrado martes – Com carta 1565 a 2635.   A **u**

en la carretera de Cádiz – ✉ 29600 Marbella – ☎ 952 :

🏨🏨 **Marbella Club** ॐ, por ② : 3 km ℰ 77 13 00, Telex 77319, Fax 82 98 84, 斎, « Confortables instalaciones en un amplio jardín », 玉 climatizada, ℀ – ≡ 📺 ☎ 🅟 – 🚗 25/200. 🖭 ⓞ 🅔 𝗩𝗜𝗦𝗔 ❀
Com 5900 – ☲ 1750 – **100 hab** 26640/38060 – PA 11650.

🏨🏨 **Puente Romano** ॐ, por ② : 3,5 km ℰ 77 01 00, Telex 77399, Fax 77 57 66, 斎, « Elegante conjunto de estilo andaluz en un magnífico jardín », 玉 climatizada, ℀ – 🛗 ≡ 📺 ☎ 🅟 – 🚗 25/160. 🖭 ⓞ 🅔 𝗩𝗜𝗦𝗔 ❀ rest
Com 4600 – ☲ 1500 – **220 hab** 24000/30000 – PA 9095.

🏨🏨 **Coral Beach,** por ② : 5 km ℰ 82 45 00, Telex 79816, Fax 82 82 57, 玉, 舞 – 🛗 ≡ 📺 ☎ 🕭 🅟 – 🚗 25/300. 🖭 ⓞ 🅔 𝗩𝗜𝗦𝗔 ❀
marzo-octubre – Com 3700 – ☲ 1300 – **170 hab** 17200/22400 – PA 7300.

🏨🏨 **Andalucía Plaza,** urb. Nueva Andalucía por ② : 7,5 km, ✉ 29660 Nueva Andalucía, ℰ 81 20 00, Telex 77086, Fax 81 47 92, 斎, 玉, 🖳, 舞, ℀ – 🛗 ≡ 📺 ☎ 🅟 – 🚗 25/800. 🖭 ⓞ 🅔 𝗩𝗜𝗦𝗔 ❀
Com 3350 – ☲ 900 – **415 hab** 10815/13175.

🏨 **Marbella Dinamar Club 24,** por ② : 6 km, ✉ 29660 Nueva Andalucía, ℰ 81 05 00, Telex 77656, Fax 81 23 46, ≤, 斎, « Jardín con 玉 », 🖳, ℀ – 🛗 ≡ ☎ 🅟 – 🚗 25/150. 🖭 ⓞ 🅔 𝗩𝗜𝗦𝗔 ❀
Com 3000 – ☲ 1000 – **117 hab** 12200/15000.

🏨 Guadalpín, por ② : 1,5 km ℰ 77 11 00, 斎, 玉, 舞 – ☎ 🅟 – **110 hab**.

🏨 **Las Fuentes del Rodeo,** por ② : 8 km, ✉ 29660 Nueva Andalucía, ℰ 81 40 17, Telex 77340, Fax 81 15 01, 斎, « jardín », 玉, ℀ – ☎ 🅟. 🖭 ⓞ 🅔 𝗩𝗜𝗦𝗔 ❀ rest
Com 2500 – ☲ 650 – **85 hab** 4700/9000 – PA 5650.

🏨 **Nagüeles** sin rest, por ② : 3,5 km ℰ 77 16 88 – 🅟. ❀
marzo-15 octubre – ☲ 325 – **17 hab** 2150/3550.

XXX **La Meridiana,** por ② : 3,5 km - camino de la Cruz-urb Lomas del Virrey ℰ 77 61 90, ≤, 斎, « Terraza con jardín », 玉 – ≡ 🅟. 🖭 ⓞ 🅔 𝗩𝗜𝗦𝗔
cerrado lunes y 10 enero-11 febrero – Com carta 4800 a 6600.

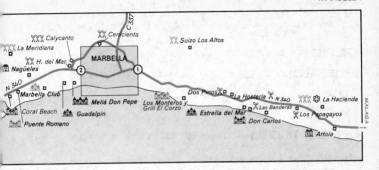

en la carretera de Málaga – ⊠ 29600 Marbella – ☎ 952 :

Los Monteros ⑤, por ① : 5,5 km ℰ 77 17 00, Telex 77059, Fax 82 58 46, ≤, 龠,
« Jardín subtropical », ⊒, ⊡, ℅, ℩₈ – ⊜ ▤ ⅏ ☎ ℗ – ⅍ 25/50. ㏑ ① ㏒ _VISA_. ℅
Com (ver a continuación rest. **El Corzo**) – ⊈ 1600 – **170 hab** 36000/41300.

Don Carlos ⑤, por ① : 10 km ℰ 83 11 40, Telex 77481, Fax 83 34 29, ≤, 龠, « Amplio
jardín », ⊒ climatizada, ℅ – ⊜ ▤ ⅏ ☎ ℗ – ⅍ 25/1200. ㏑ ① ㏒ _VISA_. ℅
Com carta 4450 a 6500 – ⊈ 1250 – **238 hab** 20100/25500 – PA 9225.

Estrella del Mar ⑤, por ① : 9 km ℰ 83 12 75, Telex 79669, Fax 83 35 40, 龠, ⊒, 龠,
℅ – ⊜ ▤ rest ☎ ℗ ㏒ _VISA_. ℅ rest
marzo-noviembre – Com 2000 – ⊈ 700 – **98 hab** 5800/9000.

Artola sin rest, por ① : 12,5 km ℰ 83 13 90, Telex 79678, Fax 83 04 50, ≤, « En un campo
de golf », ⊒, 龠, ℩₈ – ⊜ ⇔ ℗. ㏑ ㏒ _VISA_. ℅ rest
⊈ 600 – **31 hab** 6500/8750.

❀ **El Corzo,** - Hotel Los Monteros, por ① : 5,5 km ℰ 77 17 00, Telex 77059, Fax 82 58 46,
龠 – ▤ ℗ ㏑ ① ㏒ _VISA_. ℅
Com (sólo cena) carta 4900 a 6000
Espec. Ensalada de apracates con canquejos salsa de albahaca. Higado de oca al vino de Oporto, Papaya
con fresas y frambueras, salsa de menta..

La Hacienda, carretera de Málaga SE : 11,5 km ℰ 83 11 16, Fax 83 33 28, 龠,
« Decoración rústica - Patio » – ℗. ㏑ ① ㏒ _VISA_. ℅
_cerrado lunes mediodía en agosto, lunes y martes resto del año y 15 noviembre- 20
diciembre_ – Com carta 5325 a 5925.

Los Altos de Marbella, por ① : 5 km y desvío 3 km ℰ 77 12 16, ≤ monte, mar y
Marbella, 龠, Rest. suizo – ℗ ㏑ ㏒ _VISA_. ℅
cerrado lunes – Com carta 2900 a 3900.

Las Banderas, por ① : 9,5 km - carret. del H. Estrella del Mar ℰ 83 18 19, 龠 – ㏑ ①
㏒ _VISA_
cerrado miércoles – Com carta 2700 a 3300.

Los Papagayos, por ① : 9,8 km ℰ 83 11 06, 龠, Decoración rústica – ㏑ ① ㏒ _VISA_. ℅
Com carta 2300 a 3845.

La Hostería, por ① : 8 km ℰ 83 11 35, 龠 – ℗. ㏑ ㏒ _VISA_. ℅
cerrado martes y febrero – Com carta 1625 a 2040.

Dos Pinos, por ① : 8 km ℰ 83 11 37 – ▤ ℗. ㏑ ㏒ _VISA_
cerrado lunes y enero – Com carta 2000 a 3400.

Ver también : **_Puerto Banús_** : 8 km
San Pedro de Alcántara por ② : 13 km.

ALFA ROMEO carret. N-340 km 182'75
ℰ 82 90 02
AUDI-VOLKSWAGEN carret. N 340 km 182'7
ℰ 82 82 12
CITROEN carret. de Cádiz km 184 ℰ 77 39 66
FIAT carret. N 340 km 182,75 ℰ 82 47 29
FORD carret. N 340 km 189 ℰ 77 46 37
GENERAL MOTORS carret. de Cádiz km 183
ℰ 77 99 66

LANCIA Carret. n 340 km 182,7 ℰ 82 02 85
MERCEDES-BENZ carret. N 340 km 189
ℰ 82 43 36
PEUGEOT-TALBOT carret. N 340 km 183
ℰ 82 08 23
RENAULT carret. N 340 km 183 ℰ 77 16 16
VOLVO Carretera N 340 km 182,5 ℰ 86 12 87

MARENY DE VILCHES Valencia 🟥🟥🟥 O 29 – ⊠ 46408 – ☎ 96 – Playa.
♦Madrid 375 – ♦Alicante 145 – ♦Valencia 27.

Ariane, Mediterráneo 73 - playa ℰ 176 07 16, ≤, ℅ – ⊜ ⇔ ℗. ㏒ _VISA_. ℅ rest
julio-agosto – Com 1600 – ⊈ 400 – **48 hab** 2600/5200.

La MARINA 03194 Alicante 🅐🅑🅒 R 28 – – 🔵 96 – Playa.
◆Madrid 437 – ◆Alicante 31 – Cartagena 79 – ◆Murcia 57.

🏠 **Marina** sin rest, con cafetería, av. de la Alegría 30 🖉 541 94 50 – ☎ 🚗 VISA ⬥
⬜ 250 – **20 hab** 2250/4300.

MARKINA 48270 Vizcaya 🅐🅑🅒 C 22 – ver Marquina.

MARMOLEJO 23770 Jaén 🅐🅑🅖 R 17 – 7 066 h. alt. 245 – 🔵 953 – Balneario.
◆Madrid 331 – Andújar 10 – ◆Córdoba 71 – Jaén 76.

🏨 **G. H. Balneario** ⬥, Calvario 101 🖉 54 00 00, Fax 54 06 50, ≤, ☂, ☐, ☞ – ⬥ 🍴 ⬥ 🛗
🅟 – 🛗 25/60. 🄰🄴 ⑩ 🄴 VISA ⬥
Com 2250 – ⬜ 500 – **54 hab** 4670/7625.

MARQUINA o **MARKINA** 48270 Vizcaya 🅐🅑🅒 C 22 – 4 781 h. alt. 85 – 🔵 94.
Alred. : Balcón de Vizcaya ≤★★ SO : 15 km.
◆Madrid 443 – ◆Bilbao 50 – ◆San Sebastián/Donostia 58 – ◆Vitoria/Gasteiz 60.

🏨 **Vega,** Abésua 2 🖉 686 60 15 – 🅟 VISA ⬥
Com 950 – ⬜ 360 – **16 hab** 1850/4000.

XX Niko, San Agustín 4 🖉 686 79 59, Decoración regional – 🍴.

CITROEN Artibay 13 🖉 686 78 61
FORD Barrio Erdotza 🖉 686 71 94
GENERAL MOTORS Artibay 40 🖉 686 70 20
RENAULT Polígono Industrial Gardotza
🖉 686 77 92

SEAT-AUDI-VOLKSWAGEN barrio de Erdotza 7
🖉 686 62 76

MARTINET 25724 Lérida 🅐🅒🅒 E 35 – alt. 980 – 🔵 973.
◆Madrid 626 – ◆Lérida/Lleida 157 – Puigcerdá 26 – Seo de Urgel 24.

🏨 ☺ **Boix,** Carret N-260 🖉 51 50 50, Fax 51 52 68, ☐ – 🛗 🍴 rest 📺 ☎ 🅟. 🄰🄴 ⑩ 🄴 VISA
⬥ rest
Com *(cerrado martes de octubre a junio)* carta 4100 a 4800 – ⬜ 1200 – **34 hab** 8800/11000
Espec. Crema helada de tomate a la albahaca, Medallones de cordero lechal con turbante de setas, Liebre
a la Royale (noviembre-febrero).

XX Cadí con hab, Segre 50 🖉 51 50 25 – 🍴 rest
22 hab.

en la carretera de Llés NO : 2 km – ⊠ 25724 Martinet – 🔵 973 :

🏠 Sanillés ⬥, alt. 1 060 🖉 51 50 00, ≤, ☐, ⬥ – 🛗 🍴 ☎ 🅟
temp. – **39 hab**.

en la carretera de Seo de Urgel N 260 O : 6,5 km – ⊠ 25723 Pont de Bar – 🔵 973 :

XX **La Taverna dels Noguers,** 🖉 38 40 20 – 🍴 🅟. 🄰🄴 ⑩ 🄴 VISA
cerrado miércoles, del 15 al 30 de enero y del 15 al 30 de junio – Com (sólo almuerzo)
carta 2800 a 4500.

MARTORELL 08760 Barcelona 🅐🅒🅒 H 35 – 16 147 h. – 🔵 93.
◆Madrid 598 – ◆Barcelona 32 – Manresa 37 – ◆Lérida/Lleida 141 – Tarragona 80.

🏠 **Manel,** Pedro Puig 74 🖉 775 23 87 – 🛗 🍴 rest ☎ 🚗 – 🛗 25/35. ⑩ 🄴 VISA
Com 1750 – ⬜ 575 – **29 hab** 5000/6900.

X **Simbol,** av. Conde de Llobregat 113 - carret. N II 🖉 775 46 19 – 🍴 🅟. 🄰🄴 ⑩ 🄴 VISA ⬥
cerrado sábado y agosto – Com carta 1850 a 3100.

en la urbanización Can Amat-por la carretera N II NO : 6 km – ⊠ 08760 Martorell –
🔵 93 :

XX Paradis Can Amat, 🖉 771 40 27, ☐ – 🍴 🅟.

FORD av. Conde de Llobregat 2 🖉 775 12 58
OPEL av. de Montserrat 8 🖉 775 15 69
PEUGEOT-TALBOT Dr. Francisco Masana 17
🖉 775 41 57

RENAULT carret. N II km 588,2 🖉 775 10 50
SEAT-AUDI-VOLKSWAGEN av. Compte de Llobregat 107 🖉 775 05 46

MAS BUSCA (Urbanización) Gerona – ver Rosas.

MASELLA Gerona 🅐🅒🅒 E 35 – ver Alp.

MASIAS DE VOLTREGÁ o **Les MASIES DE VOLTREGÁ** 08519 Barcelona 🅐🅒🅒 F 36 – 2 369h.
– 🔵 93.
◆Madrid 649 – ◆Barcelona 78 – Gerona/Girona 104 – Vich/Vic 12.

X **Cal Peyu,** carret. N 152 🖉 857 04 56 – 🍴 🅟. 🄰🄴 🄴 VISA ⬥
cerrado martes noche, miércoles y del 1 al 14 de agosto – Com carta 1650 a 3650.

MAS NOU (Urbanización) Gerona – ver Playa de Aro.

MASPALOMAS Las Palmas – ver Canarias (Gran Canaria).

La MASSANA Andorra **443** E 34 – ver Andorra (Principado de).

MASSANET DE CABRENYS o **MACANET DE CABRENYS** 17720 Gerona **443** E 38 – 800 h.
– ✪ 972.
•Madrid 769 – Figueras/Figueres 28 – Gerona/Girona 62.

🏠 **Els Caçadors** ⑳, Urb. Casanova 𝒫 54 41 36, ≤, « Césped », ⊒, 🐎, ℅ – 🛗 📺 ☎
℗ 🄴 𝘝𝘐𝘚𝘈. ℅
Com *(cerrado miércoles de enero a Semana Santa, salvo festivos)* 1500 – ☲ 600 – **18 hab**
3500/7000.

🏠 **Pirineos** ⑳, Burriana 10 𝒫 54 40 00 – **℗ 🄴 𝘝𝘐𝘚𝘈**. ℅ rest
Com *(cerrado domingo noche)* 1250 – ☲ 425 – **30 hab** 2300/4500 – PA 2500.

MATADEPERA 08230 Barcelona **443** H 36 – 2 351 h. – ✪ 93.
•Madrid 617 – ◆Barcelona 32 – ◆Lérida/Lleida 160 – Manresa 38.

XX **Masia Can Solá del Plá**, Plá de Sant Llorenç 𝒫 787 08 07, 🌣, Masía catalana – 🍽 **℗**
🄰🄴 ① 🄴 𝘝𝘐𝘚𝘈. ℅
cerrado martes y agosto – Com carta 2175 a 3675.

XX **El Celler**, Gaudí 2 𝒫 787 08 57, 🌣 – 🍽. **🄴 𝘝𝘐𝘚𝘈**. ℅
cerrado domingo noche, martes y del 9 al 30 noviembre – Com carta 2550 a 3750.

MATAELPINO 28492 Madrid **444** J 18 – ✪ 91.
◆Madrid 51 – ◆Segovia 43.

XX **Azaya**, Muñoz Grandes 7 𝒫 855 90 92, ≤ valle y montaña, 🌣 – **℗ ① 𝘝𝘐𝘚𝘈**. ℅
cerrado octubre – Com carta 3250 a 3700.

MATALEBRERAS 42113 Soria **442** G 23 – 209 h. alt. 1200 – ✪ 975.
◆Madrid 262 – ◆Logroño 134 – ◆Pamplona 133 – Soria 36 – ◆Zaragoza 122.

🏠 **Mari Carmen**, carret. N 122 𝒫 38 30 68, Fax 64 72 26 – **℗ 🄴 𝘝𝘐𝘚𝘈**. ℅
Com 800 – ☲ 350 – **30 hab** 2800/3650.

MATARO 08300 Barcelona **443** H 37 – 96 467 h. – ✪ 93 – Playa.
🏌 de Llavaneras NE : 4 km 𝒫 792 60 50.
◆Madrid 661 – ◆Barcelona 28 – Gerona/Girona 72 – Sabadell 47.

XX **Gumer's**, Nou de les Caputxines 10, ⊠ 08301, 𝒫 796 23 61 – 🍽. **🄴 𝘝𝘐𝘚𝘈**. ℅
cerrado domingo, 10 días en Semana Santa y del 1 al 20 de agosto – Com carta 3185 a 4275.

X **El Nou Cents**, Del Torrent 21, ⊠ 08302, 𝒫 799 37 51 – 🍽. **🄰🄴 ① 🄴 𝘝𝘐𝘚𝘈**. ℅
cerrado domingo noche, lunes y 29 julio-15 agosto – Com carta 2450 a 4100.

ALFA ROMEO av. Maresma 55-59 𝒫 798 38 53
BMW Ronda Barceló 72 𝒫 798 28 00
CITROEN av. Maresma 63-69 𝒫 790 19 71
FIAT Ronda Barceló 15-17 𝒫 798 48 12
FORD av. Maresma 93-99 𝒫 798 21 54
GENERAL MOTORS-OPEL av. Maresma 30-40
𝒫 798 11 12

PEUGEOT-TALBOT Tolon 26 𝒫 796 16 12
RENAULT Balanço i Boter 11 𝒫 799 71 11
SEAT-AUDI-VOLKSWAGEN av. Maresma 475
𝒫 790 38 40

MAYORGA 47680 Valladolid **442** F 14 – 1 708 h. – ✪ 983.
◆Madrid 259 – ◆León 58 – Palencia 70 – ◆Valladolid 77.

🏠 Madrileño, carret. N 601 𝒫 75 10 39 – **℗**
15 hab

SEAT av. San Agustín 12 𝒫 75 10 25

MAZAGON 21130 Huelva **446** U 9 – ✪ 955 – Playa.
🚗 Av. de los Descubridores ?cp 21130, 𝒫 37 63 00.
◆Madrid 638 – Huelva 23 – ◆Sevilla 102.

🏨 **Parador Cristóbal Colón** ⑳, por la carret. de Matalascañas SE : 6,5 km 𝒫 37 60 00,
Fax 37 60 00, ≤ mar, « Jardín con ⊒ », ℅ – 🍽 📺 ☎ **℗** – 🔒 25/180. **🄰🄴 ① 🄴 𝘝𝘐𝘚𝘈**. ℅
Com 2900 – ☲ 950 – **43 hab** 12000 – PA 5740.

🏠 **Albaida**, por la carret. de Matalascañas SE : 1km 𝒫 37 60 29, Fax 37 61 08 – 🍽 📺 ☎
℗ – 🔒 25/45. **🄰🄴 ① 🄴 𝘝𝘐𝘚𝘈**. ℅
Com *(cerrado domingo noche)* 1250 – ☲ 250 – **24 hab** 5000/6800 – PA 2750.

EL MEDANO Santa Cruz de Tenerife – ver Canarias (Tenerife).

MEDINACELI 42240 Soria **442** I 22 – 1 036 h. alt. 1201 – ✪ 975.

Ver : Arco de Triunfo★.

◆Madrid 154 – Soria 76 – ◆Zaragoza 178.

※ **Hostería Medinaceli** ⬙ con hab, Campo San Nicolás ℰ 32 62 64, ≤ – 📭 VISA. ⚹
cerrado enero – Com *(cerrado viernes)* carta 1700 a 2350 – � 350 – **5 hab** 2000/3000.

※ **Hostal Medinaceli y Mesón del Arco Romano** ⬙ con hab y sin ⊃, Portillo 1 ℰ 32
61 30, ≤ – **E** VISA. ⚹
cerrado 15 noviembre-15 diciembre – Com carta 1750 a 2400 – **7 hab** 1900/3300.

en la carretera N II SE : 3,5 km – ✉ 42240 Medinaceli – ✪ 975 :

🏨 **Nico-H. 70,** ℰ 32 60 11, Fax 32 60 52, ⌁ – ☎ ❷. VISA. ⚹
cerrado 7 enero-7 febrero – Com 2000 – ⊃ 500 – **22 hab** 5400/7400.

🏠 **Duque de Medinaceli,** ℰ 32 61 11, Fax 32 60 52 – ☎ 🚗 📭 ⓞ **E** VISA. ⚹
cerrado 7 febrero-17 marzo – Com 1700 – ⊃ 475 – **12 hab** 3100/6100 – PA 3300.

MEDINA DEL CAMPO 47400 Valladolid **442** I 15 – 19 237 h. alt. 721 – ✪ 983.

Ver : Castillo de la Mota★.

◆Madrid 154 – ◆Salamanca 81 – ◆Valladolid 43.

🏨 **La Mota** sin ⊃, Fernando el Católico 4 ℰ 80 04 50 – 🛗 ▤ rest ☎ ❷. **E** VISA
Com (ver Rest. **Madrid**) – **40 hab** 2200/3500.

🏫 **El Orensano,** Claudio Moyano 20 ℰ 80 03 41 – 🚗 VISA. ⚹
Com *(cerrado domingo)* 1200 – ⊃ 300 – **24 hab** 2000/3000.

※※ **Don Pepe,** Claudio Moyano 1 ℰ 80 18 95 – ▤. 📭 ⓞ **E** VISA. ⚹
Com carta 2100 a 3200.

※ **Madrid,** Claudio Moyano 2 ℰ 80 01 34 – ▤ ❷. **E** VISA
Com carta 2400 a 4000.

ALFA ROMEO carret. Madrid-La Coruña km 160
ℰ 80 05 45
CITROEN carret. N VI km 160 ℰ 80 32 29
FORD av. José Antonio 33 ℰ 80 03 87
OPEL-GENERAL MOTORS carret. de Rodilana 2
ℰ 80 47 60

PEUGEOT-TALBOT av. Lope de Vega 43
ℰ 80 08 29
RENAULT carret. Madrid-La Coruña km 160 -
Polig. Industrial 25 ℰ 80 21 04
SEAT-AUDI-VOLKSWAGEN Valladolid 3
ℰ 80 04 24

*Para viajar más rápido, utilice los **mapas Michelin "principales carreteras"** :*
920 *Europa,* **980** *Grecia,* **984** *Alemania,* **985** *Escandinavia-Finlandia,*
986 *Gran Bretaña-Irlanda,* **987** *Alemania-Austria-Benelux,* **988** *Italia,*
989 *Francia,* **990** *España-Portugal,* **991** *Yugoslavia.*

MEDINA DE POMAR 09500 Burgos **442** D 19 – 5 173 h. – ✪ 947.

◆Madrid 329 – ◆Bilbao 81 – ◆Burgos 86 – ◆Santander 108.

※ **San Francisco,** Juan de Ortega 3 ℰ 11 05 81
cerrado ⓦ diciembre-20 enero – Com carta 1200 a 3300.

※ El Olvido, Av. de Burgos ℰ 11 00 01 – ▤ ❷.

MEDINA DE RIOSECO 47800 Valladolid **442** G 14 – 5 016h. alt. 735 – ✪ 983.

Ver : Iglesia de Santa María (capilla de los Benavente★).

🅱 pl. del Generalísimo (Ayuntamiento) ℰ 70 08 25.

◆Madrid 223 – ◆León 94 – Palencia 50 – ◆Valladolid 41 – Zamora 80.

🏠 **Los Almirantes,** paseo de San Francisco 2 ℰ 70 01 25, Fax 70 02 84, ⌇, ⌁, 🛏 –
▤ rest ❷. 📭 ⓞ **E** VISA. ⚹ rest
Com 1900 – ⊃ 400 – **30 hab** 3600/6500 – PA 3600.

CITROEN carret. de Adanero-Gijón km 232
ℰ 70 08 74
FIAT-LANCIA carret. de Adanero-Gijón km 233
ℰ 70 07 32
FORD polígono industrial Medina-parcela 15
ℰ 70 02 25
OPEL-GENERAL MOTORS carret. Madrid-León
km 234 ℰ 70 03 64

PEUGEOT-TALBOT av. Juan Carlos I - 3
ℰ 70 00 54
RENAULT av. Ruiz de Alda 24 ℰ 70 10 15
SEAT-AUDI-VOLKSWAGEN carret. N 601 km 230
ℰ 70 01 37

MELILLA 29800 **969** ⑥ y ⑪ – 58 449h. – ✪ 952 – Playa.

Ver : Ciudad Antigua★ (⚹★) BZ.

✈ de Melilla, carret. de Jasinen por av. Gen. Mola 4 km AY : ℰ 68 35 64 – Iberia : Cándido
Lobera 2 ℰ 68 15 07.

🚢 para Almería y Málaga : Cía. Trasmediterránea : General Marina 1 ℰ 68 19 18, Telex 77084
AY.

🅱 av. General Aizpuru 20 ℰ 68 40 13 – R.A.C.E. Cardenal Cisneros 2-1° ℰ 68 42 14.

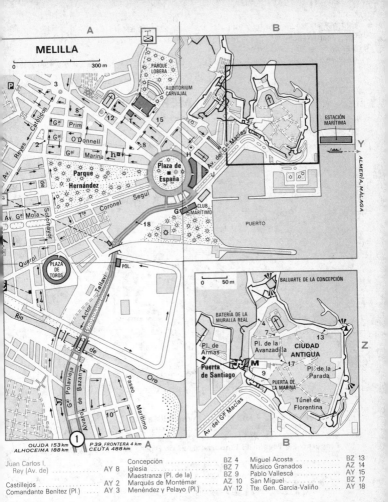

MELILLA

0   300 m

PARQUE LOBERA
AUDITORIUM CARVAJAL

ESTACIÓN MARÍTIMA

ALMERÍA, MÁLAGA

Parque Hernández

Plaza de España

CLUB MARÍTIMO

PUERTO

PLAZA DE TOROS

POL.

OUJDA 153 km
ALHOCEIMA 188 km
① P 39, FRONTERA 4 km
CEUTA 488 km

0   50 m

BALUARTE DE LA CONCEPCIÓN

BATERÍA DE LA MURALLA REAL

Pl. de Armas

Pl. de la Avanzadilla

CIUDAD ANTIGUA

Puerta de Santiago

PUERTA DE LA MARINA

Pl. de la Parada

Túnel de Florentina

Av. del G⁺ª Macías

× **Granada,** Marqués de Montemar 30 ℰ 68 10 37 – ▣. **E** *VISA*. ✳
cerrado domingo noche, miércoles y 25 julio-25 agosto – Com carta 1575 a 2650
por Av. Marqués de Montemar   AZ

× **Los Salazones,** Conde Alcaudete 15 ℰ 68 36 52, Pescados y mariscos – **AE ⓞ E** *VISA*.
✳
cerrado lunes y 20 septiembre-20 octubre – Com carta 1800 a 3800.
por Av. Marqués de Montemar   AZ

× **La Montillana,** O'Donnell 9 ℰ 68 49 92 – ▣
AY **h**

BMW   carret. Alfonso XIII - 3 ℰ 68 30 34
CITROEN   Astilleros 28 ℰ 68 11 87
FIAT   General Astillero ℰ 68 19 81
FORD   Marqués de Montemar 26 ℰ 68 13 03
GENERAL-MOTORS   pl. Martín de Córdoba
ℰ 68 36 08

MERCEDES-BENZ   General Astillero km 2
ℰ 68 19 81
PEUGEOT-TALBOT   Actor Tallavi ℰ 68 14 37
RENAULT   Polígono Industrial nave 16
ℰ 68 53 38
SEAT-AUDI-VOLKSWAGEN   García Morato 1
ℰ 68 41 85

MENORCA Baleares ▦ M 41 – ver Baleares.

MERANGES Gerona ▦ E 35 – ver Maranges.

MERCADAL 07740 Baleares – ver Baleares (Menorca).

MERIDA 06800 Badajoz 444 P 11 – 41 783 h. alt. 221 – ✪ 924.

Ver : Teatro romano★★ BZ – Anfiteatro romano★ BZ – Puente romano★ AZ.

🖸 Pedro María Plano ☎ 31 53 53.

◆Madrid 347 ② – ◆Badajoz 62 ③ – ◆Cáceres 71 ① – Ciudad Real 252 ② – ◆Córdoba 254 ③ – ◆Sevilla 194 ③.

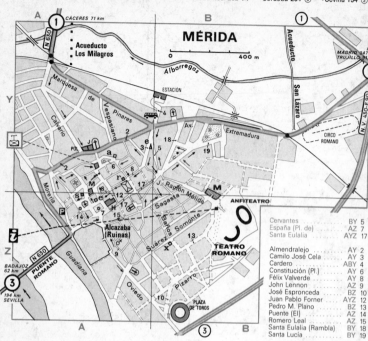

Cervantes	BY 5
España (Pl. de)	AZ 7
Santa Eulalia	AYZ 17

Almendralejo	AY 2
Camilo José Cela	AY 3
Cardero	ABY 4
Constitución (Pl.)	AY 6
Félix Valverde	AY 8
John Lennon	AZ 9
José Espronceda	BZ 10
Juan Pablo Forner	AYZ 12
Pedro M. Plano	BZ 13
Puente (El)	AZ 14
Romero Leal	AZ 15
Santa Eulalia (Rambla)	BY 18
Santa Lucía	BY 19

🏨 **Parador Vía de la Plata,** pl. de la Constitución 3 ☎ 31 38 00, Fax 31 92 08, « Instalado en un antiguo convento », 🐚 – 🛗 🗏 📺 ☎ 🚗 🅿 – 🔬 25/150. 🖭 ⑩ 🗲 🗾 🛠
Com 2900 – 🖙 950 – **82 hab** 13000 – PA 5740.
　　　　　　　　　　　　　　　　　　　　　　　　　　　AY **a**

🏨 **Emperatriz y Mesón El Emperador,** pl. de España 19 ☎ 31 31 11, Fax 30 03 76 – ☎ 🗾 🛠 rest
Com carta 1650 a 2500 – 🖙 375 – **41 hab** 3750/6750.
　　　　　　　　　　　　　　　　　　　　　　　　　　　AZ **e**

🏨 **Nova Roma,** Suárez Somonte 42 ☎ 31 12 61, Fax 30 01 60 – 🛗 🗏 ☎ 🚗 – 🔬 25/100. 🖭 ⑩ 🗲 🗾 🛠
Com 1400 – 🖙 400 – **56 hab** 4200/7200.
　　　　　　　　　　　　　　　　　　　　　　　　　　　BZ **x**

🏨 **Cervantes,** Camilo José Cela 10 ☎ 31 49 01 – 🛗 🗏 📺 ☎ 🚗 🗲 🗾 🛠
Com 1200 – 🖙 300 – **30 hab** 3500/6000 – PA 2700.
　　　　　　　　　　　　　　　　　　　　　　　　　　　AY **e**

XX **Nicolás,** Félix Valverde Lillo 11 ☎ 31 96 10 – 🗏 🖭 ⑩ 🗲 🗾 🛠
cerrado domingo noche y del 6 al 20 septiembre – Com carta 2000 a 3700.
　　　　　　　　　　　　　　　　　　　　　　　　　　　AY **r**

X **Rufino,** pl. de Santa Clara 2 ☎ 30 19 30, 🈺 – 🗏 🖭 ⑩ 🗲 🗾 🛠
cerrado domingo y del 10 al 30 septiembre – Com carta 2150 a 3300.
　　　　　　　　　　　　　　　　　　　　　　　　　　　AZ **s**

en la carretera N V por ② : 3 km – ⊠ 06800 Mérida – ✪ 924 :

🏨 **Las Lomas,** ☎ 31 10 11, Telex 28840, Fax 30 08 41, 🏊 – 🛗 🗏 📺 ☎ 🅿 – 🔬 25/800. 🖭 ⑩ 🗲 🗾 🛠
Com 2250 – 🖙 950 – **134 hab** 8500/11500.

*Die **Michelin-Karten** sind stets auf dem aktuellsten Stand,*
sie informieren genauestens über Streckenverlauf und Straßenzustand.

La MEZQUITA o **A MEZQUITA** 32549 Orense **441** F 8 – 1 845 h. – ✪ 988.
♦ Madrid 386 – Orense 123 – Ponferrada 130.

en Villavieja - carretera N 525 NE : 7 km – ✉ 32590 Villavieja – ✪ 988 :

🏠 **Porta Galega,** ✆ 42 55 92, Fax 42 56 08 – 🚗 **②** **E** *VISA*. ✸
Com carta 1150 a 1800 – ☲ 175 – **38 hab** 2000/3500 – PA 1975.

MIAJADAS 10100 Cáceres **444** O 12 – 8 460 h. alt. 297 – ✪ 927.
♦Madrid 291 – ♦Cáceres 60 – Mérida 52.

🏠 **El Cortijo,** carret. de Don Benito S : 1 km ✆ 34 79 95 – 🍽 📺 ☎ **②**. *VISA*. ✸
Com carta 1600 a 1900 – ☲ 250 – **24 hab** 2500/4500.

🏠 **Triana,** carret. N V ✆ 34 80 10 – 🍽. **AE** **②** **E** *VISA*. ✸
Com 1200 – ☲ 200 – **35 hab** 2600/3400 – PA 2400.

en la carretera N V SO : 2 km – ✉ 10100 Miajadas – ✪ 927 :

🏠 **La Torre,** ✆ 34 78 55 – 🍽 ☎ **E** *VISA*. ✸
Com 1000 – ☲ 175 – **35 hab** 2000/3000 – PA 2175.

PEUGEOT-TALBOT carret. Madrid-Lisboa km 290   SEAT-AUDI-VOLKSWAGEN carret. Don Benito
✆ 34 70 44   km 1,05 ✆ 34 70 68
RENAULT carret. Miajadas-Don Benito km 0,4
✆ 34 74 43

MIAMI PLAYA Tarragona **443** I 32 – ver Hospitalet del Infante.

MIJAS 29650 Málaga **446** W 16 – 14 896 h. alt. 475 – ✪ 952.
Ver : Emplazamiento★ (≤★).
🏌 Golf Mijas S : 5 km ✆ 47 68 43.
♦Madrid 585 – Algeciras 115 – ♦Málaga 30.

🏨 **Mijas,** urbanización Tamisa ✆ 48 58 00, Telex 77393, Fax 48 58 25, ≤ montañas, Fuengirola
y mar, 🍴, « Conjunto de estilo andaluz », 🏊, 🛥, 🎾 – 📺 ☎ **②** – 🛎 25/70. **AE** **②** **E**
VISA. ✸
Com 3000 – ☲ 975 – **100 hab** 9000/11550 – PA 6975.

🍽🍽 **El Padrastro,** paseo del Compás ✆ 48 50 00, ≤ Fuengirola y mar, 🍴, 🏊 – **AE** **②** **E**
VISA
Com carta 1575 a 2600.

🍽 **El Olivar,** av. Virgen de la Peña - Edificio El Rosario ✆ 48 61 96, ≤ Fuengirola y mar, 🍴
– **AE** **②** **E** *VISA*. ✸
cerrado viernes – Com carta 1570 a 2700.

🍽 **El Capricho,** Los Caños 5 - 1é ✆ 48 51 11 – **AE** **E** *VISA*. ✸
cerrado miércoles y febrero – Com carta 2300 a 3300.

en la carretera de Fuengirola – ✉ 29650 Mijas – ✪ 952 :

🏨 **Novotel,** S : 3,5 km ✆ 48 64 00, Telex 79696, Fax 48 64 41, ≤, 🏊, 🏊, 🎾 – 🛗 🍽 📺
☎ **②** – 🛎 25/80. **AE** **②** **E** *VISA*
Com (ver rest. **Vatel**) – ☲ 890 – **130 hab** 9600/12000.

🍽🍽 **Valparaíso,** S : 4 km ✆ 48 59 96, ≤ Fuengirola y mar, 🍴, 🏊 – **②**. **AE** **E** *VISA*. ✸
cerrado domingo y 9 enero-9 febrero – Com (sólo cena) carta 2000 a 3600.

🍽🍽 **Vatel,** S : 3,5 km ✆ 48 64 00, 🍴 – 🍽 **②**
Com (sólo cena los fines de semana).

MIJAS COSTA Málaga – ver Fuengirola.

El MILIARIO Segovia – ver Honrubia de la Cuesta.

MIRAFLORES DE LA SIERRA 28792 Madrid **444** J 18 – 2 334 h. alt. 1150 – ✪ 91.
♦Madrid 52 – El Escorial 50.

🏨 **Refugio** ⤳, carret. de Madrid ✆ 844 42 11, ≤ valle y montañas, 🍴, 🏊 – 🛗 🍽 rest 📺
– 🛎 25/150. **E** *VISA*. ✸
Com 1600 – ☲ 375 – **46 hab** 4000/5800.

🍽 **Asador La Fuente,** Mayor 21 ✆ 844 42 16, 🍴, Cordero y cochinillo asado – 🍽. **AE** **②**
E *VISA*. ✸
cerrado 15 septiembre- 15 octubre – Com carta 2400 a 3200.

🍽 **Mesón Maito,** General Sanjurjo 2 ✆ 844 35 67, 🍴, Decoración castellana – 🍽. **AE** **②**
E *VISA*. ✸
Com carta 2200 a 3950.

🍽 **Las Llaves,** Calvo Sotelo 4 ✆ 844 40 57 – 🍽. **AE** **②** **E** *VISA*. ✸
cerrado 15 septiembre- 15 octubre – Com carta 2400 a 3200.

CITROEN carret. Madrid ✆ 844 32 01   RENAULT Río 2 ✆ 844 40 27

MIRANDA DE EBRO 09200 Burgos **442** D 21 – 36 812 h. alt. 463 – ✪ 947.

Alred. : Embalse de Sobrón★★ NO : 15 km – 🛈 carret. N l ✆ 31 18 86.

◆Madrid 322 – ◆Bilbao 84 – ◆Burgos 79 – ◆Logroño 71 – ◆Vitoria/Gasteiz 33.

🏨 **Tudanca y Rest. Horno de San Juan,** carret. N l ✆ 31 18 43, Telex 39442, Fax 31 18 48 – 🛗 🖃 rest ☎ 🅿 🝙 ⓪ 🄴 VISA 🛠
Com carta 1950 a 2900 – 🖵 400 – **120 hab** 4215/6270.

✕✕ Neguri, Estación 80 ✆ 32 25 12 – 🍽.

✕ **Hostal Achuri** con hab, Estación 86 ✆ 31 00 40 – 🝙. 🛠
cerrado 20 diciembre-12 enero – Com (cerrado domingo noche) carta aprox. 3000 – 🖵 270 – **30 hab** 1940/3065.

✕ Casa Rafael, Estación 23 ✆ 31 01 71.

ALFA ROMEO   carret. Madrid - Irún 318
✆ 31 10 12
CITROEN   carret. N l km 319 ✆ 32 08 08
FIAT   carret. de Madrid 91 ✆ 31 05 69
FORD   carret. N l km 317 ✆ 32 48 13
OPEL-GENERAL MOTORS   California 25
✆ 32 18 00

PEUGEOT-TALBOT   Santa Lucía 53 ✆ 31 01 12
RENAULT   Colón 3 ✆ 31 02 03
SEAT-AUDI-VOLKSWAGEN   carret. N l km 317
✆ 32 02 12

MOGUER 21800 Huelva **446** U 9 – 10 004 h. alt. 50 – ✪ 955.

Ver : Iglesia del convento de Santa Clara (sepulcros★).

◆Madrid 618 – Huelva 19 – ◆Sevilla 82.

🏠 **Platero** sin rest y sin 🖵, Aceña 4 ✆ 37 01 27 – 🛠
18 hab 1610/2010.

RENAULT   carret. San Juan del Puerto-La Rábida km 6,1 ✆ 37 02 00

MOIA Barcelona **443** G 38 – ver Moyá.

MOJACAR 04638 Almería **446** U 24 – 1 581 h. alt. 175 – ✪ 951 – playa.

Ver : Paraje★.

🏠 Club Cortijo Grande, Turre ✆ 99 Turre – 🛈 pl. Nueva ✆ 47 51 62.

◆Madrid 527 – ◆Almería 95 – ◆Murcia 141.

en la playa :

🏨 **Parador Reyes Católicos,** carret. de Carboneras SE : 2,5 km ✆ 47 82 50, Fax 47 81 83, ≼, 🝙, 🏊, 🛬, 🛠 – 🍽 🄴 📺 ☎ 🅿 🝙 🄴 VISA 🛠
Com 2900 – 🖵 950 – **98 hab** 10000 – PA 5740.

🏤 **El Puntazo,** carret. de Carboneras SE : 4,5 km, ⊠ 04630 Garrucha, ✆ 47 82 29, 🏕 – 🍽 rest 🅿 🄴 VISA 🛠
Com 950 – 🖵 200 – **21 hab** 3000/4000 – PA 1785.

FIAT   carret. Garrucha Carboneras (Paraje La
Rumina) ✆ 47 85 19

RENAULT   carret. Garrucha - Carboneras
✆ 47 83 35

La MOLINA 17537 Gerona **443** E 35 – alt. 1300 a 1700 – ✪ 972 – Deportes de invierno ⏜1 ✚21.

◆Madrid 651 – ◆Barcelona 148 – Gerona/Girona 131 – ◆Lérida/Lleida 180.

🏨 **Roc Blanc** ⊜, alt. 1 450 ✆ 89 20 75, Fax 89 21 26, ≼, 🏊, 🛬 – 🍽 🝙 🅿 🄴 🄴 VISA 🛠 rest
diciembre-20 abril y julio-septiembre – Com 1380 – 🖵 500 – **30 hab** 3920/6520 – PA 2600.

🏨 **Adsera y Rest. El Tirol** ⊜, alt. 1 600 ✆ 89 20 01, ≼ montaña, 🏊 – 🍽 🝙 🅿 ⓪ VISA 🛠 rest
enero-abril y julio-2 septiembre – Com 1800 – 🖵 500 – **41 hab** 4800/7500.

🏨 **El Cau** ⊜, Supermolina – alt. 1700 ✆ 89 21 78, ≼ – 🅿 🄴 ⓪ 🄴 VISA
enero-marzo y julio-15 septiembre – 🖵 600 – **12 hab** 5000/7500.

🏠 **Els 4 Vents** ⊜, alt. 1600 ✆ 89 20 97, ≼ valle y montaña – 🅿 🄴 🄴 🄴 VISA 🛠 rest
Com 1400 – 🖵 400 – **16 hab** 3000/4800 – PA 2800.

MOLINA DE ARAGON 19300 Guadalajara **444** J 24 – 3 795 h. alt. 1050 – ✪ 911.

◆Madrid 197 – Guadalajara 141 – Teruel 104 – ◆Zaragoza 144.

🏠 Rosanz, paseo de los Adarves 12 ✆ 83 08 36 – 🝙 – **33 hab.**

CITROEN   P. Alameda ✆ 83 01 54
FORD   carret. de Tarragona km 196,5 ✆ 83 17 53
GENERAL MOTORS   carret. Madrid-Teruel km
194,6 ✆ 83 07 44

PEUGEOT-TALBOT   San Juan 14 ✆ 83 08 20
RENAULT   carret. de Teruel km 197,6 ✆ 83 03 22
SEAT-AUDI-VOLKSWAGEN   Carmen 12
✆ 83 00 85

MOLINASECA 24413 León **441** E 10 – 751 h. – ✪ 987.

◆Madrid 383 – ◆León 103 – Lugo 125 – ◆Oviedo 20 – ◆Ponferrada 6,5.

✕ **Casa Ramón,** Jardines Angeles Balboa, 2 ✆ 41 82 73 – 🍽. VISA 🛠
cerrado miércoles y julio – Com carta 2400 a 3650.

El MOLINAR Baleares – ver Baleares (Mallorca) : Palma de Mallorca.

MOLLET o **MOLLET DEL VALLES** 08100 Barcelona 443 H 36 – 35 494 h. – ✆ 93.
◆Madrid 631 – ◆Barcelona 17 – ◆Gerona/Girona 80 – Sabadell 25.

✗ Can Prat, Polígono Industrial Can Prat - av. Pío XII ✆ 593 05 00, 🍴, 🚗 – 🖭 🅿.

CITROEN Félix Ferrán 4 ✆ 593 09 98
FORD Antonia Canet 23-25 ✆ 570 11 97
PEUGEOT-TALBOT Francesc Macià 87
✆ 593 23 66

RENAULT Berenguer III - 75-77 ✆ 593 61 52

MOLLO 17868 Gerona 443 E 37 – 401 h. – ✆ 972.
Alred. : carretera ★ del collado de Ares.
◆Madrid 707 – ◆Barcelona 135 – Gerona/Girona 88 – Prats de Mollo 24.

🏠 **François** 🐦, carret. de Camprodón ✆ 74 03 88, ≤ montaña y valle del río Tort, 🍴 – 🔟
     🅿. E 𝚅𝙸𝚂𝙰 🛇
     cerrado del 4 al 8 noviembre – Com (cerrado lunes) 2100 – ☲ 375 – **28 hab** 2500/3700 –
     PA 3500.

🏠 **Calitxó** 🐦, El Serrat ✆ 74 03 86, ≤ montañas – 🔟 🅿. 🆎 ⓞ E 𝚅𝙸𝚂𝙰. 🛇
     cerrado lunes y 15 enero- 15 febrero – Com carta 1546 a 2814 – ☲ 500 – **26 hab** 4800 – PA
     2890.

MONASTERIO – ver el nombre propio del monasterio.

MONBUEY 49310 Zamora 441 F 11 – 535 h. – ✆ 988.
◆Madrid 320 – ◆León 124 – Orense 181 – ◆Valladolid 138 – Zamora 86.

     en la carretera N 525 SE : 1 km – ⊠ 49310 Monbuey – ✆ 988 :

🏠 **La Ruta,** ✆ 64 27 30, ≤ – 🅿. 🆎 🛇
     Com 950 – ☲ 250 – **14 hab** 1700/4000 – PA 2150.

MONDARIZ-BALNEARIO 36890 Pontevedra 441 F 4 – 650 h. alt. alt. 174 – ✆ 986 – Balneario.
◆Madrid 574 – Orense 75 – Pontevedra 58.

🏠 **Avelino** 🐦, Ramón Peinador ✆ 65 61 32, 🚗 – 🅿 – **31 hab.**

CITROEN Ramón y Cajal ✆ 65 63 80

MONDOÑEDO 27740 Lugo 441 B 8 – 6 988 h. – ✆ 982.
Ver : Catedral★ – Museo★ – ◆Madrid 546 – ◆La Coruña 120 – Lugo 71 – ◆Oviedo 205.

     en la carretera N 634 SO : 2 km – ⊠ 27740 Mondoñedo – ✆ 982 :

🏠 Mirador de los Paredones 🐦, ✆ 52 17 00, ≤ población, valle y montaña, 🎄 – 🚗 🅿 –
     19 hab.

CITROEN Pedrido ✆ 52 11 53
GENERAL MOTORS S.Sebastián-Santander-
Coruña km 590 ✆ 52 10 80

RENAULT San Lázaro ✆ 52 18 36
SEAT-AUDI-VOLKSWAGEN Julia Pardo 30
✆ 52 17 58

MONDRAGON 20500 Guipúzcoa 442 C 22 – 26 045 h. alt. alt. 211 – ✆ 943.
◆Madrid 390 – ◆San Sebastián/Donostia 79 – Vergara 9 – ◆Vitoria/Gasteiz 34.

     en Santa Agueda O : 3,5 km – ⊠ 20509 Santa Agueda – ✆ 943 :

🏠 **Txirrita** 🐦, barrio Guesalibar ✆ 79 52 11, ≤ – 🍽. 🆎 ⓞ E 𝚅𝙸𝚂𝙰. 🛇 rest
     Com (cerrado domingo noche) 950 – ☲ 250 – **16 hab** 2800/4400 – PA 1720.

ALFA ROMEO Zaldispe 2 ✆ 79 97 12
AUSTIN-ROVER-MG av. de Alava ✆ 79 53 98
CITROEN av. de Alava ✆ 79 06 57
FIAT-LANCIA av. de Vizcaya ✆ 79 41 98
FORD av. de Alava ✆ 79 07 44

PEUGEOT-TALBOT San Andrés ✆ 79 95 65
RENAULT barrio San Andrés ✆ 79 59 99
SEAT-AUDI-VOLKSWAGEN Barrio de Musakola
✆ 79 21 25

MONESTERIO 06260 Badajoz 444 R 11 – 6 065 h. – ✆ 924.
◆Madrid 444 – ◆Badajoz 126 – Cáceres 150 – ◆Córdoba 197 – Mérida 82 – ◆Sevilla 97.

🏠 **Moya,** paseo de Extremadura 278 ✆ 51 61 36 – 🖭 🅿. ⓞ E 𝚅𝙸𝚂𝙰. 🛇
     Com 850 – ☲ 175 – **36 hab** 1500/3000.

SEAT paseo de Extremadura 122 ✆ 51 62 21

MONFORTE DE LEMOS 27400 Lugo 441 E 7 – 20 506 h. alt. alt. 298 – ✆ 982.
◆Madrid 284 – Lugo 65 – ◆Orense 49 – Ponferrada 112.

🏠 Puente Romano, pl. Doctor Goyanes 6 ✆ 40 35 51 – 🔟 🚗 – **15 hab.**
✗✗ La Fortaleza, Campo de la Virgen (subida al Castillo) ✆ 40 06 04.
✗✗ **O Grelo,** Chantada 16 ✆ 40 47 01 – 🖭. 🆎 ⓞ E 𝚅𝙸𝚂𝙰. 🛇
     cerrado lunes – Com carta 2650 a 3500.

MONFORTE DE LEMOS

ALFA-ROMEO carret. de Orense 140 ℰ 40 12 22
AUSTIN-ROVER carret. de Chantada 214
ℰ 40 17 40
CITROEN carret. de Orense 200 ℰ 40 16 31
FIAT Ramón del Valle Inclán 2 ℰ 40 26 76
FORD Calvo Sotelo 66 ℰ 40 04 47

OPEL carret. de Orense 132 ℰ 40 32 52
PEUGEOT-TALBOT Duquesa de Alba 130
ℰ 40 04 37
RENAULT Dr. Casares 114 ℰ 40 23 00
SEAT-AUDI-VOLKSWAGEN carret. de Quiroga
ℰ 40 33 05

MONISTROL o **MONISTROL DE MONTSERRAT** 08691 Barcelona 443 H 35 – 2 641 h. alt. 61 – ۞ 93.

♦Madrid 603 – ♦Barcelona 52 – ♦Lérida/Lleida 134 – Manresa 15.

   en la carretera de Barcelona SE : 1 km – ⊠ 08691 Monistrol – ۞ 93 :

   ✗ Hostal Monistrol, con hab, ℰ 835 04 77
      7 hab.

RENAULT Balmes 27-29 ℰ 835 02 57

MONNEGRE 03115 Alicante 445 Q 28 – ۞ 96.

♦Madrid 435 – ♦Alicante 18 – ♦Valencia 176.

   🏠 **Valle del Sol** 🏊, ℰ 565 19 73, Fax 565 18 85, 🍴, 🏊, 🎾, ✗ – 🅿. 🕸
      Com 1200 – 🍽 300 – **26 hab** 3000/4000 – PA 2700.

MONREAL DEL CAMPO 44300 Teruel 443 J 25 – 2 477 h. alt. 939 – ۞ 974.

♦Madrid 245 – Teruel 56 – ♦Zaragoza 126.

   🏠 **El Botero,** av. de Madrid 2 ℰ 86 31 66 – 📶 🍴 rest ☎ 🚗 🅿. 𝘝𝘐𝘚𝘈. 🕸
      Com 900 – 🍽 200 – **30 hab** 1600/3000.

RENAULT carret. N 234 km 174,7 ℰ 86 31 14

MONTALVO (Playa de) Pontevedra – ver Sangenjo.

MONTANEJOS 12448 Castellón 443 L 29 – 568 h. – ۞ 964.

♦Madrid 408 – Castellón de la Plana 62 – Teruel 106 – ♦ Valencia 95.

   🏠 Rosaleda del Mijares 🏊, carret. de Tales 28 ℰ 13 10 79 – **57 hab**.

   🏠 **Xauen** 🏊, av. Fuente de los Baños 26 ℰ 13 11 51 – 𝘝𝘐𝘚𝘈. 🕸
      abril- 12 octubre – Com 1300 – 🍽 400 – **22 hab** 1650/2900.

MONTAÑAS DEL FUEGO Las Palmas – ver Canarias (Lanzarote).

MONTBLANCH o **MONTBLANC** 43400 Tarragona 443 H 33 – 5 244 h. – ۞ 977.

Ver : Iglesia de Santa María : interior*.

🛈 pl. Mayor 1 ℰ 86 00 09.

♦Madrid 518 – ♦Barcelona 112 – ♦Lérida/Lleida 61 – Tarragona 36.

   🏠 **Ducal,** Diputació 11 ℰ 86 00 25 – 🍴 rest 🕸 🅿 – 🔥 25/50. 𝘈𝘌 ⓞ 🅴 𝘝𝘐𝘚𝘈. 🕸 rest
      Com 825 – 🍽 310 – **39 hab** 2200/3850 – PA 1850.

   en la carretera N 240 – ⊠ 43400 Montblanch – ۞ 977 :

   ✗ **Les Fonts de Lilla,** SE : 6 km ℰ 86 03 03, ≼, Decoración rústica – 🅿. 𝘈𝘌 ⓞ 🅴 𝘝𝘐𝘚𝘈. 🕸
      cerrado martes y 24 junio- 14 julio – Com carta 2300 a 3650.

CITROEN carret. de Lérida ℰ 86 01 16
FORD muralla Santa Tecla 42 ℰ 86 04 11
PEUGEOT-TALBOT muralla Santa Tecla 15
ℰ 86 02 15

RENAULT muralla Santa Tecla 5 ℰ 86 08 67
SEAT-AUDI-VOLKSWAGEN muralla Santa Tecla
24 ℰ 86 00 41

MONTBRIO DEL CAMP 43340 Tarragona 443 I 33 – – ۞ 977.

♦Madrid 554 – ♦Barcelona 125 – ♦Lérida/Lleida 97 – Tarragona 21.

   ✗ **Torre dels Cavallers,** carret. de Cambrils ℰ 82 60 53, 🍴, Decoración rústica – 🅿. ⓞ
      🅴 𝘝𝘐𝘚𝘈. 🕸
      Com carta 2350 a 2600.

MONTE – ver el nombre propio del monte.

MONTEAGUDO 30160 Murcia 445 R 26 – ۞ 968.

♦Madrid 400 – ♦Alicante 77 – ♦Murcia 5.

   ✗✗ **Monteagudo,** av. Constitución 93 ℰ 85 00 64 – 🍴 🅿. 𝘈𝘌 ⓞ 🅴 𝘝𝘐𝘚𝘈. 🕸
      cerrado lunes y agosto – Com carta 2500 a 4000.

MONTE HACHO Ceuta – ver Ceuta.

MONTFERRER Lérida 443 E 34 – ver Seo de Urgel.

MONTILLA 14550 Córdoba 🄴🄸🄶 T 16 – 21 373 h. alt. 400 – ☎ 957.

◆Madrid 443 – ◆Córdoba 45 – Jaén 117 – Lucena 28.

🏨 **Don Gonzalo,** carret. Córdoba-Málaga km 47 ℰ 65 06 58, 🍽, ⤾, 🏊 – 🛗 ▤ rest 🚗
🅿 🎮 🕐 🇪 𝘝𝘐𝘚𝘈 🛇
Com 1100 – � 275 – **28 hab** 4000/6000 – PA 2475.

🏨 **Las Camachas,** carret. N 331 ℰ 65 00 04, 🍽 – ▤ 🅿 🎮 🕐 🇪 𝘝𝘐𝘚𝘈 🛇
Com carta 1850 a 2850.

ALFA ROMEO carret. N 331 Córdoba-Málaga km 446 ℰ 65 20 51	PEUGEOT-TALBOT av. de Boucau, 7 ℰ 65 18 12
CITROEN av. Andalucía 40 ℰ 65 01 87	RENAULT carret. N 331 km 447 ℰ 65 06 12
FIAT av. de Italia 4 ℰ 65 09 28	SEAT-AUDI-VOLKSWAGEN carret. N 331 km 446
FORD av. de Boucau 5 ℰ 65 04 27	ℰ 65 07 90

MONTRAS Gerona – ver Palafrugell.

MONTSENY 08460 Barcelona 🄴🄸🄶 G 37 – 269 h. alt. 522 – ☎ 93.

Alred. : Sierra de Montseny★★.

◆Madrid 673 – ◆Barcelona 60 – Gerona/Girona 68 – Vich/Vic 36.

MONTSERRAT 08691 Barcelona 🄴🄸🄶 H 35 – alt. 725 – ☎ 93.

Ver : Lugar★★★.

Alred. : Carretera de acceso ≤★★.

◆Madrid 594 – ◆Barcelona 53 – ◆Lérida/Lleida 125 – Manresa 22.

🏨 **Abat Cisneros** ⑤, pl. Monestir ℰ 835 02 01, Fax 828 40 06 – 🛗 ▤ rest 🚗 🎮 🕐 🇪
𝘝𝘐𝘚𝘈 🛇 rest
Com 2000 – ⊆ 600 – **41 hab** 3650/6100 – PA 3900.

🏠 **Monestir** ⑤ sin rest, pl. Monestir ℰ 835 02 01, Fax 828 40 06 – 🛗 🚗 🎮 🕐 🇪 𝘝𝘐𝘚𝘈
abril-30 octubre – ⊆ 600 – **34 hab** 4100.

MONZON 22400 Huesca 🄴🄸🄶 G 30 – 14 480 h. alt. 368 – ☎ 974.

◆Madrid 463 – Huesca 70 – ◆Lérida/Lleida 50.

🏨 **Vianetto,** av. de Lérida 25 ℰ 40 19 00, Fax 40 45 40 – 🛗 ▤ rest ☎ 🚗. 🎮 🕐 🇪 𝘝𝘐𝘚𝘈
Com 1200 – ⊆ 375 – **84 hab** 2700/4600 – PA 2400.

🏨 **Piscis,** pl. de Aragón 1 ℰ 40 00 48 – ▤. 🎮 🕐 🇪 𝘝𝘐𝘚𝘈
cerrado lunes – Com carta 1950 a 3250.

AUSTIN-ROVER Calvario 29 ℰ 40 03 86	GENERAL MOTORS av. el Pueyo 60 ℰ 40 17 97
CITROEN San Juan Bosco 57 ℰ 40 08 02	PEUGEOT-TALBOT av. Lérida 41 ℰ 40 03 00
FIAT-LANCIA av. de Fonz 27 ℰ 40 35 80	RENAULT paseo San Juan Bosco ℰ 40 02 34
FORD Polígono Industrial "Las Paules" 19 ℰ 40 23 81	SEAT-AUDI-VOLKSWAGEN carret. Tarragona-San Sebastián km 147 ℰ 40 14 74

MONZÓN DE CAMPOS 34410 Palencia 🄴🄸🄶 F 16 – 1 036 h. alt. 750 – ☎ 988.

◆Madrid 237 – ◆Burgos 95 – Palencia 11 – ◆Santander 190.

🏰🏰🏰 Castillo de Monzón ⑤ con hab, ℰ 80 80 75, « Instalado en un castillo medieval dominando la Tierra de Campos » – ☎ 🅿
10 hab.

MORA 45400 Toledo 🄴🄸🄶 M 18 – 9 328 h. – ☎ 925.

◆Madrid 100 – Ciudad Real 92 – Toledo 31.

🏚 **Agripino,** pl. Príncipe de Asturias 8 ℰ 30 00 00 – 🛗 ▤ rest 🚗. 𝘝𝘐𝘚𝘈 🛇
cerrado 15 agosto-10 septiembre – Com 1200 – ⊆ 200 – **22 hab** 2000/3000 – PA 2300.

CITROEN Toledo 127 ℰ 30 08 70	RENAULT Manzaneque 87 ℰ 30 16 58
FORD Toledo 34 ℰ 30 03 38	SEAT-AUDI-VOLKSWAGEN carret. de Toledo km
PEUGEOT-TALBOT Ajofrín 1 ℰ 30 07 92	30 ℰ 30 02 30

MORA DE RUBIELOS 44400 Teruel 🄴🄸🄶 L 27 – 1 393 h. – ☎ 974.

◆Madrid 341 – Castellón de la Plana 92 – Teruel 40 – ◆Valencia 129.

🏨 **Jaime I,** pl. de la Villa ℰ 80 00 92 – 🛗 📺 ☎ 𝘝𝘐𝘚𝘈 🛇
Com 1200 – ⊆ 425 – **30 hab** 5350/8195.

Ferienreisen wollen gut vorbereitet sein.

Die Straßenkarten und Führer von Michelin

geben Ihnen Anregungen und praktische Hinweise zur Gestaltung Ihrer Reise :
Streckenvorschläge, Auswahl und Besichtigungsbedingungen
der Sehenswürdigkeiten, Unterkunft, Preise ... u. a. m.

MORAIRA 03724 Alicante **445** P 30 – 🖧 96 – Playa.

Alred. : Carretera★ de Moraira a Calpe.

🖥 Club Ifach SO : 8 km.

🖪 av. del Portet 12 ✆ 574 51 68.

◆Madrid 483 – ◆Alicante 75 – Gandía 65.

   XX **La Sort,** av. de Madrid 1 ✆ 574 51 35, Fax 574 51 35 – 🗐. 🖭 **E** 𝚅𝚂𝙰. ⚜
      cerrado lunes y 15 enero-1 marzo – Com carta 1900 a 3900.

   X **Casa Dorita,** Iglesia 6 ✆ 574 48 61 – 🖭 **E** 𝚅𝚂𝙰. ⚜
      cerrado lunes y noviembre – Com carta 1900 a 3000.

   por la carretera de Calpe – ⊠ 03724 Moraira – 🖧 96 :

   🏨 **Swiss H. Moraira** ⚲, O : 2,5 km ✆ 574 71 04, Telex 63855, Fax 574 70 74, ⅃, ⚓ – 🗐
      🆃🆅 ☎ ⟵ ❷ – 🔬 30/100. 🖭 ⓪ **E** 𝚅𝚂𝙰. ⚜ rest
      cerrado 2 enero-2 febrero – Com 2000 – ⌛ 1000 – **25 hab** 12000/16500 – PA 4500.

   🏠 Moradix ⚲, O : 1,5 km ✆ 574 40 56, Fax 574 45 25, ⇐ – 🛗 ☎ ❷
      temp. – **33 hab**.

   🏠 **Mega H.** ⚲, SO : 2,5 km ✆ 574 71 88, Fax 574 71 88, ⇐, ⚓, ⅃, ⚴, ⚓ – 🛗 ❷. 🖪
      𝚅𝚂𝙰. ⚜ rest
      Com carta 1350 a 2700 – ⌛ 450 – **39 hab** 4500/6700.

   XXX ❀ **Girasol,** SO : 1,5 km ✆ 573 43 73, ⚓, « Villa acondicionada con elegancia » – 🗐 ❷
      🖭 ⓪ **E** 𝚅𝚂𝙰
      cerrado lunes y 15 enero-febrero Com carta 3300 a 5300
      Espec. Ensalada templada de salmonetes ahumados a la vinagreta de naranja (octubre-mayo), medallones
      de merluza sobre salsa de avellanas, postres "Noella".

   en El Portet NE : 1,5 km 03724 – 🖧 96 – playa.

   XXX **Le Dauphin,** ✆ 574 74 67, ⇐, ⚓, cocina francesa, « Villa mediterránea con terraza y ◁
      Calpe y mar » – **E** 𝚅𝚂𝙰
      cerrado lunes y noviembre – Com carta 4375 a 5120.

MORALZARZAL 28411 Madrid **444** J 18 – 1 600 h. – 🖧 91.

◆Madrid 42 – Avila 77 – ◆Segovia 57.

   XXX ❀ **El Cenador de Salvador,** av. de España 30 ✆ 857 77 22, Fax 857 77 80, ⚓, « Terraza-
      jardín » – ❷. 🖭 ⓪ **E** 𝚅𝚂𝙰
      cerrado domingo noche, lunes y del 15 al 31 octubre – Com carta 4900 a 6700.
      Espec. Ensalada de carabineros, Lomos de merluza al pil-pil, Becada en Salmis (octubre a febrero).

MORELLA 12300 Castellón **445** K 29 – 3 337 h. alt. 1004 – 🖧 964.

Ver : Emplazamiento★ – Basílica de Santa María la Mayor★ – Castillo ⇐★.

🖪 Torres de San Miguel ✆ 16 01 25.

◆Madrid 440 – Castellón de la Plana 98 – Teruel 139.

   🏨 **Rey Don Jaime,** Juan Giner 6 ✆ 16 09 11, Fax 16 09 11 – 🛗 🗐 rest 🆃🆅 ☎. **E** 𝚅𝚂𝙰. ⚜
      cerrado febrero – Com 1200 – ⌛ 400 – **44 hab** 4000/6000 – PA 2380.

   🏨 **Cardenal Ram,** Cuesta Suñer 1 ✆ 16 00 00, Fax 16 00 00 – 🆃🆅 ☎. 🖭 ⓪ **E** 𝚅𝚂𝙰. ⚜
      Com carta 2050 a 3200 – ⌛ 400 – **19 hab** 3700/6000.

   🏠 **Elías** sin rest y sin ⌛, Colomer 7 ✆ 16 00 92 –
      cerrado del 15 al 30 octubre – **17 hab** 1300/3200.

   X **Mesón del Pastor,** cuesta Jovaní 5 ✆ 16 02 49 – 🗐. **E** 𝚅𝚂𝙰. ⚜
      cerrado miércoles salvo festivos – Com carta 1400 a 2035.

FIAT-LANCIA Hostal Nou ✆ 16 02 93
FORD Hostal Nou ✆ 16 00 37
GENERAL MOTORS carret. Castellón ✆ 16 02 30
PEUGEOT-TALBOT carret. de Castellón 2
✆ 16 01 17

RENAULT Hostal Nou ✆ 16 01 91
SEAT-AUDI-VOLKSWAGEN carret. de Vinaroz
✆ 16 01 75

MOSTOLES 28900 Madrid **444** L 18 – 149 649 h. – 🖧 91.

◆Madrid 19 – Toledo 64.

   X **Mesón Gregorio,** Reyes Católicos 16 ✆ 613 22 75, Decoración típica – 🗐. ⓪ **E** 𝚅𝚂𝙰. ⚜
      Com carta 2500 a 3200.

ALFA ROMEO Arroyomolinos 35 ✆ 613 61 11
AUSTIN-ROVER Arroyo Molinos 6 ✆ 613 05 15
CITROEN antigua carret. de Extremadura km 21,4
✆ 614 60 11
FIAT-LANCIA av. Dos de Mayo 69 ✆ 613 67 66
FORD av. de Portugal 15 ✆ 646 65 22
FORD Arroyomolinos esquina a Alfonso XII
✆ 614 42 13

OPEL av. Dos de Mayo 62 ✆ 617 04 11
PEUGEOT-TALBOT Simón Hernández 41
✆ 645 70 92
RENAULT Juan Ocaña 29 ✆ 613 44 33
RENAULT av. Cámara de la Industria 5
✆ 618 96 16
SEAT-AUDI-VOLKSWAGEN av. de Portugal 60
✆ 613 41 12

MOTA DEL CUERVO 16630 Cuenca **444** N 21 – 5 496 h. alt. 750 – ✪ 967.

Alred. : Belmonte (castillo : artesonados★ mudéjares, Antigua colegiata : sillería★) NE : 14 km – Villaescusa de Haro (capilla de la Asunción★) NE : 20 km.

● Madrid 139 – ◆Albacete 108 – Alcázar de San Juan 36 – Cuenca 113.

🏨 **Mesón de Don Quijote,** carret. N 301 ℰ 18 02 00, Fax 18 07 11, Decoración regional, 🏊 – 🗏 🕿 🚗 ☻ 🖭 ⓪ 🗲 VISA ✺
Com 2100 – ☲ 440 – **36 hab** 5315/8265 – PA 3930.

CITROEN carret. Alcázar 19 ℰ 18 05 20

FORD carret. Madrid - Alicante km 138 ℰ 18 05 04

MOTILLA DEL PALANCAR 16200 Cuenca **444** N 24 – 4 392 h. alt. 900 – ✪ 966.

● Madrid 202 – Cuenca 68 – ◆Valencia 146.

🏨 **Del Sol,** carret. N III ℰ 33 10 25, Fax 33 10 30 – 🗏 rest 🖭 🕿 🚗 ☻ 🖭 ⓪ 🗲 VISA ✺
Com 1700 – ☲ 400 – **38 hab** 2600/4500 – PA 3175.

ALFA ROMEO carret. Madrid-Valencia ℰ 33 10 55
CITROEN carret. Madrid-Valencia 130 ℰ 33 14 33
FIAT-LANCIA carret. Madrid-Valencia N III ℰ 33 10 96
FORD carret. Madrid-Valencia km 197 ℰ 33 15 79
MERCEDES BENZ carret. Madrid-Valencia Km 201 ℰ 33 22 60

OPEL carret. Madrid-Valencia km 196 ℰ 33 11 86
PEUGEOT-TALBOT carret. Madrid-Valencia km 196 ℰ 33 12 71
RENAULT carret. Madrid-Valencia km 198 ℰ 33 11 27
SEAT-AUDI-VOLKSWAGEN carret. Madrid-Valencia 143 ℰ 33 10 07

MOTRICO o **MUTRIKU** 20830 Guipúzcoa **442** C 22 – 5 244 h. – ✪ 943 – Playa.

● Madrid 464 – ◆Bilbao 75 – ◆San Sebastián/Donostia 46.

✗ **Mendixa,** pl. Churruca 13 ℰ 60 34 94, Fax 60 38 01, 🍴, Pescados y mariscos – 🖭 ⓪ 🗲 VISA
abril-15 diciembre – Com (cerrado lunes) carta 2700 a 4000.

en la carretera de Deva E : 1 km – ✉ 20830 Motrico – ✪ 943 :

✗✗ **Jarri-Toki,** ℰ 60 32 39, ≤ mar, 🍴 – ☻ 🖭 🗲
cerrado domingo noche y lunes en invierno – Com carta 2925 a 4200.

CITROEN av. Ttes Churruca 5 ℰ 60 31 00

MOTRIL 18600 Granada **446** V 19 – 39 784 h. alt. 65 – ✪ 958.

🏌 Playa Granada SO : 8 km ℰ 60 04 12 – 🏌 Los Moriscos, carret. de Bailen : 8 km ℰ 60 04 12.

● Madrid 501 – ◆Almería 112 – Antequera 147 – ◆Granada 71 – ◆Málaga 96.

🏨 **Costa Nevada,** Martín Cuevas 31 ℰ 60 05 00, Fax 82 16 08, 🏊 – 🗏 🚗 ☻ – 🔬 25/140. 🖭 🗲 VISA ✺ rest
Com 1350 – ☲ 450 – **65 hab** 4800/7500 – PA 2800.

🏨 **Costa Andaluza,** Islas Bahamas 59 ℰ 60 56 05, Fax 60 56 05 – 🛗 🗏 🕿 🖭 🗲 VISA ✺
Com (cerrado domingo) 1000 – ☲ 300 – **35 hab** 3100/5000 – PA 2300.

🏨 **Tropical** sin ☲, Rodríguez Acosta 23 ℰ 60 04 50 – 🛗 🗏 🖭 🕿 🖭 ⓪ 🗲 VISA ✺
cerrado domingo – Com 1200 – **21 hab** 3000/4500.

ALFA ROMEO Juan de Avila ℰ 60 52 05
AUDI-VOLKSWAGEN Puente Toledano 1 ℰ 60 12 00/60 32 02
BMW carret. Almería km 1 ℰ 60 07 14
CITROEN carret. Almería km 1,750 ℰ 60 06 43
FORD carret. Motril-Almería km 1,6 ℰ 60 15 50

OPEL-GENERAL MOTORS carret. Almeria km 1,900 ℰ 80 11 97
PEUGEOT-TALBOT carret. Almeria km 1,4 ℰ 60 19 50
RENAULT Rodriguez Acosta 11 ℰ 60 11 66
SEAT carret. Almeria km 1,4 ℰ 82 34 86

MOYA o **MOIA** Barcelona **443** G 38 – 3 076 h. alt. 776 – ✪ 93.

Alred. : Estany (iglesia : capiteles★★) N : 8 km – ◆Madrid 611 – ◆Barcelona 72 – Manresa 26.

FORD av. Verge de Montserrat ℰ 830 00 56
PEUGEOT-TALBOT carret. de Vic km 28,300 ℰ 830 08 78

RENAULT carret. Manresa 11 ℰ 830 05 03
SEAT-AUDI-VOLKSWAGEN carret. Manresa 42-44 ℰ 830 01 44

MUNDACA o **MUNDAKA** 48360 Vizcaya **442** B 21 – 1 501 h. – ✪ 94 – Playa.

● Madrid 436 – ◆ Bilbao 35 – ◆ San Sebastián/Donostia 105.

🏨 **Atalaya** sin rest, Etxaropena 1 ℰ 687 68 88 – 🛗 🕿 ☻ 🖭 ⓪ 🗲 VISA
☲ 700 – **9 hab** 6900/8200.

🏨 **El Puerto** sin rest, Portu 1 ℰ 687 67 25, ≤ – 🕿 🖭 ⓪ 🗲 VISA ✺
☲ 600 – **11 hab** 6500/8000.

✗ La Fonda, pl. Olazábal ℰ 687 65 43.

✗ Jaten, Goiko 19 ℰ 687 60 10.

MUNGUIA 48100 Bilbao **442** B 21 – ✪ 94

🏨 Lauaxeta, Lauaxeta 4 ℰ 674 43 80 – 🗏 rest 🕿 – **21 hab.**

Ver : Catedral★ (fachada★, museo de la catedral : San Jerónimo★, Campanario ❄❄★) DEY –
Museo Salzillo★ CY **M Alred. :** Cresta del Gallo★ (❄❄★) SE : 18 km – Sierra de Columbares (❄❄★)
SE : 23 km por ② y por La Alberca.

✈ de Murcia-San Javier por ② : 50 km ✆ 57 00 73 – Iberia : av. Alfonso X El Sabio, ✉ 30008,
✆ 24 00 50 DY.

🛈 Alejandro Seiquier 4, ✉ 30001, ✆ 21 37 16 – **R.A.C.E.** av. de la Libertad 2, ✉ 30009, ✆ 23 02 66.

◆Madrid 395 ① – ◆Albacete 146 ① – ◆Alicante 81 ① – Cartagena 49 ② – Lorca 64 ③ – ◆Valencia 256 ①.

🏨🏨 **Meliá 7 Coronas,** paseo de Garay 5, ✉ 30003, ✆ 21 77 71, Telex 67067, Fax 22 12 94,
🍴, « Terraza jardín » – 🛗 ▤ 📺 ☎ ⟷ – 🔬 25/400. 🝿 ⓪ 🅴 *VISA*. ❄
☑ 1000 – **121 hab** 10400/13000.
EZ **x**

🏨🏨 **Rincón de Pepe,** pl. Apóstoles 34, ✉ 30001, ✆ 21 22 39, Telex 67116, Fax 22 17 44 – 🛗
▤ 📺 ☎ ⟷ – 🔬 25/120. 🝿 ⓪ 🅴 *VISA*. ❄
Com (ver rest. **Rincón de Pepe**) – ☑ 1100 – **115 hab** 9500/12500.
EY **r**

🏨🏨 **Arco de San Juan y Rest. del Arco,** pl. de Ceballos 10, ✉ 30003, ✆ 21 04 55, Fax
22 08 09 – 🛗 ▤ 📺 ☎ ⟷. 🝿 🅴 *VISA*
Com (cerrado domingo) 2500 – ☑ 950 – **115 hab** 9200/13250 – PA 5000.
EY **a**

🏨🏨 **Conde de Floridablanca,** Princesa 18, ✉ 30002, ✆ 21 46 26, Fax 21 32 15 – 🛗 ▤ 📺
☎ ⟷. 🝿 ⓪ 🅴 *VISA*. ❄
Com (cerrado domingo) 1500 – ☑ 700 – **85 hab** 7000/9750.
DEZ **f**

🏨🏨 **Hispano 2,** Radio Murcia 3, ✉ 30001, ✆ 21 61 52, Telex 67042, Fax 21 68 59 – 🛗 ▤ 📺
☎ ⟷ – 🔬 25/100. 🝿 🅴 *VISA*. ❄
Com (ver rest **Hispano**) – ☑ 900 – **35 hab** 8000/10500.
DY **e**

🏨 **Pacoche Murcia** sin rest, Cartagena 30, ✉ 30002, ✆ 21 33 85, Fax 21 33 85 – 🛗 ▤ 📺
☎ ⟷. 🝿 🅴 *VISA*. ❄ – ☑ 450 – **72 hab** 5000/8000
DZ **e**

🏨 **Fontoria** sin rest, Madre de Dios 4, ✉ 30004, ✆ 21 77 89, Fax 21 07 41 – 🛗 ▤ 📺 ☎
⟷ – 🔬 25/120. 🝿 ⓪ 🅴 *VISA*. ❄ – ☑ 600 – **120 hab** 6800/9900
DY **a**

🏨 **El Churra,** Marqués de los Velez 12, ✉ 30008, ✆ 23 84 00, Fax 23 77 93 – 🛗 ▤ 📺 ☎
⟷. 🝿 ⓪ 🅴 *VISA*. ❄
Com 1500 – ☑ 400 – **97 hab** 4000/6000 – PA 3400.
AY **z**

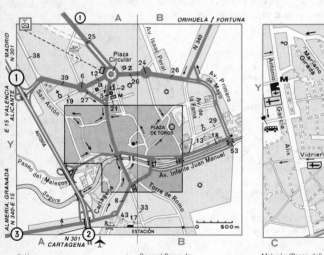

🏠 **Casa Emilio,** Alameda de Colón 9 ℰ 22 06 31, Fax 21 30 29 – 🛗 🗉 📺 ☎ 🚗. 🖹 🗺️.
🛠 – Com 1500 – 🍽 450 – **37 hab** 3700/6400 – PA 3500   DZ **c**

🏠 **Las Palmeras** sin rest, carret. de Beniaján - Ciudad del Transporte, ⊠ 30011, ℰ 26 03
35 – 🛗 🗉 ☎ 🅿. 🛠   por Av. Infante Juan Manuel BY
Com *(cerrado domingo)* 850 – 🍽 200 – **30 hab** 2400/3300.

🏠 **Hispano 1,** Trapería 8, ⊠ 30001, ℰ 21 61 52, Telex 67042, Fax 21 68 59 – 📺 ☎. 🖭 ⓪
🖹 🗺️ – Com (ver rest **Hispano**) – 🍽 700 – **46 hab** 4000/5000   DY **h**

XXX ⊛ **Rincón de Pepe,** pl. Apóstoles 34, ⊠ 30001, ℰ 21 22 39, Telex 67116, Fax 22 17 44,
🍴, Terraza en el 7° – 🗉 🖭 ⓪ 🖹 🗺️. 🛠   EY **r**
cerrado domingo de junio a agosto, domingo noche resto del año y 15 julio-15 agosto –
Com carta 3350 a 4200
Espec. Festival de verduras salteadas con jamón, Doradas al horno con ajos confitados, Cordero lechal
asado al horno a la murciana..

XXX **Los Apóstoles,** pl. de los Apóstoles 1, ⊠ 30001, ℰ 21 11 32 – 🗉. 🖭 ⓪ 🖹 🗺️. 🛠
cerrado del 15 al 31 agosto – Com carta 2975 a 4400.   EY **s**

XX **Baltasar,** Apóstoles 10, ⊠ 30001, ℰ 22 09 24 – 🗉. 🖹 🗺️   EY **g**
cerrado domingo y 27 julio-28 agosto – Com carta 2625 a 3025.

XX **Hispano,** Radio Murcia 7, ⊠ 30001, ℰ 21 61 52, Telex 67042, Fax 21 68 59, 🍴 – 🗉. 🖭
⓪ 🖹 🗺️. 🛠   DY **e**
Com carta 2500 a 4100.

XX Rocío, Batalla de las Flores, ⊠ 30008, ℰ 24 29 30 – 🗉   AY **a**

XX Pacopepe, Madre de Dios 15, ⊠ 30004, ℰ 21 95 87 – 🗉   DY **c**

X **Acuario,** pl. Puxmarina 1, ⊠ 30004, ℰ 21 99 55 – 🗉. 🖭 ⓪ 🖹 🗺️. 🛠   DY **y**
Com carta 2050 a 2650.

X Morales, av. de la Constitución 12, ⊠ 30008, ℰ 23 10 26 – 🗉   AY **d**

X **Paco's,** Alfaro 7, ⊠ 30001, ℰ 21 42 96 – 🗉. 🖭 ⓪ 🖹 🗺️. 🛠   DY **d**
cerrado sábado noche y domingo en verano, miércoles y domingo noche en invierno –
Com carta 1930 a 3450.

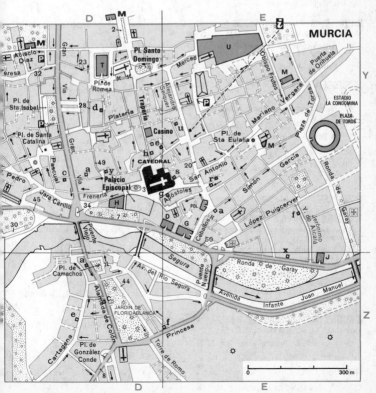

MURCIA

✗ **Roses,** pl. de Camachos 17, ⊠ 30002, ✆ 21 13 25 – ▤. **E** *VISA*. ⁂   DZ **a**
  cerrado 16 septiembre - 8 octubre – Com carta 1450 a 3000.

✗ **Torro's,** Jerónimo Yáñez de Alcalá, ⊠ 30003, ✆ 21 02 62 – ▤. **AE ⓸ E** *VISA*. ⁂   EY **⬥**
  cerrado domingo y agosto – Com carta 1900 a 3300.

✗ **La Huertanica,** Infantes 4, ⊠ 30001, ✆ 21 74 77 – ▤. **AE ⓸ E** *VISA*. ⁂   EY **u**
  cerrado martes, domingo en julio y agosto – Com carta 1800 a 2800.

ALFA ROMEO carret. de Alicante km 2
✆ 23 04 20
AUSTIN-ROVER-MG carret. barrio la Victoria
✆ 84 53 54
BMW carret. de Madrid km 382 ✆ 83 16 04
CITROEN carret. de Madrid km 387 ✆ 83 47 12
CITROEN Ronda Levante 21 ✆ 23 73 72
FIAT carret. de Alicante km 1 ✆ 23 14 50
FORD carret. de Madrid km 384 ✆ 83 06 00
GENERAL MOTORS carret. Madrid - Cartagena
km 384 ✆ 83 34 02
MERCEDES-BENZ carret. de Alicante 97
✆ 23 66 00

PEUGEOT-TALBOT carret. de Alicante km 119
✆ 24 12 12
PEUGEOT-TALBOT carret. de Alicante km 117
✆ 23 04 50
RENAULT av. Ronda Norte 24 ✆ 29 46 00
RENAULT Cartagena 45 ✆ 21 56 39
RENAULT carret. Madrid km 383 ✆ 83 25 00
SEAT-AUDI-VOLKSWAGEN carret. Alicante 6
✆ 24 12 00
SEAT-AUDI-VOLKSWAGEN av. J. Ibañez Martín
19 ✆ 23 17 50

MURGUIA 01130 Alava **442** D 21 – alt. 620 – ☺ 945.
✦Madrid 362 – ✦Bilbao 45 – ✦Vitoria/Gasteiz 19.

🏠 **Zuya Hostal** ⌂, Domingo Sautu 30 ✆ 43 00 27 – **ⓟ**. **AE ⓸ E** *VISA*. ⁂ rest
  Com (cerrado lunes) 1350 – ⊑ 500 – **15 hab** 3500/4500 – PA 3200.

  en la autopista A 68 NO : 5 km – ⊠ 01130 Murguia – ☺ 945 :

🏠 Motel Altube, ✆ 43 01 50 – ▤ rest ☞ **ⓟ**
  20 hab.

🏠 Altube, ✆ 43 01 73 – ▤ rest ☞ **ⓟ**
  20 hab.

RENAULT autopista Vitoria - Altube km 20 ✆ 43 02 75

MURIEDAS 39600 Cantabria **442** B 18 – ☺ 942.
✦Madrid 392 – ✦Bilbao 102 – ✦Burgos 149 – ✦Santander 7.

🏠 **Romano II,** av. Santander 4 (cruce carret. N 623 y N 634) ✆ 25 48 50 – ☎ **ⓟ E** *VISA*. ⁂
  cerrado 21 diciembre-7 enero – Com 995 – ⊑ 335 – **18 hab** 3305/4900 – PA 1970.

🏠 Parayas sin rest. con cafeteria, José Antonio 6 ✆ 25 13 00 – ▥ ☞ ⇐ – **22 hab**.

MUROS 15250 La Coruña **441** D 2 – 12 036 h. – ☺ 981 – Playa.
✦Madrid 674 – Pontevedra 97 – Santiago de Compostela 72.

🏠 **H. Muradana y Rest. A Maia,** av. Marina Española, 107 ✆ 82 68 85 – ▥ ☎. **AE** *VISA*.
  ⁂ rest
  Com 1300 – ⊑ 250 – **16 hab** 4500/6500 – PA 2850.

✗ **A Esmorga,** paseo del Bombé ✆ 82 65 28, ≼ – **AE E** *VISA*. ⁂
  cerrado domingo noche – Com carta 1350 a 2650.

CITROEN Agra de Baño ✆ 82 63 84
FORD Louro ✆ 82 66 03
OPEL Louro ✆ 82 77 55
PEUGEOT paseo Bombé 16 ✆ 82 61 11

RENAULT carret. de Noya km 31,9 (Bellavista)
✆ 82 67 25
SEAT paseo Bombé 30 ✆ 82 63 62

MUTRIKU Guipúzcoa **442** C 22 – ver Motrico.

NAJERA 26300 La Rioja **442** E 21 – 6 172 h. – ☺ 941.
Ver : Monasterio de Santa Maria la Real★, (claustro★, iglesia: panteón real★, sepulcro de Blanca
de Navarra★ - coro alto★) : silleria★).
Alred. : San Millán de la Cogolla (monasterio de Yuso: marfiles tallados★) SO : 18 km.
✦Madrid 324 – ✦Burgos 85 – ✦Logroño 28 – ✦Vitoria 84.

✗ **Mesón Duque Forte,** San Julian 15 ✆ 36 37 84 – *VISA*. ⁂
  cerrado lunes – Com carta 1300 a 2100.

CITROEN carret. de Logroño km 23,7 ✆ 36 35 56
RENAULT av. de San Fernando 117 ✆ 36 35 57

ROVER carretera de Logroño km 24 ✆ 36 32 87

NARON 15578 La Coruña **441** B 5 – 28 984 h. alt. 20 – ☺ 981.
✦Madrid 617 – ✦La Coruña 65 – Ferrol 6 – Lugo 113.

🏠 Excelsior, pl. Ayuntamiento 1 ✆ 38 21 04 – **14 hab**.

ALFA ROMEO carret. de Castilla 635 - El Ponto
✆ 38 18 05
MERCEDES-BENZ carret. de Castilla 534-540
✆ 38 10 56
RENAULT San Mateo de Trasancos ✆ 31 69 06

RENAULT carret. de Cedeira km 1 - Freixeiro
✆ 38 03 84
SEAT-AUDI-VOLKSWAGEN carret. Catabois San
Mateo 7 ✆ 32 89 89

NAVA 33520 Asturias 441 B 13 – 5 786 h. – ☎ 985.
♦Madrid 463 – Gijón 41 – ♦Oviedo 32 – ♦Santander 173.

en la carretera N 634 E : 7 km – ✉ 33582 Ceceda – ☎ 985 :

✗ **La Cueva de Narciso** con hab, ✆ 70 41 37 – 🚗 Ⓟ. AE E VISA. ✻
Com carta 2000 a 3000 – ☐ 300 – **20 hab** 4500/5500.

RENAULT La Vega 14 ✆ 71 70 03

SEAT-AUDI-VOLKSWAGEN El Rulo 25 ✆ 71 70 30

NAVACERRADA 28491 Madrid 444 J 17 – 1 270 h. alt. 1203 – ☎ 91.
♦Madrid 50 – El Escorial 21 – ♦Segovia 35.

✗ **La Galería,** Iglesia 9 ✆ 856 05 79 – ▤. AE VISA. ✻
cerrado 2ª quincena septiembre – Com carta 2500 a 4100.

✗ **Felipe,** av. de Madrid 2 ✆ 856 08 34 – ▤. AE ◑ E VISA. ✻
Com carta 2750 a 4375.

✗ Espinosa, Santísimo 6 ✆ 856 08 02.

⌂ Paco, pl. Dr. Gereda 3 ✆ 856 05 62, ☂ – ▤.

✗ **La Cocina del Obispo,** Dr Villasante 7 ✆ 856 09 36, ☂ – AE ◑ E VISA. ✻
Com carta 2125 a 2950.

en la carretera N 601 – ✉ 28491 Navacerrada – ☎ 91

⌂ **Las Postas,** SO : 1,5 km ✆ 856 02 50, ≤ – ▤ rest ☎ Ⓟ – 🏊 25/40. AE E VISA. ✻
Com 3000 – ☐ 425 – **20 hab** 3500/6500.

✗✗✗ **La Fonda Real,** NO : 2 km ✆ 856 03 05, Fax 856 03 52, « Decoración castellana del siglo XVIII » – Ⓟ. AE E VISA. ✻
Com carta 3900 a 5550.

en el valle de la Barranca NE : 3,5 km – ✉ 28491 Navacerrada – ☎ 91 :

⌂ **La Barranca** ⛰, Pinar de la Barranca alt. 1470 ✆ 856 00 00, Fax 856 03 52, ≤, ⛱, ✗ – |‡| 📺 Ⓟ – 🏊 25/35. AE E VISA. ✻
Com 2100 – ☐ 540 – **56 hab** 6240/7800 – PA 4200.

NAVACERRADA (Puerto de) 28470 Madrid-Segovia 444 J 17 – alt. 1860 – ☎ 91 – Deportes de invierno : ⛷ 11.
Ver : Puerto★ (≤★).
♦Madrid 57 – El Escorial 28 – ♦Segovia 28.

⌂ **Pasadoiro,** carret. N 601 ✆ 852 14 27, ≤ – Ⓟ. AE E VISA
Com 1900 – ☐ 350 – **36 hab** 4000/5500 – PA 3500.

NAVAJAS 12470 Castellón 445 M 28 – 542 h. – ☎ 964.
♦Madrid 383 – Castellón de la Plana 58 – Teruel 90 – ♦Valencia 63.

⌂ Navas Altas ⛰, Rodríguez Fornos 3 ✆ 11 09 66, ⛱ – |‡| ☎ – **30 hab**.

NAVAL 22320 Huesca 443 F 30 – 305 h. alt. 637 – ☎ 974.
♦Madrid 471 – Huesca 81 – ♦Lérida/Lleida 108.

⌂ **Olivera** ⛰, San Miguel ✆ 30 40 72, ≤, ✗ – ▤ rest Ⓟ
Com 1000 – ☐ 300 – **32 hab** 1800/3000 – PA 1800.

NAVALCARNERO 28600 Madrid 444 L 17 – 8 034 h. alt. 671 – ☎ 91.
♦Madrid 32 – El Escorial 42 – Talavera de la Reina 85.

⌂ **Real Villa de Navalcarnero,** paseo San Damián ✆ 811 24 93, Fax 811 11 42, ≤ – ▤ ☎ 🚗 Ⓟ. AE ◑ E VISA
Com 950 – ☐ 225 – **36 hab** 3500/5000.

✗✗ **Hostería de las Monjas,** pl. de la Iglesia 1 ✆ 811 18 19, ☂, Decoración castellana – ▤. AE ◑ E VISA. ✻
cerrado jueves y del 1 al 15 julio – Com carta 2750 a 3400.

en la carretera N V – ✉ 28600 Navalcarnero – ☎ 91 :

⌂ El Labrador Gran Hotel, SO : 5 km ✆ 811 01 12, Fax 811 27 27, ☂, ⛱ – ▤ rest ☎ 🚗 Ⓟ
82 hab.

✗✗ **Felipe IV,** E : 3 km ✆ 811 09 13, ☂ – ▤ Ⓟ. AE ◑ E VISA. ✻
Com carta 3200 a 4450.

CITROEN carret. N V km 30,7 ✆ 811 04 38
FIAT Iglesia 4 ✆ 811 17 25
FORD paseo de San Damián ✆ 811 04 50
PEUGEOT-TALBOT Beatas 2 ✆ 811 17 94

RENAULT Italia 14 ✆ 811 03 74
SEAT-AUDI-VOLKSWAGEN carret. N V km 29,8 (polígono industrial Alparrache parcela 60) ✆ 811 03 12

NAVALMORAL DE LA MATA 10300 Cáceres 444 M 13 – 12 922 h. alt. 514 – ✿ 927.
♦Madrid 180 – ♦Cáceres 121 – Plasencia 69.

en la carretera N V – ✉ 10300 Navalmoral de la Mata – ✿ 927 :

🏠 **Brasilia,** ℰ 53 07 50, 🍴 – 🔳 🕿 ❷. ✇ rest
Com 2300 – **43 hab** 3270/5225.

🏠 **La Parrilla,** 0 : 1 km ℰ 53 00 00 – 🔳 🕿 ❷. 🆎 ⓞ 🇪 𝖵𝖨𝖲𝖠. ✇
Com 1500 – � 375 – **78 hab** 3300/5500.

ALFA ROMEO carret. N V km 179,4 ℰ 53 31 24
FORD carret. Madrid-Lisboa km 179 ℰ 53 07 40
OPEL carret. Madrid-Lisboa km 181 ℰ 53 05 71
PEUGEOT-TALBOT carret. N V km 179,6 ℰ 53 18 62

RENAULT carret. Madrid-Lisboa km 180 ℰ 53 14 62
SEAT-AUDI-VOLKSWAGEN carret. Madrid-Lisboa km 179,8 ℰ 53 02 07

Las NAVAS DEL MARQUES 05230 Avila 442 K 17 – 3 888 h. alt. 1318 – ✿ 91.
♦Madrid 81 – Avila 40 – El Escorial 26.

✗ Montecarlo, García del Real 22 ℰ 897 06 49 – 🔳.

CITROEN av. de Madrid 60 ℰ 897 06 29
FIAT-LANCIA La Iglesia 14 ℰ 897 07 22

PEUGEOT-TALBOT Regajo ℰ 897 03 22
RENAULT Aniceto Marinas 17 ℰ 897 00 45

NAVIA 33710 Asturias 441 B 9 – 8 728 h. – ✿ 985 – Playa.
🛈 El Muelle 3 ℰ 63 00 94.
♦Madrid 565 – ♦La Coruña 203 – Gijón 118 – ♦ Oviedo 122.

✗ **El Sotanillo,** Mariano Luiña 24 ℰ 63 08 84 – 🆎 ⓞ 🇪 𝖵𝖨𝖲𝖠. ✇
cerrado sábado – Com carta 3600 a 4000.

en la Colorada N : 1 km – ✉ 33710 Navia – ✿ 985 :

🏠 **Blanco** ☜, ℰ 63 07 75, Fax 47 32 01 – 🛗 🔳 rest 🕿 ❷ – 🔬 25/200. 🇪 𝖵𝖨𝖲𝖠. ✇
Com 850 – � 300 – **36 hab** 2400/4500 – PA 2000.

FORD carret. General El Espin ℰ 63 06 11
RENAULT carret. de Navia-Villayón (Las Aceñas) ℰ 63 08 27

SEAT-AUDI-VOLKSWAGEN av. José Antonio 28 ℰ 63 01 39

NA XAMENA (Urbanización) Baleares – ver Baleares (Ibiza) : San Miguel.

NEGREIRA 15830 La Coruña 441 D 3 – 7 711 h. – ✿ 981.
♦Madrid 633 – ♦La Coruña 92 – Santiago de Compostela 20.

🏠 **Tamara,** carret. de Santiago ℰ 88 52 01 – 🛗 ❷. 🆎 🇪 𝖵𝖨𝖲𝖠. ✇
Com 800 – ➸ 200 – **42 hab** 2200/3750 – PA 1600.

CITROEN Carrera San Mauro ℰ 88 50 06
OPEL Travesía del Carmen 8 ℰ 88 50 64

RENAULT Arieira ℰ 88 51 77
SEAT Chancela 70 ℰ 88 51 06

NEGURI Vizcaya – ver Algorta.

NERJA 29780 Málaga 446 V 18 – 12 012 h. – ✿ 952 – Playa.
Alred. : Cuevas de Nerja★★ NE : 4 km – Carretera★ de Nerja a La Herradura ≼★★.
🏌 Golf Nerja ℰ 52 02 08.
🛈 Puerta del Mar 2 ℰ 52 15 31.
♦Madrid 549 – ♦Almería 169 – ♦Granada 120 – ♦Málaga 52.

🏩 **Parador de Nerja,** playa de Burriana - Tablazo ℰ 52 00 50, Fax 52 19 97, ≼ mar, « Césped frente al mar », 🍴, ✇ – 🛗 🔳 📺 🕿 ❷ – 🔬 25/80. 🆎 ⓞ 🇪 𝖵𝖨𝖲𝖠. ✇
Com 3100 – ➸ 950 – **73 hab** 12500 – PA 6080.

🏠 **Balcón de Europa,** paseo Balcón de Europa 1 ℰ 52 08 00, Telex 79503, Fax 52 44 90, ≼, 🍽 – 🛗 🔬 25/100. ⓞ 🇪 𝖵𝖨𝖲𝖠. ✇
Com (sólo cena) 1750 – ➸ 550 – **105 hab** 6700/8900.

🏠 **El Chaparil,** pl. El Chaparil 1 ℰ 52 47 08 – 🔳 rest. ✇
Com 750 – **23 hab** ➸ 3500/5000 – PA 1200.

🏡 **Don Peque,** Diputación Provincial 13 – ℰ 52 13 18, 🍽 – 🔳 hab. 𝖵𝖨𝖲𝖠. ✇
Com (abril-septiembre) 1000 – ➸ 300 – **10 hab** 3000/3500.

✗✗ **Pepe Rico,** Almirante Ferrándiz 28 ℰ 52 02 47, Fax 52 44 98, 🍽 – 🆎 ⓞ 🇪 𝖵𝖨𝖲𝖠. ✇
cerrado martes y noviembre-22 diciembre – Com (sólo cena) carta 2150 a 3200.

✗✗ De Miguel, Pintada 2 ℰ 52 29 96 – 🔳.

✗ **Casa Luque,** pl. Cavana 2 ℰ 52 10 04, 🍽, Decoración regional – 🔳. 🆎 🇪 𝖵𝖨𝖲𝖠. ✇
cerrado domingo y febrero – Com carta 2075 a 2875.

✗ Verano Azul, Almirante Ferrándiz 31 ℰ 52 18 95..

en la carretera N 340 E : 1,5 km – ✉ 29780 Nerja – ☎ 952 :

Nerja Club, ☎ 52 01 00, Fax 52 19 87, ←, ☂, 🏊, 🎾 – 🛗 ▤ ☎ Ⓟ. AE ⓓ E VISA
Com 1460 – ☕ 490 – **67 hab** 5675/7250 – PA 3410.

CITROEN Animas 15 ☎ 52 04 32
GENERAL MOTORS carret de Frigiliana km 0'60 ☎ 52 38 09
RENAULT Cuesta del Ingenio 12 ☎ 52 18 31
SEAT-AUDI-VOLKSWAGEN Granada 42 ☎ 52 00 44

NIGRAN 36209 Pontevedra 441 F 3 – ☎ 986.
Madrid 619 – Orense 108 – Pontevedra 44 – ♦Vigo 17.

XX **Los Abetos,** carret. C 550 N : 1 km entrada Los Abetos-Nigran ☎ 36 81 47, ☂ – ▤ Ⓟ. AE ⓓ E VISA. ✈
Com carta 1800 a 3550.

Los NOGALES o **AS NOGAIS** 27677 Lugo 441 D 8 – 2 283 h. – ☎ 982.
Madrid 451 – Lugo 53 – Ponferrada 69.

Fonfría, carret. N VI ☎ 36 00 44 – 🚗 Ⓟ. VISA. ✈
Com 1000 – ☕ 175 – **27 hab** 1800/2800 – PA 1750.

NOIA 15200 La Coruña 441 D 3 – ver Noya.

NOJA 39180 Cantabria 442 B 19 – 1 273 h. – ☎ 942 – Playa.
♦Madrid 422 – ♦Bilbao 79 – ♦Santander 44.

en la playa de Ris NO : 2 km – ✉ 39184 Ris – ☎ 942 :

Montemar ⛱, ☎ 63 03 20, 🎾 – Ⓟ. ✈
20 junio-10 septiembre – Com 1300 – ☕ 350 – **61 hab** 3700/6000 – PA 2000.

La Encina, ☎ 63 01 41, ← – Ⓟ. ✈
20 junio-5 septiembre – Com 1250 – ☕ 250 – **50 hab** 3300/5550 – PA 2000.

Los Nogales, av. de Ris 21 ☎ 63 02 65 – Ⓟ. ✈
abril-septiembre – Com 850 – ☕ 150 – **27 hab** 4060/6160 – PA 1550.

NOREÑA 33180 Asturias 441 B 12 – 4 155 h. – ☎ 985.
♦Madrid 447 – ♦Oviedo 12.

Cabeza, Javier Lauzurica 4 ☎ 74 02 74, Fax 74 12 71 – 🛗 🚗. AE E VISA. ✈
Com *(cerrado domingo)* 1200 – ☕ 400 – **40 hab** 3500/5000.

NOYA o **NOIA** 15200 La Coruña 441 D 3 – 13 867 h. – ☎ 981.
Ver : Iglesia de San Martín★.
Alred. : O : Ría de Muros y Noya★ (orilla Norte★★).
Excurs. : Mirador del Curota ※★★★ SO : 35 km.
♦Madrid 639 – ♦La Coruña 109 – Pontevedra 62 – Santiago de Compostela 35.

Park ⛱, por carret. de Muros-Barro ☎ 82 37 29, ←, 🏊 – TV ☎ Ⓟ. E VISA. ✈
Com 1000 – ☕ 300 – **35 hab** 4000/6000 – PA 2300.

Ceboleiro, Rua de Galicia 15 ☎ 82 05 31 – AE ⓓ E VISA. ✈
cerrado 20 diciembre-20 enero – Com 1000 – ☕ 225 – **22 hab** 2400/3000.

ALFA ROMEO Caecasia ☎ 82 15 52
AUDI-VOLKSWAGEN La Rasa - carret. de Santiago ☎ 82 11 87
CITROEN carret. Noya-Padrón ☎ 82 18 54
FORD av. de La Coruña ☎ 82 01 32
OPEL San Bernardo ☎ 82 22 11
PEUGEOT-TALBOT San Bernardo ☎ 82 03 34
RENAULT avda. República Argentina, 16 ☎ 82 01 90

La NUCIA 03530 Alicante 445 Q 29 – 3 726 h. alt. 85 alt – ☎ 96

en la carretera de Benidorm – ✉ 03530 La Nucia – ☎ 96

XX **Alcázar,** S : 5 km ☎ 587 32 08, « Reproducción de la Alhambra de Granada » – Ⓟ. AE ⓓ E VISA. ✈
cerrado lunes salvo julio-agosto, del 1 al 20 mayo y del 1 al 15 diciembre – Com (sólo cena julio y agosto) carta 1625 a 3100.

X Kaskade II, urbanización Panorama I S: 5 km y desvío a la derecha 0,3 km ☎ 587 33 37, ☂, 🏊 – Ⓟ.

NUEVA EUROPA (Urbanización) Las Palmas – ver Canarias (Gran Canaria) : Maspalomas.

NUEVALOS Zaragoza 443 I 24 – ver Piedra (Monasterio de).

NULES 12520 Castellón **445** M 29 – 10 957 h. – ✆ 964.
◆Madrid 402 – Castellón de la Plana 19 – Teruel 125 – ◆Valencia 54.

 ✗ **Barbacoa,** carret. de Burriana ℰ 67 05 04 – ▤ 🅿. AE ⑩ E VISA. ✻
     cerrado domingo, lunes noche y 29 julio-18 agosto – Com carta 1500 a 2500.

CITROEN carret. N 340 - Purísima 8 ℰ 67 02 46   RENAULT carret. N 340 ℰ 67 15 00
FORD San Cristobal ℰ 67 05 10   SEAT-AUDI-VOLKSWAGEN San Isidro 11
OPEL Marco Antonio 12 ℰ 67 25 15   ℰ 67 02 52
PEUGEOT-TALBOT av. Castellón 48 ℰ 67 00 56

OCHAGAVIA 31680 Navarra **442** D 26 – 577 h. – ✆ 948.
◆Madrid 457 – ◆Pamplona 76 – St-Jean-de-Pied-de-Port 68.

 ✗ **Laspalas** ⑆ con hab, Urrutia ℰ 89 00 15 – ✻
     ☲ 300 – **9 hab** 2600/3600.

OIARTZUN Guipúzcoa **442** C 24 – ver Oyarzun.

OJEDO Cantabria – ver Potes.

OJEN 29610 Málaga **446** W 15 – 2 038 h. alt. 780 – ✆ 952.
◆Madrid 610 – Algeciras 85 – ◆Málaga 64 – Marbella 8.

   en la Sierra Blanca NO : 10 km por C 337 y carretera particular – ✉ 29610 Ojen – ✆ 952

 🏨 **Refugio de Juanar** ⑆, ℰ 88 10 00, Fax 88 10 01, « Refugio de caza », ≤, 🛥, ✻
     📺 ✆ 🅿 AE ⑩ E VISA. ✻
     Com 2150 – ☲ 600 – **25 hab** 5515/7030 – PA 4165.

OLABERRIA Guipúzcoa **442** C 23 – ver Beasain.

OLAVE 31799 Navarra **442** D 25 – ✆ 948.
◆Madrid 411 – ◆Bayonne 106 – Pamplona 12.

 🏨 **Sayoa,** carret. N 121 ℰ 33 02 12, Fax 33 02 12, ≤, 🏖, 🛥, ✻ – ▤ 📺 ✆ 🅿
     🛆 25/300. AE ⑩ E VISA. ✻ rest
     Com 1500 – ☲ 350 – **42 hab** 10000/16000.

OLITE 31390 Navarra **443** E 29 – 2 829 h. alt. 380 – ✆ 948.
Ver : Castillo de los Reyes de Navarra★ – Iglesia de Santa María la Real (fachada oeste★).
🛈 Castillo ℰ 74 00 35.
◆Madrid 370 – ◆Pamplona 43 – Soria 140 – ◆Zaragoza 140.

 🏰 **Parador Príncipe de Viana** ⑆, pl. de los Teobaldos 2 ℰ 74 00 00, Fax 74 02 01
     « Instalado parcialmente en el antiguo castillo de los reyes de Navarra » – 🛗 ▤ 📺 ✆ -
     🛆 25/110. AE ⑩ E VISA. ✻
     Com 2900 – ☲ 350 – **43 hab** 11000 – PA 5740.

 ✗ **Casa Zanito** con hab, Mayor 16 ℰ 74 00 02 – ▤ hab. E VISA. ✻
     Com carta 2600 a 3400 – ☲ 350 – **14 hab** 6000 – PA 3350.

FIAT-LANCIA carret. Zaragoza km 39 ℰ 74 02 59

OLIVA 46780 Valencia **445** P 29 – 19 580 h. – ✆ 96.
◆Madrid 424 – ◆Alicante 101 – Gandía 8 – ◆Valencia 76.

   en la playa E : 2 km – ✉ 46780 Oliva – ✆ 96 : – playa.

 🏨 **Pau-Pi** sin rest, Roger de Lauria 2 ℰ 285 12 02 – ✆ 🅿. E VISA
     abril-septiembre – ☲ 425 – **37 hab** 2500/4700.

SEAT-AUDI-VOLKSWAGEN Juanot Martorell 3 ℰ 285 07 65

La OLIVA (Monasterio de) 31310 Navarra **442** E 25.
Ver : Monasterio★★ (iglesia★★, claustro★).
◆Madrid 366 – ◆Pamplona 73 – ◆Zaragoza 117.

OLOT 17800 Gerona **443** F 37 – 24 892 h. alt. 443 – ✆ 972.
Alred. : Castellfullit de la Roca (emplazamiento★) NE : 7 km – Carretera★ de Olot a San Juan de
las Abadesas.
🛈 Mulleras ℰ 26 01 41.
◆Madrid 700 – ◆Barcelona 130 – Gerona/Girona 55.

 🏨 Montsacopa, Mulleras ℰ 26 07 62 – 🛗 ▤ rest 📺 – **70 hab**.
 🏨 **La Perla,** carret. La Deu 9 - S : 1 km por la carret. de Vich ℰ 26 23 26, Fax 27 07 74 – 🛗
     ▤ rest ⑆ 🅿. E VISA. ✻
     cerrado junio – Com 880 – ☲ 320 – **30 hab** 1250/2300 – PA 1630.

310

XX Purgatori, Bisbe Serra 58 ℰ 26 16 06 – ▤.

XX **Ramón,** Plaça Clarà 10 ℰ 26 10 01 – ▤. 𝔸𝔼 𝗘 𝘝𝘐𝘚𝘈
cerrado jueves salvo festivos y vísperas y 24 enero-14 febrero – Com carta 3200 a 4000.

X **La Deu,** carret. La Deu - S : 2 km por la carret. de Vich ℰ 26 10 04, 🍴 – ▤ ℗. 𝔸𝔼 ⑩
𝗘 𝘝𝘐𝘚𝘈. ⋘
Com carta 1950 a 3475.

LFA ROMEO carretera de Trías 33 ℰ 26 80 23
USTIN-ROVER av. de Gerona 7 ℰ 26 23 40
ITROEN carret. de Las Trías 56-58 ℰ 26 32 62
IAT av. Reyes Católicos 7-9 ℰ 26 41 45
ORD carret. de Las Trías 96-98 ℰ 26 01 91
MERCEDES-BENZ carret. San Juan de las Aba-
desas 82 ℰ 26 22 64

OLOT Vilanova 30-32 ℰ 26 14 04
PEUGEOT-TALBOT carret. de Las Trías 43
ℰ 26 46 69
RENAULT carret. de la Canya ℰ 26 49 50
SEAT-AUDI-VOLKSWAGEN carret. Sant Joan de
las Abadesas 86 ℰ 26 01 98

OLULA DEL RIO 04860 Almería 𝟒𝟒𝟔 T 23 – 4 837 h. alt. 487 alt – ✿ 951.
Madrid 528 – Almería 116 – ◆Murcia 142.

🏨 **La Tejera,** carret. N 336 ℰ 44 22 12, Fax 44 15 12, 🍴 – ▤ 📺 ☎ ℗. 𝔸𝔼 𝗘 𝘝𝘐𝘚𝘈. ⋘
Com 800 – ☷ 250 – **37 hab** 3020/4665 – PA 1850.

OLVEGA 42110 Soria 𝟒𝟒𝟐 G 24 – 3 038 h. – ✿ 976.
◆Madrid 257 – ◆Pamplona 127 – Soria 45 – ◆Zaragoza 114.

🏨 **Los Infantes,** La Pista ℰ 64 53 87 – ℗. 𝔸𝔼 𝘝𝘐𝘚𝘈. ⋘
Com 875 – ☷ 275 – **15 hab** 1950/3600 – PA 1950.

RENAULT carret. de Almazán 35 ℰ 64 55 13

ONDARROA 48700 Vizcaya 𝟒𝟒𝟐 C 22 – 12 150 h. – ✿ 94 – Playa.
Ver : Pueblo típico★.
Alred. : Carretera en cornisa★ de Ondárroa a Deva ≤★ – Carretera en cornisa★ de Ondárroa a
Lequeitio ≤★.
◆Madrid 427 – ◆Bilbao 61 – ◆San Sebastián/Donostia 49 – ◆Vitoria/Gasteiz 72.

X Vega, av. Antigua 8 ℰ 683 00 02, ≤, 🍴.

GENERAL MOTORS Artabide 52 ℰ 683 06 28

ONTENIENTE o **ONTINYENT** 46870 Valencia 𝟒𝟒𝟓 P 28 – 28 123 h. alt. 400 – ✿ 96.
◆Madrid 369 – ◆Albacete 122 – ◆Alicante 91 – ◆Valencia 84.

X **Rincón de Pepe,** av. de Valencia 1 ℰ 238 32 10 – ▤. 𝔸𝔼 ⑩ 𝗘 𝘝𝘐𝘚𝘈. ⋘
cerrado domingo y Semana Santa – Com carta 1700 a 3450.

X El Nido, pl. de la Concepción 7 ℰ 238 37 16 – ▤.

CITROEN av. Ramón y Cajal 80-82
ℰ 238 12 12/232 12 16
FORD av. Ramón y Cajal ℰ 238 15 34
PEUGEOT-TALBOT Llano de San Vicente
ℰ 238 13 00

RENAULT av. Ramón y Cajal ℰ 238 06 48
SEAT-AUDI-VOLKSWAGEN av. Ramón y Cajal 44
ℰ 238 53 11

OÑATE o **OÑATI** 20560 Guipúzcoa 𝟒𝟒𝟐 C 22 – 10 770 h. alt. 231 – ✿ 943.
◆Madrid 401 – ◆San Sebastián/Donostia 74 – ◆Vitoria/Gasteiz 45.

en la carretera de Aránzazu SO : 4 km – ⊠ 20560 Oñate – ✿ 943 :

X Urtiagain, ℰ 78 08 14 – ▤ ℗.

CITROEN Obispo Otaduy ℰ 78 07 05
FORD carret. Berezano ℰ 78 19 50
PEUGEOT-TALBOT Barrio Goribar ℰ 78 13 50

RENAULT Barrio Goribar ℰ 78 10 51
SEAT-AUDI-VOLKSWAGEN Barrio Goribar
ℰ 78 13 50

ORDENES u **ORDES** 15680 La Coruña 𝟒𝟒𝟏 C 4 – ✿ 981.
◆ Madrid 599 – ◆La Coruña 39 – Santiago de Compostela 27.

🏨 **Nogallas,** Alfonso Senra 110 ℰ 68 01 55 – 🍸 📶. 𝔸𝔼 𝗘 𝘝𝘐𝘚𝘈. ⋘
Com 1200 – ☷ 300 – **38 hab** 2500/4200.

CITROEN Alfonso Senra 178 ℰ 68 09 08
FIAT carret. de La Coruña km 34 ℰ 68 08 78
FORD carret. General ℰ 68 02 28
OPEL carret. La Coruña-Tuy km 39 ℰ 68 08 62

PEUGEOT-TALBOT Alto de Queiruga ℰ 68 11 52
RENAULT av. Alfonso Senra 22 ℰ 68 02 47
SEAT Las Casillas 6 ℰ 68 07 56

ORDESA (Parque Nacional de) Huesca 𝟒𝟒𝟑 E 29 y 30 – alt. 1320.
Ver : Parque Nacional★★★.
◆Madrid 490 – Huesca 100 – Jaca 62.

Hoteles y restaurantes ver : Torla SO : 8 km.

ORDINO Andorra 𝟒𝟒𝟑 E 34 – ver Andorra (Principado de).

ORDUÑA 48460 Vizcaya 442 D 20 – 4 396 h. alt. 283 – ☎ 945.
Alred. : S : Carretera del Puerto de Orduña ※★.
♦Madrid 357 – ♦Bilbao 41 – ♦Burgos 111 – ♦Vitoria/Gasteiz 40.

✕✕ **Llarena,** Burgos 6 ☎ 89 39 99 – ▤. AE ⓓ E VISA. ✻
cerrado lunes noche y del 15 al 30 julio – Com carta 2500 a 3750.

ORENSE u **OURENSE** 32000 P 441 E 6 – 96 085 h. alt. 125 – ☎ 988.
Ver : Catedral★ (pórtico del Paraíso★★) AY **B** – Museo Arqueológico y de Bellas Artes (Camino del Calvario★) AZ **M** – . **Alred.** : Gargantas del Sil★ 26 km por ② – Ribas del Sil (monasterio de San Esteban★ : paraje★) 27 km por ② y por Luintra – Iberia ☎ 22 84 00.
ℹ Curros Enríquez 1, Torre de Orense, ✉ 32003, ☎ 23 47 17 – **R.A.C.E.** parque de San Lázaro 18-1° ✉ 32003, ☎ 23 39 05.
♦Madrid 499 ④ – Ferrol 198 ① – ♦La Coruña 183 ① – Santiago de Compostela 111 ① – ♦Vigo 101 ⑤.

OURENSE-ORENSE

Bedoya	AY	
Calvo Sotelo	AY	
Capitán Eloy	AY	
Cardenal Quiroga	AY	9
Ceano	AY	10
Doctor Marañón	AZ	16
General Franco	AYZ	
José Antonio	AY	
Lamas Carvajal	AY	2
La Paz	AY	2
Mayor (Plaza)	AZ	
Santo Domingo	AY	3

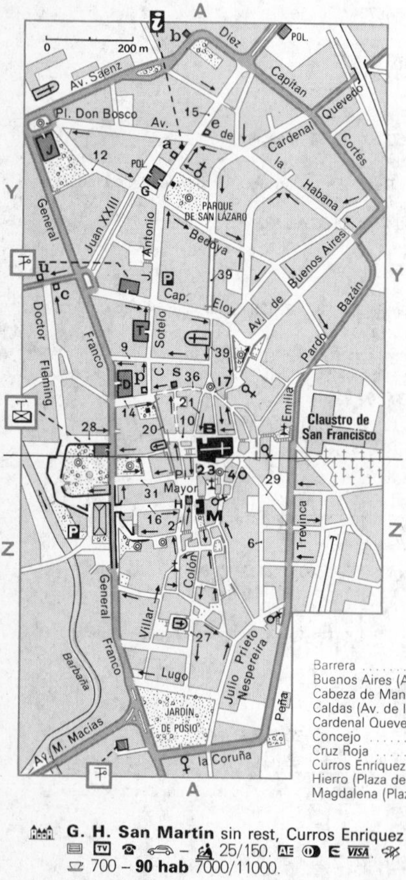

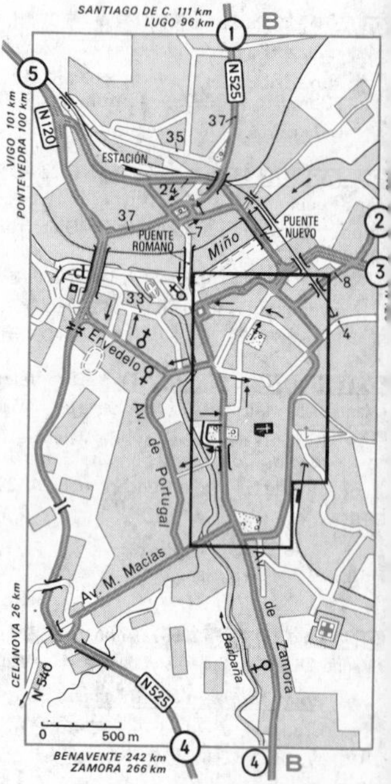

Barrera	AZ	2
Buenos Aires (Av. de)	B	4
Cabeza de Manzaneda	AZ	6
Caldas (Av. de las)	B	7
Cardenal Quevedo	B	8
Concejo	AY	12
Cruz Roja	AY	14
Curros Enríquez	AY	15
Hierro (Plaza del)	AY	17
Magdalena (Plazuela)	AZ	23
Marin (Av. de)	B	24
Padre Feijóo	AZ	27
Parada Justel	AY	28
Pena Corneira	AZ	29
Pontevedra (Av. de)	AZ	31
Remedios	B	33
Rio Arnoya	B	35
San Miguel	AY	36
Santiago (Av. de)	B	37
Trigo (Plaza del)	AZ	40

G. H. San Martín sin rest, Curros Enriquez 1, ✉ 32003, ☎ 23 56 11, Fax 23 65 85 – |♦| ▤ TV ☎ 🚗 – 🏛 25/150. AE ⓓ E VISA. ✻ AY **a**
☕ 700 – **90 hab** 7000/11000.

Padre Feijoó sin rest, pl. Eugenio Montes 1, ✉ 32005, ☎ 22 31 00, Fax 22 31 00 – |♦| TV ☎. ⓓ E VISA. ✻ AY **p**
☕ 500 – **71 hab** 2945/4815.

Sila, av. de La Habana 61, ✉ 32003, ☎ 23 63 11 – |♦| TV. AE E VISA. ✻ AY **e**
Com 900 – ☕ 650 – **66 hab** 3800/6720.

🛏 **Altiana** sin rest, con cafetería, Ervedelo 16, ✉ 32002, ☎ 25 14 11 – 📶 ☎   AY **u**
32 hab.

🛏 **Riomar** sin rest, con cafetería, Mateo Prado 15, ✉ 32002, ☎ 22 07 00 – 📶 ☎ 🚗. 🎿
   ☲ 225 – **39 hab** 2800/4000.   B **d**

🛏 **Corderi** sin rest, Ervedelo 9, ✉ 32002 – 📶 ☎   AY **c**
14 hab.

XX **Sanmiguel,** San Miguel 12, ✉ 32005, ☎ 22 12 45, 🍴 – ☰ 🅿. 𝔸𝔼 ⓞ 🗲 𝑽𝑰𝑺𝑨   AY **s**
cerrado martes salvo festivos o vísperas – Com carta 2700 a 4400.

XX **Martín Fierro,** Sáenz Díez 65, ✉ 32003, ☎ 23 48 20, Fax 23 93 99, 🍴 – ☰ 🅿. 𝔸𝔼 ⓞ
🗲 𝑽𝑰𝑺𝑨. 🎿   AY **b**
cerrado domingo – Com carta 3800 a 4700.

ALFA-ROMEO Samuel Gijon 10 ☎ 24 82 29
AUSTIN-ROVER av. Buenos Aires 107
☎ 22 51 40
BMW carret. de Vigo km 542.1 ☎ 21 44 72
CITROEN av. Zamora ☎ 23 07 00
FIAT-LANCIA-SEAT Florentino L. Cuevillas 14
☎ 21 13 56
FIAT carret. de Madrid km 230.7 ☎ 24 98 12
FORD av. de Zamora 244 ☎ 22 39 00
GENERAL MOTORS carret. de Madrid km 534
☎ 22 78 00

MERCEDES-BENZ carret. Madrid km 530.7
☎ 23 49 50
PEUGEOT-TALBOT Río Camba ☎ 21 45 16
PORSCHE av. Zamora 60 ☎ 25 20 05
RENAULT carret. de Vigo km 558 ☎ 21 61 47
RENAULT av. Zamora 146 ☎ 22 45 33
RENAULT av. Buenos Aires 260 ☎ 23 02 45
RENAULT Celso Emilio Ferreiro 56 ☎ 22 87 04
SEAT-AUDI-VOLKSWAGEN carret. de Zamora
187 ☎ 22 39 50
VOLVO carret. de Madrid km 530 ☎ 24 46 03

** OREÑA** 39525 Cantabria – ☎ 942

🛏 **Mesón El Jamón,** San Roque 93 ☎ 72 62 38 – 🅿. 🗲 𝑽𝑰𝑺𝑨. 🎿
cerrado 6 diciembre-6 enero – Com *(cerrado miércoles)* 900 – ☲ 250 – **22 hab** 4400/4500.

ORGAÑA u **ORGANYÀ** 25794 Lérida 👭👭👭 F 33 – 1 143 h. alt. 558 – ☎ 973.
Alred. : N : Garganta de Orgañá★ – Grau de la Granta★ S : 6 km.

♦Madrid 579 – ♦Lérida/Lleida 110 – Seo de Urgel 23.

🛏 **La Cabana,** av. de Montaña 2 ☎ 38 30 00, ≤ – 🚗
13 hab.

X **El Portal,** carret. C 1313 ☎ 38 30 27 – ☰. ⓞ 🗲 𝑽𝑰𝑺𝑨. 🎿
cerrado martes y 10 mayo-10 junio – Com carta 1850 a 2650.

ORGIVA 18400 Granada 👭👭👭 V 19 – 4 859 h. – ☎ 958.

♦Madrid 485 – ♦Almería 121 – ♦Granada 55 – ♦Málaga 121.

🏨 **Alpujarras,** El Empalme ☎ 78 55 49 – 📶 ☰ rest ☎ 🅿. 𝑽𝑰𝑺𝑨. 🎿
Com 1000 – ☲ 250 – **22 hab** 3000/5000 – PA 2250.

ORIENT Baleares 👭👭👭 M 28 – ver Baleares (Mallorca).

ORIHUELA 03300 Alicante 👭👭👭 R 27 – 49 851 h. alt. 24 – ☎ 96.
Ver : Palmeral★.
🛈 Francisco Diez 25 ☎ 530 27 47.

♦Madrid 415 – ♦Alicante 59 – ♦Murcia 25.

🛏 **Rey Teodomiro** sin rest y sin ☲, av. Teodomiro 10 ☎ 530 03 48 – 📶. 🎿
30 hab 1500/4000.

ALFA ROMEO carret. Orihuela-Alicante km 2
☎ 530 01 19
CITROEN carret. de Murcia-Alicante km 28
☎ 530 21 40
FIAT carret. Murcia-Alicante km 26 ☎ 530 58 43
FORD carret. Murcia-Alicante km 28,8
☎ 530 32 10

GENERAL MOTORS carret. Murcia - Alicante km
22,4 ☎ 530 04 98
PEUGEOT-TALBOT carret. Orihuela-Alicante km 2
☎ 530 01 19
RENAULT carret. Murcia-Alicante km 26
☎ 530 07 58

ORIO 20810 Guipúzcoa 👭👭 C 23 – 4 358 h. – ☎ 943.
Alred. : Carretera de Zarauz ≤★.

♦Madrid 479 – ♦Bilbao 85 – ♦Pamplona 100 – ♦San Sebastián/Donostia 20.

X **Aitzondo,** carret. de Zarauz N 634 ☎ 83 27 00 – 🅿. 𝔸𝔼 ⓞ 🗲 𝑽𝑰𝑺𝑨. 🎿
cerrado domingo noche, miércoles y 21 diciembre-21 enero – Com carta 3100 a 4200.

OROPESA DEL MAR 12594 Castellón 👭👭👭 L 30 – 1 724 h. alt. 16 – ☎ 964 – Playa.
🛈 av. de la Plana 4 ☎ 31 00 20.

♦Madrid 447 – Castellón de la Plana 22 – Tortosa 100.

🛏 **Sancho Panza,** carret. N 340 km 996,3 ☎ 31 04 94, 🍴 – 🅿. 🗲 𝑽𝑰𝑺𝑨
cerrado octubre – Com *(cerrado domingo de noviembre a mayo)* 950 – ☲ 320 – **15 hab**
2225/3200 – PA 1885.

313

en la zona de la playa – ⊠ 12594 Oropesa del Mar – ☎ 964 :

🏨 **Neptuno Playa** sin rest, paseo Marítimo La Concha ℰ 31 00 40, Fax 31 00 75, ≤ – 🗏 ☎ E VISA
abril-septiembre – ☲ 500 – **88 hab** 4500/7500.

🏨 **Oropesa Sol** ☜ sin rest, av. de Madrid 11 ℰ 31 01 50 – 🛗 🕾 🅿 🛠
abril-septiembre – ☲ 175 – **50 hab** 2800/3900.

XX **Blasori,** carret. del Faro 66 ℰ 31 00 81 – 🗏 AE ① E VISA 🛠
abril-octubre – Com carta 2450 a 3450.

X **Mervi,** paseo Mediterráneo 18 ℰ 31 01 58, 🏠 – E VISA 🛠
marzo-septiembre – Com carta 1150 a 2050.

en la autopista A 7 NO : 5 km – ⊠ 12594 Oropesa del Mar – ☎ 964 :

🏨 **La Ribera** sin rest, con cafetería, ℰ 31 00 25 – 🗏 🅿 🛠
13 hab 2000/3000.

La OROTAVA Santa Cruz de Tenerife – ver Canarias (Tenerife).

ORTIGOSA DEL MONTE 40421 Segovia 442 J 17 – ☎ 911.
♦Madrid 72 – Ávila 56 – ♦Segovia 15.

en la carretera N 603 E : 2,5 km – ⊠ 40421 Ortigosa del Monte – ☎ 911

X **Venta Vieja,** ℰ 48 03 26, 🏠, Decoración rústica – 🅿 AE VISA 🛠
Com carta 2300 a 2700.

ORTIGUEIRA 15330 La Coruña 441 A 6 – 15 576 h. – ☎ 981 – Playa.
♦Madrid 601 – ♦La Coruña 110 – Ferrol 54 – Lugo 97.

🏨 **La Perla** sin rest, av. de la Penela ℰ 40 01 50 – 🕾 🅿 – **22 hab.**

CITROEN carret. Ferrol-San Claudio km 40,8 ℰ 40 08 19
FIAT Estación Servicio Santa Marta ℰ 40 01 08
FORD av. de la Penela 41-43 ℰ 40 01 23
OPEL Puente de Mera

PEUGEOT-TALBOT Puente de Mera ℰ 41 30 29
RENAULT av. de la Penela 41-43 ℰ 40 01 91
SEAT-AUDI-VOLKSWAGEN Puente de Mera ℰ 41 30 52

OSEJA DE SAJAMBRE 24916 León 441 C 14 – 505 h. alt. 760.
Alred. : Mirador ≤** N : 2 km – Desfiladero de los Beyos*** NO : 5 km – Puerto del Pontón★ (≤★) S : 11 km – Puerto de Panderruedas** (mirador de Piedrafitas ≤** 15 mn a pie) SE : 17 km.
♦Madrid 385 – ♦León 122 – ♦Oviedo 108 – Palencia 159.

OSORNO LA MAYOR 34460 Palencia 442 E 16 – 2 075 h. – ☎ 988.
♦Madrid 277 – ♦Burgos 58 – Palencia 51 – ♦Santander 150.

🏨 **Tierra de Campos,** La Fuente ℰ 81 72 16 – 🛗 🕾 🅿 E VISA 🛠
Com 1800 – ☲ 400 – **30 hab** 3400/4400 – PA 3500.

OSUNA 41640 Sevilla 446 U 14 – 16 866 h. – ☎ 95.
Ver : Zona monumental★ – Colegiata (sepulcro Ducal★).
🅱 Sepulcro Ducal ℰ 81 04 44.
♦Madrid 489 – ♦Córdoba 85 – ♦Granada 169 – ♦Málaga 123 – ♦Sevilla 92.

X **Mesón del Duque,** pl. de la Duquesa 2 ℰ 481 13 01, 🏠 – 🗏 AE VISA 🛠
cerrado lunes, del 15 al 31 mayo y el 15 al 30 septiembre – Com carta 1000 a 2150.

OTUR Asturias – ver Luarca.

OTURA 18630 Granada 446 V 18 – 1 979 h. – ☎ 958.
♦Madrid 443 – ♦Almería 172 – ♦Granada 13 – ♦Málaga 148.

al Suroeste : – ⊠ 18630 Otura – ☎ 958 :

X **Mesón Mayerling,** cruce carret. de Malá : 1 km ℰ 55 52 81 – 🗏 🅿 AE VISA 🛠
cerrado del 1 al 15 agosto – Com carta 1700 a 2750.

X **Suspiro del Moro,** carret. de Motril N 323 : 3 km ℰ 55 51 05, ≤, 🏠, 🏊 – 🗏 🅿 AE ① E VISA 🛠
Com carta 1250 a 2200.

OURENSE 🅿 441 E 6 – ver Orense.

EUROPA en una sola hoja Mapa Michelin n° 970.

33000 🅿 Asturias **441** B 12 – 190 123 h. alt. 236 – ✆ 985..

Ver : Catedral★ (Cámara Santa★★ : estatuas-columnas★★, tesoro★★, Interior : retablo★) –
Antiguo Hospital del Principado (fachada : escudo★) AY **P**.

Alred. : Santuarios del Monte Naranco★ (Santa María de Naranco ≋★, San Miguel de Lillo)
NO : 4 km.

🏌 Club Deportivo La Barganiza : 12 km – ✆ 25 63 61 (ext. 54).

✈ de Asturias por ① : 47 km ✆ 56 34 03 – Iberia : Uría 21 (AY), ⊠ 33003, ✆ 23 24 00.

🛈 pl. Alfonso-II El Casto 6, ⊠ 33003, ✆ 21 33 85 – R.A.C.E. pl. Congoria Carbajal 3, ⊠ 33004, ✆ 22 31 06.

◆Madrid 445 ③ – ◆Bilbao 306 ② – ◆La Coruña 326 ④ – Gijón 29 ① – ◆León 121 ③ – ◆Santander 203 ②.

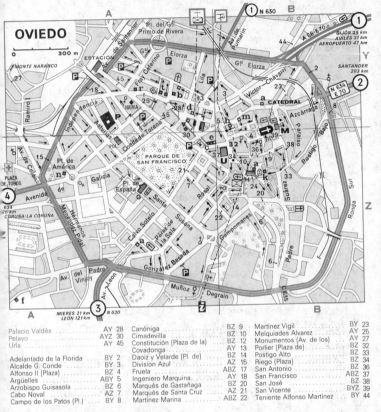

Palacio Valdés	AY 28	Canóniga	BZ 9	Martínez Vigil		BY 23
Pelayo	AYZ 30	Cimadevilla	BZ 10	Melquiades Alvarez		AY 25
Uría	AY 45	Constitución (Plaza de la)	BZ 12	Monumentos (Av. de los)		AY 27
		Covadonga	AY 13	Porlier (Plaza de)		BZ 32
Adelantado de la Florida	BY 2	Daoiz y Velarde (Pl. de)	AZ 15	Postigo Alto		BZ 33
Alcalde G. Conde	BY 3	Division Azul	ABZ 17	Riego (Plaza)		BZ 34
Alfonso II (Plaza)	BZ 4	Fruela	AY 18	San Antonio		BZ 36
Argüelles	ABY 5	Ingeniero Marquina	BZ 20	San Francisco		ABZ 37
Arzobispo Guisasola	BZ 6	Marqués de Gastañaga	AZ 21	San José		BZ 38
Cabo Noval	BY 7	Marqués de Santa Cruz	BY	San Vicente		BYZ 39
Campo de los Patos (Pl.)	BY 8	Martínez Marina	ABZ 22	Teniente Alfonso Martínez		BY 44

🏨🏨🏨 **De la Reconquista,** Gil de Jaz 16, ⊠ 33004, ✆ 24 11 00, Telex 84328, Fax 24 11 66,
« Lujosa instalación en un magnifico edificio del siglo XVIII » – 📶 🗏 📺 ☎ 🚗 –
🛎 25/800. 🆎 ① 🗲 𝗩𝗜𝗦𝗔
Com 4250 – 🖵 1350 – **142 hab** 16700/20900.
AY **p**

🏨🏨 **G. H. España** sin rest, Jovellanos 1, ⊠ 33003, ✆ 22 05 96, Telex 84310, Fax 22 05 96 –
📶 🗏 📺 ☎ 🚗 – 🛎 25/200. 🆎 ① 🗲 𝗩𝗜𝗦𝗔. ﹪
🖵 550 – **89 hab** 10500/13900.
BY **m**

🏨🏨 **Ramiro I** sin rest, con cafetería, av. Calvo Sotelo 13, ⊠ 33007, ✆ 23 28 50, Telex 84442,
Fax 23 63 29 – 📶 🗏 📺 ☎ 🚗 🆎 ① 🗲 𝗩𝗜𝗦𝗔. ﹪
🖵 550 – **83 hab** 7000/9750.
AZ **a**

🏨🏨 **Regente** sin rest, Jovellanos 31, ⊠ 33003, ✆ 22 23 43, Telex 84310, Fax 22 05 96 – 📶
📺 ☎ 🚗 🅿 🆎 ① 🗲 𝗩𝗜𝗦𝗔. ﹪
🖵 550 – **88 hab** 7600/10390.
BY **a**

🏨🏨 **Principado,** San Francisco 6, ⊠ 33003, ✆ 21 77 92, Telex 84026, Fax 21 39 46 – 📶
🗏 rest 📺 ☎ 🆎 ① 🗲 𝗩𝗜𝗦𝗔. ﹪
Com 1300 – 🖵 650 – **69 hab** 6950/9500 – PA 3250.
AZ **e**

sigue →

Clarín sin rest. con cafetería, Caveda 23, ✉ 33002, ☎ 22 72 72, Fax 22 80 18 – 🛗 TV ☎ – 🏛. AE VISA. 🚭 AY
☕ 475 – **47 hab** 6800/8900.

La Jirafa sin rest, Pelayo 6, ✉ 33002, ☎ 22 22 44, Telex 89951, Fax 22 50 48 – 🛗 TV ☎ – 🏛 25/30. AE ⓓ E VISA. 🚭 AY
☕ 550 – **89 hab** 6975/9975.

Tropical sin rest y sin ☕, 19 de Julio 6 - 1°, ✉ 33002, ☎ 21 87 79 – 🛗 ☎. AE ⓓ E VISA 🚭 AY
44 hab 3610/5165.

XXX **Del Arco,** pl. de América, ✉ 33005, ☎ 25 55 22 – ▤. AE ⓓ E VISA. 🚭 AZ
cerrado domingo y agosto – Com carta 3200 a 5200.

XXX ✿ **Casa Fermín,** San Francisco 8, ✉ 33003, ☎ 21 64 52, Fax 22 92 12 – ▤. AE ⓓ E VISA AZ
cerrado domingo – Com carta 3700 a 5300
Espec. Merluza a la avilesina. Rape salsa de oricios. Tournedos con foie al nido..

XX **Marchica,** Dr Casal 10, ✉ 33004, ☎ 21 30 27 – ▤. AE ⓓ E VISA. 🚭 AY
Com carta 3300 a 4100.

XX ✿ **Trascorrales,** pl. de Trascorrales 19, ✉ 33009, ☎ 22 24 41, Decoración rústica – AE ⓓ VISA. 🚭 BZ
cerrado domingo – Com carta 4100 a 5100
Espec. Pastel de centollo, Setas gratinadas, Mero al horno.

XX **Casa Lobato,** av. de los Monumentos 67, ✉ 33012, ☎ 29 77 45, ←, 🏖 – Ⓟ. AE ⓓ E VISA. 🚭 hacia Monte Naranco AY
cerrado martes y noviembre – Com carta 2845 a 3995.

XX **Pelayo,** Pelayo 15, ✉ 33002, ☎ 21 26 52 – ▤. AE ⓓ E VISA. 🚭 AY
cerrado domingo – Com carta 2300 a 3500.

XX **Casa Conrado,** Argüelles 1, ✉ 33003, ☎ 22 39 19 – ▤. AE ⓓ E VISA. 🚭 BY
cerrado domingo y agosto – Com carta 2400 a 3350.

XX **La Goleta,** Covadonga 32, ✉ 33002, ☎ 22 07 73 – ▤. AE ⓓ E VISA. 🚭 AY
cerrado domingo y julio – Com carta 2400 a 3350.

X **La Querencia,** av. del Cristo 29, ✉ 33006, ☎ 25 73 70, Carnes a la brasa – ▤. E VISA. 🚭 AZ
Com carta 2450 a 3300.

X **El Raitan,** pl. Trascorrales 6, ✉ 33009, ☎ 21 42 18, Cocina asturiana, « Decoración rústica regional » – ▤. AE ⓓ VISA. 🚭 BZ
cerrado domingo – Com (sólo almuerzo salvo fines de semana) carta 2800.

X **Logos,** San Francisco 10, ✉ 33003, ☎ 21 20 70 – ▤. AE ⓓ E VISA. 🚭 AZ
cerrado domingo en julio y agosto – Com carta 3300 a 4450.

X Cabo Peñas, Melquiades Alvarez 24, ✉ 33002, ☎ 22 03 20, Rest. típico – ▤ AY

X **La Campana,** San Bernabé 7, ✉ 33002, ☎ 22 49 32 – 🚭 AY
cerrado domingo y agosto-10 septiembre – Com carta 2000 a 2650.

en la carretera de Santander por ② : 3 km – ✉ 33010 – ✆ 985

Las Lomas, ☎ 28 22 61, Fax 29 96 95 – 🛗 TV ☎ 🚗 Ⓟ – 🏛 25/300. AE ⓓ E VISA. 🚭
Com carta 2600 a 3250 – ☕ 550 – **68 hab** 6800/9000.

en el Alto de Buenavista por ④ – ✉ 33006 Oviedo – ✆ 985 :

La Gruta, ☎ 23 24 50, Fax 25 31 41, ←, Vivero propio – 🛗 ▤ rest TV ☎ Ⓟ. AE ⓓ E VISA. 🚭
Com carta 3000 a 4750 – ☕ 425 – **100 hab.** 6500/9200.

ALFA-ROMEO carret. Oviedo - Santander km 202 ☎ 79 26 50
AUSTIN-MG-MORRIS-MINI av. del Cristo 49 ☎ 23 18 66
AUSTIN-MG-MORRIS-MINI-ROVER carret. Gijón km 10 -Pruvia-Llanera ☎ 26 23 69
BMW Bermudez de Castro 114 ☎ 28 98 99
CITROEN carret. Santander-Oviedo km 205 ☎ 79 36 08
FIAT Menéndez Pelayo 2 ☎ 28 46 50
FORD Foncalada 15 ☎ 22 22 71
FORD carret. Santander 110 ☎ 79 43 89
GENERAL MOTORS carret. Santander - Oviedo km 205 ☎ 79 26 91
LANCIA-AUTOBIANCHI Fuertes Acevedo 37 ☎ 23 56 94
MERCEDES-BENZ carret. N 630 km 448,3 - Lugones ☎ 26 23 11
PEUGEOT-TALBOT carret. Oviedo-San Cerdeño ☎ 28 61 23
PEUGEOT-TALBOT Comandante Vallespín 26 ☎ 25 65 62
PORSCHE-SAAB carret. Oviedo-Gijón km 8 Pruvia ☎ 26 12 54
RENAULT Campomanes 20 ☎ 22 26 47
RENAULT pontón de Vaqueros - av. del Mar ☎ 28 17 50
REANULT av. de Torrelavega 44 ☎ 20 06 12
RENAULT Paulino Vicente ☎ 25 32 51
SEAT La Corredoira ☎ 28 02 50
SEAT-AUDI-VOLKSWAGEN av. de Gijón ☎ 26 21 18
VOVLO Victor Chávarri 21 ☎ 21 12 63

Ganz EUROPA auf einer Karte (mit Ortsregister) :
Michelin-Karte Nr. 970.

OYARZUN o **OIARTZUN** 20180 Guipúzcoa 👤👤👤 C 24 – 7 664 h. alt. 81 – ✪ 943.
Madrid 481 – ◆Bayonne 42 – ◆Pamplona 98 – ◆San Sebastián/Donostia 13.

XX ❀ **Zuberoa**, barrio Iturrioz 8 ℰ 49 12 28, Fax 47 16 08, �, Caserío vasco – 🅿 🆎 🅾 🅴
�ᵛᶦˢᵃ. ❀
   cerrado domingo noche, lunes, del 15 al 31 mayo, del 15 al 31 octubre y 31 diciembre-15
   enero – Com carta 4000 a 6100
   Espec. Tartaleta de Chipirón. Morros en salsa de cebolla. Milhojas de café..

X ❀ **Mateo**, barrio Ugaldetxo 11 ℰ 49 11 94 – 🍽 🅿 🆎 🌮🌮
   cerrado domingo noche, lunes y 21 diciembre-10 enero – Com carta 3300 a 5000
   Espec. Ensalada templada de bacalao. Lubina al horno con verduritas. La pequeña tarta del chef..

X ❀ **Albistur**, pl. Martintxo 38-barrio de Alcibar ℰ 49 07 11, 🌇 – 🅾 🅴 🌮🌮
   cerrado domingo noche, martes y 15 junio-10 julio – Com carta 3500 a 4800.

en la carretera de Irún NE : 2 km – ✉ 20180 Oyarzun – ✪ 943 :

XXX **Gurutze-Berri** 🛏 con hab, ℰ 49 06 25 – 🍽 rest ☎ 🅿 🆎 🅾 🅴 🌮🌮
   cerrado febrero – **Relais** com (cerrado domingo noche y lunes) carta 2775 a 4500 **Restaurante**
   com 1600 – 🍽 325 – **18 hab** 4095/4830 – PA 3200.

CITROEN Barrio Alcibar ℰ 35 48 25
FORD Barrio Alcibar ℰ 49 12 23
OPEL-GENERAL MOTORS Barrio Arragua
ℰ 49 00 01
PEUGEOT-TALBOT carret. N I km 476 ℰ 49 21 25

RENAULT Arraskularre 18 ℰ 49 19 29
RENAULT Polígono Lintzirin km 475 ℰ 49 27 67
SEAT-AUDI-VOLKSWAGEN Industrialdea 1
ℰ 49 18 48

OYEREGUI 31720 Navarra 👤👤👤 C 25 – ✪ 948.
Alred. : NO : Valle del Bidasoa★.
◆Madrid 449 – ◆Bayonne 68 – ◆Pamplona 50.

🏠 Mugaire, ℰ 59 20 50 – 🍽 rest ☎ 🅿
   14 hab.

OYON 01320 Alava 👤👤👤 E 22 – 2 250 h. alt. 440 – ✪ 941.
◆Madrid 339 – ◆Logroño 4 – ◆Pamplona 90 – ◆Vitoria/Gasteiz 89.

🏠 Felipe IV, av. Navarra 28 ℰ 11 00 56, 🏊 – 🏢 🚙 🅿
   30 hab.

XX **Mesón la Cueva**, Concepción 15 ℰ 11 00 22, « Instalado en una antigua bodega » – 🍽.
🌮ᵛᶦˢᵃ. ❀
   cerrado lunes y noviembre – Com carta 2050 a 2850.

PACHS DEL PANADES o **PACS DEL PENEDES** 08739 Barcelona 👤👤👤 H 34 y 35 – 397 h. –
✪ 93.
◆Madrid 576 – ◆Barcelona 58 – ◆Tarragona 58.

XX Briefcase, En el Club de Tenis de Vilafranca, NO: 3,5 km ℰ 890 05 03, 🏊 – 🍽 🅿.

PADRON 15900 La Coruña 👤👤👤 D 40 – 9 796 h. – ✪ 981.
Excurs. : Mirador del Curota (⁂★★★) SO : 39 km.
◆Madrid 634 – ◆La Coruña 94 – Orense 135 – Pontevedra 37 – Santiago de Compostela 20.

X **Chef Rivera** con hab, enlace Parque 7 ℰ 81 04 13 – 🔲 🍽 rest 🆎 🅾 🅴 🌮ᵛᶦˢᵃ 🌮
   cerrado domingo noche en invierno – Com carta 1950 a 3300 – 🍽 425 – **17 hab** 2500/3500.

en la carretera N 550 N : 2 km – ✉ 15900 Padrón – ✪ 981 :

🏠 **Scala**, ℰ 81 13 12, ⇐ – 🅿 🌮ᵛᶦˢᵃ 🌮
   Com 1325 – 🍽 200 – **20 hab** 2000/4100 – PA 2450.

en Rois carretera de Noya - NO : 3 km – ✉ 15911 Rois – ✪ 981 :

X **Ramallo**, Castro 5 ℰ 81 12 10, 🌇 – 🅿 🆎 🅴 🌮ᵛᶦˢᵃ 🌮
   cerrado lunes – Com carta 1250 a 2650.

CITROEN carret. La Coruña-Vigo ℰ 81 03 07
FORD Puente 63 ℰ 81 21 02
OPEL Extramundi ℰ 81 00 83

RENAULT av. Compostela 39 ℰ 81 02 59
SEAT-AUDI-VOLKSWAGEN carret. La Coruña-
Vigo km 80,8 ℰ 81 14 51

PAGUERA Baleares 👤👤👤 N 37 – ver Baleares (Mallorca).

PAJARES (Puerto de) 33693 León 👤👤👤 C 12 – alt. 1364 – ✪ 985 – Deportes de invierno : ✦13.
Ver : Puerto★★ – Carretera del puerto★★ – Colegiata de Santa Miria de Arbos (capiteles★)
SE : 1 km.
◆Madrid 378 – ◆León 59 – ◆Oviedo 59.

🏠 **Puerto de Pajares**, carret. N 630 ℰ 49 60 23, ⇐ valle y montañas – ☎ 🅿 – 🎿 25/80. 🆎
🅾 🅴 🌮ᵛᶦˢᵃ 🌮
   Com 1100 – 🍽 450 – **34 hab** 4000/6000 – PA 2120.

317

PALAFRUGELL 17200 Gerona **443** G 39 – 15 030 h. alt. 87 – ✪ 972 – Playas : Calella, Llafranc y Tamariu.

Alred. : Cabo Roig (Cap Roig) : jardín botánico★★ SE : 5 km.

🛈 Carrilet 2 ℰ 30 02 28.

◆Madrid 736 ② – ◆Barcelona 123 ② – Gerona/Girona 39 ① – Port-Bou 108 ①.

🏠 **Costa Brava** sin rest,
Sant Sebastià 16 ℰ 30
05 58 – 🕾 ⇔. ⚒
⬜ 400 – **30 hab**
2300/3900.   **v**

✕ **La Xicra,** Estret 17
ℰ 30 56 30 – ▤. 🅰🅴
⓪ 🄴 𝑉𝐼𝑆𝐴   **e**
cerrado miércoles y
noviembre-30 diciem-
bre – Com carta
3100 a 4300.

✕ **Reig,** Torres Jonama
53 ℰ 30 07 95 – ▤. 🅰🅴
⓪ 🄴 𝑉𝐼𝑆𝐴   **a**
cerrado domingo no-
che en invierno – Com
carta 1875 a 3040.

✕ **La Casona,** paraje La
Sauleda 4 ℰ 30 36 61,
🌳 – ▤ 🅿. 🄴 𝑉𝐼𝑆𝐴.
⚒   **c**
cerrado lunes y no-
viembre-10 diciembre
– Com carta 2150 a
2850.

**en Llofriu-carretera
de Gerona C 255 –**
✉ 17121 Llofriu –
✪ 972 :

✕✕ Sala Gran, Barcelo-
neta 44, por ① : 3 km
ℰ 30 16 38, Deco-
ración rústica catalana
– ▤ 🅿.

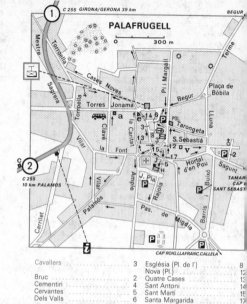

✕ **La Resclosa,** por ① : 2,5 km - Estación 6 ℰ 30 29 68, 🍴, Decoración regional – 🅿. 🅰🅴
⓪ 🄴 𝑉𝐼𝑆𝐴
cerrado jueves y octubre – Com carta 2600 a 3950.

en Mont-Rás - carretera de Palamós C 255 – ✉ 17253 Mont-Rás – ✪ 972 :

✕ **Madame Zozo,** por ② : 2 km av. de Cataluña 6 ℰ 30 01 17, 🍴, Decoración regional –
▤ 🅿. 🅰🅴 ⓪ 🄴 𝑉𝐼𝑆𝐴. ⚒
abril-septiembre – Com carta 2450 a 3900.

✕ Petit Empordà, por ② : 1,5 km ℰ 30 24 12, Masía típica – ▤ 🅿 – temp.

en la playa de Calella SE : 3,5 km – ✉ 17210 Calella – ✪ 972 :

🏨 **Alga y Rest. el Cantir** 🏖, Costa Blanca 43 ℰ 30 00 58, Telex 57077, Fax 30 00 58, 🍴,
🏊, ✕ – ▤ ▤ rest ☎ 🅿. 🅰🅴 🄴 𝑉𝐼𝑆𝐴. ⚒ rest
Semana Santa-octubre – Com 2000 – ⬜ 1000 – **54 hab** 8500/12000.

🏨 **Garbi** 🏖, av. Costa Daurada 20 ℰ 30 01 00, 🍴, « En el centro de un pinar »,
🏊 climatizada, 🌳 – ▤ 🕾 🅿. 🄴 𝑉𝐼𝑆𝐴. ⚒ rest
abril-10 octubre – Com 1725 – ⬜ 525 – **30 hab** 5300/7850 – PA 4100.

🏨 **Port-Bo** 🏖, August Pi i Sunyer 6 ℰ 30 02 50, Telex 57077, Fax 61 01 66, 🏊, ✕ – ▤
▤ rest ☎ 🅿. 🄴 𝑉𝐼𝑆𝐴. ⚒
25 marzo-octubre – Com 1100 – ⬜ 500 – **62 hab** 3300/5400 – PA 2160.

🏨 **Sant Roc** 🏖, pl. Atlàntic 2 - barri Sant Roc ℰ 30 05 00, Fax 61 01 66, « Terraza
dominando la costa con ≼ mar » – ☎. 🅰🅴 ⓪ 🄴 𝑉𝐼𝑆𝐴. ⚒ rest
27 abril-15 octubre – Com 1600 – ⬜ 450 – **42 hab** 4375/7950 – PA 3375.

🏠 **La Torre y Rest. Tres Pins** 🏖, passeig de la Torre 28 ℰ 30 03 00, ≼, 🍴 – 🕾 🅿.
junio-septiembre – Com 1500 – ⬜ 450 – **28 hab** 3850/7500.

🏠 **Mediterráneo,** Francesc Estrabau 34 ℰ 30 01 50, ≼, ✕ – 🕾 🅿. 𝑉𝐼𝑆𝐴. ⚒ rest
15 mayo- septiembre – Com 1650 – ⬜ 500 – **38 hab** 3850/7700 – PA 3075.

🏠 Batlle, sin rest, Les Voltes 2 ℰ 30 19 05, ≼ – **18 hab**.

✕ Rems, Pintor Serra 5 ℰ 30 23 22 – temp.

✕ Can Pep, Lladó 22 ℰ 30 20 00, Decoración rústica – ▤.

318

en la playa de Llafranch SE : 3,5 km – ⊠ 17211 Llafranch – 🛱 972 :

🏫 **Terramar,** passeig de Cipsela 1 𝒫 30 02 00, ≤ – 🛗 🎧 rest 🕿 ⇦. AE ⓪ E VISA. ⁑
   Semana Santa-octubre – Com 2000 – ⊑ 650 – **56 hab** 6000/9200.

🏠 **El Paraíso** ⑤, Font d'en Xecu 𝒫 30 04 50, Telex 57 07 77, Fax 61 01 66, ⁇ – 🛗 🕿 🅿.
   AE ⓪ E VISA. ⁑ rest
   mayo-octubre – Com 1800 – ⊑ 700 – **55 hab** 3700/7400 – PA 3650.

🏠 **Llevant,** Francesc de Blanes 5 𝒫 30 03 66, Telex 57077, 🌣 – 🎧 hab 🕿. ⁑ rest
   cerrado noviembre-15 diciembre – Com *(cerrado domingo noche en invierno)* 1650 – ⊑
   690 – **24 hab** 4000/11000.

🏠 **Casamar** ⑤, Nero 3 𝒫 30 01 04, Fax 61 06 51, 🌣, « Terraza con ≤ cala » – ☜. E VISA.
   ⁑ rest
   Semana Santa- 15 octubre – Com 1150 – ⊑ 450 – **20 hab** 4250/6000 – PA 1950.

✗ **L'Espasa,** Fra Bernat Boil 14 𝒫 30 00 32, 🌣 – E VISA. ⁑
   abril-septiembre – Com carta 1410 a 2600.

en la playa de Tamariú E : 4,5 km – ⊠ 17212 Tamariú – 🛱 972 :

🏠 **Hostalillo,** Bellavista 22 𝒫 61 02 50, Fax 61 02 17, « Terrazas con ≤ cala » – 🛗 🎧 rest
   🕿 ⇦. E VISA. ⁑
   7 junio-21 septiembre – Com 2000 – ⊑ 550 – **70 hab** 10000/12000.

🏠 **Janó,** passeig del Mar 3 𝒫 30 04 62, 🌣 – ☜. ☜ E VISA. ⁑
   15 mayo-29 septiembre – Com 1400 – ⊑ 400 – **49 hab** 3550/6800.

🏠 **Tamariú,** passeig del Mar 3 𝒫 30 01 08, 🌣 – ⇦. E VISA. ⁑
   15 mayo-septiembre – Com 1500 – ⊑ 350 – **54 hab** 2750/5250.

AUSTIN ROVER av. España 24 𝒫 30 48 31
CITROEN Bagur 45 𝒫 30 02 48
FIAT-LANCIA Clavé 17 𝒫 30 34 50
FORD carret. Gerona-Palamós km 37,9 (Mont-
Ras) 𝒫 30 27 00

OPEL Carrer Lluna 51 𝒫 30 15 30
PEUGEOT-TALBOT Joan Maragall 7 𝒫 30 07 86
RENAULT Torres Jonama 92-94 𝒫 30 00 77
SEAT-AUDI-VOLKSWAGEN carret. Palamós-Gi-
rona km 7,3 (Mont Ras) 𝒫 30 06 82

PALAMOS 17230 Gerona 🏯🏯🏯 G 39 – 12 178 h. – 🛱 972 – Playa.

🚹 Passeig del Mar 𝒫 31 14 39 apartat correus 117.

✦Madrid 726 – ✦Barcelona 109 – Gerona/Girona 49.

🏫 **Trias,** passeig del Mar 𝒫 31 41 00, Fax 31 65 17, ≤, ⊠ – 🛗 🎧 🕿 ⇦ 🅿. AE ⓪ E VISA.
   ⁑
   23 marzo-14 octubre – Com 2900 – ⊑ 750 – **70 hab** 5500/12000.

🏠 **Marina,** av. 11 de Setembre 48 𝒫 31 42 50, Fax 60 00 24 – 🛗 🎧 rest 🕿 ⇦. AE ⓪ E
   VISA. ⁑ rest
   cerrado 24 diciembre-enero – Com 1275 – ⊑ 475 – **62 hab** 4500/5800.

🏠 **Vostra Llar,** av. President Macià 12 𝒫 31 42 62, Fax 22 43 07, 🌣 – 🛗. VISA
   26 marzo-27 septiembre – Com 885 – ⊑ 300 – **45 hab** 3100/5300 – PA 2100.

✗✗✗ **Port Reial,** Passeig del Mar 8 𝒫 31 85 99 – 🍽. AE ⓪ E VISA
   cerrado domingo noche y lunes salvo festivos en invierno – Com carta 2850 a 4900.

✗✗ **La Cuineta,** Adrián Alvarez 111 𝒫 31 40 01 – 🍽. AE ⓪ E VISA. ⁑
   15 junio-15 septiembre – Com carta 2350 a 4975.

✗✗ **La Gamba,** pl. Sant Pere 1 𝒫 31 46 33, 🌣, Pescados y mariscos – 🍽. AE ⓪ E VISA
   cerrado miércoles salvo en verano y 8 enero-8 febrero – Com carta 4000 a 4850.

✗✗ **Plaça Murada,** pl. Murada 5 𝒫 31 53 76, ≤, 🌣 – 🍽. AE ⓪ E VISA
   cerrado martes salvo en verano y 5 noviembre-5 diciembre – Com carta 2400 a 3200.

✗ La Menta, Tauler i Servià 1 𝒫 31 47 09 – 🍽.

✗ **María de Cadaqués,** Notaris 39 𝒫 31 40 09, Pescados y mariscos – 🍽. AE ⓪ E VISA
   cerrado lunes y 15 diciembre-15 enero – Com carta 3150 a 4500.

✗ **L'Art,** passeig del Mar 7 𝒫 31 55 32 – 🍽. AE ⓪ E VISA
   cerrado jueves y 6 enero-7 febrero – Com carta 2950 a 4450.

✗ **El Delfín,** av. 11 de Setembre 93 𝒫 31 64 74, 🌣 – E VISA
   marzo-octubre – Com *(cerrado jueves en invierno)* carta 1300 a 3075.

en La Fosca NE : 2 km – ⊠ 17230 Palamós – 🛱 972 :

🏠 **Ancora** ⑤, Josep Plá, ⊠ 17230 apartado 242 Palamós, 𝒫 31 48 58, ≤, ⊠, ⁇ – 🍽 rest
   🕿 🅿. E VISA. ⁑ rest
   cerrado diciembre-enero – Com 1750 – ⊑ 500 – **44 hab** 4570/6230.

en Pla de Vall-Llobrega - carretera de Palafrugell C 255 N : 3,5 km – ⊠ 17253 Vall
Llobrega – 🛱 972 :

✗✗ **Mas dels Arcs,** ⊠ 17230 apartado 115 Palamós, 𝒫 31 51 35 – 🍽 🅿. VISA. ⁑
   cerrado jueves en invierno y 15 enero-22 febrero – Com carta 2150 a 4000.

CITROEN Joan Maragall 12 𝒫 31 41 73
LANCIA Rutllabaixa 46 𝒫 31 58 69
PEUGEOT-TALBOT carret. Gerona-Palamós km 40
𝒫 31 71 68

RENAULT carret. de La Fosca 𝒫 31 53 47
SEAT carretera de Playa de Aro 𝒫 65 06 35

PALAU SAVERDERA 17495 Gerona **443** F 39 – 666 h. – **972**.

♦Madrid 763 – Figueras/Figueres 17 – Gerona/Girona 56.

X **Terra Nostra,** San Onofre 12 ℰ 53 03 04, ☆ – **P**. AE E VISA. ℅
cerrado 6 noviembre-6 febrero, miércoles y domingo noche – Com carta 1900 a 2750.

PALENCIA 34000 **P** **442** F 16 – 79 080 h. alt. 781 – **988**.

Ver : Catedral★★ (interior★★, museo★ : tapices★). Alred. : Baños de Cerrato (Basílica de Sa
Juan Bautista★) por ② : 14 km.

🖪 Mayor 105, ✉ 34001, ℰ 72 00 68 – R.A.C.E. Mayor 2, ✉ 34001, ℰ 74 69 50.

♦Madrid 235 ② – ♦Burgos 88 ② – ♦León 128 ③ – ♦Santander 203 ① – ♦Valladolid 47 ②.

PALENCIA

*Los nombres de
las principales
calles
comerciales
figuran en rojo al
principio del
repertorio de calles
de los planos de
ciudades.*

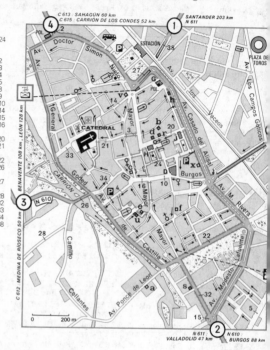

🏨 **Husa Rey Sancho,** av. Ponce de León, ✉ 34005, ℰ 72 53 00, Fax 71 03 34, ☆, ⽔, ℅
– 🕼 🗐 rest 📺 ☎ 🖚 – **P** – 🔬 25/300. AE Ⓞ E VISA. ℅
Com 2100 – ☲ 600 – **100 hab** 5000/8000. **a**

🏨 **Castilla Vieja,** av. Casado del Alisal 26, ✉ 34001, ℰ 74 90 44, Telex 26555, Fax 74 75 77
– 🕼 🗐 rest 📺 ☎ 🖚 – 🔬 25/250. AE Ⓞ E VISA. ℅ rest **x**
Com 1700 – ☲ 600 – **86 hab** 5400/8000 – PA 3200.

🏨 **Monclus** sin rest, Menéndez Pelayo 3, ✉ 34001, ℰ 74 43 00 – 🕼 🗐. ⍟. E VISA **c**
☲ 300 – **40 hab** 2800/4600.

🏠 **Colón 27** sin rest y sin ☲, Colón 27, ✉ 34002, ℰ 74 07 00 – 🕼 📺 ☎ **P**. E VISA. ℅
22 hab 3500/5000. **f**

🏠 **Los Jardinillos** sin rest y sin ☲, Eduardo Dato 2, ✉ 34005, ℰ 75 00 22 – 🕼 📺 ☎
🖚. AE VISA. ℅ – **39 hab** 3700/5200 **v**

XX **Gran San Bernardo,** av. República Argentina 12, ✉ 34002, ℰ 72 58 99 – 🗐. AE Ⓞ E
VISA **s**
cerrado domingo noche, Semana Santa y del 15 al 30 de agosto – Com carta 1900 a 2800.

XX **La Fragata,** Alonso Fernández del Pulgar 6, ✉ 34005, ℰ 75 01 29 – 🗐. AE Ⓞ E VISA. ℅
cerrado domingo – Com carta a 2550 a 3800. **u**

XX **Lorenzo,** av. Casado del Alisal 10, ✉ 34001, ℰ 74 35 45 – 🗐. AE Ⓞ E VISA. ℅
cerrado domingo y 5 septiembre-5 octubre – Com carta 2900 a 4200. **h**

XX **Isabel,** Valentín Calderón 6, ✉ 34001, ℰ 74 99 98 – 🗐. AE E VISA. ℅
cerrado lunes noche y del 1 al 15 julio – Com carta 1975 a 2850. **b**

XX **Mesón del Concejo,** Martínez de Azcoitia 5, ✉ 34001, ℰ 74 32 39, Decoración castellana
– E VISA. ℅ – *cerrado jueves y 14 octubre-14 noviembre* – Com carta 2850 a 3300 **d**

X **Casa Damián,** Martínez de Azcoitia 9, ⊠ 34001, 𝒫 74 46 28 – ﹏ ⓞ 𝐄 𝘝𝘐𝘚𝘈. ⋇   r
   cerrado lunes y 24 julio-24 agosto – Com carta 2900 a 3150.

X **José Luis,** Alonso Fernández del Pulgar 11, ⊠ 34005, 𝒫 74 15 10 – ▤. 𝘝𝘐𝘚𝘈. ⋇   u
   Com carta 1500 a 2100.

X **Braulio,** Alonso Fernández del Pulgar 4, ⊠ 34005, 𝒫 74 15 48, 🍴 – ▤. ﹏ ⓞ 𝐄 𝘝𝘐𝘚𝘈.   e
   ⋇
   cerrado lunes y del 15 al 31 octubre – Com carta 1750 a 2700.

   en Magaz de Pisuerga por ② : 10 km – ⊠ 34220 Magaz de Pisuerga – 🕿 988

🏨 **Europa Centro** ⌖, carret. de Burgos N 610 𝒫 78 40 00, Telex 26595, Fax 78 41 85, ≼,
   🌊 – 🛗 ▤ 📺 🕿 🚗 🅿 – 🔏 25/500. ﹏ ⓞ 𝐄 𝘝𝘐𝘚𝘈. ⋇
   Com 3000 – 🖙 520 – **122 hab** 6000/8200 – PA 6160.

ALFA ROMEO Polígono Industrial Islas Canarias   MERCEDES-BENZ carret. Santander km 12,3
Parcela 7 𝒫 72 81 08   𝒫 75 18 00
AUSTIN-ROVER Andalucía - Polígono Industrial   OPEL-GENERAL MOTORS Polígono industrial de
Parcela 32. 𝒫 73 06 25   Villalobón El Vial 𝒫 71 11 80
BMW Polígono industrial de Villalobón El Vial -   PEUGEOT-TALBOT av. de Madrid 2 𝒫 72 14 00
Parcela 56 𝒫 72 12 54   RENAULT Extremadura Polígono Industrial
CITROEN av. de Cuba 46 - Polígono Industrial   𝒫 72 00 50
𝒫 73 01 50   SEAT-AUDI-VOLKSWAGEN av. de Madrid
FIAT-LANCIA av. de Cuba 61 𝒫 72 26 50   𝒫 72 42 35
FORD carret. de Valladolid km 4,5 𝒫 77 07 80   VOLVO Felipe II - 10 𝒫 72 55 14

La PALMA Santa Cruz de Tenerife – ver Canarias.

PALMA DEL RIO 14700 Córdoba ABC S 14 – 18 854 h. – 🕿 957.
•Madrid 462 – •Córdoba 55 – •Sevilla 92.

XX **Hospedería de San Francisco con hab,** av. Pío XII 35 𝒫 71 01 83, Fax 71 01 83, 🍴,
   Antiguo convento – ▤ 🕿 🚗 🅿 – **8 hab.**

PALMA DE MALLORCA Baleares ABC N 37 Y 38 – ver Baleares (Mallorca).

PALMA NOVA Baleares ABC N 37 – ver Baleares (Mallorca).

El PALMAR 46012 Valencia ABC O 29 – 🕿 96.
•Madrid 368 – Gandía 48 – •Valencia 20.

X **Raco de L'Olla,** carret. de El Saler N : 1,5 km 𝒫 161 00 72, ≼, 🍴, « En un paraje verde
   junto a la Albufera » – ▤ 🅿. ﹏ 𝘝𝘐𝘚𝘈. ⋇
   cerrado lunes en invierno, domingo en verano y del 11 al 17 febrero – Com (sólo almuerzo
   salvo en julio y agosto) carta 3000 a 3500.

Las PALMAS DE GRAN CANARIA Las Palmas – ver Canarias (Gran Canaria).

PALMONES (Playa de) Cádiz ABC X 13 – ver Algeciras.

El PALO (Playa de) Málaga – ver Málaga.

PALS 17256 Gerona ABC G 39 – 1 722 h. – 🕿 972.
🏌 de Pals 𝒫 63 60 06.
•Madrid 744 – Gerona/Girona 41 – Palafrugell 8.

XX **Alfred,** La Font 7 𝒫 63 62 74 – ▤ 🅿. ﹏ 𝐄 𝘝𝘐𝘚𝘈. ⋇
   cerrado domingo noche, lunes y 16 octubre-29 noviembre – Com carta 1825 a 3175.

   en la playa E : 6 km – ⊠ 17256 Pals – 🕿 972 :

XXX ❀ **Sa Punta** ⌖ con hab, 𝒫 63 64 10, Fax 66 73 15, 🌊, 🌲 – 🛗 ▤ 📺 🕿 🚗 🅿 –
   🔏 25/50. ﹏ ⓞ 𝐄 𝘝𝘐𝘚𝘈. ⋇
   Com *(cerrado lunes salvo festivos, verano y 15 enero-15 febrero)* carta 3340 a 5500 – 🖙
   1000 – **12 hab** 14000/16000
   Espec. Carpaccio con ensalada de lentejas, Gambas del Cabo de Begur a la sal, Magret de pato
   al agridulce de higos verdes..

PALLEJA 08780 Barcelona ABC H 35 – 5 728 h. – 🕿 93.
•Madrid 606 – •Barcelona 20 – Manresa 48 – Tarragona 89.

XX **Palleja Paradis,** av. Prat de la Riba 119 𝒫 668 15 02, Fax 668 18 00, 🌊 – ▤ 🅿

L'EUROPE en une seule feuille
Carte Michelin n° 970.

Ver : Catedral★ (interior : sepulcro★) BY – Claustro★ BY **A** – Museo de Navarra★ (planta baja : mosaicos★, capiteles★, segundo piso (pinturas murales★) AY **M**. **Alred. :** Carretera de Izurzu⟨ Valle del Arga por ④ – ⑮ de Ulzama por ① : 21 km 🖉 30 51 62.

🛪 de Pamplona por ② : 7 km 🖉 31 72 02 – Aviaco : aeropuerto ✉ 31003, 🖉 31 71 82.

🛈 Duque de Ahumada 3, ✉ 31002, 🖉 22 07 41 – **R.A.C.V.N.** Sancho el Fuerte 29,✉ 31007, 🖉 26 65 62.
♦Madrid 385 ② – ♦Barcelona 471 ② – ♦Bayonne 118 ① – ♦Bilbao 157 ④ – ♦San Sebastián/Donostia 94 ④
♦Zaragoza 169 ②.

PAMPLONA
IRUÑEA

Carlos III (Av. de)	BYZ	Amaya	BYZ 2	Paulino Caballero ... BZ
Chapitela	BY 5	Ansoleaga	AY 3	Príncipe de Viana (Pl. del) ... BZ
García Castañón	ABY 14	Conde Oliveto (Av. del)	AZ 6	Reina (Cuesta de la) ... AY
San Ignacio		Cortes de Navarra	BY 8	Roncesvalles (Av. de) ... BY
(Av. de)	BYZ 34	Cruz (Pl. de la)	BZ 9	Sancho el Mayor ... ABZ
Zapatería	AY 42	Esquiroz	AZ 12	San Francisco (Pl. de) ... AY
		Estafeta	BY 13	Sangüesa ... BZ
		Juan de Labrit	BY 16	Santo Domingo ... AY
		Leyre	BYZ 17	Sarasate (Paseo de) ... AY
		Mercaderes	BY 22	Taconera (Recta de) ... AY
		Navarrería	BY 23	Vínculo (Pl. del) ... AYZ

🏨 **Iruña Park H.,** av. Bayona, ✉ 31008, 🖉 17 32 00, Telex 37948, Fax 17 23 87 – 🛗 ▤ 📺
☎ 🚗 – 🔥 25/1000. 🆎 ⓓ 🅴 𝚅𝙸𝚂𝙰 ⚒
Com 3400 – ☲ 950 – **225 hab** 10400/13000 – PA 6800.
por ③

🏨 **Tres Reyes,** jardines de la Taconera 1, ✉ 31001, 🖉 22 66 00, Telex 37720, Fax 22 29 30,
▨ climatizada – 🛗 ▤ 📺 ☎ 🚗 🅿 – 🔥 25/400. 🆎 ⓓ 🅴 𝚅𝙸𝚂𝙰 ⚒
Com 4200 – ☲ 1150 – **168 hab** 12000/14500.
AY **x**

🏨 **Blanca de Navarra,** Av. de Pío XII 43, ✉ 31008, 🖉 17 10 10, Telex 37888, Fax 17 54 14
– ▤ 📺 ☎ 🚗 – 🔥 25/400. 🆎 𝚅𝙸𝚂𝙰 ⚒
Com 2500 – ☲ 800 – **102 hab** 8500/10700 – PA 4930.
por ③

🏨 **Ciudad de Pamplona,** Iturrama 21, ✉ 31007, 🖉 26 60 11, Telex 37913, Fax 17 36 26 –
🛗 ▤ 📺 ☎ 🚗 – 🔥 25/80. 🆎 ⓓ 🅴 𝚅𝙸𝚂𝙰 ⚒ rest
Com 2200 – ☲ 800 – **117 hab** 12500/17000 – PA 5200.
por Esquiroz AZ **a**

Maisonnave, Nueva 20, ✉ 31001, ✆ 22 26 00, Telex 37994, Fax 22 01 66 – 🛗 ▤ rest 📺 ☎ 🚗. AE ⓓ E VISA — AY e
Com carta 2550 a 3850 – ☕ 800 – **152 hab** 8200/10300.

Sancho Ramírez, Sancho Ramírez 11, ✉ 31008, ✆ 27 17 12, Fax 17 11 43 – 🛗 ▤ 📺 ☎ 🚗. AE ⓓ E VISA. ✂ — por ③
Com 2000 – ☕ 800 – **86 hab** 9600/15200 – PA 3840.

Yoldi sin rest, con cafetería, av. San Ignacio 11, ✉ 31002, ✆ 22 48 00, Fax 21 20 45 – 🛗 📺 ☎ 🚗. ⓓ E VISA — BZ n
48 hab 5800/8500.

Avenida, av. de Zaragoza 5, ✉ 31003, ✆ 24 54 54, Fax 23 23 23 – 🛗 ▤ rest 📺 ☎. AE E VISA. ✂ — BZ r
Com *(cerrado domingo noche y lunes)* 3000 – ☕ 800 – **24 hab** 6900/10700.

Orhi sin rest, Leyre 7, ✉ 31002, ✆ 22 85 00, Fax 22 83 18 – 🛗 📺 ☎. AE ⓓ E VISA. ✂ — BZ c
☕ 720 – **55 hab** 6900/10320.

Eslava sin rest, pl. Virgen de la O-7, ✉ 31001, ✆ 22 22 70, Fax 22 51 57 – 🛗 ☎. AE ⓓ E VISA. ✂ — AY r
☕ 400 – **28 hab** 3600/7500.

XXXX ✿ **Josetxo,** pl. Príncipe de Viana 1, ✉ 31002, ✆ 22 20 97, « Decoración elegante » – ▤. AE ⓓ E VISA. ✂ — BY d
cerrado domingo salvo mayo y Sanfermines, y agosto-2 septiembre – Com carta 3850 a 5750
Espec. Ensalada de bogavante al vinagre de Jerez, Rape escalfado con setas silvestres, Ajoarriero con langosta..

XXX **Rodero,** Arrieta 3, ✉ 31002, ✆ 22 80 35 – ▤. AE ⓓ E VISA. ✂ — BY s
cerrado domingo y 5 agosto-4 septiembre – Com carta 3500 a 5400.

XXX ✿ **Sarasate,** García Castañón 12 - 1º, ✉ 31002, ✆ 22 51 02 – ▤. AE VISA. ✂ — BZ t
cerrado domingo, puente de Semana Santa y del 1 al 15 septiembre – Com carta 3350 a 5200
Espec. Ensalada tibia de chipirones frescos, Carpaccio de pato y foie con vinagreta de trufa y albahaca, Alcachofas con almejas (noviembre-junio).

XXX **Europa** con hab, Espoz y Mina 11 - 1º, ✉ 31002, ✆ 22 18 00, Fax 22 92 35 – 🛗 ▤ 📺 ☎. AE ⓓ E VISA. ✂ — BY r
Com *(cerrado domingo)* carta 3400 a 5350 – ☕ 650 – **25 hab** 5500/9900.

XXX **Alhambra,** Francisco Bergamín 7, ✉ 31003, ✆ 24 50 07 – ▤. AE ⓓ E VISA. ✂ — BZ e
cerrado del 15 al 31 julio – Com carta 3750 a 4700.

XXX ✿ **Hartza,** Juan de Labrit 19, ✉ 31001, ✆ 22 45 68 – ▤. AE ⓓ E VISA. ✂ — BY b
cerrado domingo noche, lunes, 28 julio-21 agosto y Navidades – Com carta 3700 a 5700
Espec. Menestra del tiempo. Merluza a la crema de conchas. Plato de variación..

XX **Don Pablo,** Navas de Tolosa 19 B, ✉ 31002, ✆ 22 52 99 – ▤. AE ⓓ E VISA. ✂ — AY n
cerrado domingo noche y agosto – Com carta 3200 a 4100.

XX **Grill Tres Reyes,** Jardines de la Taconera 1 - en sótano, ✉ 31001, ✆ 22 66 00, Telex 37720, Fax 22 29 30 – ▤. AE ⓓ E VISA. ✂ — AY x
Com carta 3050 a 4400.

XX La Olla, av. Roncesvalles 2, ✉ 31002, ✆ 22 95 58 – ▤ — BY a

XX **Otano,** San Nicolás 5 - 1º, ✉ 31001, ✆ 22 70 36, Decoración regional – ▤. AE E VISA. ✂ — AY b
cerrado domingo noche – Com carta 3300 a 4800.

XX **Juan de Labrit,** Juan de Labrit 29, ✉ 31001, ✆ 22 90 92 – ▤. AE ⓓ E VISA. ✂ — BY b
cerrado domingo noche y 25 julio-25 agosto – Com carta 2900 a 3500.

X **Castillo de Javier,** bajada de Javier 2 -1º, ✉ 31001, ✆ 22 18 94 – ▤. AE ⓓ E VISA — BY m
cerrado 15 diciembre-15 enero – Com carta 2525 a 3050.

X **Shanti,** Castillo de Maya 39, ✉ 31003, ✆ 23 10 04 – ▤. AE E VISA. ✂ — BZ u
cerrado domingo noche, lunes noche y julio – Com carta 2375 a 3550.

en Huarte NE : 6 km por ① y carretera C 135 – ✉ 31620 Huarte – ✪ 948 :

X Iriguibel, ✆ 33 14 14 – ▤ Ⓟ.

en la carretera N 240 por ④ : 6 km – ✉ 31195 Berrioplano – ✪ 948

El Toro, ✆ 30 22 11, Telex 37853, Fax 30 20 85 – ▤ rest 📺 ☎ Ⓟ – 25/750. AE ⓓ E VISA. ✂ rest
Com 2000 – ☕ 600 – **59 hab** 15600/16200.

en Beriain por ② : 8 km – ✉ 31191 Beriain – ✪ 948 :

Alaiz, carret. de Zaragoza ✆ 31 01 75, Fax 3100350 – 🛗 ▤ rest 📺 ☎ 🚗 Ⓟ. AE ⓓ E VISA. ✂
cerrado 23 diciembre-7 enero – Com *(cerrado domingo)* 1100 – ☕ 400 – **71 hab** 4100/6300.

S.A.F.E. Neumáticos MICHELIN, Sucursal, Polígono Industrial de Burlada - BURLADA por ①, ✉ 31600 ✆ 11 24 22 y 12 15 81, FAX 11 01 52

PAMPLONA o IRUÑEA

ALFA-ROMEO   Poligono Nugazuri (Burlada)
🖉 12 77 99
AUSTIN-MG-MORRIS-MINI   av. Zaragoza 84
🖉 23 73 00
BMW   av. Zaragoza 93 🖉 24 14 00
CITROEN   carret. de Zaragoza km 3 (Cordovilla)
🖉 24 93 00
FIAT   Poligono Industrial (Burlada) 🖉 12 68 11
FORD   carret. Francia km 4 Arre 🖉 33 00 11
FORD   av. Guipúzcoa 3 🖉 12 56 11
GENERAL MOTORS   carret. Guipúzcoa km 6
Berrioplano 🖉 30 09 61
LANCIA   av. Villalba (Poligono Industrial de
Burlada) 🖉 25 04 46
MERCEDES-BENZ   carret. Francia km 4 Arre
🖉 33 00 11

OPEL   Poligono Industrial (Burlada) 🖉 12 28 11
PEUGEOT-TALBOT   av. Guipúzcoa 5 🖉 11 49 00
PEUGEOT-TALBOT   Poligono Industrial Burlada
🖉 11 72 11
PORSCHE-SAAB   av. Zaragoza 30 🖉 23 66 33
RENAULT   Mayor-Burlada 🖉 23 48 00
RENAULT   carret. Zaragoza-Cordovilla km 4
🖉 24 95 16
SEAT   Poligono Mugazuri - Nave 10 (Burlada)
🖉 12 97 32
SEAT-AUDI-VOLKSWAGEN   av. Guipúzcoa km 4
🖉 30 01 12
SUZUKI-LAND ROVER   Poligono Industrial
(Burlada) 🖉 11 68 11

La PANADELLA 08289 Barcelona **443** H 34 – ❀ 93.
♦Madrid 539 – ♦Barcelona·90 – ♦Lérida/Lleida 70.

🏠 **Bayona,** carret. N II, ⊠ 08289 Montmaneu, 🖉 809 20 11 – ▤ rest ☜ 🅿 🅰🅴 ⓞ 🄴 𝘝𝘐𝘚𝘈
🞕 rest
Com 1100 – ⊇ 475 – **64 hab** 2700/4800.

PANCORBO 09280 Burgos **442** E 20 – 728 h. alt. 635 – ❀ 947.
Ver : Paisaje★ – Desfiladero★.
♦Madrid 308 – ♦Bilbao 99 – ♦Burgos 65 – ♦Vitoria/Gasteiz 49.

🏠 **Pancorbo,** carret. N I 🖉 35 40 00 – ☜ ⇦ 🅿 🅰🅴 ⓞ 𝘝𝘐𝘚𝘈
Com 1350 – ⊇ 425 – **30 hab** 2600/4100.

PEUGEOT-TALBOT   carret. Madrid-Irún 🖉 35 40 64

PANES 33570 Asturias **441** C 16 – alt. 50 – ❀ 985.
Alred. : Desfiladero de la Hermida★★ SO : 12 km – O : Gargantas del Cares★★ : carretera de
Poncebos (desfiladero★) y camino de Bulnes (desfiladero★★).
🅱 Mayor 🖉 41 42 97 .
♦Madrid 427 – ♦Oviedo 128 – ♦Santander 89.

🏠 Tres Palacios, Mayor 🖉 41 40 32 – 🛗 🅿
28 hab.

🞩 **Covadonga** con hab, Virgilio Linares 🖉 41 40 35, 🍴 – ☎. 𝘝𝘐𝘚𝘈. 🞕
Com carta 1400 a 2500 – ⊇ 200 – **13 hab** 2400/4400 – PA 1800.

en la carretera de Cangas de Onis – ❀ 985 :

🞰 **La Molinuca,** O : 6 km, ⊠ 33578 Panes, 🖉 41 40 30, ≤, 🍴 – 🅿. 🞕
Com 1200 – ⊇ 300 – **18 hab** 2500/4000 – PA 2750.

🞩 Casa Julián con hab, O : 9 km, ⊠ 33578 Llanes-Niserias, 🖉 41 41 79, ≤ – 🅿
16 hab.

por la carretera de Cangas de Onis- en Besnes-Alles O : 10,5 km – ⊠ 33578 Besnes
– ❀ 985

🏠 **La Tahona** 🞥, ⊠ 33578 Besnes, 🖉 41 42 49, « Rústico regional » – 📺. 𝘝𝘐𝘚𝘈. 🞕
Com 1350 – ⊇ 425 – **19 hab** 4800/6000 – PA 2850.

PANTICOSA 22661 Huesca **443** D 29 – 749 h. alt. 1 185 – ❀ 974 – Balneario – Deportes de
invierno : ≰ 17.
Alred. : Balneario de Panticosa★ – N : Garganta del Escalar★★ (carretera★).
♦Madrid 481 – Huesca 86.

🏠 **Escalar** 🞥, La Cruz 🖉 48 70 08, ≤, ⊒ climatizada – 🅿. 🄴. 🞕
20 diciembre-10 abril y 20 junio-12 octubre – Com 1000 – ⊇ 325 – **32 hab** 4000 – PA 2000.
🏠 **Arruebo** 🞥, La Cruz 8 🖉 48 70 52, ≤ – ☜. 𝘝𝘐𝘚𝘈. 🞕
cerrado julio-20 octubre y 23 diciembre-mayo – Com 1450 – ⊇ 450 – **18 hab** 3250/5000.
🏠 **Panticosa** 🞥, La Cruz 🖉 48 70 00, ≤ – 🅿. 🞕
julio-15 septiembre y 20 diciembre-15 abril – Com 1000 – ⊇ 350 – **30 hab** 3000/4000 – PA
2000.
🏠 **Valle de Tena** 🞥, La Cruz 🖉 48 70 73, ≤ – 🅿. 𝘝𝘐𝘚𝘈. 🞕
diciembre-15 abril y julio-septiembre – Com 1000 – ⊇ 350 – **28 hab** 3000/4000 – PA 2000.
🏠 Morlans 🞥, La Laguna 🖉 48 70 57, ≤ – 🅿
18 hab.

PARAISO (Playa de) Santa Cruz de Tenerife – ver Canarias (Tenerife) : Adeje.

El PARDO 28048 Madrid 👁👁👁 K 18 – 🕲 91.

Ver : Convento de Capuchinos : Cristo yacente★.

◆Madrid 13 – ◆Segovia 93.

    ✗ **Pedro's,** av. de la Guardia ✆ 376 08 83, 🏖 – ▤. 🖭 ▾ 🗺. 🛠
        Com carta 2800 a 3200.

    ✗ **Menéndez,** av. de la Guardia 25 ✆ 376 15 56, 🏖 – ▤.

    ✗ **La Marquesita,** av. de la Guardia 29 ✆ 376 03 77, 🏖 – ▤.

PAREDES Pontevedra – ver Vilaboa.

PASAJES DE SAN JUAN o **PASAI DONIBANE** 20110 Guipúzcoa 👁👁👁 B 24 – 20 696 h. –
🕲 943.

Ver : Localidad pintoresca★ Alred. : Trayecto★★ de Pasajes de San Juan a Fuenterrabía por el
Jaizkibel : Subida – Capilla de Nuestra Señora de Gualalupe ⇐★★.

🚢 para Canarias : Cía. Trasmediterránea, zona Portuaria, calle Herrera ✆ 39 92 40.

◆Madrid 477 – ◆Pamplona 100 – St-Jean-de-Luz 27 – ◆San Sebastián/Donostia 10.

    ✗✗ **Casa Cámara,** San Juan 79 ✆ 52 36 99, ⇐, Pescados y mariscos – 🛠
        cerrado domingo noche y lunes – Com carta 2450 a 4750.

    ✗ **Txulotxo,** San Juan 82 ✆ 52 39 52, ⇐, Pescados y mariscos – 🖭 ▾ ▤ 🗺. 🛠
        cerrado domingo noche, martes y 15 octubre-15 noviembre – Com carta 2050 a 2750.

PAS DE LA CASA Andorra 👁👁👁 E 35 – ver Andorra (Principado de).

PATALAVACA 35129 Las Palmas – ver Canarias (Gran Canaria).

PAU 17494 Gerona 👁👁👁 F 39 – 312 h. – 🕲 972.

◆Madrid 760 – Figueras/Figueres 14 – Gerona/Girona 53.

    ✗✗ **L'Olivar D'En Norat,** carret. de Rosas E : 1 km ✆ 53 03 00, 🏖 – ▤. 🅿. 🖭 ▾ ▤ 🗺
        cerrado lunes – Com carta 2700 a 3950.

El PAULAR (Monasterio de) 28741 Madrid 👁👁👁 J 18 – alt. 1 073 – 🕲 91.

Ver : Monasterio★ (retablo★★) – ◆Madrid 76 – ◆Segovia 55.

    🏨 **Santa María de El Paular** 🐾, ✆ 869 10 11, Telex 23222, Fax 869 10 06, « Antigua
        cartuja del siglo XIV », 🏊 climatizada, 🌳, 🛠 – 📺 🕿 🅿 – 🔬 25/100. 🖭 ▾ 🗺. 🛠
        Com 4000 – ⴹ 1450 – **58 hab** 10500/15500 – PA 8000.

    en la carretera N 604 S : 4 km – ✉ 28740 Rascafría – 🕲 91 :

    ✗ **Pinos Aguas,** ✆ 869 13 28, « En un pinar » – ▾ 🗺. 🛠
        cerrado martes y 15 octubre-15 noviembre – Com carta 1670 a 2575.

PEDRAZA DE LA SIERRA 40172 Segovia 👁👁👁 I 18 – 481 h. alt. 1 073 – 🕲 911.

Ver : Pueblo histórico★★.

◆Madrid 126 – Aranda de Duero 85 – ◆Segovia 35.

    🏨 **La Posada de Don Mariano** 🐾 sin rest, Mayor ✆ 50 98 86 – 🕿. 🖭 ▤ 🗺. 🛠
        ⴹ 800 – **18 hab** 8000/10000.

    ✗✗✗ **Hostería Pintor Zuloaga,** ✆ 50 98 35, Fax 50 98 36, ⇐, 🏖, « Casa señorial de estilo
        castellano » – 🖭 ▾ ▤ 🗺. 🛠
        cerrado martes salvo en julio y agosto – Com carta 2950 a 3650.

    en La Velilla NO : 2,5 km – ✉ 40173 La Velilla – 🕲 911 :

    ✗ **La Farola,** ✆ 50 99 23 – ▤. 🖭 ▾ ▤ 🗺
        cerrado lunes en invierno y del 8 al 23 enero – Com carta 1800 a 3300.

PEDREZUELA 28723 Madrid 👁👁👁 J 19 – 727 h. – 🕲 91.

◆Madrid 44 – Aranda de Duero 117 – Guadalajara 72.

    ✗✗ **Los Nuevos Hornos (Angel),** carret. NI-N : 2 km, ✉ 28710 El Molar, ✆ 843 33 38,
        – ▤ 🅿. 🖭 🗺. 🛠
        cerrado martes y agosto – Com carta 3100 a 4850.

Las PEDRONERAS 16660 Cuenca 👁👁👁 N 21 y 22 – 6 241 h. – 🕲 967.

◆Madrid 160 – ◆Albacete 89 – Alcázar de San Juan 58 – Cuenca 111.

    ✗✗ **Las Rejas,** av. del Brasil ✆ 16 10 89 – ▤. 🖭 ▾ ▤ 🗺
        cerrado lunes – Com carta 3200 a 4700.

CITROEN carret. Madrid-Alicante km 158
✆ 16 03 54
PEUGEOT-TALBOT carret. Madrid-Alicante km
158 ✆ 16 05 13

RENAULT carret. Madr...
✆ 16 08 09
SEAT-AUDI-VOLKSWA...
✆ 16 08 71

PEÑARANDA DE BRACAMONTE 37300 Salamanca **441** J 14 – 6 114 h. alt. 730 – ✪ 923.

◆Madrid 164 – Avila 56 – ◆Salamanca 43.

✗ **Las Cabañas,** Carmen 10 ℘ 54 02 03 – ▤. *VISA*.
cerrado lunes – Com carta 1550 a 2700.

CITROEN Ronda San Lázaro ℘ 54 17 51
FIAT carret. de Medina ℘ 54 16 32
FORD carret. de Medina (travesía) ℘ 54 05 96
PEUGEOT-TALBOT carret. de Medina 23
℘ 54 02 77

RENAULT General Serrador ℘ 54 11 27
SEAT-AUDI-VOLKSWAGEN carret. de Madrid km
168 ℘ 54 06 62

PEÑISCOLA 12598 Castellón **445** K 31 – 3 077 h. – ✪ 964 – Playa.

Ver : Ciudad Vieja★★ (castillo ≤★).

🄱 paseo Marítimo ℘ 48 02 08.

◆Madrid 494 – Castellón de la Plana 76 – Tarragona 124 – Tortosa 63.

🏨 **Prado,** av. Papa Luna 3 ℘ 48 91 20, Fax 48 95 17, ≤, ⤢ – 🛗 ▤ rest ☎ ℗ 🄴 *VISA*. ⋘
Com 1350 – � 400 – **184 hab** 2000/3300 – PA 2500.

🏨 **Porto Cristo,** av. Papa Luna 2 ℘ 48 07 18, Fax 48 07 18, ≤ – 🛗 ▤ rest ℗
40 hab.

🏨 **Playa,** Primo de Rivera 32 ℘ 48 00 00, ≤ – ☎. 🄴 *VISA*. ⋘
Com 1400 – ⊒ 550 – **38 hab** 2600/4600 – PA 2850.

🏨 Marina, av. José Antonio 42 ℘ 48 08 90, Fax 48 08 90 – ▤ rest
temp. – **19 hab.**

🏨 Ciudad de Gaya, av. Papa Luna 1 ℘ 48 00 24, ≤, � – ℗
29 hab.

🏩 **Tío Pepe,** av. José Antonio 32 ℘ 48 06 40 – 🄰🄴 ① 🄴 *VISA*. ⋘ rest
Com 1100 – ⊒ 250 – **10 hab** 2000/3500.

✗ **Simó** con hab, Porteta 5 ℘ 48 06 20, Fax 48 06 20, ≤, � – ① 🄴 *VISA*. ⋘
marzo-octubre – Com carta 2100 a 4300 – ⊒ 500 – **10 hab** 1500/3000.

✗ Ama-Lur, Lacova 42 ℘ 48 02 26, �.

en la carretera de Benicarló – ✉ 12598 Peñíscola – ✪ 964 :

🏨 **Hostería del Mar** (Parador Colaborador), av. Papa Luna 18 ℘ 48 06 00, Telex 65750, Fax
48 13 63, ≤ mar y Peñíscola, Cenas medievales los sábados, « Interior castellano »,
⤢ climatizada, �, ⋘ – 🛗 ▤ 🆀 ℗ 🄰🄴 ① 🄴 *VISA*. ⋘ rest
Com 1900 – ⊒ 850 – **85 hab** 8200/11500 – PA 3900.

✗✗ **Les Doyes,** ℘ 48 07 95, ⋘ – ▤. 🄰🄴 ① 🄴 *VISA*. ⋘
16 marzo-septiembre – Com carta 2775 a 4450.

en la urbanización Las Atalayas, por la carretera CS 500 – ✉ 12598 Peñíscola – ✪ 964 :

🏨 **Benedicto XIII** ⋙, NO : 1 km ℘ 48 08 01, Fax 48 95 23, ≤, �, ⤢, ⋘ – 🛗 ▤ rest 🆀
☎ ℗ 🄰🄴 ① 🄴 *VISA*. ⋘
cerrado 7 enero-15 marzo – Com 1700 – ⊒ 500 – **30 hab** 4300/6600 – PA 3900.

✗ **Casa Severino,** NO : 1 km ℘ 48 07 03 – ▤ ℗. 🄰🄴 ① 🄴 *VISA*. ⋘
cerrado miércoles y 15 diciembre-15 enero – Com carta 3800 a 5000.

✗ **Las Atalayas,** NO : 1,5 km ℘ 48 07 81, Fax 48 04 77, �, ⤢, ⋘ – ℗. ⋘
abril-15 octubre – Com carta 1550 a 3150.

PERALES DE TAJUÑA 28540 Madrid **444** L 19 – 1 821 h. alt. 585 – ✪ 91.

◆Madrid 40 – Aranjuez 44 – Cuenca 125.

✗✗ **Las Vegas,** carret. N III ℘ 874 83 90, � – ▤ ℗. 🄰🄴 ① *VISA*. ⋘
Com carta 2500 a 3000.

CITROEN carret. N III km 38,5 ℘ 873 73 53

PERALTA 31350 Navarra **442** E 24 – 4 298h. alt. 292 – ✪ 948.

◆Madrid 347 – ◆Logroño 70 – ◆Pamplona 59 – ◆Zaragoza 122.

✗✗ **Atalaya** con hab, Dabán 11 ℘ 75 01 52 – 🛗 ▤. 🄰🄴 ① 🄴 *VISA*. ⋘
cerrado lunes, festivos noche y 23 diciembre-7 enero – Com carta aprox. 3500 – ⊒ 250 –
29 hab 2750/4100 – PA 2300.

PERAMOLA 25790 Lérida **443** F 33 – 450 h. alt. 566 – ✪ 973.

◆Madrid 567 – ◆Lérida/Lleida 98 – Seo de Urgel 47.

Can Boix ⋙ (anexo 🏨), NO : 2,5 km ℘ 47 02 66, Fax 47 02 66, ≤, ⤢, ⋘ – ▤ rest
☎ ℗. ① 🄴 *VISA*. ⋘ rest
cerrado del 7 al 31 enero – Com carta 2500 a 3450 – ⊒ 625 – **45 hab** 2970/3950.

No viaje hoy con un mapa de ayer.

PERATALLADA 17113 Gerona **443** G 39 – ✪ 972.
◆Madrid 752 – Gerona/Girona 33 – Palafrugell 16.

XX **La Riera,** pl. les Voltes 3 ℰ 63 41 42, Decoración rústica, « Instalado en una antigua casa medieval » – **🅿**. **⑩** **E** **VISA**
  cerrado lunes y 10 diciembre-febrero – Com carta 2450 a 3150.

X **Can Nau,** Den Bas 12 ℰ 63 40 35, « Instalado en una antigua casa de estilo regional » – **▤**. **E** **VISA** ⅜
  cerrado miércoles salvo festivos y 30 enero-9 marzo – Com carta 2100 a 2950.

X **El Borinot,** del Forn 15 ℰ 63 40 84 – **VISA**. ⅜
  cerrado martes y 13 noviembre-4 diciembre – Com carta 1165 a 3325.

PERELADA 17491 Gerona **443** F 39 – 1 248 h. – ✪ 972.
◆Madrid 738 – Gerona/Girona 42 – Perpignan 61.

XX Cal Sagristá, Rodona 2 ℰ 53 83 01, 佘.

PERELLO o **EL PERELLO** 43519 Tarragona **443** J 32 – 3 524 h. – ✪ 977.
◆Madrid 519 – Castellón de la Plana 132 – Tarragona 59 – Tortosa 33.

X Censals, carret. N 340 ℰ 49 00 59, 佘 – **▤** **🅿**.

EL PERELLO 46420 Valencia **445** O 29 – ✪ 96 – Playa.
◆Madrid 373 – Gandía 38 – ◆Valencia 25.

🏨 **Antina** sin rest, Buenavista 18 ℰ 177 00 19 – **🛗** **🕿**. **AE** **⑩** **E** **VISA**. ⅜
  julio-septiembre – ⊑ 250 – **30 hab** 3300/4200.

PERILLO La Coruña – ver la Coruña.

📌 *Benutzen Sie für weite Fahrten in Europa die* **Michelin-Länderkarten** :
  970 *Europa,* **980** *Griechenland,* **984** *Deutschland,* **985** *Skandinavien - Finnland,*
  986 *Großbritannien - Irland,* **987** *Deutschland - Österreich - Benelux,* **988** *Italien,*
  989 *Frankreich,* **990** *Spanien - Portugal,* **991** *Jugoslawien.*

PIEDRA (Monasterio de) Zaragoza **443** I 24 – alt. 720 – ⊠ 50210 Nuévalos – ✪ 976.
Ver : Parque y cascadas★★.
◆Madrid 231 – Calatayud 29 – ◆Zaragoza 118.

🏛 Monasterio de Piedra ⬙, ℰ 84 90 11, « Instalado en el antiguo monasterio », 🌊, ⅍ – **🕿**
  61 hab.

  en Nuévalos N : 3 km – ⊠ 50210 Nuévalos – ✪ 976 :

XX **Mirador,** ℰ 84 90 48, 佘 – **🅿**
  marzo-noviembre – Com carta 1390 a 2550.

PIEDRAFITA DEL CEBRERO o **PEDRAFITA DO CEBREIRO** 27670 Lugo **441** D 8 – 2 500 h. alt. 1062 – ✪ 982.
◆Madrid 433 – Lugo 71 – Ponferrada 51.

🏨 Rebollal, carret. N VI ℰ 36 90 15
  18 hab.

PIEDRALAVES 05440 Avila **442** L 15 – 2 096 h. alt. 730 – ✪ 91.
◆Madrid 95 – Avila 83 – Plasencia 159.

🏨 **Almanzor,** Progreso 4 ℰ 866 50 00, « Terraza con arbolado y 🌊 » – **▤** rest **🕿** **🅿** **VISA**. ⅜
  Com 1250 – ⊑ 400 – **59 hab** 2500/3550 – PA 2100.

PIEDRAS ALBAS Cáceres.

PIEDRAS BLANCAS 33450 Asturias **441** B 12 – ✪ 985 – Playa.
◆ Madrid 481 – Gijón 31 – Oviedo 38.

  en playa de Santa María del Mar – ⊠ 33450 Piedras Blancas – ✪ 985 :

X **Román** con hab, paseo Marítimo 11 ℰ 53 06 01, Fax 53 31 23, ≼ – **🕿**. **AE** **⑩** **E** **VISA**. ⅜
  Com carta 1775 a 2950 – ⊑ 250 – **12 hab** 4500.

RENAULT Edificio La Curva 5 ℰ 53 10 19

PINEDA (Playa de) Tarragona **443** I 36 – ver Salou.

327

PINEDA DE MAR 08397 Barcelona 🔲🔲🔲 H 38 – 11 739 h. – ✪ 93 – Playa.

🖪 carret. N II 𝒫 762 34 90.

♦Madrid 694 – ♦Barcelona 51 – Gerona/Girona 46.

🏠 **Mercé y Rest. La Taverna,** Rdo Antoni Doltra 2 𝒫 767 00 78, ⌇, ✵ – 🕸 🔳 rest. (⬤
    🗉 𝚅𝙸𝚂𝙰 ✵ rest
    27 abril-19 octubre – Com carta 1850 a 3050 – ⊂⊃ 400 – **170 hab** 2300/3600.

🏠 **Mont Palau,** Roig i Jalpi 1 𝒫 767 14 66, ⌇ – 🕸 🅿 ⬤ 🗉 𝚅𝙸𝚂𝙰 ✵ rest
    abril-octubre – Com 800 – ⊂⊃ 400 – **138 hab** 2400/4000 – PA 1600.

FIAT-LANCIA carret. N II km 677 𝒫 762 56 02
FORD av. Mediterráneo 101 𝒫 769 14 48
OPEL Riera 26 𝒫 762 65 58
PEUGEOT-TALBOT carret. N II km 669,400 - Benavente 2 𝒫 762 64 11

RENAULT Riera 100 𝒫 762 37 85
SEAT-AUDI-VOLKSWAGEN Garbi 165
𝒫 769 20 00

PINEDA (Valle de) Huesca 🔲🔲🔲 E 30 – ver Bielsa.

PLA DE VALL - LLOBREGÁ Gerona – ver Palamós.

El PLANTÍO Madrid 🔲🔲🔲 K 18 – ver Madrid.

PLASENCIA 10600 Cáceres 🔲🔲🔲 L 11 – 32 178 h. alt. 355 – ✪ 927.

Ver : Catedral★ (retablo★, sillería★).

🖪 Trujillo 17 𝒫 41 27 66.

♦Madrid 257 – ♦Avila 150 – ♦Cáceres 85 – Ciudad Real 332 – ♦Salamanca 132 – Talavera de la Reina 136.

🏛 **Alfonso VIII,** Alfonso VIII-34 𝒫 41 02 50, Fax 41 80 42 – 🕸 🔳 📺 ☎ 🚗 🗚 ⑤ 🗉 𝚅𝙸𝚂𝙰
    ✵
    Com 2200 – ⊂⊃ 575 – **57 hab** 5975/9750 – PA 4225.

✗ **Florida 2,** av. de España 22 𝒫 41 38 58 – 🔳 𝚅𝙸𝚂𝙰 ✵
    Com carta 1275 a 2650.

en la carretera de Salamanca N : 1,5 km – ✉ 10600 Plasencia – ✪ 927 :

🏠 **Real,** 𝒫 41 29 00 – 🔳 rest ☎ 🅿 🗉 𝚅𝙸𝚂𝙰 ✵
    Com 850 – ⊂⊃ 300 – **33 hab** 2600/4500 – PA 1900.

Fiat av. Martín Palomino 𝒫 41 55 12
CITROEN av. Martín Palomino 17 𝒫 41 12 12
FORD Polígono Industrial parc. N 10 𝒫 41 18 36
OPEL av. Martín Palomino 41 𝒫 41 55 00

PEUGEOT-TALBOT av. de España 21 𝒫 41 06 00
RENAULT carret. de Cáceres km 131 𝒫 41 13 00
SEAT-AUDI-VOLKSWAGEN carret. de Cáceres km 132 𝒫 41 03 87

PLASENCIA DEL MONTE 22810 Huesca 🔲🔲🔲 F 28 – alt. 535 – ✪ 974.

♦Madrid 407 – Huesca 17 – ♦Pamplona 147.

✗ El Cobertizo, con hab, carret. N 240 𝒫 27 00 11, ⌇ – 🔳 rest 🅿 – **13 hab**.

PLATJA D'ARO Gerona 🔲🔲🔲 G 39 – ver Playa de Aro.

PLAYA BARCA Las Palmas – ver Canarias (Fuerteventura).

PLAYA BLANCA Las Palmas – ver Canarias (Fuerteventura) : Puerto del Rosario.

PLAYA BLANCA DE YAIZA Las Palmas – ver Canarias (Lanzarote).

PLAYA CANYELLES (Urbanización) Gerona 🔲🔲🔲 G 38 – ver Lloret de Mar.

PLAYA DE AREA Lugo – ver Vivero.

PLAYA DE ARO o **PLATJA D'ARO** 17250 Gerona 🔲🔲🔲 G 39 – ✪ 972 – Playa.

🖫 Costa Brava, Santa Cristina de Aro O : 6 km 𝒫 83 71 50.

🖪 Jacinto Verdaguer 11 𝒫 81 71 79.

♦Madrid 715 – ♦Barcelona 102 – Gerona/Girona 37.

🏛 **Columbus** 🖇, passeig del Mar 𝒫 81 71 66, Telex 57162, Fax 81 75 03, ⩽, ⌂⌂⌂,
    ⌇ climatizada, ✵ – 🕸 🔳 rest ☎ 🅿 – 🕍 25/50. 🗚 ⑤ 🗉 𝚅𝙸𝚂𝙰 ✵ rest
    Com 2750 – ⊂⊃ 850 – **110 hab** 10600/13300.

🏛 **Aromar** 🖇, passeig del Mar 𝒫 81 70 54, Telex 57017, Fax 81 75 72, ⩽, ⌇ – 🕸 🔳 rest
    ☎ 🅿 – 🕍 25/120. 🗚 ⑤ 🗉 𝚅𝙸𝚂𝙰 ✵ rest
    cerrado 11 noviembre-25 diciembre – Com 1800 – ⊂⊃ 600 – **157 hab** 6000/9000 – PA 3800.

🏛 **Guitart Playa de Aro,** av. d'Estrasburg 𝒫 81 72 20, Fax 81 61 68, ⌇ – 🕸 🔳 ☎ 🚗
    🕍 25/400. 🗚 ⑤ 🗉 𝚅𝙸𝚂𝙰 ✵
    Com 2100 – ⊂⊃ 750 – **198 hab** 9200/14400 – PA 3960.

🏛 **Cosmopolita,** Pinar del Mar 1 *𝒫* 81 73 50, Fax 81 74 50, ≤, 🌴 – 🛗 ▤ rest 🕿. 🗲 𝓥𝓘𝓢𝓐.
   ❄ rest
   20 marzo-9 noviembre – Com 1400 – ☲ 650 – **90 hab** 5000/8600 – PA 2300.

🏛 **Costa Brava y Rest. Can Poldo** ⬎, carret. de Palamós - Punta d'en Ramis *𝒫* 81 70
   70, Telex 57017, Fax 81 75 72, ≤, « Al borde del mar » – 🕿 🅿 🆀 ① 🗲 𝓥𝓘𝓢𝓐. ❄ rest
   cerrado 11 noviembre-25 diciembre – Com 1800 – ☲ 600 – **57 hab** 6000/9000 – PA 3800.

🏛 **Mar Condal II** ⬎, paseo Marítimo *𝒫* 81 80 69, Fax 81 61 14, ≤ – 🛗 ▤ rest 🕿 🚗
   🅿. 🆀 ① 🗲 𝓥𝓘𝓢𝓐.
   Semana Santa y 10 mayo-octubre – Com 900 – ☲ 350 – **90 hab** 5700/8400 – PA 1800.

🏛 **S'Agoita,** carret. de Palamós 9 *𝒫* 81 71 54, Fax 82 63 57, ⤓ – 🛗 🕿 🅿. 🆀 ① 🗲 𝓥𝓘𝓢𝓐.
   ❄ rest
   Semana Santa-octubre – Com 1300 – ☲ 400 – **70 hab** 3100/5200 – PA 3000.

🏛 **Xaloc** ⬎, carret. de Palamós - playa de Rovira *𝒫* 81 73 00, Telex 80432, Fax 81 61 00, ≤
   – 🛗 📺 🅿. 🆀 🗲 𝓥𝓘𝓢𝓐. ❄
   25 marzo-5 octubre – Com 1400 – ☲ 500 – **47 hab** 4900/8100 – PA 2800.

🏛 **Els Pins,** Nostra Señora del Carme 3 *𝒫* 81 72 19, Fax 81 75 46 – 🛗 🕿 🚗. 🗲 𝓥𝓘𝓢𝓐. ❄ rest
   28 marzo-noviembre – Com 950 – ☲ 475 – **60 hab** 4870/7210.

🏛 **Rosamar,** pl. Major 3 *𝒫* 81 73 04 – 🛗 🕿 🚗. 𝓥𝓘𝓢𝓐. ❄ rest
   15 mayo-20 octubre – Com 1000 – ☲ 300 – **61 hab** 4000/7000.

🏠 Miramar, Virgen del Carmen 12 *𝒫* 81 71 50, ≤ – 🛗 🚗
   temp. – **45 hab**.

🏠 **La Masía,** Santa María de Fanals 8 *𝒫* 81 75 00, Telex 57017, Fax 81 75 72, 🌴 – 🛗 🚗. 🆀
   ① 🗲 𝓥𝓘𝓢𝓐. ❄ rest
   cerrado 11 noviembre-25 diciembre – Com 900 – ☲ 550 – **38 hab** 7000/9000.

🏠 **Claramar** sin rest, Pinar del Mar 10 *𝒫* 81 71 58, Fax 81 74 50 – 🛗 🚗. 🗲 𝓥𝓘𝓢𝓐. ❄ rest
   abril-octubre Com 1400 – **36 hab** 4400/7000.

🏠 **Japet,** carret. de Palamós 18 *𝒫* 81 73 66, 🌴 – 🚗 🅿. 🗲 𝓥𝓘𝓢𝓐. ❄ rest
   cerrado noviembre-10 enero – Com *(cerrado domingo noche y lunes)* 1400 – ☲ 300 –
   20 hab 3500/5600.

🏠 **Montkiko** sin rest, carret. de Santa Cristina 10 *𝒫* 81 71 56, ⤓ – 🛗 🚗. ❄
   15 mayo-15 septiembre – ☲ 300 – **45 hab** 1900/4400.

🏠 **La Nau** sin rest, Rafael de Casanovas 8 *𝒫* 81 73 58 – 🚗
   20 junio-15 septiembre – ☲ 360 – **24 hab** 5700.

✗✗ **Aradi,** carret. de Palamós *𝒫* 81 73 76, Telex 57017, Fax 81 75 72, 🌴 – 🅿. 🆀 ① 🗲 𝓥𝓘𝓢𝓐.
   ❄
   Com carta 1100 a 1900.

✗✗ Can Tuca, carret. de San Feliú 13 *𝒫* 81 98 04, 🌴, « Decoración rústica » – ▤.

✗✗ Can Peñas, carret. de Palamós 23 *𝒫* 81 60 01, 🌴.

✗ **La Grillade,** Pinar del Mar 14 *𝒫* 81 73 33, 🌴 – ▤. 🆀 ① 🗲 𝓥𝓘𝓢𝓐
   cerrado martes y noviembre – Com (sólo cena) carta 2750 a 3050.

   en la carretera de Mas Nou O : 1,5 km – ✉ 17250 Playa de Aro – ☎ 972 :

✗✗✗ ❀ **Carles Camós-Big Rock** ⬎ con hab, Barri de Fanals 5 *𝒫* 81 80 12, Fax 81 89 71,
   « Antigua masía señorial », ⤓ – ▤ 📺 🕿 🅿. 🆀 ① 🗲 𝓥𝓘𝓢𝓐
   cerrado enero – Com *(cerrado domingo noche y lunes)* carta 4290 a 5340 – ☲ 1450 –
   5 hab 32000
   Espec. Ensalada de langostinos a la vinagreta de trufas. Filetes de salmonete al natural. Naranja a topos.

   en Condado de San Jorge NE : 2 km – ✉ 17250 Playa de Aro – ☎ 972 :

🏛 **Park H. San Jorge,** *𝒫* 65 23 11, Telex 54136, Fax 65 25 76, « Agradable terraza con
   arbolado, ≤ rocas y mar », ⤓ climatizada, ❄ – 🛗 ▤ rest 📺 🕿 🅿 – 🔬 25/100. 🆀 ①
   🗲 𝓥𝓘𝓢𝓐. ❄ rest
   abril-septiembre – Com 2600 – ☲ 1200 – **104 hab** 8500/17000 – PA 4800.

   en la carretera de San Feliú de Guixols – ✉ 17250 Playa de Aro – ☎ 972 :

🏠 **Panamá** sin rest, *𝒫* 81 76 39, ⤓ – 🛗 🚗. 🆀 ① 🗲 𝓥𝓘𝓢𝓐
   28 abril-septiembre – ☲ 300 – **42 hab** 4000/6000.

✗ **Mas Candell,** desvío a la derecha SO : 2,5 km *𝒫* 81 88 81, 🌴, « Masia típica » – ▤
   🅿. 🆀 🗲 𝓥𝓘𝓢𝓐
   cerrado noviembre-febrero – Com *(cerrado miércoles)* carta 2150 a 3600.

✗ **Don Diego,** SO : 2 km *𝒫* 81 75 48, 🌴, ⤓, ❄ – 🅿. ① 🗲 𝓥𝓘𝓢𝓐
   20 marzo-septiembre – Com *(cerrado lunes salvo julio y agosto)* carta aprox. 1600.

   en la urbanización Mas Nou NO : 4 km – ✉ 17250 Playa de Aro – ☎ 972

✗✗✗ **Mas Nou,** *𝒫* 81 78 53, Telex 57205, Fax 81 67 22, ≤, Decoración rústica, ⤓, ❄ – ▤ 🅿.
   🆀 ① 🗲 𝓥𝓘𝓢𝓐
   cerrado miércoles de octubre a abril – Com carta 3750 a 4295.

PLAYA DE LAS AMERICAS Santa Cruz de Tenerife – ver Canarias (Tenerife).

PLAYA DEL INGLES Las Palmas – ver Canarias (Gran Canaria) : Maspalomas.

PLAYA DE SAN JUAN 03540 Alicante **445** Q 28 – 10 522 h. – ✪ 96 – Playa.
♦Madrid 424 – ♦Alicante 7 – Benidorm 33.

🏨🏨 **Sidi San Juan** ⟋, ℰ 516 13 00, Telex 66263, Fax 516 33 46, ≤ mar, ℛ, ⊥, ▨, ☞, ⚄
– ⧈ 🛏 📺 ☎ ☎ – ⚒ 25/250. ፴ ⓞ 㤀 ፵ẟ. ⚹⚹ rest
Com 2915 – 🖵 1200 – **176 hab** 11450/15000 – PA 5665.

🏨🏨 **Almirante y Rest. Pocardy** ⟍, av. de Niza 38 ℰ 565 01 12, Fax 565 71 69, ≤, ℛ, ⊥
☞, ⚹ – ⧈ 🛏 📺 ☎ ☎ ☎ – ⚒ 25/150. ፴ ⓞ 㤀 ፵ẟ. ⚹⚹
Com carta aprox. 2550 – 🖵 430 – **64 hab** 4970/8200.

🏨 **Castilla**, av. Países Escandinavos 7 ℰ 516 20 33, Telex 66305, Fax 516 20 61, ⊥ – ⧈ 🛏
☎ – ⚒ 25/120. ፴ 㤀 ፵ẟ. ⚹⚹
🖵 460 – **153 hab** 5125/7790.

🏠 Babieca, av. de Cataluña 20 ℰ 516 12 22, ℛ, ⊥ – 🛏 rest ☎ ☎ – ⚒ 30/200
90 hab.

🍴🍴 **Estella**, av. Costa Blanca 125 ℰ 516 04 07, ℛ – 🛏. ፴ ⓞ 㤀 ፵ẟ. ⚹⚹
cerrado domingo noche, lunes y 20 noviembre-20 diciembre – Com carta 2325 a 3750.

🍴 **Regina**, av. de Niza 19 ℰ 526 41 39, ℛ – 🛏. ፴ 㤀 ፵ẟ. ⚹⚹
cerrado miércoles en invierno y noviembre – Com carta 2625 a 3475.

🍴 Max's, Cabo La Huerta - Torre Estudios ℰ 516 59 15, Cocina francesa.

🍴 **Marcolisa**, av. La Condomina 62 ℰ 516 41 38, ℛ, Cocina franco-belga – 㤀 ፵ẟ
cerrado miércoles y domingo noche – Com carta 1750 a 2725.

PLAYA GRANDE Murcia – ver Puerto de Mazarrón.

PLAYA MIAMI Tarragona – ver San Carlos de la Rápita.

PLAYA MITJORN Baleares – ver Baleares (Formentera).

Las PLAYAS Santa Cruz de Tenerife – ver Canarias (Hierro) : Valverde.

PLENCIA o **PLENTZIA** 48620 Vizcaya **442** B 21 – 3 040 h. – ✪ 94 – Playa.
♦Madrid 425 – ♦Bilbao 26.

🍴 **Txurrua**, El Puerto 1 ℰ 677 00 11, ≤ – ⓞ 㤀 ፵ẟ. ⚹⚹
cerrado del 1 al 20 febrero y del 2 al 20 octubre – Com carta 2200 a 3500.

RENAULT Itxasbide 4 – Gorliz ℰ 677 16 79

La POBLA DE CLARAMUNT 08787 Barcelona **443** H 35 – 1 683 h. – ✪ 93.
♦Madrid 570 – ♦Barcelona 71 – ♦Lérida/Lleida 101 – Manresa 35.

en la carretera C 244 S : 2 km – ✉ 08787 La Pobla de Claramunt – ✪ 93 :

🍴 **Corral de la Farga**, residencial El Xaro ℰ 808 61 85, « Césped con ⊥ », ⚹ – 🛏 ☎. 㤀
፵ẟ
cerrado domingo noche – Com carta 2175 a 4375.

LA POBLA DE FARNALS Valencia **445** N 29 – ver Puebla de Farnals.

POBLET (Monasterio de) 43448 Tarragona **443** H 33 – alt. 490 – ✪ 977.
Ver : Monasterio★★★ (claustro★★ : capiteles★, iglesia★★), panteón real★★, retablo del Altar
mayor★★.
♦Madrid 528 – ♦Barcelona 122 – ♦Lérida/Lleida 51 – Tarragona 46.

🏨 **Monestir** ⟍, Las Masias, ✉ 43440 L'Espluga de Francolí, ℰ 87 00 58, ℛ, ⊥, ☞ – ⧈
🛏 rest ☎ ☎ ፵ẟ. ⚹⚹
15 marzo-30 octubre – Com 1500 – 🖵 475 – **35 hab** 3080/5280 – PA 2860.

🍴 **Masía del Cadet** ⟍ con hab, Les Masies ℰ 87 08 69, ≤, ℛ, ⊥ – ⧈ ☎ ☎. ⚹⚹ rest
Com carta 1500 a 2250 – 🖵 575 – **12 hab** 3800/5500 – PA 3250.

🍴 **Fonoll** ⟍, ℰ 87 03 33, ℛ – ⓞ 㤀 ፵ẟ
cerrado jueves y 20 diciembre-25 enero – Com carta 1775 a 2175.

POBOLEDA 43376 Tarragona **443** I 32 – 398 h. alt. 343 – ✪ 977.
♦Madrid 533 – ♦Lérida/Lleida 82 – Tarragona 45.

🏠 **Antic Priorat** ⟍, carret. Comarcal T 702 ℰ 82 70 06, Fax 82 72 25, ≤, ℛ, ⊥ – ⅙ ☎
☎. ፵ẟ. ⚹⚹ hab
Com 1400 – 🖵 400 – **15 hab** 3500/5000 – PA 3300.

Los POCILLOS Las Palmas – ver Canarias (Lanzarote) : Puerto del Carmen.

330

OLOP DE LA MARINA 03520 Alicante **445** Q 29 – 1 766 h. alt. 230 – 😊 96.

lred. : Castell de Guadalest ★ NO : 14 km.

Madrid 449 – ◆Alicante 57 – Gandía 63.

🏨 **Nou H. Les Fonts** ⑤, av. Sagi Barba 32 ℰ 587 00 75, ≤ – 🗏 rest 📺 ☎
28 hab

✗ **Ca L'Angeles,** Gabriel Miró 16 ℰ 587 02 26 – 𝘝𝘐𝘚𝘈. ✄
cerrado martes y del 15 al 31 octubre – Com carta 1500 a 2300.

OLLENSA Baleares **443** M 39 – ver Baleares (Mallorca).

PONFERRADA 24400 León **441** E 10 – 52 499 h. alt. 543 – 😊 987.

Gil y Carrasco, 4 (junto al Castillo) ℰ 42 42 36.

Madrid 385 – Benavente 125 – ◆León 105 – Lugo 121 – Orense 159 – ◆Oviedo 210.

🏨 **Del Temple,** av. de Portugal 2 ℰ 41 00 58, Telex 89658, Fax 42 35 25, « Decoración
evocadora de la época de los Templarios » – 🛗 🗏 rest 📺 ☎ ⇔ – 🕍 25/50. 🝙 ⓪ 🝚
𝘝𝘐𝘚𝘈. ✄
Com *(cerrado domingo noche)* 1650 – 🍽 500 – **114 hab** 5000/7500 – PA 3230.

🏨 **Madrid,** av. de la Puebla 44 ℰ 41 15 50 – 🛗 🗏 rest ☎. 🝙 𝘝𝘐𝘚𝘈. ✄
Com *(cerrado domingo noche)* 900 – 🍽 285 – **54 hab** 2400/3850 – PA 1800.

🏨 **Bérgidum** sin rest, con cafetería, av. de la Plata 2 ℰ 40 15 12, Telex 89893, Fax 42 30 05
– 🛗 🗏 📺 ☎ ⇔. 🝙 ⓪ 🝚 𝘝𝘐𝘚𝘈
🍽 500 – **71 hab** 5000/7500.

✗ Ballesteros, Fueros de León 12 ℰ 41 11 60 – 🗏.

en la carretera N VI - NE : 6 km – ✉ 24400 Ponferrada – 😊 987 :

✗✗ **Azul Montearenas,** ℰ 41 70 12, ≤ – 🗏 🝙 ⓪ 𝘝𝘐𝘚𝘈
cerrado domingo noche – Com carta 1900 a 2600.

ALFA ROMEO antigua carret. Madrid-La Coruña
m 393 ℰ 40 18 78
AUSTIN-ROVER-MG av. General Vives 7
ℰ 42 51 42
BMW carret. de la Espina 96 ℰ 41 04 00
CITROEN av. de Galicia 259 ℰ 41 35 77
FIAT carret. N VI km 392 ℰ 46 31 21
FORD carret. Madrid-La Coruña 388 ℰ 41 41 77
GENERAL MOTORS-OPEL Montearenas
ℰ 41 33 17

MERCEDES-BENZ carret. de la Espina km 2
ℰ 41 03 05
PEUGEOT-TALBOT Montearenas ℰ 41 06 18
RENAULT carret. Madrid-La Coruña km 387
ℰ 41 05 20
SEAT-AUDI-VOLKSWAGEN av. España 25
ℰ 41 00 09
VOLVO av. de Portugal 55 ℰ 41 07 31

PONS o **PONTS** 25740 Lérida **443** G 33 – 2 230 h. alt. 363 – 😊 973.

◆Madrid 533 – ◆Barcelona 131 – ◆Lérida/Lleida 64.

🏨 **Jardí,** pasaje Piñola ℰ 46 01 16 – 🗏 rest ⇔. 🝙 𝘝𝘐𝘚𝘈
Com 750 – 🍽 250 – **24 hab** 950/1950.

✗✗ **Ventureta** con hab, Carret. Seo de Urgell 2 ℰ 46 03 45 – ✄
Com carta aprox. 2300 – 🍽 300 – **14 hab** 1200/2500.

en la carretera de Seo de Urgel NE : 1 km – ✉ 25740 Pons – 😊 973 :

🏨 **Pedra Negra,** ℰ 46 01 00, ⅃ – 🗏 rest 🅟 🝙 𝘝𝘐𝘚𝘈. ✄
Com *(cerrado lunes)* 1500 – 🍽 300 – **19 hab** 2160/4355 – PA 2850.

FORD av. Paseig 24 ℰ 46 07 38
GENERAL MOTORS carret. Seo de Urgel km 63
ℰ 46 02 14

PEUGEOT-TALBOT carret. Calaf ℰ 46 00 34
SEAT-AUDI-VOLKSWAGEN carret. de Seo de
Urgel ℰ 46 02 04

PONT D'ARROS Lérida **443** D 32 – ver Viella.

PONT DE MOLINS 17706 Gerona **443** F 38 – 353 h. – 😊 972.

◆Madrid 749 – Figueras/Figueres 6 – Gerona/Girona 42.

✗ **El Moli** ⑤ (con hab de Semana Santa a 15 octubre), carret. les Escaules O : 2 km ℰ 52
80 11, 🌫, Antiguo molino, 🦌 – 🅟. 🝙 ⓪ 🝚 𝘝𝘐𝘚𝘈. ✄
cerrado 15 octubre-20 noviembre – Com *(cerrado martes noche, miércoles)* carta
1100 a 2650 – 🍽 300 – **8 hab** 7500.

PONT DE SUERT 25520 Lérida **443** E 32 – 2 879 h. alt. 838 – 😊 973.

Alred. : Embalse de Escales★ S : 5 km.

◆Madrid 555 – ◆Lérida/Lleida 123 – Viella 40.

en la carretera de Boí N : 2,5 km – ✉ 25520 Pont de Suert – 😊 973 :

✗ **Mesón del Remei,** ℰ 69 02 55, Carnes a la brasa – 🅟. ✄
Com carta 1050 a 1450.

PEUGEOT-TALBOT Saura, 18 ℰ 69 00 61
RENAULT av. Victoriano Muñoz 2 ℰ 69 02 47

SEAT-AUDI-VOLKSWAGEN carret. N 230 km
126,5 ℰ 69 01 09

PONT D'INCA 07009 Baleares – ver Baleares (Mallorca).

PONTEAREAS Pontevedra **441** F 4 – ver Puenteareas.

PONTEDEUME 15600 La Coruña – ver Puentedeume.

PONTEVEDRA 36000 **P** **441** E 4 – 65 137 h. – **✆** 986.

Ver : Santa María la Mayor★ (fachada oeste★)   **A. Alred.** : Mirador de Coto Redondo ⁎⁎
14 km por ③ – Carretera★★ de Pontevedra a La Cañiza ⁎⁎★★ por C 531 ② – Iberia ℘ 85 66 22.
🚗 ℘ 85 76 02.

🏢 General Mola 3. ⊠ 36002, ℘ 85 08 14 – R.A.C.E. av. de Vigo 31, ⊠ 36003, ℘ 85 25 12.

◆Madrid 599 ② – Lugo 146 ① – Orense 100 ② – Santiago de Compostela 57 ① – ◆Vigo 27 ③.

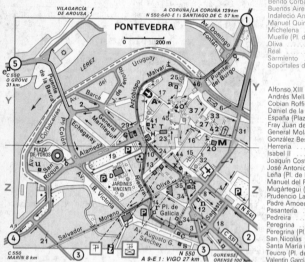

Benito Corbal	Z
Buenos Aires	Y
Indalecio Armesto (Pl.)	Y
Manuel Quiroga	Y
Michelena	YZ
Muelle (Pl. del)	Z
Oliva	Y
Real	Y
Sarmiento	Z
Soportales de la Herrería	Z
Alfonso XIII	Y
Andrés Mellado	Z
Cobian Roffiñac	Z
Daniel de la Sota	YZ
España (Plaza de)	Z
Fray Juan de Navarrete	Z
General Mola	Z
González Besada	Z
Herrería	Z
Isabel II	YZ
Joaquín Costa	Y
José Antonio (Alameda)	YZ
Leña (Pl. de la)	Y 2
Manuel del Palacio (Av.de)	Y 2
Mugártegui (Pl. de)	Y
Prudencio Landín Tobio	Y 2
Padre Amoedo	Y 2
Pasantería	Z
Pedreira	Z
Peregrina	Y 3
Peregrina (Pl. de la)	Y 3
San Nicolás	Y
Santa María (Av. de)	Y
Teucro (Pl. del)	Y 3
Valentín García Escudero (Pl.)	4

🏛 **Parador Casa del Barón** ⑤, pl. de Maceda, ⊠ 36002, ℘ 85 58 00, Fax 85 21 95, 🍴
« Antiguo pazo acondicionado », 🌳 – 🛗 📺 ☎ 🅿 – 🔏 25/40. 🆎 ⑩ 🇪 💳 ⌘   Y
Com 2900 – ⌷ 950 – **47 hab** 9500 – PA 5740.

🏛 **Rías Bajas** sin rest, con cafetería, Daniel de la Sota 7, ⊠ 36001, ℘ 85 51 00, Telex 88068
Fax 85 51 00 – 🛗 🍴 📺 ☎ 🅿 🆎 ⑩ 🇪 💳 ⌘   Z
⌷ 500 – **100 hab** 5500/8000.

🏛 **Virgen del Camino** sin rest, Virgen del Camino 55, ⊠ 36001, ℘ 85 59 00 – 🛗 📺 ☎ 🅿
53 hab.   Z

🏛 **Don Pepe** sin rest, carret. de La Toja, ⊠ 36163 Poio, ℘ 84 17 11 – 🛗 📺 ☎ 🅿. 🆎 ⑩
🇪 💳 ⌘   Y
⌷ 475 – **25 hab** 4000/4500.

🏢 **México** sin rest. con cafetería, Andrés Muruais 10, ⊠ 36001, ℘ 85 90 06 – 🛗 📺 ☎. 🆎
⑩ 🇪 💳 ⌘   Z
⌷ 355 – **28 hab** 2900/4500.

🏢 **Comercio**, Augusto González Besada 3, ⊠ 36001, ℘ 85 12 17 – 🛗 🍴 📺 ☎   Z
40 hab.

XX **Román**, Augusto García Sánchez 12, ⊠ 36001, ℘ 84 35 60 – 🆎 ⑩ 🇪 💳 ⌘   Z
cerrado domingo – Com carta 2150 a 3400.

XX ✿ **Doña Antonia**, soportales de la Herrería 9 - 1º, ⊠ 36002, ℘ 84 72 74 – 🆎 ⑩ 🇪 💳
⌘ – cerrado domingo y del 1 al 20 junio – Com carta 3100 a 4050   Z
Espec. Nécoras rellenas, Rodaballo con verduritas, Entrecot con setas.

X Rua, Corbaceiras 12, ⊠ 36002, ℘ 85 62 61, 🍴 –   Z

X **Carla**, Augusto García Sánchez 15, ⊠ 36001, ℘ 84 09 72, Rest. italiano – 🆎 🇪 💳 ⌘
cerrado lunes – Com carta 1550 a 2800.   Z

X **Chipén**, Peregrina 3, ⊠ 36001, ℘ 85 26 61 – 🍴. 🆎 🇪 💳   Z
cerrado domingo y 25 octubre-10 noviembre – Com carta 1600 a 2900.

X **O Merlo**, Santa María 4, ⊠ 36002, ℘ 84 43 43, Decoración rústica – 💳   Y
cerrado lunes y del 1 al 20 de octubre – Com carta 1025 a 2550.

332

en San Salvador de Poyo por ⑤ – ⊠ 36000 Pontevedra – ✆ 986 :

Paris sin rest, carret. de la Toja : 3 km 𝒫 85 68 62 – 🕾 **Ⓟ** **E** 𝖵𝖨𝖲𝖠. ⚗️
☲ 375 – **34 hab** 2300/4500.

XX ☸ **Casa Solla,** carret. de La Toja : 2 km 𝒫 85 26 78, ☕ – **Ⓟ**. **E** 𝖵𝖨𝖲𝖠. ⚗️
Com carta 3200 a 3700
Espec. Calabacines rellenos, Medallón de merluza con ostras, Falda de ternera rellena.

en San Juan de Poyo por ⑤ : 4 km – ⊠ 36000 Pontevedra – ✆ 986 :

San Juan sin rest, Casal 6 𝒫 77 00 20 – 🛗 🕾 ⇌ **Ⓟ**. **ⒶE** **E** 𝖵𝖨𝖲𝖠. ⚗️
☲ 250 – **24 hab** 4500.

en la carretera N 550 por ① : 4 km – ⊠ 36000 Pontevedra – ✆ 986 :

X **Corinto** con hab, 𝒫 84 53 45 – **Ⓟ**. **E** 𝖵𝖨𝖲𝖠. ⚗️
Com _(cerrado lunes)_ carta 1775 a 3150 – ☲ 250 – **16 hab** 2400/3000.

ALFA ROMEO Cabañas - Salcedo - av. Vigo 𝒫 85 66 31
AUDI-VOLKSWAGEN carret. Pontevedra-Vigo km 126,200 𝒫 86 34 03
AUSTIN-MG-MORRIS-MINI Juan Bautista Andrade 45 𝒫 85 99 32
CITROEN av. de Lugo 101 𝒫 85 13 53
FIAT-LANCIA av. de Lugo 29 𝒫 85 64 72
FORD av. de Lugo 96 𝒫 85 83 50
FORD El Marco 12 𝒫 85 19 90

GENERAL MOTORS av. de Lugo 48 𝒫 84 50 00
MERCEDES-BENZ Bertola - Vilaboa 𝒫 70 89 11
PEUGEOT-TALBOT carret. de La Coruña (Cendona-Lerez) 𝒫 85 52 50
PEUGEOT-TALBOT av. de Vigo (Salcedo) 𝒫 84 57 53
RENAULT av. de Lugo 78 𝒫 85 07 35
RENAULT Joaquin Costa 45 𝒫 85 14 99
RENAULT Andurique 5 𝒫 85 74 41
SEAT Loureiro Crespo 11 𝒫 85 61 04

PONTS Lérida 𝟜𝟜𝟛 G 33 – ver Pons.

POO DE CABRALES 33554 Asturias 𝟜𝟜𝟙 C 15 – – ✆ 985.
♦Madrid 453 – ♦Oviedo 104 – ♦Santander 113.

Principado de Europa ⊗, 𝒫 84 54 74, ≤ – 🛗 🍽 rest ☎ ⇌ **Ⓟ**. **ⒶE** 𝖵𝖨𝖲𝖠. ⚗️
Com 1500 – ☲ 350 – **33 hab** 4500/6500.

PORRIÑO 36400 Pontevedra 𝟜𝟜𝟙 F 4 – 13 517 h. alt. 29 – ✆ 986.
♦Madrid 585 – Orense 86 – Pontevedra 34 – ♦Porto 142 – ♦Vigo 15.

Parque sin rest, con cafetería, parque del Cristo 𝒫 33 16 04 – 🛗 📺 ☎ ⇌ **ⒶE** **Ⓞ** **E** 𝖵𝖨𝖲𝖠. ⚗️
☲ 500 – **47 hab** 4800/6900.

en la carretera N 120 NE : 1 km – ⊠ 36400 Porriño – ✆ 986 :

Motel Acapulco y Rest. Albariño, 𝒫 33 15 07, Fax 33 64 65 – 🍽 📺 🕾 ⇌ **Ⓟ**. **ⒶE** **Ⓞ** **E** 𝖵𝖨𝖲𝖠. ⚗️ rest
Com 1200 – ☲ 450 – **40 hab** 3500/6800.

CITROEN La Guía - Atios 𝒫 33 39 68
FIAT Estación 16 𝒫 33 04 45
FORD carret. Porriño-Tuy km 1 𝒫 33 17 00
GENERAL MOTORS av. de Galicia 32 𝒫 33 01 86

PEUGEOT-TALBOT Sanguiñeda - carret. Vigo-Orense 𝒫 33 18 75
RENAULT Sanguiñeda 𝒫 33 02 11
SEAT-AUDI-VOLKSWAGEN Sequeiros 14 𝒫 33 18 53

PORTALS NOUS 07015 Baleares – ver Baleares (Mallorca).

PORTALS VELLS Baleares 𝟜𝟜𝟛 H 37 – ver Baleares (Mallorca) : Palma Nova.

PORT-BOU 17497 Gerona 𝟜𝟜𝟛 E 39 – 2 281 h. – ✆ 972 – Playa.
♦Madrid 782 – Banyuls 17 – Gerona/Girona 75.

Comodoro, Méndez Núñez 1 𝒫 39 01 87, ☕ – **E** 𝖵𝖨𝖲𝖠
mayo-15 octubre – Com 1300 – ☲ 450 – **15 hab** 3500/6000 – PA 2800.

Bahía sin rest y sin ☲, Cerbere 2 𝒫 39 01 96, ≤
temp. – **33 hab.**

Costa Brava, Cerbere 20 𝒫 39 03 86 – **E** 𝖵𝖨𝖲𝖠. ⚗️
junio-septiembre – Com 1200 – ☲ 350 – **23 hab** 1750/3200 – PA 2000.

X **L'Ancora,** passeig de la Sardana 3 𝒫 39 00 25, ☕, Decoración rústica – **E** 𝖵𝖨𝖲𝖠
cerrado martes y 29 octubre-3 diciembre – Com carta 2125 a 3050.

PORT DE LA SELVA Gerona 𝟜𝟜𝟛 E 39 – ver Puerto de la Selva.

PORTELA 24524 León – ver Vega de Valcarce.

PORTO COLOM 07670 Baleares 𝟜𝟜𝟛 N 39 – – ver Baleares (Mallorca) – ✆ 971

PORTO CRISTO Baleares 𝟜𝟜𝟛 N 20 – ver Baleares (Mallorca).

333

PORTOMARÍN 27170 Lugo – ver Puertomarín.

PORTONOVO Pontevedra 🚧🚧🚧 E 3 – ver Sangenjo.

PORTO PETRO Baleares 🚧🚧🚧 N 39 – ver Baleares (Mallorca).

PORTO PI Baleares – ver Baleares (Mallorca) : Palma de Mallorca.

PORTUGOS 18415 Granada 🚧🚧🚧 V 20 – 522 h alt. 1305 alt – 🕲 958.
♦Madrid 506 – ♦Granada 77 – Motril 56.

   🏠 **Nuevo Malagueño** 🌫, 🖉 76 60 98, ≤ – 🅿 **E** 𝘝𝘐𝘚𝘈
      Com 900 – � 400 – **30 hab** 2940/5500.

PORT SALVI Gerona – ver San Feliú de Guixols.

POTES 39570 Cantabria 🚧🚧🚧 C 16 – 1 444 h. alt. 291 – 🕲 942.
Ver : Paraje★ Alred. : Desfiladero de la Hermida★★ N : 18 km – Puerto de San Glorio (Mirado de Llesba ❄★★) SO : 27 km y 30 mn a pie – Santo Toribio de Liébana ≤★ SO : 3 km.
🛈 pl. Jesús de Monasterio 🖉 73 08 20.
♦Madrid 399 – Palencia 173 – ♦Santander 115.

   🏠🏠 **Picos de Valdecoro y Rest. Paco Wences,** Roscabado 5 🖉 73 00 25, ≤, 🔝 – 🛗
      🖃 rest ☎. 🖭 ⓪ **E** 𝘝𝘐𝘚𝘈. 🌫
      Com 2000 – ⊐ 400 – **41 hab** 4500/7000 – PA 4590.

   en Ojedo NE : 1 km – ✉ 39585 Ojedo – 🕲 942 :

   ✗ **Martín,** carret. N 621 🖉 73 02 33, ≤ – **E** 𝘝𝘐𝘚𝘈. 🌫
      cerrado enero – Com carta 1550 a 1900.

   en la carretera de Fuente Dé O : 1,5 km – ✉ 39570 Potes – 🕲 942 :

   🏠 **La Cabaña** 🌫 sin rest, 🖉 73 00 50, ≤, 🏊 – ☜ 🅿. 🖭 ⓪ **E** 𝘝𝘐𝘚𝘈. 🌫
      Semana Santa y junio-septiembre – ⊐ 400 – **24 hab** 4500/7000.

SEAT-AUDI-VOLKSWAGEN Las Vegas 🖉 73 01 40

POZOBLANCO 14400 Córdoba 🚧🚧🚧 Q 15 – 13 612 h. – 🕲 957.
🏌 Club de Pozoblanco : 3 km 🖉 10 02 39.
♦Madrid 361 – Ciudad Real 164 – ♦Córdoba 67.

   🏠 **Los Godos,** Villanueva de Córdoba 32 🖉 10 00 22 – 📶 🖃 rest 🕾. 𝘝𝘐𝘚𝘈. 🌫
      Com 950 – ⊐ 500 – **36 hab** 4000/6000.

   en la carretera de Alcaracejos O : 2,3 km – ✉ 14400 Pozoblanco – 🕲 957 :

   🏠 **San Francisco** 🌫, 🖉 10 15 12 – 📶 🖃 rest 🕾 🅿. 𝘝𝘐𝘚𝘈. 🌫
      Com 950 – ⊐ 500 – **40 hab** 4500/7000 – PA 2400.

ALFA ROMEO Polígono Industrial San Gregorio
B 🖉 10 10 03
AUSTIN ROVER avda. Uva de Córdoba, 81
🖉 10 20 87
CITROEN carret. Villanueva Serena - Andújar
10 05 32
FIAT carretera de circunvalación 🖉 10 21 16
FORD Polígono Industrial San Gregorio B
🖉 10 15 02

GENERAL MOTORS Mayor 69 🖉 10 03 75
LANCIA carret. Villanueva de la Serena-Andújar
km 129 🖉 10 03 75
MERCEDES carret. de Almadén 🖉 10 19 00
PEUGEOT-TALBOT Segunda 17 🖉 10 04 24
RENAULT carret. Villanueva Serena - Andújar km
131 🖉 10 09 76
SEAT-AUDI-VOLKSWAGEN av. Villanueva de
Córdoba 69 🖉 10 03 31

POZUELO DE ALARCÓN 28023 Madrid 🚧🚧🚧 K 18 – 31 228 h. – 🕲 91.
♦Madrid 10.

   ✗✗ **La Española,** av. Juan XXIII 5 🖉 715 87 85, Fax 352 67 93, 🔝 – 🖃 🅿. 🖭 ⓪ 𝘝𝘐𝘚𝘈. 🌫
      cerrado domingo noche y lunes – Com carta 3100 a 3850.

   ✗ Tere, av. Generalísimo 64 🖉 352 19 98, 🔝 – 🖃.

   ✗ **Bodega La Salud,** Jesús Gil González 36 🖉 715 33 90, Fax 352 67 93, Carnes a la brasa
      – 🖃. 🖭 ⓪ 𝘝𝘐𝘚𝘈. 🌫
      cerrado domingo noche y jueves – Com carta 2275 a 2750.

   en la carretera C 602 SE : 2,5 km – ✉ 28023 Pozuelo de Alarcón – 🕲 91 :

   ✗✗ **Chaplin,** Zoco 🖉 715 75 59, 🔝 – 🖃. 𝘝𝘐𝘚𝘈. 🌫
      cerrado domingo y festivos noche – Com carta 2775 a 3900.

   en Húmera SE : 3 km – ✉ 28023 Pozuelo de Alarcón – 🕲 91 :

   ✗✗ El Montecillo, 🖉 715 18 18, 🔝, « En un pinar » – 🖃 🅿.

ALFA-ROMEO Hospital 16 🖉 715 05 28
AUSTIN-ROVER Grupo Escolar 4 bis
🖉 715 78 50
CITROEN Campomanes 8 🖉 715 01 39
FORD Cándido Castan 2 🖉 715 92 70

PEUGEOT-TALBOT Dr Cornago 29 🖉 352 23 97
RENAULT av. Italia 6 🖉 715 12 11
SEAT-AUDI-VOLKSWAGEN General Mola 18
🖉 715 35 50

PRADERA DE NAVALHORNO Segovia 442 J 17 – ver la Granja.

PRADES 43364 Tarragona 443 I 32 – 547 h. – ✪ 977.
◆Madrid 530 – ◆Lérida/Lleida 68 – Tarragona 50.

  ✗ **L'Estanc,** pl. Mayor 9 ℰ 86 81 67, carnes – **E** _VISA_. ⚕
      cerrado miércoles y 15 enero-15 febrero – Com carta 1770 a 2500.

PRADO 33344 Asturias 441 B 14 – alt. 135 – ✪ 985.
◆ Madrid 498 – Gijón 56 – ◆ Oviedo 96 – ◆ Santander 141.

  ✿ **Caravia,** carret. N 632 ℰ 85 30 14 – **℗**. ⚕
      Com _(cerrado domingo noche en invierno)_ 1250 – ☲ 325 – **20 hab** 2300/4500 – PA 2400.

El PRAT DE LLOBREGAT 08820 Barcelona 443 I 36 – 60 419 h. – ✪ 93.
◆Madrid 621 – ◆Barcelona 13 – Tarragona 89.

    por la carretera de Castelldefels y cruce a Sant Boi O : 3,5 km – ✉ 08820 El Prat de
    Llobregat – ✪ 93 :

  ✗✗ **Cal Picasal,** ℰ 379 15 97, Cocina vasco-navarra – ▤ **℗** _ÆE_ ⓪ **E** _VISA_. ⚕
      cerrado sábado, domingo y del 1 al 23 agosto – Com carta 3775 a 5150.

PRATS DE CERDAÑA o **PRATS DE CERDANYA** 25721 Lérida 443 E 35 – alt. 1100 – ✪ 972
– Deportes de invierno en Masella E : 9 km ; ✦ 7.
◆Madrid 639 – ◆Lérida/Lleida 170 – Puigcerdá 14.

  🏠 Moixaró ⬤, carret. de Alp, ✉ 25720 Bellver de Cerdaña, ℰ 89 02 38, ≤, 🗲 – 🕾 **℗**
      40 hab.

PRAVIA 33120 Asturias 441 B 11 – 12 407 h. alt. 17 – ✪ 985.
Alred. : Cabo de Vidio★★ (≤★★) – Cudillero (típico pueblo pesquero★) N : 15 km – Ermita del
Espíritu Santo★ (≤★) N : 15 km.
◆Madrid 490 – Gijón 49 – ◆Oviedo 55.

  ✗ **Balbona,** travesía Vital Aza 2 ℰ 82 11 62 – ▤, _ÆE_ ⓪ **E** _VISA_. ⚕
      cerrado martes – Com carta 1550 a 2700.
  ✗ **Sagrario** con hab, Valdés Bazán 10 ℰ 82 00 38 – _ÆE_ **E** _VISA_. ⚕
      Com _(cerrado domingo noche)_ carta 1100 a 3000 – ☲ 200 – **14 hab** 2500/3500.

CITROEN av. Prahua ℰ 82 07 18   RENAULT Agustín Bravo 25 ℰ 82 06 55

PREMIÁ DE DALT 08338 Barcelona 443 H 37 – ✪ 93.
◆Madrid 627 – ◆Barcelona 10 – Gerona/Girona 82.

  ✗ **L'Avi Pep,** carretera 136 ℰ 751 34 91 – ▤, _ÆE_ ⓪ **E** _VISA_. ⚕
      cerrado domingo noche, lunes y agosto – Com carta 2750 a 4300.

    en la carretera de Premiá de Mar S : 2 km – ✉ 08338 Premiá de Dalt – ✪ 93 :

  ✗✗ **Sant Antoni,** Penedés 43 ℰ 752 34 81, 🌫, Decoración regional – **℗** _ÆE_ ⓪ **E** _VISA_. ⚕
      cerrado domingo noche, martes y del 1 al 15 agosto – Com carta 2365 a 3325.

PREMIÁ DE MAR 08330 Barcelona 443 H 37 – 19 935 h. – ✪ 93 – Playa.
◆Madrid 653 – ◆Barcelona 20 – Gerona/Girona 82.

  ✗✗ **Jordi,** Mossen Jacint Verdaguer 128 ℰ 751 09 10, Pescados y mariscos – ▤, _ÆE_ **E** _VISA_.
      ⚕ – _cerrado domingo noche, lunes y noviembre_ – Com carta 2750 a 4750.

CITROEN Elisenda de Montcada 57 ℰ 751 76 62   OPEL Enrique Granados 21 ℰ 751 21 22
FORD Verge de Núria 2 ℰ 751 29 42
RENAULT P. San Juan Bautista La Salle 9 -
carret. N II ℰ 751 02 28

PRENDES Asturias – ver Gijón.

La PROVIDENCIA Asturias 441 B 13 – ver Gijón.

PRULLANS 25727 Lérida 443 E 35 – 183h. alt. 1096 – ✪ 973.
◆Madrid 632 – ◆Lérida/Lleida 163 – Puigcerdá 22.

  🏠 Montaña ⬤, Puig 3 ℰ 51 02 60, ≤, 🍴 – **℗** – _temp._ – **32 hab**.

PUÇOL Valencia 445 N 29 – ver Puzol.

La PUEBLA DE ARGANZON 09294 Burgos 442 D 21 – 481 h. – ✪ 945.
◆Madrid 338 – ◆Bilbao 75 – ◆Burgos 95 – ◆Logroño 75 – ◆Vitoria/Gasteiz 17.

  ✗ **Palacios,** carret. N I - km 333 ℰ 37 30 30 – **℗**. **E** _VISA_. ⚕
      cerrado domingo, del 16 al 30 agosto y 24 diciembre-7 enero – Com carta 1950 a 2900.

PUEBLA DE FARNALS **LA POBLA DE FARNALS** 46137 Valencia **445** N 29 – 971 h. – ۞ 96
♦Madrid 369 – Castellón de la Plana 58 – ♦Valencia 18.

en la playa E : 5 km – ⊠ 46137 Puebla de Farnals – ۞ 96 :

XX **Bergamonte,** ℰ 146 16 12, 🚗, « Típica barraca valenciana », ⊼ de pago, ℀ – 🍴 🅿 🄰
 VISA ℀
 cerrado lunes – Com carta 2150 a 3350.

PUEBLA DEL CARAMIÑAL 15940 La Coruña **441** E 3 – 9 813 h. – ۞ 981 – Playa.
♦Madrid 665 – ♦La Coruña 123 – Pontevedra 68 – Santiago de Compostela 51.

X **O Lagar,** Condado, 5 ℰ 83 00 37 – 🍴. 🄰🄴 ⓪ 🄴 **VISA** ℀
 cerrado noviembre – Com carta 2000 a 3000.

PEUGEOT-TALBOT Progreso 35 ℰ 83 13 11

PUEBLA DE SANABRIA 49300 Zamora **441** F 10 – 1 858 h. alt. 898 – ۞ 988.
Alred. : San Martín de Castañeda ≤★ NE : 20 km.
♦Madrid 341 – ♦León 126 – Orense 158 – ♦Valladolid 183 – Zamora 110.

🏛 **Parador Puebla de Sanabria** ॐ, carret. del Lago ℰ 62 00 01, Fax 62 03 51, ≤, 🚗 –
 ▦ 📺 🚗 🅿 – ▲ 25/40. 🄰🄴 ⓪ 🄴 **VISA** ℀
 Com 2900 – ☑ 950 – **44 hab** 8000 – PA 5740.

XX **Plaza de Armas,** pl. López Monís 5 ℰ 62 11 77, Fax 62 01 10, Decoración rústica – 🄰🄴
 VISA ℀
 cerrado martes y octubre – Com carta 1300 a 2250.

⌂ Victoria sin rest y sin ☑, Ánimas, 20 ℰ 62 00 12
 10 hab.

PEUGEOT-TALBOT carret. N - 525 km 83
ℰ 62 00 15
RENAULT carret. N 525 km 84,5 ℰ 62 01 48

SEAT-AUDI-VOLKSWAGEN carret. N 525 km 86
ℰ 62 01 27

Si vous cherchez un hôtel tranquille,
consultez d'abord les cartes de l'introduction
ou repérez dans le texte les établissements indiqués avec le signe ॐ.

PUENTE ARCE Cantabria **442** B 18 – ver Santander.

PUENTEAREAS o **PONTEAREAS** 36860 Pontevedra **441** F 4 – 15 013 h. – ۞ 986.
♦Madrid 576 – Orense 75 – Pontevedra 45 – ♦Vigo 26.

X **La Fuente,** Alcázar de Toledo 4 ℰ 64 09 32 – 🍴. 🄰🄴 ⓪ 🄴 **VISA** ℀
 Com carta 1250 a 2600.

CITROEN Alcázar de Toledo 60 ℰ 64 07 99
FIAT-LANCIA Alcázar de Toledo 30 ℰ 64 01 66
FORD carret. Madrid-Vigo ℰ 64 02 02
OPEL-GENERAL-MOTORS Las Cachadas - carret.
de Mondariz ℰ 64 17 79

PEUGEOT-TALBOT av. del Puente ℰ 64 07 18
RENAULT carret. Madrid-Vigo km 672
ℰ 64 08 62
SEAT-AUDI-VOLKSWAGEN carret. Madrid-Vigo
ℰ 64 08 50

PUENTE DEL PASAJE 15170 La Coruña – ver La Coruña.

PUENTE DE SANABRIA 49350 Zamora **441** F 10 – ۞ 988.
Alred. : N : Valle de Sanabria (carretera de Puebla de Sanabria a San Martín de Castañeda ≤★).
♦Madrid 347 – Benavente 90 – ♦León 132 – Orense 164 – Zamora 116.

🏠 **El Ministro,** carret. del Lago ℰ 62 02 60, ⊼ – 📺 🄰🄴 🄴 **VISA** ℀
 cerrado 16 septiembre-30 octubre – Com 1425 – ☑ 200 – **14 hab** 2590/4520.

⌂ Gela, carret. del Lago ℰ 62 03 40 – 🅿
 14 hab.

PUENTEDEUME o **PONTEDEUME** 15600 La Coruña **441** B 5 – 8 459 h. – ۞ 981 – Playa.
♦Madrid 599 – ♦La Coruña 48 – Ferrol 15 – Lugo 95 – Santiago de Compostela 85.

🏠 Eumesa sin rest, carret. N VI ℰ 43 09 25, ≤ – 🍴 ☎
 62 hab.

XX **Brasilia,** carret. N VI ℰ 43 02 49, Decoración moderna – 🄰🄴 🄴 **VISA** ℀
 Com carta 1675 a 2850.

X **Yoli,** Ferreiros 8 ℰ 43 01 86 – 🄰🄴 ⓪ 🄴 **VISA** ℀
 cerrado domingo, festivos noche y octubre – Com carta 1550 a 1950.

en Cabañas – ⊠ 15621 Cabañas – ۞ 981 :

🏠 Sarga, carret. N VI ℰ 43 10 00, Telex 85538, Fax 43 06 78 – 📶 📺 🚗 🚙 🅿 **VISA** ℀
 Com 1800 – ☑ 450 – **80 hab** 4500/6500 – PA 3250.

336

PUENTE GENIL 14500 Córdoba **446** T 15 – 25 615 h. – ✆ 957.
◆Madrid 469 – ◆Córdoba 71 – ◆Málaga 102 – ◆Sevilla 128.

🏠 **Xenil** sin rest y sin ⌐, Poeta García Lorca 3 ℰ 60 02 00 – 🕼 🗟 🖭 🅿 ⑩ 𝗩𝗜𝗦𝗔 ❀
35 hab 3500/5500.

CITROEN Cuesta del Molino ℰ 60 33 16
FIAT Cuesta del Molino ℰ 60 30 52
FORD Cuesta del Molino ℰ 60 11 20
GENERAL MOTORS carret. de la Rambla
ℰ 60 14 83
LANCIA Doctor Moyano Cruz 53 ℰ 60 24 50

PEUGEOT-TALBOT carret. Osuna-Lucena km 44
ℰ 60 32 11
RENAULT Cuesta del Molino ℰ 60 18 19
SEAT-AUDI-VOLKSWAGEN General Franco
ℰ 60 15 74

PUENTE LA REINA 31100 Navarra **442** D 24 – 1 987 h. alt. 346 – ✆ 948.
Ver : Iglesia del Crucifijo (Cristo★) – Iglesia Santiago (portada★).
Alred. : Ermita de Eunate★ E : 5 km – Cirauqui★ (iglesia de San Román : portada★) O : 6 km.
◆Madrid 403 – ◆Logroño 68 – ◆Pamplona 24.

🏠 **Mesón del Peregrino,** carret. de Pamplona, NE : 1 km ℰ 34 00 75, Decoración rústica,
🔺, 🐎 – 🗐 rest 🖭 🗟 🅿 🆊 ⑩ 🄴 𝗩𝗜𝗦𝗔 ❀
Com 1600 – ⌐ 500 – **15 hab** 4200/6200.

PUENTE LA REINA DE JACA 22753 Huesca **443** E 27 – 304 h. alt. 707 – ✆ 974.
Alred. : Valle del Roncal★ y de Ansó : carretera★ NO : 15 km – Hoz de Biniés★.
◆Madrid 467 – Huesca 72 – Jaca 19 – ◆Pamplona 92.

🏠 **Del Carmen,** carret. N 240 km 302 ℰ 37 70 05, ≼, 🔺 – 🐎 🅿 ⑩ 🄴 𝗩𝗜𝗦𝗔
cerrado 20 septiembre-5 octubre – Com (cerrado lunes) 1100 – ⌐ 300 – **30 hab** 2500/3500
– PA 2250.

PUERTO – Puerto de montaña, ver el nombre propio del puerto.

PUERTO – Puerto de mar, ver a continuación.

PUERTO BANUS Málaga **446** W 15 – ✉ 29660 Nueva Andalucía – ✆ 952 – Playa.
◆Madrid 622 – Algeciras 69 – ◆Málaga 67 – Marbella 8.

🍽🍽🍽 **Taberna del Alabardero,** muelle Benabola ℰ 81 27 94, 🚼 – 🗐 🄰🄴 ⑩ 🄴 𝗩𝗜𝗦𝗔 ❀
cerrado febrero y domingo salvo en verano – Com carta 3650 a 5200.

🍽🍽 **Michel's,** muelle Ribera 48 ℰ 81 55 59, 🚼 – 🗐 🄰🄴 ⑩ 🄴 𝗩𝗜𝗦𝗔
cerrado febrero – Com carta 3450 a 4700.

🍽🍽 **Cipriano,** Edificio Levante - local 4 y 5 ℰ 81 10 77, 🚼, Pescados y mariscos – 🗐 🄰🄴
⑩ 🄴 𝗩𝗜𝗦𝗔
Com carta 3150 a 5250.

PUERTO DE ALCUDIA Baleares **443** M 39 – ver Baleares (Mallorca).

PUERTO DE ANDRAITX Baleares **443** N 37 – ver Baleares (Mallorca).

PUERTO DE LA CRUZ Santa Cruz de Tenerife – ver Canarias (Tenerife).

PUERTO DE LA DUQUESA Málaga **446** W 14 – ver Manilva.

PUERTO DE LA SELVA o **EL PORT DE LA SELVA** 17489 Gerona **443** E 39 – 725 h. – ✆ 972
– Playa.
◆Madrid 776 – Banyuls 39 – Gerona/Girona 69.

🏠 **Amberes,** Selva de Mar ℰ 38 70 30, 🚼 – 🅿 ❀ rest
abril-septiembre – Com 1300 – ⌐ 400 – **22 hab** 4000/6000 – PA 2550.

🍽🍽 **Ca l'Herminda,** L'Illa 3 ℰ 38 70 75, ≼, 🚼, Decoración rústica – 🗐, 🄴 𝗩𝗜𝗦𝗔 ❀
23 marzo-13 octubre – Com (cerrado domingo noche y lunes de abril a junio)
carta 2700 a 3745.

🍽 **Comercio,** Moll d'en Balleu 3 ℰ 38 70 14, 🚼 – 🗐 ⑩ 🄴 𝗩𝗜𝗦𝗔
cerrado martes y noviembre-febrero – Com carta 1325 a 2675.

🍽 Bellavista, Platja 3 ℰ 38 70 50, ≼, 🚼.

PUERTO DEL CARMEN Las Palmas – ver Canarias (Lanzarote).

PUERTO DEL ROSARIO Canarias – ver Canarias (Fuerteventura).

Dans les hôtels et restaurants
cités avec des menus à prix fixes,
il est généralement possible de se faire servir également à la carte.

PUERTO DE MAZARRÓN 30860 Murcia **445** T 26 – ✪ 968 – Playa.

🛈 av. Dr. Meca (edificio Bahía Mar) 🖉 59 44 26.

◆Madrid 459 – Cartagena 33 – Lorca 55 – ◆Murcia 69.

XX **Virgen del Mar,** paseo Marítimo 2 🖉 59 50 57, ≤, 🛲, Pescados y mariscos – 🗏. 🖭 🖿
VISA. ✵
cerrado noviembre – Com carta aprox. 2600.

X **La Mamparra,** pl. del Mar 🖉 59 51 53 – 🗏. 🖭 🖿 **VISA**. ✵
cerrado octubre – Com carta 2100 a 2600.

en la playa de la Isla O : 1 km – ⊠ 30860 Puerto de Mazarrón – ✪ 968 :

🏠 **Durán,** 🖉 59 40 50 – ☎. 🖭 ⑩ 🖿 **VISA**. ✵
18 marzo-septiembre – Com (ver Rest. **Miramar**) – ☷ 250 – **29 hab** 3300/5100.

X **Miramar,** 🖉 59 40 08, ≤ – 🗏 🅿. 🖭 ⑩ 🖿 **VISA**. ✵
18 marzo-septiembre – Com carta 1875 a 3100.

en la playa de la Reya O : 1,5 km – ⊠ 30860 Puerto de Mazarrón – ✪ 968 :

🏨 **Bahía** ⌘, 🖉 59 40 00, ≤ – 🛗 ☎ 🅿. **VISA**. ✵
Com 1950 – ☷ 400 – **54 hab** 3250/7500.

en Playa Grande O : 3 km – ⊠ 30860 Mazarrón – ✪ 968 :

🏨 **Playa Grande,** carret. de Bolnuevo 🖉 59 44 81, ≤, ⏋ – 🛗 🗏 ☎ ⟚ – 🔬 25/250. **VISA**.
✵
cerrado 20 diciembre-enero – Com 1500 – ☷ 600 – **38 hab** 5800/7800 – PA 3000.

PUERTO DE POLLENSA Baleares **443** M 29 – ver Baleares (Mallorca).

El PUERTO DE SANTA MARÍA 11500 Cádiz **446** W 11 – 61 032 h. – ✪ 956 – Playa.

🛐 Vista Hermosa O : 1,5 km 🖉 85 00 11.

🛈 Guadalete 🖉 85 75 45.

◆Madrid 610 – ◆Cádiz 22 – Jerez de la Fontera 12 – ◆Sevilla 102.

🏨🏨 **Monasterio de San Miguel,** Larga 27 🖉 86 44 40, Telex 76255, Fax 86 26 04, 🛲,
« Antiguo convento », ⏋ – 🛗 🗏 📺 ☎ ⟚ – 🔬 25/400. 🖭 ⑩ **VISA**. ✵
Com 3000 – ☷ 900 – **150 hab** 8300/12000 – PA 5600.

🏨🏨 **Santa María** sin rest, con cafetería, av de la Bajamar 🖉 87 32 11, Telex 76251, Fax
87 36 52, ⏋ – 🛗 🗏 ☎ ⟚ – 🔬 25/350. 🖭 🖿 **VISA**. ✵
☷ 550 – **100 hab** 7315/10450.

🏨 **Los Cántaros** sin rest, con cafetería, Curva 6 🖉 86 42 40, Fax 86 11 21 – 🛗 🗏 📺 ☎
🅿. 🖭 ⑩ 🖿 **VISA**
☷ 500 – **39 hab** 6500/8500.

X **El Patio,** Rufina Vergara 1 🖉 86 45 06, Fax 26 49 58, Instalado en una antigua posada –
🗏. 🖭 ⑩ 🖿 **VISA**. ✵
Com carta 1915 a 2825.

X **Casa Flores,** Ribera del Río 9 🖉 86 35 12 – 🗏. 🖭 ⑩ 🖿 **VISA**. ✵
Com carta 2450 a 2850.

X **Los Portales,** Ribera del Río 13 🖉 86 21 16 – 🗏. 🖭 ⑩ 🖿 **VISA**. ✵
Com carta 1750 a 2500.

en la carretera de Cádiz S : 2,5 km – ⊠ 11500 El Puerto de Santa María – ✪ 956 :

🏨🏨 **Meliá el Caballo Blanco,** av. Madrid 1 🖉 86 37 45, Telex 76070, Fax 86 27 12, 🛲,
« Jardín con ⏋ » – 🗏 📺 ☎ 🅿 – 🔬 25/150. 🖭 ⑩ 🖿 **VISA**. ✵
Com carta 2025 a 3050 – ☷ 1100 – **94 hab** 11200/14100.

en Valdelagrana por la carretera de Cádiz – ⊠ 11500 Valdelagrana – ✪ 956 :

🏨🏨 **Puertobahía,** playa S : 3,5 km av. La Paz 38 🖉 86 27 21, Telex 76174, Fax 86 12 21, ≤,
⏋, ⏛, 🛲, ✵ – 🛗 🗏 rest 📺 ☎ 🅿 – 🔬 25/200. 🖭 🖿 **VISA**. ✵
Com 2530 – ☷ 460 – **330 hab** 6000/8730 – PA 4540.

X **El Fogón,** av. de la Paz 20 A, S : 3 KM 🖉 86 39 02, 🛲 – 🗏 rest 🅿. 🖿 **VISA**. ✵
cerrado martes y 14 febrero-14 marzo – Com carta 2450 a 3250.

en la carretera de Rota – ⊠ 11500 El Puerto de Santa María – ✪ 956 :

🏨 **Del Mar** sin rest, con cafetería, O : 1,5 km av. Marina de Guerra 🖉 87 59 11, Fax 87 56 50
– 🗏 📺 ☎ ⟚ 🅿. 🖭 ⑩ 🖿 **VISA**. ✵
☷ 500 – **40 hab** 6500/8000.

XX **El Faro del Puerto,** O : 0,5 km 🖉 87 09 52, 🛲, Pescados y mariscos – 🗏 🅿. 🖭 ⑩
🖿 **VISA**. ✵
cerrado domingo noche en invierno – Com carta 2900 a 3700.

XX **La Goleta,** O : 1,5 km 🖉 85 42 32, 🛲 – 🗏 🅿. 🖭 ⑩ **VISA**. ✵
cerrado lunes – Com carta 2350 a 2950.

X **Asador de Castilla,** O : 3 km 🖉 87 16 01, 🛲, Cordero asado – 🗏 🅿. 🖭 ⑩ 🖿 **VISA**.
Com carta 2700 a 4950.

en Puerto Sherry – ⊠ 11500 El Puerto de Santa María – ☻ 956

🏨 **Yacht Club,** av. de La Libertad ℰ 87 10 20, Fax 87 33 00, ≤, ⊥ climatizada, 🔲 – 🛗 🗐
📺 ☎ 🅟 – 🛖 25/450. 🖭 ⓪ 🗲 VISA. ⋘
Com carta 4200 aprox. – ⊒ 950 – **58 hab** 19500/25000 – PA 6400.

CITROEN Zarza, 33 ℰ 85 64 26
FIAT-LANCIA Ribera del Rio 20 ℰ 86 26 17
FORD carret. de Rota km 4,2 ℰ 85 07 51
LANCIA carret. Fuentebravia km. 0,500
ℰ 85 10 16
OPEL-G.M. carret. Nacional km 653 ℰ 85 99 50

PEUGEOT-TALBOT carret. N IV km 652,8
ℰ 86 40 46
RENAULT carret. N IV km 636,7 ℰ 86 45 43
SEAT-AUDI-VOLKSWAGEN Espiritu Santo 33
ℰ 86 18 49

PUERTO DE SANTIAGO Santa Cruz de Tenerife – ver Canarias (Tenerife).

PUERTO DE SÓLLER Baleares 443 M 38 – ver Baleares (Mallorca).

PUERTO LÁPICE 13650 Ciudad Real 444 O 19 – 1267 h. alt. 676 – ☻ 926.
♦Madrid 135 – Alcázar de San Juan 25 – Ciudad Real 62 – Toledo 85 – Valdepeñas 65.

🏠 **Apricio,** carret. N IV - N : 1 km ℰ 57 61 50, « Conjunto de estilo manchego », ⊥ –
🗐 rest ☞ 🅟. ⋘
Com 1300 – ⊒ 230 – **17 hab** 1300/2600.

✗ **Venta del Quijote,** El Molino 4 ℰ 57 61 10, 😤, Cocina regional, « Antigua venta
manchega » – 🖭 ⓪ 🗲 VISA. ⋘
Com carta 2100 a 3575.

PEUGEOT-TALBOT Cervantes 75 ℰ 57 60 33   SEAT-AUDI-VOLKSWAGEN carret. N IV km 135
                                                                              ℰ 57 60 69

To visit a town or region : use the Michelin Green Guides.

PUERTO LUMBRERAS 30890 Murcia 445 T 24 – 8 495 h. alt. 333 – ☻ 968.
♦Madrid 466 – ♦Almeria 141 – ♦Granada 203 – ♦Murcia 80.

🏨 **Parador de Puerto Lumbreras,** carret. N 340 ℰ 40 20 25, Fax 40 28 36, ⊥, 🐎 – 🛗
🗐 📺 ☎ ⟺ 🅟 🖭 ⓪ 🗲 VISA. ⋘
Com 2900 – ⊒ 950 – **60 hab** 7500 – PA 5740.

🏨 **Riscal,** carret. N 340 ℰ 40 20 50, Telex 67713, Fax 40 32 91 – 🗐 ☞ 🅟. VISA. ⋘ rest
Com 1200 – ⊒ 400 – **48 hab** 3000/4300 – PA 2800.

🏠 **Salas,** carret. N 340 ℰ 40 21 00, Fax 40 23 88 – 🗐 rest ☞ 🅟. 🖭 ⓪ 🗲 VISA
Com 1000 – ⊒ 300 – **48 hab** 2000/4000 – PA 1955.

RENAULT carret. de Almeria ℰ 40 22 03   SEAT-AUDI-VOLKSWAGEN av. Juan Carlos I, 130
                                                                              ℰ 40 22 54

PUERTOLLANO 13500 Ciudad Real 444 P 17 – 48 747 h. – ☻ 926.
♦Madrid 235 – Ciudad Real 38.

🏨 **León** sin rest, Alejandro Prieto 6 ℰ 42 73 00 – 🛗 🗐 🅟. 🗲 VISA
⊒ 275 – **101 hab** 3600/6000.

🏠 **Cabañas,** carret. de Ciudad Real 3 ℰ 42 06 50 – 🛗 🗐 rest ☞. VISA. ⋘
Com 900 – ⊒ 175 – **45 hab** 2500/5000 – PA 1800.

✗ **Casa Gallega,** Vélez 5 ℰ 42 01 00 – 🗐. ⓪ VISA. ⋘
cerrado lunes – Com carta 1800 a 3600.

en la carretera de Ciudad Real NE : 2 KM – ⊠ 13500 Puertollano – ☻ 926

🏨 **Verona,** ℰ 42 54 79 – 🗐. VISA. ⋘
Com 1500 – ⊒ 250 – **30 hab** 4000/7000 – PA 3000.

AUSTIN-ROVER Miguel Servet 22 ℰ 42 00 26
CITROEN carret. de Puertollano-Argamasilla
ℰ 47 73 40
FORD carret. Puertollano-Argamasilla ℰ 47 71 00
OPEL-GENERAL MOTORS carret. Puertollano-
Argamasilla ℰ 47 75 00

PEUGEOT-TALBOT Glorieta Virgen de Gracia 34
ℰ 42 69 50
RENAULT carret. de Ciudad Real km 163
ℰ 42 03 79
SEAT-AUDI-VOLKSWAGEN carret. N 420 km
16465 ℰ 47 77 50

PUERTOMARIN o **PORTOMARIN** 27170 Lugo 441 D 7 – 2 499 h. – ☻ 982.
Ver : Iglesia★.
♦Madrid 515 – Lugo 40 – Orense 80.

✗ **Mesón de Rodríguez** con hab, Fraga Iribarne 6 ℰ 54 50 54 – 📺. 🖭 VISA. ⋘
Com carta 1100 a 1800 – ⊒ 200 – **8 hab** 1500/3000.

PUERTO RICO Las Palmas – ver Canarias (Gran Canaria).

PUIG o **EL PUIG** 46540 Valencia **445** N 29 – 5 148 h. alt. 50 alt – ✿ 96.
♦Madrid 367 – Castellón de la Plana – ♦Valencia 20.

🏠 Ronda, Ronda Este 15 ℰ 147 12 28, Fax 147 12 28 – 📠 📺 ☎
  Com (ver rest. **L'Horta**) – **59 hab**.

🏠 **Ronda y rest L'Horta,** Ronda Este 9 ℰ 147 12 28, Fax 147 12 79 – 🚗. 🖭 E *VISA*. ⚞
  Com (cerrado lunes) carta 1850 a 2700 – ☲ 350 – **45 hab** 4500/6500.

🏠 **Pensión Ronda,** Ronda Este 5 ℰ 147 12 79 – 🚗. 🖭 E *VISA*. ⚞
  Com (ver rest. **L'Horta**) – ☲ 300 – **20 hab** 3000/4500.

PUIGCERDÁ 17520 Gerona **443** E 35 – 5 818 h. alt. 1152 – ✿ 972.
🎿 de Cerdaña SO : 1 km ℰ 88 09 50.
🅱 Querol 1 ℰ 88 05 42.
♦Madrid 653 – ♦Barcelona 169 – Gerona/Girona 152 – ♦Lérida/Lleida 184.

🏠 **María Victoria,** Querol 7 ℰ 88 03 00, ≼ – 🛗 🕾. 🖭 ⓞ E *VISA*. ⚞ hab
  Com 2100 – ☲ 450 – **47 hab** 3600/4800.

🏠 **Del Lago** ⚘ sin rest. av. Dr Piguillem, 7 ℰ 88 10 00, « Amplio jardín con 🏊 » – 📺 🕾
  🅟. ☲ 500 – **15 hab** 4000/6000.

🏠 **Estación** sin rest, pl. Estación 2 ℰ 88 03 50 – **26 hab**.

🍴🍴 **Casa Clemente,** av. Dr. Piguillem 6 ℰ 88 11 66 – E *VISA*
  cerrado lunes – Com carta 2500 a 4200.

  en la carretera de Llivia NE : 1 km – 🖂 17520 Puigcerdá – ✿ 972 :

🏠 **Del Prado** ⚘, ℰ 88 04 00, 🏊, 🌲, ⚞ – 🛗 🕾 🚗 🅟 🖭 ⓞ E *VISA*
  Com (cerrado noviembre) 2100 – ☲ 450 – **47 hab** 3900/5500.

  por la carretera de la Seu d'Urgell y camino particular SO : 4,5 km – 🖂 17463 Bolvir –
  ✿ 972 :

🏠 Chalet del Golf ⚘, ℰ 88 09 62, ≼, 🏊, ⚞, 🎿 – 🛗 🕾 🅟 – **16 hab**.

CITROEN av. Catalunya 27 ℰ 88 05 17
FIAT Antigua Aduana ℰ 88 19 58
FORD carret. de Barcelona ℰ 88 07 49
GENERAL MOTORS carret. Puigcerdá-Seu de
Urgell ℰ 88 05 06

MERCEDES av. de los Pirineos 20 ℰ 88 05 72
PEUGEOT-TALBOT carret. D'Age ℰ 88 04 32
RENAULT Cadí 5 ℰ 88 06 25
SEAT-AUDI-VOLKSWAGEN carret. Barcelona-
Puigcerdá km 168,5 ℰ 88 19 16

PUNTA PINET Baleares **443** P 33 – ver Baleares (Ibiza) : San Antonio Abad.

PUNTA PRIMA Baleares **443** P 34 – ver Baleares (Formentera) : Es Pujols.

PUNTA UMBRÍA 21100 Huelva **446** U 9 – 8 490 h. – ✿ 955 – Playa.
♦Madrid 648 – Huelva 21.

🏠 **Ayamontino,** av. de Andalucía 35 ℰ 31 14 50, 🍴 – 🕾 🚗 🅟. 🖭 ⓞ E *VISA*. ⚞
  Com 1900 – ☲ 350 – **45 hab** 3600/5500 – PA 3500.

🏠 **Ayamontino Ría,** paseo de la Ría 1 ℰ 31 14 58, 🍴 – 🕾. 🖭 ⓞ E *VISA*. ⚞
  Com 1900 – ☲ 350 – **20 hab** 3600/5500 – PA 3500.

PUZOL o **PUÇOL** 46760 Valencia **445** N 29 – 11 466 h. – ✿ 96.
♦Madrid 373 – Castellón-de la Plana – ♦Valencia 25.

🏠🏠 **Monte Picayo** ⚘, urbanización Monte Picayo ℰ 142 01 00, Telex 62087, Fax 142 21 68,
  🍴, « En la ladera de un monte con ≼ naranjales, Puzol y mar », 🏊, 🌲, ⚞ – 🛗 📠 📺
  ☎ 🅟 – 🔏 25/600. 🖭 ⓞ E *VISA*. ⚞
  Com 3300 – ☲ 1150 – **82 hab** 14800/18500 – PA 6585.

🍴🍴 **Asador Mares,** carret. de Barcelona 17 ℰ 142 07 21, 🍴 – 📠. 🖭 ⓞ E *VISA*. ⚞
  cerrado domingo – Com carta 2225 a 3950.

🍴 **Rincón del Faro,** carret. de Barcelona 49 ℰ 142 01 20 – 📠. 🖭 ⓞ E *VISA*. ⚞
  cerrado domingo noche, lunes noche y septiembre – Com carta 2200 a 4400.

QUART DE POBLET 46930 Valencia **445** N 28 – ✿ 96.
♦Madrid 343 – ♦Valencia 8.

🍴 **Casa Gijón,** Joanot Martorell 16 ℰ 154 50 11, Decoración típica – 📠. 🖭 ⓞ E *VISA*. ⚞
  Com carta 2100 a 3650.

QUIJAS 39590 Cantabria **442** B 17 – ✿ 942.
♦Madrid 386 – ♦Burgos 147 – ♦Oviedo 172 – ♦Santander 32.

🏠 **Hostería de Quijas,** carret. N 634 ℰ 82 08 33, 🍴, « En una casa señorial del siglo
  XVIII », 🏊, 🌲 – 📺 🕾 🅟. 🖭 ⓞ E *VISA*. ⚞
  cerrado Navidades – Com (cerrado domingo de noviembre a enero) carta 3300 a 4200 –
  ☲ 600 – **19 hab** 8500.

QUINTANAR DE LA ORDEN 45800 Toledo 444 N 20 – 8 673 h. alt. 691 – © 925.

Madrid 120 – ♦Albacete 127 – Alcázar de San Juan 27 – Toledo 98.

🏨 **Castellano,** carret. N 301 ℰ 18 00 50 – 🍴 rest 🕾 **🅿**. 𝓥𝓘𝓢𝓐. ⚓
Com 950 – ⊆ 375 – **36 hab** 1900/3500 – PA 1800.

🏨 Santa Marta, carret. N 301 ℰ 18 03 50 – 🍴 rest 🕾 **🅿**
33 hab.

🏠 La Giralda, Príncipe 3 ℰ 18 07 96 – 🍴 rest
17 hab.

🍴 **Costablanca,** carret. N 301 ℰ 18 05 19 – 🍴 **🅿**. 𝔸𝔼 𝓥𝓘𝓢𝓐. ⚓
Com carta 1825 a 2850.

CITROEN carret. Madrid-Alicante km 121
ℰ 18 10 08
FIAT carret. Madrid-Alicante km 121,3
ℰ 18 15 06
OPEL carret. Madrid-Alicante km 122 ℰ 18 02 48

PEUGEOT-TALBOT carret. N 301 km 121
ℰ 18 02 27
RENAULT carret. Alicante km 122 ℰ 18 04 63
SEAT-AUDI-VOLKSWAGEN carret. Madrid-Ali-
cante km 121,3 ℰ 18 00 81

QUINTANAR DE LA SIERRA 09670 Burgos 442 G 20 – 2 417 h. alt. 1200.

Alred. : Laguna Negra de Neila★★ (carretera★★) NO : 15 km.

♦Madrid 253 – ♦Burgos 76 – Soria 70.

QUIROGA 27320 Lugo 441 E 8 – 5 037 h. – © 982.

♦Madrid 461 – Lugo 89 – Orense 79 – Ponferrada 79.

🏠 Marcos, carret. C 533 ℰ 42 84 52, ≤, ⅃ – 🍴 rest **🅿**
16 hab.

en la carretera de Monforte de Lemos C 533 NO : 13,5 km – ⊠ 27391 Freigeiro –
© 982

🏨 **Río Lor,** ℰ 42 81 09 – **🅿**. 𝔸𝔼 𝓥𝓘𝓢𝓐. ⚓
Com 1500 – ⊆ 200 – **24 hab** 1500/3000 – PA 3000.

RENAULT carret. Madrid-Santiago ℰ 42 81 84

SEAT-AUDI-VOLKSWAGEN San Clodio
ℰ 42 82 66

QUIRUELAS DE VIDRIALES 49622 Zamora 441 F 12 – 1 130 h. – © 988.

♦Madrid 274 – Benavente 15 – Zamora 79.

en la carretera N 525 SO : 1,5 km – ⊠ 49622 Quiruelas de Vidriales – © 988 :

🏨 **Los Alamos,** ℰ 65 30 85 – 🛏 **🅿**. ⚓
Com 850 – ⊆ 150 – **28 hab** 1500/3500 – PA 1600.

La RÁBIDA (Monasterio de) 21819 Huelva 446 U 9 – © 955 – Playa.

🛈 Acceso al complejo de la Rábida, ?dp 21810, ?tí 35 12 58.

♦Madrid 630 – Huelva 8 – ♦Sevilla 94.

🍴🍴 Hostería de la Rábida 🖉 con hab, ⊠ 21810 Palos de la Frontera, ℰ 35 03 12, ≤, 🌲 –
🍴 📺 🕾 **🅿**
7 hab.

La RÁBITA 18760 Granada 446 V 20 – © 958 – Playa.

♦Madrid 549 – ♦Almería 69 – ♦Granada 120 – ♦Málaga 152.

🏨 **Las Conchas,** paseo Marítimo 55 ℰ 82 90 17, ≤ – 🛗 🕾 🛏 **🅿**. ① E 𝓥𝓘𝓢𝓐. ⚓
abril-15 octubre – Com 1300 – ⊆ 400 – **30 hab** 3500/6000.

RACÓ DE SANTA LLÚCIA Barcelona – ver Villanueva y Geltrú.

RAMALES DE LA VICTORIA 39800 Cantabria 442 C 19 – 2 439 h. alt. 84 – © 942.

Ver : Cuevas de Covalanas (lugar)★ : 3 km.

♦Madrid 368 – ♦Bilbao 64 – ♦Burgos 125 – ♦Santander 51.

🍴 ✿ **Rio Asón** con hab, Barón de Adzaneta 17 ℰ 64 61 57 – 🍴 rest **🅿**. 𝔸𝔼 ① 𝓥𝓘𝓢𝓐. ⚓
cerrado 22 diciembre-enero – Com (cerrado domingo noche y lunes salvo en verano)
carta 3150 a 4400 – ⊆ 300 – **12 hab** 4200
Espec. Fondos de alcachofas rellenos al queso de Tresviso (noviembre-20 junio), Lenguado relleno de
salmón, Solomillo con hígado de pato al jugo de trufas..

RAXÓ (Playa de) Pontevedra – ver Sangenjo.

Los REALEJOS 38410 Santa Cruz de Tenerife – ver Canarias (Tenerife).

REBOREDO Pontevedra – ver El Grove.

REDONDELA 36800 Pontevedra **441** F 4 – 27 202 h. – ✪ 986.
♦Madrid 601 – Orense 100 – Pontevedra 27 – ♦Vigo 14.

    en Sotojusto N : 5 km – ✉ 36800 Redonbela – ✪ 986 :

    ✗ Casa Antón con hab, carret. N 550 *ℰ* 40 05 66, ≼, 🏤 – ℗
       5 hab.

FORD av. de Alvedosa 21 *ℰ* 40 00 40
GENERAL MOTORS Quintela *ℰ* 40 06 72

PEUGEOT-TALBOT Coto Cesantes *ℰ* 40 18 54
RENAULT El Muro 50 *ℰ* 40 23 00

REINOSA 39200 Cantabria **442** C 17 – 13 172 h. alt. 850 – ✪ 942 – Balneario en Fontibre
Deportes de invierno en Alto Campóo O : 25 km : ✗5.
Alred. : Cervatos★ (colegiata★ : decoración escultórica★) S : 5 km.
Excurs. : Pico de Tres Mares ※★★★ O : 26 km y telesilla.
♦Madrid 355 – ♦Burgos 116 – Palencia 129 – ♦Santander 74.

    🏨 **Vejo**, av. Cantabria 81 *ℰ* 75 17 00, Telex 39100, Fax 75 17 00, ≼ – 🛗 ☎ 🚗 ℗
       🛣 25/500. ₳ℰ ⑩ ℰ 𝘝𝘐𝘚𝘈. ✻ rest
       Com 2000 – 🗳 450 – **71 hab** 4750/7300 – PA 3560.

    🏩 **Tajahierro** sin rest y sin 🗳, Pelilla 8 *ℰ* 75 35 24 – ✻
       13 hab 1500/2500.

    en Soto de Campóo O : 10 km – ✉ 39211 Soto de Campóo – ✪ 942 :

    🏩 **Del Montero** 🦌, *ℰ* 77 95 39 – ℗. ✻
       cerrado mayo – Com *(cerrado fuera de temporada)* 800 – 🗳 300 – **30 hab** 1500/2500 – PA
       1900.

    en Alto Campóo O : 25 km – ✉ 39200 Reinosa – ✪ 942 :

    🏨 **Corza Blanca** 🦌, alt. 1 660 *ℰ* 77 95 11, Fax 77 95 76, ≼, ⣘ – 🛗 ☎ ℗. ₳ℰ ⑩ ℰ 𝘝𝘐𝘚𝘈
       ✻
       cerrado mayo – Com 1700 – 🗳 390 – **69 hab** 4600/6900 – PA 3200.

CITROEN Matamorosa *ℰ* 75 10 91
FORD Matamorosa c/. Real, 52 *ℰ* 75 40 65
PEUGEOT-TALBOT Matamorosa *ℰ* 75 07 50

RENAULT av. Cantabria 78 *ℰ* 75 07 47
SEAT-AUDI-VOLKSWAGEN prolongación General
Mola 70, carret. de Santander *ℰ* 75 03 34

RENEDO DE CABUÉRNIGA 39516 Cantabria **441** C 17 – ✪ 942.
♦Madrid 400 – ♦Burgos 156 – ♦Santander 60.

    🏨 **Reserva del Saja** 🦌, carret. de Reinosa *ℰ* 70 61 90, Fax 70 61 08, ≼ – ▤ rest ☎ ℗
       ℰ 𝘝𝘐𝘚𝘈
       Com 1400 – 🗳 400 – **27 hab** 5600/6500 – PA 3200.

RENTERÍA 20100 Guipúzcoa **442** C 24 – 45 789 h. alt. 11 – ✪ 943.
♦Madrid 479 – ♦Bayonne 45 – ♦Pamplona 98 – ♦San Sebastián/Donostia 8.

    🏨 **Lintzirín,** carret. de Irún N I - E 1,5 km, ✉ apartado 30, *ℰ* 49 20 00, Fax 49 25 04 – 🛗
       ▤ rest ☎ ℗. ₳ℰ ⑩ ℰ 𝘝𝘐𝘚𝘈. ✻ rest
       Com *(cerrado domingo noche)* 1500 – 🗳 480 – **123 hab** 4500/6000 – PA 3480.

ALFA ROMEO Amezqueta 3 *ℰ* 51 48 96
CITROEN Aita. Donosti 15 *ℰ* 51 70 87
CITROEN Irún 3 *ℰ* 51 21 43
FORD M. de Lezo 26 *ℰ* 51 21 46

PEUGEOT-TALBOT José María Usandizaga 14
(trasera) *ℰ* 52 04 47
SEAT-AUDI-VOLKSWAGEN Bidasoa 5
ℰ 51 93 54

REQUENA 46340 Valencia **445** N 26 – 18 152 h. alt. 292 – ✪ 96.
♦Madrid 279 – ♦Albacete 103 – ♦Valencia 69.

    ✗ Mesón del Vino, av. del General Varela 11 *ℰ* 230 00 01, Decoración rústica.

CITROEN carret. Madrid-Valencia km 283,8
ℰ 230 13 38
GENERAL MOTORS carret. Madrid-Valencia km
283 *ℰ* 230 10 50

RENAULT carret. Madrid-Valencia km 283
ℰ 230 12 66
SEAT-AUDI-VOLKSWAGEN carret. Madrid-Valen-
cia km 283 *ℰ* 230 04 50

REUS 43200 Tarragona **443** I 33 – 80 710 h. alt. 134 – ✪ 977.
✈ de Reus E : 3 km *ℰ* 30 37 90.
🛈 pza. Llibertat.
♦Madrid 547 – ♦Barcelona 118 – Castellón de la Plana 177 – ♦Lérida/Lleida 90 – Tarragona 14.

    🏨 **Gaudí** sin rest, con cafetería, Raval Robuster 49 *ℰ* 30 55 45 – ☎. ⑩ ℰ 𝘝𝘐𝘚𝘈. ✻ rest
       71 hab 3780/6300.

    🏩 **Simonet**, raval Santa Anna 18 *ℰ* 30 21 31, 🏤 – ▤ 📺 ☎ 🚗. ℰ 𝘝𝘐𝘚𝘈. ✻
       cerrado 24 diciembre-7 enero – Com 1750 – 🗳 400 – **45 hab** 3500/6500.

    ✗✗ **Gallau's**, av. Sant Jordi (palau de Fires i Congressos) *ℰ* 31 78 00 – ▤. ₳ℰ ⑩ ℰ 𝘝𝘐𝘚𝘈. ✻
       cerrado domingo noche, lunes y 12 agosto-4 septiembre – Com carta 1925 a 3150.

    ✗ **Prim**, paseo Prim 3 *ℰ* 31 57 51 – ▤. 𝘝𝘐𝘚𝘈. ✻
       Com carta 1475 a 2150.

en la carretera de Tarragona SE : 1 km – ⊠ 43204 Reus – ✪ 977 :

✗ **Masia Típica Crusells,** ℰ 30 40 60, Decoración regional – 🍽 ❷. 🅰🅴 ④ 🄴 𝘝𝘐𝘚𝘈. ✸
   Com carta 2600 a 3400.

_FA-ROMEO   av. 11 de Septiembre 3
 31 50 51
JSTIN-ROVER   carret. de Alcolea 6 ℰ 32 22 53
TROEN   av. Mariano Fortuny 89 ℰ 30 63 45
AT   carret. de Alcolea 142 ℰ 31 96 11
ORD   Cambrils ℰ 34 23 12
ANCIA   Jaume I, 97 ℰ 31 27 91

OPEL-GM   autovia Reus-Tarragona ℰ 34 21 97
PEUGEOT-TALBOT   carret. de Salou km 1
 ℰ 34 21 11
RENAULT   paseo Sunyer 30 ℰ 32 25 54
SEAT-AUDI-VOLKSWAGEN   av. Pere el Ceremo-
nioso 3 ℰ 30 33 29

a REYA (Playa de) Murcia – ver Puerto de Mazarrón.

RIALP 25594 Lérida 🄳🄳🄳 E 33 – 375 h. alt. 725 – ✪ 973.
Madrid 593 – ◆Lérida/Lleida 141 – Sort 5.

🏨 **Condes del Pallars,** av. Flora cadena 2 ℰ 62 03 50, Fax 62 03 50, ≼, ⤓, 🚿, ✗ – 🛗
   🍽 rest ❷ – 🛎 25/150. 🅰🅴 ④ 🄴 𝘝𝘐𝘚𝘈. ✸
   cerrado del 4 al 30 noviembre – Com 2100 – ⊇ 600 – **103 hab** 4500/8000 – PA 4000.

RIAZA 40500 Segovia 🄲🄲🄲 I 19 – 1 434 h. alt. 1200 – ✪ 911 – Deportes de invierno en la Pinilla
 : 9 km : ⚡2 ⚡8.
Ired. : Ayllón (Palacio de Juan de Contreras : portada★) NE : 18 km.
Madrid 116 – Aranda de Duero 60 – ◆Segovia 70.

🏨 **La Trucha** ⚥, av. Dr. Tapia 17 ℰ 55 00 61, ≼, 🍴, ⤓ – 📺 🕾. 🄴 𝘝𝘐𝘚𝘈. ✸
   Com 1600 – ⊇ 350 – **30 hab** 3900/5500 – PA 3000.

✗ Casaquemada, Isidro Rodríguez 18 ℰ 55 00 51, Decoración rústica.

✗ **Casa Marcelo,** pl. del Generalísimo 16 ℰ 55 03 20, 🍴 – 🅰🅴 🄴 𝘝𝘐𝘚𝘈. ✸
   cerrado martes y 9 diciembre-1 enero – Com carta 3350 a 4900.

✗ La Taurina, pl. del Generalísimo 6 ℰ 55 01 05.

RIBADAVIA 32400 Orense 🄵🄵🄵 F 5 – 6 222 h. – ✪ 988.
Madrid 532 – Orense 31 – Pontevedra 91 – ◆Vigo 70.

en la carretera de Vigo N 120 O: l km – ⊠ 32400 Ribadavia – ✪ 988 :

✗✗ Oasis con hab, ℰ 47 16 13, ≼ valle y montaña – 🍽 ❷
   13 hab.

CITROEN   carret. de Leiro ℰ 47 10 62
FORD   carret. Orense ℰ 47 15 50
OPEL   Calvo Sotelo 44 ℰ 47 01 62
PEUGEOT-TALBOT   Hnos. Alvarez Araujo
 ℰ 47 09 80

RENAULT   carret. Orense km 580 ℰ 47 02 90
SEAT-AUDI-VOLKSWAGEN   Valdepereira
 ℰ 47 01 74

RIBADEO 27700 Lugo 🄲🄲🄲 B 8 – 9 068 h. alt. 46 – ✪ 982.
Alred. : Carretera en cornisa★ de Ribadeo a Vegadeo ≼★.
🄸 pl. de España ℰ 11 06 69.
◆Madrid 591 – ◆La Coruña 158 – Lugo 90 – ◆Oviedo 169.

🏨 **Parador de Ribadeo** ⚥, ℰ 11 08 25, Fax 11 03 46, ≼ ría de Eo y montañas – 🛗 📺 🕾
   ⇐ ❷ 🅰🅴 ④ 🄴 𝘝𝘐𝘚𝘈. ✸
   Com 2900 – ⊇ 950 – **47 hab** 9500 – PA 5740.

🏨 **Eo** ⚥ sin rest, av. de Asturias 5 ℰ 11 07 50, Fax 11 00 21, ≼, ⤓ – 🏢 ⇐ 🅰🅴 ④ 🄴 𝘝𝘐𝘚𝘈
   abril-septiembre – ⊇ 350 – **24 hab** 6000/6500.

🏠 **Voar,** carret. N 634 ℰ 11 06 85 – 🕾 ⇐ ❷ 🅰🅴 𝘝𝘐𝘚𝘈. ✸ rest
   Com 950 – ⊇ 300 – **15 hab** 4400/5400 – PA 2200.

🏚 **Presidente** sin rest, Virgen del Camino 3 ℰ 11 00 92 – 🄴 𝘝𝘐𝘚𝘈
   ⊇ 300 – **19 hab** 4000/5500.

✗ **O'Xardin,** Reinante 20 ℰ 11 02 22 – 🅰🅴 ④ 🄴 𝘝𝘐𝘚𝘈
   cerrado enero – Com carta 2050 a 2850.

✗ **Mediante** con hab, pl. de España 8 ℰ 11 01 86 – 🄴 𝘝𝘐𝘚𝘈. ✸
   Com (cerrado lunes salvo en verano y noviembre) carta 1500 a 3500 – ⊇ 300 – **6 hab**
   5200/6500.

✗ **Oviedo Bar I** con hab, Amando Pérez 5 ℰ 11 00 35 – ❷. 𝘝𝘐𝘚𝘈. ✸
   Com carta 1350 a 2300 – ⊇ 200 – **12 hab** 3000/4500.

AUDI-VOLKSWAGEN   El Cargadero ℰ 11 04 98
CITROEN   Ramón González 39 ℰ 11 09 56
FORD   Ramón González 28 ℰ 11 01 33
GENERAL MOTORS   Calvo Sotelo 55 ℰ 11 03 73

PEUGEOT-TALBOT   Xardin ℰ 11 06 81
RENAULT   carret. General km 383 -Dompiñor
 ℰ 11 10 13

RIBADESELLA 33560 Asturias **441** B 14 – 6 688 h. – ✿ 985 – Playa.

Ver : Cuevas Tito Bustillo★ (pinturas rupestres★).

🛈 Puente Río Sella - carret. de la Piconera ✆ 80 00 38.

◆Madrid 485 – Gijón 67 – ◆Oviedo 84 – ◆Santander 128.

🏨 **Marina** sin rest, Gran Vía ✆ 86 00 50, Fax 86 13 31 – 🛗 🕾. 🆎 💳. ❀
  ⌂ 300 – **44 hab** 3800/6300.

🟵 **Náutico,** Marqués de Argüelles 9 ✆ 86 00 42, ≼ – 💳. ❀
  Com carta 4300 a 5300.

🟵 **Xico,** López Muñiz 9 ✆ 86 03 45 – 🆎 ① Ε 💳
  Com carta 1525 a 2700.

en la playa :

🏨 **G.H. del Sella** ⌂, ✆ 86 01 50, Fax 85 78 22, ≼, 🗲, ☞, 🟵 – 🛗 📺 🅿 – 🛦 25/300. 🅰
  ① Ε 💳. ❀
  abril-septiembre – Com 2700 – ⌂ 600 – **82 hab** 9000/15500 – PA 5235.

🏨 **Ribadesella Playa,** Ricardo Cangás 3 ✆ 86 07 15, Fax 86 02 20, ≼ – ☎ 🅿. 🆎 ① ▐
  💳. ❀
  Com 1600 – ⌂ 400 – **17 hab** 4500/6500 – PA 3600.

🏠 **La Playa** ⌂, ✆ 86 01 00, ≼ – ☜ 🅿. 💳
  abril-octubre – Com 1575 – ⌂ 300 – **11 hab** 4300/6300.

🏠 **Derby** sin rest, ✆ 86 00 92 – 🛗. ❀
  cerrado diciembre-enero – ⌂ 300 – **24 hab** 2900/4400.

en Santianes-carretera N 634 S : 3,5 km – ✉ 33560 Ribadesella – ✿ 985

🏠 La Ribera sin rest y sin ⌂, ✆ 86 02 31 – 🅿 – **16 hab**.

🟵 **La Ribera,** ✆ 86 06 26 – 🍽 🅿. Ε 💳. ❀
  Com carta 2250 a 2500.

FORD La Gran Vía 37 ✆ 86 09 42
RENAULT El Cobayo ✆ 86 09 07
SEAT-AUDI-VOLKSWAGEN Manuel Caso de la
Villa 15 ✆ 86 02 67

TALBOT-PEUGEOT Santianes ✆ 86 07 97

RIBAS DE FRESER o **RIBES DE FRESER** 17534 Gerona **443** F 36 – 2 810 h. alt. 920 – ✿ 972
– Balneario – Deportes de invierno en Núria (trayecto 1 h por ferrocarril de cremallera) ✓ 1 ✓ 3.

Alred. : N : Nuria (≼★ del ferrocarril de cremallera) trayecto 1 h.

◆Madrid 689 – ◆Barcelona 118 – Gerona/Girona 101.

🏨 **Catalunya Park H.** ⌂, passeig Mauri 9 ✆ 72 71 98, ≼, « Césped con 🗲 » – 🛗 ☜
  💳. ❀
  21 junio-septiembre – Com 1700 – ⌂ 600 – **41 hab** 2500/4400.

🏠 **Catalunya,** Sant Quintín 37 ✆ 72 70 17, 🗲 – 🛗 ☜. 💳. ❀ rest
  Com (sólo cena) 1600 – ⌂ 500 – **22 hab** 2200/4200.

🏠 **Sant Antoni,** Sant Quintí 55 ✆ 72 70 18, ☞, 🗲 climatizada – Ε 💳. ❀
  Com 1700 – ⌂ 550 – **27 hab** 3000/4950 – PA 3240.

en El Baiell SO : 6 km por carretera de Campelles – ✉ 17534 Campelles – ✿ 972 :

🏠 **Terralta** ⌂, alt. 1 300 ✆ 72 73 50, ≼ valle y montañas, 🗲 – 🅿. Ε 💳. ❀
  julio-15 septiembre – Com 1750 – ⌂ 550 – **22 hab** 3500/5200 – PA 4240.

RIBERA DE CARDÓS 25570 Lérida **443** E 33 – alt. 920 – ✿ 973.

Alred. : Valle de Cardós★.

◆Madrid 614 – ◆Lérida/Lleida 157 – Sort 21.

🏠 **Cardós** ⌂, Reguera 2 ✆ 63 30 00, ≼, 🗲 – 🛗 ☜. 💳. ❀ rest
  15 marzo-15 octubre – Com 1600 – ⌂ 450 – **59 hab** 3200/5800.

🏠 **Sol i Neu** ⌂, Llimera 1 ✆ 63 30 37, ≼, 🗲, 🟵 – 🅿. 💳. ❀
  15 marzo-15 diciembre – Com 1200 – ⌂ 375 – **35 hab** 2900/4400.

RIBES DE FRESER Gerona **443** F 36 – ver Ribas de Freser.

RINCÓN DE LA VICTORIA 29730 Málaga **446** V 17 – 7 935 h. – ✿ 952 – Playa.

◆Madrid 568 – ◆Almería 208 – ◆Granada 139 – ◆Málaga 13.

🏨 **Rincón Sol** sin rest, con cafetería, av. del Mediterráneo 24 ✆ 40 11 00, Fax 40 43 79, ≼
  – 🛗 🍽 📺 ☎ 🆎 ① Ε 💳. ❀
  Com 1600 – ⌂ 390 – **60 hab** 5600/7000 – PA 3200.

junto a la cueva del Tesoro NO : 1 km – ✉ 29730 Rincón de la Victoria – ✿ 952 :

🟵 La Cueva del Tesoro, Cantal Alto ✆ 40 23 96, ≼ mar – 🅿.

PEUGEOT-TALBOT av. Mediterráneo 178
✆ 40 12 26
RENAULT Carril Domínguez 3 ✆ 40 11 46

SEAT-AUDI-VOLKSWAGEN Edelmira Castillo 20
✆ 40 22 74

344

RIPOLL 17500 Gerona **443** F 36 – 12 035 h. alt. 682 – ۞ 972.

Ver : Antiguo Monasterio de Santa María★ (portada★★, claustro★).

Alred. : San Juan de las Abadesas (iglesia de San Juan : descendimiento de la Cruz★★, claustro★) NE : 10 km.

🛈 pl. de l'Abat Oliba 3 ℰ 70 23 51.

◆Madrid 675 – ◆Barcelona 104 – Gerona/Girona 86 – Puigcerdá 65.

🏠 **Monasterio,** pl. Gran 4 ℰ 70 01 50 – ☎ ⇦⇨
38 hab.

🏡 **La Trobada,** passeig Compositor Honorat Vilamanya, 4 ℰ 70 23 53 – VISA ❄
Com *cerrado domingo* 1100 – ☲ 500 – **26 hab** 3200/5000.

en la carretera N 152 S : 2 km – ✉ 17500 Ripoll – ۞ 972 :

🏨 **Solana del Ter,** ℰ 70 10 62, ℤ, ⌂, ❄ – 🍽 rest 🖵 ☎ ⇦⇨ 🅿 E VISA ❄
cerrado octubre-noviembre – Com 2000 – ☲ 600 – **39 hab** 5500/7700.

en la carretera N 152 NO : 3 km por vía de servicio – ✉ 17500 Ripoll – ۞ 972 :

✕ **Grill El Gall,** ℰ 70 24 51, Carnes a la parrilla – 🅿. 🖭 ◍ E VISA ❄
Com carta 1675 a 2500.

FIAT-LANCIA Josep Mⁱ Pellicer 55 ℰ 70 33 77
FORD carret. N 152 km 109,5 ℰ 70 05 09
MERCEDES-BENZ carret. de Ribas km 108 ℰ 70 04 21
OPEL carret. de Ribas km 108 ℰ 70 04 21

PEUGEOT-TALBOT Estamariu 4 ℰ 70 02 06
RENAULT carret. de Barcelona 64 ℰ 70 06 40
SEAT-AUDI-VOLKSWAGEN carret. de Barcelona 72 ℰ 70 01 71

RIS Cantabria **442** B 19 – ver Noja.

ROA DE DUERO 09300 Burgos **442** G 18 – 2 556 h. – ۞ 947.

◆Madrid 181 – Aranda de Duero 20 – ◆Burgos 82 – Palencia 72 – ◆Valladolid 76.

✕✕ **Chuleta,** av. de la Paz 7 ℰ 54 03 12 – 🍽.

FORD carret. de la Horra ℰ 54 00 18
GENERAL MOTORS carret. de Burgos km 8 ℰ 54 00 02

RENAULT carret. de la Horra ℰ 54 02 99
SEAT-AUDI-VOLKSWAGEN carret. de La Horra ℰ 54 00 20

ROBREGORDO 28755 Madrid **444** I 19 – 101 h. alt. 1300 – ۞ 91.

◆Madrid 89 – Aranda de Duero 72 – ◆Segovia 65.

✕ **La Matilla con hab,** carret. N I - S : 1 km ℰ 869 90 06, ❄ – 🅿
12 hab.

ROCABRUNA 17867 Gerona **443** E 37 – ۞ 972.

◆Madrid 713 – ◆Barcelona 141 – Gerona/Girona 94.

✕ **Can Po,** carret. de Beget ℰ 74 70 07, Decoración rústica.

ROCAFORT 46111 Valencia **445** N 28 – 3 087 h. – ۞ 96.

◆Madrid 361 – ◆Valencia 11.

✕✕ **L'Eté,** Francisco Carbonell 33 ℰ 131 11 90 – 🍽. 🖭 E VISA ❄
cerrado domingo, 15 días en Semana Santa y del 1 al 16 octubre – Com carta 3100 a 3900.

La RODA 02630 Albacete **444** O 23 – 12 287 h. alt. 716 – ۞ 967.

◆Madrid 210 – ◆Albacete 37.

🏠 **Flor de la Mancha,** Alfredo Atienza 113 ℰ 44 05 55 – E VISA ❄
Com 1250 – ☲ 250 – **26 hab** 1750/3500 – PA 2750.

🏠 **Juanito,** carret. N 301 ℰ 44 12 40 – 🍽 rest ☎ ⇦⇨ – **33 hab.**

en la carretera N 301 NO : 2,5 km – ✉ 02630 La Roda – ۞ 967 :

✕ **Juanito,** ℰ 44 15 12 – 🍽 🅿. 🖭 E VISA ❄
Com carta 1730 a 2625.

CITROEN Mártires ℰ 44 03 86
FIAT-LANCIA Villarrobledo 2 ℰ 44 05 71
FORD Alfredo Atienza 111 ℰ 44 04 40
MERCEDES-BENZ Alfredo Atienza 25 ℰ 44 02 93

PEUGEOT-TALBOT Mártires 159 ℰ 44 04 90
RENAULT carret. de Madrid km 208 ℰ 44 05 88
SEAT-AUDI-VOLKSWAGEN Mártires 106 ℰ 44 05 70

ROIS La Coruña – ver Padrón.

RONCESVALLES 31650 Navarra **442** C 26 – 44 h. alt. 952 – ۞ 948.

Ver : Monasterio (tesoro★).

◆Madrid 446 – ◆Pamplona 47 – St-Jean-Pied-de-Port 29.

🏠 **La Posada,** ⌂, ℰ 76 02 25 – 🖭 ◍ E VISA ❄
cerrado noviembre – Com 1200 – ☲ 400 – **11 hab** 4000 – PA 2500.

RONDA 29400 Málaga 446 V 14 – 33 567 h. alt. 750 – ✪ 952.

Ver : Situación★ – Ciudad★ – Camino de los Molinos ≤★ – Puente Nuevo ≤★.

Alred. : Cueva de la Pileta★ (carretera de acceso ≤★★, ≤★) SO : 27 km.

Excurs. : Serranía de Ronda★★ : Carretera★★ de Ronda a San Pedro de Alcántara (cornisa★★) – Carretera★ de Ronda a Ubrique – Carretera★ de Ronda a Algeciras.

🛈 pl. de España 1 ✆ 87 12 72.

♦Madrid 612 – Algeciras 102 – Antequera 94 – ♦Cádiz 149 – ♦Málaga 96 – ♦Sevilla 147.

🏨 **Reina Victoria** ॐ, Dr. Fleming 25 ✆ 87 12 40, Fax 81 10 75, « Al borde del Tajo, ≤ valle y serranía de Ronda », 🛋, 🐎 – 🛗 🕾 🖭 ℗. 🖭 ⓪ E 𝗩𝗜𝗦𝗔. ⚒ rest
Com 2500 – ⌣ 700 – **88 hab** 6500/10400.

🏨 **Polo,** Mariano Souvirón 8 ✆ 87 24 47, Fax 87 43 78 – 🛗 🕾. 🖭 ⓪ E 𝗩𝗜𝗦𝗔. ⚒
Com (ver Rest. **Polo**) – ⌣ 475 – **33 hab** 5250/7500.

🏠 **El Tajo** sin rest, con cafetería, Cruz Verde 7 ✆ 87 62 36, Fax 87 50 99 – 🛗 🕾 🚗. 𝗩𝗜𝗦𝗔
⌣ 200 – **100 hab** 2500/4000.

🏠 Virgen de los Reyes, sin rest, Lorenzo Borrego 13 ✆ 87 11 40 – 🛗 🕾 🚗 – **30 hab**.

🍴🍴 **Don Miguel,** pl. de España 3 ✆ 87 10 90, 🍽, « Terrazas sobre el Tajo » – 🗏. 🖭 ⓪ E 𝗩𝗜𝗦𝗔.
cerrado domingo en verano, resto año miércoles y del 15 al 31 enero – Com carta 2200 a 3200.

🍴🍴 **Tenorio,** Tenorio 1 ✆ 87 49 36, 🍽, Patio andaluz – 🗏. 🖭 ⓪ E 𝗩𝗜𝗦𝗔. ⚒
cerrado lunes salvo vísperas festivos y del 7 al 20 febrero – Com carta 2000 a 3300.

🍴🍴 **Pedro Romero,** Virgen de la Paz 18 ✆ 87 11 10, Fax 87 10 61, 🍽, « Decoración típica » – 🗏. 🖭 ⓪ E 𝗩𝗜𝗦𝗔. ⚒
Com carta 2700 a 3450.

🍴 **Alhambra,** Pedro Romero 9 ✆ 87 69 34, 🍽 – 🗏. 🖭 ⓪ E 𝗩𝗜𝗦𝗔. ⚒
cerrado lunes y 25 diciembre-10 enero – Com carta 1875 a 3150.

🍴 **Polo,** Mariano Souvirón 8 ✆ 87 26 69 – 🖭 E 𝗩𝗜𝗦𝗔. ⚒
cerrado domingo – Com carta 1300 a 1725.

AUSTIN-ROVER-MG av. de Málaga 34 ✆ 87 53 81
FIAT Granada 15 ✆ 87 64 90
FORD Polígono Industrial El Fuerte ✆ 87 39 42
GENERAL MOTORS av. de Málaga ✆ 87 24 39
PEUGEOT-TALBOT Polígono Industrial El Fuerte ✆ 87 25 30

RENAULT Polígono Industrial El Fuerte ✆ 87 12 44
SEAT-AUDI-VOLKSWAGEN Polígono Industrial El Fuerte ✆ 87 62 40

ROQUETAS DE MAR 04740 Almería 446 V 22 – 19 006 h. – ✪ 951 – Playa.
🛝 Playa Serena ✆ 32 20 55.
♦Madrid 605 – ♦Almería 18 – ♦Granada 176 – ♦Málaga 208.

en la urbanización S : 4 km – ✉ 04740 Roquetas de Mar – ✪ 951 :

🍴🍴 **Al-Baida,** av. Las Gaviotas ✆ 33 38 21, 🍽 – 🗏. 🖭 ⓪ E 𝗩𝗜𝗦𝗔. ⚒
cerrado martes en invierno y noviembre – Com carta 4000 aprox..

🍴 **La Colmena,** Lago Como - Edificio Concordia I ✆ 33 35 65, 🍽, 🛋 – 🗏. 🖭 ⓪ E 𝗩𝗜𝗦𝗔. ⚒
cerrado lunes y noviembre – Com carta 2600 a 4400.

CITROEN carret. Alicún km 3 ✆ 32 26 89
FIAT carret. la Mojonera km 1,2 ✆ 32 01 30
FORD Nicolás Navas 3 ✆ 32 03 53
GENERAL MOTORS carret. La Mojonera km 1 ✆ 32 08 68

PEUGEOT-TALBOT carret. Alicún km 3 ✆ 32 20 90
RENAULT carret. Alicún km 1,5 ✆ 32 21 05
SEAT carret. Alicún km 3 ✆ 32 03 87

ROSAS o **ROSES** 17480 Gerona 443 F 39 – 8 131 h. – ✪ 972 – Playa.
🛈 av. de Rhode ✆ 25 73 31.
♦Madrid 763 – Gerona/Girona 56.

🏨 **Terraza,** passeig Maritim 16 ✆ 25 61 54, Fax 25 68 66, ≤, 🍽, 🛋 climatizada, ⚒ – 🛗 🗏 📺 🕾 🚗 ℗. ⓪ E 𝗩𝗜𝗦𝗔. ⚒ rest
Semana Santa-15 octubre – Com 2500 – ⌣ 900 – **112 hab** 7000/12000.

🏨 **Coral Platja,** av. de Rhode 28 ✆ 25 62 50, Telex 56307, Fax 25 66 12, ≤ – 🛗 🕾 ℗. 🖭 E 𝗩𝗜𝗦𝗔. ⚒ rest
20 marzo-octubre – Com 1525 – ⌣ 550 – **128 hab** 5550/9850 – PA 3000.

🏠 Parc, av. de Rhode 85 ✆ 25 60 24 – 🛗 🗏 🕾 ℗
51 hab.

🏠 **Casa del Mar** sin rest, av. de Rhode 21 ✆ 25 64 50 – ℗. 🖭 E 𝗩𝗜𝗦𝗔
24 mayo-20 octubre – ⌣ 500 – **28 hab** 3500/5000.

🏠 **Novel Risech,** av. de Rhode 183 ✆ 25 62 84, 🍽, ≤ – 🛗 🗏 rest. E 𝗩𝗜𝗦𝗔. ⚒ rest
cerrado 15 noviembre-15 diciembre – Com 1000 – ⌣ 375 – **81 hab** 1780/3450 – PA 2355.

XX ✿ **Flor de Lis,** Cosconilles 47 ✆ 25 43 16, Cocina francesa – ▤. ◑ E VISA. ✻
cerrado martes salvo julio, agosto y septiembre, 27 octubre-20 diciembre y 4 enero-15 marzo – Com carta 3625 a 5650
Espec. Bouquet de ensalada con bagavante a la vinagreta de caviar, Suprema de lubina a la salsa de ceps, Carro de postres caseros..

X **L'Entrecot,** Joan Badosa 9 ✆ 25 42 63, Fax 5 41 19, ☂, Decoración rústico catalán – AE ◑ E VISA
abril-diciembre – Com carta 1825 a 2975.

X **Llevant,** av. de Rhode 145 ✆ 25 68 35, ☂ – ▤. AE ◑ E VISA. ✻
cerrado martes y 1 noviembre-20 diciembre Com carta 1850 a 3200.

en la urbanización Santa Margarita O : 2 km – ✉ 17480 Roses – ☎ 972

Sant Marc, av. de la Bocana 42 ✆ 25 44 50, Telex 56246, Fax 25 47 50, ⛱ – |‡| ▤ rest ☎ P
248 hab.

Monterrey, passeig Maritim 106 ✆ 25 66 76, Telex 56278, Fax 25 38 69, ≤, ⛱ – |‡| ▤ rest ☎ P. AE ◑ E VISA. ✻ rest
20 marzo-octubre – Com 1500 – ☕ 500 – **138 hab** 4400/8800 – PA 3100.

Goya Park, Port de Reig ✆ 25 75 50, Telex 56009, Fax 25 43 41, ≤, ⛱ – |‡| ▤ rest ☎ P. AE ◑ E VISA. ✻
abril-octubre – Com 1200 – ☕ 400 – **224 hab** 4500/7200 – PA 1900.

Maritím, Jacinto Benavente 2 ✆ 25 63 90, Fax 25 68 75, ≤, ⛱, 🎾 – |‡| P. AE ◑ E VISA. ✻ rest
marzo-noviembre – Com 1250 – ☕ 800 – **132 hab** 4000/6000 – PA 2805.

Marian Platja, av. del Salatá ✆ 25 61 08, Telex 56269, ≤, ⛱, 🎾 – |‡| ☎ P
temp. – **145 hab**.

Rosamar, av. Nautilus 25 ✆ 25 48 50, Telex 56013, ☂ – |‡| P. AE E VISA. ✻ rest
junio-octubre – Com 1000 – ☕ 400 – **56 hab** 3900/6000 – PA 2000.

X **El Jabalí,** Platja Salatá ✆ 25 65 25, ☂, Decoración rústica – AE ◑ E VISA
cerrado diciembre-febrero – Com carta 1150 a 2200.

en la playa de Canyelles Petites SE : 2,5 km – ✉ 17480 Canyelles Petites – ☎ 972 :

Vistabella ⛰, ✆ 25 62 00, Fax 25 32 13, ≤, ☂, « Terraza ajardinada », ⛱ – ▤ rest ☎ 🚗 P. AE ◑ E VISA. ✻ rest
marzo-octubre – Com 3600 – ☕ 925 – **46 hab** 7550/12700 – PA 6225.

Canyelles Platja, av. Díaz Pacheco 7 ✆ 25 65 00, Fax 25 66 47, ≤, ☂, ⛱ – |‡| ▤ rest ☎ 🚗. AE ◑ E VISA. ✻ rest
17 mayo-septiembre – Com 1700 – ☕ 300 – **106 hab** 5400/9000.

en la playa de la Almadraba SE : 4 km – ✉ 17480 Roses – ☎ 972 :

Almadraba Park H. ⛰, ✆ 25 65 50, Telex 57032, Fax 25 67 50, ≤ mar, ☂, « Jardines en terraza », ⛱, 🎾 – |‡| ▤ ☎ 🚗 P – 🏛 25/120. AE ◑ E VISA. ✻ rest
20 abril-14 octubre – Com carta 3860 a 5500 – ☕ 850 – **64 hab** 6820/10560.

en la urbanización Mas Buscà por la carretera de Cadaqués N : 3,5 km – ✉ 17480 Roses – ☎ 972 :

San Carlos ⛰, ✉ apartado 291, ✆ 25 43 00, Fax 25 30 86, ≤, ⛱, 🎾 – |‡| ▤ rest ☎ P
temp. – **99 hab**.

en la carretera de Figueres O : 4,5 km – ✉ 17480 Roses – ☎ 972 :

XXX ✿ **La Llar,** ✉ apartado 315, ✆ 25 53 68 – ▤ P. AE ◑ E VISA. ✻
cerrado jueves salvo verano, del 5 al 20 diciembre y 25 enero-10 marzo – Com carta 4150 a 5800
Espec. Ravioli abierto relleno de gambas de Rosas, Crustillón de bogavante y trufa, Carro de pastelería y sorbetes.

en Cala Montjoi SE : 7 km – ✉ 17480 Roses – ☎ 972 :

XXX ✿✿ **El Bulli,** ✉ apartado 30, ✆ 25 76 51, Fax 25 76 51, ☂, Decoración rústica – ▤ P. AE ◑ E VISA
15 marzo-15 octubre – Com *(cerrado lunes y martes salvo de julio a septiembre)* carta 6250 a 7500
Espec. "Carpaccio" de ceps. Suquet de pescado. Carro de pastelería, fruta, y sorbetes..

CITROEN av. Montserrat 34-36 ✆ 25 61 70
FORD Gran Via Pau Casals 107 ✆ 25 52 14
LANCIA María Benlliure 22 ✆ 25 75 92
OPEL Gran Via Pau Casals 185 ✆ 25 72 03
RENAULT Luis Companys 16 ✆ 25 65 05

Dieser Führer ist kein vollständiges Hotel- und Restaurantverzeichnis.
Um den Ansprüchen aller Touristen gerecht zu werden,
haben wir uns auf eine Auswahl in jeder Kategorie beschränkt.

ROTA 11520 Cádiz **446** W 10 – 25 291 h. – ✆ 956 – Playa.
♦Madrid 632 – ♦Cádiz 44 – Jerez de la Frontera 34 – ♦Sevilla 125.

en la carretera de Chipiona O : 2 km – ✉ 11520 Rota – ✆ 956 :

🏨 **Playa de la Luz** ⟨⟩, av. Diputación ✆ 81 05 00, Telex 76063, Fax 81 06 06, ☂
« Conjunto típico andaluz », ⬭, ✿, ⚘ – ▤ rest ☎ & ❷ – 🏛 25/250. 🅰🅴 ⓞ 🄴 𝗩𝗜𝗦𝗔. ✼
Com 2300 – ☲ 900 – **282 hab** 7200/9600 – PA 4675.

✕ Bodegón La Almadraba, av. Diputación 150 ✆ 81 18 82, ☂ – ▤.

CITROEN av. San Fernando 62 ✆ 81 10 91
FORD av. San Fernando ✆ 81 28 90
LANCIA Polígono Industrial - av. de la Libertad
✆ 81 57 60
OPEL-G.M. Polígono Industrial Nave, 69
✆ 81 30 56

PEUGEOT-TALBOT Polígono Industrial Parcela 82
✆ 81 26 12
RENAULT av. San Fernando 79 ✆ 81 23 61
SEAT-AUDI-VOLKSWAGEN Polígono Industrial
Parcela 12 ✆ 81 07 56

LAS ROZAS 28230 Madrid **444** K 18 – 13 405 h. alt. 718 – ✆ 91.
♦Madrid 16 – ♦Segovia 91.

en la vía de servicio de la Autopista A 6 N : 4,5 km – ✉ 28230 Las Rozas – ✆ 91

✕✕ **Nuevo Rancho**, ✆ 637 07 84, Fax 637 07 84, ☂ – ▤ ❷. 🅰🅴 𝗩𝗜𝗦𝗔. ✼
cerrado domingo noche de octubre-abril – Com carta 3125 a 4975.

Las ROTAS Alicante – ver Denia.

La RUA o **A RUA** 32350 Orense **441** E 8 – 5 712 h. alt. 371 – ✆ 988.
♦Madrid 448 – Lugo 114 – Orense 109 – Ponferrada 61.

🏨 **Espada**, Progreso ✆ 31 00 75, ≤, ⬭ – ▯ ⊛ ❷. ✼ rest
Com (cerrado domingo noche) 1500 – ☲ 300 – **47 hab** 2250/5000 – PA 2350.

en la carretera N 120 O : 1,5 km

🏠 **Os Pinos**, ✆ 31 17 16 – ❷. 🄴 𝗩𝗜𝗦𝗔. ✼
Com 1100 – ☲ 300 – **26 hab** 1800/2500 – PA 2000.

CITROEN pl. de Galicia 2 ✆ 31 04 24

SEAT-AUDI-VOLKSWAGEN Progreso 54-58
✆ 31 00 88

RUBIELOS DE MORA 44415 Teruel **443** L 28 – 666 h. – ✆ 974.
🅱 pl. de Hispano América 1 ✆ 80 40 96.
♦Madrid 357 – ♦Castellón de la Plana 93 – ♦Teruel 56.

🏨 H. de Montaña Rubielos ⟨⟩, av. de los Mártires ✆ 80 42 36 – 📺 ☎ ❷ – 🏛 25/300
30 hab.

✕ **Portal del Carmen** ⟨⟩ con hab, Glorieta 2 ✆ 80 41 53, ☂, Instalado en un convento
del siglo XVII – 📺 ☎ 🅰🅴 ⓞ 🄴 𝗩𝗜𝗦𝗔. ✼
cerrado 17 septiembre-9 octubre – Com (cerrado jueves) carta 1490 a 2100 – ☲ 425 –
5 hab 4000/6500.

RUIDERA 13249 Ciudad Real **444** P 21 – ✆ 926.
♦Madrid 215 – ♦Albacete 106 – Ciudad Real 94.

🏠 León, av. Castilla la Mancha ✆ 52 80 65 – ❷ – **25 hab**.

en Las Lagunas – ✆ 926 :

🏠 La Colgada ⟨⟩, SE : 5 km, ✉ 13249 Ruidera, ✆ 52 80 25, ≤ – ▤ rest ❷
39 hab.

🏡 El Molino ⟨⟩, SE : 8 km, ✉ 13249 Ruidera, ✆ 52 80 81 – ❷ – **33 hab**.

RUPIT 08569 Barcelona **443** F 37 – 409 h. – ✆ 93.
♦Madrid 668 – ♦Barcelona 97 – Gerona/Girona 75 – Manresa 93.

🏡 **Estrella**, pl. Bisbe Font 1 ✆ 856 50 05 – ▯ 🅰🅴 ⓞ 🄴 𝗩𝗜𝗦𝗔. ✼ rest
Com 1450 – ☲ 425 – **27 hab** 3900/4500 – PA 3030.

RUTE 14960 Córdoba **446** U 16 – 10 097 h. alt. alt. 637 – ✆ 957.
♦Madrid 494 – Antequera 60 – ♦Córdoba 96 – ♦Granada 127.

🏨 **María Luisa**, Carretera Lucena-Loja ✆ 52 60 96, ⬭ climatizada, ✿ – ▤ ❷. 🄴 𝗩𝗜𝗦𝗔.
✼
Com 1800 – ☲ 650 – **29 hab** 3500/6000.

CITROEN Ronda de Priego 1 ✆ 52 62 70
FORD Blas Infante 5 ✆ 52 66 47
OPEL Carret. Encina Reales 5 ✆ 52 67 87
RENAULT Puerta del Sol ✆ 52 67 53

TALBOT-PEUGEOT Blas Infante 24 ✆ 52 68 38
SEAT-AUDI VOLKSWAGEN Blas Infante 84
✆ 52 65 16

SABADELL 08200 Barcelona 443 H 36 – 184 943 h. alt. 188 – ✆ 93 – Iberia : paseo Manresa 14 ✆ 725 49 87.

Madrid 626 – ♦Barcelona 20 – ♦Lérida/Lleida 169 – Mataró 47 – Tarragona 108.

- **Urpi**, av. 11 Setembre 38, ✉ 08208, ✆ 716 05 00, Fax 723 35 28 – ▮ ▤ rest TV ☎ – **80 hab**.
- ✗✗ ❀ **Marcel,** Advocat Cirera 40, ✉ 08201, ✆ 725 23 00 – ▤. AE ⊕ E VISA
  cerrado sábado mediodía, domingo y agosto – Com carta 3100 a 4400
  Espec. Ensalada de habas con augulas a la menta.(noviembre-febrero), Suprema de lubiera a la espuma de Sauternes. Gamo rostido salsa poivrada, coulis de frambuesa.
- ✗ **Forrellat,** Horta Novella 27, ✉ 08201, ✆ 725 71 51 – ▤. ⊕ E VISA. ✱
  cerrado domingo y agosto – Com carta 3400 a 4600.

AUDI-VOLKSWAGEN Federico Soler 89 ✆ 710 89 90
CITROEN carret. Prats 77 ✆ 716 27 30
FORD Rambla Iberia 18-22 ✆ 726 39 00
PEUGEOT-TALBOT carret. de Terrassa 183-201 ✆ 726 35 00
RENAULT paseo del Comercio 100-102 ✆ 710 48 00
RENAULT Papa Pío XI - 59 ✆ 725 23 22
SEAT carret. de Terrassa 101-131 ✆ 726 91 00

SABANELL Gerona 443 H 38 – ver Blanes.

SABIÑANIGO 22600 Huesca 443 E 28 – 9 538 h. alt. 798 – ✆ 974.

Alred. : Carretera★ de Sabiñanigo a Huesca (embalse de Arguis★).

Madrid 443 – Huesca 53 – Jaca 18.

- **La Pardina** ⛰, Santa Orosia 36 - carret. de Jaca ✆ 48 09 75, Fax 48 10 73, ⛱, ⛰ – ▮ TV ☎ P. AE ⊕ E VISA. ✱
  Com 1250 – ☕ 400 – **64 hab** 4300/6500 – PA 2900.
- **Mi Casa,** av. del Ejército 32 ✆ 48 04 00 – ▮ ▤ rest ☎ 🚗. AE ⊕ E VISA. ✱
  Com 1300 – ☕ 550 – **72 hab** 4000/5500.
- ✗ **La Corona,** pl. Santa Ana 1 ✆ 48 13 11 – ▤. AE VISA. ✱
  cerrado lunes y del 1 al 16 septiembre – Com carta aprox. 2800.

CITROEN General Franco 187 ✆ 48 07 21
FIAT-LANCIA av. del Ejército 25 ✆ 48 00 38
FORD General Franco 118 ✆ 48 01 18
GENERAL MOTORS carret. de Biescas ✆ 48 11 18
PEUGEOT-TALBOT Coli Escalona 10 ✆ 48 25 71
RENAULT carret. de Biescas ✆ 48 07 16
SEAT-AUDI-VOLKSWAGEN General Franco 120 ✆ 48 10 15

SACEDON 19120 Guadalajara 444 K 21 – 1 806 h. alt. 740 – ✆ 911.

Madrid 107 – Guadalajara 51.

- **Mariblanca,** Glorieta de los Mártires 2 ✆ 35 00 44 – ▤ rest. AE VISA. ✱
  cerrado septiembre – Com 1000 – ☕ 250 – **27 hab** 1600/2900 – PA 1930.
- ✗ **Pino,** carret. de Cuenca ✆ 35 01 48, ≤ – ▤ P. ✱
  cerrado martes y 20 diciembre-enero – Com carta 1800 a 2800.

RENAULT Glorieta de los Mártires 12 ✆ 35 00 97

SADA 15160 La Coruña 441 B 5 – 7 998 h. – ✆ 981 – Playa.

Madrid 584 – ♦La Coruña 20 – Ferrol 38.

- **Miramar,** av. General Franco 34 ✆ 62 00 41 – ▮. ✱
  Com 1000 – ☕ 300 – **27 hab** 2500/3500.

OPEL El Tarabelo 50 ✆ 62 36 01
PEUGEOT República Argentina 38-40 ✆ 62 04 45
SEAT-AUDI-VOLKSWAGEN Sadadarea 5 ✆ 62 07 41

S'AGARO 17248 Gerona 443 G 39 – ✆ 972 – Playa.

Ver : Centro veraniego★ (≤★).

⛳ Costa Brava, Santa Cristina de Aro O : 6 km ✆ 83 71 50.

carret. de San Feliú, Centre Civic ✆ 82 00 74 Fax 82 00 74 ✉ 17220 San Feliú de Guixols.

Madrid 717 – ♦Barcelona 103 – Gerona/Girona 38.

- **La Gavina** ⛰, pl. de la Rosaleda ✆ 32 11 00, Telex 57132, Fax 32 15 73, ≤, ⛱, « Lujosa instalación, mobiliario de gran estilo », ⛱, ⛰, ✗ – ▮ ▤ rest TV ☎ 🚗 P – 🏛 25/130. AE ⊕ E VISA. ✱ rest
  Com 5200 – ☕ 1600 – **74 hab** 25000/33000 – PA 9600.
- **S'Agaró H.** ⛰, Platja de Sant Pol ✆ 32 52 00, Telex 57017, Fax 32 54 33, ≤, ⛱, ⛱, ⛰ – ▮ ▤ TV ☎ 🚗 P – 🏛 25/250. AE ⊕ E VISA. ✱ rest
  cerrado 15 noviembre-27 diciembre – Com 3000 – ☕ 1000 – **70 hab** 9800/14600 – PA 5800.
- ✗ Sant Jordi, carret. de San Feliú, ✉ 17220 San Feliú de Guixols, ✆ 32 11 18, ⛱.
- ✗ **Alicia - Can Joan,** carret. de Castell d'Aro 47, ✉ 17220 San Feliú de Guixols, ✆ 32 48 99, Pescados y mariscos – ▤ P. E VISA. ✱
  cerrado domingo noche, lunes y del 3 al 28 diciembre – Com carta 3125 a 6775.

SAGUNTO 46500 Valencia **445** M 29 – 54 759 h. alt. 45 – ⊗ 96.

Ver : Ruinas★ (Acrópolis ⚞★) – **🛈** pl. Cronista Chabret ℰ 266 22 13.

♦Madrid 375 – Castellón de la Plana 56 – Teruel 126 – ♦Valencia 27.

🏠 **Azahar,** av. País Valenciá 8 ℰ 266 33 68 – 🛗 🗐 ☎ ⇦ 🗛 ◑ 🈁 𝗩𝗜𝗦𝗔. 🛠
　Com 1400 – 🖵 350 – **25 hab** 3200/4900.

✗ **L'Armeler,** subida del Castillo 44 ℰ 266 43 82, 🚲 – 🗛 ◑ 🈁 𝗩𝗜𝗦𝗔
　cerrado lunes – Com carta 2350 a 3600.

　en el puerto E : 6 km – ✉ 46520 Puerto de Sagunto – ⊗ 96 :

🏠 **Teide,** av. 9 de Octubre 53 ℰ 267 22 44 – 🗐 rest 📺 ☎ 🗛 🈁 𝗩𝗜𝗦𝗔. 🛠
　Com 1000 – 🖵 375 – **24 hab** 2800/5200.

🏠 **El Bergantín,** pl. del Sol ℰ 267 33 23 – 🛗 📺. 𝗩𝗜𝗦𝗔 🛠
　cerrado 10 diciembre-10 enero – Com 1200 – 🖵 300 – **27 hab** 1700/3500 – PA 2300.

✗✗ Belabarte, av. del Mediterráneo 44 (Casino) ℰ 267 73 71, 🚲 – 🗐.

✗✗ **Violeta,** av. 9 de Octubre 40 ℰ 247 00 03, 🚲 – 🗐. 🗛 𝗩𝗜𝗦𝗔. 🛠
　Com carta 1400 a 2800.

✗✗ Olano, ℰ 267 15 00.

CITROEN carret. Valencia-Barcelona km 24,3
ℰ 266 47 91
FORD carret. Valencia-Barcelona km 25,7
ℰ 266 23 54
GENERAL MOTORS carret. N 340 km 25,5
ℰ 266 12 80
MERCEDES Valencia 69 ℰ 266 19 00

PEUGEOT-TALBOT carret. Valencia-Barcelona 67
ℰ 266 12 31
RENAULT carret. Valencia-Barcelona km 23,5
ℰ 266 18 66
SEAT-AUDI-VOLKSWAGEN carret. Valencia-Barcelona km 25 ℰ 266 43 63

SALAMANCA 37000 **ℙ 441** J 12 y 13 – 167 131 h. alt. 800 – ⊗ 923.

Ver : Patio de las Escuelas★★★ AZ – Plaza Mayor★★ BY – Catedral Nueva★★ AZ – Catedral Vieja
(retablo mayor★★, sepulcro del obispo Anaya★★) AZ B – Casa de las Conchas★ AZ C – Convento
de San Esteban★ BZ E – Convento de las Dueñas (claustro★★) BZ F – Casa de los Alvarez Abarca
(museo de Salamanca★) AZ K.

🛈 Gran Vía 41, ✉ 37001 ℰ 26 85 71 pl. Mayor 10, ✉ 37002, ℰ 21 83 42 – R.A.C.E. España 6, ✉ 3700
ℰ 21 29 25 – ♦Madrid 205 ② – Ávila 98 ② – ♦Cáceres 217 ③ – ♦Valladolid 115 ① – Zamora 62 ⑤.

　　　　　　Plano página siguiente

🏨 **Parador de Salamanca,** Teso de la Feria 2, ✉ 37008, ℰ 26 87 00, Telex 23585, Fa
　21 54 38, <, 🎿, 🚲 – 🛗 🗐 📺 ☎ ⇦ 🅿 – 🔬 25/220. 🗛 ◑ 🈁 𝗩𝗜𝗦𝗔. 🛠　　AZ
　Com 2900 – 🖵 950 – **108 hab** 11000 – PA 5740.

🏨 **Gran Hotel y Rest. Feudal,** pl. Poeta Iglesias 3, ✉ 37001, ℰ 21 35 00, Telex 2680❚
　Fax 21 35 00 – 🛗 🗐 📺 ☎ – 🔬 25/450. 🗛 ◑ 🈁 𝗩𝗜𝗦𝗔. 🛠 rest　　　　　BY
　Com 2850 – 🖵 950 – **100 hab** 9900/13200.

🏨 **Monterrey y Rest. El Fogón,** Azafranal 21, ✉ 37001, ℰ 21 44 00, Telex 27836, Fa
　21 44 00 – 🛗 🗐 📺 ☎ 🗛 ◑ 🈁 𝗩𝗜𝗦𝗔. 🛠　　　　　　　　　　　　　　BY
　Com 2800 – 🖵 725 – **89 hab** 9700/12600.

🏨 **Castellano III** sin rest, con cafetería, San Francisco Javier 2, ✉ 37001, ℰ 26 16 1❚
　Telex 48097, Fax 26 67 41 – 🛗 📺 ☎ ⇦. 🗛 🈁 𝗩𝗜𝗦𝗔. 🛠　　　　　　　　BY
　🖵 550 – **73 hab** 6000/8500.

🏨 **Condal** sin rest, con cafetería, pl. Santa Eulalia 3, ✉ 37002, ℰ 21 84 00 – 🛗 📺 ☎ ❚
　𝗩𝗜𝗦𝗔. 🛠　　　　　　　　　　　　　　　　　　　　　　　　　　　　BY ❚
　🖵 425 – **70 hab** 3975/6275.

🏨 **Gran Vía** sin rest, con cafetería, Rosa 4, ✉ 37001, ℰ 21 54 01 – 🛗 📺 ☎. 🗛 𝗩𝗜𝗦𝗔 🛠
　🖵 375 – **47 hab** 3600/5000.　　　　　　　　　　　　　　　　　　　BY ❚

🏠 **Ceylán** sin rest, San Teodoro 7, ✉ 37001, ℰ 21 26 03 – 🛗 ☎. 𝗩𝗜𝗦𝗔　　BYZ ❚
　🖵 350 – **35 hab** 3565/5750.

🏠 Amefa sin rest y sin 🖵, Pozo Amarillo 18 ℰ 21 81 89 – 📺 ☎ – **26 hab**　　BY

🏠 **Castellano II** sin rest, Pedro Mendoza 36, ✉ 37003, ℰ 24 28 12, Telex 48097, Fa
　26 67 41 – 📺 ☎ ⇦. 🗛 🈁 𝗩𝗜𝗦𝗔. 🛠　　　　　　　　　　　　　　　　　BY
　🖵 425 – **29 hab** 4700/5900.

🏠 **Milán,** pl. del Ángel 5, ✉ 37001, ℰ 21 75 18 – 🛗 🗐 rest ☎. 🈁 𝗩𝗜𝗦𝗔. 🛠　　BYZ ❚
　Com 1050 – 🖵 250 – **25 hab** 2950/4300 – PA 1925.

🏠 **París** sin rest, Padilla 1-5, ✉ 37001, ℰ 26 29 70 – 📺 ☎. 𝗩𝗜𝗦𝗔. 🛠　　BY ❚
　🖵 250 – **13 hab** 3000/4000.

🏠 **Reyes Católicos** sin rest, paseo de la Estación 32, ✉ 37003, ℰ 24 10 64 – 🛗 🐾 ⇦
　🛠 – 🖵 375 – **33 hab** 2875/3975　　　　　　　　　　　　　　　　　　BY

🏠 **Las Torres,** pl. Mayor 26, ✉ 37002, ℰ 21 21 00 – 🗐 rest ☎. 🈁 𝗩𝗜𝗦𝗔. 🛠　　BY ❚
　cerrado del 1 al 6 de enero y del 22 al 31 de diciembre – Com 1200 – 🖵 300 – **26 ha**
　3400/5300 – PA 2100.

🏠 **Castellano I** sin rest, av. de Portugal 29, ✉ 37003, ℰ 22 85 16, Telex 48097, Fax 26 67 4
　– ☎. 🗛 🈁 𝗩𝗜𝗦𝗔. 🛠　　　　　　　　　　　　　　　　　　　　　　　BY n
　🖵 375 – **22 hab** 5100.

🏠 **Mindanao** sin rest y sin 🖵, paseo de San Vicente 2, ✉ 37007, ℰ 26 30 80 – 🛗 ❚　AY ❚
　30 hab 1850/2650.

SALAMANCA

0   400 m

ZAMORA 62 km
N 630

TORO
66 km

VALLADOLID
115 km

PLAZA DE
TOROS

N 620
E 80

ESTACIÓN 500 m

Pº de la Estación

Pl. de
España

PARQUE DE LA
ALAMEDILLA

PARQUE
DE S. FRANCISCO

PL. MAYOR

Paseo de
San Vicente

PATIO DE LAS
ESCUELAS

CATEDRAL
NUEVA

Paseo del Rector Esperabé

Tormes

PUENTE ROMANO

 m CIUDAD
RIGO

AVILA 98 km

03–
0: 132 km
LASENCIA

XX ❀ **Chez Victor,** Espoz y Mina 26, ⊠ 37002, ☎ 21 31 23 – 🗏. 🖭 ⓞ ⋿ 𝑉𝐼𝑆𝐴. ⋘   ABY **d**
cerrado domingo noche, lunes y agosto – Com carta 3150 a 4550
Espec. Ensalada de queso asado y foie-gras Bacalao fresco mechado de salmón, Manzana sorpresa.

XX **Albatros,** Obispo Jarrín 10, ⊠ 37001, ☎ 26 93 87 – 🗏. 🖭 ⓞ ⋿ 𝑉𝐼𝑆𝐴. ⋘   BY **p**
Com carta 2300 a 3900.

XX **Chapeau,** Gran Vía 20, ⊠ 37001, ☎ 27 18 33 – 🗏. 🖭 ⓞ ⋿ 𝑉𝐼𝑆𝐴. ⋘   BY **n**
cerrado domingo – Com carta 3300 a 4700.

XX **La Posada,** Aire 1, ⊠ 37001, ☎ 21 72 51 – 🗏. 🖭 ⓞ ⋿ 𝑉𝐼𝑆𝐴. ⋘   BY **k**
cerrado del 1 al 20 de agosto – Com carta 2200 a 2800.

X **El Botón Charro,** Hovohambre 6, ⊠ 37001, ☎ 21 64 62, Rest. típico – 🗏. 🖭 ⋿ 𝑉𝐼𝑆𝐴.
⋘   BY **p**
Com carta 2350 a 3550.

X **Le Sablon,** Espoz y Mina 20, ⊠ 37002, ☎ 26 29 52 – 🗏. 🖭 ⓞ ⋿ 𝑉𝐼𝑆𝐴   ABY **d**
cerrado martes y julio – Com carta 1800 a 2750.

X **Río de la Plata,** pl. del Peso 1, ⊠ 37001, ☎ 21 90 05 – 🗏. ⋘   BY **r**
cerrado lunes y julio – Com carta 2700 a 3400.

X **Asador Arandino,** Azucena 5, ⊠ 37002, ☎ 21 73 82 – 🗏. 🖭 ⓞ 𝑉𝐼𝑆𝐴. ⋘   BY **v**
cerrado lunes y del 15 al 30 julio – Com carta aprox. 2900.

X **El Mesón,** pl. Poeta Iglesias 10, ⊠ 37001, ☎ 21 72 22 – 🗏. 🖭 ⋿ 𝑉𝐼𝑆𝐴. ⋘   BY **r**
cerrado del 10 al 31 enero – Com carta 2705 a 3275.

351

SALAMANCA

en la carretera de Valladolid por ① : 2,5 km – ⊠ 37000 Salamanca – 🕲 923 :

✕ **El Quinto Pino** con hab, 🏠 22 86 93 – 🖳 🅿 VISA
Com carta 2200 a 2900 – ⬜ 250 – **13 hab** 1600/2700.

en la carretera N 630 por ③ : 1,5 km – ⊠ 37008 Salamanca – 🕲 923 :

🏨 **Lorenzo** sin rest, ⊠ 37008 Salamanca, 🏠 21 43 06 – ⊗ ⇦ 🅿 E VISA
⬜ 180 – **22 hab** 2300/3300.

en la carretera de Ciudad Rodrigo por ④ : 3 km – ⊠ 37008 Salamanca – 🕲 923 :

✕ **Picosa,** av. de la Salle 76 🏠 21 67 87 – 🖳 🅿 VISA ✼
Com carta 1625 a 2250.

Ver también : **Santa Marta de Tormes** por ② : 6 km
Arapiles por ③ : 7 km.

ALFA-ROMEO av. de Toro 2 (polígono Industrial Los Villares) 🏠 23 62 00
AUDI-VOLKSWAGEN av. de Toro 13 - Polígono Industrial Los Villares 🏠 25 91 12
SEAT av. Comuneros 3 🏠 23 34 46
AUSTIN-ROVER av. Aldehuela 🏠 23 76 05
BMW carret. de Madrid - (La Serna) km 208,5 🏠 21 24 27
CITROEN av. Los Comuneros 30-32 🏠 22 24 50
CITROEN carret. Valladolid km 2,8 (Polígono Ind. Los Villares) 🏠 25 24 61
FIAT-LANCIA carret. Valladolid km 2,6 🏠 23 10 46

FORD carret. de Valladolid km 3,2 🏠 24 42 14
GENERAL MOTORS carret. de Valladolid km 2,1 🏠 25 20 11
LANCIA Rodríguez Fabrés 🏠 25 61 30
MERCEDES-BENZ Polígono Industrial Montalvo 102 🏠 21 56 00
PEUGEOT-TALBOT carret. de Madrid km 208 🏠 21 27 06
PEUGEOT-TALBOT carret. de Valladolid km 2,2 🏠 25 54 43
RENAULT carretera Valladolid km 2,5 🏠 24 76 1
SEAT av. Toro 15 🏠 24 98 12
VOLVO av. Comuneros 105 🏠 23 37 85

SALARDÚ 25598 Lérida 443 D 32 – alt. 1267 – 🕲 973 – Deportes de invierno en Baqueira Bere
E : 6 km : ⦠11.
♦Madrid 611 – ♦Lérida/Lleida 172 – Viella 9.

🏨 **Petit Lacreu** sin rest, carret. de Viella 🏠 64 60 13, ≤, 🐜 – ⧉ 📺 ☎ 🅿 ⓘ E VISA ✼
julio-septiembre y diciembre-abril – ⬜ 700 – **30 hab** 4500/8000.

🏨 **Lacreu,** carret. de Viella 🏠 64 50 06, ≤, 🐜 – ⧉ ☎ AE ⓘ E VISA ✼
cerrado julio-septiembre y diciembre-abril – Com 1700 – ⬜ 475 – **70 hab** 3300/5000.

🏨 **Garona,** 🏠 64 50 10, ≤ – ⧉ ☎ ⇦ ✼ rest
cerrado noviembre y junio – Com 1700 – ⬜ 450 – **28 hab** 2500/4500 – PA 2800.

🏨 **Deth Païs** ⑊, pl. de la Pica 🏠 64 58 36, ≤ – ⧉ 📺 ☎ 🅿 VISA ✼
diciembre-5 mayo y 20 junio-15 octubre – Com 1400 – ⬜ 425 – **18 hab** 5900.

en Baqueira - carretera del Port de la Bonaigua E : 4 km – ⊠ 25598 Salardú – 🕲 973

🏨 **Montarto y rest. La Perdiu Blanca,** 🏠 64 50 75, Telex 57707, Fax 64 58 84, ≤ alt
montaña, ⌘ Climatizada, ⁈ – ⧉ 📺 ☎ ⇦ 🅿 – 🔬 25/75. AE ⓘ E VISA ✼
diciembre-abril y 25 julio-10 septiembre – Com (sólo cena) 2100 – ⬜ 900 – **166 hal**
8500/14000.

🏨 **Tuc Blanc,** 🏠 64 51 50, Fax 64 60 08 – ⧉ ☎ ⇦ 🅿 – 🔬 25/250. AE ⓘ E VISA ✼
enero-abril y julio-septiembre – Com 2000 – ⬜ 775 – **165 hab** 9025/13450 – PA 4015.

🏨 **Val de Ruda** sin rest, 🏠 64 52 58, ≤, Decoración típica aranesa – 📺 ☎ 🅿 AE ⓘ E
VISA
agosto y diciembre-abril – ⬜ 725 – **34 hab** 4200/8900.

SALAS DE LOS INFANTES 09600 Burgos 442 F 20 – 2 010 h. – 🕲 947.
♦Madrid 230 – Aranda de Duero 69 – ♦Burgos 53 – ♦Logroño 118 – Soria 92.

🏨 **Moreno,** Filomena Huerta 5 🏠 38 01 35 – ⇦ VISA ✼
cerrado del 1 al 20 octubre – Com (cerrado lunes) 1000 – ⬜ 250 – **17 hab** 2000/3600 – PA
1960.

PEUGEOT-TALBOT Juan Yagüe 2 🏠 38 07 96
RENAULT carret. Burgos 🏠 38 08 52

SEAT-AUDI-VOLKSWAGEN pl. Condestable 9 🏠 38 01 47

SALDAÑA 34100 Palencia 442 E 15 – 3 042 h. – 🕲 988.
♦Madrid 291 – ♦Burgos 92 – ♦León 101 – Palencia 65.

🏨 **Dipo's** ⑊, carret. de Relea N : 1,5 km 🏠 89 01 44, ≤, 🍴, ⌘, ⁈ – 📺 ☎ 🅿 VISA ✼
Com 950 – ⬜ 375 – **40 hab** 3000/4900 – PA 2175.

CITROEN carret. Palencia-Riaño 🏠 89 01 57
FIAT-LANCIA carret. Osorno 🏠 89 01 18
FORD carret. Palencia-Riaño 🏠 89 06 99
OPEL Polígono Industrial 44 🏠 89 04 96

PEUGEOT-TALBOT carretera de Osorno 🏠 89 00 63
RENAULT carret. Guardo km 64,5 🏠 89 05 47

Reisen Sie nicht heute mit einer Karte von gestern.

EL SALER 46012 Valencia **445** N 29 – ❸ 96 – Playa.

El Saler, Parador Luis Vives S : 7 km ✆ 161 11 86.

Madrid 356 – Gandía 55 – ✦Valencia 8.

en la playa SE : 3 km – ⊠ 46012 Valencia – ❸ 96 :

🏨🏨 **Sidi Saler** ﹥, ✆ 161 04 11, Telex 64208, Fax 161 08 38, ≤, ⅃₆, ⅀, 🔲, 🏖, ℀ – 🛗 🗏 📺 ☎ ❷ – 🔬 25/300. 🝙 ⓪ Ε 𝗩𝗜𝗦𝗔. ℀ rest
Com carta 3100 a 4600 – � 1200 – **276 hab** 15300/22300.

al Sur : 7 km – ⊠ 46012 Valencia – ❸ 96 :

🏨 **Parador Luis Vives** ﹥, ✆ 161 11 86, Telex 61069, Fax 162 70 16, ≤, « En el centro de un campo de golf », ⅀, ℀, ᠷₛ – 🛗 🗏 📺 ☎ ❷ – 🔬 25/300. 🝙 ⓪ Ε 𝗩𝗜𝗦𝗔. ℀
Com 3100 – ⊡ 950 – **58 hab** 13000 – PA 6080.

SALINAS Asturias **441** B 12 – ver Avilés.

SALINAS DE LENIZ o **LEINTZ-GATZAGA** 20530 Guipúzcoa **442** D 22 – 207 h. – ❸ 943.

Madrid 377 – ✦Bilbao 66 – ✦San Sebastián/Donostia 83 – Vitoria/Gasteiz 22.

en el Puerto de Arlabán - carretera C 6213 SO : 3 km – ⊠ 20530 Salinas de Leniz – ❸ 943 :

℀℀ **Gure Ametsa** con hab, ✆ 79 20 97 – 🗏 rest ❷. 🝙 ⓪ Ε 𝗩𝗜𝗦𝗔. ℀
cerrado del 10 al 31 agosto – Com *(cerrado lunes noche)* carta 2600 a 3000 – ⊡ 400 – **6 hab** 3500/4000.

SALINAS DE SIN 22365 Huesca **443** E 30 – alt. 725 – ❸ 974.

Madrid 541 – Huesca 146.

℀ **Mesón de Salinas** ﹥ con hab, cruce carret. de Bielsa ✆ 50 51 71, ≤ – ❷. 𝗩𝗜𝗦𝗔. ℀
Com carta 1375 a 2800 – ⊡ 400 – **16 hab** 1600/3300.

SALOBREÑA 18680 Granada **446** V 19 – 8 119 h. alt. 100 – ❸ 958 – Playa.

er : Emplazamiento✶.

Los Moriscos, SE : 5 km ✆ 60 04 12.

Madrid 499 – Almería 119 – ✦Granada 70 – ✦Málaga 102.

en la carretera de Málaga – ⊠ 18680 Salobreña – ❸ 958 :

🏨 **Salobreña** ﹥, O : 4 km ✆ 61 02 86, Fax 61 01 01, ≤ mar y costa, ⅀, ℀ – 🛗 ❷ – 🔬 25/200. 🝙 ⓪ Ε 𝗩𝗜𝗦𝗔. ℀ rest
Com 2150 – ⊡ 485 – **130 hab** 4700/7400 – PA 4000.

🏠 **Salambina,** O : 1 km ✆ 61 00 37, ≤ plantaciones de cañas y mar, � – 🗏 rest ☎ ❷. 🝙 ⓪ Ε 𝗩𝗜𝗦𝗔. ℀
Com 1595 – ⊡ 425 – **14 hab** 3380/4900 – PA 2890.

SALOU 43840 Tarragona **443** I 33 – ❸ 977 – Playa.

lred. : Cabo de Salou✶ (paraje✶) E : 3 km.

explanada del Muelle ✆ 38 02 33 y Montblanc ✆ 38 01 36.

Madrid 556 – ✦Lérida/Lleida 99 – Tarragona 10.

🏨 **Planas,** pl. Bonet 3 ✆ 38 01 08, �, « Terraza con arbolado » – 🛗 ☜. Ε 𝗩𝗜𝗦𝗔. ℀
15 abril-15 octubre – Com 1300 – ⊡ 410 – **100 hab** 2900/5400 – PA 2000.

℀℀ **Albatros,** Bruselas 60 ✆ 38 50 70, � – 🗏 ❷. 🝙 ⓪ Ε 𝗩𝗜𝗦𝗔. ℀
cerrado domingo noche, lunes y 20 diciembre-20 enero – Com carta 3750 a 5000.

℀℀ **Casa Font,** Colón 17 ✆ 38 57 45, Fax 38 24 36, ≤ – 🗏. 🝙 ⓪ Ε 𝗩𝗜𝗦𝗔
cerrado lunes julio-octubre, lunes y domingo noche resto del año, y 24 diciembre-15 enero – Com carta 2300 a 3950.

℀℀ **Casa Soler,** Virgen del Carmen ✆ 38 04 63, � – 🗏 ❷. 🝙 ⓪ Ε 𝗩𝗜𝗦𝗔. ℀
cerrado martes octubre-abril – Com carta 2950 a 3850.

℀℀ **La Goleta,** Gavina - playa Capellans ✆ 38 35 66, ≤, � – 🗏 ❷. 🝙 ⓪ Ε 𝗩𝗜𝗦𝗔. ℀
Com carta 2450 a 3800.

℀ Tolosa, vía Augusta 18 ✆ 38 14 07, �, Cocina vasca.

℀ **Can Felip,** vía Augusta 19 ✆ 38 55 55, �, Pescados y mariscos – 🗏. Ε 𝗩𝗜𝗦𝗔. ℀
cerrado lunes y 23 diciembre-enero – Com carta 2500 a 5000.

℀ Macarrilla, paseo Jaime I - 24 ✆ 38 54 15, ≤, �, Pescados y mariscos
temp.

en la playa de la Pineda E : 7 km – ⊠ 43840 Salou – ❸ 977 :

🏨 **Carabela Roc** sin rest, con cafetería, Pau Casals 108 ✆ 37 01 66, Fax 37 07 62, ≤, « Terraza bajo los pinos » – 🛗 🗏 📺 ☜ ❷
temp. – **98 hab**.

SALLENT DE GALLEGO 22640 Huesca 443 D 29 – 1 142 h. alt. 1305 – ✆ 974 – Deportes invierno en El Formigal ≰ 4.

◆Madrid 485 – Huesca 90 – Jaca 52 – Pau 78.

✗ **Garmo Blanco,** ℰ 48 82 19, ≤ – **E** VISA. ✺
cerrado noviembre – Com carta 3000 a 4100.

en El Formigal NO : 4 km – alt. 1 480 – ⊠ 22640 El Formigal – ✆ 974 :

🏨 **Formigal** ⦉, ℰ 48 80 00, Telex 58885, Fax 48 83 13, ≤ alta montaña – 🛗 🏩 🅿. 🆎 ①
E VISA. ✺ rest
diciembre-abril y junio-septiembre – Com 1900 – ☲ 675 – **125 hab** 4900/8150 – PA 3800.

🏨 **Eguzki-Lore** ⦉, ℰ 48 80 75, ≤ alta montaña, « Ambiente acogedor » – ☎ 🅿. 🆎 ①
E VISA
julio-septiembre y diciembre-abril – Com 2000 – ☲ 400 – **30 hab** 6000/11500 – PA 4400.

✗✗ **Fidel,** ℰ 48 80 87 – 🆎 ① **E** VISA
enero-abril y 15 julio-15 septiembre – Com carta 3500 a 4900.

SAMIL Pontevedra – ver Vigo.

SAN ADRIÁN 31570 Navarra 442 E 24 – 4 362 h. – ✆ 948.

◆Madrid 324 – ◆Logroño 56 – ◆Pamplona 74 – ◆Zaragoza 131.

🏩 **Ochoa,** Delicias 3 ℰ 67 08 26 – ✺
Com 900 – ☲ 300 – **15 hab** 1500/2400.

CITROEN carret. de Estella 42 ℰ 67 08 04
FIAT Polígono Industrial ℰ 67 04 54

RENAULT General Franco ℰ 67 04 81

SAN AGUSTÍN Las Palmas – ver Canarias (Gran Canaria) : Maspalomas.

SAN AGUSTÍN Baleares – ver Baleares (Mallorca) : Palma de Mallorca.

SAN AGUSTÍN Baleares – ver Baleares : Ibiza.

SAN AGUSTÍN DEL GUADALIX 28750 Madrid 444 J 19 – 1 920 h. alt. 648 – ✆ 91.

◆Madrid 35 – Aranda de Duero 128.

🏨 **El Figón de Raúl,** José Antonio 19 ℰ 841 90 11 – 🗐 📺 ☎ 🅿. 🆎 ① **E** VISA. ✺
Com 900 – ☲ 250 – **16 hab** 4500/7000.

✗✗ **Araceli,** José Antonio 10 ℰ 841 85 31, Fax 841 90 50, ☞ – 🗐 🅿. 🆎 ① **E** VISA. ✺
Com carta 2750 a 3450.

RENAULT Postas 16 ℰ 841 82 02

SAN ANDRÉS Santa Cruz de Tenerife – ver Canarias (Tenerife).

SAN ANDRÉS DE LLAVANERAS o **SANT ANDREU DE LLAVANERES** 08392 Barcelona 443 M 37 – 2 949 h. alt. 114 – ⊠ 08392 Llavaneras – ✆ 93.

◆Madrid 666 – ◆Barcelona 33 – Gerona/Girona 67.

✗✗ L'Oliver, av. Sant Andreu 6 ℰ 792 67 79.

RENAULT av. Sant Andreu 7 ℰ 792 61 19

SAN ANDRÉS DEL RABANEDO León – ver León.

SAN ANTONIO ABAD Baleares 443 P 33 – ver Baleares (Ibiza).

SAN ANTONIO DE CALONGE o **SANT ANTONI DE CALONGE** 17250 Gerona 443 G 39
✆ 972 – Playa.

◆Madrid 717 – ◆Barcelona 107 – Gerona 47.

🏨 **Rosa dels Vents,** passeig Josep Mundet ℰ 65 13 11, Fax 65 06 97, ≤, ✗ – 🛗 ⇔ 🅿.
🆎 ① **E** VISA. ✺ rest
24 marzo-15 octubre – Com 1200 – ☲ 400 – **48 hab** 7000/9000.

🏨 **Rosamar** ⦉, passeig Josep Mundet o del Mar 33 ℰ 65 06 61, Fax 65 21 61, ≤ – 🛗
🗐 rest 🅿. 🆎 ① **E** VISA. ✺
Semana Santa-septiembre – Com 1350 – ☲ 500 – **50 hab** 7500/8000 – PA 3000.

🏠 **Reymar,** Torre Valentina ℰ 65 22 11, Telex 50077, ≤, ⊼, ✗ – ☎ 🅿. ✺
junio-septiembre – Com 1100 – ☲ 390 – **49 hab** 4000/6400.

✗✗ **Costa Brava** con hab, carret. de San Feliú de Guixols C 253 ℰ 65 10 61 – 🗐 rest 🅿. 🆎
① **E** VISA. ✺
cerrado lunes y del 1 al 15 noviembre – Com carta 1600 a 3500 – ☲ 450 – **7 hab** 6000.

✗✗ **Refugi de Pescadors,** passeig Josep Mundet 44 ℰ 65 06 64, ☞, Imitación del interior
de un barco, Pescados y mariscos – 🗐. 🆎 ① **E** VISA. ✺
Com carta 3100 a 5250.

354

SAN BAUDILIO DE LLOBREGAT o SANT BOI DE LLOBREGAT 08030 Barcelona 443 H 36

74 550 h. – ☏ 93.

Madrid 626 – ♦Barcelona 11 – Tarragona 83.

El Castell, Circunvalación ☏ 661 07 00, – rest – 25/100. AE ① E VISA
Com 975 – 450 – **43 hab** 7800/10200 – PA 2400.

CITROEN carret. enlace B 201 con C 245 ☏ 661 45 12
FORD Francesc Macia esquina Sta Cruz de Calafell ☏ 654 52 61
FORD Juan Martí 35 ☏ 661 06 38
RENAULT carret. de Santa Creu de Calafell km 11 ☏ 652 20 51

SAN CARLOS DE LA RAPITA o SANT CARLES DE LA RAPITA 43540 Tarragona 443 K 31

– 9 960 h. – ☏ 977.

Constancia 1 (Ayuntamiento) ☏ 74 01 00 (ext. 27).

♦Madrid 505 – Castellón de la Plana 91 – Tarragona 90 – Tortosa 29.

Aparthotel La Rápita, pl. Lluis Companys ☏ 74 15 07, Telex 53594, Fax 74 19 54, – rest – 25/80. ① E VISA
18 febrero-octubre – Com 1500 – 600 – **232 hab** 4500/7000 – PA 2900.

Miami Park, av. Constitución 33 ☏ 74 03 51 – . ① E VISA
15 marzo-octubre – Com (ver Rest. **Miami**) – 450 – **80 hab** 3100/5600.

Llansola, San Isidro 98 ☏ 74 04 03, – . E VISA.
Com *(cerrado domingo noche y lunes mediodía)* 1150 – **18 hab** 2650/5250 – PA 2400.

Plaça Vella y Rest. L'Ancora, Arsenal 31 ☏ 77 24 53 – rest
27 hab.

Varadero, av. Constitución 1 ☏ 74 10 01, , Pescados y mariscos – . AE ① E VISA
cerrado 15 diciembre-15 enero – Com carta 3100 a 4800.

Miami, av. Constitución 37 ☏ 74 05 51, Pescados y mariscos – . ① E VISA
cerrado febrero – Com carta 2600 a 4000.

Can Victor, Vista Alegre 8 ☏ 74 29 05, Fax 74 29 05, , Pescados y mariscos – . AE ① E VISA.
Com carta 2500 a 3125.

Casa Ramón, Pou de les Figueretes 7 ☏ 74 14 58, Fax 74 29 05, Pescados y mariscos – . AE ① E VISA.
Com carta 2500 a 3125.

Brasseria Elena, Pl. Lluis Companys 1 ☏ 74 29 68, , Carnes a la brasa –
cerrado martes y del 15 al 30 octubre – Com carta 1025 a 1600.

en Playa Miami S : 1 km – ✉ 43540 Sant Carles de la Rápita – ☏ 977 :

Juanito, ☏ 74 04 62, ←, – . E VISA. rest
abril-septiembre – Com 1300 – 350 – **35 hab** 3000/4800.

CITROEN Sant Josep 60 ☏ 74 10 37
OPEL Fundador 97 ☏ 74 10 64
PEUGEOT-TALBOT av. Generalísimo 51 ☏ 74 04 26
RENAULT av. Constitución 38 ☏ 74 09 64
SEAT-AUDI-VOLKSWAGEN Amposta 11 ☏ 74 23 56

SAN CELONI o SANT CELONI 08470 Barcelona 443 G 37 – 11 929 h. alt. 152 – ☏ 93.

Alred. : NO : Sierra de Montseny★★ : itinerario★★ de San Celoni a Santa Fé – Carretera★ de San Celoni a Tona por el Norte – Itinerario★ de San Celoni a Tona por el Sur.

♦Madrid 662 – ♦Barcelona 49 – Gerona/Girona 57.

El Racó de Can Fabes, Sant Joan 6 ☏ 867 28 51, Fax 867 38 61, , Decoración rústica – . AE ① E VISA.
cerrado domingo noche, lunes, del 4 al 17 de febrero y 24 junio-8 julio – Com carta 4950 a 5850
Espec. Raviolis de gambas con ceps y su aceite, Escórpora a la vinagreta con cebollitas y ajo confitado, Lomo de ciervo con manzanas salteadas (temp. caza).

Les Tines, passeig dels Esports 16 ☏ 867 25 54 – . ① E VISA.
cerrado lunes noche, martes y del 1 al 15 agosto – Com carta 1900 a 2650.

en la carretera de Barcelona C 251 SO : 5,5 km – ✉ 08460 Santa María de Palautordera – ☏ 93 :

Palautordera, ☏ 867 04 51 – . E VISA.
cerrado lunes y febrero – Com carta 2100 a 3300.

ALFA ROMEO carret. comarcal 251 km 20,900 ☏ 867 21 61
AUSTIN-ROVER-MG carret. comarcal 251 km 19,300 ☏ 867 35 08
CITROEN Santa Rosa 26 ☏ 867 08 44
FIAT-LANCIA carret. comarcal km 20,900 ☏ 867 14 51
FORD carret. Comarcal 251 km 19 ☏ 867 06 66
PEUGEOT-TALBOT Dr. Trueta 1 ☏ 867 00 47
RENAULT carret. Vieja 119 ☏ 867 10 11
SEAT-AUDI-VOLKSWAGEN Dr. Trueta 22-24 ☏ 867 06 73

SAN CUGAT DEL VALLES o **SANT CUGAT DEL VALLES** 08190 Barcelona 🅰🅰🅱 H 36 – 31 184 h. alt. 180 – 🌣 93.

Ver : Monasterio★ (claustro★).

🕅 de Sant Cugat 🐾 674 39 08.

♦Madrid 615 – ♦Barcelona 18 – Sabadell 9.

en la autopista A7 NE : 3 km - área de Bellaterra – ✉ 08290 Cerdanyola – 🌣 93 :

🏨 **Bellaterra,** 🐾 692 60 54, Telex 51047, Fax 692 60 54, « Césped con 🏊 », 🐎 – 🛗 🗏 🗖
☎ 🚗 🅿 – 🔙 25/200. 🖭 🕦 🖻 𝘝𝘐𝘚𝘈. 🌣 rest
Com 1500 – ☲ 750 – **116 hab** 8800/12000.

en Valldoreix SO : 3,5 km – ✉ 08190 Valldoreix – 🌣 93 :

🏨 **Rossinyol** 🦐, av. Juan Borrás 64 🐾 674 23 00, ≤, 🌴, 🏊 – ☎ 🅿
40 hab.

por la carretera de Terrassa y desvío a la izquierda O : 3,5 km – ✉ 08190 Sant Cug del Vallés – 🌣 93 :

✗ **Can Ametller,** junto a la autopista A7 🐾 674 91 51, 🌴 – 🗏 🅿. 🖭 🕦 🖻 𝘝𝘐𝘚𝘈. 🌣
cerrado domingo noche, lunes y del 1 al 22 agosto – Com carta 3500 a 4600.

CITROEN Francisco Moragas 11 🐾 674 13 21   SEAT-AUDI-VOLKSWAGEN Alfonso Sala 29-35
RENAULT Juan Buscallá 🐾 675 22 61   🐾 674 68 50

SAN ELMO o **SANT ELM** Gerona – ver San Feliú de Guixols.

SAN EMILIANO 24144 León 🅰🅰🅱 D 12 – 1 224 h. – 🌣 987.
♦Madrid 386 – ♦León 69 – ♦Oviedo 70 – Ponferrada 89.

🏔 **Asturias,** 🐾 59 60 50 – 🌣
Com 1100 – ☲ 300 – **24 hab** 1700/3000.

SAN ESTEBAN DE BAS o **SANT ESTEVE D'EN BAS** 17176 Gerona 🅰🅰🅱 F 37 – 🌣 972.
♦Madrid 692 – ♦Barcelona 122 – Gerona/Girona 48.

🏠 **San Antoni** 🦐, carret. C 152 🐾 69 00 33, ≤, 🌴, ✗ – 🅿. 🖭 🕦 🖻 𝘝𝘐𝘚𝘈. 🌣 rest
cerrado del 5 al 25 enero – Com *(cerrado lunes)* 1300 – ☲ 450 – **34 hab** 4000/4800 – F 3050.

SAN FELIU DE GUIXOLS o **SANT FELIU DE GUIXOLS** 17220 Gerona 🅰🅰🅱 G 39 – 15 485 – 🌣 972 – Playa.

Alred. : Recorrido en cornisa★★★ de San Feliú de Guixols a Tossa de Mar (calas★) 23 km por ③
🕅 Costa Brava, Santa Cristina de Aro por ③ : 4 km 🐾 83 71 50.

🛈 pl. Monestir 54 🐾 82 00 51.
♦Madrid 713 ③ – ♦Barcelona 100 ③ – Gerona/Girona 35 ③.

Plano página siguiente

🏨 **Murlá Park H.,** passeig dels Guixols 22 🐾 32 04 50, Telex 57364, Fax 32 00 78, ≤, 🏊
🛗 🗏 rest ☎ – 🔙 25/200. 🖭 🕦 𝘝𝘐𝘚𝘈. 🌣 rest   B
Com *(cerrado noviembre-marzo)* 2200 – ☲ 550 – **86 hab** 5000/9000.

🏨 Curhotel Hipócrates 🦐, carret. de Sant Pol 229 🐾 32 06 62, Telex 56285, Fax 32 38 04,
Servicios terapéuticos y de cirugía estética, 🔲 – 🛗 ☎ 🅿 – 🔙   B
90 hab.

🏨 **Plaça** sin rest, pl. Mercat 22 🐾 32 51 55, Fax 82 13 21 – 🛗 🗏 📺 ☎ 🚗. 🖭 🕦 🖻 𝘝𝘐𝘚
☲ 600 – **16 hab** 5500/11000.   A

🏠 **Rex** sin rest, rambla del Portalet 16 🐾 32 03 12 – 🛗 🕾. 🕦 🖻 𝘝𝘐𝘚𝘈. 🌣   B
junio-septiembre – ☲ 210 – **25 hab** 2430/3905.

🏠 **Nautilus** sin rest, Sant Pere 4 🐾 32 05 16, Fax 32 00 70, ≤ – 🛗 🕾   A
junio-septiembre – Com 1450 – ☲ 400 – **22 hab** 4000/5500 – PA 3325.

🏠 **Rex II** sin rest, Joan Maragall 20 🐾 32 40 14 – 🛗 🚗. 🕦 🖻 𝘝𝘐𝘚𝘈. 🌣   B
junio-septiembre – ☲ 210 – **47 hab** 1785/3750.

🏠 Sant Llátzer sin rest, carreró Sant Llátzer 2 🐾 32 09 47   A
15 hab.

🏠 **Turist H.,** Sant Ramón 39 🐾 32 08 41, Fax 32 20 59 – 🛗 🚗. 🖭 🕦 🖻 𝘝𝘐𝘚𝘈. 🌣 rest B
Semana Santa, 15 mayo-septiembre – Com 1000 – ☲ 275 – **20 hab** 2100/4200 – PA 1975

✗✗ 🌣 **Eldorado Petit,** Rambla Vidal 23 🐾 32 18 18 – 🗏. 🖭 🕦 🖻 𝘝𝘐𝘚𝘈.   A
cerrado noviembre y miércoles de octubre a abril – Com carta 3150 a 4600
Espec. Ensalada de "Ous de Reig" con trufas. Remol a las aceitunas negras y a la ajedrea silvestre. Codorníc rellenas sobre blinis y al hígado de oca..

✗✗ **Bahía,** passeig del Mar 18 🐾 32 02 19, 🌴 – 🖭 🕦 🖻 𝘝𝘐𝘚𝘈   A
Com carta 3125 a 4400.

✗✗ Can Rius, passeig del President Isla 15 🐾 32 10 44, ≤, 🌴 – 🗏   A

✗✗ **S'Adolitx,** Major 13 🐾 32 18 53, Telex 57077, 🌴 – 🗏. 🖭 🕦 🖻 𝘝𝘐𝘚𝘈. 🌣   A
15 marzo-septiembre – Com carta 2500 a 3950.

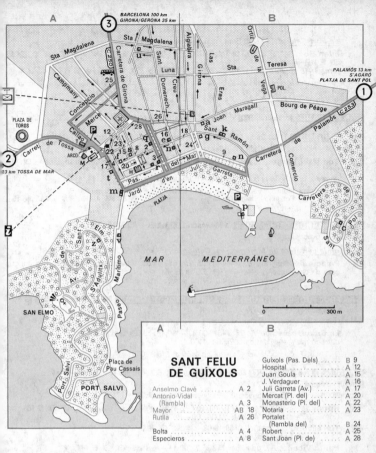

SANT FELIU DE GUÍXOLS

❌ **Nautic,** passeig Maritim - zona deportiva ℰ 32 06 63, ≼, 🍴 – 🆎 ⓞ 🄴 𝘝𝘐𝘚𝘈 🛇   B p
cerrado lunes de octubre a junio – Com carta 2300 a 3100.

❌ **Montserrat - Can Salvi,** passeig del Mar 23 ℰ 32 10 13, 🍴 – 🆎 ⓞ 🄴 𝘝𝘐𝘚𝘈   A r
cerrado martes y 15 noviembre-15 diciembre – Com carta 2900 a 3950.

❌ **Amura,** pl. Sant Pere 7 ℰ 32 10 35, ≼, 🍴 – 🔲   A m

❌ 🕸 **Can Toni,** Sant Martirià 29 ℰ 32 10 26 – 🔲. 🆎 ⓞ 🄴 𝘝𝘐𝘚𝘈   A u
cerrado martes de octubre a mayo – Com carta 2600 a 3700
Espec. Fideos rosejats con gambas, Olla de pescados del Baix Empordà, Espaldita de caxbrito al horno.

❌ **Cau del Pescador,** Sant Domènec 11 ℰ 32 40 52, Pescados y mariscos – 🔲. 🆎 ⓞ 🄴
𝘝𝘐𝘚𝘈. 🛇   A n
cerrado lunes y domingo noche en invierno y 7 enero-7 febrero – Com carta 2600 a 5000.

❌ **L'Infern,** Sant Ramón 41 ℰ 32 03 01, 🍴 – 🆎 ⓞ 🄴 𝘝𝘐𝘚𝘈. 🛇   B k
cerrado domingo noche de octubre a mayo – Com carta 2600 a 3600.

en la playa de Sant Pol por ① : 2 km – ⊠ 17248 S'Agaró – 🕸 972 :

🏨 **Caleta Park** ⑤, ℰ 32 00 12, Telex 57366, Fax 32 40 96, ≼, ⛴, ⚒ – 🛗 🔲 rest ☎ 🚗
🅿 – 🔁 25/100. 🆎 ⓞ 🄴 𝘝𝘐𝘚𝘈 🛇 rest
24 marzo-septiembre – Com 2100 – ⌂ 400 – **105 hab** 5400/12000 – PA 3200.

🏨 **Barcarola,** ℰ 32 10 48, Fax 82 01 47, 🍴 – 🅿 🆎 🄴 𝘝𝘐𝘚𝘈
Com 900 – ⌂ 400 – **50 hab** 4300/5500 – PA 2000.

en Sant Elm A – ⊠ 17220 Sant Feliú de Guixols – 🕸 972 :

🏨 **Montjoi** ⑤, ℰ 32 03 00, Telex 80433, Fax 766 02 09, ≼, « Terrazas escalonadas con
árboles y ⚒ », – 🛗 🅿 🆎 ⓞ 🄴 𝘝𝘐𝘚𝘈 🛇 rest   A z
abril-octubre – Com 1500 – ⌂ 550 – **115 hab** 4500/8000 – PA 3000.

en Port Salvi – ✉ 17220 Sant Feliú de Guixols – ☎ 972 :

Eden Roc ⛵, ☎ 32 01 00, Telex 57204, Fax 65 08 50, ≤, 🏊, – 🛗 ▤ rest ☎ P. AE ⓓ E VISA
8 mayo-15 octubre – Com 1670 – ☕ 695 – **120 hab** 7500/11800 – PA 3565.

CITROEN carret. de Palamós 166 ☎ 32 06 24
PEUGEOT-TALBOT Comercio 61 ☎ 32 18 62
RENAULT carret. Gerona 7 ☎ 32 51 00
SEAT-AUDI-VOLKSWAGEN carret. de Gerona 185 ☎ 32 00 58/32 13 54

SAN FERNANDO Baleares 443 P 34 – ver Baleares (Formentera).

SAN FERNANDO 11100 Cádiz 446 W 11 – 78 845 h. – ☎ 956 – Playa.
♦Madrid 634 – Algeciras 108 – ♦Cádiz 13 – ♦Sevilla 126.

✕ **Venta de Vargas,** carret. N IV km 677 ☎ 88 16 22, 🌳, Decoración regional – AE VISA. 🐕
cerrado lunes y 16 al 30 noviembre – Com carta 1800 a 3575.

CITROEN Polígono Industrial Fadrica ☎ 88 01 98
PEUGEOT-TALBOT Polígono Industrial Fadrica ☎ 88 41 57
RENAULT Peris Junquera ☎ 88 27 48
SEAT-AUDI-VOLKSWAGEN General Serrano 15 ☎ 88 10 44

SAN FERNANDO DE HENARES 28830 Madrid 444 L 20 – 19 310 h. – ☎ 91.
♦Madrid 17 – Guadalajara 40.

en la carretera de Mejorada del Campo SE : 3 km – ✉ 28820 Coslada – ☎ 91 :

✕✕ **Palacio del Negralejo,** ☎ 669 11 25, Fax 672 54 55, « Instalación rústica en una antigua casa de campo señorial » – ▤ P. AE ⓓ E VISA. 🐕
cerrado domingo noche y del 4 al 31 de agosto – Com carta 3600 a 5000.

SAN FRUCTUOSO DE BAGES o **SANT FRUITOS DE BAGES** 08272 Barcelona 443 G 35 – 3 752 h. – ☎ 93.
♦Madrid 596 – ♦Barcelona 72 – Manresa 5.

✕✕ **La Cuina,** carret. de Vic 73 ☎ 876 00 32 – ▤ P. AE ⓓ E VISA. 🐕
cerrado martes – Com carta 2500 a 4100.

PEUGEOT-TALBOT carret. Manresa - Berga km 0,650 ☎ 878 80 00

SANGENJO o **SANXENXO** 36960 Pontevedra 441 E 3 – 13 899 h. – ☎ 986 – Playa.
ℹ av. del Generalísimo 36 ☎ 72 02 85.
♦Madrid 622 – Orense 123 – Pontevedra 18 – Santiago de Compostela 75.

Rotilio, av. del Puerto ☎ 72 02 00, Fax 72 41 88, ≤ – 🛗 ▤ rest TV ☎. AE ⓓ E VISA. 🐕
Com 2200 – ☕ 500 – **40 hab** 5000/8000 – PA 4150.

Ton sin rest, El Castañal ☎ 69 10 03 – 🛗 ☎ P. VISA. 🐕
☕ 400 – **40 hab** 6275/7844.

Punta Vicaño, Av. de Silgar 112 ☎ 72 00 11 – ☎ 🚗 P. ⓓ E VISA. 🐕
junio-septiembre – Com 1600 – ☕ 350 – **30 hab** 3200/5500 – PA 3000.

Minso sin rest, av. do Porto 1 ☎ 72 01 50, ≤ – 🛗 TV ☎. AE ⓓ E VISA. 🐕
☕ 360 – **40 hab** 3600/6100.

Casa Román, Carlos Casas 2 ☎ 72 00 31 – 🛗. AE ⓓ E VISA. 🐕
junio-septiembre – Com 1500 – ☕ 250 – **32 hab** 4000 – PA 2500.

Marycielo, av. de Silgar 26 ☎ 72 00 50 – ☎ – **29 hab**.

Cervantes, Progreso 29 ☎ 72 07 00, 🌳 – ☎. VISA. 🐕
abril-septiembre – Com 1750 – ☕ 325 – **18 hab** 3200/5200.

✕✕ **La Taberna de Rotilio,** av. del Puerto ☎ 72 02 00, Fax 72 41 88 – ▤. AE ⓓ E VISA. 🐕
Com carta 3000 a 4500.

✕ Royal, av. Luis Rocafort ☎ 72 00 37 – *temp.*

en Portonovo O : 1,5 km – ✉ 36970 Portonovo – ☎ 986 :

Caneliñas, av. de Pontevedra 40 ☎ 69 03 63, Fax 72 08 67 – 🛗 TV. VISA. 🐕
mayo-octubre – Com 1400 – ☕ 400 – **29 hab** 5500/7000 – PA 2550.

Nuevo Cachalote, Marina ☎ 72 34 54, Fax 72 34 55 – 🛗 ☎. E VISA. 🐕
abril-octubre – Com 1300 – ☕ 350 – **30 hab** 3500/6000 – PA 2510.

Siroco, av. de Pontevedra 12 ☎ 72 08 43, Fax 69 10 16, ≤ – 🛗 ▤ rest ☎
temp. – **36 hab**.

Cachalote sin rest, Marina ☎ 72 08 52, Fax 72 34 55 – 🛗 ☎. E VISA. 🐕
abril-octubre – ☕ 350 – **27 hab** 2850/4900.

Punta Lucero, av. de Pontevedra 18 ☎ 72 02 24, ≤ – 🛗. VISA. 🐕
junio-septiembre – Com 1500 – ☕ 300 – **35 hab** 2400/4000.

Sol y Mar sin rest, playa Caneliñas ☎ 72 08 48 – 🐕
15 junio-15 septiembre – ☕ 200 – **18 hab** 3800.

en la playa de Montalvo O : 4 km – ⊠ 36970 Portonovo – 🌣 986 :

🏠 **Sixto** 📎, 🖉 72 30 37 – 🅿. ✸
junio-septiembre – Com 1350 – 🖵 350 – **45 hab** 4300/4500.

en Gondar NO : 5 km – ⊠ 36990 Villalonga – 🌣 986 :

🏠 **Nuevo Astur**, 🖉 74 30 06, Telex 88136, Fax 74 43 92, 🏊 – 📲 📞 🅿 *VISA*. ✸
julio-septiembre – Com 1815 – 🖵 425 – **89 hab** 4600/5570 – PA 3965.

en la playa de La Lanzada NO : 9,5 km – ⊠ 36990 Noalla – 🌣 986 :

🏠 Con d'Arbón 📎, 🖉 74 36 37, Telex 88395, Fax 74 32 45 – 📲 📞 🅿 – 🛁 – **130 hab**.

🏠 **Marola** 📎, 🖉 74 36 36, ≤, ✸ – 📞 🅿. ❶ E *VISA*. ✸
mayo-octubre – Com 1650 – 🖵 350 – **25 hab** 3900/4800 – PA 3100.

🏠 **Delfín Azul**, 🖉 74 36 22, ≤ – 🚗 🅿. E. ✸
Com 1500 – 🖵 250 – **40 hab** 4000/5500 – PA 3240.

🏠 **La Lanzada**, 🖉 74 32 32, ≤, 🚗 – 📞 🅿. ❶ E *VISA*. ✸
15 marzo-15 octubre – Com 1675 – 🖵 350 – **26 hab** 3450/4750.

en la playa de Raxó E : 5 km – ⊠ 36994 Poyo – 🌣 986 :

🏠 **Gran Proa** 📎, 🖉 74 04 33, Fax 74 04 04 – 📲 🖵 rest. ❶ E *VISA*. ✸
Com 1350 – 🖵 300 – **43 hab** 4000/5000 – PA 2950.

CITROEN Gondar-Villalonga-carret. Pont-Grove
km 22 🖉 74 30 15
FORD Vichona - Portonovo - carret. de Adigna
🖉 72 33 87

PEUGEOT-TALBOT Adigna - Portonovo
🖉 72 34 96
RENAULT Vichona (carret. Pontevedra-El Grove
km 20) 🖉 72 35 81

SANGÜESA 31400 Navarra 442 E 26 – 4 752 h. – 🌣 948.
Ver : Iglesia de Santa María la Real★ (portada sur★).
🚩 Mercado 2 🖉 87 03 29.
◆Madrid 408 – Huesca 128 – ◆Pamplona 46 – ◆Zaragoza 140.

🏠 **Yamaguchy**, carret. de Javier E : 0,5 km 🖉 87 01 27, 🏊 – 🖵 rest 📞 🚗 🅿. 🆎 E *VISA*.
✸
Com 2400 – 🖵 675 – **40 hab** 3800/6300 – PA 4650.

CITROEN San Sebastián 15 🖉 87 11 04
FORD carret. Pamplona - av. Padre Raimundo
Lumbier 12 🖉 87 07 56

PEUGEOT-TALBOT av. de Aragón 5
RENAULT av. Aragón 20 🖉 87 06 60
SEAT-VOLKSWAGEN av. Aragón 22 🖉 87 02 64

SAN HILARIO SACALM o **SANT HILARI SACALM** 17403 Gerona 443 G 37 – 4 321 h. alt.
801 – 🌣 972 – Balneario.
🚩 carret. de Arbúcies ⊠ 17403 🖉 86 88 26.
◆Madrid 664 – ◆Barcelona 82 – Gerona/Girona 43 – Vich/Vic 36.

🏠 Suizo, pl. Verdaguer 8 🖉 86 80 00 – 📲 🚗 – **39 hab**.

🏠 **Ripoll**, Vic 26 🖉 86 80 25 – 📲. 🆎 E *VISA*. ✸
Semana Santa-octubre – Com 1300 – 🖵 400 – **38 hab** 1650/2700.

🏠 **Torrás y Tarres**, pl. Gravalosa 13 🖉 86 80 96 – 📲 🖵 rest 🅿. E *VISA*. ✸
cerrado enero – Com *(cerrado lunes)* 1650 – 🖵 490 – **60 hab** 1950/3300.

🏠 **Mimó**, Vic 9 🖉 86 80 22 – 📲 *VISA*. ✸
Com 1500 – 🖵 400 – **36 hab** 1300/2600.

🏠 **Brugués**, Valls 4 🖉 86 80 18 – 📲. 🆎 ❶ E *VISA*. ✸
15 días en octubre – Com carta 1300 – 🖵 350 – **48 hab** 1400/2800 – PA 2750.

CITROEN av. Santa Coloma 95 🖉 86 88 73
FIAT Verge de Montserrat 🖉 86 81 44
RENAULT Juan Serras 12 🖉 86 82 35

SEAT-AUDI-VOLKSWAGEN Piscina 83
🖉 86 83 28

SAN ILDEFONSO Segovia 442 J 17 – ver La Granja.

SAN JAVIER 30730 Murcia 445 S 27 – 12 500 h. – 🌣 968.
◆Madrid 440 – ◆Alicante 76 – Cartagena 34 – ◆Murcia 45.

✗ **Moderno**, pl. García Alix 🖉 57 00 49 – 🍽. 🆎 ❶ E *VISA*. ✸
cerrado junio – Com carta 2500 a 4050.

SAN JOSÉ 04118 Almería 446 V 23 – 🌣 951 – Playa.
◆Madrid 590 – Almería 40.

🏠 San José y rest. El Borany 📎, Correo 🖉 36 69 74, ≤ mar, 🌳, « Villa frente al mar »
– 🅿. E *VISA*. ✸
cerrado 15 enero-15 febrero – Com 2000 – 🖵 400 – **8 hab** 8000.

SAN JOSÉ 07830 Baleares – ver Baleares (Ibiza).

SAN JUAN (Balneario de) Baleares 443 N 39 – ver Baleares (Mallorca).

SAN JUAN DE ALICANTE 03550 Alicante 445 Q 28 – 10 522 h. – ✪ 96.
♦Madrid 426 – Alcoy 46 – ♦Alicante 9 – Benidorm 34.

🏠 **Plaza** sin rest, pl. de la Constitución 6 ℰ 565 39 54 – ▤ ☎ 🚗 ⅋ AE Ⓞ ᴇ VISA. ⅋
☲ 300 – **12 hab** 3000/5000.

XXX **El Patio de San Juan,** av. de Alicante 11 (S : 1 km) ℰ 565 68 00, Fax 515 30 51, 🌿 –
▤ 🅿 ᴇ VISA. ⅋
cerrado domingo noche, miércoles y febrero – Com carta 2700 a 3900.

X **La Quintería,** Dr. Gadea 17 ℰ 565 22 94, Cocina gallega – ▤ AE VISA. ⅋
cerrado miércoles y junio – Com carta 3050 a 4300.

en la carretera de Valencia N 332 NE : 2,5 km – ✉ 03550 San Juan de Alicante – ✪ 96.

XX **Marco Polo,** ℰ 565 91 65, 🌿, cocina franco-belga, « Antigua posada de estilo rústico »
– 🅿. AE Ⓞ ᴇ VISA. ⅋
cerrado miércoles noche, jueves y 17 agosto-8 septiembre – Com carta 2150 a 2850.

ALFA ROMEO Tomás Campelo 44 ℰ 565 71 81
B M W Carret. de Valencia km 87,3 ℰ 565 73 92
CITROEN Capitán Martí 30 ℰ 565 73 12

FORD Carret. de Valencia km 88,8 ℰ 565 73 12
PEUGEOT carret. de Valencia km 89 ℰ 565 34 92
RENAULT Navarregui 6 ℰ 565 17 04

SAN JUAN DE AZNALFARACHE 41920 Sevilla 446 T 11 – 21 260 h. alt. 47 – ✪ 95.
♦Madrid 546 – Huelva 87 – ♦Sevilla.

🏨 **Betania,** cerro de los Sagrados Corazones ℰ 476 80 33, Telex 73120, Fax 476 44 99, ≤
Expo, río y ciudad, « Instalado en un antiguo Convento Franciscano del siglo XVIII », 🏊 –
▤ 📺 ☎ 🅿 – 🔬 25/120. AE Ⓞ ᴇ VISA
Com 3000 – ☲ 800 – **99 hab** 12000/16000 – PA 6800.

SAN JUAN DE POYO Pontevedra 441 E 3 – ver Pontevedra.

SAN JULIAN DE VILLATORTA o **SANT JULIA DE VILATORTA** 08514 Barcelona 443 G 36 –
1 721 h alt. 595 – ✪ 93.
♦Madrid 643 – ♦Barcelona 72 – Gerona/Girona 85 – Manresa 58.

XX **Ca la Manyana** con hab, av. Nuestra Señora de Montserrat ℰ 888 70 04 – ▤ rest ☎. AE
VISA. ⅋
cerrado del 2 al 20 enero – Com *(cerrado lunes)* carta 2900 a 4800 – ☲ 450 – **16 hab**
2500/5000.

SAN LORENZO Baleares – ver Baleares (Ibiza).

SAN LORENZO DE EL ESCORIAL 28200 Madrid 444 K 17 – 9 518 h. alt. 1 040 – ✪ 91.
Ver : Monasterio*** (Iglesia**, Panteón de los Reyes**, Palacios** (tapices*) – Nuevos
Museos** (El Martirio de San Mauricio y la legión tebena*), Salas Capitulares*, Patio de los
Reyes* – Casita del Príncipe*.. Alred. : Silla de Felipe II ≤** S : 7 km..
🏧 La Herrería ℰ 890 51 11 – 🅱 Floridablanca 10 ℰ 890 15 54.
♦Madrid 46 – ♦Avila 64 – ♦Segovia 52.

🏨 **Victoria Palace,** Juan de Toledo 4 ℰ 890 15 11, Telex 22227, Fax 890 12 48, « Terraza
con arbolado », 🏊 – 📶 📺 ☎ 🅿 – 🔬 25/80. AE Ⓞ ᴇ VISA. ⅋
Com 2950 – ☲ 750 – **87 hab** 7900/10950.

🏨 **Miranda Suizo,** Floridablanca 18 ℰ 890 47 11, Fax 890 43 58, 🌿 – 📶 📺 ☎. AE Ⓞ VISA.
⅋ – Com 2100 – ☲ 400 – **48 hab** 4650/6600.

🏠 **Hostal Cristina,** Juan de Toledo 6 ℰ 890 19 61, 🌿 – 📶 ᴇ VISA. ⅋
Com 1500 – ☲ 325 – **16 hab** 3900 – PA 2600.

XX **Charolés,** Floridablanca 24 ℰ 890 59 75, 🌿, Carnes – ▤. AE Ⓞ ᴇ VISA. ⅋
Com carta 3300 a 4900.

XX **La Cueva,** San Antón 4 ℰ 890 15 16, « Antigua posada castellana » – ⅋
cerrado lunes – Com carta 1800 a 2900.

XX **Parrilla Príncipe** con hab, Floridablanca 6 ℰ 890 16 11, 🌿 – ▤ rest ☎. AE Ⓞ ᴇ VISA.
⅋ – Com *(cerrado martes)* carta 3510 a 5300 – ☲ 500 – **14 hab** 3190/4100.

X **Alaska,** pl. de San Lorenzo 4 ℰ 890 43 65, 🌿 – AE Ⓞ ᴇ VISA. ⅋
cerrado lunes – Com carta 2180 a 3220.

X **Mesón Serrano,** Floridablanca 4 ℰ 890 17 04, 🌿 – VISA
Com carta 2450 a 3300.

X **Miguel,** Floridablanca 30 ℰ 890 76 94 – ▤. VISA. ⅋
Com carta 1525 a 3000.

CITROEN Carpinteros 4-6 polígono Industrial
Matacuervos ℰ 890 30 62
FIAT Pintores 1-3 polígono Industrial
Matacuervos ℰ 890 31 79
FORD Del Rey 34 ℰ 890 15 74

PEUGEOT-TALBOT carret. Guadarrama - El Esco-
rial km 18,8 ℰ 890 28 46
SEAT-AUDI-VOLKSWAGEN carret. Guadarrama-
Polígono industrial ℰ 890 31 76

AN LORENZO DE MORUNYS o **SANT LLORENÇ DE MORUNYS** 25289 Lérida 443 F 34 –
🅰 973.
Madrid 596 – ◆Barcelona 148 – Berga 31 – ◆Lérida/Lleida 127.

🏠 **Cas-Tor** ≫, carret. de Coma NO : 1 km 🕿 49 21 02, ⌱ – 🅿. 🄴 *VISA*. ❄ rest
   cerrado 25 septiembre-10 octubre – Com *(cerrado lunes a jueves de 11 ocubre-mayo)* 1475
   – 🖙 475 – **17 hab** 1975/4000 – PA 2912.

SANLÚCAR DE BARRAMEDA 11540 Cádiz 446 V 10 – 48 390 h. – 🅰 956 – Playa.
Calzada del Ejercito, 11540, 🕿 36 55 07.
Madrid 669 – ◆Cádiz 45 – Jerez 23 – ◆Sevilla 106.

🏠 **Tartaneros** sin rest, Tartaneros 8 🕿 36 20 44, Fax 36 00 45 – 🗐 📺 🕿. 🄰🄴 🄾 🄴 *VISA*
   ❄
   🖙 600 – **22 hab** 7000/9000.

🏠 **Los Helechos** sin rest, pl. Madre de Dios 9 🕿 36 13 49, Fax 36 13 49 – 🗐 🕿 🅿. 🄾
   VISA ❄
   🖙 350 – **28 hab** 2800/5000.

🏠 **Posada del Palacio** sin rest, Caballeros 11 (barrio alto) 🕿 36 48 40 – ☜. 🄰🄴 🄾 🄴 *VISA*
   🖙 700 – **11 hab** 5000/7000.

🗶 **El Veranillo,** prolongación av. Cerro Falón 🕿 36 27 19, ☼ – 🗐. 🄰🄴 *VISA*
   Com carta 2100 a 3000.

🗶 **Mirador Doñana,** bajo de Guia 🕿 36 42 05, ≤, ☼, Pescados y mariscos – 🗐. 🄰🄴 🄾 🄴
   VISA. ❄
   Com carta 2000 a 3300.

SAN LUIS Baleares 443 M 42 – ver Baleares (Menorca).

SAN MARTÍN DE LA VIRGEN DE MONCAYO 50584 Zaragoza 443 G 24 – 332 h. alt. 813 –
🅰 976.
Madrid 292 – ◆Zaragoza 100.

🏠 Gomar ≫, La Gallata 🕿 64 05 41, ☼ – ☜ 🅿 – **20 hab**.

SAN MARTÍN DE VALDEIGLESIAS 28680 Madrid 444 K 16 – 4 786 h. – 🅰 91.
Madrid 73 – Avila 58 – Toledo 81.

🗶 **Los Arcos,** pl. de la Corredera 1 🕿 861 04 34, Fax 861 02 02, ☼ – 🗐. 🄰🄴 🄾 🄴 *VISA*
   ❄
   cerrado lunes – Com carta 3000 a 3450.

CITROEN Polígono Industrial La Colmena   RENAULT carret. de Toledo - Polígono Industrial
🕿 861 07 34   La Colmena 🕿 861 08 85
FORD carret. de Avila 🕿 861 00 88

SAN MARTÍN SARROCA o **SANT MARTÍ SARROCA** 08731 Barcelona 443 H 34 – 2 326 h.
– 🅰 93.
Madrid 583 – ◆Barcelona 65 – ◆Tarragona 65.

🗶 Ca L'Anna, Pepet Teixidor 4 - barri La Roca SO : 1,5 km 🕿 899 14 08, ☼ – 🗐 🅿.

SAN MIGUEL Baleares 443 O 34 – ver Baleares (Ibiza).

SAN MIGUEL DE LUENA 39687 Cantabria 442 C 18 – 🅰 942.
◆Madrid 345 – ◆Burgos 102 – ◆Santander 54.

   subida al Puerto del Escudo - carretera N 623 SE : 2,5 km – ✉ 39687 San Miguel de
   Luena – 🅰 942 :

🗶 **Ana Isabel** con hab, 🕿 59 41 96 – 🅿. 🄾. ❄
   marzo-octubre – Com carta 1625 a 2900 – 🖙 250 – **9 hab** 2750/4000.

SAN MIGUEL DE SALINAS 03193 Alicante 445 S 27 – 2 438 h. alt. 75 alt – 🅰 96.
◆Madrid 440 – ◆Alicante 61 – Cartagena 58 – ◆Murcia 45.

🗶 Jabugo, Padre Jesús 2 🕿 572 03 57, Decoración rústica.

SAN PEDRO DE ALCÁNTARA 29670 Málaga 446 W 14 – 🅰 952 – Playa.
Excurs. : Carretera** de San Pedro de Alcántara a Ronda (cornisa**).
🏌, Guadalmina O : 3 km 🕿 78 13 77 – 🏌 Aloha O : 3 km 🕿 81 23 88 – 🏌 Atalaya Park O :
3,5 km 🕿 78 18 94 – 🏌 Nueva Andalucía NE : 7 km 🕿 78 72 00 – 🏌 Las Brisas, Nueva Andalucía
🕿 81 08 75.
◆Madrid 624 – Algeciras 69 – ◆Málaga 69.

SAN PEDRO DE ALCÁNTARA

🏨 **Golf H. Guadalmina** 🦢, carret. N 340 - SO : 2 km y desvio 1,2 km-urb. Guadalmi
☎ 78 14 00, Telex 77058, Fax 78 86 37, 🍽, ⊥, ☀, ✗, 🏌 – ▤ 📺 ☎ 🅿. 🄰🄴 ⓪ 🄴 🆅
❄ rest
Com 3500 – ⇌ 1000 – **102 hab** 14000/18000 – PA 7000.

en la carretera de Ronda C 339 N : 6 km – ✉ 29670 San Pedro de Alcántara – ❸ 952

✗ **Venta de Alcuzcuz,** ☎ 78 19 89, 🍽 – 🅿.

FORD Sevilla 15 ☎ 78 01 45

RENAULT carret. de Cádiz km 177 - Linda Vista
Alta ☎ 78 37 92

SAN PEDRO DEL PINATAR 30740 Murcia 🇴🇴🇴 S 27 – 8 959 h. – ❸ 968 – Playa.
🅱 av. Artero Guirao 43 ☎ 18 23 01.

◆Madrid 441 – ◆Alicante 70 – Cartagena 40 – ◆Murcia 51.

🏠 **Mariana** sin rest, av. Dr. Artero Guirao 136 ☎ 18 10 13 – ▤ 🅿. ❄
cerrado 22 diciembre-7 enero – ⇌ 280 – **25 hab** 1700/3115.

✗✗ **Juan-Mari,** Alcalde Julio Albaladejo 12 ☎ 18 02 57 – ▤. 🄰🄴 ⓪ 🄴 𝘝𝘐𝘚𝘈. ❄
Com carta 2450 a 3200.

en Lo Pagán S : 2,5 km – ✉ 30740 San Pedro del Pinatar – ❸ 968 :

🏠 **Neptuno,** Generalísimo 6 ☎ 18 19 11, ≤ – 🛗 ☎ ⇌, 🄰🄴 ⓪ 🄴 𝘝𝘐𝘚𝘈. ❄ rest
Com 1800 – ⇌ 470 – **32 hab** 3200/5825 – PA 3100.

🏠 **Arce** sin rest, Marqués de Santillana 117 ☎ 18 22 47 – ▤ ☎ ⇌. ❄
cerrado noviembre – ⇌ 300 – **14 hab** 2385/4770.

✗ **Venezuela,** Campoamor ☎ 18 15 15, 🍽 – ▤. ⓪ 🄴 𝘝𝘐𝘚𝘈. ❄
cerrado del 12 al 31 octubre – Com carta 2500 a 3000.

CITROEN carret. Alicante - Artero Guirao 128
☎ 18 05 78
FORD CN 332 km 23 ☎ 57 22 24
GENERAL MOTORS av. Doctor Artero Guirao 187
☎ 18 05 93

PEUGEOT av. Doctor Artero Guirao 5 ☎ 18 06 6
RENAULT av. Doctor Artero Guirao 242
☎ 18 33 06
SEAT-AUDI-VOLKSWAGEN av. Doctor Artero
Guirao 215 ☎ 18 23 61

SAN PEDRO DE RIBAS o **SANT PERE DE RIBES** 08810 Barcelona 🇴🇴🇴 I 35 – 10 557 h. a°
44 – ❸ 93.

◆Madrid 596 – ◆Barcelona 46 – Sitges 4 – Tarragona 52.

✗ **El Rebost,** av. Els Cars 29 ☎ 896 08 35 – ▤. 🄰🄴 ⓪ 🄴 𝘝𝘐𝘚𝘈. ❄
cerrado del 4 al 25 septiembre – Com carta 2150 a 3650.

en la carretera de Olivella NE : 1,5 km – ✉ 08810 San Pedro de Ribas – ❸ 93 :

✗ **Can Lloses,** ☎ 896 07 46, ≤ – ▤ 🅿. 🄴 𝘝𝘐𝘚𝘈. ❄
cerrado martes y octubre – Com carta 1725 a 2475.

PEUGEOT-TALBOT carret. Barna - Santa C. Calafell km 42 ☎ 893 12 69

SAN POL Gerona 🇴🇴🇴 G 39 – ver San Felíu de Guixols.

SAN POL DE MAR o **SANT POL DE MAR** 08395 Barcelona 🇴🇴🇴 H 37 – 2 248 h. – ❸ 93
Playa.

◆Madrid 679 – ◆Barcelona 44 – Gerona/Girona 53.

🏨 **Gran Sol** (Hotel escuela), carret. N II ☎ 760 00 51, Fax 760 09 85, ≤, ⊥, ✗ – 🛗 ☎ (
– 🛗 25/100. 🄰🄴 ⓪ 🄴 𝘝𝘐𝘚𝘈. ❄ rest
Com 1900 – ⇌ 775 – **44 hab** 6000/8400 – PA 3500.

🏠 **La Costa,** Nou 32 ☎ 760 01 51, ≤, 🍽 – 🛗 ☎ ⇌. ❄
junio-septiembre – Com *(cerrado domingo noche)* 950 – ⇌ 300 – **17 hab** 2100/4000 – P,
1900.

✗✗ ❄ **Sant Pau,** Nou 10 ☎ 760 06 62, 🍽 – 🄰🄴 ⓪ 🄴 𝘝𝘐𝘚𝘈. ❄
cerrado domingo noche, lunes y noviembre – Com carta 3900 a 6900
Espec. El suquet de rape y gambas de Arenys, El fricandó con "cama-secs", El gratinado de plátano y fruita
de Sant Pol.

SAN QUIRICO DE BESORA o **SANT QUIRZE DE BESORA** 08580 Barcelona 🇴🇴🇴 F 36
2 064 h. alt. 550 – ❸ 93.

◆Madrid 661 – ◆Barcelona 90 – Puigcerdá 79.

✗ Ca La Cándida, Berga 8 ☎ 855 04 11 – ▤.

en la carretera N 152 S : 1 km – ✉ 08580 San Quirico de Besora – ❸ 93 :

✗ **El Túnel,** ☎ 855 01 77 – ▤ 🅿. 𝘝𝘐𝘚𝘈. ❄
cerrado martes y 25 junio-17 julio – Com carta 1850 a 3700.

SAN RAFAEL 40410 Segovia **442** J 17 – alt. 1 260 – ✪ 911.

Madrid 59 – Avila 51 – ◆Segovia 32.

☿ **Avenida,** av. Capitán Perteguer 31 ℰ 17 10 11 – ❄
Com carta 2300 a 3200 – ⊡ 250 – **23 hab** 1300/2600.

ORD carret. Madrid-La Coruña, N VI km 64   SEAT-AUDI-VOLKSWAGEN carret. de La Coruña
℗ 17 21 01   km 64 ℰ 17 16 88
EUGEOT-TALBOT av. Capitán Perteguer 18
℗ 17 10 68

SAN RAFAEL Baleares **443** P 34 – ver Baleares (Ibiza).

SAN ROQUE 11360 Cádiz **446** X 13 – 20 604 h. alt. 110 – ✪ 956 – Playa.
ᛒ, ᛓ Sotogrande del Guadiaro NE : 12 km ℰ 79 20 50.
Madrid 678 – Algeciras 15 – ◆Cádiz 136 – ◆Málaga 123.

🏛 **La Solana** ⚶, O : 2,5 km por carret. de Algeciras y desvío ℰ 78 02 36, ≼, 🍽, « Antigua
casa de campo », ⚒, 🛋 – 📺 ☎ ℗. 🝙 ① E 𝘝𝘐𝘚𝘈. ❄ rest
Com carta 1800 a 2650 – **18 hab** 8140/10170.

✗ **Don Benito,** pl. de Armas 10 ℰ 78 07 78, 🍽, « Patio andaluz » – E 𝘝𝘐𝘚𝘈
cerrado domingo – Com carta 2450 a 3300.

en la carretera de La Línea – ⊠ 11360 San Roque – ✪ 956 :

XXXX **Los Remos,** Villa Victoria S : 3 km ℰ 76 08 12, Fax 10 05 87, 🍽, « Villa de estilo
neocolonial » – ▣ ℗. 🝙 ① E 𝘝𝘐𝘚𝘈.
cerrado domingo – Com carta 3775 a 5275.

XX **Pedro,** Santa Rita 3 - barriada Campamento S : 4 km ℰ 76 24 53, 🍽 – 🝙 ① E 𝘝𝘐𝘚𝘈
❄
cerrado lunes y del 15 al 28 febrero – Com carta 2400 a 3800.

OPEL carret. San Roque-La Línea km. 7,6   SEAT-AUDI-VOLKSWAGEN carret. San Roque-La
                                               Línea km 7,6 ℰ 76 21 04

SAN ROQUE Asturias – ver Llanes.

SAN ROQUE TORREGUADIARO 11312 Cádiz **446** X 14 – ✪ 956 – Playa.
◆Madrid 650 – Algeciras 29 – ◆Cádiz 153 – ◆Málaga 104.

🏠 **Patricia** sin rest, ℰ 61 53 00, ≼ – ☎ ℗. ① E 𝘝𝘐𝘚𝘈
⊡ 425 – **30 hab** 4150/6900.

SAN SADURNI DE NOYA o **SANT SADURNI D'ANOIA** 08770 Barcelona **443** H 35 – 8 596 h.
– ✪ 93.
◆Madrid 578 – ◆Barcelona 44 – ◆Lérida 120 – Tarragona 68.

en la carretera de Ordal SE : 4,5 km – ⊠ 08770 Els Casots – ✪ 93 :

XX **Mirador de las Cavas,** ℰ 899 31 78, ≼ – ▣ ℗. 🝙 ① E 𝘝𝘐𝘚𝘈. ❄
cerrado domingo noche, lunes noche y del 12 al 29 agosto – Com carta 2900 a 4000.

SAN SALVADOR Baleares **443** N 39 – ver Baleares (Mallorca).

SAN SALVADOR (Playa de) Tarragona – ver Vendrell.

SAN SALVADOR DE POYO Pontevedra **441** E 3 – ver Pontevedra.

When in Europe never be without :

Michelin **Main Road** Maps ;

Michelin Regional Maps ;

Michelin Red Guides :
Benelux, Deutschland, España Portugal, main cities **Europe, France,
Great Britain and Ireland, Italia**
(Hotels and restaurants listed with symbols ; preliminary pages in English) ;

Michelin Green Guides :
**Austria, England : The West Country, Germany, Greece, Italy, London,
Netherlands, Portugal, Rome, Scotland, Spain, Switzerland.
Brittany, Burgundy, Châteaux of the Loire, Dordogne, French Riviera,
Ile-de-France, Normandy Cotentin, Normandy Seine Valley, Paris, Provence**
(Sights and touring programmes described fully in English ; town plans).

SAN SEBASTIAN o **DONOSTIA** 20000 Ⓟ Guipúzcoa **442** B 23 – 175 576 h. – ✪ 943 – Playa.
Ver : Emplazamiento★★★ – Monte Urgull ❄★★ CY **M**. **Alred. :** Monte Igueldo ❄★★★ A – Mont
Ulía ≤★ NE : 7 km B.

Hipódromo de Lasarte por ② : 9 km – ⛳ de San Sebastián, Jaizkíbel por N I : 14 km (B) ✆ 6
68 45.

✈ de San Sebastián, Fuenterrabía por ① : 20 km ✆ 64 21 67 – Iberia : Bengoetxea 3, ⊠
20004, ✆ 42 35 87 CZ y Aviaco : Aeropuerto ⊠ 20004, ✆ 64 12 67 – 🚗 ✆ 28 57 67.

🛈 Reina Regente, ⊠ 20003, ✆ 42 10 02 y Miramar ⊠ 20004 ✆ 42 62 82 – **R.A.C.V.N.** Echaide 12, ⊠
20005, ✆ 43 08 00.

◆Madrid 488 ② – ◆Bayonne 54 ① – ◆Bilbao 100 ③ – ◆Pamplona 94 ② – ◆Vitoria/Gasteiz 115 ②.

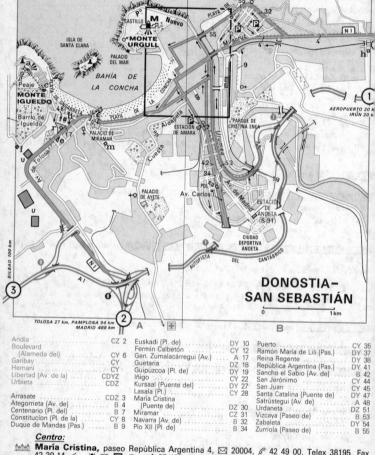

Andía	CZ 2	Euskadi (Pl. de)	DY 10	Puerto	CY 35
Boulevard		Fermín Calbetón	CY 12	Ramón María de Lili (Pas.)	DY 37
(Alameda del)	CY 6	Gen. Zumalacárregui (Av.)	A 17	Reina Regente	DY 38
Garibay	CY	Guetaria	DZ 18	República Argentina (Pas.)	DY 41
Hernani	CY	Guipúzcoa (Pl. de)	DY 19	Sancho el Sabio (Av. de)	B 42
Libertad (Av. de la)	CDYZ	Íñigo	CY 22	San Jerónimo	CY 44
Urbieta	CDZ	Kursaal (Puente del)	DY 27	San Juan	CY 45
		Lasala (Pl.)	CY 28	Santa Catalina (Puente de)	DY 47
Arrasate	CDZ 3	María Cristina		Satrústegui (Av. de)	A 48
Ategorrieta (Av. de)	B 4	(Puente de)	DZ 30	Urdaneta	DZ 51
Centenario (Pl. del)	B 7	Miramar	CZ 31	Vizcaya (Paseo de)	B 53
Constitución (Pl. de la)	CY 8	Navarra (Av. de)	B 32	Zabaleta	DY 54
Duque de Mandas (Pas.)	B 9	Pío XII (Pl. de)	B 34	Zurriola (Paseo de)	B 55

Centro:

🏨🏨🏨 **María Cristina,** paseo República Argentina 4, ⊠ 20004, ✆ 42 49 00, Telex 38195, Fax
42 39 14, ≤ – 🛗 🍽 📺 ☎ – 🔏 25/425, 🅰🅴 ① 🆅🅸🆂🅰 ❀
Com 5350 – ☑ 1850 – **139 hab** 23500/30000 – PA 10650.   DY **h**

🏨🏨 **De Londres y de Inglaterra,** Zubieta 2, ⊠ 20007, ✆ 42 69 89, Telex 36378, Fax 42 00 31,
≤ – 🛗 🍽 📺 ☎ 🅰🅴 ① 🅴 🆅🅸🆂🅰 ❀
Com 3250 – ☑ 900 – **142 hab** 10300/15400.   CZ **z**

🏨🏨 **Orly** sin rest, con cafetería, pl. Zaragoza, ⊠ 20007, ✆ 46 32 00, Telex 38033, Fax 45 61 01,
≤ – 🛗 📺 ☎ 🚗 – 🔏 – **60 hab**   CZ **a**

🏨🏨 **Europa,** San Martín 52 ✆ 47 08 80, Telex 38065, Fax 47 17 30 – 🛗 🍽 rest 📺 ☎ –
🔏 25/80, 🅰🅴 🆅🅸🆂🅰 ❀
Com 3500 – ☑ 600 – **60 hab** 11000/13750.   CZ **v**

364

DONOSTIA-
SAN SEBASTIÁN

0   200 m

MONTE URGULL

CASTILLO DE SANTA CRUZ DE LA MOTA

DÁRSENA

PARQUE ALDERDI EDER

BAHÍA DE LA CONCHA

PLAYA DE LA CONCHA

CASINO

URUMEA

Pl. de Bilbao

CATEDRAL

ESTACIÓN DEL NORTE

🏨 **Niza** sin rest, Zubieta 56, ⊠ 20007, ℰ 42 66 63, Fax 42 66 63 – 📳 ☎. 🖭 ⓪ 🗉 𝘝𝘐𝘚𝘈. ⋙   CZ **b**
   ☷ 475 – **41 hab** 4550/9550.

🏠 **Parma** sin rest, General Jáuregui 11, ⊠ 20003, ℰ 42 88 93 – ☎. ⋙   DY **u**
   ☷ 550 – **21 hab** 4800/8800.

XXXX ❀ **Casa Nicolasa,** Aldamar 4, ⊠ 20003, ℰ 42 17 62 – ☰. 🖭 ⓪ 🗉 𝘝𝘐𝘚𝘈. ⋙   DY **w**
cerrado domingo, lunes noche y 3 semanas en febrero – Com carta 4950 a 6850
Espec. Ensalada templada de gambas y langosta. Lubina a la verdura crujiente. Mollejas de ternera braseadas
a la trufa..

XXX ❀ **Urepel,** paseo de Salamanca 3, ⊠ 20003, ℰ 42 40 40 – ☰. 🖭 ⓪ 🗉 𝘝𝘐𝘚𝘈. ⋙   DY **e**
cerrado domingo, martes noche, Semana Santa, 24 junio-15 julio y 24 diciembre- 10 enero
Com carta 2800 a 4400
Espec. Gratinado de setas y frutos del mar. Salteado de chipirones con pimientos y patatas panadera.
Riñones de ternera y rabo de buey dos salsas..

XXX ❀ **Panier Fleuri,** paseo de Salamanca 1, ⊠ 20003, ℰ 42 42 05 – ☰. 🖭 ⓪ 🗉 𝘝𝘐𝘚𝘈. ⋙
cerrado domingo noche, miércoles, tres semanas en junio y Navidades – Com   DY **e**
carta 3600 a 4900
Espec. Tartare de salmón, Jabalí al enebro (de noviembre a marzo), Helado de yogur.

XX **Lanziego,** Triunfo 3, ⊠ 20007, ℰ 46 23 84 – ☰. 🖭 ⓪ 🗉 𝘝𝘐𝘚𝘈. ⋙   CZ **s**
cerrado domingo noche y lunes – Com carta 3800 a 5750.

XX **Kokotxa,** Campanario 11, ⊠ 20003, ℰ 42 01 73 – 🖭 ⓪ 🗉 𝘝𝘐𝘚𝘈. ⋙   CY **a**
cerrado domingo, lunes mediodía, tres semanas en octubre y navidades – Com
carta 3400 a 4400.

XX **Salduba,** Pescadería 6, ⊠ 20003, ℰ 42 56 27 – 🖭 ⓪ 🗉 𝘝𝘐𝘚𝘈. ⋙   CY **p**
cerrado domingo y 15 junio-10 julio – Com carta 2400 a 4000.

XX **Pachicu Quintana,** San Jerónimo 22, ⊠ 20003, ℰ 42 63 99 – ■, ⌶ ⓞ Ε 𝘝𝘐𝘚𝘈, ⁒
cerrado martes noche, miércoles del 10 al 30 junio y 15 diciembre-10 enero – Com
carta 3200 a 5300   CY **y**

XX **Samarri,** San Jerónimo 20, ⊠ 20003, ℰ 42 20 98 – ■, ⌶ ⓞ Ε 𝘝𝘐𝘚𝘈   CY **c**
cerrado domingo noche y miércoles – Com carta 3700 a 4950.

XX ⊛ **Bodegón Alejandro,** Fermín Calbetón 4, ⊠ 20003, ℰ 42 71 58 – ■, ⌶ ⓞ Ε 𝘝𝘐𝘚𝘈, ⁒
cerrado domingo noche, miércoles, del 5 al 15 marzo y del 15 al 30 septiembre – Com
carta 3450 a 4550   CY **u**
Espec. Foie-gras caliente sobre brioche en salsa de habas y soja. Bonito sobre compota de tomate en salsa
de acelgas, Rabo de buey con hongos en crepineta.

X **Juanito Kojua,** Puerto 14, ⊠ 20003, ℰ 42 01 80 – ■, ⌶ ⓞ Ε 𝘝𝘐𝘚𝘈   CY **m**
cerrado domingo noche – Com carta 3200 a 4800.

X **Barbarín,** Puerto 21, ⊠ 20003, ℰ 42 18 86, Decoración regional – ■, ⌶ ⓞ Ε 𝘝𝘐𝘚𝘈
cerrado lunes, del 15 al 31 marzo y del 1 al 15 noviembre – Com carta 2850 a 3875. CY **s**

X **Bretxa,** General Echagüe 15, ⊠ 20003, ℰ 42 05 49, Pescados y mariscos – ■, ⌶ ⓞ Ε
𝘝𝘐𝘚𝘈, ⁒   DY **a**
cerrado domingo y 24 diciembre-2 enero – Com carta 2700 a 3800.

X **Casa Urbano,** 31 de Agosto 17, ⊠ 20003, ℰ 42 04 34 – ■, ⌶ ⓞ Ε 𝘝𝘐𝘚𝘈, ⁒   CY **y**
cerrado domingo, miércoles noche y 23 junio-8 julio – Com carta 2800 a 3850.

X **Beti Jai,** Fermín Calbetón 22, ⊠ 20003, ℰ 42 77 37 – ■, ⌶ ⓞ Ε 𝘝𝘐𝘚𝘈, ⁒   CY **r**
cerrado lunes, martes, 20 junio-10 julio y 22 diciembre-7 enero – Com carta 3000 a 4500.

al Este por ① – ⊛ 943

🏨 **Pellizar,** paseo Zubiaurre 70 (barrio Inchaurrondo), ⊠ 20015, ℰ 28 12 11 – ▮ ☎ ⓟ, ⁒
cerrado 10 diciembre-10 enero – Com (cerrado domingo) 1400 – ⌧ 400 – **46 hab** 4500/7200
– PA 3200   B **h**

XXXX ⊛⊛⊛ **Arzak,** alto de Miracruz 21, ⊠ 20015, ℰ 27 84 65 – ■ ⓟ, ⌶ ⓞ Ε 𝘝𝘐𝘚𝘈, ⁒
cerrado domingo noche, lunes, 16 junio-5 julio y noviembre – Com carta 5600 a 6750 B **a**
Espec. Milhojas de maíz con bacalao sobre tomate y albahaca, Rodaballo al horno con verduras del
tiempo,Soufflé de chocolate y naranja..

X **Mirador de Ulía,** subida al Monte Ulía, 5 km, ⊠ 20013, ℰ 27 27 07, ⩽ ciudad y bahía,
⼞ – ⓟ, Ε 𝘝𝘐𝘚𝘈
marzo-23 diciembre – Com (cerrado domingo noche, lunes noche y martes)
carta 2750 a 3800.

al Oeste – ⊛ 943

🏨 **Costa Vasca** ⑤, av. Pío Baroja 15, ⊠ 20008, ℰ 21 10 11, Telex 36551, Fax 21 24 28, ⼞,
⟰, ⼇ – ▮ ■ ⯐ ☎ ⇦ ⓟ – ⚕   A **m**
203 hab.

🏨 **Monte Igueldo** ⑤, 5 km, ⊠ 20008, ℰ 21 02 11, Telex 38096, Fax 21 50 28, ⁒ mar,
bahía y ciudad, « Magnífica situación dominando la bahía », ⟰ – ▮ ■ rest ☎ ⓟ –
⚕ 25/200, ⌶ ⓞ Ε 𝘝𝘐𝘚𝘈, ⁒ rest   A **a**
Com carta 3100 a 4625 – ⌧ 770 – **125 hab** 7400/12700.

🏨 **San Sebastián** sin rest, con cafetería, av. Zumalacárregui 20, ⊠ 20008, ℰ 21 44 00,
Telex 36203, Fax 21 72 99, ⟰ – ▮ ⯐ ☎ ⇦, ⌶ ⓞ Ε 𝘝𝘐𝘚𝘈, ⁒   A **r**
⌧ 850 – **92 hab** 8500/13000.

🏨 **Codina,** av. Zumalacárregui 21, ⊠ 20008, ℰ 21 22 00, Telex 38187, Fax 21 25 23 – ▮ ☎,
⌶ ⓞ Ε ⁒ rest   A **e**
Com 1400 – ⌧ 550 – **77 hab** 6000/7900 – PA 2845.

XXXX ⊛ **Akelarre,** paseo del Padre Orcolaga 56-Barrio de Igueldo 7,5 km, ⊠ 20008, ℰ 21 20
52, ⩽ mar – ■ ⓟ, ⌶ ⓞ Ε 𝘝𝘐𝘚𝘈, ⁒   A
cerrado domingo noche y lunes, del 1 al 15 de junio y diciembre – Com carta 4790 a 6670
Espec. Bonito marinado con tomate a la albahaca. Bogavante con vieiras y la salsa de su coral. Paletilla de
cordero al agraz y tomillo..

XXX ⊛ **Chomin,** av. Infanta Beatriz 16, ⊠ 20008, ℰ 21 07 05, ⼞ – ⌶ ⓞ Ε 𝘝𝘐𝘚𝘈, ⁒   A **n**
cerrado domingo, jueves noche y octubre-5 noviembre – Com carta 4200 a 7000.

XX ⊛ **Recondo,** paseo de Igueldo 57, ⊠ 20008, ℰ 21 29 07, ⼞ – ■ ⓟ, ⌶ ⓞ Ε 𝘝𝘐𝘚𝘈, ⁒
cerrado miércoles y 21 enero-28 febrero – Com carta 3250 a 4650   A **f**
Espec. Revueltos de anchoas con espinacas. Kokotxas de merluza en salsa verde. Rabo de buey al vino
tinto..

X **Buena Vista** ⑤ con hab, paseo Balenciaga - barrio de Igueldo 5 km, ⊠ 20008, ℰ 21 06
00, ⩽ – ⏃, Ε 𝘝𝘐𝘚𝘈, ⁒   A
cerrado 28 enero-9 marzo – Com (cerrado domingo noche y lunes) carta 2450 a 3200 – ⌧
300 – **9 hab** 3800/5800.

X **San Martín,** plazoleta del Funicular, ⊠ 20008, ℰ 21 40 84, ⩽, ⼞ – ⌶ ⓞ Ε 𝘝𝘐𝘚𝘈, ⁒
cerrado domingo noche – Com carta 2875 a 3550.   A **c**

X **Errota Berri,** barrio de Igara, 6,5 km por av. de Tolosa, ⊠ 20009, ℰ 21 41 07, ⼞ – ■
ⓟ, Ε 𝘝𝘐𝘚𝘈   A
cerrado lunes y 11 octubre-11 noviembre – Com carta 2500 a 3400.

AUSTIN ROVER Secundino Esnaola 40
  🖋 27 65 94
BMW Gloria 3 🖋 27 01 95
CITROEN av. Tolosa 🖋 21 41 60
FIAT-LANCIA paseo Txingurri (barrio Herrera)
🖋 39 72 41
FORD av. de Zarauz 100 🖋 21 15 61
FORD-MORRIS Peña y Goñi 12 🖋 27 15 00
GENERAL MOTORS av. Alcalde José Elosegui
108 🖋 39 65 16
GENERAL MOTORS av. Tolosa 🖋 21 32 22

MERCEDES Barrio Recalde 🖋 37 18 00
PEUGEOT-TALBOT José María Barandiarán 3-5
🖋 29 34 11
PORSCHE-SAAB av. de Zarauz 111 🖋 21 40 47
RENAULT av. de Tolosa 🖋 21 18 00
SEAT-AUDI-VOLKSWAGEN paseo Colón 31
🖋 27 61 00
SEAT-AUDI-VOLKSWAGEN P. Duque de Mandas
3 🖋 27 40 11
SEAT-AUDI-VOLKSWAGEN av. de Tolosa 182
🖋 21 45 00

SAN SEBASTIAN (Cabo de) Gerona – ver Palafrugell.

SAN SEBASTIÁN DE LA GOMERA Tenerife – ver Canarias (Gomera).

SAN SEBASTIÁN DE LOS REYES 28700 Madrid 🗺️ K 19 – 39 866 h. – 🕿 91.
♦Madrid 17.

XXX Izamar, av. Matapiñoneras 6 🖋 654 38 93, 🍽, Pescados y mariscos – 🎬 🅿.
XXX **Mesón Tejas Verdes,** carret. N I 🖋 652 73 07, 🍽, Decoración castellana, 🎐 – 🎬 🅿.
    🆎 ⓞ 🅴 𝓥𝓘𝓢𝓐. ⚕️
    cerrado domingo noche, festivos noche y agosto – Com carta 2950 a 4500.

    en la carretera N I – 🖂 28700 San Sebastián de Los Reyes – 🕿 91 :

XX **Casa Vicente,** NE : 6,5 Km 🖋 657 02 62 – 🎬 🅿. ⓞ 🅴 𝓥𝓘𝓢𝓐. ⚕️
    cerrado domingo noche – Com carta 3300 a 3800.

X **Pamplona** con hab, NE : 7 Km 🖋 657 02 34, 🍽 – 🎬 rest 🅿. ⓞ 𝓥𝓘𝓢𝓐. ⚕️
    Com carta 2400 a 2700 – 🖙 150 – **12 hab** 3000/4000.

SANTA ÁGUEDA Guipúzcoa 🗺️ C 22 – ver Mondragón.

SANTA BRÍGIDA – ver Canarias (Gran Canaria).

SANTA COLOMA Andorra 🗺️ E 34 – ver Andorra (Principado de).

SANTA COLOMA DE FARNES o **SANTA COLOMA DE FARNERS** 17430 Gerona 🗺️ G 38
– 6 990 h. alt. 104 – 🕿 972 – Balneario.
♦Madrid 700 – ♦Barcelona 87 – Gerona/Girona 30.

🏨 **Baln. Termas Orión** ⚕️, Afueras S : 2 km 🖋 84 00 65, En un gran parque, 🏊, ⚕️ – 🛗
    🎬 rest ☎ 🚗 🅿 🅴 𝓥𝓘𝓢𝓐. ⚕️
    cerrado febrero – Com 1680 – 🖙 390 – **40 hab** 2700/3900 – PA 3100.

🏨 **Central Park,** Verdaguer 2 🖋 84 00 71, 🏊, 🎾, 🎐 – 🎬 rest 🅿. 🅴 𝓥𝓘𝓢𝓐. ⚕️ rest
    Semana Santa y julio-septiembre – Com 1600 – 🖙 375 – **30 hab** 2000/3400.

X **Can Gurt** con hab, carret. de Sils 🖋 84 02 60 – 🎬 rest. 🆎 ⓞ 🅴 𝓥𝓘𝓢𝓐. ⚕️
    cerrado lunes, del 1 al 7 de abril y del 24 al 30 septiembre – Com carta 2200 a 3100 – 🖙
    300 – **17 hab** 1300/3500.

X La Palmera, carret. de Sils 🖋 84 23 16, 🍽.

    en la carretera de Sils SE : 2 km – 🖂 17430 Santa Coloma de Farners – 🕿 972 :

XX Mas Sola, 🖂 apartado 64, 🖋 84 08 48, Decoración rústica regional, « Antigua masía »,
    🏊 de pago, ⚕️ – 🎬 🅿.

CITROEN carret. de Sils 14 🖋 84 22 22
FIAT Carrer Vich 10-12 🖋 84 13 62
FORD carrer Firal 27 🖋 84 06 89
GENERAL MOTORS carret. de Sils 🖋 84 02 74

PEUGEOT-TALBOT Camprodón 30-32 🖋 84 01 12
RENAULT carret. de Sils km 1 🖋 84 02 08
SEAT-AUDI-VOLKSWAGEN carret. de Sils
🖋 84 05 62

SANTA CRISTINA La Coruña – ver La Coruña.

SANTA CRISTINA Gerona 🗺️ G 39 – ver Lloret de Mar.

SANTA CRISTINA DE ARO o **SANTA CRISTINA D'ARO** 17246 Gerona 🗺️ G 39 – 1 269 h.
– 🕿 972.
🏌️ Club Costa Brava 🖋 83 71 50.
♦Madrid 709 – ♦Barcelona 96 – Gerona/Girona 31.

    junto al golf O : 2 km – 🖂 17246 Santa Cristina d'Aro – 🕿 972 :

🏨🏨 **Golf Costa Brava** ⚕️, 🖋 83 70 52, Telex 57252, Fax 83 75 88, ≤, 🍽, 🏊, 🎐, ⚕️, 🏌️ –
    🛗 🎬 🅿 – 🔏 25/150. 🆎 ⓞ 🅴 𝓥𝓘𝓢𝓐. ⚕️ rest
    23 marzo- 15 octubre – Com 2100 – 🖙 700 – **91 hab** 7000/10000.

en la carretera de Gerona NO : 2 km – ✉ 17246 Santa Cristina d'Aro – ☎ 972 :

XX **Les Panolles,** ✆ 83 70 11, « Masía típica decorada al estilo rústico de la región » – P. AE ◑ E VISA
cerrado miércoles y noviembre – Com carta 3100 a 4300.

en la carretera de Romanyá – ✉ 17246 Santa Cristina d'Aro – ☎ 972 :

XX **Bell-Lloch** (chez Raymond's), urbanización Bell-Lloch 2a NO : 3 km ✆ 83 72 61, Decoración rústica – P. E VISA
cerrado miércoles en invierno y febrero – Com carta 1500 a 3250.

X **La Posada del Ferrer,** NO : 1,5 km ✆ 83 80 92, Decoración rústica – P. AE ◑ VISA
cerrado domingo noche, lunes en invierno y enero – Com carta 1350 a 2650.

FIAT-LANCIA carret. Platja d'Aro ✆ 83 70 23
GENERAL MOTORS carret. Sant Feliú - Girona ✆ 83 71 08

SANTA CRUZ La Coruña – ver La Coruña.

SANTA CRUZ DE LA PALMA Tenerife – ver Canarias (La Palma).

SANTA CRUZ DE LA SERÓS 22792 Huesca 443 E 27 – 141 h. – ☎ 974.
Ver : Sitio★.
♦Madrid 480 – Huesca 85 – Jaca 14 – ♦Pamplona 105.

en la carretera C 134 N : 4,5 km – ✉ 22792 Santa Cruz de la Serós – ☎ 974 :

Aragón, ✆ 36 21 89, ≤, – P – **22 hab**.

SANTA CRUZ DE LA ZARZA 45370 Toledo 444 M 20 – 4 134 h. – ☎ 925.
♦Madrid 74 – Cuenca 100 – Toledo 80 – ♦Valencia 285.

Santa Cruz sin rest, Magallanes 17 ✆ 14 31 18 – P.
cerrado septiembre – 175 – **12 hab** 1920/2400.

SANTA CRUZ DE MUDELA 13730 Ciudad Real 444 Q 19 – 5 018 h. – ☎ 926.
♦Madrid 218 – Ciudad Real 77 – Jaén 118 – Valdepeñas 15.

Santa Cruz, carret. N IV km 217 ✆ 34 25 54 – P. AE ◑ E VISA.
Com 825 – 150 – **26 hab** 2100/2600 – PA 1800.

CITROEN carret. Madrid-Cádiz km 217 ✆ 34 20 22
RENAULT carret. Madrid-Cádiz km 216,5 ✆ 34 25 58
SEAT-AUDI-VOLKSWAGEN carret. Madrid-Cádiz km 217,5 ✆ 34 25 00

SANTA CRUZ DE TENERIFE Tenerife – ver Canarias (Tenerife).

SANTA ELENA 23213 Jaén 446 Q 19 – 1 045 h. alt. 742 – ☎ 953.
♦Madrid 255 – ♦Córdoba 143 – Jaén 78.

X **El Mesón** con hab, ✆ 62 31 00, ≤, – rest P. ◑ VISA
Com carta 1400 a 2525 – 250 – **13 hab** 1900/3600.

SANTA EUGENIA DE BERGA Barcelona – ver Vich.

SANTA EULALIA DEL RIO Baleares 443 P 34 – ver Baleares (Ibiza).

SANTA FE 18320 Granada 446 U 18 – 10 582 h. – ☎ 958.
♦Madrid 441 – Antequera 8 – ♦Granada 11.

Colón y Rest. La Cúpula, Buenavista ✆ 44 09 89, Fax 44 08 55, – TV AE E VISA
Com 1270 – 450 – **25 hab** 4000/6500.

Santa Fé, carret. N 342 ✆ 44 11 11, – hab P. ◑ E VISA.
Com 750 – 175 – **20 hab** 3000/5000.

ALFA ROMEO carret. Málaga km 448 ✆ 44 06 98
CITROEN av. Palos Frontera 4 ✆ 44 01 67
OPEL av. Palos Frontera 11 ✆ 44 03 35
PEUGEOT-TALBOT av. Palos Frontera 2 ✆ 44 03 95
RENAULT av. Palos Frontera 18 ✆ 44 04 81
SEAT-AUDI-VOLKSWAGEN carret. Granada-Málaga km 8,3 ✆ 44 03 50

SANTA GERTRUDIS Baleares – ver Baleares (Ibiza).

SANTA MARGARITA (Urbanización) Gerona – ver Rosas.

SANTA MARGARITA Y MONJÓS o **SANTA MARGARIDA i ELS MONJÓS** 08730 Barcelona
448 I 34 y 35 – 3 325 h. alt. 161 – ✿ 93.
♦Madrid 571 – ♦Barcelona 59 – Tarragona 43.

🏠 **Hostal del Panadés,** carret. N 340 *€* 898 00 61 – 🖭 rest ☎ 🄿 🄰🄴 🄴 _VISA_
Com 1100 – ☲ 400 – **32 hab** 3000/5000 – PA 2400.

RENAULT Salvador Espriu *€* 898 00 06

SANTA MARTA DE TORMES 37009 Salamanca **444** S 13 – 2 567 h. alt. 778 – ✿ 923.
♦Madrid 187 – Avila 81 – Plasencia 123 – ♦Salamanca 4.

en la carretera N 501 E : 1,5 km – ✉ 37009 Santa Marta de Tormes – ✿ 923 :

🏨 **Regio y Rest. Lazarillo de Tormes,** *€* 20 02 50, Telex 22895, Fax 20 01 44, 🍽, 🏊,
🎾, 🎱 – 🛗 🖩 📺 ☎ 🚗 🄿 – 🔬 25/600. 🄰🄴 ⓞ 🄴 _VISA_. 🎿
Com 2800 – ☲ 650 – **121 hab** 6500/10000.

AUDI Virgen del Carmen *€* 20 01 96   RENAULT Versalles 6 *€* 20 09 05

SANTA MARÍA DEL MAR Asturias – ver Piedras Blancas.

SANTANDER 39000 🄿 Cantabria **442** B 18 – 180 328 h. – ✿ 942 – Playas en El Sardinero.
Ver : Museo Provincial de Prehistoria y Arqueología★ (bastones de mando★) BY **D** – El Sardinero★
BX.
🏌 de Pedreña por ② : 24 km *€* 50 00 01.
✈ de Santander por ② : 7 km *€* 25 10 09 – Iberia : paseo de Pereda 18, ✉ 39004, *€* 22 97
00 BY y Aviaco : aeropuerto *€* 25 10 07 – 🚢 *€* 22 71 61.
🛳 pl. Porticada 1, ✉ 39001, *€* 31 07 08 – R.A.C.E. Santa Lucía 29, ✉ 39003, *€* 21 03 00.
♦Madrid 393 ① – ♦Bilbao 116 ② – ♦Burgos 154 ① – ♦León 266 ① – ♦Oviedo 203 ① – ♦Valladolid 250 ①.

Plano página siguiente

🏨 Bahía y Rest. Cabo Menor, av. Alfonso XIII - 6, ✉ 39002, *€* 22 17 00, Telex 35859, Fax
21 02 65 – 🛗 🖩 rest 📺 ☎ – 🔬 – **181 hab**   AZ **s**
🏨 **Ciudad de Santander,** Menéndez Pelayo, 13, ✉ 39006, *€* 22 79 65, Telex 35616, Fax
21 73 03 – 🛗 🖩 📺 ☎ 🚗 🄿 – 🔬 25/220. 🄰🄴 ⓞ 🄴 _VISA_. 🎿   AX **c**
Com 2300 – ☲ 750 – **62 hab** 8500/12500 – PA 4500.
🏨 **Alisas** sin rest, con cafetería, Nicolás Salmerón 3, ✉ 39009, *€* 22 27 50, Telex 35771, Fax
22 24 86 – 📺 ☎. 🄰🄴 🄴 _VISA_. 🎿   AX **r**
☲ 500 – **70 hab** 5300/8500.
🏨 **México** sin rest, Calderón de la Barca 3, ✉ 39002, *€* 21 24 50 – 🛗 📺 ☎. _VISA_   AZ **w**
☲ 400 – **35 hab** 4100/7100.
🏨 **San Glorio 2** sin rest, Federico Vial 3, ✉ 39009, *€* 22 16 66 – 📺 ☎. 🄰🄴 ⓞ 🄴 _VISA_. 🎿
Com 850 – ☲ 400 – **33 hab** 4000/7500 – PA 2000.   AX **e**
🏨 San Glorio, Ruiz Zorrilla 18, ✉ 39009, *€* 31 29 62 – 🖩 rest 📺 ☎ – **30 hab**   AX **g**
🏨 **Liébana** sin rest, Nicolás Salmerón 9, ✉ 39009, *€* 22 32 50 – 🛗 🕿. 🄰🄴 ⓞ 🄴 _VISA_. 🎿
☲ 285 – **30 hab** 4255/5396.   AX **r**
🏨 **La Mexicana,** Juan de Herrera 3 -, ✉ 39002, *€* 22 23 50 – 🛗 🕿. 🎿   AY **h**
Com 1500 – ☲ 300 – **30 hab** 3300/6500 – PA 2500.
🏨 **Romano** sin rest, Federico Vial 8, ✉ 39009, *€* 22 30 71 – ☎. 🄴 _VISA_. 🎿   AX **g**
☲ 375 – **25 hab** 3765/6100.
🏠 **Rivero** sin rest y sin ☲, Rualasal 23, ✉ 39001, *€* 22 30 94   AY **n**
15 marzo-septiembre – **24 hab** 2400/4550.
🍴🍴 **Zacarías,** General Mola 41, ✉ 39003, *€* 21 23 33 – 🖩. 🄰🄴 ⓞ 🄴 _VISA_   BY **r**
Com carta 2850 a 4000.
🍴🍴 **Puerto,** Hernán Cortés 63, ✉ 39003, *€* 21 30 01, Pescados y mariscos – 🖩. 🄰🄴 ⓞ 🄴
VISA.   BY **m**
Com carta 3850 a 5600.
🍴🍴 **Iris,** Castelar 5, ✉ 39004, *€* 21 52 25 – 🄰🄴 ⓞ 🄴 _VISA_. 🎿   BY **e**
cerrado domingo noche – Com carta 2900 a 4100.
🍴🍴 **Cañadío,** Gómez Oreña 15 (pl. Cañadío), ✉ 39003, *€* 31 41 49 – 🖩. 🄰🄴 ⓞ 🄴 _VISA_. 🎿
cerrado domingo y del 15 al 31 octubre – Com carta 3500 a 4500.   BY **c**
🍴 Gabarra, Hernán Cortés 40, ✉ 39003, *€* 31 47 69   BY **x**
🍴 **Posada del Mar,** Juan de la Cosa 3, ✉ 39004, *€* 21 56 56, Decoración rústica – 🄰🄴 ⓞ
🄴. 🎿   BY **p**
cerrado 10 septiembre-10 octubre – Com carta 2900 a 4500.
🍴 **Mesón Segoviano,** Menéndez Pelayo 49, ✉ 39006, *€* 31 10 10, Decoración castellana
– 🖩. 🄰🄴 ⓞ 🄴 _VISA_. 🎿   AX **a**
cerrado domingo – Com carta 3000 a 4000.
🍴 **Laury,** av. Pedro San Martín, 4 (Cuatro Caminos), ✉ 39010, *€* 33 01 09 – 🖩. 🄰🄴 ⓞ 🄴
VISA. 🎿   AX **v**
cerrado domingo y 12 octubre-13 noviembre – Com carta 2900 a 4600.

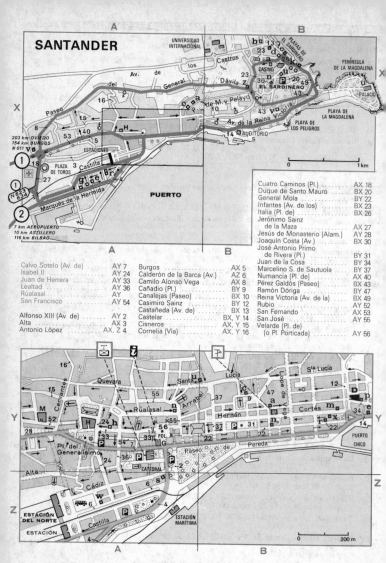

SANTANDER

UNIVERSIDAD INTERNACIONAL

Av. de los Castros

PENÍNSULA DE LA MAGDALENA

Av. del General Dávila

CASINO

EL SARDINERO

PLAYAS DE EL SARDINERO

PALACIO

PLAYA DE LA MAGDALENA

Paseo

Av. de la Reina Victoria

PLAYA DE LOS PELIGROS

AUDITORIO

M. y Pelayo

203 km OVIEDO
154 km BURGOS
N 611

PLAZA DE TOROS

Marqués de la Hermida

PUERTO

7 km AEROPUERTO
10 km ASTILLERO
116 km BILBAO

ESTACIONES

Castilla

0   1 km

Calvo Sotelo (Av. de)	AY 7	
Isabel II	AY 24	
Juan de Herrera	AY 33	
Lealtad	AY 36	
Rúalasal	AY	
San Francisco	AY 54	
Alfonso XIII (Av. de)	AY 2	
Alta	AX 3	
Antonio López	AX, Z 4	

Burgos	AX 5	
Calderón de la Barca (Av.)	AZ 6	
Camilo Alonso Vega	AX 8	
Cañadío (Pl.)	BY 9	
Canalejas (Paseo)	BX 10	
Casimiro Sainz	BY 12	
Castañeda (Av. de)	BX 13	
Castelar	BX, Y 14	
Cisneros	AX, Y 15	
Cornelia (Vía)	AX, Y 16	

Cuatro Caminos (Pl.)	AX 18	
Duque de Santo Mauro	BX 20	
General Mola	BY 22	
Infantes (Av. de los)	BX 23	
Italia (Pl. de)	BX 26	
Jerónimo Sainz de la Maza	AX 27	
Jesús de Monasterio (Alam.)	AY 28	
Joaquín Costa (Av.)	BX 30	
José Antonio Primo de Rivera (Pl.)	BY 31	
Juan de la Cosa	BY 34	
Marcelino S. de Sautuola	AY 37	
Numancia (Pl. de)	AX 40	
Pérez Galdós (Paseo)	BY 43	
Ramón Dóriga	BY 47	
Reina Victoria (Av. de la)	BX 49	
Rubio	AY 52	
San Fernando	AX 53	
San José	AY 55	
Velarde (Pl. de) (o Pl. Porticada)	AY 56	

Cervantes   Quevara   Santa   Lucía   Sta Lucía

Rúalasal   Arrabal   Hernán   Cortés

Pl. del Generalísimo

CATEDRAL

Alta   Cádiz

ESTACIÓN DEL NORTE   ESTACIÓN

Castilla

ESTACIÓN MARÍTIMA

PUERTO CHICO

Paseo de   Pereda

0   200 m

※ **Bodega del Riojano,** Río de la Pila 5, ⊠ 39003, ℰ 21 67 50, « Mesón típico » – 🍽 AE ⓪ E VISA. ⋇
Com carta aprox. 3000.   ABY **u**

※ **Bodega Cigaleña,** Daoiz y Velarde 19, ⊠ 39003, ℰ 21 30 62, Museo del vino-Decoración rústica – AE ⓪ E VISA. ⋇   BY **a**
cerrado domingo, 22 junio-3 julio y 20 octubre-20 noviembre – Com carta 2150 a 4000.

※ **Mesón Gele,** Eduardo Benot 4, ⊠ 39003, ℰ 22 10 21 – 🍽 AE ⓪ E VISA. ⋇   BY **n**
cerrado domingo noche, lunes mediodía y 20 noviembre-20 diciembre – Com carta 2300 a 2700.

   en El Sardinero NE : 3,5 km - BX - ⊠ 39005 Santander - ✆ 942 :

🏨 **Real** ⑤, paseo Pérez Galdós 28 ℰ 27 25 50, Fax 27 45 73, , ☞ – 🛗 🍽 📺 ☎ Ⓟ – 🔏 25/500. AE ⓪ E VISA. ⋇   BX **v**
Com 4250 – ⊆ 1300 – **125 hab** 19000/38000 - PA 9800.

🏨 **Santemar,** Joaquin Costa 28 ℰ 27 29 00, Telex 35963, Fax 27 86 04, ✗ – 🛗 🗐 📺 ☎
⇔ – ⚿ 25/400. AE ⓞ E VISA. SX
Com carta 2950 a 4500 – � 850 – **350 hab** 12770/15990.
BX **u**

🏨 **Sardinero,** pl. Italia 1 ℰ 27 11 00, Telex 35795, Fax 27 89 43, ≤ – 🛗 🗐 rest 📺 ☎. AE
ⓞ E VISA. SX
Com 2500 – ⊒ 400 – **112 hab** 7750/11750.
BX **d**

🏨 **Rhin,** av. Reina Victoria 153 ℰ 27 43 00, Fax 27 86 53, ≤ – 🛗 🗐 rest 📺 ☎ ⇔. AE ⓞ
E VISA. SX
Com 2350 – ⊒ 500 – **95 hab** 6200/9600.
BX **k**

🏨 **Roma,** av. de los Hoteles 5 ℰ 27 27 00, Fax 27 27 51 – 🛗 ☎. AE ⓞ E VISA. SX rest
Com 2100 – ⊒ 525 – **47 hab** 5500/10000 – PA 4000.
BX **a**

🏨 **Colón** sin rest, pl. de las Brisas 1 ℰ 27 23 00, ≤ – ☜. SX
julio-septiembre – ⊒ 270 – **31 hab** 3500/6000.
BX **b**

🏠 **Carlos III** sin rest, av. Reina Victoria 135 ℰ 27 16 16 – ☜. SX
15 marzo-21 octubre – ⊒ 300 – **20 hab** 4300/5800.
BX **k**

XXX **La Concha,** av. Reina Victoria ℰ 27 37 37, ≤, 🎋 – 🗐. AE ⓞ VISA. SX
cerrado lunes en invierno – Com carta aprox. 2800.
BX **k**

XX **Rhin,** pl. de Italia 2, ⊠ 39005, ℰ 27 30 34, Fax 27 86 53, ≤, 🎋 – 🗐. AE ⓞ E VISA. SX
Com carta 2900 a 3850.
BX **e**

XX Il Giardinetto, Joaquin Costa 18 ℰ 27 31 96, Cocina italiana – 🗐
BX **n**

XX **Piquío,** pl. de las Brisas ℰ 27 55 03, ≤ – 🗐. AE ⓞ E VISA. SX
Com carta 2775 a 4100.
BX **d**

X **La Sardina,** Dr. Fleming 3 ℰ 27 10 35, Pescados y mariscos-Interior barco de pesca – AE
ⓞ E VISA. SX   por av. de Castañeda BX
cerrado domingo noche – Com carta 3500 a 4400.

X **Los Troncos,** Dr. Fleming 5 ℰ 27 04 62, 🎋 – 🗐. AE ⓞ E VISA. SX
cerrado lunes – Com carta 2150 a 3050.   por av. de Castañeda BX

X La Cibeles, Joaquín Costa 25 ℰ 27 07 97, 🎋 – 🗐.

X **La Flor de Miranda,** av. de Los Infantes 1, ⊠ 39004, ℰ 27 10 56 – 🗐. AE ⓞ E VISA.
SX
Com carta 1825 a 3200.
BX **z**

en Puente Arce - en la carretera N 611 por ① : 13 km – ⊠ 39470 Renedo de Piélagos
– ✆ 942 :

XXX ❀ **El Molino,** ℰ 57 40 52, « Instalado en un antiguo molino acondicionado - Decoración
original » – P. AE ⓞ E VISA. SX
cerrado domingo noche y lunes salvo en verano – Com carta 3800 a 4700.
Espec. Ensalada de jamón con terrina de hígado de pato. Lenguado relleno de centollo con salsa muselina.
Milhojas de frutas de temporada con tres coulis.

X **Puente Arce (Casa Setien),** barrio del Puente 5 ℰ 57 40 01, 🎋, Decoración rústica –
P. AE ⓞ E VISA. SX
cerrado 2 octubre-3 noviembre – Com carta 2550 a 3600.

X **Paraíso del Pas,** carret. de Vioño S : 2km ℰ 57 42 70, 🎋, Decoración rústica – P. AE
ⓞ E VISA. SX
cerrado lunes salvo verano – Com carta 1900 a 2850.

ALFA-ROMEO Castilla 31 ℰ 31 05 12
AUDI-VOLKSWAGEN av. Parayas ℰ 33 19 55
AUSTIN-ROVER carret. Adarzo, barrio San Justo
ℰ 34 64 48
BMW Cisneros 89B ℰ 23 46 78
CITROEN Peñacastillo ℰ 33 19 33
FORD Castilla 62 ℰ 34 01 17
GENERAL MOTORS Castilla 71 ℰ 21 48 00

MERCEDES-BENZ av. de Parayas ℰ 33 01 11
OPEL Castilla 71 ℰ 21 48 00
PEUGEOT-TALBOT carret. Parayas km 1
ℰ 33 33 00
RENAULT carret. Parayas km 0,5 ℰ 33 62 00
RENAULT Floranes 4 ℰ 23 18 50
VOLVO prol. Cardenal Herrera Oria (Adarzo)
ℰ 34 64 49

SANT ANDREU DE LLAVENERES 08392 Barcelona 448 H 37 – ver San Andrés de Llavaneras
– ✆ 93.

SANT ANTONI DE CALONGE Gerona 448 G 39 – ver San Antonio de Calonge.

SANTA OLALLA 45530 Toledo 444 L 16 – 1 928 h. alt. 487 – ✆ 925.
♦Madrid 81 – Talavera de la Reina 36 – Toledo 42.

🏨 **Recio,** carret. N V ℰ 79 72 09, Fax 79 72 10, – 🗐 rest ☜ P. AE ⓞ E VISA. SX rest
Com 1000 – ⊒ 265 – **40 hab** 2800/4150.

CITROEN San Roque ℰ 79 73 25   RENAULT Generalísimo 64 ℰ 79 73 81

EUROPE on a single sheet
Michelin map no 970.

SANTA POLA 03130 Alicante **445** R 28 – 12 022 h. – ✪ 96 – Playa.

🛈 pl. de la Diputación ✆ 541 59 11.

♦Madrid 423 – ♦Alicante 19 – Cartagena 91 – ♦Murcia 75.

🏨 **Polamar,** playa de Levante 6 ✆ 541 32 00, Fax 541 31 83, ≼, 🛱 – 🛗 🗐 🖭 🕾 **🅿**. **ᴀᴇ ⓞ**
ᴇ ⅤⅠⅤ̲Ⅴ̲. ⅋⅛
Com 2490 – ⟂ 1000 – **76 hab** 6940/8880 – PA 5980.

🏨 **Patilla,** Elche 29 ✆ 541 10 15 – 🛗 🗐 rest 🕾 **🅿**. **ᴀᴇ ⓞ ᴇ** ⅤⅠⅤ̲Ⅴ̲. ⅋⅛
Com 1600 – ⟂ 550 – **72 hab** 5000/5200 – PA 3100.

🏠 **Suecia y Rest. Don Manuel,** Carreteros 76 ✆ 541 59 61 – 🗐 🕾. **ᴀᴇ ᴇ** ⅤⅠⅤ̲Ⅴ̲. ⅋⅛ rest
Com 1250 – ⟂ 400 – **34 hab** 4000/5600.

🏠 **Pícola,** Alicante 64 ✆ 541 10 44 – 🗐 rest. **ᴀᴇ ᴇ** ⅤⅠⅤ̲Ⅴ̲
Com 1500 – ⟂ 370 – **22 hab** 1730/3195.

XX Batiste, playa de Poniente ✆ 541 14 85, ≼, 🛱 – 🗐 **🅿**.

XX **Miramar,** av. Peréz Ojeda ✆ 541 10 00, ≼, 🛱 – 🗐 **🅿**. **ᴀᴇ ⓞ ᴇ** ⅤⅠⅤ̲Ⅴ̲. ⅋⅛
Com carta 2200 a 3500.

X Chez Antonio, Sacramento 18 ✆ 541 44 40 – 🗐.

X El Galeón, Virgen del Carmen 3 ✆ 541 25 21.

X Gaspar's, av. González Vicens 2 ✆ 541 35 44 – 🗐.

en la playa del Varadero E : 1,5 km – ✉ 03130 Santa Pola – ✪ 96 :

XX **Varadero,** Santiago Bernabeu ✆ 541 17 66, ≼, 🛱 – 🗐 **🅿**. **ᴀᴇ ⓞ ᴇ** ⅤⅠⅤ̲Ⅴ̲. ⅋⅛
Com carta 2600 a 3200.

en la carretera de Alicante N 332 N : 2,5 km – ✉ 03130 Santa Pola – ✪ 96 :

X **El Faro,** ✆ 541 21 36, 🛱 – 🗐 **🅿**. **ᴀᴇ ⓞ ᴇ** ⅤⅠⅤ̲Ⅴ̲. ⅋⅛
Com carta 2300 a 3500.

en la carretera de Elche NO : 3 km – ✉ 03130 Santa Pola – ✪ 96 :

XX María Picola, ✆ 541 35 13, 🛱 – **🅿**.

ALFA ROMEO Elche 26 ✆ 541 31 64
CITROEN carret. de Elche 28 ✆ 541 54 13
FORD carret. de Elche 13 ✆ 541 15 94
OPEL-GM carret. de Elche 28 ✆ 541 45 18
PEUGEOT-TALBOT carret. Santa Pola-Elche km
26 ✆ 541 31 64

RENAULT carret. de Elche 10 ✆ 541 37 46
SEAT-AUDI-VOLKSWAGEN av. de Elche 29
✆ 541 34 35

SANTA PONSA Baleares **443** N 37 – ver Baleares (Mallorca).

SANTA ÚRSULA Tenerife – ver Canarias (Tenerife).

SANT BOI DE LLOBREGAT Barcelona **443** H 36 – ver San Baudilio de Llobregat.

SANT CARLES DE LA RÁPITA Tarragona **443** K 31 – ver San Carlos de la Rápita.

SANT CELONI Barcelona **443** G 37 – ver San Celoni.

SANT CUGAT DEL VALLES Barcelona **443** H 36 – ver San Cugat del Vallés.

SANT ELM Gerona **443** G 39 – ver San Feliú de Guixols.

SANTES CREUS (Monasterio de) 43815 Tarragona **443** H 34 – alt. 340 – ✪ 977.
Ver : Monasterio★★ (gran claustro★★ : sala capitular★ ; iglesia★ : rosetón).
♦Madrid 555 – ♦Barcelona 95 – ♦Lérida/Lleida 83 – Tarragona 32.

♨ **Grau** ⟂, Pere El Gran 3 ✆ 63 83 11 – **ᴇ** ⅤⅠⅤ̲Ⅴ̲. ⅋⅛
cerrado 15 diciembre-15 enero – Com (cerrado lunes) 1200 – ⟂ 350 – **19 hab** 2000/3300 –
PA 2335.

SANT ESTEVE D'EN BAS Gerona **443** F 37 – ver San Esteban de Bas – ✪ 972

SANT FELIU DE GUIXOLS Gerona **443** G 39 – ver San Feliú de Guixols.

SANT HILARI SACALM Gerona **443** G 37 – ver San Hilario Sacalm.

SANT JULIA DE VILATORTA Barcelona **443** G 36 – ver San Julián de Villatorta.

SANT LLORENÇ DE MORUNYS Lérida **443** F 34 – ver San Lorenzo de Morunys.

ANTIAGO DE COMPOSTELA 15700 La Coruña 441 D 4 – 93 695 h. alt. 264 – ۞ 981.

er : Catedral★★★ (fachada del Obradoiro★★★, interior : pórtico de la Gloria★★★, puerta de las
aterías★★, claustro★, museo : tapices★★) V – Barrio viejo★★ : Plaza del Obradoiro★★ V (Palacio
elmírez A : salón sinodal★, Hostal de los Reyes Católicos B : fachada★) – Plaza de la Quintana★★ :
uerta del Perdón★ VX – Colegiata Santa María del Sar (arcos★) Z S – Paseo de la Herradura ≼★
. Alred. : Pazo de Oca★ (parque★★) 25 km por ③.

Aero Club de Santiago por ② : 9 km ℘ 59 24 00. ﹩ de Santiago de Compostela, Labacolla
or ② : 12 km ℘ 59 75 54 – Iberia : General Pardiñas 24 ℘ 59 41 00 Z.

Rua del Villar 43 ⊠ 15705, ℘ 58 40 81 – R.A.C.E. Carrera del Conde 6 ℘ 58 34 31.

Madrid 613 ② – ◆La Coruña 72 ② – Ferrol 103 ② – Orense 111 ③ – ◆Vigo 84 ④.

SANTIAGO
DE COMPOSTELA

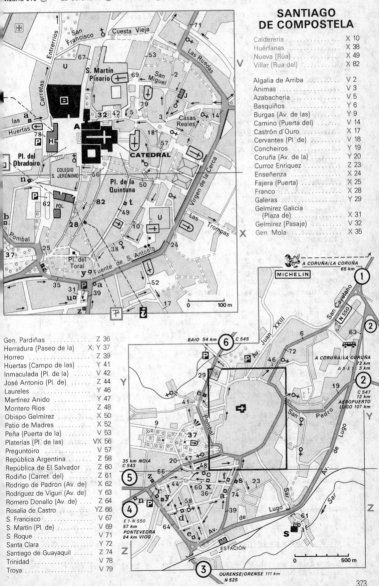

373

🏨🏨🏨 **Reyes Católicos,** pl. de España 1, ⊠ 15705, 𝒞 58 22 00, Telex 86004, Fax 56 30 9
« Lujosa instalación en un magnífico edificio del siglo XVI, mobiliario de gran estilo » –
📺 🛋 ⇔ – 🔬 25/200. 🆎 ① Ε 𝘝𝘐𝘚𝘈. ❊
Com 3100 – ⇱ 950 – **136 hab** 18000 – PA 6080.
    V

🏨 **Araguaney,** Alfredo Brañas 5, ⊠ 15701, 𝒞 59 59 00, Telex 86108, Fax 59 02 8?
☐ climatizada – 🛋 🗐 📺 ⇔ – 🔬 25/300. 🆎 ① Ε 𝘝𝘐𝘚𝘈. ❊
Com 2900 – ⇱ 950 – **62 hab** 14400/18000.
    Z

🏨 **Peregrino,** av. Rosalía de Castro, ⊠ 15706, 𝒞 52 18 50, Telex 82352, Fax 52 17 77,
🍽, ☐ climatizada, ⇙ – 🛋 📺 ⇔ – 🔬 25/80. 🆎 ① Ε 𝘝𝘐𝘚𝘈. ❊ rest
Com 3050 – ⇱ 700 – **148 hab** 7425/11000 – PA 5750.
    Z

🏨 **Compostela** sin rest, con cafetería, Hórreo 1, ⊠ 15702, 𝒞 58 57 00, Telex 82387, Fa
56 32 69 – 🛋 📺 ⇔ – 🔬 25/200. 🆎 ① Ε 𝘝𝘐𝘚𝘈. ❊
⇱ 500 – **99 hab** 6300/10000.
    X

🏨 **Gelmírez** sin rest, con cafetería, Hórreo 92, ⊠ 15702, 𝒞 56 11 00, Telex 82387, Fa
56 32 69 – 🛋 📺 ⇔ – 🔬 25/50. 🆎 ① Ε 𝘝𝘐𝘚𝘈. ❊
⇱ 400 – **138 hab** 5200/7500.
    Z

🏨 Windsor sin rest, República de El Salvador 16-A, ⊠ 15701, 𝒞 59 29 39 – 🛋 📶 – 🔬
70 hab.
    Z

🏨 **Universal** sin rest, pl. de Galicia 2, ⊠ 15706, 𝒞 58 58 00 – 🛋 🕾. 🆎 ① Ε 𝘝𝘐𝘚𝘈. ❊
⇱ 275 – **54 hab** 2700/4500.
    X

🏨 **México** sin rest, República Argentina 33 - 4°, ⊠ 15706, 𝒞 59 80 00 – 🛋 📶. Ε 𝘝𝘐𝘚𝘈. ❊
⇱ 275 – **57 hab** 2700/4500.
    Z

🏨 **Maycar** sin rest, Dr Teijeiro 15, ⊠ 15701, 𝒞 56 34 44 – 🛋 📶. 𝘝𝘐𝘚𝘈. ❊
⇱ 275 – **40 hab** 2700/4500.
    Z

🏨 **Rey Fernando** sin rest, Fernando III el Santo 30 - 6°, ⊠ 15702, 𝒞 59 35 50 – 📶. 🆎 ①
Ε 𝘝𝘐𝘚𝘈. ❊
⇱ 350 – **24 hab** 3450/5000.
    Z

🏨 **Hostal Vilas** sin rest, av. Romero Donallo 9 - A, ⊠ 15706, 𝒞 59 11 50, Fax 59 11 50 –
🕾. 🆎 ① Ε 𝘝𝘐𝘚𝘈. ❊
⇱ 300 – **28 hab** 3500/5500.
    Z

🏨 **Alameda,** San Clemente 32, ⊠ 15705, 𝒞 58 81 00 – 📶 ⇔. 🆎 Ε 𝘝𝘐𝘚𝘈. ❊
Com (cerrado domingo) 1300 – ⇱ 300 – **20 hab** 2750/4650 – PA 2800.
    X

🏠 **Mapoula** sin rest y sin ⇱, Entremurallas 10 - 3°, ⊠ 15702, 𝒞 58 01 24 – 🛋
10 hab 2500/3200.
    X

XXX **Don Gaiferos,** Rua Nueva 23, ⊠ 15705, 𝒞 58 38 94 – 🗐. 🆎 ① Ε 𝘝𝘐𝘚𝘈. ❊
cerrado domingo y del 22 al 31 diciembre – Com carta 3400 a 5100.
    X

XX **Anexo Vilas,** av. Villagarcía 21, ⊠ 15706, 𝒞 59 86 37, Fax 59 11 50 – 🆎 ① Ε 𝘝𝘐𝘚𝘈. ❊
cerrado lunes – Com carta 3600 a 5100.
    Z

XX **Las Huertas,** Las Huertas 16, ⊠ 15705, 𝒞 56 19 79, 🍽 – 🆎 ① Ε 𝘝𝘐𝘚𝘈. ❊
cerrado domingo y 22 diciembre-10 enero – Com carta 3150 a 5100.
    V

XX **Fornos,** Hórreo 26, ⊠ 15702, 𝒞 56 57 21, Fax 57 17 27 – 🆎 ① Ε 𝘝𝘐𝘚𝘈. ❊
cerrado domingo noche – Com carta 2400 a 4100.
    X

X **Vilas,** Rosalía de Castro 88, ⊠ 15706, 𝒞 59 21 70, Fax 59 11 50 – 🆎 ① Ε 𝘝𝘐𝘚𝘈. ❊
cerrado domingo – Com carta 3500 a 5000.
    Z

X **Alameda,** Puerta Fajera, 15, ⊠ 15705, 𝒞 58 66 57 – 🗐. 🆎 ① Ε 𝘝𝘐𝘚𝘈
Com carta 2500 a 4300.
    X

X **La Tacita de Oro,** Hórreo 31, ⊠ 15702, 𝒞 56 20 41, Fax 59 27 14 – 🗐. 𝘝𝘐𝘚𝘈. ❊
cerrado domingo – Com carta 1950 a 3000.
    Z

X **Don Quijote,** Galeras 20, ⊠ 15705, 𝒞 58 68 59 – 🗐. 🆎 ① Ε 𝘝𝘐𝘚𝘈. ❊
Com carta 1850 a 3075.
    Y

X **San Clemente,** San Clemente 6, ⊠ 15705, 𝒞 58 08 82, 🍽 – 🗐. 🆎 ① Ε 𝘝𝘐𝘚𝘈. ❊
Com carta 2000 a 3500.
    X

en la carretera de Noia por ⑤ 1 km – ⊠ 15706 Santiago de Compostela – ☎ 981

XX Roberto, 𝒞 59 18 76, Decoración neo-rústica gallega – 🅿

en la carretera de La Estrada C 541 – ⊠ 15702 Santiago de Compostela – ☎ 981 :

🏨 **Los Tilos** ⌖ sin rest, con cafetería, por ③ : 3 km 𝒞 59 77 00, Telex 88169, Fax 80 15 14,
≤ – 🛋 📺 ⇔ 🅿 – 🔬 25/500. 🆎 ① Ε 𝘝𝘐𝘚𝘈. ❊
⇱ 600 – **92 hab** 6500/9600.

🏨 **Congreso,** por ③ : 4,5 km 𝒞 59 05 90, Telex 86585, Fax 59 48 14 – 📺 🕾 🅿 – 🔬 25/100.
🆎 ① Ε 𝘝𝘐𝘚𝘈
Com 2000 – ⇱ 500 – **70 hab** 5400/8300.

en la carretera de Orense N 525 por ③ : 3,5 km – ⊠ 15701 Santiago de Compostela –
☎ 981 :

🏨 **Santa Lucía** sin rest, 𝒞 59 79 83, Fax 59 79 00 – 🛋 🕾 🅿. 🆎 𝘝𝘐𝘚𝘈. ❊
⇱ 330 – **81 hab** 4725/7025.

en la carretera de Pontevedra N 550 por ④ : 8,5 km – ✉ 15866 Osebe – ☎ 981 :

XX **Pampin,** ☎ 80 31 70 – Ⓟ. AE ⓓ VISA. ✻
Com 1000.

en la carretera del aeropuerto – ✉ 15820 Santiago de Compostela – ☎ 981 :

Santiago Apostol, por ② : 4 km ☎ 58 85 99, Fax 58 64 99, ← – |‡| TV – Ⓟ – 25/300. AE ⓓ E VISA. ✻
Com 1600 – ☕ 475 – **98 hab** 4400/6400 – PA 2940.

XX **Ruta Jacobea,** por ② : 9 km ☎ 88 82 11, Fax 88 84 03 – ▤ Ⓟ. AE ⓓ E VISA. ✻
Com carta 2550 a 3300.

XX **Sexto,** San Marcos 10 ☎ 56 65 07, ⛱, Vivero propio – ▤ Ⓟ. AE E VISA. ✻
Com carta 2000 a 3500.

.A.F.E. Neumáticos MICHELIN, Sucursal, Polígono El Tambre, vía Edison-Parcela 68 por
☎ 58 02 57 y 58 84 10, FAX 58 82 59

LFA ROMEO Vía Faraday 15 ☎ 58 78 58
JDI-VOLKSWAGEN Isaac Peral 8 - Polígono dustrial del Tambre ☎ 58 90 44
TROEN av. de Lugo 103 - Sar 74 ☎ 56 64 54
TROEN Milladoiro ☎ 53 03 18
AT carret. La Coruña km 59 ☎ 56 60 03
ORD Polígono Tambre - Vía Pasteur, 113 ☎ 56 54 00
ENERAL MOTORS carret. de La Coruña km 59 - olsaca ☎ 58 39 09
ANCIA Vía Faraday 2 ☎ 58 49 62
MERCEDES-BENZ Milladoiro 112 ☎ 53 10 32
PEUGEOT-TALBOT General Pardiñas 29 ☎ 56 27 00
PEUGEOT-TALBOT Fontiñas 88 ☎ 56 50 57
RENAULT av. Rosalía de Castro 158 ☎ 59 19 94
RENAULT Polígono Industrial del Tambre, vía Isaac Peral 6 ☎ 58 64 44
SEAT-AUDI-VOLKSWAGEN La Rocha 8 - carret. N 550 km 66,5 ☎ 53 00 78
SEAT Vía Pasteur 112 ☎ 58 96 54

SANTIAGO DE LA RIBERA 30720 Murcia 445 S 27 – ☎ 968 – Playa.

Club Mar Menor ☎ 57 00 21.
Madrid 438 – ♦Alicante 76 – Cartagena 37 – ♦Murcia 48.

Ribera, explanada de Barnuevo 12 ☎ 57 02 00, ← – |‡| ☎. E VISA. ✻
cerrado 16 diciembre-15 enero – Com 1300 – ☕ 385 – **40 hab** 2500/4950 – PA 2500.

EUGEOT carret. de Alicante 48 ☎ 57 21 54

SANTILLANA DEL MAR 39330 Cantabria 442 B 17 – 3 884 h. alt. 82 – ☎ 942.

Ver : Pueblo pintoresco★★ : Colegiata★ (interior : cuatro Apóstoles★, retablo★, claustro★ : capiteles★★).
Alred. : Cueva prehistórica★★ de Altamira (techo★★) SO : 2 km.
pl. Mayor ☎ 81 82 51.
Madrid 393 – ♦Bilbao 130 – ♦Oviedo 171 – ♦Santander 30.

Parador Gil Blas ⛰, pl. Ramón Pelayo 11 ☎ 81 80 00, Fax 81 83 91, « Antigua casa señorial », 🌳 – |‡| TV Ⓟ. AE ⓓ E VISA. ✻
Com 3100 – ☕ 950 – **56 hab** 13000 – PA 6080.

Altamira ⛰, Cantón 1 ☎ 81 80 25, Fax 84 01 36, « Casa señorial del siglo XVII » – ▤ rest TV ☎ Ⓟ. AE ⓓ E VISA. ✻
Com 1400 – ☕ 400 – **30 hab** 4350/8000 – PA 2550.

Los Infantes, av. L' Dorat 1 ☎ 81 81 00, Fax 84 01 03, « Fachada de época » – ☎. AE ⓓ E VISA. ✻
Com 1725 – ☕ 450 – **30 hab** 7000/10500.

Santillana, El Cruce ☎ 81 80 11, Fax 84 01 03 – ☎. AE ⓓ E VISA. ✻
Com 1500 – ☕ 400 – **38 hab** 5500/8500.

Cuevas ⛰ sin rest, av. Antonio Sandi ☎ 81 83 84 – Ⓟ. AE E VISA. ✻
marzo-octubre – ☕ 325 – **40 hab** 4800/5800.

Villadelmar sin rest, av. Le Dorat ☎ 84 01 43 – ☎ Ⓟ. AE E VISA. ✻
15 marzo-15 octubre – ☕ 375 – **13 hab** 5500/6800.

Los Hidalgos ⛰ sin rest, Campo de Revolgo ☎ 81 81 01, Fax 84 01 70 – Ⓟ. AE ⓓ E VISA. ✻
Semana Santa-octubre – ☕ 300 – **18 hab** 4500/5500.

Los Angeles ⛰, Revolgo 13 ☎ 81 81 40 – VISA. ✻
marzo-diciembre – Com 1100 – ☕ 350 – **13 hab** 4200/6000 – PA 2170.

Conde Duque ⛰ sin rest, Campo de Revolgo 1 ☎ 81 83 36 – Ⓟ. AE ⓓ E VISA. ✻
Semana Santa-octubre – ☕ 300 – **14 hab** 4500/5500.

X **La Robleda,** Revolgo ☎ 81 83 24, ⛱ – Ⓟ. AE E VISA. ✻
Com carta 1900 a 3100.

X **Los Blasones,** pl. de Gándara ☎ 81 80 70 – AE ⓓ E VISA. ✻
4 noviembre-4 diciembre – Com carta 2450 a 3950.

SANT JULIÁ DE LORIA Andorra **443** E 34 – ver Andorra (Principado de).

SANT MARTI SARROCA 08371 Barcelona **443** H 34 – – ver San Martín Sarroca.

SANT MARTI D'EMPURIES Gerona – ver La Escala.

SANT MARTI SARROCA 08731 Barcelona **443** H 34 – ver San Martín Sarroca.

SANTO DOMINGO DE LA CALZADA 26250 La Rioja **442** E 21 – 5 544 h. alt. 639 – ✪ 941.
Ver : Catedral★ (retablo mayor★).
◆Madrid 310 – ◆Burgos 67 – ◆Logroño 47 – ◆Vitoria/Gasteiz 65.

  🏠 **El Corregidor** sin rest., Zumalacárregui 14 🖉 34 21 28, Fax 34 21 15 – 🛗 🖃 🖵 ☎ ⇔
    – 🔬 25/300. 🆎 ⓪ 🗲 ₩₩₩. ⫶
    Com 1800 – ⌷ 600 – **32 hab** 5500/8500 – PA 3500.

  🏠 Santa Teresita, General Mola 2 🖉 34 07 00, Regido por religiosas – 🛗 ☜ – 🔬 – **78 ha**

  ✗ **El Rincón de Emilio,** pl. Bonifacio Gil 7 🖉 34 09 90 – ₩₩₩. ⫶
    cerrado martes noche y 16 enero-febrero – Com carta 1550 a 2750.

  ✗ **Mesón El Peregrino,** Zumalacárregui 18 🖉 34 02 02, Decoración rústica – 🆎 ⓪ 🗲 ₩₩₩
    ⫶
    cerrado lunes y 24 diciembre-7 enero – Com carta 1900 a 2700.

AUSTIN ROVER Palomares, 4 🖉 34 22 29
CITROEN carret. de Logroño 🖉 34 01 54
FORD carret. de Logroño km 43 🖉 34 02 06
OPEL Av. Obras Públicas, 3 🖉 34 22 50
PEUGEOT-TALBOT av. Obras Publicas 3
🖉 34 09 00

RENAULT av. Obras Públicas 2 🖉 34 09 00
SEAT-AUDI-VOLKSWAGEN av. Cuerpo Obras
Públicas 15 🖉 34 07 43

SANTO DOMINGO DE SILOS (Monasterio de) 09610 Burgos **442** G 19 – 376 h. – ✪ 947.
Ver : Monasterio★★ (claustro★★).
Alred. : Garganta de la Yecla★ SE : 5 km.
◆Madrid 203 – ◆Burgos 58 – Soria 99.

  🏠 **Tres Coronas de Silos** ⟡, pl. Mayor 6 🖉 38 07 27, « Conjunto castellano » – ☜. 🖾
    🗲 ₩₩₩
    Com 3000 – ⌷ 590 – **16 hab** 4100/6900 – PA 4200.

SANTONA 39740 Cantabria **442** B 19 – 11 642 h. – ✪ 942 – Playa.
◆Madrid 441 – ◆Bilbao 81 – ◆Santander 48.

  🏠 **Castilla,** Manzanedo 29 🖉 66 22 61, Fax 66 24 51 – 🛗 🖃 rest 🖵 ☎. 🆎 ⓪ 🗲 ₩₩₩. ⫶
    Com (cerrado domingo de octubre a junio) 1500 – ⌷ 400 – **42 hab** 4500/6000 – PA 2700

RENAULT Valdomero Villegas 🖉 66 02 52

SANTO TOMÁS (Playa de) Baleares **443** M 42 – ver Baleares (Menorca) : San Cristóbal.

SANTO TOME DEL PUERTO 40590 Segovia **442** I 19 – 424 h. – ✪ 911.
◆Madrid 100 – Aranda de Duero 61 – ◆Segovia 54.

  🏠 **Mirasierra,** carret. N I 🖉 55 50 05, 🛋, – ☜ 🅿. 🆎 ⓪ 🗲 ₩₩₩. ⫶
    Com (cerrado miércoles) 1700 – ⌷ 600 – **16 hab** 3800/5800 – PA 3400.

SANTPEDOR 08251 Barcelona **443** G 35 – 3 411 h. – ✪ 93.
◆Madrid 638 – ◆Barcelona 69 – Manresa 6 – Vich/Vic 54.

  ✗✗ **Ramón,** Camí de Juncadella 🖉 832 08 50, 🏡, Pescados y mariscos – 🖃 🅿. 🆎 ⓪ 🖪
    ₩₩₩. ⫶
    cerrado domingo noche – Com carta 2800 a 4200.

RENAULT carret. de Catllús 18 🖉 832 02 31

SANT PERE DE RIBES Barcelona **443** I 35 – ver San Pedro de Ribas.

SANT POL DE MAR Barcelona **443** H 37 – ver San Pol de Mar.

SANT QUIRZE DE BESORA Barcelona **443** F 36 – ver San Quirico de Besora.

SANT QUIRZE SAFAJA Barcelona **443** G 36 – ver San Quirico Safaja.

SANT SADURNI D'ANOIA 08770 Barcelona – ver San Sadurní de Noya.

♦Madrid 411 – Bilbao 15 – ♦Santander 97.

XX **Currito,** av. Murrieta 21 ℰ 483 32 14, ≤, 🏛 – 🅿. 🆎 ① E 𝘝𝘐𝘚𝘈. ⛬
  cerrado domingo noche – Com carta 3900 a 4600.

X **Kai-Alde,** Capitán Mendizábal 7 ℰ 461 00 34, 🏛 – 🆎 ① E 𝘝𝘐𝘚𝘈. ⛬
  cerrado lunes noche – Com carta 1700 a 3750.

X Lucas, Iparraguirre 34 ℰ 461 68 00 – 🅿.

FORD Doctor Fleming 21 ℰ 461 38 41
RENAULT Mamariga 22 ℰ 461 33 00

SEAT-AUDI-VOLKSWAGEN Sabino Arana 22
ℰ 461 82 63

SAN VICENTE DE LA BARQUERA 39540 Cantabria 442 B 16 – 3 956 h. – ۞ 942 – Playa.
Ver : Centro veraniego★.
Alred. : Carretera de Unquera ≤★.
🛈 av. de Antonio Garelly 9 ℰ 71 00 12.
♦Madrid 421 – Gijón 131 – ♦Oviedo 141 – ♦Santander 64.

🏠 **Boga-Boga,** pl. José Antonio 9 ℰ 71 01 35, 🏛 – 🔁 ☎. 🆎 ① E 𝘝𝘐𝘚𝘈. ⛬
  cerrado Navidades-enero – Com *(cerrado martes de octubre a mayo)* 1500 – ⌑ 350 –
  18 hab 4400/5700 – PA 3000.

🏠 **Luzón** sin rest, av. Miramar 1 ℰ 71 00 50, ≤ – ☎. ⛬
  ⌑ 400 – **34 hab** 4000/6000.

🏠 **Miramar** ⬢, La Barquera N : 1 km ℰ 71 00 75, ≤ playa, mar y montaña, 🏛 – 📺 ☎
  🅿. 🆎 E 𝘝𝘐𝘚𝘈. ⛬
  marzo-15 diciembre – Com 1600 – ⌑ 500 – **15 hab** 3900/5200 – PA 3100.

XX **Maruja,** av. Generalísimo ℰ 71 00 77, 🏛 – 🆎 ① E 𝘝𝘐𝘚𝘈. ⛬
  Com carta 2100 a 3100.

RENAULT Mata Linares 16 ℰ 71 03 48

Die Preise	Einzelheiten über die in diesem Führer angegebenen Preise finden Sie in der Einleitung.

SAN VICENTE DEL HORTS o **SANT VICENÇ DELS HORTS** 08620 Barcelona 443 H 36 –
19 975 h. – ۞ 93.
♦Madrid 612 – ♦Barcelona 20 – Tarragona 92.

  en la carretera de Sant Boi SE : 1,5 km – ✉ 08620 Sant Vicenç dels Horts – ۞ 93 :

X **Las Palmeras,** ℰ 656 13 16 – 🍽 🅿. E 𝘝𝘐𝘚𝘈. ⛬
  Com carta 2000 a 3150.

FORD Jacinto Verdaguer 254 ℰ 656 00 83
PEUGEOT-TALBOT Jacinto Verdaguer 225
ℰ 656 42 01

RENAULT Angel Guimerá 17 ℰ 656 01 02
SEAT-AUDI-VOLKSWAGEN carretera BV 2002
Sant Vicenç-Sant Boi km 13,9 ℰ 656 30 11

SAN VICENTE DEL MAR Pontevedra – ver El Grove.

SANXENXO Pontevedra 441 G 3 – ver Sangenjo.

El SARDINERO Cantabria 442 B 18 – ver Santander.

SARDÓN DE DUERO 47340 Valladolid 442 H 16 – 610h. – ۞ 983.
♦Madrid 208 – Aranda de Duero 66 – ♦Valladolid 26.

🏠 Sardón, carret. N 122 ℰ 68 03 07 – 🍽 rest 🅿 – **13 hab**.

S'ARGAMASA (Urbanización) Baleares 443 P 34 – ver Baleares (Ibiza) : Santa Eulalia del Río.

SA RIERA Gerona 443 G 39 – ver Bagur.

SARRIA 27600 Lugo 441 D 7 – 12 000 h. alt. 420 – ۞ 982.
Alred. : Puertomarín : Iglesia★ E : 20 km.
🛈 Mayor 10.
♦Madrid 491 – Lugo 32 – Orense 81 – Ponferrada 109.

  ✿ Londres sin rest, Calvo Sotelo 153 ℰ 53 09 19 – 🔁
    30 hab.

AUDI-VOLKSWAGEN Matías López 97
ℰ 53 00 19
CITROEN Calvo Sotelo 67 ℰ 53 16 56
FIAT-LANCIA Goya 3-5 ℰ 53 09 22
FORD Marqués de Ugena 45 ℰ 53 03 55

GENERAL MOTORS carret. de Lugo ℰ 53 07 85
PEUGEOT-TALBOT Vázquez Queipo 15
ℰ 53 06 37
RENAULT Pacios Farban ℰ 53 10 85
SEAT carret. de Becerreá ℰ 53 17 05

SARRIÓN 44460 Teruel 🔢🔢🔢 L 27 – 1 116 h. – ✆ 974.

♦Madrid 338 – Castellón de la Plana 118 – Teruel 37 – ♦Valencia 109.

🏛 **Atalaya**, carret. N 234 ℰ 78 04 59 – ℗
   15 hab.

🏛 **El Asturiano**, carret. N 234 ℰ 78 01 54 – ⟸ ℗. 𝘝𝘐𝘚𝘈. ⚘
   Com 900 – ⊃ 250 – **15 hab** 1700/2600 – PA 2050.

   en La Escaleruela E : 9 km – ⊠ 44460 Sarrión – ✆ 974 :

✗ **La Escaleruela**, ℰ 78 01 40, Decoración rústica, ⌸ – ℗.

SEGOVIA 40000 🄿 🔢🔢🔢 J 17 – 53 237 h. alt. 1005 – ✆ 911.

Ver : Emplazamiento⋆⋆ – Ciudad Vieja⋆ BX : Catedral⋆⋆ AY (claustro⋆, tapices⋆) – Acueducto romano⋆⋆⋆ BY – Alcázar⋆ AX – Monasterio de El Parral⋆ BX – Plaza de San Martín⋆ BY **33** (iglesia de San Martín⋆).

Alred. : la Granja de San Ildefonso⋆ : Palacio (museo de tapices⋆⋆, jardines⋆⋆, surtidores⋆⋆) SE : 11 km por ③ – Palacio de Riofrío⋆ S : 11 km por ⑤.

🛈 pl. Mayor 10, ⊠ 40001, ℰ 41 16 02 – R.A.C.E. av. Fernández Ladreda 12, ⊠ 40001, ℰ 43 37 89.

♦Madrid 87 ④ – Ávila 67 ⑤ – ♦Burgos 198 ② – ♦Valladolid 110 ①.

Plano página siguiente

🏨🏨 **Los Arcos**, paseo de Ezequiel González 24, ⊠ 40002, ℰ 43 74 62, Telex 49823, Fax 42 81 61 – 🛗 🔳 ☎ ⟸ – 🔬 25/225. 🅰🅴 ⓘ 𝘝𝘐𝘚𝘈. ⚘   AZ **t**
   Com (ver rest. **La Cocina de Segovia**) – ⊃ 850 – **59 hab** 6500/9900.

🏨🏨 **Acueducto**, av. del Padre Claret 10, ⊠ 40001, ℰ 42 48 00, Telex 49824, Fax 42 84 46 – 🛗 🔳 rest 🔳 ⟸ – 🔬 25/200. 🄴 𝘝𝘐𝘚𝘈. ⚘   BY **v**
   Com 2000 – ⊃ 600 – **78 hab** 5500/8000 – PA 3910.

🏨🏨 **Los Linajes** ⟩ sin rest. con cafetería, Dr Velasco 9, ⊠ 40003, ℰ 43 17 12 – 🛗 🔳 ⟸.
   🅰🅴 ⓘ 𝘝𝘐𝘚𝘈. ⚘   BX **p**
   ⊃ 600 – **55 hab** 5700/8800.

🏨 **Las Sirenas** sin rest, Juan Bravo 30, ⊠ 40001, ℰ 43 40 11 – 🛗 🔳 ☎. 🅰🅴 ⓘ 🄴 𝘝𝘐𝘚𝘈. ⚘
   ⊃ 350 – **39 hab** 3750/6000.   BY **t**

🏨 **Corregidor**, carret. de Ávila 1, ⊠ 40002, ℰ 42 57 61, Fax 44 24 36 – ☎. 🄴 𝘝𝘐𝘚𝘈. ⚘
   Com 1250 – ⊃ 465 – **54 hab** 4430/6360 – PA 2608.   AZ **a**

✗✗✗ **La Cocina de Segovia**, paseo de Ezequiel González, 24 ℰ 43 74 62, Telex 49823, Fax 43 74 62 – 🔳 ⟸. 🅰🅴 ⓘ 🄴 𝘝𝘐𝘚𝘈.   AZ **t**
   Com carta 2800 a 3650.

✗✗ **Mesón de Cándido**, pl. Azoguejo 5, ⊠ 40001, ℰ 42 59 11, Fax 42 81 03, « Casa del siglo XV, decoración castellana » – 🔳. 🅰🅴 ⓘ 🄴 𝘝𝘐𝘚𝘈. ⚘   BY **s**
   Com carta 2800 a 3300.

✗✗ **Duque**, Cervantes 12, ⊠ 40001, ℰ 43 05 37, Fax 44 12 66, « Decoración castellana » – 🔳. 🅰🅴 ⓘ 🄴 𝘝𝘐𝘚𝘈. ⚘   BY **e**
   Com carta 2700/3550.

✗✗ **José María**, Cronista Lecea 11, ⊠ 40001, ℰ 43 44 84 – 🔳. 🅰🅴 ⓘ 🄴 𝘝𝘐𝘚𝘈   BY **u**
   Com carta 1800 a 2900.

✗ **Solaire**, Santa Engracia 3, ⊠ 40001, ℰ 43 36 78 – 🔳. 🅰🅴 ⓘ 🄴 𝘝𝘐𝘚𝘈. ⚘   BY **c**
   Com carta 2125 a 3400.

✗ **El Bernardino**, Cervantes 2, ⊠ 40001, ℰ 43 32 25 – 🔳. 🅰🅴 ⓘ 🄴 𝘝𝘐𝘚𝘈. ⚘   BY **e**
   cerrado del 1 al 28 enero – Com carta 2200 a 2875.

✗ **La Oficina**, Cronista Lecea 10, ⊠ 40001, ℰ 43 16 43, Decoración castellana – 🅰🅴 ⓘ 🄴 𝘝𝘐𝘚𝘈   BY **n**
   cerrado martes y del 2 al 30 noviembre – Com carta 2050 a 2450.

✗ **Mesón de los Gascones**, av. del Padre Claret 16, ⊠ 40001, ℰ 42 10 95 – 🔳. 🅰🅴 🄴 𝘝𝘐𝘚𝘈. ⚘   AZ **u**
   cerrado lunes – Com carta 2250 a 2750.

✗ **El Cordero**, Carmen 4, ⊠ 40001, ℰ 43 51 96 – 🔳. ⓘ 🄴 𝘝𝘐𝘚𝘈. ⚘   BY **b**
   Com carta 2525 a 3850.

✗ **Solaire 2**, carret. de Palazuelos, ⊠ 40004, ℰ 42 10 63 – 🔳. 🅰🅴 🄴 𝘝𝘐𝘚𝘈. ⚘   AZ **a**
   Com carta 1800 a 2500.

✗ **La Taurina**, pl. Mayor 8, ⊠ 40001, ℰ 43 05 77, Decoración castellana – 🅰🅴 ⓘ 🄴 𝘝𝘐𝘚𝘈. ⚘   BY **x**
   Com carta 1975 a 2950.

   en la carretera N 110 por ② – ⊠ 40196 La Lastrilla – ✆ 911 :

🏨🏨 **Puerta de Segovia** ⟩, 2,8 km ℰ 43 71 61, Telex 22336, Fax 43 79 63, ⌸, ⚘ – 🛗 🔳 🔳 ☎ ⟸ ℗ – 🔬 25/1000. 🅰🅴 ⓘ 🄴 𝘝𝘐𝘚𝘈. ⚘
   Com 2255 – ⊃ 660 – **205 hab** 5330/8800 – PA 4395.

🏨 **Venta Magullo** ⟩, 2,5 km ℰ 43 50 11, Fax 44 07 63 – 🔳 rest ☎ ⟸ ℗. 🅰🅴 🄴 𝘝𝘐𝘚𝘈. ⚘
   Com 925 – ⊃ 210 – **65 hab** 3500/5000 – PA 1725.

   en la carretera N 601 por ① : 3 km – ✆ 911 :

🏨🏨 **Parador de Segovia** ⟩, ⊠ 40000, ℰ 43 04 62, Telex 47913, Fax 43 73 62, ≤ Segovia y sierra de Guadarrama, ⌸, ⟩ – 🛗 🔳 🔳 ☎ ℗ – 🔬 25/100. 🅰🅴 ⓘ 🄴 𝘝𝘐𝘚𝘈. ⚘
   Com 3100 – ⊃ 950 – **113 hab** 13000 – PA 6080.

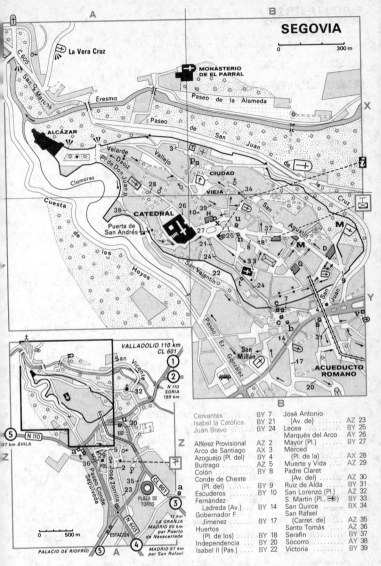

SEGOVIA

0   300 m

La Vera Cruz

MONASTERIO DE EL PARRAL

Paseo de la Alameda

Eresma

Paseo

ALCÁZAR

de

San

Juan

Velarde

Vallejo

CIUDAD VIEJA

Clamores

CATEDRAL

Puerta de San Andrés

Cuesta

de

los

Hoyos

San Valentín

San

Agustín

de

la

Cruz

San

Juan

San Millán

ACUEDUCTO ROMANO

VALLADOLID 110 km
CL 601

N 110
SORIA
199 km

57 km ÁVILA   N 110

Paseo Conde Sepúlveda

CL 601

PLAZA DE TOROS

11 km
LA GRANJA
MADRID 85 km
par Puerto
de Navacerrada

ESTACIÓN

MADRID 87 km
par San Rafael

PALACIO DE RIOFRÍO

0   500 m

ALFA ROMEO carret. Valladolid km 91
☎ 43 70 57
AUSTIN-ROVER Los Coches 7 ☎ 43 26 03
BMW Somosierra 28. Polígono Industrial el Cerro
☎ 43 39 71
CITROEN Guadarrama 15 - Polígono Industrial El
Cerro ☎ 42 14 05
FIAT-LANCIA Guadarrama 15 - Polígono Indus-
trial El Cerro ☎ 42 20 08
FORD carret. San Rafael 40 ☎ 42 14 81
GENERAL MOTORS-OPEL Siete Picos 20 -
Polígono Industrial El Cerro ☎ 42 55 12

MERCEDES-BENZ Peñalara 10 - Polígono Indus-
trial El Cerro ☎ 42 76 11
PEUGEOT-TALBOT av. de San Rafael 42
☎ 42 14 33
RENAULT Peñalara 2 - Poligono Industrial El
Cerro ☎ 42 26 81
SEAT-AUDI-VOLKSWAGEN Navacerrada, 12 -
Polig. Industrial El Cerro ☎ 43 71 62
VOLVO carret. Soria 21 ☎ 43 53 61

SEGUR DE CALAFELL Tarragona **443** I 34 – ver Calafell.

379

SELLES o **CELLERS** 25631 Lérida **443** F 32 – alt. 325 – ⚙ 973.

♦Madrid 551 – ♦Lérida/Lleida 82.

🏨 **Terradets** sin rest, carret. C 147 𝒫 65 03 50, ≤, ⥅ – 🔄 ▤ 📺 ☎ 🚗 🅿 ⒶⒺ ⓞ Ⓔ 𝘝𝘐𝘚𝘈
⟲ 550 – **30 hab** 3485/5100.

La SENIA Tarragona **443** K 30 – ver La Cenia.

SEO DE URGEL o **La SEU D'URGELL** 25700 Lérida **443** E 34 – 10 681 h. alt. 700 – ⚙ 973.

Ver : Catedral de Santa María★★ (claustro★, museo diocesano : Beatus★)

✈ de Seo de Urgel S : 7 km 𝒫 35 15 74 – Iberia : José Betriú Tapies 𝒫 35 15 74.

🛈 paseo de José Antonio 𝒫 35 00 10 y 35 09 91.

♦Madrid 602 – ♦Andorra la Vella 20 – ♦Barcelona 200 – ♦Lérida/Lleida 133.

🏰 **Parador de la Seo de Urgel,** Santo Domingo 𝒫 35 20 00, Fax 35 23 09, ⥅ – 🔄 ▤ 📺
☎ 🚗 – ⬛ ⒶⒺ ⓞ Ⓔ 𝘝𝘐𝘚𝘈. 🍴
Com 2900 – ⟲ 950 – **79 hab** 9500 – PA 5740.

🏨 **Nice,** av. Pau Claris 6 𝒫 35 21 00, Fax 35 12 21 – 🔄 ▤ rest ☎ 🚗 ⒶⒺ ⓞ Ⓔ 𝘝𝘐𝘚𝘈. 🍴
Com 1400 – ⟲ 600 – **51 hab** 3100/4850 – PA 3200.

🏨 **Duc d'Urgell** sin rest y sin ⟲, José de Zulueta 43 𝒫 35 21 95 – 🔄 🚗 𝘝𝘐𝘚𝘈. 🍴
36 hab 2600/4000.

🏨 **Cadí** sin rest y sin ⟲, José de Zulueta 6 𝒫 35 01 50 – 🔄 ☎
42 hab 4000/6000.

🍴 **Mesón Teo,** av. Pau Claris 38 𝒫 35 10 29 – ▤ Ⓔ 𝘝𝘐𝘚𝘈. 🍴
cerrado lunes y junio – Com carta 2425 a 2750.

en Castellciutat SO : 1 km – ✉ 25710 Castellciutat – ⚙ 973 :

🏰 ❀ **El Castell** ⬎, carret. N 260 ✉ 25700 Seo de Urgel apartado 53 𝒫 35 07 04, Telex
93610, Fax 35 15 74, ≤ valle, Seo de Urgel y montañas, « ⥅ rodeada de césped » – ▤ rest
📺 ☎ 🅿 – ⬛ 25/75. ⒶⒺ ⓞ Ⓔ 𝘝𝘐𝘚𝘈. 🍴 rest
cerrado 15 enero-15 febrero – Com carta 4400 a 6100 – ⟲ 1250 – **40 hab** 9500/12500
Espec. ''Fantasia d'Escamarlans'', Mil Hojas de foie-gras con manzanas Reineta, Muslitos de codorniz
trufados con setas en su fina salsa..

🏨 **La Glorieta** ⬎, 𝒫 35 10 45, Fax 35 42 61, ≤ valle y montañas, ⥅ – 🅿 ⓞ 𝘝𝘐𝘚𝘈. 🍴
Com *(cerrado lunes)* 1600 – ⟲ 700 – **27 hab** 3500/7000 – PA 3600.

en Montferrer – ✉ 25711 Montferrer – ⚙ 973 :

🏨 **Alto Segre,** SO : 3 km carret. N 260 𝒫 35 13 31, Fax 35 40 74, ≤ – ▤ rest ☎ 🅿 ⒶⒺ ⓞ
Ⓔ 𝘝𝘐𝘚𝘈
Com 1900 – ⟲ 500 – **48 hab** 6000/8000.

🍴 **La Masía,** SO : 4 km carret. N 260 𝒫 35 24 45 – ▤ 🅿 ⒶⒺ ⓞ Ⓔ 𝘝𝘐𝘚𝘈. 🍴
cerrado miércoles y 20 junio-20 julio – Com carta 1500 a 2300.

en Alás E : 5 km por carretera de Puigcerdá – ✉ 25718 Alás – ⚙ 973 :

🍴 Dolcet, Av. José de Zulueta 1 𝒫 35 20 16 – ▤.

ALFA ROMEO carret. Lérida-Puigleda km 128
𝒫 35 24 22
CITROEN paseo del Parque 106, pasaje 2 y 4
𝒫 35 05 40
FIAT Regencia d'Urgell 14-16 𝒫 35 13 12
ALFA ROMEO carret. C 1313 6 𝒫 35 12 58

GENERAL MOTORS carret. de Lérida 26
𝒫 35 13 70
PEUGEOT-TALBOT av. Valira 27 𝒫 35 05 40
RENAULT av. Guillermo Graell 36 𝒫 35 03 22
SEAT-AUDI-VOLKSWAGEN carret. Lérida -
Puigcerdá 𝒫 35 10 58

SEPULVEDA 40300 Segovia **442** I 18 – 1 590 h. alt. 1014 – ⚙ 911.

Ver : Emplazamiento★.

♦Madrid 123 – Aranda de Duero 52 – ♦Segovia 59 – ♦Valladolid 107.

🍴 **Cristóbal,** Conde Sepúlveda 9 𝒫 54 01 00, Decoración castellana – ▤ ⒶⒺ ⓞ Ⓔ 𝘝𝘐𝘚𝘈. 🍴
cerrado martes, del 1 al 15 de septiembre y del 15 al 30 de diciembre – Com
carta 2000 a 3850.

🍴 **Casa Paulino,** Calvo Sotelo 2 𝒫 54 00 16, ≤ – ▤ ⒶⒺ ⓞ Ⓔ 𝘝𝘐𝘚𝘈. 🍴
cerrado lunes, del 15 al 30 junio y del 15 al 30 noviembre – Com carta 1800 a 3000.

SERRADUY 22483 Huesca **443** F 31 – alt. 917 – ⚙ 974.

Alred. : Roda de Isábena (enclave★ montañoso, Catedral : sepulcro de San Ramón★).

♦Madrid 508 – Huesca 118 – ♦Lérida/Lleida 100.

🏨 Casa Peix ⬎, 𝒫 54 07 38, ⥅ – 🅿
temp. – **26 hab**.

SES FIGUERETAS (Playa de) Baleares – ver Baleares (Ibiza) : Ibiza.

SES ILLETAS 07871 Baleares – ver Baleares (Formentera) : Es Pujols.

'ESTANYOL (Playa de) Baleares 443 P 33 – ver Baleares (Ibiza) : San Antonio Abad.

ETCASAS o **SETCASES** 17869 Gerona 443 E 36 – 148 h. – ✪ 972 – Deportes de invierno ⸯ Vallter ⩽5.

Madrid 710 – ◆Barcelona 138 – Gerona/Girona 91.

🏠 **La Coma** ⟲, 𝒫 74 05 58, ⩽, 🛋 – 🅿. ⚙
　Com 1250 – ⚓ 450 – **20 hab** 3250 – PA 2375.

a SEU D'URGELL Lérida 443 E 34 – ver Seo de Urgel.

EVILLA 41000 🅿 446 T 11 y 12 – 653 833h. alt. 12 – ✪ 95.

er : Catedral★★★ CV – Giralda★★★ (⩽★★) CV – Reales Alcázares★★★ (jardines★★, cuarto del ⸯirante : retablo de la Virgen de los Marcantes★) CX – Parque de María Luisa★★ FR – Museo ⸯ Bellas Artes★★ AU M1 – Barrio de Santa Cruz★ CV – Casa de Pilatos★★ (azulejos★★) DV R – ⸯuseo Arqueológico (colecciones romanas★) FR M2.

1red. : Itálica ⩽★ 9 km por ⑤.

e Hipódromo del Club Pineda FS 𝒫 461 14 00.

ⸯ de Sevilla - San Pablo por ① : 14 km 𝒫 451 06 77 – Iberia : Almirante Lobo 2, ✉ ⸯ001, Ü072, 𝒫 421 88 00 BX.

🚂 𝒫 422 03 70.

av. de la Constitución 21 B ✉ 41004, 𝒫 422 14 04 y paseo de Las Delicias, ✉ 41012, 𝒫 423 44 65 – ⸯA.C.E. (R.A.C. de Andalucía) av. Eduardo Dato 22, ✉ 41002, 𝒫 463 13 50.

Madrid 550 ① – ◆La Coruña 950 ⑤ – ◆Lisboa 417 ⑤ – ◆Málaga 217 ② – ◆Valencia 682 ①.

Planos páginas siguientes

🏨 **Alfonso XIII,** San Fernando 2, ✉ 41004, 𝒫 422 28 50, Telex 72725, Fax 421 60 33, 😋, « Majestuoso edificio de estilo andaluz », 🥋, 🛋 – 🛗 ▤ 📺 ☎ 🚗 🅿 – 🔥 25/500. 🆎 ⓪ 𝘝𝘐𝘚𝘈. ⚙
CX **c**
　Com 5750 – ⚓ 2150 – **149 hab** 24000/32800 – PA 11500.

🏨 **Sol Lebreros,** Luis Morales 2, ✉ 41005, 𝒫 457 94 00, Telex 72772, Fax 457 23 09, 🥋 – 🛗 ▤ 📺 ☎ 🚗 🅿 – 🔥 🆎 ⓪ 𝐄 𝘝𝘐𝘚𝘈. ⚙
FR **v**
　⚓ 1200 – **439 hab** 24400/30500.

🏨 **Meliá Sevilla,** av. de la Borbolla 3, ✉ 41004, 𝒫 442 26 11, Telex 73094, Fax 442 16 08, 🥋 – 🛗 ▤ 📺 ☎ 🕭 🚗 – 🔥 25/100. 🆎 ⓪ 𝐄 𝘝𝘐𝘚𝘈. ⚙
FR **n**
　⚓ 1200 – **366 hab** 24400/30500.

🏨 Porta Coeli, av. Eduardo Dato 49, ✉ 41018, 𝒫 457 00 40, Telex 72913, Fax 457 85 80, 🔲 – 🔥
FR **a**
(ver rest. **Florencia**) – **243 hab.**

🏨 **Sol Macarena,** San Juan de Ribera 2, ✉ 41009, 𝒫 437 58 00, Telex 72815, Fax 438 18 03, 🥋 – 🛗 ▤ 📺 ☎ – 🔥 25/700. 🆎 ⓪ 𝐄 𝘝𝘐𝘚𝘈. ⚙
CDT **a**
　⚓ 1200 – **327 hab** 24400/30500.

🏨 **Tryp Colón,** Canalejas 1, ✉ 41001, 𝒫 422 29 00, Telex 72726, Fax 422 09 38 – 🛗 ▤ 📺 ☎ 🕭 🚗 – 🔥 25/80. 🆎 ⓪ 𝐄 𝘝𝘐𝘚𝘈. ⚙
AV **b**
　Com 4700 – ⚓ 1500 – **218 hab** 24800/31000 – PA 8875.

🏨 **Inglaterra,** pl. Nueva 7, ✉ 41001, 𝒫 422 49 70, Telex 72244, Fax 456 13 36 – 🛗 ▤ 📺 ☎ 🚗. 🆎 ⓪ 𝐄 𝘝𝘐𝘚𝘈. ⚙ rest
BV **a**
　Com 2750 – ⚓ 600 – **116 hab** 16000/20000 – PA 5100.

🏨 **Pasarela** sin rest, av. de la Borbolla 11, ✉ 41004, 𝒫 441 55 11, Telex 72486, Fax 442 07 29 – 🛗 ▤ 📺 ☎. 🆎 ⓪ 𝐄 𝘝𝘐𝘚𝘈. ⚙
FR **n**
　⚓ 750 – **82 hab** 11500/17500.

🏨 **G. H. Lar,** pl. Carmen Benítez 3, ✉ 41003, 𝒫 441 03 61, Telex 72816, Fax 441 04 52 – 🛗 ▤ 📺 ☎ 🚗 – 🔥 25/250. 🆎 ⓪ 𝐄 𝘝𝘐𝘚𝘈. ⚙
DV **v**
　Com 2200 – ⚓ 800 – **137 hab** 10300/15000.

🏨 **Husa Sevilla,** Pagés del Corro 90, ✉ 41010, 𝒫 434 24 12, Fax 434 27 07 – 🛗 ▤ ☎ 🚗 – 🔥 25/220. 🆎 𝐄 𝘝𝘐𝘚𝘈. ⚙
AX **a**
　Com 2900 – ⚓ 980 – **128 hab** 9900/15400 – PA 5500.

🏨 **Becquer** sin rest, Reyes Católicos 4, ✉ 41001, 𝒫 422 89 00, Telex 72884, Fax 421 44 00 – 🛗 ▤ ☎ 🚗. 🆎 ⓪ 𝐄 𝘝𝘐𝘚𝘈. ⚙
AV **s**
　⚓ 450 – **120 hab** 6000/8500.

🏨 **Doña María** sin rest, Don Remondo 19, ✉ 41004, 𝒫 422 49 90, « Decoración clásica elegante-terraza con ⩽ Giralda », 🥋 – 🛗 ▤ 📺 ☎ – 🔥 25/40. 🆎 ⓪ 𝐄 𝘝𝘐𝘚𝘈. ⚙
CV **b**
　⚓ 700 – **61 hab** 12100/18700.

🏨 **Monte Triana** sin rest, Clara de Jesús Montero 24, ✉ 41010, 𝒫 434 31 11, Fax 434 33 28 – 🛗 🚗 – 🔥 25/50. 🆎 𝐄 𝘝𝘐𝘚𝘈. ⚙
ER **a**
　⚓ 500 – **117 hab** 5500/9000.

🏨 **Alcazar** sin rest, Menéndez Pelayo 10, ✉ 41004, 𝒫 441 20 11, Telex 72360, Fax 442 16 59 – 🛗 ▤ 📺 ☎ 🚗. 🆎 ⓪ 𝐄 𝘝𝘐𝘚𝘈. ⚙
DX **u**
　⚓ 400 – **100 hab** 6800/9000.

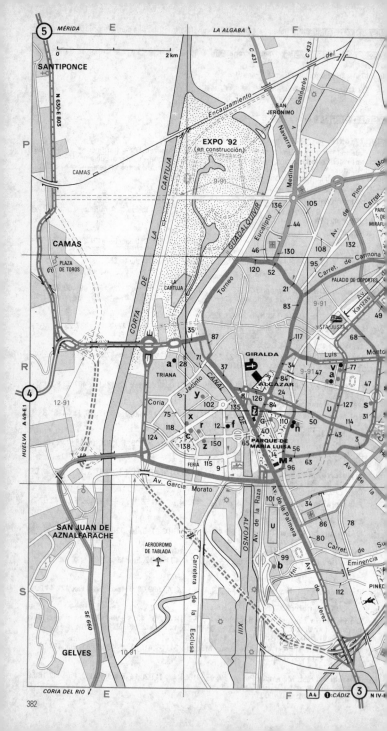

SEVILLA

*En esta guía,
un mismo símbolo
en rojo o en **negro**
una misma palabra
en fino o en **grueso,**
no significan lo mismo.*

*Lea atentamente los detalles
de la introducción.*

383

SEVILLA

🏠🏠 **Resid. y Rest. Fernando III,** San José 21, ⊠ 41004, 𝒫 421 77 08, Telex 72491, ⬛ – 🛗 ⬛ 🛗 🚗 – 🔬 25/250. 🖭 ① 𝚅𝙸𝚂𝙰 𝒮𝒮 rest
Com 2500 – 🖙 550 – **157 hab** 7984/9980.
CV z

🏠🏠 **América** sin rest, con cafetería, Jesús del Gran Poder 2, ⊠ 41002, 𝒫 422 09 51, Telex 72709, Fax 421 06 26 – 🛗 ⬛ 📺 🛗 🖭 ① 🅴 𝚅𝙸𝚂𝙰 𝒮𝒮
🖙 450 – **100 hab** 9000/15000.
BU h

🏠🏠 **Hispalis,** av. de Andalucía 52, ⊠ 41006, 𝒫 452 94 33, Telex 73208, Fax 467 53 13 – 🛗 ⬛ 📺 🛗 🚗 🅿 – 🔬 25/40. 🖭 ① 𝚅𝙸𝚂𝙰 𝒮𝒮
Com 1225 – 🖙 850 – **68 hab** 18000/23000 – PA 3300.
GR v

🏠 **Monte Carmelo** sin rest, Turia 7, ⊠ 41011, 𝒫 427 90 00, Telex 73195, Fax 427 10 04 – 🛗 ⬛ 🛗 🚗. 🖭 🅴 𝚅𝙸𝚂𝙰 𝒮𝒮
🖙 500 – **68 hab** 5500/9000.
FR f

🏠 **La Rábida,** Castelar 24, ⊠ 41001, 𝒫 422 09 60, Telex 73062, 🍽 – 🛗 ⬛ hab 📺 🛗. 𝒮𝒮 rest
BV d
Com 1500 – 🖙 300 – **100 hab** 4000/6500 – PA 2800.

🏠 **Corregidor** sin rest, Morgado 17, ⊠ 41003, 𝒫 438 51 11, Fax 437 61 02 – 🛗 ⬛ 📺 🛗
83 hab.
CTU g

🏠 **Venecia** sin rest, Trajano 31, ⊠ 41002, 𝒫 438 11 61, Fax 490 19 55 – 🛗 ⬛ 📺 🛗 🚗. 🖭 𝚅𝙸𝚂𝙰 𝒮𝒮
🖙 375 – **24 hab** 8500/4800.
BU n

🏠 **Murillo y apart. Murillo** sin rest, Lope de Rueda 7 y 9, ⊠ 41004, 𝒫 421 60 95, Fax 421 96 16 – 🛗 ⬛ 🛗. 🖭 ① 🅴 𝚅𝙸𝚂𝙰 𝒮𝒮 CV e
🖙 300 – **61 hab** 5300/9000 – **14 apartamentos.**

🏠 **Montecarlo,** Gravina 51, ⊠ 41001, 𝒫 421 75 03, Telex 72729 – 🛗 🛗. 🖭 ① 🅴 𝚅𝙸𝚂𝙰 𝒮𝒮
AV e
Com 1650 – 🖙 400 – **25 hab** 6300/9700 – PA 2960.

🏠 **Reyes Católicos** sin rest, Gravina 57, ⊠ 41001, 𝒫 421 12 00, Fax 421 63 12 – 🛗 ⬛ 🛗. 🖭 ① 🅴 𝚅𝙸𝚂𝙰 𝒮𝒮
🖙 400 – **26 hab** 9000/14000.
AV n

🏠 **Ducal** sin rest, pl. Encarnación 19, ⊠ 41003, 𝒫 421 51 07 – 🛗 ⬛ 🚗. 🖭 ① 🅴 𝚅𝙸𝚂𝙰 𝒮𝒮
🖙 300 – **51 hab** 4000/5500.
CU b

🏠 **Europa** sin rest y sin 🖙, Jimios 5, ⊠ 41001, 𝒫 421 43 05 – 🛗 ⬛ 🚗. 𝒮𝒮
BV c
15 hab 6000/8000.

🏠 **Regente** sin rest y sin 🖙, Amor de Dios 30 𝒫 438 63 54 – ⬛. 𝒮𝒮
BT d
18 hab 3500/5000.

%%% 🕸 **Egaña Oriza,** San Fernando 41, ⊠ 41004, 𝒫 422 72 11, Fax 421 04 29, « Jardín de invierno » – ⬛. 🖭 ① 🅴 𝚅𝙸𝚂𝙰 𝒮𝒮
CX y
cerrado sábado mediodía, domingo y agosto – Com carta 4500 a 6000
Espec. Tosta de foie gras gratinada con cebollitas a la miel. Lomo de merluza con kokotxas en salsa verde. Becada flambeada al armagnac..

%%% **Florencia,** av. Eduardo Dato 49, ⊠ 41018, 𝒫 457 00 40, Telex 72913, Fax 457 85 80, Decoración elegante – ⬛. 🖭 ① 🅴 𝚅𝙸𝚂𝙰 𝒮𝒮
cerrado agosto – Com carta 3150 a 4400.FR a

%%% **Maitres,** av. República Argentina 54, ⊠ 41011, 𝒫 445 68 80 – ⬛
FR x

%%% **El Burladero,** Canalejas 1, ⊠ 41001, 𝒫 422 29 00, Telex 72726, Fax 422 09 38, Decoración evocando la tauromaquia – ⬛. 🖭 ① 🅴 𝚅𝙸𝚂𝙰 𝒮𝒮
AV a
cerrado agosto – Com carta 3400 a 4900.

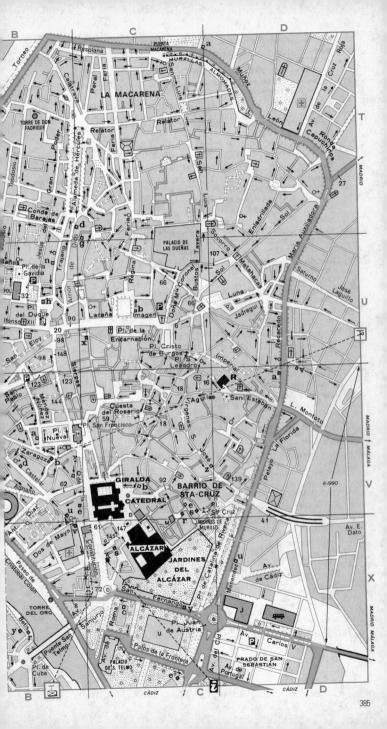

XXX San Marco, Cuna 6, ⊠ 41004, ℰ 421 24 40 – ▥
CU

XXX **Pello Roteta,** Farmacéutico Murillo Herrera 10, ⊠ 41010, ℰ 427 84 17, Cocina vasca
▥. ፴ ⑩ Ɛ 𝘝𝘐𝘚𝘈. ⅙
cerrado domingo 15 agosto-15 septiembre – Com carta 3500 a 5500.
FR

XXX La Dehesa, Luis Morales 2, ⊠ 41005, ℰ 457 94 00, Telex 72772, Decoración típica andaluz
Carnes a la brasa – ▥
FR

XXX Rincón de Curro, Virgen de Luján 45, ⊠ 41011, ℰ 445 02 38 – ▥
FR

XXX **Río Grande,** Betis, ⊠ 41010, ℰ 427 39 56, Fax 427 98 46, ≤, 🌫, « Amplia terraza a
orilla del río » – ▥. ፴ ⑩ Ɛ 𝘝𝘐𝘚𝘈. ⅙
Com carta 3000 a 3550.
BX

XXX **Ox's,** Betis 61, ⊠ 41010, ℰ 427 95 85, Cocina vasca – ▥. ፴ ⑩ Ɛ 𝘝𝘐𝘚𝘈. ⅙
cerrado domingo noche y agosto – Com carta 3500 a 4950.
BX

XX Figón del Cabildo, pl. del Cabildo, ⊠ 41001, ℰ 422 01 17, 🌫 – ▥
BV

XX **Jamaica,** Jamaica 16, ⊠ 41012, ℰ 461 12 44, Fax 461 10 50 – ▥. ፴ ⑩ Ɛ 𝘝𝘐𝘚𝘈. ⅙
cerrado domingo noche – Com carta 2550 a 3100.
FS

XX **La Encina,** Virgen de Aguas Santas 6 acceso E, ⊠ 41011, ℰ 445 93 22 – ▥. ፴ ⑩ 𝘝𝘐𝘚
cerrado domingo, festivos y 10 agosto-10 septiembre – Com carta 2650 a 3700.
FR

XX Bodegón El Riojano, Virgen de las Montañas 12, ⊠ 41011, ℰ 445 06 82 – ▥
FR

XX **La Albahaca,** pl. Santa Cruz 12, ⊠ 41004, ℰ 422 07 14, « Instalado en una antigua ca
señorial » – ▥. ፴ ⑩ Ɛ 𝘝𝘐𝘚𝘈. ⅙
cerrado domingo – Com carta 3200 a 4000.
CV

XX **Rincón de Casana,** Santo Domingo de la Calzada 13, ⊠ 41018, ℰ 457 27 97, Decoracio
regional – ▥. ፴ ⑩ Ɛ 𝘝𝘐𝘚𝘈. ⅙
cerrado domingo en verano – Com carta 3000 a 3825.
FR

XX **La Isla,** Arfe 25, ⊠ 41001, ℰ 421 26 31 – ▥. ፴ ⑩ Ɛ 𝘝𝘐𝘚𝘈. ⅙
cerrado lunes y 15 agosto-15 septiembre – Com carta 3000 a 5450.
BV

XX **La Raza,** av. Isabel la Católica 2, ⊠ 41013, ℰ 423 38 30, ≤, 🌫 – ▥. ፴ ⑩ Ɛ 𝘝𝘐𝘚𝘈. ⅙
Com carta 2715 a 3495.
CX

XX Enrique Becerra, Gamazo 2, ⊠ 41001, ℰ 421 30 49 – ▥
BV

XX **El Mero,** Betis 1, ⊠ 41010, ℰ 433 42 52, Pescados y mariscos – ▥. ፴ ⑩ Ɛ 𝘝𝘐𝘚𝘈. ⅙
cerrado martes y febrero – Com carta 2700 a 3400.
AX

X **Rías Baixas,** av. Ciudad Jardín 6, ⊠ 41005, ℰ 463 43 16, Pescados y mariscos – ▥.
⑩ Ɛ 𝘝𝘐𝘚𝘈. ⅙
cerrado lunes y del 16 al 31 agosto – Com carta 2925 a 3925.
FR

X **Los Alcázares,** Miguel de Mañara 10, ⊠ 41004, ℰ 421 31 03, Fax 456 18 29, 🌫
Decoración regional – ▥. Ɛ 𝘝𝘐𝘚𝘈. ⅙
cerrado domingo – Com carta 2500 a 3100.
CX

X **Hostería del Laurel,** pl. de los Venerables 5, ⊠ 41004, ℰ 422 02 95, Decoración típic
– ▥. ፴ ⑩ Ɛ 𝘝𝘐𝘚𝘈.
Com carta aprox. 2850.
CV

X **Don José,** av. Dr. Pedro Castro - Edificio Portugal, ⊠ 41004, ℰ 441 44 02 – ▥. ፴ ⑩
𝘝𝘐𝘚𝘈. ⅙
cerrado domingo y del 15 al 31 agosto – Com carta 2150 a 2850.
FR

X **Becerrita,** Recaredo 9, ⊠ 41003, ℰ 441 20 57 – ▥. ፴ ⑩ Ɛ 𝘝𝘐𝘚𝘈. ⅙
cerrado domingo noche y del 8 al 31 agosto – Com carta 3100 a 3850.
DV

X Rincón del Postigo, Tomás de Ibarra 2, ⊠ 41001, ℰ 422 96 84 – ▥
BXV

S.A.F.E. Neumáticos MICHELIN, Sucursal, Polígono industrial El Pino - carretera d
Málaga, ⊠ 41016, GR ℰ 451 08 44 y 451 11 74, FAX 451 84 88

ALFA-ROMEO Carlos Serra 3 - Pol. C. Amarilla
ℰ 451 15 26
AUSTIN-ROVER Autopista de San Pablo km
539,8 ℰ 457 27 00
BMW Polígono Industrial,carret. Amarilla-av.
Montesierra 29 ℰ 467 62 90
CITROEN Polígono Industrial - carret. Amarilla
Parcela 172 ℰ 451 45 11
CITROEN av. Dr. Fedriani ℰ 437 20 58
FIAT Ramón y Cajal 31-35 ℰ 464 43 17
FORD av. de Andalucía 1 ℰ 457 68 80
FORD carret. de Carmona 43 ℰ 443 74 78
GENERAL MOTORS av. Fernandez Morube 24
ℰ 451 53 44

GENERAL MOTORS Polígono Industrial Su Emi-
nencia Calle - C 7 y 9 ℰ 464 35 30
LANCIA av. Fernández Murube 16 ℰ 467 78 00
MERCEDES-BENZ autopista San Pablo
ℰ 435 92 00
PEUGEOT-TALBOT autopista de San Pablo
ℰ 435 04 50
RENAULT carret. de Su Eminencia ℰ 463 91 50
SEAT carret. de Su Eminencia 2 ℰ 464 47 66
TALBOT autopista de San Pablo ℰ 435 04 50
VOLVO Juan de Zoyas 35 ℰ 458 17 98

Europe

Si le nom d'un hôtel figure en petits caractères
demandez, à l'arrivée,
les conditions à l'hôtelier.

SIERRA NEVADA 18196 Granada **446** U 19 – alt. 2 080 – ✆ 958 – Deportes de invierno ⛷ 1
17.
Madrid 461 – ◆Granada 32.

🏨🏨 **Meliá Sierra Nevada,** pl. Pradollano ℰ 48 04 00, Telex 78507, Fax 48 04 58, ≤, 🔲 – ⋚
🖷 📺 ☎ 🚐 🕮 ⑨ 🗲 *VISA*. 🛠
⊊ 1200 – **221 hab** 14000/17500.

🏨🏨 **Kenia Nevada,** ℰ 48 09 11, Fax 48 08 07, ≤, « Conjunto de estilo alpino », ⤵ climatizada
– ⋚ 📺 ☎ 🚗. 🕮 ⑨ 🗲 *VISA*. 🛠
diciembre-abril y julio-septiembre – Com 2400 – ⊊ 900 – **67 hab** 7290/12900 – PA 4845.

🏨🏨 Maribel 🐾, Balcón de Pradollano ℰ 48 06 00, Telex 78633, Fax 48 05 06, ≤, « Conjunto
de estilo alpino » – ⋚ 📺 ☎ ⑨ – **23 hab.**

🏨🏨 **Meliá Sol y Nieve,** pl Pradollano ℰ 48 03 00, Telex 78507, Fax 48 04 58, ≤ – ⋚ ☎ 🚐.
🕮 ⑨ 🗲 *VISA*. 🛠
⊊ 1000 – **178 hab** 10400/13000.

🏨 Mont Blanc, sin rest, pl. Pradollano ℰ 48 06 50 – ⋚ ☎
39 hab.

🏨 Nevasur 🐾, pl. Pradollano ℰ 48 03 50, Fax 48 03 65, ≤ Sierra Nevada y valle – ⋚ ☎
temp. – **50 hab.**

🍽🍽 **Ruta del veleta Sierra Nevada,** Edificio Bulgaria, ⊠ 18196, ℰ 48 12 01, Fax 48 62 93
– 🕮 ⑨ 🗲 *VISA*. 🛠
diciembre-abril – Com carta 2800 a 3850.

🍽 **Las Sabinas,** edificio Bulgaria ℰ 48 00 47 – 🕮 ⑨ 🗲 *VISA*. 🛠
cerrado domingo en verano – Com carta 1025 a 1950.

en la carretera del Pico de Veleta SE : 5,5 km – ⊠ 18196 Sierra Nevada – ✆ 958 :

🏨🏨 **Parador Sierra Nevada** 🐾, alt. 2 500 ℰ 48 02 00, Fax 48 02 12, ≤ – 📺 🚐 ⑨. 🕮
⑨ 🗲 *VISA*. 🛠
Com 2900 – ⊊ 950 – **32 hab** 8500 – PA 5740.

en la carretera de Granada – ⊠ 18196 Sierra Nevada – ✆ 958 :

🏨🏨 Santa Cruz 🐾, NO : 10 km. y desvío a la derecha 0,5 km ℰ 47 08 00, Fax 47 08 06, ≤,
⤵, 🍽 – ⋚ ☎ ⑨ – ⚺
66 hab.

🏨🏨 **Granada Ski,** NO : 10 km, ⊠ 18196 Monitachel, ℰ 47 08 38, Fax 47 08 38, ≤ – ⑨. 🗲
VISA
diciembre-3 mayo – Com 1500 – ⊊ 250 – **43 hab** 7500/13000.

🏨 **H. Don José y Rest. Los Jamones,** NO : 9 km ℰ 26 48 78, ≤ valle y montaña – ⑨. 🕮
VISA.
Com 1250 – ⊊ 200 – **25 hab** 5000/9000 – PA 2250.

*Michelin pone sus mapas constantemente al día. Llévelos en su
coche y no tendrá Vd. sorpresas desagradables en carretera.*

SIETE AGUAS 46392 Valencia **445** N 27 – ✆ 96.
◆Madrid 298 – ◆Albacete 122 – Requena 19 – ◆Valencia 50.

en la carretera N III SE : 5,5 km – ⊠ 46360 Buñol – ✆ 96 :

🍽 **Venta L'Home,** ℰ 118 45 15, Decoración rústica, Carnes, Casa de Postas del siglo XVII,
⤵ – ⑨. 🕮 ⑨ *VISA*. 🛠
cerrado del 4 al 24 junio – Com carta 1950 a 3050.

SIGÜENZA 19250 Guadalajara **444** I 22 – 5 656 h. alt. 1070 – ✆ 911.
Ver : Catedral★★ : Interior (puerta★, crucero★★ : presbiterio : púlpitos★) ; Sacristía (techo★,
capilla de las Reliquias : Cúpula★).
◆Madrid 129 – ◆Guadalajara 73 – Soria 96 – ◆Zaragoza 191.

🏨🏨 **Parador Castillo de Sigüenza** 🐾, ℰ 39 01 00, Telex 22517, Fax 39 13 64, « Instalado
en un castillo medieval » – ⋚ 🖷 📺 ☎ ⑨ – ⚺ 25/120. 🕮 ⑨ 🗲 *VISA*. 🛠
Com 2900 – ⊊ 950 – **77 hab** 11000 – PA 5740.

🏨 **El Doncel,** paseo de la Alameda 3 ℰ 39 10 90, Fax 39 10 90 – 🖷 rest. ⑨ 🗲 *VISA*. 🛠
Com 1300 – ⊊ 380 – **20 hab** 2500/3800 – PA 2380.

🏨 **El Motor,** carret. de Madrid 2 ℰ 39 08 27 – 🖷 rest 📺 ⑨. 🗲 *VISA*. 🛠
cerrado martes y 1-15 abril-1-15 octubre – Com 1000 – ⊊ 300 – **10 hab** 2700/4000 – PA
1950.

🍽 **El Motor,** Calvo Sotelo 12 ℰ 39 03 43 – 🖷. 🗲 *VISA*. 🛠
cerrado lunes y 1-15 abril-1-15 septiembre – Com carta 2400 a 3400.

FORD av. Juan Carlos I 25 ℰ 39 12 95
PEUGEOT-TALBOT carret. de Madrid ℰ 39 06 92
RENAULT Travesía Puente del Tinte 2
ℰ 39 18 65

SEAT-AUDI-VOLKSWAGEN Santa Bárbara 28
ℰ 39 12 41

SILS 17410 Gerona 443 G 38 – 1 853 h. alt. 75 – © 972.
♦Madrid 689 – ♦Barcelona 76 – Gerona/Girona 30.

en la carretera N II E : 1,5 km – ⊠ 17410 Sils – © 972 :

✗ **Hostal de la Granota,** ℰ 85 30 44, 🏡, « Ambiente típico catalán » – 🅿 🖭 ᐯ𝐈𝐒𝐀 🛇
cerrado miércoles y 10 julio-10 agosto – Com carta 2000 a 3050.

SEAT-AUDI-VOLKSWAGEN Jacinto Verdaguer 57 ℰ 85 31 36

S'ILLOT Baleares – ver Baleares (Ibiza).

SINARCAS 46320 Valencia 445 M 26 – 1 355 h. – © 96.
♦Madrid 289 – ♦Albacete 137 – Cuenca 104 – Teruel 93 – ♦Valencia 103.

🏠 **Valencia,** carret. de Teruel 2 ℰ 218 40 14 – 🛇
Com 800 – 🖵 175 – **15 hab** 1200/2400 – PA 1725.

SITGES 08870 Barcelona 443 I 35 – 11 850 h. – © 93 – Playa.
Ver : Localidad veraniega★. **Alred. :** Costas de Garraf★ por ②.
🖸 Club Terramar ℰ 894 05 80 AZ – 🛚 Passeig Villafranca ℰ 894 12 30.
♦Madrid 597 ① – ♦Barcelona 43 ② – ♦Lérida/Lleida 135 ① – Tarragona 53 ③.

SITGES

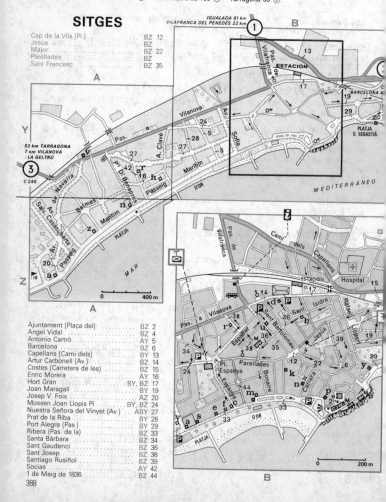

Cap de la Vila (Pl.) .... BZ 12
Jesús .... BZ
Major .... BZ 22
Parellades .... BZ
Sant Francesc .... BZ 35

IGUALADA 61 km
VILAFRANCA DEL PENEDÉS 22 km

53 km TARRAGONA
7 km VILANOVA
LA GELTRÚ

Ajuntament (Plaça del) .... BZ 2
Angel Vidal .... BZ 4
Antonio Cartró .... AY 5
Barcelona .... BZ 6
Capellans (Camí dels) .... BY 13
Artur Carbonell (Av.) .... BZ 14
Costes (Carretera de les) .... BZ 15
Enric Morera .... AY 16
Hort Gran .... BY, BZ 17
Joan Maragall .... BY 19
Josep V. Foix .... AZ 20
Mossen Joan Llops Pi .... BY, BZ 24
Nuestra Señora del Vinyet (Av.) ... ABY 27
Prat de la Riba .... BY 28
Port Alegre (Pas.) .... BY 29
Ribera (Pas. de la) .... BZ 33
Santa Bárbara .... BZ 34
Sant Gaudenci .... BZ 36
Sant Josep .... BZ 38
Santiago Rusiñol .... BZ 39
Socias .... AY 42
1 de Maig de 1836 .... BZ 44

388

🏨🏨 **Terramar** ⊗, passeig Maritim 80 ℰ 894 00 50, Telex 53186, Fax 894 56 04, ≤, 斧, ⊥,
🦵, ⚒, 🛏 – 🛗 🗐 ☎ – 🏊 25/300. 🖭 ⓸ ⋿ 𝘝𝘐𝘚𝘈. ⋘
Com 2600 – 🖵 200 – **209 hab** 8550/14100 – PA 5200.
AZ **a**

🏨🏨 **Calipolis y Grill La Brasa**, passeig Maritim ℰ 894 15 00, Telex 53067, Fax 894 07 64, ≤, 斧
– 🛗 🗐 ☎ – 🏊
163 hab.
BZ **a**

🏨🏨 **Aparthotel Mediterráneo** sin rest, con cafeteria, av. Sofia 3 ℰ 894 51 34, Fax 894 51 34,
⊥, – 🛗 🗐 📺 ☎ ⟺. 🖭 ⓸ ⋿ 𝘝𝘐𝘚𝘈. ⋘
🖵 800 – **45 apartamentos** 13450/17700.
BZ **v**

🏨 **Antemare** ⊗, Verge de Montserrat 48 ℰ 894 06 00, Telex 52962, Fax 894 63 01, 斧, ⊥
– 🛗 🍴 rest ⟺ – 🏊 25/150. ⓸ ⋿ 𝘝𝘐𝘚𝘈. ⋘
Com 3000 – 🖵 1000 – **72 hab** 10600/14000.
AY **h**

🏨 **Subur Maritim,** passeig Maritim ℰ 894 15 50, Fax 894 04 27, ≤, « Césped con ⊥ » – 🛗
🗐 📺 ☎ ⟺. 🖭 ⓸ ⋿ 𝘝𝘐𝘚𝘈. ⋘
Com 1950 – 🖵 900 – **46 hab** 10400/13100 – PA 4080.
AZ **n**

🏨 **La Reserva** ⊗, passeig Maritim 62 ℰ 894 18 33, ≤, 斧, ⊥, 🦵 – ⟺ 🖭 ⋿ 𝘝𝘐𝘚𝘈. ⋘ rest
mayo-20 septiembre – Com 2105 – 🖵 560 – **24 hab** 5528/6910 – PA 3915.
AZ **z**

🏨 **Subur,** Passeig de la Rivera ℰ 894 00 66, Telex 52962, Fax 894 69 86, 斧 – 🛗 ☎ ⟺. 🖭
⓸ ⋿ 𝘝𝘐𝘚𝘈. ⋘
Com 1525 – 🖵 550 – **95 hab** 5150/8600 – PA 3060.
BZ **c**

🏨 **Galeón,** San Francisco 44 ℰ 894 06 12, Fax 894 63 35, ⊥ – 🛗 ⟺. 𝘝𝘐𝘚𝘈. ⋘
cerrado mayo-octubre – Com 1125 – 🖵 400 – **47 hab** 4000/6300 – PA 2250.
BZ **u**

🏨 **La Santa María,** passeig de la Ribera 52 ℰ 894 09 99, Fax 894 78 72, 斧 – 🛗. 🖭 ⋿ 𝘝𝘐𝘚𝘈
15 marzo-15 noviembre – Com 1100 – 🖵 600 – **50 hab** 4250/5460 – PA 2000.
BZ **f**

🏨 **Platjador,** passeig de la Ribera 35 ℰ 894 50 54, Fax 894 63 35, ⊥ – 🛗. 𝘝𝘐𝘚𝘈. ⋘
mayo-octubre – Com 1125 – 🖵 400 – **59 hab** 4000/6300 – PA 2250.
BZ **m**

🏨 **Romantic y la Renaixença** sin rest, Sant Isidre 33 ℰ 894 06 43, Fax 894 81 67, « Patio-
jardín con arbolado » – 🖭 ⋿ 𝘝𝘐𝘚𝘈
abril-15 octubre – **55 hab** 🖵 3800/6100.
BZ **b**

🏨 **Arcadia** ⊗ sin rest, Socias 22 ℰ 894 09 00, Fax 894 63 01, ⊥ – 🛗 ⟺ 🅿 ⓸ ⋿ 𝘝𝘐𝘚𝘈. ⋘
🖵 700 – **37 hab** 6850/9400.
AY **r**

🏨 **El Cid,** San José 39 ℰ 894 18 42, Fax 894 63 35, ⊥ – 🛗. 𝘝𝘐𝘚𝘈. ⋘
mayo-octubre – Com 1000 – 🖵 350 – **88 hab** 3600/5400.
BZ **r**

XX **El Greco,** passeig de la Ribera 70 ℰ 894 29 06, 斧 – 🖭 ⓸ ⋿ 𝘝𝘐𝘚𝘈. ⋘
cerrado martes y 12 noviembre-13 diciembre – Com carta 2400 a 3300.
BZ **s**

XX **El Velero,** Passeig de la Ribera 38 ℰ 894 48 46 – 🗐. 🖭 ⓸ ⋿ 𝘝𝘐𝘚𝘈. ⋘
cerrado lunes todo el año y domingo noche en invierno – Com carta 2575 a 4025.
BZ **m**

XX **Fragata,** passeig de la Ribera 1 ℰ 894 10 86, 斧 – 🗐. 🖭 ⓸ ⋿ 𝘝𝘐𝘚𝘈. ⋘
cerrado jueves y noviembre – Com carta 2900 a 4350.
BZ **p**

X **Mare Nostrum,** passeig de la Ribera 60 ℰ 894 33 93, 斧 – ⓸ ⋿ 𝘝𝘐𝘚𝘈. ⋘
cerrado miércoles y 15 diciembre-30 enero – Com carta 2550 a 3300.
BZ **e**

X **La Masía,** paseo Vilanova 164 ℰ 894 10 76, Fax 894 73 31, 斧, Decoración rústica regional
– 🅿 🖭 ⓸ ⋿ 𝘝𝘐𝘚𝘈
Com carta 2025 a 3600.
AY **v**

X **Vivero,** passeig Balmins ℰ 894 21 49, ≤, 斧, Pescados y mariscos – 🗐 🅿. ⓸ ⋿ 𝘝𝘐𝘚𝘈
cerrado martes de diciembre a mayo y noviembre – Com carta 2145 a 5400.
BY **z**

X Oliver's, Isla de Cuba 39 ℰ 894 35 16 – 🗐
BZ **d**

X **Rafecas "La Nansa",** Carreta 24 ℰ 894 19 27 – 🗐. 🖭 ⓸ ⋿ 𝘝𝘐𝘚𝘈. ⋘
cerrado martes noche, miércoles salvo festivos y enero-7 febrero – Com carta 2400 a 3500.
BZ **n**

X **La Torreta,** Port Alegre 17 ℰ 894 52 53, 斧 – 🖭 ⓸ ⋿ 𝘝𝘐𝘚𝘈. ⋘
cerrado martes y 20 diciembre-25 enero – Com carta 2375 a 3600.
BZ **y**

X **Els 4 Gats,** Sant Pau 13 ℰ 894 19 15 – 🖭 ⓸ ⋿ 𝘝𝘐𝘚𝘈. ⋘
abril-octubre y miércoles – Com carta 1750 a 3300.
BZ **k**

FIAT Cami dels Capellans 39 ℰ 894 57 50
PEUGEOT-TALBOT carret. San Pere de Ribes
(Edificio Venus 2) ℰ 894 06 17

RENAULT carret. de las Costas 36 ℰ 894 05 44
SEAT-AUDI-VOLKSWAGEN av. Las Flores 24
ℰ 894 03 54

SOBRADO DE LOS MONJES 15312 La Coruña 👁 C 5 – 3 466 h. – ✆ 981.
♦Madrid 552 – ♦La Coruña 64 – Lugo 46 – Santiago de Compostela 61.

🏨 **San Marcus,** ℰ 78 94 27, ⊥ – ☎ ⋿ 𝘝𝘐𝘚𝘈. ⋘
Com 1250 – 🖵 400 – **12 hab** 3000/5000 – PA 2900.

El SOCORRO Tenerife – ver Canarias (Tenerife).

SOLDEU Andorra 👁 E 35 – ver Andorra (Principado de).

SOLSONA 25280 Lérida **443** G 34 – 6 230 h. alt. 664 – ✪ 973.

Ver : Museo diocesano (pinturas★★ románicas y góticas) – Catedral (Virgen del Claustro★).

🛈 Castell 20 𝒫 48 00 50.

♦Madrid 577 – ♦Lérida/Lleida 108 – Manresa 52.

🏠 **San Roque,** pl. San Roque 2 𝒫 48 00 06 – **℗. ⓞ** 𝘝𝘐𝘚𝘈. 🏵 rest
Com 1300 – 🖙 500 – **26 hab** 1500/3500 – PA 2280.

🖇🖇 **La Cabana d'en Geli,** carret. de Sant Llorenç de Morunys 𝒫 48 29 57, 🛱 – 🗖 **℗. 🅐 ⓞ E** 𝘝𝘐𝘚𝘈. 🏵
cerrado martes noche, miércoles y del 4 al 29 noviembre – Com carta 1700 a 3150.

en la carretera de Manresa – ⊠ 25280 Solsona – ✪ 973 :

🏨 **Gran Sol,** E : 1 km 𝒫 48 09 75, Fax 48 09 75, **⊼**, 🏵 – 🛗 🗖 rest 🚗 **℗. ⓞ E** 𝘝𝘐𝘚𝘈
Com (cerrado lunes) 1760 – 🖙 500 – **55 hab** 3220/5335 – PA 3410.

🖇🖇 **Gran Sol,** E : 1km 𝒫 48 10 00 – 🗖 **℗. 🅐 E** 𝘝𝘐𝘚𝘈
cerrado lunes y 6 enero-15 febrero – Com carta 1950 a 2900.

🖇 **El Pí de Sant Just** con hab, SE : 5 km 𝒫 48 07 00, Fax 48 09 38, **⊼**, 🏵 – 🗖 rest. **E** 𝘝𝘐𝘚𝘈
cerrado lunes – Com carta 2200 a 3200 – 🖙 300 – **11 hab** 1800/3300.

ALFA-ROMEO parcela Vimel 1 𝒫 48 27 00
AUSTIN-ROVER carret. de Manresa 𝒫 48 02 04
CITROEN carret. de Manresa km 50 𝒫 48 11 25
FIAT-LANCIA carret. de Basella 𝒫 48 22 62
FORD carret. de Basella 𝒫 48 00 21
GENERAL MOTORS carret. Manresa km 49.5
𝒫 48 09 63

PEUGEOT-TALBOT carret. Manresa 1 𝒫 48 06 00
RENAULT av. Puente 𝒫 48 01 20
SEAT-AUDI-VOLKSWAGEN carret. de Basella 11
𝒫 48 08 60

> *Wenn Sie ein ruhiges Hotel suchen,*
> *benutzen Sie zuerst die Karte in der Einleitung*
> *oder wählen Sie im Text ein Hotel mit dem Zeichen* ॐ.

SÓLLER Baleares **443** M 38 – ver Baleares (Mallorca).

SOMIÓ Asturias **441** B 13 – ver Gijón.

SON BOU (Playa de) Baleares – ver Baleares (Menorca) : Alayor.

SON SERVERA Baleares **443** N 40 – ver Baleares (Mallorca).

SON VIDA Baleares **443** N 37 – ver Baleares (Mallorca) : Palma de Mallorca.

SOPELANA 48600 Vizcaya **442** B 21 – 6 259 h. – ✪ 94.

♦Madrid 439 – ♦Bilbao 20.

en Larrabasterra O : 1 km – ⊠ 48600 Sopelana – ✪ 94 :

🖇🖇 Itxas-Alde, carret. Arriatera 64 𝒫 676 00 15, ≤, 🛱 – 🗖 **℗.**

SORIA 42000 **P** **442** G 22 – 32 039 h. alt. 1050 – ✪ 975.

Ver : Iglesia de Santo Domingo★ (portada★★) A – San Juan de Duero (claustro★) B – Catedral de San Pedro (claustro★) B.

Excurs. : Laguna Negra de Urbión★★★ (carretera★★) NO : 46 km por ④.

🛈 pl. Ramón y Cajal, ⊠ 42003, 𝒫 21 20 52 – R.A.C.E. av. de Mariano Vicén 1, ⊠ 42003, 𝒫 22 15 61.

♦Madrid 225 ③ – ♦Burgos 142 ④ – Calatayud 92 ② – Guadalajara 169 ③ – ♦Logroño 106 ① – ♦Pamplona 167 ②.

Plano página siguiente

🏨 **Parador Antonio Machado** ॐ, parque del Castillo, ⊠ 42005, 𝒫 21 34 45, Fax 21 28 49, ≤ valle del Duero y montañas – 🖭 ☎ **℗** – 🔬 25/140. 🅐 ⓞ **E** 𝘝𝘐𝘚𝘈. 🏵   B **e**
Com 2900 – 🖙 950 – **34 hab** 10000 – PA 5740.

🏨 **Alfonso VIII,** Alfonso VIII - 10, ⊠ 42003, 𝒫 22 62 11, Fax 21 36 75 – 🛗 🗖 rest 🖭 ☎
🚗 – 🔬 25/400. ⓞ 𝘝𝘐𝘚𝘈. 🏵   A **a**
Com 1500 – 🖙 400 – **103 hab** 5200/7000.

🏨 **Caballero,** Eduardo Saavedra 4, ⊠ 42004, 𝒫 22 01 00, Fax 22 01 12 – 🛗 🖚 **℗. 🅐 ⓞ**
E 𝘝𝘐𝘚𝘈. 🏵   por ④
Com 1000 – 🖙 400 – **84 hab** 4700/6500 – PA 1920.

🏨 **Mesón Leonor** ॐ, paseo del Mirón, ⊠ 42005, 𝒫 22 02 50, Fax 22 99 53, ≤ – 🗖 rest 🖭 ☎ **℗. 🅐 ⓞ E** 𝘝𝘐𝘚𝘈. 🏵 rest   B **b**
Com 1500 – 🖙 350 – **32 hab** 3950/6900 – PA 2600.

🏠 **Viena** sin rest y sin 🖙, García Solier 5, ⊠ 42001, 𝒫 22 21 09 – 🛗 🖚 𝘝𝘐𝘚𝘈   A **c**
24 hab 1700/4800.

390

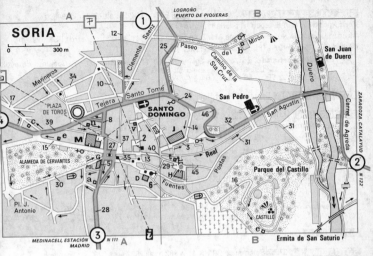

SORIA

0 — 300 m

Maroto, paseo del Espolón 20, ✉ 42001, ☎ 22 40 86, Decoración moderna – 🍽 🆎 ⓞ
🇪 💳 🦅
A e
Com carta 2750 a 4600.

Santo Domingo, Aduana Vieja 15, ✉ 42002, ☎ 21 17 17 – 🍽 🆎 ⓞ 🇪 💳 🦅 A v
Com carta 3000 a 4300.

Mesón Castellano, pl. Mayor 2, ✉ 42002, ☎ 21 30 45 – 🍽 B t

Casa Garrido, Vicente Tutor 8, ✉ 42001, ☎ 22 20 68 – 🍽 🆎 ⓞ 🇪 💳 🦅 A n
cerrado miércoles – Com carta 2500 a 3450.

en la carretera N 122 E : 6 km – ✉ 42004 Soria – 🕿 975 :

Cadosa, ☎ 21 31 43, Fax 21 31 43, ⼂, 🦅 – 🍽 rest 📺 🕿 🚗 🅿 🆎 ⓞ 🇪 💳 🦅 rest
Com 1200 – 🖃 300 – **70 hab** 4000/6500 – PA 2160.

ALFA ROMEO-VOLVO Polígono Industrial Las
Casas E 58 ☎ 22 29 47
AUSTIN-ROVER polígono Industrial Las Casas,
parcela 40 ☎ 21 31 44
BMW av. Valladolid ☎ 22 06 78
CITROEN av. Valladolid 103 ☎ 22 16 54
FIAT-LANCIA Polígono Industrial Las Casas Par-
cela 42 ☎ 22 62 62
FORD av. de Valladolid ☎ 22 56 31

GENERAL MOTORS-OPEL av. de Valladolid
☎ 22 07 48
MERCEDES-BENZ Eduardo Saavedra 44
☎ 22 14 50
PEUGEOT-TALBOT Eduardo Saavedra
☎ 22 17 97
RENAULT av. de Valladolid 101 ☎ 22 04 50
SEAT-AUDI-VOLKSWAGEN Eduardo Saavedra 44
☎ 22 14 50

SORPE 25587 Lérida 📖📖📖 E 33 – alt. 1 113 – 🕿 973.
◆Madrid 627 – ◆Lérida/Lleida 174 – Seo de Urgel 90.

en la carretera del puerto de la Bonaigua O : 4,5 km – ✉ 25587 Sorpe – 🕿 973

Els Avets 🦅, ☎ 62 63 55, ≤, ⼂, ⼂ climatizada – 🕿 🚗 🅿 🇪 💳 🦅
julio-septiembre y fines de semana resto del año salvo en abril y noviembre – Com 1800
– 🖃 600 – **28 hab** 3800/7600.

SORT 25560 Lérida 📖📖📖 E 33 – 1 496 h. alt. 720 – 🕿 973.
Alred. : NO : Valle de Llessui★★.
◆Madrid 593 – ◆Lérida/Lleida 136.

Pessets, carret. de Seo de Urgel ☎ 62 00 00, Fax 62 08 19, ≤, ⼂, 🛋, 🦅 – 🛗 🕿 –
🔔 30/200. 🇪 💳 🦅 rest
cerrado noviembre – Com 1600 – 🖃 600 – **80 hab** 4000/6300.

FORD carret. Seo de Urgel ☎ 62 01 32
RENAULT Dr. Pol Aleu 15 ☎ 62 00 86

SEAT-AUDI-VOLKSWAGEN Dr. Pol Aleu, 47
☎ 62 00 54

SOS DEL REY CATÓLICO 50680 Zaragoza 443 E 26 – 1 120 h. alt. 652 – 🕿 948.

Ver : Iglesia de San Esteban★ (sillería★★, coro★).

Alred. : Uncastillo (iglesia de Santa María : portada Sur★★, sillería★, claustro★) SE : 22 km.

♦Madrid 423 – Huesca 109 – ♦Pamplona 59 – ♦Zaragoza 122.

🏨 **Parador Fernando de Aragón** ⊗, 🖉 88 80 11, Fax 88 81 00, ≤, Conjunto de estilo aragonés – 🛗 🗐 📺 ☎ 🅿 – 🔬 25/45. 🖭 ⓞ 🖻 𝒱𝒾𝒮𝒜. ⋘
Com 2900 – � 950 – **66 hab** 8500 – PA 5740.

SOTO DE CAMPÓO Cantabria – ver Reinosa.

SOTOGRANDE 11310 Cádiz 446 X 14 – 🕿 956 – Playa.

🏌, 🏌 de Sotogrande 🖉 79 20 50 – 🏌 de Valderrama 🖉 79 27 75.

♦Madrid 666 – Algeciras 27 – ♦Cádiz 148 – ♦Málaga 111.

🏨 **Sotogrande** ⊗, carret. N 340 km 131 🖉 79 21 00, Telex 78171, ⌘ climatizada, 🛋, 🞖,
🏌🏌 – 🗐 📺 ☎ 🅿. 🖭 ⓞ 🖻 𝒱𝒾𝒮𝒜. ⋘ rest
Com 3000 – � 500 – **46 hab** 13000/18500.

🏨 **Sotoclub**, carret. N 340 km 133 🖉 79 41 72, Fax 79 40 63, ⌘ – 🛗 🗐 📺 ☎ 🚗 –
🔬 25/270. 🖭 ⓞ 🖻 𝒱𝒾𝒮𝒜. ⋘ rest
Com 2200 – � 800 – **110 hab** 12600/15600.

X **Bernardo** con hab, carret. N 340 km 134 🖉 79 41 32 – 🗐 rest 🅿. 🖻 𝒱𝒾𝒮𝒜. ⋘
cerrado noviembre – Com (cerrado miércoles) carta aprox. 2100 – � 225 – **8 hab** 2200/4200.

SOTOJUSTO Pontevedra – ver Redondela.

SOTOSERRANO 37657 Salamanca 441 K 11 – 802 h. alt. 522 – 🕿 923.

♦Madrid 311 – Béjar 36 – Ciudad Rodrigo 61 – ♦Salamanca 106.

🏠 **Mirador** ⊗, carretera de Coria 🖉 43 24 42, ≤ – 🗐 🅿. 🖭 𝒱𝒾𝒮𝒜. ⋘
Com 1050 – � 225 – **14 hab** 2000/3800.

SOTOSALBOS 40170 Segovia 442 I 18 – 96 h. – 🕿 911.

♦Madrid 106 – Aranda de Duero 98 – ♦Segovia 19.

X A. Manrique, carret. N 110 🖉 40 11 81, Decoración castellana – 🅿.

SUANCES 39340 Cantabria 442 B 17 – 5 473 h. – 🕿 942 – Playa.

♦Madrid 394 – ♦Bilbao 131 – ♦Oviedo 182 – ♦Santander 31.

en la playa N : 1,5 km – ✉ 39340 Suances – 🕿 942 :

🏠 Vivero, Ceballos 75 A 🖉 81 13 02 – ☎ 🚗 🅿 – temp. – **29 hab**.

X **Sito**, av. de la Marina Española 3 🖉 81 04 16 – 𝒱𝒾𝒮𝒜
cerrado lunes y febrero – Com carta 2200/2600.

X **El Navío**, av. de la Marina Española 🖉 81 09 38 – ⋘
cerrado lunes – Com carta 1750 a 2550.

en el faro N : 2,5 km – ✉ 39340 Suances – 🕿 942 :

🏠 **El Castillo** ⊗, Acacio Gutiérrez 142 🖉 81 03 83, ≤, Reproducción de un pequeño castillo
– 🗐 rest 📺 ☎. 🖻 𝒱𝒾𝒮𝒜. ⋘ rest
Com (junio-septiembre) carta 2650 a 3600 – � 450 – **11 hab** 5500/6500.

X **El Caserío** ⊗ con hab, 🖉 81 05 75 – 🗐 rest 📺 ☜. 🖭 ⓞ 🖻 𝒱𝒾𝒮𝒜. ⋘
Com carta 3000 a 4100 – � 600 – **9 hab** 6500.

SURIA 08260 Barcelona 443 G 35 – 6 745 h. alt. 280 – 🕿 93.

♦Madrid 596 – ♦Barcelona 80 – ♦Lérida/Lleida 127 – Manresa 15.

X **Guilá "Can Pau"** con hab, Salvador Vancell 19 🖉 869 53 28 – 🗐 rest. 𝒱𝒾𝒮𝒜
Com carta 2300 a 3950 – � 450 – **36 hab** 2750/3750.

CITROEN Rec 🖉 869 55 00
RENAULT Pío Macia 27 🖉 869 59 43

SEAT-AUDI-VOLKSWAGEN Pío Macia 33
🖉 869 55 75

TAFALLA 31300 Navarra 442 E 24 – 9 863 h. alt. 426 – 🕿 948.

Ver : Iglesia de Santa María (retablo★) – Alred. : Ujué★ E : 19 km.

♦Madrid 365 – ♦Logroño 86 – ♦Pamplona 38 – ♦Zaragoza 135.

XX ⊛ **Tubal**, pl. de Navarra 2 🖉 70 08 52 – 🗐. 🖭 ⓞ 🖻 𝒱𝒾𝒮𝒜. ⋘
cerrado domingo noche, lunes y 21 agosto-6 septiembre – Com carta 3200 a 4300
Espec. Crêpes de borrajas sobre salsa de almejas. Pichón de faisán encebollado. Surtido de repostería casera..

en la carretera de Zaragoza N 121 S : 3 km – ✉ 31300 Tafalla – 🕿 948 :

🏠 **Tafalla**, 🖉 70 03 00, Fax 70 30 52 – 🗐 rest ☎ 🅿. 🖭 ⓞ 🖻 𝒱𝒾𝒮𝒜. ⋘
cerrado 15 diciembre-8 enero – Com (cerrado viernes) carta 3600 a 5000 – � 600 – **26 hab** 4500/7000.

TROEN carret. Pamplona - Zaragoza km 37
 ℰ 70 10 50
)RD av. Tudela ℰ 70 03 84
ERCEDES-BENZ av. Estella ℰ 70 07 39

OPEL-GENERAL MOTORS av. Tudela 22
ℰ 70 20 77
PEUGEOT-TALBOT av. Pamplona ℰ 70 04 49
RENAULT av. de Los Fueros 25 ℰ 70 00 98
SEAT-AUDI-VOLKSWAGEN Poligono Industrial -
av. de Zaragoza ℰ 70 07 92

AFIRA ALTA Gran Canaria – ver Canarias (Gran Canaria).

ALAMANCA (Playa de) Baleares 443 P 34 – ver Baleares (Ibiza).

ALAVERA DE LA REINA 45600 Toledo 444 M 15 – 64 136 h. alt. 371 – ۞ 925 – R.A.C.E. Portiña
e San Miguel 47 ℰ 80 85 57 – ♦Madrid 120 – Avila 121 – ♦Cáceres 187 – ♦Córdoba 435 – Mérida 227.

🏨 **Beatriz y Rest. Anticuario,** av. de Madrid 1 ℰ 80 76 00, Telex 47941, Fax 81 58 08 – 🛗
 🍴 📺 ☎ – 🔬 25/1000. 🖭 ⓞ 🗲 𝓥𝓘𝓢𝓐. 🛠
 Com carta 2475 a 4050 – 🍽 500 – **161 hab** 4590/6520.

🏨 **Perales** sin rest, av. Pio XII - 3 ℰ 80 39 00 – 🛗 🕾. 𝓥𝓘𝓢𝓐. 🛠
 🍽 250 – **65 hab** 2450/3600.

🏨 **Talavera,** av. Gregorio Ruiz 1 ℰ 80 02 00, Fax 80 51 16 – 🛗 🍴 rest 🕾 🚗. 𝓥𝓘𝓢𝓐. 🛠 rest
 Com 1250 – 🍽 290 – **80 hab** 2673/4400 – PA 2625.

🏨 **Auto-Estación,** av. de Toledo 1 ℰ 80 03 00, Fax 80 03 00 – 🍴 rest ☎. 🖭 ⓞ 𝓥𝓘𝓢𝓐. 🛠
 Com 850 – 🍽 275 – **40 hab** 2400/2800 – PA 1680.

 en la antigua carretera N V O : 2 km – ⊠ 45600 Talavera de la Reina – ۞ 925 :

🏨 **León,** ℰ 80 29 00, Telex 47239, Fax 82 00 28, 🏊, – 🛗 🍴 rest 🕾 🅿. 🖭 🗲 𝓥𝓘𝓢𝓐
 Com 1400 – 🍽 375 – **30 hab** 3800/5800.

LFA-ROMEO av. de Portugal 76 ℰ 80 10 49
TROEN av. de Portugal 84 ℰ 81 18 43
AT pl. Tinajones 1 ℰ 80 57 00
)RD av. de Portugal 79 ℰ 80 22 30
ANCIA Cañada de la Sierra 15 ℰ 80 12 27
IERCEDES-BENZ av. de Portugal 55 ℰ 80 48 68
PEL-GENERAL MOTORS av. de Portugal 70
 ℰ 80 11 50
EUGEOT-TALBOT carret. Madrid km 115,5
 ℰ 80 55 62

RENAULT carret. San Román km 64 ℰ 80 29 16
RENAULT San Clemente 6 ℰ 80 37 42
RENAULT Cerrajería 19 (poligono Marifé)
 ℰ 80 27 34
ROVER Industrias 6 ℰ 80 49 52
SEAT-AUDI-VOLKSWAGEN carret. de Extrema-
dura km 118,3 ℰ 81 25 35
VOLVO carret. Extremadura km 118 ℰ 80 04 84

AMARITE DE LITERA 22550 Huesca 443 G 31 – ۞ 974.
Madrid 506 – Huesca 96 – ♦Lérida/Lleida 36.

🍴🍴 **Casa Toro,** Av. Florences Gili ℰ 42 03 52 – 🍽 🅿. 🗲 𝓥𝓘𝓢𝓐
 cerrado domingo noche y lunes – Com carta 2300 a 3150.

)RD Joaquín Costa 6 ℰ 42 08 95
ENAULT San Vicente de Paul 19 ℰ 42 09 71

SEAT Ramón y Cajal ℰ 42 01 81

AMARIÚ Gerona 443 G 39 – ver Palafrugell.

APIA DE CASARIEGO 33740 Asturias 441 B 9 – 5 328 h. – ۞ 985 – Playa.
pl. Constitución ℰ 62 82 05 – ♦Madrid 578 – ♦La Coruña 184 – Lugo 99 – ♦Oviedo 143.

🏨 **Puente de los Santos** sin rest, carret. N 634 ℰ 62 81 55 – 🚗 🅿. 🖭 ⓞ 🗲 𝓥𝓘𝓢𝓐. 🛠
 🍽 325 – **32 hab** 2750/5250.

🏨 **San Antón** sin rest, pl. San Blas 2 ℰ 62 80 00 – 🕾. 🖭 ⓞ 🗲 𝓥𝓘𝓢𝓐. 🛠
 15 junio-15 septiembre – 🍽 275 – **18 hab** 3200/5200.

🍴🍴 **Palermo,** Bonifacio Amago 13 ℰ 62 83 70 – 🛠
 cerrado domingo noche y del 1 al 20 noviembre – Com carta 2500 a 3500.

ITROEN carret. N 634 ℰ 62 80 78
ENAULT carret. N 634 - Salave km 540
 ℰ 62 80 51

SEAT-AUDI-VOLKSWAGEN carret. N 634
 ℰ 62 80 27

ARAMUNDI 33775 Asturias 441 B 8 – 1 234 h. – ۞ 985.
Madrid 571 – Lugo 65 – ♦Oviedo 195.

🏨 **La Rectoral** 🍃, La Villa ℰ 63 40 60, ≤ valle y montañas, 🌳, « Rústico regional del
 siglo XVIII » – 🍽 📺 ☎ 🅿 – 🔬 25. 🖭 ⓞ 𝓥𝓘𝓢𝓐. 🛠
 Com 1600 – 🍽 625 – **12 hab** 8300/10500 – PA 3850.

ARANCÓN 16400 Cuenca 444 L 20 y 21 – 9 799 h. alt. 806 – ۞ 966.
Madrid 81 – Cuenca 82 – ♦Valencia 267.

🍴 **Mesón del Cantarero,** carret. N III ℰ 11 05 33, Fax 32 42 12, 🌳 – 🍽 🅿. 🖭 ⓞ 🗲
 𝓥𝓘𝓢𝓐. 🛠 – Com carta 2300 a 3400.

🍴 **Stop con hab,** carret N III ℰ 11 01 00, 🌳 – 🍽 rest 🅿 – **14 hab.**

🍴 **Celia,** Juan Carlos I - 14 ℰ 11 00 84 – 🍽. 🛠
 cerrado domingo y del 15 al 30 octubre – Com carta 2120 a 4015.

TARANCÓN

ALFA-ROMEO carret. Madrid-Valencia km 82
 🕿 11 14 61
CITROEN carret. de Valencia km 81 🕿 11 03 03
FIAT-LANCIA carret. Madrid-Valencia 82,3
 🕿 11 15 33
FORD carret. de Valencia km 81 🕿 11 02 85
MERCEDES-BENZ carret. Villamayor 🕿 11 00 02
OPEL carret. Madrid-Valencia km 82 🕿 11 06 78

PEUGEOT-TALBOT carret. Madrid-Valencia km
 🕿 11 14 61
RENAULT carret. de Valencia km 82,5
 🕿 11 13 50
ROVER carret. Madrid-Valencia km 83
 🕿 11 26 26
SEAT-AUDI-VOLKSWAGEN carret. de Valencia
km 81 🕿 11 05 41

TARAZONA 50500 Zaragoza 🗺🗺🗺 G 24 – 11 195 h. alt. 480 – ☎ 976.

Ver : Catedral★ (capilla★, claustro★). **Alred. :** Monasterio de Veruela★★ (iglesia abacial★
claustro★ : sala capitular★).

🛈 Iglesias 🕿 64 00 74 – ◆Madrid 294 – ◆Pamplona 107 – Soria 68 – ◆Zaragoza 88.

🏨 **Brujas de Becquer,** carret. de Zaragoza, SE : 1 km 🕿 64 04 04, Fax 64 01 98 – 🛗 🖿 r
 🕾 🄿 🕦 E 𝚅𝙸𝚂𝙰
 Com 850 – 🖙 320 – **60 hab** 2500/4500 – PA 1700.

✗ **El Galeón,** av. La Paz 1 🕿 64 29 65 – 🖃. 🕦 E 𝚅𝙸𝚂𝙰. ✵
 Com carta 1900 a 2950.

AUSTIN-ROVER carret. Zaragoza 🕿 64 19 21
CITROEN av. Teresa Cajal 25 🕿 64 01 92
FORD av. Teresa Cajal 🕿 64 14 84
OPEL av. Teresa Casal 🕿 64 02 22

PEUGEOT-TALBOT av. Teresa Cajal 23
 🕿 64 04 71
RENAULT av. Teresa Cajal 32 🕿 64 05 26
SEAT-AUDI-VOLKSWAGEN Poligono Industria
parcela 77 🕿 64 21 40

TARIFA 11380 Cádiz 🗺🗺🗺 X 13 – 15 220 h. – ☎ 956 – Playa.

Ver : Castillo de Guzmán el Bueno ≼★.

🚢 para Tanger : Cia Transtour - Touráfrica, estación Marítima 🕿 68 47 51.

◆Madrid 715 – Algeciras 22 – ◆Cádiz 99.

    en la carretera de Cádiz – 🖂 11380 Tarifa – ☎ 956 :

🏨 **Balcón de España** 🛏, La Peña 2 - NO : 8 km, 🖂 apartado 57, 🕿 68 43 26, Fax 68 43 2
 🍴, 🏊, 🌴, – 🕾 🄿. 🄰🄴 E 𝚅𝙸𝚂𝙰. ✵ rest
 24 abril-25 octubre – Com 2750 – 🖙 500 – **38 hab** 5000/7500 – PA 4400.

🏠 **La Codorniz,** NO : 6,5 km 🕿 68 47 44, 🍴, 🌴 – 🕾 🄿. 🄰🄴 🕦 E 𝚅𝙸𝚂𝙰. ✵
 Com 1400 – 🖙 350 – **35 hab** 5200/6500.

✗ **El Rincón de Manolo,** NO : 8,5 km 🕿 64 34 10, 🍴 – 🄿. E 𝚅𝙸𝚂𝙰
 Com carta 2000 a 2900.

    en la carretera de Málaga NE : 11 km – 🖂 11380 Tarifa – ☎ 956 :

🏨 **Mesón de Sancho,** 🖂 apartado 25, 🕿 68 49 00, Fax 68 47 21, ≼, 🏊 – 🕾 🄿. 🄰🄴 🕦
 𝚅𝙸𝚂𝙰 – Com 1600 – 🖙 425 – **45 hab** 4900/6100 – PA 2900.

SEAT-AUDI-VOLKSWAGEN carret. Cádiz - Málaga km 83 🕿 68 42 97

TARRAGONA 43000 🄿 🗺🗺🗺 I 33 – 111 869 h. alt. 49 – ☎ 977 – Playa.

Ver : Tarragona romana : Museo Arqueológico★★ (cabeza de Medusa★★) BZ **M** – pas
arqueológico★ (passeig Arqueológic) BZ – Necrópolis paleocristiana (sarcófago de los leones
AY – Ciudad medieval : Catedral★ (retablo mayor★★) BZ, claustro★ BZ **N. Alred. :** Acueducto
las Ferreras★ 4 km por ④ y 30 min a pie – Mausoleo de Centcelles★ (mosaicos★) NO : 5 km p
Constantí.

🛬 de la Costa Dorada E : 8 km 🕿 65 54 16 – Iberia : Rambla Nova 116, 🖂 43001, 🕿 23 03 09 A
– 🚢 para Canarias : Cía. Trasmediterránea, Nou de Sant Oleguer 16, 🖂 43004, 🕿 22 55 0
Telex 56662 BY.

🛈 Fortuny 4, 🖂 43001, 🕿 23 34 15 y Mayor 39 🕿 23 89 22 – **R.A.C.E.** (R.A.C. de Catalunya) av. Preside
Campanys 12, 🖂 43005, 🕿 21 19 62.

◆Madrid 555 ④ – ◆Barcelona 109 ④ – Castellón de la Plana 184 ③ – ◆Lérida/Lleida 97 ④.

            Plano página siguiente

🏨🏨 **Imperial Tarraco,** paseo Palmeras, 🖂 43003, 🕿 23 30 40, Telex 56441, Fax 21 65 66,
 🏊, ✵ – 🛗 🖃 📺 🕾 🄿 – 🔬 25/500. 🄰🄴 🕦 E 𝚅𝙸𝚂𝙰. ✵
 Com 2400 – 🖙 650 – **170 hab** 8250/12100.   BZ

🏨 **Lauria** sin rest, rambla Nova 20, 🖂 43004, 🕿 23 67 12, Fax 23 67 00, 🏊 – 🛗 🖃 📺
 🕾. 🄰🄴 🕦 E 𝚅𝙸𝚂𝙰
 🖙 475 – **72 hab** 6500/8500.   BZ

🏨 **Urbis** sin rest, Reding 20 bis, 🖂 43001, 🕿 21 01 16, Fax 22 36 54 – 🛗 🖃 📺 🕾. 🄰🄴
 𝚅𝙸𝚂𝙰. ✵ – 🖙 450 – **44 hab** 4750/7500   AZ

🏨 **Astari,** via Augusta 95, 🖂 43003, 🕿 23 69 00, ≼, 🏊, 🌴 – 🛗 🖼 🚗 🄿. 🄰🄴 🕦 E 𝚅𝙸
 mayo-octubre – Com (ver rest. **Grasset**) – 🖙 375 – **83 hab** 3500/6000.   BY

🏨 **París** sin rest, Maragall 4, 🖂 43003, 🕿 23 60 12, Fax 23 86 54 – 🛗 📺 🕾. 🄰🄴 🕦 E 𝚅𝙸
 ✵ – 🖙 425 – **45 hab** 4500/7000   BZ

🏠 **España** sin rest, rambla Nova 49, 🖂 43003, 🕿 23 27 07 – 🛗 🕾. 🄰🄴 🕦 E 𝚅𝙸𝚂𝙰. ✵
 🖙 375 – **40 hab** 3500/6000.   AZ

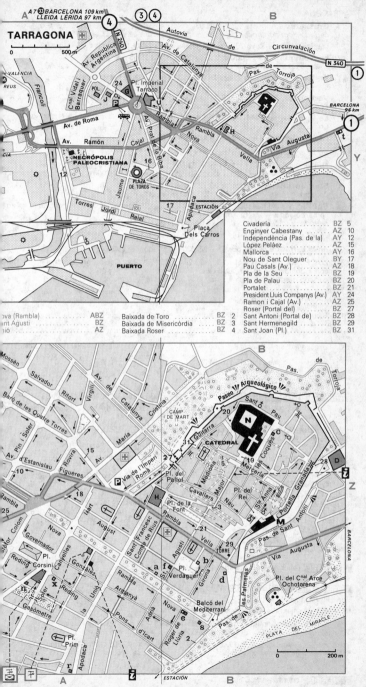

TARRAGONA

A 7 ③ BARCELONA 109 km
LLEIDA LÉRIDA 97 km

0   500 m

BARCELONA 94 km

TARRAGONA

XX **Grasset,** vía Augusta 95, ⊠ 43003, ℰ 23 14 45, ㎡, ⊥ – 🔲 🅿. 🆎 ⓪ 🅴 𝘝𝘐𝘚𝘈. ⁓
cerrado domingo noche de noviembre-abril – Com carta 4500 a 6000.   BY

XX Lauria 2, rambla Nova 20 - 1é, ⊠ 43004, ℰ 23 21 16, ㎡ – 🔲   BZ

XX **La Guingueta,** Les Coques 9, ⊠ 43003, ℰ 23 15 68 – 🅴 𝘝𝘐𝘚𝘈. ⁓   BZ
cerrado domingo noche, lunes y del 1 al 15 agosto – Com carta 2100 a 4000.

XX **Trabadoira,** Apodaca 7, ⊠ 43004, ℰ 21 00 27, Pescados y mariscos – 🔲. 🆎 ⓪ 🅴 𝘝𝘐
⁓ – *cerrado domingo noche* – Com carta 1225 a 5200   AZ

X **Verdaguer,** San Agustín 19, ⊠ 43003, ℰ 23 44 33 – 🔲. 🆎 ⓪ 🅴 𝘝𝘐𝘚𝘈. ⁓   BZ
cerrado domingo y enero – Com carta 2100 a 3100.

X **La Rambla,** rambla Nova 10, ⊠ 43004, ℰ 23 87 29, ㎡ – 🔲. 🆎 ⓪ 🅴 𝘝𝘐𝘚𝘈. ⁓   BZ
Com carta 1825 a 3150.

X Pá Amb Tomaca, Lérida 8, ⊠ 43001, ℰ 21 00 45 – 🔲   AZ

en la carretera de Barcelona por ① – ⊠ 43007 Tarragona – ☎ 977

🏠 **Nuria,** vía Augusta 217 :1,8 km ℰ 23 50 11, ㎡ – 🛗 ⊛ ⇦ 🅿. 𝘝𝘐𝘚𝘈. ⁓ rest
25 marzo-septiembre – Com 1300 – ⊿ 375 – **61 hab** 3000/5000 – PA 2500.

🏠 **Sant Jordi** sin rest 2 km ℰ 23 72 12, ← – 🛗 ⊛ 🅿. ⁓ hab
cerrado 7 enero-7 febrero – ⊿ 400 – **40 hab** 3000/4600.

XX **Sol Ric,** vía Augusta 227 : 1,9 km ℰ 23 20 32, ㎡, Decoración rústica catalana, « Terra
con arbolado » – 🔲 🅿. 🆎 🅴 𝘝𝘐𝘚𝘈. ⁓
cerrado 15 diciembre-15 enero – Com carta 3400 a 4400.

X Jaime I, 4 km ℰ 23 58 14, ← – 🅿.

en la carretera N 240 por ④ – ⊠ 43007 Tarragona – ☎ 977 :

XX **Les Fonts de Can Sala** 2 km ℰ 22 85 75, ㎡, Decoración rústica catalana, « Terra
con arbolado » – 🅿. 🆎 ⓪ 🅴 𝘝𝘐𝘚𝘈. ⁓
cerrado martes no festivos y del 15 al 31 octubre – Com carta 2300 a 3250.

ALFA-ROMEO carret. de Salou ℰ 54 67 21
AUSTIN-ROVER Ferré y Durán 2 ℰ 21 40 50
AUDI-VOLKSWAGEN Vía Roma 11 ℰ 22 04 12
BMW Ramón y Cajal 19 ℰ 21 14 21
CITROEN carret. de Valencia km 248 ℰ 54 72 44
CITROEN camino viejo de la Rabassada 2
ℰ 23 89 21
FIAT Polígono Industrial Francol Parcela 14
ℰ 54 17 60
FORD carret. de Valencia km 248,8 ℰ 54 35 44
GENERAL MOTORS carret. de Valencia km 248,8
ℰ 54 72 11

LANCIA Gasometre 40 ℰ 21 18 65
MERCEDES carret. de Valencia km 248
ℰ 54 50 11
PEUGEOT-TALBOT carret. de Valencia km 246,8
ℰ 54 62 22
RENAULT carret. de Valencia km 248 ℰ 54 05
RENAULT Vía Augusta 14 ℰ 23 25 33
SEAT-AUDI-VOLKSWAGEN Rambla Nova 112
ℰ 21 13 29

TARRASA o **TERRASSA** 08220 Barcelona 🅳🅰🅹 H 36 – 155 360 h. alt. 277 – ☎ 93.
Ver : Ciudad de Egara★★ (iglesia de Santa María : retablo de San Abdón y San Senen – Muse
Textil★ – ◆Madrid 613 – ◆Barcelona 28 – ◆Lérida/Lleida 156 – Manresa 41.

XX **Burrull-Hostal del Fum,** carret. de Moncada 19, ⊠ 08221, ℰ 788 83 37 – 🔲 🅿. 🆎
🅴 𝘝𝘐𝘚𝘈. ⁓
cerrado domingo noche, lunes y agosto – Com carta 2450 a 5400.

X **Casa Toni,** carret. de Castellar 124, ⊠ 08222, ℰ 786 47 08, Museo del vino – 🔲. 🆎
🅴 𝘝𝘐𝘚𝘈. ⁓
cerrado sábado, domingo noche, 15 días en Semana Santa y 15 días en agosto – Co
carta 2275 a 3740.

FORD carret. Moncada 591 ℰ 785 23 00
GENERAL MOTORS-OPEL Rambla de Egara 9
ℰ 780 45 33
PEUGEOT-TALBOT carret. de Moncada 475
ℰ 785 93 00

RENAULT carret. de Moncada 186-202
ℰ 784 01 11
RENAULT Jaume I - 71-91 ℰ 783 49 55
SEAT-AUDI-VOLKSWAGEN Cervantes 63 al 99
ℰ 788 23 62

TAZACORTE Tenerife – ver Canarias (La Palma).

TEGUESTE Tenerife – ver Canarias (Tenerife).

TEMBLEQUE 45780 Toledo 🅰🅰🅴 M 19 – 2 202 h. – ☎ 925.
Ver : Plaza Mayor★.
◆Madrid 92 – Aranjuez 46 – Ciudad Real 105 – Toledo 55.

🏠 **La Purísima,** antigua carret. N IV ℰ 14 50 78 – 🔲 rest ⊛ 🅿. ⁓ rest
Com 875 – ⊿ 290 – **28 hab** 1300/3000.

FORD carret. de Andalucía km 93,7 ℰ 14 52 65
RENAULT carret. de Andalucía km 92,4
ℰ 14 51 03

SEAT-AUDI-VOLKSWAGEN carret. de Andalucí
km 93 ℰ 14 50 57

TENERIFE Tenerife – ver Canarias.

TEROR Gran Canaria – ver Canarias (Gran Canaria).

TERRASSA Barcelona 443 H 36 – ver Tarrasa.

TERRENO Baleares – ver Baleares (Mallorca) : Palma de Mallorca.

TERUEL 44000 🅿 443 K 26 – 28 225 h. alt. 916 – ✆ 974.

Ver : Emplazamiento★ – Torres mudéjares – Catedral (techo artesonado★).

🛈 Tomás Nougués 1, ✉ 44001, ✆ 60 22 79 – **R.A.C.E.** av. de Aragón 10, ✉ 44002, ✆ 60 34 95.

◆Madrid 301 – ◆Albacete 245 – Cuenca 152 – ◆Lérida/Lleida 334 – ◆Valencia 146 – ◆Zaragoza 184.

🏨 **Reina Cristina,** paseo del Ovalo 1, ✉ 44001, ✆ 60 68 60, Telex 62614, Fax 60 53 63 – 🛗 📺 📶 🝙 🆎 ⑩ 🅴 VISA
Com 2580 – ☑ 600 – **71 hab** 6125/10350 – PA 4895.

🏨 **Civera,** av. de Sagunto 37, ✉ 44002, ✆ 60 23 00 – 🛗 🝙 – 🛄 25/150. 🅴 VISA ⚘
cerrado 14 diciembre-7 enero – Com (cerrado viernes) 1300 – ☑ 300 – **73 hab** 3100/4700.

🏨 **Oriente,** av. de Sagunto 7, ✉ 44002, ✆ 60 15 50 – 🝙 ⚘
cerrado 23 diciembre-10 enero – Com 1000 – ☑ 300 – **30 hab** 2830/4245 – PA 2300.

✗ **La Menta,** Bartolomé Esteban 10, ✉ 44001, ✆ 60 75 32 – 🝙 🆎 ⑩ 🅴 VISA ⚘
cerrado domingo noche, lunes y 21 julio-31 agosto – Com carta 2175 a 3350.

✗ Kalanchoe, av. de Sagunto 39, ✉ 44002, ✆ 60 01 03 – 🝙.

en la carretera N 234 – ✉ 44000 Teruel – ✆ 974 :

🏨 **Parador de Teruel,** NO : 2 km ✆ 60 25 53, Fax 60 86 12, ⒑, ⚘, ✗ – 🛗 🝙 rest 📺 🝙 �𝐏 – 🛄 25/200. 🆎 ⑩ 🅴 VISA ⚘
Com 2900 – ☑ 950 – **60 hab** 10000 – PA 5740.

🏨 **Alpino,** E : 5,7 km ✆ 60 61 58 – �𝐏. 🆎 VISA ⚘
Com 950 – ☑ 225 – **32 hab** 3750.

✗ **El Milagro** con hab, NO : 3 km ✆ 60 30 95 – 🝙 🝙 ⟨P⟩ ⑩ 🅴 VISA ⚘
Com 1400 – **27 hab** 2800/4385.

ALFA-ROMEO Carret. Cuenca ✆ 60 09 90
AUSTIN-ROVER-MG av. Sagunto 13 ✆ 60 23 28
BMW Travesía Miguel Bañoz 3 ✆ 60 66 00
CITROEN Polígono La Paz ✆ 60 16 80
FIAT-MERCEDES Polígono La Paz 37 ✆ 60 38 06
FORD carret. Sagunto-Burgos km 123 ✆ 60 10 61

GENERAL MOTORS carret. N 234 km 122,8
✆ 60 71 11
NISSAN carret. de Alcañiz ✆ 60 10 51
PEUGEOT-TALBOT carret. de Alcañiz ✆ 60 31 84
RENAULT Polígono La Paz ✆ 60 13 50
SEAT-AUDI-VOLKSWAGEN carret. Sagunto-Burgos km 123 ✆ 60 23 06

TEULADA 03725 Alicante 445 P 30 – 3 515 h. alt. 620 alt – ✆ 96.

◆Madrid 463 – ◆Alicante 76 – Valencia 115.

en la carretera de Benitachell E : 2 km – ✉ 03725 Teulada – ✆ 96

✗ **Castel's Blanc,** urbanización Castellon's Vida, ⩽ mar y montañas – ⟨P⟩. 🅴 VISA ⚘
cerrado miércoles y febrero – Com carta 1775 a 3225.

en Benimarco S : 4,5 km – – ✉ 03725 Teulada – ✆ 96

✗ La Naya, en Benimarco ✆ 574 02 90.

TIBIDABO Barcelona – ver Barcelona.

El TIEMBLO 05270 Avila 442 K 16 – 3 695 h. alt. 680 – ✆ 91.

Alred. : Embalse de Burguillo★ NO : 7 km – Pantano de San Juan ⩽★ E : 17 km.

◆Madrid 83 – Avila 50.

🏨 **Toros de Guisando,** av. de Madrid ✆ 862 50 11, Fax 862 70 82, ⩽, ⒑ climatizada, ✗ –
🝙 rest 🕭 🝙 ⟨P⟩ – 🛄 25/500. 🅴 VISA ⚘
Com 2100 – ☑ 400 – **30 hab** 3550/5600 – PA 3825.

OPEL Dr. Arcadio ✆ 862 56 76
PEUGEOT-TALBOT Almirante Carrero Blanco
✆ 862 58 22

RENAULT San Pedro de Alcántara ✆ 862 51 54

LA TOJA (Isla de) o **TOXA (Illa da)** 36991 Pontevedra 441 E 3 – ✆ 986 – Balneario – Playa.

Ver : Paraje★★ – Carretera★ de La Toja a Canelas – ➲ La Toja ✆ 73 07 26.

◆Madrid 637 – Pontevedra 33 – Santiago de Compostela 73.

🏨 **Gran Hotel** ⚘, ✆ 73 00 25, Telex 88042, Fax 73 12 01, 🏛, « Suntuoso edificio en un singular paraje verde con ⩽ ría de Arosa », ⒑ climatizada, ⚘, ✗, ➲ – 🛗 📺 🝙 ⟨P⟩ –
🛄 25/600. 🆎 ⑩ 🅴 VISA ⚘
Com 3850 – ☑ 1300 – **201 hab** 14750/18500.

🏨 **Louxo,** ✆ 73 02 00, Telex 88116, Fax 73 02 00, ⩽, « Magnífica situación en un singular paraje verde », ⒑, ⚘ – 🛗 📺 🝙 ⟨P⟩ – 🛄 25/100. 🆎 ⑩ 🅴 VISA ⚘
Com 2500 – ☑ 850 – **96 hab** 9700/12200.

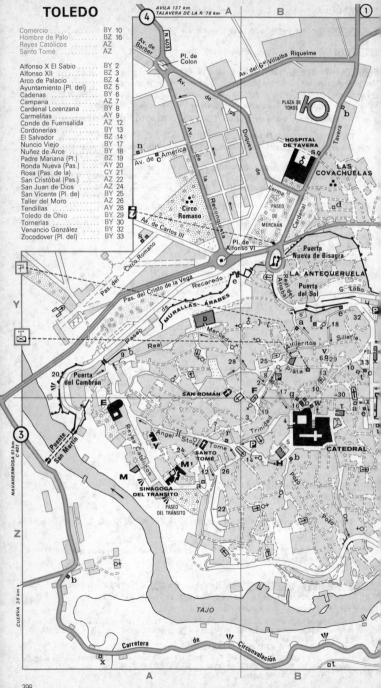

TOLEDO

TOLEDO 45000 P 444 M 17 – 57 769 h. alt. 529 – ☎ 925.

Ver : Emplazamiento★★★ – Catedral★★★ BZ Coro : (sillería★★★), Capilla mayor (retablo★★), tesoro (custodia★★) sala capitular (artesonado mudéjar★) – Sacristía (obras del Greco★) – Sinagoga del Tránsito★★ (decoración mudéjar★★) AZ – Museo de Santa Cruz★★ (fachada★, colección de pintura de los siglos XVI y XVII★★, 22 obras del Greco★, primitivos★, retablo de la Asunción★ – Patio plateresco★) CY **M²** – Hospital de Tavera★ (palacio★, Bautismo de Cristo★) BY – Monasterio de San Juan de los Reyes★ (iglesia : decoración escultórica★) AZ **E** – Casa y museo del Greco★ AZ **M¹** Sinagoga de Santa María la Blanca★ AZ – Iglesia de San Román★ AY **Y** – Iglesia de Santo Tomé (cuadro del Greco : El Entierro del Conde de Orgaz★★★) AZ.

Puerta Nueva de Bisagra, ✉ 45003, ☎ 22 08 43 – R.A.C.E. Sierpe 3, ✉ 45001, ☎ 21 16 37.

♦Madrid 70 ① – ♦Avila 137 ⑥ – Ciudad Real 120 ③ – Talavera de la Reina 78 ⑥.

Parador Conde de Orgaz ⛰, paseo de los Cigarrales ☎ 22 18 50, Telex 47998, Fax 22 51 66, ≤ Tajo y ciudad, 🏖, « Edificio de estilo regional », 🏊 – |‡| ▤ TV ☎ P – 25/100. AE ⓓ E VISA. ✗ BZ **t**
Com 3100 – ☕ 950 – **77 hab** 13000 – PA 6080.

María Cristina y Rest. El Ábside, Marqués de Mendigorría 1, ✉ 45003, ☎ 21 32 02, Telex 42827, Fax 21 69 54 – |‡| ▤ TV ☎ – 25/200. AE ⓓ E VISA. ✗ BY **s**
Com *(cerrado domingo)* 1950 – ☕ 525 – **63 hab** 4940/7495 – PA 4425.

Alfonso VI, General Moscardó 2, ✉ 45001, ☎ 22 26 00, Fax 21 44 58 – |‡| ▤ TV ☎ – 25/300. AE ⓓ E VISA. ✗ BZ **u**
Com 1450 – ☕ 500 – **88 hab** 4345/6770.

Carlos V, pl. Horno Magdalena 1, ✉ 45001, ☎ 22 21 00, Telex 47245 – |‡| ▤ rest ☎. AE ⓓ E VISA. ✗ rest BZ **a**
Com 1730 – ☕ 440 – **55 hab** 5085/7000 – PA 3460.

Pintor El Greco sin rest y sin ☕, Alamillos del Tránsito 13 ☎ 21 42 50, Fax 21 58 19 – |‡| ▤ TV ☎. AE ⓓ E VISA AZ **a**
35 hab 4100/6500.

Mayoral sin rest, Av. Castilla-La Mancha 3, ✉ 45003, ☎ 21 60 00, Fax 21 69 54 – |‡| ▤ TV ☎ – 25/130. AE ⓓ E VISA. ✗ CY **s**
☕ 525 – **110 hab** 4450/6750.

Los Cigarrales, carret. de circunvalación 32 ☎ 22 00 53, Fax 21 55 46, ≤ – ▤ ☎ P. E VISA. ✗ rest AZ **x**
Com 1300 – ☕ 375 – **36 hab** 3100/4800 – PA 2500.

Gavilanes II sin rest, Marqués de Mendigorría 14, ✉ 45003, ☎ 21 16 28 – ▤ TV ☎. E VISA BY **b**
☕ 300 – **15 hab** 4100/4600.

Martín sin rest, Covachuelas 12, ✉ 45003, ☎ 22 17 33 – ▤ TV ☎. AE VISA. ✗ BY **d**
☕ 300 – **15 hab** 4500 – **4 apartamentos**.

Imperio sin rest, con cafetería, Cadenas 5, ✉ 45001, ☎ 22 76 50 – ☎. ⓓ E VISA BY **v**
☕ 285 – **21 hab** 2335/3870.

Maravilla, Barrio Rey 7, ✉ 45001, ☎ 22 33 00 – |‡| ▤ ☎. AE ⓓ E VISA. ✗ BY **t**
cerrado 15 diciembre-enero – Com *(cerrado domingo noche y lunes)* 995 – ☕ 410 – **18 hab** 3135/5360 – PA 2890.

sigue →

XXX **Hostal del Cardenal** 🦐 con hab, paseo Recaredo 24, ⊠ 45004, 𝒫 22 49 00, Fax 22 29 91, 🎋, « Instalado en la antigua residencia del cardenal Lorenzana ; jardín con arbolado » – 🗏 🕿. 🖭 ⓞ ⋿ 𝘝𝘐𝘚𝘈 – 🛠 AY **e**
Com carta 2600 a 3375 – ⥥ 500 – **27 hab** 4900/8000.

XXX **Adolfo,** La Granada 6, ⊠ 45001, 𝒫 22 73 21, Fax 21 62 63, « Artesonado siglo XIV-XV » – 🗏. 🖭 ⓞ ⋿ 𝘝𝘐𝘚𝘈. 🛠 BYZ **g**
cerrado domingo noche – Com carta 2725 a 4300.

XX **Marcial y Pablo,** Nuñez de Arce 11, ⊠ 45003, 𝒫 22 07 00 – 🗏. 🖭 ⓞ ⋿ 𝘝𝘐𝘚𝘈 BY **e**
cerrado domingo noche y julio – Com carta 2650 a 3125.

XX **La Tarasca,** Hombre de Palo 8, ⊠ 45001, 𝒫 21 18 15 – 🗏. 🖭 ⓞ ⋿ 𝘝𝘐𝘚𝘈. 🛠 BZ **w**
Com carta 3000 a 3600.

XX **El Pórtico,** av. de América 1 𝒫 21 43 15 – 🗏. 🖭 ⋿ 𝘝𝘐𝘚𝘈. 🛠 AY **c**
Com carta 3225 a 4600.

XX Venta de Aires, Circo Romano 35, ⊠ 45004, 𝒫 22 05 45, 🎋, « Amplia terraza con arbolado » – 🗏 AY **s**

X Emperador, carret. del Valle 1, ⊠ 45004, 𝒫 22 46 91, ≤, 🎋, Decoración castellana – 🗏 ⓟ AZ **b**

X **El Cobertizo,** Hombre de Palo 9 - 1º, ⊠ 45001, 𝒫 22 38 09 – 🗏. 🖭 ⓞ ⋿ 𝘝𝘐𝘚𝘈. 🛠 BZ **c**
Com carta 2350 a 3600.

X **San Antonio,** av. de América 10, ⊠ 45004, 𝒫 22 14 86 – 🗏. 🖭 ⋿ 𝘝𝘐𝘚𝘈 AY **n**
cerrado domingo – Com carta 2500 a 3600.

X **Mesón Aurelio,** Sinagoga 1, ⊠ 45001, 𝒫 22 13 92 – 🗏. 🖭 ⓞ ⋿ 𝘝𝘐𝘚𝘈. 🛠 BZ **c**
cerrado lunes y 15 julio- 15 agosto – Com carta 2300 a 2950.

X **Aurelio,** pl. del Ayuntamiento 8, ⊠ 45001, 𝒫 22 77 16, Decoración típica – 🗏. 🖭 ⓞ ⋿ 𝘝𝘐𝘚𝘈. 🛠 BZ **b**
cerrado lunes y 15 agosto- 15 septiembre – Com carta 2300 a 2950.

X **Casa Aurelio,** Sinagoga 6, ⊠ 45001, 𝒫 22 20 97, Decoración típica regional – 🗏. 🖭 ⓞ ⋿ 𝘝𝘐𝘚𝘈. 🛠 BZ **c**
cerrado miércoles y 15 junio- 15 julio – Com carta 2300 a 2950.

X **Venta Cervantes,** paseo Circo Romano 15 𝒫 21 28 62, 🎋 – 🗏. 🖭 ⓞ ⋿ 𝘝𝘐𝘚𝘈. 🛠 AY **s**
Com carta 2650 a 4000.

X **Hierbabuena,** Cristo de la Luz 9, ⊠ 45003, 𝒫 22 34 63 – 🗏. 🖭 ⓞ ⋿ 𝘝𝘐𝘚𝘈. 🛠 BY **a**
cerrado lunes y agosto – Com carta aprox. 3000.

X **La Parrilla,** Horno de los Bizcochos 8, ⊠ 45001, 𝒫 21 22 45 – 🗏. 🖭 ⓞ ⋿ 𝘝𝘐𝘚𝘈. 🛠 BZ **e**
Com carta 2050 a 2925.

X Plácido, Santo Tomé 6, ⊠ 45002, 𝒫 22 26 03, 🎋, Tipico patio toledano AZ **r**

X **Hierbabuena,** Callejón de San José 17 𝒫 22 39 24 – 🗏. 🖭 ⓞ ⋿ 𝘝𝘐𝘚𝘈. 🛠 BY **f**
cerrado domingo – Com carta 2200 a 3040.

en la carretera de Madrid por ① : 5 km – ⊠ 45000 Los Gavilanes – 🕾 925 :

X **Los Gavilanes** con hab, 𝒫 22 46 22, 🎋 – 🗏 📺 ⓟ. ⋿ 𝘝𝘐𝘚𝘈
Com carta 1500 a 2800 – ⥥ 300 – **12 hab** 3100/3900.

en la carretera de Cuerva SO : 3,5 km – ⊠ 45080 Toledo – 🕾 925 :

🏠 **La Almazara** 🦐 sin rest, ⊠ 45080, 𝒫 22 38 66, « Antigua casa de campo rodeada por una finca » – 🕾 ⓟ. 🖭 ⋿ 𝘝𝘐𝘚𝘈. 🛠
15 marzo-2 noviembre – ⥥ 350 – **21 hab** 2800/5100.

en la carretera de Ávila por ④ : 2,7 km – ⊠ 45005 Toledo – 🕾 925 :

🏛 **Beatriz y Rest. Anticuario** 🦐, 𝒫 22 22 11, Telex 27835, Fax 21 58 65, ≤, 🎋, 🎗, 🍽 – 🛎 🗏 📺 🕿 🚙 ⓟ – 🕍 25/2000. 🖭 ⓞ ⋿ 𝘝𝘐𝘚𝘈. 🛠 por ⑥
Com carta 3100 a 4175 – ⥥ 875 – **295 hab** 7560/10800.

ALFA-ROMEO carret. Madrid 25 𝒫 22 06 32
AUDI-VOLKSWAGEN carretera Madrid-Toledo km 63,5 𝒫 35 34 25
AUSTIN-ROVER carret. Madrid-Toledo km 59 𝒫 35 75 50
BMW-VOLVO carret. Madrid-Toledo km 63,3 𝒫 35 32 41
CITROEN carret. Madrid-Toledo km 63,8 𝒫 35 32 50
FIAT av. General Villalba 11 𝒫 22 55 65
FORD Duque de Ahumada 12 𝒫 22 08 46
LANCIA carretera de Madrid km 63,8 𝒫 35 33 00
MERCEDES-BENZ carret. Madrid - Toledo km 63,800 𝒫 35 33 08

OPEL carret. Madrid - Toledo km 63,3
PEUGEOT-TALBOT carret. Madrid-Toledo km 66,6 𝒫 35 31 66
𝒫 22 78 50
RENAULT Cervantes 5 𝒫 22 13 24
RENAULT carret. Madrid - Toledo km 63,5 𝒫 35 31 47
SEAT Ronda de Buenavista 𝒫 21 57 19
SEAT carret. Madrid-Toledo km 63,700 𝒫 35 31 18
SEAT-AUDI-VOLKSWAGEN carret. de Madrid km 65 𝒫 22 16 13

Nuestras guías de hoteles, nuestras guías turísticas
y nuestros mapas de carreteras son complementarios.
Utilícelos conjuntamente.

TOLOSA 20400 Guipúzcoa 🄷🄷🄷 C 23 – 18 399 h. – 🕙 943.

Madrid 444 – ◆Pamplona 64 – ◆San Sebastián/Donostia 27 – ◆Vitoria/Gasteiz 89.

XX **Urrutitxo** con hab, Kondeko Aldapa 7 🖉 67 38 22, 🈂 – ☎ 🅿. 🆎 🅴 𝗩𝗜𝗦𝗔
   cerrado del 1 al 15 enero – Com *(cerrado domingo noche y lunes)* carta 2525 a 4350 – ☷
   450 – **7 hab** 3250/6000.

   en Ibarra E 1,5 km – ✉ 20400 Tolosa – 🕙 943

X **Eluska**, Euskal Herria 12 🖉 67 52 54 – 🍴. 🆎 🅴 𝗩𝗜𝗦𝗔
   cerrado lunes, del 8 al 24 enero y 28 junio-14 julio – Com carta 3300 a 5750.

TOLOX 29109 Málaga 🄷🄷🄸 V 15 – 3 067 h. – 🕙 952 – Balneario.

Madrid 600 – Antequera 81 – ◆Málaga 54 – Marbella 46 – Ronda 53.

🏨 **Balneario** ⌂, 🖉 48 01 67, 🛋 – 🅿. 🛇
   julio-15 octubre – Com 900 – ☷ 250 – **60 hab** 1800/2500 – PA 1800.

TOMIÑO 36740 Pontevedra 🄷🄷🄵 G 3 – 10 499h. – 🕙 986.

Madrid 616 – Orense 117 – Pontevedra 60 – ◆Vigo 41.

🏨 **Tana**, Generalísimo 2 🖉 62 20 78 – 🍴
   Com 1300 – ☷ 325 – **18 hab** 2000/4000 – PA 2600.

   en la carretera C 550 S : 2,5 km – ✉ 36740 Tomiño – 🕙 986 :

X **O Miñoteiro**, Vilar de Matos - Forcadela 🖉 62 24 33 – 🅿. 🆎 𝗩𝗜𝗦𝗔 🛇
   Com carta 1500 a 2200.

FORD av. 18 de Julio 🖉 62 25 64   SEAT-AUDI-VOLKSWAGEN La Gandara 20 -
GENERAL MOTORS Carregal 🖉 62 20 00   Goyan 🖉 62 00 09

TONA 08551 Barcelona 🄷🄷🄸 G 36 – 5 114 h. alt. 600 – 🕙 93.

Alred. : Sierra de Montseny★★ : Carretera★ de Tona a San Celoni por el Norte – Itinerario★ de
Tona a San Celoni por el Sur.

Madrid 627 – ◆Barcelona 56 – Manresa 42.

🏨 **Aloha**, carret. de Manresa 6 🖉 887 02 77, 🛋 – 🍴 🍴 rest 🅿. 🆎 ⓞ 🅴 𝗩𝗜𝗦𝗔. 🛇
   cerrado del 24 al 31 de diciembre – Com *(cerrado domingo noche)* 1500 – ☷ 600 – **32 hab**
   3200/4900.

🏨 **4 Carreteras**, carret. de Barcelona 🖉 887 04 00, 🛋 – 🍴 rest 🈂 ⟳ 🅿. 🆎 ⓞ 🅴 𝗩𝗜𝗦𝗔.
   🛇
   Com 2000 – ☷ 500 – **21 hab** 2800/6500.

X **La Ferrería**, carret. de Vich 🖉 887 00 92, « Decoración rústica » – 🅿.

RENAULT Anselmo Clavé 🖉 887 05 90   SEAT-AUDI-VOLKSWAGEN Dr. Bayés 21
                                   🖉 887 05 60

TORDESILLAS 47100 Valladolid 🄷🄷🄸 H 14 y 15 – 6 681h. alt. 702 – 🕙 983.

Ver : Convento de Santa Clara★ (artesonado★★, patio★).

Madrid 179 – Avila 109 – ◆León 142 – ◆Salamanca 85 – ◆Segovia 118 – ◆Valladolid 30 – Zamora 67.

🏨 **Juan Manuel**, cruce carret. N VI y N 620 🖉 77 09 11, Fax 77 00 16 – 🍴 📺 🈂 ⟳ 🅿.
   🅴 𝗩𝗜𝗦𝗔. 🛇
   Com 1200 – ☷ 350 – **24 hab** 2200/3400 – PA 2250.

X **Mesón Valderrey**, carret. N VI 🖉 77 11 72, Decoración castellana – 🍴. 🆎 🅴 𝗩𝗜𝗦𝗔. 🛇
   Com carta 2300 a 3400.

   en la carretera de Salamanca N 620 SO : 2 km – ✉ 47100 Tordesillas – 🕙 983 :

🏰 **Parador de Tordesillas**, 🖉 77 00 51, Fax 77 10 13, « En un pinar », ⤓, 🛋 – 🈐 🍴 📺
   ☎ ⟳ 🅿 – 🅰 25/100. 🆎 ⓞ 🅴 𝗩𝗜𝗦𝗔. 🛇
   Com 2900 – ☷ 950 – **73 hab** 9000 – PA 5740.

   en la carretera de Valladolid N 620 E : 5 km – ✉ 47100 Tordesillas – 🕙 983 :

🏰 **El Montico**, ✉ apartado 12, 🖉 77 06 51, Telex 26575, Fax 77 07 51, 🈂, « En un pinar »,
   ⤓, 🛋, 🎾 – 📺 ☎ ⟳ 🅿 – 🅰 25/40. 🆎 ⓞ 🅴 𝗩𝗜𝗦𝗔. 🛇 rest
   Com 2350 – ☷ 700 – **55 hab** 6000/9000 – PA 4590.

FORD carret. N VI km 181 🖉 77 05 13   RENAULT carret. de Torrecilla 🖉 77 02 64
PEUGEOT-TALBOT carret. de Zamora   SEAT-AUDI-VOLKSWAGEN carret. N VI km 183
🖉 77 09 04   🖉 77 04 10

TORELLO 08570 Barcelona 🄷🄷🄸 F 36 – 10 936 h. – 🕙 93.

Madrid 654 – ◆Barcelona 83 – Gerona/Girona 103 – Vich/Vic 17.

🏨 **Les Serrasses**, carret. de Conanglell 🖉 859 08 26, ⇐ – 🈐 ☎ 🅿. 🅴 𝗩𝗜𝗦𝗔. 🛇
   Com 1300 – ☷ 600 – **20 hab** 2800/4500.

CITROEN Anselm Clavé 9 🖉 859 37 90   RENAULT Balmes 38 🖉 859 09 78
FORD Ronda del Puig 46 🖉 859 36 61   SEAT-AUDI-VOLKSWAGEN Colomer 1
OPEL av. Pompeu Fabra 13 🖉 859 25 92   🖉 859 07 05
PEUGEOT-TALBOT av. Generalitat 3 🖉 859 24 12

TORLA 22376 Huesca **443** E 29 – 356 h. alt. 1 113 – ✪ 974.

Ver : Paisaje★★.

Alred. : Parque Nacional de Ordesa★★★ NE : 8 km.

♦Madrid 482 – Huesca 92 – Jaca 54.

🏨 **Edelweiss**, av. de Ordesa 1 ✐ 48 61 73, ≤, ≉ – 🛗 ☎ ⓟ E 𝘝𝘐𝘚𝘈. ❄ rest
15 marzo-10 diciembre – Com 1200 – ☲ 400 – **57 hab** 3100/4800 – PA 2240.

🏨 **Bujaruelo**, av. de Ordesa ✐ 48 61 74, ≤ – ☎ ⓟ E 𝘝𝘐𝘚𝘈. ❄
cerrado 10 enero-14 marzo – Com 1150 – ☲ 375 – **27 hab** 2600/3600 – PA 2100.

🏡 **Bella Vista** sin rest, av. de Ordesa 6 ✐ 48 61 53, ≤ – ⓟ E. ❄
marzo-diciembre – ☲ 350 – **20 hab** 2500/3950.

en la carretera del Parque de Ordesa N : 1,5 km – ✉ 22376 Torla – ✪ 974 :

🏨 **Ordesa**, ✐ 48 61 25, ≤ alta montaña, ⻊, ≉ – ☎ ⓟ E 𝘝𝘐𝘚𝘈. ❄ rest
cerrado 7 enero-23 marzo – Com 1400 – ☲ 400 – **68 hab** 3200/5300 – PA 2720.

TORO 49800 Zamora **441** H 13 – 9 781 h. alt. 745 – ✪ 988.

Ver : Colegiata★ (portada occidental★★).

♦Madrid 210 – ♦Salamanca 66 – ♦Valladolid 63 – Zamora 33.

🏨 **Juan II** ⑊, paseo del Espolón 1 ✐ 69 03 00, Fax 69 23 76, ⻊ – 🛗 ▦ rest ⑊. 𝔸𝔼 ⓪
𝘝𝘐𝘚𝘈. ❄
Com 1000 – ☲ 325 – **41 hab** 2975/4950 – PA 2325.

CITROEN San Antón ✐ 69 01 90
FORD av. Luis Rodríguez de Miguel 17
✐ 69 06 06
PEUGEOT-TALBOT av. Rodríguez de Miguel 18
✐ 69 06 49

RENAULT carret. de Tordesillas km 32,2
✐ 69 04 38
SEAT-AUDI-VOLKSWAGEN av. Luis Rodríguez
de Miguel 22-30 ✐ 69 01 24

TORRE BARONA Barcelona – ver Castelldefels.

Möchten Sie die Kanarischen Inseln kennenlernen ?
*Die Michelin-Publikation Karte/Führer Nr. **451** enthält Karte, Pläne,*
eine Beschreibung der Inseln, Farbfotos und praktische Informationen.

TORRECABALLEROS 40160 Segovia **442** J 17 – 224 h..

♦Madrid 97 – ♦Segovia 10.

✗ Posada de Javier, carret. N 110 ✐ 40 11 36, 🍴, « Decoración rústica ».

✗ El Rancho de la Aldegüella, ✐ 40 10 60, 🍴 – 𝔸𝔼 ⓪ 𝘝𝘐𝘚𝘈
Com carta 1600 a 3200.

TORREDELCAMPO 23640 Jaén **446** S 18 – 10 593 h. – ✪ 953.

♦Madrid 343 – ♦Córdoba 99 – ♦Granada 106 – Jaén 10.

🏨 **Torrezaf,** Carretera de Córdoba 90 ✐ 56 71 00, Fax 56 71 25 – 🛗 ▦ ☎ – 🔬 25/100. 🄰
E 𝘝𝘐𝘚𝘈. ❄
Com 1100 – ☲ 350 – **33 hab** 2945/4950.

TORRE DEL MAR 29740 Málaga **446** V 17 – ✪ 952 – Playa.

🄱 av. de Andalucía 92 ✐ 54 11 04.

♦Madrid 570 – ♦Almería 190 – ♦Granada 141 – ♦Málaga 31.

🏨 **Las Yucas**, av. Andalucía ✐ 54 22 72 – 🛗 📺 ☎ ⇔. E 𝘝𝘐𝘚𝘈. ❄
☲ 300 – **36 hab** 4500/6600.

🏡 **Mediterráneo** sin rest y sin ☲, av. de Andalucía 65 ✐ 54 08 48 – ❄
18 hab 2500/3600.

✗ Carmen, av. de Andalucía 94 ✐ 54 04 35, 🍴, Cena espectáculo los sábados – ▦.

✗ Los Rubios, av. de Andalucía 147 ✐ 54 24 01, 🍴 – 𝔸𝔼 ⓪ E 𝘝𝘐𝘚𝘈
Com carta 2175 a 3175.

✗ El Jardín, paseo Marítimo de Levante 5 ✐ 54 06 36, 🍴 – 𝔸𝔼 ⓪ E 𝘝𝘐𝘚𝘈
cerrado martes y noviembre – Com carta 2400 a 2400.

ALFA ROMEO Polígono Industrial La Pañoleta
✐ 50 14 22
AUDI-VOLKSWAGEN Antonio Machado s/n
✐ 54 00 06
AUSTIN-ROVER-MG carret. Vélez - Torre del
Mar. Polígono La Pañoleta ✐ 50 40 99
CITROEN carret. N 340 km 270 ✐ 54 03 75
FIAT carret. Torre del Mar - Vélez(Polígono La
Pañoleta) ✐ 50 31 85

FORD carret. Loja - Torre del Mar km 80
✐ 50 14 50
GENERAL MOTORS carret. Vélez - Torre del
Mar. Polígono La Pañoleta 13 y 14 ✐ 50 00 65
PEUGEOT-TALBOT carret. Torre del Mar-Vélez
✐ 50 31 95
RENAULT carret. Torre del Mar km 3 ✐ 50 20 00
SEAT San José de Calasanz ✐ 54 10 14

TORREDEMBARRA 43830 Tarragona **443** I 34 – 5 302 h. – ✪ 977 – Playa.

🛈 av. Pompeu Fabra 3 ♪ 64 03 31.

◆Madrid 566 – ◆Barcelona 94 – ◆Lérida/Lleida 110 – Tarragona 12.

XX **Le Brussels,** Antonio Roig 56 ♪ 64 05 10, 🌤 – 🖭 ⓞ E 𝗩𝗜𝗦𝗔. ⅍
abril- 15 octubre – Com carta 2125 a 3100.

en Els Munts – ⊠ 43830 Torredembarra – ✪ 977 :

🏨 **Costa Fina,** av. Montserrat 33 ♪ 64 00 75 – 🛗 🕿 🚗. 🖭 E 𝗩𝗜𝗦𝗔. ⅍
Semana Santa y 15 mayo- 15 octubre – Com 1550 – ⇆ 500 – **48 hab** 3850/7000 – PA 3060.

en el barrio marítimo :

🏨 **Morros,** Pérez Galdós 15 ♪ 64 02 25, Fax 64 18 64 – 🛗 🕿 🚗. 🖭 ⓞ E 𝗩𝗜𝗦𝗔
15 marzo- 15 octubre – Com (ver **rest. Morros**) – ⇆ 600 – **81 hab** 3650/5900.

XXX **Morros,** Pl. Narcis Monturiol ♪ 64 00 61, Fax 64 18 64, ≤, 🌤, « Terraza con jardín » –
⊟ ℗. 🖭 ⓞ E 𝗩𝗜𝗦𝗔
cerrado domingo noche, lunes salvo de mayo a septiembre y del 4 al 29 noviembre – Com
carta 2750 a 4625.

X **Can Cues,** Tamarit 14 ♪ 64 05 73, Pescados y mariscos – 🖭 E 𝗩𝗜𝗦𝗔. ⅍
Com carta 2550 a 3750.

CITROEN Muralla 44 ♪ 64 13 70
FIAT carret. La Riera (Polígono Industrial Nave 5)
♪ 64 02 76
PEUGEOT-TALBOT Pedro Badía 30 ♪ 64 00 28

RENAULT carret. de la Riera ♪ 64 07 29
SEAT-AUDI-VOLKSWAGEN carret. N 340 km 264
♪ 64 11 84

TORREJÓN DE ARDOZ 28850 Madrid **444** K 19 – 75 398 h. – ✪ 91 – ◆Madrid 22.

🏨 **Torrejón y Grill Don José,** av. de la Constitución 161 ♪ 675 26 44, Telex 48301, Fax
676 72 13, ⅃, ⅍ – 🛗 ⊟ 🖭 🕿 ℗ – 🔏 25/350. 🖭 ⓞ E 𝗩𝗜𝗦𝗔. ⅍
Com 1500 – ⇆ 385 – **74 hab** 3850/5500 – PA 2750.

XXX La Casa Grande, Madrid 2 ♪ 675 39 00, Telex 43073, Fax 675 06 91, 🌤, « Instalado en
una Casa de Labor del siglo XVI-Museo de Iconos, Lagar, Cátedra del vino » – ⊟ ℗.

XX **Vaquerín,** ronda del Poniente 2 ♪ 675 66 20 – ⊟. 🖭 ⓞ E 𝗩𝗜𝗦𝗔. ⅍
cerrado sábado – Com carta 3050 a 4100.

CITROEN Canto ♪ 676 25 20
FIAT av. Constitución 114 ♪ 656 22 15
FORD Montes de León 3 ♪ 656 26 82
FORD av. Circunvalació 78 ♪ 656 60 72
FORD Torrejón 31 ♪ 656 08 14
PEUGEOT-TALBOT av. Constitución 116
♪ 675 52 36

RENAULT Torrejón 1 ♪ 675 08 21
RENAULT Silíceo 18 ♪ 675 19 36
RENAULT av. de la Constitución 99 ♪ 675 08 91
SEAT-AUDI-VOLKSWAGEN Forjas 2 ♪ 675 01 37

TORRELAVEGA 39300 Cantabria **442** B 17 – 55 786 h. alt. 23 – ✪ 942.

Alred. : Cueva prehistórica★★ de Altamira (techo★★) NO : 11 km.

🛈 Ruiz Tagle 6 ♪ 89 01 62.

◆Madrid 384 – ◆Bilbao 121 – ◆Oviedo 178 – ◆Santander 27.

🏨🏨 **Torrelavega,** Av. Julio Hauzeur 12 ♪ 80 31 20, Telex 35675, Fax 80 27 00 – 🛗 ⊟ 🖭 🕿
– 🔏 25/250. 🖭 ⓞ E 𝗩𝗜𝗦𝗔. ⅍
Com (cerrado domingo) 2500 – ⇆ 850 – **116 hab** 10000/15000 – PA 5400.

🏨 **Marqués de Santillana** sin rest, Marqués de Santillana 8 ♪ 89 29 34, Fax 89 29 34 – 🛗
🖭 🕿 🚗. 🖭 ⓞ E 𝗩𝗜𝗦𝗔. ⅍
⇆ 400 – **38 hab** 7000/10000.

🏨 **Saja** sin rest, Alcalde del Río 22 ♪ 89 27 50, Fax 89 24 51 – 🛗 🕿 🚗. ⓞ E 𝗩𝗜𝗦𝗔. ⅍
⇆ 325 – **45 hab** 5500/8000.

X **Saja,** José María Pereda 31 ♪ 88 30 51 – ⊟. 🖭 ⓞ E 𝗩𝗜𝗦𝗔. ⅍
cerrado domingo – Com carta 1450 a 3000.

X **Villa de Santillana,** Julián Ceballos 1 ♪ 88 30 73 – 🖭 ⓞ E 𝗩𝗜𝗦𝗔. ⅍
cerrado lunes y 15 junio-15 julio – Com carta 1350 a 2750.

ALFA ROMEO General Mola, 9 ♪ 88 11 34
CITROEN Campuzano 124 ♪ 89 07 04
FORD carret. General 110 ♪ 89 10 04
GENERAL MOTORS General Mola 20
♪ 89 31 62

PEUGEOT-TALBOT paseo del Norte 10
♪ 89 21 41
RENAULT Ceferino Calderón 77 ♪ 88 22 16
RENAULT Valles ♪ 82 13 40
SEAT-AUDI-VOLKSWAGEN av. de Oviedo 3
♪ 89 18 00

TORRELODONES 28250 Madrid **444** K 18 – 3 495 h. – ✪ 91.

◆Madrid 27 – El Escorial 22 – ◆Segovia 60.

X L'Alsace, camino de Valladolid (Zoco) ♪ 859 08 69, 🌤 – ⊟.

en la Colonia NO : 2,5 km – ⊠ 28250 Torrelodones – ✪ 91 :

XX **La Rosaleda,** paseo de Vergara 3 ♪ 859 11 25, 🌤, – 🖭. 🖭 ⓞ E 𝗩𝗜𝗦𝗔. ⅍
cerrado martes y 20 septiembre- 10 octubre – Com carta 2450/3000.

RENAULT antigua carret. de La Coruña km 29,7 ♪ 859 51 37

🛆 Club de Campo de Málaga por ① : 5,5 km 🏌 38 11 20 – 🛆 Torrequebrada por ② : 10 km 🏌 44 27 42 – Iberia : edificio "La Nogalera" 🏌 38 24 00 AY.

🅱 La Nogalera 517 🏌 38 15 78 y Casablanca 25 🏌 37 11 59.

♦Madrid 569 ① – Algeciras 124 ② – ♦Málaga 14 ①.

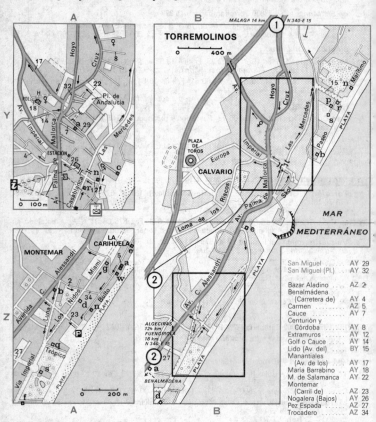

San Miguel	AY 29
San Miguel (Pl.)	AY 32
Bazar Aladino	AZ 2
Benalmádena	
(Carretera de)	AY 4
Carmen	AZ 5
Cauce	AY 7
Centurión y	
Córdoba	AY 8
Extramuros	AY 12
Golf o Cauce	AY 14
Lido (Av. del)	BY 15
Manantiales	
(Av. de los)	AY 17
Maria Barrabino	AY 18
M. de Salamanca	AY 22
Montemar	
(Carril de)	AZ 23
Nogalera (Bajos)	AZ 26
Pez Espada	AZ 27
Trocadero	AZ 34

🏨 **Meliá Costa del Sol,** paseo Marítimo 🏌 38 66 77, Telex 77326, Fax 38 64 17, ≤, Servicios de talasoterapia, ∑ – 🛗 ▤ 📺 ☎ 🅿 – 🔬 Æ ① E 𝘝𝘐𝘚𝘈. ⚒ BY **b**
Com 2240 – ⌑ 925 – **540 hab** 8000/10000.

🏨 **Don Pablo,** paseo Marítimo 🏌 38 38 88, Telex 77252, Fax 38 37 83, ≤, ∑ climatizada, ∑, ✁ – 🛗 ▤ ☎ 🅿 – 🔬 25/200. Æ ① E 𝘝𝘐𝘚𝘈. ⚒ rest BY **s**
Com 2000 – ⌑ 750 – **443 hab** 6800/10000 – PA 4000.

🏨 **Don Pedro,** av. del Lido 🏌 38 68 44, Telex 77252, Fax 38 37 83, ∑, ⚒ – 🛗 ☎ 🅿. Æ ① E 𝘝𝘐𝘚𝘈. ⚒ rest BY **p**
Com 1400 – ⌑ 500 – **290 hab** 4500/7000 – PA 2800.

🏨 **Isabel** sin rest, paseo Marítimo 97 🏌 38 17 44, Fax 38 11 98, ≤, ∑ – 🛗 ☎. Æ ① E 𝘝𝘐𝘚𝘈 BY **n**
marzo-noviembre – **40 hab** ⌑ 4355/5980.

🏨 **Don Paquito** sin rest y sin ⌑, av. del Lido 🏌 38 78 58, Telex 77252, Fax 38 37 83, ∑, ⚒ – 🛗 ☎. Æ ① E 𝘝𝘐𝘚𝘈 BY **r**
abril-octubre – **49 hab** 3000/5000.

🍴🍴 **El Molino de la Torre,** cuesta del Tajo 8 🏌 38 77 56, ≤, 🍸 – Æ ① E 𝘝𝘐𝘚𝘈. ⚒ AY **c**
cerrado martes de diciembre a enero y noviembre – Com carta 2265 a 3125.

🍴 **El León de Castilla,** Casablanca, Pueblo Blanco 🏌 38 69 59, 🍸, Decoración rústica – Æ ① E 𝘝𝘐𝘚𝘈 AY **r**
cerrado martes – Com carta 2250 a 3300.

✗ **El Bodegón,** Cauce 4 ℰ 38 20 12, 綿 – 歴 ⓸ E 𝗩𝗜𝗦𝗔   AY **a**
cerrado domingo y 30 noviembre-enero – Com carta 1900 a 2700.

✗ **Los Pampas,** Guetaria 13 - La Nogalera B 14 ℰ 38 65 69, Decoración rústica, Carnes a
la parrilla – 綿   AY **n**
Com carta 2040 a 2935.

en la carretera de Cádiz barrios de la Carihuela y Montemar – ⬚ 29620 Torremolinos –
☎ 952 :

🏨 **Meliá Torremolinos,** av. Carlotta Alessandri 109 ℰ 38 05 00, Telex 77060, Fax 38 05 38,
≤, 綿, « Jardin tropical », ⬧, 綿 – 劃 ▤ 🅣🅥 ☎ 🄿 – 🔏 25/400. 歴 ⓸ E 𝗩𝗜𝗦𝗔. 綿
Com 2900 – ⬡ 900 – **281 hab** 11200/14000.   BZ **a**

🏨 **Pez Espada,** via Imperial 11 ℰ 38 03 00, Telex 77655, Fax 37 28 01, ≤, ⬧, ◻, 綿, 綿 –
劃 ▤ ☎ 🄿 – 🔏 25/250. 歴 ⓸ E 𝗩𝗜𝗦𝗔. 綿
Com 2100 – ⬡ 650 – **205 hab** 9100/12900 – PA 4100.   AZ **s**

🏨 **Sol Alhoa Puerto,** via Imperial 55 ℰ 38 70 66, Telex 77339, ≤, ⬧ climatizada, 綿 – 劃
▤ 🅣🅥 ☎ – 🔏 25/500. 歴 ⓸ E 𝗩𝗜𝗦𝗔. 綿
Com carta 3150 a 4250 – **418 hab** ⬡ 8360/11220.   BZ **d**

🏨 **Sol Palomas,** Carmen Montes 1 ℰ 38 50 00, Telex 77263, 綿, ⬧ climatizada, 綿, 綿 –
劃 ▤ rest ☎ 🄿. 歴 ⓸ E 𝗩𝗜𝗦𝗔. 綿
Com 1100 – ⬡ 700 – **303 hab** 5000/7500.   BZ **e**

🏨 **Sidi Lago Rojo,** Miami 1 y 5 ℰ 38 76 66, Fax 38 08 91, ⬧ – 劃 ▤ 綿. 歴
⓸ E 𝗩𝗜𝗦𝗔. 綿 rest   AZ **g**
Com 1700 – ⬡ 500 – **144 hab** 5300/7400.

🏨 **Tropicana,** Trópico 6 ℰ 38 66 00, Fax 38 05 68, ≤, ⬧, 綿 – 劃 ▤ ☎. 歴 ⓸ E 𝗩𝗜𝗦𝗔. 綿
Com 2500 – ⬡ 750 – **85 hab** 6800/10500.   AZ **q**

🏨 **El Tiburón,** Los Nidos 7 ℰ 38 13 20, ⬧ – 𝗩𝗜𝗦𝗔. 綿   AZ **d**
mayo-octubre – ⬡ 375 – **40 hab** 4000/4800.

🏨 **Prudencio,** Carmen 43 ℰ 38 14 52, ≤ – 綿   AZ **w**
cerrado 24 diciembre-5 febrero – Com (ver. rest. **Casa Prudencio**) – ⬡ 200 – **33 hab**
3000/3500.

✗ **La Jábega,** del Mar 17 ℰ 38 63 75, ≤, 綿 – 歴 ⓸ E 𝗩𝗜𝗦𝗔. 綿   AZ **e**
Com carta 2700 a 3300.

✗ **Casa Prudencio,** Carmen 43 ℰ 38 14 52, ≤, 綿, Pescados y mariscos – 歴 E 𝗩𝗜𝗦𝗔. 綿
cerrado miércoles y 24 diciembre-5 febrero – Com carta 1715 a 2475.   AZ **w**

✗ **La Langosta,** Bulto 53 ℰ 38 43 81, ≤, 綿 – 歴 ⓸ E 𝗩𝗜𝗦𝗔. 綿   AZ **n**
Com carta 1500 a 2800.

✗ **El Roqueo,** Carmen 35 ℰ 38 49 46, ≤, 綿, Pescados y mariscos – 歴 E 𝗩𝗜𝗦𝗔. 綿 AZ **a**
cerrado martes y noviembre – Com carta 2100 a 2800.

✗ **Casa Guaquín,** Carmen 37 ℰ 38 45 30, ≤, 綿, Pescados y mariscos – 歴 E 𝗩𝗜𝗦𝗔 AZ **a**
cerrado jueves y diciembre – Com carta 1800 a 2800.

✗ La Barca, Via Imperial ℰ 38 47 65, 綿 – ▤   AZ **f**
✗ Normandia, av. Carlota Alessandri 57 ℰ 38 43 58, 綿, Cocina francesa   AZ **b**
Com (sólo cena).

en la carretera de Málaga por ① : 3 km – ⬚ 29620 Torremolinos – ☎ 952 :

✗✗ Frutos, Urb. Los Alamos ℰ 38 14 50, 綿 – 🄿.

junto al golf por ① : 5 km – ☎ 952 :

🏨 **Parador de Málaga del Golf,** ⬚ 29080 apartado 324 Málaga, ℰ 38 12 55, Fax 38 21 41,
≤, 綿, « Situado junto al campo de golf », ⬧, 綿, ⬚ – ▤ 🅣🅥 ☎ 🄿 – 🔏 25/70. 歴 ⓸
E 𝗩𝗜𝗦𝗔
Com 3100 – ⬡ 950 – **60 hab** 12500 – PA 6080.

FORD av. Montemar 124 ℰ 38 43 09   SEAT-AUDI-VOLKSWAGEN Las Mercedes 5
PEUGEOT-TALBOT Cruz 52 ℰ 38 82 28   ℰ 38 77 61
ROVER Carlota Alessandri 27 ℰ 38 16 00

TORRENT 17123 Gerona 𝟰𝟰𝟯 G 39 – 206 h. – ☎ 972.
●Madrid 744 – ◆Barcelona 133 – Gerona 36 – Palafrugell 4.

🏨 **Mas de Torrent** 綿, ℰ 30 32 92, Fax 30 32 93, ≤, 綿, « Masia del siglo XVIII
reconstruida », ⬧, 綿, 綿 – ▤ 🅣🅥 ☎ 🄿 – 🔏 25/120. 歴 ⓸ E 𝗩𝗜𝗦𝗔. 綿
Com 5000 – ⬡ 1500 – **30 hab** 17600/22000 – PA 9500.

TORRENTE o **TORRENT** 46900 Valencia 𝟰𝟰𝟱 N 28 – 51 361 h. – ☎ 96.
●Madrid 345 – ◆Alicante 182 – Castellón de la Plana 86 – ◆Valencia 11.

en El Vedat SO : 4,5 km – ⬚ 46900 Torrente – ☎ 96 :

🏨 **Lido** 綿, Juan Ramón Jiménez 5 ℰ 155 15 00, Telex 61730, Fax 155 12 02, ≤, ⬧, 綿 –
劃 ▤ rest 🅣🅥 ☎ 🄿 – 🔏 25/500. ⓸ E 𝗩𝗜𝗦𝗔. 綿 rest
Com 2300 – ⬡ 545 – **60 hab** 5865/8500 – PA 4370.

CITROEN av. País Valencia 129-131 ℰ 326 50 07

TORREVIEJA 03180 Alicante 445 S 27 – 12 314 h. – 🌀 96 – Playa.

🏌 Club Villamartín, SO : 7,5 km ℰ 532 03 50.

🏢 pl. Capdepon ℰ 571 59 36.

◆Madrid 435 – ◆Alicante 50 – Cartagena 60 – ◆Murcia 45.

🏨 **Fontana,** rambla de Juan Mateo 19 ℰ 670 11 25, Telex 63918, Fax 571 44 50, ⚓ – 🛗 🗐
   ☎ ⇐⇒ – 🔬 25/300. 🝰 ⓜ ⒠ 𝖵𝖨𝖲𝖠. ❄
   Com 1500 – ⊑ 475 – **156 hab** 4000/6700.

🏠 **La Cibeles** sin rest, av. Dr. Gregorio Marañón 26 ℰ 571 00 12 – 🝰 ⓜ ⒠ 𝖵𝖨𝖲𝖠. ❄
   ⊑ 290 – **40 hab** 3600.

🏠 **Mazu** sin rest, Fotógrafo Darblade 16 ℰ 571 12 50 – 🛗 🚗. ❄
   ⊑ 200 – **39 hab** 2000/3600.

XX **Miramar,** paseo Vista Alegre 6 ℰ 571 34 15, ≤, 🌭 – 🝰 ⓜ ⒠ 𝖵𝖨𝖲𝖠
   Com carta 1550 a 3025.

XX **Telmo,** Torrevejenses Ausentes 5 ℰ 571 54 74 – 🗐. 🝰 ⒠ 𝖵𝖨𝖲𝖠
   cerrado domingo – Com carta 2300 a 4100.

XX Los Manueles, rambla de Juan Mateo 18 ℰ 571 51 33 – 🗐.

X **Río Nalón,** Clemente Gosalvez 22 ℰ 571 19 08 – 🗐. ⒠ 𝖵𝖨𝖲𝖠. ❄
   cerrado domingo noche y lunes salvo en verano y 15 diciembre-15 enero – Com
   carta 2500 a 4100.

X **La Tortuga,** Maria Parodi 1 ℰ 571 09 60, Decoración neo-rústica – 🗐. ⓜ ⒠ 𝖵𝖨𝖲𝖠. ❄
   cerrado domingo – Com carta 2300 a 3000.

en la carretera de Alicante (por la costa) NE : 2,5 km – ⊠ 03180 Torrevieja – 🌀 96

🏠 **Mar Bella,** av. Alfredo Nobel 8, ⊠ 03180 Torrevieja, ℰ 571 08 28, ≤ – 🗐 rest ⓟ. ⒠ 𝖵𝖨𝖲.
   ❄ rest
   Com 1290 – ⊑ 380 – **30 hab** 2530/4490.

en la carretera de Cartagena - al Suroeste – 🌀 96

🏨 La Zenia 🦢, urbanizacion La Zenia 8,5 km, ⊠ 03189 La Zenia, ℰ 676 02 00, Fax 676 03 9
   ≤, « Terraza frente al mar », ⚓, ❄ – 🛗 🗐 rest ⓟ – 🔬 220 hab.

🏨 **Montepiedra** 🦢, Rosalia de Castro-Dehesa de Campoamor 11 km, ⊠ 03192 Dehes
   de Campoamor, ℰ 532 03 00, Telex 67138, Fax 532 01 45, 🌭, « ⚓ rodeada de césped
   plantas », 🌿, ❄ – 🗐 rest ⓟ – 🔬. ❄
   Com 1925 – ⊑ 475 – **64 hab** 6450/7450 – PA 3460.

🏨 **Torrejoven y Rest. El Cantábrico,** 4,7 km, ⊠ 03180 Torrevieja, ℰ 571 40 52, Fa
   571 53 13, ≤, 🛗 – 🗐 ⓟ 🝰 ⓜ ⒠ 𝖵𝖨𝖲𝖠. ❄
   Com 1350 – ⊑ 450 – **110 hab** 5460/6825 – PA 2675.

🏠 Motel Las Barcas sin rest, 4,5 km, ⊠ 03180 Torrevieja, ℰ 571 00 81, ≤, ⚓ – ☎ ⓟ
   30 hab.

XX **Cabo Roig,** urbanización Cabo Roig 9 km, ⊠ 03192 Dehesa de Campoamor, ℰ 676 02 9
   ≤ mar, 🌭 – 🗐 ⓟ. 🝰 ⓜ ⒠ 𝖵𝖨𝖲𝖠. ❄
   Com carta 1950 a 3700.

X Asturias, 5,5 km, ⊠ 03180 Torrevieja, ℰ 676 00 44, 🌭 – ⓟ.

X **Don Sandy,** 9,5 km, ⊠ 03180 Torrevieja, ℰ 532 12 17, 🌭 – ⓟ. 🝰 𝖵𝖨𝖲𝖠. ❄
   cerrado 4 noviembre-1 diciembre – Com carta 2600 a 2800.

X **Mesón Las Villas,** Dehesa de Campoamor 11 km, ⊠ 03192 Dehesa de Campoamo
   ℰ 532 00 05, 🌭 – ⓟ. 🝰 ⒠ 𝖵𝖨𝖲𝖠. ❄
   cerrado lunes y del 8 enero al 8 febrero – Com carta 1750 a 2800.

X Castillo de la Costa, urbanización La Zenia 8 km, ⊠ 03189 La Zenia, ℰ 676 84 07.

TORRIJOS 45500 Toledo 444 M 17 – 7 994 h. alt. 529 – 🌀 925.

◆Madrid 87 – Avila 113 – Toledo 29.

🏨 **Castilla,** carret. de Toledo ℰ 76 18 00, ⚓ – 🛗 🗐 ☎ ⇐⇒ ⓟ – 🔬 25/250. 🝰 𝖵𝖨𝖲𝖠. ❄
   Com 1500 – ⊑ 250 – **63 hab** 3000/4300 – PA 3000.

🏨 **Mesón Ruta del Alcázar,** carret. de Toledo ℰ 76 04 00, Fax 76 08 56, ⚓ – 🛗 🗐 re
   🚗 – 🔬 25/400. 🝰 ⓜ 𝖵𝖨𝖲𝖠. ❄ rest
   Com 1500 – ⊑ 275 – **44 hab** 2750/4000.

X **Tinín,** carret. de Toledo 62 ℰ 76 11 65 – 🗐. 🝰 ⒠ 𝖵𝖨𝖲𝖠
   cerrado miércoles – Com carta 2000 a 3000.

17257 Gerona **443** F 39 – 5 599 h. alt. 20 – ✆ 972.

🛈 av. Lluis Companys 51 ✆ 75 80 37.

♦Madrid 740 – ♦Barcelona 127 – Gerona/Girona 31.

🏠 **Coll y Rest. Can Coll,** carret. de Estartit ✆ 75 81 99, 斎, ⁌ – 劇 ▤ rest ℗. ⅍ ⓞ 🇪
VISA.
cerrado febrero – Com *(cerrado martes y Navidad-febrero)* 950 – ⇓ 400 – **24 hab** 5950 –
PA 2300.

✗ Elías con hab, Major 24 ✆ 75 80 09
17 hab.

en la playa de La Gola SE : 7,5 km – ⬚ 17257 Torroella de Montgri – ✆ 972 :

🏠 **Picasso** ⬙, carret. de Pals y desvío a la izquierda ✆ 75 75 72, Fax 75 75 72, 斎, ⁌ –
▤ rest ℗. ⅍ ⓞ 🇪 **VISA**
15 marzo-Septiembre – Com 1500 – ⇓ 500 – **20 hab** 3500/5900 – PA 3250.

CITROEN P. Vicens Bou 10 ✆ 75 82 41
OPEL Torroella de Montgri 5 ✆ 75 76 58
PEUGEOT-TALBOT carret. Palafrugell 3
✆ 75 83 36

RENAULT Joan Maragall ✆ 75 94 50
SEAT-AUDI-VOLKSWAGEN Cataluña 16
✆ 75 86 44

43500 Tarragona **443** J 31 – 31 445 h. alt. 10 – ✆ 977.

Ver : Catedral★ (tríptico★, púlpitos★) – Colegio de San Luis o San Matías (patio★).

🛈 pza. de España (Ayuntamiento) ✆ 44 00 00.

♦Madrid 486 – Castellón de la Plana 123 – ♦Lérida/Lleida 129 – Tarragona 83 – ♦Zaragoza 204.

🏯 **Parador Castillo de la Zuda** ⬙; ✆ 44 44 50, Fax 44 44 58, ≤, ⁌, 斎 – 劇 ▤ 📺 ☎
℗ – 🔬 25/150. ⅍ ⓞ 🇪 **VISA**. ⋇
Com 2900 – ⇓ 950 – **82 hab** 9500 – PA 5740.

🏠 **Tortosa Parc** sin rest, Conde de Bañuelos 10 ✆ 44 61 12 – 劇 📺 ☎. ⅍ ⓞ 🇪 VISA
⇓ 500 – **84 hab** 2500/4000.

✗✗ **El Parc,** av. Generalitat ✆ 44 48 66, en el Parque – ▤. ⅍ ⓞ 🇪 **VISA**. ⋇
Com carta 2500 a 3700.

en la carretera Simpática NE : 2,4 km – ⬚ 43500 Tortosa – ✆ 977 :

✗✗ **Racó de Mig-Camí,** ✆ 44 31 48, 斎, Decoración rústica, « Terraza entre pinos » – ℗.
ⓞ 🇪 **VISA**. ⋇
cerrado domingo noche y lunes – Com carta 2300 a 3100.

AUDI-VOLKSWAGEN carret. Tortosa-Aldea
✆ 44 61 16
AUSTIN-ROVER Ulldecona 7-9 ✆ 50 31 15
CITROEN Ulldecona 15 ✆ 50 09 25
FIAT carret. de Barcelona km 2,5 ✆ 44 48 85
FORD República Argentina 4 ✆ 44 34 58
GENERAL MOTORS carret. de Valencia
✆ 50 41 42

OPEL carret. de Valencia ✆ 50 41 42
PEUGEOT-TALBOT carret. Tortosa-Amposta
✆ 50 03 20
RENAULT carret. de Valencia - esquina Amposta
✆ 50 13 33
SEAT avda. Felip Pedrell 124 ✆ 44 61 16

o 17536 Gerona **443** E 36 – 132 h. alt. 1800 – ✆ 972.
♦Madrid 679 – Gerona/Girona 131 – Puigcerdá 26.

🏠 **La Collada,** carret. N 152, alt. 1 800 ✆ 89 21 00, ≤ valle y montañas – 劇 ▤ ⛛ ⇦ ℗.
⅍ **VISA**. ⋇
cerrado 22 octubre-10 noviembre – Com *(cerrado jueves)* 1400 – ⇓ 500 – **25 hab** 3600/8000.

17320 Gerona **443** G 38 – 2 969 h. – ✆ 972 – Playa.

Ver : Localidad veraniega★.

Alred. : Recorrido en cornisa★★★ de Tossa de Mar a San Felíu de Guixols (calas★) 23 km por ②
– Carretera en cornisa★★ de Tossa de Mar a Lloret de Mar, 12 km por ③.

🛈 carret. de Lloret - Edificio Terminal ✆ 34 01 08.

♦Madrid 707 ③ – ♦Barcelona 79 ③ – Gerona/Girona 39 ①.

Plano página siguiente

🏯 **G. H. Reymar** ⬙, playa de Mar Menuda ✆ 34 03 12, Telex 57094, Fax 34 15 04, ≤, ⁌,
⋇ – 劇 ▤ 📺 ☎ ℗ – 🔬 25/175. ⅍ ⓞ 🇪 **VISA**. ⋇ rest   BY **x**
mayo-octubre – Com 3000 – ⇓ 1000 – **156 hab** 7300/14600.

🏠 **Mar Menuda** ⬙, playa de Mar Menuda ✆ 34 10 00, Fax 34 00 87, ≤, 斎, « Terraza con
arbolado », ⁌, ⋇ – 劇 ☎ ℗. ⅍ ⓞ 🇪 **VISA**. ⋇ rest   BY **w**
23 marzo-15 octubre – Com 2650 – ⇓ 900 – **40 hab** 4895/8200.

🏠 **Florida,** av. de la Palma 12 ✆ 34 03 08, Fax 34 09 53 – 劇 ▤ ⛛ ℗. ⅍ ⓞ 🇪 **VISA**. ⋇
16 marzo-octubre – Com 1650 – ⇓ 525 – **45 hab** 4400/7800 – PA 3000.   BY **d**

🏠 Neptuno ⬙, La Guardia 52 ✆ 34 01 43, Fax 34 01 43, ⁌ – 劇   AZ **g**
176 hab.

🏠 **Ancora** sin rest, av. de sa Palma 4 ✆ 34 02 99, « Patio-terraza con arbolado », ⋇ – ⛛
⇦   BZ **r**
junio-septiembre – ⇓ 450 – **60 hab** 2900/5800.

407

TOSSA DE MAR

*Para el buen uso
de los planos de ciudades,
consulte los signos convencionales.*

*Pour un bon usage
des plans de villes,
voir les signes conventionnels.*

*For maximum information
from town plans,
consult the conventional signs key.*

Mar d'Or, av. Costa Brava 10 ℰ 34 03 62, Fax 36 76 60 – 🛗 🗔 🚗, � VISA. ✎ rest
abril-26 octubre – Com 900 – 🖵 375 – **51 hab** 3500/6200 – PA 1990.
AY **v**

Avenida, av. de sa Palma 5 ℰ 34 07 56 – 🛗 🗔 🅰. ✎ rest
mayo-15 octubre – Com 1500 – 🖵 425 – **51 hab** 5800 – PA 2700.
BY **f**

Delfín, av. Costa Brava 2 ℰ 34 02 50, Telex 52588, Fax 34 11 03 – 🛗 🗔 rest 🅰. E VISA
✎ rest
23 marzo-octubre – Com 1400 – 🖵 500 – **63 hab** 3700/6600.
BZ **a**

Corisco sin rest, Pou de la Vila 8 ℰ 34 01 74, Telex 56317, Fax 34 07 12 – 🛗 🅰. AE ①
E VISA
mayo-septiembre – 🖵 580 – **27 hab** 4235/6985.
BZ **x**

Simeón sin rest, con cafetería, Dr Trueta 1 ℰ 34 00 79 – 🛗 🅰. VISA. ✎
mayo-15 octubre – 🖵 325 – **50 hab** 2800/3750.
BZ **x**

Mar Bella sin rest, av. Costa Brava 21 ℰ 34 13 63
temp. – **36 hab**.
AY **b**

Windsor sin rest, Nou 28 ℰ 34 01 86, Telex 52588, Fax 34 11 03, ⊿ – 🛗 🅿
23 marzo-octubre – 🖵 500 – **66 hab** 3250/5900.
AZ **a**

Sant March ✎ sin rest, Nou 9 ℰ 34 00 78, ⊿ – ✎
15 mayo-septiembre – 🖵 250 – **30 hab** 2250/4200.
AZ **u**

Lourdes sin rest, con cafetería, Sant Sebastià 6 ℰ 34 03 43 – ✎
mayo-septiembre – 🖵 325 – **30 hab** 1900/3600.
AY **e**

Horta Rosel sin rest, Pola 29 ℰ 34 04 32 – 🅿
25 mayo-4 octubre – 🖵 300 – **29 hab** 3600.
AY **k**

Coq Hardi ✎, paraje Villa Romana, ⊠ apartado 98, ℰ 34 01 69, ≤, 🏡 – 🅿. ✎ rest
junio-septiembre – Com 1000 – 🖵 350 – **13 hab** 1675/3350 – PA 2000.
AZ **e**

Atlanta sin rest, av. de La Palma 28 ℰ 34 02 31
junio-septiembre – 🖵 297 – **22 hab** 2420/3300.
BY **q**

Canaima sin rest, av. de sa Palma 24 ℰ 34 09 95
mayo-septiembre – 🖵 350 – **17 hab** 2590/3720.
BY **q**

Casa Zügel sin rest, av. de sa Palma 10 ℰ 34 02 92 – ✎
mayo-septiembre – 🖵 300 – **14 hab** 2200/3700.
BZ **d**

Es Molí, Tarull 5 ℰ 34 14 14, 🏡, « Bajo los porches de un patio ajardinado » – 🅿. AE
① E VISA
AZ **r**
24 marzo-15 octubre – Com *(cerrado martes en octubre, abril y mayo)* carta 2275 a 4200.

Taverna de l'abat Ramón, pl. Pintor Vilallonga 1 ℰ 34 07 08, Fax 34 13 63, Dentro del
recinto amurallado – 🗔. AE ① E VISA. ✎
BZ **v**
cerrado diciembre-enero – Com carta 2000/3100.

✗ **Castell Vell,** pl. Roig i Soler 2 ℰ 34 10 30, 🍽, « Rest. de estilo regional en el recinto de la antigua ciudad amurallada » – 🆎 ➊ 🇪 𝘝𝘐𝘚𝘈   BZ **v**
  25 marzo-15 octubre – Com carta 3050 a 4830.

✗ **Bahía,** passeig del Mar 19 ℰ 34 03 22, ≤, 🍽 – ▤. 🆎 ➊ 🇪 𝘝𝘐𝘚𝘈. ✵   BZ **s**
  Com carta 2455 a 3050.

✗ **Rocamar,** Els Cars 5 ℰ 34 10 47, 🍽 – 🆎 ➊ 🇪 𝘝𝘐𝘚𝘈   BZ **e**
  abril-2 noviembre – Com carta 3150 a 3500.

✗ **Can Senió,** Codolar 16 ℰ 34 10 41 – ▤. 🆎 ➊ 🇪 𝘝𝘐𝘚𝘈. ✵   AZ **c**
  marzo-octubre – Com carta aprox. 2000.

✗ **Can Tonet,** pl. de l'Església 2 ℰ 34 05 11, 🍽 – ▤. 🆎 ➊ 🇪 𝘝𝘐𝘚𝘈. ✵   AZ **t**
  cerrado enero – Com carta 2370 a 2990.

✗ **Santa Marta,** Francesc Aromir 2 ℰ 34 04 72, 🍽, Dentro del recinto amurallado – ▤. 🇪
  𝘝𝘐𝘚𝘈. ✵   BZ **v**
  19 marzo-15 octubre – Com carta 1895 a 3420.

✗ **Victoria** con hab, passeig del Mar 23 ℰ 34 01 66, Fax 34 13 63, 🍽 – 🆎 ➊ 🇪 𝘝𝘐𝘚𝘈
  15 marzo-septiembre – Com carta 1750 a 3400 – ☷ 400 – **21 hab** 2000/3000.   BZ **t**

✗ **Las Acacias** con hab, passeig del Mar 45 ℰ 34 00 85, 🍽 – ➡. 🆎 ➊ 🇪 𝘝𝘐𝘚𝘈. ✵ rest
  abril-octubre – Com carta 1690 a 3500 – ☷ 450 – **20 hab** 2620/5240.   BZ **n**

ORD carret. de Lloret de Mar 23 ℰ 34 00 72   SEAT-AUDI-VOLKSWAGEN carret. de Sant Feliú
OPEL carret. Llagostera 13 ℰ 34 00 76   de Guixols ℰ 34 10 21
RENAULT carret. Llagostera ℰ 34 03 74

TOTANA 30850 Murcia 🔢🔢🔢 S 25 – 18 394 h. – ✆ 968.
◆Madrid 440 – Cartagena 63 – Lorca 20 – ◆Murcia 45.

✗✗ Mariquita II, Cánovas del Castillo 12 ℰ 42 00 07 – ▤.

TOXA (Illa da) Pontevedra 🔢🔢🔢 E 3 – ver La Toja (Isla de).

TRABADELO 24523 León 🔢🔢🔢 E 9 – 922 h. – ✆ 987.
◆ Madrid 416 – Lugo 91 – Ponferrada 30.

🏠 **Nova Ruta,** carret. N VI ℰ 54 30 81 – ➋. 🇪 𝘝𝘐𝘚𝘈. ✵
  Com 900 – ☷ 350 – **10 hab** 2000/4000 – PA 2000.

TRAGACETE 16170 Cuenca 🔢🔢🔢 K 24 – 460 h. alt. 1 283 – ✆ 966.
Alred. : Nacimiento del Cuervo ★ (cascadas ★) NO : 12 km.
◆Madrid 235 – Cuenca 71 – Teruel 89.

🏠 **Serranía,** Fernando Royuela 2 ℰ 28 90 19 – ✵
  Com carta 1300 a 1700 – ☷ 400 – **24 hab** 3500 – PA 2500.

🏠 **Júcar** ⬙, Fernando Royuéla 1 ℰ 28 91 47 – ▤ rest. ✵
  15 marzo-22 diciembre – Com 1700 – ☷ 300 – **18 hab** 3000/5000.

TREMP 25620 Lérida 🔢🔢🔢 F 32 – 5 469 h. alt. 432 – ✆ 973.
Alred. : NE : Desfiladero de Collegats★★ – 🅱 Héroes de Toledo ℰ 65 01 55.
◆Madrid 546 – Huesca 156 – ◆Lérida/Lleida 93.

🏨 **Siglo XX,** pl. de la Creu 8 ℰ 65 00 00, Fax 65 00 00, ⬙ – ▤ ▤ ☎. 𝘝𝘐𝘚𝘈
  Com 1250 – ☷ 325 – **56 hab** 2000/4500 – PA 2500.

🏠 **Alegret,** pl. de la Creu 30 ℰ 65 01 00 – 🉐 ▤ rest ☎. 🇪 𝘝𝘐𝘚𝘈
  Com 1025 – ☷ 300 – **25 hab** 1750/3100 – PA 2100.

ALFA-ROMEO pl. del Cuartel ℰ 65 06 12   PEUGEOT-TALBOT av. Obispo Iglesias 68-70
AUSTIN-MG-MORRIS-MINI carret. Balaguer   ℰ 65 06 46
ℰ 65 06 46   RENAULT Seix y Falla ℰ 65 08 63
CITROEN Aragón ℰ 65 03 39   SEAT-AUDI-VOLKSWAGEN av. de España 24
FORD av. Pirineos ℰ 65 13 84   ℰ 65 09 14
GENERAL MOTORS av. Pirineos, 16 ℰ 65 01 03
MERCEDES - FIAT - LANCIA pl. de Toledo 12 av.
Pirineos ℰ 65 11 17

TRUJILLO 10200 Cáceres 🔢🔢🔢 N 12 – 9 445 h. – ✆ 927.
Ver : Plaza Mayor★ (palacio de los Marqueses de la Conquista : balcón de esquina★ – Iglesia de
Santa María★ (retablo★) – 🅱 pl. de España 18 ℰ 32 06 53.
◆Madrid 254 – ◆Cáceres 47 – Mérida 89 – Plasencia 80.

🏛 **Parador de Trujillo** ⬙, pl. de Santa Clara ℰ 32 13 50, Fax 32 13 66, « Instalado en el
  antiguo convento de Santa Clara », ⬙ – ▤ 📺 ☎ ➡ ➋ – 🕍 25/90. 🆎 ➊ 🇪 𝘝𝘐𝘚𝘈. ✵
  Com 2900 – ☷ 950 – **46 hab** 10000 – PA 5740.

🏨 **Las Cigüeñas,** carret. N V ℰ 32 12 50, Fax 32 13 00, ≤, 🍽 – 🉐 ▤ 📺 ☎ ➋. 🆎 ➊
  🇪 𝘝𝘐𝘚𝘈. ✵
  Com 2200 – ☷ 500 – **78 hab** 3500/6500.

X **Mesón La Troya,** pl. Mayor 10 ℘ 32 13 64, Mesón típico – ▤. ✻
Com carta aprox. 1300.

X **Pillete,** pl. Mayor 28 ℘ 32 14 99 – ▤. ◑ VISA. ✻
Com carta 1600 a 2975.

X **Mesón la Cadena** con hab, pl. Mayor 8 ℘ 32 14 63 – ▤. VISA. ✻
Com carta 1400 a 2050 – **8 hab** 4000.

en la carretera N V O : 6 km – ✉ 10200 Trujillo – ✆ 927

XX **La Majada,** ℘ 32 03 49, ☂ – ▤ Ⓟ. E VISA. ✻
Com carta 2300 a 3400.

PEUGEOT-TALBOT carret. Madrid-Lisboa km 252,8 ℘ 32 07 31
RENAULT carret. Madrid-Lisboa (Cruces) ℘ 32 12 18
SEAT-AUDI-VOLKSWAGEN av. Calvo Sotelo ℘ 32 12 52

TUDELA 31500 Navarra 442 F 25 – 24 629 h. alt. 275 – ✆ 948.

Ver : Catedral★ (claustro★★, portada del Juicio Final★, interior – capilla de Nuestra Señora de Esperanza★)..

ℹ pl. de los Fueros ℘ 82 15 39.

♦Madrid 316 – ♦Logroño 103 – ♦Pamplona 84 – Soria 90 – ♦Zaragoza 81.

🏨 **Delta,** av. de Zaragoza 29 ℘ 82 14 00 – |≑| ▤ rest ▣ ☎. AE ◑ E VISA. ✻
Com 1725 – ☕ 400 – **40 hab** 4370/6900.

🏨 **Nueva Parrilla,** Carlos III El Noble 6 ℘ 82 24 00, Fax 82 25 45 – ▤ rest ☎ 🚗. E VIS
✻
Com 1300 – ☕ 380 – **22 hab** 3150/5500 – PA 2535.

XX **Morase** con hab, paseo de Invierno 2 ℘ 82 17 00, Fax 41 19 97 – ▤ ▣ ☎. AE ◑
VISA. ✻
Com *(cerrado domingo noche)* carta 3475 a 4675 – ☕ 950 – **7 hab** 8500/12000.

X **El Choko,** pl. de los Fueros 5 ℘ 82 10 19 – ▤. AE E VISA. ✻
cerrado lunes – Com carta 1650 a 2850.

X **Iruña,** Muro 11 ℘ 82 10 00 – ▤. AE ◑ E VISA. ✻
cerrado jueves – Com carta 1950 a 2850..

en la carretera de Zaragoza N 232 – ✆ 948 :

🏨 **Sancho El Fuerte** SE : 11 km, ✉ 31550 Ribaforada, ℘ 86 40 25, 🏊, 🎾 – ▤ ☎ 🚗
Ⓟ – 🏛 25/125. E VISA. ✻
Com 1600 – ☕ 550 – **133 hab** 5000/6500.

XX **Beethoven,** SE : 3 km, ✉ 31512 Fontellas, ℘ 82 52 60 – ▤ Ⓟ. AE ◑ E VISA. ✻
cerrado domingo y agosto – Com carta 2440 a 3640.

AUSTIN-ROVER Polígono Canrasó ℘ 82 29 86
CITROEN Polígono Industrial - carret. Corella ℘ 82 24 16
FIAT av. de Zaragoza 67 ℘ 82 02 95
FORD carret. de Zaragoza km 97 ℘ 82 29 66
GENERAL MOTORS carret. Zaragoza km 98 ℘ 82 63 11
MERCEDES-BENZ Polígono Industrial (carret. Zaragoza-Logroño km 6) ℘ 82 02 09
NISSAN carret. de Zaragoza km 98 ℘ 82 63 11
PEUGEOT-TALBOT Polígono Industrial ℘ 82 07 69
RENAULT Polígono Industrial ℘ 82 26 12
SEAT carret. de Alfaro ℘ 82 06 26

TUDELA DE DUERO 47320 Valladolid 442 H 16 – 4 537 h. – ✆ 983.

♦Madrid 188 – Aranda de Duero 77 – ♦Segovia 107 – ♦Valladolid 16.

en la carretera N 122 NO : 1 km – ✉ 47320 Tudela de Duero – ✆ 983 :

🏨 **Jaramiel,** ℘ 52 10 26, ☂ – ☎ Ⓟ. AE VISA. ✻
cerrado del 5 al 20 noviembre – Com *(cerrado martes)* 1200 – ☕ 350 – **16 hab** 3000/400(
– PA 2400.

TUY o **TUI** 36700 Pontevedra 441 F 4 – 14 975 h. alt. 44 – ✆ 986.

Ver : Catedral★.

ℹ Puente Tripes - av. de Portugal ℘ 60 17 89.

♦Madrid 604 – Orense 105 – Pontevedra 48 – ♦Porto 124 – ♦Vigo 29.

🏨 **Parador San Telmo** 🐚, ℘ 60 03 09, Fax 60 21 63, ≤, « Reproducción de una casa señorial gallega », 🏊, ☂, 🎾 – ▣ ☎ Ⓟ. AE ◑ E VISA. ✻
Com 2900 – ☕ 950 – **22 hab** 9500 – PA 5740.

🏨 **Colón Tuy** sin rest, Colón 11 ℘ 60 02 23, Fax 60 03 27, ≤, 🏊, 🎾 – |≑| ☎ 🚗 Ⓟ –
🏛 25/100. ◑ E VISA. ✻
☕ 450 – **45 hab** 4100/7000.

CITROEN Guillarey - Pontenova ℘ 60 24 39
FORD Areas - Tuy ℘ 60 12 59
OPEL-GENERAL MOTORS Guillarey - Ponte Nova ℘ 60 21 53
PEUGEOT-TALBOT carret. Tuy - La Guardia km 2 - Areas ℘ 60 19 86
RENAULT av. de la Concordia 59 ℘ 60 11 21
SEAT-AUDI-VOLKSWAGEN Rebordanes ℘ 60 13 69

UBEDA 23400 Jaén **446** R 19 – 28 717 h. alt. 757 – ✪ 953.

Ver : Plaza Vázquez de Molina★★ : iglesia de San Salvador★★ (sacristía★★, interior★), – iglesia de Santa María★ (capilla★, rejas★) – Iglesia de San Pablo★★ (capillas★★, portada sur★).

🛿 pl. del Ayuntamiento 2 🖋 75 08 97.

◆Madrid 323 – ◆Albacete 209 – Almería 227 – ◆Granada 141 – Jaén 57 – Linares 27 – Lorca 277.

🏨 **Parador Condestable Dávalos** ⌕, pl. Vázquez de Molina 1 🖋 75 03 45, Fax 75 12 59, « Instalado en un palacio del siglo XVI, patio » – 🖵 🖹 ☎ – 🔬 25/90. 🕮 ⓞ Ε 𝘝𝘐𝘚𝘈. ⬩⬩
Com 2900 – ⊂⊃ 950 – **31 hab** 12000 – PA 5740.

🏨 **La Paz** sin rest, Andalucía 1 🖋 75 21 46, Fax 75 08 48 – ▦ 🖹 ☎ ⇦ ⓞ 𝘝𝘐𝘚𝘈. ⬩⬩
⊂⊃ 300 – **52 hab** 3030/4480.

🏨 **Dos Hermanas** sin rest, La Libertad 🖋 75 21 24 – ▦ 🖹 ⇦ ⬩⬩
⊂⊃ 250 – **30 hab** 1400/2700.

🏨 **Los Cerros** sin rest y sin ⊂⊃, Peñarroya 1 🖋 75 16 21 – ⬩⬩
18 hab 1100/2800.

🏨 **Victoria** sin rest y sin ⊂⊃, Alaminos 5 🖋 75 29 52 – 🖹. ⬩⬩
10 hab 1150/2200.

🕮 **Cusco,** parque de Vandevira 8 🖋 75 34 13 – 🖹. Ε 𝘝𝘐𝘚𝘈. ⬩⬩
cerrado domingo noche y enero – Com carta 2300 a 2800.

🕮 **Volga,** Granada 4 🖋 75 11 88 – 🖹. Ε 𝘝𝘐𝘚𝘈. ⬩⬩
cerrado lunes y agosto – Com carta 2150 a 3200.

ALFA-ROMEO av. de la Libertad 22 🖋 75 30 02
CITROEN av. de la Libertad 51 🖋 75 42 40
FIAT-LANCIA carret. Vilches 57 🖋 75 64 03
FORD carret. Vilches 🖋 75 63 44
LANCIA San Cristóbal 19 🖋 75 22 27
MERCEDES-BENZ carret. de circunvalación
🖋 75 05 04
OPEL carret. de circunvalación km 150
🖋 75 03 04

PEUGEOT-TALBOT carret. de circunvalación
🖋 75 11 54
RENAULT carret. de circunvalación 🖋 75 12 42
ROVER carret. de circunvalación km 148
🖋 75 05 04
SEAT-AUDI-VOLKSWAGEN carret. Linares
🖋 75 10 31

UBRIQUE 11600 Cádiz **446** V 13 – 16 322 h. alt. 337 – ✪ 956.

Alred. : Carretera★ de Ubrique a Ronda.

◆Madrid 584 – ◆Cádiz 112 – Ronda 46.

🏨 **Ocurris** sin rest y sin ⊂⊃, av. Dr Solis Pascual 49 🖋 11 09 73
20 hab.

FORD callejón Pompeo 🖋 11 18 08
PEUGEOT-TALBOT carret. Ubrique-Jimena
🖋 11 17 44

RENAULT carret. El Bosque-Ubrique 🖋 11 07 58
SEAT-AUDI-VOLKSWAGEN San Miguel 6
🖋 11 06 06

ULLDECONA 43550 Tarragona **445** K 31 – 5 272 h. alt. 134 – ✪ 977.

◆Madrid 510 – Castellón de la Plana 88 – Tarragona 104 – Tortosa 30.

🕮 **Bon Lloc** con hab, carret. de Vinaroz 🖋 72 02 09, 🏠 – 🖹 rest 🅿. Ε 𝘝𝘐𝘚𝘈. ⬩⬩
cerrado lunes y del 15 al 31 enero y última semana de junio – Com carta 1350 a 2500 – ⊂⊃
400 – **8 hab** 2000/3500 – PA 2200.

RENAULT carret. de Vinaroz 🖋 72 03 09

UNA 16152 Cuenca **444** L 24 – 162 h. – ✪ 966.

◆Madrid 199 – Cuenca 35.

🏨 **Agua-Riscas** ⌕, Egido 17 🖋 28 13 32, 🏠 – ☎. ⬩⬩
Com 850 – ⊂⊃ 175 – **10 hab** 3500/4500.

URBION (Sierra de) ★★ Soria **442** F y G 21 – alt. 2228.

Ver : Laguna Negra de Urbión★★★ – Laguna Negra de Neila★★ (carretera★★).

Hoteles y restaurantes ver : Soria.

URDAX 31711 Navarra **442** C 25 – 537 h. – ✪ 948.

◆Madrid 475 – ◆Bayonne 26 – ◆Pamplona 80.

🕮 **La Koska,** 🖋 59 90 42, Decoración rústica – 🅿. 🕮 ⓞ Ε 𝘝𝘐𝘚𝘈. ⬩⬩
cerrado domingo noche, lunes, del 15 al 30 noviembre y febrero – Com carta 2050 a 3800.

URQUIOLA (Puerto de) 48211 Vizcaya **442** C 22 – alt. 700 – ✪ 94.

Ver : Puerto★ (subida★).

◆Madrid 386 – ◆Bilbao 40 – ◆San Sebastián/Donostia 79 – ◆Vitoria/Gasteiz 31.

🕮 **Bizkarra** con hab, 🖋 681 20 26, 🏠 – 🅿. 🕮 ⓞ Ε 𝘝𝘐𝘚𝘈. ⬩⬩
Com carta 1700 a 3400 – ⊂⊃ 300 – **9 hab** 2000/2500 – PA 1800.

USATEGUIETA (Puerto de) Navarra **442** C 24 – ver Leiza.

UTEBO 50180 Zaragoza **443** G 27 – 5 673 h. – ✿ 976.
◆Madrid 334 – ◆Pamplona 157 – ◆Zaragoza 13.

en la carretera N 232 O : 2 km. – ✉ 50180 Utebo – ✿ 976 :

🏠 **El Aguila**, ✆ 77 03 14, Fax 77 11 00 – 🛗 🔲 📺 ☎ 🅿 – 🔏 25/60. 🆎 ① 🄴 *VISA*. ✳
  Com 1200 – ⊊ 325 – **50 hab** 3250/5950.

UTIEL 46300 Valencia **445** N 26 – 12 021 h. – ✿ 96.
◆Madrid 267 – ◆Albacete 115 – Cuenca 120 – ◆Valencia 81.

🏛 **Potajero Chico**, carret. N III ✆ 217 00 09 – 🅿. *VISA*. ✳
  Com 1200 – ⊊ 300 – **28 hab** 1500/3000 – PA 2500.

FORD carret. N III km 262 (Alto San Agustín)   PEUGEOT-TALBOT carret. N III km 263
✆ 217 17 00   ✆ 217 03 22

VADILLOS 16892 Cuenca **444** K 23 – – ✿ 966.
◆Madrid 234 – Cuenca 70 – Teruel 164.

En la carretera de Solán de Cabras SE : 1 km – ✉ 16892 – ✿ 966

🏛 **El Batán** 🕭, ✆ 31 01 43 – 🅿. ✳
  15 junio-15 septiembre – Com 1275 – ⊊ 275 – **19 hab** 2850 – PA 2400.

VALCARLOS 31660 Navarra **442** C 26 – 582 h. alt. 365 – ✿ 948.
◆Madrid 464 – ◆Pamplona 65 – St-Jean-Pied-de-Port 11.

✕ **Maitena** 🕭 con hab, Elizaldea ✆ 76 20 10, ≤, 🍽 – 🔲. ✳
  Com carta 1000 a 1875 – ⊊ 260 – **6 hab** 3300.

VALDELAGRANA Cádiz **446** W 11 – ver El Puerto de Santa María.

VALDEMORILLO 28210 Madrid **444** K 17 – 2 063 h. – ✿ 91.
◆Madrid 45 – El Escorial 14 – ◆Segovia 66 – Toledo 95.

✕ **Los Bravos**, pl. de la Constitución 2 ✆ 899 01 83, 🍽, « Decoración rústica » – 🔲. 🆎
  VISA. ✳
  cerrado lunes y 10 septiembre-5 octubre – Com carta 4100 a 5000.

VALDEMOSA Baleares – ver Baleares (Mallorca).

VALDEPEÑAS 13300 Ciudad Real **444** P 19 – 24 946 h. alt. 720 – ✿ 926.
Alred. : San Carlos del Valle★ (plaza Mayor★) NE : 22 km.
🛈 carret. N IV km 197.
◆Madrid 203 – ◆Albacete 168 – Alcázar de San Juan 87 – Aranjuez 156 – Ciudad Real 62 – ◆Córdoba 206 – Jaén
135 – Linares 96 – Toledo 153 – Ubeda 122.

🏠 **Gala**, Arpa 3 ✆ 32 38 57, Fax 32 50 13 – 🛗 🔲 rest ☎ ⟵ – 🔏 25/250. ① 🄴 *VISA*. ✳
  Com *(cerrado lunes)* 1200 – ⊊ 400 – **29 hab** 2700/4000.

en la carretera N IV – ✉ 13300 Valdepeñas – ✿ 926 :

🏢 **Meliá El Hidalgo**, N : 7 km ✆ 32 32 50, Telex 48136, Fax 32 33 04, « 🏊 rodeada de
  césped », 🍽 – 🔲 📺 ☎ 🅿 – 🔏 25/150. 🆎 ① 🄴 *VISA*. ✳ rest
  ⊊ 750 – **54 hab** 7500/9400.

✕ **La Aguzadera**, N : 4 km ✆ 32 32 08, 🍽, 🏊 – 🔲 🅿. 🆎 🄴 *VISA*. ✳
  cerrado lunes y del 15 al 30 octubre – Com carta 1950 a 2550.

ALFA-ROMEO José Ramón Osoño 43   OPEL-GENERAL MOTORS carret. Madrid-Cádiz
✆ 32 40 65   km 199 ✆ 32 31 08
CITROEN 6 de Junio 73 ✆ 32 07 07   PEUGEOT - TALBOT carret. N IV-desviación
FIAT Salida de los Llanos 38 ✆ 32 17 08 ✆ 32 20 00
FORD Polígono Industrial parcela 33 ✆ 32 20 50   RENAULT carret. Madrid-Cádiz km 199
FORD av. Gregorio Prieto 4 ✆ 32 18 06   ✆ 32 54 28
LANCIA av. Gregorio Prieto 4 ✆ 32 18 06 SEAT-AUDI-VOLKSWAGEN Ramiro Ledesma 3
MERCEDES-BENZ carret. de Madrid ✆ 32 21 84   ✆ 32 22 57

VALDERROBRES 44580 Teruel **443** J 30 – 1 847 h. – ✿ 974.
◆Madrid 421 – ◆Lérida/Lleida 141 – Teruel 195 – Tortosa 56 – ◆Zaragoza 141.

🏛 **Querol**, av. Hispanidad 14 ✆ 85 01 92 – 🔲 rest. ✳
  Com *(cerrado domingo y del 15 al 30 de octubre)* 1000 – ⊊ 300 – **19 hab** 1650/3000 – PA
  1870.

L'EUROPE en une seule feuille
Carte Michelin nº 970

412

VALENCIA 46000 🄿 **445** N 28 🄫 – 751 734 h. alt. 13 – 🄾 96.

Ver : Museo Provincial de Bellas Artes★★ FX **M³** – Catedral★ (Miguelete★) EX **A** – Palacio de la Generalidad★ (techos artesonados★) EX **D** – Lonja★ (sala de contratación★, sala del Consulado del Mar : artesonado★) EX **E** – Colegio del Patriarca★ EY **N** – Museo Nacional de Cerámica★ EY **M¹** – Torres de Serranos★ EX **V** – Convento de Santo Domingo (capilla de los Reyes★) FY **S**.

🟤 de Manises por ④ : 12 km 🖉 379 08 50 – 🏌 Club Escorpión NO : 19 km por carretera de Liria 🖉 160 12 11 – 🏌 El Saler, Parador Luis Vives por ② : 15 km 🖉161 11 86.

🛪 de Valencia, Manises por ④ : 9,5 km 🖉 154 60 15 – Iberia : Paz 14, ⊠ 46003, 🖉 351 44 95 FY.

🚒 🖉 351 00 43.

🚢 para Baleares y Canarias : Cía. Trasmediterránea, av. Manuel Soto Ingeniero 15, ⊠ 46024 🖉 367 07 04, Telex 62648 CV.

🔢 pl. del Ayuntamiento 1, ⊠ 46002, 🖉 351 04 17 y Aeropuerto 🖉 370 95 00 – **R.A.C.E.** (R.A.C. de Valencia) v. Jacinto Benavente 25, ⊠ 46005, 🖉 374 94 05 Paz 48, ⊠ 46003 🖉 352 28 97.

◆Madrid 351 ④ – ◆Albacete 183 ③ – ◆Alicante (por la costa) 174 ③ – ◆Barcelona 361 ① – ◆Bilbao 606 ① – Castellón de la Plana 75 ① – ◆Málaga 651 ③ – ◆Sevilla 682 ④ – ◆Zaragoza 330 ①.

Planos páginas siguientes

🏨🏨 **Meliá Valencia**, av. Baleares 2, ⊠ 46023, 🖉 360 73 00, Telex 64252, Fax 360 89 21, 🏊 – 🛗 🍴 📺 ☎ – 🛦 25/250. 🆎 ① 🗲 📼. 🛠 CV **r**
Com 3500 – 🖵 1250 – **314 hab** 13500/18000.

🏨🏨 **Astoria Palace**, pl. Rodrigo Botet 5, ⊠ 46002, 🖉 352 67 37, Telex 62733, Fax 352 80 78 – 🛗 🍴 📺 ☎ – 🛦 25/500. 🆎 ① 🗲 📼. 🛠 EY **p**
Com 3200 – 🖵 900 – **207 hab** 15800/19800 – PA 7300.

🏨🏨 **Reina Victoria**, Barcas 4, ⊠ 46002, 🖉 352 04 87, Telex 64755, Fax 352 04 87 – 🛗 🍴 📺 ☎ – 🛦 25/50. 🆎 ① 🗲 📼. 🛠 EY **s**
Com 3150 – 🖵 775 – **97 hab** 10500/17200.

🏨🏨 **Dimar** sin rest, con cafetería, Gran Vía Marqués del Turia 80, ⊠ 46005, 🖉 334 18 07, Telex 62952, Fax 373 09 26 – 🛗 🍴 📺 ☎ ⇔ – 🛦 25/80. 🆎 ① 🗲 📼. 🛠 FZ **q**
🖵 800 – **95 hab** 9000/12500.

🏨🏨 **Expo H.** sin rest, con cafetería, av. Pío XII-4, ⊠ 46009, 🖉 347 09 09, Telex 63212, Fax 348 31 81, 🏊 – 🛗 🍴 📺 ☎ – 🛦 25/500. 🆎 ① 🗲 📼. 🛠 AU **e**
🖵 800 – **396 hab** 9360/17550.

🏨 **Inglés**, Marqués de Dos Aguas 6, ⊠ 46002, 🖉 351 64 26, Telex 62228, Fax 394 02 51 – 🛗 🍴 📺 ☎. 🆎 ① 🗲 📼. 🛠 EY **m**
Com 1500 – 🖵 450 – **62 hab** 5500/6500 – PA 2900.

🏨 **Renasa** sin rest, con cafetería, av. Cataluña 5, ⊠ 46010, 🖉 369 24 50, Fax 393 18 24 – 🛗 🍴 📺 ☎. 🆎 ① 🗲 📼. 🛠 CU **x**
🖵 500 – **73 hab** 5260/8500.

🏨 **Oltra** sin rest, pl. del Ayuntamiento 4, ⊠ 46002, 🖉 352 06 12, Fax 352 63 63 – 🛗 🍴 ☎. 🆎 ① 🗲 📼. 🛠 EY **t**
🖵 435 – **93 hab** 5360/8500.

🏨 **Lehos**, General Urrutia 48, ⊠ 46013, 🖉 334 78 00, Telex 63055, Fax 334 78 01, 🏊, 🌭 – 🛗 🍴 📺 ☎ ⇔ 🄿 – 🛦 BV **s**
104 hab.

🏨 **Llar** sin rest, Colón 46, ⊠ 46004, 🖉 352 84 60 – 🛗 🍴 ☎. 🆎 ① 🗲 📼 EZ **u**
🖵 350 – **50 hab** 5000/7000.

🏨 **Sorolla** sin rest y sin 🖵, Convento de Santa Clara 5, ⊠ 46002, 🖉 352 33 92, Fax 352 14 65 – 🛗 🍴 🍸. 🆎 🗲 📼. 🛠 EZ **z**
50 hab 4900/7000.

🏠 **Continental** sin rest, Correos 8, ⊠ 46002, 🖉 351 09 26, Fax 351 09 26 – 🛗 🍴 ☎. 🆎 🗲 📼. 🛠 EY **h**
🖵 400 – **43 hab** 4200/6850.

🏠 **Bristol** sin rest, Abadia San Martín 3, ⊠ 46002, 🖉 352 11 76 – 🛗 🍸. 🆎 ① 🗲 📼 EY **b**
cerrado diciembre-15 enero – 🖵 275 – **40 hab** 3200/6000.

🏠 **Florida** sin rest y sin 🖵, Padilla 4, ⊠ 46001, 🖉 351 12 84 – 🛗 🍸. 🛠 DY **e**
45 hab 3500/8000.

🍴🍴🍴 **Eladio**, Chiva 40, ⊠ 46018, 🖉 384 22 44 – ▤. 🆎 ① 🗲 📼. 🛠 AU **a**
cerrado domingo y agosto – Com carta 3950 a 6750.

🍴🍴🍴 **Oscar Torrijos**, Dr. Sumsi 4, ⊠ 46005, 🖉 373 29 49 – ▤. 🆎 ① 🗲 📼. 🛠 BV **a**
cerrado domingo y agosto – Com carta 3400 a 4500.

🍴🍴🍴 **La Hacienda**, Navarro Reverter 12, ⊠ 46004, 🖉 373 18 59 – ▤. 🆎 ① 🗲 📼. 🛠 FY **y**
cerrado sábado mediodía, domingo y Semana Santa – Com carta 3300 a 5900.

🍴🍴🍴 **Ma Cuina**, Gran Vía Germanías 49, ⊠ 46006, 🖉 341 77 99 – ▤ ⇔. 🆎 ① 🗲 📼. 🛠 DZ **n**
cerrado sábado mediodía, domingo y 24 marzo-2 abril – Com carta 3650 a 5550.

🍴🍴🍴 **Versalles**, Dolores Alcayde 14 🖉 342 37 38, Fax 341 54 54, 🌭, « Instalado en una villa » – ▤. 🆎 ① 🗲 📼. 🛠 AV **b**
cerrado domingo y 15 agosto-15 septiembre – Com carta 3450 a 4050.

413

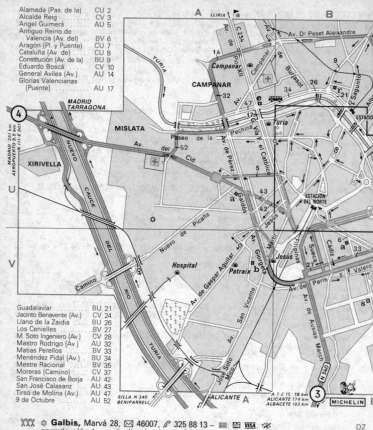

Alameda (Pas. de la) .... CU 2
Alcalde Reig .... CV 3
Angel Guimerá .... AU 5
Antiguo Reino de
  Valencia (Av. del) .... BV 6
Aragón (Pl. y Puente) .... CU 7
Cataluña (Av. de) .... CU 8
Constitución (Av. de la) ...... BU 9
Eduardo Boscá .... CV 10
General Aviles (Av.) .... AU 14
Glorias Valencianas
  (Puente) .... AU 17

Guadalaviar .... BU 21
Jacinto Benavente (Av.) ...... CV 24
Llano de la Zaidia .... BU 26
Los Cenielles .... BV 27
M. Soto Ingeniero (Av.) ...... CV 28
Mastro Rodrigo (Av.) .... AU 32
Matias Perellos .... BV 33
Menéndez Pidal (Av.) .... BU 34
Mestre Racional .... BV 35
Moreras (Camino) .... CV 37
San Francisco de Borja ...... AU 42
San José Calasanz .... AU 43
Tirso de Molina (Av.) .... AU 47
9 de Octubre .... AU 52

XXX ❀ **Galbis,** Marvá 28, ⊠ 46007, ℰ 325 88 13 – ▤. 🅰🅴 𝐕𝐈𝐒𝐀. ❊
  cerrado sábado mediodía, domingo y 28 julio-agosto – Com carta 3250 a 3700
  Espec. Lubina en alli pebre. Fritada de cabrito con ajos tiernos. Arroz caldoso de la Ribera salta..   DZ

XXX La Reserva, Juan de Austria 30, ⊠ 46002, ℰ 352 58 02 – ▤   FY

XXX La Oca Dorada, Puerta del Mar 6, ⊠ 46004, ℰ 352 22 57 – ▤   FY

XXX Lionel, Pizarro 9, ⊠ 46004, ℰ 351 65 66 – ▤   EZ

XXX **Comodoro,** Transits 3, ⊠ 46002, ℰ 351 38 15 – ▤. 🅰🅴 🅾 🅴 𝐕𝐈𝐒𝐀. ❊
  cerrado sábado mediodía, domingo, festivos y agosto – Com carta 2400 a 3500.   EY

XX **El Gourmet,** Taquígrafo Martí 3, ⊠ 46005, ℰ 374 50 71 – ▤. 🅰🅴 🅴 𝐕𝐈𝐒𝐀. ❊
  cerrado domingo, Semana Santa y agosto – Com carta 2450 a 3050.   FZ

XX **El Gastrónomo,** av. Primado Reig 149, ⊠ 46020, ℰ 369 70 36 – ▤. 🅰🅴 🅴 𝐕𝐈𝐒𝐀. ❊
  cerrado domingo, festivos noche, Semana Santa y agosto – Com carta 2450 a 3400.   CU

XX El Timonel, Felix Pizcueta 13, ⊠ 46004, ℰ 352 63 00 – ▤   EZ

XX José Mari, Estación Marítima, 1º, ⊠ 46011, ℰ 367 20 15, ≤, Cocina vasca – ▤   CV

XX **Civera,** Lérida 11, ⊠ 46009, ℰ 347 59 17, Pescados y mariscos – ▤. 🅰🅴 🅾 🅴 𝐕𝐈𝐒𝐀
  ❊
  cerrado lunes y agosto – Com carta aprox. 7000.   BU

XX **Rio Sil,** Mosén Femades 10, ⊠ 46002, ℰ 352 97 64, 🏠 – ▤. 🅰🅴 🅾 🅴 𝐕𝐈𝐒𝐀. ❊
  Com carta 2900 a 3600.   EZ

XX **Mey Mey,** Historiador Diago 19, ⊠ 46007, ℰ 326 07 47, Rest. chino – ▤. 🅰🅴 𝐕𝐈𝐒𝐀
  cerrado Semana Santa y del 15 al 30 agosto – Com carta 1400 a 2090.   DZ

XX **Asador de Aranda,** Félix Pizcueta 9, ⊠ 46004, ℰ 352 97 91, Cordero asado – ▤. 🅴 𝐕𝐈𝐒𝐀.
  ❊
  cerrado sábado mediodía y domingo noche – Com carta 2500 a 2900.   EZ

VALENCIA

0 1 km

AUTOPISTA A 7 E 15

TARRAGONA 257 km
CASTELLÓN/CASTELLÓN 75 km

Av. de Emilio Baro

Primado

Av. Reig

Cardenal

Benlloch

Blasco

Ibañez

Av. Cardenal Benlloch

Av. del Dr. M. Candela

AUDITORIO
24

10

Puente del
Angel Custodio

Av. del Puerto

Doctor Lluch

EL GRAO

PLAYA MALVARROSA

ESTACIÓN
MARÍTIMA

PUERTO

PLAYA LEVANTE

Av. de Francia

Junta de Murs y Valls

AUTOPISTA V 15

28

37

Puente
Astilleros

C EL SALER

LA ALBUFERA 25 km
ALICANTE 183 km

BALEARES

U

V

continuacion ver plano detallado

× **Kayuko,** Periodista Badia 6, ⊠ 46010, ✆ 362 88 88, Pescados y mariscos – 🍽 🆎 ⓿ 🇪
🆅🇮🇸🇦. ❄ CU **b**
cerrado lunes y 15 agosto-3 septiembre – Com carta 1950 a 3700.

× Ismael, Burriana 40, ⊠ 46005, ✆ 373 57 15, Pescados y mariscos – 🍽 FZ **e**

× **Eguzki,** av. Baleares, 1, ⊠ 46023, ✆ 369 90 60, Cocina Vasca – 🍽. 🇪 🆅🇮🇸🇦. ❄ CV **r**
cerrado domingo y agosto – Com carta 3100 a 4250.

× Stromboli, Conde de Altea 58, ⊠ 46005, ✆ 334 46 80, Cocina Italiana – 🍽 FZ **c**

× **Bazterretxe,** Maestro Gozalbo 25, ⊠ 46005, ✆ 373 18 94, Cocina vasca – 🍽. 🆎 🆅🇮🇸🇦. ❄
cerrado domingo noche y 15 agosto-10 septiembre – Com carta 1800 a 2600. FZ **a**

× El Plat, Conde de Altea 41, ⊠ 46005, ✆ 334 96 38, Arroces – 🍽 FZ **v**

× **Palace Fesol,** Hernán Cortés 7, ⊠ 46004, ✆ 352 93 23, « Decoracion regional » – 🍽. 🆎
⓿ 🇪 🆅🇮🇸🇦. ❄ FZ **s**
cerrado domingo noche y lunes – Com carta 2200 a 3100.

× Alameda, paseo de La Alameda 5, ⊠ 46010, ✆ 369 58 88, 🍴 – 🍽 FX **t**

× **El Romeral,** Gran Vía Marqués del Turia 62, ⊠ 46005, ✆ 373 72 72 – 🍽. 🆎 ⓿. ❄
cerrado lunes Semana Santa y agosto – Com carta 2000 a 2525. FZ **z**

en la playa de Levante – CV – ⊠ 46011 Valencia – ✿ 96 :

× **La Marcelina,** av. de Neptuno 8 ✆ 371 20 25, ≤, 🍴 – ⓿ 🇪 🆅🇮🇸🇦 CV **t**
cerrado domingo en verano y del 7 al 25 enero – Com (sólo almuerzo) carta 1820 a 2840.

× **El Estimat,** av. de Neptuno 16 ✆ 371 10 18, ≤ – 🇪 🆅🇮🇸🇦. ❄ CV **t**
cerrado martes y 15 agosto-15 septiembre – Com carta 2050 a 2700.

× **Chicote** con hab, av. de Neptuno 34 ✆ 371 61 51, ≤, 🍴 – 🆎 🇪 🆅🇮🇸🇦. ❄ CV **e**
cerrado lunes y 15 diciembre-15 enero – Com carta 1700 a 2850 – ☲ 375 – **19 hab**
2150/3750.

VALENCIA

REPERTORIO DE CALLES (fin)

417

en la Feria de Muestras - por carretera C 234 NO : 8,5 km – ⊠ 46035 Valencia – 🕿 96

🏨 **Feria,** av. de las Ferias, 2 ℰ 364 44 11, Telex 61079, Fax 364 54 83 – 📲 🗏 📺 🕿 ⟵
🔥 25/60. 🖭 ⓘ 🗉 🚾. 🕸 rest
⊒ 750 – **136 hab** 19500/21000.
por av. Pío XII AU

Ver también : **Manises** por ④ : 12,5 km
El Saler por ② : 15 km
Puzol por ① : 25 km.

S.A.F.E. Neumáticos MICHELIN, Sucursal, carret. Valencia - Alicante km 5,4 - MASANASA
por José Soto Mico, ⊠ 46080 AV ℰ 126 36 51 y 126 31 16, FAX 126 38 66

ALFA-ROMEO Islas Canarias 72 ℰ 369 48 08
AUSTIN-ROVER Literato Azorín 9 ℰ 374 92 13
BMW Reina Doña Germana 17
ℰ 362 34 12/374 35 62 (taller)
BMW Naturalista Rafael Cisternes 2 ℰ 360 32 55
CITROEN av. de la Horchata 45-Alboraya
ℰ 360 13 00
CITROEN Salamanca 19-23
ℰ 374 47 11/374 41 00
CITROEN Padre Tomás Montañana 14
ℰ 369 39 00/361 49 50
CITROEN av. Burjasot 1 ℰ 347 86 25
CITROEN av. Tres Forques 28-30 ℰ 326 50 07
FORD carret. de Madrid km 347,5 ℰ 370 31 50
FORD Río Escalona 11 ℰ 361 40 58
FORD Pista de Silla km 4,6 - Alfagar .
ℰ 376 11 11

GENERAL MOTORS Dr. Rodríguez Fornos 5
ℰ 369 44 00
GENERAL MOTORS-OPEL pista de Silla km 4,5
ℰ 375 40 00
MERCEDES-BENZ carret. N 332 km 253,5 (Masa-
nosa) Pista de Silla ℰ 126 07 00
PEUGEOT-TALBOT av. Peris y Valero 31
ℰ 334 37 00
RENAULT Gran Vía Germanías 43 ℰ 341 31 33
RENAULT Dels Argenters (Polígono Vara de
Quart) ℰ 379 75 50
RENAULT Dama de Elche 19 ℰ 367 33 50
RENAULT Maestre Racional 19-21 ℰ 333 15 90
SEAT-AUDI-VOLKSWAGEN av. del Cid 152
ℰ 379 34 00

VALENCIA DE ALCANTARA Cáceres 🇦🇦🇦 N 8.

VALENCIA DE ANEU o **VALENCIA D'ANEU** 25587 Lérida 🇦🇦🇦 E 33 – alt. 1075 – 🕿 973.
♦Madrid 626 – ♦Lérida/Lleida 170 – Seo de Urgel 86.

🏨 **La Morera** 🌭, ℰ 62 61 24, Fax 62 62 93, ≤ – 📲 🅿 🗉 🚾. 🕸
20 marzo-5 noviembre y Navidades – Com 1400 – ⊑ 410 – **27 hab** 2200/4000 – PA 2500.

🏠 **Cortina** 🌭, ℰ 62 61 07, ≤ – 🅿 🗉 🚾. 🕸
cerrado enero-febrero – Com 1400 – ⊑ 400 – **26 hab** 1250/2700 – PA 2300.

VALENCIA DE DON JUAN 24200 León 🇦🇦🇦 F 13 – 3 528 h. alt. 520 – 🕿 987.
♦Madrid 285 – ♦León 38 – Palencia 98 – Ponferrada 116 – ♦Valladolid 105.

🏠 **Villegas,** del Palacio 10 ℰ 75 01 61, 🌇, 🔟 – 📺 🕭
cerrado 15 enero-15 febrero – Com 1500 – ⊑ 300 – **5 hab** 4000/6000.

CITROEN carret. Valderas ℰ 75 04 90
FIAT carret. Santa Marta 11 ℰ 75 10 28
FORD carret. Mayorga ℰ 75 01 84
GENERAL MOTORS-OPEL Juan Carlos I
ℰ 75 00 20

RENAULT Los Juncales ℰ 75 01 64
SEAT carret. León-Benavente km 32 ℰ 76 80 42

VALMASEDA o **BALMASEDA** 48800 Vizcaya 🇦🇦🇦 C 20 – 7 858 h. – 🕿 94.
♦Madrid 411 – ♦Bilbao 29 – ♦Santander 107.

✕ **Abellaneda,** La Cuesta 21 ℰ 680 16 74 – 🗏. 🖭 🗉 🚾. 🕸
cerrado lunes y agosto – Com carta 2050 a 3250.

FORD La Cuesta 5 ℰ 680 09 68

RENAULT av. de Las Encartaciones 5
ℰ 680 08 88

VALSAIN Segovia 🇦🇦🇦 J 17 – ver La Granja.

VALTIERRA 31514 Navarra 🇦🇦🇦 F 25 – 2 320 h. alt. 265 – 🕿 948.
♦Madrid 335 – ♦Pamplona 80 – Soria 106 – ♦Zaragoza 100.

en la carretera de Pamplona N 121 NO : 3 km – ⊠ 31514 Valtierra – 🕿 948 :

🏨 Los Abetos, ℰ 86 70 00, ≤ – 🗏 rest 🕿 🅿 – 🔥
31 hab.

VALVANERA (Monasterio de) La Rioja 🇦🇦🇦 F 21 – ⊠ 26323 Anguiano – 🕿 941.
♦Madrid 359 – ♦Burgos 120 – ♦Logroño 63.

🏠 Hospedería Nuestra Señora de Valvanera 🌭, ℰ 37 70 44, ≤ – 🅿
7 hab.

VALVERDE Tenerife – ver Hierro.

er : Colegio de San Gregorio★★ (museo Nacional de Escultura policromada★★★, portada★★,
atio★★, capilla★) BV – Museo Arqueológico★ AV M² – Catedral★ BX Ω – Iglesia de San Pablo
achada★★) BV E – Iglesia de Las Angustias (Virgen de los 7 Cuchillos★) BX L.

✈ de Valladolid 14 km por ⑥ ℰ 56 01 62 – Iberia : Gamazo 17, ⊠ 47004, ℰ 30 06 66 BY.

pl. de Zorrilla 3, ⊠ 47001, ℰ 35 18 01 – R.A.C.E. Constitución 8, ⊠ 47001, ℰ 30 12 22.

Madrid 188 ④ – ♦Burgos 125 ① – ♦León 139 ⑥ – ♦Salamanca 115 ⑤ – ♦Zaragoza 420 ①.

Plano página siguiente

🏨🏨 **Olid Meliá,** pl. San Miguel 10, ⊠ 47003, ℰ 35 72 00, Telex 26312, Fax 33 68 28 – 🛗 🗐
📺 ☎ 🚗 – 🛃 25/270. 🖭 ⊙ 🖪 🗸 🛒 🌮   AV v
🖘 800 – **225 hab** 8650/10800.

🏨🏨 **Meliá Parque** sin rest, con cafetería, García Morato 17, ⊠ 47007, ℰ 47 01 00, Telex
26355, Fax 47 50 29 – 🛗 🗐 📺 ☎ 🚗 – 🛃 . 🖭 ⊙ 🖪 🗸 🛒 🌮   AY x
🖘 800 – **294 hab** 9750/10300.

🏨 **Lasa** sin rest, Acera de Recoletos,21 – 🗐 📺 ☎ – 🛃 25/60. 🖪
🗸 🌮   BY a
🖘 350 – **62 hab** 5500/10000.

🏨 **Mozart** sin rest, con cafetería, Menéndez Pelayo 7, ⊠ 47001, ℰ 29 77 77, Fax 29 21 90 –
🛗 🗐 📺 ☎ 🚗 – 🛃 25/50. 🖭 🖪 🗸 🌮   AY r
🖘 475 – **38 hab** 5300/9240.

🏨 **Felipe IV** sin rest, con cafetería, Gamazo 16, ⊠ 47004, ℰ 30 70 00, Telex 26264, Fax
30 86 87 – 🛗 🗐 📺 ☎ 🚗 – 🛃 . 🖭 ⊙ 🖪 🗸   BY z
🖘 600 – **130 hab** 5975/9825.

🏨 **Roma,** Héroes del Alcázar de Toledo 8, ⊠ 47001, ℰ 35 47 77, Fax 35 54 61 – 🛗 🗐 📺
☎ 🚗. 🖪 🗸 🌮   AX a
Com 1000 – 🖘 250 – **38 hab** 4235/6435 – PA 2000.

🏨 **Imperial,** Peso 4, ⊠ 47001, ℰ 33 03 00, Telex 26304, Fax 33 08 13 – 🛗 🗐 rest 📺 ☎. 🖭
🖪 🗸 🌮 rest   AX v
Com 1800 – 🖘 335 – **100 hab** 4425/6200.

🏨 **Feria y Rest. El Horno,** av. Ramón Pradera (Feria de Muestras), ⊠ 47009, ℰ 33 32 44,
Fax 33 33 00, 🌮 – 🗐 📺 ☎ – 🛃 25/400. 🖭 ⊙ 🖪 🗸 🌮   AX
Com carta 2650 a 3000 – 🖘 250 – **34 hab** 4200/6750 – PA 3170.

🏨 **El Nogal,** Conde Ansúrez 10, ⊠ 47003, ℰ 34 02 33 – 🛗 🗐 📺 ☎. 🖭 ⊙ 🖪 🗸
🌮   AX b
Com *(cerrado domingo noche)* 1250 – 🖘 275 – **14 hab** 3775/5675 – PA 2060.

XXX **Mesón Cervantes,** Del Rastro 6, ⊠ 47001, ℰ 30 61 38 – 🗐. 🖭 ⊙ 🖪 🗸   AY m
cerrado domingo y agosto – Com carta 3250 a 4650.

XX **Machaquito,** Caridad 2, ⊠ 47001, ℰ 35 13 51 – 🗐. 🖭 ⊙ 🖪 🗸 🌮   AX d
cerrado domingo noche y festivos noche – Com carta 2900 a 3800.

XX **Don Salmón,** Gamazo, 19 ℰ 20 31 31 – 🗐   BY c

XX ⚙ **Mesón La Fragua,** paseo de Zorrilla 10, ⊠ 47006, ℰ 33 87 85, Decoración Castellana
– 🗐. 🖭 ⊙ 🖪 🗸 🌮   AY t
cerrado domingo noche – Com carta 3000 a 5900
Espec. Puerros rellenos de marisco. Rape empiñonado. Caldereta de lechazo con verduras.

XX **Don Miguel,** Gamazo 24, ⊠ 47004, ℰ 30 40 71 – 🗐   BY z

XX **El Figón de Recoletos,** acera de Recoletos 3, ⊠ 47004, ℰ 39 60 43, Cordero asado,
Decoración castellana – 🗐. 🖪 🗸 🌮   AY s
cerrado domingo noche y 20 julio-10 agosto – Com carta aprox. 3000.

XX **El Rincón de la Marquesita,** Dos de Mayo 16 - pasaje, ⊠ 47004, ℰ 30 55 38 – 🗐. 🖭
⊙ 🖪 🗸 🌮   BY e
cerrado domingo – Com carta 2700 a 3600.

XX **Miguel Angel,** Mantilla 1, ⊠ 47001, ℰ 39 85 04 – 🗐. 🖪 🗸 🌮   AY a
cerrado domingo en verano, domingo noche en invierno y del 15 al 30 agosto – Com
carta 2300 a 3050.

XX **El Hueco,** Las Campanas 4, ⊠ 47001, ℰ 33 76 69 – 🗐. 🖭 ⊙ 🖪 🗸 🌮   AX x
cerrado del 1 al 15 agosto – Com carta 3035 a 4145.

X **La Goya,** puente Colgante 79, ⊠ 47006, ℰ 35 57 24, 🌮, « Patio castellano bajo los
porches » – ⊙ . 🗸 🌮   BZ b
cerrado lunes y agosto – Com carta 2800 a 3650.

X **Mesón Panero,** Marina Escobar 1, ⊠ 47001, ℰ 30 16 73, Decoración castellana – 🗐. 🖭
⊙ 🖪 🗸 🌮   AY c
cerrado domingo noche en julio-agosto y domingo resto del año – Com carta 2975
a 4975.

X **Asador de Castilla,** Atrio de Santiago 7, ⊠ 47001, ℰ 35 18 43, Cordero asado – 🗐. 🖪
🗸 🌮   AXY v
cerrado domingo noche – Com carta 3200.

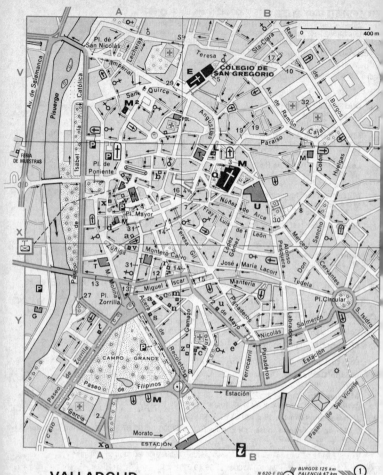

VALLADOLID

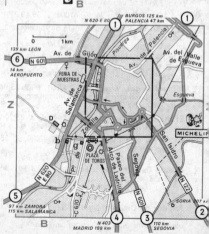

✗ **Portobello,** Marina Escobar 5, ✉ 47001, ℰ 30 95 31, Pescados y mariscos – 🍽 🄰🄴 ⓞ
  E 𝘝𝘐𝘚𝘈.   AY **n**
  Com carta 2550 a 3550.

✗ **Los Cedros,** Dos de Mayo 5, ✉ 47004, ℰ 30 32 70 – 🍽. 🄰🄴 E 𝘝𝘐𝘚𝘈. ⌖   BY **u**
  cerrado domingo noche y del 1 al 20 de agosto – Com carta 2250 a 3150.

✗ **Lucense,** paseo de Zorrilla 86, ✉ 47006, ℰ 27 20 10 – 🍽. 🄰🄴 ⓞ E 𝘝𝘐𝘚𝘈. ⌖   BZ **g**
  Com carta 1400 a 3100.

  en la carretera del Pinar C 610 SO : 14 km – BZ – ✉ 47130 Simancas – 🕾 983 :

✗✗✗ **El Bohío,** ℰ 59 00 55, 🌲, « Lindando con un pinar al borde del Duero », 🏊 – 🍽 🄿. 🄰🄴
  ⓞ E 𝘝𝘐𝘚𝘈. ⌖
  cerrado lunes y martes – Com carta 2525 a 4250.

S.A.F.E. Neumáticos MICHELIN, Sucursal, Polígono Cerro San Cristóbal - Aluminio 222 y
223, ✉ 47012 BZ ℰ 30 44 66 y 30 44 88, FAX 30 21 84

ALFA-ROMEO carret. Salamanca km 125,2   MERCEDES-BENZ av. de Burgos 57 ℰ 33 61 22
ℰ 47 97 12   PEUGEOT-TALBOT carret. Adanero-Gijón km
AUSTIN-ROVER Puente Colgante 33 - 35   194,7 ℰ 33 92 99
ℰ 47 99 00   PEUGEOT-TALBOT av. Madrid km 187
BMW carret. Salamanca 72 ℰ 33 42 22   ℰ 23 41 08
CITROEN General Solchaga 63 ℰ 27 27 62   RENAULT carret. N 403 km 186 ℰ 23 73 12
CITROEN av. Burgos 35 ℰ 33 94 55   RENAULT carret. Burgos-Portugal km 126,5
FIAT-LANCIA carret. de León km 196 ℰ 35 24 61   ℰ 47 97 00
FORD av. de Madrid km 187 ℰ 27 11 00   SEAT-AUDI-VOLKSWAGEN paseo Arco de Ladri-
FORD av. de Burgos 27 ℰ 33 22 22   llo 65 ℰ 47 05 04
GENERAL MOTORS-OPEL Italia 10 ℰ 47 15 00

VALL DE UXÓ 12600 Castellón 🄿🄿🄿 M 29 – 26 145 h. – 🕾 964.

Alred. : Grutas de San José* O : 2 km.

◆Madrid 389 – Castellón de la Plana 26 – Teruel 118 – ◆Valencia 39.

🏠 **Blanca** sin rest y sin ☕, Joaquín París 3 ℰ 66 15 72 – ⌖
  27 hab 1000/2100.

  en las grutas de San José O : 2 km – ✉ 12600 Vall de Uxó – 🕾 964 :

✗ **La Gruta,** ℰ 66 00 08, En una gruta – 🄰🄴 ⓞ E 𝘝𝘐𝘚𝘈. ⌖
  Com carta 2000 a 3100.

CITROEN Juan Capó 20 ℰ 66 07 97   OPEL carret. C 225 km 22,5 ℰ 66 61 62
FIAT av. Corazón de Jesús 113 ℰ 66 49 20   PEUGEOT-TALBOT av. Jaime I, 64 ℰ 66 18 00
FORD Benigafull 33 ℰ 66 28 16   RENAULT av. Corazón de Jesús 168 ℰ 66 22 11
MERCEDES-BENZ carret. Soneta-Burriana km   SEAT-AUDI-VOLKSWAGEN av. Corazón de Jesús
22,5 ℰ 66 12 35   82 ℰ 66 07 50

VALLDOREIX Barcelona – ver San Cugat del Vallés.

VALLE – ver el nombre propio del valle.

VALLFOGONA DE RIUCORP o **VALLFOGONA DE RIUCORB** 43427 Tarragona 🄿🄿🄿 H 33 –
128 h. alt. 698 – 🕾 977 – Balneario.

◆Madrid 521 – ◆Lérida/Lleida 64 – Tarragona 75.

🏨 **Balneario** 🌳, E : 1,8 km ℰ 88 00 25, « En un parque », 🏊, 🎾, ✗ – 🛗 ☎ ⇔ 🄿.
  ⌖ rest
  abril- 15 noviembre – Com 2000 – ☕ 500 – **96 hab** 3700/5440.

VALLROMANAS 08188 Barcelona 🄿🄿🄿 H 36 – 383 h. – 🕾 93.

◆Madrid 643 – ◆Barcelona 22 – Tarragona 123.

✗ **Mont Bell,** carret. de Granollers O : 1 km ℰ 568 07 91, Fax 572 01 52 – 🍽 🄿. E 𝘝𝘐𝘚𝘈. ⌖
  cerrado domingo, festivos y 24 junio- 15 julio – Com carta 1450 a 3500.

VALLS 43800 Tarragona 🄿🄿🄿 I 33 – 18 753 h. alt. 215 – 🕾 977.

🄸 pl. del Blat 1 ℰ 60 10 43.

◆Madrid 535 – ◆Barcelona 100 – ◆Lérida/Lleida 78 – Tarragona 19.

  en la carretera de Tarragona S : 1,5 km – ✉ 43800 Valls – 🕾 977 :

🏨 **Félix,** ℰ 60 60 82, Fax 60 50 07, 🏊, ✗ – 🛗 🍽 📺 ☎ ⇔ 🄿 – 🔬 25/100. E 𝘝𝘐𝘚𝘈. ⌖
  Com 1500 (ver Rest **Casa Félix**) – ☕ 725 – **45 hab** 3960/7590 – PA 6000.

✗✗ **Casa Félix,** ℰ 60 13 50, Fax 60 50 07, especialidad: calçotada – 🍽 🄿. 🄰🄴 ⓞ E 𝘝𝘐𝘚𝘈. ⌖
  Com carta aprox. 2650.

  carret. N 240 N : 8,5 km – ✉ 43813 Fontscaldes – 🕾 977

✗ **Les Estelmes,** ℰ 60 10 42, ≤ – 🍽 🄿. ⓞ E 𝘝𝘐𝘚𝘈. ⌖
  cerrado miércoles y 15 mayo- 15 junio – Com carta 1200 a 2600.

VALLS

ALFA ROMEO Arrabal San Antonio 123 ℰ 60 00 56
AUSTIN-ROVER carret. del Plá de Santa María ℰ 60 50 77
CITROEN General Comerma s/n ℰ 60 51 53
FIAT Candela 29 ℰ 60 01 54
FORD Reverendo Martí 3 ℰ 60 01 63
LANCIA Polígono Industrial c/a c/f ℰ 60 68 60

OPEL-GM Polígono Industrial C/A- esquina C/F ℰ 60 07 16
PEUGEOT-TALBOT carret. del Plá de Santa Marí, 14 ℰ 60 13 53
RENAULT av. Andorra la Vella 2 ℰ 60 01 65
SEAT-AUDI-VOLKSWAGEN carret. de Tarragona 1 ℰ 60 47 82

VARADERO (Playa del) Alicante – ver Santa Pola.

El VEDAT Valencia **445** N 28 – ver Torrente.

VEGA DE ANZO Asturias – ver Grado.

VEGA DE SAN MATEO Gran Canaria – ver Canarias (Gran Canaria).

VEGA DE VALCARCE 24520 León **441** E 9 – 1 454 h. – ✆ 987.
♦Madrid 422 – ♦León 143 – Lugo 85 – Ponferrada 36.

> *en Portela de Valcarce - carretera N VI - SE : 3 km* – ✉ 24524 Portela de Valcarce – ✆ 987 :
>
> 🏠 **Valcarce,** ℰ 54 30 98 – 🍽 rest 🅿. 🅔 𝑽𝑰𝑺𝑨. 🍴
>   Com carta 1600 a 2100 – ☐ 250 – **21 hab** 4500/6500.

VEGUELLINA DE ÓRBIGO 24350 León **441** E 12 – ✆ 987.
♦Madrid 314 – Benavente 57 – ♦León 32 – Ponferrada 79.

> ✗ **La Herrería,** Pío de Cela ℰ 37 63 35, 🍽, ⤲ de pago, 🍴 – 🍽 🅿. 🅐🅔 🅔 𝑽𝑰𝑺𝑨. 🍴
>   *cerrado noviembre* – Com carta 1200 a 2050.

VEJER DE LA FRONTERA 11150 Cádiz **446** X 12 – 13 202 h. alt. 193 alt – ✆ 956

> 🏨 **Convento de San Francisco,** La Plazuela 6 ℰ 45 10 01, Fax 45 10 04, « Antiguo convento » – 🛎 ☎ – ⚖ 25/40. 🅞 🅔 𝑽𝑰𝑺𝑨. 🍴
>   Com *(cerrado lunes)* 2500 – ☐ 750 – **25 hab** 7500/9000 – PA 5750.

VELATE (Puerto de) Navarra **442** C 25 – alt. 847 – ✆ 948.
♦Madrid 432 – ♦Bayonne 85 – ♦Pamplona 33.

> *en la carretera N 121* S : 2 km – ✉ 31797 Arraiz – ✆ 948 :
>
> ✗ **Venta de Ulzama** con hab, ℰ 30 51 38, ≤ – ⇔ 🅿. 🅐🅔 🅞 🅔 𝑽𝑰𝑺𝑨. 🍴 rest
>   *cerrado del 3 al 29 noviembre* – Com carta 1900 a 3550 – ☐ 375 – **15 hab** 2640/3800.

VÉLEZ MALAGA 29700 Málaga **446** V 17 – 41 937 h. – ✆ 952.
♦Madrid 530 – ♦Almería 180 – ♦Granada 100 – ♦Málaga 36.

> 🏠 **Dila** sin rest y sin ☐, av. Vivar Téllez 3 ℰ 59 39 00 – 🛎 📺 ☎ 🅔 𝑽𝑰𝑺𝑨. 🍴
>   **18 hab** 3200/5500.

VÉLEZ RUBIO 04820 Almería **446** T 23 – 6 356 h. alt. 838 – ✆ 951.
♦Madrid 495 – ♦Almería 168 – ♦Granada 175 – Lorca 47 – ♦Murcia 109.

> 🏠 **Jardín Casa Pepa,** av. de Andalucía 6 ℰ 41 01 06 – 🛎 🍽 rest ⇔ 🅿. 🅔 𝑽𝑰𝑺𝑨. 🍴
>   Com 900 – ☐ 225 – **46 hab** 1500/2900 – PA 2025.

OPEL carret. de Granada km 109 ℰ 41 04 33   RENAULT paseo de San Sebastián ℰ 41 03 32

VELILLA (Playa de) Granada **446** V 19 – ver Almuñecar.

VENDRELL o **El VENDRELL** 43700 Tarragona **443** I 34 – 11 597 h. – ✆ 977.
Alred. : Monasterio de Santa Creus** (gran claustro** : sala capitular*, iglesia*, rosetón*, claustro de la enfermería* patio*) NO : 27 km.
🛈 Dr Robert 33 ℰ 66 02 92.
♦Madrid 570 – ♦Barcelona 75 – ♦Lérida/Lleida 113 – Tarragona 27.

> 🏠 **Del Cid** sin rest, Nou 60 ℰ 66 03 10, Fax 66 40 11 – ☎ ⇔. 🅞 🅔 𝑽𝑰𝑺𝑨
>   ☐ 380 – **49 hab** 2800/4200.
>
> ✗ **Pí,** Rambla 2 ℰ 66 00 02 – 🍽. 🅐🅔 🅔 𝑽𝑰𝑺𝑨. 🍴
>   *cerrado 16 octubre-15 noviembre* – Com carta 1925 a 3375.
>
> ✗ **El Molí de Cal Tof,** carret. de Santa Oliva 2 ℰ 66 26 51, Decoración rústica – 🍽 🅿. 🅐🅔 🅞 🅔 𝑽𝑰𝑺𝑨. 🍴
>   *cerrado domingo noche de octubre a junio y lunes salvo vísperas de festivos* – Com carta 1925 a 3950.

en la playa de Sant Salvador S : 3,5 km – ⊠ 43130 Sant Salvador – ❸ 977 :

🏨 Europe San Salvador ⌇, Llobregat 11 ℰ 68 06 11, Telex 56681, Fax 68 01 89, ⌧, ℀ – ▤
 ▤ rest ☎ ℗ – **162 hab**.

🏠 **L'Ermita**, Manresa ℰ 68 07 10, ⌧ – ▤ ℗ E *VISA*. ℀ rest
 mayo-septiembre – Com 1050 – � 350 – **57 hab** 2750/4000 – PA 2450.

carret N 340 SO : 6,5 km – ⊠ 43883 Roda de Bara – ❸ 977

℀℀ La Tenalla, 🍴 – ▤ ℗.

LFA-ROMEO av. de la Bisbal 3 ℰ 66 06 04
JSTIN ROVER Santa Oliva 12 ℰ 62 27 96
TROEN carret. N 340 ℰ 66 04 41
AT carret. N 340 km 276,800 ℰ 66 36 16
ORD av. San Vicens ℰ 66 11 05
ENERAL MOTORS Jaime Urgel 1 ℰ 66 13 12

LANCIA Cintoi s/n ℰ 66 04 69
PEUGEOT-TALBOT carret. N 340 ℰ 66 15 00
RENAULT San Vicente 47 ℰ 66 06 72
SEAT-AUDI-VOLKSWAGEN carret. N 340 km 277
 ℰ 66 07 54

VENTAS DE ARRAIZ 31797 Navarra 𝟺𝟺𝟸 C 25 – alt. 588 – ❸ 948.
Madrid 427 – ◆Bayonne 90 – ◆Pamplona 28.

℀ **Juan Simón** con hab, carret. N 121 ℰ 30 50 52, 🍴 – ℗. E *VISA*. ℀ rest
 cerrado 15 agosto-9 septiembre – Com *(cerrado jueves en verano y domingo noche en
 invierno)* 1600 – ⌧ 300 – **10 hab** 3500/4000 – PA 2950.

VERA 04620 Almería 𝟺𝟺𝟼 U 24 – 5 478 h. – ❸ 951.
Madrid 512 – ◆Almeria 95 – ◆Murcia 126.

🏨 **Terraza Carmona**, Manuel Giménez 1 ℰ 39 01 88 – ▤ ☎ ℗. ⒜ ⓞ E *VISA*. ℀
 Com *(cerrado lunes)* 1200 – ⌧ 250 – **22 hab** 4000/5000 – PA 2200.

en la carret de Garrucha SE : 2 km – – ⊠ 04620 Vera – ❸ 951

🏨 **Vera H**, ℰ 45 03 61, 🍴 – ⒜ ⓞ E *VISA*. ℀
 Com 850 – ⌧ 250 – **20 hab** 4000/6500 – PA 1900.

ORD carret. de Almeria (junto Cruz Roja)
℗ 45 14 00
EUGEOT-TALBOT carret. de Garrucha
℗ 45 14 65

SEAT-AUDI-VOLKSWAGEN carret. de Murcia
 ℰ 45 02 02

VERA DE BIDASOA 31780 Navarra 𝟺𝟺𝟸 C 24 – 3 454 h. – ❸ 948.
Madrid 470 – ◆Pamplona 75 – ◆San Sebastián/Donostia 35.

℀℀℀ Ansonea, pl. de Los Fueros 1 ℰ 63 00 72 – ▤ ℗.

℀ **Euskalduna**, Bidasoa 5 ℰ 63 03 92 – ℗. E *VISA*. ℀
 cerrado miércoles y del 12 al 31 octubre – Com carta 1525 a 3050.

CITROEN pl. del Ayuntamiento ℰ 63 06 23
FORD barrio de Zalain ℰ 63 08 49
OPEL San Esteban ℰ 63 01 83

PEUGEOT-TALBOT Vidasas ℰ 63 02 99
RENAULT carret. Pamplona - Irún ℰ 63 06 21

VERGARA o **BERGARA** 20570 Guipúzcoa 𝟺𝟺𝟸 C 22 – 15 759 h. alt. 155 – ❸ 943.
◆Madrid 399 – ◆Bilbao 54 – ◆San Sebastián/Donostia 62 – ◆Vitoria/Gasteiz 44.

🏠 **Ariznoa** sin rest, Telesforo de Aranzadi 3 ℰ 67 18 46 – ▤ ☎. ⓞ E *VISA*
 ⌧ 360 – **26 hab** 2575/5200.

℀℀ Zumelaga, San Antonio 5 ℰ 76 20 21 – ▤.

℀ ❀ **Lasa**, Bidekurutzeta 34 ℰ 76 10 55 – ▤. E *VISA*. ℀
 cerrado agosto – Com *(sólo almuerzo)* carta 2600 a 4750
 Espec. Surtido de ahumados hechos en casa. Cazuela de merluza "Lasa". La "Paleta del pintor"..

CITROEN Urarte 10 ℰ 76 47 49
FORD Amilaga 49 ℰ 76 22 43
GENERAL MOTORS Barrio Ola-carret.
Mondragón ℰ 76 33 44

PEUGEOT-TALBOT Urarte 16 ℰ 76 15 06
RENAULT Urteaga 37 ℰ 76 12 50
SEAT-AUDI-VOLKSWAGEN Amilaga 18 - Barrio
San Lorenzo ℰ 76 18 38

VERIN 32600 Orense 𝟺𝟺𝟷 G 7 – 9 983 h. alt. 612 – ❸ 988 – Balneario.
Alred. : Castillo de Monterrey (❊❋, iglesia : portada❋) O : 6 km.
◆Madrid 430 – Orense 69 – Vila Real 90.

🏠 **Dos Naciones** sin rest, Luis Espada 38 ℰ 41 01 00, 🍴 – ☎ ⇦. ℀
 ⌧ 225 – **25 hab** 2100/3500.

🏠 **San Luis**, av. de Castilla ℰ 41 09 00 – ⒜ E *VISA*
 cerrado del 15 al 30 junio – Com *(cerrado sábado)* 800 – ⌧ 250 – **13 hab** 3000 – PA 1850.

junto al castillo NO : 4 km – ⊠ 32600 Verin – ❸ 988 :

🏨 **Parador de Monterrey** ⌇, ℰ 41 00 75, Fax 41 20 17, ≤ castillo y valle, « Suntuoso
 edificio de estilo regional », ⌧, 🍴 – �📺 ☎ ⇦. ⒜ ⓞ E *VISA*. ℀
 Com 2900 – ⌧ 950 – **23 hab** 9000 – PA 5740.

VERÍN

ALFA ROMEO   carret. N 525 🖉 41 30 52
AUSTIN-ROVER   barrio de la Cruz Roja
🖉 41 10 41
CITROEN   av. Castilla 28 🖉 41 10 44
FORD   av. Zamora 🖉 41.16 48
GENERAL MOTORS   carret. Villacastín-Vigo km
481 🖉 41 09 44

MERCEDES   carret. N 525 🖉 41 12 21
PEUGEOT-TALBOT   av. Castilla 45-47 🖉 41 04 7
RENAULT   carret. Villacastín-Vigo km 484
🖉 41 06 50
SEAT-AUDI-VOLKSWAGEN   av. Castilla
🖉 41 04 18

VIANA 31230 Navarra **4**|**2** E 22 – 3 413 h. – 🕿 948.
♦Madrid 341 – ♦Logroño 10 – ♦Pamplona 82.

  XX **Borgia,** Serapio Urra 🖉 64 57 81 – AE ⓞ E VISA 🛠
     cerrado domingo y agosto – Com carta 3300 a 4800.

VICH o **VIC** 08500 Barcelona **4**|**3** G 36 – 30 057 h. alt. 494 – 🕿 93.
Ver : Museo episcopal★★ – Catedral★ (pinturas★★, retablo★, sepulcro★).
🗃 pl. Major 1 🖉 886 20 91 – ♦Madrid 637 – ♦Barcelona 66 – Gerona/Girona 79 – Manresa 52.

  🏨 **Can Pamplona** sin rest, carret. N 152 🖉 885 36 12, Fax 885 20 92 – ▧ ⓣⓥ ☎ 🚙 ℗
     ⏫ 25. AE ⓞ E VISA 🛠
     ⊄ 450 – **34 hab** 5000/6000.

  🏠 **Ausa** sin rest, pl. Major 3 🖉 885 53 11 – ▧ ⓣⓥ 🚿 🚙 E VISA 🛠
     ⊄ 600 – **26 hab** 4235/5868.

  XX **L'Anec Blau,** Verdaguer 21 🖉 885 33 00 – 🍽 E VISA 🛠
     cerrado lunes – Com carta 1625 a 2475.

  XX **Mamma Meva,** rambla del Passeig 61 🖉 886 39 98, Fax 889 03 25, Cocina italiana – 🍽 A
     ⓞ E VISA
     cerrado miércoles, 25 febrero-8 marzo y 23 septiembre-9 octubre – Com carta 2040 a 2850

  X **La Taula,** pl. de Don Miquel de Clariana 4 🖉 886 32 29 – AE E VISA
     cerrado domingo noche y lunes de octubre a mayo, domingo y lunes de mayo a octubr
     y del 3 al 21 febrero – Com carta 2925 a 4200.

  X **Basset,** Sant Sadurní 4 🖉 889 02 12 – 🍽 AE ⓞ E VISA 🛠
     cerrado domingos, festivos y del 7 al 15 julio – Com carta 1500 a 3000.

  en Santa Eugenia de Berga SE : 3,5 km – ✉ 08519 Santa Eugenia de Berga – 🕿 93 :

  X **L'Arumí,** carret. d'Arbúcies 40 🖉 885 56 03 – ℗ AE ⓞ E VISA
     cerrado domingo noche, lunes y del 1 al 29 julio – Com carta 2450 a 3250.

  por la carretera de Roda de Ter NE : 15 km – 🕿 93 :

  🏰 **Parador de Vich** 🦢, ✉ 08500 apartado oficial de Vich, 🖉 888 72 11, Fax 888 73 11, ◁
     pantano de Sau y montañas, 🔟, 🛠 – ▧ ⓣⓥ ☎ 🚙 ℗ – ⏫ 25/100. AE ⓞ E VISA
     🛠 – Com 2900 – ⊊ 950 – **36 hab** 10000 – PA 5740.

AUDI-VOLKSWAGEN   Jaime I-4 🖉 886 24 11
ALFA ROMEO   carretera Manlleu km 0.1
🖉 889 00 69
CITROEN   carret. N 152 km 64,3 🖉 885 45 20
FIAT   carretera Barcelona - Puigcerdá 7
🖉 885 35 61
FORD   carret. Barcelona-Puigcerdá 36
🖉 885 24 11
GENERAL MOTORS   Raimundo Abadal 10
🖉 885 12 54

LANCIA   carretera Manlleu km 0.700 🖉 889 03 56
MERCEDES-BENZ   Sant Segimón 14 🖉 886 23 43
PEUGEOT-TALBOT   Rafael Gay de Montalla
🖉 885 51 61
RENAULT   carret. San Hipólito 12 🖉 886 36 89
ROVER   passeig de la Generalitat 52 🖉 885 05 05
SEAT   carretera de Gurb 13 🖉 889.16 08
VOLVO   passeig de la Generalitat 52 🖉 885 05 05

VIDRERAS o **VIDRERES** 17411 Gerona **4**|**3** G 38 – 3 199 h. alt. 93 – 🕿 972.
♦Madrid 687 – ♦Barcelona 74 – Gerona/Girona 24.

  X **Can Pou** con hab, Pau Casals 15 🖉 85 00 14 – 🍽 rest ℗ AE ⓞ E VISA
     cerrado del 20 al 26 diciembre – Com (cerrado lunes en invierno) carta 1950 a 3550 – ⊊
     450 – **26 hab** 2200/3500.

  X La Font del Pla, Marinada 28 🖉 85 04 91, 😤 – 🍽.

  al Noroeste : 1 km – ✉ 17411 Vidreras – 🕿 972 :

  XX Mas Flassiá, Urbanización Mas Flassiá 🖉 85 01 55, 😤, « Masía con terraza », 🔟, 🛠 –
     ℗.

  al Suroeste 2 km – ✉ 17411 Vidreras – 🕿 972 :

  X **Can Castells,** entrada por carret. N II, ✉ apartado 77 Santa Coloma de Farnés, 🖉 85 03
     69, Decoración rústica – 🍽 ℗ E VISA
     cerrado lunes noche, martes y noviembre – Com carta 1280 a 1600.

  en la carretera de Llagostera NE : 5 km – ✉ 17240 Llagostera – 🕿 972 :

  X **El Molí de la Selva,** 🖉 47 03 00, Instalado en un antiguo molino, Decoración rústica –
     ℗ VISA
     Com carta 2350 a 3400.

RENAULT   Sils 8 🖉 85 02 08

SEAT-AUDI-VOLKSWAGEN   Pompeu Fabra 36
🖉 85 00 56

VIELLA o **VIELHA** 25530 Lérida **[443]** D 32 – 2 961 h. alt. 971 – ✪ 973 – Deportes de invierno en La Tuca ≴5.

Ver : Iglesia (Cristo de Mig Arán★).

Alred. : N : Valle de Arán★★ – Vilamós ≼★ NO : 13 km.

🔢 Sarriulera 6 ℰ 64 01 10.

◆Madrid 595 – ◆Lérida/Lleida 163 – St-Gaudens 70.

- 🏨 **Urogallo,** av. Castiero 7 ℰ 64 00 00, Fax 64 07 54 – 🛗 ☎. **E** **VISA**. ⋇
  cerrado del 4 noviembre-23 diciembre – Com 1300 – ⊡ 375 – **36 hab** 4825/7650.

- 🏨 **Adyal Neu,** carret. de Gausach ℰ 64 02 75, Fax 64 09 34 – 🛗 ☎ ⇔ 🅿
  108 hab.

- 🏨 **Fonfreda** sin rest, passeig de la Llibertat 14 ℰ 64 04 86 – 🛗 📺 ☎. **AE** ① **E** **VISA**. ⋇
  ⊡ 700 – **22 hab** 6100/9100.

- 🏨 **Arán,** av. Castiero 5 ℰ 64 00 50, Fax 64 00 53 – 🛗 ☎ ⇔. **AE** ① **E** **VISA**. ⋇
  Com – ⊡ 375 – **44 hab** 4825/7650 – PA 2525.

- 🏨 **Resid. d'Aran** ⑤ sin rest, carret. del Túnel ℰ 64 00 75, Fax 64 00 53, ≼ Viella, valle y
  montañas – 🛗 ☎ 🅿. **AE** **E** **VISA**. ⋇
  julio-15 octubre y diciembre-abril – ⊡ 375 – **40 hab** 3575/6000.

- 🏨 **Delavall,** Pas d'Arró 40 ℰ 64 02 00, ≼, ⊐ – 🛗 ☎ 🅿. **AE** ①. ⋇
  Com 1200 – ⊡ 350 – **28 hab** 3150/6300.

- 🏨 **Baricauba y Riu Nere** sin rest, Mayor 4 ℰ 64 01 50, Fax 64 01 52 – 🛗 ☎. **AE** ① **E** **VISA**.
  ⋇ rest
  cerrado 4 noviembre-4 diciembre – ⊡ 375 – **48 hab** 4300/7000.

- 🏨 **La Bonaigua** sin rest, Casteth 5 bis ℰ 64 01 44 – 🛗 ☎. ⋇
  cerrado noviembre – ⊡ 375 – **20 hab** 2800/4500.

- 🏨 **Turrull,** Reiau 11 ℰ 64 00 58
  34 hab.

- ✕✕ **Sascumes,** antigua carret. de Francia ℰ 64 08 55 – ▦. **VISA**
  cerrado martes, del 15 al 30 mayo y del 15 al 30 noviembre – Com carta 3600 a 4500.

- ✕ **Neguri,** Pas d'Arró 14 ℰ 64 02 11 – **E** **VISA**. ⋇
  cerrado lunes en junio, octubre, noviembre y 3 mayo-6 junio – Com carta 2300 a 3400.

- ✕ **Antonio,** carret del Túnel ℰ 64 08 87 – **AE** ① **E** **VISA**. ⋇
  cerrado martes y 15 noviembre-15 diciembre – Com carta 2100 a 2700.

- ✕ **Gustavo-María José (Era Mola),** Marrec 8 ℰ 64 08 68, decoración rústica – **AE** **VISA**.
  ⋇
  julio-septiembre y enero-abril – Com carta 2050 a 3000.

- ✕ **D'Et Gourman,** Met Dia 8 ℰ 64 04 45 – **E** **VISA**. ⋇
  cerrado jueves y del 15 al 30 junio – Com carta 1975 a 2750.

  en Betrén-por la carretera de Salardú E : 1 km – ✉ 25539 Betrén – ✪ 973 :

- 🏨 **Tuca** ⑤, ℰ 64 07 00, Telex 98671, Fax 64 07 54, ≼, ⊐ climatizada – 🛗 📺 ☎ ⇔ 🅿 –
  🔼 25/160. **AE** ① **E** **VISA**. ⋇
  cerrado 15 octubre-15 diciembre – Com 2100 – ⊡ 700 – **118 hab** 8000/14000 – PA 4100.

- ✕ **La Borda de Betrén,** Mayor ℰ 64 00 32, Decoración rústica – ▦. **AE** ① **E** **VISA**
  Com carta 2350 a 3225.

  en Escunhau - por la carretera de Salardú E : 3 km – ✉ 25539 Escunhau – ✪ 973 :

- 🏨 **Casa Estampa** ⑤, Sortán 7 ℰ 64 00 48, ≼ – 🅿. ⋇
  Com 1500 – ⊡ 450 – **26 hab** 3095/4860.

- ✕ **Casa Turnay,** San Sebastián ℰ 64 02 92, Decoración rústica – **AE**
  noviembre-abril y julio-15 septiembre – Com carta 1750 a 2550.

  en la carretera N 230 S : 2,5 km – ✉ 25530 Viella – ✪ 973 :

- 🏨 **Parador del Valle de Arán** ⑤, ℰ 64 01 00, Fax 64 11 00, ≼ valle y montañas, ⊐ – 🛗
  📺 ☎ ⇔ 🅿 – 🔼 25/50. **AE** ① **E** **VISA**. ⋇
  Com 2900 – ⊡ 950 – **135 hab** 8500 – PA 5740.

  en Garós – por la carretera de Salardú E : 5 km – ✉ 25539 Garós – ✪ 973 :

- ✕ **Et Restillé,** pl. Carrera 2 ℰ 64 15 39, Decoración rústica.

  en Pont d'Arrós NO : 6 km – ✉ 25530 Viella – ✪ 973 :

- 🏨 **Peña,** carret. N 230 ℰ 64 08 86, ≼ – ☎ 🅿. **E** **VISA**. ⋇ hab
  Com 1500 – ⊡ 400 – **24 hab** 3800/5000 – PA 2800.

- ✕ **Cal Manel,** carret. N 230 ℰ 64 11 68 – 🅿. **AE** **E** **VISA**. ⋇
  cerrado miércoles, 27 junio-10 julio y 26 noviembre-8 diciembre – Com carta 2400 a 3400.

CITROEN carret. de Betrén ℰ 64 01 47
FORD Conjunto residencial - edificio Elurra
ℰ 64 01 47
GENERAL MOTORS Conjunto residencial - edificio Elurra ℰ 64 01 47

PEUGEOT-TALBOT carret. Betrén - edificio Elurra
ℰ 64 01 47
RENAULT av. Marcatosa ℰ 64 01 36
SEAT-AUDI-VOLKSWAGEN carret. N 230
ℰ 64 01 27

VIGO 36200 Pontevedra **441** F 3 – 258 724 h. alt. 31 – ✿ 986.

Ver : Emplazamiento★ – El Castro ≤★★ AZ. **Alred.** : Ría de Vigo★ – Mirador de la Madroa ≤★★ por carret. del aeropuerto : 6 km BZ.

⚞ Aero Club de Vigo por ② : 11 km ✆ 22 11 60 – 🛩 de Vigo por N 550 : 9 km BZ ✆ 27 07 48 – Iberia : Marqués de Valladares 17 ✆ 25 26 66 AY Aviaco : aeropuerto ✆ 27 40 56 – 🚗 ✆ 22 35 97 – 🖪 Jardines de las Avenidas, ✉ 36202, ✆ 43 05 77 – R.A.C.E. México 3, ✉ 36204, ✆ 42 00 08.

♦Madrid 600 ② – ♦La Coruña 156 ① – Orense 101 ② – Pontevedra 27 ① – ♦Porto 157 ②.

VIGO

Colón . . . . BY
Policarpo Sanz . . . . ABY
Príncipe . . . . AYZ
Urzaiz . . . . BZ

Alfonso XII (Paseo de)	AZ 2	J. Elduayen	AY 14	Reconquista	AY 20
Cánovas del Castillo	AY 4	Lepanto	BZ 15	República Argentina	BZ 21
Carral	AY 9	Luis Taboada	AY 16	Ribeira	AY 22
Cervantes	BZ 10	Marqués de Valladares	AY 17	Urzaiz (Pl.)	BZ 23
Concepción Arenal	BY 12	Montero Ríos	AY 18	Velázquez Moreno	AYZ 24
		Porta do Sol	AY 19	Victoria	AY 25

🏨 **Ciudad de Vigo** sin rest, con cafetería, Concepción Arenal 5, ✉ 36201, ✆ 43 52 33, Telex 83307, Fax 43 98 71 – 🛗 🗏 🖹 📺 ☎ 🚗 – 🔬 25/120. 🕦 🖻 🗹🗛🗛. 🛠 BY **z**
🖙 700 – **101 hab** 9300/11700.

🏨 **Bahía de Vigo,** av. Cánovas del Castillo 5, ✉ 36202, ✆ 22 67 00, Telex 83014, Fax 43 74 87, ≤ – 🛗 🗏 rest 📺 ☎ 🚗 – 🔬 25/100. 🕮 🕦 🖻 🗹🗛🗛. 🛠 AY **n**
Com 2800 – 🖙 840 – **110 hab** 8700/13500.

🏨 **Coia** sin rest, con cafetería, Sanxenxo 1, ✉ 36209, ✆ 20 18 20, Telex 83462, Fax 20 95 06 – 🛗 🗏 📺 ☎ 🚗 – 🔬 25/400. 🕮 🕦 🖻 🗹🗛🗛. 🛠 por ③
🖙 850 – **126 hab** 8350/11450.

🏨 **México** sin rest, con cafetería, Vía del Norte 10, ✉ 36204, ✆ 43 16 66, Telex 83321, Fax 43 55 53 – 🛗 📺 ☎ 🚗 – 🔬 25/60. 🕮 🕦 🖻 🗹🗛🗛. 🛠 BZ **f**
🖙 480 – **112 hab** 5060/8140.

🏨 **Ipanema** sin rest, con cafetería, Vázquez Varela 31, ✉ 36204, ✆ 47 13 44, Telex 83671 – 🛗 📺 ☎ 🚗 – 🔬 – **60 hab** BZ **n**

🏨 **Ensenada**, Alfonso XIII - 7, ⊠ 36201, ℰ 22 61 00, Telex 83561 – ▐♦▌ 📺 🎬 🚗   BZ **b**
109 hab.

🏨 **América** sin rest, Pablo Morillo 6, ⊠ 36201, ℰ 43 89 22 – ▐♦▌ 📺 🕿. 🖭 ⓪ 🛭 𝘝𝘐𝘚𝘈. ℅
⊇ 300 – **56 hab** 4500/6000.   AY **y**

🏨 **Galicia** sin rest, con cafetería, Colón 11, ⊠ 36201, ℰ 43 40 22, Fax 22 32 28 – ▐♦▌ 🕿. 🖭
🛭 𝘝𝘐𝘚𝘈. ℅   BY **a**
⊇ 560 – **53 hab** 4900/7000.

🏨 **Nilo** sin rest, Marqués de Valladares 8, ⊠ 36201, ℰ 43 28 99, Fax 43 44 74 – ▐♦▌ 🎬. 🖭
⓪ 🛭 𝘝𝘐𝘚𝘈. ℅   AY **v**
⊇ 450 – **52 hab** 4000/6700.

🏦 **Celta** sin rest, México 22, ⊠ 36204, ℰ 41 46 99 – ▐♦▌ 🎬 🅿. 𝘝𝘐𝘚𝘈. ℅   BZ **t**
⊇ 375 – **45 hab** 4700/5700.

🏦 **Canaima** sin rest, García Barbón 42, ⊠ 36201, ℰ 43 09 34 – ▐♦▌ 📺 🎬. 🛭 𝘝𝘐𝘚𝘈. ℅
⊇ 300 – **34 hab** 3000/5000.   BYZ **c**

🏦 Del Mar sin rest con cafetería, Luis Taboada 34, ⊠ 36201, ℰ 43 68 11 – ▐♦▌ 🎬   BY **e**
27 hab.

🏦 **Estación** sin rest y sin ⊇, Alfonso XIII-19, ⊠ 36201, ℰ 43 89 11 – ▐♦▌ 🎬. 𝘝𝘐𝘚𝘈   BZ **b**
34 hab 4600/6000.

🏦 **Estoril** sin rest, Lepanto 12, ⊠ 36201, ℰ 43 61 22 – ▐♦▌ 🕿. ℅   BZ **r**
⊇ 250 – **40 hab** 4000/5500.

XXX **El Castillo**, Monte del Castro, ⊠ 36203, ℰ 42 11 11, ≤ ría de Vigo y ciudad, « En un
parque » – 🍴 🅿. 🖭 ⓪ 🛭 𝘝𝘐𝘚𝘈. ℅   AZ **s**
cerrado domingo noche y lunes – Com carta 2500 a 3950.

XX ❀ **Puesto Piloto Alcabre**, av. Atlántida 98, ⊠ 36208, ℰ 29 79 75, ≤ – 🅿. 🖭 ⓪ 🛭 𝘝𝘐𝘚𝘈.
℅   por av. Beiramar : 5 km AY
cerrado domingo noche y 15 días en noviembre – Com carta 2100 a 3650
Espec. Paté de marisco, Pote marinero, Pastel de hojaldre.

XX **Ancoradoiro**, As Avenidas, ⊠ 36202, ℰ 22 26 34, ≤ – 🍴. 🖭 ⓪ 🛭 𝘝𝘐𝘚𝘈. ℅   AY **m**
cerrado domingo y 25 junio-10 julio – Com carta 2325 a 3300.

XX **Las Bridas**, Ecuador 58, ⊠ 36203, ℰ 43 13 91 – 🍴. 🖭 ⓪ 🛭 𝘝𝘐𝘚𝘈. ℅   BZ **d**
cerrado domingo, festivos y Semana Santa – Com carta 2350 a 3350.

XX ❀ **Síbaris**, av. García Barbón 122, ⊠ 36201, ℰ 22 15 26 – 🍴. 🖭 🛭 𝘝𝘐𝘚𝘈. ℅ por ①   BY
cerrado domingo – Com carta 3500 a 4650
Espec. Ensalada marinada de lubina, Merluza en compota de tomate al romero, Higado depato salteado con
manzanas.

X **El Mosquito**, pl. da Pedra 4, ⊠ 36202, ℰ 43 35 70, Pescados y mariscos – 🍴. 🖭 ⓪ 🛭
𝘝𝘐𝘚𝘈. ℅   AY **u**
cerrado 15 agosto-15 septiembre – Com carta 2400 a 4000.

X José Luis, av. de la Florida 34, ⊠ 36210, ℰ 29 95 22 – 🍴   por ③

X Laxeiro, Ecuador 80, ⊠ 36204, ℰ 42 52 04   BZ **s**

en la playa de Samil por av. Beiramar : 6,5 km AZ – ⊠ 36208 Vigo – ☎ 986 :

🏨 **G. H. Samil Playa**, ℰ 20 52 11, Telex 83263, Fax 23 14 19, ≤, ⊥, ℅ – ▐♦▌ 📺 🕿 🚗 🅿
– 🏖 – **137 hab**.

X As Dornas, ℰ 23 20 13, ≤.

en la playa de La Barca por av. Beiramar : 7,5 km AY – ⊠ 36330 Corujo – ☎ 986 :

X **Timón Playa**, ℰ 49 08 15, Fax 49 11 26, ≤, 🌳 – 🅿. 🖭 🛭 𝘝𝘐𝘚𝘈. ℅
cerrado domingo y festivos noche y 20 diciembre-15 enero – Com carta 2600 a 3000.

en Chapela por ① : 7 km – ⊠ 36320 Chapela – ☎ 986 :

X **El Canario**, av. de Vigo 218, ℰ 45 30 40, Vivero propio – 🍴. 🖭 ⓪ 🛭 𝘝𝘐𝘚𝘈
cerrado lunes y noviembre – Com carta 2100 a 3400.

en la playa de Canido por av. Beiramar : 9 km AZ – ⊠ 36390 Canido – ☎ 986 :

XX **Cíes y Resid. Estay** con hab, ℰ 49 01 01 – 🕿 🅿. 🖭 🛭 𝘝𝘐𝘚𝘈. ℅
Com carta 3050 a 4300 – ⊇ 350 – **24 hab** 5250/5750.

AUSTIN-MG-MORRIS-MINI Pizarro 15 - Méjico
65 ℰ 41 10 11
BMW av. de Madrid 131 ℰ 37 38 88
CITROEN av. de Madrid 133 ℰ 27 77 00
CITROEN carret. Vigo - Madrid km 5,6
ℰ 82 23 00
FIAT av. de Fragoso 75 ℰ 23 31 99
FIAT av. de Madrid 145 ℰ 37 42 43
FORD av. de Madrid 23 ℰ 41 54 33
FORD carret. Bayona - San Andrés de Comesaña
ℰ 29 80 64
GENERAL MOTORS av. de Madrid 73
ℰ 27 67 54
GENERAL MOTORS Autovía Vigo-Bayona km 1 -
Ricardo Mella 87 ℰ 20 29 11
LANCIA carret. Provincial 32 ℰ 41 00 22

MERCEDES-BENZ carret. de Bayona 86
ℰ 23 95 81
PEUGEOT-TALBOT av. de Madrid 193
ℰ 27 39 04
PEUGEOT-TALBOT San Andrés de Comesaña -
Sanín 28 ℰ 23 14 02
PEUGEOT-TALBOT av. Castrelos 451 ℰ 29 12 95
PEUGEOT-TALBOT Gran Vía 160 ℰ 41 66 88
PEUGEOT-TALBOT Trav. Vigo 119 interior
ℰ 27 21 12
PORSHE-SAAB Romil 51 ℰ 47 02 57
RENAULT av. de Madrid 135 ℰ 25 10 88
SEAT-AUDI-VOLKSWAGEN av. de Madrid 195
ℰ 37 12 12
SEAT-AUDI-VOLKSWAGEN Pontevedra 4
ℰ 22 77 60

VILABOA 36141 Pontevedra **441** E 4 – 6 001 h. – 🕲 986.
♦Madrid 618 – Pontevedra 9 – ♦Vigo 27.

    en Paredes SE : 2 km – ✉ 36141 Vilaboa – 🕲 986 :

🏠 **Las Islas,** Paredes 𝒫 70 88 92, Fax 70 84 84, ≤, 🛒, 🎿 – 🏤 🚙 🅿 🖿 [VISA] 🛇
    Com 950 – 🖵 350 – **30 hab** 2000/4300.

🏠 **San Luis** sin rest, Paredes 𝒫 70 83 11 – 🅿. 🛇
    🖵 200 – **20 hab** 1000/2800.

✗ El Pote, carret. de Vigo 𝒫 70 84 11 – 🅿.

VILADRAU 08553 Gerona **443** G 37 – 750 h. alt. 821 – 🕲 93.
♦Madrid 647 – ♦Barcelona 76 – Gerona/Girona 61.

🏠 **De la Gloria** 🐾, Torreventosa 12 𝒫 884 90 34 – 🚙 🖿 [VISA]
    cerrado del 2 al 8 enero – Com *cerrado lunes* 1450 – 🖵 400 – **27 hab** 3000/4000.

VILAFRANCA DEL PENEDÉS Barcelona **443** H 35 – ver Villafranca del Panadés.

VILAGRASA o **VILAGRASSA** 25330 Lérida **443** H 33 – 460 h. – 🕲 973.
♦Madrid 510 – ♦Barcelona 119 – ♦Lérida 41 – Tarragona 78.

✗ Cataluña, Mayor 2 𝒫 31 14 65, Carnes a la brasa – 🖿.

La VILA JOIOSA Alicante – ver Villajoyosa.

VILAJUIGA 17493 Gerona **443** F 39 – 713 h. – 🕲 972.
♦Madrid 758 – Figueras/Figueres 12 – Gerona/Girona 51.

✗ **Can Maricanes,** Figueras 15 𝒫 53 00 37 – 🖿 🅿. 🖿 🛇 🖿 [VISA] 🛇
    cerrado domingo noche, martes y octubre – Com carta 1550 a 3250.

VILALLER 25552 Lérida **443** E 32 628 h. – 🕲 973.
♦Madrid 564 – ♦Lérida/Lleida 132 – Viella 31.

    en la carretera N 230 S : 1 km – ✉ 25552 Vilaller – 🕲 973

🏨 Montsant, 𝒫 69 80 25, Fax 69 80 00, 🛒 – 🖿 🏤 🅿
    37 hab.

VILANOVA DE AROSA Pontevedra **441** E 3 – ver Villanueva de Arosa.

VILANOVA DE LA BARCA Lérida **443** G 32 – ver Lérida.

VILANOVA I LA GELTRU Barcelona **443** I 35 – ver Villanueva y Geltrú.

VILA - SACRA 17485 Gerona **443** F 39 – 385 h. – 🕲 972.
♦Madrid 746 – Gerona 30 – ♦Perpignan 62.

✗✗ **Hermes,** carret. de Rosas 𝒫 50 98 07 – 🖿 🅿. 🖿 [VISA]
    cerrado martes y 10 enero-10 febrero – Com carta 3150 a 3700.

VILASAR DE MAR 08340 Barcelona **443** H 37 – 9 480 h. – 🕲 93 – Playa.
♦Madrid 648 – ♦Barcelona 22 – Mataro 6.

✗✗ Racó de l'Angel, Canonge Almera 62 - carret. N II 𝒫 759 48 66, 🍽 – 🖿 🅿.

✗ **Casa Serrat,** Narcis Monturiol 216 𝒫 759 29 50, 🍽 – 🅿. 🖿 🛇 🖿 [VISA]
    cerrado domingo noche, martes no festivos y del 15 al 31 agosto – Com carta 2925 a 4075.

VILAXOAN 36600 Pontevedra – ver Villagarcía de Arosa.

VILLABONA 20150 Guipúzcoa **442** C 23 – 5 228 h. alt. 61 – 🕲 943.
♦Madrid 451 – ♦Pamplona 71 – ♦San Sebastián/Donostia 20 – ♦Vitoria/Gasteiz 96.

    en la carretera N I por vía de servicio S : 1,5 km – ✉ 20150 Villabona – 🕲 943 :

🏨 Lasquibar, 𝒫 69 21 16, 🍽 – 🖿 🏤 🅿. 🛇
    cerrado diciembre-enero – 1700 – 🖵 325 – **46 hab** 3400/5500 – PA 3200.

    en Amasa E : 1 km – ✉ 20150 Villabona – 🕲 943 :

✗ **Arantzabi,** 𝒫 69 12 55, ≤, 🍽, « Tipico caserio vasco » – 🅿. 🖿 🛇 🖿 [VISA]
    cerrado domingo noche, lunes y 15 diciembre-15 enero – Com carta 2100 a 3800.

FORD carret. N I km 448 𝒫 69 13 59

VILLACAÑAS 45860 Toledo **[000]** N 19 – 8 251 h. – ✪ 925.

◆Madrid 109 – Alcázar de San Juan 35 – Aranjuez 48 – Toledo 72.

🏠 **Quico,** av. de la Mancha 34 ℘ 16 04 50 – ⟸⟹
  Com *(cerrado domingo)* 1050 – ⊑ 250 – **20 hab** 1500/2400 – PA 2000.

CITROEN carret. de Quintanar 10 ℘ 16 04 41   RENAULT carret. de Tembleque 4 ℘ 16 00 20
FORD carret. de Quintanar ℘ 16 02 99   SEAT-AUDI-VOLKSWAGEN carret. de Tembleque
PEUGEOT-TALBOT carret. de Villafranca 2   ℘ 16 10 12
℘ 16 04 32

VILLACARRILLO 23300 Jaén **[000]** R 20 – 11 815 h. – ✪ 953.

Alred. : NE : Garganta del Guadalquivir★ (≤★★).

◆Madrid 349 – ◆Albacete 172 – Úbeda 32.

🏠 **Las Villas,** carret. N 322 ℘ 44 01 25, ≤ – ▤ rest ☎ ⟸⟹ **P**. ※
  Com 750 – ⊑ 300 – **21 hab** 1700/2500 – PA 1800.

FORD carret. CO - V ℘ 44 02 12   SEAT-AUDI-VOLKSWAGEN carret. CO 4 km 180
                                         ℘ 44 01 58

VILLACASTÍN 40150 Segovia **[000]** J 16 – 1 579 h. alt. 1100 – ✪ 911.

◆Madrid 79 – ◆Avila 29 – ◆Segovia 36 – ◆Valladolid 105.

🏠 **Hostería el Pilar,** carret. N VI ℘ 10 70 50, 🏠 – **P**. **E** **VISA**. ※ rest
  Com 1000 – ⊑ 300 – **21 hab** 1500/4000 – PA 1950.

  en la autopista A 6 - SE : 4,5 km – ✉ 40150 Villacastín – ✪ 911 :

XX **Las Chimeneas,** ✉ apartado 3, ℘ 10 71 69 – ▤ **P**. **AE** **VISA**. ※
  Com carta 2600 a 4000.

OPEL carret. Avila s/n ℘ 10 76 53   RENAULT carret. La Coruña km 81,4 ℘ 10 71 12

VILLADANGOS DEL PÁRAMO 24392 León **[000]** E 12 – 1 023 h. – ✪ 987.

◆Madrid 331 – ◆León 18 – Ponferrada 87.

X **Avenida II** con hab, carret. de León NE : 1,5 km ℘ 39 00 81, ※ – ⟸⟹ **P**. **AE** **①** **E** **VISA**.
  ※ – Com carta aprox. 1500 – ⊑ 250 – **10 hab** 3000/4500.

VILLA DEL PRADO 28630 Madrid **[000]** L 17 – 2 770 h. – ✪ 91.

◆Madrid 61 – Avila 80 – Toledo 78.

🏠 **El Extremeño** ⟩, av. del Generalísimo 18 ℘ 862 01 93, 🏠 – **P**. **VISA**. ※
  Com 1100 – ⊑ 130 – **16 hab** 1750/3200 – PA 2330.

VILLADIEGO 09120 Burgos **[000]** E 17 – 2 759 h. alt. 842 – ✪ 947.

◆Madrid 282 – ◆Burgos 39 – Palencia 84 – ◆Santander 150.

🏠 **El Condestable,** av. Reyes Católicos 2 ℘ 36 01 32 – **P**. **VISA**. ※
  Com 1400 – ⊑ 425 – **24 hab** 3040/3800 – PA 3025.

PEUGEOT-TALBOT av. Reyes Católicos   RENAULT Calvario ℘ 36 01 38
℘ 36 00 68   SEAT-AUDI-VOLKSWAGEN Curiela ℘ 36 00 98

VILLAFRANCA DEL BIERZO 24500 León **[000]** E 9 – 4 677 h. alt. 511 – ✪ 987.

◆Madrid 403 – ◆León 130 – Lugo 101 – Ponferrada 21.

🏛 **Parador de Villafranca del Bierzo,** av. de Calvo Sotelo ℘ 54 01 75, Fax 54 00 10 – **TV**
  ☎ **P**. **AE** **①** **E** **VISA**. ※
  Com 2900 – ⊑ 950 – **40 hab** 7500 – PA 5740.

🏠 **San Francisco** sin rest, pl. Mayor 6 ℘ 54 04 65 – ☎. ※
  ⊑ 275 – **20 hab** 3100/4375.

X **Casa Méndez** con hab, pl. de la Concepción ℘ 54 24 08 – ▤ rest. **VISA**. ※
  Com carta 1250 a 1700 – ⊑ 250 – **14 hab** 1800/3000.

VILLAFRANCA DEL PANADÉS o **VILAFRANCA DEL PENEDÉS** 08720 Barcelona **[000]** H 35
– 25 020 h. alt. 218 – ✪ 93.

◆Madrid 572 – ◆Barcelona 54 – Tarragona 54.

🏛 **Pedro III El Grande,** pl. del Penedés 2 ℘ 890 31 00 – 🔋 ▤ rest ☎. **AE** **①** **E** **VISA**. ※ rest
  Com 1400 – ⊑ 600 – **52 hab** 3600/6450 – PA 2720.

XX **Airolo,** rambla de Nostra Senyora 10 ℘ 892 17 98 – ▤. **AE** **①** **E** **VISA**. ※
  cerrado domingo noche, lunes y del 2 al 20 septiembre – Com carta 2800 a 3600.

X **Casa Juan,** pl. de l'Estació 8 ℘ 890 31 71 – ▤. **VISA**. ※
  cerrado domingo, festivos, Semana Santa, del 19 al 31 agosto y Navidades – Com
  carta 2500 a 3550.

X **Cal Ton,** Casal 8 ℘ 890 37 41, 🏠 – ▤. **AE** **①** **E** **VISA**
  cerrado domingo noche, lunes, Semana Santa y del 1 al 21 septiembre – Com
  carta 2000 a 3750.

VILLAFRANCA DEL PANADÉS o VILAFRANCA DEL PENEDÉS

CITROEN av. de Barcelona 74 🖉 892 16 92
FORD av. de Tarragona 🖉 890 11 03
MERCEDES-BENZ av. Tarragona 95 🖉 890 41 88
OPEL av. Tarragona 🖉 890 03 03
PEUGEOT-TALBOT Comercio 3 🖉 890 24 11

RENAULT carret. N 340 km 301,8 🖉 892 25 58
RENAULT Del Sol 7 🖉 890 13 91
ROVER carret. Igualada 55-57 🖉 892 24 51
SEAT-AUDI-VOLKSWAGEN av. de Tarragona 85
🖉 890 11 00

VILLAGARCÍA DE AROSA 36600 Pontevedra 🗺 E 3 – 29 453 h. – ✪ 986 – Playa.

Alred. : Mirador de Lobeira★ S : 4 km – 🔋 Juan Carlos I 🖉 50 15 68.

♦Madrid 632 – Orense 133 – Pontevedra 25 – Santiago de Compostela 42.

🏠 **San Luis,** sin rest, av. de la Marina 🖉 50 73 18 – ☎ – **27 hab**.

🏠 **León XIII** sin rest, av. de la Marina 🖉 50 63 83 – 🆎 E 𝖵𝖨𝖲𝖠. ⚶
🖃 200 – **12 hab** 5000.

en Carril N : 2 km – ✉ 36610 Carril – ✪ 986 :

XX **Galloufa,** pl. de la Libertad 3 🖉 50 17 27, Pescados y mariscos – 🆎 𝖵𝖨𝖲𝖠. ⚶
cerrado domingo, festivos y 9 octubre-9 noviembre – Com carta 2200 a 3100.

X **Loliña,** pl. del Muelle 🖉 50 12 81, �述, Pescados y mariscos, Decoración rústica regional
– 🆎 ⓞ E 𝖵𝖨𝖲𝖠. ⚶
cerrado noviembre – Com carta 2600 a 5000.

en Vilaxoan – ✉ 36600 Villagarcía de Arosa – ✪ 986 :

XX ✿ **Chocolate** con hab, av. Cambados 151 🖉 50 11 99, Fax 50 67 62 – 🔲 ⇦ 🅿. 🆎 E
𝖵𝖨𝖲𝖠. ⚶
cerrado 20 diciembre-20 enero – Com *(cerrado domingo)* carta 3300 a 4600 – 🖃 500 –
18 hab 4500/6000
Espec. Empanadas variadas, Pescado a la parrilla, Chuletón de cebón..

AUSTIN-MG-MORRIS-MINI-ROVER Caleiro - Vi-
llanueva de Arosa 🖉 55 40 31
CITROEN Rubianes - carret. Villagarcía-
Pontevedra 🖉 50 28 69
FIAT-LANCIA Sobradelo 🖉 50 75 42
FORD Rubianes 🖉 50 19 87
MERCEDES Rubianes 🖉 50 10 35

OPEL-GENERAL MOTORS Carril Extremadura 37
🖉 50 06 22
PEUGEOT-TALBOT Santa Eulalia 13 🖉 50 19 85
RENAULT Rubianes - carret. Villagarcía-
Pontevedra 🖉 50 12 08
SEAT-AUDI-VOLKSWAGEN pl. Juan XXIII 7
🖉 50 02 73

VILLAJOYOSA o **La VILA JOIOSA** 03570 Alicante 🗺 Q 29 – 20 638 h. – ✪ 96.

🔋 pl. Castelar 2 🖉 589 30 43.

♦Madrid 450 – ♦Alicante 32 – Gandía 79.

X **El Panchito,** av. del Puerto 46 🖉 589 28 55, �述 – 🔲. 🆎 ⓞ E 𝖵𝖨𝖲𝖠
cerrado 15 enero-17 marzo – Com carta 1595 a 2700.

X **El Brasero,** av. del Puerto 🖉 589 03 33, �述 – 🆎 ⓞ E 𝖵𝖨𝖲𝖠
cerrado martes y diciembre-enero – Com carta 2250 a 3550.

por la carretera de Alicante SO : 3 km – ✉ 03570 Villajoyosa – ✪ 96 :

🏨 **Montíboli** 🌂, 🖉 589 02 50, Telex 68288, Fax 589 38 57, ≤, �述, ⊐, 🖚, ⚿ – 🛗 🔲 📺
☎ ⇦ 🅿. 🆎 ⓞ E 𝖵𝖨𝖲𝖠. ⚶ rest
Com 3000 – 🖃 1200 – **51 hab** 8800/15500 – PA 6100.

CITROEN av. del País Valenciano 8 🖉 589 01 95
FORD carret. Valencia km 116,7 🖉 585 35 62
PEUGEOT-TALBOT Partida Torres 🖉 589 13 90

SEAT-AUDI-VOLKSWAGEN carret. Valencia-Alicante km 113,5 🖉 589 03 26

VILLALBA 27800 Lugo 🗺 C 6 – 16 485 h. alt. 492 – ✪ 982.

♦Madrid 540 – ♦La Coruña 87 – Lugo 36.

🏨 **Parador Condes de Villalba,** Valeriano Valdesuso 🖉 51 00 11, Fax 51 00 90, « Instalado
en la torre de un castillo medieval » – 🛗 📺 🅿. 🆎 ⓞ E 𝖵𝖨𝖲𝖠. ⚶
Com 2900 – 🖃 950 – **6 hab** 11000 – PA 5740.

en la carretera de Meira E : 1 km – ✉ 27800 Villalba – ✪ 982 :

🏨 **Villamartín,** av. Tierra Llana 🖉 51 12 15, Fax 51 11 35, Decoración moderna, ⊐, ⚿ – 🛗
🔲 rest 📺 ☎ ⇦ 🅿 – 🔏 25/200. 🆎 ⓞ E 𝖵𝖨𝖲𝖠. ⚶
Com 1450 – 🖃 425 – **60 hab** 4700/5700 – PA 2825.

CITROEN carret. Lugo-Ferrol 🖉 51 09 09
FIAT Polígono Industrial P-17 🖉 51 13 13
FORD General Franco 120 🖉 51 01 31
GENERAL MOTORS Domingo Goas 36-38
🖉 51 03 74

PEUGEOT-TALBOT B. Guadalupe 🖉 51 04 68
RENAULT Los Freires 🖉 51 00 70
SEAT-AUDI-VOLKSWAGEN General Franco 127
🖉 51 02 55

VILLALBA DE LA SIERRA 16140 Cuenca 🗺 L 23 – 487 h. alt. 950 – ✪ 966.

Alred. : E : Ventano del Diablo (≤ garganta del Júcar★) – Carretera ≤★ del Embalse de la Toba.

♦Madrid 183 – Cuenca 21.

X **Mesón Nelia,** carret. de Cuenca 🖉 28 10 21 – 🔲 🅿. 🆎 E 𝖵𝖨𝖲𝖠. ⚶
cerrado miércoles excepto festivos y 14 enero-16 febrero – Com carta 1700 a 2900.

ILLALONGA o **VILALONGA** 36990 Pontevedra **441** E 3 – ۞ 986.
Madrid 629 – Pontevedra 23 – Santiago de Compostela 66.

🏛 **Pazo El Revel** ﹩, camino de la Iglesia ℰ 74 30 00, Fax 74 33 90, « Pazo del siglo XVII con jardín », 🛫, ℁ – ☎ 🅿. **E** 𝗩𝗜𝗦𝗔. ℀
junio-septiembre – Com – ☲ 475 – **21 hab** 5250/8000.

TROEN carret. General ℰ 74 30 15
ᴑRD carret. Adigna ℰ 72 33 87

PEUGEOT-TALBOT Adigna - Portonovo
ℰ 72 34 96
RENAULT Vichona ℰ 72 35 81

ILLALONGA 46720 Valencia **445** P 29 – 3 730 h. – ۞ 96.
Madrid 427 – ◆Alicante 112 – Gandia 11 – ◆Valencia 79.

XX **Tarsan**, Partida Reprimala O : 2 km ℰ 280 50 79, ≤, 🏤 – ▤ 🅿. 𝖠𝖤 **E** 𝗩𝗜𝗦𝗔. ℀
cerrado noviembre y noches de lunes a miércoles salvo en verano – Com carta 3275 a 5950.

VILLAMAYOR DEL RIO 09259 Burgos **442** E 20 – ۞ 947.
Madrid 294 – ◆Burgos 51 – ◆Logroño 63 – ◆Vitoria/Gasteiz 80.

X **León,** carret. N 120 ℰ 58 02 37, Fax 58 02 37 – 🅿. 𝖠𝖤 **E** 𝗩𝗜𝗦𝗔. ℀
cerrado domingo noche – Com carta 1350 a 2800.

VILLANÚA 22870 Huesca **443** D 28 – 241 h. alt. 953 – ۞ 974.
Madrid 496 – Huesca 106 – Jaca 15.

🏠 **Roca Nevada,** av. Francia 18 ℰ 37 80 35, ≤, 🛫, ℁ – ☎ 🅿. 𝗩𝗜𝗦𝗔. ℀ rest
cerrado noviembre-5 diciembre – Com 1450 – ☲ 300 – **33 hab** 2400/4800 – PA 2725.

🏠 **Reno,** carret. N 330 ℰ 37 80 66 – 🅿. 𝖠𝖤 ⓞ **E** 𝗩𝗜𝗦𝗔. ℀
cerrado 17 octubre-noviembre – Com 1300 – ☲ 375 – **14 hab** 2330/3920 – PA 3155.

XX **Faus Hütte** con hab, carret. N 330 SO : 1 km ℰ 37 81 36, ≤ – 📺 🐕 🚗. 𝖠𝖤 ⓞ **E** 𝗩𝗜𝗦𝗔.
℀ rest
cerrado 16 mayo-15 junio y 16 octubre-noviembre – Com carta 2100 a 3500 – ☲ 475 –
10 hab 4200/7000 – PA 3975.

When visiting the Canary Islands, use the Michelin map cum guide no **990**
with its maps, town plans, descriptive text, photographs, useful information...

VILLANUEVA DE ARGAÑO 09132 Burgos **442** E 18 – 124 h. – ۞ 947.
Madrid 264 – ◆Burgos 21 – Palencia 78 – ◆Valladolid 115.

X **Las Postas de Argaño** con hab, Av. Rodríguez de Valcarce ℰ 45 01 56 – ▤ 🚗 🅿. 𝖠𝖤
ⓞ **E** 𝗩𝗜𝗦𝗔. ℀
Com carta 1850 a 3400 – ☲ 300 – **11 hab** 3500.

VILLANUEVA DE AROSA o **VILANOVA DE AROSA** 36620 Pontevedra **441** E 3 – 14 979 h. –
۞ 986.
Madrid 642 – Pontevedra 35 – Santiago de Compostela 52.

🏠 **Hermida** sin rest, carret. C 550 E : 1 km ℰ 55 43 43, 🛫 – 🅿. 𝗩𝗜𝗦𝗔. ℀
abril-septiembre – ☲ 375 – **47 hab** 3800/4300.

🏠 **Lago 82** sin rest, carret. C 550 E : 1 km ℰ 55 40 54, 🛫 – ℀
abril-noviembre – ☲ 250 – **40 hab** 2500/4500.

ᴀUSTIN-MG-MORRIS-MINI-ROVER Caleiro ℰ 55 40 31

VILLANUEVA DE CÓRDOBA 14440 Córdoba **446** R 16 – 3 487 h. – ۞ 957.
◆Madrid 340 – Ciudad Real 143 – ◆Córdoba 67.

🏨 **Demetrius** sin rest y sin ☲, av. de Cardeña ℰ 12 02 94 – ℀
23 hab 1450/2800.

CITROEN carret. de Adamuz 7 ℰ 12 03 15
ᶠORD av. de Cardeña 6 ℰ 12 08 18
GENERAL MOTORS Laguna del Pino 32
ℰ 12 17 54
PEUGEOT-TALBOT carret. de Cardeña
ℰ 12 01 69

RENAULT Zarza 39 ℰ 12 09 19
SEAT-AUDI-VOLKSWAGEN carret. de Cardeña 13
ℰ 12 01 96

VILLANUEVA DE GÁLLEGO 50830 Zaragoza **443** G 27 – 2 358 h. alt. 243 – ۞ 976.
◆Madrid 333 – Huesca 57 – ◆Lérida/Lleida 156 – ◆Pamplona 179 – ◆Zaragoza 14.

X ✿ **La Casa del Ventero,** paseo 18 de Julio 24 ℰ 18 51 87, Cocina francesa – ▤. 𝖠𝖤 ⓞ
𝗩𝗜𝗦𝗔. ℀
cerrado domingo noche, lunes y agosto – Com carta 3400 a 4500
Espec. Brandada de bacalao, Hígado de oca al calvados con ciruelas pasas, Sinfonía de pastelería.

VILLANUEVA DEL FRESNO Badajoz **444** Q 8.

Ver : Casa Papiol★ (Museo Romántico).

🄸 passeig de Ribes Roges 🖉 893 59 57.

♦Madrid 589 – ♦Barcelona 50 – ♦Lérida/Lleida 132 – Tarragona 46.

🏨 **César y Rest. La Fitorra,** Isaac Peral 4 🖉 815 11 25, Telex 52075, Fax 815 67 19, 🏤
Terraza con arbolado – 🛗 ▤ hab 📺 🕿 🆎 🔘 E 𝘝𝘐𝘚𝘈 ⋇ rest
Com *(cerrado lunes y enero)* 2000 – ⊡ 720 – **30 hab** 10000 – PA 2938.

🏠 **Ceferino,** passeig Ribes Roges 2 🖉 815 17 19, 🍸 – ▤ rest 🚗 🆎 🔘 E 𝘝𝘐𝘚𝘈 ⋇
Com 1600 – ⊡ 450 – **28 hab** 6000.

🏠 **Solvi 70,** passeig Ribes Roges 1 🖉 815 12 45, ⬅ – 🛗 🚗 ⋇
cerrado 7 octubre-7 noviembre. – Com 1400 – ⊡ 475 – **29 hab** 3500/5500.

XX **Peixerot,** passeig Maritim 56 🖉 815 06 25, Fax 815 04 50, Pescados y mariscos – ▤ 🄵
🔘 E 𝘝𝘐𝘚𝘈 ⋇
cerrado Navidad y domingo noche salvo en verano – Com carta 3100 a 5090.

XX El Pescador, passeig del Carme 45 🖉 815 31 42, 🏤, Pescados y mariscos – ▤.

X **Cossetania,** passeig Maritim 92 🖉 815 55 59, 🏤, Pescados y mariscos – ▤ 🆎 🔘
𝘝𝘐𝘚𝘈 ⋇
cerrado domingo noche, lunes y del 10 al 30 noviembre – Com carta 3150 a 4300.

X Maritim, passeig Maritim 40 🖉 815 54 79, 🏤, Pescados y mariscos – ▤.

X **Pere Peral,** Isaac Peral 15 🖉 815 29 96, 🏤, Terraza bajo los pinos – E 𝘝𝘐𝘚𝘈
cerrado lunes y del 5 al 20 noviembre – Com carta 2400 a 5000.

X **Chez Bernard et Marguerite,** Ramón Llull 4 🖉 815 56 04, 🏤, Cocina francesa – 𝘝𝘐𝘚𝘈
Com carta 2400 a 3100.

X **Avi Pep,** Llibertat 128 🖉 815 17 36 – ▤. 𝘝𝘐𝘚𝘈 ⋇
cerrado martes y del 1 al 28 octubre – Com carta 1500 a 2750.

X La Cuineta de la Rambla, rambla de la Pau 87 🖉 815 56 69 – ▤.

en Racó de Santa Llucía - por la carretera C 246 O : 2,5 km – ⊠ 08800 Villanueva
Geltrú – 🟢 93 :

X **La Cucanya,** 🖉 815 19 34, Fax 815 43 54, ⬅, 🏤, Cocina italiana – 🅿 🆎 🔘 E 𝘝𝘐𝘚𝘈 ⋇
Com carta 2450 a 3250.

CITROEN carret. Barcelona km 43 esq. Vía de
Ronda 🖉 893 31 54
FORD carret. Comarcal 246 km 41 🖉 893 26 66
GENERAL MOTORS-OPEL carret. de Sitges km
42,850 🖉 893 51 51

NISSAN carret. Barcelona 35 🖉 893 06 00
RENAULT rambla Vidal 25 🖉 815 32 50
SEAT-AUDI-VOLKSWAGEN av. Balmes 33
🖉 815 40 00

VILLARCAYO 09550 Burgos 🄴🄴🄸 D 22 – 4 558 h. alt. 615 – 🟢 947.

♦Madrid 321 – ♦Bilbao 81 – ♦Burgos 78 – ♦Santander 100.

🏠 **Plati,** Nuño Rasura 20 🖉 10 00 15, 🏤 – 🅿 🆎 𝘝𝘐𝘚𝘈 ⋇
Semana Santa-diciembre – Com carta aprox. 2875 – ⊡ 350 – **27 hab** 3000/4950.

🏠 **La Rubia,** av. de Alemania 3 🖉 10 00 00, 🏤 – ▤ rest 🚗 E 𝘝𝘐𝘚𝘈
cerrado 20 diciembre-20 enero – Com 1750 – ⊡ 330 – **16 hab** 2150/4175 – PA 2700.

en Horna - carretera de Burgos S : 1 km – ⊠ 09554 Horna – 🟢 947 :

XX **Mesón El Cid,** 🖉 10 01 71 – 🅿 E 𝘝𝘐𝘚𝘈 ⋇
cerrado 4 noviembre-19 diciembre – Com carta 2625 a 4450.

PEUGEOT pl. Santa Marina 19 🖉 10 03 18

SEAT-AUDI-VOLKSWAGEN San Roque 44
🖉 10 00 75

VILLARLUENGO 44559 Teruel 🄴🄴🄳 K 28 – 270 h. – 🟢 974.

♦Madrid 370 – Teruel 94.

en la carretera de Ejulve NO : 7 km – ⊠ 44559 Villarluengo – 🟢 974 :

🏨 **La Trucha** ⬎, Las Fábricas 🖉 77 30 08, Telex 62614, Fax 60 53 63, 🍸, 🎾 – 🏖 🚗 🅿
🆎 🔘 E 𝘝𝘐𝘚𝘈
Com 2580 – ⊡ 600 – **54 hab** 5350/8195 – PA 4895.

VILLARREAL DE ALAVA o **LEGUTIANO** 01170 Alava 🄴🄴🄸 D 22 – 1 321 h. alt. 975 – 🟢 945.

♦Madrid 370 – ♦Bilbao 51 – ♦Vitoria/Gasteiz 15.

XX Astola, San Roque 1 🖉 45 50 04, ⬅ – ▤.

ILLARROBLEDO 02600 Albacete **444** 0 22 – 20 172 h. alt. 724 alt – **©** 967.

Madrid 183 – ♦Albacete 84 – Alcázar de San Juan 82.

🏠 Castillo sin rest, av. Reyes Católicos 18 ✗ 14 33 11 – **VISA**. 🛇
≥ 300 – **28 hab** 2700/4700.

en la carretera N 310 SO : 5,5 km – ⊠ 02600 Villarrobledo – **©** 967

🏛 Gran Sol, SO : 5,5 km ✗ 14 02 94, Fax 14 02 94 – ▤ **Ⓟ**. **E** **VISA**. 🛇
Com 1000 – ⊐ 500 – **33 hab** 2332/4664.

LFA-ROMEO Jardín 2 ✗ 14 36 45	FORD av. Reyes Católicos 87 ✗ 14 10 80
UDI-VOLKSWAGEN av. Reyes Católicos 108 ✗ 14 21 50	MERCEDES-BENZ av. Reyes Católicos 94 ✗ 14 40 12
ITROEN av. Reyes Católicos 100 ✗ 14 07 29	OPEL av. Reyes Católicos 109 ✗ 14 35 14
AT av. Reyes Católicos ✗ 14 02 32	RENAULT av. Reyes Católicos 101 ✗ 14 02 43

ILLASANA DE MENA 09580 Burgos **442** C 20 – alt. 312 – **©** 947.

Madrid 358 – ♦Bilbao 44 – ♦Burgos 115 – ♦Santander 101.

🏛 Cadagua 🛇, Angel Nuño 26 ✗ 12 61 25, ≤, **⅃**, 🦉 – 🅟. 🛇
cerrado 16 diciembre-6 enero – Com (cerrado noches en invierno) 1400 – ⊐ 400 – **30 hab**
3800/5000 – PA 2635.

ILLATOBAS 45310 Toledo **444** M 20 – 2 697 h. – **©** 925.

Madrid 80 – ♦Albacete 169 – Cuenca 129 – Toledo 71.

✗✗ Seller con hab, carret. N 301 NO 1,7 km ✗ 15 20 67 – ▤ **Ⓟ**. **AE E** **VISA**. 🛇
Com carta 1600 a 3600 – ⊐ 400 – **17 hab** 4500/6500.

ILLAVIEJA Orense – ver La Mezquita.

ILLAVICIOSA DE ODON 28670 Madrid **444** K 18 – 6 023 h. alt. 672 alt – **©** 91.

Madrid 21 – Toledo 69 – El Escorial 38.

✗✗ Asador Luxia, Bispo, centro Puzzle, carret. de San Martín de Valdeiglesias ✗ 616 03 92
– ▤, **AE ⓞ E** **VISA**. 🛇
cerrado del 5 al 20 de agosto – Com (sólo almuerzo salvo viernes, sábado y víspera de
festivos) carta 3400 a 3700.

VILLOLDO 34131 Palencia **442** F 16 – 541 h. – **©** 988.

Alred. : Villalcázar de Sirga (iglesia de Santa María la Blanca★ : portada Sur★, Sepulcros★)
NE : 10 km – Paredes de Nava (iglesia de Santa Eulalia : retablo mayor★) SO : 11 km – Carrión
de los Condes : Monasterio de San Zoilo (claustro★), iglesia de Santiago (fachada : esculturas★)
N : 14 km.

♦Madrid 253 – ♦Burgos 96 – Palencia 27.

🏠 Estrella del Bajo Carrión 🛇, antigua carret. C 615 ✗ 82 70 05 – **☎ Ⓟ**. **AE E** **VISA**. 🛇
cerrado 24 diciembre-7 enero – Com 1350 – ⊐ 400 – **26 hab** 2000/4000 – PA 2600.

VINAROZ o **VINARÓS** 12500 Castellón **445** K 31 – 17 564 h. – **©** 964 – Playa.

🖪 pl. Jovellar ✗ 45 01 90.

♦Madrid 498 – Castellón de la Plana 76 – Tarragona 109 – Tortosa 48.

🏠 Miramar, paseo Marítimo 12 ✗ 45 14 00, ≤ – 🛄 🖭. **VISA**. 🛇
Com 1450 – ⊐ 400 – **17 hab** 2600/4200 – PA 2800.

🏠 El Pino sin rest y sin ⊐, San Pascual 47 ✗ 45 05 53 – 🛇
8 hab 1300/2500.

✗ El Langostino de Oro, San Francisco 31 ✗ 45 12 04, Pescados y mariscos – ▤. **AE ⓞ**
E **VISA**. 🛇
cerrado martes – Com carta 2875 a 4000.

✗ Voramar, av. Colón 34 ✗ 45 00 37 – ▤. **VISA**. 🛇
cerrado 6 noviembre-7 diciembre – Com carta 1800 a 3200.

✗ La Isla, San Pedro 5 ✗ 45 23 58, ≤ – ▤ **E** **VISA**. 🛇
cerrado lunes y 22 diciembre-22 enero – Com carta 2275 a 4500.

✗ La Cuina, paseo Blasco Ibáñez 12 ✗ 45 47 36 – **AE ⓞ E** **VISA**. 🛇
cerrado sábado, domingo noche salvo en verano y 20 diciembre-8 enero – Com
carta 2330 a 3550.

en la carretera N 340 S : 2 km – ⊠ 12500 Vinaroz – **©** 964 :

🏠 Roca, pl. San Roc ✗ 45 03 50, 🦉, 🛇 – ▤ rest 🖭 🍴 **Ⓟ**. 🛇 rest
Com 1000 – ⊐ 350 – **36 hab** 2700/4000 – PA 2200.

ALFA-ROMEO Varadero 3 ✗ 45 50 15	MERCEDES-BENZ Colonia Europa ✗ 45 10 52
AUSTIN-ROVER N 340 km 143,5 ✗ 45 40 97	OPEL carret. N-340 ✗ 45 53 45
BMW San Francisco, 76 ✗ 45 58 90	PEUGEOT-TALBOT carret. N 340 ✗ 45 01 12
CITROEN av. Zaragoza 85 ✗ 45 34 55	RENAULT carret. N 340 km 143 ✗ 45 15 08
FIAT Pintor Puigroda 15 ✗ 45 17 62	SEAT-AUDI-VOLKSWAGEN carret. Valencia -
FORD carret. N 340 ✗ 47 03 39	Barcelona km 141 ✗ 45 47 51

VIRGEN DEL CAMINO León – ver León.

EL VISO DEL ALCOR 41520 Sevilla **446** T 12 – 14 843 h. alt. 143 – © 95.

♦Madrid 524 – ♦Córdoba 117 – ♦Granada 252 – ♦Sevilla 31.

🏠 **Picasso**, av. del Trabajo 11 ℰ 474 62 00 – 🖩 TV ☎ P E VISA 🛠
Com 1500 – 🖵 350 – **44 hab** 11300/16800.

📬 *Pour voyager rapidement, utilisez les cartes Michelin "Grandes Routes" :*
970 *Europe*, **980** *Grèce*, **984** *Allemagne*, **985** *Scandinavie-Finlande*,
986 *Grande-Bretagne-Irlande*, **987** *Allemagne-Autriche-Benelux*, **988** *Italie*,
989 *France*, **990** *Espagne-Portugal*, **991** *Yougoslavie*.

VITORIA o **GASTEIZ** 01000 P Alava **442** D 21 y 22 – 192 773 h. alt. 524 – © 945.

Ver : Museo de Arqueología★ (estela del jinete★) BY M – Iglesia de San Pedro (portada★) AY N
Alred. : Gaceo : iglesia (frescos románicos★) por ② : 21 km.

✈ de Vitoria por ④ : 8 km ℰ 27 40 00 – Iberia : av. Gasteiz 84, ⊠ 01012, ℰ 22 82 50 AY.
🛈 Parque de la Florida, ⊠ 01008, ℰ 13 13 21 – R.A.C.V.N. Manuel Iradier 1, ⊠ 01006, ℰ 23 11 50.

♦Madrid 352 ③ – ♦Bilbao 64 ④ – ♦Burgos 111 ③ – ♦Logroño 93 ③ – ♦Pamplona 93 ② – ♦San Sebastián/Donos♦
115 ② – Zaragoza 260 ③.

VITORIA-GASTEIZ

434

🏨 **Gasteiz**, av. Gasteiz 45, ⊠ 01009, ☎ 22 81 00, Telex 35451, Fax 22 62 58 – 📶 🗏 📺 ☎
🚗 – 🔺 25/250. 🖭 ⓞ E 𝘝𝘐𝘚𝘈. ⋘   AY **e**
Com (cerrado domingo) 2250 – ☲ 970 – **150 hab** 7700/11000.

🏨 **Canciller Ayala** sin rest, con cafetería, Ramón y Cajal 5, ⊠ 01007, ☎ 13 00 00, Fax
13 35 05 – 📶 📺 ☎ 🚗 – 🔺 25/220. 🖭 ⓞ E 𝘝𝘐𝘚𝘈   AZ **n**
☲ 1000 – **185 hab** 9000/12900.

🏨 **General Alava** sin rest, con cafetería, av. Gasteiz 79, ⊠ 01009, ☎ 22 22 00, Telex 35468,
Fax 24 83 95 – 📶 📺 ☎ 🚗 – 🔺 25/50. 🖭 ⓞ E 𝘝𝘐𝘚𝘈. ⋘   AY **c**
☲ 625 – **111 hab** 5500/8700.

🏨 **Achuri** sin rest, Rioja 11, ⊠ 01005, ☎ 25 58 00 – 📶 ☎. ⓞ E 𝘝𝘐𝘚𝘈. ⋘   BZ **x**
☲ 350 – **40 hab** 3200/5000.

🏨 **Desiderio** sin rest, Colegio de San Prudencio 2, ⊠ 01001, ☎ 25 17 00 – 📶 📞. 🖭 𝘝𝘐𝘚𝘈.
⋘   BY **m**
cerrado 24 diciembre-7 enero – ☲ 325 – **21 hab** 3200/5000.

🏨 **Florida** sin rest y sin ☲, Manuel Iradier 33, ⊠ 01005, ☎ 26 06 75   BZ **e**
15 hab 2800/4400.

🏨 **Dato 28** sin rest y sin ☲, Dato 28, ⊠ 01005, ☎ 23 23 20 – 📞. ⓞ E 𝘝𝘐𝘚𝘈   BZ **a**
14 hab 2800/3500.

XXXX **Ikea,** Castilla 27 ☎ 14 47 47 – 🗏 📞. 🖭 ⓞ E 𝘝𝘐𝘚𝘈. ⋘   AZ **f**
cerrado domingo, lunes noche y 10 agosto-10 septiembre – Com carta 3350 a 5800.

XXX El Portalón, Correría 151, ⊠ 01001, ☎ 14 27 55, « Posada del siglo XV »   BY **u**

XXX **Dos Hermanas,** Madre Vedruna 10, ⊠ 01008, ☎ 13 29 34 – 🗏. 🖭 ⓞ E 𝘝𝘐𝘚𝘈. ⋘   AZ **e**
cerrado domingo y festivos – Com carta 4000 a 6000.

XXX **Zaldiarán,** av. Gasteiz 21, ⊠ 01008, ☎ 13 48 22, Fax 13 45 95 – 🗏. 🖭 ⓞ E 𝘝𝘐𝘚𝘈. ⋘
cerrado domingo y martes noche – Com carta 3225 a 4500.   AZ **a**

XXX **Teide,** av. Gasteiz 61, ⊠ 01009, ☎ 22 10 23 – 🗏. 🖭 𝘝𝘐𝘚𝘈. ⋘   AY **t**
cerrado martes y Semana Santa – Com carta 2050 a 3175.

XX **Olárizu,** Beato Tomás de Zumárraga 54, ⊠ 01009, ☎ 24 77 52 – 🗏. 🖭 ⓞ E 𝘝𝘐𝘚𝘈. ⋘
cerrado domingo noche y lunes – Com carta 3025 a 4125.   AY **k**

XX **Andere,** Gorbea 8, ⊠ 01008, ☎ 24 54 05 – 🗏. 🖭 ⓞ E 𝘝𝘐𝘚𝘈. ⋘   AY **b**
cerrado domingo noche, lunes y del 8 al 30 agosto – Com carta 3200 a 4600.

XX **Conde de Alava,** Cruz Blanca 8, ⊠ 01009, ☎ 22 50 40 – 🗏. 🖭 𝘝𝘐𝘚𝘈. ⋘   AY **n**
cerrado lunes noche, martes y 9 agosto-8 septiembre – Com carta 2400 a 2800.

XX **Don Carlos,** Doce de Octubre 1, ⊠ 01004, ☎ 28 24 48 – 🗏. 🖭 ⓞ E 𝘝𝘐𝘚𝘈. ⋘   BZ **c**
cerrado domingo noche – Com carta 3100 a 3350.

XX **Eli Rekondo,** Prado 28, ⊠ 01005, ☎ 28 25 84 – 🗏. 🖭 ⓞ E 𝘝𝘐𝘚𝘈. ⋘   AZ **t**
cerrado domingo y 28 marzo-8 abril – Com carta 2600 a 3750.

X **Mesa,** Chile 1, ⊠ 01005, ☎ 22 84 94 – 🗏. 🖭 E 𝘝𝘐𝘚𝘈. ⋘   AY **c**
cerrado miércoles y 10 agosto-10 septiembre – Com carta 2350 a 2800.

X **Arkupe,** Mateo Moraza 13, ⊠ 01001, ☎ 23 00 80, Decoración rústica, Pizzería en el 1° –
🖭 ⓞ E 𝘝𝘐𝘚𝘈. ⋘   BZ **z**
Com carta 1900 a 3050.

X Poliki, Fueros 29, ⊠ 01005, ☎ 25 85 19 – 🗏   BZ **r**

X Kintana, Mateo Moraza 15, ⊠ 01001, ☎ 23 00 10   BZ **z**

X Zabala, Mateo Moraza 9, ⊠ 01001, ☎ 23 00 09 – 🖭 E 𝘝𝘐𝘚𝘈. ⋘   BZ **z**
cerrado domingo y agosto – Com carta 1965 a 3200.

en Armentia por ③ : 3 km – ⊠ 01195 Armentia – ✆ 945 :

XXX El Caserón 🌄 con hab, camino del Monte 5 ☎ 23 00 48, <, 🏊, 🎯 – 🗏 rest 📺 ☎ 📞
5 hab.

en la carretera N I por ② : 13 km – ✆ 945 :

🏨 **Parador de Argómaniz** 🌄, ⊠ 01192 Argómaniz, ☎ 28 22 00, Fax 28 22 00, < – 📶 📺
📞. 🖭 ⓞ E 𝘝𝘐𝘚𝘈. ⋘
Com 2900 – ☲ 950 – **54 hab** 9000 – PA 5740.

ALFA ROMEO av. Gasteiz ☎ 25 27 29
AUSTIN-ROVER Portal de Gamarra 54
☎ 27 78 77
BMW av. Gasteiz 51-48 ☎ 24 21 66
CITROEN carret. de San Sebastián km 1
☎ 25 50 33
FIAT Los Herrán 96 ☎ 25 46 64
FORD av. de Santiago 47 ☎ 25 43 00

GENERAL MOTORS Gorbea 6 ☎ 24 57 00
LANCIA Portal de Villareal 10-12 ☎ 28 02 00
MERCEDES-BENZ carret. de Gamarra km 3
☎ 25 62 88
PEUGEOT-TALBOT Alto Armentia 7 ☎ 13 11 33
RENAULT Alto Armentia 18 ☎ 13 03 00
SEAT-AUDI-VOLKSWAGEN Alto Armentia 4
☎ 13 04 82

En esta guía,
*un mismo símbolo en rojo o en **negro**, una misma palabra en*
*fino o en **grueso**, no significan lo mismo.*

Lea atentamente los detalles de la introducción.

VIVERO o **VIVEIRO** 27850 Lugo **441** B 7 – 14 562 h. – ✆ 982.

🛈 Puerta de Carlos V ✆ 56 04 86.

◆Madrid 602 – ◆La Coruña 119 – Ferrol 88 – Lugo 98.

🏨 **Orfeo** sin rest, J. García Navia Castrillón 2 ✆ 56 21 01, Fax 56 04 53, ⪕ – 🛗 ☞. 🆀 🔳
   VISA. ⪕⪕
   ⪑ 400 – **32 hab** 3800/5800.

🏨 **Tebar** sin rest, av. Nicolás Cora Montenegro 70 ✆ 56 01 00, Fax 56 01 08 – 📺 ☞ 🚗. 🆀
   ⓞ 🇪 _VISA_. ⪕⪕
   ⪑ 275 – **27 hab** 3600/6000.

   en Covas - carretera C 642 NO : 2 km – ✉ 27868 Covas – ✆ 982 :

🏠 Dolusa sin rest, ✆ 56 08 66 – 🛗 – **15 hab**.

   en playa de Area por carretera C 642 N : 4 km – ✉ 27850 Vivero – ✆ 982 :

🏨 **Ego** ⪕ sin rest, ✆ 56 09 87, ⪕ – ☎ 🅿. 🆀 ⓞ 🇪 _VISA_. ⪕⪕
   ⪑ 500 – **30 hab** 7000/10000.

✕✕ **Nito,** ✆ 56 09 87, ⪕ ria y playa – 🅿. 🆀 ⓞ 🇪 _VISA_. ⪕⪕
   cerrado domingo noche salvo julio y agosto – Com carta 3200 a 3400.

ALFA ROMEO Misericordia 27 ✆ 56 03 33
CITROEN Misericordia 25 ✆ 56 29 54
FIAT-LANCIA carret. Lugo-Arredoada 4
✆ 56 25 51
FORD San Lázaro ✆ 56 14 52

GENERAL MOTORS Misericordia 6 ✆ 56 27 11
PEUGEOT-TALBOT Lavandeiras 110 ✆ 56 13 61
RENAULT carret. Vivero-Lugo km 3,5 ✆ 56 12 52
SEAT-AUDI-VOLKSWAGEN Misericordia 3
✆ 56 24 10

XÁTIVA Valencia **445** P 28 – ver Játiva.

XAVIA Alicante – ver Jávea.

XUBIA La Coruña – ver Jubia.

YAIZA Las Palmas – ver Canarias (Lanzarote).

Los YÉBENES 45470 Toledo **444** N 18 – 6 009 h. – ✆ 925.

◆Madrid 113 – ◆Toledo 43.

🏨 **Montes de Toledo** ⪕, carret. N 401 NE 1,6 km ✆ 32 10 99, Fax 34 81 83, ⪕ olivares y
   sierra de las Alberquillas – ▤ 📺 ☞ 🅿. 🆀 ⓞ 🇪 _VISA_. ⪕⪕
   Com 1350 – ⪑ 250 – **39 hab** 5200/7400 – PA 2700.

YESA 31410 Navarra **442** E 26 – 292h. alt. 292 – ✆ 948.

Alred. : Monasterio de Leyre : carretera de acceso ⪕★★, monasterio★★ (cripta★★, iglesia★
portada oeste★) NO : 4 km – Hoz de Arbayún ⪕★★ N : 27 km.

🛈 carret. N 240 ✆ 88 40 40.

◆Madrid 419 – Jaca 64 – ◆Pamplona 47.

🏠 **El Jabalí,** carret. de Jaca ✆ 88 40 42, ⪕, ⪑ – 🅿. 🇪 _VISA_. ⪕⪕
   abril-octubre – Com 1400 – ⪑ 380 – **21 hab** 2000/3900.

✕ **Arangoiti,** Don Rene Petit ✆ 88 41 22 – ▤. 🆀 ⓞ 🇪 _VISA_. ⪕⪕
   Com carta 1500 a 2500.

YURRE o **IGORRE** 48140 Vizcaya **442** C 21 – 3 842 h. alt. 90 – ✆ 94

🏨 **Arantza,** carret. Bilbao-Vitoria km 22 ✆ 673 63 28, Fax 631 90 85 – ☎ 🅿. 🆀 🇪 _VISA_. ⪕⪕
   cerrado 21 diciembre-3 enero – Com 900 – ⪑ 450 – **34 hab** 4600/7000 – PA 1950.

RENAULT Elejalde 58 ✆ 673 71 00

ZAFRA 06300 Badajoz **444** Q 10 – 12 902 h. alt. 509 – ✆ 924.

🛈 pl. de España ✆ 55 10 36.

◆Madrid 401 – ◆Badajoz 76 – Mérida 58 – ◆Sevilla 147.

🏨 **Huerta Honda y Rest. Posada del Duque,** av. López Asme ✆ 55 08 00, Fax 55 08 00,
   🍴, ⪑ – 🛗 ▤ 📺 ☎ 🚗 – 🕍 25/200. 🆀 ⓞ 🇪 _VISA_. ⪕⪕
   ⪑ 600 – **46 hab** 6800/12500.

CITROEN carret. Badajoz-Granada km 73,6
✆ 55 11 60
FIAT Polígono Industrial Municipal - carret. Badajoz-Granada km 74,1 ✆ 55 14 47

FORD carret. Badajoz-Granada km 75 ✆ 55 01 58
RENAULT carret. de Los Santos ✆ 55 04 89
SEAT-AUDI-VOLKSWAGEN av. Antonio Chacón
✆ 55 22 54

ZAHARA DE LA SIERRA 11688 Cádiz **446** V 13 – ✆ 956.

◆Madrid 548 – ◆Cádiz 116 – Ronda 34.

🏠 **Marqués de Zahara,** San Juan 3 ✆ 13 72 61 – ☞. 🇪 _VISA_. ⪕⪕
   cerrado 15 junio-julio – Com 1350 – ⪑ 275 – **10 hab** 3200/4000 – PA 2500.

ZAHARA DE LOS ATUNES 11393 Cádiz **[4][4][6]** X 12 – 1 891 h. – ✪ 956 – Playa.

Madrid 687 – Algeciras 62 – ◆Cádiz 70 – ◆Sevilla 179.

en la carretera de Atlanterra – ⊠ 11393 Zahara de Los Atunes – ✪ 956 :

🏨🏨 **Sol Atlanterra** ♤, SE : 4 km (bahía de la Plata) 𝒫 43 27 00, Telex 78169, Fax 43 30 51, ㈜, ⏋, 🚗, ❅ – 🛗 🗏 📺 ☎ 🅿 – 🔬 25/280. 🖭 ⓄⒷ 𝚅𝙸𝚂𝙰. ❀ rest
mayo-octubre – Com 2500 – **280 hab** ⊇12400/17800 – PA 4165.

🏨 **Antonio** ♤, SE : 1 km 𝒫 44 31 41, Fax 44 31 35, ≤, ㈜ – ☎ 🅿. 🖭 ⓄⒷ 𝚅𝙸𝚂𝙰. ❀
cerrado noviembre – Com 1980 – ⊇ 800 – **30 hab** 8800.

✗ **Cortijo de la Plata,** SE : 4 km 𝒫 43 20 89, ≤ mar, ㈜ – 🅿.

ZALLA 48860 Vizcaya **[4][4][2]** C 20 – 7 253 h – ✪ 94.

Madrid 380 – ◆Bilbao 23 – ◆Burgos 132 – ◆Santander 92.

✗ **Asador Zalla,** Juan F. Estefanía y Prieto 5 𝒫 667 06 15 – 🖭 Ⓔ 𝚅𝙸𝚂𝙰. ❀
cerrado domingo noche, lunes noche y agosto – Com carta 2350 a 3850.

OPEL Barrio Gallardi 13 𝒫 639 02 07
PEUGEOT-TALBOT Barrio Gallardi 12 𝒫 639 07 29

ZAMORA 49000 🅿 **[4][4][1]** H 12 – 59 734 h. alt. 650 – ✪ 988.

Ver : Catedral★ (sillería★★, cúpula★, Museo catedralicio★).

Santa Clara 20, ⊠ 49002, 𝒫 53 18 45 – R.A.C.E. Cortina de San Miguel 5, ⊠49004, 𝒫 51 64 70.

Madrid 246 – Benavente 66 – Orense 266 – ◆Salamanca 62 – Tordesillas 67.

🏨🏨 **Parador Condes de Alba y Aliste** ♤, pl. Viriato 5, ⊠ 49001, 𝒫 51 44 97, Fax 53 00 63, ㈜, « Elegantemente instalado en un antiguo palacio señorial », ⏋ – 🛗 🗏 rest 📺 ☎ ⟶ – 🔬 25/40. 🖭 ⓄⒷ 𝚅𝙸𝚂𝙰. ❀
Com 2900 – ⊇ 950 – **27 hab** 11000 – PA 5740.

🏨 **II Infantas** sin rest, Cortinas de San Miguel 3, ⊠ 49002, 𝒫 53 28 75, Fax 53 35 48 – 🛗 📺 🅿 ⟶. 🖭 ⓄⒷ 𝚅𝙸𝚂𝙰
⊇ 400 – **68 hab** 4375/6700.

🏨 **Hostería Real de Zamora y Rest Pizarro,** Cuesta de Pizarro 7, ⊠ 49001, 𝒫 53 45 45, Fax 53 45 45, ㈜, « Conjunto castellano en un edificio del siglo XV. patio » – 📺 ☎ Ⓔ 𝚅𝙸𝚂𝙰
Com 2500 – ⊇ 395.

🏨 **Sayagués,** pl. Puentica 2, ⊠ 49002, 𝒫 52 55 11, Fax 51 34 51 – 🛗 🗏 rest 📺 ☎. Ⓔ 𝚅𝙸𝚂𝙰. ❀ rest
Com 1350 – ⊇ 400 – **56 hab** 3300/6000.

🏠 **Toary** sin rest y sin ⊇, Benavente 2 - 4°, ⊠ 49002, 𝒫 53 37 02 – 🛗
11 hab.

🏠 **Luz y Sol** sin rest y sin ⊇, Benavente 2 - 5°, ⊠ 49002, 𝒫 53 31 52 – 🛗 – **26 hab.**

🏠 **Chiqui,** Benavente 2 - 2°, ⊠ 49002, 𝒫 53 14 80 – 🛗. ❀
Com 990 – ⊇ 185 – **10 hab** 2030/3200 – PA 1840.

✗✗✗ **París,** av. de Portugal 14, ⊠ 49002, 𝒫 51 43 25 – 🗏. 🖭 ⓄⒷ Ⓔ 𝚅𝙸𝚂𝙰
Com carta 2500 a 3550.

✗✗✗ **Rey Don Sancho 2,** parque de la Marina Española, ⊠ 49003, 𝒫 52 60 54, ㈜, Decoración moderna – 🗏. 🖭 ⓄⒷ Ⓔ 𝚅𝙸𝚂𝙰. ❀
Com carta 2700 a 4100.

✗✗ **Serafín,** pl. Maestro Haedo 10, ⊠ 49001, 𝒫 53 14 22, Decoración moderna – 🗏. 🖭 ⓄⒷ Ⓔ 𝚅𝙸𝚂𝙰. ❀
Com carta 2650 a 3200.

✗✗ **El Cordón,** pl. Santa Lucía 4, ⊠ 49001, 𝒫 53 42 20, ㈜, Decoración castellana – 🗏. 🖭 ⓄⒷ Ⓔ 𝚅𝙸𝚂𝙰. ❀
Com carta 4100 a 4800.

✗ **Las Aceñas,** Aceñas de Pinilla, ⊠ 49001, 𝒫 53 38 78, Antiguo molino – 🗏 🅿. Ⓔ 𝚅𝙸𝚂𝙰
Com carta 1400 a 2150.

✗ **La Rueda,** Ronda de la Feria 19, ⊠ 49003, 𝒫 51 32 10 – 🗏. 🖭 Ⓔ 𝚅𝙸𝚂𝙰. ❀
Com (sólo almuerzo) carta 1475 a 2500.

en la carretera N 630 N : 2,5 km – ⊠ 49002 Zamora – ✪ 988 :

🏨 **Rey Don Sancho,** 𝒫 52 34 00, Fax 51 97 60 – 🛗 🗏 rest 📺 ☎ 🅿. 🖭 ⓄⒷ Ⓔ 𝚅𝙸𝚂𝙰. ❀
Com 975 – ⊇ 350 – **86 hab** 3200/5250 – PA 2600.

ALFA ROMEO carret. Salamanca 41 𝒫 52 27 94
AUSTIN-ROVER Requimiento de Toledo 8 𝒫 51 62 17
BMW av. del Mengue 19 𝒫 51 00 95
CITROEN av. Galicia 𝒫 52 67 05
FIAT carret. Salamanca 37 𝒫 51 96 41
FORD carret. de Tordesillas km 62,700 𝒫 51 75 61

GENERAL MOTORS Ronda de la Feria 21 𝒫 52 22 50
MERCEDES-BENZ carret. Vigo 𝒫 52 55 16
PEUGEOT-TALBOT carret. de Tordesillas km 63 𝒫 52 07 50
RENAULT carret. Villacastín-Vigo km 277,8 𝒫 52 50 11
VOLVO av. Galicia km 2 𝒫 51 62 17

ZARAGOZA 50000 🅿 **443** H 27 – 590 750 h. alt. 200 – 🕾 976.

Ver : La Seo★★ (museo capitular★, museo de tapices★★, retablo★ del altar mayor, cúpula★
la Parroquieta) X – Basílica de Nuestra Señora del Pilar★ (retablo★), Museo Pilarista★ X
Aljafería★ (artesonado★ de la sala del trono) U – Lonja★ X.

🏱 Aero Club de Zaragoza por ⑤ : 12 km 🖉 21 43 78 – 🏱 La Peñaza por ⑤ : 15 km 🖉 34 28
✈ de Zaragoza por ⑥ : 9 km 🖉 32 62 62 – Iberia : Canfranc 22-24, ⊠ 50004, 🖉 21 82 50 Z
🛃 Torreón de la Zuda-Glorieta Pío XII, ⊠ 50003 🖉 39 35 37 pl. Nuestra Señora del Pilar ⊠ 50003 🖉 2
08 Don Jaime 4 ⊠ 50003 🖉 29 75 82 – R.A.C.E. San Juan de la Cruz 2, ⊠ 50006, 🖉 35 79 72.

♦Madrid 322 ⑤ – ♦Barcelona 307 ② – ♦Bilbao 305 ⑥ – ♦Lérida/Lleida 150 ② – ♦Valencia 330 ④.

ZARAGOZA

Cesareo Alierta (Av.)	V 10
Clave (Av. de)	U 13
Conde de Aranda	U 15
Damas (Pas. de las)	V 16
Fernando el Católico	
(Paseo de)	V 19
Grand Vía	V 20
Isabel la Católica	
(Paseo de)	V 21
María Agustín (Pas.)	U 24
Puente del Pilar (Av.)	U 27
Sagasta	V 28
Tenor Fleta (Av. del)	V 36
Torres (Av. de las)	V 37
Valencia (Av. de)	UV 39

🏨🏨🏨🏨 **Meliá Zaragoza Corona y Rest. El Bearn,** av. César Augusto 13, ⊠ 50004, 🖉 43
00, Telex 58828, Fax 44 07 34, 🏊 – 🛗 ☰ 📺 ☎ – 🔬 25/500. 🖭 ⓞ 🗲 𝗩𝗜𝗦𝗔. ⋘
Com carta 2900 a 3600 – ⊆ 1100 – **251 hab** 15400/19300.

🏨🏨🏨 **Gran Hotel,** Joaquín Costa 5, ⊠ 50001, 🖉 22 19 01, Telex 58010, Fax 23 67 13 – 🛗
📺 ☎ ⟵ – 🔬 25/450. 🖭 ⓞ 🗲 𝗩𝗜𝗦𝗔. ⋘
Com 2000 – ⊆ 1000 – **140 hab** 17600/22000 – PA 5610.

🏨🏨🏨 **Palafox y Rest. Puerta Sancho,** Casa Jiménez, ⊠ 50004, 🖉 23 77 00, Telex 5868
Fax 23 47 05, 🏊 – 🛗 ☰ 📺 ☎ – 🔬 25/1000. 🖭 ⓞ 🗲 𝗩𝗜𝗦𝗔. ⋘
Com carta 2850 a 3800 – ⊆ 1050 – **184 hab** 17600/22000 – PA 5950.

🏨🏨 **Goya,** Cinco de Marzo 5, ⊠ 50004, 🖉 22 93 31, Telex 58680, Fax 23 21 54 – 🛗 ☰ 📺
⟵ – 🔬 25/730. 🖭 ⓞ 🗲 𝗩𝗜𝗦𝗔. ⋘
Com 2600 – ⊆ 750 – **148 hab** 11000/15000 – PA 5000.

🏨🏨 **Rey Alfonso I,** Coso 17, ⊠ 50003, 🖉 39 48 50, Telex 58226, Fax 39 96 40 – 🛗 ☰ 📺
☎ ⟵. 🖭 ⓞ 🗲 𝗩𝗜𝗦𝗔. ⋘
Com 1150 – ⊆ 700 – **117 hab** 11000/15000.

🏨🏨 **Don Yo y Rest. Doña Taberna,** Juan Bruil 4, ⊠ 50001, 🖉 22 67 41, Telex 58768, Fa
21 99 56 – 🛗 ☰ 📺 – 🔬 25/150. 🖭 ⓞ 🗲 𝗩𝗜𝗦𝗔. ⋘
Com 2150 – ⊆ 700 – **180 hab** 11000/15000 – PA 4250.

🏨🏨 **Zaragoza Royal y Rest. Ascot,** Arzobispo Doménech 4, ⊠ 50006, 🖉 21 46 00, Tele
57800, Fax 21 46 00 – 🛗 ☰ 📺 ☎ ⟵ – 🔬 25/260. 🖭 ⓞ 🗲 𝗩𝗜𝗦𝗔. ⋘
Com (cerrado domingo) carta 2000 a 3000 – ⊆ 650 – **92 hab** 9000/13000.

438

ZARAGOZA

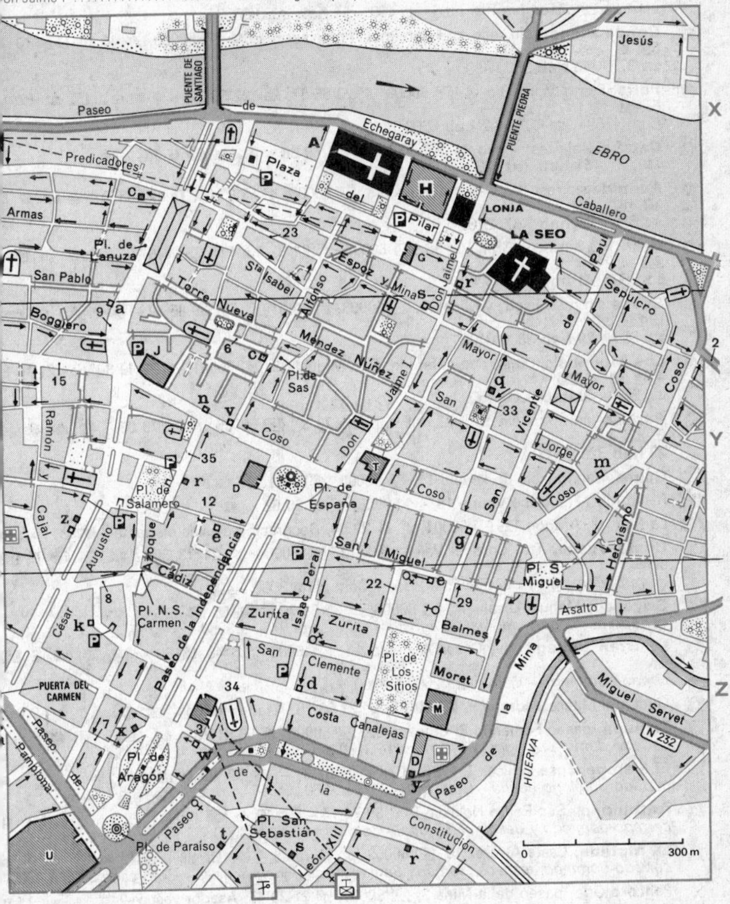

Oriente, Coso 11, ✉ 50003, ☏ 39 80 61, Telex 58533, Fax 36 33 02 – 🛗 ▤ TV ☎. AE ◑ E VISA. ✂ rest — Y **n**
Com 1500 – ☕ 625 – **87 hab** 5000/8500 – PA 3080.

Romareda sin rest, con cafetería, Asín y Palacios 11, ✉ 50009, ☏ 35 11 00, Fax 35 19 50 – 🛗 ▤ TV ☎ 🚗 – 🏛 25/300. AE ◑ E VISA — V **a**
☕ 700 – **90 hab** 12000/15000.

Ramiro I, Coso 123, ✉ 50001, ☏ 29 82 00, Telex 58689, Fax 39 89 52 – 🛗 ▤ TV 🚗 – 🏛. AE ◑ E VISA. ✂ — Y **m**
Com 1750 – ☕ 550 – **104 hab** 5000/7900 – PA 3400.

Sport, Moncayo 5, ✉ 50010, ☏ 31 11 14, Telex 58534, Fax 33 06 89, 🏊 – 🛗 ▤ TV 🚗 – 🏛 25/300. AE ◑ E VISA. ✂ — U **c**
Com 1500 – ☕ 625 – **64 hab** 5000/8500 – PA 3080.

Vía Romana, Don Jaime I- 54 ☏ 39 82 15, Fax 29 05 11 – 🛗 ▤ TV ☎. AE ◑ E VISA. ✂ – Com 1540 – ☕ 600 – **66 hab** 6800/10000 – PA 3125 — X **r**

Conquistador sin rest, Hernán Cortés 21, ✉ 50005, ☏ 21 49 88, Fax 23 80 21 – 🛗 ▤ TV ☎ 🚗. AE ◑ E VISA. ✂ — U **y**
☕ 430 – **44 hab** 6000/9200.

🏨 **Cesaraugusta** sin rest, av. Anselmo Clavé 45, ⊠ 50004, 𝒫 21 10 30, Fax 21 10 20 –
📺 ☎ 🚗 🅰🅴 ⓘ 🖪 𝑽𝑰𝑺𝑨
≡ 375 – **43 hab** 4200/5400.
U

🏨 **Europa** sin rest, Alfonso I - 19, ⊠ 50003, 𝒫 39 27 00, Telex 58533, Fax 36 33 02 – 🛗
☎ 🅰🅴 ⓘ 🖪 𝑽𝑰𝑺𝑨
cerrado 22 diciembre-7 enero – ≡ 400 – **54 hab** 3850/6600.
Y

🏨 **Conde Blanco** sin rest, con cafetería, Predicadores 84, ⊠ 50003, 𝒫 44 14 11 – 🛗
📺 ☎ 🚗 🖪 𝑽𝑰𝑺𝑨 🛠
≡ 375 – **83 hab** 3500/4900.
X

🏨 **París,** Pedro María Ric 14, ⊠ 50008, 𝒫 23 65 37, Fax 22 53 97 – 🛗 ≡ rest 📺 ☎. 🅰🅴
🖪 𝑽𝑰𝑺𝑨
Com 1760 – ≡ 600 – **62 hab** 5200/7600.
V

🏨 **Cataluña** sin rest, Coso 94, ⊠ 50001, 𝒫 21 69 38 – 🛗 🚗. ⓘ 🖪 𝑽𝑰𝑺𝑨 🛠
≡ 250 – **51 hab** 2500/3800.
Y

🏨 **Avenida** sin rest, av. César Augusto 55, ⊠ 50003, 𝒫 43 93 00, Telex 58570 – 🛗 ≡ ☎.
ⓘ 𝑽𝑰𝑺𝑨
≡ 325 – **85 hab** 3300/5200.
XY

🏨 **Gran Vía** sin rest, Gran Vía 38, ⊠ 50005, 𝒫 22 92 13, Fax 22 07 07 – 📺 🚗. 🅰🅴 ⓘ
𝑽𝑰𝑺𝑨
≡ 350 – **41 hab** 3600/5200.
V

🏨 **Sauce** sin rest, Espoz y Mina 33, ⊠ 50003, 𝒫 39 01 00, Fax 39 85 97 – 🛗 ≡ 📺 ☎ 🚗
🖪 𝑽𝑰𝑺𝑨 🛠
≡ 385 – **20 hab** 3900/6100.
Y

🏨 **Los Molinos** sin rest, con cafetería, San Miguel 28, ⊠ 50001, 𝒫 22 49 80, Fax 21 10 3
– 🛗 ☎. 🖪 𝑽𝑰𝑺𝑨 🛠 rest
≡ 250 – **40 hab** 3000/4500.
Z

🏨 **Paraíso** sin rest y sin ≡, paseo Pamplona 23-3º, ⊠ 50005, 𝒫 21 76 08 – ≡ 🚗. 🅰🅴 ⓘ
🖪 𝑽𝑰𝑺𝑨
29 hab 3200/4000.
Z

🟋🟋🟋 Gurrea, San Ignacio de Loyola 14, ⊠ 50008, 𝒫 23 31 61 – ≡
Z

🟋🟋🟋 Risko-Mar, Francisco Vitoria 16, ⊠ 50008, 𝒫 22 50 53 – ≡
Z

🟋🟋🟋 La Mar, pl. Aragón 12, ⊠ 50001, 𝒫 21 22 64, Decoración clásica elegante – ≡
Z

🟋🟋🟋 **Costa Vasca,** Tte. Coronel Valenzuela 13, ⊠ 50004, 𝒫 21 73 39 – ≡. 🅰🅴 ⓘ 🖪 𝑽𝑰𝑺
cerrado domingo y del 5 al 26 agosto – Com carta 3000 a 4000.
Y

🟋🟋🟋 **Goyesco,** Manuel Lasala 44, ⊠ 50006, 𝒫 35 68 70 – ≡. 🅰🅴 ⓘ 🖪 𝑽𝑰𝑺𝑨. 🛠
cerrado domingo y del 4 al 25 agosto – Com carta 2750 a 3950.
V

🟋🟋 **La Gran Bodega,** av. César Augusto 13, ⊠ 50004, 𝒫 43 13 69 – ≡. 🅰🅴 ⓘ 🖪 𝑽𝑰𝑺
🛠
cerrado domingo – Com carta 2600 a 3900.
Y

🟋🟋 Guetaria, Madre Vedruna 9, ⊠ 50008, 𝒫 21 53 16, Asador vasco – ≡ 🅿
Z

🟋🟋 **Txalupa,** paseo Fernando El Católico 62, ⊠ 50009, 𝒫 56 61 70 – ≡. 🅰🅴 🖪 𝑽𝑰𝑺𝑨. 🛠
cerrado domingo y agosto – Com carta 3400 a 4750.
V

🟋🟋 **El Flambé,** José Pellicer 7, ⊠ 50007, 𝒫 27 87 31 – ≡. 🅰🅴 ⓘ 🖪 𝑽𝑰𝑺𝑨. 🛠
cerrado domingo noche – Com carta 2000 a 2950.
V

🟋🟋 **Antonio,** pl. San Pedro Nolasco 5 𝒫 39 74 74 – ≡. 🅰🅴 🖪 𝑽𝑰𝑺𝑨. 🛠
cerrado domingo y del 10 al 30 julio – Com carta 3000 a 4000.
Y

🟋 **La Matilde,** Casta Alvarez 10, ⊠ 50003, 𝒫 44 10 08 – ≡. 🅰🅴 ⓘ 🖪 𝑽𝑰𝑺𝑨. 🛠
cerrado domingo, festivos, Semana Santa , Agosto y Navidades – Com carta 3000 a 4300.
X

🟋 Pantxika Orio, paseo de la Mina 3, ⊠ 50001, 𝒫 21 29 47, Asador vasco – ≡
Z

🟋 **El Serrablo,** Manuel Lasala 44, ⊠ 50006, 𝒫 35 62 06, Decoración rústica – ≡. 🅰🅴 ⓘ 🖪
𝑽𝑰𝑺𝑨
cerrado domingo y agosto – Com carta 2500 a 3150.
V

🟋 **La Aldaba,** Santa Teresa 26, ⊠ 50010, 𝒫 35 63 79 – ≡. 🅰🅴 ⓘ 🖪 𝑽𝑰𝑺𝑨
Com carta 3350 a 3950.
V

🟋 **Txingudi,** Agustín de Quinto 4, ⊠ 50006, 𝒫 55 74 75, 🌯, Cocina vasca – ≡. 🅰🅴 ⓘ 🖪
𝑽𝑰𝑺𝑨
cerrado domingo y 15 días en agosto – Com carta 3400 a 3700.
V

🟋 **El Ailanto,** La Milagrosa 20 (Ciudad Jardín), ⊠ 50009, 𝒫 56 13 07, 🌯 – ≡. 🅰🅴 ⓘ 🖪
𝑽𝑰𝑺𝑨
cerrado domingo noche, lunes del 7 al 30 enero y 25 marzo-2 abril – Com carta 3100
a 3900.
V

🟋 **Josean,** Santa Teresa 41, ⊠ 50006, 𝒫 56 48 09, Cocina vasca – ≡. 🅰🅴 ⓘ 🖪 𝑽𝑰𝑺𝑨
🛠
cerrado domingo noche – Com carta 3750 a 5750.
V

🟋 **Mesón de Tomás,** av. de las Torres 92, ⊠ 50008, 𝒫 23 13 02 – ≡. ⓘ 𝑽𝑰𝑺𝑨. 🛠
cerrado domingo noche y del 1 al 20 de agosto – Com carta 2050 a 4150.
V

en la carretera N II por ⑤ : 8 km – ⊠ 50012 Zaragoza – ☎ 976 :

XX **Venta de los Caballos,** ℰ 33 23 00, 余, Decoración regional – 国 🅿. 💯. ⋘
cerrado domingo noche, lunes y del 15 al 20 agosto – Com carta 2950 a 3800.

en la carretera N 232 por ⑥ : 4,5 km – ⊠ 50011 Zaragoza – ☎ 976 :

XX **La Venta de Cachirulo,** ⊠ 50011, ℰ 33 16 74, Fax 53 42 78, « Conjunto típico aragonés »
– 国. 🆎 ① E 💯. ⋘
cerrado domingo noche y del 1 al 18 agosto – Com carta 2100 a 3300.

en la carretera del aeropuerto por ⑥ : 8 km – ⊠ 50011 Zaragoza – ☎ 976 :

XXX **Gayarre,** ℰ 34 43 86 – 国 🅿. 🆎 ① E 💯. ⋘
cerrado domingo noche y festivos noche – Com carta 3400 a 4350.

Ver también : *Villanueva de Gállego* N : 14 km
Utebo NO : 13 km..

S.A.F.E. Neumáticos MICHELIN, Sucursal, carret. N 232 Zaragoza - Logroño km 7,1 por
⑤. ⊠ 50011 ℰ 34 41 05 y 31 35 08, FAX 31 42 67

ALFA ROMEO Polígono Argualas 56 ℰ 21 18 44
AUSTIN-MG-MORRIS-ROVER camino Cabaldós
③ bajo ℰ 49 52 99
BMW carret. de Logroño 22 ℰ 32 61 12
CITROEN carret. Cogullada km 0,5 ℰ 39 38 00
FIAT Batalla de Lepanto 22 ℰ 59 02 44
FIAT carret. de Madrid 2 ℰ 31 06 13
FORD carret. de Logroño 32 ℰ 33 11 54
FORD carret. Cogullada km 0,5 ℰ 39 81 90
LANCIA Tenor Fleta 44 ℰ 38 70 00
MERCEDES-BENZ Ramón J. Sender 2
℘ 34 56 64
MERCEDES-BENZ Juan de la Cierva 27 (Polígono
Cogullada) ℰ 39 84 11
OPEL vía Hispanidad 133 ℰ 34 58 50
OPEL-GENERAL MOTORS av. Cataluña 243
℘ 57 20 68

PEUGEOT-TALBOT Lorenzo Pardo 36 ℰ 59 33 31
PEUGEOT-TALBOT carret. de Madrid km 314
℘ 33 20 08
PORSCHE-SAAB San Vicente Mártir 23
℘ 23 98 17
RENAULT Miguel Faraday 6 - Polig. Cogullada
℘ 39 85 12
RENAULT av. San José 69 ℰ 42 20 49
SEAT av. Navarra 50 ℰ 32 17 01
SEAT-AUDI-VOLKSWAGEN Madre Vedruna 37-
39 ℰ 22 92 07
SEAT-AUDI-VOLKSWAGEN carret. de Madrid 11
℘ 34 76 00
SEAT-AUDI-VOLKSWAGEN av. de San José 62
℘ 41 11 00
VOLVO Vía Hispanidad 4 ℰ 35 17 55

ZARAUZ o **ZARAUTZ** 20800 Guipúzcoa 🔢 C 23 – 15 071 h. – ☎ 943 – Playa.
Alred. : Carretera en cornisa★★ de Zarauz a Guetaria – Carretera de Orio ≼★.
ᠮ Real Golf Club de Zarauz ℰ 83 01 45.
🄸 Navarra ℰ 83 09 90.
Madrid 482 – ◆Bilbao 85 – ◆Pamplona 103 – ◆San Sebastián/Donostia 22.

🏨 **Zarauz,** av. de Navarra 26 ℰ 83 02 00, Fax 83 01 93 – 🛗 ☎ 🅿 – 🔬 25/60. 🆎 ① E 💯
posible cierre por obras – Com 2100 – ⊊ 675 – **82 hab** 6950/8500 – PA 3975.

XXX ✿ **Karlos Arguiñano** con hab, Mendilauta 13 ℰ 13 00 00, Fax 83 01 78 – 国 📺 ☎. 🆎
① E 💯. ⋘
cerrado domingo noche, miércoles y 12 octubre-4 noviembre – Com carta 4920 a 7750 –
⊊ 1200 – **12 hab** 14800/20000
Espec. Ensalada de marisco, Filetes de leguado al aroma de azafrán, Solomillo de buey gratinado con salsa
de vino de Oporto.

XX **Aiten Etxe,** carret. de Guetaria 3 ℰ 83 18 25, ≼ – 国 🅿. 🆎 ① E 💯. ⋘
cerrado martes, y 26 octubre-17 noviembre – Com carta 3050 a 4200.

XX Oztarreta, Santa Klara 5 ℰ 13 12 43, 余 – 国 🅿

en el Alto de Meagas O : 4 km – ⊠ 20800 Zarauz – ☎ 943 :

X **Azkue** ⏧ con hab (mayo-octubre), ℰ 83 05 54, ≼, 余 – 🅿. E 💯
Com carta 2050 a 3400 – ⊊ 400 – **21 hab** 3300.

FORD Araba 29 ℰ 83 51 95
GENERAL MOTORS carretera Urteta ℰ 13 14 40

PEUGEOT-TALBOT carretera Urteta ℰ 13 13 33
RENAULT San Francisco 15 ℰ 83 17 00

Per viaggiare in Europa, utilizzate :

Le carte Michelin **Le Grandi Strade ;**

Le carte Michelin dettagliate ;

Le guide Rosse Michelin *(alberghi e ristoranti)* :

Benelux, Deutschland, España Portugal, main cities **Europe, France,
Great Britain and Ireland, Italia.**

Le guide Verdi Michelin *che descrivono le curiosità e gli itinerari di visita :*
musei, monumenti, percorsi turistici interessanti.

La ZENIA (Urbanización) Alicante – ver Torrevieja.

ZESTOA 20740 Guipúzcoa 442 C 23 – ver Cestona.

ZUERA 50800 Zaragoza 443 G 27 – 5 164 h. alt. 279 – ✪ 976.

♦Madrid 349 – Huesca 46 – ♦Zaragoza 26.

🏨 **Las Galias,** carret. de Huesca N 123 E : 1 km ℰ 68 02 24, Fax 68 00 26, ⍓, ℅ – ▤ re
📺 ☎ ℗ 🆔 ⓔ 🇪 𝘝𝘐𝘚𝘈. ℅ rest
Com 1500 – ⍊ 350 – **26 hab** 4800/6000 – PA 3350.

CITROEN José Sanz 6 ℰ 68 02 60
FORD av. de Zaragoza 40 ℰ 68 02 94
OPEL-GENERAL MOTORS carret. de Huesca km 24 ℰ 68 11 25
PEUGEOT-TALBOT carret. de Huesca km 24,2 ℰ 68 00 78

RENAULT carret. de Huesca 1 ℰ 68 00 72
SEAT-AUDI-VOLKSWAGEN carret. de Huesca k 26 ℰ 68 02 04

ZUMAIA Guipúzcoa – ver Zumaya.

ZUMÁRRAGA 20700 Guipúzcoa 442 C 23 – 11 413 h. – ✪ 943.

♦Madrid 410 – ♦Bilbao 65 – ♦San Sebastián/Donostia 57 – ♦Vitoria/Gasteiz 55.

🏨 **Etxe-Berri** ⍓, carret. de Azpeitia N : 1 km ℰ 72 02 68, Fax 72 44 94, « Decoració elegante », ℅ – ▤ rest 📺 ☎ ⟲ ℗ 🆔 ⓔ 𝘝𝘐𝘚𝘈
Com *(cerrado domingo noche)* 2925 – ⍊ 550 – **27 hab** 4990/6600 – PA 5290.

FORD barrio de Artiz ℰ 72 24 54
OPEL-GENERAL MOTORS Iparraguirre ℰ 72 33 71

RENAULT Iparraguirre ℰ 72 34 59
SEAT-AUDI-VOLKSWAGEN Barrio Auzoa ℰ 72 19 11

ZUMAYA o **ZUMAIA** 20750 Guipúzcoa 442 C 23 – 7 840h. – ✪ 943.

♦Madrid 462 – ♦Bilbao 71 – ♦San Sebastián/Donostia 30.

🏵🏵🏵 ✿ **Abegi Leku** (posible traslado a playa de Itzurun), carret. de San Sebastián E : 1 k ℰ 86 05 66, ≤, 🍽 – ▤ ℗ 🆔 ⓔ 🇪 𝘝𝘐𝘚𝘈. ℅
cerrado domingo noche, martes, del 15 al 30 septiembre y 23 diciembre-2 enero – Co carta 3000 a 5000
Espec. Medallones de langosta con pasta sobre tomate fresco, Merluza con kokotxas y almejas, Caza e pimiento asado (noviembre-marzo).

LÉXICO — EN LA CARRETERA	LÉXICO — NA ESTRADA	LEXIQUE — SUR LA ROUTE	LESSICO — LUNGO LA STRADA	LEXIKON — AUF DER STRASSE	LEXICON — ON THE ROAD
¡ atención, peligro !	atenção ! perigo !	attention ! danger !	attenzione ! pericolo !	Achtung ! Gefahr !	caution ! danger !
a la derecha	à direita	à droite	a destra	nach rechts	to the right
a la izquierda	à esquerda	à gauche	a sinistra	nach links	to the left
autopista	auto-estrada	autoroute	autostrada	Autobahn	motorway
bajada peligrosa	descida perigosa	descente dangereuse	discesa pericolosa	gefährliches Gefälle	dangerous descent
bifurcación	bifurcação	bifurcation	bivio	Gabelung	road fork
calzada resbaladiza	piso resvaladiço	chaussée glissante	fondo sdrucciolevole	Rutschgefahr	slippery road
cañada	rebanhos	troupeaux	gregge	Viehherde	cattle
carretera cortada	estrada interrompida	route coupée	strada interrotta	gesperrte Straße	road closed
carretera en mal estado	estrada em mau estado	route en mauvais état	strada in cattivo stato	Straße in schlechtem Zustand	road in bad condition
carretera nacional	estrada nacional	route nationale	strada statale	Staatsstraße	State road
ceda el paso	dé passagem	cédez le passage	cedete il passo	Vorfahrt achten	yield right of way
cruce peligroso	cruzamento perigoso	croisement dangereux	incrocio pericoloso	gefährliche Kreuzung	dangerous crossing
curva peligrosa	curva perigosa	virage dangereux	curva pericolosa	gefährliche Kurve	dangerous bend
despacio	lentamente	lentement	adagio	langsam	slowly
desprendimientos	queda de pedras	chute de pierres	caduta sassi	Steinschlag	falling rocks
dirección prohibida	sentido proibido	sens interdit	senso vietato	Einfahrt verboten	no entry
dirección única	sentido único	sens unique	senso unico	Einbahnstraße	one way
encender las luces	acender as luzes	allumer les lanternes	accendere le luci	Licht einschalten	put on lights
esperen	esperem	attendez	attendete	warten	wait, halt
hielo	gelo	verglas	ghiaccio	Glatteis	ice (on roads)
niebla	nevoeiro	brouillard	nebbia	Nebel	fog
nieve	neve	neige	neve	Schnee	snow
obras	trabalhos na estrada	travaux (routiers)	lavori in corso	Straßenbauarbeiten	road works
parada obligatoria	paragem obrigatória	arrêt obligatoire	fermata obbligatoria	Halt !	compulsory stop
paso de ganado	passagem de gado	passage de troupeaux	passaggio di mandrie	Viehtrieb	cattle crossing
paso a nivel sin barreras	passagem de nível sem guarda	passage à niveau non gardé	passaggio a livello incustodito	unbewachter Bahnübergang	unattended level crossing
peaje	portagem	péage	pedaggio	Gebühr	toll
peatones	peões	piétons	pedoni	Fußgänger	pedestrians

¡ peligro !	perigo !	danger !	Gefahr !	pericolo !	danger !
precaución	prudência	prudence	Vorsicht	prudenza	caution
prohibido	proibido	interdit	verboten	vietato	prohibited
prohibido aparcar	estacionamento proibido	stationnement interdit	Parkverbot	divieto di sosta	no parking
prohibido el adelantamiento	proibido ultrapassar	défense de doubler	Überholverbot	divieto di sorpasso	no overtaking
puente estrecho	ponte estreita	pont étroit	enge Brücke	ponte stretto	narrow bridge
puesto de socorro	pronto socorro	poste de secours	Unfall-Hilfsposten	pronto soccorso	first aid station
salida de camiones	saída de camiões	sortie de camions	LKW-Ausfahrt	uscita di camion	lorry exit
travesía peligrosa	perigoso atravessar	traversée dangereuse	gefährliche Durchfahrt	attraversamento pericoloso	dangerous crossing

PALABRAS DE USO CORRIENTE	PALAVRAS DE USO CORRENTE	MOTS USUELS	ALLGEMEINER WORTSCHATZ	PAROLE D'USO CORRENTE	COMMON WORDS
abierto	aberto	ouvert	offen	aperto	open
abril	Abril	avril	April	aprile	April
acantilado	falésia	falaise	steile Küste	scogliera	cliff
acceso	acesso	accès	Zugang, Zufahrt	accesso	access
acueducto	aqueduto	aqueduc	Aquädukt	acquedotto	aqueduct
adornado	adornado, enfeitado	orné, décoré	geschmückt	ornato	decorated
agosto	Agosto	août	August	agosto	August
agua potable	água potável	eau potable	Trinkwasser	acqua potabile	drinking water
alameda	alameda	promenade	Promenade	passeggiata	promenade
alcazaba	antiga fortaleza árabe	ancienne forteresse arabe	alte arabische Festung	antica fortezza araba	old Arab fortress
alcázar	antigo palácio árabe	ancien palais arabe	alter arabischer Palast	antico palazzo arabo	old Arab palace
almuerzo	almoço	déjeuner	Mittagessen	colazione	lunch
alrededores	arredores	environs	Umgebung	dintorni	surroundings
altar esculpido	altar esculpido	autel sculpté	Schnitzaltar	altare scolpito	carved altar
ambiente	ambiente	ambiance	Stimmung	ambiente	atmosphere
antiguo	antigo	ancien	alt	antico	ancient
aparcamiento	parque de estacionamento	parc à voitures	Parkplatz	parcheggio	car park
apartado	apartado, caixa postal	boîte postale	Postfach	casella postale	post office box
arbolado	arborizado	ombragé	schattig	ombreggiato	shady
arcos	arcadas	arcades	Arkaden	portici	arcades
artesanía	artesanato	artisanat	Handwerkskunst	artigianato	craftwork
artesonado	tecto de talha	plafond à caissons	Kassettendecke	soffitto a cassettoni	coffered ceiling
avenida	avenida	avenue	Boulevard, breite Straße	viale, corso	avenue
bahía	baía	baie	Bucht	baia	bay

bajo pena de multa	sob pena de multa	sous peine d'amende	passibile di contravvenzione	der ...	
balneario	termas	établissement thermal	terme	Kurhaus	health resort
baños	termas	bains, thermes	terme	Thermen	public baths, thermal bath
barranco	barranco, ravina	ravin	burrone	Schlucht	ravine
barrio	bairro	quartier	quartiere	Stadtteil	quarter, district
bodega	adega	chais, cave	cantina	Keller	cellar
bonito	bonito	joli	bello	schön	beautiful
bosque	bosque	bois	bosco, boschi	Wäldchen	wood
bóveda	abóbada	voûte	volta	Gewölbe, Wölbung	vault, arch
cabo	cabo	cap	capo	Kap	head
caja	caixa	caisse	cassa	Kasse	cash-desk
cala	enseada	crique, calanque	seno, calanca	Bucht	creek
calle	rua	rue	via	Straße	street
callejón sin salida	béco	impasse	vicolo cieco	Sackgasse	no through road
cama	cama	lit	letto	Bett	bed
camarero	criado, empregado	garçon, serveur	cameriere	Ober, Kellner	waiter
camino	caminho	chemin	cammino	Weg	way, path
campanario	campanário	clocher	campanile	Glockenturm	belfry, steeple
campo, campiña	campo	campagne	campagna	Land	country, countryside
capilla	capela	chapelle	cappella	Kapelle	chapel
capitel	capitel	chapiteau	capitello	Kapitell	capital (of column)
carretera en cornisa	estrada escarpada	route en corniche	strada panoramica	Höhenstraße	corniche road
cartuja	cartuxa	chartreuse	certosa	Kartäuserkloster	monastery
casa señorial	casa senhorial	demeure seigneuriale	villa residenziale	Herrensitz	seignorial residence
cascada	cascata	cascade	cascata	Wasserfall	waterfall
castillo	castelo	château	castello	Burg, Schloß	castle
cena	jantar	dîner	pranzo	Abendessen	dinner
cenicero	cinzeiro	cendrier	portacenere	Aschenbecher	ash-tray
centro urbano	baixa, centro urbano	centre ville	centro città	Stadtzentrum	town centre
cercano	próximo	proche	prossimo	nah	near
cerillas	fósforos	allumettes	fiammiferi	Zündhölzer	matches
cerrado	fechado	fermé	chiuso	geschlossen	closed
certificado	registado	recommandé (objet)	raccomandato	Einschreiben	registered
césped	relvado	pelouse	prato	Rasen	lawn
circunvalación	circunvalação	contournement	circonvallazione	Umgehung	by-pass
ciudad	cidade	ville	città	Stadt	town
claustro	claustro	cloître	chiostro	Kreuzgang	cloisters
climatizada (piscina)	climatizada (piscina)	chauffée (piscine)	riscaldata (piscina)	geheizt (Freibad)	heated (swimming pool)

climatizado	climatizado	climatisé	con aria condizionata	mit Klimaanlage	air conditioned
cocina	cozinha	cuisine	cucina	Kochkunst	cuisine
colección	colecção	collection	collezione	Sammlung	collection
colegiata	colegiada	collégiale	collegiata	Stiftskirche	collegiate church
colina	colina	colline	colle, collina	Hügel	hill
columna	coluna	colonne	colonna	Säule	column
comedor	casa de jantar	salle à manger	sala da pranzo	Speisesaal	dining room
comisaria	esquadra de policia	commissariat de police	commissariato di polizia	Polizeistation	police headquarters
conjunto	conjunto	ensemble	insieme	Gesamtheit	group
conserje	porteiro	concierge	portiere, portinaio	Portier	porter
convento	convento	couvent	convento	Kloster	convent
coro	coro	chœur	coro	Chor	chancel
correos	correios	bureau de poste	ufficio postale	Postamt	post office
crucero	transepto	transept	transetto	Querschiff	transept
crucifijo, cruz	crucifixo, cruz	crucifix, croix	crocifisso, croce	Kruzifix, Kreuz	crucifix, cross
cuadro, pintura	quadro, pintura	tableau, peinture	quadro, pittura	Gemälde, Malerei	painting
cuchara	colher	cuillère	cucchiaio	Löffel	spoon
cuchillo	faca	couteau	coltello	Messer	knife
cuenta	conta	note	conto	Rechnung	bill
cueva, gruta	gruta	grotte	grotta	Höhle	cave
cúpula	cúpula	coupole, dôme	cupola	Kuppel	dome, cupola
dentista	dentista	dentiste	dentista	Zahnarzt	dentist
deporte	desporto	sport	sport	Sport	sport
desembocadura	foz	embouchure	foce	Mündung	mouth
desfiladero	desfiladeiro	défilé	forra	Engpaß	pass
diario	jornal	journal	giornale	Zeitung	newspaper
diciembre	Dezembro	décembre	dicembre	Dezember	December
dique	dique	digue	diga	Damm	dike, dam
domingo	Domingo	dimanche	domenica	Sonntag	Sunday
embalse	lago artificial	lac artificiel	lago artificiale	künstlicher See	artificial lake
encinar	azinhal	chênaie	querceto	Eichenwald	oak-grove
enero	Janeiro	janvier	gennaio	Januar	January
entrada	entrada	entrée	entrata, ingresso	Eingang, Eintritt	entrance, admission
equipaje	bagagem	bagages	bagagli	Gepäck	luggage
ermita	eremitério, retiro	ermitage	eremo	Einsiedelei	hermitage
escalera	escada	escalier	scala	Treppe	stairs

446

		ruines	ruderi	Ruinen	ruins
sábado	Sábado	samedi	sabato	Samstag	Saturday
sacristía	sacristia	sacristie	sagrestia	Sakristei	sacristy
sala capitular	sala capitular	salle capitulaire	sala capitolare	Kapitelsaal	chapterhouse
salida	partida	départ	partenza	Abfahrt	departure
salida de socorro	saída de socorro	sortie de secours	uscita di sicurezza	Notausgang	emergency exit
salón	salão, sala	salon, grande salle	sala, salotto, salone	Salon	drawing room, sitting room
santuario	santuário	sanctuaire	sacrario	Heiligtum	shrine
sello	selo	timbre-poste	francobollo	Briefmarke	stamp
septiembre	Setembro	septembre	settembre	September	September
sepulcro, tumba	sepulcro, túmulo	sépulcre, tombeau	sepolcro, tomba	Grabmal	tomb
servicio incluido	serviço incluído	service compris	servizio compreso	Bedienung inbegriffen	service included
servicios	toilette, casa de banho	toilettes	gabinetti	Toiletten	toilets
sierra	serra	chaîne de montagnes	giogaia	Gebirgskette	mountain range
siglo	século	siècle	secolo	Jahrhundert	century
sillería del coro	cadeiras de coro	stalles	stalli	Chorgestühl	choir stalls
sobres	envelopes	enveloppes	buste	Briefumschläge	envelopes
sótano	cave	sous-sol, cave	sottosuolo	Keller	basement
subida	subida	montée	salita	Steigung	hill
tapices, tapicerías	tapeçarias	tapisseries	tappezzerie, arazzi	Wandteppiche	tapestries
tarjeta postal	bilhete postal	carte postale	cartolina	Postkarte	postcard
techo	tecto	plafond	soffitto	Zimmerdecke	ceiling
tenedor	garfo	fourchette	forchetta	Gabel	fork
tesoro	tesouro	trésor	tesoro	Schatz	treasure, treasury
torre	torre	tour	torre	Turm	tower
tribuna	tribuna, galeria	tribune, galerie	tramezzo	Lettner	roodscreen
valle	vale	val, vallée	val, valle, vallata	Tal	valley
vaso	copo	verre	bicchiere	Glas	glass
vega	veiga	vallée fertile	valle fertile	fruchtbare Ebene	fertile valley
verano	Verão	été	estate	Sommer	summer
vergel	pomar	verger	frutteto	Obstgarten	orchard
		verrière, vitrail	vetrata	Kirchenfenster	stained glass windows
escultura	escultura	sculpture	scultura	Schnitzwerk	carving
espectáculo	espectáculo	spectacle	spettacolo	Schauspiel	show, sight
estanco	tabacaria	bureau de tabac	tabaccaio	Tabakladen	tobacconist
estanque	lago, tanque	étang	stagno	Teich	pond, pool
estatua	estátua	statue	statua	Standbild	statue
estrecho	estreito	détroit	stretto	Meerenge	strait
estuario	estuário	estuaire	estuario	Mündung	estuary
fachada	fachada	façade	facciata	Vorderseite	façade
farmacia	farmácia	pharmacie	farmacia	Apotheke	chemist
faro	farol	phare	faro	Leuchtturm	lighthouse
febrero	Fevereiro	février	febbraio	Februar	February
festivo	feriado	férié	festivo	Feiertag	holiday
florido	florido	fleuri	fiorito	mit Blumen	in bloom
fortaleza	fortaleza	forteresse, château fort	fortezza	Festung, Burg	fortress, fortified castle
fortificado	fortificado	fortifié	fortificato	befestigt	fortified
frescos	frescos	fresques	affreschi	Fresken	frescoes
frío	frio	froid	freddo	kalt	cold
friso	friso	frise	fregio	Fries	frieze
frontera	fronteira	frontière	frontiera	Grenze	frontier
fuente	fonte	source	sorgente	Quelle	source, stream
garganta	garganta	gorge	gola	Schlucht	gorge, stream
gasolina	gasolina	essence	benzina	Benzin	petrol
guardia civil	polícia	gendarme	gendarme	Polizist	policeman
habitación	quarto	chambre	camera	Zimmer	room
hermoso	belo, formoso	beau	bello	schön	beautiful
huerto (a)	horta	potager	orto	Gemüsegarten	kitchen-garden
iglesia	igreja	église	chiesa	Kirche	church
informaciones	informações	renseignements	informazioni	Auskünfte	information
instalado	instalado	installé	installato	eingerichtet	established
invierno	Inverno	hiver	inverno	Winter	winter
isla	ilha	île	isola, isolotto	Insel	island
jardín	jardim	jardin	giardino	Garten	garden
jueves	5ª feira	jeudi	giovedì	Donnerstag	Thursday
julio	Julho	juillet	luglio	Juli	July
junio	Junho	juin	giugno	Juni	June

lago	lago	lac	lago	See	lake
laguna	lagoa	lagune	laguna	Lagune	lagoon
lavado	lavagem de roupa	blanchissage	lavatura	Wäsche, Lauge	laundry
lonja	bolsa de comércio	bourse de commerce	borsa	Handelsbörse	Trade exchange
lunes	2ª feira	lundi	lunedì	Montag	Monday
llanura	planície	plaine	pianura	Ebene	plain
mar	mar	mer	mare	Meer	sea
martes	3ª feira	mardi	martedi	Dienstag	Tuesday
marzo	Março	mars	marzo	März	March
mayo	Maio	mai	maggio	Mai	May
médico	médico	médecin	medico	Arzt	doctor
mediodía	meio-dia	midi	mezzogiorno	Mittag	midday
mesón	estalagem	auberge	albergo	Gasthof	inn
mezquita	mesquita	mosquée	moschea	Moschee	mosque
miércoles	4ª feira	mercredi	mercoledi	Mittwoch	Wednesday
mirador	miradouro	belvédère	belvedere	Aussichtspunkt	belvedere
mobiliario	mobiliário	ameublement	arredamento	Einrichtung	furniture
molino	moinho	moulin	mulino	Mühle	windmill
monasterio	mosteiro	monastère	monastero	Kloster	monastery
montaña	montanha	montagne	montagna	Berg	mountain
muelle	cais, molhe	quai, môle	molo	Mole, Kai	quay
murallas	muralhas	murailles	mura	Mauern	walls
nacimiento	presépio	crèche	presepio	Krippe	crib
nave	nave	nef	navata	Kirchenschiff	nave
Navidad	Natal	Noël	Natale	Weihnachten	Christmas
noviembre	Novembro	novembre	novembre	November	November
obra de arte	obra de arte	œuvre d'art	opera d'arte	Kunstwerk	work of art
octubre	Outubro	octobre	ottobre	Oktober	October
oficina de viajes	agência de viagens	bureau de voyages	ufficio viaggi	Reisebüro	travel bureau
orilla	orla, borda	bord	orlo	Rand	edge
otoño	Outono	automne	autunno	Herbst	autumn
pagar	pagar	payer	pagare	bezahlen	to pay
paisaje	paisagem	paysage	paesaggio	Landschaft	landscape
palacio real	palácio real	palais royal	palazzo reale	Königsschloß	royal palace
palmera, palmeral	palmeira, palmar	palmier, palmeraie	palme, palmeto	Palme, Palmenhain	palm-tree, palm grove
pantano	barragem	barrage	sbarramento	Talsperre	dam
papel de carta	papel de carta	papier à lettre	carta da lettere	Briefpapier	writing paper

paraje, emplazamiento	local	site	posizione	Lage	site
parque	parque	parc	parco	Park	park
pasajeros	passageiros	passagers	passeggeri	Fahrgäste	passengers
Pascua	Páscoa	Pâques	Pasqua	Ostern	Easter
paseo	passeio	promenade	passeggiata	Spaziergang, Promenade	walk, promenade
patio	pátio interior	cour intérieure	cortile interno	Innenhof	inner courtyard
peluquería	cabeleireiro	coiffeur	parrucchiere	Friseur	hairdresser, barber
península	peninsula	péninsule	penisola	Halbinsel	peninsula
peñón	rochedo	rocher	roccia	Felsen	rock
pico	pico	pic	pizzo, picco	Gipfel	peak
pinar, pineda	pinhal	pinède	pineta	Pinienhain	pine wood
piso	andar	étage	piano (di casa)	Stock, Etage	floor
planchado	engomado	repassage	stiratura	Bügelerei	pressing, ironing
plato	prato	assiette	piatto	Teller	plate
playa	praia	plage	spiaggia	Strand	beach
plaza de toros	praça de touros	arènes	arena	Stierkampfarena	bull ring
portada, pórtico	portal, pórtico	portail	portale	Haupttor, Portal	doorway
prado, pradera	prado, pradaria	pré, prairie	prato, prateria	Wiese	meadow
primavera	Primavera	printemps	primavera	Frühling	spring (season)
prohibido fumar	proibido fumar	défense de fumer	vietato fumare	Rauchen verboten	no smoking
promontorio	promontório	promontoire	promontorio	Vorgebirge	promontory
propina	gorjeta	pourboire	mancia	Trinkgeld	tip
pueblo	aldeia	village	villaggio	Dorf	village
puente	ponte	pont	ponte	Brücke	bridge
puerta	porta	porte	porta	Tür	door
puerto	colo, porto	col, port	passo, porto	Gebirgspaß, Hafen	mountain pass, harbour
púlpito	púlpito	chaire	pulpito	Kanzel	pulpit
punto de vista				Aussichtspunkt	viewpoint

roca, peñón	rochedo, rocha	rocher, roche	roccia	Felsen	rock
rocoso	rochoso	rocheux	roccioso	felsig	rocky
rodeado	rodeado	entouré	circondato	umgeben	surrounded
románico, romano	românico, romano	roman			

viñedos	vinhedos, vinhas	vignes, vignoble	vigne, vigneto	Heben. Weinberg	vines, vineyard
víspera, vigilia	véspera	veille	vigilia	Vorabend	preceding day, eve
vista pintoresca	vista pitoresca	vue pittoresque	vista pittoresca	malerische Aussicht	picturesque view
vuelta, circuito	volta, circuito	tour, circuit	giro, circuito	Rundreise	tour
COMIDAS Y BEBIDAS	**COMIDAS E BEBIDAS**	**NOURRITURE ET BOISSONS**	**CIBI E BEVANDE**	**SPEISEN UND GETRÄNKE**	**FOOD AND DRINK**
aceite, aceitunas	azeite, azeitonas	huile, olives	olio, olive	Öl, Oliven	oil, olives
agua con gas	água gaseificada	eau gazeuse	acqua gasata, gasosa	Sprudel	soda water
agua mineral	água mineral	eau minérale	acqua minerale	Mineralwasser	mineral water
ahumado	fumado	fumé	affumicato	geräuchert	smoked
ajo	alho	ail	aglio	Knoblauch	garlic
alcachofa	alcachofra	artichaut	carciofo	Artischocke	artichoke
almendras	amêndoas	amandes	mandorle	Mandeln	almonds
alubias	feijão	haricots	fagioli	Bohnen	beans
anchoas	anchovas	anchois	acciughe	Anschovis	anchovies
arroz	arroz	riz	riso	Reis	rice
asado	assado	rôti	arrosto	gebraten	roast
atún	atum	thon	tonno	Thunfisch	tunny
ave	aves, criação	volaille	pollame	Geflügel	poultry
azúcar	açúcar	sucre	zucchero	Zucker	sugar
bacalao	bacalhau fresco	morue fraîche, cabillaud	merluzzo	Kabeljau, Dorsch	cod
bacalao en salazón	bacalhau salgado	morue salée	baccalà, stoccafisso	Laberdan	dried cod
berenjena	beringela	aubergine	melanzana	Aubergine	egg-plant
bogavante	lavagante	homard	gambero di mare	Hummer	lobster
brasa (a la)	na brasa	à la braise	brasato	gedämpft, geschmort	braised
café con leche	café com leite	café au lait	caffè-latte	Milchkaffee	coffee and milk
café solo	café simples	café nature	caffè nero	schwarzer Kaffee	black coffee
calamares	lulas, chocos	calmars	calamari	Tintenfische	squids
caldo	caldo	bouillon	brodo	Fleischbrühe	clear soup
cangrejo	caranguejo	crabe	granchio	Krabbe	crab
caracoles	caracóis	escargots	lumaca	Schnecken	snails
carne	carne	viande	carne	Fleisch	meat
castañas	castanhas	châtaignes	castagne	Kastanien	chestnuts
caza mayor	caça grossa	gros gibier	cacciagione	Wildbret	game
cebolla	cebola	oignon	cipolla	Zwiebel	onion
cerdo	porco	porc	maiale	Schweinefleisch	pork
cerezas	cerejas	cerises	ciliege	Kirschen	cherries

451

cerveza	bière	cerveja	birra	Bier	beer
ciervo, venado	cerf	veado	cervo	Hirsch	deer
cigalas	langoustines	lagostins	scampi	Meerkrebse, Langustinen	crayfish
ciruelas	prunes	ameixas	prugne	Pflaumen	plums
cochinillo, tostón	cochon de lait grillé	leitão assado	maialino grigliato, porchetta	Spanferkelbraten	roast suckling pig
cordero	mouton	carneiro	montone	Hammelfleisch	mutton
cordero lechal	agneau de lait	cordeiro	agnello	Lammfleisch	lamb
corzo	chevreuil	cabrito montês	capriolo	Reh	venison
charcutería, fiambres	charcuterie	charcutaria	salumi	Aufschnitt	pork-butchers'meat
chipirones	petits calmars	lulas pequenas	calamaretti	kleine Tintenfische	small squids
chorizos	saucisses au piment	chouriços	salsicce piccanti	Pfefferwurst	spiced sausages
chuleta, costilla	côtelette	costeleta	costoletta	Kotelett	cutlet
dorada, besugo	daurade	dourada, besugo	orata	Goldbrassen	dory
ensalada	salade	salada	insalata	Salat	green salad
entremeses	hors-d'œuvre	entrada	antipasti	Vorspeise	hors d'œuvre
espárragos	asperges	espargos	asparagi	Spargel	asparagus
espinacas	épinards	espinafres	spinaci	Spinat	spinach
fiambres	viandes froides	carnes frias	carni fredde	kaltes Fleisch	cold meats
filete	filet	filete, bife de lombo	filetto	Filetsteak	filet
fresas	fraises	morangos	fragole	Erdbeeren	strawberries
frutas	fruits	fruta	frutta	Früchte	fruit
frutas en almíbar	fruits au sirop	fruta em calda	frutta sciroppata	Früchte in Sirup	fruit in syrup
galletas	gâteaux secs	bolos sêcos	biscotti secchi	Gebäck	cakes
gambas	crevettes (bouquets)	camarões grandes	gamberetti	Garnelen	prawns
garbanzos	pois chiches	grão	ceci	Kichererbsen	chick peas
guisantes	petits pois	ervilhas	piselli	junge Erbsen	garden peas
helado	glace	gelado	gelato	Speiseeis	ice cream
hígado	foie	fígado	fegato	Leber	liver
higos	figues	figos	fichi	Feigen	figs
horno (al)	au four	no forno	al forno	im Ofen gebacken	baked in the oven
huevos al plato	œufs au plat	ovos estrelados	uova fritte	Spiegeleier	fried eggs
huevo pasado por agua	œuf à la coque	ovo quente	uovo al guscio	weiches Ei	soft boiled egg
huevo duro	œuf dur	ovo cozido	uovo sodo	hartes Ei	hard boiled egg
jamón (serrano, de York)	jambon (cru ou cuit)	presunto, fiambre	prosciutto (crudo o cotto)	Schinken (roh, gekocht)	ham (raw or cooked)

langosta	lagosta	aragosta	langouste	Languste	craw fish
langostino	gamba	gamberone	crevette géante	große Garnele	prawns
legumbres	legumes	verdure	légumes	Gemüse	vegetables
lenguado	linguado	sogliola	sole	Seezunge	sole
lentejas	lentilhas	lenticchie	lentilles	Linsen	lentils
limón	limão	limone	citron	Zitrone	lemon
lobarro, perca	perca	pesce persico	perche	Barsch	perch
lomo	lombo	lombata, lombo	filet, échine	Rückenstück	spine, chine
lubina	robalo	ombrina	bar	Barsch	bass
mantequilla	manteiga	burro	beurre	Butter	butter
manzana	maçã	mela	pomme	Apfel	apple
mariscos	mariscos	frutti di mare	fruits de mer	„Früchte des Meeres"	sea food
mejillones	mexilhões	cozze	moules	Muscheln	mussels
melocotón	pêssego	pesche	pêche	Pfirsich	peach
membrillo	marmelo	cotogna	coing	Quitte	quince
merluza	pescada	merluzzo	colin, merlan	Kohlfisch, Weißling	hake
mero	mero	cernia	mérou	Rautenscholle	brill
naranja	laranja	arancia	orange	Orange	orange
ostras	ostras	ostriche	huîtres	Austern	oysters
paloma, pichón	pombo, borracho	palomba, piccione	palombe, pigeon	Taube	pigeon
pan	pão	pane	pain	Brot	bread
parrilla (a la)	grelhado	(allo) spiedo	à la broche, grillé	am Spieß	grilled
pasteles	bolos	dolci, pasticceria	pâtisseries	Süßigkeiten	pastries
patatas	batatas	patate	pommes de terre	Kartoffeln	potatoes
pato	pato	anitra	canard	Ente	duck
pavo	perú	tacchino	dindon	Truthahn	turkey
pepino, pepinillo	pepino	cetriolo, cetriolino	concombre, cornichon	Gurke, kleine Essiggurke	cucumber, gherkin
pepitoria	fricassé	fricassea	fricassée	Frikassee	fricassée
pera	pêra	pera	poire	Birne	pear
perdiz	perdiz	pernice	perdrix	Rebhuhn	partridge
pescados	peixes	pesci	poissons	Fische	fish
pimienta	pimenta	pepe	poivre	Pfeffer	pepper
pimiento	pimento	peperone	poivron	Pfefferschote	pimento
plátano	banana	banana	banane	Banane	banana
pollo	frango	pollo	poulet	Hähnchen	chicken
postres	sobremesas	dessert	desserts	Nachspeise	dessert
potaje	sopa	minestra	potage	Suppe mit Einlage	soup

queso	queijo	fromage	formaggio	Käse	cheese
rape	lota	lotte	rana pescatrice, pesce rospo	Aalrutte, Quappe	eel-pout, angler fish
raya	raia	raie	razza	Rochen	skate
relleno	recheado	farci	ripieno, farcito	gefüllt	stuffed
riñones	rins	rognons	rognoni	Nieren	kidneys
rodaballo	cherne, pregado	turbot	rombo	Steinbutt	turbot
sal	sal	sel	sale	Salz	salt
salchichas	salsichas	saucisses	salsicce	Würstchen	sausages
salchichón	salpicão	saucisson	salame	Wurst	salami, sausage
salmón	salmão	saumon	salmone	Lachs	salmon
salmonete	salmonete	rouget	triglia	Barbe, Rötling	red mullet
salsa	molho	sauce	sugo	Soße	sauce
sandia	melancia	pastèque	cocomero	Wassermelone	water-melon
sesos	miolos, mioleira	cervelle	cervella	Hirn	brains
setas, hongos	cogumelos	champignons	funghi	Pilze	mushrooms
sidra	cidra	cidre	sidro	Apfelwein	cider
solomillo	bife de lombo	filet	filetto	Filetsteak	fillet
sopa	sopa	soupe	minestra, zuppa	Suppe	soup
tarta	torta, tarte	tarte, grand gâteau	torta	Torte, Kuchen	tart, pie
ternera	vitela	veau	vitello	Kalbfleisch	veal
tortilla	omelete	omelette	frittata	Omelett	omelette
trucha	truta	truite	trota	Forelle	trout
turrón	torrão de Alicante, nougat	nougat	torrone	Nugat, Mandelkonfekt	nougat
uva	uva	raisin	uva	Traube	grapes
vaca, buey	vaca, boi	bœuf	manzo	Rindfleisch	beef
vieira	vieira	coquille St-Jacques	cappesante	Jakobsmuschel	scallop
vinagre	vinagre	vinaigre	aceto	Essig	vinegar
vino blanco dulce	vinho branco doce	vin blanc doux	vino bianco amabile	süßer Weißwein	sweet white wine
vino blanco seco	vinho branco sêco	vin blanc sec	vino bianco secco	herber Weißwein	dry white wine
vino rosado	vinho « rosé »	vin rosé	vino rosato	"Rosé"	"rosé" wine
vino corriente del pais	vinho da região	vin courant du pays	vino nostrano	Landwein	local wine
vino de marca	vinho de marca	grand vin	vino pregiato	Prädikatswein	famous wine
vino tinto	vinho tinto	vin rouge	vino rosso	Rotwein	red wine
zanahoria	cenoira	carotte	carota	Karotte	carrot
zumo de frutas	sumo de frutas	jus de fruits	succo di frutta	Fruchtsaft	fruit juice

454

PORTUGAL

SIGNOS E SÍMBOLOS ESSENCIAIS

(lista completa p. 12 a 19)

O CONFORTO

🏰	Grande luxo e tradição	XXXXX
🏯	Grande conforto	XXXX
🏘	Muito confortável	XXX
🏠	Bastante confortável	XX
🏡	Confortável	X
🏚	Simples, mas que convém	
sem rest	O hotel não tem restaurante	
	O restaurante tem quartos	com qto

AS BOAS MESAS

❀	Muito boa mesa na sua categoria

OS ATRACTIVOS

🏰 ... 🏚   Hotéis agradáveis
XXXXX ... X   Restaurantes agradáveis
« Parque »   Elemento particularmente agradável
     Hotel muito tranquilo
    ou isolado e tranquilo
≤ mar   Vista excepcional

AS CURIOSIDADES

★★★	Vale a viagem
★★	Merece um desvio
★	Interessante

CIDADES

POBLACIONES
VILLES
CITTÀ
STÄDTE
TOWNS

ABRANTES 2200 Santarém **437** N 5 – 5 435 h. alt. 188 – ✆ 041.

Ver : Local★.

Arred. : Castelo de Almourol★★ (local★★, ※★) O : 18 km.

🖪 Largo da Feira ✆ 225 55.

◆Lisboa 142 – Santarém 61.

🏛 **De Turismo,** Largo de Santo António ✆ 212 61, Telex 43626, Fax 252 18, ≤ Abrantes e vale do Tejo, ※ – 🗏 📺 ☎ 🅿 – 🔬 25/30. 🖭 ⑩ 🗉 ᏉᏒᎪ. ※
Ref lista 1500 a 3000 – **41 qto** ⊡ 8400/10500 – PA 5800.

✗ **O Pelicano,** Rua Nossa Senhora da Conceição 1 ✆ 223 17 – 🗏. ※
fechado 5ª feira – Ref lista 995 a 1405.

B.L.M.C. (AUSTIN, MORRIS) Estrada Nacional 2 ✆ 221 29
CITROEN Largo do Chafariz ✆ 221 27
DATSUN-NISSAN Av. 25 de Abril ✆ 233 19
FIAT Av. Dr. Augusto da Silva Martins ✆ 311 20

PEUGEOT-ALFA ROMEO Rossio ao Sul do Tejo-Estrada Nacional 118 ✆ 314 60
RENAULT Av. das Forças Armadas 2 ✆ 214 74
VOLVO Rossio ao Sul do Tejo - Coalhos - Pego ✆ 931 60

AGUÇADOURA Porto **437** H 3 – ver Póvoa de Varzim.

AGUEDA 3750 Aveiro **437** K 4 – 43 216 h. – ✆ 034.

🖪 Largo Dr. Joào Elisio Sucena ✆ 60 14 12.

◆Lisboa 250 – Aveiro 22 – ◆Coimbra 42 – ◆Porto 85.

em Borralha, pela estrada N I SE : 2 km – ⊠ 3750 Águeda – ✆ 034

🏛 Palácio Águeda ⬙, Quinta da Borralha ✆ 60 19 77, Fax 60 19 76, « Instalado no antigo palácio do Conde da Borralha - Jardins », ※ – 🗐 📺 ☎ 🅿 – 🔬 25/120
48 qto.

em Vale do Grou – ⊠ 3750 Agueda – ✆ 034 :

🏚 **Motel Primavera's,** N I S : 5 Km. ✆ 66 62 37, Telex 37292 – 🗏 rest ☎ 🅿. ᏉᏒᎪ. ※
Ref *(fechado 3ª feira)* lista aprox. 1600 – **29 qto** ⊡ 4300/6000.

✗ **Ipiranga** com snack-bar, Estrada N I S : 4,5 Km. ✆ 66 63 86 – 🅿. 🖭 ⑩ 🗉 ᏉᏒᎪ. ※
fechado 2ª feira – Ref lista 1320 a 1700.

CITROEN Estrada Nacional N I ✆ 64 41 85
DATSUN-NISSAN Estrada Nacional I Borralha ✆ 630 98
RENAULT Ponte do Campo ✆ 62 20 37

SEAT Rua Arcebispo Primaz, 5 ✆ 62 34 36
TOYOTA Vale do Grou ✆ 662 29
VOLVO Rua da Misericordia 250 ✆ 629 45

ALBERGARIA-A-VELHA 3850 Aveiro **437** J 4 – 21 326 h. alt. 126 – ✆ 034.

◆Lisboa 259 – Aveiro 19 – ◆Coimbra 57.

na estrada N 1 S : 4 Km. – ⊠ 3750 Agueda – ✆ 034 :

🏛 Pousada de Santo António ⬙, ✆ 52 12 30, Telex 37150, ≤ vale do Vouga e montanha, 🏊, 🐎, ※ – ☎ 🚗 🅿 – **13 qto**.

RENAULT Branca ✆ 54 11 04

VOLVO Estrada N I ✆ 52 15 80

457

ALBUFEIRA 8200 Faro 📖🗐 U 5 – 17 218 h. – 🚳 089 – Praia.

Ver : Local★.

🛈 Rua 5 de Outubro 🖉 521 44.

♦Lisboa 326 – Faro 38 – Lagos 52.

🏠 **Estal. Do Cerro,** Rua Samora Barros 🖉 521 91, Telex 56211, Fax 521 73, ≤, ⤓ climatizada
– 🛗 🗐 rest ⚙. 🕮 ⑩ 🗏 𝘝𝘐𝘚𝘈. ⚶ rest
Ref 1850 – **83 qto** 🖙 9900/13750 – PA 3700.

em Montechoro NE : 3,5 km – ⬚ 8200 Albufeira – 🚳 089 :

🏠 Montechoro, 🖉 85 94 23, Telex 56288, Fax 85 99 47, ≤, ⤓ – 🛗 🗐 🕿 – 🛦
- Grill das Amendoeiras lista 3300 a 5100 – **410 qto**.

XX **O Montinho,** 🖉 539 59, ≤, 🈁, Cozinha francêsa, Decoração neo-regional, « Instalado
numa antiga casa de campo » – 🅿. 🕮 🗏 𝘝𝘐𝘚𝘈. ⚶
fechado domingo, 15 janeiro-15 fevereiro e 15 novembro-15 dezembro – Ref (só jantar)
lista 3030 a 4900.

X **Os Compadres,** 🖉 549 48, 🈁 – 🕮 ⑩ 🗏 𝘝𝘐𝘚𝘈. ⚶
fechado 3ª feira e 28 novembro-30 janeiro – Ref lista 3550 a 4300.

na Praia da Oura E : 3,5 km – ⬚ 8200 Albufeira – 🚳 089 :

XX **Borda d'Água,** 1º 🖉 520 45, Telex 56264, ≤ praia e mar – 🕮 ⑩ 🗏 𝘝𝘐𝘚𝘈. ⚶
Ref lista 2045 a 3110.

em Santa Eulália E : 5,5 km – ⬚ 8200 Albufeira – 🚳 089 :

🏠 **Aparthotel Lancetur** ⌖, 🖉 548 35, Telex 56219, Fax 537 89, ≤, ⤓ – 🛗 🗐 rest 🕿 🅿
🕮 ⑩ 🗏 𝘝𝘐𝘚𝘈. ⚶
Ref 2400 – **113 apartamentos** 🖙 11400 – PA 4800.

Para grandes viagens de negocios ou de turismo,
Guia MICHELIN vermelho : Main Cities EUROPE.

ALCABIDECHE Lisboa 📖🗐 P 1 – 25 178 h. – ⬚ 2765 Estoril – 🚳 01.

♦Lisboa 36 – Cascais 4 – Sintra 12.

X **Pingo,** Rua Conde Barão 1016 🖉 269 09 37, 🈁 – 🗏. 🕮 ⑩ 🗏 𝘝𝘐𝘚𝘈
Ref lista 1550 a 3550.

em Alcoitão E : 1,3 km – ⬚ 2765 Estoril – 🚳 01 :

X **Recta de Alcoitão,** Estrada N 9 🖉 269 03 98 – 🗏. 🕮 ⑩ 🗏 𝘝𝘐𝘚𝘈
fechado 3ª feira e novembro – Ref lista 3650 a 5700.

na estrada de Sintra NE : 2 km – ⬚ 2765 Estoril – 🚳 01 :

🏨 **Atlantis Sintra-Estoril,** junto ao autódromo 🖉 269 07 20, Telex 16891, Fax 269 07 40,
≤, ⤓, 🐎, ⚽ – 🛗 🗐 🕿 🅿 – 🛦 25/230. 🕮 ⑩ 🗏 𝘝𝘐𝘚𝘈. ⚶
Ref 2500 – **187 qto** 🖙 16000/18000 – PA 4500.

ALCOBAÇA 2460 Leiria 📖🗐 N 3 – 5 383 h. alt. 42 – 🚳 062.

Ver : Mosteiro de Sta Maria★★ (túmulo de D. Inês de Castro★★, túmulo de D. Pedro★★, igreja★,
claustro e dependências da abadia★).

🛈 Praça 25 de Abril 🖉 423 77.

♦Lisboa 110 – Leiria 32 – Santarém 60.

🏠 **Santa Maria** sem rest, Rua Dr. Zagalo 🖉 432 95, Telex 40143 – 🛗 ⚙ ⇐ 🗏 𝘝𝘐𝘚𝘈. ⚶
31 qto 🖙 5000/8000.

na estrada N 8 E : 1,5 km – ⬚ 2460 Alcobaça – 🚳 062 :

X A Curva, 🖉 431 33 – 🗏 🅿.

pela estrada da Nazaré NO : 3,5 km – ⬚ 2460 Alcobaça – 🚳 062 :

🏠 **Termas da Piedade** ⌖, 🖉 420 65 – 🛗 🅿. 🕮 ⑩ 🗏 𝘝𝘐𝘚𝘈. ⚶
junho-outubro – Ref 1200 – **70 qto** 🖙 6500/8000 – PA 2400.

em Aljubarrota E : 6,5 km – ⬚ 2460 Alcobaça – 🚳 062 :

🏠 **Casa da Padeira** sem rest, Estrada N 8 🖉 482 72, Telex 43355, Situado no campo com
≤ serra, ⤓ – 🅿. 🗏 𝘝𝘐𝘚𝘈
Ref 2500 – **12 qto** 🖙 7500/10500.

B.L.M.C. (AUSTIN-MORRIS) Praça 25 de Abril 48
🖉 421 75
CITROEN Rua de Angola 6 🖉 425 78
MERCEDES-BENZ Praça 25 de Abril 48 🖉 421 75
PEUGEOT-ALFA ROMEO Rossio 48 🖉 421 75

RENAULT Quinta da Roda 🖉 423 02
SEAT Av. Prof. Eng. Joaquim Natavidade 13
🖉 436 12
TOYOTA Rua de Leiria 🖉 428 95

ALCOITÃO Lisboa – ver Alcabideche.

ALIJO 5070 Vila Real **437** I 7 – 2 829 h. – ✪ 059.
◆Lisboa 411 – Bragança 58 – Vila Real 44 – Viseu 117.

🏨 Pousada do Barão de Forrester, ℰ 952 15, Telex 26364, ⌨, 🐎, ✗ – 🕾 **℗**
11 qto.

RENAULT av. 25 de Abril ℰ 951 94

ALJEZUR 8670 Faro **437** U 3 – 5 059 h. – ✪ 082.
◆Lisboa 249 – Faro 110.

no Vale da Telha SO : 7,5 km – ⊠ 8670 Aljezur – ✪ 082 :

🏨 **Vale da Telha** ⌂, ℰ 981 80, Telex 57466, Fax 981 75, 🌣, ⌨, ✗ – 🕾 **℗**. 🆎 ⓞ **E**
VISA. 🛠
26 qto ⊇ 4000/5000.

ALJUBARROTA Leiria **437** N 3 – ver Alcobaça.

ALMAÇA Viseu **437** K 5 alt. 100 – ⊠ 3450 Mortágua – ✪ 031.
◆Lisboa 235 – ◆Coimbra 35 – Viseu 55.

na estrada N 2 NE : 2 km – ⊠ 3450 Mortágua – ✪ 031 :

🏠 **Vila Nancy,** ℰ 926 13 – 🕾 **℗**. 🆎 ⓞ **E** **VISA**. 🛠
Ref 1500 – **38 qto** ⊇ 3000/5000.

ALMANCIL 8135 Faro **437** U 5 – 5 945 h. – ✪ 089.
Ver : Igreja de S. Lourenço★ (azulejos★★).
🏌, 🏌 Club Golf do Vale do Lobo SO : 6 km ℰ 941 45 – 🏌, 🏌 Campo de Golf da Quinta do Lago
ℰ 943 29.
◆Lisboa 306 – Faro 12 – Huelva 115 – Lagos 68.

XX **Golfer's Inn,** Rua 25 de Abril 35 ℰ 39 57 25, Telex 56823, Fax 31 34 20, 🌣 – 🍴. 🆎 **E**
VISA. 🛠
fechado domingo – Ref (só jantar) lista 2500 a 3900.

pela estrada de Vale do Lobo SO : 3 km – ⊠ 8135 Almancil – ✪ 089 :

XXX **Casa da Torre-Ermitage,** ℰ 39 43 29, 🌣, « Bela decoração-terraço » – **℗**. 🆎 **VISA**. 🛠
fechado 4ª feira, e 25 novembro-10 fevereiro – Ref lista 4800 a 5700.

em Vale do Lobo SO : 6 km – ⊠ 8135 Almancil – ✪ 089 :

🏨🏨 **Dona Filipa** ⌂, ℰ 39 41 41, Telex 56848, Fax 39 42 88, ≤ pinhal, campo de golf e mar,
⌨ climatizada, 🐎, ✗ – 🍴 🖵 🕾 **℗**. 🆎 ⓞ **E** **VISA**. 🛠
Ref 6000 – **147 qto** ⊇ 28400/37800 – PA 10750.

XX **Bistro da Praça,** ℰ 39 44 44, Fax 39 46 53, Original decoração em estilo bistrot – 🍴. 🆎
E **VISA**. 🛠
fechado 15 novembro-15 dezembro – Ref so jantar lista 3700 a 5500.

X **O Favo,** ℰ 39 44 44, Fax 39 46 53, 🌣 – 🍴. 🆎 **E** **VISA**. 🛠
Ref lista 2720 a 4140.

em Benfarras NO : 9 km – ⊠ 8100 Loulé – ✪ 089 :

🏨 **Albergaria Parque das Laranjeiras,** Estrada N 125 ℰ 663 68, Telex 56441, Fax 663 70,
🌣, ⌨ – 📶 🕾 **℗**. 🆎 ⓞ **E** **VISA**. 🛠
Ref 1750 – **23 qto** ⊇ 8500/9500 – PA 3250.

na Quinta do Lago S : 10 km – ⊠ 8135 Almancil – ✪ 089 :

🏨🏨 **Quinta do Lago** ⌂, ℰ 39 66 66, Telex 57118, Fax 39 63 93, ≤ O Atlantico e ria Formosa,
⌨ climatizada, 🏊, 🐎, ✗ – 📶 🖵 🖵 🕾 **℗** – 🔬 25/200. 🆎 ⓞ **E** **VISA**. 🛠
Ref rest. **Ca D'Oro** (só jantar) lista 4950 a 6000 e rest. **Navegadores** lista 5450 a 6800 –
150 qto ⊇ 32250/42250.

ALMEIDA 6350 Guarda **437** J 9 – ✪ 071.
◆Lisboa 410 – Ciudad Rodrigo 43 – Guarda 49.

🏨🏨 **Pousada Senhora das Neves** ⌂, ℰ 542 90, Telex 52713, ≤, 🌣 – 🍴 🖵 🕾 **℗**. 🆎 ⓞ
E **VISA**. 🛠 rest
Ref 2500 – **21 qto** ⊇ 12700/14300 – PA 5000.

ALMOUROL (Castelo de) Santarém **437** N 4.
Ver : Castelo★★ (local★★, ≤★).

Hotel e restaurante ver : Abrantes E : 18 km.

ALTO DO BEXIGA 2000 Santarém **437** O 3 – ver Santarém.

ALTURA Faro **437** U 7 – ⊠ 8900 Vila Real de Santo António – 🏵 081 – Praia.
◆Lisboa 352 – Ayamonte 6,5 – Faro 47.

na Praia da Alagôa S : 1 km – ⊠ 8900 Vila Real de Santo António – 🏵 081 :

🏨 **Eurotel-Altura** 🐦, 🖉 954 50, Telex 56068, Fax 95371, ≤, ⊥, 🔄, ✗ – 🛗 🖚 🅿. 🖭 ⓞ
🗲 *VISA*. 🛪
fechado dezembro-fevereiro – Ref (só jantar) 1700 – **135 qto** ⊊ 7475/9975.

✗ **A Chaminé**, 🖉 955 61, 🏤 – 🗐. *VISA*. 🛪
fechado 3ª feira e novembro – Ref lista 1310 a 2960.

ALVOR (Praia de) Faro **437** U 4 – ver Portimão.

AMARANTE 4600 Porto **437** I 6 – 4 757 h. alt. 100 – 🏵 055.
Ver : Local★, Mosteiro de S. Gonçalo (órgão★) – Igreja de S. Pedro (tecto★).
Arred. : Travanca : Igreja (capitéis★) NO : 18 km por N 15, Estrada★ de Amarante a Vila Real
≤★, picão de Sejarão★★, ☀★★.
🖪 Rua Cândido dos Reis 🖉 42 29 80.
◆Lisboa 372 – ◆Porto 64 – Vila Real 49.

🏨 **Navarras**, Rua António Carneiro 🖉 42 40 36, Telex 28270, ⊥ climatizada, 🔄 – 🛗 📺 –
🔏 25/150. 🖭 ⓞ 🗲 *VISA*.
Ref 1950 – **61 qto** ⊊ 6600/8000 – PA 3900.

🏨 **Amaranto**, Madalena - Estrada N 15 🖉 42 21 06, Telex 29938, ≤, 🏤 – 🛗 🗐 📺 🖚 🅿.
🖭 ⓞ 🗲 *VISA*. 🛪
Ref 1500 – **35 qto** ⊊ 4800/5900.

🏩 **Ze de Calçada** com qto, Rua 31 de Janeiro 🖉 42 20 23, ≤, 🏤, « Decoraçao rústica e
agradavel terraço » – 📺
Ref lista aprox. 5500 – **7 qto** ⊊ 6500.

na estrada N 15 SE : 19,5 km – ⊠ 4600 Amarante – 🏵 055 :

🏩 **Pousada de S. Gonçalo** com qto, Serra do Marão, alt. 885 🖉 46 11 23, Telex 26321, ≤
Serra do Marão – 🖚 🅿. 🖭 ⓞ 🗲 *VISA*. 🛪
Ref 2800 – **15 qto** ⊊ 8600/9000.

FIAT Rua Carlos Amarante 🖉 42 20 44   FORD Telòes 🖉 42 55 55

APÚLIA Braga – ver Fão.

ARCOS DE VALDEVEZ 4970 Viana do Castelo **437** G 4 – 🏵 058.
🖪 Av. Marginal 🖉 660 01.
◆Lisboa 416 – Braga 36 – Viana do Castelo 45.

🏤 **Tavares** sem rest, Rua M. J. Cunha Brito, 1º 🖉 662 53 – **16 qto**.

ARGANIL 3300 Coimbra **437** L 5 – alt. 115 – 🏵 035.
🖪 Praça Simoes Dias 🖉 228 59, Telex 23123.
◆Lisboa 260 – ◆Coimbra 60 – Viseu 50.

🏨 **São Gens** sem rest, Av. das Forças Armadas 🖉 229 59, Telex 52945, Fax 23123 – 🛗 ☎
– 🔏 25/150. 🖭 ⓞ 🗲 *VISA*. 🛪
34 qto ⊊ 4000/6000.

ARMACAO DE PERA 8365 Faro **437** U 4 – 2 894 h. – 🏵 082 – Praia.
Ver : passeio de barco★★ : grutas marinhas★★ – 🖪 Av. Marginal 🖉 321 45.
◆Lisboa 315 – Faro 47 – Lagos 41.

🏨 **Garbe**, Av. Marginal 🖉 31 21 88, Telex 58590, Fax 31 22 01, ≤, 🏤, ⊥ climatizada – 🛗
🗐 🅿. 🖭 ⓞ 🗲 *VISA*. 🛪
Ref 2000 – **144 qto** ⊊ 9000/15000.

🏨 Aparthotel Scherazade, sem rest., Av. Beiramar 🖉 31 34 55, Telex 58715, Fax 31 23 53, ≤
– 🛗 🗐 📺 ☎ – **45 apartamentos**.

🏩 **Vilalara**, SO : 2,5 km 🖉 323 33, Telex 57460, Fax 331 56, ≤, 🏤, « Situado num complexo
de luxo rodeado de magnificos jardins floridos », ⊥ paga, ✗ – 🗐 🅿.

✗ Santola, Largo 25 de Abril 🖉 323 32, ≤, 🏤.

na Praia da Senhora da Rocha O : 3 km – ⊠ 8365 Armação de Pe_ra – 🏵 082 :

🏨 Viking 🐦, 🖉 31 23 36, Telex 57492, Fax 31 28 26, ≤, ⊥, 🥀 – 🛗 🗐 ☎ 🅿 – 🔏
184 qto.

em areias de porches NO 4 km – ⊠ 8400 Lagoa – 🏵 082

🏨 **Albergaria D. Manuel** 🐦, 🖉 31 38 03, Telex 56595, ≤, 🏤, ⊥ – ☎ 🅿. 🖭 ⓞ 🗲 *VISA*.
🛪
Ref 1200 – **43 qto** ⊊ 6750/9500 – PA 3900.

Ver : Antigo Convento de Jesus : Igreja★ (coro★★, Túmulo de D. Joana★ Z **M** – Museo nacional★
(Retrato da Princesa D. Joana★) Z **M** – Canais★ Y. **Arred. :** Ria de Aveiro★★ (passeio de barco★★)
– 🚗 ℰ 244 85.

🛈 Praça da República ℰ 236 80 – **A.C.P.** Av. Dr Lourenço Peixinho 89 - D ℰ 225 71, Telex 37420.

◆Lisboa 252 ③ – ◆Coimbra 56 ② – ◆Porto 70 ① – Vila Real 170 ① – Viseu 96 ①.

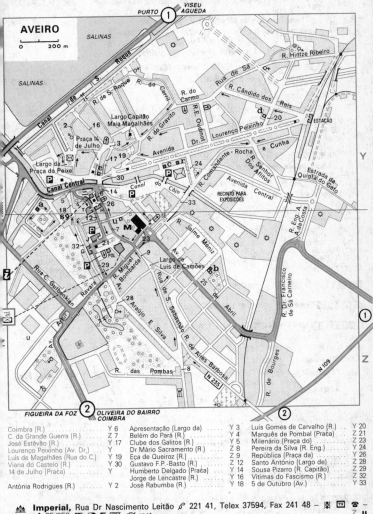

Coimbra (R.)	Y 6	Apresentação (Largo da)	Y 3	Luís Gomes de Carvalho (R.)		Y 20
C. da Grande Guerra (R.)	Z 7	Belém do Pará (R.)	Y 4	Marquês de Pombal (Praça)		Z 21
José Estêvão (R.)	Y 17	Clube dos Galitos (R.)	Y 5	Milenário (Praça do)		Z 23
Lourenço Peixinho (Av. Dr.)	Y	Dr Mário Sacramento (R.)	Z 8	Pereira da Silva (R. Eng.)		Y 24
Luís de Magalhães (Rua do C.)	Y 19	Eça de Queiroz (R.)	Z 9	República (Praça da)		Y 26
Viana do Castelo (R.)	Y 30	Gustavo F.P.-Basto (R.)	Z 12	Santo António (Largo de)		Z 28
14 de Julho (Praça)	Y	Humberto Delgado (Praça)	Y 14	Sousa Pizarro (R. Capitão)		Z 29
		Jorge de Lencastre (R.)	Y 16	Vítimas do Fascismo (R.)		Z 32
Antónia Rodrigues (R.)	Y 2	José Rabumba (R.)	Y 18	5 de Outubro (Av.)		Y 33

🏨 **Imperial,** Rua Dr Nascimento Leitão ℰ 221 41, Telex 37594, Fax 241 48 – ▮ 📺 ☎ –
🛗 25/250. 🆔 ⓞ Ⓔ 𝖵𝖨𝖲𝖠. 🞉 rest   Z **u**
Ref 1600 – **107 qto** ⊇ 8000/10000 – PA 3200.

🏨 **Afonso V** 🍴, Rua Dr Manuel das Neves 65 ℰ 251 91, Telex 37434, Fax 38 11 11 – ▮
📺 ☎ – 🛗 25/150. 🆔 𝖵𝖨𝖲𝖠   Z **b**
Ref (ver rest. **A Cozinha do Rei**) – **80 qto** ⊇ 6600/8400.

🏨 **Paloma Blanca** sem rest, Rua Luís Gomes de Carvalho 23 ℰ 38 19 92, Telex 37353, Fax
38 18 44 – ▮ ▤ 📺 ☎ ⇦ ℗. 🆔 ⓞ Ⓔ 𝖵𝖨𝖲𝖠. 🞉   Y **d**
50 qto ⊇ 6300/9800.

🏨 **Aparthotel Afonso V** 🍴, Praceta D. Afonso V ℰ 265 42, Telex 37434, Fax 38 11 11 –
▮ 📺 ☎ ⇦ – 🛗 25/40. 🆔 𝖵𝖨𝖲𝖠. 🞉 rest   Z **b**
Ref (ver rest. **A Cozinha do Rei**) – **28 apartamentos** ⊇ 7300/8700.

AVEIRO

- 🏨 **Do Alboi** sem rest, Rua da Arrochela 6 ℰ 251 21, Fax 220 63 – 📺 ☎. 🖭 ⓞ Ε 𝘷𝘪𝘴𝘢. ❦ Z
  22 qto ⌛ 5500/8000.
- 🏨 **Arcada** sem rest, Rua Viana do Castelo 4 ℰ 230 01, Telex 37460 – 🛗 📺 ☎. 🖭 ⓞ Ε
  𝘷𝘪𝘴𝘢 Y
  50 qto ⌛ 5500/6900.
- 🍴🍴 A Cozinha do Rei com snack-bar, Rua Dr. Manuel das Neves 65 ℰ 268 02, Telex 37434
  Fax 251 91 – 🍽 Z
- 🍴🍴 Galo d'Ouro, Travessa do Mercado 2 ℰ 234 56 – 🍽 Y
- 🍴 **Centenário,** Praça do Mercado 9 ℰ 227 98 – 🍽. Ε 𝘷𝘪𝘴𝘢 Y
  fechado 3ª feira – Ref lista 1800 a 2300.
- 🍴 Alexandre 2, Rua Cais do Alboi 14 ℰ 204 94, grelhados – 🍽 Y

  em Cacia por ① : 7 km – ✉ 3800 Aveiro – 🕿 034 :

- 🏨 **João Padeiro,** Rua da República ℰ 91 13 26, « Elegante decoração » – 🛗 🅿. 🖭 ⓞ Ε
  𝘷𝘪𝘴𝘢 ❦
  Ref lista aprox. 3500 – **27 qto** ⌛ 4600/6800.

  na Praia da Barra por ④ : 8 km – ✉ Gafanha da Encarnação 3830 Ilhavo – 🕿 034 :

- 🏨 **Barra,** Av. Fernandes Lavrador 18 ℰ 36 91 56, Telex 37430, ≤, ⌇ – 🛗 🍽 rest ☎. 🖭 ⓞ
  Ε 𝘷𝘪𝘴𝘢. ❦
  Ref 1950 – **64 qto** ⌛ 10000/12500 – PA 3500.

  pela estrada de Cantanhede N 335 SO : 8 km – ✉ 3800 Aveiro – 🕿 034

- 🏠 **João Capela** ⌇, Quinta do Picado (saída pela rua Dr. Mario Sacramento) ℰ 94 14 50,
  ⌇, ❦ – ☜ 🅿. ❦
  Ref *(fechado 2ª feira)* 1500 – **30 qto** ⌛ 4000/5500.

AUTOBIANCHI-LANCIA Estrada N 109 km 57 ℰ 220 01
B.L.M.C. (AUSTIN-MORRIS) Variante - Saída Norte-Esgueira ℰ 31 24 43
CITROEN Rua Cândido dos Reis 118 ℰ 236 41
FIAT Estrada N 109 km 57 ℰ 220 01
FORD Quinta do Simão ℰ 31 27 38
G.M.-OPEL av. 25 de Abril 34 ℰ 235 93
MERCEDES-BENZ Estrada de S. Bernardo ℰ 240 41

MITSUBISHI Variante de Cacia, km 3,7 ℰ 91 10 79
PEUGEOT-ALFA ROMEO Av. Dr. Lourenço Peixinho 256 ℰ 230 47
RENAULT Estrada Nacional 109 - Variante de Aveiro ℰ 292 10
SEAT Rua Cons. Luis Magalhaes 15 ℰ 240 41
TOYOTA R. Dr. Alberto Souto 31 ℰ 251 57
VOLVO Canal de S. Roque 7 ℰ 217 88
VW-AUDI Quinta de Simão/Eaqueira ℰ 31 22 13

AZOIA Lisboa 🇃🇐🇑 P 1 – ver Colares.

AZURARA Porto 🇃🇐🇑 H 3 – ver Vila do Conde.

BARCELOS 4750 Braga 🇃🇐🇑 H 4 – 4 031 h. alt. 39 – 🕿 053.
Ver : Interior★ da igreja paroquial.
🛈 Largo da Porta Nova ℰ 81 18 82.
◆Lisboa 366 – Braga 18 – ◆Porto 48.

- 🏨 Albergaria Condes de Barcelos, sem rest, Av. Alcaides de Faria ℰ 81 10 61, Telex 32532 – 🛗 – 🔏
  30 qto.
- 🏠 Dom Nuno , sem rest, Av. D. Nuno Alvares Pereira ℰ 81 50 84 – 🛗 🖭
  27 qto.
- 🍴🍴 Turismo, Rua Duques de Bragança - Esplanada de Turismo ℰ 81 14 79, Telex 28243, Fax 93 30 08, ≤, � – 🍽 🅿.

B.L.M.C. (AUSTIN MORRIS) Rua Filipa Borges 223 ℰ 81 10 08
BMW Rua Filipe Borges-Urb. San José Bloco 8 ℰ 81 10 22
FIAT Campo 5 Outubro 217 ℰ 81 21 98
MERCEDES-BENZ Rua Filipa Borges ℰ 81 10 08

MITSUBISHI Av. Alcaides de Faria 16-20 ℰ 81 15 86
RENAULT Av. dos Combatentes da Grande Guerra 198 ℰ 81 19 65
TOYOTA R. Nuno Alvares Pereira 126 ℰ 637 44

BATALHA 2440 Leiria 🇃🇐🇑 N 3 – 7 683 h. alt. 71 – 🕿 044.
Ver : Mosteiro★★★ : Claustro Real★★★, Sala do Capítulo★★ (abóbada★★★, vitral★), Capelas Imperfeitas★★ (pórtico★★), Igreja★★ (vitrais★) – Capela do Fundador★, Lavobo dos Monges★, Claustro de D. Alfonso V★.
Arred. : Cruz da Légua e Cumeira (loiça de barro★) SO : 12 km.
🛈 Largo Paulo VI ℰ 961 80.
◆Lisboa 120 – ◆Coimbra 82 – Leiria 11.

- 🏨 **Pousada do Mestre Afonso Domingues,** ℰ 962 60, Telex 42339 – 🍽 🅿. 🖭 ⓞ Ε
  𝘷𝘪𝘴𝘢. ❦
  Ref 2150 – **20 qto** ⌛ 12700/14200.

TOYOTA Largo Goa, Damao e Diu ℰ 962 66

BEJA 7800 🅿 437 R 6 – 19 968 h. alt. 277 – 🌐 084.

�. Rua Capitão João Francisco de Sousa 25 ℰ 236 93.

⬩Lisboa 194 – Evora 78 – Faro 186 – Huelva 177 – Santarém 182 – Setúbal 143 – ⬩Sevilla 223.

🏩 **Cristina** sem rest, Rua de Mértola 71 ℰ 230 35, Telex 13121, Fax 298 74 – 🛗 📺 ☎ 🅰🅴
🅾 🅴 𝚅𝙸𝚂𝙰 ⚡
42 qto ⇄ 4000/5200.

🏠 **Santa Bârbara** sem rest, Rua de Mértola 56 ℰ 220 28 – 🛗 ☎
26 qto.

🏚 **Bejense** sem rest, Rua Capitão João Francisco de Sousa 57 ℰ 250 01 – ☎. 🅴 𝚅𝙸𝚂𝙰
24 qto ⇄ 3000/3800.

AUTOBIANCHI-LANCIA av. Fialho de Almeida 1
ℰ 230 33
B.L.M.C. (AUSTIN-MORRIS) Av. Miguel Fernandes 27 ℰ 221 91
BMW Av. Miguel Fernandes 27 ℰ 221 91
CITROEN Parque Industrial ℰ 250 61
DATSUN-NISSAN Praça Diogo Fernandes 6
ℰ 250 16
FIAT av. Fialho de Almeida 1 ℰ 230 33
FORD Estrada Nacional 260 ℰ 260 21
G.M.-OPEL R. de Lisboa 54 Ap. 169 ℰ 294 45

MERCEDES-BENZ Terreiro dos Valentes 5
ℰ 231 91
MITSUBISHI Rua Luis de Camões ℰ 296 55
PEUGEOTT-ALFA ROMEO Terreiro dos Valentes
17 ℰ 231 91
RENAULT Av. Fialho de Almeida ℰ 231 41
SEAT Rua Inf. D. Henrique 6-8 ℰ 244 05
TOYOTA Terreiro dos Valentes 3 ℰ 220 90
VW - AUDI Largo Escritor Manuel Ribeiro 12
ℰ 231 74

BELMONTE 6250 Castelo Branco 437 K 7 – 🌐 075.

⬩Lisboa 338 – Castelo Branco 82 – Guarda 20.

na estrada N 18 NO : 3 km – ✉ 6250 Belmonte – 🌐 075 :

🏠 **Belsol**, ℰ 913 45, ← – 🍽 rest ☎ 🅿
Ref 1200 – **39 qto** ⇄ 2700/5000.

BEMPOSTA Bragança 437 I 10.

BENFARRAS Faro – ver Almancil.

BOM JESUS DO MONTE Braga 437 H 4 – ver Braga.

BOTICAS 5460 Vila Real 437 G 7 – 852 h. alt. 490 – 🌐 076 – Termas.

Arred. : Montalegre (local⋆) - Estrada de Montalegre ←⋆⋆ N : 10 km.

🖪 Posto de Turismo Chaves ℰ 422 03.

⬩Lisboa 471 – Vila Real 62.

em Carvalhelhos O : 9 km – ✉ 5460 Boticas – 🌐 076 :

🏩 **Estal. de Carvalhelhos** ⤳, ℰ 421 16, Telex 20527, Num quadro de verdura, 🚗 – ☎
🅿. 𝚅𝙸𝚂𝙰. ⚡
Ref 975 – **20 qto** ⇄ 3500/4100 – PA 1950.

BRAGA 4700 🅿 437 H 4 – 64 113 h. alt. 190 – 🌐 053.

Ver : Sé Catedral⋆ : Imagem de Na. Sra. do Leite⋆, interior⋆, abóbada⋆, altar mor⋆, orgãos⋆, Tesouro⋆ (azulejos⋆) – Capela da Glória⋆ (túmulo⋆), Capela dos Coimbras (esculturais⋆) B.

Arred. : Bom Jesus do Monte⋆⋆ (perspectiva⋆) 6 km por ② – Monte Sameiro⋆ (🌄⋆⋆) 9 km por ②.

Excurs. : NE : Cávado (Vale superior do)⋆ 171 km por ②.

🖪 Av. da Liberdade 1 ℰ 225 50 – A.C.P. Av. da Liberdade 466 - 1 - D ℰ 270 51, Telex 32004.

⬩Lisboa 368 ④ – Bragança 223 ① – Pontevedra 122 ② – ⬩Porto 54 ④ – ⬩Vigo 103 ①.

Plano página seguinte

🏨 **Turismo**, Praceta João XXI ℰ 61 22 00, Telex 32136, Fax 61 22 11, 🏊, – 🛗 🍽 – 🏛 25/300.
🅰🅴 🅾 🅴 𝚅𝙸𝚂𝙰. ⚡ rest **e**
Ref lista aprox. 3500 – **132 qto** ⇄ 8000/12000.

🏩 **Carandá**, Av. da Liberdade 96 ℰ 61 45 00, Telex 32293, Fax 61 45 50 – 🛗 🍽 ☎. 🅰🅴 🅾
🅴 𝚅𝙸𝚂𝙰 **n**
Ref 2000 – **100 qto** ⇄ 5200/7600.

🏩 **João XXI**, Av. João XXI - 849 ℰ 221 46, Telex 23494 – 🛗 ☎. 🅰🅴 🅾 🅴 𝚅𝙸𝚂𝙰 **k**
Ref 2000 – **28 qto** ⇄ 5000/5200 – PA 4000.

🏩 **São Marcos**, sem rest, Rua de São Marcos 80 ℰ 771 77 – 🛗 📺 ☎ **u**
13 qto.

🏠 **Dos Terceiros** sem rest, Rua dos Capelistas 85 ℰ 704 66, Telex 33228 – 🛗 ☎. 🅰🅴 🅾 🅴
𝚅𝙸𝚂𝙰 **r**
21 qto ⇄ 5000/6000.

🏠 **Centro Avenida** sem rest, Av. Central 27 ℰ 757 22 – 🛗 📺 ☎. 🅴 𝚅𝙸𝚂𝙰. ⚡ **d**
48 qto ⇄ 5000/6500.

BRAGA

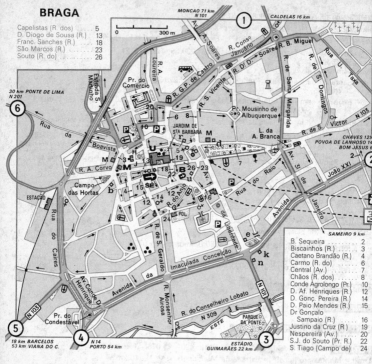

✗ **Inácio,** Campo das Hortas 4 ℰ 61 32 25, Rest. típico – 🆎 ⓪ Ⅲ 🆚ⓈA
   fechado do 10 ao 25 outubro – Ref lista 2400 a 3250.   b

   em L. Penouços-Nogueira – ✉ 4700 Braga – ☎ 053 :

✗ Helvetia, Estrada do Sameiro : 2,5 km ℰ 97 36 42 – ▤.

   no Bom Jesus do Monte por ② : 6 km – ✉ 4700 Braga – ☎ 053 :

🏨 **Do Elevador** ⑤, ℰ 67 66 11, Telex 33401, Fax 67 66 79, ≤ vale e Braga – ▤ rest 🅿. 🆎
   ⓪ Ⅲ 🆚ⓈA ❀
   Ref 2300 – **25 qto** ☲ 8900/10300.

🏨 **Do Parque** ⑤ sem rest, ℰ 67 65 48, Telex 33401 – ▦ ▤ 📺 ☎ 🅿. 🆎 ⓪ Ⅲ 🆚ⓈA ❀
   49 qto ☲ 8900/10300.

   no Sameiro por Avenida 31 de Janeiro : 9 km – ✉ 4700 Braga – ☎ 053 :

✗ Sameiro, ℰ 67 51 14, Ao lado do Santuário – ▤ 🅿.

AUTOBIANCHI-LANCIA Rua Conselheiro Lobato
219 ℰ 233 89
B.L.M.C. (AUSTIN-MORRIS) Av. da Liberdade
190 ℰ 241 05
B.L.M.C. (AUSTIN-MORRIS) Av. da Liberdade
223 ℰ 236 30
CITROEN Extrema de Sequeira ℰ 747 28
FIAT R. Conselheiro Lobato 219 ℰ 223 89
FORD av. da Liberdade 1 ℰ 229 12
G.M.- OPEL av. Imaculada Conceição 545
ℰ 794 43
G.M.- OPEL av. da Liberdade 608 ℰ 250 51

MERCEDES-BENZ av. da Liberdade 446
ℰ 220 88
MERCEDES-BENZ av. da Liberdade 223
ℰ 236 30
MITSUBISHI av. da Liberdade 3/15 ℰ 61 35 20
RENAULT Tanque da Veiga - Maximinos
ℰ 260 71
SEAT av. da Liberdade 660 ℰ 220 86
TOYOTA Av. da Liberdade 356 ℰ 61 26 80
VOLVO Lugar de Cabanas S Martinho Dume
ℰ 723 05

Do not mix up :

Comfort of hotels	: 🏨🏨🏨 ... 🏠, 🏤
Comfort of restaurants	: XXXXX ... X
Quality of the cuisine	: ❀❀❀, ❀❀, ❀

BRAGANCA 5300 🅿 ₄₃₇ G 9 – 14 662 h. alt. 660 – ☺ 073.

er : Cidade antiga★ – 🖪 Av. Cidade de Zamora 🖉 222 73.

Lisboa 521 – Ciudad Rodrigo 221 – Guarda 206 – Orense 189 – Vila Real 140 – Zamora 114.

    🏨 Pousada de São Bartolomeu ⤸, Estrada de Turismo SE : 0,5 km 🖉 224 93, Telex 22613, ≤ cidade, castelo e monte – 🅿 – **16 qto**.

    🏦 Albergaria Santa Isabel, sem rest, Rua Alexandre Herculano 67 🖉 224 27 – 🔯 🕾 – **42 qto**.

    🏠 São Roque ⤸ sem rest, Rua da Estacada 🖉 234 81, ≤ – 🔯 🕾 – **36 qto**.

    na estrada de Chaves N 103 0 : 1,7 km – ✉ 5300 Bragança – ☺ 073 :

    🏠 **Nordeste Shalom** sem rest, Av. Abade Baçal 🖉 246 67, Telex 29758 – 🔯 🕾 🚗. 🗚 ① 𝘝𝘐𝘚𝘈. ⅏
    30 qto ⌷ 5000/7500.

AUTOBIANCHI-LANCIA av. João da Cruz
🖉 224 39
L.M.C. (AUSTIN, MORRIS) Rua do Loreto 140
🖉 223 46
M.W. Rua do Loreto 140 🖉 223 46
CITROEN Rua Alexandre Herculano 15 a 19 e 85
🖉 226 54
DATSUN-NISSAN Rua Guerra Junqueira 28
🖉 234 78
IAT Av. João da Cruz 🖉 227 20

FORD Av. do Sabor 🖉 228 23
G.M.- OPEL Lugar da Mosca 🖉 971 72
PEUGEOT-ALFA ROMEO Estrada de Vinhals, km
2 🖉 231 33
RENAULT Alto das Cantarias 🖉 234 03
SEAT Zona Industrial das Cantarias 🖉 274 23
TOYOTA Alto das Cantarias 🖉 235 74
VOLVO Rua Nova do Toural 🖉 238 19
VW-AUDI Alto das Cantarias 🖉 238 82

BUARCOS Coimbra ₄₃₇ L 3 – ver Figueira da Foz.

BUÇACO Aveiro ₄₃₇ K 4 – alt. 545 – ✉ 3050 Mealhada – ☺ 031.

Ver : Parque★★★ : Cruz Alta ⁂★★, Obelisco ≤★..

🖪 Posto de Turismo Luso 🖉 931 33.

♦Lisboa 233 – Aveiro 47 – ♦Coimbra 31 – ♦Porto 109.

    🏨 **Palace H. do Buçaco** ⤸, Floresta do Buçaco, alt. 380 🖉 931 01, Telex 93450, Fax 936 09, ≤, 🚡, « Luxuosas instalações num imponente palácio de estilo manuelino no centro de una magnifica floresta », 🐎, ⅏ – 🔯 📺 🚗 🅿. 🗚 ① 🄴 𝘝𝘐𝘚𝘈
    Ref 4500 – **60 qto** ⌷ 17300/22500 – PA 9000.

BUCELAS Lisboa ₄₃₇ P 2 – 5 097 h. alt. 100 – ✉ 2670 Loures – ☺ 01.

♦Lisboa 24 – Santarém 62 – Sintra 40.

    ✗ **Barrete Saloio,** Rua Luís de Camões 28 🖉 989 40 04, Decoração regional – ⅏
    fechado 3ª feira e agosto – Ref lista 1750 a 3200.

CACIA Aveiro ₄₃₇ J 4 – ver Aveiro.

CAIA Portalegre ₄₃₇ P 8.

    Hotéis e restaurantes ver : Elvas O : 12 km.

CALDAS DA FELGUEIRA Viseu ₄₃₇ K 6 – 2 204 h. alt. 200 – ✉ 3525 Canas de Senhorim – ☺ 032 – Termas.

🖪 Em Nelas : Largo Dr. Veiga Simão 🖉 943 48 .

♦Lisboa 284 – ♦Coimbra 82 – Viseu 40.

    🏨 Grande Hotel ⤸, 🖉 942 19, Telex 52677, Fax 994 87, 🛋 de água termal, 🐎 – 🔯 🅿
    100 qto.

CALDAS DA RAINHA 2500 Leiria ₄₃₇ N 2 – 19 128 h. alt. 50 – ☺ 062 – Termas.

Ver : Parque da Rainha D. Leonor★ – Igreja de Na. Sra. do Pópulo (triptico★).

🖪 Praça da República 🖉 345 11.

♦Lisboa 92 – Leiria 59 – Nazaré 29.

    🏨 **Malhoa e Rest. Mestre Bordalo,** Rua António Sérgio 31 🖉 84 21 80, Telex 44258, 🛋
    – 🔯 🗏 🕾 🚗. 🗚 ① 🄴 𝘝𝘐𝘚𝘈. ⅏ rest
    Ref 1600 – **113 qto** ⌷ 6200/7500 – PA 3200.

    🏦 **Dona Leonor** sem rest, Hemiciclo João Paulo II 6 🖉 84 21 71, Fax 84 21 72 – 🔯 🕾 🅿
    – 🔬 25/50. 🗚 ① 🄴 𝘝𝘐𝘚𝘈. ⅏
    30 qto ⌷ 3500/5500.

    🏠 **Portugal,** Rua Almirante Candido dos Reis 24 🖉 342 80 – 🕾. 🗚 ① 🄴 𝘝𝘐𝘚𝘈
    fechado 3ª feira e novembro – Ref 1750 – **28 qto** ⌷ 3200/5000.

    🏚 **Berquó** sem rest, Rua do Funchal 17 (à praça de touros) – 🔯 ① 🄴 𝘝𝘐𝘚𝘈. ⅏ rest
    21 qto ⌷ 2500/4500.

    na estrada N 115 SE : 3,5 km – ✉ 2510 Óbidos – ☺ 062

    ✗ Frei João, Alto Das Gaeiras 🖉 337 49, 🏤 – 🅿.

CALDAS DA RAINHA

CITROEN Rua Raul Proença lote 33 ℰ 344 47
FIAT Edifício Autoeste ℰ 240 35
PEUGEOT-ALFA ROMEO Rua Mestre Francisco
Elias 12 ℰ 84 21 21
RENAULT Lavradio - Estrada da Tornada
ℰ 230 17

SEAT Rua 31 de Janeiro 42 ℰ 325 90
TOYOTA Hermicidio João Paulo II Lote 11 B
ℰ 95 98 57

CALDAS DE MANTEIGAS Guarda **437** K 7 – ver Manteigas.

CALDAS DE MONCHIQUE 8550 Faro **437** U 4 – ver Monchique.

CALDAS DE VIZELA 4815 Braga **437** H 5 – 2 234 h. alt. 150 – ✪ 053 – Termas.
🛈 Rua Dr Alfredo Pinto ℰ 482 68.
♦Lisboa 358 – Braga 33 – ♦Porto 40.

🏛 Sul Americano, Rua Dr Abílio Torres ℰ 48 12 37 – 🕸 🅿 – **64 qto**.

CALDELAS Braga **437** G 4 – 1 120 h. alt. 150 – ✉ 4720 Amares – ✪ 053 – Termas.
🛈 Av. Afonso Manuel ℰ 361 24.
♦Lisboa 385 – Braga 17 – ♦Porto 67.

🏨 **Grande H. da Bela Vista** ⌂, ℰ 361 17, Fax 361 36, « Amplo terraço com árvores e ‹
vale », ⅂ água termal, 🐾, 🎾 – 🕸 ⇔ 🅿 🆎 ⑩ 🅴 𝖵𝖨𝖲𝖠. 🛇
junho-15 outubro – Ref 1900 – **70 qto** ☐ 9000/14000.

🏠 **De Paços** ⌂, Av. Alfonso Manuel ℰ 361 01 – 🅿 🅴 𝖵𝖨𝖲𝖠. 🛇
maio-15 outubro – Ref lista apróx. 2500 – **50 qto** ☐ 4900/7800.

🏠 Universal ⌂, Av. Afonso Manuel ℰ 362 36 – ☎ – **25 qto**.

🏠 **Corredoura** ⌂, Av. Afonso Manuel ℰ 364 10 – ☎ 🅿 🆎 ⑩ 🅴 𝖵𝖨𝖲𝖠. 🛇 rest
Ref lista aprox. 2000 – **30 qto** ☐ 5000/7500.

🏡 **Nascimento** ⌂, lugar do Pereiro ℰ 361 27 – 🅿
maio-outubro – Ref 1480 – **28 qto** ☐ 2550/4100 – PA 2500.

CAMINHA 4910 Viana do Castelo **437** G 3 – 1 870 h. – ✪ 058.
Ver : Igreja Matriz (tecto★).
🛈 Rua Ricardo Joaquim de Sousa ℰ 92 19 52.
♦Lisboa 411 – ♦Porto 93 – ♦Vigo 60.

🏡 Galo d'Ouro, Rua da Corredoura 15 - 1° ℰ 92 11 60 – **12 qto**.

em Seixas NE : 2,5 km – ✉ 4910 Viana de Castelo – ✪ 058 :

🏠 São Pedro ⌂, ℰ 92 14 75, Telex 33337, ⅂, 🍴 – 🅿 – **34 qto**.

CAMPO MAIOR 7370 Portalegre **437** O 8 – 6 940 h. – ✪ 068.
♦Lisboa 244 – ♦Badajoz 16 – Évora 105 – Portalegre 50.

🏠 Albergaria Progresso, Av. Combatentes da Grande Guerra ℰ 68 66 57 – 🕸 📺 📠 🅿
27 qto.

CANIÇADA Braga **437** H 5 – ver Vieira do Minho.

CANIÇO Madeira – ver Madeira (Arquipélago da).

CANTANHEDE 3060 Coimbra **437** K 4 – 748 h. – ✪ 031.
Arred. : Varziela : retábulo★ NE : 4 km.
♦ Lisboa 222 – Aveiro 42 – ♦ Coimbra 23 – ♦ Porto 112.

🍴🍴 **Marqués de Marialva,** Largo do Romal ℰ 420 90 – 🆎 ⑩ 🅴 𝖵𝖨𝖲𝖠. 🛇
fechado domingo noite – Ref lista 1900 a 2700.

DATSUN-NISSAN Largo Combatentes da Grande
Guerra 33 ℰ 421 04

RENAULT Rua Marquès de Pombal 90 ℰ 422 34

CARAMULO 3475 Viseu **437** K 5 – 1 546 h. alt. 800 – ✪ 032.
Arred. : Caramulinho★★ (miradouro★★) SO : 4 km – Pinoucas★ : 🌤★ NO : 3 km.
🛈 Estrada Principal do Caramulo ℰ 864 37.
♦Lisboa 280 – ♦Coimbra 78 – Viseu 38.

na estrada N 230 E : 1,5 km – ✉ 3475 Caramulo – ✪ 032 :

🍴🍴 **Pousada de São Jerónimo** ⌂ com qto, ℰ 86 12 91, Telex 53512, ‹ vale e Serra da
Estrela, « Jardim », ⅂ – 📺 rest 📠 🅿 🆎 ⑩ 🅴 𝖵𝖨𝖲𝖠. 🛇 rest
Ref 2050 – **6 qto** ☐ 9000.

CARAPINHEIRA Coimbra – ver Montemor-o-Velho.

CARCAVELOS Lisboa **437** P 1 – 12 717 h. – ⊠ 2775 Parede – ۞ 01 – Praia.
◆Lisboa 21 – Sintra 15.

na praia :

🏨 **Praia-Mar,** Rua do Gurué 16 A ℰ 247 31 31, Telex 42283, Fax 247 31 30, ≼ mar, ⌁ – ▯
🛏 rest ℗ – ▵ 25/170. ◫ ◑ ☰ 𝘝𝘐𝘚𝘈. ✄
Ref 3000 – **158 qto** ⌷ 11000/12000 – PA 5000.

XXX **Iate Ben,** Rua de Luanda (junto a estrada Marginal) ℰ 246 04 44, ≼, Decoração imitação
do interior dum barco – 🛏 ℗. ◫ ◑ ☰ 𝘝𝘐𝘚𝘈
Ref lista 2150 a 4800.

XX **A Pastorinha,** Estrada Marginal ℰ 247 18 92, ≼, 🍴, Peixes e mariscos – 🛏. ☰ 𝘝𝘐𝘚𝘈
Ref lista 2600 a 4000.

CITROEN Praceta de Junqueiro ℰ 247 34 70

CARVALHELHOS Vila real **437** G 6 – ver Boticas.

CASCAIS 2750 Lisboa **437** P 1 – 29 882 h. – ۞ 01 – Praia.
Arred. : SO : Boca do Inferno★ (abismo★) AY - Praia do Guincho por ③ : 9 km.
🏌, 🏌 do Estoril E : 3 km ℰ 268 01 76 BX – 🏌 da Quinta da Marinha O : 3 km ℰ 29 90 08.
🛈 Alameda Combatentes da Grande Guerra 25 ℰ286 82 04.
◆Lisboa 30 ② – Setúbal 72 ② – Sintra 16 ④.

Plano página seguinte

🏨🏨 **Estoril Sol,** Parque Palmela ℰ 28 28 31, Telex 15102, Fax 28 22 80, ≼ baia e Cascais, ⌁
– ▯ 🛏 📺 ☎ 🚗 ℗ – ▵ 25/1200. ◫ ◑ ☰ 𝘝𝘐𝘚𝘈. ✄ rest   BX **h**
Ref 3250 rest. **O Grill** *(só jantar)* lista 4700 a 5750 – **317 qto** ⌷ 23500/27500 – PA 7000.

🏨🏨 **Albatroz,** Rua Frederico Arouca 100 ℰ 28 28 21, Telex 16052, Fax 284 48 27, ≼ baia e
Cascais, ⌁ – ▯ 🛏 📺 ☎. ◫ ◑ ☰ 𝘝𝘐𝘚𝘈. ✄   AZ **e**
Ref lista 3700 a 5500 – **40 qto** ⌷ 32500/37500.

🏨 **Village Cascais,** Rua Frei Nicolau de Oliveira ℰ 284 70 44, Telex 60712, Fax 284 73 19,
≼, ⌁ – ▯ 🛏 📺 ☎ ℗ – ▵ 25/100. ◫ ◑ ☰ 𝘝𝘐𝘚𝘈. ✄   AY **a**
Ref 3500 – **233 qto** ⌷ 15950/18700 – PA 6700.

🏨 **Cidadela,** Av. 25 de Abril ℰ 28 29 21, Telex 66895, Fax 286 72 26, ≼, ⌁ – ▯ 🛏 📺 ☎
℗ – ▵ 25/100. ◫ ◑ ☰ 𝘝𝘐𝘚𝘈. ✄   AZ **c**
Ref 3100 – **130 qto** ⌷ 17000/20000 – PA 6100.

🏨 **Aparthotel Equador,** Alto da Pampilheira ℰ 284 05 24, Telex 42144, Fax 284 07 03, ≼,
⌁ – ▯ 🛏 rest ℗. ◫ ◑ ☰ 𝘝𝘐𝘚𝘈. ✄   AX **d**
Ref 1900 – **120 qto** ⌷ 6800/9500 – PA 3400.

🏨 **Baia,** av. Marginal ℰ 28 10 33, Telex 43468, Fax 28 10 95, ≼, 🍴, ⌁, ⌁ – ▯ 🛏 🍽 ℗.
◫ ◑ ☰ 𝘝𝘐𝘚𝘈. ✄   AZ **u**
Ref 1750 rest. **O Grill** – **115 qto** ⌷ 12000/14000 – PA 3550.

🏨 **Casa da Pérgola** sem rest, Av. Valbom 13 ℰ 284 00 40, « Moradia senhorial », 🌳 – 🛏
abril-outubro – **10 qto** ⌷ 4200/12000.

🏨 **Albergaria Valbom** sem rest, Av. Valbom 14 ℰ 286 58 01 – ▯ 🍽 🚗. ◫ ◑ ☰ 𝘝𝘐𝘚𝘈.
✄   AZ **y**
40 qto ⌷ 7000/10500.

🏨 **Nau,** Rua Dra. Iracy Doyle 14 ℰ 28 28 61, Telex 42289, Fax 28 28 66 – ▯ 🍽 🚗. ◫ ◑
☰ 𝘝𝘐𝘚𝘈. ✄   AZ **r**
Ref 1750 – **56 qto** ⌷ 12000/15200 – PA 3300.

XX **Reijos,** Rua Frederico Arouca 35 ℰ 28 03 11, 🍴 – 🛏. ◫ ☰ 𝘝𝘐𝘚𝘈. ✄   AZ **s**
fechado domingo e 22 dezembro-21janeiro – Ref lista 2200 a 3100.

XX João Padeiro, Rua Visconde da Luz 12 C ℰ 28 02 32 – 🛏   AZ **b**

XX **Visconde da Luz,** Jardim Visconde da Luz ℰ 286 68 48, Peixes e mariscos – 🛏. ◫ ◑
☰ 𝘝𝘐𝘚𝘈. ✄   AZ **d**
Ref lista 3280 a 4560.

XX Pimentão, Rua das Flores 16 ℰ 284 09 94, Peixes e mariscos – 🛏   AZ **f**

XX **O Pipas,** Rua das Flores 18 ℰ 286 45 01, Peixes e mariscos – 🛏. ◫ ◑ ☰ 𝘝𝘐𝘚𝘈. ✄
fechado domingo e 15 novembro-15 dezembro – Ref lista 2450 a 4100.   AZ **f**

X **Dom Leitão,** Av. Vasco da Gama 36 ℰ 286 54 87 – 🛏. ◫ ◑ ☰ 𝘝𝘐𝘚𝘈. ✄   AZ **k**
fechado 4ª feira – Ref lista 1830 a 2780.

X Sol e Mar, Av. D. Carlos I - 48 ℰ 284 02 58, ≼, 🍴   AZ **p**

X **O Batel,** Travessa das Flores 4 ℰ 28 02 15 – 🛏. ◫ ◑ ☰ 𝘝𝘐𝘚𝘈   AZ **n**
Ref lista 2400 a 3480.

X **Beira Mar,** Rua das Flores 6 ℰ 28 01 52 – 🛏. ◫ ◑ ☰ 𝘝𝘐𝘚𝘈. ✄   AZ **f**
fechado 5ª feira – Ref lista 4760 a 6600.

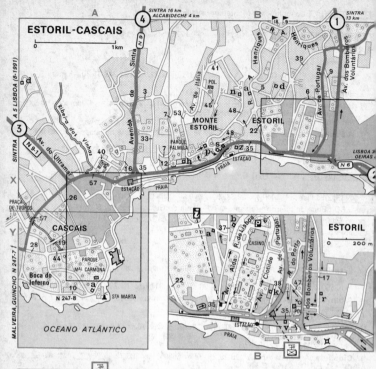

ESTORIL-CASCAIS

0   1 km

CASCAIS

0   200 m

※ Sagres, Rua das Flores 10-A ℘ 28 08 30 – 🍴   AZ **f**

※ **Alaúde,** Largo Luís de Camões 8 ℘ 28 02 87, 🌤 – 🍴. 🖭 ⓸ Ⓔ 𝘝𝘐𝘚𝘈. 🛇   AZ **x**
    Ref lista 1850 a 2800.

※ **Le Bec Fin,** Beco Torto 1 ℘ 284 42 96, 🌤, Rest. francês – 🖭 ⓸ Ⓔ 𝘝𝘐𝘚𝘈   AZ **a**
    fechado domingo meiodia e dezembro-janeiro – Ref lista 2050 a 3250.

    na estrada do Guincho – ⊠ 2750 Cascais – ⚙ 01 :

🏨 **Estal. Sra. da Guia,** por ③ 3,5 km ℘ 28 92 39, Telex 42111, Fax 28 92 27, ≤, 🌤, « Moradia adaptada a estalagem », 🏊, – 🕿 🅿 🖭 ⓸ Ⓔ 𝘝𝘐𝘚𝘈. 🛇
    Ref lista aprox. 4500 – **28 qto** ⊇ 27500/28000.

※ Portal da Guia, por ③ : 2 km ℘ 284 32 58, ≤, 🌤 – 🅿

na Praia do Guincho por ③ : 9 km AY – ✉ 2750 Cascais – ☎ 01 :

Do Guincho ⛰, ☎ 285 04 91, Telex 43138, Fax 285 04 31, ≤, « Num promontório rochoso - Antiga fortaleza transformada em hotel elegante » – ▤ TV 🅟 – **36 qto**.

✕ ✿ **Porto de Santa Maria,** ☎ 285 02 40, ≤, Peixes e mariscos – ▤ 🅟. AE ⓞ E VISA
Ref lista 5150 a 6450
Espec. Peixe assado em sal, Misto de mariscos ao natural, Arroz de marisco.

✕ **Panorama,** ☎ 285 00 62, ≤, 🍽, Peixes e mariscos – ▤ 🅟. AE ⓞ E VISA
fechado novembro – Ref lista 3450 a 4750.

✕ **O Faroleiro,** ☎ 285 02 25, ≤ – ▤ 🅟. AE ⓞ E VISA. ✱
Ref lista 2650 a 4200.

✕ **Mestre Zé,** ☎ 285 02 75, ≤, 🍽 – 🅟. AE ⓞ E VISA. ✱
fechado 3ª feira – Ref lista 2280 a 4000.

UTOBIANCHI-LANCIA Rua Dra. Iracy Doyle 14- ☎ 28 13 33
UTOBIANCHI-LANCIA Rua Tenente Valadim 7- ☎ 28 16 68
DATSUN-NISSAN av. 25 de Abril Lote 1 R/C ☎ 286 51 12
FIAT Rua Dra. Iracy Doyle 14 A ☎ 28 13 33
FIAT Rua Tenente Valadim 7 A ☎ 28 16 68
FORD Av. 25 de Abril 1 ☎ 286 81 50
TOYOTA Av. 25 de Abril ☎ 286 77 01
VW-AUDI Av. Valbom 9 ☎ 284 20 82

Prices For full details of the prices quoted in this Guide, consult the introduction.

CASTELO BRANCO 6000 🅿 437 M 7 – 24 287 h. alt. 375 – ☎ 072.

Ver : Jardim do antigo paço episcopal★.

ℹ Alameda da Liberdade ☎ 210 02.

♦Lisboa 256 ③ – ♦Cáceres 137 ② – ♦Coimbra 155 ① – Portalegre 82 ③ – Santarém 176 ③.

CASTELO BRANCO

João C. Abrunhosa 12
Liberdade (Alameda da) 14
Rei D. Dinis 25
Sidónio Pais 35
1º de Maio (Av.) 38

Amato Lusitano (R.) 3
Arco (R. do) 4
Arressário (R. do) 5
Camilo Castelo Branco (R. de) 6
Espírito Santo (R. do) 7
Ferreiros (R. dos) 8
Formosa (R.) 9
Frei Bartolomeu da Costa (R. de) 10
José Bento da Costa (Jardim) 13
Luís de Camões (Pr.) 15
Mercado (R. do) 18
Olarias (R. das) 20
Pátria (Campo da) 22
Prazeres (R. dos) 23
Quinta Nova (R. da) 24
Relógio (R. do) 26
Saibreiro (L. e R. do) 27
S. Marcos (L. de) 29
S. Sebastião (R.) 30
Santa Maria (R. de) 31
Senhora da Piedade (L. e R. da) 33
Sé (L. e R. da) 34
Vaz Preto (Av.) 37

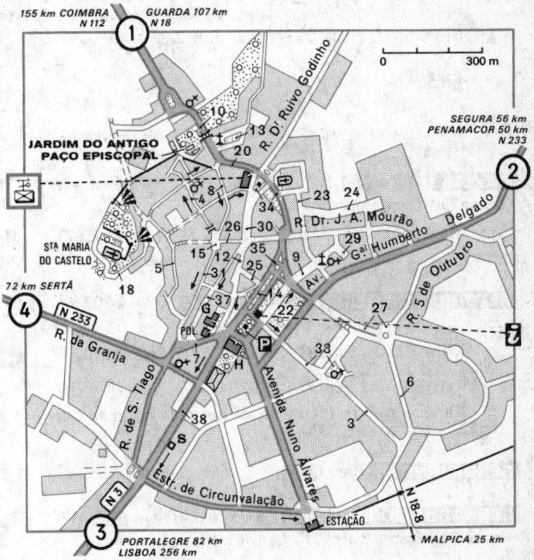

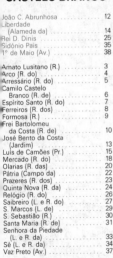

Arraiana sem rest, Av. 1 de Maio 18 ☎ 216 34, Fax 31884 – TV ☎. E VISA s
31 qto ☕ 4000/6000.

na estrada de Retaxo por ③ : 8,5 km – ✉ 6000 Castelo Branco – ☎ 072 :

Motel da Represa ⛰, ☎ 983 27, Telex 52731, Fax 986 68, ≤, 🍽, Típica ambientação exterior, 🏊, 🎾 – ▤ rest ☎ 🅟. AE ⓞ E VISA
Ref lista 1320 a 1560 – **42 qto** ☕ 4950/6400.

em Sarnadas de Ródão por ③ : 10,5 km – ✉ 6030 Vila Velha de Ródão – ☎ 072 :

Estal. O Repouso, Estrada N 3 ☎ 984 55, Telex 52731, Fax 986 68, ≤ – ☎ 🅟. AE ⓞ E VISA
Ref lista 1270 a 1430 – **20 qto** ☕ 4000/6000 – PA 2400.

CASTELO BRANCO

AUTOBIANCHI-LANCIA Av. General Humberto Delgado 75 ℰ 218 94
B.L.M.C. (Austin-Morris) Rua Pedro de Fonseca 12 ℰ 231 72
BMW Zona Industrial ℰ 241 57
CITROEN Estrada de Monfortinho ℰ 219 43
DATSUN-NISSAN Rua de Santo Antonio 1 a 15 ℰ 226 22
FIAT Av. General Humberto Delgado 74 ℰ 225 01
FORD Rua Poeta João Ruiz 2 ℰ 240 40
G.M.- OPEL Bairro da Carapalha ℰ 229 11

MERCEDES-BENZ Rua Pedro de Fonseca 12-D ℰ 231 72
MITSUBISHI Rua Pedro da Fonseca 12-D ℰ 231 72
PEUGEOT-ALFA ROMEO Av. General Humberto Delgado 33 ℰ 245 75
RENAULT Av. 1e de Maio 16 ℰ 243 32
TOYOTA Rua 5 de Outubro 11 ℰ 241 57
VOLVO Av. General Humberto Delgado 48 ℰ 245 15
VW-AUDI Av. Gen. Humberto Delgado 25 ℰ 254 94

CASTELO DE BODE Santarém 437 N 4 – ver Tomar.

CASTELO DA MAIA 4470 Porto 437 I 4 – 🌐 02

 ✕ Don Nuno, Monte de Santo Ovídio ℰ 981 27 19.

CASTELO DE VIDE 7320 Portalegre 437 N 7 – 2 558 h. alt. 575 – 🌐 045 – Termas.
Ver : Castelo ≤★ – Judiaria★.
Arred. : Capela de Na. Sra. de Penha ≤★ S : 5 km – Estrada★ escarpada de Castelo de Vide a Portalegre por Carreiras S : 17 km.
🛈 Rua Bartolomeu Alvares da Santa 81 ℰ 913 61.
◆Lisboa 213 – ◆Cáceres 126 – Portalegre 22.

 🏨 **Sol e Serra,** estrada de são Vicente ℰ 913 01, Telex 43332, Fax 913 37, ⌱ – 🛗 🖭 📺 ☎ 🅿 – 🛗 25/120. 🆎 ⓞ 🗲 ₥₳. ⅏
    Ref 2750 – **51 qto** ⌸ 7000/9500.

 🏠 Albergaria Jardim e Estal. São Paulo, Rua Sequeira Sameiro 6 ℰ 912 17, Telex 42192, ≤ – ⚞ – **40 qto**

 🏠 **Casa do Parque** ⚞, Av. da Aramenha 37 ℰ 912 50 – ⅏
    Ref (fechado 3ª feira no inverno) lista 1690 a 2950 – **26 qto** ⌸ 3800/4900.

 ✕ D. Pedro V, Praça D. Pedro V ℰ 912 36 – ▤.

Halten Sie beim Betreten des Hotels oder des Restaurants
den Führer in der Hand.
Sie zeigen damit, daß Sie aufgrund dieser Empfehlung gekommen sind.

CAXIAS Lisboa 437 P 2 – 4 907 h. – ⊠ 2780 Oeiras – 🌐 01 – Praia.
◆ Lisboa 13 – Cascais 17.

 ✕✕✕ Mónaco, Estrada Marginal ℰ 443 23 39, Telex 42077, ≤, Musica ao jantar – ▤.
RENAULT Rua Bernardim Ribeiro 9A ℰ 443 33 64

CELORICO DA BEIRA 6360 Guarda 437 K 7 – 2 750 h. – 🌐 071.
◆Lisboa 337 – ◆Coimbra 138 – Guarda 27 – Viseu 54.

 🏨 **Mira Serra,** Estrada N 17 ℰ 726 04, Telex 53192, ≤ – 🛗 ▤ rest ⚞ ⬄ 🅿 – 🛗 25/100. 🆎 ⓞ 🗲 ₥₳
    Ref 1500 – **42 qto** ⌸ 5500/7500 – PA 3000.

 🏤 **Parque** sem rest, com snack-bar, Rua Andrade Corvo 48 ℰ 721 97 – 🅿. ⓞ ₥₳. ⅏
    27 qto ⌸ 2900/3900.

CERDEIRINHAS Braga 437 H 5 – ver Vieira do Minho.

CERNACHE DO BONJARDIM Castelo Branco 437 M 5 – ⊠ 6100 Sertã – 🌐 074.
◆Lisboa 187 – Castelo Branco 81 – Santarém 110.

   pela estrada N 238 SO : 10 km – ⊠ 6100 Sertã – 🌐 074 :

 🏨 **Estal. Vale da Ursa** ⚞, ℰ 675 11, Telex 52673, ≤, 🌳, « Na margem do rio Zêzere », ⌱, ⅏ – 🛗 ⚞ 🅿 🗲 ₥₳. ⅏
    Ref 2400 – **12 qto** ⌸ 7000/11000.

CHAMUSCA 2140 Santarém 437 N 4 – 13 151 h. – 🌐 049.
🛈 Largo 25 de Abril ℰ 76206, ⊠ 2140.
◆Lisboa 121 – Castelo Branco 136 – Leiria 79 – Portalegre 118 – Santarém 31.

   no cruzamento das estradas N 118 e N 243 NE : 3,5 km – ⊠ 2140 Chamusca – 🌐 049 :

 ✕ Paragem da Ponte, Ponte da Chamusca ℰ 764 06 – ▤ 🅿.

CHAVES 5400 Vila Real **437** G 7 – 13 027 h. alt. 350 – ✿ 076 – Termas.

Ver : Igreja da Misericordia★.

Excurs. : O : Cávado (Vale sup. do)★ : estrada de Chaves a Braga pelas barragens do Alto Rabagão★ (≼★), da paradela★ (local★) e da Caniçada★ (≼★).

⑤ de Vidago SO : 20 km ℘ 971 06 Vidago.

🚲 Terreiro de Cavalaria ℘ 210 29.

◆Lisboa 475 – Orense 99 – Vila Real 66.

🏛	**Trajano,** Travessa Cândido dos Reis ℘ 224 15, Telex 26214 – 🛗 🕾. **E** 🚻. 🎾 Ref 1200 – **39 qto** 🚌 4700/5800.	
🏠	**Estal. Santiago,** sem rest, Rua do Olival ℘ 225 45, ≼ – 🕾 **31 qto** 🚌 6000/6900.	
🏠	**Brites** sem rest, Av. Duarte Pacheco-estrada de Espanha ℘ 257 77, ≼ – 📺 🕾 🅿 **28 qto**.	
🏠	**S. Neutel** sem rest, Estrada de Outeiro Seco-junto ao estadio municipal ℘ 256 32, ≼ – 📺 🕾 🚗 🅿 – 🏄 25/60. 🅰🅴 **E** 🚻 **31 qto** 🚌 4000/6000.	
🏠	**4 Estaçoes** sem rest, Av. Duarte Pacheco-estrada de Espanha ℘ 239 86, ≼ – 📺 🕾 🅿. **E** 🚻. 🎾 **29 qto** 🚌 3500/5500.	
🏡	**Pica Pedra** sem rest, Rua Cándido Sottomayor - 1° ℘ 241 58 – 📺 🕾 **7 qto**.	

CITROEN Av. 5 de Outubro 10 ℘ 221 37
DATSUN-NISSAN av. 5 de Outubro ℘ 221 33
FIAT av. da Ponte Nova ℘ 222 55
PEUGEOT-ALFA ROMEO Zona Industrial - Lote 24-30 ℘ 231 56

RENAULT Rua Cândido dos Reis ℘ 225 44
TOYOTA av. do Brasil ℘ 234 93
VOLVO Estrada de Verin ℘ 232 64
VW-AUDI Rua Cándido de Sotto Mayor 1 ℘ 226 98

COIMBRA 3000 🅿 **437** L 4 – 79 799 h. alt. 75 – ✿ 039.

Ver : Local★ – Museu Machado de Castro★★ (estátua equestre★) Z **M1** Velha Universidade★★ Z – : biblioteca★★, capela★ (órgão★★), ≼★ – Sé Velha (retábulo★, capela★) Z **E** – Mosteiro de Santa Cruz (púlpito★) Y **L** – Mosteiro de Celas (retábulo★) X **P** – Convento de Santa Clara-a-Nova (túmulo★) X **V**.

Arred. : Ruínas de Conímbriga★ (Casa dos jogos de água★★ : mosaicos★★, Casa de Cantaber★) 17 km por ③ – Miradouro de Na. Sra. da Piedade ≼★ 27 km por ② e N 237.

🚗 ℘ 349 98.

🛈 Largo da Portagem ℘ 255 76 e 238 86 – A.C.P. Av. Navarro 6 ℘ 268 13, Telex 52270.

◆Lisboa 200 ③ – ◆Cáceres 292 ② – ◆Porto 118 ① – ◆Salamanca 324 ②.

Plano página seguinte

🏛	**Bragança,** Largo das Ameias 10 ℘ 221 71, Telex 52609 – 🛗 🍽 rest 🕾. **E** 🚻. 🎾 Ref 1600 – **83 qto** 🚌 6150/7500 – PA 3200.	Z	t
🏛	**Astória,** Av. Emidio Navarro 21 ℘ 220 55, Telex 42859, Fax 220 57, ≼ – 🛗 🕾 **64 qto**.	Z	v
🏠	**Almedina** sem rest, Av. Fernão de Magalhães 203 ℘ 291 61 – 🛗 🕾 **43 qto**.	Y	z
🏡	**Domus** sem rest, Rua Adelino Veiga 62 ℘ 285 84 – 🕾. 🎾 **20 qto** 🚌 4450/4700.	YZ	f
🏡	**Alentejana** sem rest, Rua Dr. António Henriques Seco 1 ℘ 259 24 – 🕾 **14 qto**.	X	e
🏡	**Moderna** sem rest, Rua Adelino Veiga 49 - 2é ℘ 254 13 – 🕾. 🎾 **19 qto** 🚌 2000/4500.	Z	r
🍴🍴🍴	**Piscinas,** Rua D. Manuel 2é ℘ 71 70 13, Telex 52425 – 🍽. 🅰🅴 🅾 **E** 🚻 fechado 2ª feira e feriados – Ref lista 1620 a 2520.	X	d
🍴🍴	**Dom Pedro,** Av. Emídio Navarro 58 ℘ 291 08 – 🍽. 🅾 **E** 🚻 Ref lista 1450 a 2850.	Z	k
🍴	**Trovador,** Largo da Sé Velha, 17 ℘ 254 75 – **E** 🚻. 🎾 fechado domingo – Ref lista 1950 a 2300.	Z	a
🍴	**O Alfredo,** Av. João das Regras 32 ℘ 84 12 22 – 🍽	X	n

na estrada N I por ③ : 2,5 km – ⊠ 3000 Coimbra – ✿ 039 :

🏛🏛	**D. Luis,** Quinta da Varzea ℘ 84 15 10, Telex 52426, Fax 81 31 96, ≼ Cidade e rio Mondego – 🛗 🍽 📺 🕾 🅿 – 🏄 25/150. 🅰🅴 🅾 🚻. 🎾 Ref lista aprox 2750 – **104 qto** 🚌 9800/11000.	

na antiga estrada de Lisboa pela Av. João das Regras : 2 km – ⊠ 3000 Coimbra – ✿ 039 :

🍴	**Real das Canas,** Vila Méndes 7 ℘ 81 48 77, Fax 524 25, ≼ – 🅰🅴 🅾 **E** 🚻 fechado 4ª feira e feriados – Ref lista 1350 a 2080.	

471

COIMBRA

COLARES Lisboa **437** P 1 – 6 921 h. alt. 50 – ⊠ 2710 Sintra – ۞ 01.
Arred. : Azenhas do Mar★ (local★) NO : 7 km Alameda Coronel Linhares de Lima (Várcea de Colares)
𝄐 929 26 38.
•Lisboa 36 – Sintra 8.

🏠 **Quinta do Conde** ⌖ sem rest, Quinta do Conde 𝄐 929 16 52, ≤ – ☜. ❄
  fevereiro-outubro – **11 qto** ⌁ 8000.

✗ Bistro, Largo da Igreja 𝄐 929 00 16.

  na estrada da Praia das Maçãs NO : 2 km – ⊠ 2710 Sintra – ۞ 01 :

🏠 **Miramonte** ⌖, Av. do Atlântico 155 𝄐 929 12 30, Telex 13221, Fax 929 14 80, « Terraços
  floridos », ⅃ – ☜ – 🏋 25/50. ❄
  Ref 2200 – **89 qto** ⌁ 11000/13000.

  em Azoia-estrada do Cabo da Roca SO : 10 km – ⊠ 2710 Sintra – ۞ 01 :

✗ **Refúgio da Roca**, 𝄐 929 08 98, Decoração rústica, Rest. típico – ▤. 🅰🅴 ⓞ 🄴 𝚅𝙸𝚂𝙰. ❄
  Ref lista 3210 a 3330.

RENAULT Av. dos Bombeiros Voluntários 𝄐 929 10 78

COSTA DA CAPARICA Setúbal **437** Q 2 – 9 796 h. – ⊠ 2825 Monte da Caparica – ۞ 01 –
Praia – 🅱 Praça da Liberdade 𝄐 290 00 71.
•Lisboa 21 – Setúbal 51.

🏠 **Maia** sem rest., Av. Dr. Aresta Branco 22 𝄐 290 49 48, Fax 290 12 76 – 📶 ▤ 📺 ☎
  28 qto

🏠 **Praia do Sol** sem rest, Rua dos Pescadores 12 A 𝄐 290 00 12, Telex 639 84, Fax 290 25 41
  – 📶 📺 ☜. 🅰🅴 ⓞ 🄴 𝚅𝙸𝚂𝙰. ❄
  54 qto ⌁ 5750/7500.

🏠 Real sem rest, Rua Mestre Manuel 18 𝄐 290 17 01 – 📺 ☜ – **10 qto**

✗ **Praia Nova** com qto, Praia Nova 𝄐 290 47 86, Telex 42396, Fax 815 02 21, ≤, � – 🅰🅴
  ⓞ 🄴 𝚅𝙸𝚂𝙰. ❄
  Ref lista aprox : 3000 – **14 qto** ⌁ 7000.

✗ Maniés, Av. General Humberto Delgado 7-E 𝄐 290 33 98, � .

✗ O Lavrador, Av. General Humberto Delgado 7-D 𝄐 290 43 83, � – ▤.

  em São João da Caparica N : 2,5 km – ⊠ 2825 Monte da Caparica – ۞ 01 :

✗✗ **Centyonze**, Estrada N 10-1 nº 111 𝄐 290 39 68, � – ▤ 🄴 𝚅𝙸𝚂𝙰. ❄
  fechado 2ª feira e do 1 ao 20 outubro – Ref lista 1730 a 3210.

COVA DA IRIA Santarém **437** N 4 – ver Fátima.

COVILHÃ 6200 Castelo Branco **437** L 7 – 21 689 h. alt. 675 – ۞ 075 – Desportos de inverno na
Serra da Estrela : 🎿 3.
Arred. : Estrada★★ da Covilhã a Seia (≤★, Torre ☀★★★, ≤★★) 49 km – Estrada★★ da Covilhã a
Gouveia (vale glaciário de Zêzeu★★ (≤★), Poço do Inferno★ : cascata★, (≤★) por Manteigas :
65 km – Unhais da Serra (local★) SO : 21 km – Belmonte : castelo ≤★ NE : 20 km – Torre
romana de Centum Céllas★ NE : 24 km.
🅱 Praça do Município 𝄐 221 70.
•Lisboa 301 – Castelo Branco 62 – Guarda 45.

🏠 **Sta Eufêmia** sem rest, Sítio da Palmatória 𝄐 260 81, ≤ – 📶 📺 ☜ 🄿. ❄
  80 qto ⌁ 3850/5000.

AUTOBIANCHI-LANCIA Largo das Forcas
Armadas 𝄐 230 15
CITROEN Rua Marques d'Avila e Bolama 233
𝄐 220 48
FIAT Largo das Forças Armadas 𝄐 230 15
G.M.- OPEL R. Comendador Campos Campelo
𝄐 220 44

PEUGEOT-ALFA ROMEO Sitio da Sapata
𝄐 224 33
RENAULT Rua Dr. José Valério da Cruz 36
𝄐 238 85
SEAT Estrada N 18 - Sitio da Palmatória
𝄐 227 46
TOYOTA Rua Marquîs D'Avila de Bolama 190
𝄐 247 56

CURIA Aveiro **437** K 4 – 2 704 h. alt. 40 – ⊠ 3780 Anadia – ۞ 031 – Termas.
🅱 Largo da Rotunda 𝄐 522 48.
•Lisboa 229 – •Coimbra 27 – •Porto 93.

🏛 **Das Termas** ⌖, 𝄐 521 85, Telex 53054, Fax 558 38, « Num parque com árvores », ⅃ –
  📶 ▤ rest 📺 ☎ ☜ 🄿 – 🏋 25/100. 🅰🅴 ⓞ 𝚅𝙸𝚂𝙰. ❄
  Ref 2500 – **37 qto** ⌁ 8700/12500 – PA 4000.

🏠 **Do Parque** ⌖ sem rest, 𝄐 520 31 – ☜ 🄿. 🅰🅴 ⓞ 🄴 𝚅𝙸𝚂𝙰
  maio-setembro – **23 qto** ⌁ 2000/3500.

🏠 **Lourenço** ⌖, Curia 𝄐 522 14 – ▤ rest. ❄
  maio-setembro – Ref 1800 – **42 qto** ⌁ 3000/4500.

ELVAS 7350 Portalegre **437** P 8 – 13 507 h. alt. 300 – © 068.

Ver : Muralhas★★ – Aqueduto da Amoreira★ – Largo de Santa Clara★ (pelourinho★) – Igreja d
Na. Sra. da Consolação★ (azulejos★).

🛈 Praça da República 🕿 62 22 36 – **A.C.P.** Estrada Nacional 4 Caia 🕿 641 27.

♦Lisboa 222 – Portalegre 55.

🏨 **D. Luis,** Av. de Badajoz-Estrada N 4 🕿 62 27 56, Telex 42473, Fax 62 07 33 – 🛗 🗖 🗖
🕿. 🖭 🛈 🖪 𝘝𝘐𝘚𝘈, 🛠
Ref 2200 – **70 qto** ☲ 8000/9800 – PA 4400.

🏠 Estal. D. Sancho II, Praça da República 20 🕿 62 26 84 – 🛗 🕿
26 qto.

🏚🏚🏚 **Pousada de Santa Luzia** com qto, Av. de Badajoz-Estrada N 4 🕿 62 21 94, Telex 1246
– 🛗 🕿 🕑 🖪 𝘝𝘐𝘚𝘈, 🛠
Ref 3500 – **16 qto** ☲ 12700/14300 – PA 7000.

🍴 **Flor do Jardim,** Jardim Municipal-Estrada N 4 🕿 62 31 74, 🍽 – 🗖 🖪 𝘝𝘐𝘚𝘈, 🛠
Ref lista 1700 a 2400.

na estrada de Portalegre N : 2 km – ✉ 7350 Elvas – © 068 :

🏛 **Luso-Espanhola** sem rest, Rui de Melo 🕿 62 30 92 – 🗖 🕿. 🛠
14 qto ☲ 5800/6000.

na estrada N 4 – ✉ 7350 Elvas – © 068 :

🏨 Albergaria Elxadai Parque, Varche, O : 5 km 🕿 62 30 36, Telex 61425, Fax 62 37 29, ◄
Elvas, Badajoz e Olivença, 🏊 – 🛗 🗖 🗖 🕿 🕑 – 🔼
(ver rest. **Guadicaia**) lista 3900 a 5100 – **25 qto**.

🏚🏚 Guadicaia, Varche O : 5 km 🕿 62 31 98, Telex 61425, ◄, 🏊 – 🗖 🕑.

🍴 **Dom Quixote,** O : 3 km 🕿 62 20 14 – 🗖 🕑. 🖭 🖪 𝘝𝘐𝘚𝘈, 🛠
Ref lista 1600 a 2100.

CITROEN Estrada N 373 km 3 🕿 631 67
DATSUN-NISSAN Rua dos Quarteis 18 B
🕿 639 55
FIAT Rua Mousinho de Albuquerque 7A
🕿 636 86
G.M. - OPEL Av. de Badajoz 🕿 623 41
PEUGEOT-ALFA ROMEO Av. S. Domingos 6
🕿 692 34

RENAULT Estrada Nacional 373 - Fontainhas
🕿 625 38
TOYOTA av. García da Orta 1 🕿 625 41
VW-AUDI Largo Na Sra de Oliveira 11
🕿 62 27 71

ENTRE-OS-RIOS 4575 Porto **437** I 5 – alt. 50 – © 055 – Termas.

♦Lisboa 331 – ♦Porto 49 – Vila Real 96.

🍴 Miradouro, Estrada N 108 🕿 624 22, ◄, 🍽, lampreia.

ENTRONCAMENTO 2330 Santarém **437** N 4 – 11 976 h. – © 049.

🛈 Praça da República, 🕿 69229, ✉ 2330.

♦Lisboa 127 – Castelo Branco 132 – Leiria 55 – Portalegre 114 – Santarém 45.

🏠 **Gameiro** sem rest, Rua Abílio César Afonso (frente à estação dos Caminhos de Ferro)
🕿 668 34 – 🛗 🕿 🕑. 🖪 𝘝𝘐𝘚𝘈
34 qto ☲ 3600/5500.

ERICEIRA 2655 Lisboa **437** P 1 – 4 604 h. – © 061 – Praia.

🛈 Rua Mendes Leal 🕿 631 22.

♦Lisboa 51 – Sintra 24.

🏨 **Estal. Morais** sem rest, Rua Dr Miguel Bombarda 3 🕿 626 11, Telex 44938, Fax 626 44,
🏊 – 🛗 🕿. 🖭 🛈 🖪 𝘝𝘐𝘚𝘈
fechado novembro – **40 qto** ☲ 5500/9400.

🏠 **Pedro o Pescador,** Rua Dr Eduardo Burnay 22 🕿 625 04, Fax 623 21, 🍽 – 🛗 🗖 rest
🕿. 🖭 🛈 🖪 𝘝𝘐𝘚𝘈, 🛠 rest
Ref (fechado de 1 novembro-30 abril) 1500 – **25 qto** ☲ 6000/8000.

🍴 **O Barco,** Capitão João Lopes 🕿 627 59, ◄ – 🗖 rest
fechado 2ª feira no verão, 5ª feira no inverno e novembro – Ref lista 2450 a 3400.

🍴 Parque dos Mariscos, Rua Dr Eduardo Burnay 28 🕿 621 62.

na estrada N 247 N : 2 km – ✉ 2655 Ericeira – © 061 :

🍴 Cesar, 🕿 629 26, ◄, Mariscos – 🕑.

Ne confondez pas :

Confort des hôtels   : 🏨🏨🏨 ... 🏠, 🏛

Confort des restaurants   : 🍴🍴🍴🍴🍴 ... 🍴

Qualité de la table   : ❀❀❀, ❀❀, ❀

474

ESPINHO 4500 Aveiro **437** I 4 – 12 865 h. – 🕸 02 – Praia.

🏌 Oporto Golf Club 🕿 72 20 08.

🎗 Angulo das Ruas 6 e 23 🕿 72 09 11.

◆Lisboa 308 – Aveiro 54 – ◆Porto 16.

🏨🏨 **Praiagolfe**, Rua 6 🕿 72 06 30, Telex 23727, Fax 72 08 88, ≤, ⬛ – 🖃 🍽 rest 🖵 🕿 🚗
– 🔺 25/400. 🖭 ⓞ E 💳. 🛠 rest
Ref 2100 – **139 qto** ⊆ 11600/14500 – PA 4200.

🏨🏨 **Aparthotel Solverde** sem rest e sem ⊆, Rua 21-77 🕿 72 33 46, Telex 27920, ≤ – 🖃
🖵 🚗, 🖭 ⓞ E 💳. 🛠
9900/12500 – **83 apartamentos**.

XX **Baiamar**, Rua 4 - 565 🕿 72 54 15, ≤ – 🖃 🚗.

XX **A Cabana** com snack-bar, Rotunda da Praia da Seca - Av. 8 🕿 72 19 66, ≤, � – 🖃. E
💳
fechado 2ª feira, de setembro a junho – Ref lista 3840 a 6050.

XX A Ostra, com snack-bar, av. 8-672 🕿 72 03 77, 🌿 – 🖃 rest. 🖭 ⓞ E 💳. 🛠
Ref lista 1550 a 3700.

X **Aquário**, Esplanada Dr. Oliveira Salazar 🕿 72 03 77, 🌿 – 🖃. 🖭 ⓞ E 💳. 🛠
Ref lista 2780 a 3450.

B.L.M.C. (AUSTIN-MORRIS) Rua 14-623
🕿 72 37 58
CITROEN Rua do Golfe 🕿 72 27 59
FIAT Cruzamento da R 20 com a 43 🕿 72 07 06
RENAULT Rua do Loureiro - Zona Industrial
🕿 72 33 34

SEAT av. 24, 205 🕿 72 10 26
TOYOTA Rua 23 ni 318 🕿 72 12 90
VOLVO av. 24, 225 🕿 72 50 41

ESPOSENDE 4740 Braga **437** H 3 – 2 185 h. – 🕸 053 – Praia.

🎗 Rua 1 de Dezembro 🕿 96 13 54.

◆Lisboa 367 – Braga 33 – ◆Porto 49 – Viana do Castelo 21.

🏨🏨 **Suave Mar** ⑤, Av. Eng. Arantes e Oliveira 🕿 96 14 45, Telex 32362, Fax 96 22 49, ≤,
⬛, 🛠 – 🖃 🍽 rest 🕿 ⓟ 🖭 ⓞ E 💳. 🛠
Ref 2000 – **72 qto** ⊆ 9500 – PA 4000.

🏨 **Nélia,** Av. Valentin Ribeiro 🕿 96 12 44, Telex 32855, ⬛ – 🖃 🍽 rest 🕿. 🖭 ⓞ E 💳. 🛠
Ref lista aprox. 2500 – **42 qto** ⊆ 8000/8650.

🏨 Estal. Zende e Rest. Martins, Estrada N 13 🕿 96 18 55, Fax 96 18 66, Música ao jantar –
🖃 🖵 🕿 ⓟ – 🔺
25 qto.

🏠 **Acropole** sem rest, Praça D. Sebastião 🕿 96 19 41, Telex 33774 – 🖃 🕿. 🛠
30 qto ⊆ 5000/7000.

ESTOI Faro – ver Faro.

ESTORIL 2765 Lisboa **437** P 1 – 25 230 h. – 🕸 01 – Praia.

Ver : Estância balnear★.

🏌 🏌 Club de Golf do Estoril 🕿 268 01 76 – 🎗 Arcadas do Parque 🕿 268 01 13.

◆Lisboa 28 ② – Sintra 13 ①.

Ver plano de Cascais

🏨🏨🏨 **Palácio**, Rua do Parque 🕿 268 04 00, Telex 12757, Fax 268 48 67, ≤, ⬛, 🌿 – 🖃 🖃 🖵
🕿 ⓟ – 🔺 25/120. 🖭 ⓞ E 💳. 🛠 rest   BY **k**
Ref lista 3420 a 4460 (ver também rest. **Four Seasons**) – **162 qto** ⊆ 35000/39000.

🏨🏨 **Estal. Lennox Country Club** ⑤, Rua Eng. Alvaro Pedro de Sousa 5 🕿 268 04 24, Telex
13190, Fax 267 08 59, 🌿, « Terraços floridos, bonita decoração interior », ⬛ climatizada
– 🕿 ⓟ 🖭 ⓞ E 💳. 🛠   BY **a**
Ref 2950 – **34 qto** ⊆ 13800/19000 – PA 5500.

🏨🏨 **Lido** ⑤, Rua do Alentejo 12 🕿 268 41 23, Telex 15287, Fax 268 36 65, ≤, ⬛ – 🖃 🍽 rest.
🖭 ⓞ E 💳. 🛠   BX **d**
Ref 1800 – **62 qto** ⊆ 9400/12750.

🏨 **Alvorada** sem rest, Rua de Lisboa 3 🕿 268 00 70, Telex 13573, Fax 268 72 50 – 🖃 🕿. 🖭
ⓞ E 💳. 🛠   BY **b**
55 qto ⊆ 7400/12900.

🏨 **Estal. Belvedere** ⑤, Rua Dr. António Martins 8 🕿 268 91 63, Fax 267 14 33, ⬛ – 🖃 🖵
🕿. E 💳. 🛠   BY **r**
Ref (só jantar) 2500 – **24 qto** ⊆ 7500/11500.

🏨 **Estal. Fundador** ⑤, Rua D. Afonso Henriques 161 🕿 268 22 21, Fax 268 87 79, ⬛ – 🖵
🕿. 🖭 ⓞ E 💳   BX **a**
Ref (fechado 4ª feira) (só jantar) lista 1000 a 3450 – **10 qto** ⊆ 8200/10500.

🏠 **São Mamede** sem rest, Av. Marginal 🕿 267 10 74, Telex 65296 – 🖃 🖵 🕿. 🖭 ⓞ E 💳.
🛠   BY **v**
43 qto ⊆ 8000/10000.

475

ESTORIL

XXXX **Four Seasons,** Rua do Parque ℰ 268 04 00, Telex 12757, Fax 268 48 67 – ▣ 🅿. 🅰🅴 ⓄI
Ε 𝘝𝘐𝘚𝘈. 🕬
Ref (só jantar) lista 4550 a 5500.
BY k

no Monte Estoril - BX – ✉ 2765 Estoril – 🕲 01 :

🏨 **Atlântico,** Estrada Marginal 7 ℰ 268 02 70, Telex 18125, Fax 268 36 19, ≤, ⤳ – 🛗 ▤ qto
🕬 🅿. 🅰🅴 ⓄⒹ Ε 𝘝𝘐𝘚𝘈. 🕬
Ref 4000 – **175 qto** ⚏ 25000 – PA 8000.
BX z

🏨 **Aparthotel Clube Mimosa** ♨, Av. do Lago ℰ 267 00 37, Telex 44308, Fax 267 03 74
⤳ climatizada, ▦, 🍴 – 🛗 ▤ 📺 ☎ 🚗 – 🅰 25/100. 🅰🅴 ⓄⒹ Ε 𝘝𝘐𝘚𝘈. 🕬
Ref 3300 – **59 apartamentos** ⚏ 13660/26300 – PA 6700.
BX n

🏨 Aparthotel Estoril Eden, Av. Saboia ℰ 267 05 73, Telex 42093, Fax 268 01 57, ≤, ⤳, ▦ –
🛗 ▤ 📺 ☎ – 🅰
160 apartamentos.
BX s

🏨 **Zenith,** Rua Belmonte 1 ℰ 268 11 22, Telex 44870, Fax 268 11 17, ≤, ⤳ – 🛗 🕬
🅰 25/40. 🅰🅴 ⓄⒹ Ε 𝘝𝘐𝘚𝘈. 🕬
Ref 1750 – **50 qto** ⚏ 10600/14100.
BX p

XXX **English-Bar,** Estrada Marginal ℰ 268 04 13, ≤, « Decoração inglesa » – ▣ 🅿. 🅰🅴 ⓄⒹ Ε
𝘝𝘐𝘚𝘈
fechado domingo – Ref lista 3250 a 4450.
BX s

XXX **A Choupana,** Estrada Marginal ℰ 268 30 99, Telex 16299, ≤ – ▣ 🅿. 🅰🅴 ⓄⒹ Ε 𝘝𝘐𝘚𝘈. 🕬
Ref lista 5500 a 7000.

B.L.M.C. (AUSTIN-MORRIS) av. Marginal 34
ℰ 269 82 83
PEUGEOT-TALBOT Rua Carlos Anjós 1440
ℰ 269 09 40

RENAULT Rua de Lisboa - edif. Horizonte
ℰ 268 40 20

ESTRELA (Serra da) Castelo Branco 📘📗📙 K y L 7 – ver Covilhã.
Ver : ★ (Torre★★★, ⚜★★★, ≤★★).

ESTREMOZ 7100 Evora 📘📗📙 P 7 – 7 869 h. alt. 425 – 🕲 068.
Ver : ≤★.
Arred. : Evoramonte : Local★, castelo★ (⚜★) SO : 18 km.
🛈 Largo da República 26 ℰ 22 538.
♦Lisboa 179 – ♦Badajoz 62 – Evora 46.

🏛 **Pousada da Rainha Santa Isabel** ♨, Largo D. Diniz - no Castelo de Estremoz ℰ 226
18, Telex 43885, ≤, « Luxuosa pousada instalada num belo castelo medieval » – 🛗 ▤ 🕬
🅰🅴 ⓄⒹ Ε 𝘝𝘐𝘚𝘈. 🕬
Ref lista 3000 a 4100 – **23 qto** ⚏ 17300/19700.

XX **Águias d'Ouro,** Rossio Marquês de Pombal 27 ℰ 221 96 – ▤. 🅰🅴 ⓄⒹ Ε 𝘝𝘐𝘚𝘈. 🕬
Ref lista 1900 a 2850.

PEUGEOT-ALFA ROMEO av. Tomaz de Alcaide
25 ℰ 223 93

RENAULT Rossio Marquês de Pombal 46
ℰ 228 37

ÉVORA 7000 🄿 📘📗📙 Q 6 – 35 117 h. alt. 301 – 🕲 066.
Ver : Sé★★ BZ : interior★ (cúpula★), tesouro★ (Virgem★★), claustro★, cadeiras de coro★ –
Convento dos Lóios★ : igreja★, dependências do convento (porta★) BCY – Museu de Evora★
(baixo-relevo★, Anunciação★) BZ **M1** – Templo romano★ BY **A** – Largo das Portas de Moura★
(fonte)★ CZ – Igreja de São Francisco (Casa dos Ossos★) BZ **N** – Fortificações★.
Arred. : Convento de São Bento de Castris (claustro★) 3 km por ⑤.
🛈 Praça do Giraldo 71 ℰ 226 71 e Av. de São Sebastião, estrada N 114 por ④. ℰ 312 96 CZ – A.C.P. Rua
Alcarcova de Baixo 7, ✉ 7000, ℰ 255 33.
♦Lisboa 153 ④ – Badajoz 102 ① – Portalegre 105 ① – Setúbal 102 ④.

Plano página seguinte

🏛 Pousada dos Lóios ♨, Largo Conde de Vila Flor ℰ 240 51, Telex 43288, « Instalada nun
convento do século XVI », ⤳
32 qto.
BY a

🏨 **Albergaria Vitória,** Rua Diana de Lis 5 ℰ 271 74, Telex 44875, ≤ – 🛗 ▤ 📺 🕬 –
🅰 25/55. 🅰🅴 ⓄⒹ Ε 𝘝𝘐𝘚𝘈. 🕬
Ref 2400 – **48 qto** ⚏ 6700/8900 – PA 4800.
AZ y

🏨 **Planície,** Rua Miguel Bombarda 40 ℰ 240 26, Telex 13500, Fax 298 80 – 🛗 ▤ rest 📺 ☎
– 🅰 25/100. 🅰🅴 ⓄⒹ Ε 𝘝𝘐𝘚𝘈. 🕬 rest
Ref 2150 – **33 qto** ⚏ 8000/10000.
BZ z

🏨 **Riviera** sem rest, Rua 5 de Outubro 49 ℰ 233 04, Fax 204 67 – 📺 🕬. 🅰🅴 ⓄⒹ Ε 𝘝𝘐𝘚𝘈
22 qto ⚏ 6000/8000.
BZ r

🏨 **Santa Clara,** Travessa da Milheira 19 ℰ 241 41, Telex 43768 – ▤ rest 📺 🕬. 🅰🅴 ⓄⒹ Ε
𝘝𝘐𝘚𝘈. 🕬 rest
Ref 1800 – **47 qto** ⚏ 5600/7200.
AZ p

ÉVORA

※ **Cozinha de Sto. Humberto,** Rua da Moeda 39 🖉 242 51, Decoração original com motivos regionais – 🔲   BZ **b**

※ **Fialho,** Trav. das Mascarenhas 14 🖉 230 79, Decoração regional – 🔲, 🖭 ⓪ 🇪 𝗩𝗜𝗦𝗔, ✲
fechado 2ª feira, do 1 ao 23 set. e do 24 ao 31 dez. – Ref lista 2580 a 4100   AY **h**

※ **Guião,** Rua da República 81 🖉 224 27, Decoração regional – 🖭 ⓪ 🇪 𝗩𝗜𝗦𝗔, ✲
fechado 2ª feira e do 1 ao 21 dezembro – Ref lista 1900 a 2450.   BZ **s**

※ **Cozinha Alentejana,** Rua 5 de Outubro 51 🖉 227 72, 🍴 – 🔲   BZ **r**

Na estrada N 114 por ④ : 3,5 km – ✉ 7000 Evora – ☎ 066

🏠 **Estal. Poker,** Quinta do Vale de Vazios 🖉 314 73, Fax 337 10, ≤, 🍴, 🔟 Climatizada, ✲
– 🔲 📺 🕿 🅿 – 🔬 25/70. 🖭 ⓪ 🇪 𝗩𝗜𝗦𝗔
Ref lista 2700 a 3950 – **15 qto** ⛺ 7500/11000.

FAIAL Madeira – ver Madeira (Arquipélago da).

FÃO Braga **437** H 3 – 2 185 h. – ⊠ 4740 Esposende – 🅰 053 – Praia.
♦Lisboa 365 – Braga 35 – ♦Porto 47.

na praia de Ofir – ⊠ 4740 Esposende – 🅰 053 :

🏨 **Ofir** ⑤, Av. Raul Sousa Martins ℰ 96 13 83, Telex 32492, Fax 96 28 71, ≤, ☒, ✿ – 🛗
📺 ☎ 🅿 – 🛋 25/600. 🅰🅴 ⑩ 🅴 🆅🆂🅰. ✾
Ref 2200 – **200 qto** 9000/12000 – PA 4300.

🏨 **Estal. Parque do Rio** ⑤, ℰ 96 15 21, Telex 32066, « Num pinhal », ☒ climatizada, 🐎
✿ – 🛗 ☎ 🅿 🅰🅴 ⑩ 🅴 🆅🆂🅰. ✾
abril-outubro – Ref 2500 – **36 qto** ℐ 6980/10760 – PA 4140.

em Apúlia S : 6,3 km pela estrada N 13 – ⊠ 4740 Esposende – 🅰 053 :

🏨 **San Remo** sem rest, Av. da Praia 45 ℰ 96 25 85 – ☎. 🅴 🆅🆂🅰. ✾
22 qto ℐ 4000/6000.

FARO 8000 🅿 **437** U 6 – 28 622 h. – 🅰 089 – Praia.
Ver : Miradouro de Santo António ※★ B **F. Arred. :** Praia de Faro ≤★ 9 km por ① – Olhão
(campanário da igreja ※★) 8 km por ③.

🏌 Club Golf de Vilamoura 23 km por ① ℰ 336 52 Quarteira – 🏌 Club Golf do Vale do Lobo 20
km por ① ℰ 941 45 Almansil – 🏌, 🏌 Campo de Golf da Quinta do Lago 16 km por ① ℰ 945 29
✈ de Faro 7 km por ① ℰ 242 01 – T.A.P., Rua D. Francisco Gomes 8 ℰ 221 41.
🛈 Rua da Misericordia 8 a 12 ℰ 254 04 – A.C.P. Rua Francisco Barreto 26A ℰ 247 53. Telex 56506.
♦Lisboa 309 ② – Huelva 105 ③ – Setúbal 258 ②.

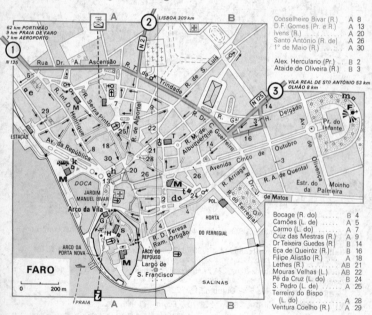

Conselheiro Bivar (R.)	A 8
D.F. Gomes (Pr. e R.)	A 13
Ivens (R.)	A 20
Santo António (R. de)	A 26
1º de Maio (R.)	A 30
Alex. Herculano (Pr.)	B 2
Ataide de Oliveira (R.)	B 3
Bocage (R. do)	B 4
Camões (L. de)	A 5
Carmo (L. do)	A 7
Cruz das Mestras (R.)	A 9
Dr Teixeira Guedes (R.)	B 14
Eça de Queiróz (R.)	B 16
Filipe Alistão (R.)	A 18
Lethes (R.)	AB 21
Mouras Velhas (L.)	AB 22
Pé da Cruz (L. do)	B 24
S. Pedro (L. de)	A 25
Terreiro do Bispo (L. do)	A 28
Ventura Coelho (R.)	A 29

🏨 **Eva,** Av. da República ℰ 80 33 54, Telex 56524, Fax 80 23 04, ≤, ☒ – 🛗 🔲 – 🛋 25/300.
🅰🅴 ⑩ 🅴 🆅🆂🅰. ✾
Ref 2400 – **150 qto** ℐ 10800/13900 – PA 4800.
A **k**

🏨 **Faro,** Praça D. Francisco Gomes 2 ℰ 80 32 76, Telex 56108, Fax 80 35 46 – 🛗 🔲 rest ☎.
🅰🅴 ⑩ 🅴 🆅🆂🅰. ✾
Ref 1700 – **52 qto** ℐ 8000/11000 – PA 3400.
A **h**

🏨 **Albacor** sem rest, Rua Brites de Almeida 25 ℰ 80 35 93, Telex 56778 – 🛗 ☎. 🅰🅴 ⑩ 🅴
🆅🆂🅰. ✾
38 qto ℐ 5700/6600.
B **d**

🏠 Afonso III, sem rest, Rua Miguel Bombarda 64 ℰ 270 42 – ☎ – **25 qto**
A **e**

🏠 **York** ⑤ sem rest, Rua de Berlim 39 ℰ 239 73 – ☎. ✾
21 qto ℐ 7500/8500.
B **m**

XX **Cidade Velha,** Rua Domingos Guieiro 19 ℰ 271 45 – ▤. **E** *VISA*. ⁂   A **s**
fechado domingo – Ref lista 1940 a 3235.

XX **Kappa,** Rua Brites de Almeida 45 ℰ 233 66 – ▤   B **t**

na Praia de Faro por ① : 9 km – ⊠ 8000 Faro – ☻ 089 :

🏨 **Estal. Aeromar,** ℰ 81 75 42, Telex 58347, ≤, 🌇 – ☎. ﷼ ⓪ **E** *VISA*. ⁂ rest
Ref 1750 – **23 qto** � 9000/11000 – PA 3600.

X **Roque,** ℰ 248 68, ≤, 🌇, Peixes e mariscos.

em Estoi por ② : 11 km – ⊠ 8000 Faro – ☻ 089 :

🏨 **Estal. Moleiro** ॐ, Estrada N 2 NO : 1,5 km (Quinta da Bemposta) ℰ 914 91, Telex
56681, Fax 913 47, ≤ campo, colinas e orla marítima, ⅃, ⁂ – ▌ ▤ ☎ ⓟ ﷼ ⓪ **E** *VISA*.
⁂
Ref lista aprox. 3000 – **36 qto** ⊡ 9750/12000.

em Santa Bárbara de Nexe por ① : 12 km – ⊠ 8000 Faro – ☻ 089 :

🏨 **La Réserve** ॐ, Estrada de Esteval ℰ 904 74, Telex 56790, Fax 904 02, ≤, ⅃, 🐎, ⁂ –
▤ ⛶ ☎ ⓟ ⁂
Ref (ver rest. **La Réserve**) – **20 apartamentos** ⊡ 22000/30000.

XXX ☼ **La Réserve,** Estrada de Esteval ℰ 902 34, Telex 56790, Fax 904 02, 🌇, ⅃, ⁂ – ▤
ⓟ ⁂
fechado 3ª feira – Ref (só jantar) lista 4300 a 5400
Espec. Ravioli de mariscos molho de vermouth. Camarão à oriental. Pato assado Vendôme.

AUTOBIANCHI-LANCIA Est. Nac. 125 km 103-4
ℰ 205 12
B.L.M.C. (AUSTIN-MORRIS) Rua Dr. Cândido
Guerreiro 69 ℰ 30 38 88
BMW Estrada N 125 - Sitio dos 3 Engenhos
ℰ 291 52
CITROEN Estrada N 125 - Rio Seco ℰ 82 20 13
DATSUN-NISSAN Rua General Teófilo da Trin-
dade 9 ℰ 250 71
FIAT av. da Reoública 98 ℰ 205 12
FIAT Est. Nac. 125 km 103 ℰ 80 36 12
FORD Largo do Mercado 1-12 ℰ 80 37 61
G.M. - OPEL R. Dr. Franc. Sa Carneiro 52
ℰ 230 32

MERCEDES-BENZ Rua Horta Machado 42-1ĭ
ℰ 220 85
MITSUBISHI Rua Dr. Candido Guerreiro 69
ℰ 220 86
PEUGEOT-ALFA ROMEO rua Cunha Matos 8
ℰ 257 33
PEUGEOT-ALFA ROMEO Largo do Mercado 54
ℰ 250 45
RENAULT Sito dos Salgados - Estrada Faro
Olháo ℰ 216 77
SEAT Rua Francisco Barreto 32 ℰ 272 92
TOYOTA E N 125 - Sitio dos Três Engenhos
ℰ 200 38
VW-AUDI Rua Infante D. Henrique 119 ℰ 247 34

FATIMA 2495 Santarém 🅄🅃🄼 N 4 – 7 298 h. alt. 346 – na Cova da Iria – ☻ 049.
Arred. : SO : Grutas de Mira de Aire★ o dos Moinhos Velhos.
🛈 Av. D. José Alves Correia da Silva ℰ 531 39 – ◆Lisboa 135 – Leiria 26 – Santarém 64.

X **Tía Alice,** Rua de Adro ℰ 53 17 37.

na Cova da Iria NO : 2 km – ⊠ 2495 Fátima – ☻ 049 :

🏨 **De Fátima,** João Paulo II ℰ 53 23 51, Telex 43750, Fax 53 26 91 – ▌ ▤ rest ☎ 🚐 ⓟ
– 🔏 25/500. ﷼ ⓪ **E** *VISA*. ⁂
Ref 1800 – **133 qto** ⊡ 6900/8400.

🏨 **Santa Maria,** Rua de Santo António ℰ 53 10 15, Telex 43108, Fax 53 21 97 – ▌ ▤ rest
⛶ ☎ ⓟ. ﷼ **E** *VISA*.
Ref 1850 – **60 qto** ⊡ 5500/7000 – PA 3700.

🏨 **Três Pastorinhos,** Rua João Paulo II ℰ 53 23 39, Telex 61550, Fax 53 24 49 – ▌ ▤ rest
☏ ⓟ. ﷼ ⓪ **E** *VISA*. ⁂ rest
Ref 1800 – **92 qto** ⊡ 5300/6950.

🏨 **Dom Gonçalo,** Rua Jacinta Marto 100 ℰ 53 22 62, Telex 43838, Fax 53 20 88 – ▌ ▤ rest
⛶ ☎ ⓟ – 🔏 25/220. ﷼ ⓪ **E** *VISA*. ⁂ rest
Ref 2500 – **43 qto** ⊡ 4800/6300.

🏨 **Dom José,** Av. D. José Alves Correia da Silva ℰ 53 22 15, Telex 43279, Fax 53 21 97 –
▌ ▤ rest ☏ ⓟ. ﷼ **E** *VISA*. ⁂
Ref 1850 – **63 qto** ⊡ 5500/7000 – PA 3700.

🏨 **Regina,** Rua Dr. Cónego Manuel Formigão ℰ 53 23 03, Telex 17118, Fax 53 26 63 – ▌
▤ rest ☎ – **88 qto**

🏨 **Cinquentenário,** Rua Francisco Marto 175 ℰ 53 21 41, Telex 44288, Fax 53 29 92 – ▌
▤ rest ☎ ⓟ – 🔏 25/80. ﷼ ⓪ **E** *VISA*
Ref 1650 – **115 qto** ⊡ 4150/6200.

🏠 **Católica,** Rua de Santa Isabel ℰ 53 23 55, Telex 63216 – ▌ ▤ rest ☏. ﷼ ⓪ **E** *VISA*. ⁂
Ref 1250 – **45 qto** ⊡ 3500/4500 – PA 2500.

🏠 **Casa Beato Nuno,** Av. Beato Nuno 51 ℰ 53 21 99, Telex 43273, Fax 53 27 57 – ▌ ▤ rest
☎ ⓟ – 🔏 25/200. ⁂
Ref 1350 – **132 qto** ⊡ 3300/4400.

🏠 **Alecrim,** Rua Francisco Marto 84 ℰ 53 13 76, Telex 61230, Fax 53 28 17 – ▌ ☏. ﷼ ⓪
VISA. ⁂ rest
Ref 1100 – **50 qto** ⊡ 3000/5000 – PA 3000.

FÁTIMA

🏨 **Casa das Irmãs Dominicanas,** Rua Francisco Marto 50 ℰ 53 15 18, Fax 53 26 88 – 🛗 ℱ
🕾 🅿 – 🛆 25/60. ℅
Ref 1200 – **60 qto** ⊊ 3500/4500 – PA 2400.

🏨 **Cruz Alta** sem rest, Rua Dr. Cónego Manuel Formigão ℰ 53 14 81, Telex 44376 – 🛗 ℱ
🅿. 🆎 ⓪ 🅴 ⱽ𝐈𝐒𝐀. ℅
24 qto ⊊ 5000/6000.

🏨 **Floresta,** Estrada da Batalha ℰ 53 14 66 – 🛗 🍽 rest 🕾 🅿. 🆎 ⓪ ⱽ𝐈𝐒𝐀. ℅
Ref lista 1550 a 2100 – **31 qto** ⊊ 5700/8250.

🏨 **São Paulo** sem rest, Rua de São Paulo ℰ 53 15 72 – 🛗 🕾 🅿. 🆎 🅴. ℅
Ref 1000 – **34 qto** ⊊ 3000/4000.

🏨 **Estrela de Fátima,** Rua Dr Cónego Manuel Formigão ℰ 53 11 50, Telex 44376 – 🅿. 🆎
⓪ 🅴 ⱽ𝐈𝐒𝐀. ℅
Ref 1800 – **32 qto** ⊊ 4500/5000.

RENAULT Estrada de Minde ℰ 519 46

FERMENTELOS Aveiro 🐾🐾🐾 K 4 – 2 183 h. – ⊠ 3770 Oliveira do Bairro – 🕲 034.
♦Lisboa 244 – Aveiro 20 – ♦Coimbra 42.

na margem do lago NE : 1 km – ⊠ 3770 Oliveira do Bairro – 🕲 034 :

🏛 **Estal. da Pateira** 🦢, ℰ 72 12 19, Telex 37587, ≤ – 🛗 🍽 📺 🕾 🅿. 🆎 ⓪ 🅴 ⱽ𝐈𝐒𝐀. ℅
Ref 1950 – **14 qto** ⊊ 5250/8000 – PA 3900.

FERNÃO FERRO Setúbal 🐾🐾🐾 Q 2 – – ⊠ 2840 Seixal – 🕲 01.
♦Lisboa 26 – Sesimbra 16 – Setúbal 34.

🏛 **Orión e Rest. Ibérico,** Estrada N 378 ℰ 225 18 34, Fax 224 40 13 – 🛗 🍽 📺 🕾 🅿 –
🛆 25/80. 🅴 ⱽ𝐈𝐒𝐀
Ref lista 1500 a 6100 – **34 qto** ⊊ 7500/9000.

FERREIRA DO ZÊZERE 2240 Santarém 🐾🐾🐾 M 5 – 1 974 h. – 🕲 049.
♦Lisboa 166 – Castelo Branco 107 – ♦Coimbra 61 – Leiria 66.

na margem do rio Zêzere pela N 348 SE : 8 km – ⊠ 2240 Ferreira do Zêzere – 🕲 049 :

🏛 **Estal. Lago Azul** 🦢, ℰ 36 14 45, ≤, « Na margem do rio Zêzere », 🏊, ⚞ – 🛗 🍽 📺
🕾 🅿 – 🛆 25/90. 🆎 ⓪ 🅴 ⱽ𝐈𝐒𝐀. ℅
20 qto ⊊ 7500/10500.

FIGUEIRA DA FOZ 3080 Coimbra 🐾🐾🐾 L 3 – 13 397 h. – 🕲 033 – Praia.
Ver : Localidade★. Arred. : Montemor-o-Velho : castelo★ (❊❊★) 17 km por ②.
🚗 ℰ 276 83 – 🅱 Av. 25 de Abril ℰ 226 10.
♦Lisboa 181 ② – ♦Coimbra 44 ②.

🏩 **Grande H. da Figueira,** Av. 25 de Abril ℰ 221 46, Telex 53086, Fax 224 20, ≤ – 🛗
🍽 rest 📺 🕿. 🆎 ⓪ 🅴 ⱽ𝐈𝐒𝐀. ℅
Ref 2400 – **91 qto** ⊊ 8400/15700 – PA 4800.   A **v**

🏛 **Costa de Prata** sem rest, Largo Coronel Galhardo 1 ℰ 266 10, Telex 52384, Fax 266 10,
≤ – 🛗 🕾 – 🛆 25/100
66 qto ⊊ 7000/9000.   A **r**

🏛 **Costa da Prata 2** sem rest, Rua Miguel Bombarda 59 ℰ 220 82, Telex 52384, Fax 266 10
– 🛗 🕾 – 🛆 25/150
110 qto ⊊ 6000/9000.   A **k**

🏛 **Internacional** sem rest, Rua da Liberdade 20 ℰ 220 51, Telex 53086, Fax 224 20 – 🛗 🕾
– 🛆 25/140. 🆎 🅴 ⱽ𝐈𝐒𝐀. ℅
50 qto ⊊ 7000/9500.   A **a**

🏨 **Wellington** sem rest, Rua Dr Calado 25 ℰ 267 67, Fax 275 93 – 🛗 📺 🕾. 🆎 ⓪ 🅴 ⱽ𝐈𝐒𝐀.
℅ – **34 qto** ⊊ 8500/9500   A **b**

🏨 Estal. da Piscina sem rest, Rua de Santa Catarina 7 ℰ 221 46, Telex 53086, Fax 224 20, ≤,
🏊 – 🕾 – *temp.* – **20 qto**   A **v**

🏨 **Nicola** sem rest., Rua Bernardo Lopes 83 ℰ 223 59 – 🛗 📺 🕾. 🆎 ⓪ 🅴 ⱽ𝐈𝐒𝐀. ℅
24 qto ⊊ 6500/7000.   A **b**

🏨 Universal, sem rest, Rua Miguel Bombarda 50 ℰ 262 28, Telex 52484 – 📺 🕾   A **c**
36 qto.

🏨 **Hispania** sem rest, Rua Dr Francisco Diniz 61 ℰ 221 64, Telex 53241 – 🕿 🅿. ⓪ 🅴 ⱽ𝐈𝐒𝐀.
℅ – **34 qto** ⊊ 5000/6000   A **d**

🏚 **Bela Vista** sem rest, Rua Joaquim Sotto Maior 6 ℰ 224 64 – ℅
junho-outubro – **18 qto** ⊊ 4800.   A **g**

🍴 Tubarão, Av. 25 de Abril ℰ 234 45   A **r**

FIGUEIRA DA FOZ

Alfândega (Cais da)	B 2
Cândido dos Reis (R.)	A 6
Eng. Silva (R.)	A 8
Infante D. Henrique (P.)	A 11
Luís de Camões (Largo)	B 14
República (R. da)	B
5 de Outubro (R.)	AB 16
8 de Maio (Praça)	B 17

Bernardo Lopes (R.)	A 3
Bombeiros Voluntários (R.)	B 4
Brasil (Av. do)	A 5
C. da Grande Guerra (R.)	A 7
Fernandes Tomás (R.)	B 9
Fonte (R. da)	A 10
Liberdade (R. da)	A 12
Luís Carriço (R.)	A 13
Viso (R. do)	A 15

---

em Buarcos – ⊠ 3080 Figueira da Foz – ✪ 033 :

🏨 **Tamargueira,** Estrada do Cabo Mondego NO : 3 km ℰ 225 14, Telex 53208, Fax 210 67, ≤, 🐟, – ⬆ 🍴 rest 📺 ☎ ⇌ 🅿. 🖭 ⓪ ⏚ 🎫. 🛠
Ref 1800 – **88 qto** 🖙 8500/9500 – PA 3600.

🏨 **Clube de Vale de Leão** 🐂, Estrada do Cabo Mondrago NO : 6 km ℰ 266 01, Telex 53011, « Num pinhal », 🏊, 🐟 – 📺 ☎ 🅿 – 🛎 25/60. 🖭 ⓪ ⏚ 🎫. 🛠
Ref 2900 – **24 qto** 🖙 15000 – PA 5100.

✗ **Teimoso** com qto, Estrada do Cabo Mondego, NO : 5 km ℰ 227 85, Fax 210 17, ≤ – ▤ rest 🅿. 🖭 ⏚ 🎫. 🛠
Ref lista aprox. 2500 – **14 qto** 🖙 5000.

na estrada de Aveiro N 109 por 1 : 8 km – ⊠ 3080 Figueira da Foz

🏩 Motel S. Cristovão, sem rest, com snack-bar, – 🅿 – **11 qto**.

CITROEN Estrada de Coimbra ℰ 248 87	RENAULT Rua Dr. Luís Carriço 20 ℰ 244 73
FIAT Rua Combatentes da Grande Guerra 3 ℰ 232 05	SEAT Est. de Coimbra ℰ 72 19 52
	TOYOTA Av. 25 de Abril ℰ 240 52
PEUGEOT-TALBOT Estrada de Coimbra 16 ℰ 271 98	VOLVO Sitio da Salmanha ℰ 265 27

FIGUEIRÓ DOS VINHOS 3260 Leiria 🐺🐺🐺 M 5 – 4 662 h. alt. 450 – ✪ 036.
Arred. : Percurso✶ de Figueiró dos Vinhos a Pontão 16 km – Barragem do Cabril✶ (desfiladeiro✶, ≤✶) E : 22 km – N : Estrada da Lousã (≤✶, descida✶).
🄱 Av. Padre Diogo de Vasconcelos ℰ 521 78.
✦Lisboa 205 – ✦Coimbra 59 – Leiria 74.

✗ **Panorama,** Rua Major Neutel de Abreu 24 ℰ 521 15 – 🅿. ⏚ 🎫
Ref lista 1500 a 2000.

RENAULT Rua Major Neutel de Abreu 46 ℰ 521 83

FOZ DO DOURO Porto 🐺🐺🐺 I 3 – ver Porto.

FRANQUEADA Faro 🐺🐺🐺 U 5 – ver Loulé.

FUNCHAL Madeira – ver Madeira (Arquipélago da).

EUROPE on a single sheet
Michelin map no 🐺🐺🐺.

FUNDÃO 6230 Castelo Branco **437** L 7 – 6004h. – ☻ 075.

🛈 Av. da Liberdade ℰ 527 70.

♦Lisboa 303 – Castelo Branco 44 – ♦Coimbra 151 – Guarda 63.

🏨 **Fundão** sem rest, Rua Vasco da Gama ℰ 520 51, Telex 53112 – 🛗 📺 ☎. 🆎 ⓪ 🅴 🎇
50 qto ⌗ 6000/8500.

na estrada N 18 N : 2,5 km – ✉ 6230 Fundão – ☻ 075 :

✗ **O Alambique** com qto, ℰ 741 45 – 🍽 rest 📺 🐕 🅿. 🅴 🎇. 🎇 rest
(fechado do 1 ao 15 outubro – Ref *(fechado 2ª feira)* lista 1330 a 2800 – **15 qto** ⌗ 3500/6000.

B.L.M.C. (AUSTIN-MORRIS) Estrada Nacional 18
- Sitio do Vale (Ao Diseo) ℰ 539 54
DATSUN-NISSAN Rua Cidade da Covilhã
ℰ 526 70
FORD Rua Cidade da Covilhã 51 ℰ 530 98
MERCEDES BENZ Rua Cidade da Covilhã, 35
ℰ 530 11
MITSUBISHI Estrada Nacional 18 (Alcambar)
ℰ 531 71

PEUGEOT-TALBOT-ALFA ROMEO Rua Cidade da
Covilhã ℰ 526 70
RENAULT Sito do Vale (ao Disco) Estrada Nacio-
nal 18 ℰ 530 75
TOYOTA R. Cidade da Covilhã ℰ 526 74
VOLVO Estrada da Covilhã ℰ 523 75

GÂNDARA DE ESPARIZ Coimbra **437** L 5 – ver Tábua.

GERÊS 4845 Braga **437** G 5 – alt. 400 – ☻ 053 – Termas.

Ver : Parque nacional da Penedageres★★.

Excurs. : NO : Serra do Gerês★★ (vestigios da Jeira : ≤★) – Barragem de Vilarinho das Furnas :
local★ (corrente da rocha★) ≤★ – Miradouro da Fraga Negra★, ≤★.

🛈 Av. Manuel Ferreira da Costa ℰ 651 33.

♦Lisboa 412 – Braga 44.

GONDAREM Viana do Castelo **437** G 3 – ver Vila Nova da Cerveira.

GOUVEIA 6290 Guarda **437** K 7 – 603 h. alt. 650 – ☻ 038.

Arred. : Estrada★★ de Gouveia a Covilhã (≤★, Poço do Inferno★ : cascata★, vale glaciário do
Zêzere★★, ≤★) por Manteigas : 65 km.

🛈 Av. dos Bombeiros Voluntarios ℰ 421 85.

♦Lisboa 310 – ♦Coimbra 111 – Guarda 59.

🏨 **De Gouveia e Rest. O Foral,** Av. 1º de Maio ℰ 428 90, Telex 53789, ≤ – 🛗 🐕 –
🏊 25. 🆎 ⓪ 🅴 🎇 🎇
Ref 1300 – **31 qto** ⌗ 6500/7500 – PA 2600.

B.L.M.C. (AUSTIN-MORRIS) Rampa do Monte
Calvário 1 ℰ 421 21
CITROEN Rampa do Monte Calvário 1 ℰ 421 21

PEUGEOT-ALFA ROMEO Rampa do Monte
Calvário 3 ℰ 421 21
RENAULT Quinta dos Chões ℰ 425 21

GOUVEIA Lisboa **437** P 1 – ✉ 2710 Sintra – ☻ 01.

♦Lisboa 29 – Sintra 6.

✗ **A Lanterna,** Estrada N 375 ℰ 929 21 17 – 🅿. 🅴 🎇
fechado 2ª feira e outubro – Ref lista aprox. 2000.

GRÂNDOLA 7570 Setúbal **437** R 4 – 10 461 h. – ☻ 069.

🛈 Jardin do Dr. J. Jacinto Nunes ℰ 420 51 - ext. 138.

♦Lisboa 121 – Beja 69 – Setúbal 75.

🏨 Vila Morena sem rest, Av. Jorge Nunes ℰ 420 95 – 🛗 🐕 🚗
23 qto.

G.M.- OPEL Estrada N 120 - Quinta Baraona
ℰ 428 47

RENAULT Rua Dr. José Pereira Barradas
ℰ 424 76

GUARDA 6300 🅿 **437** K 8 – 14 803 h. alt. 1000 – ☻ 071.

Ver : Catedral★.

🛈 Praça Luis de Camões, Edificio da Câmara Municipal ℰ 222 51.

♦Lisboa 361 – Castelo Branco 107 – Ciudad Rodrigo 74 – ♦Coimbra 161 – Viseu 85.

🏨 **De Turismo,** Av. Coronel Orlindo de Carvalho ℰ 222 05, Telex 53760, Fax 222 04, ≤, 🏊
– 🛗 🍽 rest 🚗 – 🏊 25/300. 🆎 ⓪ 🅴 🎇 🎇 rest
Ref 3100 – **105 qto** ⌗ 10600/12900 – PA 6200.

🏨 **Filipe,** Rua Vasco da Gama 9 ℰ 226 58, Telex 53746, Fax 264 02 – 🍽 rest 🐕. 🆎 ⓪ 🅴
🎇. 🎇 rest
Ref 2500 – **42 qto** ⌗ 4250/8000.

✗✗ **O Telheiro,** Estrada N 16, E : 1,5 km ℰ 213 56, ≤ – 🍽 🅿. 🆎 ⓪ 🅴 🎇. 🎇
Ref lista 1700 a 2350.

AUTOBIANCHI-LANCIA Av. Afonso Costa
☎ 227 44
B.L.M.C. (AUSTIN-MORRIS) Rua Marquês de
Pombal 47 ☎ 227 44
B.M.W. Póvoa do Mileu ☎ 216 42
CITROEN Rua Batalha Reis 2 ☎ 229 47
DATSUN-NISSAN Póvoa do Mileu ☎ 216 43
FIAT Av. Afonso Costa ☎ 227 44
FORD Av. da Estação ☎ 213 48
G.M. - OPEL Estrada Nacional 16 - Ap. 1007
☎ 216 96

G.M. - OPEL R. Dr. Manuel de Arriaga - Ap. 20
☎ 225 27
MERCEDES-BENZ Rua Batalha Reis ☎ 229 47
MITSUBISHI Rua Cidade Safed 5 ☎ 240 30
PEUGEOT-ALFA ROMEO Rua Batalha Reis 117
☎ 229 47
RENAULT av. de San Miguel ☎ 222 59
SEAT Estrada N 16 ☎ 218 22
TOYOTA Av. Dr. Alfonso Costa ☎ 227 66
VW-AUDI Rua Alfonso Costa - bloco 1 e 2
☎ 229 62

GUARDEIRAS Porto **437** I 4 – ver Porto.

GUIMARÃES 4800 Braga **437** H 5 – 22 092 h. alt. 175 – ☼ 053.

Ver : Paço dos Duques★ (tectos★, tapeçarias★) – Castelo★ – Igreja de São Francisco (azulejos★, sacristia★) – Museu Alberto Sampaio★ (ourivesaria★, cruz★, tríptico★).

Arred. : Penha ❁★ SE : 8 km.

🛈 Av. da Resistência ao Fascismo 83 ☎ 412 450.

♦Lisboa 364 – Braga 22 – ♦Porto 49 – Viana do Castelo 70.

🏨 **Pousada de Santa Maria da Oliveira**, Rua de Santa Maria ☎ 41 21 57, Telex 32875 – 🅛
🍽 rest Ⓟ – **16 qto**.

🏨 **Fundador Dom Pedro** sem rest, Av. Afonso Henriques 740 ☎ 51 37 81, Telex 32866,
Fax 51 37 86, ≤ – 🅛 📺 ☎ Æ ⒪ Ⓔ *VISA*. 🗱
63 qto ↲ 10500/12000.

🏨 **Albergaria Palmeiras** sem rest, Rua Gil Vicente (centro comercial das Palmeiras) ☎ 41
03 24, Telex 33668 – 🅛 📺 ☎ ⇐⇐ Æ ⒪ Ⓔ *VISA*. 🗱
22 qto ↲ 7000/8500.

🥘🥘 **Vira Bar** com snack-bar, Alameda 25 ☎ 41 41 16 – ■. Æ ⒪ Ⓔ *VISA*. 🗱
Ref lista 3000 a 5100.

na estrada da Penha E : 2,5 km – ✉ 4800 Guimarães – ☼ 053 :

🏨 **Pousada de Santa Marinha** ☎ 51 44 53, Telex 32686, Fax 51 44 59, ≤ Guimarães,
« Instalado num antigo convento », 🏜 – 🅛 📺 ☎ Ⓟ Æ ⒪ Ⓔ *VISA*. 🗱
Ref 3000 – **50 qto** ↲ 17300/19700 – PA 6000.

BMW av. Conde de Margarida ☎ 41 39 96
FIAT Carvalhais - Est. Guimarães - Famalicão
☎ 53 38 23
MITSUBISHI Rua S. Gonçalo 517 ☎ 51 53 53

PEUGEOT-ALFA ROMEO Rua de S. Gonçalo 517
☎ 41 17 68
RENAULT Pisca - Creixomil ☎ 415 996
TOYOTA av. Conde de Margarida 765 ☎ 418 30

☞ *When in a hurry use the* **Michelin Main Road Maps :**
970 *Europe,* **980** *Greece,* **984** *Germany,* **985** *Scandinavia-Finland,*
986 *Great Britain and Ireland,* **987** *Germany-Austria-Benelux,* **988** *Italy,*
989 *France,* **990** *Spain-Portugal and* **991** *Yugoslavia.*

GUINCHO (Praia do) Lisboa **437** P 1 – ver Cascais.

LAGOA 8400 Faro **437** U 4 – 6 353 h. – ☼ 082 – Praia.
Arred. : Silves (Castelo★) N : 6,5 km – Praia do Carvoeiro : Algar Sêco : sítio marinho★★
S : 6 km.

🛈 Largo da Praia, Praia do Carvoeiro ☎ 577 28.

♦Lisboa 300 – Faro 54 – Lagos 26.

na estrada N 125 SE : 1,5 km – ✉ 8400 Lagoa – ☼ 082 :

🏨 Motel Parque Algarvio, ☎ 522 65, Telex 576 56, 🏜, ⚓, 🛏 – ☉ Ⓟ – **42 qto**.

na praia do Carvoeiro S : 5 km – ✉ 8400 Lagoa – ☼ 082 :

🏨 **Aparthotel Cristal** ☎ Vale Centianes ☎ 35 86 01, Telex 58705, Fax 35 86 48, ≤, 🏜,
🛏, 🛋, 🎾 – 🅛 📺 ☎ Ⓟ Æ ⒪ Ⓔ *VISA*. 🗱
Ref **Grill Saveiro** lista 2500 a 3000 **Rest Gaivota** *(só jantar)* lista 2500 a 3000 ↲ 13600/19000.

🥘🥘 **O Castelo,** Rua do Casino ☎ 35 72 18, ≤, 🏜 – Æ ⒪ Ⓔ *VISA*. 🗱
fechado domingo e do 20 janeiro ao 11 março – Ref (só jantar) lista 1860 a 3780.

🥘 **Centianes,** Vale Centianes ☎ 35 87 24, 🏜 – Æ ⒪ Ⓔ *VISA*. 🗱
fechado domingo e 15 janeiro-15 fevereiro – Ref (só jantar) lista 2250 a 5400.

🥘 O Pátio, Largo da Praia 6 ☎ 573 67, 🏜, Decoração rústica – ■.

🥘 **Togi,** Algar Sêco ☎ 35 85 17, Decoração regional – 🗱
março-outubro – Ref (só jantar) lista 2120 a 3045.

TOYOTA Estrada Ferragudo - Lugar do Parchal ☎ 233 80

Ver : Local ≤★ – Museo regional (interior★ da igreja de Santo Antonio) Z **M. Arred. :** Ponta d Piedade★★ (local★★ ≤★), Praia de Dona Ana★ S : 3 km – Barragem de Bravura ≤★ 15 km por ②

Campo de Palmares 629 53 Meia Praia por ②.

Largo Marquês de Pombal 630 31.

♦Lisboa 290 ① – Beja 167 ① – Faro 82 ② – Setúbal 239 ①.

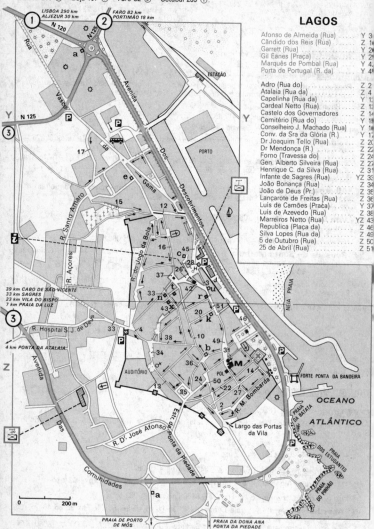

LAGOS

🏨🏨🏨 **De Lagos,** Rua Nova da Aldeia 76 99 67, Telex 57477, Fax 76 99 20, 🍽, ⌁ climatizada, ▨, 🐎 – 🛗 📠 🚗 – 🛎 25/150. AE ① E VISA 🛠 rest — Y **e**
Ref 2500 – **318 qto** ⌁ 16450/20600 – PA 5000.

🏨 **São Cristovão,** Rossio de São João 630 51, Telex 56417 – 🛗 📠 rest 📞 🅿 — Y **a**
80 qto.

🏨 **Montemar** sem rest., Rua da Torraltinha Lote 33 620 85, Telex 57454 – 🛗 📺 ☎ 🚗 AE ① E VISA — Z **a**
65 qto ⌁ 7000/11000.

🏠 **Cidade Velha** sem rest, Rua Dr. Joaquim Tello 7 ℰ 620 41 – 🛗 ☜. ℀ rest   Z **k**
  17 qto ☲ 5000/7000.

🏠 **Sol a Sol,** sem rest, Rua Lançarote de Freitas 22 ℰ 612 90 – 🛗 ☜   Z **b**
  20 qto.

🏠 **Lagosmar** sem rest, Rua Dr. Faria e Silva 13 ℰ 637 22, Telex 56415, Fax 76 73 24 – ☜. 🆎   Y **c**
  ⑩ Ε 𝖵𝖨𝖲𝖠 ℀
  45 qto ☲ 5500/7000.

🏠 **Marazul** sem rest, Rua 25 de Abril 13 ℰ 76 97 49, Telex 58760, Fax 76 99 60 – ℀   Y **u**
  18 qto ☲ 6560/6750.

🏠🏠🏠 Alpendre, Rua António Barbosa Viana 17 ℰ 627 05 – ▤   Y **t**

🏠 **Dom Sebastião,** Rua 25 de Abril 20 ℰ 627 95, Telex 58760, Fax 76 99 60, 🍴 , Decoração   Y **r**
  rústica – ▤. 🆎 ⑩ Ε 𝖵𝖨𝖲𝖠. ℀
  fechado domingo de novembro a janeiro – Ref lista 1700 a 3050.

🏠 **O Galeão,** Rua da Laranjeira 1 ℰ 639 09 – ▤. 🆎 ⑩ Ε 𝖵𝖨𝖲𝖠. ℀   YZ **x**
  fechado dezembro – Ref lista 1550 a 2950.

🏠 **A Lagosteira,** Rua 1º de Maio 20 ℰ 624 86 – 🆎 ⑩ Ε 𝖵𝖨𝖲𝖠   YZ **n**
  fechado sábado, domingo meio-dia e do 10 ao 31 janeiro – Ref lista 1570 a 2170.

  na Praia de Dona Ana S : 2 km – ⌧ 8600 Lagos – ☎ 082 :

🏠🏠 **Golfinho** 🐾, ℰ 76 99 00, Telex 57497, Fax 76 99 99, ≼, ⌕, 🏊, 🏖 – 🛗 ▤ ☝ ☎ –
  🔺 25/300. 🆎 ⑩ Ε 𝖵𝖨𝖲𝖠. ℀
  Ref 2350 – **262 qto** 12750/17820 – PA 4700.

  na estrada de Porto de Mós S : 2,5 km – ⌧ 8600 Lagos – ☎ 082 :

🏠 **Motel Âncora** 🐾, ℰ 620 33, Telex 57630, 🏊 – ☎. ℀ rest
  Ref lista 1850 a 3000 – **60 qto** ☲ 8500/9500.

  na Meia Praia NE : 3,8 km – ⌧ 8600 Lagos – ☎ 082 :

🏠 **Meia Praia** 🐾, ℰ 620 01, Telex 57489, ≼, « Jardim com árvores », 🏊, ℀ – 🛗 ☜ ☎.
  🆎 ⑩ Ε 𝖵𝖨𝖲𝖠
  maio-outubro – Ref 2050 – **66 qto** ☲ 12260 – PA 4100.

CITROEN Rua João Bonança 1 ℰ 631 75   RENAULT Ponte do Moliào ℰ 604 40
PEUGEOT-TALBOT Sitio do Telheiro-Est. Nac. 125   SEAT Rua Vasco da Gama 53 ℰ 612 53
ℰ 603 55   TOYOTA Rua Vasco de Gama 33 ℰ 621 37

☞ *Michelin não coloca placas de propaganda*
   nos hotéis e restaurantes mencionados no Guia.

LAMEGO 5100 Viseu **437** I 6 – 9 942 h. alt. 500 – ☎ 054.
Ver : Museu regional★ de Lamego (pinturas sobre madeira★, tapeçarias★) – Igreja do Desterro
(tecto★).
Arred. : Miradouro da Boa Vista★ ≼★ N : 5 km – São João de Tarouca : Igreja (S. Pedro★) SE :
15,5 km – N : Estrada da Régua ≼★.
🛈 Av. Visconde Guedes Teixeira ℰ 620 05.
♦Lisboa 369 – Viseu 70 – Vila Real 40.

🏠🏠 **Albergaría do Cerrado** sem rest, com snack-bar, Lugar do Cerrado - Estrada do Peso
  da Régua ℰ 631 64, Telex 20590, ≼ – 🛗 ☎ ☝. 🆎 ⑩ Ε 𝖵𝖨𝖲𝖠
  30 qto ☲ 8500/10500.

🏠 **São Paulo** sem rest, av. 5 de Outubro ℰ 631 14 – 🛗 ☜ ☝
  34 qto ☲ 2500/4500.

🏠 Solar, sem rest, av. Visconde Guedes Teixeira ℰ 620 60 – ☜ – **25 qto**.

🏠 O Marquês, Urbanizacão da Ortigosa - estrada do Peso da Régua ℰ 631 88, 🍴 .

  na estrada N 2 S : 1,5 km – ⌧ 5100 Lamego – ☎ 054 :

🏠🏠 **Parque** 🐾, no Santuario de Na. Sra. dos Remédios ℰ 621 05, Telex 27723, 🍴 – ☜ ☎
  – 🔺 25/130. 🆎 ⑩ Ε 𝖵𝖨𝖲𝖠. ℀ rest
  Ref 2250 – **38 qto** ☲ 5100/6500 – PA 5000.

DATSUN-NISSAN Av. Visconde Guedes Teixeira   RENAULT Largo do Desterro ℰ 621 56
ℰ 620 55   TOYOTA av. 5 de Outubro 115 ℰ 630 46

LAUNDOS Porto **437** H 3 – ⌧ 4490 Póvoa de Varzim – ☎ 052.
♦Lisboa 355 – Braga 39 – ♦Porto 37.

🏠🏠 Estal. São Félix 🐾 com qto., ℰ 68 21 16, ≼ Campo com o mar ao fundo, 🏊 – 📺 ☜ ☝
  – 🔺
  8 qto.

LEÇA DA PALMEIRA Porto **437** I 3 – ver Porto.

LEIRIA 2400 🅿 🏵 M 3 – 12 428h. alt. 50 – � 044.

Ver : Castelo★ (local★).

🏛 Jardim Luis de Camões ℰ 327 48.

◆Lisboa 129 – ◆Coimbra 71 – Portalegre 176 – Santarém 83.

🏨 **Eurosol e Eurosol Jardim,** Rua D. José Alves Correia da Silva ℰ 81 22 01, Telex 42031
Fax 81 12 05, ⩽, 🏊, – 🛗 🖩 rest 📺 🎬 🅿 – 🛫 25/400. 🖭 ⓪ 🔚 𝘝𝘐𝘚𝘈. ⋇
Ref 2300 – **135 qto** ⊑ 5600/9000 – PA 4600.

🏨 **Dom João III,** Av. D. João III ℰ 81 25 00, Telex 12567, Fax 81 22 35, ⩽ – 🛗 🖩 📺 ◎
🎬 – 🛫 25/350. 🖭 ⓪ 🔚 𝘝𝘐𝘚𝘈. ⋇
Ref 2300 – **64 qto** ⊑ 8500/10000 – PA 4600.

🏠 **Fétal** sem rest, av. Heróis de Angola 42 ℰ 341 55, Telex 42146, Fax 237 37 – 🖩 📺 🎬. 🖭
⓪. ⋇
12 qto ⊑ 3500/4500.

🏠 **S. Francisco** sem rest, Rua São Francisco 26 - 9é ℰ 251 42, ⩽ – 🛗 📺 🎬. 🔚 𝘝𝘐𝘚𝘈
18 qto ⊑ 6000/8000.

🏠 **Ramalhete** sem rest, Rua Dr. Correia Mateus 30 - 2é ℰ 268 21, Telex 16084, Fax 250 99
– 🎬. 🖭 ⓪ 🔚 𝘝𝘐𝘚𝘈. ⋇
28 qto ⊑ 5750/7000.

🏠 São Luis sem rest, Rua Henrique Sommer ℰ 250 41, Telex 44051, Fax 81 38 97 – 🛗 🎬
47 qto.

✕ **Reis,** Rua Wenceslau de Morais 17 ℰ 248 34
fechado domingo – Ref lista aprox. 1200.

✕ **Aquário,** Rua Capitão Mouzinho de Albuquerque 17 ℰ 247 20 – 🖭 ⓪ 🔚 𝘝𝘐𝘚𝘈. ⋇
fechado 5ª feira e do 1 ao 15 outubro – Ref lista 1650 a 2000.

em Marrazes na estrada N 109 N : 1 km – ✉ 2400 Leiria – 🔲 044

✕ **Tromba Rija,** Rua Professores Portelas ℰ 32072 – 🖩. 🖭 ⓪ 🔚 𝘝𝘐𝘚𝘈
fechado sábado noite, domingo e feriados – Ref lista 1800 a 2200.

pela estrada N I SO : 4,5 km – ✉ 2400 Leiria – 🔲 044 :

✕ **O Casarão,** Cruzamento de Azóia ℰ 279 80 – 🅿. 🖭 ⓪ 🔚 𝘝𝘐𝘚𝘈. ⋇
fechado 2ª feira e do 1 ao 15 outubro – Ref lista 2300 a 3450.

AUTOBIANCHI-LANCIA Rua de Tomar 11
ℰ 325 20
B.L.M.C. (AUSTIN-MORRIS) Rua de Tomar
ℰ 319 43
BMW av. Herois de Angola 85 ℰ 258 97
CITROEN Rua Tenente Valadim 68 ℰ 239 69
DATSUN-NISSAN Alto do Vieiro ℰ 254 52
FIAT Rua de Tomar 11-A ℰ 325 20
FORD Rua Dr. João Soares ℰ 241 91
G.M - OPEL Alto do Vieiro ℰ 240 61
MERCEDES-BENZ av. Comb. da Grande Guerra
14 ℰ 327 84

MITSUBISHI Barracão ℰ 924 46
PEUGEOT-ALFA ROMEO Vale Grande - Azoia
ℰ 271 60
PEUGEOT-ALFA ROMEO Av. Combatentes da
Grande Guerra 12 ℰ 320 77
RENAULT Av. Heróis de Angola 34 ℰ 250 09
SEAT Centro Comercial D. João III ℰ 339 83
TOYOTA av. Heróis de Angola 115 ℰ 234 76
VOLVO Estrada N I - Alto do Vieiro ℰ 241 51
VW-AUDI Rua Capitão Mouzinho de Albuquer-
que 38 ℰ 81 19 43

LISBOA

LISBOA 1100 🅿 **437** P 2 – 826 140 h. alt. 111 – ✆ 01.

Ver : Vista sobre a cidade : ★★da Ponte 25 de Abril (p. 2) BV, ★★do Cristo-Rei por ②.

CENTRO
Ver : Rossio★ (Praça) p. 5 GY – Avenida da Liberdade★ (p. 4) FX – Parque Eduardo VII★ (Estufa fria) p. 4 EX – Igreja São Roque★ (p. 4) FY M¹ – Terreiro do Paço (Praça) p. 5 GZ.

CIDADE MEDIEVAL
Ver : Castelo de São Jorge★★ (p. 5) GY – Sé★ (p. 5) GZ – Miradouro de Santa Luzia★ (p. 7) JY – Alfama★★ (p. 7) JYZ.

CIDADE MANUELINA
Ver : Mosteiro dos Jerónimos★★ (igreja, claustro) p. 2 AV – Torre de Belém★★ (p. 2) AV – Padrão dos Descobrimentos★ (p. 2) AV F.

MUSEUS
Nacional de Arte Antiga★★ (poliptico de Nuno Gonçalves★★★) p. 2 BV M⁶ – Calouste-Gulbenkian★★★ (coleções de arte) p. 3 CU M⁷ – do Azulejo★ e Igreja da Madre de Deus★★ (p. 3) DU N – Nacional dos Coches★★ (p. 2) AV M¹² – da Marinha★★ (p. 2) AV M⁴.

▮₁₈, ▮₉ Club de golf do Estoril 25 km por ③ ✆ 268 01 76 Estoril – ▮₁₈ Lisbon Sports Club 20 km por ⑤ ✆ 96 00 77 – ▮₁₈ Club de Campo de Lisboa 15 km por ② ✆ 24 57 17 Aroeira, Fonte da Telha.

✈ de Lisboa, 8 km do centro (CDU) – T.A.P., Praça Marquês de Pombal 3, ⊠ 1200, ✆ 54 40 80 e no aeroporto ✆ 88 91 81.

🚂 ✆ 87 75 09.

⛴ para a Madeira : E.N.M., Rua de São Julião 5, ⊠ 1100, ✆ 87 01 21 e Rocha Conde de Obidos, ⊠ 1300.

🛈 Palácio Foz, Praça dos Restauradores ✆ 346 63 07, e no aeroporto ✆ 89 36 89 – A.C.P. Rua Rosa Araújo 24, ⊠ 1200, ✆ 56 39 31, Telex 12581 – A.C.P. Av. Barbosa du Bocage 23, ⊠ 1000, ✆ 77 54 75, Telex 14070.

◆Madrid 658 ① – ◆Bilbao 907 ① – Paris 1820 ① – ◆Porto 314 ① – ◆Sevilla 417 ②.

LISBOA

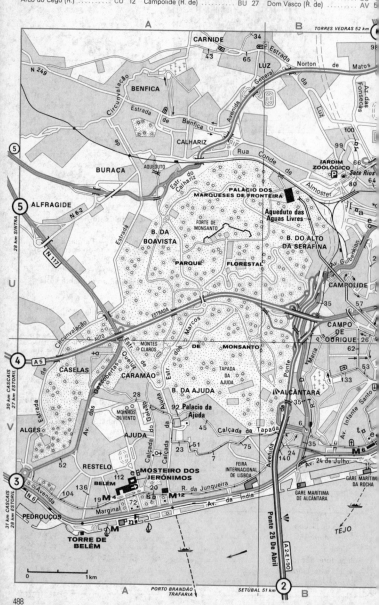

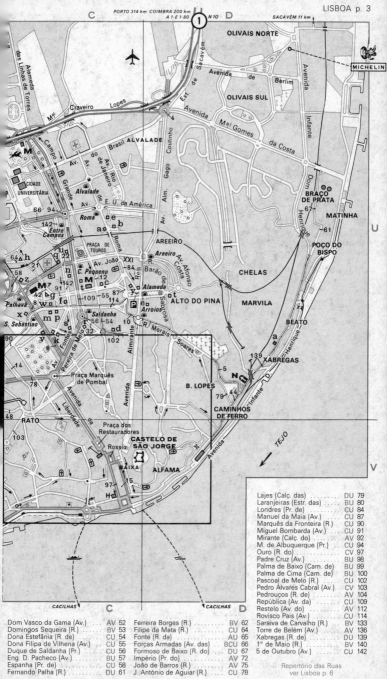

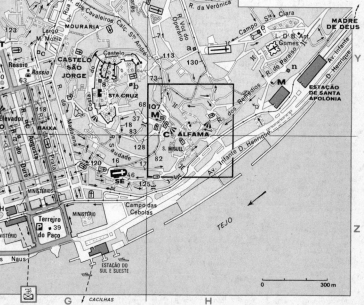

HOTEIS

E RESTAURANTES

Ritz, Rua Rodrigo da Fonseca 88, ⊠ 1093, ℰ 69 20 20, Telex 12589, Fax 69 17 83, ≤, 斎 – 劇 ⬛ 📺 ☎ ⇔ ❷ – 🍴 25/600. 🖭 ⓞ Ɛ 𝑉𝐼𝑆𝐴. 🛠 rest   EX
Ref rest. **Varanda** lista 4050 a 4700 e rest. **The Grill** lista 6300 a 7400 – **310 qt** ⊃ 39000/44000.

Lisboa Sheraton, Rua Latino Coelho 1, ⊠ 1000, ℰ 57 57 57, Telex 12774, Fax 54 71 64 ≤, 🛋 climatizada – 劇 ⬛ 📺 ☎ ᕋ ⇔ – 🍴 25/550. 🖭 ⓞ Ɛ 𝑉𝐼𝑆𝐴. 🛠   CU
Ref rest. **Alfama Grill** *(fechado sábado, domingo e feriados)* lista 4800 a 6100 e rest **Caravela** lista 4700 a 5200 – **384 qto** ⊃ 35000/40000.

Le Meridien Lisboa, Rua Castilho 149, ⊠ 1000, ℰ 69 09 00, Telex 64315, Fax 69 32 31 ≤ – 劇 ⬛ 📺 ☎ ⇔ – 🍴 25/480. 🖭 ⓞ Ɛ 𝑉𝐼𝑆𝐴. 🛠 rest   EX
Ref 4800 - rest. **Atlantic** *(fechado sábado, domingo e agosto)* lista 5700 a 7100 e **Brasseri des Amis** lista 4750 a 5500 – **331 qto** ⊃ 35000/40000.

Tivoli Lisboa, Av. da Liberdade 185, ⊠ 1200, ℰ 53 01 81, Telex 12588, Fax 57 94 61, 斎 « Terraço com ≤ Cidade », 🛋 climatizada, 🛠 – 劇 ⬛ 📺 ☎ ⇔ – 🍴   FX
Ref Grill Terraço e rest. Zodiaco – **327 qto**.

Alfa Lisboa, Av. Columbano Bordalo Pinheiro, ⊠ 1000, ℰ 726 21 21, Telex 18477, Fa 726 30 31, ≤ – 劇 ⬛ 📺 ☎ ⇔ – 🍴 25/250. 🖭 ⓞ Ɛ 𝑉𝐼𝑆𝐴. 🛠   BU
Ref 2800 Grill Pombalino e rest. A Aldeia – **350 qto** ⊃ 21000/26000.

Altis, Rua Castilho 11, ⊠ 1200, ℰ 52 24 96, Telex 13314, Fax 54 86 96, 🔲 – 劇 ⬛ 📺 ☎ ⇔ – 🍴   EX
Ref rest. Girasol e Grill Dom Fernando – **307 qto**.

Continental, Rua Laura Alves 9, ⊠ 1000, ℰ 793 50 05, Telex 65632, Fax 77 36 69 – ⬛ 📺 ☎ ⇔ – 🍴 25/180. 🖭 ⓞ Ɛ 𝑉𝐼𝑆𝐴. 🛠   CU
Ref rest. **D. Miguel** *(fechado sábado noite e domingo)* lista 3800 a 4650 e rest. **Coffee Sho** Lista 3800 a 4650 – **220 qto** ⊃ 19500/22000.

Lisboa Penta, Av. dos Combatentes, ⊠ 1600, ℰ 726 40 54, Telex 18437, Fax 726 42 8 ≤, 🛋 – 劇 ⬛ 📺 ☎ ⇔ ❷ – 🍴 25/600. 🖭 ⓞ Ɛ 𝑉𝐼𝑆𝐴. 🛠 rest   BU
Ref 3450 Grill Passarola rest. e Verde Pino – **588 qto** ⊃ 17000/20700.

Holiday Inn, Av. António José de Almeida 28 A, ⊠ 1000, ℰ 73 52 22, Telex 60330, Fa 73 66 72 – 劇 ⬛ 📺 ☎ ⇔ – 🍴 . 🖭 ⓞ Ɛ 𝑉𝐼𝑆𝐴. 🛠   CU
Ref 3450 – **169 qto** ⊃ 21000/23000.

Novotel Lisboa, Av. José Malhoa 1642, ⊠ 1000, ℰ 726 60 22, Telex 40114, Fax 726 64 9 ≤, 🛋 – 劇 ⬛ 📺 ☎ ᕋ ⇔ – 🍴 25/300. 🖭 ⓞ Ɛ 𝑉𝐼𝑆𝐴   BU
Ref 3450 – **246 qto** ⊃ 11800/14300.

Lisboa Plaza, Travessa do Salitre 7, ⊠ 1200, ℰ 346 39 22, Telex 16402, Fax 37 16 30 劇 ⬛ 📺 ☎. 🖭 ⓞ Ɛ 𝑉𝐼𝑆𝐴. 🛠   FX
Ref 3900 – **93 qto** ⊃ 22000/25000 – PA 7100.

Lutécia, Av. Frei Miguel Contreiras 52, ⊠ 1700, ℰ 80 31 21, Telex 12457, Fax 80 78 1 ≤ – 劇 ⬛ 📺 ☎. 🖭 ⓞ Ɛ 𝑉𝐼𝑆𝐴. 🛠   CU
Ref 2400 – **151 qto** ⊃ 15000/18000.

Tivoli Jardim, Rua Julio Cesar Machado 7, ⊠ 1200, ℰ 53 99 71, Telex 12172, Fa 55 65 66, 🛋 climatizada, 🛠 – 劇 ⬛ 📺 ☎ ❷ 🖭 ⓞ Ɛ 𝑉𝐼𝑆𝐴. 🛠   FX
Ref lista 3050 a 4700 – **119 qto** ⊃ 17500/21500.

Diplomático, Rua Castilho 74, ⊠ 1200, ℰ 56 20 41, Telex 13713, Fax 52 21 55 – 劇 ⬛ ᴰ ☎ – 🍴 – **90 qto**   EX

Flórida sem rest, Rua Duque de Palmela 32, ⊠ 1200, ℰ 57 61 45, Telex 12256, Fa 54 35 84 – 劇 ⬛ 📺 ☎ – 🍴 25/100. 🖭 ⓞ Ɛ 𝑉𝐼𝑆𝐴. 🛠 rest   EX
112 qto ⊃ 15000/18000.

Mundial, Rua D. Duarte 4, ⊠ 1100, ℰ 86 31 01, Telex 12308, Fax 87 91 29, ≤ – 劇 📺 ☎ ❷ – 🍴 25/140. 🖭 ⓞ Ɛ 𝑉𝐼𝑆𝐴. 🛠   GY
Ref 3000 – **147 qto** ⊃ 13800/17500.

Fénix y Rest. el Bodegón, Praça Marquês de Pombal 8, ⊠ 1200, ℰ 53 51 21, Tel 12170 – 劇 ⬛ 📺 – 🍴 25/100. 🖭 ⓞ Ɛ 𝑉𝐼𝑆𝐴. 🛠   EX
Ref 2950 – **122 qto** ⊃ 13500/15700 – PA 5900.

Dom Manuel I sem rest, Av. Duque d'Avila 189, ⊠ 1000, ℰ 57 61 60, Telex 43558, F 57 69 85, « Bela decoração » – 劇 ⬛ 📺 ☎. 🖭 ⓞ Ɛ 𝑉𝐼𝑆𝐴. 🛠   CU
64 qto ⊃ 12000/14000.

Lisboa sem rest, Rua Barata Salgueiro 5, ⊠ 1100, ℰ 55 41 31, Telex 60228, Fax 55 41 – 劇 ⬛ 📺 ☎ ᕋ. 🖭 ⓞ Ɛ 𝑉𝐼𝑆𝐴. 🛠   FX
61 qto ⊃ 16000/19250.

🏨 **Roma,** Av. de Roma 33, ⊠ 1700, ✆ 76 77 61, Telex 16586, Fax 793 29 81, ≤, 🖾 – 🛗 ▤
☎ – 🏊 25/230. 🖭 ⑩ ⋲ 𝘝𝘐𝘚𝘈. ⌘
CU **a**
Ref 2000 – **265 qto** ⊊ 8000/10000 – PA 3600.

🏨 **Eduardo VII,** Av. Fontes Pereira de Melo 5, ⊠ 1000, ✆ 53 01 41, Telex 18340, Fax
53 38 79, ≤ – 🛗 ▤ 📺 ☎ – 🏊 25/60. 🖭 ⑩ ⋲ 𝘝𝘐𝘚𝘈. ⌘
EX **p**
Ref 3450 – **121 qto** ⊊ 13800/14400 – PA 6900.

🏨 **Dom Carlos** sem rest, Av. Duque de Loulé 121, ⊠ 1000, ✆ 53 90 71, Telex 16468, Fax
352 07 28 – 🛗 ▤ 📺 ☎
EX **s**
73 qto.

🏨 **Miraparque,** Av. Sidónio Pais 12, ⊠ 1000, ✆ 57 80 70, Telex 16745, Fax 57 89 20 – 🛗
▤ ☜. 🖭 ⑩ ⋲ 𝘝𝘐𝘚𝘈. ⌘
EX **k**
Ref lista 1900 a 2600 – **100 qto** ⊊ 8000/9500.

🏨 **Príncipe Real,** Rua da Alegria 53, ⊠ 1200, ✆ 346 01 16, Telex 44571, Fax 52 34 92 – 🛗
▤ 📺 ☎. 🖭 ⑩ ⋲ 𝘝𝘐𝘚𝘈. ⌘
EX **q**
Ref 2500 – **24 qto** ⊊ 16000/19500 – PA 4500.

🏨 **Britânia** sem rest, Rua Rodrigues Sampaio 17, ⊠ 1100, ✆ 57 50 16, Telex 13733, Fax
57 58 45 – 🛗 ▤ 📺 ☎. 🖭 ⑩ ⋲ 𝘝𝘐𝘚𝘈. ⌘
FX **y**
30 qto ⊊ 11300/13900.

🏨 **York House,** Rua das Janelas Verdes 32, ⊠ 1200, ✆ 396 25 44, Telex 16791, Fax 67 27 93,
☜, « Instalado num convento do século XVI decorado num estilo português » – ☎. 🖭
⑩ ⋲ 𝘝𝘐𝘚𝘈. ⌘
BV **e**
Ref lista 2400 a 3300 – **36 qto** ⊊ 15000/17000.

🏨 **Residencia York House** sem rest, Rua das Janelas Verdes 47, ⊠ 1200, ✆ 396 81 43,
Telex 16791, Fax 67 27 93 – ☜. 🖭 ⑩ ⋲ 𝘝𝘐𝘚𝘈. ⌘
BV **e**
17 qto ⊊ 15000/17000.

🏨 **Botânico** sem rest, Rua Mãe de Agua, ⊠ 1200, ✆ 32 03 92, Telex 16174, Fax 32 01 25 –
🛗 ▤ 📺 ☎. 🖭 ⑩ ⋲ 𝘝𝘐𝘚𝘈. ⌘
FX **s**
30 qto ⊊ 10500/16000.

🏨 Da Torre, Rua dos Jerónimos 8, ⊠ 1400, ✆ 363 62 62, Fax 64 59 95 – 🛗 📺 ☎ – 🏊
(ver rest. **São Jerónimo**) – **50 qto**
AV **e**

🏨 **Flamingo,** Rua Castilho 41, ⊠ 1200, ✆ 53 21 91, Telex 14736, Fax 352 12 16 – 🛗 ▤ 📺
☎. 🖭 ⑩ ⋲ 𝘝𝘐𝘚𝘈. ⌘
EX **n**
Ref 2000 – **39 qto** ⊊ 10600/12600 – PA 4000.

🏨 **Albergaria Senhora do Monte** sem rest, Calçada do Monte 39, ⊠ 1100, ✆ 86 60 02,
Fax 87 77 83, ≤ Castelo de São Jorge, cidade e o rio Tejo – 🛗 ▤ ☎. 🖭 ⑩ ⋲ 𝘝𝘐𝘚𝘈. ⌘
GX **c**
28 qto ⊊ 9000/12000.

🏨 Vip', sem rest, Rua Fernão Lopes 25, ⊠ 1000, ✆ 57 89 23, Telex 14194, Fax 57 87 73 – 🛗
📺 ☎
CU **r**
54 qto.

🏨 **Capitol,** Rua Eça de Queiroz 24, ⊠ 1000, ✆ 53 68 11, Telex 13701, Fax 352 61 65 – 🛗
▤ rest ☎. 🖭 ⑩ ⋲ 𝘝𝘐𝘚𝘈. ⌘
EX **f**
58 qto ⊊ 10700/12900.

🏨 Príncipe, Av. Duque d'Avila 201, ⊠ 1000, ✆ 53 61 51, Telex 43565, Fax 53 43 14 – 🛗 ▤
📺 ☎ ℗
CU **m**
68 qto.

🏨 **Berna,** sem rest, Av. António Serpa 13, ⊠ 1000, ✆ 793 67 67, Telex 62516, Fax 793 62 78
– 🛗 ▤ 📺 ☎ ☜ – 🏊 25/140. 🖭 ⑩ ⋲ 𝘝𝘐𝘚𝘈. ⌘
CU **u**
154 qto ⊊ 10000/12500.

🏩 **Fonte Luminosa** sem rest., Alameda D. Afonso Enriques 70 6º, ⊠ 1000, ✆ 80 48 96,
Telex 15063, Fax 80 90 03 – 🛗 ☎. 🖭 ⋲ 𝘝𝘐𝘚𝘈. ⌘
CU **y**
37 qto ⊊ 5000/6900.

🏩 **D. Afonso Henriques** sem rest, Rua Cristóvão Falcão 8, ⊠ 1900, ✆ 814 65 74, Telex
64952, Fax 82 33 75 – 🛗 📺 ☎ ☜ – 🏊 25/80. 🖭 ⑩ ⋲ 𝘝𝘐𝘚𝘈. ⌘
DU **t**
39 qto ⊊ 6500/8500.

🏩 Nazareth sem rest, Av. António Augusto de Aguiar 25, ⊠ 1000, ✆ 54 20 16, Fax 56 08 36
– 🛗 📺 ☜
EX **y**
32 qto.

🏩 **São Pedro** sem rest, Rua Pascoal de Melo 130, ⊠ 1000, ✆ 57 87 65, Telex 65470 – 🛗
☎. 𝘝𝘐𝘚𝘈. ⌘
CU **d**
85 qto 5900/7500.

🏩 **Insulana** sem rest, Rua da Assunção 52, ⊠ 1100, ✆ 342 76 25 – 🛗 📺 ☎. 🖭 ⑩ ⋲ 𝘝𝘐𝘚𝘈.
⌘
GY **e**
32 qto ⊊ 8000/10000.

🏩 **Dom Joao** sem rest, Rua José Estevao 43, ⊠ 1100, ✆ 54 30 64 – 🛗 ☎. 🖭 ⑩ ⋲ 𝘝𝘐𝘚𝘈.
GX **e**
18 qto ⊊ 7000/10000.

🏩 **Alicante** sem rest, Av. Duque de Loulé 20, ⊠ 1000, ✆ 53 05 14, Fax 352 02 50 – 🛗 📺
☜. 🖭 ⑩ ⋲ 𝘝𝘐𝘚𝘈. ⌘
FX **c**
42 qto ⊊ 5200/6200.

🏠 **Imperador** sem rest, Av. 5 de Outubro 55, ✉ 1000, 𝒫 52 48 84 – 🛗 ☎. ᴀᴇ ⓄⒹ Ɛ 𝘷𝘪𝘴𝘢
❄ – **43 qto** 🖵 6000/7500   CU

🏠 **Residência Roma** sem rest, Travessa da Glória 22 A, ✉ 1200, 𝒫 346 05 57, Fax 346 05 5
– 📺 ☜. ᴀᴇ Ɛ 𝘷𝘪𝘴𝘢. ❄   FXY
24 qto 🖵 6700/8400.

🏠 **Albergaria Pax** sem rest, Rua José Estêvão 20, ✉ 1100, 𝒫 56 18 61, Telex 65417 – 🛗
🗏 ☜. ᴀᴇ ⓄⒹ Ɛ 𝘷𝘪𝘴𝘢. ❄   GX
34 qto 🖵 6000/7500.

🏠 **Americano** sem rest, Rua 1º de Dezembro 73, ✉ 1200, 𝒫 347 49 76 – 🛗 ☎. ᴀᴇ 𝘷𝘪𝘴𝘢
50 qto 🖵 5200/7000.   FY

XXXX ❀ **Tágide**, Largo da Academia Nacional de Belas Artes 18, ✉ 1200, 𝒫 32 07 20, ≤ – 🗏
ᴀᴇ ⓄⒹ Ɛ 𝘷𝘪𝘴𝘢. ❄   FZ
fechado sábado e domingo – Ref lista 4600 a 8300
Espec. Crêpes santola Tágide, Bacalhau no forno à Tágide, Churrasco de cabrito con ervas aromáticas.

XXXX **Antonio Clara - Clube de Empresários,** Av. da República 38, ✉ 1000, 𝒫 76 63 8C
Telex 62506, Fax 77 41 44, « Instalado num antigo palacete » – 🗏 Ⓟ. ᴀᴇ ⓄⒹ Ɛ 𝘷𝘪𝘴𝘢. ❄   CU
fechado domingo – Ref lista 3700 a 5750.

XXXX **Clara,** Campo dos Mártires da Patria 49, ✉ 1100, 𝒫 57 04 34, 😊 – 🗏. ᴀᴇ ⓄⒹ Ɛ 𝘷𝘪𝘴𝘢. ❄
fechado sábado meio-dia e domingo – Ref lista 4400 a 6200.   FX

XXXX Aviz, Rua Serpa Pinto 12-B, ✉ 1200, 𝒫 32 83 91 – 🗏   FZ

XXXX **Tavares,** Rua da Misericórdia 37, ✉ 1200, 𝒫 32 11 12, Estilo fim do século XIX – 🗏. 🖻
ⓄⒹ Ɛ 𝘷𝘪𝘴𝘢.   FZ
fechado sábado – Ref lista 5200 a 6400.

XXX **Gare Maritima-Michel** (rest. escola), Gare Maritima de Alcantara-Alcantara Sul 𝒫 6
63 35, ≤ – 🗏. ᴀᴇ ⓄⒹ Ɛ 𝘷𝘪𝘴𝘢. ❄   BV
fechado sábado meio-día, domingo, feriados e agosto – Ref lista 3950 a 4700.

XXX **Gambrinus,** Rua das Portas de Santo Antão 25, ✉ 1100, 𝒫 32 14 66, Fax 346 50 32
🗏. ᴀᴇ 𝘷𝘪𝘴𝘢. ❄   GY
Ref lista 8800 a 11600.

XXX **Escorial,** Rua das Portas de Santo Antão 47, ✉ 1100, 𝒫 346 44 29 – 🗏. ᴀᴇ ⓄⒹ Ɛ 𝘷𝘪𝘴𝘢
Ref lista 5850 a 6450.

XXX ❀ **Casa da Comida,** Travessa das Amoreiras 1, ✉ 1200, 𝒫 68 53 76, « Patio co
plantas » – 🗏. ᴀᴇ ⓄⒹ Ɛ 𝘷𝘪𝘴𝘢. ❄   EX
fechado sábado meio-dia e domingo – Ref lista 3800 a 7400
Espec. Sapateira recheada quente ou fria, Pregado com pimenta verde, Perdiz ou faisão à Covento
Alcantara..

XXX **Mister Cook** com snack-bar, Av. Guerra Junqueiro 1, ✉ 1000, 𝒫 80 72 37, « Decoraçã
original » – 🗏. ᴀᴇ ⓄⒹ Ɛ 𝘷𝘪𝘴𝘢. ❄   CU
fechado domingo – Ref lista 3100 a 4850.

XXX **Pabe,** Rua Duque de Palmela 27-A, ✉ 1200, 𝒫 53 74 84, Pub inglês – 🗏. ᴀᴇ ⓄⒹ Ɛ 𝘷𝘪𝘴
❄ – Ref lista 3400 a 4700   EX

XXX **Chester,** Rua Rodrigo da Fonseca 87-D, ✉ 1200, 𝒫 65 73 47, Carnes – 🗏. ᴀᴇ ⓄⒹ Ɛ 𝘷𝘪𝘴
❄ – *fechado domingo e feriados* – Ref lista 4600 a 6050   EX

XXX **Saraiva's,** Rua Eng. Canto Resende 3, ✉ 1000, 𝒫 53 19 87, Decoração moderna – 🗏. 🖻
ⓄⒹ Ɛ 𝘷𝘪𝘴𝘢. ❄   CU
fechado sábados e feriados – Ref lista 4050 a 5850.

XXX **Bachus,** Largo da Trindade 9, ✉ 1200, 𝒫 32 28 28 – 🗏. ᴀᴇ ⓄⒹ Ɛ 𝘷𝘪𝘴𝘢. ❄   FY
Ref lista 6300 a 6800.

XXX ❀ **Conventual,** Praça das Flores 45, ✉ 1200, 𝒫 60 91 96 – 🗏. ᴀᴇ ⓄⒹ Ɛ 𝘷𝘪𝘴𝘢   EY
fechado sábado meio-dia e domingo – Ref lista 3130 a 5000
Espec. Ameijoas"Capelàs da Sines". Lombo de linguado com molho marisco. Pato com champagne
pimenta rosa.

XXX **O Faz Figura,** Rua do Paraíso 15 B, ✉ 1100, 𝒫 86 89 81, ≤, 😊 – 🗏. ⓄⒹ Ɛ 𝘷𝘪𝘴𝘢. ❄
fechado domingo – Ref lista 3500 a 4500.   HY

XX **Via Graça,** Rua Damasceno Monteiro 9 B, ✉ 1100, 𝒫 87 08 30, ≤ Castelo de São Jorg
cidade e o rio Tejo – 🗏. ᴀᴇ ⓄⒹ Ɛ 𝘷𝘪𝘴𝘢. ❄   GX
fechado sábado meio-dia, domingo e 15-30 agosto – Ref lista 2900 a 5400.

XX **Olympus,** Av. Miguel Bombarda 131 A, ✉ 1100, 𝒫 55 68 66 – 🗏. ᴀᴇ ⓄⒹ Ɛ 𝘷𝘪𝘴𝘢. ❄   CU
Ref lista 3000 a 4100.

XX **Casa do Leão,** Castelo de São Jorge, ✉ 1100, 𝒫 87 59 62, Fax 87 63 29, ≤ – 🗏. ᴀᴇ Ⓒ
Ɛ 𝘷𝘪𝘴𝘢. ❄   GY
Ref (só almoço) lista 4800 a 9000.

XX **Santa Cruz - Michel,** Largo de Santa Cruz do Castelo 5, ✉ 1100, 𝒫 86 43 38 – 🗏.
ⓄⒹ Ɛ 𝘷𝘪𝘴𝘢   GY
fechado sábado meio-dia, domingo e feriados – Ref lista 3550 a 4600.

XX **São Jerónimo,** Rua dos Jerónimos 12, ✉ 1400, 𝒫 64 87 96 – 🗏. ᴀᴇ ⓄⒹ Ɛ 𝘷𝘪𝘴𝘢. ❄
fechado sábado meio-día e domingo – Ref lista 2850 a 4450.   AV

XX **Espelho d'Água,** Av. de Brasilia, ⊠ 1400, 𝒫 61 73 73, ≤, 🐾, Situado num pequeno lago artificial, Decoração moderna – 🍽. 🖭 Ⓔ 𝕍𝕀𝕊𝔸. 🕸
AV **n**
fechado domingo – Ref lista 2690 a 3300.

XX **Arlecchino,** Rua Filhão de Almeida 6B, ⊠ 1000, 𝒫 54 83 70 – 🍽. 🖭 Ⓔ 𝕍𝕀𝕊𝔸
🕸
CU **x**
fechado sábado noite e domingo – Ref lista 3900 a 4500.

XX A Góndola, Av. de Berna 64, ⊠ 1000, 𝒫 77 04 26, 🐾 – 🍽
CU **z**

XX **Sancho,** Travessa da Glória 14, ⊠ 1200, 𝒫 346 97 80 – 🍽. 🖭 Ⓔ 𝕍𝕀𝕊𝔸. 🕸
FX **t**
fechado domingo – Ref lista 1650 a 3200.

XX **Saddle Room,** Praça José Fontana 17C, ⊠ 1000, 𝒫 52 31 57, Telex 64269, Fax 54 09 61, Música ao jantar, Decoração rústica-inglesa – 🍽. 🖭 Ⓔ 𝕍𝕀𝕊𝔸
FX **w**
fechado domingo – Ref lista 2850 a 4800.

XX Adega do Teixeira, Rua do Teixeira 39, ⊠ 1200, 𝒫 32 83 20, 🐾 – 🍽
FY **e**

XX **O Polícia,** Rua Marquês Sá da Bandeira 112, ⊠ 1000, 𝒫 76 35 05 – 🍽. Ⓔ 𝕍𝕀𝕊𝔸
🕸
CU **g**
fechado sábado noite e domingo – Ref lista 2750 a 4250.

XX **Adega Tía Matilde,** Rua da Beneficência 77, ⊠ 1600, 𝒫 77 21 72 – 🍽. 🖭 Ⓔ 𝕍𝕀𝕊𝔸.
🕸
CU **h**
fechado domingo – Ref lista 3500 a 5650.

XX **Forno de Brites,** Rua Tomás Ribeiro 75, ⊠ 1000, 𝒫 54 27 24 – 🍽. 🖭 Ⓔ 𝕍𝕀𝕊𝔸. 🕸
CU **k**
fechado sábado – Ref lista 2440 a 3600.

X Páginas Tantas, rua do Diário de Noticias 85, ⊠ 1200, 𝒫 346 54 95 – 🍽
FY **u**

X Frei Papinhas, Rua D. Francisco Manuel de Melo 32, ⊠ 1000, 𝒫 65 87 57 – 🍽
EX **r**

X O Vicentinho, Rua Voz do Operario 1 B, ⊠ 1100, 𝒫 86 46 95 – 🍽
HY **a**

X **O Funil,** Av. Elias Garcia 82 A, ⊠ 1000, 𝒫 76 60 07 – 🍽. Ⓔ 𝕍𝕀𝕊𝔸. 🕸
CU **n**
fechado domingo noite e 2ª feira – Ref lista 2350 a 4500.

X **Xêlê Bananas,** Praça das Flores 29, ⊠ 1200, 𝒫 67 05 15, Inspiração decorativa tropical – 🍽. 🖭 Ⓔ 𝕍𝕀𝕊𝔸
EY **n**
fechado sábado meio-dia e domingo – Ref lista 2700 a 4850.

X **Sua Excelencia,** Rua do Conde 42, ⊠ 1200, 𝒫 60 36 14 – 🍽. 🖭 Ⓔ 𝕍𝕀𝕊𝔸
BV **t**
fechado sábado, domingo ao meio-dia, 4ª feira e setembro – Ref lista 2850 a 5050.

X **Chez Armand,** Rua Carlos Mardel 38, ⊠ 1900, 𝒫 52 07 70, rest. francês, carnes – 🍽. 🖭 Ⓞ Ⓔ 𝕍𝕀𝕊𝔸
DU **e**
fechado sábado meio-dia, domingo e 14 agosto-8 setembre – Ref lista 2540 a 3490.

X Pap'Açorda, Rua da Atalaia 57, ⊠ 1200, 𝒫 346 48 11 – 🍽
FY **d**

X **Antonio,** Rua Tomás Ribeiro 63, ⊠ 1000, 𝒫 53 87 80 – 🍽. Ⓔ 𝕍𝕀𝕊𝔸. 🕸
CU **k**
Ref lista 2950 a 5000.

X **Celta,** Rua Gomes Freire 148-C e D, ⊠ 1100, 𝒫 57 30 69 – 🍽. 🖭 Ⓔ 𝕍𝕀𝕊𝔸. 🕸
FX **k**
fechado sábado – Ref lista 2540 a 3780.

X Arraial, Rua Conde de Sabugosa 13 A, ⊠ 1700, 𝒫 89 73 43, Decoração rústica – 🍽
CU **e**

X **Porta Branca,** Rua do Teixeira 35, ⊠ 1200, 𝒫 32 10 24 – 🍽. 🖭 Ⓞ Ⓔ 𝕍𝕀𝕊𝔸. 🕸
FY **e**
fechado domingo e julho – Ref lista 3050 a 5000.

X **Vasku's Grill,** Rua Passos Manuel 30, ⊠ 1100, 𝒫 54 22 93, Grelhados – 🍽. 🖭 Ⓞ Ⓔ 𝕍𝕀𝕊𝔸. 🕸
GX **a**
fechado domingo e agosto – Ref lista 2250 a 3750.

X **D'Avis,** rua do Grilo 98, ⊠ 1900, 𝒫 858 13 54 – 🍽. Ⓔ 𝕍𝕀𝕊𝔸
DU **a**
fechado domingo e 1-15 agosto – Ref lista 1670 a 2650.

X **Comida de Santo,** Calçada do Eng. Miguel Pais 39, ⊠ 1200, 𝒫 396 33 39, Cozinha brasileira – 🍽. 🖭 Ⓞ Ⓔ 𝕍𝕀𝕊𝔸
EX **v**
Ref lista 2400 a 3400.

X **Patchuka,** Rua do Século 149 A, ⊠ 1200, 𝒫 346 45 78 – 🍽. 🖭 Ⓞ Ⓔ 𝕍𝕀𝕊𝔸. 🕸
EY **s**
fechado domingo e agosto – Ref lista 1650 a 2500.

X **Mercado de Santa Clara,** Campo de Santa Clara (no mercado), ⊠ 1100, 𝒫 87 39 86, ≤ – 🍽. 🖭 Ⓞ Ⓔ 𝕍𝕀𝕊𝔸. 🕸
HY **c**
fechado 2ª feira e 12 agosto-12 setembro – Ref lista 2850 a 3500.

X **Paris,** Rua dos Sapateiros 126, ⊠ 1100, 𝒫 346 97 97 – 🍽. 🖭 Ⓞ Ⓔ 𝕍𝕀𝕊𝔸. 🕸
GZ **a**
Ref lista 1630 a 2500.

X **Delfim,** Rua Nova de São Mamede 25, ⊠ 1200, 𝒫 69 05 32 – 🍽. 🖭 Ⓞ Ⓔ 𝕍𝕀𝕊𝔸
🕸
EX **t**
fechado sábado – Ref lista 1840 a 3240.

X Arameiro, Travessa de Santo Antão 21, ⊠ 1200, 𝒫 36 71 85, 🐾 – 🍽
FY **a**

X **Caseiro,** Rua de Belém 35, ⊠ 1300, 𝒫 363 88 03, rest. típico – 🍽. 🖭 Ⓞ Ⓔ 𝕍𝕀𝕊𝔸
🕸
AV **s**
fechado 2ª feira e agosto – Ref lista 1940 a 2820.

13
497

RESTAURANTES TIPICOS

XX **Arcadas do Faia,** Rua da Barroca 56, ⊠ 1200, *€* 32 67 42, Telex 13649, Fax 73 04 0(
Fados – 🍽. AE ⓪ E *VISA*. 🍴
fechado domingo – Ref (só jantar) lista 3350 a 5750.
FY

XX **Sr. Vinho,** Rua do Meio -à- Lapa 18, ⊠ 1200, *€* 67 74 56, Telex 42222, Fados – 🍽. ⓘ
⓪ E *VISA*. 🍴
fechado domingo – Ref (só jantar) lista 8420 a 13580.
EZ

XX **A Severa,** Rua das Gáveas 51, ⊠ 1200, *€* 346 40 06, Fados ao jantar – 🍽. AE ⓪ E *VIS*
🍴
fechado 5ª feira – Ref lista 4500 a 5300.
FY

X **Adega Machado,** Rua do Norte 91, ⊠ 1200, *€* 32 87 13, Fax 346 75 07, Fados – 🍽. ⓘ
⓪ E *VISA*. 🍴
fechado 2ª feira de novembro a março – Ref (só jantar) lista 4000 a 5500.
FY

X **O Forcado,** Rua da Rosa 221, ⊠ 1200, *€* 346 85 79, Fados – 🍽. AE ⓪ E *VISA*. 🍴
fechado 3ª feira – Ref lista 4400 a 4700.
FY

MICHELIN, Companhia Luso-Pneu, Lda Av. Dr Francisco Luis Gomes, ⊠ 1800 DU ⚠
851 40 21, Telex 13439, FAX 33 35 25

AUTOBIANCHI-LANCIA Estrada N 117 km 2,4 -
Alfragide *€* 418 71 01
AUTOBIANCHI-LANCIA Rua dos Lusiadas 6-A
€ 63 74 55
AUTOBIANCHI-LANCIA Rua Andrade Corvo 15
€ 52 13 91
AUTOBIANCHI-LANCIA Rua Santo António à Es-
trela 31 *€* 66 90 44
AUTOBIANCHI-LANCIA Rua de Campolide 31A
€ 65 41 16
AUTOBIANCHI-LANCIA Rua Heroís de Quionga
14A *€* 82 32 75
BMW Rua Filipe Folque 34 A *€* 55 47 47
BMW Defensores de Chaves 35 C/D *€* 36 28 11
SEAT av. António Augusto de Aguilar 21
€ 32 28 83
B.L.M.C (AUSTIN-MORRIS) av. da República 36
€ 77 23 09
B.M.L.C. (AUSTIN MORRIS) av. da Liberdade 11
€ 347 63 10
B.M.W. Av. António Augusto de Aguiar 21
€ 52 28 89
CITROEN av. Defensores de Chaves 12
€ 53 41 31
CITROEN Rua Rodrigo da Fonseca 80
€ 53 41 31
CITROEN Av. Vasco de Gama - Sacavóm de
Cima *€* 941 06 63
CITROEN Rua da Manutenção 15 *€* 38 38 61
CITROEN Rua da Cova da Moura 2.A *€* 60 71 16
CITROEN Rua Ponta Delgada 70 A *€* 55 37 74
DATSUN-NISSAN Praça José Queiroz 1
€ 31 40 61
FIAT Rua dos Lusiadas 6 *€* 363 88 09
FIAT Estrada N 117 km 2,4 -Alfragide
€ 418 71 01
FIAT Rua de Arroios 91A *€* 54 69 69
FIAT Rua Andrade Corvo 15 *€* 52 13 91
FIAT Rua de Santo António à Estrela 31
€ 814 41 69
FIAT Rua Palmira 62 *€* 84 41 69
FIAT Rua Heráis de Quionga 14 *€* 82 32 75
FIAT Rua de Campolide 31 A *€* 65 41 14
FIAT av. Cons. Barjona de Freitas 6 A
€ 78 37 03
FIAT Quinta do Marchante, Lote 18 - 1ï
€ 251 98 94
FIAT Rua de Entrecampos 35 A/D *€* 77 00 53
FIAT Rua Filipe Folque 10L *€* 55 42 13
FIAT Av. João XXI - 68 *€* 73 34 12
FORD Rua da Boavista 81-B *€* 396 91 41
FORD Rua Joào Saraiva 15 *€* 89 10 65
FORD Rua Gomes Freire 5-A *€* 53 98 01
FORD Rua Carlos Mardel 12 *€* 58 20 61
G.M. - OPEL av. do Brasil 141 *€* 89 44 51
G.M. - OPEL Rua Alexandre Herculano 66
€ 68 20 42

G.M. - OPEL Av. Casal Ribeiro 48 *€* 53 71 22
G.M. - OPEL Rua Filipe Folque 12 *€* 56 34 41
MERCEDES-BENZ av. Infante D. Henrique, Lote
320-2ï *€* 33 41 115
MERCEDES-BENZ Rua de Campolide
€ 726 25 65
MITSUBISHI Rua Artilharia un no 101 *€* 68 84
MITSUBISHI Rua Bernanrdino Ribeiro 9
€ 52 64 80
PEUGEOT-ALFA ROMEO Travessa Paulo Martin
4A *€* 63 00 06
PEUGEOT-ALFA ROMEO Av. 5 de Outobro 190
€ 70 47 74
PEUGEOT-ALFA ROMEO Rua do Proletariado-
Portela da Ajuda *€* 21 88 00
PEUGEOT-TALBOT Rua Oliveira Martins 4
€ 76 70 61
RENAULT Rua Gregório Lopes, Lote 1512-B
€ 61 42 60
RENAULT Rua Cidade da Beira 48/K *€* 31 76 5
RENAULT av. S. Joao de Deus 7/A *€* 73 44 24
RENAULT Rua Bica do Sapato 36/A *€* 89 76 69
RENAULT Rua Rodrigues Sampaiao 15 A/B
€ 52 94 85
RENAULT Rua Francisco Metrass 32-B/C
€ 65 09 24
RENAULT Rua D. Estefânia 111 *€* 54 82 80
RENAULT Praça Silvestre Pinheiro Ferreira 1/A
€ 78 69 06
RENAULT Rua Dr. José Espirito Santo, Lote 11/
€ 859 00 58
REMAULT av. Frei Miguel Contreiras 16-A
€ 88 61 14
RENAULT Rua Possidónio da Silva 104 A/B/C
€ 60 73 06
SEAT Largo da Graça 36 *€* 87 74 59
SEAT av. de Paris 4-D *€* 88 42 57
SEAT Rua João Chagas (ao Junça) *€* 419 60 64
SEAT Rua Nova de S. Mamede 38 *€* 60 47 28
SEAT R. Dos Soeiros, Lote 2-B *€* 78 52 18
TOYOTA av. Fontes Pereira de Melo 15-1ï
€ 56 01 11
TOYOTA av. de Igreja 39 C *€* 77 90 18
TOYOTA Rua Pinheiro Chagas 101 B *€* 53 77 2
TOYOTA Rua dos Lusiadas 113 A/B *€* 63 10 57
TOYOTA Travessa Moinho de Vento 28 C
€ 66 95 40
VW-AUDI av. Padre Manuel de Nóbrega 8
€ 89 41 85
VW-AUDI av. Alvares Cabral 65B *€* 60 53 62
VW-AUDI Rua Luis de Camões 5A a 5B
€ 363 50 61
VW-AUDI Av. da Liberdade 12 *€* 346 67 51
VW-AUDI Rua Gomes Freire 163 *€* 56 05 88
VW-AUDI Rua Alvarez Redol 3 AC *€* 57 30 55
VW-AUDI Rua Andrade Corvo 29A *€* 56 38 16

Não viage hoje com um mapa de ontem.

498

COMBO DE BAIXO Madeira – ver Madeira (Arquipélago da) : Faial.

LOULÉ 8100 Faro **437** U 5 – 8 595 h. – **☺** 089.
🏛 Edifício do Castelo 🖉 639 00.
Lisboa 299 – Faro 16.

🏠 **Ibérica** sem rest, Av. Marçal Pacheco 157 🖉 41 41 00 – 🕾 **Ⓟ**. **Ⓔ** **VISA**. ⚘
   54 qto 🖙 3000/5500.

🏠 D. Payo sem rest, Rua Projectada à Antero de Quental 🖉 41 44 22 – 🛗 🕾
   26 qto.

   em Franqueada - na estrada N 396 SO : 4,5 km – ⊠ 8100 Loulé – **☺** 089 :

✗ **O Carcavai,** 🖉 635 65, 🛋, Cozinha belga e francêsa, Decoração rústica – 🍽 **Ⓟ**. **ⒶⒺ** **Ⓞ**
   Ⓔ **VISA**. ⚘
   fechado sábado e janeiro-fevereiro – Ref (só jantar) lista 1950 a 4900.

IAT   Rua Afonso de Albuquerque 🖉 647 61   TOYOTA av. Marçal Pacheco 150 🖉 627 96
RENAULT Rua Afonso de Albuquerque 25
° 626 68

LOURINHÃ 2530 Lisboa **437** O 2 – 8 253 h. – **☺** 061 – Praia.
🏌 Club Golf Vimeiro, S : 11 km 🖉 281 57.
🏛 Praia da Areia Branca 🖉 421 67.
Lisboa 74 – Leiria 94 – Santarém 81.

🏠 **Estal. Bela Vista** 🦢, Rua D. Sancho I-Santo André 🖉 427 13, 🏊, ⚘ – 📺 **Ⓟ**. ⚘ rest
   Ref 2550 – **31 qto** 🖙 8500.

🏠 **Figueiredo** 🦢 sem rest, Largo Mestre Anacleto Marcos da Silva 🖉 425 37
   19 qto 🖙 5000.

   na Praia da Areia Branca NO : 3,5 km – ⊠ 2530 Lourinhã – **☺** 061 :

🏨 **São João** 🦢 sem rest e sem 🖙, 🖉 424 91, Telex 61456, 🛋 – 🕾 **Ⓟ**
   18 apartamentos 5280.

🏨 **Estal. Areia Branca** 🦢, 🖉 464 91, Telex 15184, ← – 🕾 **Ⓟ**. **ⒶⒺ** **Ⓞ** **Ⓔ** **VISA**. ⚘
   Ref 1800 – **29 qto** 🖙 6900/9000 – PA 3600.

🏠 **Dom Lourenço,** 🖉 428 09 – **ⒶⒺ** **VISA**. ⚘
   fechado do 1 ao 16 outubro – Ref 1000 – **11 qto** 🖙 3800/4500.

RENAULT Av. António José de Almeida 🖉 421 94

LOUSA 3200 Coimbra **437** L 5 – alt. 200 – **☺** 039.
Lisboa 212 – ♦Coimbra 36 – Leiria 83.

🏠 Martinho, sem rest, Rua Movimento das Forças Armadas 🖉 99 13 97 – **Ⓟ**
   13 qto.

LUSO Aveiro **437** K 4 – 2 726 h. alt. 200 – ⊠ 3050 Mealhada – **☺** 031 – Termas.
🏛 Rua Emídio Navarro 🖉 931 33.
Lisboa 230 – Aveiro 44 – ♦ Coimbra 28 – Viseu 69.

🏨 **Grande Hotel das Termas de Luso** 🦢, 🖉 934 50, Telex 53342, Fax 936 68, 🏊, 🛋,
   🞉, ⚘ – 🛗 🍽 rest **Ⓟ** – ⚙ 25/205. **ⒶⒺ** **Ⓞ** **Ⓔ** **VISA**. ⚘
   Ref 2600 – **173 qto** 🖙 8500/10700 – PA 4600.

🏠 **Eden,** Rua Emídio Navarro 🖉 931 71, Telex 53655 – 🛗 🍽 rest 📺 🕾 **Ⓟ** – ⚙. **ⒶⒺ** **Ⓞ** **Ⓔ**
   VISA. ⚘ rest
   Ref 1400 – **57 qto** 🖙 6000/7800.

MACEDO DE CAVALEIROS 5340 Bragança **437** H 9 – 4 353 h. alt. 580 – **☺** 078.
Lisboa 510 – Bragança 42 – Vila Real 101.

🏨 **Estal. do Caçador,** Largo Manuel Pinto de Azevedo 🖉 423 54, 🛋, 🏊 – 🛗 🕾 🚗 **ⒶⒺ**
   Ⓞ **VISA**. ⚘
   Ref 2600 – **25 qto** 🖙 6800/12000 – PA 5000.

   na estrada de Mirandela NO : 1,7 km – ⊠ 5340 Macedo de Cavaleiros – **☺** 078 :

🏠 **Costa do Sol,** 🖉 423 75 – **Ⓟ**. **Ⓔ** **VISA**. ⚘
   Ref 1450 – **42 qto** 🖙 4000/5000.

MERCEDES-BENZ Via Sul 🖉 425 80   TOYOTA Rua Alexandre Herculano 🖉 426 79
PEUGEOT-ALFA ROMEO Via Sul 🖉 425 80
RENAULT Alameda Nra. Sra. de Fátima
° 427 77

MACHICO Madeira – ver Madeira (Arquipélago da).

MADEIRA

Caniço – 7 249h. – ⊠ 9125 Caniço – ⊙ 091.
Funchal 8.

🏠 A Lareira, Sítio da Vargem 🖉 93 24 94, ☂ – 🛗 ☎ 🚗 ➋
17 qto.

na antiga estrada do Funchal O : 1 km – ⊠ 9125 Caniço – ⊙ 091 :

✕✕ Jardim do Sol, 🖉 93 21 23, ≼, Decoração típica – ➋.

em Caniço de Baixo S : 2,5 Km. – ⊠ 9125 Caniço – ⊙ 091

🏨 Roca Mar ⌂, 🖉 93 33 34, Telex 72391, ≼, ⤢ – 🛗 ☎ ➋
40 qto.

🏨 Galomar ⌂, 🖉 93 24 10, Telex 72397, ≼, ☂, ⤢ – 🛗 ☎ ➋
47 qto.

Faial – 2 622h. – ⊠ 9225 Porto da Cruz – ⊙ 091.
Arred. : Santana★★ (estrada ≼★) NO : 8 km – Estrada do Porto da Cruz (≼★) SE : 8 km.
Funchal 54.

na estrada do Funchal - em Lombo de Baixo S : 2,5 km – ⊠ 9225 Porto da Cruz ⊲
⊙ 091 :

✕ Casa de Chá do Faial, 🖉 572 23, ≼ vale e montanha, ☂ – ➋
Ref *(só almoço)*.

Funchal – 48 239h. – ⊠ 9000 – ⊙ 091.
Ver : Sé★ (tecto★) Z **B** – Museu de Arte Sacra★ (colecção de quadros★)Y **M1** – Quint⊲
das Cruzes★ Y **M3** – Capela da Nazaré★ (azulejos★) por ④ – Pontinha ⋇★★ X – Jardin⊳
Botânico ≼★ V.
Arred. : Miradouro do Pináculo★★ 4 km por ② – Pico dos Barcelos ★★ (⋇ ★★) 3 km po⊳
④ – Monte (localidade★) 5 km por ① – Quinta do Palheiro Ferreiro★ (parque★) 5 km po⊳
② pela estrada de Camacha - Terreiro da Luta ≼★ 7 km por ① – Câmara de Lobos (loca⊳
★, estrada ≼★) 9 km por ③ – Eira do Serrado ⋇★★★ (estrada ≼★★, ≼★) NO : 13 km pel⊳
Caminho de Santo António – Flora da Madeira (jardim botânico ★) 15 km por ① – Curra⊳
das Freiras (local ★, ≼★) NO : 17 km pelo Caminho de Santo António - Miradouro do⊳
Balcões ★★ 18 km por ① e 30 mn a pé - Miradouro do Juncal★ 19 km por ① - Cabo Girã⊲
(≼★) 20 km por ③ - Miradouro do Pico.
Excurs. : Pico Ruivo★★★ (⋇★★★) 21 km por ① e 3 h a pé.
🛥 do Santo da Serra 25 km por ② 🖉 551 39.
✈ do Funchal 23 km por ② - T.A.P. Av. do Mar 8 🖉 620 61 e 221 91.
⚓ para Lisboa : E.N.M Rua da Praia 45 🖉 301 95 e 301 96, Telex 72184.
🛈 Av. Arriaga 18 🖉 290 57 e 256 58 – A.C.P. Av. Arriaga 43 🖉 236 59, Telex 72109.

Plano página seguinte

🏨🏨🏨🏨 **Reid's H.,** Estrada Monumental 139 🖉 230 01, Telex 72139, Fax 304 99, ≼ baía do Funcha⊳
Musica ao jantar, « Magnífico jardim semi-tropical sob um promontório rochoso »⊳
⤢ climatizada, ✕ – 🛗 🖥 ☎ ➋. 🅰🅴 ⓞ 🅴 🆅🅸🆂🅰 ✕ rest   X
Ref 7000 – **173 qto** ⊠ 31000/44000 – PA 6750.

🏨🏨🏨 **Madeira Carlton H.,** Largo António Nobre 🖉 310 31, Telex 72122, Fax 215 35, ≼⊳
⤢ climatizada, ✕ – 🛗 🖥 🖥 ☎ ➋ – 🔬 25/450. 🅰🅴 ⓞ 🅴 🆅🅸🆂🅰 ✕ rest   X ⊳
Ref 3650 – **372 qto** ⊠ 22500/35000 – PA 6500.

🏨🏨🏨 **Casino Park H,** Av. do Infante 🖉 331 11, Telex 72118, Fax 298 75, ≼ montanha, cidad⊳
e mar, « Jardim florido », ⤢ climatizada, ✕ – 🛗 🖥 🖥 ☎ ➋ – 🔬 25/650. 🅰🅴 ⓞ 🅴 🆅🅸🆂
Ref lista 2350 a 3000 – **400 qto** ⊠ 21500/33500.   X ⊳

🏨🏨 **Quinta do Sol,** Rua Dr Pita 6 🖉 641 51, Telex 72182, Fax 662 87, ≼, ⤢ climatizada – 🛗⊳
🖥 ➋. 🅰🅴 ⓞ 🅴 🆅🅸🆂🅰 ✕   X ⊳
Ref 3000 – **120 qto** ⊠ 10000/16000 – PA 6000.

🏨🏨 São João, Rua das Maravilhas 74 🖉 461 11, Telex 72248, Fax 416 25, ≼, ⤢ climatizada⊳
✕ – 🛗 🖥 ➋ – 🔬   X ⊳
208 qto.

🏨🏨 **Windsor** sem rest, com snack-bar, Rua Das Hortas 4 c 🖉 33 081, Telex 72 551, ⤢ – 🛗⊳
☎ ➋. ✕   Y
67 qto ⊠ 6000/8400.

🏨🏨 **Do Carmo,** Travessa do Rego 10 🖉 290 01, Telex 72447, ⤢ – 🛗 🖥 rest. 🅰🅴 ⓞ 🅴 🆅🅸🆂🅰
✕   Y
Ref 1600 – **80 qto** ⊠ 5800/7000 – PA 3200.

FUNCHAL

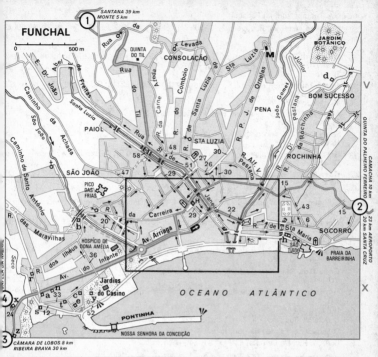

🏨 **Madeira** sem rest, Rua Ivens 21 $\mathscr{C}$ 300 71, Telex 72242, Fax 290 71, 🔟 – 🛗 🕾. 🖭 ⓪ 🗲 *VISA*
  Z z
  31 qto 🖵 6000/7000.

🏨 **Quinta da Penha de França** ♨ sem rest, com snack-bar, Rua da Penha de França 2 $\mathscr{C}$ 290 87, Fax 292 61, «jardim», 🔟 – 🕾. 🖭 ⓪ 🗲 *VISA*. ⬛
  X e
  39 qto 🖵 13900.

🏨 **Santa Isabel** sem rest, Av. do Infante $\mathscr{C}$ 231 11, Telex 72446, Fax 231 03, 🔟 – 🛗 🕾. 🖭
  ⓪ 🗲 *VISA*. ⬛
  X a
  69 qto 🖵 13900/20300.

🏨 **Albergaria Catedral**, sem rest, Rua do Aljube 13 $\mathscr{C}$ 300 91 – 🛗 🕾
  Z u
  25 qto.

🏨 **Santa Clara** ♨ sem rest, Calçada do Pico 16-B $\mathscr{C}$ 241 94, ≤, 🔟, 🛲 – 🕾
  Y b
  15 qto.

🏨 **Greco** sem rest, com snack-bar, Rua do Carmo 16 $\mathscr{C}$ 300 81, Telex 72551 – 🛗 🕾
  Y a
  28 qto.

XXX **Casa Velha,** Rua Emperatriz Dona Amelia 69 $\mathscr{C}$ 257 49, Telex 72601, Fax 246 29 – 🍽. 🖭
  ⓪ 🗲 *VISA*. ⬛
  X c
  Ref lista 2300 a 3895.

XX **Golfinho**, Largo do Corpo Santo 21 $\mathscr{C}$ 267 74, �, «Decoração com lembranças do mar »
  – 🍽
  X h

XX **Caravela,** Das Comunidades Medeirenses 15 - 3º $\mathscr{C}$ 284 64, Fax 220 57, ≤ – 🖭 ⓪ 🗲
  VISA. ⬛
  Z v
  Ref lista 2450 a 2850.

XX **O Solar do F,** Av. Luis de Camões 19 $\mathscr{C}$ 202 12, � – 🖭 ⓪ 🗲 *VISA*. ⬛
  X r
  Ref lista 2250 a 3500.

XX **Casa Dos Reis,** Rua Emperatriz Dona Amelia, 101 $\mathscr{C}$ 25 182, � – 🍽. 🖭 ⓪ 🗲 *VISA*. ⬛
  X t
  Ref lista 2650 a 3300.

XX **Romana,** Largo do Corpo Santo 15 $\mathscr{C}$ 289 56, �, Decoração neo-rústica – 🍽. 🖭 ⓪ 🗲
  VISA
  X h
  Ref lista 1830 a 2780.

X O Celeiro, Rua Dos Arambas, 22 $\mathscr{C}$ 33 322, Decoração rústica
  Z a

X O Espadarte, Estrada da Boa Nova 5 $\mathscr{C}$ 280 65 – 🍽
  V d

X O Arco, Rua Da Carreira, 63-A $\mathscr{C}$ 201 34 – 🍽
  Z e

  a Oeste da cidade – ✉ 9000 Funchal – ☎ 091 :

🏨 **Madeira Palácio,** Estrada Monumental, por ③ : 4,5 km $\mathscr{C}$ 300 01, Telex 72156, Fax
  254 08, ≤, 🔟 climatizada, 🛲, ⬛ – 🛗 🍽 📺 ⓟ – 🔥 25/300. 🖭 ⓪ 🗲 *VISA*. ⬛
  Ref 4500 – **260 qto** 🖵 23000/33000.

🏨 **Vila Ramos** ♨, Azinhaga da Casa Branca 7 por ③ : 3 km $\mathscr{C}$ 641 81, Telex 72168, ≤,
  🔟 climatizada, ⬛ – 🛗 🍽 ⓟ. 🖭 ⓪ 🗲 *VISA*. ⬛ rest
  Ref 2500 – **116 qto** 🖵 8000/11000 – PA 5000.

🏨 **Eden Mar** sem rest, com snack-bar, Rua do Gorgulho, 2, por ③ : 2,7 Km. $\mathscr{C}$ 622 21,
  Telex 72 672, Fax 619 66, ≤, 🔟 climatizada – 🛗 📺 ☎ 🚗 ⓟ. 🖭 ⓪ 🗲 *VISA*. ⬛
  105 qto 🖵 12000/15000.

🏨 **Raga,** Estrada Monumental 302 por ③ : 3 km $\mathscr{C}$ 330 01, Telex 72409, Fax 208 87, ≤, 🔟 –
  🛗 ⓟ. 🖭 ⓪ 🗲 *VISA*. ⬛ rest
  Ref 2200 – **159 qto** 🖵 7800/13600 – PA 4400.

🏨 Alto Lido, Estrada Monumental 316 por ③ : 3,2 km $\mathscr{C}$ 291 97, Telex 72453, ≤, 🔟 climatizada
  – 🛗 🍽 rest ☎ 🚗 – 🔥
  118 qto.

🏨 **Girassol,** Estrada Monumental 256, por ③ : 2,5 km $\mathscr{C}$ 310 51, Telex 72176, Fax 254 41,
  ≤, 🔟 climatizada – 🛗 🍽 rest ☎ ⓟ. 🖭 ⓪ 🗲 *VISA*. ⬛
  Ref lista 1830 a 2730 – **133 qto** 🖵 7200/10000.

🏨 **Do Mar,** Estrada Monumental, por ③ : 3,5 km Quinta Calaça $\mathscr{C}$ 310 01, Telex 72168, ≤
  mar, 🔟 climatizada – 🛗 🕾 🖭 ⓪ 🗲 *VISA*. ⬛ rest
  Ref 2500 – **135 qto** 🖵 6500/10000 – PA 5000.

XX Sol e Mar, Estrada Monumental, 315, por ③ : 3,2 Km. $\mathscr{C}$ 620 30 – 🍽.

  em São Gonçalo por ② : 5 km. – ✉ 9000 Funchal – ☎ 091

XXX Estal. da Montanha ♨ com qto, $\mathscr{C}$ 205 00, ≤ mar e Funchal, � – 🍽 ⓟ
  10 qto.

AUTOBIANCHI-LANCIA Rua Archebispo D. Aires 28A $\mathscr{C}$ 473 17
B.L.M.C. (AUSTIN-MORRIS) Rua Nova de Quinta Deão $\mathscr{C}$ 474 24
BMW Rua da Ponte Nova 47 $\mathscr{C}$ 331 52
DATSUN-NISSAN Rua do Hospital Velho 19 $\mathscr{C}$ 300 85
FIAT Rua Archebispo D. Aires 28 $\mathscr{C}$ 473 17
FORD Rua dos Netos 1 $\mathscr{C}$ 290 25

PEUGEOT-ALFA ROMEO Rua Pimenta Aguiar 1-3 $\mathscr{C}$ 235 85
RENAULT Rua Nova do Pico de S. João $\mathscr{C}$ 444 21
RENAULT Estrada Dr. João Abel de Freitas 50 $\mathscr{C}$ 482 92
SEAT Rua de S. João 48 $\mathscr{C}$ 457 58
TOYOTA Rua Visconde de Anadia 3 $\mathscr{C}$ 291 91
VW-AUDI Rua Dr. Fernão Ornelas 28 $\mathscr{C}$ 218 54

Machico – 12 129 h. – ⊠ 9200 Machico – ✪ 091.

Arred. : Miradouro Francisco Alvares da Nóbrega★ SO : 2 km – Santa Cruz (Igreja de S. Salvador★) S : 6 km.

🛈 Rua do Ribeirinho - Edificio Paz ✆ 96 27 12.

Funchal 29.

🏨 **Dom Pedro Baia,** ✆ 96 27 51, Telex 72135, Fax 96 38 89, ≤ mar e montanha, ⤵ climatizada, ✗ – ៉ ▦ rest ☎ ⓟ. 🖭 ⓘ 🟢 𝘝𝘐𝘚𝘈. ✀
Ref 2400 – **218 qto** ⊆ 9000/12000 – PA 4800.

Pico do Arieiro – ⊠ 9006 Funchal – ✪ 091.

Funchal 23.

🏔 **Pousada do Areiro** ⅏, alt. 1 818 ✆ 481 98, Telex 72 622, Fax 48119, ≤ montanhas e mar – ☎ ⓟ. 🖭 ⓘ 🟢 𝘝𝘐𝘚𝘈. ✀ rest
Ref 2150 – **18 qto** ⊆ 10200/11700 – PA 4400.

Porto Moniz – 3 920 h. – ⊠ 9270 Porto Moniz – ✪ 091.

Ver : Recifes★.

Arred. : Estrada de Santa ≤★ SO : 6 km – Seixal (local★) SE : 10 km – Estrada escarpada★ (≤★) de Seixal a São Vicente SE : 18 km.

Funchal 106.

🏨 Orca ⅏, ✆ 85 23 59, ≤ – ☎ – **12 qto**.

🏠 Calhau ⅏ sem rest, ✆ 85 21 04, ≤ – **15 qto**.

✗ **Cachalote,** ✆ 85 21 80, ≤ – 🖭 ⓘ 🟢 𝘝𝘐𝘚𝘈
Ref lista aprox. 2300.

Ribeira Brava 9350 Ribeira Brava – ✪ 091

🏨 Bravamar, Rua Gago Coutinho ✆ 95 22 20, Telex 72258, ≤ – ៉ ▦ rest ☎ – **36 qto**.

São Vicente – 4 374 h. – ⊠ 9240 São Vicente – ✪ 091.

Funchal 55.

✗ Quebra-Mar, Sitio do Calhão ✆ 84 23 38, ≤ – ⓟ.

✗ Calamar, Estrada da Ponte Delgada ✆ 84 22 18, ≤ – ⓟ
Ref (só almoço).

Serra de Água – 1 564 h. – ⊠ 9350 Ribeira Brava – ✪ 091

na estrada de São Vicente N : 2,2 km – ⊠ 9350 Ribeira Brava – ✪ 091 :

🏠 Pousada dos Vinháticos ⅏, ✆ 95 23 44, Fax 95 21 48, ≤ montanhas, 🍴 – ⓟ – **10 qto**.

PORTO SANTO

Vila Baleira – ⊠ 9400 Porto Santo – ✪ 091 – Praia.

🛈 Av. Vieira de Castro ✆ 98 23 62 (ext. 203).

🏨 Praia Dourada sem rest, Rua Dr. Pedro Lomelino ✆ 98 23 15, Telex 72389 – ☎
54 qto.

ao suloeste : 2 km – ⊠ 9400 Porto Santo – ✪ 091 :

🏨 **Porto Santo** ⅏, ✆ 98 23 81, Telex 72210, Fax 98 26 11, ≤, 🍴, ⤵, ⚑, ✗ – ☎ ⓟ. 🖭 ⓘ 🟢 𝘝𝘐𝘚𝘈. ✀
Ref 3000 – **97 qto** ⊆ 10550/16300 – PA 6000.

MAFRA 2640 Lisboa ⓰⓱⓲ P 1 – 10 153 h. alt. 250 – ✪ 061.

Ver : Mosteiro★ – Basílica★ (cúpula★).

🛈 Av. 25 de Abril ✆ 520 23.

◆Lisboa 40 – Sintra 23.

🏠 **Castelão,** Av. 25 de Abril ✆ 526 96, Telex 43488, Fax 516 98 – ៉ ▦ rest 📺 ☎. 🖭 ⓘ 𝘝𝘐𝘚𝘈. ✀
Ref lista 1800 a 2650 – **34 qto** ⊆ 6500/8300.

✗ **Solar d'el Rei,** Rua Detrás dos Quintais 1 ✆ 531 49 – ✀
fechado do 15 ao 30 outubro – Ref lista 1110 a 1700.

B.L.M.C. (AUSTIN-MORRIS) Rua Al. Gago
Coutinho ✆ 521 52

CITROEN Av. Movimento das Forças Armadas 11
✆ 522 67

MALVEIRA DA SERRA Lisboa **437** P 2 – ⊠ 2750 Cascais – ✪ 01.

♦Lisboa 37 – Sintra 13.

XX Adega do Zé Manel, Estrada de Alcabideche ✆ 285 06 38, Decoração rústica.

X Quinta da Farta Pão, Estrada de Cascais N 9-1 S : 1,7 km ✆ 285 05 68, Rest. típico, Decoração rústica – **℗**.

X O Camponês, ✆ 285 01 16, Rest. típico, Decoração rústica.

MANGUALDE 3530 Viseu **437** K 6 – 8 055 h. alt. 545 – ✪ 032.

Ver : Palácio dos Condes de Anadia★ (azulejos★★).

♦Lisboa 317 – Guarda 67 – Viseu 18.

na estrada N 16 E : 2,8 km – ⊠ 3530 Mangualde – ✪ 032 :

🏨 **Senhora do Castelo** ⑤ , Monte da Senhora do Castelo ✆ 62 33 15, Telex 53563, Fax 62 38 77, ≤ Serras da Estrela e Caramulo – 🛗 🍽 rest ☎ **℗** – 🔬 25/150. 🝿 ⓪ ☰ 𝖵𝖨𝖲𝖠. 🍽 rest
Ref 1450 – **85 qto** ⊇ 5300/6900.

RENAULT av. da Liberdade 36 ✆ 622 50   TOYOTA Largo Dr. Couto ✆ 628 48

MANTEIGAS 6260 Guarda **437** K 7 – 3 026 h. alt. 775 – ✪ 075 – Termas – Desportos de Inverno na Serra da Estrela : ✂3.

Arred. : Poço do Inferno★ (cascata★) S : 9 km – S : Vale glaciário do Zêzere★★, ≤★.

🛈 Rua 1º de Maio ✆ 471 29 – ♦Lisboa 355 – Guarda 49.

em Caldas de Manteigas S : 2,5 km – ⊠ 6260 Manteigas – ✪ 075 :

🏨 **Manteigas** ⑤ , ✆ 985 14, Telex 53923, ≤, 🍽 – 🛗 ☎ **℗**. 🝿 ⓪ ☰ 𝖵𝖨𝖲𝖠. 🍽 rest
Ref lista aprox. 2000 – **26 qto** ⊇ 7200/8900.

na estrada de Gouveia N : 13 km – ⊠ 6260 Manteigas – ✪ 075 :

🏨 Pousada de São Lourenço ⑤ , ✆ 981 50, Telex 53992, ≤ vale e montanha – ☎ ☞ **℗**
23 qto.

RENAULT Rua 1è de Maio 11 a 17 ✆ 474 04

MARCO DE CANAVESES 4630 Porto **437** I 5 – 46 131 h. – ✪ 055.

♦Lisboa 383 – Braga 72 – ♦Porto 53 – Vila Real 83.

🏨 Marco sem rest, Rua Dr. Sa Carneiro 684 ✆ 520 93 – 🛗 – **19 qto**.

B.L.M.C. (AUSTIN-MORRIS) Rua 5 de Outubro 10   RENAULT Rua Gago Countinho 199 ✆ 520 01
✆ 520 56   TOYOTA Rua 5 de Outubro ✆ 520 56
PEUGEOT-ALFA ROMEO Rua 5 de Outubro
✆ 522 05

MARINHAIS 2125 Santarém **437** O 3 – – ✪ 063.

♦Lisboa 72 – Caldas da Rainha 84 – Coruche 20 – Santarém 31 – Vila Franca de Xira 37.

Na Estrada N 118 NO : 2,7 km – ⊠ 2125 – ✪ 063

X **A Grelha,** ✆ 555 55, Grelhados – 🍽 **℗**. ☰ 𝖵𝖨𝖲𝖠. 🍽
fechado 2º feira – Ref lista 1300 a 2200.

MARINHA GRANDE 2430 Leiria **437** M 3 – 25 429 h. alt. 70 – ✪ 044 – Praia em São Pedro de Moel – 🛈 São Pedro de Moel ✆ 591 52.

♦Lisboa 143 – Leiria 12 – ♦Porto 199.

🏨 Albergaria Nobre, Rua Alexandre Herculano 21 ✆ 522 26 – 🍽 rest ☎ – **25 qto**.

🏨 **Paris** sem rest, Av. do Vidreiro 13 ✆ 50 21 21 – ☎. 🝿 ⓪ ☰ 𝖵𝖨𝖲𝖠. 🍽
27 qto ⊇ 5000/7500.

RENAULT Av. do Vidreiro 55 ✆ 542 42   TOYOTA R. Marqués de Pombal 96 ✆ 529 26

MARRAZES Leiria **437** M 3 – ver Leiria.

MARVÃO 7330 Portalegre **437** N 7 – 309 h. alt. 865 – ✪ 045.

Ver : Local★★ – Aldeia★ (balaustradas★) – Castelo★ (≤★★).

🛈 Rua Dr. Matos Magalhães ✆ 932 26 – ♦Lisboa 226 – ♦Cáceres 127 – Portalegre 22.

🏨 **Pousada de Santa Maria** ⑤ , ✆ 932 01, Telex 42360, ≤ vale, Santo António das Areias e Espanha, Decoração regional – 🍽 rest ☎. 🝿 ⓪ ☰ 𝖵𝖨𝖲𝖠. 🍽
janeiro-outubro – Ref lista 2650 a 4500 – **13 qto** ⊇ 12700/14300.

🏛 **Estal. Dom Dinis** ⑤, Rua Dr. Matos Magalhães ✆ 932 36 – 🝿 ⓪ ☰ 𝖵𝖨𝖲𝖠. 🍽
Ref 1650 – **8 qto** ⊇ 5700/6000.

MATOSINHOS Porto **437** I 3 – ver Porto.

MEALHADA 3050 Aveiro **437** K 4 – 3 097 h. alt. 60 – 🕾 031.
Lisboa 221 – Aveiro 35 – ♦Coimbra 19.

　　na estrada N 1 – ⊠ 3050 Mealhada – 🕾 031 :

🏛 **Quinta dos 3 Pinheiros**, N : 1,5 km 🖉 223 91, Telex 53233, Fax 234 17, ⅄ – 🍽 rest 📺
　　🕿 🅿 – 🔬 25/250. 🖭 ① 🗷 *VISA*. 🛠
　　Ref lista 2400 a 3600 – **60 qto** ⮢ 7500/9800.

✕ Pedro dos Leitões, N : 1,5 km 🖉 220 62, Leitão assado – 🍽 🅿.

✕ Boa Viagem, S : 2 km 🖉 221 91 – 🅿.

RENAULT Pedrinhas 🖉 221 56

MEIA PRAIA Faro **437** U 3 – ver Lagos.

MIRA 3070 Coimbra **437** K 3 – 13 023 h. – 🕾 031 – Praia.
Arred. : Varziela : Capela (retábulo★) SE : 11 km.
♦Lisboa 221 – ♦Coimbra 38 – Leiria 90.

🏠 Canhota sem rest, Rua Dr. Antonio José Almeida 🖉 454 48 – 🕾 🅿 – **16 qto**.

　　na praia de Mira NO : 7 km – ⊠ 3070 Mira – 🕾 031 :

🏠 **Do Mar** sem rest, Av. do Mar 🖉 471 44, ← – 🕾
　　fechado 2 janeiro-15 fevereiro – **14 qto** 4000/6000.

MIRANDA DO DOURO 5210 Bragança **437** H 11 – 1 841 h. alt. 675 – 🕾 073.
Ver : Antiga Catedral (retábulo★).
Arred. : Barragem de Miranda do Douro★ E : 3 km – Barragem de Picote★ SO : 27 km.
♦Lisboa 524 – Bragança 85.

🏛 **Pousada de Santa Catarina** ⅏, 🖉 422 55, Telex 22388, ← – 🕾 🅿. 🗷 *VISA*. 🛠
　　Ref 3500 – **12 qto** ⮢ 12700/14300.

MIRANDELA 5370 Bragança **437** H 8 – 8 192 h. – 🕾 078.
♦Lisboa 475 – Bragança 67 – Vila Real 71.

🏠 **Miratua** sem rest, Rua da República 20 🖉 224 03 – 🛗 🕾. 🖭 ① 🗷 *VISA*
　　30 qto ⮢ 4100/5200.

🏠 **Globo,** Rua Dr. Trigo de Negreiros 🖉 227 11 – 🛗 🍽 rest 🕾 🅿. 🗷 *VISA*. 🛠
　　Ref fechado domingo lista 2000 a 2650 – **40 qto** ⮢ 2500/4000.

　　na estrada N 15 NE : 1,3 km – ⊠ 5370 Mirandela – 🕾 078 :

🏠 Jorge V, sem rest, 🖉 231 26 – 📺 🕾 ⇦ 🅿 – **32 qto**.

RENAULT Rua da Republica 🖉 226 98　　　　　　VW-AUDI Rua da República 239 🖉 221 48

MOGADOURO 5200 Bragança **437** H 9 – 2 720 h. – 🕾 079.
♦Lisboa 471 – Bragança 94 – Guarda 145 – Vila Real 153 – Zamora 97.

🏚 **Estrela do Norte,** Av. de Espanha 65 🖉 327 26 – ⇦
　　Ref fechado domingo 1200 – **27 qto** ⮢ 2500/5000.

🏚 **Bairro São Sebastião,** Bairro de São Sebastião 🖉 321 76 – 📺. *VISA*
　　Ref lista aprox 1550 – **12 qto** ⮢ 2000/4000.

✕ **A Lareira** com qto, Av. Nossa Senhora do Caminho 58 🖉 323 63
　　fechado 2ª feira e janeiro – Ref lista 950 a 1500 – **10 qto** ⮢ 2000/3000.

TOYOTA Largo do Santo Cristo 🖉 323 90　　　　　　VOLVO São José 🖉 321 71

MOIMENTA DA BEIRA 3620 Viseu **437** J 7 – 1 987 h. – 🕾 054.
♦Lisboa 352 – Guarda 83 – Vila Real 74 – Viseu 58.

🏚 **Novo Horizonte** sem rest e sem ⮢, Rua Dr. Sá Carneiro-Estrada N 226 🖉 524 32 – 🅿.
　　🛠 – **10 qto** 2200/3800.

MONÇÃO 4950 Viana do Castelo **437** F 4 – 2 687 h. – 🕾 051 – Termas.
🛈 Largo do Loreto 🖉 527 57.
♦Lisboa 451 – Braga 71 – Viana do Castelo 69 – ♦ Vigo 48.

🏛 **Albergaria Atlântico** sem rest, Rua General Pimenta de Castro 13 🖉 65 23 55, Telex
　　33580, Fax 65 23 76 – 🛗 🍽 🕿. 🖭 ① 🗷 *VISA*. 🛠
　　24 qto ⮢ 5200/7200.

🏠 **Mané** sem rest, com snack-bar, Rua General Pimenta de Castro 5 🖉 65 24 90, Telex
　　33580, Fax 65 23 76 – 🕿. 🖭 ① 🗷 *VISA*. 🛠
　　8 qto ⮢ 3500/5500.

🏠 **Esteves** sem rest, Rua General Pimenta de Castro 🖉 65 23 86 – 🛠
　　22 qto 3000/3500.

MONCHIQUE 8550 Faro **437** U 4 – 6 765 h. alt. 458 – **✆** 082 – Termas.

Arred. : Estrada★ de Monchique à Fóia ≤★ – Percurso★ de Monchique à Nave Redonda.

◆Lisboa 260 – Faro 86 – Lagos 42.

na estrada da Fóia SO : 2 km – ⊠ 8550 Monchique – **✆** 082 :

XX **Estal. Abrigo da Montanha** 🦌 com qto, *☎* 921 31, ≤ vale, montanha e mar, 🚗
« Terraços floridos » – 🅿. 🆎 ⓞ 🄴 VISA ⋙
Ref lista 2300 a 4000 – **8 qto** � 10000.

nas Caldas de Monchique S : 6,5 km – ⊠ 8550 Monchique – **✆** 082 :

🏨 **Albergaria do Lageado** 🦌, *☎* 926 16, 🚗, 🏊 – 🅿. ⋙
maio-outubro – Ref 1250 – **20 qto** ⊊ 4000/6000.

TOYOTA Largo da Praça do Peixe 29 *☎* 923 60

MONFORTINHO (Termas de) 6075 Castelo Branco **437** L 9 – 879 h. alt. 473 – **✆** 077 – Termas

Arred. : Monsanto : Aldeia★, Castelo ⋙★★ NO : 23 km.

🛈 Termas de Monfortinho *☎* 442 23.

◆Lisboa 310 – Castelo Branco 70 – Santarém 229.

🏨 **Fonte Santa** 🦌, *☎* 441 04, Telex 53812, « Num parque », 🏊, ⋙ – 🔲 🅿. 🅿. 🆎 ⓞ 🄴
VISA ⋙
Ref 3500 – **50 qto** ⊊ 7000/10000 – PA 5000.

🏨 **Portuguesa** 🦌, *☎* 442 21, 🏊
Ref (maio-outubro) 1400 – **64 qto** ⊊ 2950/4750 – PA 2800.

MONTARGIL 7425 Portalegre **437** O 5 – 4 587 h. – **✆** 042.

◆ Lisboa 131 – Portalegre 104 – Santarém 72.

X **A Panela,** Estrada N 2 *☎* 941 75, Fax 942 55, ≤ barragem, 🚗, ⋙ – 🔲 🅿. 🆎 ⓞ 🄴
VISA ⋙
fechado Natal – Ref lista 1900 a 2750.

MONTECHORO Faro **437** U 5 – ver Albufeira.

MONTE DO FARO Viana do Castelo **437** F 4 – ver Valença do Minho.

MONTE ESTORIL Lisboa **437** P 1 – ver Estoril.

MONTE GORDO Faro **437** U 7 – ver Vila Real de Santo António.

MONTEMOR-O-NOVO 7050 Évora **437** Q 5 – 6 458 h. alt. 240 – **✆** 066.

◆Lisboa 112 – ◆Badajoz 129 – Evora 30.

🏩 **Sampaio** sem rest e sem ⊊, Av. Gago Coutinho 12, ⊠ 7050, *☎* 822 37 – 🅿. 🆎 ⓞ 🄴
VISA
7 qto 3200/4500.

X **Sampaio,** Rua Leopoldo Nunes 2, ⊠ 7050, *☎* 822 37, Decoração rustica regional – 🔲 🆎
ⓞ 🄴 VISA ⋙
fechado 2ª feira noite, 3ª feira, 15 dias em fevereiro e 15 dias em julho – Ref lista aprox. 3050.

na estrada N 4 O : 7,5 km – ⊠ 7050 Montemor-o-Novo – **✆** 066 :

X **O Chaparral,** *☎* 824 84 – 🔲 🅿. 🆎 ⓞ 🄴 VISA ⋙
fechado 2ª feira – Ref lista 1800 a 2900.

DATSUN-NISSAN Av. Gago Coutinho 15
☎ 821 90

RENAULT Rua de S. Miguel 2 *☎* 829 00
VOLVO Av. Gago Coutinho *☎* 829 11

MONTEMOR - O - VELHO 3140 Coimbra **437** L 3 – 27 274 h. – **✆** 039.

🛈 Rua dos Combatentes da Grande Guerra *☎* 681 87.

◆Lisboa 206 – Aveiro 61 – ◆Coimbra 29 – Figueira da Foz 16 – Leiria 77.

🏨 **Abade João** sem rest, Rua dos Combatentes da Grande Guerra 15 *☎* 684 58, ≤ – 🛗 📺
🅿 🅿. 🄴 VISA ⋙
30 qto ⊊ 3000/5500.

X ❀ **Ramalhão,** Rua Tenente Valadim 24 *☎* 684 35, « Decoração rústica » – 🆎 ⓞ 🄴 VISA
⋙
fechado 2ª feira e outubro – Ref lista 1600 a 2600
Espec. Bacalhâo com migas de brôa, Ensopada de enguias, Arroz malandro de pato.

em Carapinheira - na estrada N 111 NE : 3,5 km – ⊠ 3140 Montemor-o-Velho –
✆ 0039 :.

X **O Castel dos Caiados,** *☎* 684 97, 🚗 – 🅿
fechado 3ª feira no inverno – Ref lista 1000 a 2450.

🏛 Parque Municipal ℘ 621 67.

●Lisboa 147 – Leiria 16 – Santarém 97.

🏨 **Flora,** Rua Duarte Pacheco ℘ 612 21, Telex 16084, Fax 250 99 – 🛗 🍽 rest ☎ 🅿, AE ⓘ
　　E VISA
　　abril-outubro – Ref 1600 – **53 qto** 🖙 6000/7000.

🏠 **Santa Rita,** Rua de Leiria ℘ 621 72, 🏊, – ☎ 🅿. 🛇
　　10 abril-outubro – Ref 1200 – **41 qto** 🖙 3000/4000.

🏠 Colmeia, sem rest, estrada da Base Aerea 5 ℘ 625 33 – 🅿 – **30 qto**.

　　em Ortigosa na Estrada N 109 SE : 4 km – ⊠ 2425 Monte Real – ✪ 044 :

✕✕ Saloon, ℘ 61 34 38, Fax 61 34 38, Rest. típico, Decoração rústica – 🅿

MONTE SÃO PEDRO DA TORRE Viana do Castelo **437** F 4 – ver Valença do Minho.

MURTOSA 3870 Aveiro **437** J 4 – 3 233 h. – ✪ 034 – Praia.

Arred. : Bico : porto★ SO : 2 km.

🏛 Praia da Torreira - Av. Hintze Ribeiro ℘ 482 50.

●Lisboa 283 – Aveiro 30.

　　em Torreira NO : 10 km – ⊠ 3870 Murtosa – ✪ 034 :

🏨 **Estal. Riabela** 🏖, ℘ 481 47, Telex 37243, ← ria de Aveiro, 🏊, 🛇 – 🍽 rest ☎ 🅿 –
　　🔺 25/300. AE ⓘ E VISA. 🛇 rest
　　Ref 1400 – **35 qto** 🖙 7500/9000 – PA 2300.

　　na estrada N 327 SO : 15 km – ⊠ 3870 Murtosa – ✪ 034 :

🏨 **Pousada da Ria** 🏖, ℘ 483 32, Telex 37061, ← ria de Aveiro, 🍴, 🏊, 🛥, 🛇 – ☎ 🅿.
　　AE ⓘ E VISA. 🛇
　　Ref 2500 – **19 qto** 🖙 12700/14300.

NAZARÉ 2450 Leiria **437** N 2 – 10 265 h. – ✪ 062 – Praia.

Ver : O Sítio ←★★ A, Farol : sitio marinho★★ A – Bairro dos pescadores★ B.

🏛 Rua Mouzinho de Albuquerque 72 ℘ 511 20.

●Lisboa 123 ② – ♦Coimbra 103 ① – Leiria 32 ①.

NAZARÉ

República (Av. da) . .	B
Sousa Oliveira (Pr.) . .	B 16
Sub-Vila (R.)	B
Vieira Guimarães (Av.) .	B
Abel da Silva (R.) . . .	A 2
Aougue (Trav. do) . . .	B 3
Adriao Batalha (R.) . .	B 4

Azevedo e Sousa (R.) .	A 6
Carvalho Laranjo (R.) .	B 7
Dom F. Roupinho (R.) .	A 8
Dr Rui Rosa (R.)	B 9
Gil Vicente (R.)	B 10
M. de Arriaga (Pr.) . . .	B 12
M. de Albuquerque (R.)	B 14
Vasco da Gama (Pr.) . .	A 17
28 de Maio (R.)	A 19

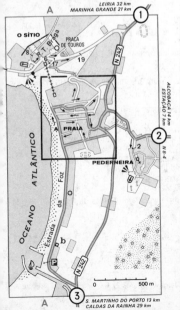

🏨 **Praia** sem rest, Av. Vieira Guimarães 39 ✆ 514 23, Telex 16329 – 🔯 📺 📞 🚗. 🆎 (
🅴 *VISA*
B
fechado 29 novembro-29 dezembro – **41 qto** ⌁ 9500/9900.

🏨 **Da Nazaré,** Largo Afonso Zuquete ✆ 513 11, Telex 16116, Fax 532 38, ≤ – 🔯 🍽 rest 🅳
☎. 🆎 ⓞ 🅴 *VISA*. ⅍ rest
B
Ref 2000 – **52 qto** ⌁ 6900/9600.

🏨 **Dom Fuas,** Av. Manuel Remigio ✆ 513 51, Telex 13889, ≤ – 🔯 📞 🅿. 🆎 ⓞ 🅴 *VISA*. ⅍
abril-outubro – Ref (so jantar) 2000 – **32 qto** ⌁ 6500/9000.
A

🏠 **Maré,** Rua Mouzinho de Albuquerque 8 ✆ 511 22, Telex 15245, Fax 51750 – 🔯 📞. 🆎 (
🅴 *VISA*. ⅍
B
Ref 1500 – **36 qto** ⌁ 10000/12000.

🏠 **Ribamar,** Rua Gomes Freire 9 ✆ 511 58, Telex 43383, ≤, Decoração regional – 🆎 ⓞ
VISA
B
fechado do 20 ao 27 dezembro – Ref 1650 – **23 qto** ⌁ 6500/7500.

🏠 **A Cubata** sem rest, Av. da República 6 ✆ 517 06 – 📞. 🆎 ⓞ 🅴 *VISA*. ⅍
B
21 qto ⌁ 6500.

🏛 **Central,** Rua Mouzinho de Albuquerque 85 ✆ 515 10 – ⅍ rest
B
Ref 1400 – **17 qto** ⌁ 3400/5500.

✗ **Beira Mar** com qto, Av. da República 40 ✆ 514 58 – 🆎 ⓞ 🅴 *VISA*
B
março-novembro – Ref 1500 – **15 qto** ⌁ 9500.

RENAULT Estrada do Pinhal ✆ 510 48

NELAS 3520 Viseu 🐓🐓🐓 K 6 – 3 339 h. alt. 441 – ✆ 032.
🛈 Largo Dr. Veiga Simão ✆ 943 18.
♦Lisboa 289 – Guarda 80 – Viseu 22.

pela estrada N 234 NE : 1,5 km – ✉ 3520 Nelas – ✆ 032 :

🏠 **São Pedro** ⌇, Bairro das Toiças - Rua 4 ✆ 94 45 85, Telex 53262 – 🔯 🍽 rest 📞 🅿
🏊 25/100. 🅴 *VISA*. ⅍
Ref lista aprox. 1800 – **69 qto** ⌁ 4300/6300.
RENAULT Pr. Dr. José Veiga Simào ✆ 942 45

ÓBIDOS 2510 Leiria 🐓🐓🐓 N 2 – 825 h. alt. 75 – ✆ 062.
Ver : A Cidadela★★ (muralhas★★, rua principal★) – Igreja de Sta Maria (túmulo★)..
Arred. : Lagúna de Óbidos ≤★ N : 21 km.
🛈 Rua Direita ✆ 952 31.
♦Lisboa 92 – Leiria 66 – Santarém 56.

🏨 **Estal. do Convento** ⌇, Rua Dom João de Ornelas ✆ 95 92 14, Telex 44906, Fax
95 91 59, 😁, « Decoração estilo antigo » – ☎. 🆎 ⓞ 🅴 *VISA*. ⅍ rest
Ref 3400 – **30 qto** ⌁ 9000/11000 – PÀ 5000.

🏨 **Albergaria Josefa d'Óbidos,** Rua D. Joao de Ornelas ✆ 95 92 28, Telex 44911 – 📞. 🆎
ⓞ 🅴 *VISA*. ⅍
Ref (fechado 3ª feira) lista 1850 a 2800 – **37 qto** ⌁ 5500/7500 – PA 4200.

🏠 **Albergaria Rainha Santa Isabel** ⌇ sem rest, Rua Direita ✆ 95 91 15, Telex 14069,
Fax 95 91 15 – 🔯 📺 ☎ – 🏊 25/60. 🆎 ⓞ 🅴 *VISA*. ⅍
20 qto ⌁ 6000/7500.

🏛 **Martim de Freitas** sem rest, Estrada Nacional 8 ✆ 95 91 85 – 🅴 *VISA*. ⅍
6 qto ⌁ 6000.

✗✗✗ **Pousada do Castelo** ⌇ com qto, Paço Real ✆ 951 05, Telex 15540, « Belas instalações
nas muralhas do castelo - mobiliário de estilo » – 🍽 rest ☎. 🆎 ⓞ 🅴 *VISA*. ⅍
Ref 4100 – **9 qto** ⌁ 17300/19700.

✗✗ **A Ilustre Casa de Ramiro,** Rua Porta do Vale ✆ 95 91 94 – 🍽. 🅴 *VISA*. ⅍
fechado 5ª feira e do 10 âo 25 fevereiro – Ref lista 2300 a 3450.

✗ **Alcaide,** Rua Direita ✆ 95 92 20, ≤, 😁 – 🆎 ⓞ 🅴 *VISA*
fechado 2ª feira e novembro – Ref lista 1500 a 2150.

✗ Dom João V, Largo da Igreja do Sr. da Pedra - estrada de Caldas da Rainha ✆ 951 34 –
🅿.

OFIR (Praia de) Braga 🐓🐓🐓 H 3 – ver Fão.

OLHÃO 8700 Faro 🐓🐓🐓 U 6 – 34 573 h. – ✆ 089 – Praia.
🛈 Largo Martins Mestre ✆ 739 36.
♦Lisboa 313 – Faro 8 – Huelva 105.

🏠 **Ria-Sol** sem rest, Rua General Humberto Delgado 37 ✆ 721 67, Telex 56923 – 🔯 🍽 rest
📞. 🅴 *VISA*. ⅍
52 qto ⌁ 4520/7440.

OLIVEIRA DE AZEMÉIS 3720 Aveiro **437** J 4 – 8 609 h. – ✪ 056.

🛈 Praça José da Costa ℰ 644 63.

◆Lisboa 275 – Aveiro 38 – ◆Coimbra 76 – ◆Porto 40 – Viseu 98.

🏨 **Dighton,** Rua Dr. Albino dos Reis - 4é ℰ 621 91, Telex 23343, Fax 622 48, « Rest. giratório com ⁂ vila, vale e montanha » – 📶 🍽 📺 ☎ – 🔬 25/100. 🆎 ⓪ � ⅥⅢ. ⁂
Ref 2500 – **100 qto** ⊻ 6500/7500.

XX **Diplomata,** Rua Dr. Simões dos Reis 125 ℰ 625 90 – 🍽. 🆎 ⓪ Ⅰ ⅥSA. ⁂
fechado sábado e do 15 ao 31 agosto – Ref lista 1750 a 2400.

pela estrada de Carregosa NE : 2 km – ⊠ 3720 Oliveira de Azeméis – ✪ 056 :

🏨 Estal. S. Miguel ⑤, parque de la Salette ℰ 641 44, Telex 27969, Fax 651 41, ≤ vila, vale e montanha, 🍽, « Num parque » – 🍽 📺 ☎ ⑫
14 qto.

B.L.M.C. (AUSTIN-MORRIS) Av. Dr. António José Almeida ℰ 650 08
CITROEN Rua Manuel José da Silva ℰ 623 66
G.M. - OPEL av. Dr. António José d'Almeida 176 ℰ 620 61
MERCEDES-BENZ av. Dr. António José de Almeida ℰ 650 08

PEUGEOT-ALFA ROMEO Rua Antonio Alegria 238 ℰ 632 66
PEUGEOT-TALBOT av. Ferreira de Castro ℰ 635 36
RENAULT Rua dos Bombeiros Voluntarios 210 ℰ 620 37

OLIVEIRA DO BAIRRO 3770 Aveiro **437** K 4 – 4 351 h. – ✪ 034.

◆Lisboa 233 – Aveiro 23 – ◆Coimbra 40 – ◆Porto 88.

🏨 **Paraiso** sem rest, Estrada N 235 ℰ 74 83 36, Telex 37177, Fax 74 83 62, ≤ – 📶 ☎ ⑫. 🆎 ⓪ Ⅰ ⅥSA. ⁂
30 qto ⊻ 3000/4750.

na estrada N 235 NO : 1,5 km – ⊠ 3770 Oliveira do Bairro – ✪ 034 :

🏨 **A Estância,** ℰ 74 71 15, Telex 37177, Fax 74 83 62 – ☎ ⑫. 🆎 ⓪ Ⅰ ⅥSA. ⁂
Ref 1500 – **15 qto** ⊻ 3000/4500 – PA 2500.

OLIVEIRA DO HOSPITAL 3400 Coimbra **437** K 6 – 3 074 h. alt. 500 – ✪ 038.

Ver : Igreja Matriz★ (estátua★, retábulo★).

🛈 Edificio da Câmara ℰ 525 22.

◆Lisboa 284 – ◆Coimbra 82 – Guarda 88.

🏨 **São Paulo,** Rua Dr Antunes Varela 3 ℰ 523 61, Telex 53640, ≤ – 📶 ☎ ⑫. Ⅰ ⅥSA
Ref lista 1200 a 2400 – **44 qto** ⊻ 6500/7500.

na Póvoa das Quartas - na estrada N 17 E : 7 km – ⊠ 3400 Oliveira do Hospital – ✪ 038

🏨 **Pousada Santa Bárbara** ⑤, ℰ 522 52, ≤ vale e Serra da Estrela, ⵣ, ⁂ – ⇦ ⑫. 🆎 ⓪ Ⅰ ⅥSA. ⁂
Ref lista apróx. 3100 – **16 qto** ⊻ 11500/12900.

RENAULT Catraio de S. Paio ℰ 527 77
SEAT R. António R. Garcia de Vasconcelos ℰ 528 19

TOYOTA Rua do Colégio ℰ 525 41

ORTIGOSA Leiria – ver Monte Real.

OUREM 2490 Santarém **437** N 4 – 4 466 h. – ✪ 049.

🛈 Praça do Municipio ℰ 421 94.

◆Lisboa 140 – Leiria 25 – Santarém 63.

X Fevica, Praceta P. António Oliveira ℰ 425 97 –.

em Pinhel O : 3 km – ⊠ 2490 Ourém – ✪ 049 :

X **Cruzamento,** ℰ 423 52 – ⑫. Ⅰ ⅥSA. ⁂
fechado 2ª feira – Ref lista 1300 a 2040.

OVAR 3880 Aveiro **437** J 4 – 16 004 h. – ✪ 056 – Praia.

◆ Lisboa 294 – Aveiro 36 – ◆ Porto 40.

🏨 **Albergaria São Cristóvão,** Rua Aquilino Ribeiro 1 ℰ 551 05, Telex 20512 – 📶 🍽 rest 📺 ☎ ⇦ – 🔬 25/200. 🆎 ⓪ Ⅰ ⅥSA. ⁂
Ref 1750 – **56 qto** ⊻ 6500/7500.

PAÇO DE ARCOS Lisboa **437** P 2 – ⊠ 2780 Oeiras – ✪ 01 – Praia.

◆Lisboa 18.

X Os Arcos, Rua Costa Pinto 47 ℰ 443 33 74, Peixes e mariscos – 🍽.

PALMELA 2950 Setúbal **437** Q 3 – 14 444 h. – ✪ 01.

Ver : Castelo★ (❊★), Igreja de São Pedro (azulejos★).

🛈 Largo do Chafariz ℰ 235 00 89.

♦Lisboa 43 – Setúbal 8.

🏨 Pousada do Castelo de Palmela ⏎, no Castelo de Palmela ℰ 235 12 26, Telex 42290, ⩽, « Num convento do século XV, nas muralhas dum antigo castelo », 🗲 – 📱 🖭 📺 🕾 🅿
27 qto.

PARADELA Vila Real **437** G 6 – 214 h. – ✉ 5470 Montalegre – ✪ 076.

Ver : Local★ – Barragem★.

♦Lisboa 437 – Braga 70 – ♦Porto 120 – Vila Real 136.

🏠 **Pousadinha Paradela** ⏎, ℰ 561 65 – 🅿. ❊
Ref lista 1250 a 1700 – **7 qto** � 4500 – PA 2400.

PARCHAL Faro **437** U 4 – ver Portimão.

PAREDE 2775 Lisboa **437** P 1 – 19 960 h. – ✪ 01 – Praia.

♦Lisboa 22 – Cascais 7 – Sintra 15.

XX Dom Pepe, Av. Marginal ℰ 247 06 36, ⩽ – 🍽.

RENAULT Travessa Rocha Martins 7 ℰ 246 53 16
SEAT Rua Joáo Soares, Lote 1 ℰ 247 90 64
TOYOTA av. da República ℰ 773 67

PAREDES DE COURA 4940 Viana do Castelo **437** G 4 – ✪ 051.

🛈 Largo Visconde de Moselos ℰ 921 05 (ext. 24).

♦Lisboa 427 – Braga 59 – Viana do Castelo 49.

X **O Conselheiro,** Largo Visconde de Moselos ℰ 926 10 – ❊
Ref lista 2250 a 2600.

em Resende S : 1 km – ✉ 4940 Paredes de Coura – ✪ 051 :

🏠 **Joaquim Lopes** ⏎, Estrada de Ponte de Lima N 306 ℰ 923 54, ⩽ – ❊
Ref lista aprox. 2750 – **16 qto** ⊏⊐ 3000/4000.

PENACOVA 3360 Coimbra **437** L 5 – 3 732 h. alt. 240 – ✪ 039.

♦Lisboa 225 – ♦Coimbra 23 – Viseu 66.

🏠 **Avenida,** Av. Abel Rodrigues da Costa ℰ 47 71 42, ⩽ – ⇌. ❊ rest
Ref 1100 – **19 qto** ⊏⊐ 2400/3750.

RENAULT Estrada Nacional 2 - Carvoeira ℰ 474 43

PENAMACOR 6090 Castelo Branco **437** L 8 – 9 524 h. – ✪ 077.

🛈 Estrada N 233 ℰ 343 16.

♦Lisboa 306 – Castelo Branco 50 – Ciudad Rodrigo 110 – Guarda 67.

na estrada N 233 SO : 1,5 km – ✉ 6090 Penamacor – ✪ 077 :

🏨 Estal. Vila Rica ⏎, ℰ 343 11, Telex 52779, ⩽, « Num edificio solarengo do final do século XIX » – ☎ 🅿
10 qto.

PENICHE 2520 Leiria **437** N 1 – 15 267 h. – ✪ 062 – Praia.

Ver : O Porto : volta da pesca★.

Arred. : Cabo Carvoeiro (⩽★) – Papoa (❊★) – Remédios (⩽★, Nossa Senhora dos Remédios : azulejos★).

Excurs. : Ilha Berlenga★★ : passeio em barco★★★, passeio a pé★★ (local★, ⩽★) 1 h. de barco.
⇌ para a Ilha Berlenga : Viamar, no porto de Peniche ℰ 721 53.

🛈 Rua Alexandre Herculano ℰ 722 71.

♦Lisboa 92 – Leiria 89 – Santarém 79.

na estrada N 114 – ✉ 2520 Peniche – ✪ 062 :

🏨 **Da Praia Norte,** E : 2 km ℰ 711 61, Telex 15541, ⩽, 🗲, ❊ – 📱 📺 🕾 🅿. 🅰🅴 ⓞ ☰
VISA. ❊
Ref 1700 – **92 qto** ⊏⊐ 8900/11875.

XX **O Pescador,** Casal da Ponte E : 3 km ℰ 792 36 – 🍽 🅿. 🅰🅴 ⓞ ☰ **VISA**. ❊
Ref lista 1750 a 2500.

CITROEN av. 25 de Abril 68 ℰ 722 33
TOYOTA Estrada Nacional ℰ 996 77
VOLVO Zona Industrial da Prajeira - Lote 45
ℰ 714 12

L. PENOUÇOS NOGUEIRA Braga – ver Braga.

PESO DA REGUA 5050 Vila Real **437** I 6 – 5 685 h. – ✿ 054.

🛈 Largo da Estação ✆ 228 46.

◆Lisboa 379 – Braga 93 – ◆Porto 102 – Vila Real 25 – Viseu 85.

🏠 Império sem rest, Rua Vasques Osório 8 (Largo da estação) ✆ 223 99, ≤ – 📺 ▨ 🚗
35 qto.

XX **Rosmaninho**, Av. de Ovar - Lote 3 ✆ 223 10 – 🍽. 🖭 ⑩ E ⧼VISA⧽. ⋘
fechado 2ª feira e janeiro – Ref lista 1750 a 1850.

na estrada N 108 O : 1 km – 🖂 5050 Peso da Régua – ✿ 054 :

🏠 **Columbano** sem rest, Av. Sacadura Cabral ✆ 237 04, Telex 25073, Fax 249 45, ≤, ⟰ –
▨ 🅿 🖭 ⑩ E ⧼VISA⧽
70 qto ⟁ 3000/4000.

X **Arco Iris**, Av. Sacadura Cabral ✆ 235 24 – 🍽 🅿 🖭 ⑩ E ⧼VISA⧽. ⋘
Ref lista 1200 a 2500.

BMW av. do Tondela ✆ 224 44
PEUGEOT-TALBOT av. do Tondela ✆ 224 44
RENAULT Largo da Estação ✆ 227 55

SEAT av. Sacadura Cabral ✆ 235 69
VOLVO Valdevinhas ✆ 230 92
VW-AUDI av. Dr. Manuel de Arriaga ✆ 234 97

PICO DO ARIEIRO Madeira – Ver Madeira (Arquipélago da).

PINHANÇOS Guarda – ver Seia.

PINHAO 5085 Vila Real **437** I 7 – 831 h. alt. 120 – ✿ 054.
Arred. : N : Estrada de Sabrosa ≤★ – São João da Pesqueira (Praça Principal★) SE : 20 km.
◆Lisboa 399 – Vila Real 30 – Viseu 100.

🛖 **Douro,** Largo da Estação ✆ 724 04
Ref *(fechado domingo)* lista aprox. 1700 – **14 qto** ⟁ 1500/3500.

PINHEL 6400 Guarda **437** J 8 – 3 237 h. – ✿ 071.
◆Lisboa 382 – ◆Coimbra 186 – Guarda 37 – Viseu 105.

🛖 **Falcão** sem rest, Av. Presidente Carneiro de Gusmão ✆ 421 04 – 🅿
22 qto ⟁ 2500/4500.

RENAULT Estrada N 221 ✆ 421 57

PINHEL Santarém **437** N 4 – Ourém.

POMBAL 3100 Leiria **437** M 4 – 12 469 h. – ✿ 036.
🛈 Largo do Cardal ✆ 232 30 – ◆Lisboa 153 – ◆Coimbra 43 – Leiria 28.

🏠 **Do Cardal** sem rest, Largo do Cardal ✆ 230 06, Telex 53238 – 🛗 📺 ☎ 🚗. 🖭 ⑩ E
⧼VISA⧽
27 qto ⟁ 3500/5000.

🏠 **Sra. de Belém** 🌿 sem rest, Av. Heróis do Ultramar - urb. Sra de Belém ✆ 231 85, Fax
255 33 – 🛗 📺 ▨. E ⧼VISA⧽
26 qto ⟁ 4000/6000.

na estrada N 1 – 🖂 3100 Pombal – ✿ 036 :

XX **O Manjar do Marqués** com snack-bar, NO : 2 km ✆ 231 94, Telex 53951 – 🅿 🖭 ⑩
E ⧼VISA⧽
Ref lista 1400 a 2100.

X **São Sebastião** com snack-bar, SO : 3 km ✆ 227 45 – 🅿 🖭 E ⧼VISA⧽ ⋘
Ref lista 1600 a 2550.

RENAULT Rua 5, 16 - Bairro Agorreta ✆ 223 97
SEAT av. Heróis do Ultramar 49 ✆ 238 00
TOYOTA Estrada N 1 - Flandes ✆ 251 01

PONTA DE SANTO ANTONIO Faro **437** U 7 – ver Vila Real de Santo António.

PONTE DA BARCA 4980 Viana do Castelo **437** G 4 – ✿ 058.
◆Lisboa 412 – Braga 32 – Viana do Castelo 40.

🛖 San Fernando, sem rest, Estrada de Braga N 101 ✆ 425 80 – ▨ 🅿 – **24 qto**.

PORTALEGRE 7300 🅿 **437** O 7 – 15 876 h. alt. 477 – ✿ 045.
Arred. : Pico São Mamede ⋇★ – Estrada★ escarpada de Portalegre a Castelo de Vide por
Carreiras N : 17 km – Flor da Rosa (Antigo Convento★ : igreja★) O : 21 km.
🛈 Estrada de Santana 25 ✆ 218 15 🖂 7300 Telex 61442 Fax 240 53.
◆Lisboa 238 – ◆Badajoz 74 – ◆Cáceres 134 – Mérida 138 – Setúbal 199.

X Alpendre, Rua 31 de Janeiro 19 ✆ 216 11, 🍴 – 🍽.

X O Tarro, Av. do Movimento das Forças Armadas ✆ 243 45 – 🍽.

PORTALEGRE

AUTOBIANCHI-LANCIA Estrada da Penha
℘ 226 15
B.L.M.C. (Austin-Morris) Rua Guilherme Gomes
Ferrandes 22 ℘ 214 74
CITROEN Estrada N 18 - Assentos ℘ 234 45
FIAT Estrada de Penha ℘ 226 15
FORD Rua 1î de Maio 88 ℘ 235 40

G.M.-OPEL Rua Alexandre Herculano 102
℘ 216 74
MITSUBISHI Assentos (Zona Industrial) ℘ 233 98
PEUGEOT-ALFA ROMEO Av. Frei Amador Arrais,
lote 2 ℘ 230 32
RENAULT Assentos - E.N 18 ℘ 214 72
TOYOTA Largo da Boavista ℘ 225 13

PORTIMÃO 8500 Faro 𝟦𝟥𝟽 U 4 – 26 172 h. – ✪ 082 – Praia.

Ver : ≤★ da ponte sobre o rio Arade X.

Arred. : Praia da Rocha★★ (miradouro★ Z A).

🖼, 🖼 Golf Club Penina por ③ : 5 km ℘ 220 51.

🛈 Largo 1° de Dezembro ℘ 236 95 e Av. Tomás Cabreira (Praia da Rocha) ℘ 222 90.

♦Lisboa 290 ③ – Faro 62 ② – Lagos 18 ③.

Planos páginas seguintes

🏩 **Globo,** Rua 5 de Outubro 26 ℘ 221 51, Telex 57306, Fax 831 42, ≤ – 🛗 🅰🅴 ➊ 🅴 𝘝𝘐𝘚𝘈. ⚶
71 qto ⊊ 12000/15000.
X a

🏠 **Nelinanda** sem rest, Rua Vicente Vaz das Vacas 22 ℘ 231 56, Telex 58786 – 🛗 ☜. 𝘝𝘐𝘚𝘈.
⚶
32 qto ⊊ 5000/6500.
X d

🏠 **Pimenta** sem rest, Rua Dr Ernesto Cabrita 7 ℘ 232 03, Telex 64954 – ☜. 🅴 𝘝𝘐𝘚𝘈. ⚶
35 qto ⊊ 4100/5000.
X f

🏠 **Miradoiro** sem rest, Rua Machado Santos 13 ℘ 230 11, Fax 41 50 30 – ☜. ⚶
32 qto ⊊ 4000/6500.
X n

🏠 **Mira Foia** sem rest, Rua Vicente Vaz das Vacas 33 ℘ 220 11 – 🛗 ☜
27 qto.
X e

🏠 **Arabi** sem rest, Praça Manuel Teixeira Gomes 13 ℘ 260 06 – ☜
fechado 21 dezembro-6 janeiro – **17 qto** ⊊ 4700/5000.
X t

🏠 **Afonso III** sem rest, Rua Dr. Bento Jesus Caraça 7 ℘ 41 45 04 – 🅰🅴 ➊ 🅴 𝘝𝘐𝘚𝘈. ⚶
fechado 18 ao 30 dezembro – **30 qto** ⊊ 3500/5000.
X b

🏠 Do Rio, sem rest, Largo do Dique 20 ℘ 230 41 – ☜
11 qto.
Y r

XX Alfredo's, Rua Pé da Cruz 10 ℘ 229 54 – ▤
Y k

X Iemanjá, Rua Serpa Pinto 9 ℘ 232 33, Imitação grutas marinhas – ▤
X r

X The Old Tavern, Rua Júdice Fialho 43 ℘ 233 25 –
X c

na estrada de Alvor – ✉ 8500 Portimão – ✪ 082 :

XX **Por-Do-Sol,** O : 4 km ℘ 45 95 05, 🌤, – ➋. 🅰🅴 ➊ 🅴 𝘝𝘐𝘚𝘈.
fechado 2ª feira e 8 janeiro-7 fevereiro – Ref lista 1930 a 2650.

XX **O Gato,** O : 4 km urb. da Quintinha-Lote 10-R-C ℘ 276 74 – ▤. 🅰🅴 ➊ 🅴 𝘝𝘐𝘚𝘈
Ref lista 3200 a 5200.

em Parchal por ② : 2 km – ✉ 8500 Portimão – ✪ 082 :

X O Buque, Estrada N 125 ℘ 246 78 – ▤.

X **A Lanterna,** Estrada N 125 - cruzamento de Ferragudo ℘ 239 48, Decoração rústica –
▤. 🅴 𝘝𝘐𝘚𝘈.
fechado domingo e 7 dezembro-25 janeiro – Ref (só jantar) lista 2140 a 3440.

na Praia da Rocha S : 2,3 km – ✉ 8500 Portimão – ✪ 082 :

🏩 **Algarve,** Av. Tomás Cabreira ℘ 41 50 01, Telex 57347, Fax 41 59 99, ≤ praia,
🛗 climatizada, 🕱, ⚶ – 🛗 ☜ ➋ – 🔬 25/120. 🅰🅴 ➊ 🅴 𝘝𝘐𝘚𝘈. ⚶ rest
Z y
Ref 4200 rest. **Das Amendoeiros** Lista 2450 a 3600 e **Grill Azul** Lista 4950 a 6000 – **220 qto**
⊊ 25000/32000 – PA 8400.

🏩 **Aparthotel Oriental** sem rest, Av. Tomás Cabreira ℘ 41 30 00, Telex 58788, Fax 41 34 13,
≤ praia, « Decorado num estilo oriental », 🏊 – 🛗 ▤ 📺 ☎ – 🔬 25/100. 🅰🅴 ➊ 🅴 𝘝𝘐𝘚𝘈.
⚶
Z c
⊊ 24000/26400 – **85 apartamentos**.

🏩 **Jupiter,** Av. Tomás Cabreira ℘ 41 50 41, Telex 57346, Fax 41 53 19, ≤, 🏊 climatizada,
⛒ – 🛗 ☜ ➡ – 🔬 25/450. 🅰🅴 ➊ 🅴 𝘝𝘐𝘚𝘈. ⚶
Z f
Ref 2100 – **180 qto** ⊊ 15000/17000 – PA 4200.

🏩 **Bela Vista** sem rest, Av. Tomás Cabreira ℘ 240 55, Telex 57386, Fax 41 53 69, ≤ rochedos
e mar, « Instalado numa antiga casa senhorial » – 🛗 📺 ☎ ➋. 🅰🅴 ➊ 🅴 𝘝𝘐𝘚𝘈. ⚶
Z u
14 qto ⊊ 19000/20000.

🏨 **Avenida Praia** sem rest, Av. Tomás Cabreira ℘ 858 72, Telex 56448, ≤ – 🛗 ☎. 🅰🅴 ➊
🅴 𝘝𝘐𝘚𝘈. ⚶
Z s
61 qto ⊊ 10500/11000.

🏨 Alcalá, Av. Tomás Cabreira ℘ 240 62, Telex 57352 – 🛗 ▤ rest ☎ ➋
Z e
61 qto.

🏠 **Albergaria Vila Lido** sem rest, Av. Tomás Cabreira ℘ 241 27, Fax 242 46, ≤ – ☜. ⚶
fechado 15 dezembro-15 janeiro – **10 qto** ⊊ 9000/9400.
Z w

🏠 Albergaria 3 Castelos, sem rest, Estrada da Praia do Vau ℘ 240 87 – ➋
Z b
10 qto.

512

PORTIMÃO

0   200 m

MONCHIQUE 24 km
N 124

ESTAÇÃO

Largo Eng.
Sarrea Prado

Largo
Gil Eanes

Rua
São
Pedro

Rua
Vital
Lobos

R. de São José

Infante

D

Henrique

Largo
D. João II

R. da Olivença

Albuquerque

R. D. Gonçalves

Av. S. João de Deus

R. Direita

Estr. de Alvor

ALVOR

R.
S. Isabel

Pr. 1º do
Maio

Largo do
Dique

ARADE

SILVES 14 km
FARO 62 km

N 125

Av. Miguel Bombarda

Av. 25 de Abril

Rua D. Afonso Henriques

Rua Capitão João Fernandes Leão

Pacheco

1 Km

PRAIA DA ROCHA

0   200 m

PRAIA DO VAU

Av.
Tomás Cabreira

FORTALEZA DE
SANTA CATARINA

OCEANO ATLÂNTICO

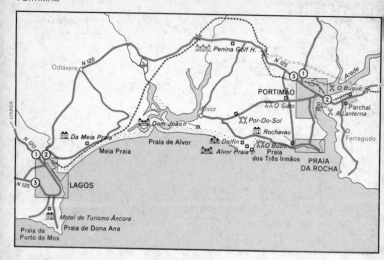

XX **Titanic,** Rua Engenheiro Francisco Bivar ✆ 223 71 – 🔲, 🆑 🆎 ⓞ 🅔 *VISA*   Z **n**
fechado 26 novembro-27 dezembro – Ref lista 2280 a 2950.

X **Falésia,** Av. Tomás Cabreira ✆ 235 24, ≤, 🏨 – 🔲   Z **a**

X **Paquito,** Av. Tomás Cabreira ✆ 241 75, Telex 57691 – 🔲, 🆎 ⓞ 🅔 *VISA*, ⅏   Z **q**
Ref lista 1850 a 2450.

na Praia do Vau SO : 3 km – ⊠ 8500 Portimão – 🕾 082 :

🏨 Rochavau sem rest, ✆ 261 11, Telex 57415, ⅃ – 🛗 🔲 🕿 ⇦ – 56 qto.

na Praia dos Três Irmãos SO : 4,5 km – ⊠ 8500 Portimão – 🕾 082 :

🏨 Alvor Praia ⅌, ✆ 240 21, Telex 57611, Fax 271 83, ≤ praia e baía de Lagos, 🏨,
⅃ climatizada, 🖈, ⅏ – 🛗 🔲 📺 🕿 🅿 – 🛆
Ref Grill Maisonette – **220 qto.**

🏨 Delfim ⅌, ✆ 271 71, Telex 57620, Fax 271 83, ≤ praia e baía de Lagos, ⅃ climatizada,
⅏ – 🛗 🔲 🕿 🅿 – **325 qto.**

XX **O Búzio,** aldeamento da Prainha ✆ 45 85 61, Telex 57314, Fax 45 95 69, ≤, 🏨 – 🆎 ⓞ
🅔 *VISA*, ⅏
Ref lista 2050 a 3850.

na Praia de Alvor SE : 5 km – ⊠ 8501 Portimão – 🕾 082 :

🏨 **D. João II** ⅌, ✆ 45 91 35, Telex 57321, Fax 45 93 63, ≤ praia e baía de Lagos,
⅃ climatizada, 🖈 – 🛗 🔲 🅿 – 🛆 25/100. 🆎 ⓞ 🅔 *VISA*, ⅏
Ref 2500 **Grill Pavilhão do Rei** lista 3150 a 4870 – **218 qto** 🖙 13500/19400 – PA 4700.

na estrada N 125 por ③ : 5 km – ⊠ 8502 Portimão – 🕾 082 :

🏨 Penina Golf H., ✆ 220 51, Telex 57307, Fax 220 51, ≤ golfe e campo, ⅃, 🖈, ⅏ – 🛗 🔲
🕿 🅿 – 🛆
Ref Grill – **192 qto.**

CITROEN Av. D. Afonso Henriques ✆ 222 28
DATSUN-NISSAN Pedro Mourinha, Lote 12
✆ 241 24
FIAT av. n 2 do Dique ✆ 262 00
FORD Serro Ruivo - Estrada do Alvor ✆ 221 07
PEUGEOT-ALFA ROMEO Largo Eng. Sárreo
Prado 1-2 ✆ 275 96

RENAULT Av. D. Afonso Henriques 3 ✆ 251 50
SEAT av. Afonso Henriques ✆ 223 43
TOYOTA Rua do Comercio 55 ✆ 221 56
VW-AUDI Via Rápida 46 Rosto - Shell
✆ 41 41 45

PORTO 4000 🅿 437 🛛 3 – 335 916 h. alt. 90 – 🍴 02.

Ver : Local★ – Avista★ – As Pontes (ponte da María Pia★) BCX – Igreja São Francisco★ (interior★★) AZ – Sé (altar★) BZ **A** – Palácio da Bolsa (salão árabe★) AZ **B** – Igreja dos Clérigos (✳★) BZ **C** – Museu Soares dos Reis (primitivos★, obras de Soares dos Reis★) AYZ **M1** – Igreja Santa Clara (talhas★) BZ **E**.

Antigo Convento de Na Sra. da Serra do Pilar (claustro★) CX **K**.

Arred. : Leça do Balio (Igreja do Mosteiro★ : pia baptismal★) 8 km por ②.

🏌 Oporto Golf Club por ⑥ : 17 km 𝒫 72 00 08 Espinho – 🏌 Club Golf Miramar por ⑥ : 9 km 𝒫 762 20 67 Miramar.

✈ do Porto-Pedras Rubras, 17 km por ①, 𝒫 948 21 44 e 948 19 38 – T.A.P., Praça Mouzinho de Albuquerque 105 - Rotunda da Boavista, ✉ 4100, 𝒫 69 60 41 e 69 98 41.

🚂 𝒫 56 41 41 e 56 56 45.

🅱 Rua do Clube Fenianos 25, ✉ 4000, 𝒫 31 27 40 – **A.C.P.** Rua Gonçalo Cristovão 2, ✉ 4000, 𝒫 292 72, Telex 22383.

♦Lisboa 314 ⑥ – ♦La Coruña 305 ② – ♦Madrid 591 ⑥.

Planos páginas seguintes

🏨 **Le Méridien Porto,** Av. da Boavista 1466, ✉ 4100, 𝒫 600 19 13, Telex 27301, Fax 600 20 31, 🍴 – 🛗 🗐 📺 ☎ 🕭 🚗 – 🔬 25/650. 🖭 ① 🗲 🚾   BV **a**
Ref lista 6200 a 7500 – **232 qto** ☲ 32000/35000.

🏨 **Porto Sheraton H.,** Av. da Boavista 1269, ✉ 4100, 𝒫 66 88 22, Telex 22723, Fax 69 14 67, ≼, 🏊, 🗐 📺 ☎ 🕭 🚗 – 🔬 25/300. 🖭 ① 🗲 🚾 🛇   BX **e**
Ref lista 3500 a 4800 – **253 qto** ☲ 25000/28000.

🏨 **Infante de Sagres,** Praça D. Filipa de Lencastre 62, ✉ 4000, 𝒫 200 81 01, Telex 26880, Fax 31 49 37, « Bela decoração interior » – 🛗 🗐 rest ☎. 🖭 ① 🗲 🚾 🛇 rest   BZ **b**
Ref 4000 – **79 qto** ☲ 25000/27500 – PA 8000.

🏨 **Tivoli Porto Atlântico,** Rua Afonso Lopes Vieira 66, ✉ 4100, 𝒫 69 49 41, Telex 23159, Fax 66 74 52, 🏊, 🗐 – 🛗 🗐 📺 ☎ 🚗 – 🔬. 🖭 ① 🗲 🚾   AV **z**
Ref (ver rest. **Foco**) – **58 qto** ☲ 20000/22000.

🏨 **Dom Henrique,** Rua Guedes de Azevedo 179, ✉ 4000, 𝒫 200 57 55, Telex 22554, Fax 201 94 51, ≼ – 🛗 🗐 rest 📺 ☎ – 🔬 25/80. 🖭 ① 🗲 🚾 🛇   CY **b**
Ref - Coffee-Shop **Tábula** 2500 e Grill **Navegador** *(fechado domingo)* Lista 2200 a 3950 – **112 qto** ☲ 17400/19500.

🏨 **Ipanema,** Rua Campo Alegre 156, ✉ 4100, 𝒫 66 80 61, Telex 27212, Fax 633 39 – 🛗 🗐 📺 ☎ 🕑 – 🔬 25/350. 🖭 ① 🗲 🚾 🛇 rest   BX **s**
Ref 2500 – **150 qto** ☲ 20500/24000 – PA 5000.

🏨 **Porto Boega** sem rest, com coffee-shop, Rua do Amial 601, ✉ 4200, 𝒫 82 50 45, Telex 27108, 🏊 – 🛗 🗐 📺 ☎ 🕑 – 🔬   CV **b**
126 qto.

🏨 **Grande H. da Batalha,** Praça da Batalha 116, ✉ 4000, 𝒫 200 05 71, Telex 25131, Fax 200 24 68, ≼ – 🛗 🗐 rest 📺 ☎ 🚗 – 🔬 25/40. 🖭 ① 🗲 🚾   BZ **f**
Ref 2300 – **142 qto** ☲ 10000/11700.

🏨 **Inca,** Praça Coronel Pacheco 52, ✉ 4000, 𝒫 38 41 51, Telex 23816, Fax 31 47 56 – 🛗 🗐 📺 ☎ – 🔬 25/35. 🖭 ① 🗲 🚾 🛇   BY **r**
Ref 1900 – **62 qto** ☲ 11400/12300 – PA 3800.

🏨 **Castor,** Rua das Doze Casas 17, ✉ 4000, 𝒫 57 00 14, Telex 22793, Fax 56 60 76, Mobiliário antigo – 🛗 🗐 📺 ☎ – 🔬   CY **g**
63 qto.

🏨 **Grande H. do Porto,** Rua de Santa Catarina 197, ✉ 4000, 𝒫 200 81 76, Telex 22553, Fax 31 10 61 – 🛗 🗐 rest ☎ 🕑 – 🔬 25/150. 🖭 ① 🗲 🚾 🛇   CZ **q**
Ref comum – **100 qto** ☲ 8900/9900 – PA 4600.

🏨 **Albergaria São José** sem rest, Rua da Alegria 172, ✉ 4000, 𝒫 38 02 61, Fax 38 02 65 – 🛗 🗐 🖲. 🖭 ① 🗲 🚾. 🛇   CY **a**
43 qto ☲ 6400/8500.

🏨 **Albergaria Miradouro,** Rua da Alegria 598, ✉ 4000, 𝒫 57 07 17, Telex 25368, Fax 57 08 49, ≼ cidade e arredores – 🛗 📺 🖲 🕑 🖭 ① 🗲 🚾. 🛇   CY **d**
Ref (ver rest. **Portucale**) – **30 qto** ☲ 8500/11000.

🏨 **Menfis,** sem rest., Rua da Firmeza 13 𝒫 58 00 03 – 🛗 🗐 📺 ☎ 🚗   CY **k**
26 qto.

🏨 **São João** sem rest, Rua do Bonjardim 120 - 4é, ✉ 4000, 𝒫 216 62 – 🛗 📺 🖲   BZ **r**
14 qto.

🏨 **Do Vice-Rei** sem rest, Rua Júlio Dinis 779 - 4°, ✉ 4000, 𝒫 69 53 71, Telex 25373 – 🛗 📺 ☎. 🖭 ① 🗲 🚾. 🛇   BX **c**
45 qto ☲ 6500/7500.

🏨 **Corcel,** sem rest, Rua de Camões 135, ✉ 4000, 𝒫 38 02 68, Telex 26460 – 🛗 🗐 🖲   BY **v**
60 qto.

🏨 **Nave,** Av. Fernão de Magalhães 247, ✉ 4300, 𝒫 57 61 31, Telex 22188, Fax 56 12 16 – 🛗 🗐 rest 🖲 🚗. 🖭 ① 🗲 🚾. 🛇   CY **m**
Ref lista aprox. 3000 – **81 qto** ☲ 5750/7500.

PORTO

Antas, Rua Padre Manuel da Nóbrega 111, ⊠ 4300, ℰ 48 50 00, Telex 29036 – ≬ 🍽 rest
🕾 ⇌ 🛠   CV n
Ref (so jantar) 1800 – **30 qto** 🖙 6000/6900.

Internacional, Rua Do Almada 131, ⊠ 4000, ℰ 200 50 32, Telex 21076 – ≬ 🕾 🖭 ⑩
E 𝓥𝓘𝓢𝓐 🛠   BZ a
Ref (fechado domingo) lista 1350 a 2200 – **35 qto** 🖙 10000/12000 – PA 3500.

Malaposta sem rest, Rua da Conceição 80, ⊠ 4000, ℰ 262 78, Telex 20898 – ≬ 🍽 🕾
37 qto   BY e

Rex sem rest, Praça da República 117 ℰ 200 45 48, Antiga moradia particular conservando
os bonitos tectos originais – ≬ 🕾 🅿 🛠   BY u
21 qto 🖙 8200.

Escondidinho sem rest, Rua de Passos Manuel 135, ⊠ 4000, ℰ 200 40 79 – ≬ 🕾 🖭
⑩ E 𝓥𝓘𝓢𝓐   CZ w
23 qto 🖙 6500/7500.

Girassol, sem rest, Rua Sá da Bandeira 133, ⊠ 4000, ℰ 218 91 – ≬ 🕾 – **18 qto** BZ r

XXX **Churrascão do Mar,** Rua João Grave 134, ⊠ 4100, ℰ 69 63 82, Fax 600 43 37, Peixes
e mariscos-cozinha brasileira, « Antiga e senhorial moradia adaptada em restaurante » –
🍽 🅿 🖭 ⑩ E 𝓥𝓘𝓢𝓐.   BX d
fechado domingo e agosto – Ref lista 3800 a 4700.

XXX **Foco,** Rua Afonso Lopes Vieira 86, ⊠ 4100, ℰ 69 49 41, Telex 23159, Fax 66 74 52,
Decoração moderna – 🍽

XXX **Portucale,** Rua da Alegria 598, ⊠ 4000, ℰ 57 07 17, Telex 25368, Fax 57 08 49, ≤ cidade
e arredores – 🍽 🅿 🖭 ⑩ E 𝓥𝓘𝓢𝓐 🛠   CY d
Ref lista 5300 a 6700.

XX **Lider,** Alameda Eça de Queiroz 126, ⊠ 4200, ℰ 48 00 89 – 🍽 🖭 ⑩ E 𝓥𝓘𝓢𝓐 🛠 CV r
Ref lista 2300 a 3300.

XX **O Escondidinho,** Rua Passos Manuel 144, ⊠ 4000, ℰ 210 79, Decoração regional – 🍽
🖭 ⑩ E 𝓥𝓘𝓢𝓐   CZ n
fechado domingo – Ref lista 2400 a 3350.

XX **Orfeu** com snack-bar, Rua de Júlio Dinis 928 ℰ 643 22 – 🍽 🖭 ⑩ E 𝓥𝓘𝓢𝓐   BX a
fechado domingo de junho ao setembro – Ref lista 2500 a 3850.

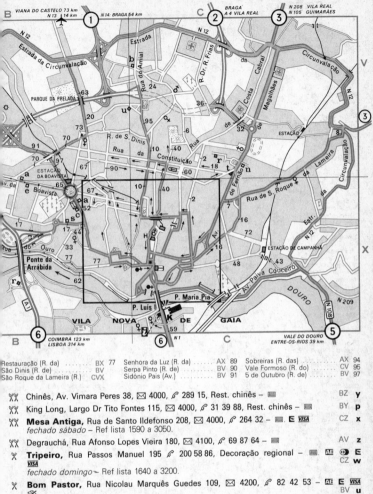

B — VIANA DO CASTELO 73 km — N 13 ↑ 14 km / N 14: BRAGA 54 km ①
C — BRAGA / A 4 VILA REAL ② — N 208 VILA REAL / N 105 GUIMARÃES ③

V

③

X

N 209

B — COIMBRA 123 km / LISBOA 314 km ⑥ — VILA NOVA DE GAIA — ⑥ N 1 — C — VALE DO DOURO / ENTRE-OS-RIOS 39 km ⑤

Restauração (R. da) .... BX 77	Senhora da Luz (R. da) ...... AX 89	Sobreiras (R. das) .... AX 94
São Dinis (R. de) .... BV	Serpa Pinto (R. de) .... BV 90	Vale Formoso (R. do) ...... CV 95
São Roque da Lameira (R.) CVX	Sidónio Pais (Av.) .... BV 91	5 de Outubro (R. de) ...... BV 97

XX **Chinês,** Av. Vimara Peres 38, ⊠ 4000, ℰ 289 15, Rest. chinês – ▤ BZ **y**

XX **King Long,** Largo Dr Tito Fontes 115, ⊠ 4000, ℰ 31 39 88, Rest. chinês – ▤ BY **p**

XX **Mesa Antiga,** Rua de Santo Ildefonso 208, ⊠ 4000, ℰ 264 32 – ▤. **E** **VISA** CZ **x**
   fechado sábado – Ref lista 1590 a 3050.

XX **Degrauchá,** Rua Afonso Lopes Vieira 180, ⊠ 4100, ℰ 69 87 64 – ▤ AV **z**

X **Tripeiro,** Rua Passos Manuel 195 ℰ 200 58 86, Decoração regional – ▤. **AE** **①** **E** CZ **w**
   VISA
   fechado domingo – Ref lista 1640 a 3200.

X **Bom Pastor,** Rua Nicolau Marquês Guedes 109, ⊠ 4200, ℰ 82 42 53 – **AE** **E** **VISA** BV **u**
   ⅋
   fechado 2ª feira – Ref lista 1520 a 3050.

X **O Meeting,** Rua Fonte Taurina 8, ⊠ 4000, ℰ 32 31 04 BZ **e**

X **Scala** com snack-bar, Av. Fernão de Magalhães 1273, ⊠ 4300, ℰ 56 83 77 – ▤. **AE** **①** CVX **t**
   E **VISA**. ⅋
   Ref lista 1900 a 2900.

X **Aquário Marisqueiro,** Rua Rodrigues Sampaio 179, ⊠ 4000, ℰ 222 31 BY **a**

X **Maria Rita,** Rua do Bonjardim 140, ⊠ 4000, ℰ 210 78 BZ **r**

X **Taverna de Bebobos,** Cais da Ribeira 25, ⊠ 4000, ℰ 31 35 65, Rest. típico – BZ **x**
   ⅋
   fechado domingo e março – Ref lista 1700 a 2200.

na Foz do Douro – ⊠ 4100 Porto – ✪ 02 :

▲▲ **Boa Vista,** esplanada do Castelo 58 ℰ 68 00 83, Telex 25574, Fax 67 38 18, ⊼, ▤ – 🛗 AX **e**
   ▤ rest **TV**. **E** **VISA**. ⅋ rest
   Ref 2500 – **39 qto** � 11500/13600.

▲ **Portofoz** sem rest, Rua do Farol 155 ℰ 67 23 57, Telex 24425, Fax 67 08 87 – 🛗 ☎. **AE** AX **r**
   ① **E** **VISA**. ⅋
   20 qto ⊉ 9000/11000.

517

PORTO

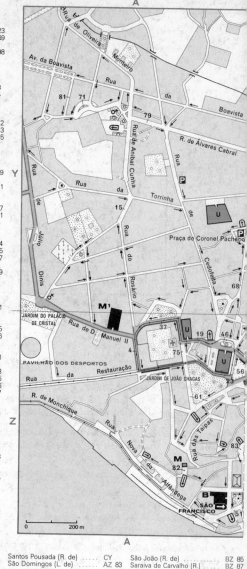

XXX **Don Manoel,** Av. Montevideu 384 ℰ 67 01 79, ≤, Instalado num antigo palacete – ▦
⊕ AE ① E VISA ℅
Ref lista 3900 a 5800.   AV **e**

XX **Varanda da Barra,** Rua Paulo da Gama 470 ℰ 68 50 06, ≤, ✿ – AE ① E VISA
℅
fechado 4ª, 5ª feira e feriados – Ref lista 2000 a 3100.   AX **a**

XX Portofino, Rua do Padrão 103 ℰ 67 73 39, ✿ – ▦   AX **c**

XX O Bule, Rua do Timor 128 ℰ 68 87 77, ✿, ✿   AV **g**

Sé (Terreiro da)	BZ 88
Soares dos Reis (L. de)	CZ 93
Taipas (R. das)	AZ
Torrinha (R. da)	AY
Vimara Peres (Av.)	BZ 96
24 de Agosto (Campo de)	CY

VALE DO DOURO

em Matosinhos NO : 9 km – ✉ 4450 Matosinhos – ☎ 02 :

✗ O Gaveto, com snack-bar, Rua Roberto Ivens 826 ☎ 93 87 96 – ▤   AV **a**

✗ **Esplanada Marisqueira Antiga,** Rua Roberto Ivens 628 ☎ 93 06 60, Peixes e mariscos
– ▤. 🅰🅴 ➊ 🄴 𝗩𝗜𝗦𝗔. ⋘   AV **v**
fechado 2ª feira – Ref lista 2500 a 4050.

✗ **Marujo** com snack-bar, Rua Tomaz Ribeiro 284 ☎ 93 37 32 – ▤. 🅰🅴 ➊ 🄴 𝗩𝗜𝗦𝗔
⋘   AV **a**
fechado 3ª feira – Ref lista 1700 a 4450.

na estrada N 13 por ① : 10,5 km - ⊠ Leça do Bailio 4465 São Mamede de Infesta – ✿ 02

XXX Estal. Via Norte, com qto, 🖉 948 02 94, Telex 26617, ⌁ climatizada – ▤ rest 🖵 ☎ 🅿 🏊 – **12 qto**.

em Leça da Palmeira NO : 11,5 km – ⊠ 4450 Matosinhos – ✿ 02 :

XXX O Chanquinhas, Rua de Santana 243 🖉 995 18 84 – ▤ 🅿.

XXX **Garrafão**, Rua António Nobre 53 🖉 995 16 60, Peixes e mariscos – ▤. 🅰🅴 ① 🅴 _VISA_. 🕸 *fechado domingo e 15 días em agosto* – Ref lista 3000 a 7400.

em Guardeiras por ① : 12 km – ⊠ 4470 Maia – ✿ 02 :

X **Estal. Lidador** com qto, na estrada N 13 🖉 948 11 09 – ☜ 🅿. 🅰🅴 ① 🅴 _VISA_. 🕸 Ref lista 2100 a 3300 – **7 qto** ☲ 4000/6000.

MICHELIN, Rua Delfim Ferreira 474, ⊠ 4100 AV 🖉 67 30 53 e 67 20 13, Telex 28961

AUTOBIANCHI-LANCIA Rua Santa Catarina 1232 🖉 48 81 23
AUTOBIANCHI-LANCIA Rua Latino Coelho 85 🖉 56 65 78
AUTOBIANCHI-LANCIA Rua da Boavista 868 🖉 651 14
AUTOBIANCHI-LANCIA Rua Faria de Guimarães 883 🖉 49 99 52
B.L.M.C (AUSTIN-MORRIS) Rua Dr. Joaquim Pires Lima 373 🖉 49 32 86
B.L.M.C (AUSTIN-MORRIS) Rua Gonçalo Cristovão 90 🖉 241 21
BMW Rua Engenhero Ferreira Dias 805 🖉 68 58 41
BMW Rua de S. Bras 470 🖉 49 63 88
BMW Rua do Campo Alegre 690 🖉 630 82
CITROEN Rua Pinto Bessa 546 🖉 58 01 17
CITROEN Rua Aval de Cima 233 🖉 49 05 95
CITROEN Rua Cunha Júnior 128 🖉 48 01 56
DATSUN-NISSAN Rua Alexandre Herculano 351 🖉 32 43 21
FIAT Rua de Santa Catarina 1232 🖉 48 81 23
FIAT Rua Faria de Guimarães 883 🖉 49 40 51
FIAT Rua Santos Pousadas 1101 🖉 56 80 56
FIAT Rua Latino Coelho 85 🖉 57 30 12
FORD Rua Delfim Ferreira 118 🖉 67 20 23
FORD Rua Teodoro Sousa Maldonado 177 🖉 81 65 10
G.M. - OPEL R. da Alegria 853 - Ap. 1362 🖉 48 50 11
G.M. - OPEL Rua Manuel Pinto de Azevedo 574 🖉 67 40 61

G.M. - OPEL Rua Clemente Meneres 80 🖉 290.93
MERCEDES-BENZ Rua da Estrada - Crestins 🖉 948 36 49
MITSUBISHI Rua Pinto Bessa 280 🖉 56 20 45
PEUGEOT-ALFA ROMEO Rua Delfim Ferreira 239-414 🖉 67 22 61
PEUGEOT-ALFA ROMEO Rua Eng. Ferreira Dias 800 🖉 617 90 51
PEUGEOT-ALFA ROMEO Rua Sà da Bandeira 630 🖉 32 12 21
RENAULT Rua do Breiner 106 🖉 32 03 71
RENAULT Rua S. João de Brito 18 🖉 67 23 62
RENAULT Rua Serpa Pinto 185 🖉 81 85 12
RENAULT Rua Carlos da Maia 30 🖉 48 61 29
RENAULT Rua Campo Alegre 594 🖉 66 82 75
RENAULT Rua Constitução 225 🖉 48 40 71
RENAULT Rua do Heroismo 237 🖉 56 67 17
SEAT Rua do Campo Alegre, 780 🖉 66 83 83
SEAT Rua da Cedofeita 446 🖉 224 88
TOYOTA Rua do Campo Alegre 690 🖉 66 70 21
TOYOTA Rua Morgado Mateus 242 🖉 57 84 22
TOYOTA R. Bartolomeu Dias 15 🖉 49 75 66
TOYOTA Rua de Notária 43 🖉 81 81 43
VOLVO Via Marechal Carmona 1637 🖉 67 32 41
VOLVO Rua Manuel Pinto de Azevedo 663 🖉 67 64 19
VW-AUDI Rua 5 de Outubro 400 🖉 69 97 98
VW-AUDI Rua Fernandes Tomás 71 🖉 57 90 00
VW-AUDI av. Fontes Pereira de Melo 441 🖉 68 11 75

Ver também : *Vilanova de Gaia.*

PORTO MONIZ Madeira – ver Madeira (Arquipélago da).

PORTO SANTO Madeira – ver Madeira (Arquipélago da).

PÓVOA DAS QUARTAS Coimbra 437 K 6 – ver Oliveira do Hospital.

PÓVOA DE VARZIM 4490 Porto 437 H 3 – 23 846 h. – ✿ 052 – Praia.
Ver : Porto de pesca★. **Arred.** : Rio Mau : Igreja de S. Cristóvão (capitéis★) O : 12 km.
🛈 Av. Mouzinho de Albuquerque 160 🖉 62 46 09.
♦Lisboa 348 – Braga 40 – ♦Porto 30.

🏨 **Vermar,** Rua alto de Martín Vaz NO : 1,5 km 🖉 68 35 01, Telex 25261, Fax 68 35 77, ≤, ⌁ climatizada, 🞕 – 🛉 ▤ 🖵 ☎ ↝ 🅿 – 🏊 25/700. 🅰🅴 ① 🅴 _VISA_ Ref 2850 – **208 qto** ☲ 12500/14300 – PA 4200.

🏨 **Grande H.,** Largo do Passeio Alegre 20 🖉 62 20 61, Telex 22406, ≤ – 🛉 🖵 ☜ – 🏊 25/150. 🅰🅴 ① 🅴 _VISA_. 🕸 rest Ref 1700 – **96 qto** ☲ 9000/10500 – PA 3400.

🏨 **Luso-Brasileiro** sem rest, Rua dos Cafés 16 🖉 62 41 61, Telex 20030, Fax 62 47 13 – 🛉 🖵 ☎ 🅰🅴 ① 🅴 _VISA_. 🕸 **62 qto** ☲ 6000/8000.

🏨 **Costa Verde,** Av. Vasco da Gama 56 🖉 68 15 31, Telex 27698, ≤ – 🛉 ☜. 🅰🅴 ① 🅴 _VISA_. 🕸 – Ref (ver rest. **Costa Verde**) – **50 qto** ☲ 5500/7500.

🏠 **Gett** sem rest, Av. Mouzinho de Albuquerque 54 🖉 68 32 06 – 🛉 🖵 ☜. 🅴 _VISA_. 🕸 **22 qto** ☲ 5500/7000.

🏠 Avô Velino, sem rest, Av. Vasco da Gama 🖉 68 16 28 – 🖵 ☜ – **10 qto**.

XX **Euracini**, Av. Mouzinho de Albuquerque 29 ℰ 62 71 36 – 🍴. ◫ 🄴 𝗩𝗜𝗦𝗔. ⛲
fechado 20 outubro-12 novembro – Ref lista 2500 a 3350.

XX O Marinheiro, na estrada N 13 NO : 2 km ℰ 68 21 51, Decoração imitação dum barco, Peixes e mariscos – 🍴 🄿.

X Costa Verde, Av. Vasco da Gama 64 ℰ 68 15 31, Telex 27698.

X Leonardo, Rua Tenente Valadim 75 ℰ 62 23 49, Peixes e mariscos – 🍴.

X Chelsea, na estrada N 13 - NO : 2 km ℰ 68 15 22 – 🍴 🄿.

em Aguçadoura - pela estrada N 13 NO : 7 km – ✉ 4490 Póvoa de Varzim – ☎ 052 :

🏨 Estal. Santo André ⌂, ℰ 68 18 81, Telex 28339, ≤, ☒ – 📺 🄿
49 qto.

RENAULT Estrada N 13 A Ver-O-mar ℰ 68 16 78   TOYOTA Rua Tenente Valadim 13 ℰ 62 15 00

PRAIA DA AGUDA Porto 437 I 4 – ver Vila Nova de Gaia.

PRAIA DA ALAGOA Faro 437 U 7 – ver Altura.

PRAIA DA AREIA BRANCA Lisboa 437 O 2 – ver Lourinhã.

PRAIA DA BARRA Aveiro 437 K 4 – ver Aveiro.

PRAIA DA GRANJA 4400 Porto 437 I 4 – – ver Vilanova de Gaia.

PRAIA DA OURA Faro 437 U 5 – ver Albufeira.

PRAIA DA ROCHA Faro 437 U 4 – ver Portimão.

PRAIA DA SALEMA Faro 437 U 3 – ver Budens.

PRAIA DA SENHORA DA ROCHA Faro 437 U 4 – ver Armação de Pera.

PRAIA DAS MAÇAS Lisboa 437 P 1 – 606 h. – ✉ 2710 Sintra – ☎ 01 – Praia.
♦ Lisboa 38 – Sintra 10.

🏨 **Oceano**, Av. Eugenio Levy 52 ℰ 929 23 99 – ☎ 🄿. ◫ ① 🄴 𝗩𝗜𝗦𝗔. ⛲
Ref *(fechado 3ª feira)* 1900 – **26 qto** ⌂ 7000/8000.

🏠 **Real** sem rest, Rua Fernão de Magalhães ℰ 929 20 02 – ◫ ① 🄴 𝗩𝗜𝗦𝗔
fechado 4 janeiro-fevereiro – **12 qto** ⌂ 7700/8500.

PRAIA DA VIEIRA Leiria 437 M 3 – ✉ 2430 Marinha Grande – ☎ 044 – Praia.
♦ Lisboa 152 – ♦ Coimbra 95 – Leiria 24.

🏨 Estrela do Mar, ⌂ sem rest, ℰ 657 62, ≤ – ☎ – **24 qto**.

PRAIA DE DONA ANA Faro 437 U 3 – ver Lagos.

PRAIA DE FARO Faro 437 U 6 – ver Faro.

PRAIA DE LAVADORES Porto 437 I 4 – ver Vila Nova de Gaia.

PRAIA DE MIRA Coimbra 437 K 3 – ver Mira.

PRAIA DE SANTA CRUZ Lisboa 437 O 1 – 615 h. – ✉ 2560 Torres Vedras – ☎ 061 – Praia.
♦ Lisboa 70 – Santarém 88.

🏨 **Santa Cruz**, Rua José Pedro Lopes ℰ 971 48, Telex 42509 – 📶 ☎ 🄿 – 🅰 25/150. ◫
① 🄴 𝗩𝗜𝗦𝗔. ⛲ rest
Ref 1500 – **32 qto** ⌂ 5100/7200 – PA 3000.

PRAIA DO CARVOEIRO 8400 Faro 437 U 4 – ver Lagoa.

PRAIA DO MARTINHAL Faro 437 U 3 – ver Sagres.

PRAIA DO PORTO NOVO Lisboa 437 O 2 – ver Vimeiro (Termas do).

PRAIA DOS TRES IRMÃOS Faro 437 U 4 – ver Portimão.

PRAIA DO VAU Faro 437 U 4 – ver Portimão.

QUARTEIRA 8125 Faro **437** U 5 – 8 905h. – ✪ 089 – Praia.

🏌 Club Golf de Vilamoura NO : 6 km ✎ 336 52 – 🏌 Club Golf Dom Pedro.

🛈 Av. Infante Sagres ✎ 322 17.

◆Lisboa 308 – Faro 22.

 🏨 **Atis** sem rest, Av. Dr. Sá Carneiro ✎ 88 97 71, Telex 56802, ⌕ – 🛗 ▤ ☎ 🅿 🆎 ⑩ 🄴
  VISA. �‰
  77 qto ⌕ 10000/12000.

 🏨 Zodíaco sem rest, Estrada de Almansil ✎ 328 58, Telex 56703, ⌕, ⋇ – 🛗 ☞ 🅿
  60 qto.

 ✕ **Alphonso's,** Centro Comercial Abertura Mar ✎ 346 14, 🍴 – ▤ 🆎 ⑩ 🄴 *VISA*. ⋇
  Ref lista 2650 a 3450.

 em Vilamoura – ✉ 8125 Quarteira – ✪ 089 :

 🏨🏨 **Vilamoura Marinotel** ⋙, O : 3,5 km ✎ 88 99 88, Telex 58827, Fax 88 98 69, ≤,
  ⌕ climatizada, ⋇ – 🛗 ▤ 📺 ☎ 🅿 🆎 ⑩ 🄴 *VISA*. ⋇
  Ref **Rest. Aries** lista 3650 a 5200 **Grill Sirius** lista 4900 a 8900 – **387 qto** ⌕ 22900/30500.

 🏨🏨 Atlantis Vilamoura ⋙, O : 3 km ✎ 325 55, Telex 56838, Fax 326 52, ≤, « Relvado
  repousante com ⌕ », 🔲, ⋇ – 🛗 ▤ 📺 ☎ – 🛁 – **313 qto**.

 🏨🏨 **Dom Pedro Golf** ⋙, O : 3 km ✎ 88 96 50, Telex 56870, Fax 31 54 82, ≤, « Relvado
  repousante com ⌕ », ⌕, – 🛗 ▤ 📺 ☎ 🅿 – 🛁 25/800. 🆎 ⑩ 🄴 *VISA*. ⋇
  Ref Buffet Mimosa 2750 e Grill **Dom Pedro** lista 2700 a 3880 – **261 qto** ⌕ 14950/19000 –
  PA 5700.

 🏨🏨 **Dom Pedro Marina** ⋙, O : 3,5 km ✎ 88 98 02, Telex 56307, Fax 31 32 70, ≤, 🍴,
  ⌕ climatizada – 🛗 ▤ 📺 ☎ 🅿 – 🛁 25/150. 🆎 ⑩ 🄴 *VISA*. ⋇
  Ref 3300 – **155 qto** ⌕ 21500/25900 – PA 5500.

 🏨🏨 Motel Vilamoura Golf ⋙, NO : 6 km ✎ 323 21, Telex 56833, ⌕, 🏌 – 🅿
  52 qto.

RENAULT Sítio do Semino ✎ 347 30

QUELUZ 2745 Lisboa **437** P 2 – 47 864 h. alt. 125 – ✪ 01.

Ver : Palácio Real★ (sala do trono★) – Jardins do Palácio★ (escada dos Leões★).

🏌 Lisbon Sport Club ✎ 96 00 77.

◆Lisboa 12 – Sintra 15.

 ✕✕✕ Cozinha Velha, Largo do Palácio ✎ 435 02 32, « Instalado nas antigas cozinhas do palácio ».

RENAULT av. Luis de Camões 14 A/C   TOYOTA Rua D. Pedro IV, 35 ✎ 95 18 63
✎ 437 54 56

QUINTA DO LAGO Faro – ver Almansil.

QUINTANILHA Bragança **437** G 10.

REBOREDA Viana do Castelo **437** G 3 – ver Vila Nova de Cerveira.

RESENDE Viana do Castelo – ver Paredes de Coura.

RIBEIRA BRAVA Madeira – ver Madeira (Arquipélago da).

RIO DE MOINHOS Santarém **437** N 5 – 1 882 h. – ✉ 2200 Abrantes – ✪ 041.

◆Lisboa 137 – Portalegre 88 – Santarém 69.

 ✕ **Cristina,** na Estrada N 3 ✎ 981 77 – ▤ rest 🅿. 🆎 ⑩ 🄴 *VISA*
  fechado 2ᵃ feira, 15-30 maio e do 1-15 setembro – Ref lista 1450 a 1850.

RIO MAIOR 2040 Santarém **437** N 3 – 10 793 h. – ✪ 043.

◆Lisboa 77 – Leiria 50 – Santarém 31.

 🏨 R. M. sem rest, Rua Dr. Francisco Barbosa ✎ 920 87 – 🛗 ☞ – **36 qto**.

CITROEN Estrada Nacional 1 ✎ 920 60   RENAULT Rua Prof. Manuel José Ferreira 7
MERCEDES BENZ Rua Almirante Cândido dos   ✎ 920 13
Reis 2/3 ✎ 921 54   SEAT Rua D. Afonso Henriques ✎ 922 55
PEUGEOT-ALFA ROMEO Rua Almirante Cândido   TOYOTA Rua D. Afonso Henriques ✎ 917 86
dos Reis 2 ✎ 921 54

ROMEU 5370 Bragança **437** H 8 – 936 h. – ✪ 078.

◆Lisboa 467 – Bragança 59 – Vila Real 85.

 ✕ **Maria Rita,** Rua da Capela ✎ 931 34, Decoração rústica regional – ▤
  fechado 2ᵃ feira – Ref lista 1320 a 1680.

SABUGO 2715 Lisboa **437** P 2 – 🏵 01.
◆Lisboa 11 – Sintra 14.

  em Vale de Lobos SE : 1,7 km – ✉ 2715 Sabugo – 🏵 01 :

🏠 **Vale de Lobos** ⬲, ☎ 927 34 19, Telex 44564, Fax 927 46 56, ≼, ⤳ climatizada, ⬛, 🛁,
     ✖ – ▐ ▥ ☎ ❷ – 🛄 25/200. 🅰🅴 ⓪. ❄
     Ref 1800 – **52 qto** ⬷ 7000/9000 – PA 3600.

SAGRES Faro **437** U 3 – 2 032 h. – ✉ 8650 Vila do Bispo – 🏵 082 – Praia.
Arred. : Ponta de Sagres★★ (≼★) SO : 1,5 km – Cabo de São Vicente★★ (≼★).
🗓 Promontório de Sagres ☎ 641 25.
◆Lisboa 286 – Faro 113 – Lagos 33.

🏨 **Pousada do Infante** ⬲, ☎ 642 22, Telex 57491, ≼ falésias e mar, ⤳, ✖ – ▥ ☎ ❷.
     🅰🅴 ⓪ 🅴 𝗩𝗜𝗦𝗔. ❄
     Ref 3000 – **23 qto** ⬷ 14300/16000.

🏠 **Aparthotel Navegante** ⬲, Rua Infante D. Henrique ☎ 643 54, Telex 57179, Fax 643 60,
     ≼ falésias e mar, ⤳ – ▐ ▤ ▥ ☎ ⇦ ❷. 🅰🅴 ⓪ 🅴 𝗩𝗜𝗦𝗔. ❄ rest
     Ref 1750 ⬷ 9600/12000 – **55 apartamentos** – PA 3500.

🏠 **Baleeira** ⬲, ☎ 642 12, Telex 57467, Fax 644 25, ≼ falésias e mar, 🍴, ⤳, ✖ – ▤ rest
     🕾 ❷. 🅰🅴 ⓪ 🅴 𝗩𝗜𝗦𝗔. ❄ rest
     Ref 2000 – **118 qto** ⬷ 8000/9000.

  na Praia do Martinhal NE : 3,5 km – ✉ 8650 Vila do Bispo – 🏵 082 :

🏠 **Motel Os Gambozinos** ⬲, ☎ 643 18, ≼ praia, falésias e mar, 🍴 – ❷. 🅴. ❄ rest
     Ref *(fechado novembre-fevereiro)* 1500 – **17 qto** ⬷ 7900/10900.

  na estrada do Cabo São Vicente NO : 5 km – ✉ 8650 Vila do Bispo – 🏵 082 :

✗ **Fortaleza do Beliche** ⬲ com qto, ☎ 641 24, « Instalado numa fortaleza sobre uma
     falésia dominando o mar » – 🕾. ❄
     Ref lista 1890 a 3650 – **4 qto** ⬷ 8600/9900.

SAMEIRO Braga **437** H 4 – ver Braga.

SANGALHOS Aveiro **437** K 4 – 4 067 h. – ✉ 3780 Anadia – 🏵 034.
◆Lisboa 234 – Aveiro 25 – ◆Coimbra 32.

🏠 **Estal. Sangalhos** ⬲, ☎ 74 16 48, Telex 37784, ≼ vale e montanha, ⤳, ✖ – ▤ rest 🕾
     ❷. 🅴 𝗩𝗜𝗦𝗔. ❄ rest
     Ref 2300 – **33 qto** ⬷ 6000/9000.

SANTA BÁRBARA DE NEXE Faro **437** U 6 – ver Faro.

SANTA-CLARA-A-VELHA 7665 Beja **437** T 4 – 1 662 h. alt. 50 – 🏵 083.
◆Lisboa 222 – Beja 96 – Faro 115.

  na Barragem de Santa Clara SE : 5 km – ✉ 7665 Santa Clara-a-Velha – 🏵 083 :

✗✗ **Pousada de Santa Clara** ⬲ com qto, ☎ 982 50, Telex 56231, ≼ Barragem e montanhas,
     🍴, « Parque com árvores », ⤳ – 🕾 ❷. 🅰🅴 ⓪ 🅴 𝗩𝗜𝗦𝗔. ❄ rest
     Ref 2050 – **6 qto** ⬷ 8600/9900.

SANTA EULÁLIA 8200 Faro – ver Albufeira.

SANTA LUZIA Viana do Castelo **437** G 3 – ver Viana do Castelo.

SANTA MARIA DA FEIRA 4520 Aveiro **437** J 4 – 4 877 h. alt. 125 – 🏵 056.
Ver : Castelo★.
🗓 Câmara Municipal Praça da República ☎ 326 11.
◆Lisboa 291 – Aveiro 47 – ◆Coimbra 91 – ◆Porto 20.

  na estrada N I NE : 5,5 km – ✉ 4520 Santa Maria da Feira – 🏵 056 :

✗ **Tigre** com snack-bar, Lugar de Albarrada - São João de Ver ☎ 338 68, Mariscos – ▤ ❷.
     🅰🅴 ⓪ 🅴 𝗩𝗜𝗦𝗔. ❄
     Ref lista 1790 a 3210.

SANTA MARTA DE PENAGUIÃO 5030 Vila Real **437** I 6 – 11 194 h. – 🏵 054.
◆Lisboa 388 – ◆Porto 125 – Vila Real 16 – Viseu 94.

🏠 Oasis, Estrada N 2 ☎ 915 32, ≼ – 🕾 ⇦ ❷ – **14 qto**.

SANTANA Setúbal **437** Q 2 – ver Sesimbra.

Ver : Miradouro de São Bento ✳ B F – Igreja de São João de Alporão (museu arqueológico★) B **M1** – Igreja da Graça (nave★) B F.

Arred. : Alpiarça : Museu★ (tapeçarias★, faianças e porcelanas★) 10 km por ②.

🛈 Rua Capelo Ivens 63 ✆ 231 40.

◆Lisboa 80 ③ – Evora 115 ② – Faro 330 ② – Portalegre 158 ② – Setúbal 130 ③.

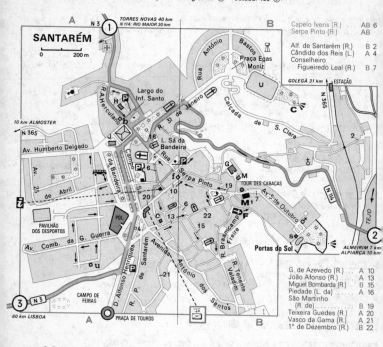

Capelo Ivens (R.)	AB 6
Serpa Pinto (R.)	AB
Alf. de Santarém (R.)	B 2
Cândido dos Reis (L.)	A 4
Conselheiro Figueiredo Leal (R.)	B 7
G. de Azevedo (R.)	A 10
João Afonso (R.)	A 13
Miguel Bombarda (R.)	B 15
Piedade (L. da)	A 16
São Martinho (R. de)	B 19
Teixeira Guedes (R.)	A 20
Vasco da Gama (R.)	A 21
1° de Dezembro (R.)	B 22

🏠 **O Beirante**, Rua Alexandre Herculano 5 ✆ 22547 – 🕸 ☎. **32 qto.**   A **b**

🏠 **Abidis** sem rest, Rua Guilherme de Azevedo 4 ✆ 220 17, Decoração regional – 🕿 **28 qto** ⇌ 2800/7000.   AB **f**

🏠 **Victoria** sem rest, Rua 2ª Visconde de Santarém 21 ✆ 225 73 – 📺 🕿 **VISA** ⚒ **21 qto** ⇌ 3500/5000.   A **u**

✗ **Solar**, Largo Emilio Infante da Câmara 9 ✆ 222 39   A **c**

✗ **Portas do Sol**, no Jardim das Portas do Sol ✆ 295 20, 🌣, « Jardim »   B **s**

em Alto do Bexiga por ① : 2,5 km – ⊠ 2000 Santarém – ✆ 043 :

🏠 **Jardim** ⑤ sem rest, com snack-bar, Rua Florbela Espanca 1 ✆ 271 04, Telex 18393 – 🗐 🕿 🆎 ⓞ ⴹ **VISA**
39 qto ⇌ 5000/7500.

AUTOBIANCHI-LANCIA Largo da Piedade 8 ✆ 230 61
BMW av. Bernardo Santareño 12 ✆ 247 21
CITROEN Estrada da Estação ✆ 231 15
DATSUN-NISSAN Rua Pedro de Santarèm 47 ✆ 240 77
FIAT Largo da Piedade 3 ✆ 230 61
FORD Av. D. Afonso Henriques 5 ✆ 241 25
G.M. - OPEL Rua Cidade da Covilhã 7 ✆ 240 33
MERCEDES-BENZ av. D. Afonso Henriques 23 ✆ 220 77

MITSUBISHI Pr. Pedro Escuro 1-3 ✆ 283 21
PEUGEOT-ALFA ROMEO Rua Pedro Canavarro 31 ✆ 220 49
PEUGEOT-ALFA ROMEO Pr.Pedro Escuro 1-3 ✆ 283 21
RENAULT Rua Duarte Pacheco Pereira 2 ✆ 22 20 57
SEAT Av. D. Afonso Henriques 23 ✆ 220 77
TOYOTA Praceta Alves Redol 19 ✆ 278 65
VOLVO zona Industrial ✆ 276 31
VW-AUDI São Pedro ✆ 233 53

EUROPA numa só folha **Mapa Michelin** n° **970**.

SANTIAGO DO CACÉM 7540 Setúbal 437 R 3 – 6 777 h. alt. 225 – © 069.

Ver : Á Saida Sul da Vila ≤★.

Lisboa 146 – Setubal 98.

🏨 **Albergaria D. Nuno** sem rest, Av. D. Nuno Álvares Pereira 88 ℰ 233 25, Fax 233 28, ≤ – 📺 ☎ **P**. **AE** **①** **VISA**
75 qto ☑ 6000/10000.

🏠 **Gabriel** sem rest, Rua Professor Egas Moniz 24 ℰ 222 45 – ☎. ✸
23 qto ☑ 4000/6300.

XX **Pousada de Santiago** com qto, estrada de Lisboa ℰ 224 59, Telex 16166, ≤, �,
Decoração regional, ⤳, ⭐ – ☎ **P**. **AE** **①** **E** **VISA**. ✸
Ref 3100 – **7 qto** ☑ 8600/9900.

CITROEN Estrada de Santo André 20 ℰ 221 36
PEUGEOT-TALBOT Rua Ramon Costa 8
ℰ 220 33

RENAULT Estrada de Santa Cruz 59 ℰ 223 77
TOYOTA Rua Cidade de Setúbal 17 ℰ 222 70
VW-AUDI Av. D. Nuno Alvares Pereira ℰ 224 85

SANTO AMARO DE OEIRAS Lisboa 437 P 2 – 32 195 h. – ⊠ 2780 Oeiras – © 01 – Praia.

Parque Municipal (junto a estrada Marginal).

Lisboa 18 – Cascais 12.

XX **Pavilhão Pérgula,** Parque municipal (juno a estrada Marginal) ℰ 442 80 86, Fax 436 41 94,
≤ – 🍽. **AE** **①** **E** **VISA**. ✸
Ref lista 1800 a 2750.

na praia pela estrada Marginal E : 0,5 km – ⊠ 2780 Oeiras – © 01 :

X **Saisa,** ℰ 443 06 34, ≤, �, Peixes e mariscos – 🍽. **AE** **①** **E** **VISA**. ✸
fechado 2ª feria – Ref lista 1310 a 2400.

SANTO TIRSO 4780 Porto 437 H 4 – 11 708 h. alt. 75 – © 052.

🛈 Praça do Municipio ℰ 510 91 (ext. 33).

Lisboa 345 – Braga 29 – ◆Porto 22.

X **São Rosendo,** Praça do Municipio 6 ℰ 530 54 – 🍽. **AE** **①** **E** **VISA**
fechado 2ª feira – Ref lista 1350 a 1850.

B.L.M.C. (AUSTIN-MORRIS) Rua Ferreira Lemos
353 ℰ 539 51
BMW av. S. Rosendo 12-14 ℰ 526 38
FORD av. de Sousa Cruz ℰ 526 30

FIAT Rua Francisco Moreira 2 ℰ 528 12
RENAULT Rua da Indústria ℰ 511 77
TOYOTA S. Tiago de Bougado
VW-AUDI Fontiscos ℰ 510 66

SÃO BRAS DE ALPORTEL 8150 Faro 437 U 6 – 7 499 h. – © 089.

🛈 Rua Dr. Evaristo Sousa Gago ℰ 422 11.

◆Lisboa 293 – Faro 19 – Portimão 63.

na estrada de Lisboa N 2 N : 2 km – ⊠ 8150 São Bras de Alportel – © 089 :

🏨 Pousada de São Bras 🐾, ℰ 423 05, Telex 56945, ≤ cidade, campo e colinas, ⤳ – 🍽 qto
📺 ☎ **P** – **25 qto**.

SÃO JOÃO DA CAPARICA Setúbal 437 Q 2 – ver Costa da Caparica.

SÃO JOÃO DA MADEIRA 3700 Aveiro 437 J 4 – 16 239 h. alt. 205 – © 056.

◆Lisboa 286 – Aveiro 46 – ◆Porto 32.

🏠 Solar São João, sem rest, Praça Luís Ribeiro 165 ℰ 226 64 – ☎ – **16 qto**.

XX O Prato, Av. da Liberdade 583 ℰ 270 44 – 🍽.

B.M.W. Rua da Liberdade 395 ℰ 279 44
FIAT Rua das Travessas 265 ℰ 222 19
FORD Rua Oliveira Júnior 137 ℰ 230 93

RENAULT Rua Oliveira Júnior ℰ 225 47
TOYOTA Rua Oliveira Júnior 250 ℰ 245 80

SÃO JOÃO DO ESTORIL Lisboa 437 P 1 – ver Estoril.

SÃO LEONARDO Evora 437 Q 8.

SÃO MARTINHO DO PORTO 2465 Leiria 437 N 2 – 2 318 h. – © 062 – Praia.

Ver : ≤★ – 🛈 Av. 25 de Abril ℰ 981 10.

◆Lisboa 108 – Leiria 51 – Santarém 65.

🏨 **Parque** sem rest, Av. Marechal Carmona 3 ℰ 985 05, « Antiga casa senhorial rodeada de
um jardim », ✖ – ☎ **P**. **AE** **①** **E** **VISA**. ✸
março-outubro – **37 qto** ☑ 6000/10800.

🏠 São Pedro, sem rest, Largo Vitorino Fróis 7 ℰ 983 27, Telex 65470 – ☎ – **11 qto**.

X **A Casa,** Av. Marginal ℰ 98 96 33, ≤ – 🍽. **AE** **①** **E** **VISA**
Ref lista 1950 a 2550.

SÃO PEDRO DE MOEL Leiria **437** M 3 – ⊠ 2430 Marinha Grande – 🚗 044 – Praia.
🛈 Praça Eng. Jose Lopes Viera 🖉 591 52.
♦Lisboa 135 – ♦Coimbra 79 – Leiria 22.

🏨 São Pedro, Rua Dr Adolfo Leitão 22 🖉 591 20, Telex 18136 – 🕾 🅿 – 🏖 – **53 qto**.

🏨 **Mar e Sol**, Av. da Liberdade 1 🖉 59 91 82, Telex 15529, Fax 59 91 83, ← – 🗐 rest 🕾.
  VISA
  fechado 2ª feira no inverno – Ref 2000 – **42 qto** ⊑ 6500/11000 – PA 4000.

🏠 **Santa Rita** sem rest, Praceta Pinhal do Rei 1 🖉 59 94 98 – ⚡
  9 qto ⊑ 5000/7000.

SÃO PEDRO DE SINTRA Lisboa **437** P 1 – ver Sintra.

SÃO PEDRO DO SUL 3660 Viseu **437** J 5 – 3 513 h. alt. 169 – 🚗 032 – Termas.
🛈 Estrada N 16 🖉 713 20.
♦Lisboa 321 – Aveiro 76 – Viseu 22.

  nas termas SO : 3 km – ⊠ 3660 São Pedro do Sul – 🚗 032 :

🏨 **Das Termas** ⚓, 🖉 71 23 33, Telex 53595, Fax 71 10 11, ← – 🛗 📺 🕾 ⇌ 🝙 ⑩ ▮
  VISA. ⚡ rest
  Ref 1800 – **65 qto** ⊑ 6500/10500 – PA 3600.

🏠 Lisboa, sem rest, estrada N 16 🖉 710 87 – 🛗 – **40 qto**.

🏠 Lafões, sem rest, Rua do Correio 🖉 716 16 – 🛗 – **24 qto**.

🏠 David, 🖉 713 05 – **17 qto**.

SÃO VICENTE Madeira – ver Madeira (Arquipélago da).

SARNADAS DE RÓDÃO Castelo Branco **437** M 7 – ver Castelo Branco.

  *Para viajar com rapidez, utilize os seguintes **mapas da Michelin***
  designados por "grandes routes" :
  920 *Europa,* **980** *Grecia,* **984** *Alemanha,* **985** *Escandinávia-Finlândia,*
  986 *Grã Bretanha-Irlanda,* **987** *Alemanha-Austria-Benelux,* **988** *Italia,*
  989 *França,* **990** *Espanha-Portugal,* **991** *Jugoslavia.*

SEIA 6270 Guarda **437** K 6 – 5 653 h. alt. 532 – 🚗 038.
Arred. : Estrada★★ de Seia à Covilhã (←★★, Torre ☀★★★, ←★) 49 km.
🛈 Largo do Mercado 🖉 222 72.
♦Lisboa 303 – Guarda 69 – Viseu 45.

🏨 **Camelo**, Av. 1º de Maio 16 🖉 225 30, Telex 53630, Fax 230 31, ← – 🛗 📺 🕾 ⇌ 🅿 –
  🏖 25/80. 🝙 ⑩ 🄴 **VISA**
  Ref 1300 – **57 qto** ⊑ 6000/7500.

  em Pinhanços na estrada N 17 NE : 9,5 km – ⊠ 6270 Seia – 🚗 038 :

✗ **Santa Luzia,** 🖉 461 20, ←, 🍴 – 🅿. **VISA**. ⚡
  fechado 6ª feira – Ref lista 1290 a 2190.

RENAULT Quintela 🖉 226 61   VW-AUDI Ponte de Santiago 🖉 223 64

SEIXAS Viana do Castelo **437** G 3 – ver Caminha.

SERPA 7830 Beja **437** S 7 – 4 941 h. alt. 230 – 🚗 084.
🛈 Largo D. Jorge de Melo 2 e 3 🖉 903 35.
♦Lisboa 221 – Beja 29 – Evora 111.

🏨 **Pousada de São Gens** ⚓, S : 1,5 km 🖉 903 27, Telex 43651, « Terraço com ← oliveiras
  e campo », ⚓ – 🗐 🕾 🅿. 🝙 ⑩ 🄴 **VISA**. ⚡
  Ref 2050 – **18 qto** ⊑ 8600/9900.

RENAULT Rua Dr. Eduardo F. Oliveira 🖉 903 52

SERRA DE ÁGUA Madeira – ver Madeira (Arquipélago da).

SERTÃ 6100 Castelo Branco **437** M 5 – 🚗 074.
♦Lisboa 248 – Castelo Branco 72 – ♦Coimbra 86.

✗ **Lagar,** Rua 1º de Dezembro 🖉 615 41, 🍴, Rest. típico instalado numa prensa de azeite
  – 🅿
  fechado 3ª feira e 1-15 outubro – Ref lista 1000 a 1900.

RENAULT Alto de Carreira 🖉 615 67

ESIMBRA 2970 Setúbal **437** Q 2 – 8 138 h. – **①** 01 – Praia.

er : Porto★.

rred. : Castelo ⩽★ NO : 6 km – Cabo Espichel (local★) O : 15 km.

Largo de Marinha *ℰ* 223 57 43.

Lisboa 43 – Setúbal 26.

Do Mar ⟜, Rua Combatentes de Ultramar 10 *ℰ* 223 33 26, Telex 13883, Fax 223 38 88, ⩽ mar, « Relvado com ⤓ rodeado de arbores », ⟦ – ❚ ▤ rest **℗** – **⚓** 25/140 – **119 qto**.

Ribamar, Av. dos Náufragos *ℰ* 223 48 53, Fax 223 43 17, ⟦, Peixes e mariscos – ▤. **E** **VISA** ⟦
Ref lista 2850 a 4300.

O Pirata, Rua Heliodoro Salgado 3 *ℰ* 223 04 01, ⩽, ⟦ – **AE** **①** **E** **VISA**. ⟦
fechado 4ª feira e novembro – Ref lista 1530 a 2200.

em Santana N : 3,5 km – ⌧ 2970 Sesimbra – **①** 01 :

Angelus, *ℰ* 223 13 40 – ▤. ⟦
fechado 2ª feira – Ref lista 1650 a 3800.

SETÚBAL 2900 **℗** **437** Q 3 – 97 762 h. – **①** 065.

er : Museu da Cidade★ (quadros★) **M1** – Igreja de Jesus★ **A** – Castelo de Sao Filipe ⟦★ por Rua Sao Filipe.

rred. : Serra da Arrábida (estrada escarpada★★) por ② – Palmela (castelo★ ⟦★ – Igreja de Sao Pedro : azulejos★) por N 252 : 7,5 km – Quinta da Bacalhoa : jardins (azulejos★) por ③ : 12 km.

Club de Golf de Tróia, Torralta Tróia *ℰ* 441 51.

para Tróia, cais de Setúbal 36 *ℰ* 351 01.

Rua do Corpo Santo *ℰ* 295 07.

Lisboa 55 ① – ♦Badajoz 196 ① – Beja 143 ① – Évora 102 ① – Santarém 130 ①.

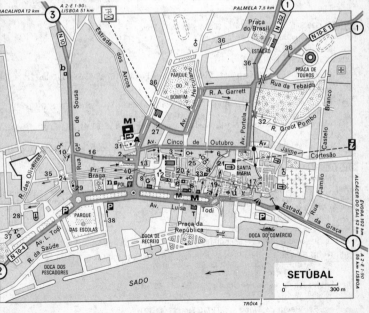

🏨 **Albergaria Laitau** sem rest., Av. General Daniel de Sousa 89 ℰ 370 31, Telex 43006, Fa
360 95 – ⧉ 🕎 📺 ☎ 🚗 – 🄰 25/200. 🄰🄴 ⓞ 🄴 𝑉𝐼𝑆𝐴. 𝒮𝒦 re
41 qto ⌱ 7000/8500.

🏨 **Esperança,** Av. Luisa Todi 220 ℰ 52 51 51, Telex 17158, ⩽ – ⧉ ☜. 🄰🄴 ⓞ 🄴 𝑉𝐼𝑆𝐴. 𝒮𝒦 re
Ref 1500 – **76 qto** ⌱ 7200/8300 – PA 3000.

🏠 **Bocage** sem rest, Rua de São Cristóvão 14 ℰ 215 98, Fax 218 09 – ☜. 🄰🄴 ⓞ 🄴 𝑉𝐼𝑆𝐴. 𝒮
38 qto ⌱ 5900/6900.

🏠 **Mar e Sol** sem rest, Av. Luisa Todi 608 ℰ 330 16, Fax 53 20 36, ⩽ – ⧉ ☜. 𝒮𝒦
31 qto ⌱ 4200/6200.

✗ **O Beco,** Rua da Misericórdia 24 ℰ 52 46 17 – ▣. 🄰🄴 ⓞ 🄴 𝑉𝐼𝑆𝐴
fechado 3ª feira e do 15 ao 30 setembro – Ref lista 1750 a 3100.

✗ **A Roda,** Trav. Postigo do Cais 7 ℰ 292 64, 🍴 – ▣. 🄰🄴 ⓞ 🄴 𝑉𝐼𝑆𝐴. 𝒮𝒦
fechado domingo, feriados, do 15 ao 31 março e do 1 ao 15 novembro – R
lista 2000 a 2900.

✗ **O Capote,** Largo do Carmo 6 ℰ 202 98, 🍴 – 🄴 𝑉𝐼𝑆𝐴. 𝒮𝒦
fechado 2ª feira – Ref lista 1300 a 3250.

no Castelo de São Filipe O : 1,5 km – ✉ 2900 Setúbal – 🕐 065 :

🏛 **Pousada de São Filipe** ⧉, ℰ 238 44, Telex 44655, ⩽ Setúbal e foz do Sado, Decoraçã
rústica, « Dentro das muralhas de uma antiga fortaleza » – ▣ 📺 – **15 qto**.

AUTOBIANCHI-LANCIA Estrada do Alentejo 20
ℰ 331 11
B.L.M.C. (AUSTIN, MORRIS) Av. Combatentes da
Grande Guerra 55 ℰ 344 23
B.M.W. Rua Martires da Patria ℰ 31 23 42
CITROEN Rua José Pereira Martins 2 ℰ 240 26
DATSUN-NISSAN Estrada do Alentejo (Vale das
Cerejeiras) ℰ 331 11
FIAT Rua José Pereira Martins 27 (Edifício Fiat)
ℰ 202 74

FORD Av. dos Combatentes da Grande Guerra
81 ℰ 231 31
G.M. - OPEL Estrada da Graça 222 ℰ 290 12
PEUGEOT-TALBOT Av. 5 de Outubro 37
ℰ 253 13
RENAULT Rua António José Batista 1-3.5
ℰ 264 17
SEAT Rua Antonio Jose Batista 129 ℰ 394 73
TOYOTA Rua Mártires da Pátria ℰ 230 22
VW-AUDI Rua Almeida Gerrett 48 ℰ 52 25 71

SINES 7520 Setúbal **437** S 3 – 12 206 h. – 🕐 069 – Praia.
Arred. : Santiago do Cacém ⩽✱.
🄱 Av. General Humberto Delgado - Mercado Municipal loja 4 ℰ 63 44 72.
✦Lisboa 165 – Beja 97 – Setúbal 117.

🏨 **Aparthotel Sinerama** sem rest., Rua Marquês de Pombal 167 ℰ 63 38 45, Telex 12671, Fa
63 45 51, ⩽ – ⧉ ☎ ⓟ – 🄰
105 qto.

🏠 **Búzio** sem rest, Av. 25 de Abril 14 ℰ 63 21 14, Fax 63 51 51 – ☎. 🄰🄴 ⓞ 🄴 𝑉𝐼𝑆𝐴. 𝒮𝒦
45 qto ⌱ 6000/7500.

✗ **Atlântico Mar,** Largo da Nossa Senhora das Salvas 20 A ℰ 63 41 41, ⩽, 🍴, Peixes e
mariscos – ▣.

FIAT Zona Industrial Ligeira ℰ 63 44 44

RENAULT Zona Industrial Ligeira 2 ℰ 63 42 81

SINTRA 2710 Lisboa **437** P 1 – 20 574 h. alt. 200 – 🕐 01.
Ver : Palácio Real✱ (azulejos✱✱, tecto✱✱) Y.
Arred. : S : Parque da Pena✱✱ Z, Cruz Alta✱✱ (🌳✱✱) Z, Castelo dos Mouros✱ (⩽✱) Z Palácio da
Pena ⩽✱ Z – Parque de Monserrate✱ O : 3 km – Peninha ⩽✱✱ SO : 10 km – Azenhas do Mar✱
(local✱) 16 km por ①.
🎯 Golf Estoril Sol por ④ ℰ 923 24 61.
🄱 Praça da República 3 ℰ 923 11 57.
✦Lisboa 28 ③ – Santarém 100 ③ – Setúbal 73 ③.

🏨 **Tivoli Sintra,** Praça da República ℰ 923 35 05, Telex 42314, Fax 923 15 72, ⩽ – ⧉ ▣ 📺
☎ 🚗 ⓟ – 🄰 25/200. 🄰🄴 ⓞ 🄴 𝑉𝐼𝑆𝐴. 𝒮𝒦 rest   Y d
Ref 3500 – **75 qto** ⌱ 13000/16000.

✗✗ **Tacho Real,** rua da Ferreira 4 ℰ 923 52 77 – 🄰🄴 ⓞ 🄴 𝑉𝐼𝑆𝐴. 𝒮𝒦   Z a
fechado 4¿ e 5¿ feira ao meio-dia e 17 outubro-17 novembro – Ref lista 2850 a 3850.

em São Pedro de Sintra – ✉ 2710 Sintra – 🕐 01 :

✗ **Solar S. Pedro,** Praça D. Fernando II 12 ℰ 923 18 60 – ▣. 🄰🄴 ⓞ 🄴 𝑉𝐼𝑆𝐴. 𝒮𝒦   Z s
fechado 4ª feira – Ref lista 2850 a 4300.

✗ **Dos Arcos,** Rua Serpa Pinto 4 ℰ 923 02 64 – 🄰🄴 ⓞ 🄴 𝑉𝐼𝑆𝐴. 𝒮𝒦   Z z
fechado 5ª feira, do 1 ao 16 do junho e do 2 ao 16 outubro – Ref lista 2200 a 2800.

✗ **Cantinho de S. Pedro,** Praça D. Fernando II - 18 ℰ 923 02 67 – ⓟ. 🄰🄴 ⓞ 🄴 𝑉𝐼𝑆𝐴. 𝒮𝒦
fechado 2ª feira e setembro – Ref lista 2450 a 3550.   Z b

✗ **D. Fernando,** Rua Higino de Sousa 6 ℰ 923 33 11   Z c

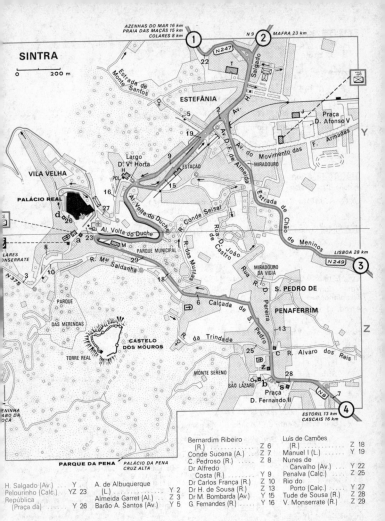

SINTRA

0   200 m

AZENHAS DO MAR 16 km
PRAIA DAS MAÇÃS 15 km
COLARES 8 km

N 9   MAFRA 23 km

N247

ESTEFÂNIA

Praça
D. Afonso V

F. Armadas

Y

Largo
D! V? Horta

VILA VELHA

PALÁCIO REAL

MIRADOURO

MIRADOURO
DA VIGIA

Parque Municipal

LARES
NSERRATE

N 375

LISBOA 28 km
N249

S. PEDRO DE
PENAFERRIM

Z

PARQUE
DAS MERENDAS

CASTELO
DOS MOUROS

TORRE REAL

Caçada de S. Pedro

da Trindade

MONTE SERENO

SÃO LÁZARO

Praça
D. Fernando II

ESTORIL 13 km
CASCAIS 16 km

N 9

ENINHA
ABO DA
OCA

PARQUE DA PENA   PALÁCIO DA PENA
CRUZ ALTA

			Bernardim Ribeiro			Luis de Camões	
			(R.)	Z 6		(R.)	Z 18
H. Salgado (Av.)	Y	A. de Albuquerque	Conde Sucena (A.)	Z 7		Manuel I (L.)	Y 19
Pelourinho (Calç.)	YZ 23	(L.)	C. Pedroso (R.)	Z 8		Nunes de	
República		Almeida Garret (Al.)	Z 3	Dr Alfredo			Carvalho (Av.)	Y 22
(Praça da)	Y 26	Barão A. Santos (Av.)	Z 5	Costa (R.)	Y 9		Penalva (Calç.)	Z 25
				Dr Carlos França (R.)	Z 10		Rio do
				Dr H. de Sousa (R.)	Z 13		Porto (Calç.)	Y 27
				Dr M. Bombarda (Av.)	Y 15		Tude de Sousa (R.)	Z 28
				G. Fernandes (R.)	Y 16		V. Monserrate (R.)	Z 29

na estrada de Colares pela N 375 – ⌧ 2710 Sintra – 🕿 01 :

🏰   **Palácio de Seteais** ⤫, Rua Barbosa do Bocage 8 - O : 1,5 km 🖉 923 32 00, Telex 14410, Fax 923 42 77, ≤ campos em redor, « Luxuosas instalações num palácio do século XVIII rodeado de jardins », ⤵ climatizada, ✕ – 🛗 🕿 🅿 – **18 qto**.

🏰   **Quinta da Capela** ⤫ sem rest, O : 4,5 km 🖉 929 01 70, ≤, « Instalado numa quinta », 🚗 – 🅿 🆎 ⓞ Ⓔ 𝖵𝖨𝖲𝖠
    fechado dezembro-janeiro – **12 qto** ⤋ 14000/17000.

B.L.M.C. (AUSTIN,MORRIS) av. Dr. Francisco de
Almeida 37 🖉 923 16 69

RENAULT av. Mov. das Forças Armadas 3.3/A
🖉 923 25 58
TOYOTA Pero Pinheiro 🖉 927 03 05

TÁBUA 3420 Coimbra 𝟦𝟥𝟽 K 5 – 2 416h. alt. 225 – 🕿 035.
♦Lisboa 254 – ♦Coimbra 52 – Viseu 47.

🏠   **Tábua** sem rest, Rua Profesor Dr. Caeiro da Mata 🖉 426 40, Telex 52948 – 🛗 🕾 🆎 ⓞ
    Ⓔ 𝖵𝖨𝖲𝖠 – **30 qto** ⤋ 3500/6000.

em Gândara de Espariz S : 7 km – ⌧ 3420 Tábua – 🕿 035 :

✕   Tabriz, com qto, na estrada N 17 🖉 911 53 – 🅿 – **4 qto**.

RENAULT Rua Dr. Francisco Beirão 🖉 422 41

529

TALEFE 2640 Lisboa **437** O 1 – – ⊠ Mafra – 🕲 061

🏠 Estal D Fernando ⦾, Quinta da Calada 🖉 552 04, ≼
12 qto.

TAVIRA 2640 Faro **437** U 7 – 7 282 h. – 🕲 081 – Praia.
🖪 Praça da Republica 🖉 225 11.
♦Lisboa 314 – Faro 31 – Huelva 72 – Lagos 111.

  na estrada N 125 NE : 3 km – ⊠ 8800 Tavira – 🕲 081 :

🏦 **Eurotel Tavira,** Quinta das Oliveiras 🖉 220 41, Telex 56218, Fax 221 71, ≼, ☒, ⚒ –
🄿 🄰🄴 🄾 🄴 **VISA**. 🕸
Ref (só jantar) 1500 – **80 qto** ⊑ 6500/9600.

RENAULT Rua José Pires Padinha 196 🖉 229 56

TERRUGEM Portalegre **437** P 7 – ⊠ 7350 Elvas – 🕲 068.
♦Lisboa 202 – ♦Badajoz 32 – Portalegre 60.

XXX **A Bolota,** Quinta das Janelas Verdes 🖉 65 61 52, ☒, ⚒ – ▤ 🄿 🄰🄴 **VISA**. 🕸
fechado 2ª feira – Ref lista 2900/4050.

TOLEDO Lisboa **437** O 2 – ver Vimeiro (Termas do).

  *Peça na sua livraria o catálogo dos **mapas e guias Michelin.***

TOMAR 2300 Santarém **437** N 4 – 14 821 h. alt. 75 – 🕲 049.
Ver : Convento de Cristo** : dependências do convento* (janela**), Igreja (charola do
Templarios**) – Igreja de São João Baptista (portál*).
Arred. : Barragem do Castelo do Bode* (≼*) SE : 15 km – Atalaia (azulejos*) SO : 16 km.
🖪 Av. Dr Cândido Madureira 🖉 31 32 37.
♦Lisboa 145 – Leiria 45 – Santarém 65.

🏦 **Dos Templários,** Largo Cândido dos Reis 1 🖉 31 21 21, Telex 14434, Fax 31 21 91, ≼
☒ – 🄓 ▤ 🄣🄥 🕸 🄿 🄰🄴 🄾 🄴 **VISA**. 🕸 rest
Ref lista apróx. 3200 – **84 qto** ⊑ 6700/10400.

🏠 **Sinagoga** sem rest, Rua Gil Avo 31 🖉 31 67 83 – 🄓 ▤ 🄣🄥 ☎. 🄰🄴 🄾 🄴 **VISA**. 🕸
24 qto ⊑ 5000/7000.

🏠 **Trovador** sem rest, Rua Dr. Joaquim Ribeiro 🖉 31 15 67, Fax 31 61 94 – 🄓 🄣🄥 ☎. 🄰🄴
🄾 🄴 **VISA**. 🕸
30 qto ⊑ 5000/8000.

X Bela Vista, Fonte do Choupo 6 - na ponte velha 🖉 31 28 70, ⛲.

  em Castelo do Bode SE : 14 km – ⊠ 2300 Tomar – 🕲 049 :

🏦 Pousada de São Pedro ⦾, 🖉 38 11 59, Telex 42392 – ▤ rest ☜ 🄿 – **15 qto**.

AUTOBIANCHI-LANCIA av. D. Nuno Álvares Pe-
reira 69 🖉 339 55
DATSUN-NISSAN Av. D. Nuno Álvares Pereira
Lote 8 e 9 🖉 339 37
FIAT av. D. Nuno Álvares Pereira 69 🖉 339 55
FORD av. Cond. Nuno Álvares Pereira 9
🖉 31 38 44
G.M. - OPEL Rua de Coimbra 2 🖉 319 37
MERCEDES BENZ av. D. Nuno Álvares Pereira
102 🖉 336 25

PEUGEOT-ALFA ROMEO av. D. Nunes Álvares
Pereira 114 🖉 31 21 79
RENAULT Alvito - E.N. - km 94 🖉 31 15 44
SEAT av. D. Nuno Álvares Pereira 50 🖉 388 11
TOYOTA Rua de Coimbra 34 🖉 31 20 38
VOLVO Alameda 1 de Março 🖉 315 28
VW-AUDI Av. Cond. D.Nuno Álvares Pereira 2
🖉 31 31 05

TONDELA 3460 Viseu **437** K 5 – 3 346 h. – 🕲 032.
♦Lisboa 271 – ♦Coimbra 72 – Viseu 24.

🏠 Tondela, sem rest, Rua Dr Simões de Carvalho 🖉 824 11 – 🄿 – **29 qto**.

X O Solar, Rua dos Bombeiros Voluntarios 19 🖉 828 76, ⛲.

RENAULT Alto Pendão 🖉 821 28

TORRÃO 7595 Setúbal **437** R 5 – 🕲 065.
♦Lisboa 140 – Beja 51 – Évora 46 – Setúbal 85.

  no Vale do Gaio - junto da barragem Trigo de Morais pela estrada N 5 SO : 13,6 km –
⊠ 7595 Torrão – 🕲 065 :

🏦 Pousada do Vale do Gaio ⦾, 🖉 661 00, Telex 15118, ≼, ⛵ – ▤ ☜ 🄿 – **6 qto**.

TORREIRA Aveiro – ver Murtosa.

530

TORRES NOVAS 2350 Santarém 👁️437 N 4 – 37 399 h. – 🏵️ 049.

🛈 Largo do Paço 🏛️ (049) 24910. 📧 2350.

Lisboa 118 – Castelo Branco 138 – Leiria 52 – Portalegre 120 – Santarém 38.

🏨 **Dos Cavaleiros,** Praça 5 de Outubro 🏛️ 224 20, Telex 61238, Fax 251 52 – 🛗 🍴 rest ☎️.
   🝙 ⑩ 🄴 💳. 🛇
   Ref 1600 – **60 qto** 🍽️ 5400/7300 – PA 2950.

🍴 O Vintém, Rua Miguel Arnide 73 🏛️ 23667

ᴀENAULT Rua da Fábrica 🏛️ 210 03   TOYOTA Bro. das Tufeiras 🏛️ 241 47

TORRES VEDRAS 2560 Lisboa 👁️437 O 2 – 10 997 h. alt. 30 – 🏵️ 061 – Termas.

🏌️ Club Golf Vimeiro NO : 16 km 🏛️ 981 57.

🛈 Rua 9 de Abril 🏛️ 230 94.

Lisboa 55 – Santarém 74 – Sintra 62.

🏨 **Imperio Jardim,** Praça 25 de Abril 🏛️ 259 53, Telex 61445, Fax 3100 – 🛗 🍴 rest 📺 ☎️
   🝙 – 🛎️ 25/180. 🝙 ⑩ 🄴 💳. 🛇
   Ref 1550 – **47 qto** 🍽️ 4000/6000.

🏨 **Dos Arcos** sem rest, Bairro Arenes - pela Estrada do Cadaval 🏛️ 324 89, Fax 238 70 – 🛗
   ☎️ 🝙 – 🛎️ 25/40. 🝙 ⑩. 🛇 rest
   28 qto 🍽️ 4000/6500.

🏨 **Moderna** sem rest e sem 🍽️, Av. Tenente Valadim 18 🏛️ 231 46 – 🛇
   31 qto 3500/5000.

🍴 **Barrete Preto,** Rua Paiva de Andrada 7B 🏛️ 220 63 – 🝙 ⑩ 🄴 💳. 🛇
   fechado 5ª feira e setembro – Ref lista 1360 a 2650.

ᴀUTOBIANCHI-LANCIA av. 5 de Outubro 16 🏛️ 230 47	MERCEDES BENZ av. General Humberto Delgado 🏛️ 250 75
ᴀUTOBIANCHI-LANCIA av. 5 de Outubro 1 🏛️ 230 46	MITSUBISHI Cruz de Barro - Zona Industrial 🏛️ 254 48
B.L.M.C. (AUSTIN - MORRIS) Av. General Humberto Delgado 🏛️ 250 75	PEUGEOT-ALFA ROMEO Rua Cândido dos Reis 62 🏛️ 220 81
BMW 🏛️ 236 46	RENAULT Rua Cândido dos Reis 62 🏛️ 220 81
CITROEN Av. 5 de Outubro 🏛️ 230 82	SEAT Av. 5 de Outubro 45 🏛️ 230 82
DATSUN-NISSAN Bairro Vila Morena 🏛️ 229 66	TOYOTA Edificio Toitorres, Est. Nac. 8 km 43,9 🏛️ 251 71
FIAT av. 5 de Outubro 16 🏛️ 230 47	VOLVO av. 5 de Outubro 47 🏛️ 230 82
FORD Praça 25 de Abril 🏛️ 220 21	VOLVO Rua das Polomes 🏛️ 249 20
G.M. - OPEL Est. Nacional 8 ao km 45,3 🏛️ 229 94	VW-AUDI Av. General Humberto Delgado 🏛️ 250 75
G.M. - OPEL Av. 5 de Outubro 47 Ap. 13 🏛️ 230 82	

TRÓIA Setúbal 👁️437 Q 3 – 📧 2900 Setúbal – 🏵️ 065 – Praia.

🏌️ Club de golf de Tróia 🏛️ 441 51.

⛴️ para Setúbal, Ponta do Adoxe 🏛️ 443 24.

◆Lisboa 181 – Beja 127 – Setúbal 133.

   no Clube de Golf - estrada N 253-1 S : 1,5 km – 📧 2900 Setúbal – 🏵️ 065 :

🍴🍴🍴 Bar Golf, 🏛️ 441 51, ≼, 😊, « Ao pé do campo de golf » – 🍽️ 🅿️.

TUIDO - GANDRA Viana do Castelo – ver Valença do Minho.

VAGOS 3840 Aveiro 👁️437 K 3 – 🏵️ 034.

◆Lisboa 233 – Aveiro 12 – ◆Coimbra 43.

🏨 **Santiago** sem rest, Rua Padre Vicente María da Rocha 🏛️ 79 11 73 – 🛗 🍴 📞. 🝙 ⑩ 💳
   24 qto 🍽️ 4800/5750.

VALADARES 4405 Porto 👁️437 I 4 – ver Vila Nova de Gaia.

VALE DA TELHA 8670 Faro 👁️437 U 3 – ver Aljezur.

VALE DE GAIO Setúbal 👁️437 R 5 – ver Torrão.

VALE DE LOBOS Lisboa – ver Sabugo.

VALE DO GROU Aveiro 👁️437 K 4 – ver Águeda.

VALE DO LOBO Faro 👁️437 U 5 – ver Almansil.

Do not use yesterday's maps for today's journey.

VALENÇA DO MINHO 4930 Viana do Castelo **437** F 4 – 2 474 h. alt. 72 – ✆ 051.

Ver : Fortificações★ (←★).

Arred. : Monte do Faro ※★★ E : 7 km e 10 mn a pé.

🛈 Estrada N 13 ℰ 233 74 – A.C.P. Estrada N 13 ℰ 224 68.

♦Lisboa 440 – Braga 88 – ♦Porto 122 – Viana do Castelo 52.

🏨 Lara, São Sebastião ℰ 223 48, Telex 33363 – 🛗 ▤ ☎
   53 qto.

🏠 Val - Flores, sem rest, Esplanada ℰ 224 31, Fax 238 81 – 🛗 ☎ – **21 qto**.

🏡 Ponte Seca sem rest, Av. Tito Fontes - estrada Monte do Faro ℰ 225 80 – **E** VISA
   10 qto ☲ 4500/5000.

XXX Pousada de São Teotónio ⤸ com qto, ℰ 222 42, Telex 32837, ← vale do Minho, Tui
   e montanhas de Espanha, 🛏 – ▤ rest ☎. 𝔸𝔼 ⓞ **E** VISA. ⚘
   Ref 3500 – **16 qto** ☲ 14300/16000.

   na estrada N 13 S : 1 km – ✉ 4930 Valença do Minho – ✆ 051 :

🏨 Valença do Minho, Av. Miguel Dantas ℰ 82 42 21, Telex 33470, Fax 82 43 21, ⤵ –
   ▤ rest 𝐓𝐕 ☎ ⟵ ℗. 𝔸𝔼 VISA. ⚘
   Ref 1300 – **36 qto** ☲ 6000/8280 – PA 3120.

   em Tuido-Gandra S : 3 km – ✉ 4930 Valença do Minho – ✆ 051 :

XX Lido, Estrada N 13 ℰ 226 31, Telex 32852 – ▤ ℗. 𝔸𝔼 ⓞ **E** VISA. ⚘
   fechado 3ª feira – Ref lista 1680 a 2980.

   no Monte do Faro E : 7 km – ✉ 4930 Valença do Minho – ✆ 051 :

X Monte do Faro ⤸ com qto, alt. 600, ℰ 224 11, 🌫, « Num parque » – ℗. **E** VIS
   ⚘
   Ref lista 3000 a 3900 – **6 qto** ☲ 6550/7190.

   em Monte-São Pedro da Torre SO : 7 km – ✉ 4930 Valença do Minho – ✆ 051 :

🏠 Padre Cruz sem rest, Estrada N 13 ℰ 83 92 39 – ℗. ⚘
   31 qto ☲ 2500/4000.

VIANA DO CASTELO 4900 ℙ **437** G 3 – 15 336 h. – ✆ 058 – Praia.

Ver : Praça da República★ B – Museu Municipal (azulejos★) A **M**.

Arred. : Monte de Santa Luzia ※★★ N : 6 km – Ponte de Lima : Igreja - Museu São Francisco
(forros de madeira★) por ① : 23 km.

🛈 Rua do Hospital Velho ℰ 226 20.

♦Lisboa 388 ② – Braga 53 ② – Orense 154 ③ – ♦Porto 74 ② – ♦Vigo 83 ③.

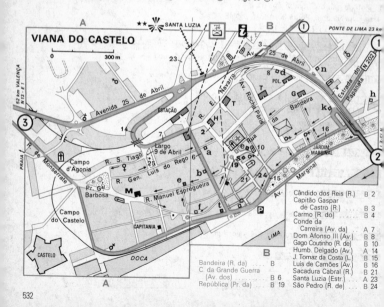

🏨 **Do Parque,** Parque da Galiza 🖉 82 86 05, Telex 32511, Fax 82 86 12, ≤, ⌛ – 🔄 –
🔄 25/180. 🆔 ⓞ 🇪 𝗩𝗜𝗦𝗔. ✕
Ref 3000 – **124 qto** ⌕ 12900/15900 – PA 5500.
B **h**

🏨 Alfonso III, Av. Afonso III - 494 🖉 241 23, Telex 32599, ≤, ⌛ – 🔄 ▤ rest
89 qto.
B **k**

🏨 **Viana Sol,** Largo Vasco da Gama 🖉 82 89 95, Telex 32790, 🔲 – 🔄 ▤ rest 📺 ☎ –
🔄 25/145. 🆔 ⓞ 🇪 𝗩𝗜𝗦𝗔. ✕
Ref 2500 – **65 qto** ⌕ 9000/11000 – PA 5000.
B **f**

🏨 **Rali** sem rest, Av. Afonso III - 180 🖉 82 97 70, 🔲 – 🔄 🅿. 🇪 𝗩𝗜𝗦𝗔. ✕
39 qto ⌕ 5500/8000.
B **d**

🏨 **Albergaría Calatrava** sem rest, Rua M. Fiúza Júnior 157 🖉 82 89 11, Fax 82 86 37 – 📺
🅿. 🆔 ⓞ 🇪 𝗩𝗜𝗦𝗔
15 qto ⌕ 12500.
B **n**

🏨 **Jardim** sem rest, Largo 5 de Outubro 68 🖉 82 89 15, ≤ – 🔄 📺 🅿. 🆔 ⓞ 🇪 𝗩𝗜𝗦𝗔. ✕
20 qto ⌕ 5500/8500.
B **c**

🏨 **Laranjeira** sem rest, Rua General Luís do Rego 45 🖉 222 61 – 🆔 ⓞ 🇪 𝗩𝗜𝗦𝗔. ✕
27 qto ⌕ 3000/4500.
B **a**

🏨 **Viana Mar** sem rest, Av. dos Combatentes da Grande Guerra 215 🖉 82 89 62 – 🅿. 🆔
ⓞ 🇪 𝗩𝗜𝗦𝗔
36 qto ⌕ 4000/7000.
B **b**

🍴 Casa d'Armas, Largo 5 de Outubro 30 🖉 249 99 – ▤
B **t**

🍴 **Cozinha das Malheiras,** Rua Gago Coutinho 19 🖉 236 80 – ▤. 🆔 ⓞ 🇪 𝗩𝗜𝗦𝗔. ✕
Ref lista 2250 a 3500.
B **e**

🍴 Os 3 Potes, Beco dos Fornos 7 🖉 234 32, Decoração rústica regional – ▤
B **s**

🍴 Alambique, com qto, Rua Manuel Espregueira 86 🖉 238 94, Decoração rústica regional –
24 qto.
A **e**

em Santa Luzia N : 6 km – ✉ 4900 Viana do Castelo – ☏ 058 :

🏨 **Santa Luzia** ☜, 🖉 221 92, Telex 82 88 89, « Bela situação com ≤ mar, vale e estuário
do Lima », ⌛, 🚶, ✕ – 🔄 🅿. 🆔 ⓞ 🇪 𝗩𝗜𝗦𝗔. ✕
Ref 2250 – **55 qto** ⌕ 14000/15700 – PA 5000.

na praia da Amorosa por ② : 8,5 km – ✉ 4900 Viana do Castelo – ☏ 058

🏨 **Amorosa** ☜ sem rest, 🖉 32 35 20, ≤ – 🅿. 🆔 ⓞ 🇪 𝗩𝗜𝗦𝗔. ✕
20 qto ⌕ 6000/9000.

B.L.M.C. (AUSTIN-MORRIS) Rua de Aveiro 156
🖉 82 89 18
FIAT Lugar do Meio - Areosa 🖉 83 57 20
FORD av. Rocha Paris 146 🖉 82 87 00
MERCEDES-BENZ Urb. de Monserrate, Lote 8-13
🖉 259 51
MITSUBISHI Lugar de Santoinho - Darque
🖉 32 22 75

PEUGEOT-ALFA ROMEO av. Combatentes da
Grande Guerra 236 🖉 82 89 91
RENAULT Rua Emidio Navarro 21 🖉 254 20
SEAT Praça 1 de Maio 28 🖉 285 51
TOYOTA Lugar de Figueiredo 🖉 233 28
VW-AUDI av. Camões 25 🖉 220 92

VIEIRA DO MINHO 4850 Braga 🛑🛑🛑 H 5 – 2 229 h. alt. 390 – ☏ 053.
◆Lisboa 402 – Braga 34 – ◆Porto 84.

em Caniçada - na estrada N 304 NO : 7 km – ✉ 4850 Vieira do Minho – ☏ 053

🏨 **Pousada de São Bento** ☜, 🖉 64 71 90, Telex 32339, ≤ serra do Gerês e rio Cávado,
🚶 – ▤ ☎ 🅿. 🆔 ⓞ 🇪 𝗩𝗜𝗦𝗔. ✕
Ref 3100 – **28 qto** ⌕ 14300/16000.

em Cerdeirinhas - na estrada N 103 NO : 5 km – ✉ 4850 Vieira do Minho – ☏ 053 :

🏨 **Mosteiro,** 🖉 647 777 – 🅿. 🆔 ⓞ 𝗩𝗜𝗦𝗔. ✕
Ref *(fechado 2ª feira de outubro a março)* 1600 – **18 qto** ⌕ 5500/7000 – PA 3200.

VILA BALEIRA Madeira – ver Madeira (Arquipélago da).

VILA DO CONDE 4480 Porto 🛑🛑🛑 H 3 – 20 245 h. – ☏ 052 – Praia.
Ver : Mosteiro de Santa Clara★ (tumulus★).
🅱 Rua 25 de Abril 103 🖉 63 14 72.
◆Lisboa 342 – Braga 40 – ◆Porto 27 – Viana do Castelo 42.

🍴 Regata, Av. Marquês Sá da Bandeira - junto ao posto Náutico 🖉 63 17 81, ≤.

em Azurara pela estrada N 13 SE : 1 km – ✉ 4480 Vila do Conde – ☏ 052 :

🏨 **Motel Sant'Ana** ☜, 🖉 63 19 94, Telex 27695, ≤, 🔲 – 📺 🅿. 🆔 ⓞ 🇪 𝗩𝗜𝗦𝗔. ✕ rest
Ref 1700 – **35 qto** ⌕ 8000/9700.

B.L.M.C. (AUSTIN-MORRIS) Rua 5 de Outubro 19
🖉 63 10 50
CITROEN Rua 5 de Outubro 284 🖉 63 14 80

FIAT av. Baltazar do Couto 🖉 63 32 52
PEUGEOT-TALBOT Alto da Pega - Est. Nac. 13
🖉 62 75 75

VILA FRANCA DE XIRA 2600 Lisboa 437 P 3 – 19 823 h. – ☎ 063.
Av. Almirante Cándido dos Reis 147, ✆ 317 66, ✉ 2600.
♦Lisboa 31 – Évora 111 – Santarém 49.

Flora, Rua Noel Perdigão 12 ✆ 231 27 – ▤ rest. AE ⓓ E VISA. ⚘
fechado domingo e setembro – Ref lista 2150 a 3550 – **21 qto** ⊒ 4600/6000.

XX **O Redondel,** praça de Touros, Estrada de Lisboa ✆ 229 73, Debaixo das bancadas da praça de touros – ▤. AE ⓓ E VISA. ⚘
fechado 2ª feira – Ref lista 2050 a 3000.

X **O Forno,** Rua Dr. Miguel Bombarda 143 ✆ 321 06 – ▤. E VISA. ⚘
fechado 3ª feira – Ref lista 1900 a 2750.

pela estrada do Miradouro de Monte Gordo N : 2 km – ✉ 2600 Vila Franca de Xira – ☎ 063 :

São Jorge ⛰, Quinta de Santo André ✆ 221 43, ≤, « Bela decoração », ⛱, ⚘ – Ⓟ. ⚘
Ref (só jantar) 1500 – **8 qto** ⊒ 4500/9000.

B.L.M.C (AUSTIN, MORRIS) Rua Dr. Manuel de Arriaga 36 A ✆ 228 13
CITROEN Rua Antonio Lúcio Baptista 1 ✆ 231 22
DATSUN-NISSAN Rua Alves Redol, Lote 2-r/c-Dto. ✆ 250 73
FIAT Cais de Povos ✆ 327 93
PEUGEOT-ALFA ROMEO Rua Joaquim Pedro Monteiro 29 A ✆ 225 29
SEAT Rua Alves Redol 78 ✆ 327 45
TOYOTA Rua Noel Perdigão ✆ 241 51

VILAMOURA Faro 437 U 5 – ver Quarteira.

VILA NOGUEIRA DE AZEITÃO 2925 Setúbal 437 Q 2 – – ☎ 01.
♦Lisboa 37 – Sesimbra 13 – Setúbal 24.

X **S. Lourenço,** Estrada N 10 ✆ 208 14 89 – ▤ Ⓟ. AE ⓓ E VISA. ⚘
fechado 2ª feira – Ref lista 1560 a 3950.

VILA NOVA DE CERVEIRA 4920 Viana do Castelo 437 G 3 – 1 034 h. – ☎ 051.
Praça da Liberdade ✆ 957 87.
♦Lisboa 425 – Viana do Castelo 37 – ♦Vigo 46.

Pousada D. Diniz ⛰, Praça da Liberdade ✆ 956 01, Telex 32821, « Instalações dentro dum conjunto amuralhado » – ▤ TV ☎. AE ⓓ E VISA. ⚘
/3500 – **29 qto** ⊒ 14300/16000.

em Reboreda estrada N 13 NE : 3 km – ✉ 4920 Vila Nova de Cerveira – ☎ 051 :

Calisto sem rest, ✆ 955 61 – Ⓟ – **37 qto**.

em Gondarem pela estrada N 13 SO : 4 km – ✉ 4920 Vila Nova de Cerveira – ☎ 051 :

Estal. da Boega ⛰, quinta do Outeiral ✆ 79 52 31, ≤ rio Minho, « Antiga casa senhorial rodeada duma quinta », ⛱, ⚘, ⚘ – Ⓟ. ⚘ rest
Ref 1815 – **30 qto** ⊒ 7000/7600.

VILA NOVA DE FAMALICÃO 4760 Braga 437 H 4 – 4 201 h. alt. 88 – ☎ 052.
♦Lisboa 350 – Braga 18 – ♦Porto 32.

Francesa, sem rest, Av. General Humberto Delgado ✆ 230 18 – |ǂ| ☎ – **37 qto**.

XX **Iris,** Rua Adriano Pinto Basto ✆ 31 10 22, Telex 25533 – ▤. VISA. ⚘
fechado domingo e agosto – Ref lista 1460 a 3050.

X Tanoeiro, Campo Mouzinho de Albuquerque 207 ✆ 221 62 – ▤.

CITROEN Rua Alves Roçadas 164 ✆ 224 81
FIAT Rua Narciso Ferreira 26 ✆ 233 07
FIAT Rua Alves Roçadas 169 ✆ 736 19
RENAULT Av. 25 de Abril 4 ✆ 220 01
SEAT Rua Senador Sousa Fernandes ✆ 221 27
TOYOTA Lugar Painçaes ✆ 228 50

VILA NOVA DE GAIA 4400 Porto 437 I 4 – 63 177 h. – ☎ 02 – Praia.
Jardim do Morro ✆ 30 92 78 – ♦Lisboa 316 – ♦Porto 2.

Ver plano de Porto aglomeração

Gaia H, Av. da República 2038 ✆ 39 60 51, ≤ – |ǂ| ▤ TV ☎ ⚘ – 25/150. AE ⓓ E VISA. ⚘
92 qto ⊒ 14000/16500.

Davilina, Av. da República 1571 ✆ 30 75 96 – |ǂ| ▤ rest ☎. AE ⓓ E VISA
Ref lista aprox. 1500 – **29 qto** ⊒ 4000/5000.

en carvalhos SE : 9 km – ✉ 4415 Carvalhos – ☎ 02

na Auto - estrada A 1 – ✉ 4400 Vila Nova de Gaia – ☎ 02

Novotel Porto, Lugar Das Chas - Afurada ✆ 781 42 42, Telex 28872, Fax 781 45 73, ≤, ⚘, ⛱ – |ǂ| ▤ TV ☎ ♿ Ⓟ – 25/200. AE ⓓ E VISA BX r
Ref lista 2750 a 3250 – **93 qto** ⊒ 10200/11100.

na praia de Lavadores O : 7 km – ⊠ 4400 Vila Nova de Gaia – ☎ 02 :

XX **Casa Branca**, av. Beira Mar 413 ℰ 781 02 69, Telex 20811, Fax 781 36 91, ≤ mar, Colecção de estatuetos de terracota – ÆE ① E VISA ⋘
fechado 2ª feira – Ref lista 2350 a 3800.

em Valadares na estrada N 109 SO : 8 km – ⊠ 4405 Valadares – ☎ 02 :

X Braseiro do Norte,, ℰ 762 47 41, Telex 24475, « Esplanada ajardinada » – **🅿**

en Carvalhos SE : 9 km – ⊠ 4415 Carvalhos – ☎ 02

XX **Luso**, Largo Franca Borges 308 ℰ 782 21 11 – ⬛. ⋘
fechado domingo noite, 2ª feira e setembro – Ref lista 1830 a 2450.

na Praia da Aguda SO : 13 km – ⊠ 4405 Valadares – ☎ 02 :

XX **Dulcemar**, ℰ 762 40 77 – ⬛. ÆE ① E VISA
fechado 4ª feira – Ref lista 2060 a 3650.

na praia da Granja SO : 15 kms. – ⊠ 4405 Valadares

🏩 **Solverde**, Estrada N 109 ℰ 72 66 66, Telex 25982, Fax 72 62 36, ≤, ⊒ climatizada, ⊠,
⋘ – 🛗 ⬛ �🆅 ☎ ⇔ **🅿** – 🕿 25/500. ÆE ① E VISA ⋘
Ref 2900 – **177 qto** ⊇ 16000/18500 – PA 5800.

BMW av. da República 2025 ℰ 39 97 07
FORD av. da República 754 ℰ 30 56 73
PEUGEOT-ALFA ROMEO av. da República 1076
ℰ 39 59 99

RENAULT Rua Parque da República 90
ℰ 39 30 03
RENAULT Rua da Regueira 86 ℰ 39 92 82
TOYOTA av. da República 698 ℰ 39 70 88

VILA PRAIA DE ÂNCORA 4915 Viana do Castelo **437** G 3 – 3 801 h. – ☎ 058 – Termas - Praia.

🖪 Rua Miguel Bombarda ℰ 91 13 84.

◆Lisboa 403 – Viana do Castelo 15 – ◆Vigo 68.

🏩 **Meira**, Rua 5 de Outubro 56 ℰ 91 11 11, Telex 32619, Fax 91 14 89, ⊒ – 🛗 ⬛ rest ⚕
🅿 ① E VISA ⋘
fechado 4 novembro-5 dezembro – Ref 1700 – **45 qto** ⊇ 6500/8000 – PA 3500.

🏩 **Albergaria Quim Barreiros** sem rest, Rua Dr. Ramos Pereira ℰ 95 12 18, Fax 95 12 20,
≤ – 🛗 ⬛ �🆅 ☎. ÆE ① E VISA ⋘
28 qto ⊇ 9900.

RENAULT Rua 31 de Janeiro 305 ℰ 911 196

VILA REAL 5000 **🅿** **437** I 6 – 13 876 h. alt. 425 – ☎ 059.

Ver : Igreja de São Pedro (tecto★).

Arred. : Mateus★ (solar★ dos Condes de Vila Real : fachada★★) E : 3,5 Km – Estrada de Vila Real a Amarante ≤★ – Estrada de Vila Real a Mondim de Basto (≤★, descida escarpada ★).

🖪 Av. Carvalho Araujo ℰ 228 19.

◆Lisboa 400 – Braga 103 – Guarda 156 – Orense 159 – ◆ Porto 119 – Viseu 108.

🏩 **Mira Corgo** sem rest, Av. 1é de Maio ℰ 250 01, Telex 27725, ≤, ⊠ – 🛗 ⚕ **🅿** ÆE ①
E VISA ⋘
76 qto ⊇ 5600/7700.

🏩 **Cabanelas**, Rua D. Pedro de Castro ℰ 231 53, Telex 24580 – 🛗 ⬛ rest ⚕ ⟷
24 qto.

XX Espadeiro, Av. Almeida Lucena ℰ 223 02, �། – ⬛.

AUTOBIANCHI-LANCIA Pr. Diogo Cão ℰ 230 35
B.L.M.C. (AUSTIN, MORRIS) Av. 1° de Maio 317
ℰ 248 57
CITROEN Av. D. Dinis 14 A ℰ 237 34
DATSUN-NISSAN Av. Marginal ℰ 220 66
FIAT Praça Diogo Cão ℰ 230 35
FORD Rua Visconde de Carnaxide 26 ℰ 221 51
G.M. - OPEL Av. Almeida Lucena ℰ 231 42
MERCEDES-BENZ B. do Marrão ℰ 729 72
MITSUBISHI Rua Mart. T. Rebelo 139T ℰ 721 80

PEUGEOT-TALBOT Timpeira ℰ 231 65
PEUGEOT-ALFA ROMEO Abrantes Mateus
ℰ 746 50
RENAULT Rua Madame Brouillard ℰ 244 10
SEAT Av. 1° de Maio ℰ 719 14
TOYOTA Av. da Noruega ℰ 234 28
VOLVO Rua Visconde Carnaxide 268 ℰ 222 00
VW-AUDI Rua Marechal Teixeira Rebelo 17
ℰ 230 07

Com este guia, utilize os **Mapas Michelin** :

n° **990** ESPANHA-PORTUGAL Estradas Principais a 1/1 000 000,

n°ˢ **441**, **442**, **443**, **444**, **445** e **446** ESPANHA
(mapas pormenorizados) a 1/400 000,

n° **448** Islas CANÁRIAS (mapa/guia) a 1/200 000,

n° **437** PORTUGAL a 1/400 000.

VILA REAL DE SANTO ANTONIO 8900 Faro **437** U 7 – 13 379 h. – ✪ 081 – Praia.
⚓ para Ayamonte (Espanha), Av. da República 115 ✆ 431 52.

🖪 Av. da República ✆ 432 72 e Av. Infante Dom Henrique ✆ 444 95 (em Monte Gordo).

◆ Lisboa 314 – Faro 53 – Huelva 50.

🏨 **Apolo,** Av. dos Bombeiros Portugueses ✆ 444 48, Telex 56902 – 🛗 🍽 rest 🐕 🅿 🖭 ⓞ
🖻 🚾 🛠.
Ref 1500 – **42 qto** 🖙 7500/9000.

em Monte Gordo O : 4 km – ⌧ 8900 Vila Real de Santo António – ✪ 081 :

🏨 **Alcazar** 🦢, Rua de Ceuta ✆ 421 84, Telex 56028, ≤, Decoração árabe-algarvia, ⌷ – 🛗
🍽
95 qto.

🏨 **Dos Navegadores,** ✆ 424 90, Telex 56054, Fax 448 72, ≤, ⌷ – 🛗 🍽 rest ☎ 🖭 ⓞ 🖻
🚾 🛠.
Ref 1700 – **346 qto** 🖙 7500/11500 – PA 2400.

🏨 **Casablanca,** Rua 7 ✆ 424 44, Telex 56939, Fax 420 99, ✿, ⌷, ⌷ – 🛗 ☎ 🖭 ⓞ 🖻
🚾 🛠
42 qto 🖙 9100/14000.

🏠 **Residencial Paiva** sem rest, Rua Onze ✆ 441 87 – 🐕. 🛠
fechado 15 novembre-15 fevereiro – **26 qto** 🖙 7300/9750.

✗ **Panorama,** Av. Infante Dom Henrique 19 ✆ 430 51, Telex 56939, Fax 420 99, ✿,
Grelhados – 🖭 ⓞ 🖻 🚾 🛠
Ref lista 1300 a 2650.

✗ **Copacabana,** Av. Infante Dom Henrique 13 ✆ 415 36, Telex 56054, Fax 448 72, ✿,
Grelhados.

na Ponta de Santo António S : 1 km – ⌧ 8900 Vila Real de Santo António – ✪ 081 :

✗ **Don Jotta,** ✆ 431 51, Telex 56054, Fax 448 72, ≤, ✿, Decoração típica – 🖭 ⓞ 🖻 🚾.
🛠
fechado 2ᵃ feira – Ref lista 1480 a 2650.

RENAULT Largo da estaçao Velha C.F. ✆ 429 77

Se procura um hotel tranquilo,
consulte primeiro os mapas da introdução
ou localize no texto os hoteis assinalados por 🦢.

VIMEIRO (Termas do) Lisboa **437** O 2 – 1 146 h. alt. 25 – ⌧ 2560 Torres Vedras – ✪ 061 –
Termas.

🦶 na Praia do Porto Novo ✆ 981 57.

◆ Lisboa 67 – Peniche 28 – Torres Vedras 12.

🏠 Das Termas 🦢, Maceira ✆ 981 03, ⌷ de água termal, ✾ – 🛗 🐕 🅿 – **90 qto**.
☂ Rainha Santa sem rest, Quinta da Piedade - Estrada de A.Dos-Cunhados ✆ 982 34 – 🅿
20 qto.

na Praia do Porto Novo O : 4 km – ⌧ 2560 Torres Vedras – ✪ 061 :

🏨 Golf Mar 🦢, ✆ 981 57, Telex 43353, Fax 986 21, ≤, ⌷, ⌷, ✾, 🦶 – 🛗 🅿 – 🛄
300 qto.

em Toledo - na estrada de Lourinhá NE : 2,5 km – ⌧ 2530 Lourinhá – ✪ 061 :

✗ **O Pão Saloio,** ✆ 983 55, Rest. típico, Grelhados – 🍽 🛠
fechado 2ᵃ feira e 24 setembro-23 outubro – Ref lista 1530 a 2250.

VISEU 3500 🅿 **437** K 6 – 21 454 h. alt. 483 – ✪ 032.

Ver : Cidade Antiga★ : Museu Grão Vasco★★ Y **M** (Trono da Graça★, primitivos★★) – Sé★ Y **A**
(liernes★, retábulo★) – Adro da Sé★ Y – Igreja de São Bento (azulejos★) Y **F**.

🖪 Av. Gulbenkian ✆ 279 94.

◆ Lisboa 292 ④ – Aveiro 96 ① – ◆ Coimbra 92 ④ – Guarda 85 ② – Vila Real 108 ①.

🏨 **Grão Vasco,** Rua Gaspar Barreiros ✆ 42 35 11, Telex 53608, Fax 270 47, ✿, « Relvado
com ⌷ », ⌷ – 🛗 🍽 rest 📺 🐕 🅿 – 🛄 25/180. 🖭 ⓞ 🖻 🚾. 🛠 rest   Z **u**
Ref lista 2300 a 2900 – **110 qto** 🖙 10500/12000.

🏨 Moinho de Vento, sem rest, Rua Paulo Emilio 13 ✆ 241 16, Telex 52698, ≤ – 🛗 📺 🐕
30 qto   Z **a**

🏨 **Avenida,** Av. Alberto Sampaio 1 ✆ 234 32, Telex 52522 – 🛗 🐕. 🖭 ⓞ 🚾. 🛠 rest
Ref 1950 – **40 qto** 🖙 4250/5750 – PA 2500.   Z **z**

✗ Trave Negra, Rua dos Loureiros 40 ✆ 261 38 – 🍽   Y **b**

✗ O Cortiço, Rua Augusto Hilário 43 ✆ 238 53, Rest. típico – 🍽   Y **f**

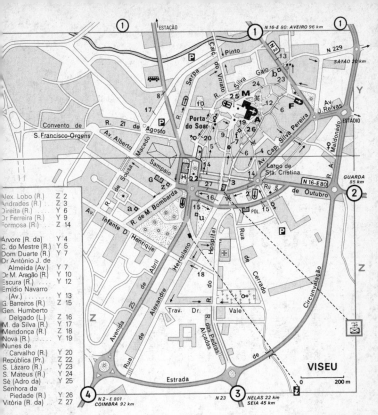

na estrada de Coimbra N 2 - bairro de Santa Eulâlia por ④ : 1,5 km – ✉ 3500 Viseu – ☎ 032 :

✗ Churrasqueira Santa Eulâlia, ✆ 262 83.

na estrada N 16 por ② : 4 km – ✉ 3500 Viseu – ☎ 032 :

🏠 **Maná**, via Caçador ✆ 261 43, Telex 53444, Fax 287 44 – 🛗 🖿 rest ☎ ❶ – 🔥 25/200. 🅰🅴
🝐 🅴 *VISA*. 🛇 rest
Ref 1500 – **49 qto** ⊆ 6000/9000.

AUTOBIANCHI-LANCIA Rua 5 de Outubro 79
✆ 239 05
AUTOBIANCHI-LANCIA av. Afonso Cerqueira
"Bloco Civur" ✆ 239 05
B.L.M.C. (AUSTIN, MORRIS) Av. Capitão Silva
Pereira 137 ✆ 411 51
BMW Sampaio 222 ✆ 620 01
CITROEN Estrada Nacional 2-- Repezes
✆ 260 63
DATSUN-NISSAN Zona Industrial de Abravezes
✆ 234 11
FIAT Rua da Ponte de Pau 17 ✆ 239 81
FIAT Abraveses ✆ 296 32
FORD Av. António José de Almeida 137
✆ 235 61

G.M. - OPEL Rua Pedro Álvares Cabral ✆ 234 56
G.M. - OPEL av. da Bélgica ✆ 411 61
MERCEDES-BENZ av. da Bélgica 52-54 ✆ 411 51
MITSUBISHI Estrada Nacional 231 ✆ 446 75
PEUGEOT-ALFA ROMEO Rua Capitão Silva Pe-
reira 20 ✆ 450 45
PEUGEOT-ALFA ROMEO Rua Pedro Alvares Ca-
bral 288 ✆ 234 56
RENAULT Rua João Mendes 2 ✆ 234 91
SEAT Rua Pedro Álvares Cabral 288 ✆ 278 33
TOYOTA Rua Nova do Hospital ✆ 260 05
VOLVO Rua 21 Agosto 185 ✆ 270 91
VW-AUDI Av. Emidio Navarro ✆ 237 25

Pleasant hotels or restaurants are shown
in the Guide by a red sign.
Please send us the names
of any where you have enjoyed your stay.
Your Michelin Guide will be even better.

🏨🏨🏨 ... 🏠

✗✗✗✗✗ ... ✗

LÉXICO — NA ESTRADA / LÉXICO — EN LA CARRETERA / LEXIQUE — SUR LA ROUTE / LESSICO — LUNGO LA STRADA / LEXIKON — AUF DER STRASSE / LEXICON — ON THE ROAD

LÉXICO (NA ESTRADA)	LÉXICO (EN LA CARRETERA)	LEXIQUE (SUR LA ROUTE)	LESSICO (LUNGO LA STRADA)	LEXIKON (AUF DER STRASSE)	LEXICON (ON THE ROAD)
acender as luzes	encender las luces	allumer les lanternes	accendere le luci	Licht einschalten	put on lights
à direita	a la derecha	à droite	a destra	nach rechts	to the right
à esquerda	a la izquierda	à gauche	a sinistra	nach links	to the left
atenção! perigo!	¡atención. peligro!	attention! danger!	attenzione! pericolo!	Achtung! Gefahr!	caution! danger!
auto-estrada	autopista	autoroute	autostrada	Autobahn	motorway
bifurcação	bifurcación	bifurcation	bivio	Gabelung	road fork
cruzamento perigoso	cruce peligroso	croisement dangereux	incrocio pericoloso	gefährliche Kreuzung	dangerous crossing
curva perigosa	curva peligrosa	virage dangereux	curva pericolosa	gefährliche Kurve	dangerous bend
dé passagem	ceda el paso	cédez le passage	cedete il passo	Vorfahrt achten	yield right of way
descida perigosa	bajada peligrosa	descente dangereuse	discesa pericolosa	gefährliches Gefälle	dangerous descent
esperem	esperen	attendez	attendete	warten	wait, halt
estacionamento proibido	prohibido aparcar	stationnement interdit	divieto di sosta	Parkverbot	no parking
estrada interrompida	carretera cortada	route coupée	strada interrotta	gesperrte Straße	road closed
estrada em mau estado	carretera en mal estado	route en mauvais état	strada in cattivo stato	Straße in schlechtem Zustand	road in bad condition
estrada nacional	carretera nacional	route nationale	strada statale	Staatsstraße	State road
gelo	hielo	verglas	ghiaccio	Glatteis	ice (on roads)
lentamente	despacio	lentement	adagio	langsam	slowly
neve	nieve	neige	neve	Schnee	snow
nevoeiro	niebla	brouillard	nebbia	Nebel	fog
obras	obras	travaux (routiers)	lavori in corso	Straßenbauarbeiten	road works
paragem obrigatória	parada obligatoria	arrêt obligatoire	fermata obbligatoria	Halt!	compulsory stop
passagem de gado	paso de ganado	passage de troupeaux	passaggio di mandrie	Viehtrieb	cattle crossing
passagem de nível sem guarda	paso a nivel sin barreras	passage à niveau non gardé	passaggio a livello incustodito	unbewachter Bahnübergang	unattended level crossing
pavimento escorregadio	calzada resbaladiza	chaussée glissante	fondo sdrucciolevole	Rutschgefahr	slippery road
peões	peatones	piétons	pedoni	Fußgänger	pedestrians
perigo!	¡peligro!	danger!	pericolo!	Gefahr!	danger!
perigoso atravessar	travesía peligrosa	traversée dangereuse	attraversamento pericoloso	gefährliche Durchfahrt	dangerous crossing
ponte estreita	puente estrecho	pont étroit	ponte stretto	enge Brücke	narrow bridge
portagem	peaje	péage	pedaggio	Gebühr	toll

				prohibited	prohibited
proibido ultrapassar	prohibido el adelantamiento	défense de doubler	divieto di sorpasso	Überholverbot	no overtaking
pronto socorro	puesto de socorro	poste de secours	pronto soccorso	Unfall-Hilfsposten	first aid station
prudência	precaución	prudence	prudenza	Vorsicht	caution
queda de pedras	desprendimientos	chute de pierres	caduta sassi	Steinschlag	falling rocks
rebanhos	cañada	troupeaux	gregge	Viehherde	cattle
saída de camiões	salida de camiones	sortie de camions	uscita di autocarri	LKW-Ausfahrt	lorry exit
sentido proibido	dirección prohibida	sens interdit	senso vietato	Einfahrt verboten	no entry
sentido único	dirección única	sens unique	senso unico	Einbahnstraße	one way

PALAVRAS DE USO CORRENTE	PALABRAS DE USO CORRIENTE	MOTS USUELS	PAROLE D'USO CORRENTE	ALLGEMEINER WORTSCHATZ	COMMON WORDS
abadia	abadia	abbaye	abbazia	Abtei	abbey
aberto	abierto	ouvert	aperto	offen	open
abismo	abismo	gouffre	abisso	Abgrund, Tiefe	gulf, abyss
abóbada	bóveda	voûte	volta	Gewölbe, Wölbung	vault, arch
Abril	abril	avril	aprile	April	April
adega	bodega	chais, cave	cantina	Keller	cellar
agência de viagens	oficina de viajes	bureau de voyages	ufficio viaggi	Reisebüro	travel bureau
Agosto	agosto	août	agosto	August	August
água potável	agua potable	eau potable	acqua potabile	Trinkwasser	drinking water
albergue	albergue	auberge	albergo	Gasthof	inn
aldeia	pueblo	village	villaggio	Dorf	village
alfândega	aduana	douane	dogana	Zoll	customs
almoço	almuerzo	déjeuner	colazione	Mittagessen	lunch
andar	piso	étage	piano (di casa)	Stock. Etage	floor
antigo	antiguo	ancien	antico	alt	ancient
aqueduto	acueducto	aqueduc	acquedotto	Aquädukt	aqueduct
arquitectura	arquitectura	architecture	architettura	Baukunst	architecture
arredores	alrededores	environs	dintorni	Umgebung	surroundings
artificial	artificial	artificiel	artificiale	künstlich	artificial
árvore	árbol	arbre	albero	Baum	tree
avenida	avenida	avenue	viale, corso	Boulevard, breite Straße	avenue
bagagem	equipaje	bagages	bagagli	Gepäck	luggage
baía	bahia	baie	baia	Bucht	bay

bairro	barrio	quartier	quartiere	Stadtteil	quarter, district
baixo-relevo	bajo relieve	bas-relief	bassorilievo	Flachrelief	low relief
balaustrada	balaustrada	balustrade	balaustrata	Balustrade, Geländer	balustrade
barco	barco	bateau	battello	Schiff	boat
barragem	embalse	barrage	sbarramento	Talsperre	dam
beco	callejón sin salida	impasse	vicolo cieco	Sackgasse	no through road
beira-mar	orilla del mar	bord de mer	riva, litorale	Ufer, Küste	shore, strand
biblioteca	biblioteca	bibliothèque	biblioteca	Bibliothek	library
bilhete postal	tarjeta postal	carte postale	cartolina	Postkarte	postcard
bosque	bosque	bois	bosco, boschi	Wäldchen	wood
botânico	botánico	botanique	botanico	botanisch	botanical
cabeleireiro	peluquería	coiffeur	parrucchiere	Friseur	hairdresser, barber
caça	caza	chasse	caccia	Jagd	hunting, shooting
cadeiras de coro	sillería del coro	stalles	stalli	Chorgestühl	choir stalls
caixa	caja	caisse	cassa	Kasse	cash-desk
cama	cama	lit	letto	Bett	bed
campanário	campanario	clocher	campanile	Glockenturm	belfry, steeple
campo	campo	campagne	campagna	Land	country, countryside
capela	capilla	chapelle	sacello	Kapelle	chapel
capitel	capitel	chapiteau	capitello	Kapitell	capital (of column)
casa	casa	maison	casa	Haus	house
casa de jantar	comedor	salle à manger	sala da pranzo	Speisesaal	dining room
cascata	cascada	cascade	cascata	Wasserfall	waterfall
castelo	castillo	château	castello	Schloß	castle
casula	casulla	chasuble	pianeta	Meßgewand	chasuble
catedral	catedral	cathédrale	duomo	Dom, Münster	cathedral
centro urbano	centro urbano	centre ville	centro città	Stadtzentrum	town centre
chave	llave	clé	chiave	Schlüssel	key
cidade	ciudad	ville	città	Stadt	town
cinzeiro	cenicero	cendrier	portacenere	Aschenbecher	ash-tray
claustro	claustro	cloître	chiostro	Kreuzgang	cloisters
climatizada (piscina)	climatizada (piscina)	chauffée (piscine)	riscaldata (piscina)	geheizt (Freibad)	heated (swimming pool)
climatizado	climatizado	climatisé	con aria condizionata	mit Klimaanlage	air conditioned
colecção	colección	collection	collezione	Sammlung	collection
colher	cuchara	cuillère	cucchiaio	Löffel	spoon
colina	colina	colline	colle, collina	Hügel	hill
confluência	confluencia	confluent	confluente	Zusammenfluß	confluence

conta	cuenta	note	conto	Rechnung	bill
convento	convento	couvent	convento	Kloster	convent
copo	vaso	verre	bicchiere	Glas	glass
correios	correos	bureau de poste	ufficio postale	Postamt	post office
cozinha	cocina	cuisine	cucina	Kochkunst	cuisine
criado, empregado	camarero	garçon, serveur	cameriere	Ober, Kellner	waiter
crucifixo, cruz	crucifijo, cruz	crucifix, croix	crocifisso, croce	Kruzifix, Kreuz	crucifix, cross
cúpula	cúpula	coupole, dôme	cupola	Kuppel	dome, cupola
curiosidade	curiosidad	curiosité	curiosità	Sehenswürdigkeit	sight
decoração	decoración	décoration	ornamento	Schmuck, Ausstattung	decoration
dentista	dentista	dentiste	dentista	Zahnarzt	dentist
descida	bajada, descenso	descente	discesa	Gefälle	steep hill
desporto	deporte	sport	sport	Sport	sport
Dezembro	diciembre	décembre	dicembre	Dezember	December
Domingo	domingo	dimanche	domenica	Sonntag	Sunday
edifício	edificio	édifice	edificio	Bauwerk	building
encosta	ladera	versant	versante	Abhang	hillside
engomagem	planchado	repassage	stiratura	Bügelei	pressing, ironing
envelopes	sobres	enveloppes	buste	Briefumschläge	envelopes
episcopal	episcopal	épiscopal	vescovile	bischöflich	episcopal
equestre	ecuestre	équestre	equestre	Reit-, zu Pferd	equestrian
escada	escalera	escalier	scala	Treppe	stairs
escultura	escultura	sculpture	scultura	Schnitzwerk	carving
esquadra de polícia	comisaría	commissariat de police	commissariato di polizia	Polizeistation	police headquarters
estação	estación	gare	stazione	Bahnhof	station
estância balnear	estación balnearia	station balnéaire	stazione balneare	Seebad	seaside resort
estátua	estatua	statue	statua	Standbild	statue
estilo	estilo	style	stile	Stil	style
estuário	estuario	estuaire	estuario	Mündung	estuary
estrada	carretera	route	strada	Straße	road
estrada escarpada	carretera en cornisa	route en corniche	strada panoramica	Höhenstraße	corniche road
faca	cuchillo	couteau	coltello	Messer	knife
fachada	fachada	façade	facciata	Vorderseite	facade
faiança	loza	faïence	maiolica	Fayence	china
falésia	acantilado	falaise	scogliera	Klippe, Steilküste	cliff, c' face
farmácia	farmacia	pharmacie	farmacia	Apotheke	chemist
fechado	cerrado	fermé	chiuso	geschlossen	closed

541

2ª feira	lunes	lundi	lunedì	Montag	Monday
3ª feira	martes	mardi	martedì	Dienstag	Tuesday
4ª feira	miércoles	mercredi	mercoledì	Mittwoch	Wednesday
5ª feira	jueves	jeudi	giovedì	Donnerstag	Thursday
6ª feira	viernes	vendredi	venerdì	Freitag	Friday
ferro forjado	hierro forjado	fer forgé	ferro battuto	Schmiedeeisen	wrought iron
Fevereiro	febrero	février	febbraio	Februar	February
floresta	bosque	forêt	foresta	Wald	forest
florido	florido	fleuri	fiorito	mit Blumen	in bloom
folclore	folklore	folklore	folklore	Volkskunde	folklore
fonte, nascente	fuente	source	sorgente	Quelle	source, stream
fortificação	fortificación	fortification	fortificazione	Befestigung	fortification
fortaleza	fortaleza	forteresse, château fort	fortezza	Festung, Burg	fortress, fortified castle
fósforos	cerillas	allumettes	fiammiferi	Zündhölzer	matches
foz	desembocadura	embouchure	foce	Mündung	mouth
fronteira	frontera	frontière	frontiera	Grenze	frontier
garagem	garaje	garage	garage	Garage	garage
garfo	tenedor	fourchette	forchetta	Gabel	fork
garganta	garganta	gorge	gola	Schlucht	gorge
gasolina	gasolina	essence	benzina	Benzin	petrol
gorjeta	propina	pourboire	mancia	Trinkgeld	tip
gracioso	encantador	charmant	delizioso	reizend	charming
igreja	iglesia	église	chiesa	Kirche	church
ilha	isla	île	isola, isolotto	Insel	island
imagem	imagen	image	immagine	Bild	picture
informações	informaciones	renseignements	informazioni	Auskünfte	information
instalação	instalación	installation	installazione	Einrichtung	arrangement
interior	interior	intérieur	interno	Inneres	interior
Inverno	invierno	hiver	inverno	Winter	winter
Janeiro	enero	janvier	gennaio	Januar	January
janela	ventana	fenêtre	finestra	Fenster	window
jantar	cena	dîner	pranzo	Abendessen	dinner
jardim	jardín	jardin	giardino	Garten	garden
jornal	diario	journal	giornale	Zeitung	newspaper
Julho	julio	juillet	luglio	Juli	July
Junho	junio	juin	giugno	Juni	June
lago, lagoa	lago, laguna	lac, lagune	lago, laguna	See, Lagune	lake, lagoon

lavagem de roupa	lavado	blanchissage	lavatura	Wäsche, Lauge	laundry
local	paraje	site	posizione	Lage	site
localidade	localidad	localité	località	Ortschaft	locality
loiça de barro	alfarería	poterie	stoviglie	Tongeschirr	pottery
luxuoso	lujoso	luxueux	sfarzoso	prachtvoll	luxurious
Maio	mayo	mai	maggio	Mai	May
mansão	mansión	manoir	maniero	Gutshaus	manor
mar	mar	mer	mare	Meer	sea
Março	marzo	mars	marzo	März	March
marfim	marfil	ivoire	avorio	Elfenbein	ivory
margem	ribera	rive, bord	riva, banchina	Ufer	shore (of lake), bank (of river)
mármore	mármol	marbre	marmo	Marmor	marble
médico	médico	médecin	medico	Arzt	doctor
medieval	medieval	médiéval	medioevale	mittelalterlich	mediaeval
miradouro	mirador	belvédère	belvedere	Aussichtspunkt	belvedere
mobiliário	mobiliario	ameublement	arredamento	Einrichtung	furniture
moinho	molino	moulin	mulino	Mühle	mill
montanha	montaña	montagne	monte	Berg	mountain
mosteiro	monasterio	monastère	monastero	Kloster	monastery
muralha	muralla	muraille	muraglia	Mauern	walls
museu	museo	musée	museo	Museum	museum
Natal	Navidad	Noël	Natale	Weihnachten	Christmas
nave	nave	nef	navata	Kirchenschiff	nave
Novembro	noviembre	novembre	novembre	November	November
obra de arte	obra de arte	œuvre d'art	opera d'arte	Kunstwerk	work of art
oceano	océano	océan	oceano	Ozean	ocean
oliveira	olivo	olivier	ulivo	Ölbaum	olive-tree
órgão	órgano	orgue	organo	Orgel	organ
orla	linde	lisière	orlo	Waldrand	forest skirt
ourivesaria	orfebrería	orfèvrerie	oreficeria	Goldschmiedekunst	goldsmith's work
Outono	otoño	automne	autunno	Herbst	autumn
Outubro	octubre	octobre	ottobre	Oktober	October
ovelha	oveja	brebis	pecora	Schaf	ewe
pagar	pagar	payer	pagare	bezahlen	to pay
paisagem	paisaje	paysage	paesaggio	Landschaft	landscape
palácio, paço	palacio	palais	palazzo	Palast	palace

palmar	palmeral	palmeraie	palmeto	Palmenhain	palm grove
papel de carta	papel de carta	papier à lettre	carta da lettere	Briefpapier	writing paper
paragem	parada	arrêt	fermata	Haltestelle	stopping place
parque	parque	parc	parco	Park	park
parque de estacionamento	aparcamiento	parc à voitures	parcheggio	Parkplatz	car park
partida	salida	départ	partenza	Abfahrt	departure
Páscoa	Pascua	Pâques	Pasqua	Ostern	Easter
passageiros	pasajeros	passagers	passeggeri	Fahrgäste	passengers
passeio	paseo	promenade	passeggiata	Spaziergang, Promenade	walk, promenade
pelourinho	picote	pilori	gogna	Pranger	pillory
percurso	recorrido	parcours	percorso	Strecke	course
perspectiva	perspectiva	perspective	prospettiva	Perspektive	perspective
pesca, pescador	pesca, pescador	pêche, pêcheur	pesca, pescatore	Fischfang, Fischer	fisher, fishing
pia baptismal	pila de bautismo	fonts baptismaux	fonte, battistero	Taufbecken	font
pinhal	pinar, pineda	pinède	pineta	Pinienhain	pine wood
pinheiro	pino	pin	pino	Kiefer	pine-tree
planície	llanura	plaine	pianura	Ebene	plain
poço	pozo	puits	pozzo	Brunnen	well
polícia	guardia civil	gendarme	gendarme	Polizist	policeman
ponte	puente	pont	ponte	Brücke	bridge
porcelana	porcelana	porcelaine	porcellana	Porzellan	porcelain
portal	portal	portail	portale	Tor	doorway
porteiro	conserje	concierge	portiere, portinaio	Portier	porter
porto	puerto	port	porto	Hafen	harbour, port
povoação	burgo	bourg	borgo	kleiner Ort, Flecken	market town
praça de touros	plaza de toros	arènes	arena	Stierkampfarena	bull ring
praia	playa	plage	spiaggia	Strand	beach
prato	plato	assiette	piatto	Teller	plate
Primavera	primavera	printemps	primavera	Frühling	spring (season)
proibido fumar	prohibido fumar	défense de fumer	vietato fumare	Rauchen verboten	no smoking
promontório	promontorio	promontoire	promontorio	Vorgebirge	promontory
púlpito	púlpito	chaire	pulpito	Kanzel	pulpit
quadro, pintura	cuadro, pintura	tableau, peinture	quadro, pittura	Gemälde, Malerei	painting
quarto	habitación	chambre	camera	Zimmer	room
quinzena	quincena	quinzaine	quindicina	etwa fünfzehn	about fifteen
recepção	recepción	réception	ricevimento	Empfang	reception
recife	arrecife	récif	scoglio	Klippe	reef
...de	...ficado	recommandé (objet)	raccomandato	Einschreiben	registered

relvado	césped	pelouse	prato	Rasen	lawn
renda	encaje	dentelle	trina	Spitze	lace
retábulo	retablo	retable	postergale	Altaraufsatz	altarpiece, retable
retrato	retrato	portrait	ritratto	Bildnis	portrait
rio	río	fleuve	fiume	Fluß	river
rochoso	rocoso	rocheux	roccioso	felsig	rocky
rua	calle	rue	via	Straße	street
ruínas	ruinas	ruines	ruderi	Ruinen	ruins
rústico	rústico	rustique	rustico	ländlich	rustic, rural
Sábado	sábado	samedi	sabato	Samstag	Saturday
sacristia	sacristía	sacristie	sagrestia	Sakristei	sacristy
saída de socorro	salida de socorro	sortie de secours	uscita di sicurezza	Notausgang	emergency exit
sala capitular	sala capitular	salle capitulaire	sala capitolare	Kapitelsaal	chapterhouse
salão, sala	salón	salon	salone	Salon	drawing room, sitting room
santuário	santuario	sanctuaire	santuario	Heiligtum	shrine
século	siglo	siècle	secolo	Jahrhundert	century
selo	sello	timbre-poste	francobollo	Briefmarke	stamp
sepulcro, túmulo	sepulcro, tumba	sépulcre, tombeau	tomba	Grabmal	tomb
serviço incluido	servicio incluido	service compris	servizio compreso	Bedienung inbegriffen	service included
serra	sierra	chaîne de montagnes	giogaia	Gebirgskette	mountain range
Setembro	septiembre	septembre	settembre	September	September
sob pena de multa	bajo pena de multa	sous peine d'amende	passibile di contravvenzione	bei Geldstrafe	under penalty of fine
solar	casa solariega	manoir	maniero	Gutshaus	manor
tabacaria	estanco	bureau de tabac	tabaccaio	Tabakladen	tobacconist
talha	tallas en madera	bois sculpté	sculture lignee	Holzschnitzerei	wood carving
tapeçarias	tapices	tapisseries	tappezzerie, arazzi	Wandteppiche	tapestries
tecto	techo	plafond	soffitto	Zimmerdecke	ceiling
telhado	tejado	toit	tetto	Dach	roof
termas	balneario	établissement thermal	terme	Kurhaus	health resort
terraço	terraza	terrasse	terrazza	Terrasse	terrace
tesouro	tesoro	trésor	tesoro	Schatz	treasure, treasury
toilette, casa de banho	servicios	toilettes	gabinetti	Toiletten	toilets
tríptico	tríptico	triptyque	trittico	Triptychon	triptych
túmulo	tumba	tombe	tomba	Grab	tomb
vale	valle	val, vallée	val, valle, vallata	Tal	valley

ver	ver	voir	vedere	sehen	see
Verão	verano	été	estate	Sommer	summer
vila	pueblo	village	villaggio	Dorf	village
vinhedos, vinhas	viñedos	vignes, vignoble	vigne, vigneto	Reben, Weinberg	vines, vineyard
vista	vista	vue	vista	Aussicht	view
vitral	vidriera	verrière, vitrail	vetrata	Kirchenfenster	stained glass windows
vivenda	morada	demeure	dimora	Wohnsitz	residence

COMIDAS E BEBIDAS	COMIDAS Y BEBIDAS	NOURRITURE ET BOISSONS	CIBI E BEVANDE	SPEISEN UND GETRÄNKE	FOOD AND DRINK
açúcar	azúcar	sucre	zucchero	Zucker	sugar
água gaseificada	agua con gas	eau gazeuse	acqua gasata, gasosa	Sprudel	soda water
água mineral	agua mineral	eau minérale	acqua minerale	Mineralwasser	mineral water
alcachofra	alcachofa	artichaut	carciofo	Artischocke	artichoke
alho	ajo	ail	aglio	Knoblauch	garlic
ameixas	ciruelas	prunes	prugne	Pflaumen	plums
amêndoas	almendras	amandes	mandorle	Mandeln	almonds
anchovas	anchoas	anchois	acciughe	Anschovis	anchovies
arroz	arroz	riz	riso	Reis	rice
assado	asado	rôti	arrosto	gebraten	roast
atum	atún	thon	tonno	Thunfisch	tunny
aves, criação	ave	volaille	pollame	Geflügel	poultry
azeite	aceite de oliva	huile d'olive	olio d'oliva	Olivenöl	olive oil
azeitonas	aceitunas	olives	olive	Oliven	olives
bacalhau fresco	bacalao	morue fraîche, cabillaud	merluzzo	Kabeljau, Dorsch	cod
bacalhau salgado	bacalao en salazón	morue salée	baccalà, stoccafisso	Laberdan	dried cod
banana	plátano	banane	banana	Banane	banana
bebidas	bebidas	boissons	bevande	Getränke	drinks
beringela	berenjena	aubergine	melanzana	Aubergine	egg-plant
besugo, dourada	besugo, dorada	daurade	orata	Goldbrassen	dory
batatas	patatas	pommes de terre	patate	Kartoffeln	potatoes
bolachas	galletas	gâteaux secs	biscotti secchi	Gebäck	cakes
bolos	pasteles	pâtisseries	dolci	Süßigkeiten	pastries

café com leite	café con leche	café au lait	caffè-latte	Milchkaffee	coffee and milk
café simples	café solo	café nature	caffè nero	schwarzer Kaffee	black coffee
caldo	caldo	bouillon	brodo	Fleischbrühe	clear soup
camarões	camarones	crevettes roses	gamberetti	Granat	shrimps
camarões grandes	gambas	crevettes (bouquets)	gamberetti	Garnelen	prawns
carne	carne	viande	carne	Fleisch	meat
carne de vitela	ternera	veau	vitello	Kalbfleisch	veal
carneiro	cordero	mouton	montone	Hammelfleisch	mutton
carnes frias	fiambres	viandes froides	carni fredde	kaltes Fleisch	cold meat
castanhas	castañas	châtaignes	castagne	Kastanien	chestnuts
cebola	cebolla	oignon	cipolla	Zwiebel	onion
cerejas	cerezas	cerises	ciliege	Kirschen	cherries
cerveja	cerveza	bière	birra	Bier	beer
charcutaria	charcutería, fiambres	charcuterie	salumi	Aufschnitt	pork-butchers'meat
cherne, mero	mero	mérou	cernia	Rautenscholle	brill
chouriço	chorizo	saucisses au piment	salsice piccanti	Pfefferwurst	spiced sausages
cidra	sidra	cidre	sidro	Apfelwein	cider
cogumelos	setas	champignons	funghi	Pilze	mushrooms
cordeiro	cordero lechal	agneau de lait	agnello	Lammfleisch	lamb
costeleta	costilla, chuleta	côtelette	costoletta	Kotelett	chop, cutlet
couve	col	chou	cavolo	Kohl, Kraut	cabbage
enguia	anguila	anguille	anguila	Aal	eel
entrada	entremeses	hors-d'œuvre	antipasti	Vorspeise	hors d'œuvre
espargos	espárragos	asperges	asparagi	Spargel	asparagus
espinafres	espinacas	épinards	spinaci	Spinat	spinach
ervilhas	guisantes	petits pois	piselli	junge Erbsen	garden peas
faisão	faisán	faisan	fagiano	Fasan	pheasant
feijão verde	judías verdes	haricots verts	fagiolini	grüne Bohnen	French beans
fígado	hígado	foie	fegato	Leber	liver
figos	higos	figues	fichi	Feigen	figs
frango	pollo	poulet	pollo	Hähnchen	chicken
fricassé	pepitoria	fricassée	fricassea	Frikassee	fricassée
fruta	frutas	fruits	frutta	Früchte	fruit
fruta em calda	frutas en almíbar	fruits au sirop	frutta sciroppata	Früchte in Sirup	fruit in syrup
gamba	gamba	crevette géante	gamberone	große Garnele	prawns
gelado	helado	glace	gelato	Speiseeis	ice cream

547

grão	garbanzos	pois chiches	ceci	Kichererbsen	chick peas
grelhado	a la parrilla	à la broche, grillé	allo spiedo	am Spieß	grilled
lagosta	langosta	langouste	aragosta	Languste	craw fish
lagostins	cigalas	langoustines	scampi	Meerkrebse, Langustinen	crayfish
lavagante	bogavante	homard	gambero di mare	Hummer	lobster
legumes	legumbres	légumes	verdure	Gemüse	vegetables
laranja	naranja	orange	arancia	Orange	orange
leitão assado	cochinillo, tostón	cochon de lait grillé	maialino grigliato, porchetta	Spanferkelbraten	roast suckling pig
lentilhas	lentejas	lentilles	lenticchie	Linsen	lentils
limão	limón	citron	limone	Zitrone	lemon
lingua	lengua	langue	lingua	Zunge	tongue
linguado	lenguado	sole	sogliola	Seezunge	sole
lombo de porco	lomo	échine	lombata, lombo	Rückenstuck	spine, chine
lombo de vaca	filete, solomillo	filet	filetto	Filetsteak	fillet
lota	rape	lotte	rana pescatrice, pesce rospo	Aalrutte, Quappe	eel-pout angler fish
lulas, chocos	calamares	calamars	calamari	Tintenfische	squids
maçã	manzana	pomme	mela	Apfel	apple
manteiga	mantequilla	beurre	burro	Butter	butter
mariscos	mariscos	fruits de mer	frutti di mare	„Früchte des Meeres"	sea food
mel	miel	miel	miele	Honig	honey
melancia	sandia	pastèque	cocomero	Wassermelone	water melon
mexilhões	mejillones	moules	cozze	Muscheln	mussels
miolos, mioleira	sesos	cervelle	cervello	Hirn	brains
molho	salsa	sauce	sugo	Sauce	sauce
morangos	fresas	fraises	fragole	Erdbeeren	strawberries
nata	nata	crème fraîche	panna	Sahne	cream
omelete	totilla	omelette	frittata	Omelett	omelette
ostras	ostras	huîtres	ostriche	Austern	oysters
ovo cozido	huevo duro	œuf dur	uovo sodo	hartes Ei	hard boiled egg
ovo quente	huevo pasado por agua	œuf à la coque	uovo al guscio	weiches Ei	soft boiled egg
ovos estrelados	huevos al plato	œufs au plat	uova fritte	Spiegeleier	fried eggs
pão	pan	pain	pane	Brot	bread

peixe	pescado	poisson	pesce	Fisch	fish
pepino	pepino, pepinillo	concombre, cornichon	cetriolo, cetriolino	Gurke, kleine Essiggurke	cucumber, gherkin
pêra	pera	poire	pera	Birne	pear
perú	pavo	dindon	tacchino	Truthahn	turkey
pescada	merluza	colin, merlan	merluzzo	Kohlfisch, Weißling	hake
pêssego	melocotón	pêche	pesca	Pfirsich	peach
pimenta	pimienta	poivre	pepe	Pfeffer	pepper
pimento	pimiento	poivron	peperone	Pfefferschote	pimento
pombo, borracho	paloma, pichón	palombe, pigeon	palomba, piccione	Taube	pigeon
porco	cerdo	porc	maiale	Schweinefleisch	pork
pregado, rodovalho	rodaballo	turbot	rombo	Steinbutt	turbot
presunto, fiambre	jamón (serrano, de York)	jambon (cru ou cuit)	prosciutto (crudo o cotto)	Schinken (roh, gekocht)	ham (raw or cooked)
queijo	queso	fromage	formaggio	Käse	cheese
raia	raya	raie	razza	Rochen	skate
rins	riñones	rognons	rognoni	Nieren	kidneys
robalo	lubina	bar	ombrina	Barsch	bass
sal	sal	sel	sale	Salz	salt
salada	ensalada	salade	insalata	Salat	green salad
salmão	salmón	saumon	salmone	Lachs	salmon
salpicão	salchichón	saucisson	salame	Wurst	salami; sausage
salsichas	salchichas	saucisses	salsicce	Würstchen	sausages
sopa	potaje, sopa	potage, soupe	minestra, zuppa	Suppe mit Einlage	soup
sobremesa	postre	dessert	dessert	Nachspeise	dessert
sumo de frutas	zumo de frutas	jus de fruits	succo di frutta	Fruchtsaft	fruit juice
torta, tarte	tarta	tarte, grand gâteau	torta	Torte, Kuchen	tart, pie
truta	trucha	truite	trota	Forelle	trout
uva	uva	raisin	uva	Traube	grapes
vaca	vaca	bœuf	manzo	Rindfleisch	beef
vinagre	vinagre	vinaigre	aceto	Essig	vinegar
vinho branco doce	vino blanco dulce	vin blanc doux	vino bianco amabile	süßer Weißwein	sweet white wine
vinho branco sêco	vino blanco seco	vin blanc sec	vino bianco secco	herber Weißwein	dry white wine
vinho « rosé »	vino rosado	vin rosé	vino rosato	"Rosé"	"rosé" wine
vinho da região	vino corriente del país	vin courant du pays	vino nostrano	Landwein	local wine
vinho de marca	vino de marca	grand vin	vino pregiato	Prädikatswein	famous wine
vinho tinto	vino tinto	vin rouge	vino rosso	Rotwein	red wine

DISTANCIAS   *Algunas precisiones :*

En el texto de cada localidad encontrará la distancia a las ciudades de los alrededores
y a la capital de estado. Cuando estas ciudades figuran en el cuadro de la página
siguiente, su nombre viene precedido de un rombo negro ♦.

Las distancias entre capitales de este cuadro completan las indicadas en el texto de
cada localidad. Utilice también las distancias marcadas al margen de los planos.

El kilometraje está calculado a partir del centro de la ciudad por la carretera más
cómoda, o sea la que ofrece las mejores condiciones de circulación, pero que no es
necesariamente la más corta.

DISTÂNCIAS   *Algumas precisões :*

No texto de cada localidade encontrará a distância até às cidades dos arredores e à
capital do país. Quando estas cidades figuram no quadro da página seguinte, o seu
nome aparece precedido dum losango preto ♦.

As distâncias deste quadro completam assim as que são dadas no texto de cada
localidade. Utilize também as indicações quilométricas inscritas na orla dos planos.

A quilometragem é contada a partir do centro da localidade e pela estrada mais
prática, quer dizer, aquela que oferece as melhores condições de condução, mas que
não é necessàriamente a mais curta.

DISTANCES   *Quelques précisions :*

Au texte de chaque localité vous trouverez la distance des villes environnantes et de
sa capitale d'état. Lorsque ces villes sont celles du tableau ci-contre, leur nom est
précédé d'un losange noir ♦.

Les distances intervilles de ce tableau complètent ainsi celles données au texte de
chaque localité. Utilisez aussi les distances portées en bordure des plans.

Les distances sont comptées à partir du centre-ville et par la route la plus pratique
c'est-à-dire celle qui offre les meilleures conditions de roulage, mais qui n'est pas
nécessairement la plus courte.

DISTANZE   *Qualche chiarimento :*

Nel testo di ciascuna località troverete la distanza dalle città viciniori e dalla capitale.
Quando queste città sono quelle della tabella a lato, il loro nome è preceduto da una
losanga ♦.

Le distanze fra le città di questa tabella completano così quelle indicate nel testo di
ciascuna località. Utilizzate anche le distanze riportate a margine delle piante.

Le distanze sono calcolate a partire dal centro delle città e seguendo la strada più
pratica, ossia quella che offre le migliori condizioni di viaggio ma che non è necessa-
riamente la più breve.

ENTFERNUNGEN   *Einige Erklärungen :*

In jedem Ortstext finden Sie die Entfernungsangaben nach weiteren Städten in der
Umgebung und nach der Landeshauptstadt. Wenn diese Städte auf der nebenstehen-
den Tabelle aufgeführt sind, sind sie durch eine Raute ♦ gekennzeichnet.

Die Kilometerangaben dieser Tabelle ergänzen somit die Angaben des Ortstextes.
Eine weitere Hilfe sind auch die am Rande der Stadtpläne erwähnten Kilometerangaben.

Die Entfernungen gelten ab Stadtmitte unter Berücksichtigung der günstigsten (nicht
immer kürzesten) Strecke.

DISTANCES   *Commentary :*

The text on each town includes its distance from its immediate neighbours and from
the capital. Those cited opposite are preceded by a lozenge ♦ in the text.

The kilometrage in the table completes that given under individual town headings in
calculating total distances. Note also that some distances appear in the margins of
town plans.

Distances are calculated from centres and along the best roads from a motoring point
of view - not necessarily the shortest.

DISTANCIAS ENTRE LAS CIUDADES PRINCIPALES

DISTANCIAS ENTRE AS CIDADES PRINCIPAIS

DISTANCES ENTRE PRINCIPALES VILLES

DISTANZE TRA LE PRINCIPALI CITTÀ

ENTFERNUNGEN ZWISCHEN DEN GRÖSSEREN STÄDTEN

DISTANCES BETWEEN MAJOR TOWNS

Ejemplo	Esempio
Exemplo	Beispiel
Example	Example
Madrid – Vigo	

600 km

Distancias en kilómetros, dadas de ciudad a ciudad (tabla triangular). Ciudades incluidas:

Albacete · Alicante · Almería · Andorra la Vella · Badajoz · Barcelona · Bayonne · Bilbao/Bilbo · Burgos · Cáceres · Cádiz · Coimbra · Córdoba · La Coruña/A Coruña · Granada · León · Lérida/Lleida · Lisboa · Logroño · Madrid · Málaga · Murcia · Oviedo · Pamplona/Iruñea · Perpignan · Porto · Salamanca · San Sebastián/Donostia · Santander · Segovia · Sevilla · Valencia · Valladolid · Vigo · Vitoria/Gasteiz · Zaragoza

Distancias (tabla triangular, de cada ciudad a las anteriores):

Alicante	168
Almería	368 · 303
Andorra la Vella	644 · 635 · 938
Badajoz	530 · 698 · 617 · 1034
Barcelona	544 · 535 · 838 · 220 · 1036
Bayonne	708 · 762 · 1023 · 408 · 848 · 589
Bilbao/Bilbo	646 · 780 · 947 · 553 · 706 · 607 · 151
Burgos	488 · 656 · 789 · 595 · 548 · 597 · 298 · 156
Cáceres	490 · 658 · 664 · 932 · 91 · 934 · 757 · 615 · 457
Cádiz	597 · 673 · 477 · 1271 · 341 · 1139 · 1145 · 1003 · 845 · 388
Coimbra	778 · 946 · 928 · 1159 · 311 · 1161 · 884 · 722 · 564 · 292 · 652
Córdoba	358 · 526 · 339 · 1032 · 278 · 900 · 946 · 804 · 646 · 325 · 239 · 589
La Coruña/A Coruña	852 · 1020 · 1153 · 1111 · 740 · 1113 · 784 · 622 · 516 · 685 · 1031 · 306 · 1073
Granada	350 · 367 · 171 · 1002 · 479 · 902 · 989 · 827 · 669 · 367 · 166 · 790 · 423 · 956
León	576 · 744 · 877 · 787 · 505 · 789 · 348 · 192 · 414 · 516 · 802 · 489 · 875 · 127 · 723
Lérida/Lleida	744 · 827 · 1012 · 155 · 879 · 169 · 432 · 450 · 440 · 777 · 1285 · 247 · 1049 · 907 · 749 · 216
Lisboa	779 · 947 · 1049 · 1285 · 247 · 1287 · 895 · 879 · 734 · 540 · 619 · 200 · 525 · 619 · 877 · 489 · 1087
Logroño	536 · 650 · …
Madrid	249 · 417 · 550 · 625 · 409 · 627 · 754 · 539 · 243 · 307 · 663 · 397 · 603 · 434 · 470 · 327 · 658 · 629 · 331
Málaga	468 · 82 · 222 · 995 · 625 · 1012 · 1112 · 903 · 754 · 430 · 127 · 746 · 286 · 875 · 127 · 694 · … · 548
Murcia	147 · 222 · …
Oviedo	694 · …
Pamplona/Iruñea	590 · …
Perpignan	715 · …
Porto	840 · …
Salamanca	454 · …
San Sebastián/Donostia	684 · …
Santander	642 · …
Segovia	336 · …
Sevilla	501 · …
Valencia	183 · …
Valladolid	437 · …
Vigo	849 · …
Vitoria/Gasteiz	601 · …
Zaragoza	429 · … · 260

551

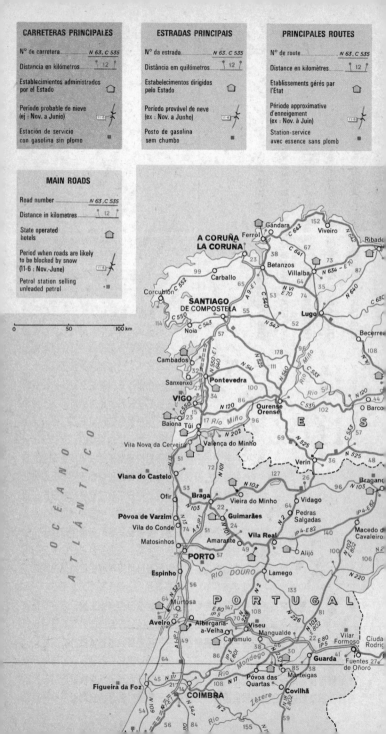

CARRETERAS PRINCIPALES

N° de carretera _____ N 63, C 535

Distancia en kilómetros ___ ↑ 12 ↑

Establecimientos administrados
por el Estado

Período probable de nieve
(ej : Nov. a Junio)

Estación de servicio
con gasolina sin plomo

ESTRADAS PRINCIPAIS

N° da estrada _____ N 63, C 535

Distância em quilómetros ___ ↑ 12 ↑

Estabelecimentos dirigidos
pelo Estado

Período provável de neve
(ex : Nov. a Junho)

Posto de gasolina
sem chumbo

PRINCIPALES ROUTES

N° de route _____ N 63, C 535

Distance en kilomètres ___ ↑ 12 ↑

Etablissements gérés par
l'Etat

Période approximative
d'enneigement
(ex : Nov. à Juin)

Station-service
avec essence sans plomb

MAIN ROADS

Road number _____ N 63, C 535

Distance in kilometres ___ ↑ 12 ↑

State operated
hotels

Period when roads are likely
to be blocked by snow
(11-6 : Nov.-June)

Petrol station selling
unleaded petrol

0 _____ 50 _____ 100 km

OCÉANO
ATLÁNTICO

Gándara
Ferrol
A CORUÑA
LA CORUÑA
Viveiro
152
C 642
Ribade
38
C 641
67
Betanzos
Villalba
73
N 634 - E 70
87
99
64
35
N 640
Carballo
65
N VI
E 70
74
N 540
53
52
Corcubión
A 9 - E 1
C 552
Lugo
SANTIAGO
DE COMPOSTELA
55
N 547
C 550
114
C 543
57
Becerrea
Noia
178
96
108
Río Miño
Cambados
96
N 541
111
N 550 - E 1
C 555
Río Sil
32
Pontevedra
N 120
Sanxenxo
100
44
27
34
86
VIGO
N 120
C 536
102
O Barco
C 550
Ourense
Orense
E
S
23
17 Río Miño
Baiona
Túi
96
C 553
N 202
Vila Nova da Cerveira
18
69
N 525
51
Valença do Minho
72
101
Verin
36
N 525
48
127
26
Viana do Castelo
53
N 103
96
N 103
Bragan
Ofir
Braga
Vieira do Minho
Vidago
64
N 103
22
IP 4 - E 82
Póvoa de Varzim
Guimarães
N 2
Pedras
Salgadas
Vila do Conde
74
51
24
Vila Real
IP 4 - E 82
140
Macedo d
Cavaleiro
Matosinhos
Amarante
Alijó
100
N 102
N 2
PORTO
57
49
106
Espinho
RIO DOURO
Lamego
N 220
56
N 527
133
Murtosa
P O R T U G A L
64
E 80
IP 5
147
108
N 2
N 226
81
Aveiro
Albergaria-
a-Velha
70
Viseu
Mangualde
N 102
N 202
Caramulo
38
E 80
IP 5
22
Vilar
Formoso
Ciuda
Rodric
49
86
Mondego
N 2
30
Guarda
41
Fuentes 27
de Oñoro
64
85
38
Manteigas
Figueira da Foz
45
N III
21
Rio
108
N 17
Póvoa das
Quartas
COIMBRA
14
Covilhã
54
N 109
N 347
Zêzere
N 2
56
84
Rio
155
59

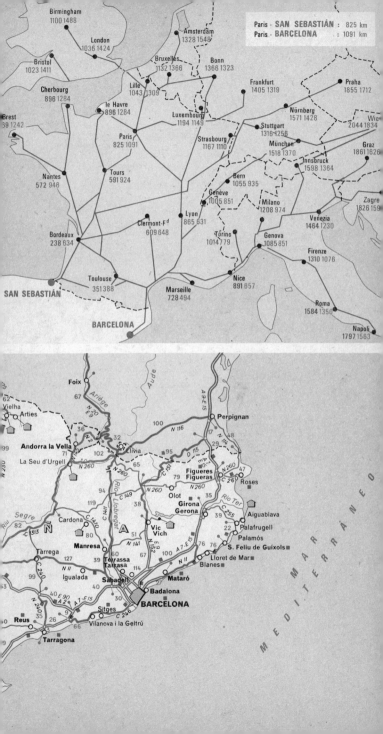

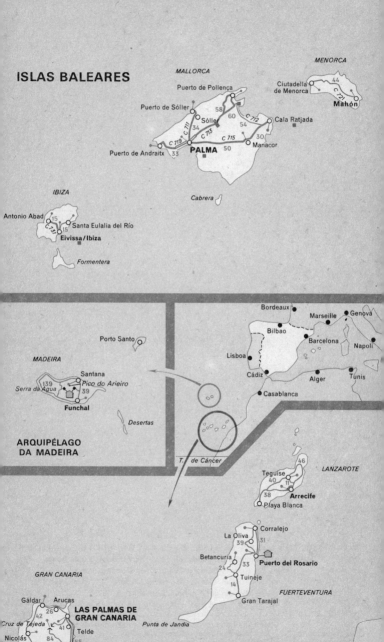

ISLAS BALEARES

MALLORCA

Puerto de Pollença
Puerto de Sóller
Sóller
58
60
C 712
Cala Ratjada
34
C 711
C 713
54
30
C 719
C 715
Puerto de Andraitx
33
PALMA
50
Manacor

MENORCA

Ciutadella de Menorca
44
Mahón
C 721

IBIZA

Antonio Abad
15
Santa Eulalia del Río
C 731
15
Eivissa/Ibiza

Formentera

Cabrera

Porto Santo

MADEIRA

Santana
139
Pico do Arieiro
Serra da Agua
39
Funchal

Desertas

ARQUIPÉLAGO DA MADEIRA

Bordeaux
Marseille
Genova
Bilbao
Barcelona
Napoli
Lisboa
Cádiz
Alger
Tunis
Casablanca

T. de Cáncer

46
Teguise
LANZAROTE
40
38
Arrecife
Playa Blanca

Corralejo
La Oliva
39
31
Betancuria
33
Puerto del Rosario
24
Tuineje
14
FUERTEVENTURA
Gran Tarajal

Punta de Jandía

GRAN CANARIA

Gáldar
Arucas
26
42
LAS PALMAS DE GRAN CANARIA
Cruz de Tejeda
41
Telde
Nicolás Tolentino
84
55
63
Maspalomas

ISLAS CANARIAS

MANUFACTURE FRANÇAISE DES PNEUMATIQUES MICHELIN

Société en commandite par actions au capital de 2 000 000 000 de francs.

Place des Carmes-Déchaux – 63 Clermont-Ferrand (France)

R.C.S. Clermont-Fd B 855 200 507

© Michelin et Cie, propriétaires-éditeurs, 1991

Dépôt légal 3-91 – ISBN 2.06.006.319-1

Printed in France, 2-91-98 – Impression : ISTRA à Strasbourg – n° 015700

MAPAS REGIONALES

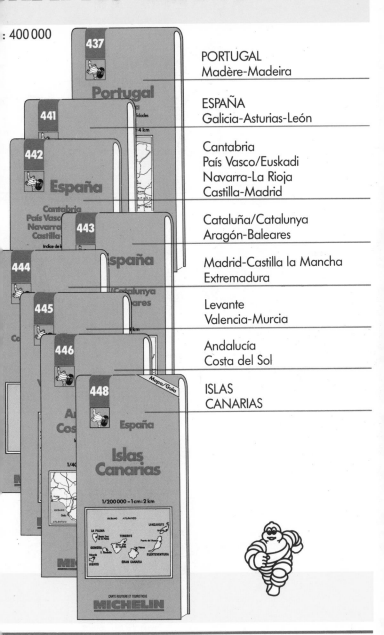

: 400 000

437
PORTUGAL
Madère-Madeira

441
ESPAÑA
Galicia-Asturias-León

442
Cantabria
País Vasco/Euskadi
Navarra-La Rioja
Castilla-Madrid

443
Cataluña/Catalunya
Aragón-Baleares

444
Madrid-Castilla la Mancha
Extremadura

445
Levante
Valencia-Murcia

446
Andalucía
Costa del Sol

448
ISLAS
CANARIAS

MAPA DE LAS PRINCIPALES CARRETERAS

1/1 000 000

990

España
Portugal
Espagne

1/1 000 000 – 1 cm : 10 km

CARTE ROUTIÈRE ET TOURISTIQUE

MICHELIN